van Bühren

Das versicherungsrechtliche Mandat

Das Mandat

Das versicherungsrechtliche Mandat

5. Auflage 2015

Von

Rechtsanwalt und Fachanwalt für Versicherungsrecht
Dr. Hubert W. van Bühren, Köln

DeutscherAnwaltVerlag

Zitiervorschlag:
van Bühren, Das versicherungsrechtliche Mandat, § 1 Rn 1

Hinweis
Die Formulierungsbeispiele, Muster und Übersichten in diesem Buch wurden mit Sorgfalt und nach bestem Wissen erstellt. Sie stellen jedoch lediglich Arbeitshilfen und Anregungen für die Lösung typischer Fallgestaltungen dar. Die Eigenverantwortung für die Formulierung von Verträgen, Verfügungen und Schriftsätzen trägt der Benutzer. Autor und Verlag übernehmen keinerlei Haftung für die Richtigkeit und Vollständigkeit der in dem Buch enthaltenen Ausführungen und Formulierungsbeispiele.

Anregungen und Kritik zu diesem Werk senden Sie bitte an
kontakt@anwaltverlag.de
Autor und Verlag freuen sich auf Ihre Rückmeldung.

Copyright 2015 by Deutscher Anwaltverlag, Bonn
Satz: Griebsch & Rochol Druck GmbH, Hamm
Druck: Hans Soldan GmbH, Essen
Umschlaggestaltung: gentura, Holger Neumann, Bochum
ISBN 978-3-8240-1384-5

Bibliografische Information der Deutschen Nationalbibliothek
Die Deutsche Nationalbibliothek verzeichnet diese Publikation in der Deutschen Nationalbibliografie; detaillierte bibliografische Daten sind im Internet über http://dnb.d-nb.de abrufbar.

Vorwort

In den letzten drei Jahren ist eine Vielzahl von Entscheidungen zum VVG 2008 ergangen. Erwartungsgemäß befassen sich die Gerichte überwiegend mit der Quotierung bei grober Fahrlässigkeit. Von großer Bedeutung ist aber auch die Rechtsprechung zur fehlenden oder nicht nachgewiesenen Umstellung von Altverträgen: Die in Altverträgen geregelten Rechtsfolgen von Obliegenheitsverletzungen (§ 6 VVG a. F.) sind unwirksam, eine geltungserhaltende Reduktion durch § 28 VVG n.F. ist nicht zulässig. Die in der Literatur umstrittene Frage, ob bei grober Fahrlässigkeit eine Kürzungsquote auf Null zulässig ist, hat der BGH zwischenzeitlich in mehreren Urteilen geklärt.

Die im Kalenderjahr 2014 veröffentlichte Rechtsprechung ist in dieser Auflage berücksichtigt.

Köln, im März 2015 *Dr. Hubert W. van Bühren*

Inhaltsübersicht

§ 1	Einleitung	1
§ 2	Rechtsgrundlagen des Privat-Versicherungsrechts	3
§ 3	Versicherungsvertragsgesetz (VVG)	9
§ 4	Wichtige Versicherungszweige	33
§ 5	Kraftfahrtversicherung	35
§ 6	Hausratversicherung	259
§ 7	Wohngebäudeversicherung	307
§ 8	Feuerversicherung	355
§ 9	Einbruchdiebstahlversicherung	397
§ 10	Haftpflichtversicherung	439
§ 11	Rechtsschutzversicherung	475
§ 12	Lebensversicherung	537
§ 13	Krankenversicherung	561
§ 14	Berufsunfähigkeitsversicherung	597
§ 15	Unfallversicherung	633
§ 16	Anhang	661

Inhaltsverzeichnis

Vorwort	V
Abkürzungsverzeichnis	XXV
Literaturverzeichnis	XXIX

§ 1	**Einleitung**	1
§ 2	**Rechtsgrundlagen des Privat-Versicherungsrechts**	3
	A. Vorbemerkung	3
	B. Versicherungsaufsichtsgesetz (VAG)	3
	C. Versicherungsvertragsgesetz (VVG)	4
	I. Allgemeines	4
	II. Aufbau des VVG	4
	III. Charakter der Vorschriften des VVG	5
	D. Pflichtversicherungsgesetz (PflVG)	5
	E. Bürgerliches Gesetzbuch (BGB)	5
	F. Handelsgesetzbuch (HGB)	6
	G. Allgemeine Versicherungsbedingungen (AVB)	6
§ 3	**Versicherungsvertragsgesetz (VVG)**	9
	A. Vorbemerkung	9
	B. Versicherungsschein	9
	C. Zustandekommen des Vertrages (§ 151 BGB)	9
	D. Beratungspflichten (§ 6 VVG)	10
	E. Informationspflichten (§ 7 VVG)	10
	F. Dauer des Versicherungsvertrages	10
	G. Beteiligte	10
	H. Vorläufige Deckungszusage (§§ 49 ff. VVG)	11
	I. Rückwärtsversicherung (§ 2 VVG)	11
	J. Beendigung des Versicherungsvertrages	11
	I. Vorbemerkung	11
	II. Anfechtung	11
	III. Rücktritt	12
	IV. Kündigung	12
	V. Widerruf (§ 8 VVG)	12
	VI. Aufhebung	13

Inhaltsverzeichnis

K. Prämie	13
I. Vorbemerkung	13
II. Prämienschuldner	13
III. Prämienzahlung	13
IV. Erstprämie (§ 37 VVG)	13
V. Folgeprämie (§ 38 VVG)	13
VI. Prämienanpassung	14
L. Versicherungswert (§ 88 VVG)	14
I. Vorbemerkung	14
II. Vollwertprinzip	14
III. Überversicherung (§ 74 VVG)	14
IV. Unterversicherung (§ 75 VVG)	14
V. Mehrfachversicherung (§ 78 VVG)	15
M. Höheres Leistungsversprechen des Versicherers	15
I. Vorbemerkung	15
II. Neuwertversicherung	15
III. Feste Taxe (§ 76 VVG)	15
IV. Wieder aufgefundene Sachen	16
N. Gefahrerhöhung	16
I. Vorbemerkung	16
II. Kausalität	16
III. Subjektive Gefahrerhöhung (§ 23 Abs. 1 VVG)	16
IV. Objektive Gefahrerhöhung (§ 23 Abs. 3 VVG)	17
V. Unerkannte Gefahrerhöhung (§ 23 Abs. 2 VVG)	17
VI. Vertragsanpassung (§ 25 VVG)	17
O. Leistungsfreiheit des Versicherers	18
I. Vorbemerkung	18
II. Vorsatz	18
III. Grobe Fahrlässigkeit	18
IV. Obliegenheiten	20
1. Gesetzliche Obliegenheiten	20
2. Vorvertragliche Obliegenheiten (§ 19 VVG)	20
3. Vertragliche Obliegenheiten (§ 28 VVG)	20
4. Hinweispflicht	21
V. Risikoausschlüsse	21
1. Primäre Risikobegrenzung	21
2. Sekundärer Risikoausschluss	21
3. Verhüllte Obliegenheiten	22
P. Repräsentanten	22
Q. Versicherungsvermittler (§§ 59 bis 73 VVG)	23
R. Versicherungsmakler	24

S. Versicherungsleistung 24
    I. Vorbemerkung 24
    II. Geldleistung 24
    III. Freistellung 24
    IV. Rettungskosten 25
    V. Ermittlungskosten (§ 85 VVG) 25
    VI. Rechtsanwaltskosten 25
T. Verjährung 26
U. Sachverständigenverfahren (§ 84 VVG) 26
V. Forderungsübergang (§ 86 VVG) 26
    I. Vorbemerkung 26
    II. Quotenvorrecht 27
    III. Häusliche Gemeinschaft 27
W. Rechtsnachfolge (§§ 95 ff. VVG) 27
X. Versicherung für fremde Rechnung (§§ 43 ff. VVG) 28
Y. Versicherungsprozess 28
    I. Vorbemerkung 28
    II. Klagearten 28
    III. Gerichtsstand 29
    IV. Beweisführung 29
        1. Beweis des äußeren Bildes 29
        2. Indizienbeweis 30
        3. Anscheinsbeweis (prima facie-Beweis) 30
        4. Beweis der Schadenshöhe 30
    V. Rückforderungsprozess 31
    VI. Parteivernehmung 31
    VII. Anhörung 31

§ 4 Wichtige Versicherungszweige 33

§ 5 Kraftfahrtversicherung 35

A. Vorbemerkung 35
B. Beginn und Inhalt des Versicherungsvertrages 35
C. Vorläufige Deckungszusage (B.2 AKB 2008) 35
    I. Zustandekommen 35
    II. Inhalt 36
    III. Rechtscharakter 37
    IV. Beendigung 37
    V. Rückwirkender Wegfall des Versicherungsschutzes 37
D. Formvorschriften 38
E. Geltungsbereich 39

F. Prämienverzug 40
   I. Prämienschuldner 40
   II. Prämienzahlung 40
   III. Lastschriftverfahren 40
   IV. Prämienforderung 41
      1. Erstprämie (C.1 AKB 2008) 41
      2. Folgeprämie (C.2 AKB 2008) 42
      3. Teilzahlungen 43
      4. Beweisfragen 43
   V. Aufrechnung 43
G. Obliegenheiten 44
   I. Rechtscharakter 44
   II. Gesetzliche Obliegenheiten 44
      1. Anzeigepflicht (§ 30 VVG) 45
      2. Auskunftspflicht (§ 31 VVG) 45
      3. Schadenminderungspflicht (§ 82 VVG) 45
      4. Wahrung von Regressansprüchen (§ 86 Abs. 2 VVG) 45
   III. Vertragliche Obliegenheiten beim Gebrauch des Fahrzeuges
      (D AKB 2008) 46
      1. Vorbemerkung 46
      2. Verwendungsklausel (D.1.1 AKB 2008) 46
      3. Schwarzfahrten (D.1.2 AKB 2008) 47
      4. Führerscheinklausel (D.1.3 AKB 2008) 48
      5. Trunkenheitsklausel (D.2.1 AKB 2008) 49
      6. Rennveranstaltungen (D.2.2 AKB 2008) 50
   IV. Vertragliche Obliegenheiten im Schadenfall (E AKB 2008) 50
      1. Generelle Obliegenheiten (E.1 AKB 2008) 50
        a) Anzeigepflicht (E.1 AKB 2008) 50
        b) Auskunfts- und Aufklärungsobliegenheit (E.1.3 AKB 2008). 51
        c) Arglist (§ 28 Abs. 3 S. 2 VVG) 52
        d) Beweislast 52
        e) Einschränkung der Leistungsfreiheit (§ 242 BGB) 53
        f) Rechtsprechung 53
      2. Schadenminderungspflicht (E.1.4 AKB 2008) 56
      3. Zusätzliche Obliegenheiten in der Kraftfahrzeug-Haftpflicht-
        versicherung (E.2 AKB 2008) 57
      4. Vertragliche Obliegenheiten in der Kaskoversicherung
        (E.3 AKB 2008) 58
H. Rechtsfolgen von Obliegenheitsverletzungen (E.6 AKB 2008) 59
   I. Grobe Fahrlässigkeit 59
      1. Quotelung 59
      2. Mehrere Obliegenheitsverletzungen 59

Inhaltsverzeichnis

	3. Beweislast	60
	4. Kausalität	60
II.	Vorsatz (E.6.1 AKB 2008)	61
	1. Beweislast	61
	2. Kausalität	61
I.	Mehrere Obliegenheitsverletzungen	63
J.	Gefahrerhöhung	63
	I. Definition	64
	II. Kausalität	64
	III. Subjektive Gefahrerhöhung (§ 23 Abs. 1 VVG)	65
	IV. Objektive Gefahrerhöhung (§ 23 Abs. 3 VVG)	65
	V. Unerkannte Gefahrerhöhung (§ 23 Abs. 2 VVG)	66
	VI. Rechtsprechung	66
K.	Vorsatz (A.1.5 AKB 2008)	67
	I. Definition	67
	II. Beweislast	68
	III. Leistungsfreiheit	68
	IV. Rechtsprechung	69
L.	Grobe Fahrlässigkeit (§ 81 VVG)	70
	I. Bedeutung	70
	II. Definition	71
	III. Objektive Voraussetzungen	71
	IV. Subjektive Voraussetzungen	71
	V. Kausalität	72
	VI. Augenblicksversagen	72
	VII. Alternatives Verhalten	72
	VIII. Beweislast	73
	IX. Rechtsprechung	73
	1. Alkoholbedingte Fahruntüchtigkeit	73
	2. Fahrzeugschlüssel	74
	3. Kraftfahrzeugbrief	76
	4. Fahrzeugschein	76
	5. Rotlichtverstoß	76
	6. Übermüdung am Steuer	77
	7. Mangelnde Sicherung	78
	8. Leichtfertige Fahrweise	78
	9. Fahrzeugüberlassung	81
	10. Weitere Beispiele	81
	X. Rechtsfolgen grober Fahrlässigkeit	82
	1. Beweislast	82
	2. Quotenbildung	82
	3. Aktuelle Rechtsprechung	83

Inhaltsverzeichnis

M. Teilkaskoversicherung (A.2.2 AKB 2008) 84
    I. Vorbemerkung 84
    II. Brand (A.2.2.1 AKB 2008) 84
    III. Explosion (A.2.2.1 AKB 2008) 85
    IV. Naturgewalten (A.2.2.3 AKB 2008) 85
        1. Sturm 86
        2. Hagel 86
        3. Blitzschlag 86
        4. Überschwemmung 86
    V. Entwendung (A.2.2.2 AKB 2008) 87
    VI. Unterschlagung (A.2.2.2 AKB 2008) 88
    VII. Beweisführung 88
        1. Beweismaßstab 88
        2. Redlichkeitsvermutung 89
        3. Anhörung (§ 141 ZPO) 90
        4. Parteivernehmung (§ 448 ZPO) 90
        5. Vollbeweis 91
    VIII. Rechtsprechung 91
        1. Glaubwürdigkeit des Versicherungsnehmers 91
        2. Fahrzeugschlüssel 93
        3. Brand 95
    IX. Haarwild (A.2.2.4 AKB 2008) 96
        1. Zusammenstoß 96
        2. Ausweichmanöver 96
        3. Rechtsprechung 97
    X. Glasbruch (A.2.2.5 AKB 2008) 98
    XI. Kurzschlussschäden an der Verkabelung 99
    XII. Marderbiss 99
N. Vollkaskoversicherung (A.2.3 AKB 2008) 99
    I. Vorbemerkung 99
    II. Unfall (A.2.3.2 AKB 2008) 100
        1. Definition 100
        2. Schadenereignis 100
        3. Rechtsprechung 100
    III. Vandalismus (A.2.3.3 AKB 2008) 102
O. Leistungsumfang bei Kaskoversicherung (A.2.6 AKB 2008) 102
    I. Totalschaden (A.2.6 AKB 2008) 102
        1. Definition 102
        2. Mehrwertsteuer (A.2.9 AKB 2008) 103
        3. Rabatte (A.2.11 AKB 2008) 103
        4. Leasingfahrzeuge 103
        5. Neupreis (A.2.6.2 AKB 2008) 103

Inhaltsverzeichnis

II. Reparaturkosten (A.2.7 AKB 2008)	104
III. Wiederauffinden nach Diebstahl – Monatsfrist (A.2.10 AKB 2008)	104
IV. Zubehör (A.2.1.2 AKB 2008)	105
V. Nutzungsausfall	105
VI. Rechtsanwaltskosten	105
VII. Sachverständigenkosten (A.2.8 AKB 2008)	105
VIII. Finderlohn	106
IX. Rückholkosten (A.2.10.2 AKB 2008)	106
X. Abschleppkosten (A.2.7.2 AKB 2008)	106
XI. Merkantiler Minderwert	106
XII. Selbstbeteiligung	106
P. Deckungsprozess	107
I. Klage	107
II. Vorrangiges Sachverständigenverfahren (A.2.17 AKB 2008)	107
III. Gerichtsstand (L.2 AKB 2008)	108
IV. Beweislast	108
Q. Quotenvorrecht/Differenztheorie	108
I. Forderungsübergang (§ 86 VVG)	108
II. Kongruenter Schaden	109
III. Nicht bevorrechtigte Schadenpositionen	109
IV. Abrechnungsbeispiele	110
V. Bearbeitungshinweis	111
R. Forderungsübergang (§ 86 VVG)	111
I. Vorsatz und grobe Fahrlässigkeit	111
II. Rückgriff gegen den angestellten Fahrer	111
III. Häusliche Gemeinschaft (A.2.15 AKB 2008)	112
IV. Aufgabeverbot (§ 86 Abs. 3 VVG)	113
S. Kraftfahrzeug-Haftpflichtversicherung	114
I. Vorbemerkung	114
II. Leistungsumfang der Haftpflichtversicherung	114
1. Freistellungsverpflichtung	115
2. Versicherte Personen	115
3. Versicherte Leistungen	116
4. Regulierungsvollmacht	116
5. Prozessführungsbefugnis (E.2.4 AKB 2008)	116
6. Direktanspruch gegen den Pflichtversicherer	117
7. „Krankes" Versicherungsverhältnis	117
8. Vorsatz	118
9. Nachhaftung	118
10. Verkehrsopferhilfe e.V.	118
11. Gebrauch	119

T. Allgemeine Bedingungen für die Kfz-Versicherung 120
   I. Allgemeine Bedingungen für die Kfz-Versicherung (AKB 2008) – Stand 17.2.2014 120
   II. Allgemeine Bedingungen für die Kfz-Versicherung (AKB 2015) – Stand: 19.5.2015 186

§ 6 Hausratversicherung 259

A. Vorbemerkung 259
B. Versicherte Sachen (A § 6 VHB 2008/2010) 259
C. Versicherte Gefahren (A § 1 VHB 2008/2010) 260
D. Versicherte Kosten (A § 8 VHB 2008/2010) 260
E. Versicherungsort (A § 6 Nr. 3 VHB 2008/2010) 260
F. Außenversicherung (A § 7 VHB 2008/2010) 260
G. Wohnungswechsel (A § 11 VHB 2008/2010) 261
H. Wegfall der Entschädigungspflicht (B § 16 VHB 2008/2010) 261
I. Obliegenheiten vor Eintritt des Versicherungsfalles (B § 8 Nr. 1 VHB 2008/2010) 262
J. Obliegenheiten bei Eintritt des Versicherungsfalles (B § 8 Nr. 1 VHB 2008/2010) 263
K. Leistungsfreiheit bei Obliegenheitsverletzung (B § 8 Nr. 3 VHB 2008/2010) 263
L. Beweisführung 264
   I. Vorbemerkung 264
   II. Rechtsprechung 264
M. Allgemeine Hausrat Versicherungsbedingungen (VHB 2010 – Quadratmetermodell) – Version 1.1.2013 265

§ 7 Wohngebäudeversicherung 307

A. Vorbemerkung 307
B. Versicherte Sachen (A § 5 VGB 2008/2010) 307
C. Versicherte Gefahren (A § 1 VGB 2008/2010) 308
D. Versicherungswert (A § 10 VGB 2008/2010) 308
   I. Gleitender Neuwert 308
   II. Neuwert 309
   III. Zeitwert 309
   IV. Gemeiner Wert 309
E. Weitere Entschädigungsleistungen (A § 7 VGB 2008/2010) 309
F. Mietausfall (A § 9 VGB 2008/2010) 310
G. Wiederherstellungsklausel (A § 13 Nr. 7 VGB 2008/2010) 310
   I. Vorbemerkung 310
   II. Rechtsprechung 310

H. Obliegenheiten vor Eintritt des Versicherungsfalles 311
    I. Anzeigepflicht (B § 1 VGB 2008/2010) 311
    II. Obliegenheiten vor Eintritt des Versicherungsfalles
       (B § 8 Nr. 1 VGB 2008/2010) 311
    III. Obliegenheiten bei Eintritt des Versicherungsfalles
       (B § 8 Nr. 2 VGB 2008/2010) 312
    IV. Rechtsfolgen von Obliegenheitsverletzungen 312
I. Gefahrerhöhung (B § 9 VGB 2008/2010) 312
J. Vorsatz (B § 16 Nr. 1 VGB 2008/2010) 312
K. Grobe Fahrlässigkeit (B § 16 Nr. 1b VGB 2008/2010) 312
    I. Vorbemerkung 312
    II. Rechtsprechung 313
L. Arglistige Täuschung (B § 16c VGB 2008/2010) 313
M. Sachverständigenverfahren (A § 15 VGB 2008/2010) 313
N. Fälligkeit (A § 14 VGB 2008/2010) 313
O. Mieterregress 314
P. Allgemeine Wohngebäude Versicherungsbedingungen (VGB 2010 –
   Wert 1914) – Version 1.1.2013 314

§ 8 Feuerversicherung 355

A. Vorbemerkung 355
B. Versicherte Gefahren (A § 1 AFB 2008/2010) 355
    I. Brand (A § 1 Nr. 2 AFB 2008/2010) 355
    II. Blitzschlag (A § 1 Nr. 3 AFB 2008/2010) 355
    III. Explosion (A § 1 Nr. 4 AFB 2008/2010) 355
    IV. Luftfahrzeuge (A § 1 Nr. 1d AFB 2008/2010) 356
    V. Folgeschäden (A § 5 AFB 2008/2010) 356
C. Kriegsklausel (A § 2 AFB 2008/2010) 356
D. Versicherte Sachen (A § 3 AFB 2008/2010) 356
E. Versicherungsort (A § 6 AFB 2008/2010) 356
F. Versicherungswert (A § 7 AFB 2008/2010) 356
    I. Versicherungswert von Gebäuden 356
    II. Versicherungswert von beweglichen Sachen 357
G. Wiederaufbauklausel (A § 9 Nr. 1b AFB 2008/A § 8 Nr. 2 AFB 2010) 357
H. Sachverständigenverfahren (A § 10 AFB 2008/2010) 357
I. Vorsatz (B § 16 Nr. 1a AFB 2008/2010) 357
    I. Vorbemerkung 357
    II. Beweisführung 358
    III. Rechtsprechung 358
J. Grobe Fahrlässigkeit (B § 16 Nr. 1b AFB 2008/2010) 359
    I. Vorbemerkung 359
    II. Definition 359

III. Rechtsprechung	359
K. Arglistige Täuschung (B § 16 Nr. 2 AFB 2008/2010)	359
I. Vorbemerkung	359
II. Arglist	360
III. Beweisführung	360
IV. Rechtsprechung	360
L. Allgemeine Bedingungen für die Feuerversicherung – gleitende Neuwertversicherung (AFB 2010 – gleitende Neuwertversicherung) – Version 1.4.2014	361

§ 9 Einbruchdiebstahlversicherung — 397

A. Vorbemerkung	397
B. Versicherte Gefahren (A § 1 AERB 2008/2010)	397
I. Vorbemerkung	397
II. Einbruchdiebstahl (A § 1 Nr. 2 AERB 2008/2010)	397
III. Schlüsseldiebstahl	398
IV. Rechtsprechung	398
V. Raub (A § 1 Nr. 4 AERB 2008/2010)	398
VI. Vandalismus nach einem Einbruch (A § 1 Nr. 3 AERB 2008/2010)	399
VII. Versicherte Sachen (A § 3 AERB 2008/2010)	399
VIII. Versicherungsort (A § 6 AERB 2008/2010)	399
IX. Versicherungswert (A § 7 AERB 2008/2010)	399
X. Gefahrerhöhung (B § 9 AERB 2008/2010)	399
XI. Beweisfragen	400
C. Allgemeine Bedingungen für die Einbruchdiebstahl- und Raubversicherung (AERB 2010) – Version 1.4.2014	400

§ 10 Haftpflichtversicherung — 439

A. Vorbemerkung	439
B. Versichertes Risiko (Nr. 1 AHB 2008/2010)	439
C. Vorsorgeversicherung (Nr. 4 AHB 2008/2010)	439
D. Haftpflichtverhältnis/Deckungsverhältnis	440
E. Stellung des Geschädigten	441
F. Regulierungsvollmacht des Versicherers	441
G. Risikoausschlüsse (Nr. 7 AHB 2008/2010)	441
H. Vorsatz	442
I. Obliegenheiten	442
I. Vorbemerkung	442
II. Vorvertragliche Obliegenheiten (Nr. 23 AHB 2008/2010)	443
III. Obliegenheiten vor Eintritt des Versicherungsfalles (Nr. 24 AHB 2008/2010)	443

IV. Obliegenheiten nach Eintritt des Versicherungsfalles
(Nr. 25 AHB 2008/2010) 444
    1. Anzeigepflicht (Nr. 25.1 AHB 2008/2010) 444
    2. Schadenminderungspflicht (Nr. 25.2 AHB 2008/2010) 444
    3. Auskunftspflicht (Nr. 25.2 AHB 2008/2010) 444
    4. Prozessführungsbefugnis (Nr. 25.5 AHB 2008/2010) 444
V. Rechtsfolgen von Obliegenheitsverletzungen
(Nr. 26 AHB 2008/2010) 445
    1. Einfache Fahrlässigkeit (Nr. 26.1 AHB 2008/2010) 445
    2. Grobe Fahrlässigkeit (Nr. 26.2 AHB 2008/2010) 445
    3. Vorsatz (Nr. 26.2 AHB 2008/2010) 445
VI. Kausalitätsgegenbeweis (Nr. 26.2 Abs. 4 AHB 2008/2010) 445
    1. Vorbemerkung 445
    2. Anzeigepflicht 446
    3. Schadenminderungspflicht (Nr. 25.2 AHB 2008/2010) 446
    4. Auskunftspflicht (Nr. 25.2 AHB 2008/2010) 446
    5. Prozessführungsbefugnis (Nr. 25.2 AHB 2008/2010) 447
    6. Arglist (Nr. 26.2 Abs. 4 S. 2 AHB 2008/2010) 447
VII. Anerkenntnis (§ 105 VVG) 448
    1. Vorbemerkung 448
    2. Bedeutung 448
    3. Befriedigung 449
    4. Kollusion 449
    5. Abtretung 449
VIII. Prozessuale Besonderheiten 450
    1. Vorbemerkung 450
    2. Trennungsprinzip 450
    3. Bindungswirkung 451
    4. Prozessparteien 451
    5. Drittwiderklage gegen den Versicherungsnehmer 452
J. Allgemeine Versicherungsbedingungen für die Haftpflichtversicherung
(AHB) – Stand: Januar 2015 452

§ 11 Rechtsschutzversicherung 475

A. Vorbemerkung 475
B. Versicherbare Risikobereiche 476
C. Bedeutung der Rechtsschutzversicherung 477
D. Rechtsschutzvertrag 477
E. Versicherte Personen (§ 15 ARB 2008/2010) 478
F. Leistungsarten (§ 2 ARB 2008/2010) 479
    I. Vorbemerkung 479
    II. Schadenersatzrechtsschutz (§ 2 lit. a ARB 2008/2010) 479

XIX

III.	Arbeitsrechtsschutz (§ 2 lit. b ARB 2008/2010)	480
IV.	Wohnungs- und Grundstücksrechtsschutz (§ 2 lit. c ARB 2008/2010)	480
V.	Vertrags- und Sachenrecht (§ 2d ARB 2008/2010)	481
VI.	Steuerrechtsschutz (§ 2e ARB 2008/2010)	481
VII.	Sozialgerichtsrechtsschutz (§ 2 lit. f ARB 2008/2010)	481
VIII.	Verwaltungsrechtsschutz in Verkehrssachen (§ 2 lit. g ARB 2008/2010)	481
IX.	Disziplinarrechtsschutz (§ 2 lit. h ARB 2008/2010)	482
X.	Verkehrsstraftaten (§ 2 lit. i aa ARB 2008/2010)	482
XI.	Allgemeine Straftaten (§ 2 lit. i bb ARB 2008/2010)	482
XII.	Ordnungswidrigkeit (§ 2 lit. j ARB 2008/2010)	483
XIII.	Beratungsrechtsschutz im Familienrecht/Lebenspartnerschaftsrecht/Erbrecht (§ 2 lit. k ARB 2008/2010)	483

G. Risikoausschlüsse ... 483

I.	Vorbemerkung	483
II.	Krieg, Streik, Aussperrung (§ 3 Abs. 1 lit. a ARB 2008/2010)	484
III.	Baurisiko (§ 3 Abs. 1 lit. d ARB 2008/2010)	484
	1. Vorbemerkung	484
	2. Rechtsprechung	484
IV.	Abwehr von Schadenersatzansprüchen (§ 3 Abs. 2 lit. a ARB 2008/2010)	485
V.	Kollektives Arbeitsrecht (§ 3 Abs. 2 lit. b ARB 2008/2010)	485
VI.	Handelsrecht (§ 3 Abs. 2 lit. c ARB 2008/2010)	486
VII.	Geistiges Eigentum (§ 3 Abs. 2 lit. d ARB 2008/2010)	486
VIII.	Kartell- und sonstiges Wettbewerbsrecht (§ 3 Abs. 2 lit. e ARB 2008/2010)	486
IX.	Spiel- und Wettverträge (§ 3 Abs. 2 lit. f ARB 2008/2010)	486
X.	Familien-, Lebenspartnerschafts- und Erbrecht (§ 3 Abs. 2 lit. g ARB 2008/2010)	487
XI.	Eigene Rechtsschutzversicherung (§ 3 Abs. 2 lit. h ARB 2008/2010)	487
XII.	Steuerrecht (§ 3 Abs. 2 lit. i ARB 2008/2010)	487
XIII.	Verfassungsgericht (§ 3 Abs. 3 lit. a ARB 2008/2010)	487
XIV.	Internationale Gerichte (§ 3 Abs. 3 lit. b ARB 2008/2010)	487
XV.	Insolvenzverfahren (§ 3 Abs. 3 lit. c ARB 2008/2010)	487
XVI.	Enteignungsverfahren (§ 3 Abs. 3 lit. d ARB 2008/2010)	488
XVII.	Halt- oder Parkverstöße (§ 3 Abs. 3 lit. e ARB 2008/2010)	488
XVIII.	Mitversicherte Personen (§ 3 Abs. 4 lit. a ARB 2008/2010)	488
XIX.	Nichteheliche Lebenspartner (§ 3 Abs. 4 lit. b ARB 2008/2010)	488
XX.	Übergegangene Ansprüche (§ 3 Abs. 4 lit. c ARB 2008/2010)	488

XXI.	Ansprüche anderer Personen (§ 3 Abs. 4 lit. d ARB 2008/2010)	489
XXII.	Vorsatztaten (§ 3 Abs. 5 ARB 2008/2010)	489

H. Obliegenheiten ... 490
    I. Vorbemerkung ... 490
    II. Obliegenheiten vor Eintritt des Versicherungsfalles ... 490
    III. Obliegenheitsverletzungen nach Eintritt des Versicherungsfalles .. 491
        1. Informationspflicht (§ 17 Abs. 3 ARB 2008/2010) ... 491
        2. Abstimmungsobliegenheit (§ 17 Abs. 5 lit. c ARB 2008/2010) . 491
        3. Warteobliegenheit (§ 17 Abs. 5 lit. c bb ARB 2008/2010) ... 491
    IV. Kostenminderungspflicht (§ 17 Abs. 1 lit. c bb ARB 2008/2010)... 492
    V. Rechtsfolgen von Obliegenheitsverletzungen
        (§ 17 Abs. 6 ARB 2008/2010) ... 492
I. Repräsentanten ... 493
J. Leistungen des Rechtsschutzversicherers (§ 5 ARB 2008/2010) ... 493
    I. Vorbemerkung ... 493
    II. Rechtsanwaltsgebühren im Inland (§ 5 Abs. 1 lit. a
        ARB 2008/2010) ... 493
    III. Rechtsanwaltsgebühren im Ausland (§ 5 Abs. 1 lit. b ARB
        2008/2010) ... 494
    IV. Gerichtskosten (§ 5 Abs. 1 lit. c ARB 2008/2010) ... 494
    V. Schieds- oder Schlichtungsverfahren (§ 5 Abs. 1 lit. d ARB
        2008/2010) ... 494
    VI. Verwaltungsverfahren (§ 5 Abs. 1 lit. e ARB 2008/2010) ... 494
    VII. Private Sachverständige (§ 5 Abs. 1 lit. f ARB 2008/2010) ... 495
    VIII. Reisekosten (§ 5 Abs. 1 lit. g ARB 2008/2010) ... 495
    IX. Kosten des Gegners (§ 5 Abs. 1 lit. h ARB 2008/2010) ... 495
    X. Kostenübernahme (§ 5 Abs. 3 lit. a ARB 2008/2010) ... 495
    XI. Einverständliche Erledigung (§ 5 Abs. 3 lit. b ARB 2008/2010)... 495
    XII. Selbstbeteiligung (§ 5 Abs. 3 lit. c ARB 2008/2010) ... 496
    XIII. Zwangsvollstreckungskosten (§ 5 Abs. 3 lit. d, e ARB 2008/2010) . 496
    XIV. Strafvollstreckungsverfahren (§ 5 Abs. 3 lit. f ARB 2008/2010) ... 497
    XV. Subsidiaritätsklausel (§ 5 Abs. 3 lit. g ARB 2008/2010) ... 497
    XVI. Versicherungssumme (§ 5 Abs. 4 ARB 2008/2010) ... 497
    XVII. Kaution (§ 5 Abs. 5 lit. b ARB 2008/2010) ... 498
K. Versicherungsfall (§ 4 ARB 2008/2010) ... 498
L. Abtretung ... 499
M. Wartezeit (§ 4 Abs. 1 lit. b ARB 2008/2010) ... 500
N. Verjährung (§ 14 ARB 2008/2010) ... 500
O. Mutwilligkeit (§ 18 Abs. 1 lit. a ARB 2008/§ 3 lit. a ARB 2010) ... 500
P. Schiedsgutachterverfahren/Stichentscheid (§ 18 ARB 2008/§ 3 lit. a
    ARB 2010) ... 501
    I. Vorbemerkung ... 501

Inhaltsverzeichnis

II. Schiedsgutachterverfahren	501
III. Stichentscheid	502
Q. Auskunftspflicht des Rechtsanwalts	502
R. Allgemeine Bedingungen für die Rechtsschutzversicherung (ARB 2010) – Stand: September 2010	502

§ 12 Lebensversicherung 537

A. Vorbemerkung	537
B. Kapital bildende Lebensversicherung (§ 1 KLV)	537
C. Zustandekommen des Versicherungsvertrages	538
I. Vorbemerkung	538
II. Anzeigepflichten (§ 19 VVG)	538
III. Informationspflichten (§ 7 VVG)	538
IV. Risikoperson (§ 150 Abs. 2 S. 1 VVG)	538
V. Widerruf (§ 152 VVG)	538
D. Versicherungsbeginn	539
E. Selbsttötung	539
I. Vorbemerkung	539
II. Störung der Geistestätigkeit	539
III. Beweislast	540
F. Tötung durch den Leistungsberechtigten (§ 162 VVG)	541
G. Bezugsberechtigung (§ 159 VVG)	541
H. Rückkaufswert (§ 169 VVG)	541
I. Rechtsprechung	541
J. Allgemeine Bedingungen für die kapitalbildende Lebensversicherung (KLV) – Stand: 1.10.2013	543

§ 13 Krankenversicherung 561

A. Vorbemerkung	561
B. Leistungsumfang (§ 1 MB/KK 2009)	561
I. Vorbemerkung	561
II. Krankheit	561
III. Heilbehandlungen	562
IV. Medizinische Notwendigkeit	562
V. Verhältnismäßigkeit	563
VI. Heilpraktiker	563
VII. Schulmedizinklausel (§ 4 Abs. 6 MB/KK 2009)	563
C. Einschränkung der Leistungspflicht	564
I. Vorbemerkung	564
II. Hilfsmittel	564

    III. Stationäre Krankenhausbehandlung 564
    IV. Gemischte Anstalten 564
D. Krankentagegeldversicherung (§§ 1–18 MB/KT 2009) 565
E. Bereicherungsverbot (§ 200 VVG) 566
F. Auskunftspflicht des Versicherers (§ 202 VVG) 566
G. Kündigung des Versicherungsnehmers (§ 205 VVG) 566
H. Kündigung des Versicherers (§ 206 VVG) 567
    I. Vorbemerkung 567
    II. Rechtsprechung 567
I. Musterbedingungen 2009 für die Krankheitskosten und Krankenhaustagegeldversicherung – Stand: Juli 2013 569
J. Musterbedingungen 2009 für die Krankentagegeldversicherung – Stand: Juli 2013 584

§ 14 Berufsunfähigkeitsversicherung 597

A. Vorbemerkung 597
B. Leistungen des Versicherers 597
C. Ausgeübter Beruf 597
D. Verweisungsmöglichkeit (§ 172 Abs. 3 VVG) 598
    I. Vorbemerkung 598
    II. Rechtsprechung 598
E. Nachprüfungsverfahren 598
F. Allgemeine Bedingungen für die Berufsunfähigkeits-Versicherung – Stand: 6.8.2014 599
G. Allgemeine Bedingungen für die Berufsunfähigkeits-Zusatzversicherung zur BasisRente – Stand: 1.10.2013 621

§ 15 Unfallversicherung 633

A. Vorbemerkung 633
B. Rechtscharakter 633
C. Versicherbare Leistungen (2 AUB 2008/2010) 634
    I. Vorbemerkung 634
    II. Invalidität 634
    III. Unfallbegriff 637
        1. Definition 637
        2. Plötzliches Ereignis 637
        3. Von außen auf den Körper wirkendes Ereignis 637
        4. Unfreiwilligkeit 639
        5. Gesundheitsbeschädigung 639
        6. Kausalität 639
        7. Erhöhte Kraftanstrengung 640

D. Risikoausschlüsse (5 AUB 2008/2010) ... 640
   I. Vorbemerkung ... 640
   II. Bewusstseinsstörung (5.1.1 AUB 2008/2010) ... 640
   III. Trunkenheit (5.1.1 AUB 2008/2010) ... 641
   IV. Bandscheibenschäden (5.2.1 AUB 2008/2010) ... 642
E. Obliegenheiten nach Eintritt eines Versicherungsfalles (7 AUB 2008/2010) . 642
F. Nachprüfung (9.4 AUB 2008/2010) ... 642
G. Rechtsprechung ... 642
H. Fristen ... 644
I. Allgemeine Unfallversicherungs-Bedingungen (AUB 2010) – Musterbedingungen des GDV – Stand: Oktober 2010 ... 644

§ 16 Anhang ... 661

A. Checkliste: Kaskoversicherung ... 661
B. Schaubilder zur Schadensabrechnung bei Inanspruchnahme der Vollkaskoversicherung ... 662
C. Schaubilder Obliegenheiten ... 667
D. Muster ... 671
   I. Muster: Klage wegen Versicherungsleistung (Vollkaskoversicherung) ... 671
   II. Muster: Klageerwiderung wegen Versicherungsleistung (Vollkaskoversicherung) ... 673
   III. Muster: Klage wegen Versicherungsleistung (Rechtsschutzversicherung) ... 675
   IV. Muster: Klageerwiderung wegen Versicherungsleistung (Rechtsschutzversicherung) ... 677
   V. Muster: Klage wegen Versicherungsleistung (Teilkaskoversicherung) ... 678

Stichwortverzeichnis ... 681

Abkürzungsverzeichnis

a.a.O.	am angegebenen Ort
Abs.	Absatz
AERB	Allgemeine Bedingungen für die Einbruchdiebstahl- und Raubversicherung
a.F.	alte Fassung
AFB	Allgemeine Bedingungen für die Feuerversicherung
ags	Mitteilungsblatt der Arbeitsgemeinschaft Verkehrsrecht im Deutschen Anwaltverein
AHB	Allgemeine Versicherungsbedingungen für die Haftpflichtversicherung
AKB	Allgemeine Bedingungen für die Kfz-Versicherung
ALG	Gesetz über die Alterssicherung der Landwirte
AnwBl	Anwaltsblatt
AUB	Allgemeine Unfall-Versicherungsbedingungen
AVB	Allgemeine Versicherungsbedingungen
BAK	Blutalkoholkonzentration
BB	Betriebsberater
BGBl (I, II)	Bundesgesetzblatt (Teil I, Teil II)
BGH	Bundesgerichtshof
BGHZ	Sammlung der Entscheidungen des BGH in Zivilsachen
BRAK-Mitt.	Mitteilungen der Bundesrechtsanwaltskammer
BR-Drucks	Drucksachen des Bundesrates
BT-Drucks	Bundestags-Drucksache
BT-Drucks	Drucksachen des Bundestages
BUV	Allgemeine Bedingungen für die Berufsunfähigkeits-Versicherung
BUZ	Allgemeine Bedingungen für die Berufsunfähigkeits-Zusatzversicherung
BVerfG	Bundesverfassungsgericht
BVerfGE	Sammlung der Entscheidungen des Bundesverfassungsgerichtes
BVerwG	Bundesverwaltungsgericht
bzw.	beziehungsweise
DAR	Deutsches Autorecht
DB	Der Betrieb
ders.	derselbe Autor
dh.	das heißt
EuGH	Europäischer Gerichtshof
f.	folgend
ff.	fortfolgend

Abkürzungsverzeichnis

i.d.R.	in der Regel
i.H.v.	in Höhe von
i.S.d.	im Sinne der/s
i.S.e.	im Sinne einer/s
i.S.v.	im Sinne von
i.V.m.	in Verbindung mit
Kfz	Kraftfahrzeug
KfzPflVV	Kraftfahrzeug-Pflichtversicherungsverordnung (Verordnung über den Versicherungsschutz in der Kraftfahrzeug-Haftpflichtversicherung)
KLV	Allgemeine Bedingungen für die kapitalbildende Lebensversicherung
LG	Landgericht
lit.	Buchstabe
MB/KK	Musterbedingungen 2009 für die Krankheitskosten und Krankenhaustagegeldversicherung
MB/KT	Musterbedingungen 2009 für die Krankentagegeldversicherung
MdE	Minderung der Erwerbsfähigkeit
MDR	Monatsschrift für deutsches Recht
m.w.H.	mit weiteren Hinweisen
m.w.N.	mit weiteren Nachweisen
n.F.	neue Fassung
NJW	Neue Juristische Wochenschrift
NJW-RR	Rechtsprechung-Report
NVersZ	Neue Zeitschrift für Versicherung und Recht
NVwZ	Neue Zeitschrift für Verwaltungsrecht
NZV	Neue Zeitschrift für Verkehrsrecht
OLG	Oberlandesgericht
PflVG	Pflichtversicherungsgesetz (Gesetz über die Pflichtversicherung für Kraftfahrzeughalter)
PKV	private Krankenversicherung
r+s	Recht und Schaden
Rn	Randnummer
S.	Satz; Seite; siehe
SP	Schadenpraxis
StVG	Straßenverkehrsgesetz
SVR	Straßenverkehrsrecht
u.ä.	und ähnliche
u.a.	unter anderen(m)
u.U.	unter Umständen
VerkMitt	Verkehrsrechtliche Mitteilungen

VersR	Versicherungsrecht
VG	Verwaltungsgericht
VGB	Allgemeine Wohngebäude Versicherungsbedingungen
vgl.	vergleiche
VHB	Allgemeine Hausrat Versicherungsbedingungen
VP	Versicherungspraxis
VRS	Verkehrsrechtsammlung
VVG	Gesetz über den Versicherungsvertrag – Versicherungsvertragsgesetz
z.B.	zum Beispiel
z.T.	zum Teil (teilweise)
ZAP	Zeitschrift für die Anwaltspraxis
zfs	Zeitschrift für Schadenrecht
ZfV	Zeitschrift für das Versicherungswesen

Literaturverzeichnis

Bauer, Die Kraftfahrtversicherung, 6. Auflage 2010

Beckmann/Matusche-Beckmann, Versicherungsrechts-Handbuch, 3. Auflage 2015

van Bühren, (Hrsg.) Das verkehrsrechtliche Mandat, Bd. 4: Versicherungsrecht, 2. Auflage 2010

ders., Handbuch Versicherungsrecht, 6. Auflage 2014

ders., Unfallregulierung, 7. Auflage 2014

van Bühren/Lemcke/Jahnke, Anwalts-Handbuch Verkehrsrecht, 2. Auflage 2011

van Bühren/Plote, ARB-Kommentar, 3. Auflage 2013

Feyock/Jacobsen/Lemor, Kraftfahrtversicherung, Kommentar, 3. Auflage 2009

Grimm, Unfallversicherung, 5. Auflage 2013

Harbauer, Rechtsschutzversicherung, Kommentar zu den Allgemeinen Bedingungen für die Rechtsschutzversicherung (ARB 2000/2009 und 75), 8. Auflage 2010 (zitiert: Harbauer/*Bearbeiter*)

Palandt, Bürgerliches Gesetzbuch, 74. Auflage 2015

Prölss/Martin, Versicherungsvertragsgesetz, 29. Auflage 2015

Römer/Langheid, Versicherungsvertragsgesetz (VVG) mit VVG-Informationspflichtenverordnung, Kommentar, 4. Auflage 2014

Stiefel/Maier, Kraftfahrtversicherung, AKB-Kommentar, 18. Auflage 2010

Zöller, Zivilprozessordnung, 30. Auflage 2014

§ 1 Einleitung

Jährlich werden rund **50 Millionen Versicherungsfälle** reguliert, in der Regel ohne anwaltliche Beteiligung. Die Zahlen der gerichtlichen Verfahren, an denen Versicherer beteiligt sind, werden statistisch nicht erfasst. Versicherer sprechen von einer Prozessquote von 1 % bis 3 %. Daraus ergibt sich, dass die gerichtlichen Verfahren, an denen Versicherer beteiligt sind, pro Jahr etwa eine Million Verfahren ausmachen dürften. Soweit in der Anwaltschaft eine Spezialisierung erfolgt ist, geschah dies in der Regel nur in den Kanzleien, die *für* Versicherer tätig waren, während Kanzleien, die sich darauf spezialisiert haben, Versicherungsnehmer zu vertreten, nicht in Erscheinung getreten sind.

Statistisch betrachtet entfallen auf jeden Bundesbürger **6 Versicherungsverträge**, deren Inhalt und Auslegung oft Gegenstand von Auseinandersetzungen zwischen Versicherern und Versicherungsnehmern ist. Hier bietet sich ein großes Betätigungsfeld für die Anwaltschaft. Den Rechtsanwältinnen und Rechtsanwälten muss es auch gelingen, sich auf dem Beratungsmarkt zu etablieren, der von den hauptberuflichen und nebenberuflichen Versicherungsvermittlern beherrscht wird. Nahezu 80 % aller Versicherungsverträge werden vom Außendienst der Versicherer akquiriert.

Rechtsanwälte sind gemäß § 3 Abs. 1 BRAO für den rechtsuchenden Bürger „unabhängige Berater und Vertreter in allen Rechtsangelegenheiten". Diesem Anspruch können sie nur gerecht werden, wenn sie auch die Mandanten in versicherungsrechtlichen Angelegenheiten beraten und ihnen vermitteln, welche Versicherungsverträge **sinnvoll** sind und auf welche Versicherungsverträge **verzichtet** werden kann.

Das VVG 2008 hat seinen Praxistest glänzend bestanden. Erfahrungsgemäß befassen sich die meisten Entscheidungen zum aktuellen VVG mit der Quotenbildung bei grober Fahrlässigkeit. Das VVG 2008 gilt für alle Versicherungsfälle, die ab dem 1.1.2009 eingetreten sind. Während des Kalenderjahres 2008 hatten alle Versicherer die Möglichkeit, Altverträge durch einseitige Erklärungen auf das neue VVG umzustellen. Versicherer, die von dieser Möglichkeit keinen Gebrauch gemacht haben oder die Umstellung nicht nachweisen können, haben im Bereich der vertraglichen Obliegenheiten ein Problem: Die entsprechend § 6 VVG a.F. bestimmten Rechtsfolgen bei vertraglichen Obliegenheitsverletzungen sind unwirksam. § 28 VVG 2008 kann auch nicht im Wege der geltungserhaltenden Reduktion herangezogen werden.

§ 2 Rechtsgrundlagen des Privat-Versicherungsrechts

A. Vorbemerkung

Das Privat-Versicherungsrecht ist ein Spezialgebiet des Zivilrechts, im Gegensatz zu den gesetzlichen Versicherungen. Gegenstand des Privat-Versicherungsrechts sind somit die Rechte und Pflichten der Versicherer einerseits und der Versicherungsnehmer sowie mitversicherter Personen andererseits. Grundlage des Privat-Versicherungsrechts ist daher zunächst das Bürgerliche Gesetzbuch (**BGB**), das in vielen Bereichen durch das Versicherungsvertragsgesetz (**VVG**) abgeändert wird.

Das VVG befasst sich ausschließlich mit der Binnenversicherung, es gilt somit nicht für die See- und Rückversicherung (§ 209 VVG). Die Seeversicherung ist im Handelsgesetzbuch (§§ 778 bis 900, 905 **HGB**) geregelt.

Die Rückversicherung ist die Versicherung der (Erst-)Versicherer. Art und Umfang der Rückversicherung ergeben sich jeweils aus privatrechtlichen Verträgen zwischen Rückversicherern und Erstversicherern.

Auch das Versicherungsaufsichtsgesetz (**VAG**) und das Pflichtversicherungsgesetz (**PflVG**) sind in der anwaltlichen Praxis bei der Bearbeitung versicherungsrechtlicher Mandate von Bedeutung. Wesentliche Erkenntnisgrundlage im Privat-Versicherungsrecht sind jedoch die Allgemeinen Versicherungsbedingungen des Versicherers (**AVB**), die jeweils Sonderregelungen oder Klarstellungen gegenüber dem VVG und dem BGB enthalten.

B. Versicherungsaufsichtsgesetz (VAG)

Das Versicherungsaufsichtsgesetz von 1901 ist in seiner über 100-jährigen Geschichte vielfach geändert und den gesellschaftlichen und politischen Entwicklungen angepasst worden. Die vom Gesetzgeber gewählte Form der Versicherungsaufsicht ist das System der **materiellen Staatsaufsicht**, dem alle inländischen Versicherungsunternehmen unterliegen. In Deutschland sind über 700 Versicherungsgesellschaften unter Bundesaufsicht tätig.

Durch das Dritte Durchführungsgesetz/EWG zum VAG ist es zum 1.7.1994 zu wesentlichen Veränderungen gekommen. Versicherungsunternehmen mit Sitz in der europäischen Gemeinschaft erhalten in ihrem jeweiligen Herkunftsland einen „**europäischen Pass**", mit dem sie in sämtlichen Mitgliedsstaaten tätig werden dürfen. Hierbei unterliegen sie nur der Rechts- und Finanzaufsicht des jeweiligen Herkunftsstaates.

Die inländischen Versicherungsunternehmen bleiben damit weiterhin der **Rechts- und Finanzaufsicht** des (früheren) Bundesaufsichtsamtes für das Versicherungswesen unterstellt, und zwar für ihre gesamte Tätigkeit in den Mitgliedsstaaten der europäischen Gemeinschaft.

8 Seit dem 1.5.2002 ist das Bundesaufsichtsamt für das Versicherungswesen mit dem Bundesaufsichtsamt für das Kreditwesen und den Wertpapierhandel zu einer neuen Behörde verschmolzen worden: **Bundesanstalt für Finanzdienstleistungsaufsicht (BAfin)**.

9 Die bis 1994 bestehende **Genehmigungspflicht** für Tarife und Versicherungsbedingungen ist **entfallen**, so dass nunmehr die Versicherer Tarife und Bedingungen frei bestimmen können. Die einzigen Inhaltskontrollen bleiben dann die Bestimmungen des VVG und des BGB (§§ 305 ff.) zu den Allgemeinen Geschäftsbedingungen. Die Versicherer sind nunmehr in allen Mitgliedsstaaten der europäischen Gemeinschaft in der Gestaltung ihrer Versicherungsbedingungen – bis auf gewisse Mindeststandards, wie z.b. in der Kraftfahrt-Haftpflichtversicherung – frei.

Die Hauptaufgabe der Bundesanstalt für Finanzdienstleistungsaufsicht besteht darin, die **Kapitalausstattung** der Versicherungsgesellschaft zu überprüfen und Insolvenzen von Versicherern zu verhindern.

10 Neben der **Finanzaufsicht** (§ 81 Abs. 1 VAG) hat die Bundesanstalt auch eine **Missbrauchsaufsicht** (§ 81 Abs. 2 VAG). Im Rahmen dieser Missstandsaufsicht ist die BAfin befugt, eine AVB-Kontrolle auszuüben, soweit die Versicherungsbedingungen Versicherungsnehmer unangemessen benachteiligen und zu einem „Missstand" im Sinne von § 81 VAG führen.

C. Versicherungsvertragsgesetz (VVG)

I. Allgemeines

11 Das noch aus dem Kaiserreich (1908) stammende Versicherungsvertragsgesetz ist umfassend reformiert und völlig neu gefasst worden. Berücksichtigt worden ist das Bedürfnis nach einem modernen **Verbraucherschutz**, die umfassende Rechtsprechung des Reichsgerichts und des Bundesgerichtshofs ist in die Fassung des Gesetzes eingeflossen. Dieses VVG 2008 ist am **1.1.2008** in Kraft getreten und gilt ab **1.1.2009** für alle Versicherungsverträge, also auch für sogenannte **Altverträge**, die vor dem 1.1.2008 geschlossen worden sind.

12 Wenn bei **Altverträgen** ein Versicherungsfall bis zum **31.12.2008** eingetreten ist, gilt für diese auch weiterhin das **VVG 1908** in der bis zum 31.12.2007 geltenden Fassung (Art. 1 Abs. 2 EGGVG).

II. Aufbau des VVG

13 Der Aufbau des neuen VVG weist eine ähnliche Struktur auf wie das VVG 1908:
- Vorschriften für alle Versicherungszweige (§§ 1 bis 73 VVG)
- Schadenversicherung (§§ 74 bis 99 VVG)

- Haftpflichtversicherung (§§ 100 bis 112 VVG)
- Pflichtversicherung (§§ 113 bis 124 VVG)
- Rechtsschutzversicherung (§§ 125 bis 129 VVG)
- Transportversicherung (§§ 130 bis 141 VVG)
- Gebäude-Feuerversicherung (§§ 142 bis 149 VVG)
- Lebensversicherung (§§ 150 bis 171 VVG)
- Berufsunfähigkeitsversicherung (§§ 172 bis 177 VVG)
- Unfallversicherung (§§ 178 bis 191 VVG)
- Krankenversicherung (§§ 192 bis 208 VVG)
- Schlussvorschriften (§ 209 bis 215 VVG).

III. Charakter der Vorschriften des VVG

Das VVG enthält zwingende, halbzwingende und dispositive Vorschriften. **14**

Von **zwingenden** Vorschriften darf **nicht** abgewichen werden.

> *Beispiel*
> § 5 Abs. 4 VVG: „Eine Vereinbarung, durch welche der Versicherungsnehmer darauf verzichtet, den Vertrag wegen Irrtums anzufechten, ist unwirksam."

Halbzwingende Vorschriften sind solche, von denen **nicht zum Nachteil** des Versicherungsnehmers abgewichen werden darf. **15**

> *Beispiel*
> § 18 VVG: „Von § 3 Abs. 1 bis 4, § 5 Abs. 1 bis 3, den §§ 6 bis 9 und 11 Abs. 2 bis 4, § 14 Abs. 2 S. 1 und § 15 kann nicht zum Nachteil des Versicherungsnehmers abgewichen werden."

Die meisten Vorschriften des VVG sind dispositiv und daher im Rahmen der §§ 305 ff. BGB abdingbar. **16**

D. Pflichtversicherungsgesetz (PflVG)

Das Pflichtversicherungsgesetz gilt nur für die Kraftfahrzeug-Haftpflichtversicherung. Nur im Rahmen des Pflichtversicherungsgesetzes gibt es in allen Ländern der europäischen Union – außer in Großbritannien und Irland – einen unmittelbaren **Direktanspruch** gegen den Kraftfahrzeug-Haftpflichtversicherer (§ 115 Abs. 1 Nr. 1 VVG). **17**

E. Bürgerliches Gesetzbuch (BGB)

Das BGB enthält nur wenige versicherungsrechtliche Bestimmungen: **18**
- §§ 330 bis 332 (Lebensversicherung)
- §§ 1045, 1046 (Nießbrauch)
- §§ 1127 bis 1130 (Gebäudeversicherung)

§ 2 Rechtsgrundlagen des Privat-Versicherungsrechts

19 Alle Versicherungsverträge unterliegen den gesetzlichen Bestimmungen des BGB, soweit das VVG als **lex specialis** nicht eine abweichende Regelung enthält.

> *Beispiel*
> Die Rechtsfolgen des Prämienverzuges ergeben sich nicht aus § 323 BGB, sondern aus den §§ **37, 38 VVG**.

20 Im Bereich des Versicherungsrechts sind daher die Vorschriften des BGB heranzuziehen über:
- die **Geschäftsfähigkeit** (§§ 104 ff. BGB)
- die **Anfechtung** von Willenserklärungen (§§ 119 ff. BGB)
- die **Sittenwidrigkeit** (§ 138 BGB)
- das **Zustandekommen** des Vertrages (§§ 145 ff. BGB)
- die Einbeziehung **Allgemeiner Geschäftsbedingungen** (§§ 305 ff. BGB)
- Verzugszinsen (§ 288 BGB).

F. Handelsgesetzbuch (HGB)

21 Das HGB regelt in den §§ 341 bis 341p Form und Inhalt der Jahresabschlüsse von Versicherungsunternehmen. Aber auch in der täglichen Praxis ist das HGB von großer Bedeutung bei der Vertretung von Kaufleuten gemäß § 1 HGB gegen Versicherungsunternehmen: Soweit ein Kaufmann Leistungsansprüche aus einem Versicherungsvertrag seines Gewerbebetriebes gegenüber einem Versicherer geltend macht, handelt es sich um ein **beiderseitiges Handelsgeschäft**,[1] so dass die Zuständigkeit der **Kammer für Handelssachen** (§ 95 GVG) gegeben ist.

G. Allgemeine Versicherungsbedingungen (AVB)

22 Die Allgemeinen Versicherungsbedingungen sind die Allgemeinen Geschäftsbedingungen der Versicherer und unterliegen der Inhaltskontrolle der §§ 305 ff. BGB.

23 Die Bearbeitung von versicherungsrechtlichen Mandaten beginnt daher mit den jeweiligen **AVB**. Wenn diese keine Sonderregelung enthalten, gilt das **VVG**, findet man auch hier keine Regelung, ist auf das **BGB** zurückzugreifen.

24 Die AVB werden Bestandteil des Versicherungsvertrages in der **bei Vertragsschluss** vereinbarten und zugrunde gelegten Fassung. Die Einbeziehung neuer Bedingungen muss gesondert und ausdrücklich vereinbart werden.

25 In den meisten Sparten sind die Bedingungen der gesellschaftlichen und wirtschaftlichen Entwicklung **angepasst** und **verändert** worden. Das Jahr des Zustandekommens dieser Bedingungen wird meistens mit der Kurzbezeichnung der AVB ge-

---

1 OLG Hamm, zfs 2000, 496.

nannt, wie z.B. in der Hausratversicherung: VHB 1942, VHB 1966, VHB 1974, VHB 1984, VHB 1992, VHB 2008. In der Rechtsschutzversicherung findet man die ARB 1975, ARB 1994, ARB 2000, ARB 2008, ARB 2010 und ARB 2012.

Versicherungsbedingungen sind nicht gesetzesähnlich, sondern nach dem Verständnis des durchschnittlichen Versicherungsnehmers auszulegen. **Auslegung geht vor Inhaltskontrolle.** Vom **Wortlaut** der Klausel ist auszugehen, die Entstehungsgeschichte hat bei der Auslegung außer Betracht zu bleiben.[2] Diese Auslegung gilt **nicht** für reine **Rechtsbegriffe**, die so zu verstehen sind, wie sie in der Rechtssprache allgemein verstanden werden.[3] Für Allgemeine Versicherungsbedingungen gilt die allgemeine **Unklarheitsregel** gemäß § 305c Abs. 2 BGB ebenso wie das **Abweichungsverbot** (§ 307 Abs. 2 S. 1 BGB) und das **Aushöhlungsverbot** (§ 307 Abs. 2 S. 2 BGB).

26

---

2 BGH, NVersZ 2000, 189; BGH, VersR 2003, 1163.
3 BGH, NVersZ 2000, 189; BGH, VersR 2003, 1163; BGH, r+s 2009, 107; Römer/Langheid/*Römer*, Vor § 1 VVG Rn 27 m.w.N.

§ 3 Versicherungsvertragsgesetz (VVG)

A. Vorbemerkung

Aus dem privatrechtlichen Charakter des Versicherungsrechts ergibt sich, dass Versicherungsverträge ausdrücklich oder stillschweigend, **schriftlich** oder **mündlich** geschlossen werden. Ebenso wie im allgemeinen Zivilrecht werden die meisten Versicherungsverträge allein **aus Beweisgründen** schriftlich geschlossen. Grundsätzlich besteht **Vertragsfreiheit** mit der Maßgabe, dass sowohl Versicherer als auch Versicherungsnehmer frei entscheiden können, ob und welchen Inhalts sie Verträge schließen. Eine Ausnahme ergibt sich lediglich aus § 5 PflVG, der den Kfz-Versicherern einen Kontrahierungszwang in bestimmten Grenzen auferlegt.

1

B. Versicherungsschein

Nach § 3 Abs. 1 S. 1 VVG ist der Versicherer **verpflichtet**, dem Versicherungsnehmer einen Versicherungsschein auszuhändigen. § 3 Abs. 3 VVG verpflichtet den Versicherer, dem Versicherungsnehmer jederzeit Abschriften über die Erklärungen zu erteilen, „die er mit Bezug auf den Vertrag abgegeben hat". Daraus resultiert, dass der Versicherer im Streitfall verpflichtet ist, **Abschriften** der Antragsunterlagen ebenso zu übersenden wie ein Exemplar der AVB, die Gegenstand des Versicherungsvertrages sind. Der Versicherungsschein ist eine **Beweisurkunde** über den zustande gekommenen Vertrag.[1]

2

C. Zustandekommen des Vertrages (§ 151 BGB)

Der Versicherungsvertrag kommt mit **Angebot** und **Annahme** zustande. Die Annahme des Antrages kann auch durch Übersendung des Versicherungsscheins erfolgen.

3

Bei **Divergenz** zwischen Antrag und Police schadet eine Abweichung **zugunsten** des Versicherungsnehmers nicht (§ 5 Abs. 1 VVG). Eine Abweichung zum **Nachteil** des Versicherungsnehmers ist nur wirksam vereinbart, wenn ein auffälliger Hinweis auf diese Abweichung erfolgt (§ 5 Abs. 2 VVG). Der Versicherer muss den Zugang des Versicherungsscheins und des von dem Antrag abweichenden Zusatzes beweisen.[2]

4

---

1 BGH, NJW-RR 2012, 723, 724; Prölss/Martin/*Rudy*, § 3 VVG Rn 2 m.w.N.
2 BGH, VersR 1991, 910; Prölss/Martin/*Rudy*, § 5 VVG Rn 21.

D. Beratungspflichten (§ 6 VVG)

5 § 6 VVG verpflichtet den Versicherer, den Versicherungsnehmer zu beraten, wenn hierfür aufgrund der konkreten Umstände ein **Anlass** besteht.

6 Nach § 6 Abs. 2 VVG hat der Versicherer den erteilten Rat und die Gründe hierfür zu **dokumentieren** und dem Versicherungsnehmer vor Abschluss des Vertrages in Textform zu übermitteln.

7 Gemäß § 6 Abs. 3 VVG kann der Versicherungsnehmer auf die Beratung und Dokumentation „durch gesonderte schriftliche Erklärung **verzichten**".

E. Informationspflichten (§ 7 VVG)

8 Nach § 7 Abs. 1 VVG müssen die für den Vertragsschluss erforderlichen Informationen sowie die Vertragsbestimmungen dem Versicherungsnehmer „rechtzeitig vor Abgabe von dessen Vertragserklärung" übermittelt werden.

9 § 7 Abs. 1 S. 3 VVG sieht vor, dass der Versicherungsnehmer „durch eine gesonderte schriftliche Erklärung auf eine Information vor Abgabe seiner Vertragserklärung ausdrücklich **verzichtet**". Der Verzicht muss schriftlich erfolgen, Textform genügt nicht.

F. Dauer des Versicherungsvertrages

10 Die formelle Vertragsdauer beginnt mit dem wirksamen Abschluss des Versicherungsvertrages (§ 151 BGB), die **materielle** Vertragsdauer in der Regel erst nach Zahlung der Erstprämie, die **technische** Vertragsdauer kann von der **formellen** Dauer abweichen, wenn eine Rückdatierung oder Vordatierung vorgenommen wird.

G. Beteiligte

11 **Versicherer** und **Versicherungsnehmer** sind die Vertragsparteien, es können aber auch Dritte in Rechte und Pflichten des Vertrages einbezogen werden.

12 Bei der Versicherung für **fremde Rechnung** (§ 43 VVG) handelt es sich um einen Vertrag zugunsten eines Dritten (§ 328 BGB). Der Versicherungsnehmer bleibt Vertragspartner und damit Prämienschuldner. Die in den Schutzbereich des Versicherungsvertrages einbezogenen Dritte sind **Versicherte**, die zwar einen Leistungsanspruch gegen den Versicherer gemäß § 44 Abs. 1 VVG haben; sie können über die Rechte aus dem Vertrag jedoch nur verfügen, wenn sie den Versicherungsschein oder die Zustimmung des Versicherungsnehmers haben (§ 44 Abs. 2 VVG).

13 **Begünstigte** sind diejenigen, die durch vertragliche Vereinbarung in den Genuss der Versicherungssumme gelangen sollen, wie beispielsweise in der Lebens- und Unfallversicherung.

H. Vorläufige Deckungszusage (§§ 49 ff. VVG)

Die vorläufige Deckungszusage ist ein Vertrag eigener Art, der auch mündlich geschlossen werden kann. Die vorläufige Deckungszusage ist von einem bisherigen oder zukünftigen Versicherungsverhältnis **unabhängig**.

Der **Versicherungsnehmer** ist für das Zustandekommen und den Inhalt der vorläufigen Deckungszusage **beweispflichtig**.[3]

Die vorläufige Deckung **endet**,
- wenn der beabsichtigte endgültige **Vertrag zustande kommt** (§ 52 Abs. 1 S. 1 VVG),
- wenn der Versicherungsnehmer den **Hauptvertrag** oder einen weiteren Vertrag über die vorläufige Deckung mit einem anderen Versicherer schließt (§ 52 Abs. 2 VVG),

wenn die zeitliche **Befristung** der vorläufigen Deckungszusage abgelaufen ist.

I. Rückwärtsversicherung (§ 2 VVG)

Grundsätzlich ist die Versicherung bereits eingetretener Schäden **nicht zulässig**, da dies dem Grundgedanken des gesamten Versicherungsrechts widerspricht. Eine Rückwärtsversicherung ist daher nur dann zulässig, wenn eine **subjektive Ungewissheit** über den Eintritt eines möglichen Versicherungsfalles besteht. Wenn der Versicherungsnehmer positive Kenntnis hat, dass ein Schadenfall eingetreten ist, ist eine Versicherung dieses Schadens nicht mehr möglich.[4]

J. Beendigung des Versicherungsvertrages

I. Vorbemerkung

Für die Leistungspflicht des Versicherers ist es oft von entscheidender Bedeutung, welche Gründe zur Beendigung des Versicherungsvertrages führen, insbesondere ob der Vertrag **rückwirkend** oder zu einem anderen bestimmten Zeitpunkt beendet wird.

II. Anfechtung

Versicherungsverträge können wie alle anderen zivilrechtlichen Verträge wegen **Irrtums** (§ 119 BGB) und wegen **arglistiger Täuschung** (§ 123 BGB) angefochten werden.

Die Anfechtung führt zur **Nichtigkeit** des gesamten Vertrages.[5]

---

3 OLG Saarbrücken, NJW-RR 2006, 1104 = zfs 2006, 514; Prölss/Martin/*Klimke*, vor § 49 VVG Rn 17; Römer/Langheid/*Rixecker*, § 49 VVG Rn 14.
4 BGH, r+s 1992, 145; OLG Saarbrücken, VersR 2004, 1306.
5 BGH, VersR 2010, 97.

| § 3 | Versicherungsvertragsgesetz (VVG) |

20   Die **Irrtumsanfechtung** gemäß § 119 Abs. 1 BGB muss **unverzüglich** nach Kenntnis des Anfechtungsgrundes erklärt werden (§ 121 BGB).

21   Versicherer und Versicherungsnehmer können gleichermaßen einen Versicherungsvertrag wegen **arglistiger Täuschung (oder Drohung)** gemäß § 123 BGB anfechten.

22   Die **Beweislast** für das Vorliegen von Anfechtungsgründen hat der **Anfechtende**.[6]

23   Der **Versicherer** kann erbrachte Leistungen gemäß § 812 BGB **zurückfordern**, darf aber die Prämien gemäß § 39 VVG **behalten**.[7]

III. Rücktritt

24   Der Versicherer kann bei nicht rechtzeitiger Zahlung der **Erstprämie** (§ 37 VVG) und bei der Verletzung vorvertraglicher **Anzeigeobliegenheiten** (§ 19 VVG) vom Vertrag zurücktreten.

IV. Kündigung

25   Die Kündigung eines Vertrages erfolgt in der Regel zum **Schluss** der laufenden Versicherungsperiode. Eine Kündigung ist auch möglich bei
- Obliegenheitsverletzung (§ 28 VVG)
- Gefahrerhöhung (§§ 24 ff. VVG)
- Prämienerhöhung (§ 40 VVG)
- Prämienverzug (§ 38 VVG)
- Veräußerung der versicherten Sache (§ 96 VVG).
- Schadenfall (§ 92 VVG).

V. Widerruf (§ 8 VVG)

26   Nach § 8 Abs. 1 S. 1 VVG kann jeder **Versicherungsnehmer**, also nicht nur der Verbraucher, eine Vertragserklärung innerhalb von zwei Wochen widerrufen. Bei Lebensversicherungsverträgen beträgt die Widerrufsfrist 30 Tage (§ 152 Abs. 1 VVG).

Die Widerrufsfrist von zwei Wochen beginnt gemäß § 8 Abs. 2 VVG erst nach Erhalt der folgenden Unterlagen in Textform:
- **Versicherungsschein**, **AVB** sowie die Information gemäß § 7 Abs. 1 S. 1 VVG,
- deutlich gestaltete **Belehrung** über das Widerrufsrecht und seine Rechtsfolgen.

---

6   BGH, VersR 2008, 809.
7   OLG Saarbrücken, VersR 2001, 151; OLG Frankfurt, VersR 2001, 401.

VI. Aufhebung

Versicherer und Versicherungsnehmer können **jederzeit** einverständlich einen Versicherungsvertrag aufheben. 27

K. Prämie

I. Vorbemerkung

Die einzige **Hauptpflicht** des Versicherungsnehmers besteht darin, die vereinbarte Prämie zu zahlen (§ 1 Abs. 2 VVG). 28

II. Prämienschuldner

Der Versicherungsnehmer ist Prämienschuldner, aber auch **Bezugsberechtigte** und Pfandgläubiger können die Prämie zahlen, um den Fortbestand des Versicherungsvertrages zu sichern. § 34 VVG ändert insoweit §§ 267, 268 BGB ab. 29

III. Prämienzahlung

Die Prämie ist eine Geldschuld und somit eine **qualifizierte Schickschuld** (§ 36 VVG). Einzahlungen beim Schalterbeamten, Abbuchung vom Konto oder Übersendung eines gedeckten Schecks bewirken rechtzeitige Zahlung.[8] Bei einer qualifizierten Schickschuld ist darauf abzustellen, ob der Versicherungsnehmer am Erfüllungsort **alles getan** hat, damit eine rechtzeitige Zahlung erfolgt.[9] 30

IV. Erstprämie (§ 37 VVG)

Die Erstprämie wird mit dem Abschluss des Versicherungsvertrages sofort fällig (§ 33 S. 1 VVG). Der Versicherer haftet erst ab Zahlung der Erstprämie. In den meisten Verträgen wird eine „**erweiterte Einlösungsklausel**" vereinbart. Dies bedeutet, dass der Versicherer rückwirkend, also auch vor Zahlung der Erstprämie, materielle Deckung zu gewähren hat, wenn die Prämie unverzüglich nach Anforderung gezahlt wird. 31

V. Folgeprämie (§ 38 VVG)

Wird eine fällige Folgeprämie nicht fristgerecht gezahlt, besteht der Versicherungsschutz zunächst fort. Der Versicherer kann dem Versicherungsnehmer dann eine Zahlungsfrist von **zwei Wochen** setzen mit einer schriftlichen und deutlichen Be- 32

---

8 BGH, NJW 1964, 499.
9 OLG Düsseldorf, DAR 1997, 112 = zfs 1997, 457; Prölss/Martin/*Knappmann*, § 33 VVG, Rn 14.

lehrung, dass bei Zahlung innerhalb der gesetzten Frist der Versicherungsschutz fortbesteht.[10]

VI. Prämienanpassung

33 Viele Versicherungsverträge erhalten eine Prämienanpassungsklausel, wie zum Beispiel in der Hausratversicherung (§ 16 Nr. 2 VHB 92) und der Krankenversicherung (§ 8a MB-KK). Wenn der Versicherer aufgrund einer solchen Klausel die Prämie erhöht, ohne dass sich der Umfang des Versicherungsschutzes ändert, kann der Versicherungsnehmer den Vertrag innerhalb eines Monats **kündigen** (§ 40 VVG).

L. Versicherungswert (§ 88 VVG)

I. Vorbemerkung

34 Der Versicherungswert ist die „Soll-Versicherungssumme", in der Regel identisch mit der möglichen **Höchstentschädigung**.[11]

II. Vollwertprinzip

35 Der Versicherungsnehmer erhält die volle Entschädigungsleistung nur, wenn die Versicherungssumme auch dem **tatsächlichen Wert** der versicherten Gegenstände entspricht. Bei zu hoher Versicherungssumme spricht man von einer Überversicherung (§ 74 VVG), bei zu niedriger Versicherungssumme von einer Unterversicherung (§ 75 VVG).

III. Überversicherung (§ 74 VVG)

36 Bei irrtümlicher Überversicherung wird die Prämie **verhältnismäßig gemindert** (§ 74 Abs. 1 S. 2 VVG); wird die Versicherungssumme in betrügerischer Absicht zu hoch angesetzt, ist der Versicherungsvertrag **nichtig**, der Versicherungsnehmer erhält keinerlei Entschädigung, gleichwohl darf der Versicherer die Prämie für die laufende Versicherungsperiode behalten (§ 74 Abs. 2 VVG).

IV. Unterversicherung (§ 75 VVG)

37 Eine Unterversicherung liegt vor, wenn die vereinbarte Versicherungssumme den tatsächlichen Wert der versicherten Gegenstände **unterschreitet**. Die Entschädigungsleistung wird dann entsprechend gemindert (Proportionalitätsregel).

---

10 BGH, VersR 2006, 913; OLG Köln, zfs 2002, 135 = r+s 2001, 447.
11 Prölss/Martin/*Armbrüster*, § 88 VVG, Rn 1; OLG Köln, VersR 2000, 619.

Beispiel
Versicherungswert: 12.000 EUR
Versicherungssumme: 8.000 EUR
Schaden: 6.000 EUR

Da die Versicherungssumme nur ²/₃ des tatsächlichen Wertes ausmacht, erhält der Versicherungsnehmer auch nur ²/₃ des Schadens, also 4.000 EUR.

V. Mehrfachversicherung (§ 78 VVG)

Eine Mehrfachversicherung besteht, wenn dieselben Gegenstände mehrfach versichert sind. Wird eine Mehrfachversicherung aus **Bereicherungsabsicht** abgeschlossen, ist jeder Versicherungsvertrag **nichtig**, die Versicherer dürfen die gezahlten Prämien behalten (§ 78 Abs. 3 VVG). Das Verbot der Mehrfachversicherung gilt für die Schadenversicherung, nicht für die Summenversicherung, also **nicht für** die **Lebensversicherung**, die **Unfallversicherung** und die **Krankentagegeldversicherung**.

38

M. Höheres Leistungsversprechen des Versicherers

I. Vorbemerkung

In der Schadenversicherung ist nur der tatsächliche Schaden zu ersetzen, der Versicherungsnehmer darf am Schadenfall **nicht verdienen**. Gewohnheitsrechtliche Ausnahmen sind die Vereinbarung der Neuwertversicherung und einer festen Taxe.

39

II. Neuwertversicherung

In der **Hausratversicherung** und **Gebäudeversicherung** wird in der Regel der Ersatz des Neuwertes vereinbart, da die Anschaffung von gebrauchten Hausratgegenständen unzumutbar ist und ein Gebäude, das zu ersetzen ist, ohnehin neu gebaut werden muss. In den älteren Hausratversicherungsbedingungen wurde der Neuwertersatz davon abhängig gemacht, dass innerhalb von **zwei Jahren** entsprechende Ersatzgegenstände nachweislich angeschafft werden. Die meisten Gebäudeversicherungsbedingungen sehen vor, dass die Wiedererrichtung des Gebäudes innerhalb von **drei Jahren** erfolgen oder zumindest sichergestellt sein muss.

40

III. Feste Taxe (§ 76 VVG)

Im Versicherungsvertrag kann bereits im Voraus die Entschädigungsleistung fest vereinbart werden. Diese feste Taxe darf jedoch „**nicht erheblich**" den tatsäch-

41

lichen Wert der versicherten Sache übersteigen. Eine Abweichung von 10 % oder weniger ist unerheblich, eine Abweichung von mehr als 25 % dürfte erheblich sein.[12]

IV. Wieder aufgefundene Sachen

42 Wenn entwendete Gegenstände später wieder aufgefunden werden, hat der Versicherungsnehmer in der Regel das **Wahlrecht**, ob er die Sachen zurücknimmt oder seine Versicherung in Anspruch nimmt. Mit Vollendung des Diebstahls ist der Versicherungsfall eingetreten, so dass der Versicherer **leistungspflichtig** ist.[13] Eine Ausnahme ergibt sich aus § A.2.10.1 AKB 2008 zur Kraftfahrzeugversicherung: Nach dieser Vorschrift ist der Versicherungsnehmer verpflichtet, sein Fahrzeug zurückzunehmen, wenn es binnen Monatsfrist wieder aufgefunden wird.

N. Gefahrerhöhung

I. Vorbemerkung

43 Eine Gefahrerhöhung liegt vor, wenn sich die Umstände der Risikobeschreibung nach Stellung des Versicherungsantrages **ungünstig verändern** und hierdurch der Eintritt des Versicherungsfalles wahrscheinlicher wird.[14]

II. Kausalität

44 Leistungsfreiheit nach einer Gefahrerhöhung tritt nur dann ein, wenn die Gefahrerhöhung sich **ursächlich** auf den Eintritt des Versicherungsfalles oder den Umfang der Leistungspflicht ausgewirkt hat (§ 26 Abs. 3 S. 1 VVG). Aus der Formulierung „soweit" ergibt sich, dass die Kausalität **vermutet** wird, so dass der Versicherungsnehmer in der Regel den **Kausalitätsgegenbeweis** führen muss.

III. Subjektive Gefahrerhöhung (§ 23 Abs. 1 VVG)

45 Wenn der Versicherungsnehmer selbst die Gefahrerhöhung vornimmt, spricht man von einer willkürlichen oder subjektiven Gefahrerhöhung.

> *Beispiel*
> Ein versichertes Gebäude steht längere Zeit leer, so dass die Gefahr von Brandstiftung oder Vandalismus vergrößert wird.

46 Rechtsfolgen der Gefahrerhöhung treten nur dann ein, wenn der Versicherungsnehmer **vorsätzlich** oder **grob fahrlässig** gehandelt hat (§ 26 Abs. 1 VVG). Bei grober

---

12 BGH, VersR 2001, 750.
13 BGH, NJW-RR 1997, 1243 = zfs 1997, 387.
14 Prölss/Martin/*Armbrüster*, § 23 VVG Rn 7 m.w.N.; BGH, r+s 2004, 328 = VersR 2004, 895.

Fahrlässigkeit ist der Versicherer berechtigt, „seine Leistung in einem der Schwere des Verschuldens des Versicherungsnehmers entsprechenden Verhältnis zu kürzen"; die **Beweislast** für das Nichtvorliegen einer groben Fahrlässigkeit trägt der **Versicherungsnehmer** (§ 26 Abs. 1 S. 2 VVG).

Bei einer vorsätzlich oder grob fahrlässig herbeigeführten Gefahrerhöhung kann der Versicherer **fristlos kündigen** (§ 24 Abs. 1 VVG) und ist bei Vorsatz **vollständig** und bei grober Fahrlässigkeit **partiell leistungsfrei**, wenn die Gefahrerhöhung **kausal** für den Eintritt des Versicherungsfalles oder den Umfang der Leistungspflicht war (§ 26 Abs. 3 VVG).

47

Bei **einfacher Fahrlässigkeit** kann der Versicherer lediglich unter Einhaltung einer Frist von einem Monat kündigen (§ 24 Abs. 1 S. 2 VVG).

IV. Objektive Gefahrerhöhung (§ 23 Abs. 3 VVG)

Tritt eine Gefahrerhöhung unabhängig vom Willen des Versicherungsnehmers ein, kann der Versicherer unter Einhaltung einer Frist von einem Monat den Vertrag kündigen (§ 26 Abs. 1 VVG).

48

> *Beispiel*
> Der Versicherungsnehmer hat eine Doppelhaushälfte versichert, die andere – ihm nicht gehörende – Doppelhaushälfte steht leer und ist von Stadtstreichern „besetzt" worden.

Rechtsfolgen treten nur bei **Vorsatz** oder **grober Fahrlässigkeit** des Versicherungsnehmers ein (§ 26 Abs. 2 VVG). Bei grober Fahrlässigkeit kann die Leistung des Versicherers entsprechend der Schwere des Verschuldens **gekürzt** werden. Weiterhin ist erforderlich, dass die Gefahrerhöhung **kausal** für den eingetretenen Versicherungsfall war.

49

V. Unerkannte Gefahrerhöhung (§ 23 Abs. 2 VVG)

Wenn der Versicherungsnehmer nachträglich eine Gefahrerhöhung erkennt, hat er diese dem Versicherer **unverzüglich anzuzeigen** (§ 23 Abs. 2 VVG). Die Rechtsfolgen dieser nachträglich erkannten Gefahrerhöhung sind dieselben wie bei der objektiven Gefahrerhöhung nach § 23 Abs. 3 VVG.

50

VI. Vertragsanpassung (§ 25 VVG)

Anstelle der Kündigung kann der Versicherer eine Vertragsanpassung durch **Prämienerhöhung** oder einen **Risikoausschluss** vereinbaren (§ 25 VVG).

51

§ 3 Versicherungsvertragsgesetz (VVG)

O. Leistungsfreiheit des Versicherers

I. Vorbemerkung

52 Versicherer sind nur dann eintrittspflichtig, wenn der Versicherungsnehmer sich **vertragstreu** verhalten und alle Pflichten des Versicherungsvertrages zum Zeitpunkt des Eintritts des Versicherungsfalles erfüllt hat. Der Versicherungsnehmer muss zwar den Versicherungsfall nicht verhindern, in der Regel ist aber die Eintrittspflicht des Versicherers ausgeschlossen bzw. eingeschränkt, wenn der Versicherungsfall **vorsätzlich** oder **grob fahrlässig** herbeigeführt worden ist (§§ 81, 103 VVG). In der **Haftpflichtversicherung** besteht Versicherungsschutz auch bei grober Fahrlässigkeit, lediglich die **vorsätzliche Herbeiführung** des Versicherungsfalles ist vom Versicherungsschutz nicht erfasst (**§ 103 VVG**).

II. Vorsatz

53 Im Versicherungsrecht gilt der allgemeine **zivilrechtliche** Vorsatzbegriff, dolus eventualis genügt. Es muss jedoch hinzukommen, dass der Versicherungsnehmer auch rechtswidrig gehandelt hat, insoweit gilt im Versicherungsrecht die **Vorsatztheorie**. Putativ-Notwehr oder gerechtfertigtes Verhalten schließt den Vorsatz aus.[15] Der Vorsatz muss sich auch auf die Schadenfolgen beziehen.[16]

54 Der Versicherer muss Vorsatz und Rechtswidrigkeit voll beweisen, ihm kommen keine Beweiserleichterungen zugute.[17]

III. Grobe Fahrlässigkeit

55 Grob fahrlässig handelt, wer schon einfachste, ganz nahe liegende Überlegungen nicht anstellt und in ungewöhnlich hohem Maße dasjenige unbeachtet lässt, was im gegebenen Fall jedem hätte einleuchten müssen.[18]

56 Während der Maßstab der einfachen Fahrlässigkeit (§ 276 BGB) ausschließlich objektiv ist, sind bei der groben Fahrlässigkeit auch **subjektive**, in der Individualität des Handelnden begründete Umstände zu berücksichtigen.[19] Es kommt somit auf die persönlichen Fähigkeiten und Geschicklichkeiten, auf die berufliche Stellung,

---

15 OLG Düsseldorf, VersR 1994, 850.
16 OLG Köln, r+s 1997, 95; OLG Hamm, VersR 1997, 1389.
17 BGH, VersR 2005, 1387.
18 Palandt/*Grüneberg*, § 277 BGB, Rn 5 m.w.N.
19 Palandt/*Grüneberg*, § 277 BGB, Rn 5 m.w.N.

die Lebenserfahrung und den Bildungsgrad des Versicherungsnehmers an.[20] Ein „**Augenblicksversagen**" allein entkräftet noch nicht den Vorwurf der groben Fahrlässigkeit.[21]

> *Beispiele*
> Es ist grob fahrlässig,
> - ein Kraftfahrzeug im Zustand alkoholbedingter Fahruntüchtigkeit zu führen,[22]
> - ein hofseitiges Fenster im Erdgeschoss während einer längeren Abwesenheit in Kippstellung offen zu lassen,[23]
> - eine Zufallsbekanntschaft allein in der Wohnung zu lassen,[24]
> - die Wohnung bei einer brennenden Kerze auch nur kurzfristig zu verlassen,[25]
> - wertvolles Reisegepäck – von außen sichtbar – im abgestellten Fahrzeug zurückzulassen.[26]

Wenn der Versicherungsnehmer den Versicherungsfall grob fahrlässig herbeiführt, „ist der Versicherer berechtigt, seine Leistung in einem der Schwere des Verschuldens des Versicherungsnehmers zu **kürzen**" (§ 81 Abs. 2 VVG).

57

Die Quotelung erfolgt auf einer Skala von 0 bis 100.[27]

58

> *Beispiele*
> - Bei alkoholbedingter absoluter Fahruntüchtigkeit ist der Kaskoversicherer berechtigt, seine Leistung um 75 % zu kürzen.[28]
> - Bei einem Rotlichtverstoß ist eine Kürzung um 50 % in jedem Fall angemessen.[29]
> - Wenn ein Versicherungsnehmer einer erkennbar stark alkoholisierten Person Fahrzeug und Fahrzeugschlüssel überlässt, ist eine Leistungskürzung von 75 % gerechtfertigt.[30]
> - Bei alkoholbedingter absoluter Fahruntüchtigkeit ist auch eine Kürzung auf **Null** zulässig.[31]

---

20 Palandt/*Grüneberg*, § 277 BGB, Rn 5 m.w.N.; BGH, VersR 2003, 364.
21 BGH, VersR 1992, 1085 = NJW 1992, 2418.
22 BGH, r+s 2003, 144 = VersR 2003, 346; OLG Köln, r+s 1994, 329.
23 OLG Celle, r+s 1994, 189.
24 OLG München, VersR 1985, 558.
25 OLG Hamm, r+s 1994, 184.
26 OLG München, VersR 1989, 1258.
27 Prölss/Martin/*Prölss,* § 81 VVG, Rn 27.
28 LG Bonn, DAR 2010, 24; a.A. LG Tübingen, zfs 2010, 394 („Null-Quote").
29 LG Münster, VersR 2009, 1615.
30 LG Bonn, r+s 2010, 320.
31 BGH – IV ZR 225/10, zfs 2011, 511.

IV. Obliegenheiten

59 Obliegenheiten sind Verhaltensnormen, aus denen sich ergibt, was der Versicherungsnehmer zu tun oder zu lassen hat, um den Versicherungsschutz zu erhalten.[32] Obliegenheiten stellen somit auf das Verhalten des Versicherungsnehmers ab. Obliegenheiten sind keine unmittelbar erzwingbaren Verbindlichkeiten, sondern bloße Verhaltensnormen (**Voraussetzungen**), die der Versicherungsnehmer zu erfüllen hat, wenn er seinen Leistungsanspruch behalten will.[33]

1. Gesetzliche Obliegenheiten

60 Gesetzliche Obliegenheiten wirken sich nur dann aus, wenn im VVG auch **Sanktionen** vorgesehen sind.

61 Zu den gesetzlichen Obliegenheiten gehören
- die **Hinweispflicht** des Versicherers (§ 5 Abs. 2 VVG),
- die **Anzeigepflicht** des Versicherungsnehmers (§ 30 VVG),
- die **Auskunftspflicht** des Versicherungsnehmers (§ 31 VVG),
- die **Schadenminderungspflicht** (§ 82 VVG),
- das **Aufgabeverbot** (§ 86 Abs. 2 VVG).

2. Vorvertragliche Obliegenheiten (§ 19 VVG)

62 Der Versicherungsnehmer hat bei Abschluss des Vertrages alle ihm bekannten Umstände, nach denen der Versicherer in Textform gefragt hat, anzuzeigen. Wenn diese Obliegenheitspflicht verletzt wird, kann der Versicherer je nach Grad des Verschuldens
- den Vertrag **kündigen**,
- vom Vertrag **zurücktreten**,
- eine **Prämienerhöhung** verlangen,
- einen **Risikoausschluss** vereinbaren,
- den Vertrag wegen arglistiger Täuschung **anfechten**.

3. Vertragliche Obliegenheiten (§ 28 VVG)

63 Die Rechtsfolgen der Verletzung von vertraglichen Obliegenheiten treten nur ein, wenn der Versicherungsnehmer **grob fahrlässig** oder **vorsätzlich** gehandelt hat. Schuldlos oder leicht fahrlässig begangene Obliegenheitsverletzungen sind folgenlos. Vorsätzliche oder grob fahrlässige Obliegenheitsverletzungen wirken sich nur dann aus, wenn sie **ursächlich** für den Eintritt oder den Umfang des Schadens waren. Bei grob fahrlässiger Obliegenheitsverletzung kann der Versicherer die Leis-

---

32 Prölss/Martin/*Armbrüster*, § 28 VVG, Rn 38 m.w.N.
33 Prölss/Martin/*Armbrüster*, § 28 VVG, Rn 38 m.w.N.

tung „in einem der Schwere des Verschuldens des Versicherungsnehmers entsprechenden Verhältnis" **kürzen** (§ 28 Abs. 2 S. 2 VVG).

Wenn der Versicherer von der Möglichkeit der **Vertragsanpassung** gemäß Art. 1 Abs. 3 EGVVG **keinen Gebrauch** gemacht hat, kann er sich **nicht** auf Leistungsfreiheit wegen Obliegenheitsverletzung berufen. Eine geltungserhaltende Reduktion auf den zulässigen Inhalt ist unzulässig. Der Versicherer kann sich wohl auf grobe Fahrlässigkeit gemäß § 81 Abs. 2 VVG oder Gefahrerhöhung (§§ 23 ff. VVG) berufen.[34]

4. Hinweispflicht

Die Verletzung einer nach Eintritt des Versicherungsfalles bestehenden Auskunfts- oder Aufklärungsobliegenheit führt nur dann zur Leistungsfreiheit, wenn der Versicherungsnehmer durch **gesonderte Mitteilung** in Textform auf diese Rechtsfolge hingewiesen worden ist (§ 28 Abs. 4 VVG).

V. Risikoausschlüsse

Der Umfang des Versicherungsschutzes ergibt sich aus den Versicherungsbedingungen. Die Grenzen des Versicherungsschutzes werden entweder durch positive Beschreibung (**primäre** Risikobegrenzung) oder durch den Ausschluss bestimmter Gefahren (**sekundäre** Risikobegrenzung) bestimmt.

1. Primäre Risikobegrenzung

Die primäre Begrenzung des versicherten Risikos ergibt sich aus der **Beschreibung** des versicherten Risikos.

> *Beispiel*
> *§ 1 Abs. 2 S. 1 AFB 2008: „Brand ist ein Feuer, das ohne einen bestimmungsgemäßen Herd entstanden ist oder ihn verlassen hat und das sich aus eigener Kraft auszubreiten vermag."*

Der **Versicherungsnehmer** muss beweisen, dass der eingetretene Schaden durch die **versicherte** Gefahr eingetreten ist.

2. Sekundärer Risikoausschluss

Von einem sekundären Risikoausschluss spricht man dann, wenn ein an sich versichertes Risiko durch eine gesonderte Bestimmung ausdrücklich vom Versicherungsschutz ausgenommen wird.

---

[34] BGH, VersR 2011, 1550 = r+s 2012, 9; BGH, r+s 2014, 282.

> *Beispiel*
> Die Kriegsklausel, die in den meisten AVB die Ersatzpflicht für solche Schäden ausschließt, die auf Kriegsereignisse zurückzuführen sind, stellt einen Risikoausschluss dar.

70 Hier muss der **Versicherer** beweisen, dass der Versicherungsfall durch das ausgeschlossene Risiko verursacht worden ist.

3. Verhüllte Obliegenheiten

71 Bei einem Risikoausschluss muss der Versicherer lediglich beweisen, dass der Versicherungsfall durch ein **ausgeschlossenes Risiko** eingetreten ist, während bei einer Obliegenheit Verschulden nachgewiesen werden muss. Aus diesem Grund haben Versicherer Obliegenheiten wie Risikoausschlüsse formuliert, man spricht dann von verhüllten Obliegenheiten.

> *Beispiel*
> In den früheren Versicherungsbedingungen zur Reisegepäckversicherung hieß es, dass Wertgegenstände und Fotoapparate in unbeaufsichtigt abgestellten Kraftfahrzeugen „nicht versichert" sind. Obgleich diese Formulierung „nicht versichert" einen Risikoausschluss aussagt und beabsichtigt, ist von einer verhüllten Obliegenheit auszugehen.[35] Entscheidend für die rechtliche Zuordnung einer Klausel ist ihr materieller Inhalt, nicht ihre äußere Erscheinungsform oder Formulierung.[36]

72 Es kommt darauf an, ob eine **individualisierende Beschreibung** des Risikos vorliegt oder ein bestimmtes **Verhalten** des Versicherungsnehmers verlangt wird. Wird auf das Verhalten abgestellt, ist von einer Obliegenheit auszugehen.[37]

P. Repräsentanten

73 Da Obliegenheiten keine vertraglichen Pflichten, sondern nur **Voraussetzungen** für den Leistungsanspruch des Versicherungsnehmers gegen seinen Versicherer sind, ist **§ 278 BGB nicht** anwendbar.[38] Wenn daher der Versicherungsnehmer selbst keine Obliegenheitsverletzung begeht, sondern ein **Dritter**, gäbe es keine Sanktionen. Ein solches Ergebnis wäre unbillig, weil durch die Verlagerung des versicherten Risikos auf Dritte die Sanktionen bei Obliegenheitsverletzungen unterlaufen werden

---

35 BGH, VersR 1985, 854, 855.
36 BGH, VersR 1995, 328; BGH, VersR 2000, 969.
37 BGH, VersR 1995, 328, 329; BGH, MDR 2014, 778 = NZV 2014, 564 = zfs 2014, 459.
38 Prölss/Martin/*Armbrüster*, § 28 VVG, Rn 93 m.w.N.

könnten. Bereits das Reichsgericht[39] hat den Begriff des „Repräsentanten" entwickelt.

> *Definition*
> Repräsentant ist derjenige, der von dem Versicherungsnehmer mit der tatsächlichen Risikoverwaltung betraut und an die Stelle des Versicherungsnehmers getreten ist.[40]

Die bloße Überlassung der **Obhut** über die versicherte Sache reicht **nicht** aus; Repräsentant kann nur sein, wer befugt ist, **selbstständig** in einem gewissen, nicht ganz unbedeutenden Umfang für den Versicherungsnehmer zu **handeln** und damit die **Risikoverwaltung** übernommen hat.[41]

74

> *Beispiele*
> - Ein Vater, der nach förmlicher Übertragung des Betriebes auf seine Söhne faktischer Betriebsinhaber (Chef) bleibt, ist Repräsentant.[42]
> - Ein Ehemann, der seine Gaststätte auf dem Grundstück seiner Ehefrau selbstständig betreibt, ist deren Repräsentant in der Gebäudeversicherung.[43]

Q. Versicherungsvermittler (§§ 59 bis 73 VVG)

70 bis 80 % der Versicherungsverträge werden von dem Außendienst der Versicherer vermittelt. Versicherungsverträge werden nicht **ge**kauft, sondern **ver**kauft: In der Regel geht die Initiative zum Abschluss eines Versicherungsvertrages von einem Versicherungsvermittler aus.

75

§ 59 VVG unterscheidet zwischen dem Versicherungsvertreter, dem Versicherungsmakler und dem Versicherungsberater.

Wenn der Versicherungsvermittler seine Beratungs- und Dokumentationspflichten gemäß §§ 60, 61 VVG schuldhaft verletzt, ist er zum **Schadenersatz** verpflichtet (§ 63 VVG). Diese Schadenersatzpflicht richtet sich beim Versicherungsmakler ausschließlich gegen diesen, während bei der Schadenersatzpflicht des Versicherungsvertreters dieser **gesamtschuldnerisch** neben dem Versicherer haftet.

76

Die Kenntnis des Versicherungsvertreters steht der Kenntnis des Versicherers gleich (§ 70 VVG).

77

---

39 *Römer*, NZV 1993, 249 mit Rechtsprechungsübersicht.
40 BGH, VersR 1993, 838; OLG Hamm, r+s 1995, 41.
41 BGH, zfs 2003, 410; OLG Hamm, VersR 1995, 1348; OLG Köln, r+s 1996, 7.
42 OLG Köln, VersR 1996, 94.
43 BGH, zfs 2003, 410.

§ 3 Versicherungsvertragsgesetz (VVG)

Der Versicherer haftet nach den Grundsätzen der **culpa in contrahendo** (§ 311 Abs. 2 BGB) auf Schadenersatz, wenn der Versicherungsvertreter den Versicherungsnehmer bei Abschluss des Vertrages nicht richtig beraten hat.[44]

78 Die Schadenersatzpflicht gemäß § 63 VVG beinhaltet, dass der Versicherungsnehmer so zu stellen ist, wie wenn er richtig beraten worden wäre.[45]

R. Versicherungsmakler

79 Der Versicherungsmakler ist selbstständiger Versicherungskaufmann und wird aufgrund eines Geschäftsbesorgungsvertrages (§§ 652, 675 BGB) mit dem Versicherungsnehmer tätig. Der Versicherungsmakler ist Vertrauensperson des **Versicherungsnehmers**, hat aber gewohnheitsrechtlich entgegen § 99 HGB nur einen Provisionsanspruch gegen den Versicherer. Die Haftungsregeln für den Versicherungsvertreter sind auf den Versicherungsmakler *nicht* anwendbar. Unrichtige Angaben oder Zusagen des Versicherungsmaklers binden daher den Versicherer nicht. Die Auge-und-Ohr-Rechtsprechung ist daher für Makler *nicht* anwendbar, selbst wenn sie mit Wissen und Wollen des Versicherers tätig sind und von diesem Antragsvordrucke erhalten haben.[46]

S. Versicherungsleistung

I. Vorbemerkung

80 Der Versicherer hat normalerweise den **Schadensersatz in Geld** zu leisten. In der Haftpflichtversicherung besteht die Leistung des Versicherers darin, berechtigte Ansprüche zu **befriedigen** und unberechtigte Ansprüche **abzuwehren** (§ 100 VVG).

II. Geldleistung

81 Im Regelfall hat der Versicherer den Schadenersatz in Geld zu leisten. **Obergrenze** ist die vertraglich vereinbarte **Versicherungssumme**, auch wenn der tatsächliche Schaden höher ist. Geldleistungen sind fällig mit der Beendigung der notwendigen Erhebungen des Versicherers (§ 14 Abs. 1 VVG).

III. Freistellung

82 In der **Haftpflichtversicherung** hat der Versicherungsnehmer keinen Zahlungsanspruch gegen den Versicherer; dieser ist lediglich verpflichtet, den Versiche-

---

44 OLG Karlsruhe, zfs 2004, 121.
45 BGH, VersR 2001, 1498.
46 BGH, VersR 1999, 1481 = MDR 1999, 1506 = NJW-RR 2000, 316.

rungsnehmer von berechtigten Ansprüchen freizustellen und unbegründete Ansprüche abzuwehren (§ 100 VVG). Auch in der **Rechtsschutzversicherung** besteht das Leistungsversprechen des Versicherers darin, den Versicherungsnehmer von Kosten freizustellen.

IV. Rettungskosten

Nach § 83 VVG muss der Versicherer Aufwendungen, die der Versicherungsnehmer gemäß § 82 VVG zur Abwendung oder Minderung eines Schadens macht, auch dann ersetzen, wenn diese Maßnahmen **erfolglos** waren. Entscheidend ist, ob der Versicherungsnehmer diese „Rettungskosten" den Umständen nach für geboten halten durfte (§ 83 Abs. 1 S. 1 VVG). Es kommt **nicht** darauf an, ob die Rettungsmaßnahme **objektiv geboten** war. Ein Irrtum über die Tauglichkeit der Rettungsmaßnahme schadet grundsätzlich nicht, es sei denn, dass dieser Irrtum auf grober Fahrlässigkeit beruht (§ 83 Abs. 3 S. 2 VVG). 83

Beispiel
Ein Autofahrer weicht einem Reh aus, gerät ins Schleudern und prallt gegen einen Baum. Hier hat der Autofahrer versucht, den Zusammenstoß mit dem Reh zu vermeiden. Die Schäden, die durch den Aufprall gegen den Baum entstanden sind, gehören zu den Rettungskosten, die der Versicherer gemäß §§ 82, 83 VVG zu ersetzen hat.[47]

V. Ermittlungskosten (§ 85 VVG)

Der Versicherer hat auch die Kosten zu ersetzen, die durch die Ermittlung und Feststellung des Schadens entstehen. Häufig handelt es sich um die Kosten für die Überprüfung von Geschäftsbüchern und des Warenlagers. 84

Die Kosten eines vom Versicherungsnehmer beauftragten **Sachverständigen** gehören gemäß § 85 Abs. 2 VVG **nicht** zu den ersatzpflichtigen Kosten der Schadenermittlung. 85

VI. Rechtsanwaltskosten

Vertritt ein Rechtsanwalt den Versicherungsnehmer bei der Geltendmachung seiner vertraglichen Ansprüche, so muss der Versicherungsnehmer diese Kosten auch **selbst** tragen. Der Versicherer ist nur dann verpflichtet, Rechtsanwaltskosten zu ersetzen, wenn er sich bei der Beauftragung des Rechtsanwalts bereits in **Verzug** befand. Insoweit handelt es sich um den allgemeinen Verzugsschaden gemäß § 286 86

---

47 BGH, VersR 1991, 459 = zfs 1991, 135.

BGB. Die Anwaltskosten sind daher nicht zu ersetzen, wenn der Rechtsanwalt erstmalig den Verzug des Versicherers **herbeiführt**.[48]

87 Auch eine **Rechtsschutzversicherung** braucht diese Rechtsanwaltskosten nicht zu ersetzen, da noch kein „Versicherungsfall" vorliegt. Im Vertragsrechtsschutz ist ein Versicherungsfall ein tatsächlicher oder vermeintlicher **Verstoß** gegen Rechtspflichten (§ 4 ARB 2008). Solange daher ein Versicherer noch nicht gegen Rechtspflichten verstoßen hat, sondern einen Schaden **ordnungsgemäß** prüft, ist demnach auch ein Rechtsschutzversicherer nicht eintrittspflichtig.

T. Verjährung

88 Das VVG 2008 enthält keine gesonderten Verjährungsvorschriften, so dass die §§ 194 ff. BGB gelten. Nach § 15 VVG ist die Verjährung bis zu dem Zeitpunkt **gehemmt**, zu dem die Entscheidung des Versicherers dem Anspruchsteller in Textform zugeht.

U. Sachverständigenverfahren (§ 84 VVG)

89 Viele Versicherungsverträge sehen vor, dass bei Meinungsverschiedenheiten über die Höhe des Schadens ein Sachverständigenverfahren durchzuführen ist. In der Regel benennen Versicherung und Versicherungsnehmer je einen Sachverständigen, beide Sachverständige einigen sich dann auf einen **Obmann**.

90 Die Feststellung im Sachverständigenverfahren ist verbindlich, „wenn sie nicht offenbar von der wirklichen Sachlage erheblich abweicht" (§ 84 Abs. 1 S. 1 VVG). Eine **offenbare Abweichung** liegt vor, wenn sich die Fehlerhaftigkeit des Gutachtens dem sachkundigen und unbefangenen Beobachter geradezu aufdrängt.[49] Die **offenbare Unrichtigkeit** des Gutachtens ist dann gegeben, wenn es sich um eine erhebliche Abweichung von der wirklichen Sachlage handelt.

V. Forderungsübergang (§ 86 VVG)

I. Vorbemerkung

91 Wenn der Versicherer den Schaden reguliert, gehen die Schadensersatzansprüche des Versicherungsnehmers gegen den Schädiger gemäß § 86 VVG auf den Versicherer über. Es handelt sich um einen gesetzlichen Forderungsübergang (**cessio legis**).

---

48 Palandt/*Grüneberg*, § 286 BGB, Rn 48; OLG Hamm, NZV 1991, 314.
49 Prölss/Martin/*Voit*, § 84 VVG Rn 23 ff. m.w.N.

II. Quotenvorrecht

Nach § 86 Abs. 1 S. 2 VVG darf der Forderungsübergang sich **nicht zum Nachteil** des Versicherungsnehmers auswirken. Bei nur partieller Leistungsfähigkeit des Schädigers greift der Regressanspruch des Versicherers erst dann durch, wenn der Versicherungsnehmer vollständigen Schadensersatz erhalten hat.

92

> *Beispiel*
> Der Brandstifter verursacht einen Gebäudeschaden von 500.000 EUR, die Versicherungssumme beläuft sich lediglich auf 300.000 EUR. Der Versicherer darf seinen Regressanspruch erst dann geltend machen, wenn der Versicherungsnehmer seinen restlichen Schaden in Höhe von 200.000 EUR beim Schädiger durchgesetzt hat.

Auch in der **Kraftfahrtversicherung** ist das Quotenvorrecht von besonderer Bedeutung. Das Quotenvorrecht führt dazu, dass der Versicherungsnehmer bis zur Grenze der Mithaftungsquote des Unfallgegners die Selbstbeteiligung, die Abschleppkosten, die Sachverständigenkosten und den merkantilen Minderwert geltend machen kann.[50]

93

Das Quotenvorrecht gilt auch bezüglich des Selbstbehalts in der **Rechtsschutzversicherung**.[51]

94

III. Häusliche Gemeinschaft

§ 86 Abs. 3 VVG verbietet einen Forderungsübergang gegenüber einer Person, mit welcher der Versicherungsnehmer „bei **Eintritt des Schadens** in häuslicher Gemeinschaft lebt". Eine **nachträgliche** Begründung einer häuslichen Gemeinschaft führt daher **nicht** zu einer Regresssperre.

95

W. Rechtsnachfolge (§§ 95 ff. VVG)

Wenn eine versicherte Sache veräußert wird, tritt an Stelle des Veräußerers der **Erwerber** in das Versicherungsverhältnis ein (§ 95 VVG). Bei einer **Zwangsversteigerung** der versicherten Sache sind die §§ 69 ff. VVG entsprechend anwendbar (§ 99 VVG).

96

> *Beispiel*
> Wird ein Kraftfahrzeug veräußert, wird der Vertrag – zunächst – mit dem Erwerber fortgesetzt. Versicherer und Erwerber (nicht der Veräußerer) können den Versicherungsvertrag innerhalb eines Monats kündigen (§ 96 VVG). Bei Ver-

---

50 *Van Bühren*, Unfallregulierung, 7. Auflage, § 4 Rn 5 mit Fallbeispielen und Rechtsprechungsübersicht.
51 *Van Bühren/Plote*, § 5 ARB Rn 171.

äußerung einer versicherten Sache haften Veräußerer und Erwerber für die Prämien der laufenden Versicherungsperiode gesamtschuldnerisch (§ 96 Abs. 2 VVG).

X. Versicherung für fremde Rechnung (§§ 43 ff. VVG)

97 Bei der Versicherung für fremde Rechnung wird das Interesse eines Dritten versichert. Der **Versicherungsnehmer** ist **Vertragspartner** des Versicherers und muss alle Vertragspflichten erfüllen, insbesondere die Prämie zahlen.

98 Die Versicherung für fremde Rechnung ist somit ein Vertrag zugunsten Dritter gemäß **§ 328 BGB** mit der Einschränkung, dass der Dritte zwar Inhaber des Versicherungsanspruchs ist, die **Verfügungsbefugnis** über den Anspruch jedoch beim Versicherungsnehmer liegt (§ 45 Abs. 1 VVG).

99 Der Versicherte kann daher die Ansprüche aus dem Versicherungsvertrag nur mit Zustimmung des Versicherungsnehmers geltend machen. Diese Zustimmung kann auch in einer **Abtretungserklärung** gesehen werden, wenn aus ihr das Einverständnis des Versicherungsnehmers entnommen werden kann, dass der Versicherte über die Forderung verfügen darf. Auch der **Besitz** des Versicherungsscheins kann als Unterfall der Zustimmung des Versicherungsnehmers gesehen werden, da der Versicherte in der Regel nur mit Zustimmung des Versicherungsnehmers den Versicherungsschein erhalten haben kann.

Y. Versicherungsprozess

I. Vorbemerkung

100 Wenn der Versicherer seine Eintrittspflicht endgültig abgelehnt hat oder sich in Verzug befindet, ist es wenig sinnvoll, den Erlass eines Mahnbescheides zu beantragen, da Versicherer erfahrungsgemäß stets Widerspruch einlegen, selbst dann, wenn die Forderung anerkannt werden soll. Allein sinnvoll ist daher eine – schlüssige – **Deckungsklage**.

II. Klagearten

101 Neben der üblichen Leistungsklage genügt oft eine **Feststellungsklage** mit dem Ziel der Feststellung, dass der Versicherungsvertrag wirksam ist oder dem Antrag, dass der Versicherer für einen bestimmten Schadenfall eintrittspflichtig ist. Diese Feststellungsklage wird von der Rechtsprechung auch dann als zulässig angesehen, wenn eine Leistungsklage möglich ist.[52]

---

52 BGH, VersR 2005, 629 = NJW-RR 2005, 619.

III. Gerichtsstand

Gemäß § 215 VVG ist für Klagen aus dem Versicherungsvertrag das Gericht zuständig, in dessen Bezirk der Versicherungsnehmer **zur Zeit der Klageerhebung** seinen Wohnsitz hat.

102

IV. Beweisführung

Der Eintritt des Versicherungsfalles gehört zu **anspruchsbegründenden** Tatsachen, für die der **Versicherungsnehmer beweispflichtig** ist.[53] Der häufigste Versicherungsfall in der Sachversicherung – der Diebstahl – geschieht in der Regel unbeobachtet, so dass der Versicherungsnehmer mit den „klassischen" Beweismitteln den Eintritt des Versicherungsfalles und damit seinen Leistungsanspruch nicht führen kann. Zeugen stehen meist ebenso wenig zur Verfügung wie ein geständiger oder überführter Täter. Oft fehlt es auch an **Indizien** für den Eintritt des Versicherungsfalles.

103

> *Beispiel*
> Der am Straßenrand abgestellte Pkw wird entwendet.

1. Beweis des äußeren Bildes

Der BGH vertritt in ständiger Rechtsprechung die Auffassung, dass dem Versicherungsnehmer in der Diebstahlversicherung eine über den Anscheinsbeweis hinausgehende **Beweiserleichterung** zukommen muss.[54] Diese Beweiserleichterung wird damit begründet, dass aufgrund der **materiellen Risikoverteilung** eine Herabsetzung des Beweismaßes erfolgen müsse, da ansonsten der Versicherungsschutz **wertlos** würde.[55] Der Beweis des äußeren Bildes erfolgt in zwei Stufen:

104

Der Versicherungsnehmer muss lediglich den Sachverhalt beweisen, der nach der Lebenserfahrung mit *hinreichender Wahrscheinlichkeit* das äußere Bild eines Versicherungsfalles erschließen lässt (1. Stufe).

Der Versicherer muss dann Tatsachen beweisen, die eine *erhebliche Wahrscheinlichkeit* dafür begründen, dass der Versicherungsfall vorgetäuscht ist (2. Stufe).

Beiden Parteien kommen somit – unterschiedliche – Beweiserleichterungen zugute. Der Versicherungsnehmer muss lediglich ein Minimum an Umständen beweisen, die auf eine Entwendung schließen lassen. Der Versicherer muss nicht den vollen Gegenbeweis führen, er muss nur **Tatsachen beweisen**, die mit erheblicher Wahrscheinlichkeit auf die Vortäuschung des Versicherungsfalles schließen lassen.[56]

105

---

53 BGH, r+s 1992, 82, 83; OLG Köln, r+s 1996, 38; Prölss/Martin/*Armbrüster*, Einleitung Rn 353.
54 BGH, DAR 1991, 381; BGH, VersR 1992, 999; BGH, NJW-RR 1996, 275.
55 BGH, r+s 2002, 143.
56 BGH, VersR 1992, 999.

Das Begriffspaar „hinreichende Wahrscheinlichkeit" und „erhebliche Wahrscheinlichkeit" lässt erkennen, dass die Beweisanforderungen an den Versicherer **höher** sind als an den Versicherungsnehmer. Diese Beweiserleichterungen kommen nur einem *redlichen* Versicherungsnehmer zugute, der absolut glaubwürdig ist.[57]

2. Indizienbeweis

106 Der indirekte Beweis (Indizienbeweis) ist geführt, wenn die Haupttatsache durch andere **Hilfstatsachen** (Indizien) bewiesen wird, deren Vorliegen mit hoher Wahrscheinlichkeit auf die **Haupttatsache** schließen lässt.[58]

Beispiel
Eine gewaltsam geöffnete Tür ist ein Indiz dafür, dass ein Einbruchdiebstahl erfolgt ist.

3. Anscheinsbeweis (prima facie-Beweis)

107 Die Regeln des Anscheinsbeweises greifen bei einem **typischen Geschehensablauf** ein.[59] Es muss ein Sachverhalt feststehen, bei dem nach der Lebenserfahrung auf das Hervorrufen einer bestimmten Folge oder auf die Verursachung durch ein bestimmtes Verhalten geschlossen werden kann.[60]

Beispiel
Wenn ein betrunkener Autofahrer von der Fahrbahn abkommt, entspricht es einem typischen Geschehensablauf, dass dieser Vorgang auf die alkoholbedingte Fahruntüchtigkeit zurückzuführen ist.

4. Beweis der Schadenshöhe

108 Die vorgenannten Beweiserleichterungen gelten nur für den Eintritt des Versicherungsfalles, nicht für die Schadenshöhe. Der Versicherungsnehmer ist nach den **allgemeinen Regeln** beweispflichtig dafür, welche Gegenstände mit welchem Wert abhanden gekommen sind.[61] Dem Versicherungsnehmer stehen jedoch die Beweiserleichterungen gemäß § 287 ZPO zur Verfügung. Aber auch im Rahmen der richterlichen Schätzung gemäß § 287 ZPO ist die Glaubwürdigkeit des Versicherungsnehmers zu berücksichtigen.[62]

---

57 BGH, VersR 1995, 956; *Römer*, NJW 1996, 2329.
58 Prölss/Martin/*Schneider*, § 161 VVG Rn 17.
59 Prölss/Martin/*Armbrüster*, Einleitung Rn 376; BGH, VersR 1997, 205.
60 *Zöller/Greger*, vor § 284 ZPO, Rn 20 m.w.N.
61 BGH, r+s 1992, 244.
62 BGH, VersR 1988, 75.

V. Rückforderungsprozess

Im Rückforderungsprozess wegen zu Unrecht erbrachter Leistungen gibt es **keine Beweiserleichterungen**, der Versicherer muss vielmehr seinen Rückforderungsanspruch nach den allgemeinen Regeln der ZPO beweisen.[63]

109

VI. Parteivernehmung

§ 448 ZPO gibt dem Gericht die Möglichkeit, die Vernehmung einer Partei oder beider Parteien anzuordnen. Eine solche Parteivernehmung ist jedoch nur in **Ausnahmefällen** zulässig, wenn bereits ein gewisser Beweis erbracht ist und eine *erhebliche Wahrscheinlichkeit* für die Richtigkeit des Sachvortrages der beweisbelasteten Partei besteht.[64] Wo nichts bewiesen ist, verstößt eine Parteivernehmung gegen den Beibringungsgrundsatz und ist daher unzulässig.[65]

110

Bei Streit über die *Schadenshöhe* kann das Gericht die Parteivernehmung durchführen, um eine verlässliche Grundlage für die Schadenschätzung gemäß § 287 ZPO zu finden.[66]

VII. Anhörung

Wenn dem Versicherungsnehmer jegliche Beweismittel fehlen, kann der Tatrichter von **§ 141 ZPO** Gebrauch machen, wenn der Sachvortrag **glaubhaft** und widerspruchsfrei ist.[67]

111

---

63 BGH, VersR 1993, 1007 = r+s 1993, 327; OLG Oldenburg, zfs 2005, 604.
64 BGH, VersR 1992, 867; OLG Koblenz, r+s 2000, 276.
65 BGH, r+s 1992, 221; *Baumbach/Lauterbach*, § 448 ZPO, Rn 1 m.w.N.
66 OLG Saarbrücken, NJW-RR 1999, 759.
67 OLG Köln, r+s 2000, 277; OLG Hamm, NJW-RR 2000, 16.

§ 4 Wichtige Versicherungszweige

In der anwaltlichen und gerichtlichen Praxis spielen Deckungsstreitigkeiten in der **Kaskoversicherung** die größte Rolle, so dass diese Sparte entsprechend umfangreich behandelt wird.

Demgegenüber sind Prozesse in dem am weitesten verbreiteten Versicherungszweig, der **Hausratversicherung** relativ selten.

Von je 100 Haushalten in Deutschland verfügen

- 76 % über eine Hausratversicherung,
- 73 % über eine private Haftpflichtversicherung,
- 54 % über eine Lebensversicherung,
- 44 % über eine Rechtsschutzversicherung,
- 39 % über eine private Unfallversicherung,
- 33 % über eine Vollkaskoversicherung,
- 12 % über eine private Krankenversicherung.

§ 5 Kraftfahrtversicherung

A. Vorbemerkung

Der Versicherungsschutz für Kraftfahrzeuge ist in den allgemeinen Bedingungen für die Kraftfahrtversicherung (**AKB**) geregelt.

Seit dem 1.7.1994 müssen Versicherungsbedingungen nicht mehr behördlich genehmigt werden, Versicherer können ihre Bedingungen in den Grenzen der Kraftfahrzeug-Pflichtversicherungsordnung und der Regeln über die Allgemeinen Geschäftsbedingungen (§§ 305 ff. BGB) frei gestalten. Eine Änderung der AKB muss gesondert vereinbart werden. Wenn bei einem Fahrzeugwechsel jeweils ein „Nachtrag" zum Versicherungsschein erteilt wird, liegt eine Fortsetzung des alten Vertrages mit den alten Bedingungen vor.[1]

Den nachfolgenden Ausführungen liegen die aktuellen Musterbedingungen des Gesamtverbandes der Deutschen Versicherungswirtschaft e.V. (GDV) in der Fassung vom 9.7.2008 zugrunde (**AKB 2008, Stand 17.2.2014**, siehe Anhang). Die AKB 2015 gelten nur für Neuverträge und enthalten keine wesentlichen Änderungen gegenüber den AKB 2008. Neu in den AKB 2015 ist die Fahrerschutzversicherung (vgl. Rn 396). Die AKB 2015 werden neben den AKB 2008 im Anhang abgedruckt (siehe Rn 399 f.).

B. Beginn und Inhalt des Versicherungsvertrages

Der Versicherungsschutz beginnt mit Einlösung des Versicherungsscheines durch Zahlung der Prämie (B.1 AKB 2008); diese Einlösungsklausel entspricht § 37 Abs. 2 VVG.

C. Vorläufige Deckungszusage (B.2 AKB 2008)

Grundsätzlich beginnt der Versicherungsschutz erst mit Einlösung des Versicherungsscheines durch Zahlung der Prämie (B.1 AKB 2008); diese Einlösungsklausel entspricht § 37 Abs. 2 VVG. Dem Bedürfnis, bereits frühzeitig Versicherungsschutz zu erlangen, wird durch die vorläufige Deckungszusage Rechnung getragen, die nunmehr auch im VVG 2008 (§§ 49 bis 52 VVG) gesetzlich geregelt ist.

I. Zustandekommen

Bereits für die Zeit **vor Einlösung** des Versicherungsscheines kann ein vorläufiger Deckungsschutz zugesagt werden (B.2 AKB 2008).

---

1 OLG Hamm, zfs 2000, 155 = VersR 2000, 719; **a.A.**: LG Saarbrücken, r+s 2013, 275.

Die vorläufige Deckungszusage ist ein **Vertrag sui generis**, bei dem der Beginn des materiellen Versicherungsschutzes vorverlegt wird.[2]

Die vorläufige Deckungszusage ist **keine Rückwärtsversicherung** (§ 2 VVG), da der Versicherungsschutz erst mit Vertragsschluss beginnt.

II. Inhalt

7 Die Aushändigung der für die Zulassung eines Kraftfahrzeuges notwendigen Versicherungsbestätigung ("**Doppelkarte**") gilt als Zusage einer vorläufigen Deckung, aber nur für die Kraftfahrzeug-Haftpflichtversicherung und den Autoschutzbrief (B.2.1 AKB 2008).

Der Versicherungsbestätigung, die in der Praxis kaum noch vorkommt, wird die Bekanntgabe der **Versicherungsbestätigungsnummer** durch den Versicherer gleichgesetzt.

8 Eine Deckungszusage muss gesondert vereinbart werden (B.2.2 AKB 2008).

Auch bei der vorläufigen Deckungszusage sind die Beratungs- und Dokumentationspflichten (§ 6 VVG und §§ 61, 62 VVG) zu beachten. Wird beispielsweise vorläufige Deckung für einen Neuwagen verlangt, muss der Vermittler darauf hinweisen, dass auch für die Kaskoversicherung sofortiger Versicherungsschutz sinnvoll ist.[3]

9 Grundsätzlich darf ein Versicherungsnehmer darauf **vertrauen**, dass sein Versicherungsantrag **einheitlich** behandelt wird. Wenn der Versicherungsnehmer daher neben der Haftpflichtversicherung auch den Antrag zum Abschluss einer Kaskoversicherung und/oder Unfallversicherung gestellt hat oder einen entsprechenden Versicherungsvertrag beim Fahrzeugwechsel **fortsetzen** will, gilt die vorläufige Deckungszusage auch für die Kasko- und Unfallversicherung.[4]

10 Auch eine „**Blanko**"-**Bestätigungskarte**, die der Versicherungsnehmer an das Straßenverkehrsamt weiterleitet, ohne das entsprechende Kästchen anzukreuzen, führt zum Versicherungsschutz in der Vollkaskoversicherung, wenn dieser Versicherungsumfang telefonisch angefordert worden war.[5]

11 Wird ein Antrag zum Abschluss einer Haftpflichtversicherung und einer Kaskoversicherung gestellt und lediglich für die Haftpflichtversicherung Versicherungsschutz gewährt, bedarf es keines besonderen Hinweises nach § 5 Abs. 2 VVG,

---

2 Stiefel/Maier/*Stadler*, AKB.2 Rn 11 m.w.N.; BGH, r+s 2006, 621 = NJW-RR 2006, 1101 = VersR 2006, 913; van Bühren/*Therstappen*, Handbuch Versicherungsrecht, § 2 Rn 17 ff.
3 Stiefel/Maier/*Stadler*, AKB B.2 Rn 16.
4 BGH, VersR 1986, 541; OLG Bamberg, SP 1996, 392; OLG Hamm, zfs 1997, 461 = SP 1997, 437 = VersR 1998, 710 = NJW-RR 1998, 27; OLG Düsseldorf, r+s 2000, 92 = VersR 2000, 1265.
5 BGH, MDR 1999, 1383 = DAR 1999, 499 = NVersZ 2000, 233 = VersR 1999, 1274; **a.A.** OLG Hamburg, VersR 2001, 363.

wenn der Versicherer schon **vorher** deutlich gemacht hat, dass er keinen **Kaskoversicherungsschutz** anbietet.[6]

III. Rechtscharakter

Die vorläufige Deckungszusage ist ein **eigenständiger** Versicherungsvertrag, durch den der Versicherungsnehmer zunächst Versicherungsschutz ohne Gegenleistung (Prämienzahlung) genießt – und zwar unabhängig vom Schicksal des endgültigen **Hauptvertrages**.[7]

12

Der Versicherer kann sich nicht auf die fehlende Vollmacht des Agenten berufen, wenn dieser vorbehaltlos eine Versicherungsbestätigung (**Doppelkarte**) dem Versicherungsnehmer ausgehändigt hat.[8]

13

IV. Beendigung

Der vorläufige Versicherungsschutz wird beendet, wenn

14

- der **Hauptvertrag** rückwirkend durch Einlösung der Police zustande kommt (B.2.4 AKB 2008);
- der Versicherer mit einer Frist von 2 Woche **kündigt** (B.2.5 AKB 2008);
- der Versicherungsnehmer nach § 8 VVG den Vertrag **widerruft** (B.2.6 AKB 2008);
- die vorläufige Deckung **befristet** war, mit Ablauf der Zeitbestimmung.

V. Rückwirkender Wegfall des Versicherungsschutzes

Gemäß B 2.4 AKB 2008 kann die vorläufige Deckung auch rückwirkend beendet werden, wenn der Versicherungsschein nicht innerhalb von zwei Wochen eingelöst wird. An die rückwirkende Leistungsfreiheit des Versicherers werden strenge Voraussetzungen geknüpft:

15

- die **Erstprämie** muss **verspätet** gezahlt worden sein;
- den Versicherungsnehmer trifft bei der verspäteten oder unterbliebenen Zahlung der Erstprämie ein **Verschulden**;
- der Versicherungsnehmer ist ausdrücklich und schriftlich bei Anforderung der Erstprämie über die Rechtsfolgen der verspätete Zahlung **belehrt worden** (§ 9 S. 2 KfzPflVV).

---

6   OLG Saarbrücken – 5 U 481/08, VersR 2010, 63.
7   BGH – IV ZR 248/04, r+s 2006, 271 = NJW-RR 2006, 1101; Stiefel/Maier/*Stadler*, AKB B.2 Rn 11 m.w.N.
8   OLG Hamm, VersR 1997, 1264; OLG Koblenz VersR 1998, 311.

16 Fehlt die Belehrung oder ist sie mangelhaft, entfällt die vorläufige Deckungszusage auch nicht bei unterlassener oder verspäteter Prämienzahlung.[9] Der Versicherer ist dann in vollem Umfang **leistungspflichtig** und hat keinen Regressanspruch.

17 Der Versicherer muss die Voraussetzungen für den rückwirkenden Wegfall der Deckung **beweisen**.[10] Zur Beweispflicht gehört insbesondere, dass der Versicherer den **Zugang** der Prämienanforderung und dessen Zeitpunkt nachweist. Es gelten nicht die Regeln des Anscheinsbeweises dahingehend, dass Postsendungen den Empfänger innerhalb einer bestimmten Zeit auch erreichen.[11]

18 Der Versicherungsnehmer kann sich darauf beschränken, den Zugang der Zahlungsaufforderung mit **Nichtwissen** zu bestreiten.[12] Es muss außerdem die Erstprämie ordnungsgemäß „**auf Heller und Pfennig**" berechnet und angefordert werden, aufgeschlüsselt nach den einzelnen Sparten (Haftpflichtversicherung, Fahrzeugversicherung, Unfallversicherung, Autoschutzbrief), ansonsten liegt keine ordnungsgemäße Prämienanforderung vor.[13]

Beratungshinweis
Beruft sich der Versicherer auf rückwirkenden Wegfall des Versicherungsschutzes, empfiehlt es sich,
- den Zugang der Zahlungsaufforderung zu bestreiten;
- die ordnungsgemäße Berechnung der Prämie zu bestreiten;
- mit eventuellen Gegenforderungen aufzurechnen.

D. Formvorschriften

19 Versicherungsverträge kommen zwar meist durch schriftliche Annahme eines auf einem Antragsvordruck gestellten Versicherungsantrages zustande. Gleichwohl sind mündliche Verträge ebenso wirksam wie mündliche Nebenabreden, Ergänzungen oder Änderungen.

Hinweis
Auch eine vorläufige Deckungszusage kann **mündlich** vereinbart werden!

---

9 Stiefel/Maier/*Stadler*, AKB B.2 Rn 7.
10 BGH – IV ZR 30/95, VersR 1996, 454 = r+s 1996, 87; Stiefel/Maier/*Stadler*, AKB B.2 Rn 46 m.w.N.
11 BGH, VersR 1986, 445; OLG Hamm VersR 1996, 1408; Prölss/Martin/*Knappmann*, § 38 VVG Rn 16 m.w.N.
12 OLG Hamm, VersR 1996, 1408.
13 OLG Hamm, VersR 1991, 221; OLG Hamm r+s 1998, 99; OLG Köln r+s 1993, 128; Prölss/Martin/ *Knappmann*, § 37 VVG Rn 13, 14.

Mündliche Nebenabreden mit dem Versicherungsagenten sind daher **wirksam**, auch wenn in den Antragsformularen Schriftform vorgeschrieben wird.[14]

Aber: Die Schriftformklausel ist jedoch **wirksam**, wenn sie für Erklärungen **nach Abschluss** des Versicherungsvertrages vereinbart wird.[15]

Folgerichtig heißt es daher in G.5 AKB 2008:

„Jede Kündigung muss schriftlich erfolgen und ist nur wirksam, wenn sie innerhalb der jeweiligen Frist zugeht. Die von Ihnen erklärte Kündigung muss unterschrieben sein."

E. Geltungsbereich

Versicherungsschutz ist auf **Europa** und die außereuropäischen Gebiete begrenzt, die zum Geltungsbereich der europäischen Union gehören (A.1.4 AKB 2008). Für die Kaskoversicherung ist eine **Erweiterung** oder eine **Einschränkung** des örtlichen Geltungsbereichs zulässig. Im Einzelvertrag kann somit ein Ausschluss für bestimmte europäische Reiseländer vereinbart werden. Die Fahrzeugversicherer machen von diesen Beschränkungen auch regen Gebrauch, insbesondere werden Reiseländer ausgeschlossen, in denen die Diebstahlgefahr besonders groß ist.

20

Die **Europaklausel** ist eine **primäre Risikobegrenzung**, so dass generell kein Versicherungsschutz außerhalb Europas besteht, ohne dass es auf die Kenntnis oder ein Verschulden des Versicherungsnehmers ankommt.

21

Die räumliche Beschränkung des Versicherungsschutzes verstößt **nicht** gegen das **Transparenzgebot** gemäß § 307 Abs. 1 S. 2 BGB, da sie deutlich und verständlich ist.[16]

22

Eine Eintrittspflicht des Versicherers für außereuropäische Schäden kommt nur dann als Schadenersatzanspruch wegen **culpa in contrahendo** oder **positiver Vertragsverletzung** in Betracht, wenn für den Versicherer erkennbar war, dass der Versicherungsnehmer irrtümlich von einem weitergehenden Versicherungsschutz ausging. Hat beispielsweise ein türkischer Versicherungsnehmer für eine Urlaubsreise in den **asiatischen Teil der Türkei** eine Vollkaskoversicherung vereinbart, liegt ein zum Schadenersatz führendes Beratungsverschulden mit der Maßgabe vor, dass der Versicherer eintrittspflichtig ist.[17]

---

14 OLG Karlsruhe, VersR 1991, 988; OLG Oldenburg VersR 1991, 758; **a.A.** LG Stuttgart r+s 1996, 34.
15 BGH, MDR 1999, 740 = VersR 1999, 565 m. Anm. *Lorenz*.
16 BGH, r+s 2005, 455.
17 BGH, r+s 2005, 455 = VersR 2005, 824 = NJW 2005, 2011.

F. Prämienverzug

23 Materieller Deckungsschutz besteht im Regelfall nur dann, wenn bei Eintritt des Versicherungsfalles die jeweils fällige Prämie gezahlt ist.

24 Die Pflicht des Versicherungsnehmers, die vereinbarte Prämie zu zahlen (§ 1 S. 2 VVG), ist die **vertragliche Hauptverpflichtung** des Versicherungsnehmers. Die Pflicht des Versicherungsnehmers, die Prämie zu zahlen, ist eine echte **Rechtspflicht**, die eingeklagt und schuldhaft verletzt werden kann.

I. Prämienschuldner

25 Prämienschuldner ist der **Versicherungsnehmer**; aber auch **Bezugsberechtigte** und Pfandgläubiger können die Prämien zahlen, um den Fortbestand des Versicherungsvertrages zu sichern. Bezugsberechtigte einer Lebensversicherung können daher ebenso die Versicherungsprämien leisten wie Leasinggeber oder Banken, denen ein Kraftfahrzeug sicherungsübereignet ist.

§ 34 VVG ändert insoweit §§ 267, 268 BGB ab. Ebenso kommen als Prämienschuldner der **Gesamtrechtsnachfolger** des Versicherungsnehmers oder der rechtsgeschäftliche **Erwerber** des versicherten Gegenstandes (§ 95 VVG) als Prämienschuldner in Betracht.

II. Prämienzahlung

26 Die Prämie ist eine Geldschuld und somit eine **Schickschuld** (§ 36 VVG). **Einzahlungen** beim Schalterbeamten, **Abbuchung** vom Konto oder Übersendung eines Schecks bewirken rechtzeitige Zahlung. Entscheidend für die rechtzeitige Zahlung ist die nachweisliche **Einreichung** des Überweisungsauftrages, nicht die Gutschrift beim Versicherer.[18]

III. Lastschriftverfahren

27 Mit der Vereinbarung des Lastschriftverfahrens übernimmt der Versicherer die Verantwortung für die rechtzeitige Zahlung der Prämie; aus der Schickschuld wird eine **Holschuld**.[19]

28 Der Versicherungsnehmer muss lediglich für ausreichende Kontodeckung sorgen. Die ausreichende Kontodeckung muss bei **Fälligkeit** der Prämie vorhanden sein,

---

[18] OLG Düsseldorf, DAR 1997, 112 = zfs 1997, 457; Prölss/Martin/*Knappmann*, § 33 VVG Rn 16 m.w.N.

[19] BGH, VersR 1985, 447, 448; OLG Hamm, zfs 1993, 306; Prölss/Martin/*Knappmann*, § 33 VVG Rn 17 m.w.N.

dies ist erst **nach** Zugang des Versicherungsscheines und der Zahlungsaufforderung der Fall.[20]

Beim Einzugsverfahren muss der Versicherer für jede Versicherungssparte die jeweils fällige **Einzelprämie** in einem **besonderen Lastschriftbeleg** anfordern.[21]   29

IV. Prämienforderung

Der Versicherer darf nur die ordnungsgemäß berechnete Prämie anfordern. Die Prämienberechnung ist meist Bestandteil des Versicherungsscheines. Eine Zahlungsaufforderung, in der ein **zu hoher Betrag** verlangt wird, ist **wirkungslos**.[22]   30
Wird eine zu **niedrige** Prämie verlangt und gezahlt, besteht **uneingeschränkt Versicherungsschutz**.

Bei **Wagniswegfall** in der Kaskoversicherung steht dem Versicherer die Prämie **anteilig** bis zu dem Zeitpunkt zu, zu dem er vom Wagniswegfall Kenntnis erlangt hat (AKB G.8).   31

Die Prämie muss „**auf Heller und Pfennig** genau" berechnet werden, sonst liegt keine wirksame Zahlungsaufforderung vor.[23]

1. Erstprämie (C.1 AKB 2008)

Gemäß § 33 VVG wird die Erstprämie nach Ablauf von 14 Tagen ab Zugang des Versicherungsscheins fällig. Der Versicherungsschutz beginnt erst mit der Prämienzahlung (Einlösung des Versicherungsscheines); man spricht daher vom **Einlösungsprinzip** (§ 37 Abs. 2 VVG).   32

Die Zahlungspflicht wird in C.1.1 AKB 2008 präzisiert: 33

„Der im Versicherungsschein genannte erste oder einmalige Beitrag wird zwei Wochen nach Zugang des Versicherungsscheins fällig."

Da Versicherungsbedarf bereits vor Einlösung des Versicherungsscheines besteht, wird der Beginn des materiellen Versicherungsschutzes durch die **vorläufige Deckungszusage** auf den in dieser Deckungszusage vereinbarten Termin vorverlegt. Diese vorläufige Deckungsvereinbarung tritt **rückwirkend** außer Kraft, wenn der beabsichtigte Versicherungsvertrag rückwirkend in Kraft tritt und der im Hauptvertrag vereinbarte materielle Versicherungsschutz durch fristgerechte Prämienzahlung erreicht wird. Man spricht daher in diesem Zusammenhang von der „**Erweiterten Einlösungsklausel**".[24]   34

---

20 BGH, r+s 1996, 87 = DAR 1996, 80 = VersR 1996, 445.
21 BGH, MDR 1985, 472; OLG Köln r+s 1988, 253.
22 Stiefel/Maier/*Stadler*, AKB C.1 Rn 20.
23 BGH, r+s 1992, 398 = VersR 1992, 1501; OLG Oldenburg, MDR 1999, 742 = DAR 1999, 171.
24 Vgl. *Bauer*, Die Kraftfahrtversicherung, Rn 244.

35 Wenn die fällige Erstprämie bei Eintritt des Versicherungsfalles **schuldhaft nicht gezahlt** ist, besteht Leistungsfreiheit des Versicherers (§ 37 Abs. 2 VVG). Diese Leistungsfreiheit tritt jedoch nur dann ein, wenn der Versicherer „den Versicherungsnehmer durch **gesonderte Mitteilung** in Textform oder durch einen auffälligen Hinweis im Versicherungsschein auf diese Rechtsfolge der Nichtzahlung der Prämie **aufmerksam** gemacht hat" (§ 37 Abs. 2 S. 2 VVG).

36 C.1.2 AKB 2008 bestimmt ausdrücklich, dass bei **nicht rechtzeitiger Zahlung** von Anfang an **kein** Versicherungsschutz besteht, es sei denn, es liegt kein Verschulden vor.

2. Folgeprämie (C.2 AKB 2008)

37 Die Abgrenzung zwischen Erst- und Folgeprämie ist für die Leistungsfreiheit des Versicherers bei fehlender oder verspäteter Zahlung der Prämie von ausschlaggebender Bedeutung: Bei der **Folgeprämie** tritt Leistungsfreiheit des Versicherers nur dann ein, wenn der Versicherungsnehmer **qualifiziert gemahnt** und über die Folgen des Zahlungsverzuges belehrt worden ist (§ 38 VVG, C.2.2 AKB 2008).

38 Da in Versicherungsverträgen regelmäßig die Leistungszeit nach dem Kalender bestimmt ist, tritt Prämienverzug grundsätzlich auch **ohne Mahnung** ein (§ 284 Abs. 2 BGB). Gleichwohl bleibt gemäß § 39 VVG der Versicherungsschutz zunächst erhalten; der Versicherer kann dem Versicherungsnehmer nach § 38 Abs. 1 VVG schriftlich eine Zahlungsfrist von mindestens zwei Wochen setzen. Die Mahnung muss einen Hinweis auf die Rechtsfolge des Prämienverzuges enthalten und insbesondere den Prämienrückstand **zutreffend** angeben. Selbst eine Zuvielforderung um Pfennigbeträge macht eine qualifizierte Mahnung unwirksam.[25]

39 Zahlt der Versicherungsnehmer nicht fristgerecht, ist der Versicherer leistungsfrei (§ 38 Abs. 2 VVG). Der Versicherer muss in der Mahnung ausdrücklich darauf **hinweisen**, wie der Versicherungsnehmer den Säumnisfolgen begegnen kann, um sich den **Versicherungsschutz zu erhalten**.[26]

40 Beinhaltet ein Versicherungsschein sowohl die Fahrzeug- als auch die Haftpflichtversicherung, muss die **Belehrung** für beide Prämien **getrennt** erfolgen. Es darf nicht der Eindruck erweckt werden, dass Versicherungsschutz nur besteht, wenn der Gesamtbetrag gezahlt wird.[27]

41 Die Leistungsfreiheit des Versicherers gemäß § 38 VVG **entfällt nicht**, wenn auf einen zuvor gestellten Antrag nach Ablauf der Zahlungsfrist der Versicherungsvertrag rückwirkend **geändert** wird und sich dadurch die rückständige Prämie ermäßigt.[28]

---

25 BGH, NJW-RR 2000, 395 = r+s 2000, 52; OLG Köln, r+s 2004, 316.
26 BGH, NJW-RR 2000, 395 = r+s 2000, 52; OLG Köln, r+s 2004, 316.
27 BGH, r+s 1988, 191; OLG Hamm r+s 1991, 362; OLG Frankfurt MDR 1997, 1029.
28 OLG Düsseldorf r+s 1997, 353 = zfs 1997, 338 = VersR 1997, 1081.

3. Teilzahlungen

Teilzahlungen auf die Prämie genügen nicht, es sei denn, der fehlende Betrag ist im Verhältnis zur Prämie **verschwindend gering**.[29] Ein Prämienrückstand von 32,10 DM bei einer fälligen Prämie von 704,14 DM ist nicht gering und führt zur Leistungsfreiheit.[30]   42

Wenn mehrere Prämien fällig sind und eine Teilzahlung erfolgt oder das Konto nur teilweise Deckung aufweist, werden Teilzahlungen auf die Versicherungssparte berechnet, die vom Versicherungsfall betroffen ist. Insoweit gilt **§ 366 BGB analog**.[31]   43

4. Beweisfragen

Der **Versicherer** ist für den **Zugang** der Anforderung der Erstprämie ebenso beweispflichtig wie für den Zugang der qualifizierten Mahnung; es gibt keinen Anscheinsbeweis, dass ein zur Post gegebenes Schreiben den Empfänger erreicht.[32] Der Versicherer ist nicht nur für den Zugang, sondern auch für den **Zeitpunkt** des Zugangs **beweispflichtig**.   44

(Einfaches) Bestreiten des Zugangs oder des Zeitpunkts des Zugangs durch den Versicherungsnehmer ist **zulässig**. Aus § 138 Abs. 4 ZPO ergibt sich zwar, dass die Prozessordnung bei eigenen Handlungen und Wahrnehmungen eine substantiierte Einlassung für zumutbar hält; wer aber eine eigene Wahrnehmung oder Handlung vergessen hat, darf zur Vermeidung von Rechtsnachteilen (vorsorglich) bestreiten.[33]   45

V. Aufrechnung

Wenn während des Zeitraums der vorläufigen Deckungszusage und vor Ablauf der Zahlungsfrist von 14 Tagen ein **ersatzfähiger Kaskoschaden** eingetreten und dem Versicherer angezeigt worden ist, wird das Interesse des Versicherers an der Erlangung der Erstprämie dadurch sichergestellt, dass die Aufrechnung erklärt oder eine Verrechnung vorgenommen werden kann. Der Versicherer muss nach § 242 BGB die Verrechnung vornehmen, so dass **keine Leistungsfreiheit** eintritt.[34]   46

---

29 Prölss/Martin/*Knappmann*, § 37 VVG Rn 13. m.w.N.
30 BGH, VersR 1986, 54.
31 Prölss/Martin/*Knappmann*, § 37 VVG Rn 15 m.w.N.; BGH NJW 1978, 1528 = VersR 1978, 436.
32 Prölss/Martin/*Knappmann*, § 38 VVG Rn 16 m.w.N.
33 OLG Köln, r+s 2004, 316; Prölss/Martin/*Knappmann*, § 38 VVG Rn 18 m.w.N.
34 BGH, VersR 1985, 877; OLG Düsseldorf, r+s 2000, 185; Prölss/Martin/*Knappmann*, § 37 VVG Rn 23 m.w.N.

§ 5 Kraftfahrtversicherung

47 In der **Kraftfahrzeug-Haftpflichtversicherung** besteht **keine** Aufrechnungsmöglichkeit, weil der Versicherungsnehmer keinen Zahlungsanspruch, sondern nur einen Freistellungsanspruch hat.

48 Wenn der **Versicherungsfall** sowohl die **Kaskoversicherung** als auch die **Haftpflichtversicherung** betrifft, besteht diese Verrechnungsmöglichkeit auch für die Kfz-Haftpflichtversicherung.

49 Diese **Verrechnungsmöglichkeit** besteht daher auch für die Kfz-Haftpflichtversicherungsprämie, obgleich Haftpflichtversicherungsvertrag und Kaskoversicherungsvertrag jeweils rechtlich selbstständige Verträge sind.[35]

Entscheidend ist, dass der Schaden dem Versicherer rechtzeitig, also vor Ablauf der Zahlungsfrist, **gemeldet** worden ist.[36]

G. Obliegenheiten

I. Rechtscharakter

50 Vom Rechtscharakter her sind Obliegenheiten keine unmittelbar erzwingbare Verbindlichkeiten, sondern bloße Verhaltensnormen (**Voraussetzungen**), die der Versicherungsnehmer zu erfüllen hat, wenn er seinen Versicherungsanspruch behalten will.[37]

51 Der Versicherer kann **nicht** auf Erfüllung von Obliegenheiten **klagen**, es besteht nur die Sanktion der Leistungsfreiheit bei Obliegenheitsverletzungen.

Es ist zu unterscheiden zwischen den **gesetzlichen** Obliegenheiten und den vertraglichen Obliegenheiten.

II. Gesetzliche Obliegenheiten

52 Zu den gesetzlichen Obliegenheiten gehört die Verpflichtung des Versicherungsnehmers,
- den Eintritt des **Versicherungsfalles** unverzüglich **anzuzeigen** (§ 30 VVG)
- dem Versicherer die notwendigen **Auskünfte** zu erteilen (§ 31 VVG)
- bei Eintritt des Versicherungsfalles den **Schaden** nach Möglichkeit **abzuwenden** oder zu **mindern** (§ 82 VVG)
- **Regressansprüche** des Versicherers zu wahren (§ 86 Abs. 2 VVG).

---

35 Stiefel/Maier/*Stadler*, AKB C Rn 38 ff. m.w.N.; OLG Hamm, VersR 1996, 1408; OLG Koblenz, VersR 1995, 527.
36 Stiefel/Maier/*Stadler*, AKB C Rn 35 ff.
37 Prölss/Martin/*Prölss*, § 28 VVG Rn 38 m.w.N.

G. Obliegenheiten § 5

1. Anzeigepflicht (§ 30 VVG)

Der Versicherungsnehmer hat den Eintritt des Versicherungsfalles dem Versicherer unverzüglich mitzuteilen. Eine **Sanktion** bei Verletzung dieser Anzeigeobliegenheit findet sich im Gesetz **nicht**. Es handelt sich insoweit um eine „**lex imperfecta**", sie hat daher nur Warnfunktion und wird nur dann relevant, wenn – wie üblich – die Anzeigepflicht in den AVB zur vertraglichen Obliegenheit wird. 53

2. Auskunftspflicht (§ 31 VVG)

Der Versicherungsnehmer ist verpflichtet, jede Auskunft zu erteilen, „die zur Feststellung des Versicherungsfalles oder des Umfanges der Leistungspflicht des Versicherers erforderlich ist". Auch diese Vorschrift enthält **keine Sanktion** bei Verletzung dieser Obliegenheit, so dass eine Obliegenheitsverletzung nur dann relevant ist, wenn sie in den AVB zum Gegenstand einer **vertraglichen** Obliegenheit gemacht wird. 54

3. Schadenminderungspflicht (§ 82 VVG)

Der Versicherungsnehmer hat bei Eintritt des Versicherungsfalles nach Möglichkeit den Schaden **abzuwenden** oder zu **mindern** (§ 82 Abs. 1 VVG). 55

Er hat **Weisungen** des Versicherers einzuholen und bei unterschiedlichen Weisungen mehrerer beteiligter Versicherer nach pflichtgemäßem Ermessen zu handeln (§ 82 Abs. 2 VVG). Die Sanktionen dieser gesetzlichen Obliegenheitsverletzung ergeben sich aus § 82 Abs. 3 VVG: Bei einer **vorsätzlichen** Obliegenheitsverletzung wird der Versicherer **leistungsfrei**. Bei einer **grob fahrlässigen** Obliegenheitsverletzung ist der Versicherer berechtigt, seine Leistungen in einem der Schwere des Verschuldens entsprechenden Verhältnis zu **kürzen**. 56

Aber auch hier gilt das **Kausalitätsprinzip**: Die Leistungsfreiheit tritt nicht ein, wenn die Obliegenheitsverletzung sich weder auf die Feststellung des Versicherungsfalles noch des Umfangs der Leistungspflicht ausgewirkt hat. 57

Der Versicherungsnehmer hat insoweit den **Kausalitätsgegenbeweis** zu führen (§ 82 Abs. 4 VVG). 58

Das Kausalitätserfordernis **entfällt** nur bei **Arglist** (§ 82 Abs. 4 S. 2 VVG).

4. Wahrung von Regressansprüchen (§ 86 Abs. 2 VVG)

Gemäß § 86 Abs. 1 VVG gehen alle Ansprüche des Versicherungsnehmers gegen den Schädiger auf den Versicherer über, soweit der Versicherer den Schaden ersetzt. Der Versicherungsnehmer muss alles tun, um diesen Anspruch gegen den Schädiger **aufrecht zu erhalten**, er darf insbesondere **nicht** auf diesen Anspruch **verzichten**. 59

§ 5 Kraftfahrtversicherung

60 Die Sanktion ergibt sich aus § 86 Abs. 2 S. 2 VVG: Bei **vorsätzlicher** Obliegenheitsverletzung wird der Versicherer **leistungsfrei**, bei **grob fahrlässiger** Obliegenheitsverletzung ist der Versicherer berechtigt, seine Leistung in einem der Schwere des Verschuldens entsprechenden Verhältnis zu **kürzen**.

61 In beiden Fällen ist das **Kausalitätserfordernis** zu beachten, der **Versicherungsnehmer** trägt die **Beweislast** für das Nichtvorliegen einer groben Fahrlässigkeit (§ 86 Abs. 2 S. 2 VVG).

Beispiele
Der Arbeitgeber trifft nach einem grob fahrlässig herbeigeführten Verkehrsunfall seines Arbeitnehmers mit diesem eine Vereinbarung, dass mit der Zahlung der restlichen Bezüge zum Monatsende alle beiderseitigen Ansprüche erledigt sind („**Ausgleichsquittung**").
Nach einem Verkehrsunfall erklären beide Beteiligten, dass sie wechselseitig auf Ansprüche **verzichten**. Hierdurch wird der Regressanspruch des beteiligten Vollkaskoversicherers/Teilkaskoversicherers vereitelt.
In beiden Fällen dürfte allenfalls grobe Fahrlässigkeit vorliegen, im Regelfall nur einfache Fahrlässigkeit, die folgenlos bleibt.

III. Vertragliche Obliegenheiten beim Gebrauch des Fahrzeuges (D AKB 2008)

1. Vorbemerkung

62 Die Rechtsfolgen der Verletzung der vertraglichen Obliegenheiten treten nur ein, wenn der Versicherungsnehmer **grob fahrlässig** oder **vorsätzlich** gehandelt hat. Schuldlos oder leicht fahrlässig begangene Obliegenheitsverletzungen sind folgenlos.

63 Die Leistungsfreiheit des Versicherers hängt **nicht** (mehr) davon ab, ob der Vertrag gekündigt worden ist oder ob die Obliegenheitsverletzung **vor** oder **nach** Eintritt des Versicherungsfalles begangen worden ist. In den AKB 2008 sind gleichwohl die vertraglichen Obliegenheiten vor oder nach Eintritt des Versicherungsfalles gesondert geregelt:
D: Welche Pflichten haben Sie beim Gebrauch des Fahrzeugs?
E: Welche Pflichten haben Sie im Schadenfall?
Die in den aktuellen AKB geregelten Obliegenheiten entsprechen den Bestimmungen in den früheren AKB.

2. Verwendungsklausel (D.1.1 AKB 2008)

64 Der im Versicherungsvertrag vereinbarte Verwendungszweck bestimmt den **Prämientarif**. Die Prämie für Mietwagen und Taxen ist höher als für privat genutzte

Fahrzeuge, der Prämientarif im Güternahverkehr ist geringer als im Güterfernverkehr.[38] Der Fernverkehr hat ein größeres Gefahrenpotential; die darin liegende Gefahrerhöhung wird unwiderlegbar vermutet, wenn nicht der Tarif für beide Zwecke identisch ist.

Wird ein zum **privaten Tarif** versichertes Fahrzeug als Mietwagen oder **Taxi** eingesetzt, so liegt darin eine Obliegenheitsverletzung.[39]   65

Die Verwendungsklausel ist ein Unterfall der **Gefahrerhöhung** (§§ 23 VVG ff.); sie ist eine in den AKB eigenständig und abschließend als solche bestimmte Obliegenheit.[40] Da es sich insoweit um eine **vertragliche Obliegenheit** handelt, findet § 28 Abs. 2 VVG Anwendung: Der **Versicherer** muss nicht nur beweisen, dass das Fahrzeug zu einem nicht vereinbarten Verwendungszweck benutzt worden ist, sondern auch, dass die **vertragswidrige Nutzung** vom Versicherungsnehmer selbst **vorgenommen** oder veranlasst wurde.[41]   66

Der **Kausalitätsgegenbeweis** kann bei einem Verstoß gegen die Verwendungsklausel nur durch den Nachweis erbracht werden, dass der Unfall für den Fahrer ein **unabwendbares Ereignis** war.[42]   67

3. Schwarzfahrten (D.1.2 AKB 2008)

Der Versicherer wird leistungsfrei, wenn ein **unberechtigter Fahrer** das Fahrzeug benutzt hat. Selbst wenn darin eine Gefahrerhöhung liegen würde, ist eine Anwendung der allgemeinen Bestimmung über die Gefahrerhöhung (§§ 23 ff. VVG) ausgeschlossen, da die vertragliche Regelung gegenüber der gesetzlichen Regelung Vorrang hat.[43]   68

Eine unberechtigte Fahrt (Schwarzfahrt) liegt dann vor, wenn der Fahrer das Fahrzeug **ohne** bzw. **gegen** den Willen des Halters **benutzt**.[44]

Die Leistungsfreiheit des Versicherers tritt nur im **Innenverhältnis** gegenüber dem unberechtigten Fahrer ein, während die Leistungspflicht gegenüber dem Geschädigten, dem Versicherungsnehmer, dem Halter und dem Eigentümer bestehen bleibt.   69

---

38 OLG Hamm, zfs 1998, 296.
39 OLG Oldenburg, SP 1999, 207; OLG Koblenz r+s 1999, 272.
40 BGH, r+s 1997, 184; OLG Köln r+s 1999, 111; van Bühren/*Meinecke*, Anwalts-Handbuch Verkehrsrecht, Teil 7 Rn 138.
41 Stiefel/Maier/*Maier*, AKB D.1 Rn 7.
42 OLG Hamm, r+s 1998, 181 = zfs 1998, 297; Stiefel/Maier/*Maier*, AKB D3 Rn 35.
43 Stiefel/Maier/*Maier*, AKB D1 Rn 30 m.w.N.
44 *Bauer*, Rn 548.

70 Nach D.1.2 AKB 2008 ist der Versicherer jedoch auch gegenüber dem Versicherungsnehmer, dem **Eigentümer** oder dem **Halter** leistungsfrei, wenn dieser die Schwarzfahrt **wissentlich ermöglicht** hat.

> *Beispiele*
> Der zur Benutzung eines **Dienstfahrzeugs** generell befugte Arbeitnehmer wird zum unberechtigten Fahrer, wenn er eigenmächtig **Privatfahrten** vornimmt.[45]
> Auch der Werkstattinhaber wird zum unberechtigten Fahrer, wenn er unter dem Deckmantel der Probefahrt eine Privatfahrt durchführt.[46]

71 Der unberechtigte Fahrer ist im **Außenverhältnis** mitversichert, so dass eine **Direktklage** gegen den Haftpflichtversicherer möglich ist.[47]

4. Führerscheinklausel (D.1.3 AKB 2008)

72 Der Fahrzeugführer darf das Fahrzeug **auf öffentlichen Wegen oder Plätzen** nur mit der erforderlichen Fahrerlaubnis benutzen. Es besteht Leistungsfreiheit gegenüber dem Versicherungsnehmer, dem Halter oder dem Eigentümer, wenn diese das Fahrzeug einem Fahrer überlassen, der nicht die erforderliche Fahrerlaubnis hat (siehe auch Rn 76).

73 Bei einem **Fahrverbot** ist die Fahrerlaubnis gemäß § 4 Abs. 1 StVO **nicht** entzogen, die Fahrerlaubnis besteht fort.[48]

74 Bei einer **Beschlagnahme** hat der Kraftfahrer keine Fahrerlaubnis mehr im Sinne von D.1.3 AKB 2008. Es ist zwar zwischen „**Fahrerlaubnis**" und „**Führerschein**" zu unterscheiden. Ein Kraftfahrer kann auch dann eine Fahrerlaubnis haben, wenn er den Führerschein nicht körperlich in Besitz hat;[49] der BGH führt in der vorgenannten Entscheidung aus, dass durch die Neufassung von § 21 Abs. 2 StVG das Führen eines Kraftfahrzeuges trotz Beschlagnahme des Führerscheins ein mit Strafe bedrohtes Vergehen sei (§ 12 Abs. 2 StGB).

75 Diese Überlegungen müssten auch für das Fahrverbot gelten, dessen Missachtung ebenfalls in § 21 StVG unter Strafe gestellt wird. Hierzu heißt es jedoch in einer Entscheidung des BGH vom 11.2.1987,[50] dass die Beschlagnahme gleichwohl anders zu beurteilen sei, da eine solche Maßnahme voraussetze, dass mit der Entziehung der Fahrerlaubnis zu rechnen sei. Gegenüber einem Kraftfahrer, dessen Fahrerlaubnis **beschlagnahmt** worden ist, ist der Versicherer somit **leistungsfrei**.

---

[45] Stiefel/Maier/*Maier*, AKB D1 Rn 41.
[46] Stiefel/Maier/*Maier*, AKB D1 Rn 41.
[47] OLG Hamm, r+s 1996, 43.
[48] BGH, VersR 1987, 897 = zfs 1987, 147.
[49] BGH, VersR 1982, 84.
[50] BGH, VersR, 1987, 897, 898.

G. Obliegenheiten § 5

Diese gegenüber dem führerscheinlosen Fahrer begründete Leistungsfreiheit besteht gegenüber dem **Versicherungsnehmer**, dem **Halter** oder dem **Eigentümer** nur dann, wenn dieser die Obliegenheitsverletzung **selbst** begangen oder **wissentlich** ermöglicht hat.

76

5. Trunkenheitsklausel (D.2.1 AKB 2008)

Nach den früheren AKB bestand im Bereich der Haftpflichtversicherung die uneingeschränkte Leistungspflicht des Versicherers auch dann, wenn der Schadenfall durch alkoholbedingte oder auf andere Rauschmittel zurückzuführende Fahruntüchtigkeit verursacht worden war. Die Verordnung über den Versicherungsschutz in der Kraftfahrzeug-Haftpflichtversicherung vom 29.7.1994 (KfzPflVV) hat den Katalog der zulässigen Obliegenheiten vor Eintritt des Versicherungsfalles um die Trunkenheitsklausel (§ 5 Abs. 1 Nr. 5 KfzPflVV) erweitert. In D.3.3. AKB 2008 ist diese **vorbeugende vertragliche Obliegenheit** umgesetzt worden.

77

Der Versicherer ist in der **Kraftfahrzeug-Haftpflichtversicherung** leistungsfrei, „wenn der Fahrer infolge Genusses alkoholischer Getränke oder anderer berauschender Mittel nicht in der Lage ist, das Fahrzeug sicher zu führen" (D.2.1 AKB 2008).

78

Absolute Fahruntüchtigkeit liegt bei einer Blutalkoholkonzentration von 1,1 Promille vor.[51]

Bei einer Blutalkoholkonzentration von 0,3 Promille[52] bis 1,1 Promille liegt **relative Fahruntüchtigkeit** vor; der Versicherer wird nur dann leistungsfrei, wenn weitere Umstände – alkoholbedingte Ausfallserscheinungen – die Fahruntüchtigkeit beweisen.[53]

79

Bei alkoholbedingter absoluter Fahruntüchtigkeit sprechen die Regeln des **Anscheinsbeweises** für die Unfallursächlichkeit des Alkoholgenusses.[54]

Ein **Glatteisunfall** ist bei einer Blutalkoholkonzentration von 0,75 Promille noch kein Hinweis auf einen alkoholtypischen Fehler.[55]

80

Leistungsfreiheit besteht auch gegenüber dem Versicherungsnehmer, dem Halter oder dem Eigentümer des Fahrzeuges, wenn diese das versicherte Fahrzeug von einem **Fahrer hat fahren lassen**, „der durch alkoholische Getränke oder andere be-

81

---

51 BGH, NJW 1991, 1367; OLG Hamm VersR 1991, 539; OLG München r+s 1991, 189; OLG Köln r+s 1994, 329; Stiefel/Maier/*Maier*, AKB D2 Rn 6.
52 OLG Hamm, VersR 1990, 43; Stiefel/Maier/*Maier*, AKB D2 Rn 7.
53 OLG Hamm, r+s 1995, 373; OLG Hamm r+s 1999, 268; OLG Karlsruhe r+s 1995, 375; OLG Köln r+s 1999, 269.
54 OLG Saarbrücken, zfs 2002, 32.
55 OLG Hamm, r+s 1999, 493 = zfs 2000, 70 = VersR 2000, 843 = NJW-RR 2000, 172.

49

rauschende Mittel nicht mehr in der Lage ist, das Fahrzeug sicher zu führen" (D.2.1 AKB 2008).

6. Rennveranstaltungen (D.2.2 AKB 2008)

82 Die Verwendung eines Kraftfahrzeuges für eine Rennveranstaltung, die behördlich nicht genehmigt ist, soll im Verhältnis zum Versicherungsnehmer keine **Deckungsverpflichtung** des Versicherers auslösen.[56] Insoweit handelt es sich um eine Spezialregelung der Verwendungsklausel in der Haftpflichtversicherung. Die Unterscheidung zwischen genehmigten und nicht genehmigten Rennveranstaltungen betrifft nur die Haftpflichtversicherung, für die **Fahrzeugversicherung** besteht ein **genereller Leistungsausschluss** gemäß A.1.5.2 AKB 2008.[57]

83 Sowohl in A.1.5.2 AKB 2008 als auch in D.2.2 AKB 2008 werden die für Rennveranstaltungen „dazugehörigen **Übungsfahrten**" vom Versicherungsschutz ausgeschlossen.

IV. Vertragliche Obliegenheiten im Schadenfall (E AKB 2008)

84 Die AKB 2008 regeln zunächst die Pflichten im Schadenfall bei allen Versicherungsarten (E.1 AKB 2008) und dann die zusätzlichen Obliegenheiten für die Kraftfahrzeughaftpflichtversicherung (E.2 AKB 2008), für die **Kaskoversicherung** (E.3 AKB 2008), für den **Autoschutzbrief** (E.4 AKB 2008) und für die **Kraftfahrzeugunfallversicherung** (E.5 AKB 2008).

1. Generelle Obliegenheiten (E.1 AKB 2008)

85 Für sämtliche Versicherungsarten gelten die **Anzeigepflicht**, die **Aufklärungspflicht** und die **Schadenminderungspflicht**.

a) Anzeigepflicht (E.1 AKB 2008)

86 Jeder Versicherungsfall muss innerhalb einer Woche **schriftlich** angezeigt werden (E.1.1 AKB 2008).

87 Die Anzeige eines **Kaskoschadens** ersetzt **nicht** die Anzeige des **Haftpflichtschadens** oder umgekehrt.[58]

88 Ein **vorsätzlicher** Verstoß liegt nur dann vor, wenn der Versicherungsnehmer die Verhaltensnorm **gekannt** hat, gegen die er verstoßen hat.[59]

---

56 Stiefel/Maier/*Maier*, AKB D2 Rn 13 ff.
57 OLG Karlsruhe, zfs 2014, 453.
58 Vgl. Stiefel/Maier/*Maier*, AKB E1 Rn 7.
59 Stiefel/Maier/*Maier*, AKB E1 Rn 2.

G. Obliegenheiten §5

Es liegt eine vorsätzliche und zur Leistungsfreiheit führende Obliegenheitsverletzung vor, wenn eine vollständige Schadenmeldung mit **mehrmonatiger** Verspätung erfolgt, weil der Versicherungsnehmer zuerst die Ermittlungsakte von seinem Rechtsanwalt einsehen lassen will.[60] 89

Hier kann jedoch der Versicherungsnehmer gegebenenfalls den Kausalitätsgegenbeweis führen (§ 28 Abs. 3 VVG). 90

Die **Vorsatzvermutung** des § 28 Abs. 2 VVG ist in der Regel **leicht widerlegbar**, da kein vernünftiger Versicherungsnehmer seinen Versicherungsschutz verlieren will;[61] aber der **Versicherungsnehmer** muss ihn **entlastende** Umstände **vortragen**.[62] 91

Schließlich ist die Verletzung der Anzeigepflicht unbeachtlich, wenn der Versicherer in **anderer Weise** Kenntnis vom Schadenfall rechtzeitig erlangt hat (§ 30 Abs. 2 VVG). Dies ist in der Regel dann der Fall, wenn der Geschädigte seine Ansprüche bereits beim Haftpflichtversicherer angemeldet hat, obgleich hierdurch grundsätzlich die Anzeigepflicht des Versicherungsnehmers nicht berührt wird.[63] 92

Es fehlt dann an der **Kausalität** der Obliegenheitsverletzung für die Feststellungen des Versicherers, so dass bereits aus diesem Grund eine Obliegenheitsverletzung nicht zur Leistungsfreiheit des Versicherers führt. 93

Hinweis
Es ist eine zulässige und oft erfolgreiche „Werbung", wenn der mit der Schadenregulierung beauftragte Rechtsanwalt seinem Mandanten diese „lästige" Anzeigepflicht abnimmt und auf diese Weise beim Haftpflichtversicherer „aktenkundig" gemacht wird. Oft wird dieser Rechtsanwalt im Falle eines Rechtsstreits auch mit der Prozessführung vom Haftpflichtversicherer beauftragt.

b) Auskunfts- und Aufklärungsobliegenheit (E.1.3 AKB 2008)

Der Versicherungsnehmer hat nach Eintritt des Versicherungsfalles **umfassende** Auskunfts- und Aufklärungspflichten, die es dem Versicherer ermöglichen sollen, seine Eintrittspflicht dem Grunde und der Höhe nach festzustellen. Auch hier führen Vorsatz zur völligen und grobe Fahrlässigkeit zur partiellen Leistungsfreiheit des Versicherers, wenn sich die Obliegenheitsverletzung **kausal** auf die Schadenfeststellung auswirkt. 94

§ 28 Abs. 4 VVG sieht hier jedoch eine weitere Schutzvorschrift für den Versicherungsnehmer vor, die nach altem Recht von der Rechtsprechung entwickelt worden war: Der Versicherer wird nur dann leistungsfrei, wenn er den Versicherungsneh- 95

---

60 LG Münster, SP 1996, 398.
61 OLG Köln, r+s 1997, 355; OLG Hamm VersR 1997, 1341.
62 OLG Frankfurt, MDR 1999, 995.
63 Stiefel/Maier/*Maier*, AKB E1 Rn 14.

mer „**durch gesonderte Mitteilung in Textform**" auf die Rechtsfolgen der Verletzung dieser Aufklärungsobliegenheit hingewiesen hat.

96 Die Verletzung einer Aufklärungsobliegenheit, sei es vorsätzlich oder grob fahrlässig, wird in der Regulierungspraxis geringe Bedeutung haben, da der Versicherer, wenn er die Falschangaben entdeckt, seine Leistung verweigert oder kürzt. Allenfalls für die **Rückforderung** oder **Verrechnung** bereits geleisteter Zahlungen können derartige Obliegenheitsverletzungen von Bedeutung sein. Folgerichtig wird sich in Zukunft die Argumentation darauf konzentrieren, dem Versicherungsnehmer, der falsche Angaben zum Schadenhergang oder zur Schadenhöhe macht, **Arglist** vorzuwerfen.

c) Arglist (§ 28 Abs. 3 S. 2 VVG)

97 Das **Kausalitätserfordernis entfällt**, wenn der Versicherungsnehmer „die Obliegenheit arglistig verletzt hat" (§ 28 Abs. 3 S. 2 VVG). Der Versicherungsnehmer muss mit direktem Vorsatz (dolus directus) handeln. Nicht jede vorsätzlich falsche Angabe bedeutet eine Arglist des Versicherungsnehmers. Der Versicherungsnehmer muss vielmehr einen gegen die Interessen des Versicherers gerichteten Zweck verfolgen. Arglistig handelt der Versicherungsnehmer nur dann, wenn er in der **Absicht** handelt, das Regulierungsverhalten des Versicherers zu beeinflussen.[64]

98 Vorsatz bedeutet im Versicherungsrecht **dolus directus und dolus eventualis**. Es genügt, wenn der Handelnde erkennt und billigend in Kauf nimmt, dass sein Verhalten den anderen täuschen und in seiner Willensentscheidung beeinflussen kann.[65]

99 Es ist **nicht** erforderlich, dass ein rechtswidriger Vermögensvorteil angestrebt wird.[66] Arglist liegt daher auch dann vor, wenn der Versicherungsnehmer einen **gefälschten Schadenbeleg** vorlegt,[67] selbst wenn dieser Beleg den tatsächlichen Wert des zu ersetzenden Gegenstandes wiedergibt.[68]

d) Beweislast

100 Der Versicherer muss Arglist **beweisen**.[69] **Objektiv falsche Angaben** sind jedoch ein **Indiz** für ein vorsätzliches und arglistiges Verhalten des Versicherungsnehmers;

---

64 Rüffer/Halbach/Schimikowski/*Felsch*, § 28 VVG Rn 76 m.w.N.; BGH IV ZR 62/07, VersR 2009, 968 = ZfS 2009, 463.
65 Rüffer/Halbach/Schimikowski/*Felsch*, § 28 VVG Rn 76 m.w.N.; BGH, NJW-RR 2009, 1036 = VersR 2009, 968; OLG Düsseldorf, r+s 1996, 319; OLG Koblenz, zfs 2003, 550; KG, VersR 2005, 351; OLG Saarbrücken, NJW-RR 2006, 1406.
66 OLG Köln, VersR 2004, 907.
67 OLG Köln, r+s 2006, 421.
68 OLG München, VersR 1992, 181.
69 BGH, VersR 2004, 1304; Rüffer/Halbach/Schimikowski/*Felsch*, § 28 VVG Rn 79; Prölss/Martin/*Prölss*, § 28 VVG Rn 120.

dieser muss daher gegebenenfalls die gegen ihn sprechende Vermutung entkräften.[70]

Bei Arglist besteht **keine** Nachfrageobliegenheit des Versicherers.[71]

e) Einschränkung der Leistungsfreiheit (§ 242 BGB)

Es tritt keine Leistungsfreiheit des Versicherers ein, wenn falsche Angaben **vor ihrer Entdeckung** richtig gestellt werden;[72] diese Richtigstellung muss **zeitnah** und vollkommen **freiwillig** erfolgen.[73] Hier fehlt es ohnehin an der Kausalität gemäß § 28 Abs. 3 VVG. Es verbleibt jedoch bei der **Leistungsfreiheit** des Versicherers, wenn die falschen Angaben **arglistig** erfolgt sind.[74]

101

f) Rechtsprechung

Nach den bisherigen AKB und dem VVG 1908 führte eine vorsätzliche Obliegenheitsverletzung auch dann zur Leistungsfreiheit, wenn diese sich nicht auf den Schaden oder die Schadenfeststellung auswirkt. Es genügte, wenn die Obliegenheitsverletzung **generell** geeignet war, die Interessen des Versicherers zu gefährden („Relevanztheorie"). Durch das in den AKB 2008 und im VVG 2008 zu berücksichtigende Kausalitätsprinzip wird sich die Argumentation und Rechtsprechung auf den **Vorwurf eines arglistigen Verhaltens konzentrieren**.

102

Bei falschen Angaben zum Schadenhergang und zur Schadenhöhe wird der Versicherer, wenn er die Unrichtigkeit dieser Angaben entdeckt, die Regulierung verweigern oder die Ersatzleistung entsprechend kürzen, so dass grob fahrlässige und vorsätzliche Verstöße gegen die Aufklärungsobliegenheit nur noch für **Rückforderungsansprüche** von Bedeutung sind. Die bislang zur Leistungsfreiheit bei vorsätzlicher Obliegenheitsverletzung ergangene Rechtsprechung wird daher in Zukunft nur bedingt von Bedeutung sein und nur insoweit Bestand haben, als der Versicherungsnehmer durch seine falschen Angaben **bewusst** auf das Regulierungsverhalten des Versicherers Einfluss nehmen wollte.

103

Diese Voraussetzungen dürften jedoch im Regelfall bei falschen Angaben zum Schadenhergang und zur Schadenhöhe von Bedeutung sein, da die bisherigen „Irrtümer" des Versicherungsnehmers stets zu seinen **Gunsten** erfolgten, es sind keine oder nur wenige Fälle bekannt, in denen sich der Versicherungsnehmer zu seinen Ungunsten „geirrt" hatte.

104

Vorsätzlich falsche Angaben zum Schadenhergang und zur Schadenhöhe dürften daher im Regelfall auch arglistig erfolgen, also mit der Absicht, die Leistungs-

105

---

70 OLG Saarbrücken, VersR 2006, 681; Stiefel/Maier/*Maier*, § 28 VVG Rn 29 m.w.N.
71 BGH, r+s 2008, 234; BGH – IV ZR 170/04, r+s 2008, 234.
72 BGH, VersR 2002, 173.
73 OLG Köln, SP 2002, 178; OLG Hamm NJW 2000, 560 = zfs 2000, 159.
74 OLG Saarbrücken – 5 U 546/07, VersR 2008, 1643 = zfs 2008, 631.

pflicht des Versicherers dem Grunde oder der Höhe nach zu beeinflussen. Der Versicherungsnehmer kann die gegen ihn sprechende Vermutung des arglistigen Verhaltens nur durch den **Gegenbeweis** entkräften.

> *Beispiel*
> Der Versicherungsnehmer weist nach, dass die falschen Angaben zum Kilometerstand auf einer arglistigen Täuschung des Vorbesitzers des Fahrzeuges beruhen.

106 Die Leistungsfreiheit des Versicherers wird daher auch für die Zukunft in Anlehnung an die bisherige Rechtsprechung zu bejahen sein bei:
- falschen Angaben über den **Kaufpreis** des versicherten Fahrzeugs;[75]
- 66.700,00 DM statt 47.500,00 DM;[76]
- 23.000,00 DM statt 20.300,00 DM;[77]
- 28.000,00 DM statt 19.500,00 DM;[78]
- 39.000,00 EUR statt 28.680,00 EUR.
- falschen Angaben über **Zubehörteile**;[79]
- unrichtigen Angaben über den **Kilometerstand** des entwendeten Fahrzeuges;[80]
- 130.000 km statt 180.000 km;[81]
- 8.000 km statt 16.000 km;[82]
- 130.000 km statt 160.000 km;[83]
- 87.000 km statt 106.000 km;[84]
- 116.000 km statt 130.000 km,[85]
- unrichtigen Angaben über die Anzahl der **Vorbesitzer**;[86]
- Falschangaben über **Vorschäden**,[87] (etwas anderes gilt nur für **Bagatellschäden**, deren Beseitigung Kosten in Höhe von weniger als 219,60 EUR[88] oder 250,00 EUR[89] ausmacht),

---

75 OLG Frankfurt, NVersZ 2000, 528.
76 OLG Koblenz, zfs 2003, 410.
77 OLG Köln, r+s 2004, 497.
78 OLG Saarbrücken, r+s 2006, 236.
79 OLG Köln, r+s 2006, 235.
80 OLG Koblenz, NJW-RR 2005, 905.
81 OLG Köln, r+s 2007, 316.
82 OLG Karlsruhe, r+s 2008, 238.
83 OLG Köln, r+s 2008, 235.
84 OLG Saarbrücken, VersR 2008,1528.
85 OLG Saarbrücken, VersR 2008, 1528.
86 OLG Celle, SP 2008, 318.
87 OLG Köln, NVersZ 2002, 562, OLG Köln, SP 2003, 142; OLG Düsseldorf, NJW-RR 2003, 462; KG, NJW-RR 2003, 604; OLG Hamm, r+s 2003, 191 m. Rechtsprechungsübersicht; OLG Düsseldorf, r+s 2003, 230 = SP 2003, 209; KG, r+s 2004, 480.
88 KG, r+s 2004, 408.
89 Brandenburgisches OLG, SP 2007, 189.

G. Obliegenheiten §5

- Täuschungsversuchen über den **Restwerterlös**;[90]
- unrichtigen Angaben zur Vorsteuerabzugsberechtigung;[91]
- falschen Angaben zu Wert erhöhenden Reparaturarbeiten mit **fingierten Rechnungen**;[92]
- arglistigem Verschweigen einer ebenfalls eintrittspflichtigen Transportversicherung.[93]

Aktuelle Rechtsprechung: 107
- Ein Versicherungsnehmer, der falsche Angaben zu erheblichen **Vorschäden** macht, handelt arglistig, weil er die Absicht hat, den Versicherer über die Höhe des Schadens zu täuschen und Nachfragen zu unterbinden.[94]
- Ein Versicherungsnehmer, der die Frage **nach Zeugen** wahrheitswidrig verneint, handelt arglistig.[95]
- Arglist liegt vor, wenn eine **Ersatzquittung** als Original vorgelegt wird.[96]
- Verschweigen von **Nachtrunk** ist eine arglistige Obliegenheitsverletzung.[97]

Der **Nachtrunk** nach einem Unfall ohne Fremdschaden führt nicht ohne Weiteres 108
zu Leistungsfreiheit, es sei denn, dass der Versicherungsnehmer durch diesen Nachtrunk die Verschleierung seines Alkoholisierungsgrades beabsichtigt;[98] ob **Unfallflucht** auch in Zukunft selbst bei klarer Sach- und Rechtslage zur Leistungsfreiheit des Versicherers führt, erscheint zweifelhaft.

> *Beispiel*
> Der Versicherungsnehmer beschädigt ein parkendes Fahrzeug und lässt sein Fahrzeug an der Unfallstelle zurück. Hier ist das Aufklärungsinteresse am Schadenhergang und zur Schadenhöhe des Versicherers nicht verletzt, allenfalls die Feststellung, ob der Versicherungsnehmer alkoholisiert war.

Nach bisheriger Rechtsprechung trat die Leistungsfreiheit des Versicherers wegen 109
Unfallflucht auch bei **eindeutiger Haftungslage** ein, weil der BGH die Auffassung

---

90 OLG Hamm, VersR 1991, 294.
91 OLG Köln, zfs 2000, 451; OLG Jena, r+s 2003, 231; OLG Saarbrücken, zfs 2007, 456; OLG Köln, r+s 2008, 236.
92 OLG Celle, SP 2001, 245; OLG Hamm, SP 2007, 365 = r+s 2008, 64.
93 OLG Saarbrücken, zfs 2007, 456.
94 OLG Saarbrücken, zfs2012, 94; OLG Naumburg, SP 2012, 442.
95 OLG Saarbrücken, zfs 2014, 281.
96 BGH, zfs 2011, 573.
97 OLG Köln, VersR 2014, 1452.
98 OLG Karlsruhe – 12 U 13/08, DAR 2008, 527 = NJW-RR 2008, 1248 = VersR 2008, 1526 = MDR 2008, 1207.

vertritt, dass § 142 StGB auch „reflexartig" das Aufklärungsinteresse des Versicherers an der Fahrtüchtigkeit des Versicherungsnehmers schützt.[99] Das LG Düsseldorf[100] geht auch nach neuerer Rechtslage von einer Leistungsfreiheit des Versicherers aus, weil der Unfallflüchtige stets „arglistig" handele. Nach einer weiteren Entscheidung des LG Saarbrücken[101] ist der Haftpflichtversicherer bei Unfallflucht ebenfalls leistungsfrei.

Eine **Verurteilung** ist **nicht** erforderlich, für die Leistungsfreiheit des Versicherers **genügt** eine Einstellung des Verfahrens gemäß § 153a StPO.[102]

110 § 142 StGB dürfte **restriktiv** anzuwenden sein, da es mit der freiheitlichen Grundordnung nur schwer zu vereinbaren ist, dass ein Täter sich nach einem Verkehrsdelikt selbst der Polizei stellen muss, während es keine derartige Vorschrift bei anderen Straftaten, nicht einmal bei Verbrechen, gibt.

111 Der BGH hat durch Urteil vom 21.11.2012 seine bisherige Rechtsprechung zur Unfallflucht relativiert und ausgeführt, dass bei Unfallflucht nicht generell von Arglist auszugehen sei. Ebenso wird in dieser Entscheidung ausgeführt, dass ein Kausalitätsgegenbeweis möglich ist mit dem Nachweis, dass die Beachtung der aus § 142 Abs. 2 StGB folgenden Rechtspflichten keine zusätzlichen Aufklärungsmöglichkeiten verschafft hätte.[103]

2. Schadenminderungspflicht (E.1.4 AKB 2008)

112 Die Regelung in E.1.4 AKB 2008 entspricht wörtlich der gesetzlichen Bestimmung in § 82 VVG: Der Versicherungsnehmer hat „nach Möglichkeit für die Abwendung und **Minderung** des Schadens zu sorgen".

113 Die Formulierung „**nach Möglichkeit**" stellt auf das pflichtgemäße Ermessen eines durchschnittlichen Versicherungsnehmers ab.[104] Der Versicherungsnehmer soll sich so verhalten, wie er sich verhalten würde, wenn kein Versicherungsschutz bestünde.

114 Ein Verstoß gegen die Schadenminderungspflicht liegt beispielsweise vor, wenn der Versicherungsnehmer ein beschädigtes Kraftfahrzeug längere Zeit achtlos und

---

99 BGH, r+s 2000,94 = DAR 2000, 113 = NJW-RR 2000, 553; OLG Nürnberg, SP 2000, 389; OLG Frankfurt, 7. Zivilsenat, SP 2002, 31, KG, SP 2003, 287; OLG Köln, SP 2006, 213; OLG Saarbrücken – 5 U 424/08, zfs 2009, 396; **a.A.** OLG Frankfurt, 3. Zivilsenat, zfs 2006, 577 = NJW-RR 2006, 538.
100 LG Düsseldorf – 20 S 7/10, MDR 2010, 1319.
101 LG Saarbrücken – 13 S 75/10, zfs 2010, 630.
102 LG Köln – 11 S 436/08, SP 2010, 266.
103 BGH, zfs 2013, 91 = VersR 2013, 175 = r+s 2013, 61 = NZV 2013, 179; ebenso LG Bonn, zfs 2014, 215 = SP 2014, 94; **a.A.** OLG Stuttgart, r+s 2015, 14.
104 Prölss/Martin/*Voit*, § 82 VVG Rn 13.

ungesichert an der Unfallstelle zurücklässt, so dass sich der Unfallschaden durch Witterungseinflüsse oder durch den Ausbau von Ersatzteilen vergrößert.

In E.1.3 AKB 2008 wird auch § 82 Abs. 2 VVG wiederholt, in dem bestimmt wird, dass der Versicherungsnehmer, soweit für ihn zumutbar, **Weisungen** des Versicherers zu befolgen hat. Diese Weisungsbefugnis geht jedoch **nicht** soweit, dass der Versicherer den Versicherungsnehmer anweisen kann, die Reparaturarbeiten in einer **bestimmten Werkstatt** durchführen zu lassen.

3. Zusätzliche Obliegenheiten in der Kraftfahrzeug-Haftpflichtversicherung (E.2 AKB 2008)

Für die Haftpflichtversicherung bestimmen die AKB 2008, dass der Versicherungsnehmer verpflichtet ist, den Versicherer innerhalb **von einer Woche** zu informieren, wenn Ansprüche geltend gemacht werden und bei **gerichtlich** geltend gemachten Ansprüchen dies dem Versicherer **unverzüglich** anzuzeigen. 115

In E.2.4 AKB 2008 wird die **Prozessführungsbefugnis** des Haftpflichtversicherers geregelt.

Weiterhin gehört es zu den Obliegenheiten in der Haftpflichtversicherung, gegen einen Mahnbescheid oder einen behördlichen Bescheid fristgerecht den erforderlichen **Rechtsbehelf** einzulegen, wenn spätestens 2 Tage vor Fristablauf keine Weisungen des Versicherers vorliegen (E.2.5 AKB 2008). 116

Wenn gegen den Versicherungsnehmer Haftpflichtansprüche gerichtlich geltend gemacht werden, hat er **dem Versicherer** „die Führung des Rechtsstreites zu überlassen" (E.2.4 AKB 2008). 117

Diese Prozessführungsbefugnis beinhaltet auch und vor allem das Recht, den **Prozessanwalt** für den Versicherungsnehmer und die übrigen Versicherten zu bestellen. Versicherungsnehmer, die einen Rechtsanwalt eigener Wahl beauftragen, begehen eine Obliegenheitsverletzung mit der Rechtsfolge, dass die anfallenden Anwaltskosten von ihnen selbst zu tragen sind. 118

Dies gilt auch dann, wenn der Versicherungsnehmer bereits **vor** Beauftragung eins Prozessanwalts durch den Versicherer **selbst** einen Anwalt beauftragt hat, da die Reihenfolge der Beauftragung nicht entscheidend ist.[105] 119

Auch im Falle des Obsiegens besteht **kein Kostenerstattungsanspruch**, da es sich nicht um notwendige Prozesskosten handelt;[106] auch der eigene Haftpflichtversicherer ist insoweit nicht zur Erstattung der vom Versicherungsnehmer veranlassten Anwaltskosten verpflichtet.[107] 120

---

[105] KG – 1 W 8908, NJW-RR 2008, 1616.
[106] BGH – IV ZB 76/03 = VersR 2004, 622 = NJW-RR 2004, 536 = ZfS 2004, 379.
[107] OLG Hamburg – 14 U 40/09, SP 2009, 341.

121 Ein Versicherungsnehmer darf nur dann einen Anwalt seiner Wahl beauftragen, wenn besondere Gründe vorliegen, die eine Vertretung durch den vom Versicherer gestellten Prozessanwalt als **unzumutbar**[108] erscheinen lassen. Dies ist beispielsweise dann der Fall,
- wenn der vom Versicherer beauftragte Prozessanwalt bereits in einem anderen Verfahren **gegen den Versicherungsnehmer** tätig war;[109]
- wenn zwischen Versicherungsnehmer und Haftpflichtversicherer **Meinungsverschiedenheiten** über die Deckungspflicht auftreten;[110]
- wenn der Vorwurf eines **fingierten Unfalls** erhoben wird, selbst dann, wenn der Versicherer dem Versicherungsnehmer als Streithelfer beitritt.[111]

122 Droht im schriftlichen Vorverfahren wegen der **Zwei-Wochen-Frist** von § 276 Abs. 1 ZPO ein Versäumnisurteil, kann es ausnahmsweise gerechtfertigt sein, „auf eigene Faust einen Rechtsanwalt zu beauftragen".[112]

123 Wenn dann jedoch der Versicherer einen Prozessanwalt seiner Wahl auch für den Versicherungsnehmer beauftragt, ist nur die **Verfahrensgebühr** zu erstatten, während es sich bei der Terminsgebühr nicht mehr um notwendige Prozesskosten handelt.[113]

124 Die Bestellung eines eigenen Rechtsanwaltes begründet eine Obliegenheitsverletzung des Versicherungsnehmers, wenn dieser damit die Prozessführung des Haftpflichtversicherers „durchkreuzt".[114]

> *Hinweis*
> Ein Rechtsanwalt, der unter Missachtung der Prozessführungsbefugnis des Haftpflichtversicherers gleichwohl ein Mandat annimmt, hat keinen Gebührenanspruch; er verstößt vielmehr gegen seine Beratungspflicht und macht sich sogar schadenersatzpflichtig.[115]

4. Vertragliche Obliegenheiten in der Kaskoversicherung (E.3 AKB 2008)

125 Der Versicherungsnehmer ist bei einem Schaden in der Kaskoversicherung gehalten,

---

108 LG Mannheim, zfs 2003, 466.
109 BGH, NJW 1981, 1952.
110 OLG Karlsruhe, VersR 1979, 944; OLG Koblenz r+s 1996, 79.
111 OLG Karlsruhe – 3 W 60/98, VersR 1999, 466.
112 LG Göttingen, AnwBl 1987, 284, 285; LG Kleve, zfs 1992, 63; *van Bühren*, AnwBl 2013, 797 ff. m.w.N.
113 LG Göttingen, AnwBl 1987, 285.
114 LG Dortmund – 2 S 33/08, zfs 2009, 453.
115 BGH, VersR 1985, 83; OLG Düsseldorf, VersR 1985, 92; LG München, r+s 1986, 4.

- bei Entwendung des Fahrzeuges oder mitversicherter Teile den Schaden **unverzüglich** in Schriftform anzuzeigen (E.3.1 AKB 2008),
- vor Beginn oder Verwertung des beschädigten Fahrzeuges **Weisungen** des Versicherers einzuholen (E.3.2 AKB 2008),
- bei einem Schaden, der kein Bagatellschaden mehr ist, bei der Polizei **Anzeige** zu erstatten (E.3.3 AKB 2008).

H. Rechtsfolgen von Obliegenheitsverletzungen (E.6 AKB 2008)

Die Rechtsfolgen der Verletzung von vertraglichen Obliegenheiten treten nur ein, wenn der Versicherungsnehmer (oder eine versicherte Person) **grob fahrlässig** oder **vorsätzlich** gehandelt hat. Schuldlos oder leicht fahrlässig begangene Obliegenheitsverletzungen sind folgenlos. Die Leistungsfreiheit des Versicherers hängt **nicht** (mehr) davon ab, ob der Vertrag gekündigt worden ist oder ob die Obliegenheitsverletzung **vor** oder **nach** Eintritt des Versicherungsfalles begangen worden ist (entspricht § 28 VVG).

126

I. Grobe Fahrlässigkeit

Eine grob fahrlässige Obliegenheitsverletzung, die ursächlich für den Eintritt des Schadens oder dessen Umfang war, führt zur **partiellen Leistungsfreiheit** des Versicherers: Dieser kann seine Leistung „in einem der Schwere des Verschuldens des Versicherungsnehmers entsprechenden Verhältnis" **kürzen** (§ 28 Abs. 2 S. 2 VVG).

127

1. Quotelung

Im Regelfall dürfte bei einer grob fahrlässigen Obliegenheitsverletzung eine Leistungskürzung um **50 %** in Betracht kommen.[116]

128

Ähnlich wie bei der Quotierung zu § 254 BGB sind Quoten von **20 % bis 80 %** ebenso denkbar wie eine Kürzungsquote von **0 % oder 100 %**.[117]

2. Mehrere Obliegenheitsverletzungen

Bei **mehreren** grob fahrlässigen Obliegenheitsverletzungen dürfte eine **mehrfache** Quotelung dann **ausgeschlossen** sein, wenn die Obliegenheiten demselben Zweck dienen und lediglich in unterschiedlicher Form ein Verhalten konkretisieren. Wenn beispielsweise ein Versicherungsnehmer alkoholbedingt fahruntüchtig, ohne Fahr-

129

---

[116] *Felsch*, r+s 2007, 485, 493; van Bühren/*Hubert van Bühren*, Handbuch VersR, § 1 Rn 195; Stiefel/ Maier/*Maier*, AKB E6 Rn 24 m.w.N.

[117] *Felsch*, r+s 2007, 485 ff.; *Römer*, VersR 2006, 740 ff.; *Rixecker*, zfs 2007, 73; van Bühren/*Hubert van Bühren*, Handbuch VersR, § 1 Rn 198.

erlaubnis und mit einem nicht versicherten Fahrzeug einen Schadenfall herbeiführt, dürfte von einer **einheitlichen** Obliegenheitsverletzung auszugehen sein, eine Addition verbietet sich. Es ist vielmehr diejenige Obliegenheitsverletzung zu berücksichtigen, die besonders schwerwiegend ist.[118] Diese „**Quotenkonsumption**" ist praktikabel und wird gestützt durch die bisherige Rechtsprechung zu mehrfachen Obliegenheitsverletzungen.[119]

130 Allerdings hält der BGH eine Addition der Regressforderungen bei Obliegenheitsverletzungen **vor** und **nach** Eintritt des Versicherungsfalles für zulässig.

131 Wenn man diese zum VVG 1908 ergangene Rechtsprechung analog auf die jetzige Rechtslage überträgt, wäre ebenfalls eine **doppelte Leistungskürzung** möglich. Die Quote für die Obliegenheitsverletzung vor Eintritt des Versicherungsfalls und die Quote für die Obliegenheitsverletzung nach Eintritt des Versicherungsfalls sind zu **addieren**.[120]

3. Beweislast

132 Der **Versicherungsnehmer** trägt die Beweislast für das Nichtvorliegen einer groben Fahrlässigkeit (§ 28 Abs. 2 VVG; E. 6.1 S. 2 AKB 2008).

4. Kausalität

133 Eine grob fahrlässige Obliegenheitsverletzung führt nur dann zur partiellen Leistungsfreiheit des Versicherers, wenn diese für den Versicherungsfall, die Feststellung oder den Umfang der Leistungspflicht **ursächlich** war (E. 6.2 AKB 2008). Etwas anderes gilt aus Gründen der Generalprävention nur bei Arglist. Die Kausalität der Obliegenheitsverletzung wird **vermutet**. Der Versicherungsnehmer kann daher nur den Kausalitätsgegenbeweis in der Weise führen, dass seine Obliegenheitsverletzung im konkreten Fall nicht kausal war.[121]

134 Diesen **Negativbeweis** kann der Versicherungsnehmer nur in der Weise erbringen, dass er die ihm bekannten Möglichkeiten einer etwaigen Kausalität ausräumt. Den Versicherer trifft dann die **sekundäre Beweislast** dahingehend, dass er darlegt und beweist, welche Maßnahmen er bei rechtzeitiger Erfüllung der Obliegenheiten getroffen hätte.[122]

---

118 *Felsch*, r+s 2007, 485, 497.
119 BGH – IV ZR 216/04, VersR 2005, 1720 = DAR 2006, 86 = zfs 2006, 94 = r+s 2006, 100 = NZV 2006, 78.
120 Stiefel/Maier/*Maier*, § 28 VVG Rn 60; OLG Frankfurt, NJW-RR 2015, 28.
121 BGH, VersR 1993, 830; 832; Schwintowski/Brömmelmeyer/*Schwintowski*, § 28 VVG Rn 91; Stiefel/Maier/*Maier*, § 28 VVG Rn 60 m.w.N.
122 Stiefel/Maier/*Maier*, § 28 VVG Rn 41.

H. Rechtsfolgen von Obliegenheitsverletzungen (E.6 AKB 2008) § 5

II. Vorsatz (E.6.1 AKB 2008)

Eine vorsätzliche Obliegenheitsverletzung des Versicherungsnehmers führt zur vollständigen Leistungsfreiheit des Versicherers, wenn diese Obliegenheitsverletzung ursächlich für einen Eintritt oder den Umfang des Schadens war. **135**

1. Beweislast

Der **Versicherer** muss den **objektiven Tatbestand** der Obliegenheitsverletzung beweisen. Objektiv falsche Angaben sind ein Indiz für Vorsatz. Es verbleibt dem Versicherungsnehmer dann die Möglichkeit, die **Vermutung** für ein vorsätzliches Handeln zu entkräften. Der **Versicherungsnehmer** muss daher **beweisen**, dass er **nicht** vorsätzlich gehandelt hat.[123] **136**

Wenn der **Versicherungsnehmer** behauptet, seine falschen Angaben beruhten auf einer nachträglich eingetretenen Bewusstseinsstörung (**retrograde Amnesie**), ist der Versicherungsnehmer für diese Behauptung **beweispflichtig**.[124] **137**

2. Kausalität

Auch eine vorsätzliche Obliegenheitsverletzung wirkt sich nur dann aus, wenn dies ursächlich für den Schaden oder dessen Feststellung oder dessen Umfang war. Kausalität wird vermutet. Der Versicherungsnehmer muss dann diese Vermutung entkräften und den **Kausalitätsgegenbeweis** führen (E.6.2 AKB 2008). **138**

Rechtsprechung: **139**

- Falsche Angaben zu **Vorschäden** berechtigen den Versicherer zu einer Leistungskürzung von **20 %**.[125]
- Wenn ein Versicherer die AKB **nicht** dem VVG 2008 **angepasst** hat, sind die Sanktionen bei vertraglichen Obliegenheitsverletzungen nach altem Recht unwirksam; es kommt auch **kein Leistungskürzungsrecht** gemäß § 28 Abs. 2 S. 2 VVG 2008 in Betracht.[126]
- **Unfallflucht** ist **nicht** generell **arglistig**, der Kausalitätsgegenbeweis ist möglich.[127]

---

[123] BGH, VersR 2007, 382 = r+s 2007, 93 = SP 2007, 105 = NZV 2007, 186; KG, r+s 2004, 408; OLG Saarbrücken, r+s 2006, 236; OLG Köln, r+s 2007, 100.
[124] BGH, r+s 2007, 93 = NZV 2007, 186 = VersR 2007, 389; BGH – IV ZR 40/06, VersR 2008, 484.
[125] LG Nürnberg-Fürth, 8 O 744/10, r+s 2010, 412.
[126] BGH, IV ZR 199/10, VersR 2011, 1550; OLG Köln, 9 U 41/10, r+s 2010, 406.
[127] BGH, IV ZR 97/11, zfs 2013, 91 = VersR 2013, 175 = r+s 2013, 61 = NZV 2013, 197; LG Bonn, 8 S 118/13, zfs 2014, 215; **a.A.**: KG, 6 U 66/10, zfs 2011, 92; LG Düsseldorf, 20 S 7/10, zfs 2010, 573.

§ 5 Kraftfahrtversicherung

- Bei **Unfallflucht** kann der Versicherungsnehmer **nicht** den **Kausalitätsgegenbeweis** durch die Benennung von Zeugen für seine Behauptung antreten, seine Fahrtauglichkeit sei nicht durch Alkohol beeinträchtigt gewesen.[128]
- Der Versicherer ist in der Vollkaskoversicherung wegen **vorsätzlicher** Obliegenheitsverletzung leistungsfrei, wenn der Versicherungsnehmer es zulässt, dass **seine Mutter** sich wahrheitswidrig als Fahrerin ausgibt.[129]
- Der **Kausalitätsgegenbeweis** bei Falschangaben zur Laufleistung eines Fahrzeugs ist geführt, wenn der Versicherer im Zeitpunkt seiner Entscheidung bereits die tatsächliche Kilometerleistung kannte.[130]
- Falsche Angaben zur **Kilometerleistung** eines entwendeten Fahrzeugs führen dann **nicht** zur Leistungsfreiheit des Versicherers, wenn keine Arglist vorliegt und der Versicherer die höhere Fahrleistung bereits aufgrund der Schlüsselauswertung **kannte**.[131]
- Die Vorlage **unzutreffender Rechnungen** rechtfertigt den Vorwurf der Arglist.[132]
- Das Verschweigen von **Vorschäden** erfolgt im Regelfall arglistig.[133]
- **Vorsätzlich falsche Angaben** zum Unfallhergang erfolgen im Regelfall arglistig.[134]
- Vorsätzlich falsche Angaben zur **Sicherung eines Wohnwagens** rechtfertigen den Vorwurf der Arglist.[135]
- **Falschangaben zum Kaufpreis** rechtfertigen den Vorwurf der Arglist.[136]

140 Es fehlt an der Ursächlichkeit falscher Angaben zu wertbildenden Faktoren des Fahrzeuges, wenn sich die **richtigen Werte** aus den Unterlagen und Belegen ergeben, die dem Versicherer zur Verfügung gestellt worden sind.[137]

---

[128] KG, 6 U 66/10, zfs 2011, 92; OLG Naumburg, 4 U 85/11, zfs 2012, 696 = VersR 2013, 178 = NJW-RR 2013, 37.
[129] KG, 6 U 66/10, VersR 2011, 875.
[130] KG, 6 U 103/10, VersR 2011, 789.
[131] KG, 6 U 103/10, r+s 2011, 15 = VersR 2011, 789; OLG Oldenburg, 5 U 27/11, zfs 2012, 91.
[132] OLG Frankfurt, 15 U 56/11, SP 2012, 117.
[133] LG Saarbrücken, 14 S 2/11, VersR 2012, 98.
[134] LG Hannover, 6 O 120/09, SP 2012, 82.
[135] LG Oldenburg, 13 O 3444/10, r+s 2012, 113 = VersR 2012, 1183.
[136] OLG Düsseldorf, 4 U 102/13, SP 2014, 421.
[137] KG – 6 W 6/10, VersR 2010, 1488.

I. Mehrere Obliegenheitsverletzungen

Bei Obliegenheitsverletzungen **vor** und **nach** Eintritt des Versicherungsfalles besteht **doppelte Leistungsfreiheit** bzw. Regressmöglichkeit des Versicherers.[138]

141

> *Beispiel*
> Bei Verstoß gegen die Trunkenheitsklausel (Obliegenheitsverletzung vor Eintritt des Versicherungsfalles) und nachfolgender Unfallflucht (Obliegenheitsverletzung nach Eintritt des Versicherungsfalles) kann der Versicherer in Höhe von maximal 10.000 EUR Regress nehmen.[139]

Mehrere Obliegenheitsverletzungen **vor** Eintritt des Versicherungsfalles sind nur einmal mit maximal 5.000 EUR zu ahnden, ebenso mehrere Obliegenheitsverletzungen **nach** Eintritt des Versicherungsfalles.[140] Der Regress des Versicherers ist somit auf **maximal 10.000 EUR** begrenzt.

142

Bei Unfallflucht liegt eine über 2.500 EUR hinausgehende Leistungsfreiheit bis 5.000 EUR nur dann vor, wenn das **Gesamtverhalten** über die üblichen Pflichtverstöße hinausgeht.[141]

143

Bei Unfallflucht nach **zwei** aufeinander folgenden **Unfällen** kann der Versicherer **zweimal** Regress nehmen.[142]

144

Nach Auffassung des AG Aachen (VersR 2008, 202) findet **keine Verdoppelung** der Regressforderung statt, wenn sich diese gegen den Fahrer und den Halter richtet.

145

J. Gefahrerhöhung

Gefahrerhöhungen werden in den AKB 2008 nicht gesondert geregelt, die „klassischen" Fälle der Gefahrerhöhung wie die Verwendungsklausel (G.1.1 AKB 2008) oder die Teilnahme an Rennveranstaltungen (D.2.2 AKB 2008) werden als Obliegenheiten normiert. Es gibt jedoch in der Kraftfahrzeugversicherung eine Vielzahl von **weiteren Gefahrerhöhungen**, die nach den allgemeinen Regeln (§§ 23 ff. VVG) zu beurteilen sind.

146

---

138 BGH, VersR 2005,1720 = DAR 2006, 86 = zfs 2006, 94 = r+s 2006, 100 = NZV 2006, 78; OLG Hamm, NJW-RR 2000, 172 = VersR 2000, 843; OLG Bamberg, r+s 2002, 2; OLG Köln, NJW-RR 2003, 249 = zfs 2003, 23; OLG Frankfurt/Main, 3 U 66/13, NJW-RR 2015, 28.
139 BGH, VersR 2005, 1720 = DAR 2006, 86 = zfs 2006, 94 = r+s 2006, 100 = NZV 2006, 78; OLG Bamberg, r+s 2002, 2; OLG Köln, NJW-RR 2003, 249 = zfs 2003, 23; OLG Düsseldorf, r+s 2004, 482 = zfs 2004, 520; LG Aachen, r+s 1998, 226.
140 OLG Saarbrücken, VersR 2004, 1131; OLG Düsseldorf, zfs 2004, 364 = r+s 2004, 275 = NJW-RR 2004, 1547 = VersR 2004, 1129.
141 OLG Düsseldorf, zfs 2004, 364 = r+s 2004, 275 = VersR 2004, 1179 = NJW-RR 2004, 1547.
142 BGH, DAR 2006, 89 = zfs 2006, 96 = NZV 2006, 76; OLG Brandenburg, zfs 2004, 518 = VersR 2005, 112 = r+s 2006, 232.

§ 5 Kraftfahrtversicherung

147 Die Vorschriften über die Gefahrerhöhung gelten für alle Arten der Kraftfahrtversicherung und sind **parallel** zu den Vorschriften über die **vorsätzliche und grob fahrlässige** Herbeiführung des Versicherungsfalls (§ 31 VVG) anwendbar.[143]

I. Definition

148 Eine **Gefahrerhöhung** liegt vor, wenn sich die **Risikoumstände** nach Stellung des Versicherungsantrages **ungünstig verändern** und ein neuer Zustand erhöhter Gefahr von einer gewissen Dauer geschaffen wird.[144]

149 **Einmalige, kurzfristige** oder vorübergehende Gefahränderungen sind noch **keine** Gefahrerhöhungen. Die Annahme einer Gefahrerhöhung setzt voraus, dass sich die geänderte Gefahrenlage **dauerhaft** auf einem höheren Niveau manifestiert.[145]

150 Die mehrfache Weiterbenutzung eines Fahrzeuges, dessen Verkehrssicherheit wesentlich beeinträchtigt ist, stellt eine Gefahrerhöhung dar.[146]

151 Die **einmalige** Benutzung eines **verkehrsunsicheren** Fahrzeuges ist daher noch **keine** Gefahrerhöhung, wohl aber die wochenlange Nutzung eines Fahrzeuges mit fehlendem Seitenfenster[147] oder die Benutzung eines Fahrzeuges ohne ausreichendes Reifenprofil.[148]

152 Das VVG unterscheidet zwischen drei Alternativen der Gefahrerhöhung:
- subjektive **gewollte** Gefahrerhöhung (§ 23 Abs. 1 VVG),
- nachträglich **erkannte** und nicht unverzüglich angezeigte Gefahrerhöhung (§ 23 Abs. 2 VVG),
- **objektive**, nicht veranlasste Gefahrerhöhung (§ 23 Abs. 3 VVG).

II. Kausalität

153 Leistungsfreiheit des Versicherers nach einer Gefahrerhöhung tritt nur dann ein, wenn die Gefahrerhöhung sich **ursächlich** auf den Eintritt des Versicherungsfalles oder den Umfang der Leistungspflicht ausgewirkt hat (§ 26 Abs. 3 S. 1 VVG). Aus der Formulierung „soweit" ergibt sich, dass die Kausalität **vermutet** wird, so dass der Versicherungsnehmer in der Regel den **Kausalitätsgegenbeweis** führen muss.[149]

---

[143] Stiefel/Maier/*Maier*, § 23 VVG Rn 10/11; OLG Celle – 8 U 62/07, VersR 2008, 204 = r+s 2007, 449.
[144] Prölss/Martin/*Armbrüster*, § 23 VVG Rn 7 m.w.N.
[145] BGH, r+s 1993, 362 = zfs 1993, 241; OLG Nürnberg, VersR 2000, 46; Prölss/Martin/*Prölss*, § 23 VVG Rn 19.
[146] *Bauer*, Rn 471 m.w.N.
[147] OLG Hamm, VersR 1996, 448.
[148] OLG Saarbrücken, zfs 2003, 127.
[149] Schwintowski/Brömmelmeyer/*Loacker*, § 26 VVG Rn 5.

> *Beispiel*
> Der Versicherungsnehmer gerät mit abgefahrenen Reifen auf trockener Fahrbahn ins Schleudern.

Der Kausalitätsgegenbeweis ist als geführt anzusehen, wenn der Versicherungsnehmer beweist, dass der Versicherungsfall auch ohne die Gefahrerhöhung eingetreten wäre. 154

III. Subjektive Gefahrerhöhung (§ 23 Abs. 1 VVG)

Die Vornahme einer Gefahrerhöhung gemäß § 23 Abs. 1 VVG kann nur durch aktives **Tun**, nicht jedoch durch ein Unterlassen des Versicherungsnehmers erfolgen.[150] 155

In der **Fahrzeugversicherung** wird die Benutzung eines nicht verkehrssicheren Fahrzeuges als „**vorgenommene**" Gefahrerhöhung angesehen, obgleich eine Reparatur lediglich „unterlassen" worden ist.[151] 156

Da es sich bei § 23 Abs. 1 VVG um eine gewollte Risikoerhöhung handelt, muss der Versicherungsnehmer von der Gefahrerhöhung **positive Kenntnis** gehabt haben; grob fahrlässige Unkenntnis reicht nicht aus. Nur dann, wenn sich der Versicherungsnehmer der Kenntnis **arglistig** entzieht, kann er sich auf die fehlende Kenntnis nicht berufen.[152] 157

Der **Versicherer** muss die **Gefahrerhöhung** und die **Kenntnis** der Gefahr erhöhenden Umstände **beweisen**;[153] der Versicherungsnehmer trägt die Beweislast für **geringeres** Verschulden als grobe Fahrlässigkeit (§ 26 Abs. 1 S. 2 VVG). 158

IV. Objektive Gefahrerhöhung (§ 23 Abs. 3 VVG)

Eine objektive (nicht gewollte) Gefahrerhöhung liegt vor, wenn der Versicherungsnehmer einen **Fahrzeugschlüssel verliert** und das Fahrzeug entwendet wird, weil der Versicherungsnehmer keine Sicherungsmaßnahmen ergriffen hat.[154] 159

Der Versicherungsnehmer muss eine ungewollte Gefahrerhöhung dem Versicherer unverzüglich **anzeigen** (§ 23 Abs. 3 VVG). Der Versicherer kann dann den Vertrag unter Einhaltung einer Frist von 1 Monat **kündigen** (§ 24 Abs. 2 VVG). 160

---

150 OLG Hamm, VersR 1988, 49; OLG Köln, r+s 1990, 421.
151 OLG Düsseldorf, VersR 2004, 1408; Stiefel/Maier/*Maier*, § 23 VVG Rn 24.
152 Stiefel/Maier/*Maier*, § 23 VVG Rn 28 m.w.N.
153 OLG Düsseldorf, DAR 2004, 391; *Bauer*, Rn 498 m.w.N.
154 BGH, VersR 1996, 703, 704; OLG Celle, VersR 2005, 640; Stiefel/Maier/*Maier*, § 23 VVG Rn 50 m.w.N.

§ 5 Kraftfahrtversicherung

161 Das Kündigungsrecht des Versicherers **erlischt**, wenn es nicht innerhalb **1 Monats** „ausgeübt wird oder wenn der Zustand wiederhergestellt ist, der vor der Gefahrerhöhung bestanden hat" (§ 24 Abs. 3 VVG).

162 Rechtsfolgen treten nur bei **Vorsatz** oder **grober Fahrlässigkeit** des Versicherungsnehmers ein (§ 26 Abs. 2 VVG). Bei Vorsatz und Kausalität tritt vollständige Leistungsfreiheit ein, bei grober Fahrlässigkeit und Kausalität kann die Leistung des Versicherers entsprechend der Schwere des Verschuldens gekürzt werden.

163 Der **Versicherer** muss die Gefahrerhöhung und die positive Kenntnis von der Gefahrerhöhung **beweisen**.

164 Die Beweislast für das **Nichtvorliegen** einer groben Fahrlässigkeit trägt der **Versicherungsnehmer** (§ 26 Abs. 1 S. 2 VVG).

165 Die objektive Gefahrerhöhung wird in der Regulierungspraxis **kaum eine Rolle spielen**, da bei einer erkannten Gefahrerhöhung im Regelfall von einem grob fahrlässigen Verhalten des Versicherungsnehmers auszugehen ist und eine Kündigung des Vertrages durch den Versicherer ebenso wenig realitätsnah ist wie eine Vertragsanpassung an die objektive Gefahrerhöhung.

V. Unerkannte Gefahrerhöhung (§ 23 Abs. 2 VVG)

166 Die Rechtsfolgen der nachträglich erkannten Gefahrerhöhung sind dieselben wie der objektiven Gefahrerhöhung nach § 23 Abs. 3 VVG: Der **Versicherer** kann den Vertrag unter Einhaltung einer Frist von 1 Monat **kündigen** und wird bei Vorsatz oder grober Fahrlässigkeit ganz oder partiell leistungsfrei, wenn die Gefahrerhöhung **ursächlich** für den Eintritt des Versicherungsfalles oder den Umfang der Leistung war.

VI. Rechtsprechung

167
- **Abgefahrene Reifen** (1,6 mm Mindestprofiltiefe nach § 36 Abs. 2 S. 4 StVZO) sind Gefahrerhöhung; der Versicherungsnehmer kann aber den Kausalitätsgegenbeweis (§ 25 Abs. 3 VVG) führen.[155] Profilrillen sind nur auf nasser Fahrbahn erforderlich, bei trockener Fahrbahn kann sich das fehlende Profil durch die größere Auflagefläche sogar positiv auswirken.
- Die Weiterbenutzung eines Kraftfahrzeuges ohne besondere Sicherheitsmaßnahmen nach **Verlust eines Schlüssels** ist Gefahrerhöhung, wenn Diebstahlge-

---

[155] OLG Saarbrücken – 5 U 261/02, r+s 2003, 147 = zfs 2003, 127; Stiefel/Maier/*Maier*, § 23 VVG Rn 29 m.w.N.

fahr nahe liegt.[156] **Schlossaustauschkosten** sind auch nicht als Rettungskosten gemäß § 62 VVG vom Fahrzeugversicherer zu ersetzen.[157]

- Die Benutzung eines Fahrzeuges mit **defekten Bremsen** ist eine Gefahrerhöhung im Sinne von § 23 Abs. 1 VVG. Leistungsfreiheit wegen Gefahrerhöhung setzt voraus, dass der Versicherungsnehmer **positive Kenntnis** von den die Gefahrerhöhung begründenden Umständen hat oder sich der Kenntnisnahme arglistig entzieht. Bloßes Kennenmüssen und selbst grob fahrlässige Unkenntnis reichen nicht aus. Die **Beweislast** für die positive Kenntnis trägt der **Versicherer**.[158]
- Wochenlange Weiterbenutzung eines Fahrzeuges mit **eingeschlagenem Seitenfenster** ist eine Gefahrerhöhung.[159]
- Eine Gefahrerhöhung im Sinne von § 23 VVG liegt vor, wenn ein versichertes Kraftfahrzeug dauernd von einem Fahrer benutzt wird, der an **Epilepsie** leidet.[160]
- Es liegt eine subjektive Gefahrerhöhung vor, wenn der Versicherungsnehmer **dauernd** einen **Zweitschlüssel** im Fahrzeuginnenraum aufbewahrt.[161]
- Es liegt **keine** Gefahrerhöhung vor, wenn sich der **Fahrzeugschein** dauerhaft im Handschuhfach befindet.[162]
- **Mangelhafte Einbauten** wirken sich nur dann als gefahrerhöhend aus, wenn sie kausal für den Schaden sind und der Versicherungsnehmer Kenntnis von der Mangelhaftigkeit hatte.[163]

K. Vorsatz (A.1.5 AKB 2008)

I. Definition

Vorsatz bedeutet das Wissen und Wollen des rechtswidrigen Erfolges; dolus eventualis genügt. **168**

Putativnotwehr schließt den Vorsatz aus.[164]

---

156 OLG Hamburg, SP 1996, 423; OLG Nürnberg, r+s 2003, 233; a.A. OLG Hamm, zfs 1992, 125, das nur eine anzeigepflichtige – ungewollte – Gefahrerhöhung annimmt.
157 AG Hannover, DAR 1999, 128 m.w.N.
158 *Bauer*, Rn 498 m.w.N.
159 OLG Hamm, VersR 1996, 448.
160 OLG Stuttgart, r+s 1997, 230.
161 OLG Koblenz, VersR 1998, 233.
162 OLG Oldenburg – 5 U 153/09, NJW-RR 2010, 1542; OLG Hamm, 20 U 226/12, SP 2013, 437 = zfs 2013, 574.
163 KG, 12 U 184/01, VersR 2004, 325.
164 OLG Düsseldorf, VersR 1994, 850.

II. Beweislast

169 Der Versicherer muss Vorsatz und Rechtswidrigkeit[165] beweisen („**Vorsatztheorie**"); für Schuldausschließungsgründe oder Rechtfertigungsgründe ist der Versicherungsnehmer beweispflichtig.[166] Der Versicherer hat für den objektiven Tatbestand den **Vollbeweis** nach § 286 ZPO zu führen. Ihm kommen keine Beweiserleichterungen zugute.

Die Regeln des **Anscheinsbeweises** sind für die Feststellungen des Vorsatzes **nicht anzuwenden**.[167] Es kommt daher nur der **Indizienbeweis** in Betracht.

III. Leistungsfreiheit

170 Die **vorsätzliche** Herbeiführung des Versicherungsfalles führt sowohl in der Kaskoversicherung (§ 81 VVG) als auch in der Haftpflichtversicherung (§ 103 VVG) zur **Leistungsfreiheit** des Versicherers.[168]

171 Im Bereich der **Kaskoversicherung** ist der Vorsatz von Hilfspersonen dem Versicherungsnehmer nicht anzurechnen, es sei denn, diese Hilfsperson ist **Repräsentant** des Versicherungsnehmers.[169]

172 Der Haftungsausschluss nach § 103 VVG in der **Haftpflichtversicherung** gilt nur für den vorsätzlich Handelnden, also für den **Fahrer**.

173 Der subjektive Risikoausschluss gemäß § 103 VVG greift auch dann zugunsten des Haftpflichtversicherers ein, wenn der vorsätzlich handelnde Schadenverursacher ein **Schwarzfahrer** ist.[170]

174 Bei § 103 VVG handelt es sich nicht um eine Obliegenheit, sondern um einen **subjektiven** Risikoausschluss, der nicht von § 117 VVG (§ 3 Nr. 4 PflVG a.F.) umfasst wird; dieser Risikoausschluss wirkt daher auch gegenüber dem **geschädigten Dritten**.[171]

> *Beispiel*
> Bei vorsätzlicher Herbeiführung eines Verkehrsunfalls hat der Geschädigte keinen Schadensersatzanspruch gegen den Kfz-Haftpflichtversicherer des Schädigers.

---

165 Stiefel/Maier/*Jahnke*, § 103 VVG Rn 17 m.w.N.
166 KG – 12 U 184/01, VersR 2004, 325; Stiefel/Maier/*Jahnke*, § 103 VVG Rn 37 m.w.N.
167 BGH – IV ZR 62/04, NJW-RR 2005, 1051 = VersR 2005, 1387; Stiefel/Maier/*Jahnke*, § 103 VVG Rn 35 m.w.N.
168 OLG Celle, zfs 2004, 122.
169 Stiefel/Maier/*Maier*, AKB A1.5 Rn 13.
170 Stiefel/Maier/*Maier*, AKB A1.5 Rn 10.
171 OLG Düsseldorf – 14 U 167/02, VersR 2003, 1248 = NZV 2003, 424.

K. Vorsatz (A.1.5 AKB 2008) § 5

Gegenüber dem **Halter** kommt die Versagung des Versicherungsschutzes nach § 103 VVG nur in Betracht, wenn er **selbst** vorsätzlich gehandelt hat.[172]

175

> *Hinweis*
> Der Halter handelt fahrlässig, wenn er durch eine unzureichende Verwahrung des Kfz-Schlüssels einem angetrunkenen und selbstmordgefährdeten Teilnehmer einer Privatfeier die Benutzung des Fahrzeuges ermöglicht,[173] so dass die Kfz-Haftpflichtversicherung eintrittspflichtig ist.

Ist der Versicherer gemäß § 103 VVG leistungsfrei, kann der Geschädigte nur noch Ansprüche aus dem Entschädigungsfonds beim Verein **Verkehrsopferhilfe e.V.**, Glockengießerwall 1, 20095 Hamburg, Tel: 0 40/3 01 80–0, Internet: www.verkehrsopferhilfe.de, voh@verkehrsopferhilfe.de, gemäß § 12 PflVG geltend machen.

176

IV. Rechtsprechung

- Bei **verabredetem Unfall** tritt Leistungsfreiheit nicht gegenüber dem unbeteiligten Halter ein; dieser kann auch die Hälfte seines Schadens bei der gegnerischen Haftpflichtversicherung geltend machen.[174]

177

- Wenn **Brandspuren** auf das Entstehen des Feuers im **Fahrgastraum** hindeuten und technische Ursachen hierfür auszuschließen sind, ist von vorsätzlicher Brandstiftung auszugehen.[175]

- Wenn ein Fahrzeug **kurze Zeit nach angeblicher Entwendung ausgebrannt**, aber ohne Kennzeichen und Aufbruchsspuren aufgefunden wird, kann dies die Überzeugung begründen, dass der Versicherungsnehmer den Versicherungsfall vorsätzlich herbeigeführt hat.[176]

- Der Kfz-Haftpflichtversicherer haftet nicht für einen Fahrzeugzusammenstoß, den der Versicherungsnehmer vorsätzlich in **Suizidabsicht** herbeiführt.[177]

- Der Vorsatz im Sinne von § 103 VVG muss auch die **Schadenfolgen** umfassen. Es genügt, dass der Versicherungsnehmer sich diese Folgen zumindest in ihren Grundzügen vorgestellt hat. Ein Autofahrer, der nach einer Auseinandersetzung mit seinem Fahrzeug einem anderen Verkehrsteilnehmer nachfährt und an diesen, während er sein Fahrzeug aufschließt, so nah heranfährt, dass er zwischen

---

[172] OLG Hamm – 13 U 63/05, NZV 2006, 253.
[173] OLG Oldenburg, r+s 1999, 236.
[174] OLG Hamm, NJW-RR 1993, 1180; OLG Schleswig r+s 1995, 84 m.w.N.; OLG Hamm r+s 1996, 339.
[175] OLG Karlsruhe, VersR 1992, 1288.
[176] OLG Oldenburg, r+s 1996, 171.
[177] OLG Oldenburg, SP 1995, 361.

beiden Fahrzeugen eingeklemmt wird, nimmt die dabei eingetretenen schweren Verletzungen billigend in Kauf.[178]
- Der Versicherungsnehmer handelt mit **dolus eventualis**, wenn er durch eine Vollbremsung einen Auffahrunfall provoziert.[179]
- Die Rechtsprechung des BGH, dass der Versicherer den Beweis für eine vorsätzliche Herbeiführung des Versicherungsfalles **ohne Beweiserleichterungen** voll zu führen hat, verstößt nicht gegen Art. 103 Abs. 1 GG, zumal dem Versicherer der Indizienbeweis zur Verfügung steht.[180]
- Die **Halterhaftung** scheidet nach § 7 Abs. 3 StVG aus, wenn der Fahrer das Fahrzeug ohne Wissen und Wollen des Halters benutzt; die Halterhaftung bleibt bestehen, wenn der Halter die Nutzung des Fahrzeugs schuldhaft ermöglicht hat.[181]

L. Grobe Fahrlässigkeit (§ 81 VVG)

I. Bedeutung

178 In den meisten Deckungsprozessen geht es um den Vorwurf, der Versicherungsnehmer oder sein Fahrer habe den Versicherungsfall grob fahrlässig herbeigeführt. Die Grenzen zwischen einfacher und grober Fahrlässigkeit sind fließend, die **Rechtsprechung** ist ebenso unübersichtlich wie **uneinheitlich**.

179 Da im Gegensatz zur einfachen Fahrlässigkeit bei der groben Fahrlässigkeit auch **subjektive Umstände** zu berücksichtigen sind, hängt der Ausgang eines derartigen Deckungsprozesses oft davon ab, wie geschickt oder ungeschickt der Versicherungsnehmer oder der von ihm beauftragte Rechtsanwalt die subjektive Seite vorträgt.

180 Besonders deutlich wird dies beim **Rotlichtverstoß**: In den meisten Fällen wird vorgetragen, der Versicherungsnehmer sei „durch die tief stehende Mittagssonne geblendet" worden. Durch diese Einlassung wird ein auch in subjektiver Hinsicht unentschuldbares Fehlverhalten zugestanden: Ein Kraftfahrer, der in eine Kreuzung einfährt, ohne das Farbsignal der Verkehrssignalanlage erkennen zu können, handelt auch in subjektiver Hinsicht unentschuldbar.[182]

---

178 OLG Köln, r+s 1997, 95; zfs 1997, 177.
179 OLG Nürnberg, NJW-RR 2005, 466 = DAR 2005, 341; a.A. OLG Hamm – 20 U 219/07, NJW-RR 2009, 608.
180 BGH, NJW-RR 2005, 1051.
181 OLG Nürnberg, 3 U 188/11, r+s 2012, 65.
182 OLG Dresden, VersR 1996, 576 = r+s 1996, 342; OLG Köln, SP 1996, 397; OLG Hamm, NJW-RR 1999, 1553.

II. Definition

Grob fahrlässig handelt, wer schon einfachste, ganz nahe liegende Überlegungen nicht anstellt und in ungewöhnlich hohem Maße dasjenige unbeachtet lässt, was im gegebenen Fall jedem hätte einleuchten müssen.[183]

Gemäß § 81 VVG ist der Versicherer leistungsfrei, wenn der Versicherungsnehmer den Versicherungsfall vorsätzlich oder durch grobe Fahrlässigkeit herbeiführt. Nach h.M. ist § 81 VVG ein **subjektiver Risikoausschluss** und nicht die Sanktion der Verletzung einer allgemeinen Schadenverhütungsobliegenheit, da es eine solche Pflicht nicht gibt.[184]

181

182

III. Objektive Voraussetzungen

Ausgangspunkt für die Bestimmung der groben Fahrlässigkeit ist die gesetzliche Regelung der einfachen Fahrlässigkeit (**§ 276 BGB**): Fahrlässig handelt, „wer die im Verkehr erforderliche Sorgfalt außer Acht lässt". Der objektive Sorgfaltsmaßstab ist auf die allgemeinen Verkehrsbedürfnisse ausgerichtet; im Rechtsverkehr muss jeder grundsätzlich darauf vertrauen dürfen, dass der andere Vertragspartner die für die Erfüllung der allgemeinen Pflichten erforderlichen Fähigkeiten und Kenntnisse besitzt.[185]

183

Verletzt ein Versicherter die im Rechtsverkehr allgemein anerkannten und angewandten Sorgfaltspflichten in besonders schwerwiegendem Maße, so handelt er in objektiver Hinsicht grob fahrlässig.

184

IV. Subjektive Voraussetzungen

Während der Maßstab der einfachen Fahrlässigkeit ausschließlich objektiv ist, sind bei der groben Fahrlässigkeit auch subjektive, in der **Individualität** des Handelnden begründete Umstände zu berücksichtigen.[186]

185

Der Vorwurf der groben Fahrlässigkeit ist nur dann begründet, wenn den Handelnden ein **schweres Verschulden** trifft.[187] Im Rahmen der groben Fahrlässigkeit kommt es somit auf die **persönlichen Fähigkeiten** und Geschicklichkeiten, auf die berufliche Stellung, die **Lebenserfahrung** und den **Bildungsgrad** des Versicherten an.[188]

186

---

183 Palandt/*Grüneberg*, § 277 BGB Rn 5 m.w.N.; BGH, VersR 1983, 1011.
184 Prölss/Martin/*Armbrüster*, § 81 VVG Rn 4 ff.
185 Palandt/*Grüneberg*, § 276 BGB Rn 15 m.w.N.
186 Palandt/*Grüneberg*, § 277 BGB Rn 5 m.w.N.; BGH – IV ZR 173/01, VersR 2003, 364; BGH – II ZR 17/03, NJW 2005, 981.
187 Palandt/*Grüneberg*, a.a.O.; OLG Stuttgart, NJW-RR 1989, 682.
188 Palandt/*Grüneberg*, a.a.O.; BGH, NJW-RR 1989, 340.

V. Kausalität

187 Der Versicherungsfall muss durch das grob fahrlässige Verhalten eingetreten sein, es muss sich zumindest **mitursächlich** ausgewirkt haben.[189] Geht der Fahrlässigkeitsvorwurf dahin, dass der Versicherungsnehmer einen Fahrzeugschlüssel im Fahrzeug zurückgelassen hat, muss der Versicherer beweisen, dass der im Fahrzeug zurückgelassene Schlüssel auch zur Entwendung benutzt wurde.[190]

VI. Augenblicksversagen

188 Der BGH spricht von einem „Augenblicksversagen", wenn dem Versicherten ein „**Ausrutscher**" unterläuft, der auf „ein bei der menschlichen Unzulänglichkeit typisches einmaliges Versagen" zurückzuführen ist.[191]

189 Auch das Vergessen von verschiedenen Handgriffen in einem zur **Routine** gewordenen Handlungsablauf kann als typischer Fall eines Augenblicksversagens angesehen werden, welches das Verdikt der groben Fahrlässigkeit nicht verdient.[192]

Diese Rechtsprechung hatte einige Oberlandesgerichte veranlasst, die grobe Fahrlässigkeit bei **Rotlichtverstößen** mit der Begründung zu verneinen, dass der Versicherte „nur für einen Augenblick" versagt habe.[193] Dieser Tendenz ist der BGH durch ein Grundsatzurteil[194] zum Rotlichtverstoß entgegengetreten: Ein **Augenblicksversagen** allein entkräftet noch **nicht** den Vorwurf der groben Fahrlässigkeit; es müssen vielmehr weitere Umstände hinzutreten, die den Grad des momentanen Versagens erkennen und in einem milderen Licht erscheinen lassen.[195]

VII. Alternatives Verhalten

190 Bei der Überprüfung der groben Fahrlässigkeit ist es schließlich von Bedeutung, ob dem Versicherten ein alternatives Verhalten möglich und zumutbar war.[196]

---

189 HK-VVG-*Karczewski*, § 81 VVG Rn 89; OLG Celle – 8 U 39/03, VersR 2004, 585.
190 OLG Karlsruhe, zfs 1996, 458 = SP 1996, 425; OLG Hamm, NJW-RR 1997, 91; OLG Düsseldorf, VersR 1997, 305; OLG Köln, zfs 1997, 341; OLG Celle, zfs 1997, 301; OLG Koblenz – 10 U 1038/08, VersR 2009, 1526.
191 BGH, VersR 1989, 840, 841; *Römer*, VersR 1992, 1187 ff. mit umfassender Rechtsprechungsübersicht.
192 BGH, VersR 1989, 840, 841.
193 OLG Hamm, VersR 1991, 1368; OLG Köln, VersR 1991, 1266; OLG Frankfurt, VersR 1992, 230.
194 BGH, VersR 1992, 1085 = NJW 1992, 2418.
195 BGH a.a.O.; OLG Köln, SP 1996, 397.
196 OLG Karlsruhe, VersR 1981, 454; OLG Stuttgart, NJW-RR 1986, 828.

L. Grobe Fahrlässigkeit (§ 81 VVG) § 5

VIII. Beweislast

Der **Versicherer** hat die Beweislast für die **Herbeiführung** des Versicherungsfalles, das **Verschulden** des Versicherungsnehmers und die **Kausalität** des Fehlverhaltens für den Eintritt des Versicherungsfalles.[197] **191**

Der Versicherer muss die grobe Fahrlässigkeit auch in subjektiver Hinsicht beweisen. Die Regeln des **Anscheinsbeweises** sind **nicht** anwendbar. Der objektive Geschehensablauf und das Maß der objektiven Pflichtverletzung sind jedoch **Indizien** für die subjektive Seite.[198] **192**

IX. Rechtsprechung

1. Alkoholbedingte Fahruntüchtigkeit

- **Absolute Fahruntüchtigkeit** (ab 1,1 Promille) begründet generell den Vorwurf der groben Fahrlässigkeit,[199] selbst wenn die Unfallsituation auch von einem nüchternen Fahrer nicht zu meistern gewesen wäre.[200] **193**

- Bei **relativer Fahruntüchtigkeit** (ab 0,3 bis 1,09 Promille) müssen weitere Umstände hinzutreten und vom Versicherer bewiesen werden, die den Vorwurf der groben Fahrlässigkeit und die Kausalität für das Unfallgeschehen begründen;[201] auch bei **0,7 Promille** kann relative Fahruntüchtigkeit vorliegen.[202]

- Eine Blutalkoholkonzentration von **0,65 Promille** führt zur partiellen Leistungsfreiheit wegen grober Fahrlässigkeit, wenn ein alkoholbedingter Fahrfehler vorliegt;[203] dies gilt ebenso bei einer Blutalkoholkonzentration von **0,85 Promille**.[204]

- Beruft sich der Versicherungsnehmer auf **Schuldunfähigkeit** (§ 827 BGB), ist der **Versicherungsnehmer beweispflichtig**;[205] ein Alkoholwert von 3 Promille führt nicht zwangsläufig zur Schuldunfähigkeit.[206]

---

197 BGH, VersR 1985, 440; OLG Celle – 8 U 39/03, VersR 2004, 585.
198 OLG Karlsruhe, VersR 1994, 211; OLG Nürnberg, VersR 1995, 331; OLG Hamm, r+s 1997, 320.
199 BGH, VersR 1991, 1367; OLG Hamm, VersR 1991, 539; OLG München, r+s 1991, 189; OLG Köln, r+s 1994, 329; OLG Köln, SP 1996, 397.
200 OLG Düsseldorf, r+s 2000, 445 = NVersZ 2001, 24.
201 OLG Jena – 4 U 621/02, NJW-RR 2003, 320; OLG Düsseldorf – 10 U 40/99, r+s 2000, 363.
202 KG, NZV 1996, 200 = zfs 1996, 421; OLG Köln, zfs 1999, 199; Hanseatisches OLG, SP 2000, 209; OLG Düsseldorf, r+s 2000, 362; OLG Koblenz, r+s 2002, 498; OLG Saarbrücken – 5 U 698/05, NZV 2009, 340.
203 OLG Karlsruhe, zfs 2002, 241; OLG Hamm, r+s 2003, 188 = NZV 2003, 522.
204 OLG Koblenz, DAR 2002, 217.
205 BGH, VersR 2003, 1561 = SP 2004, 20.
206 OLG Hamm, r+s 1992, 42; OLG Hamm, r+s 1998, 10; OLG Frankfurt, VersR 2000, 883; OLG Saarbrücken, zfs 2003, 597.

§ 5 Kraftfahrtversicherung

- **Unzurechnungsfähigkeit** des Versicherungsnehmers führt zur Leistungsfreiheit des Versicherers nach § 81 VVG, wenn der Versicherungsnehmer sich **vorsätzlich** betrunken hat und er zu einem Zeitpunkt, als er noch zurechnungsfähig war, zumindest damit rechnen musste, dass er noch fahren werde und wenn trotzdem keine geeigneten Vorkehrungen getroffen worden sind, um dieses zu verhindern. § 827 BGB ist entsprechend anzuwenden.[207]

2. Fahrzeugschlüssel

194 Fahrzeugschlüssel müssen **sorgfältig** verwahrt werden und vor dem Zugriff Unbefugter **sicher sein**.[208] Es wird daher in der Rechtsprechung als grob fahrlässig angesehen,

- wenn ein Fahrzeugschlüssel **im oder am Fahrzeug** zurückgelassen wird, da hierdurch die Betätigung des Lenkradschlosses erleichtert wird;[209]
- wenn der Schlüssel im **Zündschloss** steckt;[210]
- wenn der Versicherungsnehmer einen werksseitig **unter der Motorhaube** deponierten Schlüssel in diesem Versteck belässt;[211]
- wenn eine **Jacke** mit dem Fahrzeugschlüssel in einem für viele Gäste zugänglichen Raum (**Grillfest**) unbeaufsichtigt abgelegt wird;[212]
- wenn eine **Jacke** mit Fahrzeugschlüsseln im **Sattelraum** eines Reiterhofes[213] oder im **Umkleideraum** einer Sportanlage[214] oder im **Nebenraum eines Bordells**[215] unbeaufsichtigt zurückgelassen wird;
- wenn Fahrzeugschlüssel auf der **Theke** einer „randvollen Gaststätte" abgelegt werden;[216]
- wenn Fahrzeugschlüssel in einer Jacke auf einem **Barhocker** zurückgelassen werden[217] oder in der Jacke, die in der **Garderobe** einer Gaststätte aufgehängt wird;[218]

---

207 OLG Hamm, r+s 2001, 55 = SP 2001, 134 = zfs 2001, 119.
208 Stiefel/Maier/*Halbach*, AKB 2.16 Rn 49 m.w.N.
209 BGH, VersR 1981, 40; OLG Frankfurt, VersR 1988, 1122; OLG Köln, r+s 1995, 42 = SP 1996, 59; OLG Hamm, r+s 1996, 296; OLG Köln, r+s 1996, 1360; OLG Düsseldorf, r+s 1996, 458; OLG Koblenz, SP 1997, 82; OLG Braunschweig, MDR 1999, 1193; OLG Hamm, zfs 2003, 80.
210 OLG Köln, r+s 2000, 404; OLG Koblenz, NVersZ 2001, 23; OLG Koblenz – 10 U 1243/08, VersR 2009, 1527.
211 OLG Nürnberg, VersR 1994, 1417.
212 OLG Koblenz, VersR 1991, 541.
213 OLG Köln, r+s 1996, 382.
214 OLG Stuttgart, r+s 1996, 393; OLG Koblenz, zfs 2000, 112; OLG Koblenz, NVersZ 1999, 429.
215 OLG Hamm, r+s 1994, 328.
216 OLG Hamm, r+s 1991, 331 = NJW-RR 1992, 360; OLG München, VersR 1994, 1060.
217 OLG Stuttgart, VersR 1992, 567; OLG Oldenburg, r+s 1996, 172 = zfs 1997, 141; LG Limburg, zfs 1991, 347.
218 OLG Köln, r+s 1997, 409 = VersR 1998, 973; a.A. OLG Karlsruhe, VersR 1995, 697.

L. Grobe Fahrlässigkeit (§ 81 VVG) § 5

- wenn **nach Diebstahl der Autoschlüssel** das Fahrzeug in der Nähe der Diskothek ungesichert zurückgelassen wird, in welcher der Schlüsseldiebstahl erfolgte;[219]
- wenn die Ehefrau des Versicherungsnehmers den Zweitschlüssel in einer **Handtasche** aufbewahrt und diese unter dem **Beifahrersitz** liegen lässt;[220]
- wenn der Fahrzeugschlüssel im **Kofferraumschloss** zwei Stunden auf einem öffentlichen Parkplatz in Ungarn steckt;[221]
- wenn der Zweitschlüssel sich in einem zuvor **gestohlenen Pkw** befindet;[222]
- wenn Fahrzeugschlüssel und Fahrzeugschein durch einen **Briefschlitz** in der Glastür einen Kfz-Händlers eingeworfen werden.[223]

Demgegenüber wird es in der Rechtsprechung **nicht** als **grob fahrlässig** angesehen, wenn der Zweitschlüssel unter dem Fahrzeug am **Querträger** angebracht wird[224] oder nicht sichtbar im Kofferraum hinter dem **Reserverad**[225] oder in der Verkleidung unter dem **Radkasten**.[226] 195

Lässt der Versicherungsnehmer den Fahrzeugschlüssel **versehentlich** im Kofferraumschloss, weil er noch den Pkw seiner Begleiterin entlädt, liegt **keine** subjektiv vorwerfbare grobe Fahrlässigkeit vor.[227] 196

Der Zweitschlüssel muss **bewusst** und nicht durch ein Versehen im Fahrzeug zurückgelassen werden.[228] Wird der Schlüssel im Fahrzeug verloren oder vom Ehegatten versehentlich im Fahrzeug belassen, ohne dass der Versicherungsnehmer hiervon weiß, liegt keine – subjektiv vorwerfbare – grobe Fahrlässigkeit vor.[229] 197

Ausnahmsweise ist es nicht grob fahrlässig, während des Bezahlens der Tankrechnung den Schlüssel stecken zu lassen, wenn das Fahrzeug zwischen anderen Fahrzeugen „**eingekeilt**" ist, so dass ein schnelles Wegfahren nicht ohne weiteres möglich ist.[230] 198

Es liegt **keine grobe Fahrlässigkeit** vor, wenn die Fahrzeugschlüssel in den **Briefkasten** eines Autohauses geworfen werden.[231] 199

---

219 OLG Frankfurt, NJW-RR 1992, 537 = VersR 1992, 817.
220 OLG Hamm, NJW-RR 1995, 1367 = r+s 1996, 15.
221 OLG Hamm, VersR 2000, 1233.
222 OLG Koblenz, MDR 2002, 90 = zfs 2002, 184.
223 OLG Düsseldorf, VersR 2001, 635.
224 OLG Köln, r+s 1992, 263.
225 OLG Jena, zfs 1999, 23; LG Stuttgart, zfs 1990, 203.
226 LG Gießen, VersR 1994, 170.
227 OLG Düsseldorf, r+s 1999, 229 = zfs 1999, 156 = MDR 1999, 1135 = r+s 1999, 229.
228 LG Limburg, zfs 1996, 263.
229 OLG Hamm, VersR 1984, 229; OLG München, VersR 1995, 1046.
230 OLG Frankfurt, zfs 2003, 81 = VersR 2003, 319 = NJW-RR 2003, 602.
231 OLG Hamm, SP 2000, 141 = r+s 2000, 403.

200 Partielle Leistungsfreiheit wegen grober Fahrlässigkeit tritt auch nicht ein, wenn der Versicherungsnehmer den **Zündschlüssel** stecken lässt, weil er bei einer vorgetäuschten Panne **Starthilfe** geben will.[232]

3. Kraftfahrzeugbrief

201 Wer den Kraftfahrzeugbrief im Fahrzeug zurücklässt, führt den Versicherungsfall nur dann **grob fahrlässig** herbei, wenn der – sichtbare – Brief mitursächlich für den Diebstahlentschluss war.[233]

4. Fahrzeugschein

202 Auch wird es in der Rechtsprechung überwiegend **nicht als grob fahrlässig** angesehen, wenn lediglich der Fahrzeugschein im Handschuhfach aufbewahrt wird.[234]

5. Rotlichtverstoß

203 Ein Kraftfahrer, der eine Verkehrsampel bei Rotlicht überfährt, handelt in der Regel **grob fahrlässig**.[235]

204 Ein **Augenblicksversagen** allein schließt die grobe Fahrlässigkeit noch **nicht** aus.[236]

Behauptet der Versicherungsnehmer Schuldunfähigkeit gemäß § 827 S. 1 BGB (**Blackout**), ist der Versicherungsnehmer insoweit beweispflichtig.[237]

---

232 OLG Frankfurt, MDR 2003, 632 = SP 2003, 210.
233 OLG Köln, r+s 2003, 498 = NJW-RR 2004, 115.
234 BGH, zfs 1995, 340; BGH, NJW-RR 1996, 736 = r+s 1996, 168; OLG Hamm, VersR 1982, 995; OLG Köln, VersR 1983, 847; OLG Köln, VersR 1995, 456; OLG Jena, SP 1999, 23; OLG Koblenz, VersR 2003, 589; OLG Oldenburg – 5 U 153/09, r+s 2010, 367; a.A. OLG Karlsruhe, zfs 1995, 259; OLG Bamberg, VersR 1996, 969; LG München, zfs 1985, 371; LG Dortmund, VersR 1985, 465.
235 BGH, r+s 2003, 144 = DAR 2003, 17 = VersR 2003, 364; OLG Köln, NJW-RR 1991, 480; OLG Stuttgart, r+s 1992, 362; OLG Karlsruhe, VersR 1994, 211; OLG Hamburg, VersR 1994, 211; OLG Hamm, r+s 1994, 46; OLG Oldenburg, r+s 1994, 47; OLG Hamm, VersR 1995, 1992; OLG Hamm, r+s 1996, 13; OLG Dresden, VersR 1996, 577 = zfs 1996, 342 = r+s 1996, 342; OLG Nürnberg, SP 1996, 219; OLG Köln, SP 1996, 397; OLG Köln, SP 1997, 81; OLG Oldenburg, r+s 1997, 148; OLG Hamm, r+s 1997, 357; OLG Köln, r+s 1997, 234 = MDR 1998, 594; OLG München, VersR 1998, 839; OLG Hamm, SP 1998, 431; OLG Hamm, zfs 1999, 200 = NJW-RR 1999, 1553 = VersR 1999, 1011 = r+s 1999, 145 = SP 1999, 173; OLG Brandenburg, r+s 1999, 59; OLG Stuttgart, VersR 2000, 177; OLG Hamm, SP 2001, 277; OLG Koblenz, r+s 2001, 234; OLG Düsseldorf, SP 2002, 143; OLG Hamm, SP 2002, 29; OLG Köln, zfs 2002, 293; OLG Frankfurt, VersR 2003, 319; OLG Köln, SP 2003, 102; OLG Saarbrücken, NJW-RR 2003, 640; OLG Rostock, zfs 2003, 256.
236 BGH, VersR 1992, 1085 = r+s 1992, 292; BGH, r+s 2003, 144; OLG Köln, SP 1996, 397; OLG Köln, SP 1997, 81; OLG Rostock, SP 1998, 252; OLG Köln, NZV 2003, 138.
237 OLG Köln, SP 1997, 404 = zfs 1997, 339.

L. Grobe Fahrlässigkeit (§ 81 VVG) § 5

205 Verneint haben die grobe Fahrlässigkeit bei Rotlichtverstoß:
- OLG Köln VersR 1984, 50: Geradeausfahrt bei ausschließlicher Freigabe des Rechtsabbiegeverkehrs durch **Grünpfeil**;
- OLG München zfs 1984, 21: Fahrzeugführer war durch **Fußgänger** irritiert;
- OLG Hamm VersR 1984, 727: Sichtbehinderung durch **beschlagene Scheiben**;
- OLG Karlsruhe r+s 1990, 364: Versicherungsnehmer ist **ortsunkundig**;
- OLG Köln r+s 1991, 82; OLG Frankfurt VersR 1992, 230: die Kreuzung ist **unübersichtlich**;
- OLG Frankfurt VersR 1993, 826: durch **Sonneneinwirkung** leuchteten alle drei Lichter scheinbar auf;
- OLG Nürnberg SP 1996, 219 = NJW-RR 1996, 986: Versicherungsnehmer war ortsunkundig, die Ampelschaltung **unübersichtlich**, außerdem bestand Sichtbehinderung durch andere Verkehrsteilnehmer;
- OLG Köln SP 1998, 20: irritierende Wirkung einer das Rotlicht überlagernden großen **grünen Leuchtreklame**;
- OLG Köln SP 1998, 430: **blendende Sonneneinstrahlung**;
- OLG Hamm r+s 2000, 232 = SP 2000, 321 = zfs 2000, 346 = NJW 2000, 1477: Versicherungsnehmer hatte zunächst angehalten und war durch das Grünlicht der **Nachbarampel** irritiert worden.

6. Übermüdung am Steuer

206 Das Einschlafen eines Kraftfahrers infolge Übermüdung ist in der Regel **grob fahrlässig**, insbesondere dann, wenn er nach den besonderen Umständen der Fahrt mit dem Eintritt der Übermüdung rechnen muss.[238] Die **Erkennbarkeit** und Vorhersehbarkeit dieses Zustandes und deren Nichtbeachtung sind daher wesentliche Elemente des Verschuldensmaßstabes.

207 Der **Versicherer** muss die **Übermüdung** als Unfallursache **beweisen**; Zweifel an der Kausalität gehen daher zu Lasten des Versicherers.[239] Hingegen trifft den Versicherungsnehmer die Beweislast bei unvorhersehbarem „**Sekundenschlaf**".[240]

208 Es liegt daher **keine grobe Fahrlässigkeit** vor, wenn nach **ausreichendem** Schlaf Ermüdung als Unfallursache in Betracht kommt.[241]

209 Der Vorwurf der groben Fahrlässigkeit ist auch dann nicht gerechtfertigt, wenn nach einer Tankpause von 15 Minuten und einem restlichen Heimweg **von 30 Minuten** die Fahrt fortgesetzt wird.[242]

---

238 OLG Celle, VersR 1986, 949; OLG Frankfurt, NJW-RR 1993, 102; OLG Oldenburg, SP 1998, 23.
239 OLG Hamm, zfs 1994, 250.
240 OLG Saarbrücken, NJW-RR 2003, 604.
241 OLG München, DAR 1994, 201 = zfs 1994, 257.
242 OLG Hamm, MDR 1998, 314.

§ 5 Kraftfahrtversicherung

210 Dem Versicherungsnehmer sind **Lenkzeitüberschreitungen** seines Fahrers nur dann zuzurechnen, wenn er bewusst Fahrten angeordnet hat, die unter Beachtung der vorgeschriebenen Lenk- und Ruhezeiten nicht zu absolvieren waren oder wenn er sich dieser Kenntnis arglistig verschlossen hat.[243]

7. Mangelnde Sicherung

211 Der Diebstahl eines Fahrzeuges wird **grob fahrlässig** herbeigeführt,

- bei Abstellen eines Kraftfahrzeuges ohne Betätigung des **Lenkradschlosses**;[244]
- wenn ein Fahrzeug für drei Tage auf einem unbewachten **Strandparkplatz** abgestellt wird;[245]
- wenn ein defektes Fahrzeug auf einem **Seitenstreifen der Bundesautobahn**[246] oder einem **Autobahnparkplatz**[247] für mehrere Tage abgestellt wird;
- bei kurzzeitigem Verlassen des Fahrzeuges mit **steckendem Zündschlüssel**;[248]
- wenn ein Motorrad für mehrere Tage auf dem Parkplatz einer **Autobahnraststätte** abgestellt wird[249] oder auf dem Parkplatz eines **Sportlerheims** in Ortsrandlage;[250]
- wenn ein Fahrzeug auf **abschüssigem Gelände** abgestellt wird, ohne die Feststellbremse zu betätigen oder einen Gang einzulegen;[251]
- wenn ein **Pkw-Anhänger** (für den Transport von Motorrädern) **ungesichert** auf einem frei zugänglichen Grundstück abgestellt wird.[252]

8. Leichtfertige Fahrweise

212 Grob fahrlässige Herbeiführung des Versicherungsfalles liegt auch vor,

- wenn ein Unfall durch einen grob verkehrswidrigen **Überholvorgang** verursacht wird[253] oder

---

243 OLG Köln, zfs 1997, 306.
244 OLG Frankfurt, VersR 1988, 1122.
245 OLG Bremen, DAR 1980, 177 = zfs 1980, 249.
246 LG Bonn, VersR 1973, 909; AG Köln, zfs 1981, 314.
247 OLG Hamm, r+s 1995, 172; LG Wiesbaden, r+s 1995, 175.
248 OLG Frankfurt, VersR 1988, 1122; OLG Koblenz, zfs 2004, 367 = r+s 2004, 279.
249 OLG Köln, r+s 1991, 118.
250 LG Gießen, DAR 1996, 407.
251 OLG Hamm, VersR 1996, 225 = 1996, 2170/171; LG Konstanz, r+s 1996, 258; LG Kleve, r+s 1991, 45; **a.A.** OLG Stuttgart, VersR 1991, 1049; LG Hannover, NJW-RR 1992, 1251.
252 OLG Oldenburg, NJW-RR 1996, 1310.
253 BGH, VersR 1982, 892; OLG Hamm, VersR 1991, 294 = r+s 1991, 154; LG Karlsruhe, VersR 1992, 1507; OLG Karlsruhe, VersR 1994, 1180 = r+s 1995, 47; OLG Hamm, VersR 1996, 181; OLG Celle, SP 1996, 221; OLG Hamm, VersR 1996, 181; OLG Karlsruhe, SP 1996, 230; OLG Hamm, DAR 1998, 393 = SP 1998, 432; OLG Hamm, zfs 1999, 428; OLG Düsseldorf, r+s 1999, 311 = NVersZ 2000, 32; OLG Koblenz, SP 2000, 27; OLG Köln, r+s 2003, 56; OLG Karlsruhe, zfs 2004, 321.

L. Grobe Fahrlässigkeit (§ 81 VVG) § 5

- durch eine erhebliche **Geschwindigkeitsüberschreitung**;[254] 150 km/h statt 100 km/h auf einer Landstraße;[255] 103 km/h statt 50 km/h innerorts; demgegenüber liegt **keine grobe Fahrlässigkeit** vor, wenn 45 km/h statt 30 km/h gefahren werden[256] oder wenn 95 km/h statt 50 km/h gefahren werden[257] oder 90 km/h statt 50 km/h;[258] 95 km/h statt 70 km/h,[259]
- durch **Wenden** auf einer Autobahnausfahrt;[260]
- durch Missachtung eines **Stoppschildes**;[261]
- wenn ein beschilderter **Bahnübergang** (Andreaskreuz) missachtet wird;[262]
- bei **flottem Rückwärtsfahren** trotz schlechter Sicht;[263]
- bei versehentlicher Betätigung des **Rückwärtsgangs**;[264]
- wenn ein Kraftfahrer mit überhöhter Geschwindigkeit in einer übersichtlichen Kurve mit Geschwindigkeitsbeschränkung auf 60 km/h **ins Schleudern** gerät;[265]
- wenn mit **mehr als 200 km/h** an ein mit 180 km/h fahrendes Fahrzeug dicht aufgeschlossen wird;[266]
- wenn mit **170 km/h** im Dunkeln auf einer Autobahn in einer **Kolonne** gefahren wird;[267]

---

254 OLG Koblenz, r+s 1999, 498 = VersR 2000, 720.
255 OLG Nürnberg, r+s 2000, 364.
256 OLG Düsseldorf, VersR 1997, 56.
257 OLG Frankfurt, MDR 2002, 517 = zfs 2002, 242.
258 OLG Köln, SP 2003, 175.
259 OLG Saarbrücken – 5 U 78/08, zfs 2009, 157.
260 OLG Hamm, r+s 1992, 42.
261 OLG Oldenburg, r+s 1995, 42; OLG Hamm, SP 1999, 174 = r+s 2000, 53; OLG Hamm, SP 1999, 357; OLG Köln, SP 1999, 21; OLG Nürnberg, NJW-RR 1996, 988 = r+s 1997, 409; OLG Zweibrücken, VersR 1993, 218; OLG Hamm, zfs 1998, 262; OLG Koblenz – 10 U 747/07, VersR 2008, 1346; OLG Köln – 9 U 63/09, r+s 2010, 14; **a.A.** OLG Hamm, VersR 1993, 826; AG Saarbrücken, DAR 1999, 510 m.w.N.; OLG Hamm, DAR 1999, 217; KG, zfs 2001, 216; OLG Bremen, r+s 2002, 229.
262 OLG Hamm, VersR 1997, 1480.
263 OLG Schleswig, r+s 1993, 49.
264 OLG Frankfurt, SP 1997, 440.
265 OLG Koblenz, r+s 1993, 289; OLG, Stuttgart VersR 1993, 288; OLG Köln, r+s 1994, 208; OLG Oldenburg, r+s 1995, 331; OLG Köln, VersR 1997, 57.
266 OLG Hamm, DAR 1991, 455 = VersR 1992, 691.
267 OLG Düsseldorf, NZV 2003, 289.

- wenn ein Kraftfahrer sich nach heruntergefallenen Gegenständen **bückt**;[268] **nicht** aber, wenn der **CD-Wechsler** bedient wird;[269]
- wenn der Kraftfahrer Papiere aus dem **Handschuhfach** sucht;[270]
- wenn der Fahrer aus einer **Flasche** trinkt;[271]
- wenn in den Fußraum eines Lkw eine **Kaffeekanne** fällt;[272]
- wenn ein Kraftfahrer eine **brennende Zigarette**, die zwischen seine Beine auf den Fahrersitz gefallen ist, entfernt;[273]
- wenn ein Kraftfahrer das Steuer verreißt, weil er nach Gegenständen auf dem **Beifahrersitz** greift;[274]
- wenn ein Kraftfahrer einen Bahnübergang trotz **Warnlicht** und geschlossener Halbschranke überquert;[275]
- wenn ein Pkw mit **Dachaufbau** in einem Parkhaus gegen einen abgesenkten Unterzug (1,90 m) stößt;[276]
- wenn der Mieter eines Lkw die Durchfahrtshöhe einer niedrigen **Eisenbahnbrücke** trotz entsprechender Warnhinweise missachtet;[277]
- wenn ein **Hund** ungesichert im Fußraum mitgeführt wird;[278]
- wenn trotz erkennbarer Beschädigung von **Kühler** oder **Ölwanne** die Fahrt fortgesetzt und hierdurch ein Motorschaden ausgelöst wird;[279]
- wenn ein Kraftfahrer in **England rechts** fährt;[280]
- wenn ein Kraftfahrer eine **Einbahnstraße** in falscher Richtung befährt;[281]
- wenn auf Autobahnen **Wettrennen** durchgeführt werden;[282]

---

268 *Frank*, zfs 1997, 361 mit Rechtsprechungsübersicht; OLG Jena, zfs 1996, 340; OLG Jena, VersR 1998, 838; OLG Frankfurt, MDR 1998, 43; OLG Köln, MDR 1998, 1411; **a.A.** KG, VersR 1983, 494; OLG Hamm, r+s 1991, 186; OLG München, NJW-RR 1992, 538; OLG München, SP 1999, 210; OLG Zweibrücken, r+s 1999, 406; OLG München, SP 2000, 173; OLG Hamm, r+s 2000, 229 = VersR, 2001, 843 = SP 2001, 244.
269 OLG Hamm, zfs 2002, 294.
270 OLG Stuttgart, r+s 1999, 56 = VersR 1999, 1359.
271 OLG Hamm, r+s 2002, 145.
272 OLG Hamm, NVersZ 2000, 578.
273 OLG Karlsruhe, r+s 1993, 248 = VersR 1993, 1096; OLG Frankfurt, zfs 1996, 61 = VersR 1996, 446; OLG Köln, MDR 1998, 1411; OLG Hamm, SP 2000, 243 = zfs 2000, 347.
274 OLG Celle, zfs 1994, 127; OLG Naumburg, DAR 1997, 112.
275 OLG Hamm, r+s 1996, 391.
276 OLG Oldenburg, r+s 1995, 129 = VersR 1996, 182; **a.A.** OLG München, NJW-RR 1996, 1177; OLG Rostock, MDR 2004, 91.
277 OLG Düsseldorf, VersR 1997, 77; **a.A.** OLG München, DAR 1999, 506 m.w.N.
278 OLG Nürnberg, r+s 1994, 49 = zfs 1994, 94.
279 OLG Karlsruhe, VersR 1989, 508; OLG Hamm, VersR 1994, 1290; LG Osnabrück, VersR 1997, 1352.
280 LG Mainz, VersR 1999, 438.
281 OLG Hamm, r+s 1999, 188.
282 OLG Köln, SP 2000, 391 = zfs 2000, 450 = VersR 2001, 454.

L. Grobe Fahrlässigkeit (§ 81 VVG) § 5

- wenn eine **überflutete Straßenunterführung** mit der Folge eines Motorschadens durchfahren wird;[283]
- wenn auf ein gut sichtbares **Baustellenfahrzeug** mit großer Warntafel und wechselndem **Blitzblinklicht** aufgefahren wird;[284]
- wenn ein Lkw mit **hochgestellter Kippermulde** gegen die Unterkante einer Brücke fährt;[285]
- wenn bei Geschwindigkeit zwischen 170 km/h und 220 km/h **telefoniert** wird;[286]
- wenn mit **Sommerreifen** in einem Wintersportort (Arosa) trotz Schneeglätte gefahren wird.[287]

9. Fahrzeugüberlassung

Wer einem Unbekannten ein Fahrzeug zur **Probefahrt** überlässt, handelt in der Regel grob fahrlässig, so dass partielle Leistungsfreiheit des Kaskoversicherers besteht.[288]   **213**

Ebenso liegt grobe Fahrlässigkeit vor, wenn der Versicherungsnehmer einen **Fremden** aus dem „Milieu" mit nach Hause nimmt, alsbald einschläft und so dem Unbekannten die Möglichkeit gibt, die Fahrzeugschlüssel und das Fahrzeug an sich zu nehmen.[289]   **214**

10. Weitere Beispiele

Der Versicherungsnehmer verursacht einen Fahrzeugbrand grob fahrlässig, wenn er einen **Heizlüfter** unbeobachtet auf den Beifahrersitz stellt, um das Fahrzeug vorzuwärmen.[290]   **215**

Der Versicherungsnehmer verursacht einen Unfall grob fahrlässig, wenn er vom Beifahrersitz aus die **Handbremse** betätigt, um den das Fahrzeug führenden Sohn zu veranlassen, die Geschwindigkeit von 150 km/h herabzusetzen.[291]   **216**

Beim Aufprall eines hoch geschleuderten Gegenstandes gegen die Unterseite eines Fahrzeuges muss die **Ölmengenanzeige** sorgfältig beobachtet werden, da die Be-   **217**

---

283 OLG Frankfurt, NVersZ 2001, 26.
284 OLG Köln, zfs 2002, 295.
285 OLG Düsseldorf, VersR 2001, 976 = zfs 2001, 217.
286 OLG Koblenz, SP 1999, 205 = MDR 1999, 481 = SP 1999, 206; OLG Köln, NVersZ 2001, 26 = NJW-RR 2001, 22.
287 OLG Frankfurt, SP 2003, 427.
288 OLG München, VersR 1995, 954; OLG Düsseldorf, r+s 1999, 230 = zfs 1999, 297; OLG Frankfurt, zfs 2002, 240.
289 OLG Düsseldorf, VersR 1989, 39.
290 OLG Hamm, VersR 1997, 1480 = zfs 1998, 57.
291 OLG Köln, r+s 1997, 408.

schädigung der Ölwanne möglich ist. Geschieht dies nicht, ist ein hierdurch entstandener Motorschaden grob fahrlässig herbeigeführt worden.[292]

X. Rechtsfolgen grober Fahrlässigkeit

218 Bei grober Fahrlässigkeit ist der Versicherer berechtigt, die Leistung in einem der Schwere des Verschuldens entsprechenden Verhältnis zu kürzen (A.2.16 AKB 2008). Diese Regelung entspricht dem Gesetzeswortlaut in § 81 Abs. 2 VVG.

1. Beweislast

219 Da es sich bei der groben Fahrlässigkeit um einen **subjektiven Risikoausschluss** handelt, trägt der **Versicherer** die **Beweislast** für die Schwere der Schuld und für den Umfang der Leistungskürzung.[293]

2. Quotenbildung

220 Es ist davon auszugehen, dass die Versicherer im Regelfall die **Hälfte** der Entschädigungsleistung erbringen werden. Es sind aber auch Kürzungen bis auf Null ebenso denkbar wie eine vollständige Schadenregulierung, wenn die grobe Fahrlässigkeit sich im Randbereich der einfachen Fahrlässigkeit bewegt.

221 § 81 Abs. 2 VVG entspricht der Regelung in der **Schweiz** (Art. 14 Abs. 2 Schweizerisches VVG), dort bewegen sich die Kürzungen bei grober Fahrlässigkeit in einem Bereich von 30 %, lediglich bei grober Fahrlässigkeit in Folge Trunkenheit werden höhere Kürzungen vorgenommen.[294]

222 Es ist davon auszugehen, dass in der Rechtsprechung auf Dauer durch Kasuistik eine **Tabelle** entwickelt wird, wie es sie bereits zu Haftungsquoten bei Verkehrsunfällen und zum Schmerzensgeld gibt.[295]

223 Beim **Zusammentreffen** von grob fahrlässiger **Herbeiführung** des Versicherungsfalles und einer grob fahrlässigen Obliegenheitsverletzung dürfen die Quoten nicht addiert werden, vielmehr ist die wegen grober Fahrlässigkeit ermittelte Quote dann noch um die entsprechende Quote wegen Obliegenheitsverletzung zu **kürzen**.

224 Das Verhalten des Versicherungsnehmers, das zur grob fahrlässigen Herbeiführung des Versicherungsfalles führt, liegt im Regelfall **vor** Eintritt des Versicherungsfalles und dürfte daher den Obliegenheitsverletzungen **vor** Eintritt des Versicherungsfalles gleichzusetzen sein. Hier verbietet sich eine Quotenkonsumption.

---

292 OLG Karlsruhe, VersR 1998, 710.
293 *Rixecker*, zfs 2007, 15,16; van Bühren/*Hubert van Bühren*, § 1 Rn 849.
294 *Rixecker*, zfs 2007, 15,16.
295 *Günther*, r+s 2009, 492 mit Übersicht über die bisher vertretenen Auffassungen.

L. Grobe Fahrlässigkeit (§ 81 VVG) § 5

Beispiel
Der Versicherungsnehmer begeht einen schwerwiegenden Rotlichtverstoß und anschließend Unfallflucht. Wenn der Rotlichtverstoß zu einer Quotierung von 50 % führt und die anschließende Quote für die Unfallflucht mit 50 % ermittelt wird, erhält der Versicherungsnehmer 25 % der vertraglichen Leistung (100 % ./. 50 % ./. 50 % = 25 %)

3. Aktuelle Rechtsprechung

- Ein Abzug von **75 %** ist zulässig, wenn der Versicherungsnehmer einem erkennbar **alkoholbedingt** fahruntüchtigen Fahrer das versicherte Fahrzeug überlässt.[296]
- Bei einem **Rotlichtverstoß** ist eine Kürzung auf **50 %** der Versicherungsleistung angemessen.[297]
- Beim **Abkommen** von der Fahrbahn wegen Anzündens einer Zigarette ist eine Leistungskürzung von **75 %** angemessen.[298]
- Bei **absoluter Fahruntüchtigkeit** tritt im Regelfall **vollständige** Leistungsfreiheit des Versicherers ein.[299]
- Wenn die **begrenzte Höhe** der Einfahrt eines **Parkhauses** missachtet und ein Fahrzeugschaden verursacht wird, ist eine hälftige Kürzung der Entschädigung angemessen.[300]
- Wird mit einem gemieteten Lkw gegen eine **Straßenbrücke** gestoßen, obgleich auf die geringe Durchfahrtshöhe durch entsprechende Verkehrsschilder hingewiesen wird und die Kante der Unterführung deutlich rot-weiß markiert ist, liegt grobe Fahrlässigkeit vor, die eine Kürzung von einem Drittel berechtigt.[301]
- Ein Fahrzeugführer, der bei **winterlichen** Straßenverhältnissen mit **Sommerreifen** von der Fahrbahn abkommt, muss eine Kürzung der Versicherungsleistungen um 50 % hinnehmen.[302]
- Bei **relativer Fahruntüchtigkeit** (ab 0,3 Promille) ist in der Regel mit einer Kürzungsquote von 50 % zu beginnen, die sich dann nach dem Grad der Alkoholisierung bis auf 100 % bei **absoluter Fahruntüchtigkeit** steigert.[303]

225

---

296 LG Bonn – 10 O 115/09, DAR 2010, 24.
297 BGH – IV ZR 255/10, zfs 2011, 511; LG Münster – 15 O 141/09, zfs 2009, 641 = VersR 2009, 1615 = DAR 2009, 705 = r+s 2009, 501; AG Duisburg – 50 C 2567/09; AG Essen – 10 S 32/10, r+s 2010, 320.
298 OLG Naumburg – 4 U 133/08, r+s 2010, 319 = SP 2010, 227.
299 BGH, IV ZR 251/10, VersR 2012, 384 = zfs 2012, 212; OLG Dresden – 7 U 466/10, VersR 2011, 205 = DAR 2011, 24; LG Oldenburg – 13 O 1964/10, r+s 2010, 462.
300 LG Konstanz – 3 O 190/09, zfs 2010, 214.
301 LG Göttingen, r+s 2010, 194.
302 AG Hamburg St. Georg – 216 C 390/09, r+s 2010, 323.
303 OLG Hamm – 20 U 74/10, VersR 2011, 407.

- Wenn ein Kraftfahrer nachts einem **Fuchs ausweicht** und hierdurch einen Fahrzeugschaden verursacht, ist der Aufwendungsersatzanspruch im konkreten Fall um **60 %** zu kürzen.[304]
- **50 %** Kürzung bei Missachtung der Durchfahrtshöhe einer Unterführung mit einem Mietfahrzeug.[305]
- **50 %** Mithaftung bei Aufbewahrung von Fahrzeugschlüsseln in einem nicht abgeschlossenen **Aufenthaltsraum**.[306]
- **50 %** Kürzung bei Aufbewahrung eines Fahrzeugschlüssels im Korb eines Aufenthaltsraums eines Seniorenheims während der Nachtschicht.[307]
- Kürzung auf **25 %** bei einer Blutalkoholkonzentration von 1,09 Promille.[308]

M. Teilkaskoversicherung (A.2.2 AKB 2008)

I. Vorbemerkung

226 Die Kaskoversicherung ist eine Sparte der **Sachversicherung**, die unter Abschnitt I (§§ 1 bis 73) und Abschnitt II (§§ 74 bis 99) des VVG fällt.

Gegenstand der Teilkaskoversicherung sind folgende Risiken:
- Brand, Explosion
- Entwendung
- Sturm, Hagel, Blitzschlag, Überschwemmung
- Zusammenstoß mit Haarwild
- Glasbruch
- Kurzschlussschäden an der Verkabelung

II. Brand (A.2.2.1 AKB 2008)

227 Als **Brand** gilt ein Feuer mit Flammenbildung (A.2.2.1 AKB 2008), „das ohne einen bestimmungsgemäßen Herd entstanden ist oder ihn verlassen hat und sich aus eigener Kraft auszubreiten vermag". Weiterhin heißt es in dieser Vorschrift ausdrücklich:

„*Nicht als Brand gelten Schmor- und Sengschäden*".

228 Damit sind Schäden an Fahrzeugteilen ausgeschlossen, die bestimmungsgemäß Hitzeeinwirkung oder Feuer ausgesetzt sind (Zündkerzen, Sicherungen). Auch das „Durchbrennen" eines **Katalysators** ist ein Schmelzvorgang und kein Brand.[309]

---

304 LG Trier – 4 O 241/09, zfs 2010, 510.
305 LG Hagen, 7 S 31/12, r+s 2013, 578 = SP 2013, 119; **2/3:** LG Köln, 26 O 174/10, VersR 2013, 851.
306 OLG Koblenz, 10 U 1292/11, DAR 2012, 580 = SP 2012, 408.
307 OLG Koblenz, 10 U 1292/11, r+s 2012, 430.
308 OLG Karlsruhe, 9 U 135/13, DAR 2014, 461 = NJW 2014, 1181 = r+s 2015, 12.
309 Stiefel/Maier/*Stadler*, AKB A.2.2 Rn 10 m.w.N.

Ebenso wenig sind **Kabelbrände** in der Regel echte Brände, sondern nur – nicht versicherte – Schmorschäden.[310]

Ein Katalysatorbrand ist jedoch versichert, wenn dieser Brand dadurch entsteht, dass statt **Benzin Dieselkraftstoff** getankt wird.[311] **229**

Es ist nicht erforderlich, dass das Fahrzeug selbst vom Feuer erfasst wird, es genügt, dass ein **Schadenfeuer adäquat kausal** für den Fahrzeugschaden war: Wenn Teile eines brennenden Hauses auf ein Fahrzeug fallen, ist der Fahrzeugschaden „durch Brand" verursacht worden.[312] **230**

Gerät ein Fahrzeug durch **Unfall** in Brand, ist der Teilkaskoversicherer eintrittspflichtig.[313]

III. Explosion (A.2.2.1 AKB 2008)

Explosion ist eine auf dem Ausdehnungsbestreben von **Gasen oder Dämpfen** beruhende, plötzlich verlaufende Kraftäußerung (§ 1 Abs. 4 S. 1 AFB 1987). Eine **Implosion** ist der Explosion **nicht** gleichzusetzen; sie stellt auch keinen Unfall im allgemeinen Sinne dar, sondern einen Betriebsschaden, der regelmäßig auf einen Bedienungsfehler zurückzuführen ist.[314] **231**

Wird ein Fahrzeug durch aufgrund einer Explosion **herumfliegende Teile** beschädigt, besteht Versicherungsschutz im Rahmen der Teilkaskoversicherung. Ebenso ist der Teilkaskoversicherer eintrittspflichtig, wenn ein Brand als Folge einer Explosion oder umgekehrt eine Explosion als Brandfolge auftritt.[315] **232**

IV. Naturgewalten (A.2.2.3 AKB 2008)

Die Aufzählung der Naturgewalten ist abschließend. Erdbeben, Erdrutsch, Steinschlag und Lawinen sind daher nicht versichert. Einige Versicherer bieten jedoch Versicherungsschutz für Lawinenschäden. **233**

Schäden durch Sturm, Hagel, Blitzschlag und Überschwemmung sind versichert, wenn sie durch **unmittelbare** Einwirkung der Naturgewalten verursacht worden sind. Unmittelbarkeit ist nur dann gegeben, wenn zwischen Ursachenereignis und Erfolg keine weitere Ursache tritt.[316] **234**

---

310 Stiefel/Maier/*Stadler*, AKB A.2.2 Rn 11 m.w.N.
311 OLG Düsseldorf – 4 U 12/08, NJW-RR 2009, 610 = NZV 2009, 291.
312 Stiefel/Maier/*Stadler*, AKB A.2.2 Rn 15 m.w.N.
313 OLG Celle – 8 U 155/05, NJW-RR 2006, 1539 = VersR 2007, 1510 = r+s 2007, 53.
314 OLG Hamm – 20 U 120/94, zfs 1995, 182 = VersR 1995, 1345.
315 Stiefel/Maier/*Stadler*, AKB A.2.2 Rn 22 m.w.N.
316 BGH – IV ZR 154/05, NJW-RR 2006, 1322 = VersR 2006, 966 = r+s 2006, 323.

235 Der Versicherungsnehmer muss die Unmittelbarkeit des Schadens am Fahrzeug durch die Naturgewalten beweisen.

1. Sturm

236 Der Sturm ist in A.2.2.3 AKB 2008 definiert:

„*Als Sturm gilt eine wetterbedingte Luftbewegung von mindestens Windstärke 8.*"

237 Der Nachweis kann gegebenenfalls durch eine amtliche Wetterauskunft geführt werden.

Sturm muss als einzige Ursache bewiesen werden, jede andere Schadenursache (überhöhte Geschwindigkeit usw.) muss ausgeschlossen werden.[317]

2. Hagel

238 Hagel ist begrifflich ein Niederschlag durch **gefrorenen Regen** (Eisstücke), der im Regelfall zu Einbeulungen in der Karosserie führt. Werden durch Hagel andere Gegenstände auf das Fahrzeug geschleudert, besteht ebenfalls Versicherungsschutz.

3. Blitzschlag

239 Blitzschlag ist eine selbstständige Schadenursache und deckt alle Schäden, die **unmittelbar** durch den Blitzschlag hervorgerufen werden, also auch Seng- und Schmorschäden. Versicherungsschutz besteht auch, wenn ein Blitzschlag zum Umstürzen eines Baumes führt, der dann auf das versicherte Fahrzeug fällt.

4. Überschwemmung

240 Eine Überschwemmung liegt dann vor, wenn Wasser sich in erheblichen Mengen **ansammelt** und nicht mehr auf normalem Weg abfließt. Eine Überschwemmung liegt auch dann vor, wenn so starker Regen auf einen Berghang niedergeht, dass er sturzbachartig den Hang hinunterfließt.[318] Die Überschwemmung muss den Schaden unmittelbar **herbeiführen**. Es liegt daher **kein versicherter Überschwemmungsschaden** vor, wenn das Kraftfahrzeug in die überschwemmte Straße hineingefahren und hierdurch beschädigt wird.[319]

---

317 BGH – IV ZR 154/05, NJW-RR 2006, 1322 = VersR 2006, 966 = r+s 2006, 323; OLG Köln – 9 U 103/98, NJW-RR 1999, 468 = r+s 1999, 451; Stiefel/Maier/*Stadler*, AKB A.2.2 Rn 154 ff. m.w.N.
318 BGH – IV ZR 154/05, VersR 2006, 966.
319 OLG Karlsruhe, SP 1996, 94.

V. Entwendung (A.2.2.2 AKB 2008)

In der Teilkaskoversicherung gedeckt sind Schäden durch Entwendung des Fahrzeuges oder seiner Teile, insbesondere durch **Diebstahl, unbefugten Gebrauch** durch betriebsfremde Personen, **Raub** und **Unterschlagung**. Aufbruchspuren an der Tür zur **Garage** lassen allenfalls auf eine Vorbereitungshandlung schließen.[320] Versichert sind Schäden beim **Versuch** einer Entwendung. 241

Nicht versichert sind diejenigen Schäden, die **mutwillig** anlässlich oder wegen eines fehlgeschlagenen Diebstahlsversuchs entstehen.[321] 242

„**Entwendung**" ist jede widerrechtliche Sachentziehung, die zur wirtschaftlichen Entrechtung des Eigentümers führt;[322] der Täter muss fremden Gewahrsam brechen und neuen Gewahrsam begründen; wurde der Gewahrsam aufgrund einer Täuschung übertragen, liegt ein – nicht versicherter – **Betrug** vor.[323] 243

Ist ungeklärt, ob **Diebstahl** oder **Betrug** vorliegt, ist der Versicherer leistungsfrei;[324] kommt **Diebstahl** oder Unterschlagung durch den **Mieter** in Betracht, ist der **Versicherer** für die nicht versicherte Unterschlagung beweispflichtig.[325] 244

Es liegt keine „Entwendung" bei erschlichener **Probefahrt** vor.[326] 245

Nach Auffassung des OLG Köln[327] liegt bei einer Probefahrt mit einem versicherten Motorrad nur eine **Gewahrsamlockerung** vor, wenn der Versicherungsnehmer das versicherte Motorrad für eine zeitlich und räumlich begrenzte Probefahrt in einer kleinen Wohngemeinde einem Dritten überlässt; grobe Fahrlässigkeit ist ausdrücklich verneint.

Wenn eine gemeinsame Probefahrt verabredet ist, der Täter dann aber plötzlich losfährt, liegt ein – versicherter – **Trickdiebstahl** vor, da allenfalls eine **Gewahrsamslockerung** eingetreten ist.[328]

Es müssen bei „Entwendung" nicht die subjektiven Voraussetzungen einer mit Strafe bedrohten Handlung vorliegen; es genügt auch die **irrtümliche Annahme**, zur Wegnahme berechtigt zu sein.[329] 246

---

320 LG Dortmund, SP 1998, 329.
321 BGH – IV ZR 212/05, VersR 2006, 968 = DAR 2006, 446 = NJW-RR 2006, 77.
322 BGH, NJW 1993, 186 = zfs 1993, 126.
323 OLG Karlsruhe, SP 1999, 21.
324 OLG Jena, zfs 1999, 24.
325 OLG Hamm, NVersZ 2000, 576.
326 OLG Hamm, VersR 1985, 490; LG Bonn, VersR 1996, 1139; LG Göttingen, zfs 1990, 383; **a.A.** OLG München, das aber die grobe Fahrlässigkeit bejaht, VersR 1995 954; ebenso: OLG Düsseldorf, zfs 1999, 297 = r+s 1999, 230.
327 9 U 188/07, r+s 2008, 343 = zfs 2009, 94 = VersR 2008, 1640 = NJW-RR 2008, 1714.
328 OLG Frankfurt, NVersZ 2000, 482 = zfs 2001, 551; **a.A.** OLG Frankfurt, zfs 2002, 240.
329 Stiefel/Maier/*Stadler*, AKB A.2.2 Rn 36; BGH r+s 1995, 125.

247 Beim **Diebstahlversuch** sind nur die Schäden versichert, die durch die Entwendungshandlung verursacht werden, nicht Vandalismusschäden anlässlich des Diebstahlversuchs.[330]

VI. Unterschlagung (A.2.2.2 AKB 2008)

248 Der Begriff der Unterschlagung ist rein **strafrechtlich** und erfordert den vollendeten Tatbestand von § 246 StGB.[331]

Der Täter muss **Alleingewahrsam** haben; bei Bruch des Mitgewahrsams liegt Diebstahl vor.

249 Überlässt der Mieter den Gebrauch des Fahrzeuges anderen Personen, die dann das Fahrzeug unterschlagen, tritt Leistungsfreiheit nur dann ein, wenn der Versicherungsnehmer diese **Weiterüberlassung** ausdrücklich oder konkludent genehmigt hat.[332]

250 Kommt bei Gebrauchsüberlassung an einen Dritten mit gleicher Wahrscheinlichkeit Unterschlagung durch den Dritten in Betracht, steht nicht der erforderliche Minimalsachverhalt für das äußere Bild eines Diebstahls fest.[333] Der Versicherungsnehmer muss im Rahmen der Beweiserleichterung bei Fahrzeugentwendung darlegen und beweisen, dass dem Dritten das Kraftfahrzeug **gegen seinen Willen** abhanden gekommen ist.[334] Steht fest, dass das Fahrzeug **entwendet** worden ist, muss der **Versicherer** beweisen, dass der Besitzverlust durch Unterschlagung eingetreten ist.[335]

VII. Beweisführung

251 Der Eintritt des Versicherungsfalles gehört zu den anspruchsbegründenden Tatsachen, für die der **Versicherungsnehmer** darlegungs- und beweispflichtig ist.[336]

1. Beweismaßstab

252 Da ein Fahrzeugdiebstahl in der Regel unbeobachtet geschieht, kann der Versicherungsnehmer mit den „klassischen" Beweismitteln den Vollbeweis für den Eintritt des Versicherungsfalles nicht führen. Die Rechtsprechung hat daher **Beweis-**

---

330 BGH – IV ZR 212/05, VersR 2006, 968 = DAR 2006, 446 = NJW-RR 2006, 77.
331 OLG Hamm, VersR 1993, 1394 = zfs 1993, 235; OLG Köln, SP 1996, 57.
332 OLG Köln – 9 U 3/99, r+s 2001, 359.
333 OLG Hamm, SP 1996, 327.
334 OLG Köln – 9 U 70/00, r+s 2003, 57 = SP 2002, 345; OLG Düsseldorf – 4 U 208/99, r+s 2001, 448 = VersR 2001, 1551.
335 OLG Hamm – 20 U 151/99, zfs 2000, 300 = VersR 2001, 93; OLG Köln – 9 U 3/99, SP 2002, 28 = r+s 2001, 359.
336 BGH – IV ZR 263/00, NJW-RR 2002, 671 = VersR 2002, 431 = r+s 2002, 143.

erleichterungen entwickelt, die eng mit der **Redlichkeit** des Versicherungsnehmers und seiner Angaben verknüpft sind.[337]

Der BGH vertritt in **ständiger Rechtsprechung** die Auffassung, dass dem Versicherungsnehmer in der Diebstahlversicherung eine über den Anscheinsbeweis hinausgehende Beweiserleichterung zugutekommen muss.[338] 253

Im Wege der ergänzenden Vertragsauslegung wird aufgrund der materiellen Risikoverteilung vom Versicherungsnehmer lediglich der Nachweis des Sachverhalts verlangt, der nach der Lebenserfahrung mit **hinreichender** Wahrscheinlichkeit das äußere Bild eines Versicherungsfalles erschließen lässt (**erste Stufe**). 254

Der Versicherer muss dann Tatsachen beweisen, die eine **erhebliche** Wahrscheinlichkeit dafür begründen, dass der Versicherungsfall vorgetäuscht ist (**zweite Stufe**). 255

Beiden Parteien kommen somit Beweiserleichterungen zugute: Der Versicherungsnehmer muss lediglich ein Minimum an Umständen beweisen, aus denen sich „das **äußere Bild**" einer Entwendung erschließt. Der Versicherer muss nicht den vollen Gegenbeweis erbringen, sondern nur Tatsachen beweisen, die mit **erheblicher Wahrscheinlichkeit** auf die **Vortäuschung** des Versicherungsfalles schließen lassen.[339] 256

Diese Beweiserleichterungen gelten **nicht** für den Beweis zur **Schadenhöhe**.[340] 257

2. Redlichkeitsvermutung

Eng verknüpft mit den Anforderungen an den Beweismaßstab ist die Redlichkeit des Versicherungsnehmers, der die erforderlichen Rahmentatsachen zu beweisen hat. Wird die zugunsten eines jeden Versicherungsnehmers sprechende **Redlichkeitsvermutung** erschüttert, muss er den Versicherungsfall nach den allgemeinen Regeln beweisen.[341] 258

Erforderlich ist in jedem Fall ein **Mindestmaß** an Tatsachen, aus denen sich das äußere Bild einer Entwendung ergibt.[342]

Das äußere Bild eines Diebstahls ist schon dann gegeben, wenn der Versicherungsnehmer das Fahrzeug zu einer bestimmten Zeit an einem bestimmten Ort abgestellt hat, an dem er es später **nicht wieder vorfindet**. Stellt der redliche Versicherungsnehmer ein derartiges Verschwinden seines Fahrzeuges fest, kann nach der Lebens- 259

---

337 Stiefel/Maier/*Stadler*, AKB A.2.2 Rn 99 m.w.N.; *Bauer*, Rn 1100 m.w.N.
338 BGH – IV ZR 263/00, NJW-RR 2002, 671 = r+s 2002, 143 = VersR 2002, 41.
339 Stiefel/Maier/*Stadler*, AKB A.2.2 Rn 101 m.w.N.
340 BGH, VersR 1992, 1000.
341 BGH, VersR 1992, 917, 918; BGH, r+s 1997, 184; KG – 6 U 7/02, SP 2004, 25.
342 Stiefel/Maier/*Stadler*, AKB A.2.2 Rn 89 m.w.N.

erfahrung mit **hinreichender Wahrscheinlichkeit** auf einen versicherten Diebstahl geschlossen werden.[343]

260 Unbeschädigte Schlösser sind ein **Indiz** für einen vorgetäuschten Diebstahl.[344]

3. Anhörung (§ 141 ZPO)

261 Fehlen dem Versicherungsnehmer jegliche Beweismittel, kann er gleichwohl mit Aussicht auf Erfolg Klage erheben: Der Tatrichter kann von **§ 141 ZPO** Gebrauch machen, wenn die Sachdarstellung des redlichen Versicherungsnehmers glaubhaft und widerspruchsfrei ist.[345]

262 Die Anwendung von § 141 ZPO ist ausgeschlossen, wenn der Versicherungsnehmer falsche Angaben zum Kaufpreis oder zum Kilometerstand gemacht hat, da der Versicherungsnehmer dann **nicht mehr uneingeschränkt glaubwürdig** ist.[346]

263 Zu einer derart erleichterten Beweisführung besteht aber keine Veranlassung, wenn für das äußere Bild **Zeugen** vorhanden sind, die der Versicherungsnehmer aber ohne nachvollziehbaren Grund nicht benennt; denn die Vernehmung vorhandener Zeugen ist **vorrangig**.[347] Es kann einer Partei nicht freistehen, durch die Nichtbenennung tatsächlich vorhandener Zeugen den Risiken einer Beweisaufnahme auszuweichen und sich damit selbst als Beweismittel anzudienen.[348]

4. Parteivernehmung (§ 448 ZPO)

264 Auch eine Parteivernehmung gemäß § 448 ZPO ist in Ausnahmefällen zulässig und zwar nur dann, wenn bereits eine **erhebliche Wahrscheinlichkeit** für die Richtigkeit der Sachdarstellung des Versicherungsnehmers besteht.[349]

265 **Bewiesene Unredlichkeit** des Versicherungsnehmers, auch wenn sie keinen Bezug zum Versicherungsfall haben, verbieten bereits die Anwendung von Beweiserleichterungen oder die Parteivernehmung gemäß § 448 ZPO.[350]

266 Verdachtsmomente oder die Einstellung des Ermittlungsverfahrens gemäß § 153a StPO reichen nicht aus,[351] wohl aber **einschlägige Vorstrafen**.[352]

---

343 BGH – IV ZR 263/00, NJW-RR 2002, 671 = r+s 2002, 143 = VersR 2002, 431.
344 OLG Koblenz – 10 U 878/07, VersR 2009, 214 = r+s 2009, 147; OLG Köln – 9 U 65/04, r+s 2006, 103.
345 BGH, VersR 1991, 917 = NJW-RR 1991, 983; BGH r+s 1997, 184; OLG Hamm – 20 O 195/08, zfs 2009, 692.
346 OLG Hamburg, r+s 1998, 229 = SP 1998, 327.
347 OLG Karlsruhe – 12 U 218/08, MDR 2009, 680; Stiefel/Maier/*Stadler*, AKB A.2.2 Rn 100.
348 OLG Hamm, r+s 1997, 491; OLG Köln SP 1998, 398.
349 OLG Karlsruhe – 12 U 218/08, MDR 2009, 680; Stiefel/Maier/*Stadler*, AKB A.2.2 Rn 99 m.w.N.
350 Stiefel/Maier/*Stadler*, AKB A.2.2 Rn 99 ff. m.w.N.
351 Stiefel/Maier/*Stadler*, AKB A.2.2 Rn 102 m.w.N.
352 OLG Köln – 9 U 18/01, VersR 2002, 478; Stiefel/Maier/*Stadler*, AKB A.2.2 Rn 119 m.w.N.

Auffällige **Merkwürdigkeiten** der Lebensverhältnisse des Versicherungsnehmers und seiner Darstellung zu den Begleitumständen der Entwendung seines Kraftfahrzeuges müssen nicht zur Erschütterung der Redlichkeitsvermutung führen.[353]

267

Der zu führende Vollbeweis erfordert **keine absolute Gewissheit**; es genügt vielmehr ein für das praktische Leben brauchbarer Grad von Gewissheit, „der Zweifeln schweigen gebietet, ohne sie völlig auszuschließen".[354]

268

5. Vollbeweis

Im Rahmen einer Klage auf **Rückzahlung** zu Unrecht erbrachter Versicherungsleistungen muss der Versicherer den **Vollbeweis** führen; ihm kommen keine Beweiserleichterungen zugute.[355]

269

Der Versicherer ist für **vorsätzliche Brandstiftung voll beweispflichtig**; unredliches Verhalten des Versicherungsnehmers führt weder zu einer Umkehr der Beweislast noch zu Beweiserleichterungen für den Versicherer.[356]

270

VIII. Rechtsprechung

1. Glaubwürdigkeit des Versicherungsnehmers

- Dem Versicherungsnehmer kommen **keine Beweiserleichterungen** zugute, wenn der Versicherer konkrete Tatsachen nachweist, die eine erhebliche Wahrscheinlichkeit für die Annahme der Vortäuschung des Versicherungsfalles nahe legen. Hierzu gehören insbesondere **schwerwiegende Zweifel** an der **Glaubwürdigkeit** des Versicherungsnehmers und an der **Richtigkeit** der von ihm aufgestellten Behauptungen.[357]

271

- Gegen die Glaubwürdigkeit des Versicherungsnehmers sprechen auch **Vorstrafen**, die nicht in einem Zusammenhang mit dem Versicherungsfall stehen;[358] ebenso ein **Täuschungsversuch** durch unrichtige Angaben bei einem früheren Schadenfall.[359]

- **Falsche Angaben** zum Kilometerstand und zur Anfertigung von Schlüsselkopien sind Umstände, die mit erheblicher Wahrscheinlichkeit für die Vortäuschung eines Versicherungsfalles sprechen.[360]

---

353 OLG Düsseldorf – 4 U 78/95, zfs 1997, 303.
354 BGHZ 53, 245; OLG Köln – 9 U 13/97, r+s 1999, 190.
355 BGH – IV ZR 298/93, NJW-RR 1994, 988 = zfs 1994, 294; Stiefel/Maier/*Maier*, § 28 VVG Rn 79.
356 OLG Oldenburg, VersR 1990, 1388.
357 BGH, r+s 1993, 169; OLG Hamm, VersR 1996, 1232; OLG Frankfurt, VersR 1997, 1341; OLG Köln, SP 1997, 475; OLG Karlsruhe, SP 1999, 352; OLG Saarbrücken, SP 1999, 354; OLG Hamm, r+s 2003, 276; OLG Hamm – 20 U 195/08, VersR 2010, 105.
358 OLG Karlsruhe, SP 2000, 318.
359 OLG Hamm, SP 2003, 178.
360 OLG Düsseldorf, SP 1999, 351.

§ 5 Kraftfahrtversicherung

- Eine Parteivernehmung nach § 448 ZPO kommt nur dann in Betracht, wenn für die Richtigkeit der Darstellung des Versicherungsnehmers zum Fahrzeugdiebstahl eine **gewisse Wahrscheinlichkeit** spricht.[361]
- Es spricht eine erhebliche Wahrscheinlichkeit für einen vorgetäuschten Fahrzeugdiebstahl, wenn der Versicherungsnehmer **unglaubwürdig** ist und am Fahrzeug „**Trugspuren**" vorgefunden werden.[362]
- Beweiserleichterungen entfallen bei schwerwiegenden Zweifeln an der **Redlichkeit und Glaubwürdigkeit** des Versicherungsnehmers, wenn dieser an weiteren Versicherungsfällen mit **betrügerischem Hintergrund** beteiligt war[363] oder wenn der Versicherungsnehmer nach vergeblichen Verkaufsbemühungen erklärt hat, er wolle das Fahrzeug „**verschwinden**" lassen[364] oder **Verkaufsbemühungen** wahrheitswidrig **verneint** hat.[365]
- Wenn die **Lenkradsperre** nicht gewaltsam überdreht worden ist und die **Nummernschilder** abmontiert worden sind, um die Feststellung des Halters zu erschweren, besteht eine erhebliche Wahrscheinlichkeit für die Vortäuschung des Versicherungsfalles.[366]
- **Widersprüchliche Angaben** des Versicherungsnehmers zum Zeitpunkt seiner Fahrt und zum Abstellen des Fahrzeuges sprechen für die Vortäuschung der Entwendung.[367]
- Die Glaubwürdigkeit des Versicherungsnehmers wird zunächst vermutet. Wenn diese Redlichkeitsvermutung aber erschüttert ist, entfallen Beweiserleichterungen, so dass der **Vollbeweis** für den Versicherungsfall zu erbringen ist.[368]
- Die Redlichkeitsvermutung ist erschüttert, wenn der Versicherungsnehmer widersprüchliche und wahrheitswidrige Angaben zur **Tatzeit** und zu den Umständen der Fahrt macht, insbesondere wahrheitswidrig behauptet, die Fahrt mit einem Beifahrer durchgeführt zu haben;[369] ebenso bei falschen Angaben über **Kilometerstand** und **Vorschäden**.[370]
- Die Glaubwürdigkeit ist erschüttert, wenn der Versicherungsnehmer unterschiedliche Angaben zu den Umständen des **Erwerbs** und zu der angeblichen **Reparatur** des versicherten Fahrzeuges macht.[371]

---

361 BGH VersR 1991, 917; OLG Köln, r+s 1991, 367; OLG Hamm, r+s 1997, 491.
362 OLG Celle, VersR 1990, 518.
363 BGH, VersR 1997, 53; OLG Celle, VersR 1990, 152.
364 OLG Celle, zfs 1996, 383.
365 OLG Karlsruhe, NJW-RR 1997, 100; LG Hannover, zfs 1998, 263.
366 OLG Oldenburg, r+s 1991, 298.
367 OLG Köln, r+s 1992, 44; OLG Bamberg, r+s 1997, 490; OLG Rostock, SP 1999, 22.
368 OLG Hamm – 20 U 195/08, zfs 2009, 692.
369 OLG Hamm, r+s 1994, 5.
370 OLG Hamm, SP 1998, 399.
371 OLG Köln, r+s 1998, 11.

M. Teilkaskoversicherung (A.2.2 AKB 2008) § 5

- Eine relativ **kurzfristige Häufung** von Motorraddiebstählen und Wechsel des Versicherers ohne erkennbare Notwendigkeit sind so auffällig und außergewöhnlich, dass die Möglichkeit eines vorgetäuschten Diebstahls naheliegt.[372]
- Wenn der Versicherungsnehmer ein versichertes Fahrzeug an einen **Freund verliehen** hat, der als Zeuge bestätigt, ihm sei das Fahrzeug entwendet worden, ist der Beweis für den Diebstahl erbracht, wenn nicht greifbare Anhaltspunkte vorhanden sind, dass dieser Freund an der Tat beteiligt war.[373]
- Es besteht eine erhebliche Wahrscheinlichkeit für Vortäuschung eines Diebstahls, wenn bereits vor dem Schadenfall ein entsprechender **(anonymer) Hinweis** bei dem Versicherer erfolgt und der Schadenfall die **bestmögliche Verwertung** des Fahrzeuges ist.[374]
- Werden Einrichtungsgegenstände aus einem **Wohnwagen**, wie Schranktüren oder Teile der Inneneinrichtung demontiert, fehlt es am äußeren Bild eines Diebstahls, da der Ausbau der Inneneinrichtung viel zu zeitraubend ist und es für einen Täter näher liegend ist, das ganze Fahrzeug zu entwenden.[375]
- Indiz für die Vortäuschung eines Versicherungsfalles ist die Einholung eines **Wertgutachtens** fünf Jahre nach dem Erwerb des Fahrzeuges.[376]

2. Fahrzeugschlüssel

- Wenn ein Fahrzeug nach einem behaupteten Diebstahl mit einem **passenden Schlüssel** sichergestellt wird, liegt das äußere Bild eines Diebstahls nur dann vor, wenn der Versicherungsnehmer darlegt, wie der Täter in den Besitz eines solchen Schlüssels gekommen ist.[377]
- Behauptet der Versicherungsnehmer, einen „**Geldbörsenschlüssel**" niemals benutzt zu haben, spricht eine erhebliche Wahrscheinlichkeit für die Vortäuschung des Versicherungsfalles, wenn auf diesem Schlüssel **Kopierspuren** festgestellt werden.[378]
- Es gehört **nicht** zum äußeren Bild eines Diebstahls, dass der Versicherungsnehmer **sämtliche Originalschlüssel** vorlegen oder das Fehlen eines Schlüssels plausibel erklären kann.[379]

---

372 OLG Oldenburg, VersR 1995, 1304; LG Hamburg – 306 O 216/05, SP 2007, 112.
373 OLG Hamm, r+s 1996, 12.
374 OLG Hamm, VersR 1996, 225.
375 OLG Karlsruhe, r+s 1990, 79 ff.; OLG Oldenburg, r+s 1994, 406, 407; OLG Düsseldorf, r+s 2000, 144; **a.A.** OLG Karlsruhe, r+s 1999, 15.
376 OLG Frankfurt, NJW-RR 2003, 165 = VersR 2003, 1169; OLG Hamm, SP 2004, 24.
377 OLG Hamm, VersR 1991, 688; OLG Hamm, r+s 1996, 11; OLG Hamm, SP 1997, 476; OLG Hamm, SP 1997, 477.
378 OLG Hamburg, zfs 1993, 162 = r+s 1993, 92.
379 BGH, VersR 1995, 909; BGH VersR 1997, 54.

§ 5 Kraftfahrtversicherung

- Die Redlichkeitsvermutung ist erschüttert, wenn der Versicherungsnehmer unzutreffende und widersprüchliche Angaben zu den Fahrzeugschlüsseln macht, insbesondere einen weiteren **Schüssel nachliefert**, nachdem er zunächst behauptet hat, sämtliche Schlüssel übersandt zu haben[380] oder einen **Schlüssel**, der **nicht** zum versicherten Fahrzeug gehört[381] oder wenn der **Sender** für die Wegfahrsperre fehlt.[382]
- Allein die Anfertigung von **Nachschlüsseln** begründet noch **nicht den Vorwurf** der Vortäuschung des Versicherungsfalles, wenn unbekannt ist, wann und von wem die Schlüsselkopien veranlasst worden sind.[383]
- Legt der Versicherungsnehmer zu einem angeblich gestohlenen Fahrzeug einen Original- und einen nachgefertigten Schlüssel vor, so besteht die erhebliche Wahrscheinlichkeit der Vortäuschung des Diebstahls, wenn dieser Nachschlüssel angeblich nach **Verlust eines Originalschlüssels** gefertigt worden ist und der verbliebene Originalschlüssel keine Spuren einer Kopierfräse aufweist und die Verwendung eines Laserabtastgeräts ausscheidet.[384]
- Wird bei dem an der Grenze beschlagnahmten Fahrzeug ein Nachschlüssel vorgefunden, der **starke Gebrauchsspuren** aufweist, während die im Besitz des Versicherungsnehmers befindlichen Schlüssel nur in geringem Umfang verwendet worden sind, so besteht eine erhebliche Wahrscheinlichkeit, dass die Entwendung vorgetäuscht wurde.[385]
- Das äußere Bild eines Diebstahls entfällt auch dann nicht, wenn das entwendete Fahrzeug **ohne Spuren an dem Schließzylinder** wieder aufgefunden wird.[386]
- Das äußere Bild eines Diebstahls besteht nicht, wenn keine Spuren vorhanden sind, die auf eine gewaltsame Überwindung einer computergesteuerten **Alarmanlage** hindeuten.[387]
- **Schlüsselkopierspuren**, für die der Versicherungsnehmer keine Erklärung hat, können **Indiz** für einen vorgetäuschten Versicherungsfall sein, insbesondere dann, wenn auch weitere Indizien, z.B. finanzielle Schwierigkeiten des Versicherungsnehmers, hinzutreten.[388]

---

380 OLG Dresden, SP 1996, 25.
381 OLG Düsseldorf, NJW-RR 1996, 1496.
382 OLG Köln, NJW-RR 2002, 531.
383 BGH, zfs 1995, 460, 461; BGH, SP 1996, 142; BGH, r+s 1996, 341 m.w.N.; BGH, NJW-RR 1999, 246; OLG Düsseldorf, SP 1996, 144 = r+s 1996, 343; BGH, r+s 1997, 5 = DAR 1997, 107.
384 OLG Düsseldorf, zfs 1997, 304.
385 OLG Karlsruhe, zfs 1998, 299.
386 BGH, MDR 1997, 142 = r+s 1997, 5 = VersR 1996, 1135 = DAR 1996, 396; a.A. OLG Düsseldorf, VersR 1996, 1097 und OLG Köln, VersR 1996, 1099.
387 OLG Karlsruhe, r+s 1997, 357; der BGH hat die Revision nicht angenommen.
388 BGH, r+s 1996, 343; BGH, r+s 1997, 5; BGH, r+s 1999, 14; OLG Düsseldorf, zfs 1996, 343; OLG Hamm, SP 1997, 476 ff.; OLG Düsseldorf, SP 1997, 478; OLG Hamm, SP 1998, 397; OLG Naumburg, zfs 1999, 159; OLG München, zfs 1999, 21.

M. Teilkaskoversicherung (A.2.2 AKB 2008) § 5

- **Schlüsselkopierspuren**, die nur mit **geringen Gebrauchsspuren** überlagert sind, begründen für sich allein noch **nicht** die erhebliche Wahrscheinlichkeit für die Vortäuschung eines Diebstahls.[389]
- Etwas anderes gilt bei **frischen** Kopierspuren, die unmittelbar vor der angeblichen Entwendung entstanden sind.[390]
- Befindet sich im Schlüssel eine **Transponderattrappe**, so spricht dies für die Vortäuschung eines Diebstahls,[391] ebenso das Fehlen des **Senders** für die **Wegfahrsperre**.[392]
- Von der Beteiligung des Versicherungsnehmers am Diebstahl ist auszugehen, wenn das entwendete Fahrzeug mit einem passenden Schlüssel weggefahren wurde und das Fahrzeug mit einer **Wegfahrsperre** der **zweiten Generation** versehen war, bei der die Übertragung des Bedienungscodes nur bei der Werkstatt des **Herstellerwerkes** möglich ist.[393]
- Die Redlichkeitsvermutung ist erschüttert, wenn der Versicherungsnehmer einen Fahrzeugschlüssel vorlegt, der **nicht zum angeblich entwendeten Fahrzeug** gehört.[394]
- Es ist mit erheblicher Wahrscheinlichkeit von einem vorgetäuschten Diebstahl oder – alternativ – von einer nicht versicherten Unterschlagung auszugehen, wenn das angeblich entwendete Fahrzeug von einem Dritten, dem das Fahrzeug überlassen war, an einem üblicherweise nicht benutzten Ort abgestellt worden ist und gleichwohl das Fahrzeug mit einem **passenden Schlüssel** weggefahren worden ist.[395]

3. Brand

- Die Beweislast für vorsätzliche Brandstiftung liegt beim Versicherer. Die Tatbestände **Diebstahl und Brand** sind **selbstständig und gleichwertig**.[396] Wenn Diebstahl nicht bewiesen wird, kann der Versicherungsnehmer sich auf Brand als Schadenursache berufen; ein **zweifelhafter Diebstahl** hat jedoch **indizielle Bedeutung für den Vorsatznachweis**.[397]

273

---

389 BGH, r+s 1996, 341; BGH, r+s 1999, 14; OLG Saarbrücken, r+s 1996, 47; OLG Hamm, r+s 1996, 49 = SP 1996, 56; BGH, r+s 1997, 5 = DAR 1997, 107; OLG Hamm, r+s 1996, 49 = SP 1996, 56.
390 OLG Celle, SP 2001, 207.
391 OLG Köln, NVersZ 2000, 526; OLG Hamm, VersR 2000, 1492.
392 OLG Köln, SP 2001, 135; OLG Saarbrücken, zfs 2003, 599.
393 OLG Düsseldorf, VersR 2001, 892 = r+s 2001, 142.
394 OLG Düsseldorf, r+s 1997, 144; OLG Köln, r+s 1997, 35.
395 OLG Düsseldorf, zfs 1997, 342.
396 BGH – IV ZR 156/08, NJW 2009, 605 = r+s 2009, 233 = VersR 2009, 540 = NZV 2009, 283.
397 BGH, r+s 1996, 410; OLG Saarbrücken, VersR 1991, 1330; OLG Köln, r+s 1992, 44; OLG Nürnberg, VersR 1994, 87; Saarländisches OLG, SP 1996, 94, 95; OLG Hamm, VersR 1996, 1362; OLG Köln, VersR 1997, 444; OLG Hamm, zfs 1999, 157; OLG Celle, zfs 1999, 158; OLG Köln, SP 2002, 27.

- Folgende Umstände sind gewichtige **Indizien** für die **vorsätzliche** Herbeiführung eines Brandes durch den Versicherungsnehmer:[398]
- **Brand** des Fahrzeuges wenige Stunden nach behaupteter Entwendung in **räumlicher Nähe** zum Standort;
- **spurenloses Überwinden** der Lenkradsperre und keine Spuren des Kurzschließens;
- **wirtschaftliche Lage** des Versicherungsnehmers, die ein Halten des versicherten Fahrzeuges nicht erlaubte;
- unrichtige Angaben zu **Vorschäden**.

IX. Haarwild (A.2.2.4 AKB 2008)

1. Zusammenstoß

274 In der Teilkaskoversicherung sind Schäden versichert, die durch einen **Zusammenstoß** mit Haarwild verursacht worden sind.

275 **Haarwild** (im Gegensatz zum Federwild) im Sinne von § 2 Abs. 1 Nr. 1 Bundesjagdgesetz sind folgende Tiere: Wisent, Elchwild, Rotwild, Damwild, Sikawild, Rehwild, Gamswild, Steinwild, Muffelwild, Schwarzwild, Feldhase, Schneehase, Wildkaninchen, Murmeltier, Wildkatze, Luchs, Fuchs, Steinmarder, Baummarder, Iltis, Hermelin, Mauswiesel, Dachs, Fischotter, Seehund.

276 Es besteht somit **kein** Versicherungsschutz bei Zusammenstoß mit **anderen jagdbaren Tieren** wie Elchen, Waschbären und Rentieren.[399]

277 Zwischen dem Zusammenstoß mit Haarwild und dem Fahrzeugschaden muss ein **adäquater Kausalzusammenhang** bestehen, für den der Versicherungsnehmer beweispflichtig ist.[400]

278 Der Zusammenstoß mit **auf der Fahrbahn liegendem Haarwild** ist versichert, wenn das Tier unmittelbar vorher von einem Fahrzeug angefahren und getötet worden ist.[401] Nicht versichert ist das Erfassen von Haarwild bei einem **Schleudervorgang** aus anderen Gründen, z.B. Eisglätte.[402]

2. Ausweichmanöver

279 Gemäß § 82 Abs. 1 S. 1 VVG ist der Versicherungsnehmer verpflichtet, „bei" dem Eintritt des Versicherungsfalles „für die Abwendung und Minderung des Schadens" zu sorgen („**Rettungspflicht**").

---

398 OLG Hamm, NVersZ 1999, 431 = r+s 1999, 144 = VersR 1999, 1358 = zfs 1999, 157; OLG Celle, zfs 1999, 157; OLG Düsseldorf, zfs 2000, 498.
399 Stiefel/Maier/*Stadler*, AKB A.2.2 Rn 167; OLG Frankfurt – 7 U 190/02, VersR 2005, 1233.
400 BGH, VersR 1992, 349 = zfs 1992, 85 = DAR 1992, 179.
401 OLG Saarbrücken – 5 U 389/02, r+s 2003, 357 = NJW-RR 2003, 1338 = VersR 2004, 1306.
402 Stiefel/Maier/*Stadler*, AKB A.2.2 Rn 174 m.w.N.; OLG München, zfs 1989, 206.

M. Teilkaskoversicherung (A.2.2 AKB 2008) § 5

Wenn ein Autofahrer Haarwild ausweicht, um einen Zusammenstoß zu vermeiden, sind die durch das Ausweichmanöver entstandenen Schäden **ersatzpflichtige Aufwendungen** gemäß § 82 VVG.[403] Das Ausweichmanöver muss also dazu dienen, eine – schwerere – Beschädigung des versicherten Fahrzeuges zu vermeiden, **nicht gemeint ist die „Rettung" des Tieres.** 280

Von einem drohenden Zusammenstoß mit einem Hasen, Kaninchen oder Fuchs geht für ein Kraftfahrzeug in der Regel keine oder nur eine geringe Gefährdung aus. Wenn daher einem **kleineren Tier** ausgewichen wird, um dieses zu retten oder aufgrund einer Schreckreaktion oder eines ungesteuerten Reflexes,[404] handelt es sich **nicht** um vom Versicherungsschutz umfasste **Rettungsmaßnahmen**.[405] 281

Der Versicherungsnehmer ist **beweispflichtig**, dass er Haarwild ausweichen musste; die für Entwendungsfälle in der Sachversicherung anerkannten Beweiserleichterungen können **nicht** auf Wildschadenfälle übertragen werden.[406] Der Beweis kann **nicht** durch **Parteivernehmung** geführt werden.[407] 282

Es kommt jedoch eine Anhörung gemäß § 141 ZPO in Betracht, wenn der Versicherungsnehmer absolut glaubwürdig ist[408] und weitere **Indizien** für den Sachvortrag des Klägers sprechen.[409] 283

3. Rechtsprechung

- Auch Schäden, die durch ein **Ausweichmanöver** vor Haarwild entstehen, sind ersatzpflichtig im Rahmen der „Rettungspflicht" von § 82 Abs. 1 VVG.[410] 284
- **Nicht** versichert ist das Ausweichmanöver vor einem **Hasen**, da auch ein Zusammenstoß mit einem Hasen keinen Unfall auslösen kann;[411] dies gilt auch für

---

403 BGH, VersR 1991, 459 = zfs 1991, 135 = r+s 1991, 116.
404 BGH, VersR 1994, 1181.
405 BGH, DAR 1997, 158 = SP 1997, 168; BGH, zfs 2003, 502 = VersR 2003, 1250; OLG Köln, VersR 1992, 1508; OLG Köln, SP 1997, 170.
406 OLG Hamburg, zfs 1992, 377; OLG Hamm, NZV 1991, 71; OLG Jena, r+s 1999, 403 = zfs 1999, 340 = SP 1999, 317 = NJW-RR 1999, 1258 = NVersZ 2000, 33 = VersR 2000, 578; OLG Düsseldorf, SP 2000, 390 = NVersZ 2000, 579 = VersR 2001, 322.
407 OLG Jena, VersR 2001, 855 = zfs 2001, 319; OLG Naumburg, NJW-RR 2003, 677.
408 OLG Köln, zfs 1999, 341.
409 OLG Saarbrücken, zfs 2002, 143.
410 BGH, VersR 1991, 459 = zfs 1991, 135 = r+s 1991, 116; OLG Karlsruhe, VersR 1993, 93; OLG Köln, r+s 1993, 48 = OLG Koblenz, r+s 2000, 1997.
411 BGH, VersR 1992, 349 = r+s 1992, 82 = zfs 1992, 377; OLG Köln, r+s 1992, 295; OLG Köln, r+s 1993, 205; OLG Hamm, zfs 1993, 308; OLG Düsseldorf, r+s 1993, 450 = zfs 1994, 57; OLG Hamm, r+s 1995, 6; OLG Schleswig, r+s 1995, 290 = VersR 1996, 843.

das Ausweichmanöver vor einem **Dachs**,[412] einem **Marder**[413] oder einem **Fuchs**.[414]

- Ebenso nicht versichert ist ein Ausweichmanöver aufgrund einer reinen **Schreckreaktion**.[415] Demgegenüber soll das Ausweichmanöver vor einem **Fuchs** noch zu den versicherten Rettungskosten gehören;[416] jedenfalls dann, wenn der Fuchs sich in einer Sprungphase befindet.[417]
- Nach Ansicht des OLG Nürnberg[418] soll das Ausweichmanöver bei zwei ausgewachsenen Hasen versichert sein; ebenso das Ausweichmanöver eines **Motorradfahrers**, der einem Hasen ausweichen muss.[419] Bei einem derartigen Ausweichmanöver ist jedoch die Vollkaskoversicherung eintrittspflichtig, da es **nicht** grob fahrlässig ist, einem kleineren Tier (Hase, Fuchs) auszuweichen.[420]
- Wenn die Verursachung eines Unfallschadens durch Zusammenstoß mit Haarwild nicht eindeutig festgestellt werden kann, führt das „**non liquet**" dazu, dass die **Vollkaskoversicherung** eintrittspflichtig ist.[421]

X. Glasbruch (A.2.2.5 AKB 2008)

285 Bruchschäden an der Verglasung sind sowohl in der **Vollkaskoversicherung** als auch in der **Teilkaskoversicherung** versichert. Die Ursache solcher Schäden ist ohne Bedeutung; Glasschäden sind auch dann gedeckt, wenn es sich um einen Betriebs- oder Bremsschaden handelt.[422]

286 Vom Versicherungsschutz umfasst sind der **Neuwert** der beschädigten Glasscheibe sowie die Kosten für den **Ausbau** der beschädigten und den **Einbau** der neuen Verglasung; zu ersetzen sind auch die Kosten für die Schäden an dem mit dem Glas fest verbundenen Zubehör.[423]

---

412 OLG Frankfurt, zfs 1995, 342; OLG Köln, r+s 1997, 52.
413 LG Halle, SP 1997, 171; OLG Nürnberg, r+s 1997, 359; OLG Naumburg, r+s 1997, 359 = SP 1998, 23; OLG Köln, SP 1998, 432 (Hasen, Füchse, Marder); OLG Köln r+s 2000, 190 = zfs 2000, 301; OLG Coburg, SP 2003, 175.
414 BGH, VersR 2003, 1250 = zfs 2003, 502 = NZV 2003, 520 = SP 2003, 385; OLG Koblenz, NJW-RR 2004, 118.
415 LG Wiesbaden, VersR 1992, 998.
416 OLG Köln, VersR 1992, 1508 = zfs 1992, 203.
417 LG Passau, DAR 1997, 28; OLG Karlsruhe, r+s 1999, 404 = SP 1999, 386; OLG Köln, zfs 1999, 339; a.A. LG Hannover, zfs 1999, 309.
418 R+s 1993, 206.
419 OLG Hamm, zfs 1993, 308, 309; OLG Hamm, VersR 2002, 478.
420 OLG Jena, VersR 1988, 623; OLG Zweibrücken, NVersZ 2000, 34 = VersR 2000, 884 = r+s 2000, 366; OLG Brandenburg, zfs 2003, 191; **a.A.** OLG Koblenz, r+s 2004, 11.
421 OLG Hamm – 20 U 134/07, r+s 2009, 59.
422 Stiefel/Maier/*Stadler*, AKB 2.2 Rn 183.
423 OLG Karlsruhe – 12 U 107/07, r+s 2008, 64.

Da Glas keinem Verschleiß unterliegt, ist in der Regel der **Neuwert** beschädigter Glasteile samt Einbaukosten[424] zu ersetzen. Etwas anderes gilt allenfalls für die Windschutzscheibe, die durch Sandkörner, Straßenstaub und Scheibenwischer beeinträchtigt werden kann;[425] insoweit sind Abzüge „neu für alt" möglich. **Obergrenze** ist die **Differenz** zwischen Wiederbeschaffungswert und Restwert (A.2.6.1 AKB 2008).

287

XI. Kurzschlussschäden an der Verkabelung

Versichert sind nur die Kurzschlussschäden an der Verkabelung selbst, **nicht** jedoch weitere Schäden an den **Instrumenten**, zu denen die beschädigten Kabel führen.

288

XII. Marderbiss

In einigen AKB wird auch Deckung für Schäden durch Marderbiss gewährt. Der Versicherungsschutz wird im Regelfall begrenzt auf die Schäden an Kabeln, Schläuchen und Leitungen. Auch hier muss darauf abgestellt werden, dass der Marderbiss **unmittelbar** die geltend gemachten Schäden verursacht hat.[426]

289

N. Vollkaskoversicherung (A.2.3 AKB 2008)

I. Vorbemerkung

Die Vollkaskoversicherung erweitert die Risiken der Teilkaskoversicherung um zwei wesentliche Schadenursachen:
- **Unfall** und
- **mut- oder böswillige Handlungen betriebsfremder Personen.**

290

Versichert sind **sämtliche Schäden**, die auf einen Unfall oder auf mutwillige oder böswillige Handlungen Dritter zurückzuführen sind. Ersatzpflichtig sind allerdings nur die Schäden, die durch die Verwirklichung der Tat entstanden sind und damit in einem **adäquaten** Zusammenhang stehen.[427]

291

Mutwillige Beschädigungen nach einem Diebstahl sind nicht Gegenstand der Teilkaskoversicherung, sie sind nur in der **Vollkaskoversicherung** versichert.[428]

292

---

424 LG Osnabrück, NJW-RR 1996, 1176.
425 OLG Karlsruhe – 12 U 197/07, r+s 2008, 64; Stiefel/Maier/*Stadler*, AKB A.2.7 Rn 16; LG Aachen – 5 S 343/88, VersR 1989, 358 = DAR 1991, 458.
426 Stiefel/Maier/*Stadler*, AKB A.2.2 Rn 193 ff.
427 BGH – IV ZR 212/05, VersR 2006, 968 = r+s 2006; Prölss/Martin/*Knappmann*, A.2.2 AKB Rn 7 m.w.N.
428 BGH – IV ZR 212/05, VersR 2006, 968 = r+s 2006; Prölss/Martin/*Knappmann*, A.2.2 AKB Rn 7 m.w.N.

II. Unfall (A.2.3.2 AKB 2008)

1. Definition

293 **Unfall** ist „ein unmittelbar von außen her plötzlich mit mechanischer Gewalt [auf ein Fahrzeug] einwirkendes Ereignis" (A.2.3.2 AKB 2008). Es sind daher folgende Kriterien zu erfüllen:
- unmittelbar,
- von außen her,
- plötzlich,
- mit mechanischer Gewalt,
- einwirkendes Ereignis.

294 Ein plötzliches Schadenereignis liegt dann vor, wenn sich der Vorfall in einem kurzen Zeitraum abspielt und für den Versicherungsnehmer objektiv **unerwartet und unvorhersehbar** war.[429] Nur die Einwirkung des Schadenereignisses selbst muss plötzlich erfolgen, es reicht aus, wenn die unvorhersehbaren Einwirkungen allmählich eintreten.[430]

2. Schadenereignis

295 Das Schadenereignis muss **von außen** her auf das Fahrzeug einwirken. Es besteht daher kein Versicherungsschutz, wenn der Schaden auf einen inneren Betriebsvorgang zurückzuführen ist. Insoweit enthält A.2.3.2 AKB 2008 in einem gesonderten Absatz eine Vielzahl von Schadenursachen, die nicht unter den Unfallbegriff fallen:

„*Nicht als Unfallschäden gelten insbesondere Schäden aufgrund eines Brems- oder Betriebsvorgangs oder reine Bruchschäden. Dazu zählen zum Beispiel Schäden am Fahrzeug durch rutschende Ladung oder durch Abnutzung, Verwindungsschäden, Schäden aufgrund von Bedienungsfehlern oder Überbeanspruchung des Fahrzeuges und Schäden zwischen ziehendem und gezogenem Fahrzeug ohne Einwirkung von außen*".

296 Unfreiwilligkeit gehört nicht zum Unfallbegriff.[431]

3. Rechtsprechung

297 - Wenn der **Motor** eines Muldenkippers zu Schaden kommt, weil der Abschlussdeckel des Trockenansaugluftfilters bei Fahrten auf **unwegsamem Gelände** beschädigt wird, liegt ein **Betriebsschaden** vor.[432]

---

429 BGH – IV a ZR 88/83, VersR 1985, 177; Stiefel/Maier/*Stadler*, AKB A.2.3 Rn 18.
430 OLG Hamm – 20 U 271/88, VersR 1990, 82.
431 OLG Köln – 9 U 164/03, r+s 2004, 321; OLG Saarbrücken – 5 U 161/04, r+s 2005, 12.
432 OLG Frankfurt, r+s 1994, 165 mit umfassender Rechtsprechungsübersicht.

N. Vollkaskoversicherung (A.2.3 AKB 2008) § 5

- Wenn ein Fahrzeug durch einen Betriebsvorgang **umstürzt**, ist der Unfallbegriff erfüllt,[433] z.B. beim **Abkippen** von Ladegut[434] oder beim Befahren einer wegen zu hohen Grasbewuchses nicht sichtbaren **Böschung**[435] oder bei plötzlichem **Nachgeben** des befestigten Bodens.[436]
- Schäden, die nach dem Umkippen eines Lkw durch den **Aufschlag auf den Boden** entstehen, sind **Unfallschäden** und keine Betriebsschäden.[437]
- Es liegt ein versicherter **Unfallschaden** vor, wenn ein Fahrzeug nach Betätigung der Feststellbremse in einen **Weiher** rollt.[438]
- Das **Aufspringen der Motorhaube** ist ein nicht versicherter Betriebsschaden.[439] Wenn die Motorhaube aufgrund eines vorangegangenen **Unfalls** aufspringt, ist von einem versicherten Unfallschaden auszugehen.[440]
- Der Anstoß gegen einen Stein oder eine **Bordsteinkante** fällt unter den Unfallbegriff.[441]
- Wenn **Unfallschäden** vorliegen, wird der Versicherer nur dann leistungsfrei, wenn er **Vorsatz** beweist.[442]
- Wird ein Unfall durch **Spurrillen** verursacht, liegt ein ersatzpflichtiger Unfallschaden vor.[443]
- Bei Zusammenstoß eines Traktors mit dem **Frontballastgewicht** liegt kein Unfall vor, weil es sich insoweit um ein Fahrzeugteil handelt.[444]
- **Reifenplatzer** durch eingedrungene Fremdkörper führen zu einem versicherten Unfallereignis.[445]
- Ein Reifenplatzer, der durch **Verschleiß**, insbesondere durch mehrfaches Überfahren einer Bordsteinkante, entsteht, ist **kein** versichertes Unfallereignis.[446]
- Schäden zwischen **ziehendem** und **gezogenem Fahrzeug** sind kein versicherter Unfallschaden.[447]

---

433 OLG Nürnberg, r+s 1994, 166 m.w.N.
434 BGH, r+s 1998, 9; OLG Nürnberg SP 1997, 206 = VersR 1997, 1480; OLG Koblenz r+s 1999, 405; OLG Jena r+s 2004, 185 = MDR 2004, 750.
435 OLG München, SP 1997, 207.
436 OLG Rostock, SP 1998, 435; OLG Celle, r+s 1999, 360.
437 BGH, r+s 1998, 9 = VersR 1998, 179 = DAR 1998, 310.
438 OLG Koblenz – 10 U 622/08, r+s 2010, 285.
439 LG Ravensburg – 1 S 92/10, r+s 2010, 463.
440 OLG Koblenz, 10 U 1452/12, VersR 2014, 1371.
441 OLG Koblenz, 10 U 742/10, DAR 2011, 1036.
442 OLG Naumburg, 4 U 10/12, r+s 2014, 8.
443 BGH, IV ZR 21/11, r+s 2013, 166.
444 BGH, IV ZR 62/12, VersR 2013, 993.
445 LG Karlsruhe, 9 U 95/12, SP 2014, 20.
446 OLG Hamm, 20 U 83/13, MDR 2014, 533 = NJW-RR 2014, 812 = SP 2014, 165.
447 OLG Hamm, 20 U 13/14, SP 2014, 420 (individuelle AKB sehen auch für diesen Fall Versicherungsschutz vor).

III. Vandalismus (A.2.3.3 AKB 2008)

298 Böswillige Beschädigungen durch **betriebsfremde** Personen sind ebenfalls Gegenstand der Vollkaskoversicherung. Behauptet der Versicherer, der Schaden sei nicht von betriebsfremden Personen verursacht worden, ist der **Versicherer** nach den allgemeinen Beweisregeln **beweispflichtig**, ihm kommen **keine Beweiserleichterungen** zugute.[448]

299 Der **Versicherungsnehmer** muss beweisen, dass eine mut- oder böswillige Beschädigung vorlag, der **Versicherer** muss beweisen, dass der Täter nicht betriebsfremd war.[449]

Bei einem Diebstahl von Fahrzeugteilen sind nur die Schäden vom Teilkaskoversicherer zu ersetzen, die auf den Diebstahl zurückzuführen sind, weitere Vandalismusschäden vom Vollkaskoversicherer. Vandalismus **nach** Diebstahl fällt nicht unter die Teilkaskoversicherung.[450]

O. Leistungsumfang bei Kaskoversicherung (A.2.6 AKB 2008)

300 Die Ersatzleistung des Versicherers bei einer Vollkasko- oder einer Teilkaskoversicherung ist in der Regel auf den **Fahrzeugschaden** begrenzt. Merkantiler Minderwert, Mietwagenkosten oder Aufwendungen für die Beschaffung eines Ersatzfahrzeuges werden grundsätzlich nicht ersetzt. Auch werden Abzüge „neu für alt" gemacht.

In der **Haftpflichtversicherung** besteht die Leistungspflicht des Versicherers darin, den Versicherungsnehmer von berechtigten Ansprüchen freizustellen und unbegründete Ansprüche abzuwehren (§ 100 VVG).

I. Totalschaden (A.2.6 AKB 2008)

1. Definition

301 Ein Totalschaden liegt vor, wenn die erforderlichen Kosten der **Reparatur** des Fahrzeugs den Wiederbeschaffungswert **übersteigen** (A.2.6.5 AKB 2008).

302 Versicherungswert ist der **Wiederbeschaffungswert**, dies gilt auch für Fahrzeugteile und Fahrzeugzubehör (A.2.18 AKB 2008).

---

448 BGH, VersR 1997, 1095 = SP 1997, 366 = r+s 1997, 446; OLG Köln, SP 1998, 329; OLG Frankfurt, zfs 1999, 295; OLG Koblenz, VersR 2004, 730; OLG Köln – 9 U 35/07, r+s 2008, 464.
449 OLG Köln – 20 U 96/09, SP 2010, 440.
450 BGH – IV ZR 212/05, VersR 2006, 968 = r+s 2006, 325.

O. Leistungsumfang bei Kaskoversicherung (A.2.6 AKB 2008) § 5

Wiederbeschaffungswert ist der **Kaufpreis**, den der Versicherungsnehmer aufwenden muss, um ein gleichwertiges gebrauchtes Fahrzeug oder gleichwertige Fahrzeugteile zu erwerben (A.2.6.6 AKB 2008). 303

Bei der Bemessung des Wiederbeschaffungswertes sind die **individuellen** Verhältnisse des Versicherungsnehmers zu berücksichtigen. 304

2. Mehrwertsteuer (A.2.9 AKB 2008)

Für die Ersatzfähigkeit der Mehrwertsteuer kommt es auf die steuerlichen Verhältnisse im Zeitpunkt des Eintritts des Versicherungsfalles an. Wenn der Versicherungsnehmer **vorsteuerabzugsberechtigt** ist, ist die Mehrwertsteuer nicht Bestandteil des erstattungsfähigen Wiederbeschaffungswertes. 305

In A.2.9 AKB 2008 heißt es: 306

*„Mehrwertsteuer erstatten wir nur, wenn und soweit diese für Sie bei der von Ihnen gewählten Schadenbeseitigung **tatsächlich angefallen** ist. Mehrwertsteuer erstatten wir **nicht**, soweit **Vorsteuerabzugsberechtigung** besteht".*

Mehrwertsteuer wird **nicht** erstattet, wenn eine **mehrwertsteuerpflichtige Reparatur** nicht nachgewiesen wird. Diese Klausel ist wirksam.[451] 307

3. Rabatte (A.2.11 AKB 2008)

Tatsächlich gewährte, aber auch **mögliche Rabatte** sind anzurechnen, insbesondere dann, wenn kein gebrauchtes Fahrzeug in Zahlung gegeben werden muss;[452] dies gilt auch für **Werksangehörigenrabatte**,[453] allerdings unter Abzug der darauf ruhenden Steuerlast.[454] 308

4. Leasingfahrzeuge

Bei Leasingfahrzeugen kommt es auf die Verhältnisse des **Leasinggebers** an, so dass dessen Vorsteuerabzugsberechtigung und Rabatte bei der Ermittlung des Wiederbeschaffungswertes zu berücksichtigen sind.[455] 309

5. Neupreis (A.2.6.2 AKB 2008)

Die seit fast 20 Jahren nicht mehr angebotene Neupreisentschädigung ist wieder fakultativ eingeführt worden. Sie wird angeboten für Pkw, außer Mietwagen, Taxen und Selbstfahrervermiet-Pkw. Wenn innerhalb einer vertraglich vereinbarten An- 310

---

451 BGH – IV ZR 35/09, SP 2010, 82 = r+s 2010, 12; KG – 6 U 25/10, VersR 2010, 1633.
452 OLG Hamm, VersR 1995, 1303; OLG Schleswig, VersR 1996, 1993; OLG Köln, VersR 1994, 95.
453 OLG Celle, VersR 1996, 1136.
454 OLG Düsseldorf, r+s 1996, 428.
455 BGH, r+s 1988, 255; BGH, r+s 1989, 317; BGH, VersR 1993, 1233; streitig, vgl. *Bauer*, Rn 1223 m.w.N.

zahl von Monaten nach der Erstzulassung eine Zerstörung oder Verlust eintritt, wird der Neupreis gezahlt. Diese Neupreisentschädigung wird daran geknüpft, dass die **Erstzulassung** auf den Versicherungsnehmer erfolgt ist. Ein vorhandener Restwert wird abgezogen.

Auch hier gilt die **Wiederherstellungsklausel** (A.2.6.3 AKB 2008). Die Differenz zwischen Wiederbeschaffungswert und Neuwert wird nur gezahlt, wenn sichergestellt ist, dass die Entschädigung innerhalb von 2 Jahren nach ihrer Feststellung für die Reparatur des Fahrzeuges oder den Erwerb eines anderen Fahrzeuges verwendet wird.

II. Reparaturkosten (A.2.7 AKB 2008)

311 Bei vollständiger und fachgerechter Reparatur werden die durch Rechnung **nachgewiesen Reparaturkosten** bis zur Höhe des Wiederbeschaffungswertes gezahlt. Wird die Reparatur nicht oder nicht vollständig durchgeführt, beschränkt sich die Leistung auf die **Differenz** zwischen **Wiederbeschaffungswert** und **Restwert**.

> *Hinweis*
> Die 130%-Rechtsprechung bei Haftpflichtschäden gilt nicht in der Fahrzeugversicherung, so dass Reparaturkosten, die den Wiederbeschaffungswert um 30% übersteigen, nicht ersetzt werden.[456]

III. Wiederauffinden nach Diebstahl – Monatsfrist (A.2.10 AKB 2008)

312 Wenn das Fahrzeug innerhalb eines Monats nach Eingang der schriftlichen Schadenanzeige wieder **aufgefunden** wird und die Rücknahme mit objektiv zumutbaren Anstrengungen möglich ist, ist der Versicherungsnehmer verpflichtet, das Fahrzeug zurückzunehmen. Nach Ablauf dieser Frist wird der Versicherer Eigentümer des Fahrzeuges (A.2.10.3 AKB 2008).

313 Die Rücknahme des Fahrzeuges **nach Ablauf der Monatsfrist** ist noch kein Verzicht auf Erstattung des Wiederbeschaffungswertes.[457] An einen entsprechenden „Verzichtvertrag" sind strenge Anforderungen zu stellen.[458]

314 Der Versicherer hat die **Rückführungskosten** als Rettungskosten zu ersetzen.[459]

---

456 OLG Koblenz, r+s 2000, 1997 = VersR 2000, 1359.
457 BGH, r+s 1999, 40 = MDR 1999, 1135 = SP 1999, 349 = DAR 1999, 449 = VersR 1999, 1104.
458 BGH, r+s 1999, 40; BGH, VersR 1998, 122.
459 OLG Köln, VersR 2001, 976.

IV. Zubehör (A.2.1.2 AKB 2008)

Prämienfrei mitversichert sind fest im Fahrzeug eingebaute oder fest am Fahrzeug angebaute Fahrzeugteile sowie im Fahrzeug unter Verschluss verwahrtes Fahrzeugzubehör, das ausschließlich dem Gebrauch des Fahrzeuges dient „und nach allgemeiner Verkehrsanschauung nicht als Luxus angesehen wird". 315

Nicht versicherbar sind Gegenstände, deren Nutzung nicht ausschließlich dem Gebrauch des Fahrzeuges dient, z.b. **Handys** und **mobile Navigationsgeräte** (A.2.1.4 AKB 2008). 316

V. Nutzungsausfall

Nutzungsausfall ist **nicht** Gegenstand der Kaskoversicherung; er kann auch nicht als Verzugsschaden geltend gemacht werden.[460] 317

VI. Rechtsanwaltskosten

Vertritt ein Rechtsanwalt den Versicherungsnehmer bei der Geltendmachung seiner Ansprüche gegen die Kaskoversicherung, so muss der Versicherungsnehmer diese Kosten in der Regel **selbst** tragen: Der Kaskoversicherer ist nur dann zur Tragung der Rechtsanwaltskosten verpflichtet, wenn er sich bei Beauftragung des Rechtsanwalts in **Verzug** befand. Insoweit handelt es sich um den allgemeinen Verzugsschaden gemäß § 286 BGB. Die Anwaltskosten sind somit nicht zu erstatten, wenn der Rechtsanwalt erstmalig den Kaskoversicherer in Verzug setzt.[461] 318

Auch der **Rechtsschutzversicherer** braucht die anfallenden Rechtsanwaltskosten nicht zu übernehmen, da noch kein „Versicherungsfall" (Verstoß gegen Rechtspflichten) eingetreten ist (§ 4 Abs. 1c ARB 94 und ARB 2008). 319

Die bei der Geltendmachung des Kaskoanspruchs entstehenden Anwaltskosten sind jedoch vom gegnerischen Haftpflichtversicherer als **adäquater Schaden** zu ersetzen;[462] dies gilt dann, wenn der Geschädigte Leasingnehmer ist.[463] 320

VII. Sachverständigenkosten (A.2.8 AKB 2008)

Die Kosten eines Sachverständigen werden in der Kaskoversicherung nur ersetzt, wenn der Versicherer dessen Beauftragung **veranlasst** oder ihr **zugestimmt** hat. Die Kosten eines vom Versicherungsnehmer eingeholten Sachverständigengutachtens werden daher grundsätzlich nicht erstattet, da es sich **nicht** um die notwendi- 321

---

460 OLG Schleswig, r+s 1995, 408 = VersR 1996, 448.
461 Palandt/*Grüneberg*, § 286 BGB Rn 7 m.w.N.; OLG Hamm, NZV 1991, 314; AG Recklinghausen, r+s 1996, 471; AG Düsseldorf, r+s 1996, 448; AG Karlsruhe, r+s 1997, 48.
462 OLG Celle, AnwBl 1983, 141; OLG Stuttgart, DAR 1989, 27; OLG Karlsruhe, r+s 1990, 303.
463 Palandt/*Grüneberg*, § 249 Rn 21; LG Bielefeld, NJW-RR 1990, 929.

gen Kosten der Wiederherstellung handelt (a.a. HK VVG-*Halbach*, A.2.8 Rn 1 AKB 2008). Etwas anderes gilt nur dann, wenn der Versicherer aufgrund des vom Versicherungsnehmer eingeholten Gutachtens seine Leistung erhöht.[464]

VIII. Finderlohn

322 Den gesetzlichen Finderlohn, den der Versicherungsnehmer an den Finder seines gestohlenen Kraftfahrzeuges zahlt, hat die Kaskoversicherung als „**Rettungskosten**" (§§ 82, 83 VVG) zu ersetzen,[465] auch „**Lösegeld**".[466]

IX. Rückholkosten (A.2.10.2 AKB 2008)

323 Ab einer Entfernung von mehr als 50 km Luftlinie erstattet der Versicherer für die Abholung des Fahrzeuges die Kosten in Höhe einer **Bahnfahrkarte 2. Klasse** für Hin- und Rückfahrt bis zu einer Höchstentfernung von 1.500 Bahnkilometern. Es handelt sich um eine Pauschalierung, die unabhängig davon gezahlt wird, wie der Versicherungsnehmer zum Fundort gelangt und sein Fahrzeug zurücktransportiert.

Wenn weitere Rückholkosten entstehen, sind diese vom Versicherer als **Rettungskosten** zu ersetzen.[467]

X. Abschleppkosten (A.2.7.2 AKB 2008)

324 Abschleppkosten bis zur **nächsten zuverlässigen Werkstatt** werden ersetzt, wenn nicht ein Dritter verpflichtet ist, die Abschleppkosten zu übernehmen.

XI. Merkantiler Minderwert

325 Der merkantile Minderwert ist nicht Gegenstand der Fahrzeugversicherung und wird daher auch nicht ersetzt.[468]

XII. Selbstbeteiligung

326 Die Selbstbeteiligung fällt nur **einmal** an, wenn das Fahrzeug zunächst beim Hineinfahren in ein Gewässer und später bei der Bergung nochmals beschädigt wird.[469]

---

464 LG Baden-Baden, VersR 1992, 441.
465 LG Hannover, NJW-RR 1996, 1178 = r+s 1996, 478.
466 OLG Saarbrücken, r+s 1999, 98 = NJW-RR 1998, 463.
467 OLG Köln, VersR 2001, 976.
468 OLG Hamm, 20 U 151/11, VersR 2013, 491.
469 OLG Hamm, 20 U 151/11, VersR 2013, 492.

P. Deckungsprozess

I. Klage

Erbringt der Versicherer trotz Fälligkeit und Mahnung die geforderte Leistung nicht, verbleibt dem Versicherungsnehmer nur die Durchführung des Deckungsprozesses. Allein sinnvoll ist eine **Klage**; die Beantragung eines Mahnbescheides ist wenig sinnvoll und dient nur der Verzögerung, da Versicherer selbst dann gegen einen Mahnbescheid Widerspruch einlegen, wenn sie leistungsbereit sind. Bei Streit über die Schadenhöhe ist die Vorrangigkeit des **Sachverständigenverfahrens** gemäß A.2.17 AKB 2008 zu beachten. Sind Grund und Höhe streitig, kann gleichwohl Leistungsklage erhoben werden, es genügt jedoch eine **Feststellungsklage**.

327

II. Vorrangiges Sachverständigenverfahren (A.2.17 AKB 2008)

Bei Streit über die **Höhe** der Kaskoentschädigung ist das Sachverständigenverfahren durchzuführen. Die im Sachverständigenverfahren getroffene Feststellung kann nur bei **offenbarer Abweichung** von der wirklichen Sachlage angefochten werden.[470]

328

Bei Streit über die Schadenhöhe unterliegt die vor Durchführung des Sachverständigenverfahrens eingereichte Klage der **Abweisung**, da der Klageanspruch (noch) nicht fällig ist;[471] dies gilt auch dann, wenn sich der Versicherer erst im Prozess auf die Vorrangigkeit des Sachverständigenverfahrens beruft.[472]

Das Sachverständigenverfahren dient lediglich der Klärung der **tatsächlichen** Umstände, von denen die Höhe des Anspruchs abhängt. Die Frage, ob die fiktiven Reparaturkosten oder nur die Differenz zwischen Wiederbeschaffungswert und Restwert zu ersetzen ist, ist eine **Rechtsfrage**, die nicht in die Kompetenz des Sachverständigenverfahrens fällt.[473]

329

Eine Klageerhebung ist auch dann möglich, wenn sich das Sachverständigenverfahren **ungebührlich verzögert**; in der Regel darf ein Zeitraum von einem Jahr nicht überschritten werden.[474]

330

Ein selbstständiges **gerichtliches Beweisverfahren** (§§ 485 ff. ZPO) ist jedoch zulässig.[475]

331

---

470 OLG Düsseldorf, r+s 1996, 477; LG Köln, SP 2000, 29.
471 OLG Hamburg – 2 U 428/08, VersR 2009, 1486; OLG Hamburg – 14 U 176/08, r+s 2010, 233.
472 OLG Köln, SP 2002, 210; OLG Hamburg – 14 U 176/08, r+s 2010, 233; AG Köln, SP 2008, 375.
473 OLG Saarbrücken, zfs 2004, 23, 24.
474 OLG Frankfurt, VersR 2003, 1566 = NJW-RR 2004, 119.
475 LG München, NJW-RR 1994, 355.

§ 5 Kraftfahrtversicherung

III. Gerichtsstand (L.2 AKB 2008)

332 Für die Deckungsklage stehen drei Gerichtsstände zur Verfügung:
- Der Versicherer kann an seinem Sitz als dem **allgemeinen Gerichtsstand** verklagt werden (L.2 AKB 2008).
- Ein weiterer Gerichtsstand ist die **Niederlassung** des Versicherers (L.2 AKB 2008). Aber: Nicht jede beliebige Niederlassung kann verklagt werden, sondern nur die „für das jeweilige Versicherungsverhältnis zuständige Niederlassung".
- Von besonderer Bedeutung – und in der Praxis relevant – ist der Gerichtsstand des **Versicherungsnehmers** gemäß § 215 VVG.

IV. Beweislast

333 Der **Versicherungsnehmer** ist für den Eintritt des Versicherungsfalles und die Schadenhöhe gemäß § 286 ZPO beweispflichtig. Wenn aufgrund des Beschädigungsbildes davon auszugehen ist, dass sich ein **Unfall** ereignet hat, verbleibt es bei der Leistung des **Vollkaskoversicherers**, selbst wenn der Versicherungsfall sich nicht so ereignet haben kann, wie der Kläger vorträgt.[476]

Die **Unfreiwilligkeit** des Unfallgeschehens gehört **nicht** zum Unfallbegriff, sondern zum **Vorsatz**, für den der Versicherer beweispflichtig ist.[477]

> *Hinweis*
> Bei **Überlagerung** von Vorschäden durch einen versicherten Kaskoschaden trägt der **Versicherungsnehmer** die volle Beweislast für die Abgrenzung der Altschäden.[478]

Q. Quotenvorrecht/Differenztheorie

I. Forderungsübergang (§ 86 VVG)

334 Nach einem Unfall hat ein Versicherungsnehmer, der eine Vollkaskoversicherung abgeschlossen hat, die Möglichkeit, seine Kaskoversicherung in Anspruch zu nehmen und/oder seine Ansprüche gegen den **Haftpflichtversicherer** des Schädigers geltend zu machen.

335 Liegt eine Mithaftung des Versicherungsnehmers bezüglich des Unfallgeschehens vor, ist es in der Regel sinnvoll, die **Vollkaskoversicherung** in Anspruch zu nehmen **und** Schadenersatzansprüche bei der gegnerischen **Haftpflichtversicherung** geltend zu machen (vgl. § 16 Rn 2 ff., Schaubilder).

---
476 OLG Karlsruhe – 12 U 292/05, VersR 2006, 919; OLG Köln – 9 U 87/2000, r+s 2002, 321.
477 OLG Karlsruhe – 12 U 292/05, VersR 2006, 919; OLG Köln – 9 U 87/2000, r+s 2002, 321.
478 OLG Koblenz – 10 U 1163/08, VersR 2010, 246.

Q. Quotenvorrecht/Differenztheorie §5

In derartigen Fällen wirkt sich das **Quotenvorrecht** zugunsten des Versicherungsnehmers aus, der **vollen Schadenersatz** auch bei einer erheblichen Mithaftung erreichen kann: Zwar gehen die Schadenersatzansprüche des Versicherungsnehmers auf die Kaskoversicherung über, soweit diese den Schaden ersetzt, aber nicht zum Nachteil des Versicherungsnehmers (§ 86 VVG). 336

II. Kongruenter Schaden

Ein Versicherungsnehmer kann nach Inanspruchnahme seiner Vollkaskoversicherung die **Differenz** zwischen dem kongruenten Fahrzeugschaden und der Leistung des Kaskoversicherers gegenüber dem Haftpflichtversicherer ungekürzt geltend machen. Die Haftungsquote des Haftpflichtversicherers bildet die Obergrenze. 337

Zum unmittelbaren (**kongruenten und übergangsfähigen**) Schaden gehören: 338
- die Reparaturkosten,
- die Abschleppkosten,
- die Sachverständigenkosten und
- der merkantile Minderwert.[479]

Verschrottungskosten sind **nicht** bevorrechtigt; es handelt sich um Sachfolgeschäden.[480] 339

> *Hinweis*
> Der Versicherungsnehmer kann bis zur Grenze der Mithaftungsquote des Unfallgegners die Selbstbeteiligung, die Abschleppkosten, die Sachverständigenkosten und den merkantilen Minderwert geltend machen.

Diese Rechtsprechung darf jedoch **nicht** – wie es in der Praxis häufig geschieht – dahingehend missverstanden werden, dass diese Positionen **Gegenstand der Kaskoversicherung** geworden sind; vielmehr werden sie bei der Geltendmachung des Differenzschadens gegenüber dem Haftpflichtversicherer zugunsten des Versicherungsnehmers bei der Anrechnung der Kaskoentschädigung berücksichtigt. 340

III. Nicht bevorrechtigte Schadenpositionen

Dagegen werden vom Rechtsübergang **nicht** betroffen: 341
- der Nutzungsausfall,
- die Mietwagenkosten,
- die Unkostenpauschale,
- eventuelle Fahrtauslagen,

---

479 BGH, VersR 1982, 383 = NJW 1982, 829 und BGH, VersR 1985, 441.
480 OLG Hamm, SP 2000, 162.

- Verschrottungskosten[481] und
- Prämiennachteile.[482]

342 Diese Positionen sind vom gegnerischen Haftpflichtversicherer unabhängig von der Leistung des Kaskoversicherers entsprechend der Haftungsquote zu regulieren.

IV. Abrechnungsbeispiele

343

Beispiel 1

Reparaturkosten	6.000 EUR
Merkantiler Minderwert	500 EUR
Nutzungsentschädigung	400 EUR
Sachverständigenkosten	300 EUR
Abschleppkosten	200 EUR
insgesamt	7.400 EUR
Hierauf leistet die Vollkaskoversicherung (Fahrzeugschaden 6.000 EUR abzüglich Selbstbeteiligung 1.000 EUR)	5.000 EUR

Bei einer Mithaftungsquote von 50 % wäre es falsch, lediglich 50 % der vorgenannten Positionen gegenüber dem Haftpflichtversicherer geltend zu machen. Richtig ist vielmehr die Abrechnung nach **Quotenvorrecht/Differenztheorie** (siehe § 16 Rn 7 ff.).

344

Der kongruente Fahrzeugschaden errechnet sich wie folgt – Beispiel 2

Reparaturkosten	6.000 EUR
Merkantiler Minderwert	500 EUR
Sachverständigenkosten	300 EUR
Abschleppkosten	200 EUR
insgesamt	7.000 EUR
Bei einer Mithaftungsquote von 50 % könnte der Versicherungsnehmer gegenüber dem Haftpflichtversicherer	3.500 EUR
geltend machen. Sein verbleibender, von der Kaskoversicherung nicht gedeckter (kongruenter) Schaden beträgt (7.000 ./. 5.000 EUR =)	2.000 EUR
so dass er in dieser Höhe einen Entschädigungsanspruch gegen den Haftpflichtversicherer hat.	
Bei einer Haftungsquote von 20 % beschränkt sich der Anspruch auf diese Quote des kongruenten Schadens (20 % von 7.000 EUR), also	1.400 EUR

---

481 OLG Hamm, SP 2000, 162.
482 OLG Celle, 5 U 171/10, NZV 2011, 505.

Außerdem erhält der Versicherungsnehmer vom Haftpflichtversicherer die jeweilige Quote der Nutzungsentschädigung oder Mietwagenkosten, der Kostenpauschale, des Verdienstausfalles und des Rückstufungsschadens.

345

V. Bearbeitungshinweis

Praxistipp
Für die Praxis empfiehlt sich im Regelfall folgende Bearbeitung:
1. Geltendmachung der Kaskoentschädigung beim **Kaskoversicherer**.
2. Geltendmachung des restlichen kongruenten Schadens gegenüber dem **Haftpflichtversicherer**, und zwar wie folgt:

346

Selbstbeteiligung	1.000 EUR
Merkantiler Minderwert	500 EUR
Sachverständigenkosten	300 EUR
Abschleppkosten	200 EUR
insgesamt:	2.000 EUR

Diese Positionen muss der Haftpflichtversicherer bis zu dem Betrag regulieren, für den er einzustehen hätte ohne Berücksichtigung der Leistungen des Kaskoversicherers. Die weiteren Schadenpositionen (Mietwagenkosten, Nutzungsentschädigung, Unkostenpauschale, Schmerzensgeld usw.) richten sich nach der **Haftungsquote** des Haftpflichtversicherers.

347

R. Forderungsübergang (§ 86 VVG)

I. Vorsatz und grobe Fahrlässigkeit

Soweit der Versicherer den Kaskoschaden **reguliert**, gehen die Schadenersatzansprüche des Versicherungsnehmers gegen den Fahrer, der den Schaden verursacht hat, gemäß § 86 VVG auf den Versicherer über (**cessio legis**). Dieser Forderungsübergang kann gegenüber dem berechtigten Fahrer nur geltend gemacht werden, wenn dieser den Versicherungsfall **vorsätzlich** oder **grob fahrlässig** herbeigeführt hat (A.2.15 AKB 2008).

348

II. Rückgriff gegen den angestellten Fahrer

Hat ein Kraftfahrer durch **grobe Fahrlässigkeit**, z.B. Trunkenheit, einen Kaskoschaden verursacht, kann der Versicherer gegen ihn in Höhe seiner Aufwendungen Regress nehmen. **Die Regresslimitierung** in E.6.3 und E.6.4 AKB 2008 gilt **nicht**.

349

Wichtig
Dieser Regressanspruch ist grundsätzlich unbegrenzt!

350 Nach der ständigen Rechtsprechung des **Bundesarbeitsgerichts** hat der Arbeitnehmer einen grob fahrlässig verursachten Schaden des Arbeitgebers in aller Regel voll zu tragen.[483]

351 Aber auch bei grober Fahrlässigkeit können **Haftungserleichterungen** für den Arbeitnehmer eingreifen. Dabei kommt es entscheidend darauf an, ob der Verdienst des Arbeitnehmers in einem **deutlichen Missverhältnis** zum Schadenrisiko der Tätigkeit steht.[484] Ein solches Missverhältnis ist noch **nicht** gegeben, wenn der zu ersetzende Schaden das **Sechsfache** des Monatseinkommens[485] oder das Achtfache[486] des Monatseinkommens ausmacht.

352 Die Grundsätze der **eingeschränkten Arbeitnehmerhaftung** kommen einem Arbeitnehmer bei **Unfallflucht** in der Regel **nicht** zu gute.[487]

353 Da der Versicherer übergegangene Ansprüche des Arbeitgebers geltend macht, ist die Zuständigkeit des **Arbeitsgerichts** gegeben; dieses gilt **nicht** bei Totalschaden an **Leasingfahrzeugen** des Arbeitgebers.[488] Der Regressanspruch unterliegt den **Verjährungs- und Ausschlussfristen des Arbeitsrechts**.[489]

III. Häusliche Gemeinschaft (A.2.15 AKB 2008)

354 Gemäß A.2.15 AKB 2008, der inhaltlich § 86 Abs. 3 VVG entspricht, ist der Forderungsübergang ausgeschlossen, wenn der Fahrer bei **Eintritt des Schadens** mit dem Versicherungsnehmer in häuslicher Gemeinschaft lebt.

355 Eine häusliche Gemeinschaft liegt vor, wenn eine auf Dauer angelegte gemeinschaftliche **Wirtschaftsführung** besteht und eine nicht ganz unverbindliche Wohngemeinschaft vorhanden ist.[490]

356 Eine **kurzfristige Abwesenheit** der mit dem Versicherungsnehmer zusammenlebenden Person schadet **nicht**, wenn diese Abwesenheit von Anfang an zeitlich begrenzt ist.

357 Es verbleibt daher bei der häuslichen Gemeinschaft, wenn ein Mitglied der Gemeinschaft **zur See** fährt, auswärts **studiert** oder seiner **Wehrpflicht** nachkommt.[491]

---

483 BAG, SP 1999, 115.
484 BAG, NZA 1997, 1279; BAG, SP 1999, 115; ArbG Köln, SP 1998, 253.
485 ArbG, Köln SP 1998, 253.
486 BAG, BB 1998, 107, 108.
487 AG Düsseldorf, VersR 2004, 103.
488 BAG – 5 AZB 8/09, VersR 2009, 1528 = zfs 2010, 29.
489 Palandt/*Grüneberg*, BGB, § 398 Rn 18; BAG, ZIP 1993, 848.
490 BGH, VersR 1986, 333.
491 Prölss/Martin/*Armbrüster*, § 86 VVG Rn 90 ff.; *Römer/Langheid*, § 86 VVG Rn 57 m.w.N.

Die häusliche Gemeinschaft muss „bei Eintritt des Schadens" (A.2.15 AKB 2008, § 86 Abs. 3 VVG) bestehen. Eine **nachträgliche Begründung** der häuslichen Gemeinschaft führt daher **nicht** zu einer Regresssperre. 358

§ 86 Abs. 3 VVG (A.2.15 AKB 2008) ist **nicht analog** anwendbar bei Regressansprüchen gegen den führerscheinlosen Ehemann der Versicherungsnehmerin gemäß § 116 VVG; hier gelten die Regeln des **Gesamtschuldnerausgleichs** gemäß § 426 BGB. 359

IV. Aufgabeverbot (§ 86 Abs. 3 VVG)

Nach § 86 Abs. 3 VVG darf der Versicherungsnehmer seinen Anspruch gegen den Schädiger nicht aufgeben, er hat vielmehr für die **Aufrechterhaltung** des Anspruchs zu sorgen, er muss für die Wahrung der **Fristen** sorgen und muss bei der Durchsetzung der Regressansprüche durch den Versicherer mitwirken (§ 86 Abs. 2 S. 1 VVG). 360

Es handelt sich hier um eine gesetzlich geregelte Obliegenheit (§ 86 Abs. 2 S. 2 VVG). Bei einer **vorsätzlichen** Verletzung der Obliegenheit wird der Versicherer völlig **leistungsfrei**, bei grober Fahrlässigkeit ist der Versicherer berechtigt, „seine Leistungen in einem der Schwere des Verschuldens des Versicherungsnehmers entsprechenden Verhältnis zu **kürzen**" (§ 86 Abs. 2 S. 3 VVG). 361

Grobe Fahrlässigkeit wird bei einer Obliegenheitsverletzung **vermutet**, der Versicherungsnehmer trägt für das Nichtvorliegen einer groben Fahrlässigkeit die Beweislast (§ 86 Abs. 2 S. 3 VVG). 362

> *Beispiele*
> Der Arbeitgeber entlässt seinen Kraftfahrer, dem wegen alkoholbedingter Fahruntüchtigkeit die Fahrerlaubnis entzogen wird, nachdem er mit dem Kraftfahrzeug seines Arbeitgebers einen Unfall verursacht hat. In den meisten Fällen wird eine Auflösungsvereinbarung mit dem Inhalt geschlossen, dass alle wechselseitigen Ansprüche aus dem Arbeitsverhältnis und seiner Beendigung erledigt werden („**Ausgleichsquittung**").
> Nach einem Verkehrsunfall **verzichten** beide Beteiligte auf Schadenersatzansprüche im Vertrauen darauf, dass die Kaskoversicherung den Schaden regulieren wird.

Wird diese Vereinbarung **vor** Zahlung der Entschädigungsleistung getroffen, ist damit auch ein Verzicht auf die Schadenersatzansprüche wegen der Beschädigung des Kraftfahrzeuges erklärt. Erfolgt die Zahlung der Entschädigungsleistung **nach** Unterzeichnung einer solchen Vereinbarung, kann ein Forderungsübergang nicht mehr erfolgen, da mit der Vereinbarung evtl. Schadenersatzansprüche erloschen sind. 363

Da die gesetzliche Regelung in § 86 Abs. 2 VVG weithin unbekannt ist, wird in den meisten Fällen nicht von einer **vorsätzlichen** Obliegenheitsverletzung auszugehen 364 sein, es sei denn, der Arbeitgeber ist durch vorangegangene Schadenfälle über diese Obliegenheit bereits unterrichtet. Der Versicherungsnehmer muss beweisen, dass keine **grobe Fahrlässigkeit** vorliegt (§ 86 Abs. 2 S. 3 VVG). Liegt nur **einfache Fahrlässigkeit** vor, kann sich der Versicherer zur Begründung der Leistungskürzung auf diese Obliegenheitsverletzung **nicht** berufen.

S. Kraftfahrzeug-Haftpflichtversicherung

I. Vorbemerkung

365 Der sachliche Mindestumfang in der Haftpflichtversicherung ergibt sich aus den §§ 2 bis 4 KfzPflVV. Die nähere Ausgestaltung des Versicherungsschutzes erfolgt in A.1 AKB 2008.

II. Leistungsumfang der Haftpflichtversicherung

366 Die Leistung der Kfz-Haftpflichtversicherung besteht darin, dass sie die Gefahr trägt, die durch den Gebrauch des versicherten Fahrzeuges entsteht, insbesondere im Schadenfall den Versicherungsnehmer von der persönlichen Inanspruchnahme **freistellt** (A.1.1.1 AKB 2008).

367 A.1.1.1 AKB 2008 setzt voraus, dass ein **Dritter** einen Haftpflichtanspruch geltend macht; beschädigt der Fahrer ein eigenes (anderes) Fahrzeug, ist die Kfz-Haftpflichtversicherung nicht eintrittspflichtig.[492]

368 In dem vom BGH entschiedenen Fall (BGH – IV ZR 313/06) war der Kläger Halter von **zwei Kraftfahrzeugen**, für die er als Versicherungsnehmer Haftpflichtversicherungsverträge bei der Beklagten unterhielt. Eines der Fahrzeuge stand im Eigentum **seiner Ehefrau**, die mit diesem Fahrzeug das andere Fahrzeug des Klägers beschädigte. Der BGH führt aus, dass gemäß § 11 Nr. 2 AKB auch diejenigen Schäden **nicht** versichert sind, die von einer **mitversicherten Person** an einer versicherten Sache des Versicherungsnehmers verursacht werden.

369 Der Haftpflichtversicherer ist auch für die Kosten eines **Feuerwehreinsatzes** eintrittspflichtig, wenn die Feuerwehr ein brennendes Fahrzeug löscht und/oder das mit auslaufendem Öl kontaminierte Erdreich beseitigt.[493] Hierbei macht es keinen Unterschied, ob die Kosten durch einen öffentlich-rechtlichen Leistungsbescheid geltend gemacht werden.

---

492 BGH – IV ZR 313/06 = DAR 2008, 518 = VersR 2008, 1202 = SP 2008, 338 = NJW-RR 2008, 1350 = zfs 2008, 629; OLG Hamm, zfs 1996, 457 = r+s 1997, 59, mit ablehnender Anmerkung von *Lemcke* = VersR 1997, 303; LG München I, DAR 1999, 552 = VersR 2000, 882; OLG Nürnberg, VersR 2004, 905.
493 BGH – IV ZR 325/05, r+s 2007, 94 = zfs 2007, 200 = MDR 2007, 652.

Der Haftpflichtversicherer muss auch die Kosten tragen, die für die Beseitigung 370
von **Orangen** anfallen, die bei einem Unfall auf die **Fahrbahn** geraten sind.[494]

Halter und Haftpflichtversicherer eines **Zugfahrzeuges** und eines damit verbunde- 371
nen **Anhängers** haften gemäß §§ 7, 17 StVG im Außenverhältnis als Gesamtschuldner, im Innenverhältnis ist jedoch im Regelfall allein der Halter des Zugfahrzeuges zum Schadenersatz verpflichtet.[495]

1. Freistellungsverpflichtung

Die Freistellungsverpflichtung des Haftpflichtversicherers besteht darin, begründe- 372
te Ansprüche zu **befriedigen** (A.1.1.2 AKB 2008) und unbegründete Schadenersatzansprüche, die aufgrund gesetzlicher Haftpflichtbestimmungen privatrechtlichen Inhalts geltend gemacht werden, **abzuwehren** (A.1.1.3 AKB 2008). Diese
Ersatzpflicht des Versicherers für Personen-, Sach- und Vermögensschäden umfasst
auch die gerichtlichen und außergerichtlichen Kosten bei der Abwehr geltend gemachter Ansprüche (§ 101 Abs. 1 S. 1 VVG). Demgegenüber sind **Strafverteidi-
gerkosten** nur dann zu übernehmen, wenn sie auf **Weisung** des Haftpflichtversicherers aufgewendet werden (§ 101 Abs. 1 S. 2 VVG).

2. Versicherte Personen

Die gesetzlichen Vorgaben aus § 1 PflVG und § 2 Abs. 2 KfzPflVV finden in A.1.2 373
AKB 2008 ihren Niederschlag: Mitversicherte Personen sind:
- der Halter
- der Eigentümer
- der Fahrer
- der Beifahrer (d.h. der angestellte Beifahrer)
- der Omnibusschaffner
- der Arbeitgeber (wenn das versicherte Fahrzeug für dienstliche Zwecke eingesetzt wird).

Nicht versicherte Person ist der bloße **Besitzer** eines versicherten Fahrzeuges, also 374
beispielsweise der Inhaber der Reparaturwerkstatt, dem der Besitz am Fahrzeug für
die Dauer der Reparatur eingeräumt worden ist.[496]

Die mitversicherten Personen können – ausnahmsweise (A.1.2 AKB 2008) – ihre 375
Versicherungsansprüche **selbstständig** geltend machen. In allen anderen Fällen der
Fremdversicherung (§§ 43 ff. VVG) ist dies nur mit Zustimmung des Versiche-
rungsnehmers möglich (§ 45 VVG).

---

[494] BGH – VI ZR 220/06, MDR 2008, 140.
[495] OLG Celle – 14 U 108/2007, DAR 2008, 648; OLG Hamburg – 14 U 202/06, DAR 2008, 649.
[496] OLG Celle, r+s 1990, 224.

3. Versicherte Leistungen

376 Die Hauptaufgabe der Haftpflichtversicherung besteht darin, die Ansprüche des Geschädigten durch **Zahlung** zu erfüllen (A.1.1.2 AKB 2008). Der Schadenersatz wird in Geld geleistet (A.1.1.2 AKB 2008); Naturalersatz (§ 249 S. 1 BGB) scheidet aus.

377 Gegenüber dem **Geschädigten** darf **nicht** mit Forderungen gegen den **Versicherungsnehmer** aufgerechnet werden (§ 121 VVG).

378 Die weitere Hauptaufgabe des Haftpflichtversicherers besteht darin, **unbegründete Ansprüche** abzuwehren. Dieser Abwehranspruch bedeutet nicht nur die Ablehnung unberechtigter Ansprüche, der Versicherer muss unter Umständen auch **Beweissicherungsmaßnahmen** ergreifen, wie z.b. ein Sachverständigengutachten einholen über die Höhe der Schäden und über den Zustand der Unfallstelle, insbesondere dann, wenn durch Straßenbaumaßnahmen eine Veränderung droht.

4. Regulierungsvollmacht

379 Der Versicherer ist bevollmächtigt, alle ihm zweckmäßig erscheinenden Erklärungen im Rahmen **pflichtgemäßen Ermessens** abzugeben (A.1.1.4 AKB 2008). Diese Regulierungsvollmacht besteht **nicht**, wenn der Versicherer gegenüber dem Versicherungsnehmer oder einer mitversicherten **Person leistungsfrei** ist.[497] Im Rahmen der Regulierungsbefugnis gilt der Versicherer als bevollmächtigt, im Namen der versicherten Personen alle für die Schadenregulierung „zweckmäßig erscheinenden Erklärungen im Rahmen pflichtgemäßen Ermessens" abzugeben (A.1.1.4 AKB 2008).[498]

380 Die Regulierungsbefugnis des Haftpflichtversicherers ist sehr **weitgehend**, da ihm ein großer Ermessensspielraum eingeräumt wird.[499] Der Versicherungsnehmer kann **kein Regulierungsverbot** wirksam erteilen.[500] Nur bei **unsachgemäßer** Regulierung offensichtlich unbegründeter Ansprüche muss der Versicherer dem Versicherungsnehmer Prämiennachteile (Rückstufungsschaden) ersetzen.[501]

5. Prozessführungsbefugnis (E.2.4 AKB 2008)

381 Die Abwehrverpflichtung des Haftpflichtversicherers erschöpft sich nicht darin, die hierfür notwendigen Kosten bereitzustellen. Teil dieser Abwehrpflicht ist neben

---

497 BGH, VersR 1987, 924.
498 *Wussow*, VersR 1994, 1014.
499 LG Frankenthal, zfs 1991, 347.
500 Feyock/Jacobsen/*Lemor*, § 10 AKB Rn 88.
501 OLG Köln, r+s 1992, 261 = zfs 1992, 342; OLG Schleswig, r+s 2004, 54; LG Kleve, r+s 1992, 328; AG Köln, SP 1996, 399; AG Düsseldorf, SP 1996, 400; AG Essen, r+s 2000, 5.

der **Kostentragung** auch die **Führung** der erforderlichen Verhandlungen und **Prozesse**.[502]

6. Direktanspruch gegen den Pflichtversicherer

Im Gegensatz zu allen anderen Haftpflichtversicherungen normiert § 115 VVG einen **unmittelbaren** Anspruch gegen die eintrittspflichtige Haftpflichtversicherung. Der Haftpflichtversicherer kann somit gleichermaßen wie Fahrer, Halter für Ansprüche aus Verschuldenshaftung und/oder Gefährdungshaftung in Anspruch genommen werden.

382

> *Hinweis*
> In der Regel genügt es daher, bei einer gerichtlichen Geltendmachung die Klage lediglich gegen den Haftpflichtversicherer zu richten, es sei denn, der Fahrer oder der Halter kommt als Zeuge in Betracht.

Dieser Direktanspruch gegen den Pflichtversicherer führt auch zu einer **Mitwirkungsverpflichtung** des Geschädigten bei der Schadenregulierung (§ 3 Nr. 7 PflVG a.F.). Hier gelten jedoch nicht die gesetzlichen Vorschriften bei Obliegenheitsverletzungen (§ 28 VVG), sondern der allgemeine Rechtsgedanke aus § 82 VVG (Schadenminderungspflicht).[503]

383

7. „Krankes" Versicherungsverhältnis

Die Leistungsfreiheit des Haftpflichtversicherers im Innenverhältnis, durch Obliegenheitsverletzungen, Prämienverzug usw. führt nicht zur Leistungsfreiheit im Außenverhältnis (§ 117 Abs. 1 VVG). Der Direktanspruch des Geschädigten ist auf die **Mindestversicherungssumme** beschränkt (§ 117 Abs. 3 VVG).

384

Der Regressanspruch des Versicherers wegen **Obliegenheitsverletzung vor Eintritt** des Versicherungsfalles und wegen **Gefahrerhöhung** ist auf 5.000 EUR begrenzt (§ 5 Abs. 3 S. 1 KfzPflVV). Bei Obliegenheitsverletzung **nach** Eintritt des Versicherungsfalles ist die Leistungsfreiheit im Innenverhältnis auf 2.500 EUR und bei besonders schwerwiegender vorsätzlicher Obliegenheitsverletzung auf 5.000 EUR begrenzt (§ 6 KfzPflVV).

Bei Leistungsfreiheit wegen nicht erfolgter oder verspäteter **Prämienzahlung** kann der Versicherer in voller Höhe Regress nehmen. Eine **Begrenzung** dieses Regresses besteht **nicht**.

---

[502] Stiefel/Maier/*Maier*, AKB A.1.1 Rn 59.
[503] Stiefel/Maier/*Maier*, AKB E.1 Rn 153.

8. Vorsatz

385 Demgegenüber besteht volle Leistungsfreiheit – auch im Außenverhältnis – wenn der Versicherungsnehmer den Versicherungsfall durch Vorsatz (§ 103 VVG) herbeigeführt hat. Der Haftpflichtversicherer haftet nur im Rahmen der übernommenen Gefahr; Vorsatztaten sind von Anfang an vom Versicherungsschutz ausgeschlossen. **Für Vorsatztaten besteht generell** – auch in der Kraftfahrzeug-Haftpflichtversicherung – **kein Versicherungsschutz.**[504]

> *Hinweis*
> Die Leistungsfreiheit besteht nur gegenüber dem vorsätzlich Handelnden und nicht gegenüber den Mitversicherten.

> *Beispiel*
> Wenn der Fahrer vorsätzlich einen Schaden herbeiführt, berührt dies nicht den Versicherungsschutz des Halters.

9. Nachhaftung

386 Fehlender Versicherungsschutz kann dem Geschädigten nur entgegengehalten werden, wenn das Schadenereignis später als **einen Monat** nach dem Zeitpunkt eingetreten ist, in dem der Versicherer dies der Zulassungsstelle mitgeteilt hat (§ 117 Abs. 2 VVG). Diese Anzeige gegenüber der Zulassungsstelle nach § 29c StVZO löst den Lauf der einmonatigen Nachfrist nur dann aus, wenn sie formell und sachlich richtig ist.[505]

10. Verkehrsopferhilfe e.V.

387 Um den Schutz der Verkehrsunfallopfer möglichst lückenlos zu gestalten, ist gemäß § 12 Abs. 1 S. 1 PflVG ein „**Entschädigungsfonds für Schäden aus Kraftfahrzeugunfällen**" (Entschädigungsfonds) gebildet worden, der insbesondere dann eintritt, wenn

- das schädigende Fahrzeug **nicht ermittelt** werden kann (Nr. 1)
- eine **Haftpflichtversicherung** überhaupt nicht besteht (Nr. 2)
- der Halter von der Versicherungspflicht **befreit** ist (Nr. 2a)
- die Haftpflichtversicherung wegen **Vorsatz** (§ 103 VVG) nicht einzutreten braucht (Nr. 3)
- ein Antrag auf Eröffnung eines **Insolvenzverfahrens** über das Vermögen des leistungspflichtigen Versicherers gestellt worden ist (Nr. 4).

---

504 BGH, VersR 1990, 888; OLG Hamm, r+s 1996, 435; OLG Oldenburg, VersR 1999, 482; OLG Celle, zfs 2004, 122.
505 OLG Köln, r+s 1999, 228 = NVersZ 1999, 143; OLG Nürnberg, VersR 1999, 1273.

Der Anspruch gegen den Entschädigungsfonds besteht nur **subsidiär**, wenn weder gegen den Halter, den Eigentümer oder den Fahrer noch aus dem Gesichtspunkt der Amtspflichtverletzung Schadenersatzansprüche durchgesetzt werden können (vgl. § 12 Abs. 1 S. 2 bis 5 PflVG). 388

■ Die in § 12 Abs. 2 PflVG a.f. genannten Beschränkungen sind entfallen: Die Leistungen aus dem Entschädigungsfonds orientieren sich nach dem Leistungsanspruch gegenüber einem **eintrittspflichtigen Pflichthaftpflichtversicherer**. 389

Der Entschädigungsfonds wird von Beiträgen aller Kraftfahrzeugversicherer gespeist. Der Entschädigungsfonds wird von einem eingetragenen Verein verwaltet, an den auch Ansprüche zu richten sind: 390

Verein Verkehrsopferhilfe e.V.
Glockengießer Wall 1
20095 Hamburg 1
Tel: 040/3 01 80 – 0
Fax: 040/3 01 80 – 70 70
www.verkehrsopferhilfe.de
voh@verkehrsopferhilfe.de

11. Gebrauch

Die Ersatzpflicht des Pflichtversicherers besteht nur bei Schäden, die „durch den **Gebrauch**" des versicherten Fahrzeuges entstanden sind (A.1.1.1 AKB 2008). Der Begriff „Gebrauch" ist weitergehend als der Begriff „**Betrieb**" im Sinne von § 7 Abs. 1 StVG.[506] Gedeckt sind die typischen vom Fahrzeug unmittelbar ausgehenden Gefahren, auch Schweißarbeiten zur Reparatur des Fahrzeuges.[507] Eine Klarstellung ergibt sich aus A.1.1.1 AKB 2008: 391

„Zum Gebrauch des Fahrzeugs gehört neben dem Fahren z.B. das Ein- und Aussteigen sowie das Be- und Entladen."

Wenn beim Beladen eines Kraftfahrzeuges der **Einkaufswagen wegrollt** und ein anderes Fahrzeug beschädigt, ist die Kraftfahrzeug-Haftpflichtversicherung eintrittspflichtig, nicht die **private Haftpflichtversicherung**.[508] 392

Es ist **nicht** erforderlich, dass sich der Schadenfall auf einer **öffentlichen Verkehrsfläche** ereignet.[509] Wenn durch den Brand eines Fahrzeugs ein Nachbarfahr- 393

---

506 OLG Frankfurt, r+s 1997, 142; OLG Hamm, r+s 1999, 55 = VersR 1999, 882.
507 BGH, VersR 1990, 482; **a.A.** OLG Köln, NVersZ 1999, 395.
508 LG Kassel, zfs 2003, 301; Prölss/Martin/*Knappmann*, A.1.1 AKB 2008 Rn 13 m.w.N.; a.A.: LG Kassel, zfs 2003, 301.
509 OLG München – 17 U 3159/09, DAR 2010, 93.

zeug beschädigt wird, handelt es sich um ein versichertes Ereignis beim „Betrieb" des brennenden Fahrzeuges.[510]

Demgegenüber liegt **kein** Betrieb vor, wenn Kraftstoff ausläuft und über die Auspuffanlage zu einem Brand führt.[511]

394 Im Außenverhältnis haften sowohl der Haftpflichtversicherer der Zugmaschine als auch der Haftpflichtversicherer des Anhängers. Im Innenverhältnis ist nach den Regeln der Mehrfachversicherung eine Quote von 50 % zu berücksichtigen.[512]

395 Wenn im Versicherungsvertrag für höhere Kilometerleistungen Vertragsstrafen vereinbart werden, ist diese Regelung **unwirksam**, wenn nicht zugleich auf die Rechtsfolgen von Gefahrerhöhungen verzichtet wird (§ 307 BGB).[513]

396 Einige Versicherer bieten auch eine **Fahrerschutzversicherung** in der Weise an, dass der Fahrer, der einen Unfall selbst verursacht und verschuldet hat, gegen seinen eigenen Haftpflichtversicherer Ansprüche geltend machen kann wie ein Dritter. Diese Versicherung besteht im Regelfall subsidiär. Soweit der Fahrerschutz-Versicherer den Schaden reguliert, gehen die Ansprüche des Fahrers gegen den Schädiger gemäß § 86 VVG auf den Fahrerschutz-Versicherer über.[514]

T. Allgemeine Bedingungen für die Kfz-Versicherung

I. Allgemeine Bedingungen für die Kfz-Versicherung (AKB 2008) – Stand 17.2.2014

397 Diese Bedingungen des Gesamtverbandes der Deutschen Versicherungswirtschaft e.V. (GDV) sind für die Versicherer unverbindlich; ihre Verwendung ist rein fakultativ. Abweichende Bedingungen können vereinbart werden. Abdruck mit freundlicher Genehmigung des GDV; die jeweils aktuellen Bedingungen können kostenfrei auf der Website des GDV (www.gdv.de) abgerufen werden.

398 Die Kfz-Versicherung umfasst je nach dem Inhalt des Versicherungsvertrags folgende Versicherungsarten:
- Kfz-Haftpflichtversicherung (A.1)
- Kaskoversicherung (A.2)
- Autoschutzbrief (A.3)
- Kfz-Unfallversicherung (A.4)

---

510 BGH, VI ZR 253/13, NZV 2014, 207 = zfs 2014, 252.
511 OLG Hamm, 6 U 35/12, NZV 2013, 596.
512 OLG Celle, 14 U 191/12, r+s 2013, 594; OLG Celle, 14 U 37/13, NZV 2014, 82.
513 OLG Stuttgart, 7 U 33/13, zfs 2014, 33.
514 OLG Koblenz, 12 U 1095/12, VersR 2014, 1365.

T. Allgemeine Bedingungen für die Kfz-Versicherung §5

Diese Versicherungen werden als jeweils rechtlich selbstständige Verträge abgeschlossen. Ihrem Versicherungsschein können Sie entnehmen, welche Versicherungen Sie für Ihr Fahrzeug abgeschlossen haben.
Es gilt deutsches Recht. Die Vertragssprache ist deutsch.

A Welche Leistungen umfasst Ihre Kfz-Versicherung?
A.1 Kfz-Haftpflichtversicherung – für Schäden, die Sie mit Ihrem Fahrzeug Anderen zufügen
A.1.1 Was ist versichert?
Sie haben mit Ihrem Fahrzeug einen Anderen geschädigt
A.1.1.1 Wir stellen Sie von Schadenersatzansprüchen frei, wenn durch den Gebrauch des Fahrzeugs
a Personen verletzt oder getötet werden,
b Sachen beschädigt oder zerstört werden oder abhanden kommen,
c Vermögensschäden verursacht werden, die weder mit einem Personen- noch mit einem Sachschaden mittelbar oder unmittelbar zusammenhängen (reine Vermögensschäden),
und deswegen gegen Sie oder uns Schadenersatzansprüche aufgrund von Haftpflichtbestimmungen des Bürgerlichen Gesetzbuchs oder des Straßenverkehrsgesetzes oder aufgrund anderer gesetzlicher Haftpflichtbestimmungen des Privatrechts geltend gemacht werden. Zum Gebrauch des Fahrzeugs gehört neben dem Fahren z.B. das Ein- und Aussteigen sowie das Be- und Entladen.
Begründete und unbegründete Schadenersatzansprüche
A.1.1.2 Sind Schadenersatzansprüche begründet, leisten wir Schadenersatz in Geld.
A.1.1.3 Sind Schadenersatzansprüche unbegründet, wehren wir diese auf unsere Kosten ab. Dies gilt auch, soweit Schadenersatzansprüche der Höhe nach unbegründet sind.
Regulierungsvollmacht
A.1.1.4 Wir sind bevollmächtigt, gegen Sie geltend gemachte Schadenersatzansprüche in Ihrem Namen zu erfüllen oder abzuwehren und alle dafür zweckmäßig erscheinenden Erklärungen im Rahmen pflichtgemäßen Ermessens abzugeben.
Mitversicherung von Anhängern, Aufliegern und abgeschleppten Fahrzeugen
A.1.1.5 Ist mit dem versicherten Kraftfahrzeug ein Anhänger oder Auflieger verbunden, erstreckt sich der Versicherungsschutz auch hierauf. Der Versicherungsschutz umfasst auch Fahrzeuge, die mit dem versicherten Kraftfahrzeug abgeschleppt oder ge-

schleppt werden, wenn für diese kein eigener Haftpflichtversicherungsschutz besteht.
Dies gilt auch, wenn sich der Anhänger oder Auflieger oder das abgeschleppte oder geschleppte Fahrzeug während des Gebrauchs von dem versicherten Kraftfahrzeug löst und sich noch in Bewegung befindet.

A.1.2 **Wer ist versichert?**
Der Schutz der Kfz-Haftpflichtversicherung gilt für Sie und für folgende Personen (mitversicherte Personen):
a den Halter des Fahrzeugs,
b den Eigentümer des Fahrzeugs,
c den Fahrer des Fahrzeugs,
d den Beifahrer, der im Rahmen seines Arbeitsverhältnisses mit Ihnen oder mit dem Halter den berechtigten Fahrer zu seiner Ablösung oder zur Vornahme von Lade- und Hilfsarbeiten nicht nur gelegentlich begleitet,
e Ihren Arbeitgeber oder öffentlichen Dienstherrn, wenn das Fahrzeug mit Ihrer Zustimmung für dienstliche Zwecke gebraucht wird,
f den Omnibusschaffner, der im Rahmen seines Arbeitsverhältnisses mit Ihnen oder mit dem Halter des versicherten Fahrzeugs tätig ist,
g den Halter, Eigentümer, Fahrer, Beifahrer und Omnibusschaffner eines nach A.1.1.5 mitversicherten Fahrzeugs.

Diese Personen können Ansprüche aus dem Versicherungsvertrag selbstständig gegen uns erheben.

A.1.3 **Bis zu welcher Höhe leisten wir (Versicherungssummen)?**
Höchstzahlung
A.1.3.1 Unsere Zahlungen für ein Schadenereignis sind jeweils beschränkt auf die Höhe der für Personen-, Sach- und Vermögensschäden vereinbarten Versicherungssummen. Mehrere zeitlich zusammenhängende Schäden, die dieselbe Ursache haben, gelten als ein einziges Schadenereignis. Die Höhe Ihrer Versicherungssummen können Sie dem Versicherungsschein entnehmen.

A.1.3.2 Bei Schäden von Insassen in einem mitversicherten Anhänger gelten xx < *die gesetzlichen Mindestversicherungssummen oder höhere individuell vereinbarte Versicherungssummen; ist keine Begrenzung gewünscht, entfällt Klausel A.1.3.2 >*.

Übersteigen der Versicherungssummen
A.1.3.3 Übersteigen die Ansprüche die Versicherungssummen, richten sich unsere Zahlungen nach den Bestimmungen des Versicherungsvertragsgesetzes und der Kfz-Pflichtversicherungsverord-

nung. In diesem Fall müssen Sie für einen nicht oder nicht vollständig befriedigten Schadenersatzanspruch selbst einstehen.

A.1.4 **In welchen Ländern besteht Versicherungsschutz?**
Versicherungsschutz in Europa und in der EU

A.1.4.1 Sie haben in der Kfz-Haftpflichtversicherung Versicherungsschutz in den geographischen Grenzen Europas sowie den außereuropäischen Gebieten, die zum Geltungsbereich der Europäischen Union gehören. Ihr Versicherungsschutz richtet sich nach dem im Besuchsland gesetzlich vorgeschriebenen Versicherungsumfang, mindestens jedoch nach dem Umfang Ihres Versicherungsvertrags.

Internationale Versicherungskarte (Grüne Karte)

A.1.4.2 Haben wir Ihnen eine internationale Versicherungskarte ausgehändigt, erstreckt sich Ihr Versicherungsschutz in der Kfz-Haftpflichtversicherung auch auf die dort genannten nichteuropäischen Länder, soweit Länderbezeichnungen nicht durchgestrichen sind. Hinsichtlich des Versicherungsumfangs gilt A.1.4.1 Satz 2.

A.1.5 **Was ist nicht versichert?**
Vorsatz

A.1.5.1 Kein Versicherungsschutz besteht für Schäden, die Sie vorsätzlich und widerrechtlich herbeiführen.

Genehmigte Rennen

A.1.5.2 Kein Versicherungsschutz besteht für Schäden, die bei Beteiligung an behördlich genehmigten kraftfahrt-sportlichen Veranstaltungen, bei denen es auf die Erzielung einer Höchstgeschwindigkeit ankommt, entstehen. Dies gilt auch für dazugehörige Übungsfahrten.
Hinweis: Die Teilnahme an behördlich nicht genehmigten Rennen stellt eine Pflichtverletzung nach D.2.2 dar.

Beschädigung des versicherten Fahrzeugs

A.1.5.3 Kein Versicherungsschutz besteht für die Beschädigung, die Zerstörung oder das Abhandenkommen des versicherten Fahrzeugs.

Beschädigung von Anhängern oder abgeschleppten Fahrzeugen

A.1.5.4 Kein Versicherungsschutz besteht für die Beschädigung, die Zerstörung oder das Abhandenkommen eines mit dem versicherten Fahrzeug verbundenen Anhängers oder Aufliegers oder eines mit dem versicherten Fahrzeug geschleppten oder abgeschleppten Fahrzeugs. Wenn mit dem versicherten Kraftfahrzeug ohne gewerbliche Absicht ein betriebsunfähiges Fahrzeug im Rahmen üblicher Hilfeleistung abgeschleppt wird, be-

§ 5 Kraftfahrtversicherung

steht für dabei am abgeschleppten Fahrzeug verursachte Schäden Versicherungsschutz.

Beschädigung von beförderten Sachen

A.1.5.5 Kein Versicherungsschutz besteht bei Schadenersatzansprüchen wegen Beschädigung, Zerstörung oder Abhandenkommens von Sachen, die mit dem versicherten Fahrzeug befördert werden.
Versicherungsschutz besteht jedoch für Sachen, die Insassen eines Kraftfahrzeugs üblicherweise mit sich führen (z.B. Kleidung, Brille, Brieftasche). Bei Fahrten, die überwiegend der Personenbeförderung dienen, besteht außerdem Versicherungsschutz für Sachen, die Insassen eines Kraftfahrzeugs zum Zwecke des persönlichen Gebrauchs üblicherweise mit sich führen (z.B. Reisegepäck, Reiseproviant). Kein Versicherungsschutz besteht für Sachen unberechtigter Insassen.

Ihr Schadenersatzanspruch gegen eine mitversicherte Person

A.1.5.6 Kein Versicherungsschutz besteht für Sach- oder Vermögensschäden, die eine mitversicherte Person Ihnen, dem Halter oder dem Eigentümer durch den Gebrauch des Fahrzeugs zufügt.
Versicherungsschutz besteht jedoch für Personenschäden, wenn Sie z.B. als Beifahrer Ihres Fahrzeugs verletzt werden.

Nichteinhaltung von Liefer- und Beförderungsfristen

A.1.5.7 Kein Versicherungsschutz besteht für reine Vermögensschäden, die durch die Nichteinhaltung von Liefer- und Beförderungsfristen entstehen.

Vertragliche Ansprüche

A.1.5.8 Kein Versicherungsschutz besteht für Haftpflichtansprüche, soweit sie aufgrund Vertrags oder besonderer Zusage über den Umfang der gesetzlichen Haftpflicht hinausgehen.

Schäden durch Kernenergie

A.1.5.9 Kein Versicherungsschutz besteht für Schäden durch Kernenergie.

A.2 **Kaskoversicherung – für Schäden an Ihrem Fahrzeug**
A.2.1 **Was ist versichert?**

Ihr Fahrzeug

A.2.1.1 Versichert ist Ihr Fahrzeug gegen Beschädigung, Zerstörung, Totalschaden oder Verlust infolge eines Ereignisses nach A.2.2 (Teilkasko) oder A.2.3 (Vollkasko). Vom Versicherungsschutz umfasst sind auch dessen unter A.2.1.2 und A.2.1.3 als mitversichert aufgeführte Fahrzeugteile und als mitversichert aufgeführtes Fahrzeugzubehör, sofern sie straßenverkehrsrechtlich zulässig sind (mitversicherte Teile).

Beitragsfrei mitversicherte Teile

A.2.1.2 Soweit in A.2.1.3 nicht anders geregelt, sind folgende Fahrzeugteile und folgendes Fahrzeugzubehör des versicherten Fahrzeugs ohne Mehrbeitrag mitversichert:

a fest im Fahrzeug eingebaute oder fest am Fahrzeug angebaute Fahrzeugteile,

b fest im Fahrzeug eingebautes oder am Fahrzeug angebautes oder im Fahrzeug unter Verschluss verwahrtes Fahrzeugzubehör, das ausschließlich dem Gebrauch des Fahrzeugs dient (z.b. Schonbezüge, Pannenwerkzeug) und nach allgemeiner Verkehrsanschauung nicht als Luxus angesehen wird,

c im Fahrzeug unter Verschluss verwahrte Fahrzeugteile, die zur Behebung von Betriebsstörungen des Fahrzeugs üblicherweise mitgeführt werden (z.b. Sicherungen und Glühlampen),

d Schutzhelme (auch mit Wechselsprechanlage), solange sie bestimmungsgemäß gebraucht werden oder mit dem abgestellten Fahrzeug so fest verbunden sind, dass ein unbefugtes Entfernen ohne Beschädigung nicht möglich ist,

e Planen, Gestelle für Planen (Spriegel),

f folgende außerhalb des Fahrzeugs unter Verschluss gehaltene Teile:
 – ein zusätzlicher Satz Räder mit Winter- oder Sommerbereifung,
 – Dach-/Heckständer, Hardtop, Schneeketten und Kindersitze,
 – nach a bis f mitversicherte Fahrzeugteile und Fahrzeugzubehör während einer Reparatur.

Abhängig vom Gesamtneuwert mitversicherte Teile

A.2.1.3 Die nachfolgend unter a bis e aufgeführten Teile sind ohne Beitragszuschlag mitversichert, wenn sie im Fahrzeug fest eingebaut oder am Fahrzeug fest angebaut sind:
 – bei Pkw, Krafträdern, xx < *Alle gewünschten WKZ aufführen* > bis zu einem Gesamtneuwert der Teile von xx EUR (brutto) und
 – bei sonstigen Fahrzeugarten (z.B. Lkw, xx < *Als Beispiele gewünschte WKZ aufführen* >) bis zu einem Gesamtneuwert der Teile von xx EUR (brutto)

a Radio- und sonstige Audiosysteme, Video-, technische Kommunikations- und Leitsysteme (z.B. fest eingebaute Navigationssysteme), b zugelassene Veränderungen an Fahrwerk, Triebwerk, Auspuff, Innenraum oder Karosserie (Tuning), die der Steigerung der Motorleistung, des Motordrehmoments, der Veränderung des Fahrverhaltens dienen oder zu einer Wertsteigerung des Fahrzeugs führen,

c individuell für das Fahrzeug angefertigte Sonderlackierungen und -beschriftungen sowie besondere Oberflächenbehandlungen,

d Beiwagen und Verkleidungen bei Krafträdern, Leichtkrafträdern, Kleinkrafträdern, Trikes, Quads und Fahrzeugen mit Versicherungskennzeichen,

e Spezialaufbauten (z.B. Kran-, Tank-, Silo-, Kühl- und Thermoaufbauten) und Spezialeinrichtungen (z.B. für Werkstattwagen, Messfahrzeuge, Krankenwagen).

Ist der Gesamtneuwert der unter a bis e aufgeführten Teile höher als die genannte Wertgrenze, ist der übersteigende Wert nur mitversichert, wenn dies ausdrücklich vereinbart ist.

Bis zur genannten Wertgrenze verzichten wir auf eine Kürzung der Entschädigung wegen Unterversicherung.

Nicht versicherbare Gegenstände

A.2.1.4 Nicht versicherbar sind alle sonstigen Gegenstände, insbesondere solche, deren Nutzung nicht ausschließlich dem Gebrauch des Fahrzeugs dient (z.B. Handys und mobile Navigationsgeräte, auch bei Verbindung mit dem Fahrzeug durch eine Halterung, Reisegepäck, persönliche Gegenstände der Insassen).

A.2.2 **Welche Ereignisse sind in der Teilkasko versichert?**

Versicherungsschutz besteht bei Beschädigung, Zerstörung, Totalschaden oder Verlust des Fahrzeugs einschließlich seiner mitversicherten Teile durch die nachfolgenden Ereignisse:

Brand und Explosion

A.2.2.1 Versichert sind Brand und Explosion. Als Brand gilt ein Feuer mit Flammenbildung, das ohne einen bestimmungsgemäßen Herd entstanden ist oder ihn verlassen hat und sich aus eigener Kraft auszubreiten vermag. Nicht als Brand gelten Schmor- und Sengschäden. Explosion ist eine auf dem Ausdehnungsbestreben von Gasen oder Dämpfen beruhende, plötzlich verlaufende Kraftäußerung.

Entwendung

A.2.2.2 Versichert ist die Entwendung, insbesondere durch Diebstahl und Raub.

Unterschlagung ist nur versichert, wenn dem Täter das Fahrzeug nicht zum Gebrauch in seinem eigenen Interesse, zur Veräußerung oder unter Eigentumsvorbehalt überlassen wird.

Unbefugter Gebrauch ist nur versichert, wenn der Täter in keiner Weise berechtigt ist, das Fahrzeug zu gebrauchen. Nicht als unbefugter Gebrauch gilt insbesondere, wenn der Täter vom Verfügungsberechtigten mit der Betreuung des Fahrzeugs beauftragt wird (z.B. Reparateur, Hotelangestellter). Außerdem besteht kein Versicherungsschutz, wenn der Täter in einem Näheverhältnis zu dem Verfügungsberechtigten steht (z.B. dessen Arbeitnehmer, Familien- oder Haushaltsangehörige).

Sturm, Hagel, Blitzschlag, Überschwemmung

A.2.2.3 Versichert ist die unmittelbare Einwirkung von Sturm, Hagel, Blitzschlag oder Überschwemmung auf das Fahrzeug. Als Sturm gilt eine wetterbedingte Luftbewegung von mindestens Windstärke 8. Eingeschlossen sind Schäden, die dadurch verursacht werden, dass durch diese Naturgewalten Gegenstände auf oder gegen das Fahrzeug geworfen werden. Ausgeschlossen sind Schäden, die auf ein durch diese Naturgewalten veranlasstes Verhalten des Fahrers zurückzuführen sind.

Zusammenstoß mit Haarwild

A.2.2.4 Versichert ist der Zusammenstoß des in Fahrt befindlichen Fahrzeugs mit Haarwild im Sinne von § 2 Abs. 1 Nr. 1 des Bundesjagdgesetzes (z.B. Reh, Wildschwein).

Glasbruch

A.2.2.5 Versichert sind Bruchschäden an der Verglasung des Fahrzeugs. Folgeschäden sind nicht versichert.

Kurzschlussschäden an der Verkabelung

A.2.2.6 Versichert sind Schäden an der Verkabelung des Fahrzeugs durch Kurzschluss. Folgeschäden sind nicht versichert.

A.2.3 **Welche Ereignisse sind in der Vollkasko versichert?**

Versicherungsschutz besteht bei Beschädigung, Zerstörung, Totalschaden oder Verlust des Fahrzeugs einschließlich seiner mitversicherten Teile durch die nachfolgenden Ereignisse:

Ereignisse der Teilkasko

A.2.3.1 Versichert sind die Schadenereignisse der Teilkasko nach A.2.2.

§ 5 Kraftfahrtversicherung

Unfall

A.2.3.2 Versichert sind Unfälle des Fahrzeugs. Als Unfall gilt ein unmittelbar von außen plötzlich mit mechanischer Gewalt auf das Fahrzeug einwirkendes Ereignis.

Nicht als Unfallschäden gelten insbesondere Schäden aufgrund eines Brems- oder Betriebsvorgangs oder reine Bruchschäden. Dazu zählen z.b. Schäden am Fahrzeug durch rutschende Ladung oder durch Abnutzung, Verwindungsschäden, Schäden aufgrund Bedienungsfehler oder Überbeanspruchung des Fahrzeugs und Schäden zwischen ziehendem und gezogenem Fahrzeug ohne Einwirkung von außen.

Mut- oder böswillige Handlungen

A.2.3.3 Versichert sind mut- oder böswillige Handlungen von Personen, die in keiner Weise berechtigt sind, das Fahrzeug zu gebrauchen. Als berechtigt sind insbesondere Personen anzusehen, die vom Verfügungsberechtigten mit der Betreuung des Fahrzeugs beauftragt wurden (z.B. Reparateur, Hotelangestellter) oder in einem Näheverhältnis zu dem Verfügungsberechtigten stehen (z.B. dessen Arbeitnehmer, Familien- oder Haushaltsangehörige).

A.2.4 **Wer ist versichert?**

Der Schutz der Kaskoversicherung gilt für Sie und, wenn der Vertrag auch im Interesse einer weiteren Person abgeschlossen ist, z.b. des Leasinggebers als Eigentümer des Fahrzeugs, auch für diese Person.

A.2.5 **In welchen Ländern besteht Versicherungsschutz?**

Sie haben in Kasko Versicherungsschutz in den geographischen Grenzen Europas sowie den außer-europäischen Gebieten, die zum Geltungsbereich der Europäischen Union gehören.

A.2.6 **Was zahlen wir bei Totalschaden, Zerstörung oder Verlust?**

Wiederbeschaffungswert abzüglich Restwert

A.2.6.1 Bei Totalschaden, Zerstörung oder Verlust des Fahrzeugs zahlen wir den Wiederbeschaffungswert unter Abzug eines vorhandenen Restwerts des Fahrzeugs. Lassen Sie Ihr Fahrzeug trotz Totalschadens oder Zerstörung reparieren, gilt A.2.7.1.

< *Achtung! Es folgen zwei Varianten der Neupreisentschädigung* > *Neupreisentschädigung bei Totalschaden, Zerstörung oder Verlust*

A.2.6.2 Bei Pkw (ausgenommen Mietwagen, Taxen und Selbstfahrervermiet-Pkw) zahlen wir den Neupreis des Fahrzeugs gemäß A.2.11, wenn innerhalb von xx Monaten nach dessen Erstzulassung ein Totalschaden, eine Zerstörung oder ein Verlust eintritt. Voraussetzung ist, dass sich das Fahrzeug bei Eintritt

T. Allgemeine Bedingungen für die Kfz-Versicherung § 5

des Schadenereignisses im Eigentum dessen befindet, der es als Neufahrzeug vom Kfz-Händler oder Kfz-Hersteller erworben hat. Ein vorhandener Restwert des Fahrzeugs wird abgezogen.

[xx Neupreisentschädigung

A.2.6.2 Bei Pkw (ausgenommen Mietwagen, Taxen und Selbstfahrervermiet-Pkw) zahlen wir den Neupreis des Fahrzeugs gemäß A.2.11, wenn innerhalb von xx Monaten nach dessen Erstzulassung eine Zerstörung oder ein Verlust eintritt. Wir erstatten den Neupreis auch, wenn bei einer Beschädigung innerhalb von xx Monaten nach der Erstzulassung die erforderlichen Kosten der Reparatur mindestens xx % des Neupreises betragen. Voraussetzung ist, dass sich das Fahrzeug bei Eintritt des Schadenereignisses im Eigentum dessen befindet, der es als Neufahrzeug vom Kfz-Händler oder Kfz-Hersteller erworben hat. Ein vorhandener Restwert des Fahrzeugs wird abgezogen.]

A.2.6.3 Wir zahlen die über den Wiederbeschaffungswert hinausgehende Neupreisentschädigung nur in der Höhe, in der gesichert ist, dass die Entschädigung innerhalb von zwei Jahren nach ihrer Feststellung für die Reparatur des Fahrzeugs oder den Erwerb eines anderen Fahrzeugs verwendet wird.

Abzug bei fehlender Wegfahrsperre im Falle eines Diebstahls

A.2.6.4 Bei Totalschaden, Zerstörung oder Verlust eines Pkw, xx < *gewünschte WKZ aufführen* > infolge Diebstahls vermindert sich die Entschädigung um xx %. Dies gilt nicht, wenn das Fahrzeug zum Zeitpunkt des Diebstahls durch eine selbstschärfende elektronische Wegfahrsperre gesichert war.

Die Regelung über die Selbstbeteiligung nach A.2.12 bleibt hiervon unberührt.

Was versteht man unter Totalschaden, Wiederbeschaffungswert und Restwert?

A.2.6.5 Ein Totalschaden liegt vor, wenn die erforderlichen Kosten der Reparatur des Fahrzeugs dessen Wiederbeschaffungswert übersteigen.

A.2.6.6 Wiederbeschaffungswert ist der Preis, den Sie für den Kauf eines gleichwertigen gebrauchten Fahrzeugs am Tag des Schadenereignisses bezahlen müssen.

A.2.6.7 Restwert ist der Veräußerungswert des Fahrzeugs im beschädigten oder zerstörten Zustand.

§ 5 Kraftfahrtversicherung

A.2.7 **Was zahlen wir bei Beschädigung?**
Reparatur
A.2.7.1 Wird das Fahrzeug beschädigt, zahlen wir die für die Reparatur erforderlichen Kosten bis zu folgenden Obergrenzen:
 a Wird das Fahrzeug vollständig und fachgerecht repariert, zahlen wir die hierfür erforderlichen Kosten bis zur Höhe des Wiederbeschaffungswerts nach A.2.6.6, wenn Sie uns dies durch eine Rechnung nachweisen. Fehlt dieser Nachweis, zahlen wir entsprechend A.2.7.1.b.
 b Wird das Fahrzeug nicht, nicht vollständig oder nicht fachgerecht repariert, zahlen wir die erforderlichen Kosten einer vollständigen Reparatur bis zur Höhe des um den Restwert verminderten Wiederbeschaffungswerts (siehe A.2.6.6 und A.2.6.7).
 <xx Folgender Hinweis passt nur zur zweiten Variante von A.2.6.2 (Neupreisentschädigung mit Prozent-Beschränkung): >
 [xx Hinweis: Beachten Sie auch die Regelung zur Neupreisentschädigung in A.2.6.2]

Abschleppen
A.2.7.2 Bei Beschädigung des Fahrzeugs ersetzen wir die Kosten für das Abschleppen vom Schadenort bis zur nächstgelegenen für die Reparatur geeigneten Werkstatt, wenn nicht ein Dritter Ihnen gegenüber verpflichtet ist, die Kosten zu übernehmen. Das gilt nur, soweit einschließlich unserer Leistungen wegen der Beschädigung des Fahrzeugs nach A.2.7.1 die Obergrenze nach A.2.7.1.a oder A.2.7.1.b nicht überschritten wird.

Abzug neu für alt
A.2.7.3 Werden bei der Reparatur alte Teile gegen Neuteile ausgetauscht oder das Fahrzeug ganz oder teilweise neu lackiert, ziehen wir von den Kosten der Ersatzteile und der Lackierung einen dem Alter und der Abnutzung der alten Teile entsprechenden Betrag ab (neu für alt). Bei Pkw, Krafträdern und Omnibussen ist der Abzug neu für alt auf die Bereifung, Batterie und Lackierung beschränkt, wenn das Schadenereignis in den ersten xx Jahren nach der Erstzulassung eintritt. Bei den übrigen Fahrzeugarten gilt dies in den ersten xx Jahren.

A.2.8 **Sachverständigenkosten**
Die Kosten eines Sachverständigen erstatten wir nur, wenn wir dessen Beauftragung veranlasst oder ihr zugestimmt haben.

A.2.9 **Mehrwertsteuer**
Mehrwertsteuer erstatten wir nur, wenn und soweit diese für Sie bei der von Ihnen gewählten Schadenbeseitigung tatsächlich angefallen ist. Die Mehrwertsteuer erstatten wir nicht, soweit Vorsteuerabzugsberechtigung besteht.

A.2.10 **Zusätzliche Regelungen bei Entwendung**
Wiederauffinden des Fahrzeugs

A.2.10.1 Wird das Fahrzeug innerhalb eines Monats nach Eingang der schriftlichen Schadenanzeige wieder aufgefunden und können Sie innerhalb dieses Zeitraums mit objektiv zumutbaren Anstrengungen das Fahrzeug wieder in Besitz nehmen, sind Sie zur Rücknahme des Fahrzeugs verpflichtet.

A.2.10.2 Wird das Fahrzeug in einer Entfernung von mehr als 50 km (Luftlinie) von seinem regelmäßigen Standort aufgefunden, zahlen wir für dessen Abholung die Kosten in Höhe einer Bahnfahrkarte 2. Klasse für Hin- und Rückfahrt bis zu einer Höchstentfernung von 1.500 km (Bahnkilometer) vom regelmäßigen Standort des Fahrzeugs zu dem Fundort.

Eigentumsübergang nach Entwendung

A.2.10.3 Sind Sie nicht nach A.2.10.1 zur Rücknahme des Fahrzeugs verpflichtet, werden wir dessen Eigentümer.

A.2.10.4 Haben wir die Versicherungsleistung wegen einer Pflichtverletzung (z.B. nach D.1, E.1 oder E.3 oder wegen grober Fahrlässigkeit nach A.2.16.1 Satz 2) gekürzt und wird das Fahrzeug wieder aufgefunden, gilt Folgendes: Ihnen steht ein Anteil am erzielbaren Veräußerungserlös nach Abzug der erforderlichen Kosten zu, die im Zusammenhang mit der Rückholung und Verwertung entstanden sind. Der Anteil entspricht der Quote, um die wir Ihre Entschädigung gekürzt haben.

A.2.11 **Bis zu welcher Höhe leisten wir (Höchstentschädigung)?**
Unsere Höchstentschädigung ist beschränkt auf den Neupreis des Fahrzeugs. Neupreis ist der Betrag, der für den Kauf eines neuen Fahrzeugs in der Ausstattung des versicherten Fahrzeugs oder – wenn der Typ des versicherten Fahrzeugs nicht mehr hergestellt wird – eines vergleichbaren Nachfolgemodells am Tag des Schadenereignisses aufgewendet werden muss. Maßgeblich für den Kaufpreis ist die unverbindliche Empfehlung des Herstellers abzüglich orts- und marktüblicher Nachlässe.

A.2.12 **Selbstbeteiligung**
Ist eine Selbstbeteiligung vereinbart, wird diese bei jedem Schadenereignis von der Entschädigung abgezogen. Ihrem Versicherungsschein können Sie entnehmen, ob und in welcher Höhe Sie eine Selbstbeteiligung vereinbart haben.

§ 5 Kraftfahrtversicherung

A.2.13 **Was wir nicht ersetzen und Rest- und Altteile**
Was wir nicht ersetzen
A.2.13.1 Wir zahlen nicht für Veränderungen, Verbesserungen und Verschleißreparaturen. Ebenfalls nicht ersetzt werden Folgeschäden wie Verlust von Treibstoff und Betriebsmittel (z.b. Öl, Kühlflüssigkeit), Wertminderung, Zulassungskosten, Überführungskosten, Verwaltungskosten, Nutzungsausfall oder Kosten eines Mietfahrzeugs.
Rest- und Altteile
A.2.13.2 Rest- und Altteile sowie das unreparierte Fahrzeug verbleiben bei Ihnen und werden zum Veräußerungswert auf die Entschädigung angerechnet.

A.2.14 **Fälligkeit unserer Zahlung, Abtretung**
A.2.14.1 Sobald wir unsere Zahlungspflicht und die Höhe der Entschädigung festgestellt haben, zahlen wir diese spätestens innerhalb von zwei Wochen.
A.2.14.2 Haben wir unsere Zahlungspflicht festgestellt, lässt sich jedoch die Höhe der Entschädigung nicht innerhalb eines Monats nach Schadenanzeige feststellen, können Sie einen angemessenen Vorschuss auf die Entschädigung verlangen.
A.2.14.3 Ist das Fahrzeug entwendet worden, ist zunächst abzuwarten, ob es wieder aufgefunden wird. Aus diesem Grunde zahlen wir die Entschädigung frühestens nach Ablauf eines Monats nach Eingang der schriftlichen Schadenanzeige.
A.2.14.4 Ihren Anspruch auf die Entschädigung können Sie vor der endgültigen Feststellung ohne unsere ausdrückliche Genehmigung weder abtreten noch verpfänden.

A.2.15 **Können wir unsere Leistung zurückfordern, wenn Sie nicht selbst gefahren sind?**
Fährt eine andere Person berechtigterweise das Fahrzeug und kommt es zu einem Schadenereignis, fordern wir von dieser Person unsere Leistungen nicht zurück. Dies gilt nicht, wenn der Fahrer das Schadenereignis grob fahrlässig oder vorsätzlich herbeigeführt hat. Lebt der Fahrer bei Eintritt des Schadens mit Ihnen in häuslicher Gemeinschaft, fordern wir unsere Ersatzleistung selbst bei grob fahrlässiger Herbeiführung des Schadens nicht zurück, sondern nur bei vorsätzlicher Verursachung.
Die Sätze 1 bis 3 gelten entsprechend, wenn eine in der Kfz-Haftpflichtversicherung gemäß A.1.2 mitversicherte Person, der Mieter oder der Entleiher einen Schaden herbeiführt.

T. Allgemeine Bedingungen für die Kfz-Versicherung § 5

A.2.16 **Was ist nicht versichert?**
Vorsatz und grobe Fahrlässigkeit
A.2.16.1 Kein Versicherungsschutz besteht für Schäden, die Sie vorsätzlich herbeiführen. Bei grob fahrlässiger Herbeiführung des Schadens, sind wir berechtigt, unsere Leistung in einem der Schwere Ihres Verschuldens entsprechenden Verhältnis zu kürzen.
Rennen
A.2.16.2 Kein Versicherungsschutz besteht für Schäden, die bei Beteiligung an Fahrtveranstaltungen entstehen, bei denen es auf Erzielung einer Höchstgeschwindigkeit ankommt. Dies gilt auch für dazugehörige Übungsfahrten.
Reifenschäden
A.2.16.3 Kein Versicherungsschutz besteht für beschädigte oder zerstörte Reifen. Versicherungsschutz besteht jedoch, wenn die Reifen aufgrund eines Ereignisses beschädigt oder zerstört werden, das gleichzeitig andere unter den Schutz der Kaskoversicherung fallende Schäden bei dem versicherten Fahrzeug verursacht hat.
Erdbeben, Kriegsereignisse, innere Unruhen, Maßnahmen der Staatsgewalt
A.2.16.4 Kein Versicherungsschutz besteht für Schäden, die durch Erdbeben, Kriegsereignisse, innere Unruhen oder Maßnahmen der Staatsgewalt unmittelbar oder mittelbar verursacht werden.
Schäden durch Kernenergie
A.2.16.5 Kein Versicherungsschutz besteht für Schäden durch Kernenergie.

A.2.17 **Meinungsverschiedenheit über die Schadenhöhe (Sachverständigenverfahren)**
A.2.17.1 Bei Meinungsverschiedenheit über die Höhe des Schadens einschließlich der Feststellung des Wiederbeschaffungswerts oder über den Umfang der erforderlichen Reparaturarbeiten entscheidet ein Sachverständigenausschuss.
A.2.17.2 Für den Ausschuss benennen Sie und wir je einen Kraftfahrzeugsachverständigen. Wenn Sie oder wir innerhalb von zwei Wochen nach Aufforderung keinen Sachverständigen benennen, wird dieser von dem jeweils Anderen bestimmt.
A.2.17.3 Soweit sich der Ausschuss nicht einigt, entscheidet ein weiterer Kraftfahrzeugsachverständiger als Obmann, der vor Beginn des Verfahrens von dem Ausschuss gewählt werden soll. Einigt sich der Ausschuss nicht über die Person des Obmanns, wird er

§ 5 Kraftfahrtversicherung

über das zuständige Amtsgericht benannt. Die Entscheidung des Obmanns muss zwischen den jeweils von den beiden Sachverständigen geschätzten Beträgen liegen.

A.2.17.4 Die Kosten des Sachverständigenverfahrens sind im Verhältnis des Obsiegens zum Unterliegen von uns bzw. von Ihnen zu tragen.

A.2.18 **Fahrzeugteile und Fahrzeugzubehör**
Bei Beschädigung, Zerstörung, Totalschaden oder Verlust von mitversicherten Teilen gelten A.2.6 bis A.2.17 entsprechend.

A.3 **Autoschutzbrief – Hilfe für unterwegs als Service oder Kostenerstattung**

A.3.1 **Was ist versichert?**
Wir erbringen nach Eintritt der in A.3.5 bis A.3.8 genannten Schadenereignisse die dazu im Einzelnen aufgeführten Leistungen als Service oder erstatten die von Ihnen aufgewendeten Kosten im Rahmen dieser Bedingungen.

A.3.2 **Wer ist versichert?**
Versicherungsschutz besteht für Sie, den berechtigten Fahrer und die berechtigten Insassen, soweit nachfolgend nichts anderes geregelt ist.

A.3.3 **Versicherte Fahrzeuge**
Versichert ist das im Versicherungsschein bezeichnete Fahrzeug sowie ein mitgeführter Wohnwagen-, Gepäck- oder Bootsanhänger.

A.3.4 **In welchen Ländern besteht Versicherungsschutz?**
Sie haben mit dem Schutzbrief Versicherungsschutz in den geographischen Grenzen Europas sowie den außereuropäischen Gebieten, die zum Geltungsbereich der Europäischen Union gehören, soweit nachfolgend nicht etwas anderes geregelt ist.

A.3.5 **Hilfe bei Panne oder Unfall**
Kann das Fahrzeug nach einer Panne oder einem Unfall die Fahrt aus eigener Kraft nicht fortsetzen, erbringen wir folgende Leistungen:
Wiederherstellung der Fahrbereitschaft
A.3.5.1 Wir sorgen für die Wiederherstellung der Fahrbereitschaft an der Schadenstelle durch ein Pannenhilfsfahrzeug und übernehmen die hierdurch entstehenden Kosten. Der Höchstbetrag für diese Leistung beläuft sich einschließlich der vom Pannenhilfsfahrzeug mitgeführten und verwendeten Kleinteile auf xx Euro.

Abschleppen des Fahrzeugs
A.3.5.2 Kann das Fahrzeug an der Schadenstelle nicht wieder fahrbereit gemacht werden, sorgen wir für das Abschleppen des Fahrzeugs einschließlich Gepäck und nicht gewerblich beförderter Ladung und übernehmen die hierdurch entstehenden

T. Allgemeine Bedingungen für die Kfz-Versicherung § 5

Kosten. Der Höchstbetrag für diese Leistung beläuft sich auf xx Euro; hierauf werden durch den Einsatz eines Pannenhilfsfahrzeugs entstandene Kosten angerechnet.

Bergen des Fahrzeugs

A.3.5.3 Ist das Fahrzeug von der Straße abgekommen, sorgen wir für die Bergung des Fahrzeugs einschließlich Gepäck und nicht gewerblich beförderter Ladung und übernehmen die hierdurch entstehenden Kosten.

Was versteht man unter Panne oder Unfall?

A.3.5.4 Unter Panne ist jeder Betriebs-, Bruch- oder Bremsschaden zu verstehen. Unfall ist ein unmittelbar von außen plötzlich mit mechanischer Gewalt auf das Fahrzeug einwirkendes Ereignis.

A.3.6 **Zusätzliche Hilfe bei Panne, Unfall oder Diebstahl ab 50 km Entfernung**

Bei Panne, Unfall oder Diebstahl des Fahrzeugs an einem Ort, der mindestens 50 km Luftlinie von Ihrem ständigen Wohnsitz in Deutschland entfernt ist, erbringen wir die nachfolgenden Leistungen, wenn das Fahrzeug weder am Schadentag noch am darauf folgenden Tag wieder fahrbereit gemacht werden kann oder es gestohlen worden ist:

Weiter- oder Rückfahrt

A.3.6.1 Folgende Fahrtkosten werden erstattet:
 a Eine Rückfahrt vom Schadenort zu Ihrem ständigen Wohnsitz in Deutschland oder
 b eine Weiterfahrt vom Schadenort zum Zielort, jedoch höchstens innerhalb des Geltungsbereichs nach A.3.4 und
 c eine Rückfahrt vom Zielort zu Ihrem ständigen Wohnsitz in Deutschland,
 d eine Fahrt einer Person von Ihrem ständigen Wohnsitz oder vom Zielort zum Schadenort, wenn das Fahrzeug dort fahrbereit gemacht worden ist.

Die Kostenerstattung erfolgt bei einer einfachen Entfernung unter 1.200 Bahnkilometern bis zur Höhe der Bahnkosten 2. Klasse, bei größerer Entfernung bis zur Höhe der Bahnkosten 1. Klasse oder der Liegewagenkosten jeweils einschließlich Zuschlägen sowie für nachgewiesene Taxifahrten bis zu xx Euro.

Übernachtung

A.3.6.2 Wir helfen Ihnen auf Wunsch bei der Beschaffung einer Übernachtungsmöglichkeit und übernehmen die Kosten für höchstens drei Übernachtungen. Wenn Sie die Leistung Weiter- oder Rückfahrt nach A.3.6.1 in Anspruch nehmen, zahlen wir nur eine Übernachtung. Sobald das Fahrzeug Ihnen wieder fahr-

§ 5 Kraftfahrtversicherung

bereit zur Verfügung steht, besteht kein Anspruch auf weitere Übernachtungskosten. Wir übernehmen die Kosten bis höchstens xx Euro je Übernachtung und Person.

Mietwagen

A.3.6.3 Wir helfen Ihnen, ein gleichwertiges Fahrzeug anzumieten. Wir übernehmen anstelle der Leistung Weiter- oder Rückfahrt nach A.3.6.1 oder Übernachtung nach A.3.6.2 die Kosten, des Mietwagens, bis Ihnen das Fahrzeug wieder fahrbereit zur Verfügung steht, jedoch höchstens für sieben Tage und höchstens xx Euro je Tag.

Fahrzeugunterstellung

A.3.6.4 Muss das Fahrzeug nach einer Panne oder einem Unfall bis zur Wiederherstellung der Fahrbereitschaft oder bis zur Durchführung des Transports in einer Werkstatt untergestellt werden, sind wir Ihnen hierbei behilflich und übernehmen die hierdurch entstehenden Kosten, jedoch höchstens für zwei Wochen.

A.3.7 **Hilfe bei Krankheit, Verletzung oder Tod auf einer Reise**

Erkranken Sie oder eine mitversicherte Person unvorhersehbar oder stirbt der Fahrer auf einer Reise mit dem versicherten Fahrzeug an einem Ort, der mindestens 50 km Luftlinie von Ihrem ständigen Wohnsitz in Deutschland entfernt ist, erbringen wir die nachfolgend genannten Leistungen. Als unvorhersehbar gilt eine Erkrankung, wenn diese nicht bereits innerhalb der letzten sechs Wochen vor Beginn der Reise (erstmalig oder zum wiederholten Male) aufgetreten ist.

Krankenrücktransport

A.3.7.1 Müssen Sie oder eine mitversicherte Person infolge Erkrankung an Ihren ständigen Wohnsitz zurücktransportiert werden, sorgen wir für die Durchführung des Rücktransports und übernehmen dessen Kosten. Art und Zeitpunkt des Rücktransports müssen medizinisch notwendig sein. Unsere Leistung erstreckt sich auch auf die Begleitung des Erkrankten durch einen Arzt oder Sanitäter, wenn diese behördlich vorgeschrieben ist. Außerdem übernehmen wir die bis zum Rücktransport entstehenden, durch die Erkrankung bedingten Übernachtungskosten, jedoch höchstens für drei Übernachtungen bis zu je xx Euro pro Person.

Rückholung von Kindern

A.3.7.2 Können mitreisende Kinder unter 16 Jahren infolge einer Erkrankung oder des Todes des Fahrers weder von Ihnen noch von einem anderen berechtigten Insassen betreut werden, sorgen wir für deren Abholung und Rückfahrt mit einer Begleitperson zu ihrem Wohnsitz und übernehmen die hierdurch entstehenden Kosten. Wir erstatten dabei die Bahnkosten 2. Klasse einschließlich Zuschlägen sowie die Kosten für nachgewiesene Taxifahrten bis zu xx Euro.

Fahrzeugabholung

A.3.7.3 Kann das versicherte Fahrzeug infolge einer länger als drei Tage andauernden Erkrankung oder infolge des Todes des Fahrers weder von diesem noch von einem Insassen zurückgefahren werden, sorgen wir für die Verbringung des Fahrzeugs zu Ihrem ständigen Wohnsitz und übernehmen die hierdurch entstehenden Kosten. Veranlassen Sie die Verbringung selbst, erhalten Sie als Kostenersatz bis xx Euro je Kilometer zwischen Ihrem Wohnsitz und dem Schadenort. Außerdem erstatten wir in jedem Fall die bis zur Abholung der berechtigten Insassen entstehenden und durch den Fahrerausfall bedingten Übernachtungskosten, jedoch höchstens für drei Übernachtungen bis zu je xx Euro pro Person.

Was versteht man unter einer Reise?

A.3.7.4 Reise ist jede Abwesenheit von Ihrem ständigen Wohnsitz bis zu einer Höchstdauer von fortlaufend sechs Wochen. Als Ihr ständiger Wohnsitz gilt der Ort in Deutschland, an dem Sie behördlich gemeldet sind und sich überwiegend aufhalten.

A.3.8 **Zusätzliche Leistungen bei einer Auslandsreise**

Ereignet sich der Schaden an einem Ort im Ausland (Geltungsbereich nach A.3.4 ohne Deutschland), der mindestens 50 km Luftlinie von Ihrem ständigen Wohnsitz in Deutschland entfernt ist, erbringen wir zusätzlich folgende Leistungen:

A.3.8.1 Bei Panne und Unfall:

Ersatzteilversand

a Können Ersatzteile zur Wiederherstellung der Fahrbereitschaft des Fahrzeugs an einem ausländischen Schadenort oder in dessen Nähe nicht beschafft werden, sorgen wir dafür, dass Sie diese auf schnellstmöglichem Wege erhalten, und übernehmen alle entstehenden Versandkosten.

Fahrzeugtransport

b Wir sorgen für den Transport des Fahrzeugs zu einer Werkstatt und übernehmen die hierdurch entstehenden Kosten bis zur Höhe der Rücktransportkosten an Ihren Wohnsitz, wenn

– das Fahrzeug an einem ausländischen Schadenort oder in dessen Nähe nicht innerhalb von drei Werktagen fahrbereit gemacht werden kann und

§ 5 Kraftfahrtversicherung

- die voraussichtlichen Reparaturkosten nicht höher sind als der Kaufpreis für ein gleichwertiges gebrauchtes Fahrzeug.

Mietwagen

c Wir helfen Ihnen, ein gleichwertiges Fahrzeug anzumieten. Mieten Sie ein Fahrzeug nach A.3.6.3 an, übernehmen wir die Kosten hierfür bis Ihr Fahrzeug wieder fahrbereit zur Verfügung steht unabhängig von der Dauer bis zu einem Betrag von xx Euro.

Fahrzeugverzollung und -verschrottung

d Muss das Fahrzeug nach einem Unfall im Ausland verzollt werden, helfen wir bei der Verzollung und übernehmen die hierbei anfallenden Verfahrensgebühren mit Ausnahme des Zollbetrags und sonstiger Steuern. Lassen Sie Ihr Fahrzeug verschrotten, um die Verzollung zu vermeiden, übernehmen wir die Verschrottungskosten.

A.3.8.2 Bei Fahrzeugdiebstahl:

Fahrzeugunterstellung

a Wird das gestohlene Fahrzeug nach dem Diebstahl im Ausland wieder aufgefunden und muss es bis zur Durchführung des Rücktransports oder der Verzollung bzw. Verschrottung untergestellt werden, übernehmen wir die hierdurch entstehenden Kosten, jedoch höchstens für zwei Wochen.

Mietwagen

b Wir helfen Ihnen, ein gleichwertiges Fahrzeug anzumieten. Mieten Sie ein Fahrzeug nach A.3.6.3 an, übernehmen wir die Kosten hierfür bis Ihr Fahrzeug wieder fahrbereit zur Verfügung steht unabhängig von der Dauer bis zu einem Betrag von xx Euro.

Fahrzeugverzollung und -verschrottung

c Muss das Fahrzeug nach dem Diebstahl im Ausland verzollt werden, helfen wir bei der Verzollung und übernehmen die hierbei anfallenden Verfahrensgebühren mit Ausnahme des Zollbetrags und sonstiger Steuern. Lassen Sie Ihr Fahrzeug verschrotten, um die Verzollung zu vermeiden, übernehmen wir die Verschrottungskosten.

A.3.8.3 Im Todesfall

Im Fall Ihres Todes auf einer Reise mit dem versicherten Fahrzeug im Ausland sorgen wir nach Abstimmung mit den Angehörigen für die Bestattung im Ausland oder für die Überführung nach Deutschland und übernehmen die Kosten. Diese Leistung gilt nicht bei Tod einer mitversicherten Person.

A.3.9 **Was ist nicht versichert?**
Vorsatz und grobe Fahrlässigkeit
A.3.9.1 Kein Versicherungsschutz besteht für Schäden, die Sie vorsätzlich herbeiführen. Bei grob fahrlässiger Herbeiführung des Schadens sind wir berechtigt, unsere Leistung in einem der Schwere Ihres Verschuldens entsprechenden Verhältnis zu kürzen.
Rennen
A.3.9.2 Kein Versicherungsschutz besteht für Schäden, die bei Beteiligung an Fahrtveranstaltungen entstehen, bei denen es auf Erzielung einer Höchstgeschwindigkeit ankommt. Dies gilt auch für dazugehörige Übungsfahrten.
Erdbeben, Kriegsereignisse, innere Unruhen und Staatsgewalt
A.3.9.3 Kein Versicherungsschutz besteht für Schäden, die durch Erdbeben, Kriegsereignisse, innere Unruhen oder Maßnahmen der Staatsgewalt unmittelbar oder mittelbar verursacht werden.
Schäden durch Kernenergie
A.3.9.4 Kein Versicherungsschutz besteht für Schäden durch Kernenergie.
A.3.10 **Anrechnung ersparter Aufwendungen, Abtretung**
A.3.10.1 Haben Sie aufgrund unserer Leistungen Kosten erspart, die Sie ohne das Schadenereignis hätten aufwenden müssen, können wir diese von unserer Zahlung abziehen.
A.3.10.2 Ihren Anspruch auf Leistung können Sie vor der endgültigen Feststellung ohne unsere ausdrückliche Genehmigung weder abtreten noch verpfänden.
A.3.11 **Verpflichtung Dritter**
A.3.11.1 Soweit im Schadenfall ein Dritter Ihnen gegenüber aufgrund eines Vertrags oder einer Mitgliedschaft in einem Verband oder Verein zur Leistung oder zur Hilfe verpflichtet ist, gehen diese Ansprüche unseren Leistungsverpflichtungen vor.
A.3.11.2 Wenden Sie sich nach einem Schadenereignis allerdings zuerst an uns, sind wir Ihnen gegenüber abweichend von A.3.11.1 zur Leistung verpflichtet.
A.4 **Kfz-Unfallversicherung – wenn Insassen verletzt oder getötet werden**
A.4.1 **Was ist versichert?**
A.4.1.1 Stößt Ihnen oder einer anderen in der Kfz-Unfallversicherung versicherten Person ein Unfall zu, der in unmittelbarem Zusammenhang mit dem Gebrauch Ihres Fahrzeugs oder eines damit verbundenen Anhängers steht (z.B. Fahren, Ein- und Aussteigen, Be- und Entladen), erbringen wir unter den nachstehend

§ 5 Kraftfahrtversicherung

genannten Voraussetzungen die vereinbarten Versicherungsleistungen.

A.4.1.2 Ein Unfall liegt vor, wenn die versicherte Person durch ein plötzlich von außen auf ihren Körper wirkendes Ereignis (Unfallereignis) unfreiwillig eine Gesundheitsschädigung erleidet.

A.4.1.3 Als Unfall gilt auch, wenn durch eine erhöhte Kraftanstrengung an den Gliedmaßen oder der Wirbelsäule ein Gelenk verrenkt wird oder Muskeln, Sehnen, Bänder oder Kapseln gezerrt oder zerrissen werden.

A.4.2 **Wer ist versichert?**

A.4.2.1 Pauschalsystem

Mit der Kfz-Unfallversicherung nach dem Pauschalsystem sind die jeweiligen berechtigten Insassen des Fahrzeugs versichert. Ausgenommen sind bei Ihnen angestellte Berufsfahrer und Beifahrer, wenn sie als solche das Fahrzeug gebrauchen.

Bei zwei und mehr berechtigten Insassen erhöht sich die Versicherungssumme um xx Prozent und teilt sich durch die Gesamtzahl der Insassen, unabhängig davon, ob diese zu Schaden kommen.

A.4.2.2 Kfz-Unfall-Plus-Versicherung

Mit der Kfz-Unfall-Plus-Versicherung sind die jeweiligen berechtigten Insassen des Fahrzeugs mit der für Invalidität und Tod vereinbarten Versicherungssumme versichert. Wird der jeweilige Fahrer verletzt und verbleibt eine unfallbedingte Invalidität von xx Prozent, erhöht sich die für Invalidität vereinbarte Versicherungssumme für ihn um xx Prozent.

A.4.2.3 Platzsystem

Mit der Kfz-Unfallversicherung nach dem Platzsystem sind die im Versicherungsschein bezeichneten Plätze oder eine bestimmte Anzahl von berechtigten Insassen des Fahrzeugs versichert. Ausgenommen sind bei Ihnen angestellte Berufsfahrer und Beifahrer, wenn sie als solche das Fahrzeug gebrauchen. Befinden sich in dem Fahrzeug mehr berechtigte Insassen als Plätze oder Personen im Versicherungsschein angegeben, verringert sich die Versicherungssumme für den einzelnen Insassen entsprechend.

A.4.2.4 Was versteht man unter berechtigten Insassen?

Berechtigte Insassen sind Personen (Fahrer und alle weiteren Insassen), die sich mit Wissen und Willen des Verfügungsberechtigten in oder auf dem versicherten Fahrzeug befinden oder in unmittelbarem Zusammenhang mit ihrer Beförderung beim Gebrauch des Fahrzeugs tätig werden.

A.4.2.5 Berufsfahrerversicherung
Mit der Berufsfahrerversicherung sind versichert
a die Berufsfahrer und Beifahrer des im Versicherungsschein bezeichneten Fahrzeugs,
b die im Versicherungsschein namentlich bezeichneten Berufsfahrer und Beifahrer unabhängig von einem bestimmten Fahrzeug oder
c alle bei Ihnen angestellten Berufsfahrer und Beifahrer unabhängig von einem bestimmten Fahrzeug.

A.4.2.6 Namentliche Versicherung
Mit der namentlichen Versicherung ist die im Versicherungsschein bezeichnete Person unabhängig von einem bestimmten Fahrzeug versichert. Diese Person kann ihre Ansprüche selbstständig gegen uns geltend machen.

A.4.3 **In welchen Ländern besteht Versicherungsschutz?**
Sie haben in der Kfz-Unfallversicherung Versicherungsschutz in den geographischen Grenzen Europas sowie den außereuropäischen Gebieten, die zum Geltungsbereich der Europäischen Union gehören.

A.4.4 **Welche Leistungen umfasst die Kfz-Unfallversicherung?**
Ihrem Versicherungsschein können Sie entnehmen, welche der nachstehenden Leistungen mit welchen Versicherungssummen vereinbart sind.

A.4.5 **Leistung bei Invalidität**
Voraussetzungen

A.4.5.1 Invalidität liegt vor, wenn
 – die versicherte Person durch den Unfall auf Dauer in ihrer körperlichen oder geistigen Leistungsfähigkeit beeinträchtigt ist,
 – die Invalidität innerhalb eines Jahres nach dem Unfall eingetreten ist und
 – die Invalidität innerhalb von 15 Monaten nach dem Unfall ärztlich festgestellt und von Ihnen bei uns geltend gemacht worden ist.

Kein Anspruch auf Invaliditätsleistung besteht, wenn die versicherte Person unfallbedingt innerhalb eines Jahres nach dem Unfall stirbt.

Art der Leistung
A.4.5.2 Die Invaliditätsleistung zahlen wir als Kapitalbetrag.

Berechnung der Leistung
A.4.5.3 Grundlage für die Berechnung der Leistung sind die Versicherungssumme und der Grad der unfallbedingten Invalidität.

§ 5 Kraftfahrtversicherung

a Bei Verlust oder völliger Funktionsunfähigkeit eines der nachstehend genannten Körperteile und Sinnesorgane gelten ausschließlich die folgenden Invaliditätsgrade:

Arm	70 %
Arm bis oberhalb des Ellenbogengelenks	65 %
Arm unterhalb des Ellenbogengelenks	60 %
Hand	55 %
Daumen	20 %
Zeigefinger	10 %
anderer Finger	5 %
Bein über der Mitte des Oberschenkels	70 %
Bein bis zur Mitte des Oberschenkels	60 %
Bein bis unterhalb des Knies	50 %
Bein bis zur Mitte des Unterschenkels	45 %
Fuß	40 %
große Zehe	5 %
andere Zehe	2 %
Auge	50 %
Gehör auf einem Ohr	30 %
Geruchssinn	10 %
Geschmackssinn	5 %

Bei Teilverlust oder teilweiser Funktionsbeeinträchtigung gilt der entsprechende Teil des jeweiligen Prozentsatzes.

b Für andere Körperteile und Sinnesorgane bemisst sich der Invaliditätsgrad danach, inwieweit die normale körperliche oder geistige Leistungsfähigkeit insgesamt beeinträchtigt ist. Dabei sind ausschließlich medizinische Gesichtspunkte zu berücksichtigen.

c Waren betroffene Körperteile oder Sinnesorgane oder deren Funktionen bereits vor dem Unfall dauernd beeinträchtigt, wird der Invaliditätsgrad um die Vorinvalidität gemindert. Diese ist nach a und b zu bemessen.

d Sind mehrere Körperteile oder Sinnesorgane durch den Unfall beeinträchtigt, werden die nach a bis c ermittelten Invaliditätsgrade zusammengerechnet. Mehr als 100 % werden jedoch nicht berücksichtigt.

e Stirbt die versicherte Person aus unfallfremder Ursache innerhalb eines Jahres nach dem Unfall oder, gleichgültig aus welcher Ursache, später als ein Jahr nach dem Unfall, und war ein Anspruch auf Invaliditätsleistung entstanden, leisten wir nach dem Invaliditätsgrad, mit dem auf Grund der ärztlichen Befunde zu rechnen gewesen wäre.

A.4.6 **Leistung bei Tod**

Voraussetzung

A.4.6.1 Voraussetzung für die Todesfallleistung ist, dass die versicherte Person infolge des Unfalls innerhalb eines Jahres gestorben ist.

Höhe der Leistung

A.4.6.2 Wir zahlen die für den Todesfall versicherte Summe.

A.4.7 **Krankenhaustagegeld, Genesungsgeld, Tagegeld**

Krankenhaustagegeld

A.4.7.1 Voraussetzung für die Zahlung des Krankenhaustagegelds ist, dass sich die versicherte Person wegen des Unfalls in medizinisch notwendiger vollstationärer Heilbehandlung befindet.

Rehabilitationsmaßnahmen (mit Ausnahme von Anschlussheilbehandlungen) sowie Aufenthalte in Sanatorien und Erholungsheimen gelten nicht als medizinisch notwendige Heilbehandlung.

A.4.7.2 Wir zahlen das Krankenhaustagegeld in Höhe der versicherten Summe für jeden Kalendertag der vollstationären Behandlung, längstens jedoch für xx Jahre ab dem Tag des Unfalls an gerechnet.

Genesungsgeld

A.4.7.3 Voraussetzung für die Zahlung des Genesungsgelds ist, dass die versicherte Person aus der vollstationären Behandlung entlassen worden ist und Anspruch auf Krankenhaustagegeld nach A.4.7.1 hatte.

A.4.7.4 Wir zahlen das Genesungsgeld in Höhe der vereinbarten Versicherungssumme für die selbe Anzahl von Kalendertagen, für die wir Krankenhaustagegeld gezahlt haben, längstens jedoch für xx Tage.

Tagegeld

A.4.7.5 Voraussetzung für die Zahlung des Tagegelds ist, dass die versicherte Person unfallbedingt in der Arbeitsfähigkeit beeinträchtigt und in ärztlicher Behandlung ist.

A.4.7.6 Das Tagegeld berechnen wir nach der versicherten Summe. Es wird nach dem festgestellten Grad der Beeinträchtigung der Berufstätigkeit oder Beschäftigung abgestuft.

A.4.7.7 Das Tagegeld zahlen wir für die Dauer der ärztlichen Behandlung, längstens jedoch für ein Jahr ab dem Tag des Unfalls.

§ 5 Kraftfahrtversicherung

A.4.8 **Welche Auswirkungen haben vor dem Unfall bestehende Krankheiten oder Gebrechen?**

A.4.8.1 Wir leisten nur für Unfallfolgen. Haben Krankheiten oder Gebrechen bei der durch ein Unfallereignis verursachten Gesundheitsschädigung oder deren Folgen mitgewirkt, mindert sich entsprechend dem Anteil der Krankheit oder des Gebrechens
- im Falle einer Invalidität der Prozentsatz des Invaliditätsgrads,
- im Todesfall sowie in allen anderen Fällen die Leistung.

A.4.8.2 Beträgt der Mitwirkungsanteil weniger als 25 %, unterbleibt die Minderung.

A.4.9 **Fälligkeit unserer Zahlung, Abtretung**

Prüfung Ihres Anspruchs

A.4.9.1 Wir sind verpflichtet, innerhalb eines Monats – beim Invaliditätsanspruch innerhalb von drei Monaten – zu erklären, ob und in welcher Höhe wir einen Anspruch anerkennen. Die Fristen beginnen mit dem Zugang folgender Unterlagen:
- Nachweis des Unfallhergangs und der Unfallfolgen,
- beim Invaliditätsanspruch zusätzlich der Nachweis über den Abschluss des Heilverfahrens, soweit er für die Bemessung der Invalidität notwendig ist.

A.4.9.2 Die ärztlichen Gebühren, die Ihnen zur Begründung des Leistungsanspruchs entstehen, übernehmen wir
- bei Invalidität bis zu xx ‰ der versicherten Summe,
- bei Tagegeld bis zu einem Tagegeldsatz,
- bei Krankenhaustagegeld mit Genesungsgeld bis zu einem Krankenhaustagegeldsatz.

Fälligkeit der Leistung

A.4.9.3 Erkennen wir den Anspruch an oder haben wir uns mit Ihnen über Grund und Höhe geeinigt, zahlen wir innerhalb von zwei Wochen.

Vorschüsse

A.4.9.4 Steht die Leistungspflicht zunächst nur dem Grunde nach fest, zahlen wir auf Ihren Wunsch angemessene Vorschüsse.

A.4.9.5 Vor Abschluss des Heilverfahrens kann eine Invaliditätsleistung innerhalb eines Jahres nach dem Unfall nur bis zur Höhe einer vereinbarten Todesfallsumme beansprucht werden.

Neubemessung des Grades der Invalidität

A.4.9.6 Sie und wir sind berechtigt, den Grad der Invalidität jährlich, längstens bis zu drei Jahren nach dem Unfall, erneut ärztlich bemessen zu lassen. Bei Kindern bis zur Vollendung des xx.

Lebensjahres verlängert sich diese Frist von drei auf xx Jahre. Dieses Recht muss
- von uns zusammen mit unserer Erklärung über die Anerkennung unserer Leistungspflicht nach A.4.9.1,
- von Ihnen vor Ablauf der Frist
ausgeübt werden.

Leistung für eine mitversicherte Person

A.4.9.7 Sie können die Auszahlung der auf eine mitversicherte Person entfallenden Versicherungssumme an sich nur mit deren Zustimmung verlangen.

Abtretung

A.4.9.8 Ihren Anspruch auf die Leistung können Sie vor der endgültigen Feststellung ohne unsere ausdrückliche Genehmigung weder abtreten noch verpfänden.

A.4.10 **Was ist nicht versichert?**

Straftat

A.4.10.1 Kein Versicherungsschutz besteht bei Unfällen, die der versicherten Person dadurch zustoßen, dass sie vorsätzlich eine Straftat begeht oder versucht.

Geistes- oder Bewusstseinsstörungen/Trunkenheit

A.4.10.2 Kein Versicherungsschutz besteht bei Unfällen des Fahrers durch Geistes- oder Bewusstseinsstörungen, auch soweit diese auf Trunkenheit beruhen, sowie durch Schlaganfälle, epileptische Anfälle oder andere Krampfanfälle, die den ganzen Körper des Fahrers ergreifen.

Versicherungsschutz besteht jedoch, wenn diese Störungen oder Anfälle durch ein Unfallereignis verursacht sind, das unter diesen Vertrag oder unter eine für das Vorfahrzeug bei uns abgeschlossene Kfz-Unfallversicherung fällt.

Rennen

A.4.10.3 Kein Versicherungsschutz besteht bei Unfällen, die sich bei Beteiligung an Fahrtveranstaltungen ereignen, bei denen es auf Erzielung einer Höchstgeschwindigkeit ankommt. Dies gilt auch für dazugehörige Übungsfahrten.

Erdbeben, Kriegsereignisse, innere Unruhen, Maßnahmen der Staatsgewalt

A.4.10.4 Kein Versicherungsschutz besteht bei Unfällen, die durch Erdbeben, Kriegsereignisse, innere Unruhen oder Maßnahmen der Staatsgewalt unmittelbar oder mittelbar verursacht werden.

Kernenergie

A.4.10.5 Kein Versicherungsschutz besteht bei Schäden durch Kernenergie.

Bandscheiben, innere Blutungen
A.4.10.6 Kein Versicherungsschutz besteht bei Schäden an Bandscheiben sowie bei Blutungen aus inneren Organen und Gehirnblutungen. Versicherungsschutz besteht jedoch, wenn überwiegende Ursache ein unter diesen Vertrag fallendes Unfallereignis nach A.4.1.2 ist.
Infektionen
A.4.10.7 Kein Versicherungsschutz besteht bei Infektionen. Bei Wundstarrkrampf und Tollwut besteht jedoch Versicherungsschutz, wenn die Krankheitserreger durch ein versichertes Unfallereignis sofort oder später in den Körper gelangen. Bei anderen Infektionen besteht Versicherungsschutz, wenn die Krankheitserreger durch ein versichertes Unfallereignis, das nicht nur geringfügige Haut- oder Schleimhautverletzungen verursacht, sofort oder später in den Körper gelangen. Bei Infektionen, die durch Heilmaßnahmen verursacht sind, besteht Versicherungsschutz, wenn die Heilmaßnahmen durch ein unter diesen Vertrag fallendes Unfallereignis veranlasst waren.
Psychische Reaktionen
A.4.10.8 Kein Versicherungsschutz besteht bei krankhaften Störungen infolge psychischer Reaktionen, auch wenn diese durch einen Unfall verursacht wurden.
Bauch- und Unterleibsbrüche
A.4.10.9 Kein Versicherungsschutz besteht bei Bauch- oder Unterleibsbrüchen. Versicherungsschutz besteht jedoch, wenn sie durch eine unter diesen Vertrag fallende gewaltsame, von außen kommende Einwirkung entstanden sind.

B Beginn des Vertrags und vorläufiger Versicherungsschutz

Der Versicherungsvertrag kommt dadurch zustande, dass wir Ihren Antrag annehmen. Regelmäßig geschieht dies durch Zugang des Versicherungsscheins.

B.1 **Wann beginnt der Versicherungsschutz?**
Der Versicherungsschutz beginnt erst, wenn Sie den in Ihrem Versicherungsschein genannten fälligen Beitrag gezahlt haben, jedoch nicht vor dem vereinbarten Zeitpunkt. Zahlen Sie den ersten oder einmaligen Beitrag nicht rechtzeitig, richten sich die Folgen nach C.1.2 und C.1.3.

B.2 **Vorläufiger Versicherungsschutz**
Bevor der Beitrag gezahlt ist, haben Sie nach folgenden Bestimmungen vorläufigen Versicherungsschutz:
Kfz-Haftpflichtversicherung und Autoschutzbrief
B.2.1 Händigen wir Ihnen die Versicherungsbestätigung aus oder nennen wir Ihnen bei elektronischer Versicherungsbestätigung

T. Allgemeine Bedingungen für die Kfz-Versicherung §5

die Versicherungsbestätigungs-Nummer, haben Sie in der Kfz-Haftpflichtversicherung und beim Autoschutzbrief vorläufigen Versicherungsschutz zu dem vereinbarten Zeitpunkt, spätestens ab dem Tag, an dem das Fahrzeug unter Verwendung der Versicherungsbestätigung zugelassen wird. Ist das Fahrzeug bereits auf Sie zugelassen, beginnt der vorläufige Versicherungsschutz ab dem vereinbarten Zeitpunkt.

Kasko- und Kfz-Unfallversicherung

B.2.2 In der Kasko- und der Kfz-Unfallversicherung haben Sie vorläufigen Versicherungsschutz nur, wenn wir dies ausdrücklich zugesagt haben. Der Versicherungsschutz beginnt zum vereinbarten Zeitpunkt.

Übergang des vorläufigen in den endgültigen Versicherungsschutz

B.2.3 Sobald Sie den ersten oder einmaligen Beitrag nach C.1.1 gezahlt haben, geht der vorläufige in den endgültigen Versicherungsschutz über.

Rückwirkender Wegfall des vorläufigen Versicherungsschutzes

B.2.4 Der vorläufige Versicherungsschutz entfällt rückwirkend, wenn wir Ihren Antrag unverändert angenommen haben und Sie den im Versicherungsschein genannten ersten oder einmaligen Beitrag nicht unverzüglich (d.h. spätestens innerhalb von 14 Tagen) nach Ablauf von zwei Wochen nach Zugang des Versicherungsscheins bezahlt haben. Sie haben dann von Anfang an keinen Versicherungsschutz; dies gilt nur, wenn Sie die nicht rechtzeitige Zahlung zu vertreten haben.

Kündigung des vorläufigen Versicherungsschutzes

B.2.5 Sie und wir sind berechtigt, den vorläufigen Versicherungsschutz jederzeit zu kündigen. Unsere Kündigung wird erst nach Ablauf von zwei Wochen ab Zugang der Kündigung bei Ihnen wirksam.

Beendigung des vorläufigen Versicherungsschutzes durch Widerruf

B.2.6 Widerrufen Sie den Versicherungsvertrag nach § 8 Versicherungsvertragsgesetz, endet der vorläufige Versicherungsschutz mit dem Zugang Ihrer Widerrufserklärung bei uns.

Beitrag für vorläufigen Versicherungsschutz

B.2.7 Für den Zeitraum des vorläufigen Versicherungsschutzes haben wir Anspruch auf einen der Laufzeit entsprechenden Teil des Beitrags.

§ 5 Kraftfahrtversicherung

C Beitragszahlung

C.1 **Zahlung des ersten oder einmaligen Beitrags**
Rechtzeitige Zahlung

C.1.1 Der im Versicherungsschein genannte erste oder einmalige Beitrag wird zwei Wochen nach Zugang des Versicherungsscheins fällig. Sie haben diesen Beitrag dann unverzüglich (d.h. spätestens innerhalb von 14 Tagen) zu zahlen.

Nicht rechtzeitige Zahlung

C.1.2 Zahlen Sie den ersten oder einmaligen Beitrag nicht rechtzeitig, haben Sie von Anfang an keinen Versicherungsschutz, es sei denn, Sie haben die Nichtzahlung oder verspätete Zahlung nicht zu vertreten. Haben Sie die nicht rechtzeitige Zahlung jedoch zu vertreten, beginnt der Versicherungsschutz erst ab der Zahlung.

C.1.3 Außerdem können wir vom Vertrag zurücktreten, solange der Beitrag nicht gezahlt ist. Der Rücktritt ist ausgeschlossen, wenn Sie die Nichtzahlung nicht zu vertreten haben. Nach dem Rücktritt können wir von Ihnen eine Geschäftsgebühr verlangen. Diese beträgt xx% des Jahresbeitrags für jeden angefangenen Monat ab dem beantragten Beginn des Versicherungsschutzes bis zu unserem Rücktritt, jedoch höchstens xx% des Jahresbeitrags.

C.2 **Zahlung des Folgebeitrags**
Rechtzeitige Zahlung

C.2.1 Ein Folgebeitrag ist zu dem im Versicherungsschein oder in der Beitragsrechnung angegebenen Zeitpunkt fällig und zu zahlen.

Nicht rechtzeitige Zahlung

C.2.2 Zahlen Sie einen Folgebeitrag nicht rechtzeitig, fordern wir Sie auf, den rückständigen Beitrag zuzüglich des Verzugsschadens (Kosten und Zinsen) innerhalb von zwei Wochen ab Zugang unserer Aufforderung zu zahlen.

C.2.3 Tritt ein Schadenereignis nach Ablauf der zweiwöchigen Zahlungsfrist ein und sind zu diesem Zeitpunkt diese Beträge noch nicht bezahlt, haben Sie keinen Versicherungsschutz. Wir bleiben jedoch zur Leistung verpflichtet, wenn Sie die verspätete Zahlung nicht zu vertreten haben.

C.2.4 Sind Sie mit der Zahlung dieser Beträge nach Ablauf der zweiwöchigen Zahlungsfrist noch in Verzug, können wir den Vertrag mit sofortiger Wirkung kündigen. Unsere Kündigung wird unwirksam, wenn Sie diese Beträge innerhalb eines Monats ab Zugang der Kündigung zahlen. Haben wir die Kündigung zu-

T. Allgemeine Bedingungen für die Kfz-Versicherung § 5

sammen mit der Mahnung ausgesprochen, wird die Kündigung unwirksam, wenn Sie innerhalb eines Monas nach Ablauf der in der Mahnung genannten Zahlungsfrist zahlen.

Für Schadenereignisse, die in der Zeit nach Ablauf der zweiwöchigen Zahlungsfrist bis zu Ihrer Zahlung eintreten, haben Sie keinen Versicherungsschutz. Versicherungsschutz besteht erst wieder für Schadenereignisse nach Ihrer Zahlung.

C.3 **Nicht rechtzeitige Zahlung bei Fahrzeugwechsel**
Versichern Sie anstelle Ihres bisher bei uns versicherten Fahrzeugs ein anderes Fahrzeug bei uns (Fahrzeugwechsel), wenden wir für den neuen Vertrag bei nicht rechtzeitiger Zahlung des ersten oder einmaligen Beitrags die für Sie günstigeren Regelungen zum Folgebeitrag nach C.2.2 bis C.2.4 an. Außerdem berufen wir uns nicht auf den rückwirkenden Wegfall des vorläufigen Versicherungsschutzes nach B.2.4. Dafür müssen folgende Voraussetzungen gegeben sein:

- Zwischen dem Ende der Versicherung des bisherigen Fahrzeugs und dem Beginn der Versicherung des anderen Fahrzeugs sind nicht mehr als sechs Monate vergangen,
- Fahrzeugart und Verwendungszweck der Fahrzeuge sind gleich.

Kündigen wir das Versicherungsverhältnis wegen Nichtzahlung, können wir von Ihnen eine Geschäftsgebühr entsprechend C.1.3 verlangen.

C.4 **Zahlungsperiode**
Beiträge für Ihre Versicherung müssen Sie entsprechend der vereinbarten Zahlungsperiode bezahlen. Die Zahlungsperiode ist die Versicherungsperiode nach § 12 Versicherungsvertragsgesetz. Welche Zahlungsperiode Sie mit uns vereinbart haben, können Sie Ihrem Versicherungsschein entnehmen.

Die Laufzeit des Vertrags, die sich von der Zahlungsperiode unterscheiden kann, ist in Abschnitt G geregelt.

C.5 **Beitragspflicht bei Nachhaftung in der Kfz-Haftpflichtversicherung**
Bleiben wir in der Kfz-Haftpflichtversicherung aufgrund § 117 Abs. 2 Versicherungsvertragsgesetz gegenüber einem Dritten trotz Beendigung des Versicherungsvertrages zur Leistung verpflichtet, haben wir Anspruch auf den Beitrag für die Zeit dieser Verpflichtung. Unsere Rechte nach § 116 Abs. 1 Versicherungsvertragsgesetz bleiben unberührt.

D **Welche Pflichten haben Sie beim Gebrauch des Fahrzeugs?**
D.1 **Bei allen Versicherungsarten**
Vereinbarter Verwendungszweck
  D.1.1 Das Fahrzeug darf nur zu dem im Versicherungsvertrag angegebenen Zweck verwendet werden.

<xx *Alternativformulierung für die Versicherer, die den Anhang verwenden:* >
[xx siehe Tabelle zur Begriffsbestimmung für Art und Verwendung des Fahrzeugs]

Berechtigter Fahrer

D.1.2 Das Fahrzeug darf nur von einem berechtigten Fahrer gebraucht werden. Berechtigter Fahrer ist, wer das Fahrzeug mit Wissen und Willen des Verfügungsberechtigten gebraucht. Außerdem dürfen Sie, der Halter oder der Eigentümer des Fahrzeugs es nicht wissentlich ermöglichen, dass das Fahrzeug von einem unberechtigten Fahrer gebraucht wird.

Fahren mit Fahrerlaubnis

D.1.3 Der Fahrer des Fahrzeugs darf das Fahrzeug auf öffentlichen Wegen oder Plätzen nur mit der erforderlichen Fahrerlaubnis benutzen. Außerdem dürfen Sie, der Halter oder der Eigentümer das Fahrzeug nicht von einem Fahrer benutzen lassen, der nicht die erforderliche Fahrerlaubnis hat.

Fahrzeuge mit Wechselkennzeichen

D.1.4 Der Fahrer darf ein mit einem Wechselkennzeichen zugelassenes Fahrzeug auf öffentlichen Wegen oder Plätzen nur benutzen, wenn es das nach § 8 Absatz 1a Fahrzeug-Zulassungsverordnung vorgeschriebene Wechselkennzeichen vollständig trägt. Außerdem dürfen Sie, der Halter oder der Eigentümer das Fahrzeug nur von einem Fahrer benutzen lassen, wenn es das nach § 8 Absatz 1a der Fahrzeug-Zulassungsverordnung vorgeschriebene Wechselkennzeichen vollständig trägt.

D.2 **Zusätzlich in der Kfz-Haftpflichtversicherung**

Alkohol und andere berauschende Mittel

D.2.1 Das Fahrzeug darf nicht gefahren werden, wenn der Fahrer durch alkoholische Getränke oder andere berauschende Mittel nicht in der Lage ist, das Fahrzeug sicher zu führen. Außerdem dürfen Sie, der Halter oder der Eigentümer des Fahrzeugs dieses nicht von einem Fahrer fahren lassen, der durch alkoholische Getränke oder andere berauschende Mittel nicht in der Lage ist, das Fahrzeug sicher zu führen.

Hinweis: Auch in der Kasko-, Autoschutzbrief- und Kfz-Unfallversicherung besteht für solche Fahrten nach A.2.16.1, A.3.9.1, A.4.10.2 kein oder eingeschränkter Versicherungsschutz.

Nicht genehmigte Rennen

D.2.2 Das Fahrzeug darf nicht zu Fahrtveranstaltungen und den dazugehörigen Übungsfahrten verwendet werden, bei denen es auf

Erzielung einer Höchstgeschwindigkeit ankommt und die behördlich nicht genehmigt sind.

Hinweis: Behördlich genehmigte kraftfahrt-sportliche Veranstaltungen sind vom Versicherungsschutz gemäß A.1.5.2 ausgeschlossen. Auch in der Kasko-, Autoschutzbrief- und Kfz-Unfallversicherung besteht für Fahrten, bei denen es auf die Erzielung einer Höchstgeschwindigkeit ankommt, nach A.2.16.2, A.3.9.2, A.4.10.3 kein Versicherungsschutz.

D.3 **Welche Folgen hat eine Verletzung dieser Pflichten?**
Leistungsfreiheit bzw. Leistungskürzung

D.3.1 Verletzen Sie vorsätzlich eine Ihrer in D.1 und D.2 geregelten Pflichten, haben Sie keinen Versicherungsschutz. Verletzen Sie Ihre Pflichten grob fahrlässig, sind wir berechtigt, unsere Leistung in einem der Schwere Ihres Verschuldens entsprechenden Verhältnis zu kürzen. Weisen Sie nach, dass Sie die Pflicht nicht grob fahrlässig verletzt haben, bleibt der Versicherungsschutz bestehen.

Bei einer Verletzung der Pflicht in der Kfz-Haftpflichtversicherung aus D.2.1 Satz 2 sind wir Ihnen, dem Halter oder Eigentümer gegenüber nicht von der Leistungspflicht befreit, soweit Sie, der Halter oder Eigentümer als Fahrzeuginsasse, der das Fahrzeug nicht geführt hat, einen Personenschaden erlitten haben.

D.3.2 Abweichend von D.3.1 sind wir zur Leistung verpflichtet, soweit die Pflichtverletzung weder für den Eintritt des Versicherungsfalls noch für den Umfang unserer Leistungspflicht ursächlich ist. Dies gilt nicht, wenn Sie die Pflicht arglistig verletzen.

Beschränkung der Leistungsfreiheit in der Kfz-Haftpflichtversicherung

D.3.3 In der Kfz-Haftpflichtversicherung ist die sich aus D.3.1 ergebende Leistungsfreiheit bzw. Leistungskürzung Ihnen und den mitversicherten Personen gegenüber auf den Betrag von höchstens je xx Euro beschränkt.[515] Außerdem gelten anstelle der vereinbarten Versicherungssummen die in Deutschland geltenden Mindestversicherungssummen.

Satz 1 und 2 gelten entsprechend, wenn wir wegen einer von Ihnen vorgenommenen Gefahrerhöhung (§§ 23, 26 Versicherungsvertragsgesetz) vollständig oder teilweise leistungsfrei sind.

---

515 Gem. § 5 Abs. 3 KfzPflVV darf die Leistungsfreiheit höchstens auf 5.000 Euro beschränkt werden.

D.3.4 Gegenüber einem Fahrer, der das Fahrzeug durch eine vorsätzlich begangene Straftat erlangt, sind wir vollständig von der Verpflichtung zur Leistung frei.

E Welche Pflichten haben Sie im Schadenfall?
E.1 Bei allen Versicherungsarten
Anzeigepflicht

E.1.1 Sie sind verpflichtet, uns jedes Schadenereignis, das zu einer Leistung durch uns führen kann, innerhalb einer Woche anzuzeigen.

E.1.2 Ermittelt die Polizei, die Staatsanwaltschaft oder eine andere Behörde im Zusammenhang mit dem Schadenereignis, sind Sie verpflichtet, uns dies und den Fortgang des Verfahrens (z.B. Strafbefehl, Bußgeldbescheid) unverzüglich anzuzeigen, auch wenn Sie uns das Schadenereignis bereits gemeldet haben.

Aufklärungspflicht

E.1.3 Sie sind verpflichtet, alles zu tun, was der Aufklärung des Schadenereignisses dienen kann. Dies bedeutet insbesondere, dass Sie unsere Fragen zu den Umständen des Schadenereignisses wahrheitsgemäß und vollständig beantworten müssen und den Unfallort nicht verlassen dürfen, ohne die erforderlichen Feststellungen zu ermöglichen.

Sie haben unsere für die Aufklärung des Schadenereignisses erforderlichen Weisungen zu befolgen.

Schadenminderungspflicht

E.1.4 Sie sind verpflichtet, bei Eintritt des Schadenereignisses nach Möglichkeit für die Abwendung und Minderung des Schadens zu sorgen.

Sie haben hierbei unsere Weisungen, soweit für Sie zumutbar, zu befolgen.

E.2 Zusätzlich in der Kfz-Haftpflichtversicherung
Bei außergerichtlich geltend gemachten Ansprüchen

E.2.1 Werden gegen Sie Ansprüche geltend gemacht, sind Sie verpflichtet, uns dies innerhalb einer Woche nach der Erhebung des Anspruchs anzuzeigen.

Anzeige von Kleinschäden

E.2.2 Wenn Sie einen Sachschaden, der voraussichtlich nicht mehr als xx Euro beträgt, selbst regulieren oder regulieren wollen, müssen Sie uns den Schadenfall erst anzeigen, wenn Ihnen die Selbstregulierung nicht gelingt.

Bei gerichtlich geltend gemachten Ansprüchen

E.2.3 Wird ein Anspruch gegen Sie gerichtlich geltend gemacht (z.b. Klage, Mahnbescheid), haben Sie uns dies unverzüglich anzuzeigen.

E.2.4 Sie haben uns die Führung des Rechtsstreits zu überlassen. Wir sind berechtigt, auch in Ihrem Namen einen Rechtsanwalt zu beauftragen, dem Sie Vollmacht sowie alle erforderlichen Auskünfte erteilen und angeforderte Unterlagen zur Verfügung stellen müssen.

Bei drohendem Fristablauf

E.2.5 Wenn Ihnen bis spätestens zwei Tage vor Fristablauf keine Weisung von uns vorliegt, müssen Sie gegen einen Mahnbescheid oder einen Bescheid einer Behörde fristgerecht den erforderlichen Rechtsbehelf einlegen.

E.3 **Zusätzlich in der Kaskoversicherung**

Anzeige des Versicherungsfalls bei Entwendung des Fahrzeugs

E.3.1 Bei Entwendung des Fahrzeugs oder mitversicherter Teile sind Sie abweichend von E.1.1 verpflichtet, uns dies unverzüglich in Schriftform anzuzeigen. Ihre Schadenanzeige muss von Ihnen unterschrieben sein.

Einholen unserer Weisung

E.3.2 Vor Beginn der Verwertung oder der Reparatur des Fahrzeugs haben Sie unsere Weisungen einzuholen, soweit die Umstände dies gestatten, und diese zu befolgen, soweit Ihnen dies zumutbar ist. Dies gilt auch für mitversicherte Teile.

Anzeige bei der Polizei

E.3.3 Übersteigt ein Entwendungs-, Brand- oder Wildschaden den Betrag von xx Euro, sind Sie verpflichtet, das Schadenereignis der Polizei unverzüglich anzuzeigen.

E.4 **Zusätzlich beim Autoschutzbrief**

Einholen unserer Weisung

E.4.1 Vor Inanspruchnahme einer unserer Leistungen haben Sie unsere Weisungen einzuholen, soweit die Umstände dies gestatten, und zu befolgen, soweit Ihnen dies zumutbar ist.

Untersuchung, Belege, ärztliche Schweigepflicht

E.4.2 Sie haben uns jede zumutbare Untersuchung über die Ursache und Höhe des Schadens und über den Umfang unserer Leistungspflicht zu gestatten, Originalbelege zum Nachweis der Schadenhöhe vorzulegen und die behandelnden Ärzte im Rahmen von § 213 Versicherungsvertragsgesetz von der Schweigepflicht zu entbinden.

§ 5 Kraftfahrtversicherung

E.5 **Zusätzlich in der Kfz-Unfallversicherung**
Anzeige des Todesfalls innerhalb 48 Stunden

E.5.1 Hat der Unfall den Tod einer versicherten Person zur Folge, müssen die aus dem Versicherungsvertrag Begünstigten uns dies innerhalb von 48 Stunden melden, auch wenn der Unfall schon angezeigt ist. Uns ist das Recht zu verschaffen, eine Obduktion durch einen von uns beauftragten Arzt vornehmen zu lassen.

Ärztliche Untersuchung, Gutachten, Entbindung von der Schweigepflicht

E.5.2 Nach einem Unfall sind Sie verpflichtet,

a unverzüglich einen Arzt hinzuzuziehen,
b den ärztlichen Anordnungen nachzukommen,
c die Unfallfolgen möglichst zu mindern,
d darauf hinzuwirken, dass von uns angeforderte Berichte und Gutachten alsbald erstellt werden,
e sich von einem von uns beauftragten Arzt untersuchen zu lassen, wobei wir die notwendigen Kosten, einschließlich eines Ihnen entstehenden Verdienstausfalls, tragen,
f Ärzte, die Sie – auch aus anderen Anlässen – behandelt oder untersucht haben, andere Versicherer, Versicherungsträger und Behörden von der Schweigepflicht im Rahmen von § 213 Versicherungsvertragsgesetz zu entbinden und zu ermächtigen, uns alle erforderlichen Auskünfte zu erteilen.

Frist zur Feststellung und Geltendmachung der Invalidität

E.5.3 Beachten Sie auch die 15-Monatsfrist für die Feststellung und Geltendmachung der Invalidität nach A.4.5.1.

E.6 **Welche Folgen hat eine Verletzung dieser Pflichten?**
Leistungsfreiheit bzw. Leistungskürzung

E.6.1 Verletzen Sie vorsätzlich eine Ihrer in E.1 bis E.5 geregelten Pflichten, haben Sie keinen Versicherungsschutz. Verletzen Sie Ihre Pflichten grob fahrlässig, sind wir berechtigt, unsere Leistung in einem der Schwere Ihres Verschuldens entsprechenden Verhältnis zu kürzen. Weisen Sie nach, dass Sie die Pflicht nicht grob fahrlässig verletzt haben, bleibt der Versicherungsschutz bestehen.

E.6.2 Abweichend von E.6.1 sind wir zur Leistung verpflichtet, soweit Sie nachweisen, dass die Pflichtverletzung weder für die Feststellung des Versicherungsfalls noch für die Feststellung oder den Umfang unserer Leistungspflicht ursächlich war. Dies gilt nicht, wenn Sie die Pflicht arglistig verletzen.

Beschränkung der Leistungsfreiheit in der Kfz-Haftpflichtversicherung

E.6.3 In der Kfz-Haftpflichtversicherung ist die sich aus E.6.1 ergebende Leistungsfreiheit bzw. Leistungskürzung Ihnen und den mitversicherten Personen gegenüber auf den Betrag von höchstens je xx Euro[516] beschränkt.

E.6.4 Haben Sie die Aufklärungs- oder Schadenminderungspflicht nach E.1.3 und E.1.4 vorsätzlich und in besonders schwerwiegender Weise verletzt (insbesondere bei unerlaubtem Entfernen vom Unfallort, unterlassener Hilfeleistung, bewusst wahrheitswidrigen Angaben uns gegenüber, erweitert sich die Leistungsfreiheit auf einen Betrag von höchstens je ... Euro.[517]

Vollständige Leistungsfreiheit in der Kfz-Haftpflichtversicherung

E.6.5 Verletzen Sie Ihre Pflichten in der Absicht, sich oder einem anderen dadurch einen rechtswidrigen Vermögensvorteil zu verschaffen, sind wir von unserer Leistungspflicht hinsichtlich des erlangten Vermögensvorteils vollständig frei.

Besonderheiten in der Kfz-Haftpflichtversicherung bei Rechtsstreitigkeiten

E.6.6 Verletzen Sie vorsätzlich Ihre Anzeigepflicht nach E.2.1 oder E.2.3 oder Ihre Pflicht nach E.2.4 und führt dies zu einer rechtskräftigen Entscheidung, die über den Umfang der nach Sach- und Rechtslage geschuldeten Entschädigung erheblich hinausgeht, sind wir außerdem von unserer Leistungspflicht hinsichtlich des von uns zu zahlenden Mehrbetrags vollständig frei. Bei grob fahrlässiger Verletzung dieser Pflichten sind wir berechtigt, unsere Leistung hinsichtlich dieses Mehrbetrags in einem der Schwere Ihres Verschuldens entsprechenden Verhältnis zu kürzen.

Mindestversicherungssummen

E.6.7 Verletzen Sie in der Kfz-Haftpflichtversicherung Ihre Pflichten nach E.1 und E.2 gelten anstelle der vereinbarten Versicherungssummen die in Deutschland geltenden Mindestversicherungssummen.

---

516 Gem. § 6 Abs. 1 KfzPflVV darf die Leistungsfreiheit höchstens auf 2.500 Euro beschränkt werden.
517 Gem. § 6 Abs. 3 KfzPflVV darf die Leistungsfreiheit höchstens auf 5.000 Euro beschränkt werden.

§ 5 Kraftfahrtversicherung

F Rechte und Pflichten der mitversicherten Personen

Pflichten mitversicherter Personen

F.1 Für mitversicherte Personen finden die Regelungen zu Ihren Pflichten sinngemäße Anwendung.

Ausübung der Rechte

F.2 Die Ausübung der Rechte der mitversicherten Personen aus dem Versicherungsvertrag steht nur Ihnen als Versicherungsnehmer zu, soweit nichts anderes geregelt ist. Andere Regelungen sind:
- Geltendmachen von Ansprüchen in der Kfz-Haftpflichtversicherung nach A.1.2,
- Geltendmachen von Ansprüchen durch namentlich Versicherte in der Kfz-Unfallversicherung nach A.4.2.6.

Auswirkungen einer Pflichtverletzung auf mitversicherte Personen

F.3 Sind wir Ihnen gegenüber von der Verpflichtung zur Leistung frei, so gilt dies auch gegenüber allen mitversicherten Personen.
Eine Ausnahme hiervon gilt in der Kfz-Haftpflichtversicherung: Mitversicherten Personen gegenüber können wir uns auf die Leistungsfreiheit nur berufen, wenn die der Leistungsfreiheit zugrunde liegenden Umstände in der Person des Mitversicherten vorliegen oder wenn diese Umstände der mitversicherten Person bekannt oder infolge grober Fahrlässigkeit nicht bekannt waren. Sind wir zur Leistung verpflichtet, gelten anstelle der vereinbarten Versicherungssummen die in Deutschland geltenden gesetzlichen Mindestversicherungssummen. Entsprechendes gilt, wenn wir trotz Beendigung des Versicherungsverhältnisses noch gegenüber dem geschädigten Dritten Leistungen erbringen. Der Rückgriff gegen Sie bleibt auch in diesen Ausnahmefällen bestehen.

G Laufzeit und Kündigung des Vertrags, Veräußerung des Fahrzeugs, Wagniswegfall

G.1 **Wie lange läuft der Versicherungsvertrag?**

Vertragsdauer

    G.1.1 Die Laufzeit Ihres Vertrags ergibt sich aus Ihrem Versicherungsschein.

Automatische Verlängerung

    G.1.2 Ist der Vertrag mit einer Laufzeit von einem Jahr abgeschlossen, verlängert er sich zum Ablauf um jeweils ein weiteres Jahr, wenn nicht Sie oder wir den Vertrag kündigen. Dies gilt auch, wenn für die erste Laufzeit nach Abschluss des Vertrags deshalb weniger als ein Jahr vereinbart ist, um die folgenden Versicherungsjahre zu einem bestimmten Kalendertag, z.B. dem 1. Januar eines jeden Jahres, beginnen zu lassen.

Versicherungskennzeichen
G.1.3 Der Versicherungsvertrag für ein Fahrzeug, das ein Versicherungskennzeichen führen muss (z.b. Mofa), endet mit dem Ablauf des Verkehrsjahres, ohne dass es einer Kündigung bedarf. Das Verkehrsjahr läuft vom 1. März bis Ende Februar des Folgejahres.
Verträge mit einer Laufzeit unter einem Jahr
G.1.4 Ist die Laufzeit ausdrücklich mit weniger als einem Jahr vereinbart, endet der Vertrag zu dem vereinbarten Zeitpunkt, ohne dass es einer Kündigung bedarf.

G.2 **Wann und aus welchem Anlass können Sie den Versicherungsvertrag kündigen?**
Kündigung zum Ablauf des Versicherungsjahres
G.2.1 Sie können den Vertrag zum Ablauf des Versicherungsjahres kündigen. Die Kündigung ist nur wirksam, wenn sie uns spätestens einen Monat vor Ablauf zugeht.
Kündigung des vorläufigen Versicherungsschutzes
G.2.2 Sie sind berechtigt, einen vorläufigen Versicherungsschutz zu kündigen. Die Kündigung wird sofort mit ihrem Zugang bei uns wirksam.
Kündigung nach einem Schadenereignis
G.2.3 Nach dem Eintritt eines Schadenereignisses können Sie den Vertrag kündigen. Die Kündigung muss uns innerhalb eines Monats nach Beendigung der Verhandlungen über die Entschädigung zugehen oder innerhalb eines Monats zugehen, nachdem wir in der Kfz-Haftpflichtversicherung unsere Leistungspflicht anerkannt oder zu Unrecht abgelehnt haben. Das gleiche gilt, wenn wir Ihnen in der Kfz-Haftpflichtversicherung die Weisung erteilen, es über den Anspruch des Dritten zu einem Rechtsstreit kommen zu lassen. Außerdem können Sie in der Kfz-Haftpflichtversicherung den Vertrag bis zum Ablauf eines Monats seit der Rechtskraft des im Rechtsstreit mit dem Dritten ergangenen Urteils kündigen.
G.2.4 Sie können bestimmen, ob die Kündigung sofort oder zu einem späteren Zeitpunkt, spätestens jedoch zum Ablauf des Vertrags, wirksam werden soll.
Kündigung bei Veräußerung oder Zwangsversteigerung des Fahrzeugs
G.2.5 Veräußern Sie das Fahrzeug oder wird es zwangsversteigert, geht der Vertrag nach G.7.1 oder G.7.6 auf den Erwerber über. Der Erwerber ist berechtigt, den Vertrag innerhalb eines Monats nach dem Erwerb, bei fehlender Kenntnis vom Bestehen der Versicherung innerhalb eines Monats ab Kenntnis, zu kün-

§ 5 Kraftfahrtversicherung

digen. Der Erwerber kann bestimmen, ob der Vertrag mit sofortiger Wirkung oder spätestens zum Ablauf des Vertrags endet.

G.2.6 Schließt der Erwerber für das Fahrzeug eine neue Versicherung ab und legt er bei der Zulassungsbehörde eine Versicherungsbestätigung vor, gilt dies automatisch als Kündigung des übergegangenen Vertrages. Die Kündigung wird zum Beginn der neuen Versicherung wirksam.

Kündigung bei Beitragserhöhung

G.2.7 Erhöhen wir aufgrund unseres Beitragsanpassungsrechts nach J.1 bis J.3 den Beitrag, können Sie den Vertrag innerhalb eines Monats nach Zugang unserer Mitteilung der Beitragserhöhung kündigen. Die Kündigung ist sofort wirksam, frühestens jedoch zu dem Zeitpunkt, zu dem die Beitragserhöhung wirksam geworden wäre. Wir teilen ihnen die Beitragserhöhung spätestens einen Monat vor dem Wirksamwerden mit und weisen Sie auf Ihr Kündigungsrecht hin. Zusätzlich machen wir bei einer Beitragserhöhung nach J.3 den Unterschied zwischen bisherigem und neuem Beitrag kenntlich.

Kündigung bei geänderter Verwendung des Fahrzeugs

G.2.8 Ändert sich die Art und Verwendung des Fahrzeugs nach K.5 und erhöht sich der Beitrag dadurch um mehr als 10%, können Sie den Vertrag innerhalb eines Monats nach Zugang unserer Mitteilung ohne Einhaltung einer Frist kündigen.

<Achtung! Es folgen zwei Varianten. Variante 1 für Versicherer, die nur das SF-System nach J.6 ändern wollen. Variante 2 für Versicherer, die auch die Tarifstruktur nach J.6 ändern wollen.

Kündigung bei Veränderung des Schadenfreiheitsrabatt-Systems

G.2.9 Ändern wir das Schadenfreiheitsrabatt-System nach J.6, können Sie den Vertrag innerhalb eines Monats nach Zugang unserer Mitteilung der Änderung kündigen. Die Kündigung ist sofort wirksam, frühestens jedoch zum Zeitpunkt des Wirksamwerdens der Änderung. Wir teilen Ihnen die Änderung spätestens einen Monat vor Wirksamwerden mit und weisen Sie auf Ihr Kündigungsrecht hin.

[xx Kündigung bei Veränderung der Tarifstruktur

G.2.9 Ändern wir unsere Tarifstruktur nach J.6, können Sie den Vertrag innerhalb eines Monats nach Zugang unserer Mitteilung der Änderung kündigen. Die Kündigung ist sofort wirksam, frühestens jedoch zum Zeitpunkt des Wirksamwerdens der Änderung. Wir teilen Ihnen die Änderung spätestens einen Monat vor Wirksamwerden mit und weisen Sie auf Ihr Kündigungsrecht hin.]

T. Allgemeine Bedingungen für die Kfz-Versicherung § 5

[xx Kündigung bei Bedingungsänderung
<Achtung! Nur, wenn Bedingungsänderung gem. N vereinbart>

G.2.10 Machen wir von unserem Recht zur Bedingungsanpassung nach N Gebrauch, können Sie den Vertrag innerhalb von sechs Wochen nach Zugang unserer Mitteilung kündigen. Die Kündigung ist sofort wirksam, frühestens jedoch zum Zeitpunkt des Wirksamwerdens der Bedingungsänderung. Wir teilen Ihnen die Änderung spätestens sechs Wochen vor dem Wirksamwerden mit und weisen Sie auf Ihr Kündigungsrecht hin.]

G.3 **Wann und aus welchem Anlass können wir den Versicherungsvertrag kündigen?**

Kündigung zum Ablauf

G.3.1 Wir können den Vertrag zum Ablauf des Versicherungsjahres kündigen. Die Kündigung ist nur wirksam, wenn sie Ihnen spätestens einen Monat vor Ablauf zugeht.

Kündigung des vorläufigen Versicherungsschutzes

G.3.2 Wir sind berechtigt, einen vorläufigen Versicherungsschutz zu kündigen. Die Kündigung wird nach Ablauf von zwei Wochen nach ihrem Zugang bei Ihnen wirksam.

Kündigung nach einem Schadenereignis

G.3.3 Nach dem Eintritt eines Schadenereignisses können wir den Vertrag kündigen. Die Kündigung muss Ihnen innerhalb eines Monats nach Beendigung der Verhandlungen über die Entschädigung oder innerhalb eines Monats zugehen, nachdem wir in der Kfz-Haftpflichtversicherung unsere Leistungspflicht anerkannt oder zu Unrecht abgelehnt haben. Das gleiche gilt, wenn wir Ihnen in der Kfz-Haftpflichtversicherung die Weisung erteilen, es über den Anspruch des Dritten zu einem Rechtsstreit kommen zu lassen. Außerdem können wir in der Kfz-Haftpflichtversicherung den Vertrag bis zum Ablauf eines Monats seit der Rechtskraft des im Rechtsstreit mit dem Dritten ergangenen Urteils kündigen.
Unsere Kündigung wird einen Monat nach ihrem Zugang bei Ihnen wirksam.

Kündigung bei Nichtzahlung des Folgebeitrags

G.3.4 Haben Sie einen ausstehenden Folgebeitrag zuzüglich Kosten und Zinsen trotz unserer Zahlungsaufforderung nach C.2.2 nicht innerhalb der zweiwöchigen Frist gezahlt, können wir den Vertrag mit sofortiger Wirkung kündigen. Unsere Kündigung wird unwirksam, wenn Sie diese Beträge innerhalb eines Monats ab Zugang der Kündigung zahlen (siehe auch C.2.4).

§ 5 Kraftfahrtversicherung

Kündigung bei Verletzung Ihrer Pflichten bei Gebrauch des Fahrzeugs

G.3.5 Haben Sie eine Ihrer Pflichten bei Gebrauch des Fahrzeugs nach D verletzt, können wir innerhalb eines Monats, nachdem wir von der Verletzung Kenntnis erlangt haben, den Vertrag mit sofortiger Wirkung kündigen. Dies gilt nicht, wenn Sie nachweisen, dass Sie die Pflicht weder vorsätzlich noch grob fahrlässig verletzt haben.

Kündigung bei geänderter Verwendung des Fahrzeugs

G.3.6 Ändert sich die Art und Verwendung des Fahrzeugs nach K.5, können wir den Vertrag mit sofortiger Wirkung kündigen. Können Sie nachweisen, dass die Änderung weder auf Vorsatz noch auf grober Fahrlässigkeit beruht, wird die Kündigung nach Ablauf von einem Monat nach ihrem Zugang bei Ihnen wirksam.

Kündigung bei Veräußerung oder Zwangsversteigerung des Fahrzeugs

G.3.7 Bei Veräußerung oder Zwangsversteigerung des Fahrzeugs nach G.7 können wir dem Erwerber gegenüber kündigen. Wir haben die Kündigung innerhalb eines Monats ab dem Zeitpunkt auszusprechen, zu dem wir von der Veräußerung oder Zwangsversteigerung Kenntnis erlangt haben. Unsere Kündigung wird einen Monat nach ihrem Zugang beim Erwerber wirksam.

G.4 **Kündigung einzelner Versicherungsarten**

G.4.1 Die Kfz-Haftpflicht-, Kasko-, Autoschutzbrief- und Kfz-Unfallversicherung sind jeweils rechtlich selbstständige Verträge. Die Kündigung eines dieser Verträge berührt das Fortbestehen anderer nicht.

G.4.2 Sie und wir sind berechtigt, bei Vorliegen eines Kündigungsanlasses zu einem dieser Verträge die gesamte Kfz-Versicherung für das Fahrzeug zu kündigen.

G.4.3 Kündigen wir von mehreren für das Fahrzeug abgeschlossenen Verträgen nur einen und teilen Sie uns innerhalb von zwei Wochen nach Zugang unserer Kündigung mit, dass Sie mit einer Fortsetzung der anderen ungekündigten Verträge nicht einverstanden sind, gilt die gesamte Kfz-Versicherung für das Fahrzeug als gekündigt. Dies gilt entsprechend für uns, wenn Sie von mehreren nur einen Vertrag kündigen.

G.4.4 Kündigen Sie oder wir nur den Autoschutzbrief, gelten G.4.2 und G.4.3 nicht.

G.4.5 G.4.1 und G.4.2 finden entsprechende Anwendung, wenn in einem Vertrag mehrere Fahrzeuge versichert sind.

T. Allgemeine Bedingungen für die Kfz-Versicherung §5

G.5 **Form und Zugang der Kündigung**
Jede Kündigung muss in Textform erfolgen und ist nur wirksam, wenn sie innerhalb der jeweiligen Frist zugeht.

G.6 **Beitragsabrechnung nach Kündigung**
Bei einer Kündigung vor Ablauf des Versicherungsjahres steht uns der auf die Zeit des Versicherungsschutzes entfallende Beitrag anteilig zu.

G.7 **Was ist bei Veräußerung des Fahrzeugs zu beachten?**
Übergang der Versicherung auf den Erwerber

G.7.1 Veräußern Sie Ihr Fahrzeug, geht die Versicherung auf den Erwerber über. Dies gilt nicht für die Kfz-Unfallversicherung.

G.7.2 Wir sind berechtigt und verpflichtet, den Beitrag entsprechend den Angaben des Erwerbers, wie wir sie bei einem Neuabschluss des Vertrags verlangen würden, anzupassen. Das gilt auch für die SF-Klasse des Erwerbers, die entsprechend seines bisherigen Schadenverlaufs ermittelt wird. Der neue Beitrag gilt ab dem Tag, der auf den Übergang der Versicherung folgt.

G.7.3 Den Beitrag für die laufende Zahlungsperiode können wir entweder von Ihnen oder vom Erwerber verlangen.

Anzeige der Veräußerung

G.7.4 Sie und der Erwerber sind verpflichtet, uns die Veräußerung des Fahrzeugs unverzüglich anzuzeigen. Unterbleibt die Anzeige, droht unter den Voraussetzungen des § 97 Versicherungsvertragsgesetz der Verlust des Versicherungsschutzes.

Kündigung des Vertrags

G.7.5 Im Falle der Veräußerung können der Erwerber nach G.2.5 und G.2.6 oder wir nach G.3.7 den Vertrag kündigen. Dann können wir den Beitrag nur von Ihnen verlangen.

Zwangsversteigerung

G.7.6 Die Regelungen G.7.1 bis G.7.5 sind entsprechend anzuwenden, wenn Ihr Fahrzeug zwangsversteigert wird.

G.8 **Wagniswegfall (z.B. durch Fahrzeugverschrottung)**
Fällt das versicherte Wagnis endgültig weg, steht uns der Beitrag bis zu dem Zeitpunkt zu, zu dem wir vom Wagniswegfall Kenntnis erlangen.

H **Außerbetriebsetzung, Saisonkennzeichen, Fahrten mit ungestempelten Kennzeichen**

H.1 **Was ist bei Außerbetriebsetzung zu beachten?**
Ruheversicherung

H.1.1 Wird das versicherte Fahrzeug außer Betrieb gesetzt und soll es zu einem späteren Zeitpunkt wieder zugelassen werden, wird dadurch der Vertrag nicht beendet.

§ 5 Kraftfahrtversicherung

H.1.2 Der Vertrag geht in eine beitragsfreie Ruheversicherung über, wenn die Zulassungsbehörde uns die Außerbetriebsetzung mitteilt, es sei denn, die Außerbetriebsetzung beträgt weniger als zwei Wochen oder Sie verlangen die uneingeschränkte Fortführung des bisherigen Versicherungsschutzes.

H.1.3 Die Regelungen nach H.1.1 und H.1.2 gelten nicht für Fahrzeuge mit Versicherungskennzeichen (z.B. Mofas), Wohnwagenanhänger sowie bei Verträgen mit ausdrücklich kürzerer Vertragsdauer als ein Jahr.

Umfang der Ruheversicherung

H.1.4 Mit der beitragsfreien Ruheversicherung gewähren wir Ihnen während der Dauer der Außerbetriebsetzung eingeschränkten Versicherungsschutz.

Der Ruheversicherungsschutz umfasst

– die Kfz-Haftpflichtversicherung,

– die Teilkaskoversicherung, wenn für das Fahrzeug im Zeitpunkt der Außerbetriebsetzung eine Voll- oder eine Teilkaskoversicherung bestand.

Ihre Pflichten bei der Ruheversicherung

H.1.5 Während der Dauer der Ruheversicherung sind Sie verpflichtet, das Fahrzeug in einem Einstellraum (z.B. einer Einzel- oder Sammelgarage) oder auf einem umfriedeten Abstellplatz (z.B. einem geschlossenen Hofraum) nicht nur vorübergehend abzustellen und das Fahrzeug außerhalb dieser Räumlichkeiten nicht zu gebrauchen. Verletzen Sie diese Pflicht, sind wir unter den Voraussetzungen nach D.3 leistungsfrei.

Wiederanmeldung

H.1.6 Wird das Fahrzeug wieder zum Verkehr zugelassen (Ende der Außerbetriebsetzung), lebt der ursprüngliche Versicherungsschutz wieder auf. Das Ende der Außerbetriebsetzung haben Sie uns unverzüglich anzuzeigen.

Ende des Vertrags und der Ruheversicherung

H.1.7 Der Vertrag und damit auch die Ruheversicherung enden xx Monate nach der Außerbetriebsetzung, ohne dass es einer Kündigung bedarf.

H.1.8 Melden Sie das Fahrzeug während des Bestehens der Ruheversicherung mit einer Versicherungsbestätigung eines anderen Versicherers wieder an, haben wir das Recht, den Vertrag fortzusetzen und den anderen Versicherer zur Aufhebung des Vertrags aufzufordern.

T. Allgemeine Bedingungen für die Kfz-Versicherung §5

H.2 **Welche Besonderheiten gelten bei Saisonkennzeichen?**

    H.2.1   Für Fahrzeuge, die mit einem Saisonkennzeichen zugelassen sind, gewähren wir den vereinbarten Versicherungsschutz während des auf dem amtlichen Kennzeichen dokumentierten Zeitraums (Saison).

    H.2.2   Außerhalb der Saison haben Sie Ruheversicherungsschutz nach H.1.4 und H.1.5.

    H.2.3   Für Fahrten außerhalb der Saison haben Sie innerhalb des für den Halter zuständigen Zulassungsbezirks und eines angrenzenden Bezirks in der Kfz-Haftpflichtversicherung Versicherungsschutz, wenn diese Fahrten im Zusammenhang mit dem Zulassungsverfahren oder wegen der Hauptuntersuchung, Sicherheitsprüfung oder Abgasuntersuchung durchgeführt werden.

H.3 **Fahrten mit ungestempelten Kennzeichen**

Versicherungsschutz in der Kfz-Haftpflichtversicherung und beim Autoschutzbrief

    H.3.1   In der Kfz-Haftpflichtversicherung und beim Autoschutzbrief besteht Versicherungsschutz auch für Zulassungsfahrten mit ungestempelten Kennzeichen. Dies gilt nicht für Fahrten, für die ein rotes Kennzeichen oder ein Kurzzeitkennzeichen geführt werden muss.

Was sind Zulassungsfahrten?

    H.3.2   Zulassungsfahrten sind Fahrten, die im Zusammenhang mit dem Zulassungsverfahren innerhalb des für den Halter zuständigen Zulassungsbezirks und eines angrenzenden Zulassungsbezirks ausgeführt werden. Das sind Rückfahrten von der Zulassungsbehörde nach Entfernung der Stempelplakette. Außerdem sind Fahrten zur Durchführung der Hauptuntersuchung, Sicherheitsprüfung oder Abgasuntersuchung oder Zulassung versichert, wenn die Zulassungsbehörde vorab ein ungestempeltes Kennzeichen zugeteilt hat.

I **Schadenfreiheitsrabatt-System**

I.1   **Einstufung in Schadenfreiheitsklassen (SF-Klassen)**

In der Kfz-Haftpflicht- und der Vollkaskoversicherung richtet sich die Einstufung Ihres Vertrags in eine SF-Klasse und der sich daraus ergebende Beitragssatz nach Ihrem Schadenverlauf. Siehe dazu die Tabellen in Anhang 1.

Dies gilt nicht für Fahrzeuge mit Versicherungskennzeichen, ... <xx *alle gewünschten WKZ und Kennzeichenarten aufführen* >

§ 5 Kraftfahrtversicherung

I.2 **Ersteinstufung**

I.2.1 **Ersteinstufung in SF-Klasse 0**
Beginnt Ihr Vertrag ohne Übernahme eines Schadenverlaufs nach I.6, wird er in die SF-Klasse 0 eingestuft.

I.2.2 **Sonderersteinstufung eines Pkw in SF-Klasse $^1/_2$ oder SF-Klasse 2**

I.2.2.1 Sonderersteinstufung in SF-Klasse $^1/_2$
Beginnt Ihr Vertrag für einen Pkw ohne Übernahme eines Schadenverlaufs nach I.6., wird er in die SF-Klasse $^1/_2$ eingestuft, wenn

a auf Sie bereits ein Pkw zugelassen ist, der zu diesem Zeitpunkt in der Kfz-Haftpflichtversicherung mindestens in die SF-Klasse $^1/_2$ eingestuft ist, oder

b auf Ihren Ehepartner, Ihren eingetragenen Lebenspartner oder Ihren mit Ihnen in häuslicher Gemeinschaft lebenden Lebenspartner bereits ein Pkw zugelassen ist, der zu diesem Zeitpunkt in der Kfz-Haftpflichtversicherung mindestens in die SF-Klasse $^1/_2$ eingestuft ist, und Sie seit mindestens einem Jahr eine gültige Fahrerlaubnis zum Führen von Pkw oder Krafträdern besitzen, die von einem Mitgliedstaat des Europäischen Wirtschaftsraums (EWR) erteilt wurde oder diesen nach I.2.5 gleichgestellt ist, oder

c Sie nachweisen, dass Sie aufgrund einer gültigen Fahrerlaubnis, die von einem Mitgliedstaat des Europäischen Wirtschaftsraums (EWR) erteilt wurde oder diesen nach I.2.5 gleichgestellt ist, seit mindestens drei Jahren zum Führen von Pkw oder von Krafträdern, die ein amtliches Kennzeichen führen müssen, berechtigt sind.

Die Sondereinstufung in die SF-Klasse $^1/_2$ gilt nicht für Pkw, die ein Ausfuhrkennzeichen, ein Kurzzeitkennzeichen oder ein rotes Kennzeichen führen.

I.2.2.2 Sonderersteinstufung in SF-Klasse 2
Beginnt Ihr Vertrag für einen Pkw ohne Übernahme eines Schadenverlaufs nach I.6, wird er in die SF-Klasse 2 eingestuft, wenn

– auf Sie, Ihren Ehepartner, Ihren eingetragenen Lebenspartner oder Ihren mit Ihnen in häuslicher Gemeinschaft lebenden Lebenspartner bereits ein Pkw zugelassen und bei uns versichert ist, der zu diesem Zeitpunkt in der Kfz-Haftpflichtversicherung mindestens in die SF-Klasse 2 eingestuft ist, und

– Sie seit mindestens einem Jahr eine gültige Fahrerlaubnis zum Führen von Pkw oder von Krafträdern besitzen, die von einem des Europäischen Wirtschaftsraums (EWR) erteilt wurde, und

T. Allgemeine Bedingungen für die Kfz-Versicherung § 5

- Sie und der jeweilige Fahrer mindestens das xx. Lebensjahr vollendet haben.

Die Sondereinstufung in die SF-Klasse 2 gilt nicht für Pkw, die ein Ausfuhrkennzeichen, ein Kurzzeitkennzeichen oder ein rotes Kennzeichen führen.

I.2.3 **Anrechnung des Schadenverlaufs der Kfz-Haftpflichtversicherung in der Vollkaskoversicherung**

Ist das versicherte Fahrzeug ein Pkw, ein Kraftrad oder ein Campingfahrzeug und schließen Sie neben der Kfz-Haftpflichtversicherung eine Vollkaskoversicherung mit einer Laufzeit von einem Jahr ab (siehe G.1.2), können Sie verlangen, dass die Einstufung nach dem Schadenverlauf der Kfz-Haftpflichtversicherung erfolgt. Dies gilt nicht, wenn für das versicherte Fahrzeug oder für ein Vorfahrzeug im Sinne von I.6.1.1 innerhalb der letzten 12 Monate vor Abschluss der Vollkaskoversicherung bereits eine Vollkaskoversicherung bestanden hat; in diesem Fall übernehmen wir den Schadenverlauf der Vollkaskoversicherung nach I.6.

I.2.4 **Führerscheinsonderregelung**

Hat Ihr Vertrag für einen Pkw oder ein Kraftrad in der Klasse SF 0 begonnen, stufen wir ihn auf Ihren Antrag besser ein, sobald Sie drei Jahre im Besitz einer Fahrerlaubnis für Pkw oder Krafträder sind und folgende Voraussetzungen gegeben sind:

- Der Vertrag ist schadenfrei verlaufen und
- Ihre Fahrerlaubnis ist von einem Mitgliedsstaat des Europäischen Wirtschaftsraums (EWR) ausgestellt worden oder diesen nach I.2.5. gleichgestellt.

I.2.5 **Gleichgestellte Fahrerlaubnisse**

Fahrerlaubnisse aus Staaten außerhalb des Europäischen Wirtschaftsraums (EWR) sind im Rahmen der SF-Ersteinstufung Fahrerlaubnissen aus einem Mitgliedsstaat des EWR gleichgestellt, wenn diese nach den Vorschriften der Fahrerlaubnisverordnung ohne weitere theoretische oder praktische Fahrprüfung umgeschrieben werden können oder nach Erfüllung der Auflagen umgeschrieben sind.

I.3 **Jährliche Neueinstufung**

Wir stufen Ihren Vertrag zum 1. Januar eines jeden Jahres nach seinem Schadenverlauf im vergangenen Kalenderjahr neu ein.

I.3.1 **Wirksamwerden der Neueinstufung**

Die Neueinstufung gilt ab der ersten Beitragsfälligkeit im neuen Kalenderjahr.

I.3.2 **Besserstufung bei schadenfreiem Verlauf**

Ist Ihr Vertrag während eines Kalenderjahres schadenfrei verlaufen und hat der Versicherungsschutz während dieser Zeit ununterbrochen bestan-

§ 5 Kraftfahrtversicherung

den, wird Ihr Vertrag in die nächst bessere SF-Klasse nach der jeweiligen Tabelle im Anhang 1 eingestuft.

I.3.3 **Besserstufung bei Saisonkennzeichen**
Ist das versicherte Fahrzeug mit einem Saisonkennzeichen zugelassen (siehe H.2), nehmen wir bei schadenfreiem Verlauf des Vertrags eine Besserstufung nach I.3.2 nur vor, wenn die Saison mindestens sechs Monate beträgt.

I.3.4 **Besserstufung bei Verträgen mit SF-Klassen [2], $^1/_2$, S, 0 oder M**
Hat der Versicherungsschutz während des gesamten Kalenderjahres ununterbrochen bestanden, stufen wir Ihren Vertrag aus der SF-Klasse, $^1/_2$, S, 0 oder M bei schadenfreiem Verlauf in die SF-Klasse 1 ein.
Hat Ihr Vertrag in der Zeit vom 2. Januar bis 1. Juli eines Kalenderjahres mit einer Einstufung in SF- Klasse [2], $^1/_2$ oder 0 begonnen und bestand bis zum 31. Dezember mindestens sechs Monate Versicherungsschutz, wird er bei schadenfreiem Verlauf zum 1. Januar des folgenden Kalenderjahres wie folgt eingestuft:

[xx von SF-Klasse 2   nach   SF-Klasse xx]
von SF-Klasse $^1/_2$ nach   SF-Klasse xx,
von SF-Klasse 0   nach   SF-Klasse xx.

I.3.5 **Rückstufung bei schadenbelastetem Verlauf**
Ist Ihr Vertrag während eines Kalenderjahres schadenbelastet verlaufen, wird er nach der jeweiligen Tabelle in Anhang 1 zurückgestuft. Maßgeblich ist der Tag der Schadenmeldung bei uns.

I.4 **Was bedeutet schadenfreier oder schadenbelasteter Verlauf?**

I.4.1 **Schadenfreier Verlauf**

I.4.1.1 Ein schadenfreier Verlauf des Vertrags liegt vor, wenn der Versicherungsschutz von Anfang bis Ende eines Kalenderjahres ununterbrochen bestanden hat und uns in dieser Zeit kein Schadenereignis gemeldet worden ist, für das wir Entschädigungen leisten oder Rückstellungen bilden mussten. Dazu zählen nicht Kosten für Gutachter, Rechtsberatung und Prozesse.

I.4.1.2 Trotz Meldung eines Schadenereignisses gilt der Vertrag jeweils als schadenfrei, wenn
a wir nur aufgrund von Abkommen der Versicherungsunternehmen untereinander oder mit Sozialversicherungsträgern oder wegen der Ausgleichspflicht aufgrund einer Mehrfachversicherung Entschädigungen leisten oder Rückstellungen bilden oder
b wir Rückstellungen für das Schadenereignis in den drei auf die Schadenmeldung folgenden Kalenderjahren auflösen, ohne eine Entschädigung geleistet zu haben oder

T. Allgemeine Bedingungen für die Kfz-Versicherung § 5

      c der Schädiger oder dessen Haftpflichtversicherung uns unsere Entschädigung in vollem Umfang erstattet oder
      d wir in der Vollkaskoversicherung für ein Schadenereignis, das unter die Teilkaskoversicherung fällt, Entschädigungen leisten oder Rückstellungen bilden oder
      e Sie Ihre Vollkaskoversicherung nur deswegen in Anspruch nehmen, weil eine Person mit einer gesetzlich vorgeschriebenen Haftpflichtversicherung für das Schadenereignis zwar in vollem Umfang haftet, Sie aber gegenüber dem Haftpflichtversicherer keinen Anspruch haben, weil dieser den Versicherungsschutz ganz oder teilweise versagt hat.

I.4.2 **Schadenbelasteter Verlauf**

    I.4.2.1 Ein schadenbelasteter Verlauf des Vertrags liegt vor, wenn Sie uns während eines Kalenderjahres ein oder mehrere Schadenereignisse melden, für die wir Entschädigungen leisten oder Rückstellungen bilden müssen. Hiervon ausgenommen sind die Fälle nach I.4.1.2.

    I.4.2.2 Gilt der Vertrag trotz einer Schadenmeldung zunächst als schadenfrei, leisten wir jedoch in einem folgenden Kalenderjahr Entschädigungen oder bilden Rückstellungen für diesen Schaden, stufen wir Ihren Vertrag zum 1. Januar des dann folgenden Kalenderjahres zurück.

I.5 **Wie Sie eine Rückstufung in der Kfz-Haftpflichtversicherung vermeiden können**

Sie können eine Rückstufung in der Kfz-Haftpflichtversicherung vermeiden, wenn Sie uns unsere Entschädigung freiwillig, also ohne vertragliche oder gesetzliche Verpflichtung erstatten. Um Ihnen hierzu Gelegenheit zu geben, unterrichten wir Sie nach Abschluss der Schadenregulierung über die Höhe unserer Entschädigung, wenn diese nicht mehr als 500 € beträgt. Erstatten Sie uns die Entschädigung innerhalb von sechs Monaten nach unserer Mitteilung, wird Ihr Kfz-Haftpflichtversicherungsvertrag als schadenfrei behandelt.

Haben wir Sie über den Abschluss der Schadenregulierung und über die Höhe des Erstattungsbetrags unterrichtet und müssen wir danach im Zuge einer Wiederaufnahme der Schadenregulierung eine weitere Entschädigung leisten, führt dies nicht zu einer Erhöhung des Erstattungsbetrags.

I.6 **Übernahme eines Schadenverlaufs**

I.6.1 **In welchen Fällen wird ein Schadenverlauf übernommen?**

Der Schadenverlauf eines anderen Vertrags – auch wenn dieser bei einem anderen Versicherer bestanden hat – wird auf den Vertrag des versicherten Fahrzeugs unter den Voraussetzungen nach I.6.2 und I.6.3 in folgenden Fällen übernommen:

Fahrzeugwechsel

I.6.1.1 Sie haben das versicherte Fahrzeug anstelle eines anderen Fahrzeugs angeschafft.

Rabatt-Tausch

I.6.1.2 a Sie besitzen neben dem versicherten Fahrzeug noch ein anderes Fahrzeug und veräußern dieses oder setzen es ohne Ruheversicherung außer Betrieb und beantragen die Übernahme des Schadenverlaufs.

I.6.1.2 b Sie versichern ein weiteres Fahrzeug, das überwiegend von demselben Personenkreis benutzt werden soll, wie das bereits versicherte und beantragen, dass der Schadenverlauf von dem bisherigen auf das weitere Fahrzeug übertragen wird.

Schadenverlauf einer anderen Person

I.6.1.3 Das Fahrzeug einer anderen Person wurde überwiegend von Ihnen gefahren und Sie beantragen die Übernahme des Schadenverlaufs.

Versichererwechsel

I.6.1.4 Sie sind mit Ihrem Fahrzeug von einem anderen Versicherer zu uns gewechselt.

I.6.2 **Welche Voraussetzungen gelten für die Übernahme?**

Für die Übernahme eines Schadenverlaufs gelten folgende Voraussetzungen:

Fahrzeuggruppe

I.6.2.1 Die Fahrzeuge, zwischen denen der Schadenverlauf übertragen wird, gehören derselben Fahrzeuggruppe an, oder das Fahrzeug, von dem der Schadenverlauf übernommen wird, gehört einer höheren Fahrzeuggruppe an als das Fahrzeug, auf das übertragen wird.

    a Untere Fahrzeuggruppe:

       Pkw, Leichtkrafträder, Krafträder, Campingfahrzeuge, Lieferwagen, Gabelstapler, Kranken- und Leichenwagen.

    b Mittlere Fahrzeuggruppe:

       Taxen, Mietwagen, Lkw und Zugmaschinen im Werkverkehr.

    c Obere Fahrzeuggruppe:

       Lkw und Zugmaschinen im gewerblichen Güterverkehr, Kraftomnibusse sowie Abschleppwagen.

T. Allgemeine Bedingungen für die Kfz-Versicherung § 5

Eine Übertragung ist zudem möglich
- von einem Lieferwagen auf einen Lkw oder eine Zugmaschine im Werkverkehr bis xx kW,
- von einem Pkw mit 7 bis 9 Plätzen einschließlich Mietwagen und Taxen auf einen
- Kraftomnibus mit nicht mehr als xx Plätzen (ohne Fahrersitz).

Gemeinsame Übernahme des Schadenverlaufs in der Kfz-Haftpflicht- und der Vollkaskoversicherung

I.6.2.2 Wir übernehmen die Schadenverläufe in der Kfz-Haftpflicht- und in der Vollkaskoversicherung nur zusammen.

Zusätzliche Regelung für die Übernahme des Schadenverlaufs von einer anderen Person nach I.6.1.3

I.6.2.3 Wir übernehmen den Schadenverlauf von einer anderen Person nur für den Zeitraum, in dem das Fahrzeug der anderen Person überwiegend von Ihnen gefahren wurde, und unter folgenden Voraussetzungen:

a Es handelt sich bei der anderen Person um Ihren Ehepartner, Ihren eingetragenen Lebenspartner, Ihren mit Ihnen in häuslicher Gemeinschaft lebenden Lebenspartner, ein Elternteil, Ihr Kind oder Ihren Arbeitgeber;

b Sie machen den Zeitraum, in dem das Fahrzeug der anderen Person überwiegend von Ihnen gefahren wurde glaubhaft; hierzu gehört insbesondere
- eine schriftliche Erklärung von Ihnen und der anderen Person; ist die andere Person verstorben, ist die Erklärung durch Sie ausreichend;
- die Vorlage einer Kopie Ihres Führerscheins zum Nachweis dafür, dass Sie für den entsprechenden Zeitraum im Besitz einer gültigen Fahrerlaubnis waren;

c die andere Person ist mit der Übertragung ihres Schadenverlaufs an Sie einverstanden und gibt damit ihren Schadenfreiheitsrabatt in vollem Umfang auf;

d die Nutzung des Fahrzeugs der anderen Person durch Sie liegt bei der Übernahme nicht mehr als xx Monate zurück.

I.6.3 **Wie wirkt sich eine Unterbrechung des Versicherungsschutzes auf den Schadenverlauf aus?**

Im Jahr der Übernahme

I.6.3.1 Nach einer Unterbrechung des Versicherungsschutzes (Außerbetriebsetzung, Saisonkennzeichen außerhalb der Saison, Vertragsbeendigung, Veräußerung, Wagniswegfall) gilt:

§5 Kraftfahrtversicherung

a Beträgt die Unterbrechung höchstens sechs Monate, übernehmen wir den Schadenverlauf, als wäre der Versicherungsschutz nicht unterbrochen worden.
b Beträgt die Unterbrechung mehr als sechs und höchstens zwölf Monate, übernehmen wir den Schadenverlauf, wie er vor der Unterbrechung bestand.
c Beträgt die Unterbrechung mehr als zwölf Monate, ziehen wir beim Schadenverlauf für jedes weitere angefangene Kalenderjahr seit der Unterbrechung ein schadenfreies Jahr ab.
d Beträgt die Unterbrechung mehr als sieben Jahre, übernehmen wir den schadenfreien Verlauf nicht.

Sofern neben einer Rückstufung aufgrund einer Unterbrechung von mehr als einem Jahr gleichzeitig eine Rückstufung aufgrund einer Schadenmeldung zu erfolgen hat, ist zunächst die Rückstufung aufgrund des Schadens, danach die Rückstufung aufgrund der Unterbrechung vorzunehmen.

Im Folgejahr nach der Übernahme

I.6.3.2 In dem auf die Übernahme folgenden Kalenderjahr richtet sich die Einstufung des Vertrags nach dessen Schadenverlauf und danach, wie lange der Versicherungsschutz in dem Kalenderjahr der Übernahme bestand:

a Bestand der Versicherungsschutz im Kalenderjahr der Übernahme mindestens sechs Monate, wird der Vertrag entsprechend seines Verlaufs so eingestuft, als hätte er ein volles Kalenderjahr bestanden.
b Bestand der Versicherungsschutz im Kalenderjahr der Übernahme weniger als sechs Monate, unterbleibt eine Besserstufung trotz schadenfreien Verlaufs.

I.6.4 **Übernahme des Schadenverlaufs nach Betriebsübergang**

Haben Sie einen Betrieb und dessen zugehörige Fahrzeuge übernommen, übernehmen wir den Schadenverlauf dieser Fahrzeuge unter folgenden Voraussetzungen:

- Der bisherige Betriebsinhaber ist mit der Übernahme des Schadenverlaufs durch Sie einverstanden und gibt damit den Schadenfreiheitsrabatt in vollem Umfang auf,
- Sie machen glaubhaft, dass sich durch die Übernahme des Betriebs die bisherige Risikosituation nicht verändert hat.

I.7 **Einstufung nach Abgabe des Schadenverlaufs**

I.7.1 Die Schadenverläufe in der Kfz-Haftpflicht- und der Vollkaskoversicherung können nur zusammen abgegeben werden.

I.7.2 Nach einer Abgabe des Schadenverlaufs Ihres Vertrags stufen wir diesen in die SF-Klasse ein, die Sie bei Ersteinstufung Ihres

		Vertrages nach I.2 bekommen hätten. Befand sich Ihr Vertrag in der SF-Klasse M oder S, bleibt diese Einstufung bestehen.
	I.7.3	Wir sind berechtigt, den Mehrbeitrag aufgrund der Umstellung Ihres Vertrags nachzuerheben.
I.8	**Auskünfte über den Schadenverlauf**	
	I.8.1	Wir sind berechtigt, uns bei Übernahme eines Schadenverlaufs folgende Auskünfte vom Vorversicherer geben zu lassen:

- Art und Verwendung des Fahrzeugs,
- Beginn und Ende des Vertrags für das Fahrzeug,
- Schadenverlauf des Fahrzeugs in der Kfz-Haftpflicht- und der Vollkaskoversicherung,
- Unterbrechungen des Versicherungsschutzes des Fahrzeugs, die sich noch nicht auf dessen letzte Neueinstufung ausgewirkt haben,
- ob für ein Schadenereignis Rückstellungen innerhalb von drei Jahren nach deren Bildung aufgelöst worden sind, ohne dass Zahlungen geleistet worden sind und
- ob Ihnen oder einem anderen Versicherer bereits entsprechende Auskünfte erteilt worden sind.

I.8.2   Versichern Sie nach Beendigung Ihres Vertrags in der Kfz-Haftpflicht- und der Vollkaskoversicherung Ihr Fahrzeug bei einem anderen Versicherer, sind wir berechtigt und verpflichtet, diesem auf Anfrage Auskünfte zu Ihrem Vertrag und dem versicherten Fahrzeug nach I. 8.1 zu geben.
Unsere Auskunft bezieht sich nur auf den tatsächlichen Schadenverlauf. Sondereinstufungen – mit Ausnahme der Regelung nach I.2.2.1 – werden nicht berücksichtigt.

I.8.3   Ist Ihr Vertrag bei Beendigung nach der maßgeblichen Tabelle zum Schadenfreiheitsrabatt-System in Anhang 1 in die SF-Klasse M, 0 oder S eingestuft oder wäre er bei Fortbestehen dort einzustufen, sind wir berechtigt, dies der zuständigen Gemeinschaftseinrichtung der Versicherer mitzuteilen. Dies ist derzeit die GDV Dienstleistungs-GmbH & Co. KG, Glockengießerwall 1, 20095 Hamburg. Ihre SF-Klasse wird dort für andere Versicherer nach I.8.4 abrufbar sein.

I.8.4   Geben Sie in Ihrem Antrag keine Vorversicherung an, sind wir berechtigt, bei der zuständigen Gemeinschaftseinrichtung der Versicherer nachzufragen, ob Ihr Vertrag bei einem Vorversicherer in die SF-Klassen M, 0 oder S einzustufen war.

§ 5 Kraftfahrtversicherung

J Beitragsänderung aufgrund tariflicher Maßnahmen

J.1 Typklasse

Richtet sich der Versicherungsbeitrag nach dem Typ Ihres Fahrzeugs, können Sie Ihrem Versicherungsschein entnehmen, welcher Typklasse Ihr Fahrzeug zu Beginn des Vertrags zugeordnet worden ist.

Ein unabhängiger Treuhänder ermittelt jährlich, ob und in welchem Umfang sich der Schadenbedarf Ihres Fahrzeugtyps im Verhältnis zu dem aller Fahrzeugtypen erhöht oder verringert hat. Ändert sich der Schadenbedarf Ihres Fahrzeugtyps im Verhältnis zu dem aller Fahrzeugtypen, kann dies zu einer Zuordnung in eine andere Typklasse führen. Die damit verbundene Beitragsänderung wird mit Beginn des nächsten Versicherungsjahres wirksam.

[xx Die Klassengrenzen können Sie der Tabelle im Anhang 3 entnehmen.]

J.2 Regionalklasse

Richtet sich der Versicherungsbeitrag nach dem Wohnsitz des Halters, wird Ihr Fahrzeug einer Regionalklasse zugeordnet. Maßgeblich ist der Wohnsitz, den uns die Zulassungsbehörde zu Ihrem Fahrzeug mitteilt. Ihrem Versicherungsschein können Sie entnehmen, welcher Regionalklasse Ihr Fahrzeug zu Beginn des Vertrags zugeordnet worden ist.

Ein unabhängiger Treuhänder ermittelt jährlich, ob und in welchem Umfang sich der Schadenbedarf der Region, in welcher der Wohnsitz des Halters liegt, im Verhältnis zu allen Regionen erhöht oder verringert hat. Ändert sich der Schadenbedarf Ihrer Region im Verhältnis zu dem aller Regionen, kann dies zu einer Zuordnung in eine andere Regionalklasse führen. Die damit verbundene Beitragsänderung wird mit Beginn des nächsten Versicherungsjahres wirksam.

[xx Die Klassengrenzen können Sie der Tabelle im Anhang 4 entnehmen.]

J.3 Tarifänderung

<xx *Redaktioneller Hinweis: Ein Mustertext wie zu § 9a AKB a.F. wird nicht bekannt gemacht.* >

J.4 Kündigungsrecht

Führt eine Änderung nach J.1 bis J.3 in der Kfz-Haftpflichtversicherung zu einer Beitragserhöhung, so haben Sie nach G.2.7 ein Kündigungsrecht. Werden mehrere Änderungen gleichzeitig wirksam, so besteht Ihr Kündigungsrecht nur, wenn die Änderungen in Summe zu einer Beitragserhöhung führen.

Dies gilt für die Kaskoversicherung entsprechend.

T. Allgemeine Bedingungen für die Kfz-Versicherung § 5

J.5 **Gesetzliche Änderung des Leistungsumfangs in der Kfz-Haftpflichtversicherung**
In der Kfz-Haftpflichtversicherung sind wir berechtigt, den Beitrag zu erhöhen, sobald wir aufgrund eines Gesetzes, einer Verordnung oder einer EU-Richtlinie dazu verpflichtet werden, den Leistungsumfang oder die Versicherungssummen zu erhöhen.
<*xx Achtung! Es folgen zwei Varianten. Variante 1 für Versicherer, die nur das SF-System nach Anlage 1 verwenden wollen. Variante 2 für Versicherer, die auch die Tarifmerkmale nach Anhang 2 verwenden wollen.*>

J.6 **Änderung des SF-Klassen-Systems**
Wir sind berechtigt, die Bestimmungen für die SF-Klassen nach Abschnitt I und Anhang 1 zu ändern, wenn ein unabhängiger Treuhänder bestätigt, dass die geänderten Bestimmungen den anerkannten Grundsätzen der Versicherungsmathematik und Versicherungstechnik entsprechen. Die geänderten Bestimmungen werden mit Beginn des nächsten Versicherungsjahres wirksam.
In diesem Fall haben Sie nach G.2.9 ein Kündigungsrecht.

[J.6 **xx Änderung der Tarifstruktur**]
Wir sind berechtigt, die Bestimmungen für SF-Klassen, Regionalklassen, Typklassen, Abstellort, jährliche Fahrleistung, xx < *ggf. zu ergänzen* > zu ändern, wenn ein unabhängiger Treuhänder bestätigt, dass die geänderten Bestimmungen den anerkannten Grundsätzen der Versicherungsmathematik und Versicherungstechnik entsprechen. Die geänderten Bestimmungen werden mit Beginn des nächsten Versicherungsjahres wirksam.
In diesem Fall haben Sie nach G.2.9 ein Kündigungsrecht.

K **Beitragsänderung aufgrund eines bei Ihnen eingetretenen Umstands**

K.1 **Änderung des Schadenfreiheitsrabatts**
Ihr Beitrag kann sich aufgrund der Regelungen zum Schadenfreiheitsrabatt-System nach Abschnitt I ändern.

K.2 **Änderung von Merkmalen zur Beitragsberechnung**
Welche Änderungen werden berücksichtigt?

K.2.1 Ändert sich während der Laufzeit des Vertrags ein im Versicherungsschein unter der Überschrift xx aufgeführtes Merkmal zur Beitragsberechnung, berechnen wir den Beitrag neu. Dies kann zu einer Beitragssenkung oder zu einer Beitragserhöhung führen.

<xx *Alternativformulierung für Versicherer, die die Anhänge 2 und 5 verwenden*:

K.2.1 Ändert sich während der Laufzeit des Vertrags ein Merkmal zur Beitragsberechnung gemäß Anhang 2 „Merkmale zur Bei-

§ 5 Kraftfahrtversicherung

tragsberechnung" und Anhang 5 „Berufsgruppen (Tarifgruppen)" berechnen wir den Beitrag neu. Dies kann zu einer Beitragssenkung oder zu einer Beitragserhöhung führen. >

Auswirkung auf den Beitrag

K.2.2 Der neue Beitrag gilt ab dem Tag der Änderung.

K.2.3 Ändert sich die im Versicherungsschein aufgeführte Jahresfahrleistung, gilt abweichend von K.2.2 der neue Beitrag rückwirkend ab Beginn des laufenden Versicherungsjahres.

K.3 **Änderung der Regionalklasse wegen Wohnsitzwechsels**

Wechselt der Halter seinen Wohnsitz und wird dadurch Ihr Fahrzeug einer anderen Regionalklasse zugeordnet, richtet sich der Beitrag ab der Ummeldung bei der Zulassungsbehörde nach der neuen Regionalklasse.

K.4 **Ihre Mitteilungspflichten zu den Merkmalen zur Beitragsberechnung**

Anzeige von Änderungen

K.4.1 Die Änderung eines im Versicherungsschein unter der Überschrift < xx *konkrete Bezeichnung eintragen* > aufgeführten Merkmals zur Beitragsberechnung müssen Sie uns unverzüglich anzeigen.

Überprüfung der Merkmale zur Beitragsberechnung

K.4.2 Wir sind berechtigt zu überprüfen, ob die bei Ihrem Vertrag berücksichtigten Merkmale zur Beitragsberechnung zutreffen. Auf Anforderung haben Sie uns entsprechende Bestätigungen oder Nachweise vorzulegen.

Folgen von unzutreffenden Angaben

K.4.3 Haben Sie unzutreffende Angaben zu Merkmalen zur Beitragsberechnung gemacht oder Änderungen nicht angezeigt und ist deshalb ein zu niedriger Beitrag berechnet worden, gilt rückwirkend ab Beginn des laufenden Versicherungsjahres der Beitrag, der den tatsächlichen Merkmalen zur Beitragsberechnung entspricht.

K.4.4 Haben Sie vorsätzlich unzutreffende Angaben gemacht oder Änderungen vorsätzlich nicht angezeigt und ist deshalb ein zu niedriger Beitrag berechnet worden, ist zusätzlich zur Beitragserhöhung eine Vertragsstrafe in Höhe von xx zu zahlen.

Folgen von Nichtangaben

K.4.5 Kommen Sie unserer Aufforderung schuldhaft nicht nach, Bestätigungen oder Nachweise vorzulegen, sind wir berechtigt, den Beitrag rückwirkend ab Beginn des laufenden Versiche-

rungsjahres nach den für Sie ungünstigsten Annahmen zu berechnen, wenn
- wir Sie in Textform auf den dann zu zahlenden Beitrag und die dabei zugrunde gelegten Annahmen hingewiesen haben
- und Sie auch innerhalb einer von uns gesetzten Antwortfrist von mindestens X [nicht weniger als 4] Wochen die zur Überprüfung der Beitragsrechnung angeforderten Bestätigungen oder Nachweise nicht nachreichen.

K.5 **Änderung der Art und Verwendung des Fahrzeugs**
Ändert sich die im Versicherungsschein ausgewiesene Art und Verwendung des Fahrzeugs <xx *bei Verwendung des Anhangs: „gemäß der Tabelle in Anhang 6"* >, müssen Sie uns dies anzeigen. Bei der Zuordnung nach der Verwendung des Fahrzeugs gelten ziehendes Fahrzeug und Anhänger als Einheit, wobei das höhere Wagnis maßgeblich ist.
Wir können in diesem Fall den Versicherungsvertrag nach G.3.6 kündigen oder den Beitrag ab der Änderung anpassen.
Erhöhen wir den Beitrag um mehr als 10%, haben Sie ein Kündigungsrecht nach G.2.8.

L Meinungsverschiedenheiten und Gerichtsstände

L.1 Wenn Sie mit uns einmal nicht zufrieden sind
Versicherungsombudsmann
L.1.1 Wenn Sie als Verbraucher mit unserer Entscheidung nicht zufrieden sind oder eine Verhandlung mit uns einmal nicht zu dem von Ihnen gewünschten Ergebnis geführt hat, können Sie sich an den Ombudsmann für Versicherungen wenden (Ombudsmann e.V., Postfach 080632, 10006 Berlin; E-Mail: beschwerde@versicherungsombudsmann.de; Tel.: 0180 4224424, Fax 0180 4224425 (jeweils 0,20 EUR je Anruf aus dem Festnetz; Anrufe aus Mobilfunknetzen max. 042, EUR pro Minute bei Abrechnung im 60 Sekunden-Takt). Der Ombudsmann für Versicherungen ist eine unabhängige und für Verbraucher kostenfrei arbeitende Schlichtungsstelle. Voraussetzung für das Schlichtungsverfahren vor dem Ombudsmann ist aber, dass Sie uns zunächst die Möglichkeit gegeben haben, unsere Entscheidung zu überprüfen.

Versicherungsaufsicht
L.1.2 Sind Sie mit unserer Betreuung nicht zufrieden oder treten Meinungsverschiedenheiten bei der Vertragsabwicklung auf, können Sie sich auch an die für uns zuständige Aufsicht wenden. Als Versicherungsunternehmen unterliegen wir der Auf-

§ 5 Kraftfahrtversicherung

sicht der Bundesanstalt für Finanzdienstleistungsaufsicht (BAFin), Sektor Versicherungsaufsicht, Graurheindorfer Straße 108, 53117 Bonn; E-Mail: poststelle@bafin.de; Tel.: 0228 4108–0; Fax 0228 4108 – 1550. Bitte beachten Sie, dass die BAFin keine Schiedsstelle ist und einzelne Streitfälle nicht verbindlich entscheiden kann.

Rechtsweg

L.1.3 Außerdem haben Sie die Möglichkeit, den Rechtsweg zu beschreiten.

Hinweis: Beachten Sie bei Meinungsverschiedenheiten über die Höhe des Schadens in der Kaskoversicherung das Sachverständigenverfahren nach A.2.17.

L.2 **Gerichtsstände**

Wenn Sie uns verklagen

L.2.1 Ansprüche aus Ihrem Versicherungsvertrag können Sie insbesondere bei folgenden Gerichten geltend machen:
- dem Gericht, das für Ihren Wohnsitz örtlich zuständig ist,
- dem Gericht, das für unseren Geschäftssitz oder für die Sie betreuende Niederlassung örtlich zuständig ist.

Wenn wir Sie verklagen

L.2.2 Wir können Ansprüche aus dem Versicherungsvertrag insbesondere bei folgenden Gerichten geltend machen:
- dem Gericht, das für Ihren Wohnsitz örtlich zuständig ist,
- dem Gericht des Ortes, an dem sich der Sitz oder die Niederlassung Ihres Betriebs befindet, wenn Sie den Versicherungsvertrag für Ihren Geschäfts- oder Gewerbebetrieb abgeschlossen haben.

Sie haben Ihren Wohnsitz oder Geschäftssitz ins Ausland verlegt

L.2.3 Für den Fall, dass Sie Ihren Wohnsitz, Geschäftssitz oder gewöhnlichen Aufenthalt außerhalb Deutschlands verlegt haben oder Ihr Wohnsitz, Geschäftssitz oder gewöhnlicher Aufenthalt im Zeitpunkt der Klageerhebung nicht bekannt ist, gilt abweichend der Regelungen nach L.2.2 das Gericht als vereinbart, das für unseren Geschäftssitz zuständig ist.

M

– Abschnitt gestrichen –

T. Allgemeine Bedingungen für die Kfz-Versicherung §5

N Bedingungsänderung
<xx *Redaktioneller Hinweis: Ein Mustertext wird nicht bekannt gemacht.* >

Anhang 1: Tabellen zum Schadenfreiheitsrabatt-System
1   Pkw
1.1 **Einstufung von Pkw in Schadenfreiheitsklassen (SF-Klassen) und Beitragssätze**

Dauer des schadenfreien ununterbrochenen Verlaufs	SF-Klasse	Beitragssatz in % Kfz-Haftpflicht	Vollkasko
25 und mehr	SF 25	xx	xx
24 Kalenderjahre	SF 24	xx	xx
...	...	...	...
1 Kalenderjahr	SF 1	xx	xx
-	SF $^{1}/_{2}$	xx	xx
-	S	xx	xx
-	0	xx	xx
-	M	xx	xx

1.2 **Rückstufung im Schadenfall bei Pkw**
    1.2.1 Kfz-Haftpflichtversicherung

Aus SF Klasse	1 Schaden	2 Schäden	3 Schäden	4 und mehr Schäden
Nach Klasse				
25	xx	xx	xx	xx
24	...			
23				

    1.2.2 Vollkaskoversicherung

Aus SF Klasse	1 Schaden	2 Schäden	3 Schäden	4 und mehr Schäden
Nach Klasse				
25	xx	xx	xx	xx
24	...			
23				

2   **Krafträder**
2.1 **Einstufung von Krafträdern in Schadenfreiheitsklassen (SF-Klassen) und Beitragssätze**
    ... <xx Tabelle >
2.2 **Rückstufung im Schadenfall bei Krafträdern**
    2.2.1 Kfz-Haftpflichtversicherung
        ... <xx Tabelle >
    2.2.2 Vollkaskoversicherung
        ... <xx Tabelle >

§ 5 Kraftfahrtversicherung

3 **Leichtkrafträder**
3.1 **Einstufung von Leichtkrafträdern in Schadenfreiheitsklassen (SF-Klassen) und Beitragssätze**
... <xx Tabelle >
3.2 **Rückstufung im Schadenfall bei Leichtkrafträdern**
    3.2.1 Kfz-Haftpflichtversicherung
    ... <xx Tabelle >
    3.2.2 Vollkaskoversicherung
    ... <xx Tabelle >
4 **Taxen und Mietwagen**
4.1 **Einstufung von Taxen und Mietwagen in Schadenfreiheitsklassen (SF-Klassen) und Beitragssätze**
... <xx Tabelle >
4.2 **Rückstufung im Schadenfall bei Taxen und Mietwagen**
    4.2.1 Kfz-Haftpflichtversicherung
    ... <xx Tabelle >
    4.2.2 Vollkaskoversicherung
    ... <xx Tabelle >
5 **Campingfahrzeuge (Wohnmobile)**
5.1 **Einstufung von Campingfahrzeugen (Wohnmobilen) in Schadenfreiheitsklassen (SF-Klassen) und Beitragssätze**
... <xx Tabelle >
5.2 **Rückstufung im Schadenfall bei Campingfahrzeugen (Wohnmobilen)**
    5.2.1 Kfz-Haftpflichtversicherung
    ... <xx Tabelle >
    5.2.2 Vollkaskoversicherung
    ... <xx Tabelle >
6 **Lieferwagen, Lkw, Zugmaschinen (ausgenommen landwirtschaftliche), Krankenwagen, Leichenwagen, Busse (nur Kfz-Haftpflicht), Abschleppwagen (nur Kfz-Haftpflicht) und Stapler (nur Kfz-Haftpflicht)**
6.1 **Einstufung von Lieferwagen, Lkw, Zugmaschinen (ausgenommen landwirtschaftliche), Krankenwagen, Leichenwagen, Busse (nur Kfz-Haftpflicht), Abschleppwagen (nur Kfz-Haftpflicht) und Stapler (nur Kfz-Haftpflicht) in Schadenfreiheitsklassen (SF-Klassen) und Beitragssätze**
... <xx Tabelle >
6.2 **Rückstufung im Schadenfall bei Lieferwagen, Lkw, Zugmaschinen (ausgenommen landwirtschaftliche), Krankenwagen, Leichenwagen, Busse, Abschleppwagen und Stapler**
    6.2.1 Kfz-Haftpflichtversicherung
    ... <xx Tabelle >

6.2.2 Vollkaskoversicherung (nur Lieferwagen, Lkw, Zugmaschinen, Krankenwagen, Leichenwagen)
... <xx Tabelle >

[Anhang 2: Merkmale zur Beitragsberechnung]
1 **Individuelle Merkmale zur Beitragsberechnung bei Pkw**
1.1 **Abstellort**
Regelmäßiger nächtlicher Abstellort:
- abschließbare Einzelgarage
- abschließbare Doppelgarage
- Mehrfachtiefgarage
- gesichertes Grundstück
- Carport

1.2 **Jährliche Fahrleistung**
Fahrleistungsklassen:
1.2.1 Kfz-Haftpflichtversicherung:
Fahrleistungsklasse
von XX km bis XX km
1.2.2 Vollkaskoversicherung:
Fahrleistungsklasse
von XX km bis XX km
1.2.3 Teilkaskoversicherung:
Fahrleistungsklasse
von XX km bis XX km
Unabhängig von der Fahrleistung gilt bei Verträgen für Pkw, die mit einem Saison-, Oldtimer-, Ausfuhr-, Kurzzeit- oder roten Kennzeichen zugelassen sind, die Fahrleistungsklasse xx als vereinbart.

1.3 **Weitere Merkmale zur Beitragsberechnung**
- Selbstgenutztes Wohneigentum
- Fahrerkreis
- Fahreralter
- Fahrzeugalter beim Erwerb durch Sie
- ... xx

2 **Merkmale zur Beitragsberechnung bei Krafträdern**
- Motorleistung
- ... xx

3 **Merkmale zur Beitragsberechnung bei Lkw, Zugmaschinen, Bussen, Anhängern**
Bei der Beitragsberechnung werden die nachfolgenden Merkmale berücksichtigt:
- Aufbau
- Motorleistung

§ 5 Kraftfahrtversicherung

- Anzahl der Plätze
- zulässiges Gesamtgewicht

[Anhang 3: Tabellen zu den Typklassen]
Für Pkw, Taxen, Mietwagen und Selbstfahrervermiet-Pkw gelten folgende Typklassen:

1 **Kfz-Haftpflichtversicherung:**
Typklasse Schadenbedarfs-Indexwerte
           von   bis unter

2 **Vollkaskoversicherung:**
Typklasse Schadenbedarfs-Indexwerte
           von   bis unter

3 **Teilkaskoversicherung:**
Typklasse Schadenbedarfs-Indexwerte
           von   bis unter

[Anhang 4: Tabellen zu den Regionalklassen]
Es gelten folgende Regionalklassen:

1.1 **In der Kfz-Haftpflichtversicherung:**
Regionalklasse Schadenbedarfs-Indexwerte
                von   bis unter

1.2 **In der Vollkaskoversicherung:**
Regionalklasse Schadenbedarfs-Indexwerte
                von   bis unter

1.3 **In der Teilkaskoversicherung:**
Regionalklasse Schadenbedarfs-Indexwerte
                von   bis unter

2 **Für Krafträder**

2.1 **In der Kfz-Haftpflichtversicherung:**
Regionalklasse Schadenbedarfs-Indexwerte
                von   bis unter

2.2 **In der Teilkaskoversicherung:**
Regionalklasse Schadenbedarfs-Indexwerte
                von   bis unter

3 **Für Lieferwagen**

3.1 **In der Kfz-Haftpflichtversicherung:**
Regionalklasse Schadenbedarfs-Indexwerte
                von   bis unter

3.2 **In der Vollkaskoversicherung:**
Regionalklasse Schadenbedarfs-Indexwerte Regionen
                von   bis unter

T. Allgemeine Bedingungen für die Kfz-Versicherung §5

3.3 **In der Teilkaskoversicherung:**
Regionalklasse   Schadenbedarfs-Indexwerte Regionen
                 von   bis unter
4 **Für landwirtschaftliche Zugmaschinen**
4.1 **In der Kfz-Haftpflichtversicherung:**
Regionalklasse   Schadenbedarfs-Indexwerte Regionen
                 von   bis unter
4.2 **In der Teilkaskoversicherung:**
Regionalklasse   Schadenbedarfs-Indexwerte Regionen
                 von   bis unter

[Anhang 5:   Berufsgruppen (Tarifgruppen)]
1 **Berufsgruppe A**
Die Beiträge der Berufsgruppe A gelten in der Kfz-Haftpflichtversicherung bei Pkw für
  a   Landwirte und Gartenbaubetriebe
      landwirtschaftliche Unternehmer im Sinne des § 123 Abs. 1 Nr. 1 Sozialgesetzbuch VII, die Mitglieder einer landwirtschaftlichen Berufsgenossenschaft oder der Gartenbauberufsgenossenschaft sind, deren Betrieb eine Mindestgröße von $1/2$ ha – bei einem Gartenbaubetrieb jedoch eine Mindestgröße von 2 ha – hat, und die diesen Betrieb selbst bewirtschaften;
  b   Ehemalige Landwirte
      ehemalige landwirtschaftliche Unternehmer, wenn sie die Voraussetzungen nach 1.a unmittelbar vor Übergabe des Betriebes erfüllt haben und nicht anderweitig berufstätig sind;
  c   Witwen und Witwer
      nicht berufstätige Witwen/Witwer von Personen, die bei ihrem Tod die Voraussetzungen nach 1.a oder 1.b erfüllt haben.
2 **Berufsgruppe B**
Die Beiträge der Berufsgruppe B gelten in der Kfz-Haftpflicht-, Vollkasko- und in der Teilkaskoversicherung beschränkt auf Pkw, Campingfahrzeuge, Krafträder und Leichtkrafträder – für Versicherungsverträge von Kraftfahrzeugen, die zugelassen sind auf
  a   Gebietskörperschaften, Körperschaften, Anstalten und Stiftungen des öffentlichen Rechts;
  b   juristische Personen des Privatrechts, wenn sie im Hauptzweck Aufgaben wahrnehmen, die sonst der öffentlichen Hand obliegen würden, und wenn
      – an ihrem Grundkapital juristische Personen des öffentlichen Rechts mit mindestens 50 % beteiligt sind oder
      – sie Zuwendungen aus öffentlichen Haushalten zu mehr als der Hälfte ihrer Haushaltsmittel erhalten (§ 23 Bundeshaushaltsordnung oder die entsprechenden haushaltsrechtlichen Vorschriften der Länder);

§ 5 Kraftfahrtversicherung

c mildtätige und kirchliche Einrichtungen (§§ 53, 54 Abgabenordnung);

d als gemeinnützig anerkannte Einrichtungen (§ 52 Abgabenordnung), die im Hauptzweck der Gesundheitspflege und Fürsorge oder der Jugend- und Altenpflege dienen oder die im Hauptzweck durch Förderung der Wissenschaft, Kunst, Religion, der Erziehung, oder der Volks- und Berufsbildung dem Allgemeinwohl auf materiellem, geistigem oder sittlichem Gebiet nutzen;

e Selbsthilfeeinrichtungen der Angehörigen des öffentlichen Dienstes;

f Beamte, Richter, Angestellte und Arbeiter der unter 2.a bis 2.e genannten juristischen Personen und Einrichtungen, sofern ihre nicht selbstständige und der Lohnsteuer unterliegende Tätigkeit für diese mindestens 50 % der normalen Arbeitszeit beansprucht und sofern sie von ihnen besoldet oder entlohnt werden, sowie die bei diesen juristischen Personen und Einrichtungen in einem anerkannten Ausbildungsverhältnis stehenden Personen, ferner Berufssoldaten und Soldaten auf Zeit der Bundeswehr (nicht Wehr- bzw. Zivildienstpflichtige und freiwillige Helfer);

g Beamte, Angestellte und Arbeiter überstaatlicher oder zwischenstaatlicher Einrichtungen; für sie gilt das gleiche wie für die nach 2.f genannten Beamten, Angestellten und Arbeiter;

h Pensionäre, Rentner und beurlaubte Angehörige des öffentlichen Dienstes, wenn sie die Voraussetzungen von 2.f oder 2.g unmittelbar vor ihrem Eintritt in den Ruhestand bzw. vor ihrer Beurlaubung erfüllt haben und nicht anderweitig berufstätig sind, sowie nicht berufstätige versorgungsberechtigte Witwen/Witwer von Beamten, Richtern, Angestellten, Arbeitern, Berufssoldaten und Soldaten auf Zeit der Bundeswehr, Pensionären und Rentnern, die jeweils bei ihrem Tode die Voraussetzungen von 2.f, 2.g oder 2.h erfüllt haben;

i Familienangehörige von Beamten, Richtern, Angestellten, Arbeitern, Berufssoldaten und Soldaten auf Zeit der Bundeswehr, Pensionären und Rentnern, die die Voraussetzungen von 2.f, 2.g oder 2.h erfüllen. Voraussetzung ist, dass die Familienangehörigen nicht erwerbstätig sind und mit den vorher genannten Personen in häuslicher Gemeinschaft leben und von ihnen unterhalten werden.

3 **Berufsgruppe D**

Die Beiträge der Berufsgruppe D gelten in der Kfz-Haftpflicht- und der Kaskoversicherung – in der Teilkaskoversicherung beschränkt auf Pkw, Campingfahrzeuge, Krafträder und Leichtkrafträder – für Verträge von Kraftfahrzeugen, die zugelassen sind auf privatisierte, ehemals öffentlich-rechtliche Banken und Sparkassen, andere privatisierte, ehemals öffentlich-rechtliche Einrichtungen (z.B. Telekom, Deutsche Bahn, Deutsche Post, Postbank, Lufthansa) und deren Tochterunternehmen, sonstige Finanzdienstleistungs-, Wohnungsbau- oder

| T. Allgemeine Bedingungen für die Kfz-Versicherung | §5 |

Energieversorgungsunternehmen, Krankenhäuser, Kliniken, Sanatorien, Pflegeheime, kirchliche Einrichtungen, sonstige mildtätige oder gemeinnützige Einrichtungen und deren Beschäftigte, wenn sie nicht bereits die Voraussetzungen der Berufsgruppe B erfüllen.

[Anhang 6: Art und Verwendung von Fahrzeugen]
1 **Fahrzeuge mit Versicherungskennzeichen**
Fahrzeuge, die ein Versicherungskennzeichen führen müssen, sind:
  1.1 Fahrräder mit Hilfsmotor mit einem Hubraum von nicht mehr als 50 ccm und einer Höchstgeschwindigkeit
  – bis 45 km/h
  – bis 50 km/h, sofern sie bis zum 31. Dezember 2001 erstmals in Verkehr gekommen sind
  – bis 60 km/h, sofern sie bis zum 29. Februar 1992 erstmals in Verkehr gekommen sind
  1.2 Kleinkrafträder (zwei-, dreirädrig) mit einem Hubraum von nicht mehr als 50 ccm und einer Höchstgeschwindigkeit
  – bis 45 km/h
  – bis 50 km/h, sofern sie bis zum 31. Dezember 2001 erstmals in Verkehr gekommen sind
  – bis 60 km/h, sofern sie bis zum 29. Februar 1992 erstmals in Verkehr gekommen sind
  1.3 vierrädrige Leichtkraftfahrzeuge mit einem Hubraum von nicht mehr als 50 ccm und einer Höchstgeschwindigkeit bis 45 km/h
  1.4 motorisierte Krankenfahrstühle
2 **Leichtkrafträder**
Leichtkrafträder sind Krafträder und Kraftroller mit einem Hubraum von mehr als 50 ccm und nicht mehr als 125 ccm und
■ einer Nennleistung von nicht mehr als 11 kW und einer Höchstgeschwindigkeit von nicht mehr als 80 km/h oder
■ einer Nennleistung von nicht mehr als 11 kW und einer Höchstgeschwindigkeit von mehr als 80 km/h.
3 < – entfällt – >
4 **Krafträder**
Krafträder sind alle Krafträder und Kraftroller, die ein amtliches Kennzeichen führen müssen, mit Ausnahme von Leichtkrafträdern.
5 **Pkw**
Pkw sind als Personenkraftwagen zugelassene Kraftfahrzeuge, mit Ausnahme von Mietwagen, Taxen und Selbstfahrervermietfahrzeugen.

§ 5 Kraftfahrtversicherung

6 **Mietwagen**
Mietwagen sind Pkw, mit denen ein genehmigungspflichtiger Gelegenheitsverkehr gewerbsmäßig betrieben wird (unter Ausschluss der Taxen, Kraftomnibusse, Güterfahrzeuge und Selbstfahrervermietfahrzeuge).

7 **Taxen**
Taxen sind Pkw, die der Unternehmer an behördlich zugelassenen Stellen bereithält und mit denen er – auch am Betriebssitz oder während der Fahrt entgegengenommene – Beförderungsaufträge zu einem vom Fahrgast bestimmten Ziel ausführt.

8 **Selbstfahrvermietfahrzeuge**
Selbstfahrvermietfahrzeuge sind Kraftfahrzeuge und Anhänger, die gewerbsmäßig ohne Gestellung eines Fahrers vermietet werden.

9 **Leasingfahrzeuge**
Leasingfahrzeuge sind Kraftfahrzeuge und Anhänger, die gewerbsmäßig ohne Gestellung eines Fahrers vermietet werden und auf den Mieter zugelassen sind oder bei Zulassung auf den Vermieter dem Mieter durch Vertrag mindestens sechs Monate überlassen werden.

10 **Kraftomnibusse**
Kraftomnibusse sind Kraftfahrzeuge und Anhänger, die nach ihrer Bauart und Ausstattung zur Beförderung von mehr als neun Personen (einschließlich Führer) geeignet und bestimmt sind.

   10.1   Linienverkehr ist eine zwischen bestimmten Ausgangs- und Endpunkten eingerichtete regelmäßige Verkehrsverbindung, auf der Fahrgäste an bestimmten Haltestellen ein- und aussteigen können, sowie Verkehr, der unter Ausschluss anderer Fahrgäste der regelmäßigen Beförderung von Personen zum Besuch von Märkten und Theatern dient.

   10.2   Gelegenheitsverkehr sind Ausflugsfahrten und Ferienziel-Reisen sowie Verkehr mit Mietomnibussen.

   10.3   Nicht unter 10.1 oder 10.2 fallen sonstige Busse, insbesondere Hotelomnibusse, Werkomnibusse, Schul-, Lehr- und Krankenomnibusse.

11 **Campingfahrzeuge**
Campingfahrzeuge sind Wohnmobile, die als sonstige Kraftfahrzeuge zugelassen sind.

12 **Werkverkehr**
Werkverkehr ist die Güterbeförderung mit Kraftfahrzeugen, Anhängern und Aufliegern nur für eigene Zwecke durch eigenes – im Krankheitsfall bis zu vier Wochen auch durch fremdes – Personal eines Unternehmens.

13 **Gewerblicher Güterverkehr**
Gewerblicher Güterverkehr ist die geschäftsmäßige, entgeltliche Beförderung von Gütern mit Kraftfahrzeugen, Anhängern und Aufliegern für andere.

14 **Umzugsverkehr**
Umzugsverkehr ist die ausschließliche Beförderung von Umzugsgut.

T. Allgemeine Bedingungen für die Kfz-Versicherung § 5

15 **Wechselaufbauten**
Wechselaufbauten sind Aufbauten von Kraftfahrzeugen, Anhängern und Aufliegern, die zur Güterbeförderung bestimmt sind und mittels mechanischer Vorrichtungen an diesen Fahrzeugen ausgewechselt werden können.

16 **Landwirtschaftliche Zugmaschinen**
Landwirtschaftliche Zugmaschinen oder Anhänger sind Zugmaschinen und Raupenschlepper oder Anhänger, die wegen ihrer Verwendung in der Land- und Forstwirtschaft von der Kraftfahrzeugsteuer freigestellt sind und ein amtliches grünes Kennzeichen führen.

17 **Melkwagen und Milchsammel-Tankwagen**
Melkwagen und Milchsammel-Tankwagen sind Fahrzeuge mit Vorrichtungen zur mechanischen Milchentnahme, die dem Transport der Milch von Weiden und Gehöften zu den Molkereien der Einzugsgebiete dienen.

18 **Sonstige landwirtschaftliche Sonderfahrzeuge**
Sonstige landwirtschaftliche Sonderfahrzeuge sind Fahrzeuge, die als Sonderfahrzeuge für die Land- und Forstwirtschaft zugelassen werden und ein amtliches grünes Kennzeichen führen.

19 **Milchtankwagen**
Milchtankwagen sind Fahrzeuge, die dem Transport der Milch zwischen Molkereien oder von Molkereien zum Verteiler oder Verbraucher dienen. Sie gelten nicht als landwirtschaftliche Sonderfahrzeuge, sondern als Güterfahrzeuge.

20 **Selbstfahrende Arbeitsmaschinen**
Selbstfahrende Arbeitsmaschinen sind Fahrzeuge, die nach ihrer Bauart und ihren besonderen mit dem Fahrzeug fest verbundenen Einrichtungen zur Leistung von Arbeit – nicht zur Beförderung von Personen oder Gütern – bestimmt und geeignet sind und die zu einer vom Bundesminister für Verkehr bestimmten Art solcher Fahrzeuge gehören (z.B. Selbstlader, Bagger, Greifer, Kran-Lkw sowie Räum- und Bergungsfahrzeuge, auch wenn sie zu Abschleppzwecken mitverwendet werden).

21 **Lieferwagen**
Lieferwagen sind als Lastkraftwagen zugelassene Kraftfahrzeuge mit einer zulässigen Gesamtmasse (bzw. Gesamtgewicht) bis zu 3,5 t.

22 **Lkw**
Lkw sind Lastkraftwagen mit einer zulässigen Gesamtmasse (bzw. Gesamtgewicht) von mehr als 3,5 t.

23 **Zugmaschinen**
Zugmaschinen sind Kraftfahrzeuge, die ausschließlich oder überwiegend zum Ziehen von Anhängern oder Aufliegern gebaut sind, mit Ausnahme von landwirtschaftlichen Zugmaschinen.

II. Allgemeine Bedingungen für die Kfz-Versicherung (AKB 2015) – Stand: 19.5.2015

399 Diese Bedingungen des Gesamtverbandes der Deutschen Versicherungswirtschaft e.V. (GDV) sind für die Versicherer unverbindlich; ihre Verwendung ist rein fakultativ. Abweichende Bedingungen können vereinbart werden. Abdruck mit freundlicher Genehmigung des GDV; die jeweils aktuellen Bedingungen können kostenfrei auf der Website des GDV (www.gdv.de) abgerufen werden.

400 Die Kfz-Versicherung umfasst je nach dem Inhalt des Versicherungsvertrags folgende Versicherungsarten:
- Kfz-Haftpflichtversicherung (A.1)
- Kaskoversicherung (A.2)
- Autoschutzbrief (A.3)
- Kfz-Unfallversicherung (A.4)
- Fahrerschutzversicherung (A.5)

Diese Versicherungen werden als jeweils rechtlich selbstständige Verträge abgeschlossen. Ihrem Versicherungsschein können Sie entnehmen, welche Versicherungen Sie für Ihr Fahrzeug abgeschlossen haben.

Es gilt deutsches Recht. Die Vertragssprache ist deutsch.

A Welche Leistungen umfasst Ihre Kfz-Versicherung?

A.1 Kfz-Haftpflichtversicherung – für Schäden, die Sie mit Ihrem Fahrzeug Anderen zufügen

A.1.1 Was ist versichert?

Sie haben mit Ihrem Fahrzeug einen Anderen geschädigt

A.1.1.1 Wir stellen Sie von Schadenersatzansprüchen frei, wenn durch den Gebrauch des Fahrzeugs
    a Personen verletzt oder getötet werden,
    b Sachen beschädigt oder zerstört werden oder abhanden kommen,
    c Vermögensschäden verursacht werden, die weder mit einem Personen- noch mit einem Sachschaden mittelbar oder unmittelbar zusammenhängen (reine Vermögensschäden),
und deswegen gegen Sie oder uns Schadenersatzansprüche aufgrund von Haftpflichtbestimmungen des Bürgerlichen Gesetzbuchs oder des Straßenverkehrsgesetzes oder aufgrund anderer gesetzlicher Haftpflichtbestimmungen des Privatrechts geltend gemacht werden. Zum Gebrauch des Fahrzeugs gehört neben dem Fahren z.B. das Ein- und Aussteigen sowie das Be- und Entladen.

Begründete und unbegründete Schadenersatzansprüche

A.1.1.2 Sind Schadenersatzansprüche begründet, leisten wir Schadenersatz in Geld.

A.1.1.3 Sind Schadenersatzansprüche unbegründet, wehren wir diese auf unsere Kosten ab. Dies gilt auch, soweit Schadenersatzansprüche der Höhe nach unbegründet sind.

Regulierungsvollmacht

A.1.1.4 Wir sind bevollmächtigt, gegen Sie geltend gemachte Schadenersatzansprüche in Ihrem Namen zu erfüllen oder abzuwehren und alle dafür zweckmäßig erscheinenden Erklärungen im Rahmen pflichtgemäßen Ermessens abzugeben.

Mitversicherung von Anhängern, Aufliegern und abgeschleppten Fahrzeugen

A.1.1.5 Ist mit dem versicherten Kraftfahrzeug ein Anhänger oder Auflieger verbunden, erstreckt sich der Versicherungsschutz auch hierauf. Der Versicherungsschutz umfasst auch Fahrzeuge, die mit dem versicherten Kraftfahrzeug abgeschleppt oder geschleppt werden, wenn für diese kein eigener Haftpflichtversicherungsschutz besteht.

Dies gilt auch, wenn sich der Anhänger oder Auflieger oder das abgeschleppte oder geschleppte Fahrzeug während des Gebrauchs von dem versicherten Kraftfahrzeug löst und sich noch in Bewegung befindet.

A.1.2 Wer ist versichert?

Der Schutz der Kfz-Haftpflichtversicherung gilt für Sie und für folgende Personen (mitversicherte Personen):
a den Halter des Fahrzeugs,
b den Eigentümer des Fahrzeugs,
c den Fahrer des Fahrzeugs,
d den Beifahrer, der im Rahmen seines Arbeitsverhältnisses mit Ihnen oder mit dem Halter den berechtigten Fahrer zu seiner Ablösung oder zur Vornahme von Lade- und Hilfsarbeiten nicht nur gelegentlich begleitet,
e Ihren Arbeitgeber oder öffentlichen Dienstherrn, wenn das Fahrzeug mit Ihrer Zustimmung für dienstliche Zwecke gebraucht wird,
f den Omnibusschaffner, der im Rahmen seines Arbeitsverhältnisses mit Ihnen oder mit dem Halter des versicherten Fahrzeugs tätig ist,
g den Halter, Eigentümer, Fahrer, Beifahrer und Omnibusschaffner eines nach A.1.1.5 mitversicherten Fahrzeugs.

Diese Personen können Ansprüche aus dem Versicherungsvertrag selbstständig gegen uns erheben.

A.1.3 Bis zu welcher Höhe leisten wir (Versicherungssummen)?

Höchstzahlung

A.1.3.1 Unsere Zahlungen für ein Schadenereignis sind jeweils beschränkt auf die Höhe der für Personen-, Sach- und Vermögensschäden vereinbarten Versicherungssummen. Mehrere zeitlich zusammenhängende Schäden, die dieselbe Ursache haben, gelten als ein einziges Schadenereignis. Die

§ 5 Kraftfahrtversicherung

Höhe Ihrer Versicherungssummen können Sie dem Versicherungsschein entnehmen.

A.1.3.2 Bei Schäden von Insassen in einem mitversicherten Anhänger gelten xx < *die gesetzlichen Mindestversicherungssummen oder höhere individuell vereinbarte Versicherungssummen; ist keine Begrenzung gewünscht, entfällt Klausel A.1.3.2* >.

Übersteigen der Versicherungssummen

A.1.3.3 Übersteigen die Ansprüche die Versicherungssummen, richten sich unsere Zahlungen nach den Bestimmungen des Versicherungsvertragsgesetzes und der Kfz-Pflichtversicherungsverordnung. In diesem Fall müssen Sie für einen nicht oder nicht vollständig befriedigten Schadenersatzanspruch selbst einstehen.

A.1.4 In welchen Ländern besteht Versicherungsschutz?

Versicherungsschutz in Europa und in der EU

A.1.4.1 Sie haben in der Kfz-Haftpflichtversicherung Versicherungsschutz in den geographischen Grenzen Europas sowie den außereuropäischen Gebieten, die zum Geltungsbereich der Europäischen Union gehören. Ihr Versicherungsschutz richtet sich nach dem im Besuchsland gesetzlich vorgeschriebenen Versicherungsumfang, mindestens jedoch nach dem Umfang Ihres Versicherungsvertrags.

Internationale Versicherungskarte (Grüne Karte)

A.1.4.2 Haben wir Ihnen die Grüne Karte ausgehändigt, gilt: Ihr Versicherungsschutz in der Kfz-Haftpflichtversicherung erstreckt sich auch auf die dort genannten nichteuropäischen Länder, soweit Länderbezeichnungen nicht durchgestrichen sind. Hinsichtlich des Versicherungsumfangs gilt A.1.4.1 Satz 2.

A.1.5 Was ist nicht versichert?

Vorsatz

A.1.5.1 Kein Versicherungsschutz besteht für Schäden, die Sie vorsätzlich und widerrechtlich herbeiführen.

Genehmigte Rennen

A.1.5.2 Kein Versicherungsschutz besteht für Schäden, die bei Beteiligung an behördlich genehmigten kraftfahrt-sportlichen Veranstaltungen, bei denen es auf die Erzielung einer Höchstgeschwindigkeit ankommt, entstehen. Dies gilt auch für dazugehörige Übungsfahrten.

Hinweis: Die Teilnahme an nicht genehmigten Rennen stellt eine Verletzung Ihrer Pflichten nach D.1.1.4 dar.

T. Allgemeine Bedingungen für die Kfz-Versicherung §5

Beschädigung des versicherten Fahrzeugs
A.1.5.3 Kein Versicherungsschutz besteht für die Beschädigung, die Zerstörung oder das Abhandenkommen des versicherten Fahrzeugs.

Beschädigung von Anhängern oder abgeschleppten Fahrzeugen
A.1.5.4 Kein Versicherungsschutz besteht für die Beschädigung, die Zerstörung oder das Abhandenkommen
- eines mit dem versicherten Fahrzeug verbundenen Anhängers oder Aufliegers
- eines mit dem versicherten Fahrzeug geschleppten oder abgeschleppten Fahrzeugs.

Versicherungsschutz besteht jedoch, wenn mit dem versicherten Kraftfahrzeug ein betriebsunfähiges Fahrzeug im Rahmen üblicher Hilfeleistung ohne gewerbliche Absicht abgeschleppt wird und dabei am abgeschleppten Fahrzeug Schäden verursacht werden.

Beschädigung von beförderten Sachen
A.1.5.5 Kein Versicherungsschutz besteht bei Schadenersatzansprüchen wegen Beschädigung, Zerstörung oder Abhandenkommens von Sachen, die mit dem versicherten Fahrzeug befördert werden.

Versicherungsschutz besteht jedoch für Sachen, die Insassen eines Kraftfahrzeugs üblicherweise mit sich führen (z.B. Kleidung, Brille, Brieftasche). Bei Fahrten, die überwiegend der Personenbeförderung dienen, besteht außerdem Versicherungsschutz für Sachen, die Insassen zum persönlichen Gebrauch üblicherweise mit sich führen (z.B. Reisegepäck, Reiseproviant). Kein Versicherungsschutz besteht für Sachen unberechtigter Insassen.

Ihr Schadenersatzanspruch gegen eine mitversicherte Person
A.1.5.6 Kein Versicherungsschutz besteht für Sach- oder Vermögensschäden, die eine mitversicherte Person Ihnen, dem Halter oder dem Eigentümer durch den Gebrauch des Fahrzeugs zufügt. Versicherungsschutz besteht jedoch für Personenschäden, wenn Sie z.B. als Beifahrer Ihres Fahrzeugs verletzt werden.

Nichteinhaltung von Liefer- und Beförderungsfristen
A.1.5.7 Kein Versicherungsschutz besteht für reine Vermögensschäden, die durch die Nichteinhaltung von Liefer- und Beförderungsfristen entstehen.

Vertragliche Ansprüche
A.1.5.8 Kein Versicherungsschutz besteht für Haftpflichtansprüche, soweit sie aufgrund Vertrags oder besonderer Zusage über den Umfang der gesetzlichen Haftpflicht hinausgehen.

Schäden durch Kernenergie
A.1.5.9 Kein Versicherungsschutz besteht für Schäden durch Kernenergie.

A.2 Kaskoversicherung – für Schäden an Ihrem Fahrzeug
A.2.1 Was ist versichert?
A.2.1.1 Ihr Fahrzeug
Versichert ist Ihr Fahrzeug gegen Beschädigung, Zerstörung, Totalschaden oder Verlust infolge eines Ereignisses nach A.2.2.1 (Teilkasko) oder A.2.2.2 (Vollkasko).

A.2.1.2 Mitversicherte Teile und nicht versicherbare Gegenstände
Versichert sind auch die unter A.2.1.2.1 und A.2.1.2.2 als mitversichert aufgeführten Fahrzeugteile und als mitversichert aufgeführtes Fahrzeugzubehör, sofern sie straßenverkehrsrechtlich zulässig sind (mitversicherte Teile). Bei Beschädigung, Zerstörung, Totalschaden oder Verlust von mitversicherten Teilen gelten die nachfolgenden Regelungen in A.2 entsprechend soweit nichts anderes geregelt ist.

<Redaktioneller Hinweis: Falls eine Kaskoklausel nicht für mitversicherte Teile gelten soll, müsste dies in der jeweiligen Klausel ausdrücklich ausgeschlossen werden.>

Beitragsfrei mitversicherte Teile
A.2.1.2.1 Soweit in A.2.1.2.2 nicht anders geregelt, sind folgende Fahrzeugteile und folgendes Fahrzeugzubehör des versicherten Fahrzeugs ohne Mehrbeitrag mitversichert:
- a Fest im Fahrzeug eingebaute oder fest am Fahrzeug angebaute Fahrzeugteile
- b Fest im Fahrzeug eingebautes oder am Fahrzeug angebautes oder im Fahrzeug unter Verschluss verwahrtes Fahrzeugzubehör. Voraussetzung ist, dass es ausschließlich dem Gebrauch des Fahrzeugs dient (z.B. Schonbezüge, Pannenwerkzeug) und nach allgemeiner Verkehrsanschauung nicht als Luxus angesehen wird.
- c Im Fahrzeug unter Verschluss verwahrte Fahrzeugteile, die zur Behebung von Betriebsstörungen des Fahrzeugs üblicherweise mitgeführt werden (z.B. Sicherungen und Leuchtmittel)
- d Schutzhelme (auch mit Wechselsprechanlage), solange sie bestimmungsgemäß gebraucht werden oder mit dem abgestellten Fahrzeug so fest verbunden sind, dass ein unbefugtes Entfernen ohne Beschädigung nicht möglich ist
- e Planen, Gestelle für Planen (Spriegel)
- f Folgende außerhalb des Fahrzeugs unter Verschluss gehaltene Teile:
  – ein zusätzlicher Satz Räder mit Winter- oder Sommerbereifung,
  – Dach-/Heckständer, Hardtop, Schneeketten und Kindersitze,
  – nach a bis f mitversicherte Fahrzeugteile und Fahrzeugzubehör während einer Reparatur.

Abhängig vom Gesamtneuwert mitversicherte Teile
A.2.1.2.2 Die nachfolgend unter a bis e aufgeführten Teile sind ohne Beitragszuschlag mitversichert, wenn sie im Fahrzeug fest eingebaut oder am Fahrzeug fest angebaut sind:

T. Allgemeine Bedingungen für die Kfz-Versicherung § 5

- bei Pkw, Krafträdern, xx < Alle gewünschten WKZ aufführen > bis zu einem Gesamtneuwert der Teile von xx EUR (brutto) und
- bei sonstigen Fahrzeugarten (z.b. Lkw, *xx < Als Beispiele gewünschte WKZ aufführen >*) bis zu einem Gesamtneuwert der Teile von xx EUR (brutto)
  a Radio- und sonstige Audiosysteme, Video-, technische Kommunikations- und Leitsysteme (z.b. fest eingebaute Navigationssysteme),
  b zugelassene Veränderungen an Fahrwerk, Triebwerk, Auspuff, Innenraum oder Karosserie (Tuning), die der Steigerung der Motorleistung, des Motordrehmoments, der Veränderung des Fahrverhaltens dienen oder zu einer Wertsteigerung des Fahrzeugs führen,
  c individuell für das Fahrzeug angefertigte Sonderlackierungen und -beschriftungen sowie besondere Oberflächenbehandlungen,
  d Beiwagen und Verkleidungen bei Krafträdern, Leichtkrafträdern, Kleinkrafträdern, Trikes, Quads und Fahrzeugen mit Versicherungskennzeichen,
  e Spezialaufbauten (z.b. Kran-, Tank-, Silo-, Kühl- und Thermoaufbauten) und Spezialeinrichtungen (z.b. für Werkstattwagen, Messfahrzeuge, Krankenwagen).

Ist der Gesamtneuwert der unter a bis e aufgeführten Teile höher als die genannte Wertgrenze, ist der übersteigende Wert nur mitversichert, wenn dies ausdrücklich vereinbart ist.

Bis zur genannten Wertgrenze verzichten wir auf eine Kürzung der Entschädigung wegen Unterversicherung.

Nicht versicherbare Gegenstände
A.2.1.2.3 Nicht versicherbar sind alle sonstigen Gegenstände, z.B. Mobiltelefone und mobile Navigationsgeräte, auch bei Verbindung mit dem Fahrzeug durch eine Halterung, Reisegepäck, persönliche Gegenstände der Insassen.

A.2.2 Welche Ereignisse sind versichert?
A.2.2.1 Welche Ereignisse sind in der Teilkasko versichert?

Versicherungsschutz besteht bei Beschädigung, Zerstörung, Totalschaden oder Verlust des Fahrzeugs einschließlich seiner mitversicherten Teile durch die nachfolgenden Ereignisse:

Brand und Explosion
A.2.2.1.1 Versichert sind Brand und Explosion. Als Brand gilt ein Feuer mit Flammenbildung, das ohne einen bestimmungsgemäßen Herd entstanden ist oder ihn verlassen hat und sich aus eigener Kraft auszubreiten vermag. Nicht als Brand gelten Schmor- und Sengschäden. Explosion ist eine auf dem Ausdehnungsbestreben von Gasen oder Dämpfen beruhende, plötzlich verlaufende Kraftäußerung.

Entwendung

A.2.2.1.2 Versichert ist die Entwendung in nachfolgenden Fällen:

a Versichert sind Diebstahl und Raub sowie die Herausgabe des Fahrzeugs aufgrund räuberischer Erpressung.

b Unterschlagung ist nur versichert, wenn dem Täter das Fahrzeug weder zum Gebrauch in seinem eigenen Interesse, noch zur Veräußerung noch unter Eigentumsvorbehalt überlassen wird.

c Unbefugter Gebrauch ist nur versichert, wenn der Täter in keiner Weise berechtigt ist, das Fahrzeug zu gebrauchen. Nicht als unbefugter Gebrauch gilt insbesondere, wenn der Täter vom Verfügungsberechtigten mit der Betreuung des Fahrzeugs beauftragt wird (z.B. Werkstatt- oder Hotelmitarbeiter). Außerdem besteht kein Versicherungsschutz, wenn der Täter in einem Näheverhältnis zu dem Verfügungsberechtigten steht, z.B. dessen Arbeitnehmer, Familien- oder Haushaltsangehöriger ist.

Sturm, Hagel, Blitzschlag, Überschwemmung

A.2.2.1.3 Versichert ist die unmittelbare Einwirkung von Sturm, Hagel, Blitzschlag oder Überschwemmung auf das Fahrzeug. Als Sturm gilt eine wetterbedingte Luftbewegung von mindestens Windstärke 8. Eingeschlossen sind Schäden, die dadurch verursacht werden, dass durch diese Naturgewalten Gegenstände auf oder gegen das Fahrzeug geworfen werden. Ausgeschlossen sind Schäden, die auf ein durch diese Naturgewalten veranlasstes Verhalten des Fahrers zurückzuführen sind.

Zusammenstoß mit Haarwild

A.2.2.1.4 Versichert ist der Zusammenstoß des in Fahrt befindlichen Fahrzeugs mit Haarwild im Sinne von § 2 Abs. 1 Nr. 1 des Bundesjagdgesetzes (z.B. Reh, Wildschwein).

Glasbruch

A.2.2.1.5 Versichert sind Bruchschäden an der Verglasung des Fahrzeugs. Als Verglasung gelten Glas- und Kunststoffscheiben (z.B. Front-, Heck-, Dach-, Seiten- und Trennscheiben), Spiegelglas und Abdeckungen von Leuchten. Nicht zur Verglasung gehören Glas- und Kunststoffteile von Mess-, Assistenz-, Kamera- und Informationssystemen, Solarmodulen, Displays, Monitoren sowie Leuchtmittel. Nicht versichert sind Folgeschäden.

Kurzschlussschäden an der Verkabelung

A.2.2.1.6 Versichert sind Schäden an der Verkabelung des Fahrzeugs durch Kurzschluss. Folgeschäden sind nicht versichert.

A.2.2.2 Welche Ereignisse sind in der Vollkasko versichert?

Versicherungsschutz besteht bei Beschädigung, Zerstörung, Totalschaden oder Verlust des Fahrzeugs, einschließlich seiner mitversicherten Teile durch die nachfolgenden Ereignisse:

Ereignisse der Teilkasko
A.2.2.2.1 Versichert sind die Schadenereignisse der Teilkasko nach A.2.2.1.

Unfall
A.2.2.2.2 Versichert sind Schäden am Fahrzeug durch Unfall. Ein Unfall ist ein unmittelbar von außen plötzlich mit mechanischer Gewalt auf das Fahrzeug einwirkendes Ereignis.
Keine Unfallschäden sind deshalb insbesondere:
- Schäden am Fahrzeug, die ihre alleinige Ursache in einem Bremsvorgang haben, z.B. Schäden an der Bremsanlage oder an den Reifen.
- Schäden am Fahrzeug, die ausschließlich aufgrund eines Betriebsvorgangs eintreten, z.B. durch falsches Bedienen, falsches Betanken oder verrutschende Ladung.
- Schäden am Fahrzeug, die ihre alleinige Ursache in einer Materialermüdung, Überbeanspruchung oder Abnutzung haben.
- Schäden zwischen ziehendem und gezogenem Fahrzeug oder Anhänger ohne Einwirkung von außen, z.B. Rangierschäden am Zugfahrzeug durch den Anhänger.
- Verwindungsschäden.

Vorhersehbare Beschädigungen des Fahrzeugs, die üblicherweise im Rahmen der bestimmungsgemäßen Verwendung des Fahrzeugs entstehen, gelten nicht als Unfallschaden. Beispiel: Schäden an der Ladeoberfläche eines Lkw durch Beladen mit Kies.

Mut- oder böswillige Handlungen
A.2.2.2.3 Versichert sind mut- oder böswillige Handlungen von Personen, die in keiner Weise berechtigt sind, das Fahrzeug zu gebrauchen. Als berechtigt sind insbesondere Personen anzusehen, die vom Verfügungsberechtigten mit der Betreuung des Fahrzeugs beauftragt wurden (z.B. Werkstatt- oder Hotelmitarbeiter) oder in einem Näheverhältnis zu dem Verfügungsberechtigten stehen (z.B. dessen Arbeitnehmer, Familien- oder Haushaltsangehörige).

A.2.3 Wer ist versichert?

Der Schutz der Kaskoversicherung gilt für Sie und, wenn der Vertrag auch im Interesse einer weiteren Person abgeschlossen ist, z.B. des Leasinggebers als Eigentümer des Fahrzeugs, auch für diese Person.

A.2.4 In welchen Ländern besteht Versicherungsschutz?

Sie haben in Kasko Versicherungsschutz in den geographischen Grenzen Europas sowie den außereuropäischen Gebieten, die zum Geltungsbereich der Europäischen Union gehören.

A.2.5 Was zahlen wir im Schadenfall?

Nachfolgende Entschädigungsregeln gelten bei Beschädigung, Zerstörung, Totalschaden oder Verlust des Fahrzeugs. Sie gelten entsprechend auch für mitversicherte Teile, soweit nichts anderes geregelt ist.

<Redaktioneller Hinweis: Falls etwas anderes gewollt ist, z.B. bei Werkstattsteuerung, bitte in der entsprechenden Entschädigungsregelung ergänzen: „Dies gilt nicht für ...">

A.2.5.1 Was zahlen wir bei Totalschaden, Zerstörung oder Verlust?

Wiederbeschaffungswert abzüglich Restwert

A.2.5.1.1 Bei Totalschaden, Zerstörung oder Verlust des Fahrzeugs zahlen wir den Wiederbeschaffungswert unter Abzug eines vorhandenen Restwerts des Fahrzeugs. Lassen Sie Ihr Fahrzeug trotz Totalschadens oder Zerstörung reparieren, gilt A.2.5.2.1.

< Achtung! Es folgen zwei Varianten der Neupreisentschädigung >

Neupreisentschädigung bei Totalschaden, Zerstörung oder Verlust

A.2.5.1.2 Wir zahlen bei Pkw (ausgenommen Mietwagen, Taxen und Selbstfahrervermiet-Pkw) den Neupreis nach A.2.11 unter folgenden Voraussetzungen:

- Innerhalb von xx Monaten nach Erstzulassung tritt ein Totalschaden, eine Zerstörung oder ein Verlust des Pkw ein und
- der Pkw befindet sich bei Eintritt des Schadenereignisses im Eigentum dessen, der ihn als Neufahrzeug vom Kfz-Händler oder Kfz-Hersteller erworben hat.

Ein vorhandener Restwert des Pkw wird abgezogen.

[xx Neupreisentschädigung

A.2.5.1.2 Wir zahlen bei Pkw (ausgenommen Mietwagen, Taxen und Selbstfahrervermiet-Pkw) den Neupreis nach A.2.11 unter folgenden Voraussetzungen:

- Innerhalb von xx Monaten nach Erstzulassung tritt eine Zerstörung oder ein Verlust des Pkw ein oder die erforderlichen Reparaturkosten betragen mindestens xx % des Neupreises und
- der Pkw befindet sich bei Eintritt des Schadenereignisses im Eigentum dessen, der ihn als Neufahrzeug vom Kfz-Händler oder Kfz-Hersteller erworben hat.

Ein vorhandener Restwert des Pkw wird abgezogen.]

T. Allgemeine Bedingungen für die Kfz-Versicherung § 5

A.2.5.1.3 Wir zahlen die über den Wiederbeschaffungswert hinausgehende Neupreisentschädigung nur in der Höhe, in der gesichert ist, dass die Entschädigung innerhalb von zwei Jahren nach ihrer Feststellung für die Reparatur des Fahrzeugs oder den Erwerb eines anderen Fahrzeugs verwendet wird.

Abzug bei fehlender Wegfahrsperre im Falle eines Diebstahls

A.2.5.1.4 Bei Totalschaden, Zerstörung oder Verlust eines Pkw, xx < *gewünschte WKZ aufführen* > infolge Diebstahls vermindert sich die Entschädigung um xx %. Dies gilt nicht, wenn das Fahrzeug zum Zeitpunkt des Diebstahls durch eine selbstschärfende elektronische Wegfahrsperre gesichert war.
Die Regelung über die Selbstbeteiligung nach A.2.5.8 bleibt hiervon unberührt.

Was versteht man unter Totalschaden, Wiederbeschaffungswert, Restwert und Neupreis?

A.2.5.1.5 Ein Totalschaden liegt vor, wenn die erforderlichen Kosten der Reparatur des Fahrzeugs dessen Wiederbeschaffungswert übersteigen.

A.2.5.1.6 Wiederbeschaffungswert ist der Preis, den Sie für den Kauf eines gleichwertigen gebrauchten Fahrzeugs am Tag des Schadenereignisses bezahlen müssen.

A.2.5.1.7 Restwert ist der Veräußerungswert des Fahrzeugs im beschädigten oder zerstörten Zustand.

A.2.5.1.8 Neupreis ist der Betrag, der für den Kauf eines neuen Fahrzeugs in der Ausstattung des versicherten Fahrzeugs aufgewendet werden muss. Wird der Typ des versicherten Fahrzeugs nicht mehr hergestellt, gilt der Preis für ein vergleichbares Nachfolgemodell. Maßgeblich ist jeweils die unverbindliche Preisempfehlung des Herstellers am Tag des Schadenereignisses abzüglich orts- und marktüblicher Nachlässe.

A.2.5.2 Was zahlen wir bei Beschädigung?

Reparatur

A.2.5.2.1 Wird das Fahrzeug beschädigt, zahlen wir die für die Reparatur erforderlichen Kosten bis zu folgenden Obergrenzen:
   a Wenn das Fahrzeug vollständig und fachgerecht repariert wird, gilt: Wir zahlen die hierfür erforderlichen Kosten bis zur Höhe des Wiederbeschaffungswerts nach A.2.5.1.6, wenn Sie uns dies durch eine Rechnung nachweisen. Fehlt dieser Nachweis, zahlen wir entsprechend A.2.5.2.1.b.
   b Wenn das Fahrzeug nicht, nicht vollständig oder nicht fachgerecht repariert wird, gilt:
Wir zahlen die erforderlichen Kosten einer vollständigen Reparatur bis zur Höhe des um den Restwert verminderten Wiederbeschaffungswerts (siehe A.2.5.1.6 und A.2.5.1.7).

§ 5 Kraftfahrtversicherung

< xx Den folgenden Hinweis sollten Verwender der zweiten Variante von A.2.5.1.2 einfügen:>
[Hinweis: Beachten Sie auch die Regelung zur Neupreisentschädigung in A.2.5.1.2]

Abschleppen

A.2.5.2.2 Bei Beschädigung des Fahrzeugs ersetzen wir die Kosten für das Abschleppen vom Schadenort bis zur nächstgelegenen für die Reparatur geeigneten Werkstatt. Dabei darf einschließlich unserer Leistungen wegen der Beschädigung des Fahrzeugs nach A.2.5.2.1 die Obergrenze nach A.2.5.2.1.a oder A.2.5.2.1.b nicht überschritten werden. Wir zahlen nicht, wenn ein Dritter Ihnen gegenüber verpflichtet ist, diese Kosten zu übernehmen.

Abzug neu für alt

A.2.5.2.3 Wir ziehen von den Kosten der Ersatzteile und der Lackierung einen dem Alter und der Abnutzung der alten Teile entsprechenden Betrag ab (neu für alt), wenn
- bei der Reparatur alte Teile gegen Neuteile ausgetauscht werden oder
- das Fahrzeug ganz oder teilweise neu lackiert wird.

Der Abzug neu für alt ist auf die Bereifung, Batterie und Lackierung beschränkt, wenn das Schadenereignis
- bei Pkw, Krafträdern und Omnibussen in den ersten xx Jahren
- bei den übrigen Fahrzeugarten in den ersten xx Jahren

nach der Erstzulassung eintritt.

A.2.5.3 Sachverständigenkosten

Die Kosten eines Sachverständigen erstatten wir nur, wenn wir dessen Beauftragung veranlasst oder ihr zugestimmt haben.

A.2.5.4 Mehrwertsteuer

Mehrwertsteuer erstatten wir nur, wenn und soweit diese für Sie bei der von Ihnen gewählten Schadenbeseitigung tatsächlich angefallen ist. Die Mehrwertsteuer erstatten wir nicht, soweit Vorsteuerabzugsberechtigung besteht.

A.2.5.5 Zusätzliche Regelungen bei Entwendung

Wiederauffinden des Fahrzeugs

A.2.5.5.1 Wird das entwendete Fahrzeug innerhalb eines Monats nach Eingang der schriftlichen Schadenanzeige wieder aufgefunden, sind Sie zur Rücknahme des Fahrzeugs verpflichtet. Voraussetzung ist, dass Sie das Fahrzeug innerhalb dieses Zeitraums mit objektiv zumutbaren Anstrengungen wieder in Besitz nehmen können.

A.2.5.5.2 Wir zahlen die Kosten für die Abholung des Fahrzeugs, wenn es in einer Entfernung von mehr als 50 km (Luftlinie) aufgefunden wird. Ersetzt werden die Kosten in Höhe einer Bahnfahrkarte 2. Klasse für Hin- und Rückfahrt bis zu einer Höchstentfernung von 1.500 km (Bahnkilometer). Maßgeblich ist jeweils die Entfernung vom regelmäßigen Standort des Fahrzeugs zum Fundort.

Eigentumsübergang nach Entwendung

A.2.5.5.3 Sind Sie nicht nach A.2.5.5.1 zur Rücknahme des Fahrzeugs verpflichtet, werden wir dessen Eigentümer.

A.2.5.5.4 Haben wir die Versicherungsleistung wegen einer Pflichtverletzung (z.B. nach D.1.1, E.1.1 oder E.1.3 oder wegen grober Fahrlässigkeit nach A.2.9.1 Satz 2) gekürzt und wird das Fahrzeug wieder aufgefunden, gilt: Ihnen steht ein Anteil am erzielbaren Veräußerungserlös nach Abzug der erforderlichen Kosten zu, die im Zusammenhang mit der Rückholung und Verwertung entstanden sind. Der Anteil entspricht der Quote, um die wir Ihre Entschädigung gekürzt haben.

A.2.5.6 Bis zu welcher Höhe leisten wir (Höchstentschädigung)?

Unsere Höchstentschädigung ist beschränkt auf den Neupreis des Fahrzeugs nach A.2.5.1.8.

A.2.5.7 Was wir nicht ersetzen und Rest- und Altteile

Was wir nicht ersetzen

A.2.5.7.1 Wir zahlen nicht für Veränderungen, Verbesserungen, Alterungs- und Verschleißschäden. Ebenfalls nicht ersetzt werden Folgeschäden wie Verlust von Treibstoff und Betriebsmittel (z.B. Öl, Kühlflüssigkeit), Wertminderung, Zulassungskosten, Überführungskosten, Verwaltungskosten, Nutzungsausfall oder Kosten eines Mietfahrzeugs.

Rest- und Altteile

A.2.5.7.2 Rest- und Altteile sowie das unreparierte Fahrzeug verbleiben bei Ihnen und werden zum Veräußerungswert auf die Entschädigung angerechnet.

A.2.5.8 Selbstbeteiligung

Ist eine Selbstbeteiligung vereinbart, wird diese bei jedem Schadenereignis von der Entschädigung abgezogen. Ihrem Versicherungsschein können Sie entnehmen, ob und in welcher Höhe Sie eine Selbstbeteiligung vereinbart haben.

A.2.6 Sachverständigenverfahren bei Meinungsverschiedenheit über die Schadenhöhe

A.2.6.1 Bei Meinungsverschiedenheiten zur Schadenhöhe einschließlich der Feststellung des Wiederbeschaffungswerts oder über den Umfang der erforderlichen Reparaturarbeiten muss vor Klageerhebung ein Sachverständigenausschuss entscheiden.

A.2.6.2 Für den Ausschuss benennen Sie und wir je einen Kraftfahrzeugsachverständigen. Wenn Sie oder wir innerhalb von zwei Wochen nach Aufforderung keinen Sachverständigen benennen, wird dieser von dem jeweils Anderen bestimmt.

A.2.6.3 Soweit sich der Ausschuss nicht einigt, entscheidet ein weiterer Kraftfahrzeugsachverständiger als Obmann. Er soll vor Beginn des Verfahrens von dem Ausschuss gewählt werden. Einigt sich der Ausschuss nicht über die Person des Obmanns, wird er über das zuständige Amtsgericht benannt. Die Entscheidung des Obmanns muss zwischen den jeweils von den beiden Sachverständigen geschätzten Beträgen liegen.

A.2.6.4 Die Kosten des Sachverständigenverfahrens sind im Verhältnis des Obsiegens zum Unterliegen von uns bzw. von Ihnen zu tragen.

Hinweis: Bitte beachten Sie zum Rechtsweg L.1.3.

A.2.7 Fälligkeit unserer Zahlung, Abtretung

A.2.7.1 Sobald wir unsere Zahlungspflicht und die Höhe der Entschädigung festgestellt haben, zahlen wir diese spätestens innerhalb von zwei Wochen.

A.2.7.2 Sie können einen angemessenen Vorschuss auf die Entschädigung verlangen, wenn

- wir unsere Zahlungspflicht festgestellt haben und
- sich die Höhe der Entschädigung nicht innerhalb eines Monats nach Schadenanzeige feststellen lässt.

A.2.7.3 Ist das Fahrzeug entwendet worden, ist zunächst abzuwarten, ob es wieder aufgefunden wird. Aus diesem Grunde zahlen wir die Entschädigung frühestens nach Ablauf eines Monats nach Eingang der schriftlichen Schadenanzeige.

A.2.7.4 Ihren Anspruch auf die Entschädigung können Sie vor der endgültigen Feststellung ohne unsere ausdrückliche Genehmigung weder abtreten noch verpfänden.

A.2.8 Können wir unsere Leistung vom Fahrer zurückfordern, wenn Sie nicht selbst gefahren sind?

Fährt eine andere Person berechtigterweise das Fahrzeug und kommt es zu einem Schadenereignis, fordern wir von dieser Person unsere Leistungen bei schuldloser oder einfach fahrlässiger Herbeiführung des Schadens nicht zurück.

Jedoch sind wir bei grob fahrlässiger Herbeiführung des Schadens berechtigt, unsere Leistung soweit zurückzufordern, wie dies der Schwere des Verschuldens entspricht. Lebt der Fahrer bei Eintritt des Schadens mit Ihnen in häuslicher Gemeinschaft, fordern wir unsere Ersatzleistung selbst bei grob fahrlässiger Herbeiführung des Schadens nicht zurück.

Bei vorsätzlicher Herbeiführung des Schadens sind wir berechtigt, unsere Leistungen in voller Höhe zurückzufordern.

T. Allgemeine Bedingungen für die Kfz-Versicherung §5

Die Absätze 1 bis 3 gelten entsprechend, wenn eine in der Kfz-Haftpflichtversicherung gemäß A.1.2 mitversicherte Person sowie der Mieter oder der Entleiher einen Schaden herbeiführt.

A.2.9 Was ist nicht versichert?

Vorsatz und grobe Fahrlässigkeit

A.2.9.1 Kein Versicherungsschutz besteht für Schäden, die Sie vorsätzlich herbeiführen. Bei grob fahrlässiger Herbeiführung des Schadens, sind wir berechtigt, unsere Leistung in einem der Schwere Ihres Verschuldens entsprechenden Verhältnis zu kürzen.

Genehmigte Rennen

A.2.9.2 Kein Versicherungsschutz besteht für Schäden, die bei Beteiligung an behördlich genehmigten kraftfahrt-sportlichen Veranstaltungen, bei denen es auf Erzielung einer Höchstgeschwindigkeit ankommt, entstehen. Dies gilt auch für dazugehörige Übungsfahrten. Hinweis: Die Teilnahme an nicht genehmigten Rennen stellt eine Verletzung Ihrer Pflichten nach D.1.1.4 dar.

Reifenschäden

A.2.9.3 Kein Versicherungsschutz besteht für beschädigte oder zerstörte Reifen. Versicherungsschutz für Reifenschäden besteht jedoch, wenn durch dasselbe Ereignis gleichzeitig andere unter den Schutz der Kaskoversicherung fallende Schäden am Fahrzeug verursacht wurden.

Erdbeben, Kriegsereignisse, innere Unruhen, Maßnahmen der Staatsgewalt

A.2.9.4 Kein Versicherungsschutz besteht für Schäden, die durch Erdbeben, Kriegsereignisse, innere Unruhen oder Maßnahmen der Staatsgewalt unmittelbar oder mittelbar verursacht werden.

Schäden durch Kernenergie

A.2.9.5 Kein Versicherungsschutz besteht für Schäden durch Kernenergie.

A.3 Autoschutzbrief – Hilfe für unterwegs als Service oder Kostenerstattung

A.3.1 Was ist versichert?

Wir erbringen nach Eintritt der in A.3.5 bis A.3.8 genannten Schadenereignisse die dazu im Einzelnen aufgeführten Leistungen als Service oder erstatten die von Ihnen aufgewendeten Kosten im Rahmen dieser Bedingungen.

A.3.2 Wer ist versichert?

Versicherungsschutz besteht für Sie, den berechtigten Fahrer und die berechtigten Insassen, soweit nachfolgend nichts anderes geregelt ist.

§5 Kraftfahrtversicherung

A.3.3 Versicherte Fahrzeuge
Versichert ist das im Versicherungsschein bezeichnete Fahrzeug sowie ein mitgeführter Wohnwagen-, Gepäck- oder Bootsanhänger.

A.3.4 In welchen Ländern besteht Versicherungsschutz?
Sie haben mit dem Schutzbrief Versicherungsschutz in den geographischen Grenzen Europas sowie den außereuropäischen Gebieten, die zum Geltungsbereich der Europäischen Union gehören, soweit nachfolgend nicht etwas anderes geregelt ist.

A.3.5 Hilfe bei Panne oder Unfall
Kann das Fahrzeug nach einer Panne oder einem Unfall die Fahrt aus eigener Kraft nicht fortsetzen, erbringen wir folgende Leistungen:

Wiederherstellung der Fahrbereitschaft

A.3.5.1 Wir sorgen für die Wiederherstellung der Fahrbereitschaft an der Schadenstelle durch ein Pannenhilfsfahrzeug und übernehmen die hierdurch entstehenden Kosten. Der Höchstbetrag für diese Leistung beläuft sich einschließlich der vom Pannenhilfsfahrzeug mitgeführten und verwendeten Kleinteile auf xx Euro.

Abschleppen des Fahrzeugs

A.3.5.2 Kann das Fahrzeug an der Schadenstelle nicht wieder fahrbereit gemacht werden, sorgen wir für das Abschleppen des Fahrzeugs. Dies schließt das Gepäck und die nicht gewerblich beförderte Ladung mit ein.

Wir übernehmen die hierdurch entstehenden Kosten. Der Höchstbetrag für diese Leistung beläuft sich auf xx Euro; hierauf werden durch den Einsatz eines Pannenhilfsfahrzeugs entstandene Kosten angerechnet.

Bergen des Fahrzeugs

A.3.5.3 Ist das Fahrzeug von der Straße abgekommen, sorgen wir für die Bergung des Fahrzeugs. Dies schließt das Gepäck und nicht gewerblich beförderte Ladung mit ein.

Wir übernehmen die hierdurch entstehenden Kosten.

Was versteht man unter Panne oder Unfall?

A.3.5.4 Unter Panne ist jeder Betriebs-, Bruch- oder Bremsschaden zu verstehen. Unfall ist ein unmittelbar von außen plötzlich mit mechanischer Gewalt auf das Fahrzeug einwirkendes Ereignis.

A.3.6 Zusätzliche Hilfe bei Panne, Unfall oder Diebstahl ab 50 km Entfernung

Bei Panne, Unfall oder Diebstahl des Fahrzeugs erbringen wir nachfolgende Leistungen unter den Voraussetzungen, dass

- die Hilfeleistung an einem Ort erfolgt, der mindestens 50 km Luftlinie von Ihrem ständigen Wohnsitz in Deutschland entfernt ist und
- das Fahrzeug weder am Schadentag noch am darauf folgenden Tag wieder fahrbereit gemacht werden kann oder es gestohlen worden ist.

Weiter- oder Rückfahrt

A.3.6.1 Folgende Fahrtkosten werden erstattet:
  a Eine Rückfahrt vom Schadenort zu Ihrem ständigen Wohnsitz in Deutschland oder
  b eine Weiterfahrt vom Schadenort zum Zielort, jedoch höchstens innerhalb des Geltungsbereichs nach A.3.4 und
  c eine Rückfahrt vom Zielort zu Ihrem ständigen Wohnsitz in Deutschland,
  d eine Fahrt einer Person von Ihrem ständigen Wohnsitz oder vom Zielort zum Schadenort, wenn das Fahrzeug dort fahrbereit gemacht worden ist.

Die Kostenerstattung erfolgt bei einer einfachen Entfernung unter 1.200 Bahnkilometern bis zur Höhe der Bahnkosten 2. Klasse. Bei größerer Entfernung werden diese bis zur Höhe der Bahnkosten 1. Klasse oder der Liegewagenkosten jeweils einschließlich Zuschlägen übernommen. Zusätzlich erstatten wir die Kosten für nachgewiesene Taxifahrten bis zu xx Euro.

Übernachtung

A.3.6.2 Wir helfen Ihnen auf Wunsch bei der Beschaffung einer Übernachtungsmöglichkeit und übernehmen die Kosten für höchstens drei Übernachtungen. Wenn Sie die Leistung Weiter oder Rückfahrt nach A.3.6.1 in Anspruch nehmen, zahlen wir nur eine Übernachtung. Sobald das Fahrzeug Ihnen wieder fahrbereit zur Verfügung steht, besteht kein Anspruch auf weitere Übernachtungskosten. Wir übernehmen die Kosten bis höchstens xx Euro je Übernachtung und Person.

Mietwagen

A.3.6.3 Wir helfen Ihnen, ein gleichwertiges Fahrzeug anzumieten. Wir übernehmen die Kosten des Mietwagens, bis Ihnen das Fahrzeug wieder fahrbereit zur Verfügung steht. Voraussetzung ist, dass Sie weder die Leistung Weiter- oder Rückfahrt nach A.3.6.1 noch Übernachtung nach A.3.6.2 in Anspruch genommen haben.
Wir zahlen höchstens für sieben Tage und maximal xx Euro je Tag.

§ 5 Kraftfahrtversicherung

Fahrzeugunterstellung

A.3.6.4 Muss das Fahrzeug nach einer Panne oder einem Unfall bis zur Wiederherstellung der Fahrbereitschaft oder bis zur Durchführung des Transports in einer Werkstatt untergestellt werden, sind wir Ihnen hierbei behilflich. Wir übernehmen die hierdurch entstehenden Kosten, jedoch höchstens für zwei Wochen.

A.3.7 Hilfe bei Krankheit, Verletzung oder Tod auf einer Reise

Wir erbringen die nachfolgenden Leistungen unter den Voraussetzungen, dass auf einer Reise mit dem versicherten Fahrzeug

- Sie oder eine mitversicherte Person unvorhersehbar erkranken oder der Fahrer stirbt und
- dies an einem Ort geschieht, der mindestens 50 km Luftlinie von Ihrem ständigen Wohnsitz in Deutschland entfernt ist.

Als unvorhersehbar gilt eine Erkrankung, wenn diese nicht bereits innerhalb der letzten sechs Wochen vor Beginn der Reise (erstmalig oder zum wiederholten Male) aufgetreten ist.

Krankenrücktransport

A.3.7.1 Müssen Sie oder eine mitversicherte Person infolge Erkrankung an Ihren ständigen Wohnsitz zurücktransportiert werden, sorgen wir für die Durchführung des Rücktransports. Wir übernehmen dessen Kosten. Art und Zeitpunkt des Rücktransports müssen medizinisch notwendig sein. Unsere Leistung erstreckt sich auch auf die Begleitung des Erkrankten durch einen Arzt oder Sanitäter, wenn diese behördlich vorgeschrieben ist. Außerdem übernehmen wir die bis zum Rücktransport entstehenden Übernachtungskosten. Diese müssen jedoch durch die Erkrankung bedingt sein und sind begrenzt auf höchstens drei Übernachtungen bis zu je xx Euro pro Person.

Rückholung von Kindern

A.3.7.2 Wir sorgen bei mitreisenden Kindern unter 16 Jahren für die Abholung und Rückfahrt mit einer Begleitperson zu ihrem Wohnsitz, wenn

- der Fahrer erkrankt ist oder stirbt und
- die Kinder weder von Ihnen noch von einem anderen Insassen betreut werden können.

Wir übernehmen die hierdurch entstehenden Kosten. Wir erstatten dabei die Bahnkosten 2. Klasse einschließlich Zuschlägen sowie die Kosten für nachgewiesene Taxifahrten bis zu xx Euro.

Fahrzeugabholung

A.3.7.3 Wir sorgen für die Verbringung des Fahrzeugs zu Ihrem ständigen Wohnsitz, wenn

- der Fahrer länger als drei Tage erkrankt oder stirbt und

- das Fahrzeug weder von ihm noch von einem Insassen zurückgefahren werden kann.

Wir übernehmen die hierdurch entstehenden Kosten.

Veranlassen Sie die Verbringung selbst, erhalten Sie als Kostenersatz bis xx Euro je Kilometer zwischen Ihrem Wohnsitz und dem Schadenort. Außerdem erstatten wir in jedem Fall die bis zur Abholung der berechtigten Insassen entstehenden und durch den Fahrerausfall bedingten Übernachtungskosten. Die Leistung ist begrenzt auf drei Übernachtungen bis zu je xx Euro pro Person.

Was versteht man unter einer Reise?

A.3.7.4 Reise ist jede Abwesenheit von Ihrem ständigen Wohnsitz bis zu einer Höchstdauer von fortlaufend sechs Wochen. Als Ihr ständiger Wohnsitz gilt der Ort in Deutschland, an dem Sie behördlich gemeldet sind und sich überwiegend aufhalten.

A.3.8 Zusätzliche Leistungen bei einer Auslandsreise

Ereignet sich der Schaden an einem Ort im Ausland (Geltungsbereich nach A.3.4 ohne Deutschland), der mindestens 50 km Luftlinie von Ihrem ständigen Wohnsitz in Deutschland entfernt ist, erbringen wir zusätzlich folgende Leistungen:

A.3.8.1 Bei Panne und Unfall:

Ersatzteilversand

a Können Ersatzteile zur Wiederherstellung der Fahrbereitschaft des Fahrzeugs an einem ausländischen Schadenort oder in dessen Nähe nicht beschafft werden, sorgen wir dafür, dass Sie diese auf schnellstmöglichem Wege erhalten. Wir übernehmen alle entstehenden Versandkosten.

Fahrzeugtransport

b Wir sorgen für den Transport des Fahrzeugs zu einer Werkstatt und übernehmen die hierdurch entstehenden Kosten bis zur Höhe der Rücktransportkosten an Ihren Wohnsitz, wenn
  - das Fahrzeug an einem ausländischen Schadenort oder in dessen Nähe nicht innerhalb von drei Werktagen fahrbereit gemacht werden kann und
  - die voraussichtlichen Reparaturkosten nicht höher sind als der Kaufpreis für ein gleichwertiges gebrauchtes Fahrzeug.

Mietwagen

c Wir helfen Ihnen, ein gleichwertiges Fahrzeug anzumieten. Mieten Sie ein Fahrzeug nach A.3.6.3 an, übernehmen wir die Kosten hierfür bis Ihr Fahrzeug wieder fahrbereit zur Verfügung steht. Wir leisten bis zu einem Betrag von xx Euro.

§ 5 Kraftfahrtversicherung

Fahrzeugverzollung und -verschrottung
d Muss das Fahrzeug nach einem Unfall im Ausland verzollt werden, helfen wir bei der Verzollung. Wir übernehmen die hierbei anfallenden Verfahrensgebühren mit Ausnahme des Zollbetrags und sonstiger Steuern. Lassen Sie Ihr Fahrzeug verschrotten, um die Verzollung zu vermeiden, übernehmen wir die Verschrottungskosten.

A.3.8.2 Bei Fahrzeugdiebstahl:
Fahrzeugunterstellung
a Wir übernehmen die Kosten für eine Fahrzeugunterstellung, wenn das gestohlene Fahrzeug
– nach dem Diebstahl im Ausland wieder aufgefunden wird und
– bis zur Durchführung des Rücktransports oder der Verzollung bzw. Verschrottung untergestellt werden muss.
Wir übernehmen die Kosten höchstens für zwei Wochen.
Mietwagen
b Wir helfen Ihnen, ein gleichwertiges Fahrzeug anzumieten. Mieten Sie ein Fahrzeug nach A.3.6.3 an, übernehmen wir die Kosten hierfür, bis Ihr Fahrzeug wieder fahrbereit zur Verfügung steht. Wir zahlen höchstens xx Euro.
Fahrzeugverzollung und -verschrottung
c Muss das Fahrzeug nach dem Diebstahl im Ausland verzollt werden, helfen wir bei der Verzollung. Wir übernehmen die hierbei anfallenden Verfahrensgebühren mit Ausnahme des Zollbetrags und sonstiger Steuern. Lassen Sie Ihr Fahrzeug verschrotten, um die Verzollung zu vermeiden, übernehmen wir die Verschrottungskosten.

A.3.8.3 Im Todesfall
Im Fall Ihres Todes auf einer Reise mit dem versicherten Fahrzeug im Ausland sorgen wir nach Abstimmung mit den Angehörigen
■ für die Bestattung im Ausland oder
■ für die Überführung nach Deutschland.
Wir übernehmen hierfür die Kosten.
Diese Leistung gilt nicht bei Tod einer mitversicherten Person.

A.3.9 Was ist nicht versichert?
Vorsatz und grobe Fahrlässigkeit
A.3.9.1 Kein Versicherungsschutz besteht für Schäden, die Sie vorsätzlich herbeiführen. Bei grob fahrlässiger Herbeiführung des Schadens sind wir berechtigt, unsere Leistung in einem der Schwere Ihres Verschuldens entsprechenden Verhältnis zu kürzen.

Genehmigte Rennen
A.3.9.2 Kein Versicherungsschutz besteht für Schäden, die bei Beteiligung an behördlich genehmigten kraftfahrt-sportlichen Veranstaltungen, bei de-

nen es auf Erzielung einer Höchstgeschwindigkeit ankommt, entstehen. Dies gilt auch für dazugehörige Übungsfahrten. Hinweis: Die Teilnahme an nicht genehmigten Rennen stellt eine Verletzung Ihrer Pflichten nach D.1.1.4 dar.

Erdbeben, Kriegsereignisse, innere Unruhen und Staatsgewalt

A.3.9.3 Kein Versicherungsschutz besteht für Schäden, die durch Erdbeben, Kriegsereignisse, innere Unruhen oder Maßnahmen der Staatsgewalt unmittelbar oder mittelbar verursacht werden.

Schäden durch Kernenergie

A.3.9.4 Kein Versicherungsschutz besteht für Schäden durch Kernenergie.

A.3.10 Anrechnung ersparter Aufwendungen, Abtretung

A.3.10.1 Haben Sie aufgrund unserer Leistungen Kosten erspart, die Sie ohne das Schadenereignis hätten aufwenden müssen, können wir diese von unserer Zahlung abziehen.

A.3.10.2 Ihren Anspruch auf Leistung können Sie vor der endgültigen Feststellung ohne unsere ausdrückliche Genehmigung weder abtreten noch verpfänden.

A.3.11 Verpflichtung Dritter

A.3.11.1 Soweit im Schadenfall ein Dritter Ihnen gegenüber aufgrund eines Vertrags oder einer Mitgliedschaft in einem Verband oder Verein zur Leistung oder zur Hilfe verpflichtet ist, gehen diese Ansprüche unseren Leistungsverpflichtungen vor.

A.3.11.2 Wenden Sie sich nach einem Schadenereignis allerdings zuerst an uns, sind wir Ihnen gegenüber abweichend von A.3.11.1 zur Leistung verpflichtet.

A.4 Kfz-Unfallversicherung – wenn Insassen verletzt oder getötet werden

A.4.1 Was ist versichert?

Unfälle bei Gebrauch des Fahrzeugs

A.4.1.1 Wir bieten den vereinbarten Versicherungsschutz bei Unfällen der versicherten Person, die in unmittelbarem Zusammenhang mit dem Gebrauch Ihres Fahrzeugs oder eines damit verbunden Anhängers stehen (z.B. Fahren, Ein- und Aussteigen, Be- und Entladen).

Unfallbegriff

A.4.1.2 Ein Unfall liegt vor, wenn die versicherte Person durch
- ein plötzlich von außen auf ihren Körper wirkendes Ereignis (Unfallereignis)
- unfreiwillig eine Gesundheitsschädigung erleidet.

§ 5 Kraftfahrtversicherung

Erweiterter Unfallbegriff

A.4.1.3 Als Unfall gilt auch, wenn sich die versicherte Person durch eine erhöhte Kraftanstrengung
- ein Gelenk an Gliedmaßen oder der Wirbelsäule verrenkt,
- Muskeln, Sehnen, Bänder oder Kapseln an Gliedmaßen oder der Wirbelsäule zerrt oder zerreißt.

Meniskus und Bandscheiben sind weder Muskeln, Sehnen, Bänder noch Kapseln. Deshalb werden sie von dieser Regelung nicht erfasst.

Eine erhöhte Kraftanstrengung ist eine Bewegung, deren Muskeleinsatz über die normalen Handlungen des täglichen Lebens hinausgeht. Maßgeblich für die Beurteilung des Muskeleinsatzes sind die individuellen körperlichen Verhältnisse der versicherten Person.

A.4.2 Wer ist versichert?

A.4.2.1 Pauschalsystem

Mit der Kfz-Unfallversicherung nach dem Pauschalsystem sind die jeweiligen berechtigten Insassen des Fahrzeugs versichert. Ausgenommen sind bei Ihnen angestellte Berufsfahrer und Beifahrer, wenn sie als solche das Fahrzeug gebrauchen.

Bei zwei und mehr berechtigten Insassen erhöht sich die Versicherungssumme um xx Prozent und teilt sich durch die Gesamtzahl der Insassen, unabhängig davon, ob diese zu Schaden kommen.

A.4.2.2 Kfz-Unfall-Plus-Versicherung

Mit der Kfz-Unfall-Plus-Versicherung sind die jeweiligen berechtigten Insassen des Fahrzeugs mit der für Invalidität und Tod vereinbarten Versicherungssumme versichert. Wird der jeweilige Fahrer verletzt und verbleibt eine unfallbedingte Invalidität von xx Prozent, erhöht sich die für Invalidität vereinbarte Versicherungssumme für ihn um xx Prozent.

A.4.2.3 Platzsystem

Mit der Kfz-Unfallversicherung nach dem Platzsystem sind die im Versicherungsschein bezeichneten Plätze oder eine bestimmte Anzahl von berechtigten Insassen des Fahrzeugs versichert. Ausgenommen sind bei Ihnen angestellte Berufsfahrer und Beifahrer, wenn sie als solche das Fahrzeug gebrauchen. Befinden sich in dem Fahrzeug mehr berechtigte Insassen als Plätze oder Personen im Versicherungsschein angegeben, verringert sich die Versicherungssumme für den einzelnen Insassen entsprechend.

A.4.2.4 Was versteht man unter berechtigten Insassen?

Berechtigte Insassen sind Personen (Fahrer und alle weiteren Insassen), die sich mit Wissen und Willen des Verfügungsberechtigten in oder auf dem versicherten Fahrzeug befinden oder in unmittelbarem Zusammenhang mit ihrer Beförderung beim Gebrauch des Fahrzeugs tätig werden.

A.4.2.5 Berufsfahrerversicherung
Mit der Berufsfahrerversicherung sind versichert
a die Berufsfahrer und Beifahrer des im Versicherungsschein bezeichneten Fahrzeugs,
b die im Versicherungsschein namentlich bezeichneten Berufsfahrer und Beifahrer unabhängig von einem bestimmten Fahrzeug oder
c alle bei Ihnen angestellten Berufsfahrer und Beifahrer unabhängig von einem bestimmten Fahrzeug.

A.4.2.6 Namentliche Versicherung
Mit der namentlichen Versicherung ist die im Versicherungsschein bezeichnete Person unabhängig von einem bestimmten Fahrzeug versichert. Diese Person kann ihre Ansprüche selbstständig gegen uns geltend machen.

A.4.3 In welchen Ländern besteht Versicherungsschutz?
Sie haben in der Kfz-Unfallversicherung Versicherungsschutz in den geographischen Grenzen Europas sowie den außereuropäischen Gebieten, die zum Geltungsbereich der Europäischen Union gehören.

A.4.4 Welche Leistungen umfasst die Kfz-Unfallversicherung?
Ihrem Versicherungsschein können Sie entnehmen, welche der nachstehenden Leistungen mit welchen Versicherungssummen vereinbart sind.

A.4.5 Leistung bei Invalidität
A.4.5.1 Voraussetzungen für die Leistung
Invalidität
A.4.5.1.1 Die versicherte Person hat eine Invalidität erlitten.
Eine Invalidität liegt vor, wenn unfallbedingt
- die körperliche oder geistige Leistungsfähigkeit
- dauerhaft

beeinträchtigt ist.
Dauerhaft ist eine Beeinträchtigung, wenn
- sie voraussichtlich länger als drei Jahre bestehen wird und
- eine Änderung dieses Zustands nicht zu erwarten ist.

Eintritt und ärztliche Feststellung der Invalidität
A.4.5.1.2 Die Invalidität ist innerhalb von 15 Monaten nach dem Unfall
- eingetreten und
- von einem Arzt schriftlich festgestellt worden.

Ist eine dieser Voraussetzungen nicht erfüllt, besteht kein Anspruch auf Invaliditätsleistung.

§ 5 Kraftfahrtversicherung

Geltendmachung der Invalidität
A.4.5.1.3 Sie müssen die Invalidität innerhalb von 15 Monaten nach dem Unfall bei uns geltend machen. Geltend machen heißt: Sie teilen uns mit, dass Sie von einer Invalidität ausgehen.
Versäumen Sie diese Frist, ist der Anspruch auf Invaliditätsleistung ausgeschlossen.
Nur in besonderen Ausnahmefällen lässt es sich entschuldigen, wenn Sie die Frist versäumt haben.

Keine Invaliditätsleistung bei Unfalltod im ersten Jahr
A.4.5.1.4 Stirbt die versicherte Person unfallbedingt innerhalb eines Jahres nach dem Unfall, besteht kein Anspruch auf Invaliditätsleistung.
In diesem Fall zahlen wir eine Todesfallleistung (A.4.8), sofern diese vereinbart ist.

A.4.5.2 Art und Höhe der Leistung

Berechnung der Invaliditätsleistung
A.4.5.2.1 Die Invaliditätsleistung erhalten Sie als Einmalzahlung.
Grundlagen für die Berechnung der Leistung sind
- die vereinbarte Versicherungssumme und
- der unfallbedingte Invaliditätsgrad.

Bemessung des Invaliditätsgrads, Zeitraum für die Bemessung
A.4.5.2.2 Der Invaliditätsgrad richtet sich
- nach der Gliedertaxe (A.4.5.2.3), sofern die betroffenen Körperteile oder Sinnesorgane dort genannt sind,
- ansonsten danach, in welchem Umfang die normale körperliche oder geistige Leistungsfähigkeit dauerhaft beeinträchtigt ist (A.4.5.2.4)

Maßgeblich ist der unfallbedingte Gesundheitszustand, der spätestens am Ende des dritten Jahres nach dem Unfall erkennbar ist. Dies gilt sowohl für die erste als auch für spätere Bemessungen der Invalidität (A.4.10.4).

Gliedertaxe
A.4.5.2.3 Bei Verlust oder vollständiger Funktionsunfähigkeit eines der folgenden Körperteile oder Sinnesorgane gelten ausschließlich die hier genannten Invaliditätsgrade:

Arm	70 %
Arm bis oberhalb des Ellenbogengelenks	65 %
Arm unterhalb des Ellenbogengelenks	60 %
Hand	55 %
Daumen	20 %
Zeigefinger	10 %

anderer Finger	5 %
Bein über der Mitte des Oberschenkels	70 %
Bein bis zur Mitte des Oberschenkels	60 %
Bein bis unterhalb des Knies	50 %
Bein bis zur Mitte des Unterschenkels	45 %
Fuß	40 %
große Zehe	5 %
andere Zehe	2 %
Auge	50 %
Gehör auf einem Ohr	30 %
Geruchssinn	10 %
Geschmackssinn	5 %

Bei Teilverlust oder teilweiser Funktionsbeeinträchtigung gilt der entsprechende Teil der genannten Invaliditätsgrade.

Bemessung außerhalb der Gliedertaxe

A.4.5.2.4 Für andere Körperteile oder Sinnesorgane richtet sich der Invaliditätsgrad danach, in welchem Umfang die normale körperliche oder geistige Leistungsfähigkeit insgesamt dauerhaft beeinträchtigt ist. Maßstab ist eine durchschnittliche Person gleichen Alters und Geschlechts. Die Bemessung erfolgt ausschließlich nach medizinischen Gesichtspunkten.

Minderung bei Vorinvalidität

A.4.5.2.5 Eine Vorinvalidität besteht, wenn betroffene Körperteile oder Sinnesorgane schon vor dem Unfall dauerhaft beeinträchtigt waren. Sie wird nach A.4.5.2.3 und A.4.5.2.4 bemessen.
Der Invaliditätsgrad mindert sich um diese Vorinvalidität.

Invaliditätsgrad bei Beeinträchtigung mehrerer Körperteile oder Sinnesorgane

A.4.5.2.6 Durch einen Unfall können mehrere Körperteile oder Sinnesorgane beeinträchtigt sein. Dann werden die Invaliditätsgrade, die nach den vorstehenden Bestimmungen ermittelt wurden, zusammengerechnet.
Mehr als 100% werden jedoch nicht berücksichtigt.

Invaliditätsleistung bei Tod der versicherten Person

A.4.5.2.7 Stirbt die versicherte Person vor der Bemessung der Invalidität, zahlen wir eine Invaliditätsleistung unter folgenden Voraussetzungen:
- Die versicherte Person ist nicht unfallbedingt innerhalb des ersten Jahres nach dem Unfall verstorben und
- die sonstigen Voraussetzungen für die Invaliditätsleistung nach A.4.5.1 sind erfüllt.

Wir leisten nach dem Invaliditätsgrad, mit dem aufgrund der ärztlichen Befunde zu rechnen gewesen wäre.

A.4.6 Tagegeld

Voraussetzungen für die Leistung

A.4.6.1 Die versicherte Person ist unfallbedingt
- in ihrer Arbeitsfähigkeit beeinträchtigt und
- in ärztlicher Behandlung.

Höhe und Dauer der Leistung

A.4.6.2 Grundlagen für die Berechnung der Leistung sind
- die vereinbarte Versicherungssumme und
- der unfallbedingte Grad der Beeinträchtigung der Arbeitsfähigkeit.

Der Grad der Beeinträchtigung bemisst sich
- nach der Fähigkeit der versicherten Person, ihrem bis zu dem Unfall ausgeübten Beruf weiter nachzugehen.
- nach der allgemeinen Fähigkeit der versicherten Person, Arbeit zu leisten, wenn sie zum Zeitpunkt des Unfalls nicht berufstätig war.

Das Tagegeld wird nach dem Grad der Beeinträchtigung abgestuft.

Wir zahlen das Tagegeld für die Dauer der ärztlichen Behandlung, längstens für ein Jahr ab dem Tag des Unfalls.

A.4.7 Krankenhaustagegeld

Voraussetzungen für die Leistung

A.4.7.1 Die versicherte Person
- ist unfallbedingt in medizinisch notwendiger vollstationärer Heilbehandlung oder
- unterzieht sich unfallbedingt einer ambulanten chirurgischen Operation und ist deswegen für mindestens xx Tage ununterbrochen und vollständig in der Ausübung ihres Berufs beeinträchtigt. War die versicherte Person zum Zeitpunkt des Unfalls nicht berufstätig, kommt es auf die allgemeine Fähigkeit an, Arbeit zu leisten.

Kuren oder Aufenthalte in Sanatorien und Erholungsheimen gelten nicht als medizinisch notwendige Heilbehandlung.

Höhe und Dauer der Leistung

A.4.7.2 Wir zahlen das vereinbarte Krankenhaustagegeld
- für jeden Kalendertag der vollstationären Behandlung, längstens für xx Jahre ab dem Tag des Unfalls.
- für xx Tage bei ambulanten chirurgischen Operationen.

<Redaktioneller Hinweis: In den bisherigen AKB war eine Regelung zur Leistung Genesungsgeld enthalten. Entsprechend der Regelungen in den AUB 2014 wurde dieses auch nicht in die Kfz-Unfallversicherung aufgenommen. Versicherer, die diese Leistungsart anbieten wollen, müssen eine entsprechende Regelung aufnehmen.>

A.4.8 Todesfallleistung
Voraussetzungen für die Leistung
A.4.8.1 Die versicherte Person stirbt unfallbedingt innerhalb eines Jahres nach dem Unfall.
Beachten Sie dann die Verhaltensregeln nach E.1.5.1.
Art und Höhe der Leistung
A.4.8.2 Wir zahlen die Todesfallleistung in Höhe der vereinbarten Versicherungssumme.

A.4.9 Was passiert, wenn Unfallfolgen mit Krankheiten oder Gebrechen zusammentreffen?
Krankheiten und Gebrechen
A.4.9.1 Wir leisten ausschließlich für Unfallfolgen. Dies sind Gesundheitsschädigungen und ihre Folgen, die durch das Unfallereignis verursacht wurden.
Wir leisten nicht für Krankheiten oder Gebrechen.
Mitwirkung
A.4.9.2 Treffen Unfallfolgen mit Krankheiten oder Gebrechen zusammen, gilt Folgendes:
A.4.9.2.1 Entsprechend dem Umfang, in dem Krankheiten oder Gebrechen an der Gesundheitsschädigung oder ihren Folgen mitgewirkt haben (Mitwirkungsanteil), mindert sich
- bei der Invaliditätsleistung der Prozentsatz des Invaliditätsgrads.
- bei der Todesfallleistung und, soweit nicht etwas anderes bestimmt ist, bei den anderen Leistungsarten die Leistung selbst.

A.4.9.2.2 Beträgt der Mitwirkungsanteil weniger als 25 %, nehmen wir keine Minderung vor.

A.4.10 Fälligkeit
Wir erbringen unsere Leistungen, nachdem wir die Erhebungen abgeschlossen haben, die zur Feststellung des Versicherungsfalls und des Umfangs unserer Leistungspflicht notwendig sind. Dazu gilt Folgendes:
Erklärung über die Leistungspflicht
A.4.10.1 Wir sind verpflichtet, innerhalb eines Monats in Textform zu erklären, ob und in welchem Umfang wir unsere Leistungspflicht anerkennen.
Bei Invaliditätsleistung beträgt die Frist drei Monate.
Die Fristen beginnen, sobald uns folgende Unterlagen zugehen:
- Nachweis des Unfallhergangs und der Unfallfolgen.
- Bei Invaliditätsleistung zusätzlich der Nachweis über den Abschluss des Heilverfahrens, soweit dies für die Bemessung des Invaliditätsgrads notwendig ist.

Beachten Sie dabei auch die Verhaltensregeln nach E.1.5.

Die ärztlichen Gebühren, die Ihnen zur Begründung des Leistungsanspruchs entstehen, übernehmen wir
- bei Invaliditätsleistung bis zu xx % der versicherten Summe.
- bei Tagegeld und Krankenhaustagegeld jeweils bis zu xx Tagessätze.

Sonstige Kosten übernehmen wir nicht.

Leistung innerhalb von zwei Wochen

A.4.10.2 Erkennen wir den Anspruch an oder haben wir uns mit Ihnen über Grund und Höhe geeinigt, leisten wir innerhalb von zwei Wochen.

Vorschüsse

A.4.10.3 Steht die Leistungspflicht zunächst nur dem Grunde nach fest, zahlen wir – auf Ihren Wunsch – angemessene Vorschüsse.

Vor Abschluss des Heilverfahrens kann eine Invaliditätsleistung innerhalb eines Jahres nach dem Unfall nur bis zur Höhe einer vereinbarten Todesfallsumme beansprucht werden.

Neubemessung des Invaliditätsgrads

A.4.10.4 Nach der Bemessung des Invaliditätsgrads können sich Veränderungen des Gesundheitszustands ergeben.

Sie und wir sind berechtigt, den Grad der Invalidität jährlich erneut ärztlich bemessen zu lassen.

Dieses Recht steht Ihnen und uns längstens bis zu drei Jahren nach dem Unfall zu. Bei Kindern bis zur Vollendung des xx. Lebensjahres verlängert sich diese Frist von drei auf xx Jahre.

- Wenn wir eine Neubemessung wünschen, teilen wir Ihnen dies zusammen mit der Erklärung über unsere Leistungspflicht mit.
- Wenn Sie eine Neubemessung wünschen, müssen Sie uns dies vor Ablauf der Frist mitteilen.

Ergibt die endgültige Bemessung eine höhere Invaliditätsleistung, als wir bereits gezahlt haben, ist der Mehrbetrag mit xx % jährlich zu verzinsen.

A.4.11 Abtretung und Zahlung für eine mitversicherte Person

Abtretung

A.4.11.1 Ihren Anspruch auf die Leistung können Sie vor der endgültigen Feststellung ohne unsere ausdrückliche Genehmigung weder abtreten noch verpfänden.

Zahlung für eine mitversicherte Person

A.4.11.2 Sie können die Auszahlung der auf eine mitversicherte Person entfallenden Versicherungsleistung an Sie selbst nur mit der Zustimmung der versicherten Person verlangen.

T. Allgemeine Bedingungen für die Kfz-Versicherung §5

A.4.12 Was ist nicht versichert?
Straftat
A.4.12.1 Kein Versicherungsschutz besteht bei Unfällen, die der versicherten Person dadurch zustoßen, dass sie vorsätzlich eine Straftat begeht oder versucht.

Geistes- oder Bewusstseinsstörungen / Trunkenheit
A.4.12.2 Kein Versicherungsschutz besteht bei Unfällen des Fahrers durch Geistes- oder Bewusstseinsstörungen, auch soweit diese auf Trunkenheit beruhen, sowie durch Schlaganfälle, epileptische Anfälle oder andere Krampfanfälle, die den ganzen Körper des Fahrers ergreifen. Versicherungsschutz besteht jedoch, wenn diese Störungen oder Anfälle durch ein Unfallereignis verursacht sind, das unter diesen Vertrag oder unter eine für das Vorfahrzeug bei uns abgeschlossene Kfz-Unfallversicherung fällt.

Genehmigte Rennen
A.4.12.3 Kein Versicherungsschutz besteht bei Unfällen, die bei Beteiligung an behördlich genehmigten kraftfahrt-sportlichen Veranstaltungen, bei denen es auf die Erzielung einer Höchstgeschwindigkeit ankommt, entstehen. Dies gilt auch für dazugehörige Übungsfahrten.
Hinweis: Die Teilnahme an nicht genehmigten Rennen stellt eine Verletzung Ihrer Pflichten nach D.1.1.4 dar.

Erdbeben, Kriegsereignisse, innere Unruhen, Maßnahmen der Staatsgewalt
A.4.12.4 Kein Versicherungsschutz besteht bei Unfällen, die durch Erdbeben, Kriegsereignisse, innere Unruhen oder Maßnahmen der Staatsgewalt unmittelbar oder mittelbar verursacht werden.

Kernenergie
A.4.12.5 Kein Versicherungsschutz besteht bei Schäden durch Kernenergie.

Bandscheiben, innere Blutungen
A.4.12.6 Kein Versicherungsschutz besteht bei Schäden an Bandscheiben sowie bei Blutungen aus inneren Organen und Gehirnblutungen. Versicherungsschutz besteht jedoch, wenn überwiegende Ursache ein unter diesen Vertrag fallendes Unfallereignis nach A.4.1.2 ist.

Infektionen
A.4.12.7 Kein Versicherungsschutz besteht bei Infektionen. Bei Wundstarrkrampf und Tollwut besteht jedoch Versicherungsschutz, wenn die Krankheitserreger durch ein versichertes Unfallereignis sofort oder später in den Körper gelangen. Bei anderen Infektionen besteht Versicherungsschutz, wenn die Krankheitserreger durch ein versichertes Unfallereignis, das nicht nur geringfügige Haut- oder Schleimhautverletzungen verursacht, sofort oder später in den Körper gelangen. Bei In-

fektionen, die durch Heilmaßnahmen verursacht sind, besteht Versicherungsschutz, wenn die Heilmaßnahmen durch ein unter diesen Vertrag fallendes Unfallereignis veranlasst waren.

Psychische Reaktionen

A.4.12.8 Kein Versicherungsschutz besteht bei krankhaften Störungen infolge psychischer Reaktionen, auch wenn diese durch einen Unfall verursacht wurden.

Bauch- und Unterleibsbrüche

A.4.12.9 Kein Versicherungsschutz besteht bei Bauch- oder Unterleibsbrüchen. Versicherungsschutz besteht jedoch, wenn sie durch eine unter diesen Vertrag fallende gewaltsame, von außen kommende Einwirkung entstanden sind.

A.5 Fahrerschutzversicherung – wenn der Fahrer verletzt oder getötet wird

Die Fahrerschutzversicherung ist eine Kfz-Unfallversicherung, deren Leistungen sich nach dem tatsächlich entstandenen Personenschaden richten.

A.5.1 Was ist versichert?

Versichert sind Personenschäden des berechtigten Fahrers, die dadurch entstehen, dass er durch einen Unfall beim Lenken des versicherten Fahrzeugs verletzt oder getötet wird.

Ein Unfall liegt vor, wenn der Fahrer durch ein plötzlich von außen auf seinen Körper wirkendes Ereignis (Unfallereignis) unfreiwillig eine Gesundheitsschädigung erleidet.

Zum Lenken des Fahrzeugs gehört z.B. nicht das Ein- und Aussteigen oder das Be- und Entladen.

A.5.2 Wer ist versichert?

Versichert ist der berechtigte Fahrer des Fahrzeugs. Berechtigter Fahrer ist eine Person, die mit Wissen und Willen des Verfügungsberechtigten das Fahrzeug lenkt.

Im Todesfall des Fahrers sind seine Hinterbliebenen bezüglich ihrer gesetzlichen Unterhaltsansprüche mitversichert.

A.5.3 In welchen Ländern besteht Versicherungsschutz?

In der Fahrerschutzversicherung besteht Versicherungsschutz in den geographischen Grenzen Europas sowie den außereuropäischen Gebieten, die zum Geltungsbereich der Europäischen Union gehören.

<Redaktioneller Hinweis: Alternativ könnte z.B. der Geltungsbereich KH inklusive Grüne Karte Geltungsbereich vereinbart werden.>

T. Allgemeine Bedingungen für die Kfz-Versicherung | § 5

A.5.4 Was leisten wir in der Fahrerschutzversicherung?
<Achtung! Es folgen zwei Varianten von A.5.4.1>
Was wir ersetzen
A.5.4.1 Wir ersetzen den unfallbedingten Personenschaden (z.b. Verdienstausfall, Hinterbliebenenrente, [Schmerzensgeld]) so, als ob ein Dritter schadenersatzpflichtig wäre. Dabei leisten wir nach den deutschen gesetzlichen Schadenersatzbestimmungen des Privatrechts.
<Redaktioneller Hinweis: Sollen bestimmte Leistungspositionen (z.b. Schmerzensgeld, Rechtsanwaltsgebühren) nicht ersetzt werden, sind diese hier aufzuführen.>
[Wir zahlen nicht für ...]
<Redaktioneller Hinweis: Versicherer, die nicht den vollständigen Leistungsumfang analog Schadenersatzrecht nach KH abdecken wollen, können alternativ die versicherten Leistungspositionen abschließend aufzählen und ggf. limitieren.>
[Was wir ersetzen
A.5.4.1 Wir ersetzen den unfallbedingten Personenschaden so, als ob ein Dritter schadenersatzpflichtig wäre. Dabei leisten wir nach den deutschen gesetzlichen Schadenersatzbestimmungen des Privatrechts in folgendem Umfang:
- Verdienstausfall [bis xx Euro]
- [...]]

Vorrangige Leistungspflicht Dritter
A.5.4.2 Wir erbringen keine Leistungen, soweit Sie gegenüber Dritten (z.B. Schädiger, Haftpflichtversicherer, Krankenkasse, Rentenversicherungsträger, Berufsgenossenschaft, Arbeitgeber) Anspruch auf Ersatz Ihres Schadens oder Anspruch auf deckungsgleiche (kongruente) Leistungen haben.
Ausnahme: Soweit Sie einen solchen Anspruch nicht erfolgversprechend durchsetzen können, leisten wir dennoch, wenn nachfolgende Voraussetzungen vorliegen:
- Sie haben den Anspruch schriftlich geltend gemacht.
- Sie haben weitere zur Durchsetzung Ihres Anspruchs erforderliche Anstrengungen unternommen, die Ihnen billigerweise zumutbar waren.
- Sie haben Ihren Anspruch wirksam an uns abgetreten.

Hinweis: Ansprüche gegen Dritte sind nicht immer wirksam abtretbar. Unter anderem können Ansprüche gegen Sozialversicherungsträger (z.B. Krankenkasse, Rentenversicherungsträger) häufig nicht oder nur mit deren Zustimmung abgetreten werden. In diesen Fällen können wir

nicht im Voraus Leistungen erbringen, sondern erst dann, wenn abschließend geklärt ist, dass keine Ansprüche gegenüber Dritten bestehen.
Vereinbarungen, die Sie mit Dritten über diese Ansprüche treffen (z.b. ein Abfindungsvergleich), binden uns nur, wenn wir vorher zugestimmt haben.

Bis zu welcher Höhe leisten wir (Versicherungssumme)?
A.5.4.3 Unsere Leistung für ein Schadenereignis ist beschränkt auf die Höhe der vereinbarten Versicherungssumme. Mehrere zeitlich zusammenhängende Schäden, die dieselbe Ursache haben, gelten als ein einziges Schadenereignis. Die Höhe Ihrer Versicherungssumme können Sie dem Versicherungsschein entnehmen.
<Redaktioneller Hinweis: Wenn unter A.5.4.1 die Leistungspositionen der Höhe nach limitiert sind, kann die Aufführung der Versicherungssumme entbehrlich sein. Sind nur einzelne Leistungspositionen limitiert, sollte nachfolgender Hinweis erfolgen:>
[Hinweis: Beachten Sie zu den Summenbegrenzungen für einzelne Leistungen A.5.4.1.]

A.5.5 Fälligkeit, Abtretung, Zahlung für eine mitversicherte Person
Fälligkeit der Leistung und Vorschusszahlung
A.5.5.1 Wir sind verpflichtet, innerhalb eines Monats in Textform zu erklären, ob und in welchem Umfang wir unsere Leistungspflicht anerkennen. Die Frist beginnt, wenn uns Ihr Leistungsantrag und die zu dessen Beurteilung erforderlichen Unterlagen vorliegen.
Erkennen wir den Anspruch an oder haben wir uns mit Ihnen über Grund und Höhe geeinigt, leisten wir innerhalb von zwei Wochen.
Steht die Leistungspflicht zunächst nur dem Grunde nach fest, zahlen wir – auf Ihren Wunsch – angemessene Vorschüsse.

Abtretung Ihrer Ansprüche an Dritte
A.5.5.2 Ihren Anspruch auf die Leistung können Sie vor der endgültigen Feststellung ohne unsere ausdrückliche Zustimmung weder abtreten noch verpfänden.

Zahlung für eine mitversicherte Person
A.5.5.3 Sie als Versicherungsnehmer können unsere Zahlung für eine mitversicherte Person an Sie selbst nur mit Zustimmung der mitversicherten Person verlangen.

A.5.6 Was ist nicht versichert?
Straftat
A.5.6.1 Kein Versicherungsschutz besteht bei Unfällen, die dem Fahrer dadurch zustoßen, dass er vorsätzlich eine Straftat begeht oder versucht.

Psychische Reaktionen

A.5.6.2 Kein Versicherungsschutz besteht bei krankhaften Störungen infolge psychischer Reaktionen, auch wenn diese durch einen Unfall verursacht wurden.

Schäden an der Bandscheibe

A.5.6.3 Kein Versicherungsschutz besteht bei Schäden an Bandscheiben. Versicherungsschutz besteht jedoch, wenn ein unter diesen Vertrag fallendes Unfallereignis diese Gesundheitsschäden überwiegend (das heißt: zu mehr als 50 %) verursacht.

Ansprüche Dritter

A.5.6.4 Ansprüche, die von anderen Versicherern, Arbeitgebern, Dienstherrn und Sozialversicherungsträgern gegen uns geltend gemacht werden, sind ausgeschlossen.

Genehmigte Rennen

A.5.6.5 Kein Versicherungsschutz besteht für Schäden, die bei Beteiligung an behördlich genehmigten kraftfahrt-sportlichen Veranstaltungen, bei denen es auf die Erzielung einer Höchstgeschwindigkeit ankommt, entstehen. Dies gilt auch für dazugehörige Übungsfahrten.

Hinweis: Die Teilnahme an nicht genehmigten Rennen stellt eine Verletzung Ihrer Pflichten nach D.1.1.4 dar.

Erdbeben, Kriegsereignisse, innere Unruhen, Maßnahmen der Staatsgewalt

A.5.6.6 Kein Versicherungsschutz besteht für Schäden, die durch Erdbeben, Kriegsereignisse, innere Unruhen oder Maßnahmen der Staatsgewalt unmittelbar oder mittelbar verursacht werden.

Schäden durch Kernenergie

A.5.6.7 Kein Versicherungsschutz besteht für Schäden durch Kernenergie.

B Beginn des Vertrags und vorläufiger Versicherungsschutz

Der Versicherungsvertrag kommt dadurch zustande, dass wir Ihren Antrag annehmen. Regelmäßig geschieht dies durch Zugang des Versicherungsscheins bei Ihnen.

B.1 Wann beginnt der Versicherungsschutz?

Der Versicherungsschutz beginnt erst, wenn Sie den in Ihrem Versicherungsschein genannten fälligen Beitrag gezahlt haben, jedoch nicht vor dem vereinbarten Zeitpunkt. Zahlen Sie den ersten oder einmaligen Beitrag nicht rechtzeitig, richten sich die Folgen nach C.1.2 und C.1.3.

§ 5 Kraftfahrtversicherung

B.2 Vorläufiger Versicherungsschutz

Bevor der Beitrag gezahlt ist, haben Sie nach folgenden Bestimmungen vorläufigen Versicherungsschutz:

Kfz-Haftpflichtversicherung und Autoschutzbrief

B.2.1 Händigen wir Ihnen die Versicherungsbestätigung aus oder nennen wir Ihnen bei elektronischer Versicherungsbestätigung die Versicherungsbestätigungs-Nummer, haben Sie in der Kfz-Haftpflichtversicherung und beim Autoschutzbrief vorläufigen Versicherungsschutz zu dem vereinbarten Zeitpunkt, spätestens ab dem Tag, an dem das Fahrzeug unter Verwendung der Versicherungsbestätigung zugelassen wird. Ist das Fahrzeug bereits auf Sie zugelassen, beginnt der vorläufige Versicherungsschutz ab dem vereinbarten Zeitpunkt.

Kasko-, Kfz-Unfall- und Fahrerschutzversicherung

B.2.2 In der Kasko-, Kfz-Unfall- und Fahrerschutzversicherung haben Sie vorläufigen Versicherungsschutz nur, wenn wir dies ausdrücklich zugesagt haben. Der Versicherungsschutz beginnt zum vereinbarten Zeitpunkt.

Übergang des vorläufigen in den endgültigen Versicherungsschutz

B.2.3 Sobald Sie den ersten oder einmaligen Beitrag nach C.1.1 gezahlt haben, geht der vorläufige in den endgültigen Versicherungsschutz über.

Rückwirkender Wegfall des vorläufigen Versicherungsschutzes

B.2.4 Der vorläufige Versicherungsschutz entfällt rückwirkend, wenn
- wir Ihren Antrag unverändert angenommen haben und
- Sie den ersten oder einmaligen Beitrag nicht unverzüglich (d.h. spätestens innerhalb von 14 Tagen) nach Ablauf von zwei Wochen nach Zugang des Versicherungsscheins bezahlt haben.

Sie haben dann von Anfang an keinen Versicherungsschutz. Dies gilt nur, wenn Sie die nicht rechtzeitige Zahlung zu vertreten haben.

Kündigung des vorläufigen Versicherungsschutzes

B.2.5 Sie und wir sind berechtigt, den vorläufigen Versicherungsschutz jederzeit zu kündigen. Unsere Kündigung wird erst nach Ablauf von zwei Wochen ab Zugang der Kündigung bei Ihnen wirksam.

Beendigung des vorläufigen Versicherungsschutzes durch Widerruf

B.2.6 Widerrufen Sie den Versicherungsvertrag nach § 8 Versicherungsvertragsgesetz, endet der vorläufige Versicherungsschutz mit dem Zugang Ihrer Widerrufserklärung bei uns.

Beitrag für vorläufigen Versicherungsschutz

B.2.7 Für den Zeitraum des vorläufigen Versicherungsschutzes haben wir Anspruch auf einen der Laufzeit entsprechenden Teil des Beitrags.

T. Allgemeine Bedingungen für die Kfz-Versicherung §5

C Beitragszahlung
C.1 Zahlung des ersten oder einmaligen Beitrags
Rechtzeitige Zahlung
C.1.1 Der im Versicherungsschein genannte erste oder einmalige Beitrag wird zwei Wochen nach Zugang des Versicherungsscheins fällig. Sie haben diesen Beitrag dann unverzüglich (d.h. spätestens innerhalb von 14 Tagen) zu zahlen.

Nicht rechtzeitige Zahlung
C.1.2 Zahlen Sie den ersten oder einmaligen Beitrag nicht rechtzeitig, haben Sie von Anfang an keinen Versicherungsschutz, es sei denn, Sie haben die Nichtzahlung oder verspätete Zahlung nicht zu vertreten. Haben Sie die nicht rechtzeitige Zahlung jedoch zu vertreten, beginnt der Versicherungsschutz erst ab der Zahlung des Beitrags.

C.1.3 Außerdem können wir vom Vertrag zurücktreten, solange der Beitrag nicht gezahlt ist. Der Rücktritt ist ausgeschlossen, wenn Sie die Nichtzahlung nicht zu vertreten haben. Nach dem Rücktritt können wir von Ihnen eine Geschäftsgebühr verlangen. Diese beträgt xx % des Jahresbeitrags für jeden angefangenen Monat ab dem beantragten Beginn des Versicherungsschutzes bis zu unserem Rücktritt, jedoch höchstens xx % des Jahresbeitrags.

C.2 Zahlung des Folgebeitrags
Rechtzeitige Zahlung
C.2.1 Ein Folgebeitrag ist zu dem im Versicherungsschein oder in der Beitragsrechnung angegebenen Zeitpunkt fällig und zu zahlen.

Nicht rechtzeitige Zahlung
C.2.2 Zahlen Sie einen Folgebeitrag nicht rechtzeitig, fordern wir Sie auf, den rückständigen Beitrag zuzüglich des Verzugsschadens (Kosten und Zinsen) innerhalb von zwei Wochen ab Zugang unserer Aufforderung zu zahlen.

C.2.3 Tritt ein Schadenereignis nach Ablauf der zweiwöchigen Zahlungsfrist ein und sind zu diesem Zeitpunkt diese Beträge noch nicht bezahlt, haben Sie keinen Versicherungsschutz. Wir bleiben jedoch zur Leistung verpflichtet, wenn Sie die verspätete Zahlung nicht zu vertreten haben.

C.2.4 Sind Sie mit der Zahlung dieser Beträge nach Ablauf der zweiwöchigen Zahlungsfrist noch in Verzug, können wir den Vertrag mit sofortiger Wirkung kündigen. Unsere Kündigung wird unwirksam, wenn Sie diese Beträge innerhalb eines Monats ab Zugang der Kündigung zahlen. Haben wir die Kündigung zusammen mit der Mahnung ausgesprochen, wird die Kündigung unwirksam, wenn Sie innerhalb eines Monas nach Ablauf der in der Mahnung genannten Zahlungsfrist zahlen.

§ 5 Kraftfahrtversicherung

Für Schadenereignisse, die in der Zeit nach Ablauf der zweiwöchigen Zahlungsfrist bis zu Ihrer Zahlung eintreten, haben Sie keinen Versicherungsschutz. Versicherungsschutz besteht erst wieder für Schadenereignisse nach Ihrer Zahlung.

C.3 Nicht rechtzeitige Zahlung bei Fahrzeugwechsel

Versichern Sie anstelle Ihres bisher bei uns versicherten Fahrzeugs ein anderes Fahrzeug bei uns (Fahrzeugwechsel), wenden wir für den neuen Vertrag bei nicht rechtzeitiger Zahlung des ersten oder einmaligen Beitrags die für Sie günstigeren Regelungen zum Folgebeitrag nach C.2.2 bis C.2.4 an. Außerdem berufen wir uns nicht auf den rückwirkenden Wegfall des vorläufigen Versicherungsschutzes nach B.2.4. Dafür müssen folgende Voraussetzungen gegeben sein:
- Zwischen dem Ende der Versicherung des bisherigen Fahrzeugs und dem Beginn der Versicherung des anderen Fahrzeugs sind nicht mehr als sechs Monate vergangen,
- Fahrzeugart und Verwendungszweck der Fahrzeuge sind gleich.

Kündigen wir das Versicherungsverhältnis wegen Nichtzahlung, können wir von Ihnen eine Geschäftsgebühr entsprechend C.1.3 verlangen.

C.4 Zahlungsperiode

Beiträge für Ihre Versicherung müssen Sie entsprechend der vereinbarten Zahlungsperiode bezahlen. Die Zahlungsperiode ist die Versicherungsperiode nach § 12 Versicherungsvertragsgesetz. Welche Zahlungsperiode Sie mit uns vereinbart haben, können Sie Ihrem Versicherungsschein entnehmen. Die Laufzeit des Vertrags, die sich von der Zahlungsperiode unterscheiden kann, ist in Abschnitt G geregelt.

C.5 Beitragspflicht bei Nachhaftung in der Kfz-Haftpflichtversicherung

Bleiben wir in der Kfz-Haftpflichtversicherung aufgrund § 117 Abs. 2 Versicherungsvertragsgesetz gegenüber einem Dritten trotz Beendigung des Versicherungsvertrages zur Leistung verpflichtet, haben wir Anspruch auf den Beitrag für die Zeit dieser Verpflichtung. Unsere Rechte nach § 116 Abs. 1 Versicherungsvertragsgesetz bleiben unberührt.

D Ihre Pflichten bei Gebrauch des Fahrzeugs und Folgen einer Pflichtverletzung

D.1 Welche Pflichten haben Sie bei Gebrauch des Fahrzeugs

D.1.1 Bei allen Versicherungsarten

Nutzung nur zum vereinbarten Verwendungszweck
D.1.1.1 Das Fahrzeug darf nur zu dem im Versicherungsvertrag angegebenen Zweck verwendet werden.

T. Allgemeine Bedingungen für die Kfz-Versicherung §5

< xx Alternativformulierung für die Versicherer, die den Anhang verwenden: >
[xx siehe Tabelle zur Begriffsbestimmung für Art und Verwendung des Fahrzeugs]

Nutzung nur durch den berechtigten Fahrer

D.1.1.2 Das Fahrzeug darf nur von einem berechtigten Fahrer gebraucht werden. Berechtigter Fahrer ist, wer das Fahrzeug mit Wissen und Willen des Verfügungsberechtigten gebraucht. Außerdem dürfen Sie, der Halter oder der Eigentümer des Fahrzeugs es nicht wissentlich ermöglichen, dass das Fahrzeug von einem unberechtigten Fahrer gebraucht wird.

Fahren nur mit Fahrerlaubnis

D.1.1.3 Der Fahrer des Fahrzeugs darf das Fahrzeug auf öffentlichen Wegen oder Plätzen nur mit der erforderlichen Fahrerlaubnis benutzen. Außerdem dürfen Sie, der Halter oder der Eigentümer das Fahrzeug nicht von einem Fahrer benutzen lassen, der nicht die erforderliche Fahrerlaubnis hat.

Nicht genehmigte Rennen

D.1.1.4 Das Fahrzeug darf nicht zu Fahrveranstaltungen verwendet werden, bei denen es auf Erzielung einer Höchstgeschwindigkeit ankommt (Rennen). Dies gilt auch für die dazugehörigen Übungsfahrten.
Hinweis: Behördlich genehmigte Rennen sind in der Kfz-Haftpflicht-, Kasko-, Autoschutzbrief Kfz-Unfall- und Fahrerschutzversicherung gemäß A.1.5.2, A.2.9.2, A.3.9.2, A.4.12.3, A.5.6.6 vom Versicherungsschutz ausgeschlossen.

Fahrzeuge mit Wechselkennzeichen

D.1.1.5 Der Fahrer darf ein mit einem Wechselkennzeichen zugelassenes Fahrzeug auf öffentlichen Wegen oder Plätzen nur benutzen, wenn das Wechselkennzeichen vollständig angebracht ist. Außerdem dürfen Sie, der Halter oder der Eigentümer das Fahrzeug nur von einem Fahrer benutzen lassen, wenn das Wechselkennzeichen vollständig angebracht ist.

D.1.2 Zusätzlich in der Kfz-Haftpflichtversicherung

Alkohol und andere berauschende Mittel

Das Fahrzeug darf nicht gefahren werden, wenn der Fahrer durch alkoholische Getränke oder andere berauschende Mittel nicht in der Lage ist, das Fahrzeug sicher zu führen.

Außerdem dürfen Sie, der Halter oder der Eigentümer des Fahrzeugs dieses nicht von einem Fahrer fahren lassen, der durch alkoholische Getränke oder andere berauschende Mittel nicht in der Lage ist, das Fahrzeug sicher zu führen.

Hinweis: Auch in der Kasko-, Autoschutzbrief-, Kfz-Unfall- und Fahrerschutzversicherung besteht für solche Fahrten nach A.2.9.1, A.3.9.1, A.4.12.2; D.1.3.1 kein oder eingeschränkter Versicherungsschutz.

D.1.3 Zusätzlich in der Fahrerschutzversicherung

Alkohol und andere berauschende Mittel

D.1.3.1 Das Fahrzeug darf nicht gefahren werden, wenn der Fahrer durch alkoholische Getränke oder andere berauschende Mittel nicht in der Lage ist, das Fahrzeug sicher zu führen.

Hinweis: Auch in der Kfz-Haftpflicht-, Kasko-, Autoschutzbrief- und Kfz-Unfallversicherung besteht für solche Fahrten nach D.1.2, A.2.9.1, A.3.9.1, A.4.12.2 kein oder eingeschränkter Versicherungsschutz.

Gurtpflicht

D.1.3.2 Der Fahrer muss während der Fahrt einen vorgeschriebenen Sicherheitsgurt angelegt haben, es sei denn, das Nichtanlegen ist gesetzlich erlaubt.

D.2 Welche Folgen hat eine Verletzung dieser Pflichten?

Leistungsfreiheit bzw. Leistungskürzung

D.2.1 Verletzen Sie vorsätzlich eine Ihrer in D.1 geregelten Pflichten, haben Sie keinen Versicherungsschutz. Verletzen Sie Ihre Pflichten grob fahrlässig, sind wir berechtigt, unsere Leistung in einem der Schwere Ihres Verschuldens entsprechenden Verhältnis zu kürzen. Weisen Sie nach, dass Sie die Pflicht nicht grob fahrlässig verletzt haben, bleibt der Versicherungsschutz bestehen.

Bei einer Verletzung der Pflicht in der Kfz-Haftpflichtversicherung aus D.1.2 Satz 2 sind wir Ihnen, dem Halter oder Eigentümer gegenüber nicht von der Leistungspflicht befreit, soweit Sie, der Halter oder Eigentümer als Fahrzeuginsasse, der das Fahrzeug nicht geführt hat, einen Personenschaden erlitten haben.

D.2.2 Abweichend von D.2.1 sind wir zur Leistung verpflichtet, soweit die Pflichtverletzung weder für den Eintritt des Versicherungsfalls noch für den Umfang unserer Leistungspflicht ursächlich ist. Dies gilt nicht, wenn Sie die Pflicht arglistig verletzen.

Beschränkung der Leistungsfreiheit in der Kfz-Haftpflichtversicherung

D.2.3 In der Kfz-Haftpflichtversicherung ist die sich aus D.2.1 ergebende Leistungsfreiheit bzw. Leistungskürzung Ihnen und den mitversicherten Personen gegenüber auf den Betrag von höchstens je xx Euro beschränkt.[518] Außerdem gelten anstelle der vereinbarten Versicherungssummen die in Deutschland geltenden Mindestversicherungssummen. Satz 1 und 2 gelten entsprechend, wenn wir wegen einer von Ihnen vorgenommenen Gefahrerhöhung (§§ 23, 26 Versicherungsvertragsgesetz) vollständig oder teilweise von der Leistungspflicht befreit sind.

D.2.4 Gegenüber einem Fahrer, der das Fahrzeug durch eine vorsätzlich begangene Straftat erlangt (z.b. durch Diebstahl), sind wir vollständig von der Verpflichtung zur Leistung frei.

E Ihre Pflichten im Schadenfall und Folgen einer Pflichtverletzung

E.1 Welche Pflichten haben Sie im Schadenfall?

E.1.1 Bei allen Versicherungsarten

Anzeigepflicht

E.1.1.1 Sie sind verpflichtet, uns jedes Schadenereignis, das zu einer Leistung durch uns führen kann, innerhalb einer Woche anzuzeigen.

E.1.1.2 Ermittelt die Polizei, die Staatsanwaltschaft oder eine andere Behörde im Zusammenhang mit dem Schadenereignis, sind Sie verpflichtet, uns dies unverzüglich mitzuteilen. Dies gilt auch, wenn Sie uns das Schadenereignis bereits gemeldet haben.

Aufklärungspflicht

E.1.1.3 Sie müssen alles tun, was zur Aufklärung des Versicherungsfalls und des Umfangs unserer Leistungspflicht erforderlich ist. Sie müssen dabei insbesondere folgende Pflichten beachten:

- Sie dürfen den Unfallort nicht verlassen, ohne die gesetzlich erforderlichen Feststellungen zu ermöglichen und die dabei gesetzlich erforderliche Wartezeit zu beachten (Unfallflucht).
- Sie müssen unsere Fragen zu den Umständen des Schadenereignisses, zum Umfang des Schadens und zu unserer Leistungspflicht wahrheitsgemäß und vollständig beantworten. Wir können verlangen, dass Sie uns in Schriftform antworten.
- Sie müssen uns angeforderte Nachweise vorlegen, soweit es Ihnen billigerweise zugemutet werden kann, diese zu beschaffen.
- Sie müssen unsere für die Aufklärung des Schadens erforderlichen Weisungen befolgen, soweit dies für Sie zumutbar ist.
- Sie müssen uns Untersuchungen zu den Umständen des Schadenereignisses und zu unserer Leistungspflicht ermöglichen, soweit es Ihnen zumutbar ist.

---

518 Gem. § 5 Abs. 3 KfzPflVV darf die Leistungsfreiheit höchstens auf 5.000 Euro beschränkt werden.

§ 5 Kraftfahrtversicherung

Schadenminderungspflicht

E.1.1.4 Sie sind verpflichtet, bei Eintritt des Schadenereignisses nach Möglichkeit für die Abwendung und Minderung des Schadens zu sorgen. Sie haben hierbei unsere Weisungen, soweit für Sie zumutbar, zu befolgen.

E.1.2 Zusätzlich in der Kfz-Haftpflichtversicherung

Bei außergerichtlich geltend gemachten Ansprüchen

E.1.2.1 Werden gegen Sie Ansprüche geltend gemacht, sind Sie verpflichtet, uns dies innerhalb einer Woche nach der Erhebung des Anspruchs mitzuteilen.

Anzeige von Kleinschäden

E.1.2.2 Wenn Sie einen Sachschaden, der voraussichtlich nicht mehr als xx Euro beträgt, selbst regulieren oder regulieren wollen, müssen Sie uns den Schadenfall erst anzeigen, wenn Ihnen die Selbstregulierung nicht gelingt.

Bei gerichtlich geltend gemachten Ansprüchen

E.1.2.3 Wird ein Anspruch gegen Sie gerichtlich geltend gemacht (z.B. Klage, Mahnbescheid), haben Sie uns dies unverzüglich anzuzeigen.

E.1.2.4 Sie müssen uns die Führung des Rechtsstreits überlassen. Wir sind berechtigt, auch in Ihrem Namen einen Rechtsanwalt zu beauftragen. Diesem müssen Sie Vollmacht sowie alle erforderlichen Auskünfte erteilen und angeforderte Unterlagen zur Verfügung stellen.

Bei drohendem Fristablauf

E.1.2.5 Wenn Ihnen bis spätestens zwei Tage vor Fristablauf keine Weisung von uns vorliegt, müssen Sie gegen einen Mahnbescheid oder einen Bescheid einer Behörde fristgerecht den erforderlichen Rechtsbehelf (z.B. Widerspruch) einlegen.

E.1.3 Zusätzlich in der Kaskoversicherung

Anzeige des Versicherungsfalls bei Entwendung des Fahrzeugs

E.1.3.1 Bei Entwendung des Fahrzeugs oder mitversicherter Teile sind Sie abweichend von E.1.1.1 verpflichtet, uns dies unverzüglich in Schriftform anzuzeigen. Ihre Schadenanzeige muss von Ihnen unterschrieben sein.

Einholen unserer Weisung

E.1.3.2 Vor Beginn der Verwertung oder der Reparatur des Fahrzeugs bzw. mitversicherter Teile müssen Sie unsere Weisungen einholen, soweit die Umstände dies gestatten. Sie müssen unsere Weisungen befolgen, soweit Ihnen dies zumutbar ist.

Anzeige bei der Polizei

E.1.3.3 Übersteigt ein Entwendungs-, Brand- oder Wildschaden den Betrag von xx Euro, sind Sie verpflichtet, das Schadenereignis der Polizei unverzüglich anzuzeigen.

E.1.4 Zusätzlich beim Autoschutzbrief

Einholen unserer Weisung

E.1.4.1 Vor Inanspruchnahme einer unserer Leistungen müssen Sie unsere Weisungen einholen, soweit die Umstände dies gestatten, und befolgen, soweit Ihnen dies zumutbar ist.

Untersuchung, Belege, ärztliche Schweigepflicht

E.1.4.2 Sie müssen uns jede zumutbare Untersuchung über die Ursache und Höhe des Schadens und über den Umfang unserer Leistungspflicht gestatten. Außerdem müssen Sie Originalbelege zum Nachweis der Schadenhöhe vorlegen und die behandelnden Ärzte im Rahmen von § 213 Versicherungsvertragsgesetz von der Schweigepflicht entbinden.

E.1.5 Zusätzlich in der Kfz-Unfallversicherung

Anzeige des Todesfalls innerhalb 48 Stunden

E.1.5.1 Hat der Unfall den Tod einer versicherten Person zur Folge, müssen die aus dem Versicherungsvertrag Begünstigten uns dies innerhalb von 48 Stunden melden. Dies gilt auch, wenn der Unfall schon angezeigt ist. Uns ist das Recht zu verschaffen, eine Obduktion durch einen von uns beauftragten Arzt vornehmen zu lassen.

Medizinische Versorgung

E.1.5.2 Nach einem Unfall, der zu einer Leistung durch uns führen kann, müssen Sie unverzüglich einen Arzt hinzuziehen, seine Anordnungen befolgen und uns unterrichten.

Medizinische Aufklärung

E.1.5.3 Für die Prüfung unserer Leistungspflicht benötigen wir möglicherweise Auskünfte von
- Ärzten, die Sie vor oder nach dem Unfall behandelt oder untersucht haben.
- anderen Versicherern, Versicherungsträgern und Behörden.

Sie müssen es uns ermöglichen, die erforderlichen Auskünfte zu erhalten. Dazu können Sie den Ärzten und den genannten Stellen erlauben, uns die Auskünfte direkt zu erteilen. Ansonsten müssen Sie die Auskünfte selbst einholen und uns zur Verfügung stellen.

Wir beauftragen Ärzte, falls dies für die Prüfung unserer Leistungspflicht erforderlich ist. Von diesen Ärzten müssen Sie sich untersuchen lassen. Wir tragen die notwendigen Kosten und den Verdienstausfall, der durch die Untersuchung entsteht.

Sie haben erforderlichenfalls darauf hinzuwirken, dass angeforderte Berichte alsbald erstellt werden.

Frist zur Feststellung und Geltendmachung der Invalidität

E.1.5.4 Beachten Sie auch die 15-Monatsfrist für die Feststellung und Geltendmachung der Invalidität nach A.4.5.1.3.

E.1.6 Zusätzlich in der Fahrerschutzversicherung

Medizinische Versorgung

E.1.6.1 Nach einem Unfall, der zu einer Leistung durch uns führen kann, müssen Sie unverzüglich einen Arzt hinzuziehen, seine Anordnungen befolgen und uns unterrichten.

Medizinische Aufklärung

E.1.6.2 Für die Prüfung unserer Leistungspflicht benötigen wir möglicherweise Auskünfte von

- Ärzten, die Sie vor oder nach dem Unfall behandelt oder untersucht haben.
- anderen Versicherern, Versicherungsträgern und Behörden.

Sie müssen es uns ermöglichen, die erforderlichen Auskünfte zu erhalten. Dazu können Sie den Ärzten und den genannten Stellen erlauben, uns die Auskünfte direkt zu erteilen. Ansonsten müssen Sie die Auskünfte selbst einholen und uns zur Verfügung stellen.

Wir beauftragen Ärzte, falls dies für die Prüfung unserer Leistungspflicht erforderlich ist. Von diesen Ärzten müssen Sie sich untersuchen lassen. Wir tragen die notwendigen Kosten und den Verdienstausfall, der durch die Untersuchung entsteht.

Sie haben erforderlichenfalls darauf hinzuwirken, dass angeforderte Berichte alsbald erstellt werden.

Aufklärung Ihrer Ansprüche gegen Dritte

E.1.6.3 Sie müssen alles tun, was der Aufklärung möglicher Ansprüche gegen Dritte dienen kann. Insbesondere müssen Sie unsere Fragen zu möglichen Ansprüchen gegen Dritte, die sich auf den Umfang unserer Leistungspflicht auswirken können, wahrheitsgemäß und vollständig beantworten. Entsprechende Nachweise müssen Sie uns vorlegen.

Wahrung Ihrer Ansprüche gegen Dritte

E.1.6.4 Sie haben Ihren Anspruch gegen den Dritten unter Beachtung der Form- und Fristvorschriften zu wahren, soweit Ihnen dies zumutbar ist.

T. Allgemeine Bedingungen für die Kfz-Versicherung § 5

E.2 Welche Folgen hat eine Verletzung dieser Pflichten?
Leistungsfreiheit bzw. Leistungskürzung

E.2.1 Verletzen Sie vorsätzlich eine Ihrer in E.1.1 bis E.1.6 geregelten Pflichten, haben Sie keinen Versicherungsschutz. Verletzen Sie Ihre Pflichten grob fahrlässig, sind wir berechtigt, unsere Leistung in einem der Schwere Ihres Verschuldens entsprechenden Verhältnis zu kürzen. Weisen Sie nach, dass Sie die Pflicht nicht grob fahrlässig verletzt haben, bleibt der Versicherungsschutz bestehen.

E.2.2 Abweichend von E.2.1 sind wir zur Leistung verpflichtet, soweit Sie nachweisen, dass die Pflichtverletzung weder für die Feststellung des Versicherungsfalls noch für die Feststellung oder den Umfang unserer Leistungspflicht ursächlich war. Dies gilt nicht, wenn Sie die Pflicht arglistig verletzen.

Beschränkung der Leistungsfreiheit in der Kfz-Haftpflichtversicherung

E.2.3 In der Kfz-Haftpflichtversicherung ist die sich aus E.2.1 ergebende Leistungsfreiheit bzw. Leistungskürzung Ihnen und den mitversicherten Personen gegenüber auf den Betrag von höchstens je xx Euro[519] beschränkt.

E.2.4 Die Leistungsfreiheit erweitert sich auf einen Betrag von höchstens je .xx. Euro,[520] wenn Sie die Aufklärungs- oder Schadenminderungspflicht nach E.1.1.3 und E.1.1.4

- vorsätzlich und
- in besonders schwerwiegender Weise

verletzt haben. Dies ist z.B. bei unerlaubtem Entfernen vom Unfallort trotz eines Personen oder schweren Sachschadens der Fall.

Vollständige Leistungsfreiheit in der Kfz-Haftpflichtversicherung

E.2.5 Verletzen Sie Ihre Pflichten in der Absicht, sich oder einem anderen einen rechtswidrigen Vermögensvorteil zu verschaffen, sind wir von unserer Leistungspflicht hinsichtlich des erlangten Vermögensvorteils vollständig frei.

Besonderheiten in der Kfz-Haftpflichtversicherung bei Rechtsstreitigkeiten

E.2.6 Verletzen Sie Ihre Pflichten nach

- E.1.2.1 (Anzeige außergerichtlich geltend gemachter Ansprüche),
- E.1.2.3 (Anzeige gerichtlich geltend gemachter Ansprüche) oder
- E.1.2.4 (Prozessführung durch uns)

---

[519] Gem. § 6 Abs. 1 KfzPflVV darf die Leistungsfreiheit höchstens auf 2.500 Euro beschränkt werden.
[520] Gem. § 6 Abs. 3 KfzPflVV darf die Leistungsfreiheit höchstens auf 5.000 Euro beschränkt werden.

und führt dies zu einer rechtskräftigen Entscheidung, die über den Umfang der nach Sach- und Rechtslage geschuldeten Entschädigung erheblich hinausgeht, gilt:
- Bei vorsätzlicher Verletzung sind wir hinsichtlich des von uns zu zahlenden Mehrbetrags vollständig von unserer Leistungspflicht frei.
- Bei grob fahrlässiger Verletzung sind wir berechtigt, unsere Leistung hinsichtlich dieses Mehrbetrags in einem der Schwere Ihres Verschuldens entsprechenden Verhältnis zu kürzen.

Mindestversicherungssummen
E.2.7 Verletzen Sie in der Kfz-Haftpflichtversicherung Ihre Pflichten nach E.1.1 und E.1.2 gelten anstelle der vereinbarten Versicherungssummen die in Deutschland geltenden Mindestversicherungssummen.

F Rechte und Pflichten der mitversicherten Personen

Pflichten mitversicherter Personen
F.1 Für mitversicherte Personen finden die Regelungen zu Ihren Pflichten sinngemäße Anwendung.

Ausübung der Rechte
F.2 Die Ausübung der Rechte der mitversicherten Personen aus dem Versicherungsvertrag steht nur Ihnen als Versicherungsnehmer zu, soweit nichts anderes geregelt ist. Andere Regelungen sind:
- Geltendmachen von Ansprüchen in der Kfz-Haftpflichtversicherung nach A.1.2,
- Geltendmachen von Ansprüchen durch namentlich Versicherte in der Kfz-Unfallversicherung nach A.4.2.6.

Auswirkungen einer Pflichtverletzung auf mitversicherte Personen
F.3 Sind wir Ihnen gegenüber von der Verpflichtung zur Leistung frei, so gilt dies auch gegenüber allen mitversicherten Personen.
Eine Ausnahme hiervon gilt in der Kfz-Haftpflichtversicherung:
Gegenüber mitversicherten Personen können wir uns auf die Leistungsfreiheit nur berufen, wenn
- die der Leistungsfreiheit zugrunde liegenden Umstände in der Person des Mitversicherten vorliegen oder
- diese Umstände der mitversicherten Person bekannt oder infolge grober Fahrlässigkeit nicht bekannt waren.

Sind wir zur Leistung verpflichtet, gelten anstelle der vereinbarten Versicherungssummen die in Deutschland geltenden gesetzlichen Mindestversicherungssummen. Entsprechendes gilt, wenn wir trotz Beendigung des Versicherungsverhältnisses noch gegenüber dem geschädigten Dritten Leistungen erbringen. Der Rückgriff gegen Sie bleibt auch in diesen Ausnahmefällen bestehen.

T. Allgemeine Bedingungen für die Kfz-Versicherung §5

G Laufzeit und Kündigung des Vertrags, Veräußerung des Fahrzeugs, Wagniswegfall

G.1 Wie lange läuft der Versicherungsvertrag?

Vertragsdauer
G.1.1 Die Laufzeit Ihres Vertrags ergibt sich aus Ihrem Versicherungsschein.

Automatische Verlängerung
G.1.2 Ist der Vertrag mit einer Laufzeit von einem Jahr abgeschlossen, verlängert er sich zum Ablauf um jeweils ein weiteres Jahr, wenn nicht Sie oder wir den Vertrag kündigen.
Dies gilt auch, wenn für die erste Laufzeit nach Abschluss des Vertrags deshalb weniger als ein Jahr vereinbart ist, um die folgenden Versicherungsjahre zu einem bestimmten Kalendertag beginnen zu lassen.

Versicherungskennzeichen
G.1.3 Der Versicherungsvertrag für ein Fahrzeug mit Versicherungskennzeichen (z.B. Mofa), endet mit dem Ablauf des Verkehrsjahres. Einer Kündigung bedarf es hierfür nicht. Das Verkehrsjahr läuft vom 1. März bis Ende Februar des Folgejahres.

Verträge mit einer Laufzeit unter einem Jahr
G.1.4 Ist die Laufzeit ausdrücklich mit weniger als einem Jahr vereinbart, endet der Vertrag zu dem vereinbarten Zeitpunkt, ohne dass es einer Kündigung bedarf.

G.2 Wann und aus welchem Anlass können Sie den Versicherungsvertrag kündigen?

Kündigung zum Ablauf des Versicherungsjahres
G.2.1 Sie können den Vertrag zum Ablauf des Versicherungsjahres kündigen. Die Kündigung ist nur wirksam, wenn sie uns spätestens einen Monat vor Ablauf zugeht.

Kündigung des vorläufigen Versicherungsschutzes
G.2.2 Sie sind berechtigt, einen vorläufigen Versicherungsschutz zu kündigen. Die Kündigung wird sofort mit ihrem Zugang bei uns wirksam.

Kündigung nach einem Schadenereignis
G.2.3 Nach dem Eintritt eines Schadenereignisses können Sie den Vertrag kündigen. Die Kündigung muss uns innerhalb eines Monats nach Beendigung der Verhandlungen über die Entschädigung zugehen oder innerhalb eines Monats zugehen, nachdem wir in der Kfz-Haftpflichtversicherung unsere Leistungspflicht anerkannt oder zu Unrecht abgelehnt haben. Das gleiche gilt, wenn wir Ihnen in der Kfz-Haftpflichtversicherung die Weisung erteilen, es über den Anspruch des Dritten zu einem Rechtsstreit kommen zu lassen. Außerdem können Sie in der Kfz-Haftpflichtver-

§ 5 Kraftfahrtversicherung

sicherung den Vertrag bis zum Ablauf eines Monats seit der Rechtskraft des im Rechtsstreit mit dem Dritten ergangenen Urteils kündigen.

G.2.4 Sie können bestimmen, ob die Kündigung sofort oder zu einem späteren Zeitpunkt, spätestens jedoch zum Ablauf des Vertrags, wirksam werden soll.

Kündigung bei Veräußerung oder Zwangsversteigerung des Fahrzeugs

G.2.5 Veräußern Sie das Fahrzeug oder wird es zwangsversteigert, geht der Vertrag nach G.7.1 oder G.7.6 auf den Erwerber über. Der Erwerber ist berechtigt, den Vertrag innerhalb eines Monats nach dem Erwerb zu kündigen. Bei fehlender Kenntnis vom Bestehen der Versicherung beginnt die Kündigungsfrist des Erwerbers erst ab Kenntnis.

Der Erwerber kann bestimmen, ob der Vertrag mit sofortiger Wirkung oder spätestens zum Ablauf des Vertrags endet.

G.2.6 Schließt der Erwerber für das Fahrzeug eine neue Versicherung ab und legt er bei der Zulassungsbehörde eine Versicherungsbestätigung vor, gilt dies automatisch als Kündigung des übergegangenen Vertrages. Die Kündigung wird zum Beginn der neuen Versicherung wirksam.

Kündigung bei Beitragserhöhung

G.2.7 Erhöhen wir aufgrund unseres Beitragsanpassungsrechts nach J.1 bis J.3 den Beitrag, können Sie den Vertrag innerhalb eines Monats nach Zugang unserer Mitteilung über die Beitragserhöhung kündigen. Die Kündigung ist sofort wirksam, frühestens jedoch zu dem Zeitpunkt, zu dem die Beitragserhöhung wirksam geworden wäre. Wir teilen ihnen die Beitragserhöhung spätestens einen Monat vor dem Wirksamwerden mit und weisen Sie auf Ihr Kündigungsrecht hin.

Kündigung bei geänderter Verwendung des Fahrzeugs

G.2.8 Ändert sich die Art und Verwendung des Fahrzeugs nach K.5 und erhöht sich der Beitrag dadurch um mehr als 10%, können Sie den Vertrag innerhalb eines Monats nach Zugang unserer Mitteilung ohne Einhaltung einer Frist kündigen.

<Achtung! Es folgen zwei Varianten. Variante 1 für Versicherer, die nur das SF-System nach J.6 ändern wollen. Variante 2 für Versicherer, die auch die Tarifstruktur nach J.6 ändern wollen.

Kündigung bei Veränderung des Schadenfreiheitsrabatt-Systems

G.2.9 Ändern wir das Schadenfreiheitsrabatt-System nach J.6, können Sie den Vertrag innerhalb eines Monats nach Zugang unserer Mitteilung über die Änderung kündigen. Die Kündigung ist sofort wirksam, frühestens jedoch zum Zeitpunkt des Wirksamwerdens der Änderung. Wir teilen Ihnen die Änderung spätestens einen Monat vor Wirksamwerden mit und weisen Sie auf Ihr Kündigungsrecht hin.

[xx Kündigung bei Veränderung der Tarifstruktur

T. Allgemeine Bedingungen für die Kfz-Versicherung §5

G.2.9 Ändern wir unsere Tarifstruktur nach J.6, können Sie den Vertrag innerhalb eines Monats nach Zugang unserer Mitteilung über die Änderung kündigen. Die Kündigung ist sofort wirksam, frühestens jedoch zum Zeitpunkt des Wirksamwerdens der Änderung. Wir teilen Ihnen die Änderung spätestens einen Monat vor Wirksamwerden mit und weisen Sie auf Ihr Kündigungsrecht hin.]

[xx Kündigung bei Bedingungsänderung

<Achtung! Nur, wenn Bedingungsänderung gem. N vereinbart>

G.2.10 Machen wir von unserem Recht zur Bedingungsanpassung nach N Gebrauch, können Sie den Vertrag innerhalb von sechs Wochen nach Zugang unserer Mitteilung über die Bedingungsanpassung kündigen. Die Kündigung ist sofort wirksam, frühestens jedoch zum Zeitpunkt des Wirksamwerdens der Bedingungsänderung. Wir teilen Ihnen die Änderung spätestens sechs Wochen vor dem Wirksamwerden mit und weisen Sie auf Ihr Kündigungsrecht hin.]

G.3 Wann und aus welchem Anlass können wir den Versicherungsvertrag kündigen?

Kündigung zum Ablauf

G.3.1 Wir können den Vertrag zum Ablauf des Versicherungsjahres kündigen. Die Kündigung ist nur wirksam, wenn sie Ihnen spätestens einen Monat vor Ablauf zugeht.

Kündigung des vorläufigen Versicherungsschutzes

G.3.2 Wir sind berechtigt, einen vorläufigen Versicherungsschutz zu kündigen. Die Kündigung wird nach Ablauf von zwei Wochen nach ihrem Zugang bei Ihnen wirksam.

Kündigung nach einem Schadenereignis

G.3.3 Nach dem Eintritt eines Schadenereignisses können wir den Vertrag kündigen. Die Kündigung muss Ihnen innerhalb eines Monats nach Beendigung der Verhandlungen über die Entschädigung oder innerhalb eines Monats zugehen, nachdem wir in der Kfz-Haftpflichtversicherung unsere Leistungspflicht anerkannt oder zu Unrecht abgelehnt haben. Das gleiche gilt, wenn wir Ihnen in der Kfz-Haftpflichtversicherung die Weisung erteilen, es über den Anspruch des Dritten zu einem Rechtsstreit kommen zu lassen. Außerdem können wir in der Kfz-Haftpflichtversicherung den Vertrag bis zum Ablauf eines Monats seit der Rechtskraft des im Rechtsstreit mit dem Dritten ergangenen Urteils kündigen.

Unsere Kündigung wird einen Monat nach ihrem Zugang bei Ihnen wirksam.

§ 5 Kraftfahrtversicherung

Kündigung bei Nichtzahlung des Folgebeitrags

G.3.4 Haben Sie einen ausstehenden Folgebeitrag zuzüglich Kosten und Zinsen trotz unserer Zahlungsaufforderung nach C.2.2 nicht innerhalb der zweiwöchigen Frist gezahlt, können wir den Vertrag mit sofortiger Wirkung kündigen. Unsere Kündigung wird unwirksam, wenn Sie diese Beträge innerhalb eines Monats ab Zugang der Kündigung zahlen (siehe auch C.2.4).

Kündigung bei Verletzung Ihrer Pflichten bei Gebrauch des Fahrzeugs

G.3.5 Haben Sie eine Ihrer Pflichten bei Gebrauch des Fahrzeugs nach D verletzt, können wir innerhalb eines Monats, nachdem wir von der Pflichtverletzung Kenntnis erlangt haben, den Vertrag mit sofortiger Wirkung kündigen. Dies gilt nicht, wenn Sie nachweisen, dass Sie die Pflicht weder vorsätzlich noch grob fahrlässig verletzt haben.

Kündigung bei geänderter Verwendung des Fahrzeugs

G.3.6 Ändert sich die Art und Verwendung des Fahrzeugs nach K.5, können wir den Vertrag mit sofortiger Wirkung kündigen. Können Sie nachweisen, dass die Änderung weder auf Vorsatz noch auf grober Fahrlässigkeit beruht, wird die Kündigung nach Ablauf von einem Monat nach ihrem Zugang bei Ihnen wirksam.

Kündigung bei Veräußerung oder Zwangsversteigerung des Fahrzeugs

G.3.7 Bei Veräußerung oder Zwangsversteigerung des Fahrzeugs nach G.7 können wir dem Erwerber gegenüber kündigen. Wir haben die Kündigung innerhalb eines Monats ab dem Zeitpunkt auszusprechen, zu dem wir von der Veräußerung oder Zwangsversteigerung Kenntnis erlangt haben. Unsere Kündigung wird einen Monat nach ihrem Zugang beim Erwerber wirksam.

G.4 Kündigung einzelner Versicherungsarten

G.4.1 Die Kfz-Haftpflicht-, Kasko-, Autoschutzbrief-, Kfz-Unfall- und Fahrerschutzversicherung sind jeweils rechtlich selbstständige Verträge. Die Kündigung eines dieser Verträge berührt das Fortbestehen anderer nicht.

G.4.2 Sie und wir sind berechtigt, bei Vorliegen eines Kündigungsanlasses zu einem dieser Verträge die gesamte Kfz-Versicherung für das Fahrzeug zu kündigen.

G.4.3 Kündigen wir von mehreren für das Fahrzeug abgeschlossenen Verträgen nur einen, können Sie die Kündigung auf die gesamte Kfz-Versicherung ausdehnen. Hierzu müssen Sie uns innerhalb von zwei Wochen nach Zugang unserer Kündigung mitteilen, dass Sie mit einer Fortsetzung der anderen Verträge nicht einverstanden sind. Entsprechend haben wir das Recht, die gesamte Kfz-Versicherung zu kündigen, wenn Sie von mehreren nur einen Vertrag kündigen.

T. Allgemeine Bedingungen für die Kfz-Versicherung | § 5

G.4.4 Kündigen Sie oder wir nur den Autoschutzbrief, gelten G.4.2 und G.4.3 nicht.
G.4.5 G.4.1 und G.4.2 finden entsprechende Anwendung, wenn in einem Vertrag mehrere Fahrzeuge versichert sind.

G.5 Zugang der Kündigung
Eine Kündigung ist nur wirksam, wenn sie innerhalb der jeweiligen Frist zugeht.

G.6 Beitragsabrechnung nach Kündigung
Bei einer Kündigung vor Ablauf des Versicherungsjahres steht uns der auf die Zeit des Versicherungsschutzes entfallende Beitrag anteilig zu.

G.7 Was ist bei Veräußerung des Fahrzeugs zu beachten?
Übergang der Versicherung auf den Erwerber
G.7.1 Veräußern Sie Ihr Fahrzeug, geht die Versicherung auf den Erwerber über. Dies gilt nicht für die Kfz-Unfall- und die Fahrerschutzversicherung.
G.7.2 Wir sind berechtigt und verpflichtet, den Beitrag entsprechend den Angaben des Erwerbers, wie wir sie bei einem Neuabschluss des Vertrags verlangen würden, anzupassen. Das gilt auch für die SF-Klasse des Erwerbers, die entsprechend seines bisherigen Schadenverlaufs ermittelt wird. Der neue Beitrag gilt ab dem Tag, der auf den Übergang der Versicherung folgt.
G.7.3. Den Beitrag für die laufende Zahlungsperiode können wir entweder von Ihnen oder vom Erwerber verlangen.
Anzeige der Veräußerung
G.7.4 Sie und der Erwerber sind verpflichtet, uns die Veräußerung des Fahrzeugs unverzüglich anzuzeigen. Unterbleibt die Mitteilung, droht unter den Voraussetzungen des § 97 Versicherungsvertragsgesetz der Verlust des Versicherungsschutzes.
Kündigung des Vertrags
G.7.5 Im Falle der Veräußerung können der Erwerber nach G.2.5 und G.2.6 oder wir nach G.3.7 den Vertrag kündigen. Dann können wir den Beitrag nur von Ihnen verlangen.
Zwangsversteigerung
G.7.6 Die Regelungen G.7.1 bis G.7.5 sind entsprechend anzuwenden, wenn Ihr Fahrzeug zwangsversteigert wird.

G.8 Wagniswegfall (z.B. durch Fahrzeugverschrottung)
Fällt das versicherte Wagnis endgültig weg, steht uns der Beitrag bis zu dem Zeitpunkt zu, zu dem wir vom Wagniswegfall Kenntnis erlangen.

§ 5 Kraftfahrtversicherung

H Außerbetriebsetzung, Saisonkennzeichen, Fahrten mit ungestempelten Kennzeichen

H.1 Was ist bei Außerbetriebsetzung zu beachten?

Ruheversicherung

H.1.1 Wird das versicherte Fahrzeug außer Betrieb gesetzt und soll es zu einem späteren Zeitpunkt wieder zugelassen werden, wird dadurch der Vertrag nicht beendet.

H.1.2 Der Vertrag geht in eine beitragsfreie Ruheversicherung über, wenn die Zulassungsbehörde uns die Außerbetriebsetzung mitteilt. Dies gilt nicht, wenn die Außerbetriebsetzung weniger als zwei Wochen beträgt oder Sie die uneingeschränkte Fortführung des bisherigen Versicherungsschutzes verlangen.

H.1.3 Die Regelungen nach H.1.1 und H.1.2 gelten nicht für Fahrzeuge mit Versicherungskennzeichen (z.B. Mofas), Wohnwagenanhänger sowie bei Verträgen mit ausdrücklich kürzerer Vertragsdauer als ein Jahr.

Umfang der Ruheversicherung

H.1.4 Mit der beitragsfreien Ruheversicherung gewähren wir Ihnen während der Dauer der Außerbetriebsetzung eingeschränkten Versicherungsschutz.

Der Ruheversicherungsschutz umfasst

- die Kfz-Haftpflichtversicherung,
- die Teilkaskoversicherung, wenn für das Fahrzeug im Zeitpunkt der Außerbetriebsetzung eine Voll- oder eine Teilkaskoversicherung bestand.

Ihre Pflichten bei der Ruheversicherung

H.1.5 Während der Dauer der Ruheversicherung sind Sie verpflichtet, das Fahrzeug

- in einem Einstellraum (z.B. einer Einzel- oder Sammelgarage) oder
- auf einem umfriedeten Abstellplatz (z.B. durch Zaun, Hecke, Mauer umschlossen)

nicht nur vorübergehend abzustellen. Sie dürfen das Fahrzeug außerhalb dieser Räumlichkeiten auch nicht gebrauchen. Verletzen Sie Ihre Pflichten, sind wir unter den Voraussetzungen nach D.2 leistungsfrei.

Wiederanmeldung

H.1.6 Wird das Fahrzeug wieder zum Verkehr zugelassen (Ende der Außerbetriebsetzung), lebt der ursprüngliche Versicherungsschutz wieder auf. Das Ende der Außerbetriebsetzung haben Sie uns unverzüglich mitzuteilen.

T. Allgemeine Bedingungen für die Kfz-Versicherung §5

Ende des Vertrags und der Ruheversicherung

H.1.7 Der Vertrag und damit auch die Ruheversicherung enden xx Monate nach der Außerbetriebsetzung des Fahrzeugs, ohne dass es einer Kündigung bedarf.

H.1.8 Melden Sie das Fahrzeug während des Bestehens der Ruheversicherung mit einer Versicherungsbestätigung eines anderen Versicherers wieder an, haben wir das Recht, den Vertrag fortzusetzen und den anderen Versicherer zur Aufhebung des Vertrags aufzufordern.

H.2 Welche Besonderheiten gelten bei Saisonkennzeichen?

H.2.1 Für Fahrzeuge, die mit einem Saisonkennzeichen zugelassen sind, gewähren wir den vereinbarten Versicherungsschutz während des auf dem amtlichen Kennzeichen dokumentierten Zeitraums (Saison).

H.2.2 Außerhalb der Saison haben Sie Ruheversicherungsschutz nach H.1.4 und H.1.5.

H.2.3 Für Fahrten außerhalb der Saison haben Sie innerhalb des für den Halter zuständigen Zulassungsbezirks und eines angrenzenden Bezirks in der Kfz-Haftpflichtversicherung Versicherungsschutz, wenn diese Fahrten

- im Zusammenhang mit dem Zulassungsverfahren oder
- wegen der Hauptuntersuchung, Sicherheitsprüfung oder Abgasuntersuchung durchgeführt werden.

H.3 Fahrten mit ungestempelten Kennzeichen

Versicherungsschutz in der Kfz-Haftpflichtversicherung und beim Autoschutzbrief

H.3.1 In der Kfz-Haftpflichtversicherung und beim Autoschutzbrief besteht Versicherungsschutz auch für Zulassungsfahrten mit ungestempelten Kennzeichen. Dies gilt nicht für Fahrten, für die ein rotes Kennzeichen oder ein Kurzzeitkennzeichen geführt werden muss.

Was sind Zulassungsfahrten?

H.3.2 Zulassungsfahrten sind Fahrten, die im Zusammenhang mit dem Zulassungsverfahren stehen. Dies sind:

- Fahrten zur Zulassungsstelle zur Anbringung der Stempelplakette sowie Fahrten zur Durchführung einer Hauptuntersuchung oder einer Sicherheitsprüfung innerhalb des zuständigen Zulassungsbezirks und eines angrenzenden Bezirks mit ungestempelten Kennzeichen, wenn die Zulassungsbehörde vorab ein solches erteilt hat.
- Fahrten nach Entfernung der Stempelplakette mit dem bisher zugeteilten Kennzeichen bis zum Ablauf des Tages der Außerbetriebsetzung des Fahrzeugs.

§ 5 Kraftfahrtversicherung

I Schadenfreiheitsrabatt-System

I.1 Einstufung in Schadenfreiheitsklassen (SF-Klassen)
In der Kfz-Haftpflicht- und der Vollkaskoversicherung richtet sich die Einstufung Ihres Vertrags in eine SF-Klasse und der sich daraus ergebende Beitragssatz nach Ihrem Schadenverlauf. Siehe dazu die Tabellen in Anhang 1.

Dies gilt nicht für Fahrzeuge mit Versicherungskennzeichen, ... < *xx alle gewünschten WKZ und Kennzeichenarten aufführen* >

I.2 Ersteinstufung

I.2.1 Ersteinstufung in SF-Klasse 0
Beginnt Ihr Vertrag ohne Übernahme eines Schadenverlaufs nach I.6, wird er in die SF-Klasse 0 eingestuft.

I.2.2 Sonderersteinstufung eines Pkw in SF-Klasse ½ oder SF-Klasse 2
I.2.2.1 Sonderersteinstufung in SF-Klasse ½
Beginnt Ihr Vertrag für einen Pkw ohne Übernahme eines Schadenverlaufs nach I.6, wird er in die SF-Klasse ½ eingestuft, wenn

a auf Sie bereits ein Pkw zugelassen ist, der zu diesem Zeitpunkt in der Kfz-Haftpflichtversicherung mindestens in die SF-Klasse ½ eingestuft ist, oder

b auf Ihren Ehepartner, Ihren eingetragenen Lebenspartner oder Ihren mit Ihnen in häuslicher Gemeinschaft lebenden Lebenspartner bereits ein Pkw zugelassen ist,
   – der zu diesem Zeitpunkt in der Kfz-Haftpflichtversicherung mindestens in die SF Klasse ½ eingestuft ist, und
   – Sie seit mindestens einem Jahr eine Fahrerlaubnis für Pkw oder Krafträder besitzen, oder

c Sie seit mindestens drei Jahren eine Fahrerlaubnis für Pkw oder Krafträder, die ein amtliches Kennzeichen führen, besitzen.

Die Fahrerlaubnis muss von einem Mitgliedstaat des Europäischen Wirtschaftsraums (EWR) erteilt oder nach I.2.5 gleichgestellt sein.

Die Sondereinstufung gilt nicht für Pkw, die ein Ausfuhrkennzeichen, ein Kurzzeitkennzeichen oder ein rotes Kennzeichen führen.

I.2.2.2 Sonderersteinstufung in SF-Klasse 2
Beginnt Ihr Vertrag für einen Pkw ohne Übernahme eines Schadenverlaufs nach I.6, wird er in die SF Klasse 2 eingestuft, wenn
   – auf Sie, Ihren Ehepartner, Ihren eingetragenen Lebenspartner oder Ihren mit Ihnen in häuslicher Gemeinschaft lebenden Lebenspartner bereits ein Pkw zugelassen und bei uns versichert ist, der zu diesem Zeitpunkt in der Kfz-Haftpflichtversicherung mindestens in die SF-Klasse 2 eingestuft ist, und

T. Allgemeine Bedingungen für die Kfz-Versicherung §5

- Sie seit mindestens einem Jahr eine gültige Fahrerlaubnis zum Führen von Pkw oder von Krafträdern besitzen, die von einem Mitgliedstaat des Europäischen Wirtschaftsraums (EWR) erteilt wurde, und
- Sie und der jeweilige Fahrer mindestens das xx. Lebensjahr vollendet haben.

Die Sondereinstufung gilt nicht für Pkw, die ein Ausfuhrkennzeichen, ein Kurzzeitkennzeichen oder ein rotes Kennzeichen führen.

I.2.3 Anrechnung des Schadenverlaufs der Kfz-Haftpflichtversicherung in der Vollkaskoversicherung

Ist das versicherte Fahrzeug ein Pkw, ein Kraftrad oder ein Campingfahrzeug und schließen Sie neben der Kfz-Haftpflichtversicherung eine Vollkaskoversicherung mit einer Laufzeit von einem Jahr ab (siehe G.1.2), können Sie verlangen, dass die Einstufung nach dem Schadenverlauf der Kfz-Haftpflichtversicherung erfolgt. Dies gilt nicht, wenn für das versicherte Fahrzeug oder für ein Vorfahrzeug im Sinne von I.6.1.1 innerhalb der letzten 12 Monate vor Abschluss der Vollkaskoversicherung bereits eine Vollkaskoversicherung bestanden hat; in diesem Fall übernehmen wir den Schadenverlauf der Vollkaskoversicherung nach I.6.

I.2.4 Führerscheinsonderregelung

Hat Ihr Vertrag für einen Pkw oder ein Kraftrad in der Klasse SF 0 begonnen, stufen wir ihn auf Ihren Antrag besser ein, sobald Sie drei Jahre im Besitz einer Fahrerlaubnis für Pkw oder Krafträder sind und folgende Voraussetzungen gegeben sind:
- Der Vertrag ist schadenfrei verlaufen und
- Ihre Fahrerlaubnis ist von einem Mitgliedsstaat des Europäischen Wirtschaftsraums (EWR) ausgestellt worden oder dieser nach I.2.5. gleichgestellt.

I.2.5 Gleichgestellte Fahrerlaubnisse

Fahrerlaubnisse aus Staaten außerhalb des Europäischen Wirtschaftsraums (EWR) sind Fahrerlaubnissen aus einem Mitgliedstaat des EWR gleichgestellt, wenn diese nach der Fahrerlaubnisverordnung
- ohne weitere theoretische oder praktische Fahrprüfung umgeschrieben werden können oder
- nach Erfüllung der Auflagen umgeschrieben sind.

I.3 Jährliche Neueinstufung

Wir stufen Ihren Vertrag zum 1. Januar eines jeden Jahres nach seinem Schadenverlauf im vergangenen Kalenderjahr neu ein.
Bei einem Schadenereignis ist der Tag der Schadenmeldung maßgeblich dafür, welchem Kalenderjahr der Schaden zugeordnet wird.

§ 5 Kraftfahrtversicherung

I.3.1 Wirksamwerden der Neueinstufung
Die Neueinstufung gilt ab der ersten Beitragsfälligkeit im neuen Kalenderjahr.

I.3.2 Besserstufung bei schadenfreiem Verlauf
Ist Ihr Vertrag während eines Kalenderjahres schadenfrei verlaufen und hat der Versicherungsschutz während dieser Zeit ununterbrochen bestanden, wird Ihr Vertrag in die nächst bessere SF-Klasse nach der jeweiligen Tabelle im Anhang 1 eingestuft.

I.3.3 Besserstufung bei Saisonkennzeichen
Ist das versicherte Fahrzeug mit einem Saisonkennzeichen zugelassen (siehe H.2), nehmen wir bei schadenfreiem Verlauf des Vertrags eine Besserstufung nach I.3.2 nur vor, wenn die Saison mindestens sechs Monate beträgt.

I.3.4 Besserstufung bei Verträgen mit SF-Klassen [2], $^1/_2$, S, 0 oder M
Hat der Versicherungsschutz während des gesamten Kalenderjahres ununterbrochen bestanden, stufen wir Ihren Vertrag aus der SF-Klasse, $^1/_2$, S, 0 oder M bei schadenfreiem Verlauf in die SF-Klasse 1 ein.

Hat Ihr Vertrag in der Zeit vom 2. Januar bis 1. Juli eines Kalenderjahres mit einer Einstufung in SF Klasse [2], $^1/_2$ oder 0 begonnen und bestand bis zum 31. Dezember mindestens sechs Monate Versicherungsschutz, wird er bei schadenfreiem Verlauf zum 1. Januar des folgenden Kalenderjahres wie folgt eingestuft:

[xx von SF-Klasse 2   nach   SF-Klasse xx]
von SF-Klasse $^1/_2$ nach   SF-Klasse xx,
von SF-Klasse 0   nach   SF-Klasse xx.

I.3.5 Rückstufung bei schadenbelastetem Verlauf
Ist Ihr Vertrag während eines Kalenderjahres schadenbelastet verlaufen, wird er nach der jeweiligen Tabelle in Anhang 1 zurückgestuft.

I.4 Was bedeutet schadenfreier oder schadenbelasteter Verlauf?

I.4.1 Schadenfreier Verlauf
I.4.1.1 Ein schadenfreier Verlauf des Vertrags liegt unter folgenden Voraussetzungen vor:
- Der Versicherungsschutz hat von Anfang bis Ende eines Kalenderjahres ununterbrochen bestanden und
- uns wurde in dieser Zeit kein Schadenereignis gemeldet, für das wir Entschädigungen leisten oder Rückstellungen bilden mussten. Dazu zählen nicht Kosten für Gutachter, Rechtsberatung und Prozesse.

T. Allgemeine Bedingungen für die Kfz-Versicherung | §5

I.4.1.2 Trotz Meldung eines Schadenereignisses gilt der Vertrag jeweils als schadenfrei, wenn eine der folgenden Voraussetzungen vorliegt:
a Wir leisten Entschädigungen oder bilden Rückstellungen:
   – nur aufgrund von Abkommen der Versicherungsunternehmen untereinander oder mit Sozialversicherungsträgern oder
   – wegen der Ausgleichspflicht aufgrund einer Mehrfachversicherung. Dies gilt nicht bei Gespannen.
b Wir lösen Rückstellungen für das Schadenereignis in den drei auf die Schadenmeldung folgenden Kalenderjahren auf, ohne eine Entschädigung geleistet zu haben.
c Der Schädiger oder dessen Haftpflichtversicherung erstatten uns unsere Entschädigung in vollem Umfang.
d Wir leisten Entschädigungen in der Vollkaskoversicherung oder bilden Rückstellungen für ein Schadenereignis, das unter die Teilkaskoversicherung fällt.
e Sie nehmen Ihre Vollkaskoversicherung nur deswegen in Anspruch, weil:
   – eine Person mit einer gesetzlich vorgeschriebenen Haftpflichtversicherung für das Schadenereignis zwar in vollem Umfang haftet,
   – Sie aber gegenüber dem Haftpflichtversicherer keinen Anspruch haben, weil dieser den Versicherungsschutz ganz oder teilweise versagt hat.

I.4.2 Schadenbelasteter Verlauf

I.4.2.1 Ein schadenbelasteter Verlauf des Vertrags liegt vor, wenn Sie uns während eines Kalenderjahres ein oder mehrere Schadenereignisse melden, für die wir Entschädigungen leisten oder Rückstellungen bilden müssen. Hiervon ausgenommen sind die Fälle nach I.4.1.2.

I.4.2.2 Gilt der Vertrag trotz einer Schadenmeldung zunächst als schadenfrei, leisten wir jedoch in einem folgenden Kalenderjahr Entschädigungen oder bilden Rückstellungen für diesen Schaden, stufen wir Ihren Vertrag zum 1. Januar des dann folgenden Kalenderjahres zurück.

I.5 Wie Sie eine Rückstufung in der Kfz-Haftpflichtversicherung vermeiden können

Sie können eine Rückstufung in der Kfz-Haftpflichtversicherung vermeiden, wenn Sie uns unsere Entschädigung freiwillig, also ohne vertragliche oder gesetzliche Verpflichtung erstatten.

Um Ihnen hierzu Gelegenheit zu geben, unterrichten wir Sie nach Abschluss der Schadenregulierung über die Höhe unserer Entschädigung. Voraussetzung ist, dass unsere Entschädigung nicht mehr als 500 Euro beträgt.

§ 5 Kraftfahrtversicherung

Erstatten Sie uns die Entschädigung innerhalb von sechs Monaten nach unserer Mitteilung, wird Ihr Kfz-Haftpflichtversicherungsvertrag als schadenfrei behandelt.

Haben wir Sie über den Abschluss der Schadenregulierung und über die Höhe des Erstattungsbetrags unterrichtet und müssen wir eine weitere Entschädigung leisten, führt dies nicht zu einer Erhöhung des Erstattungsbetrags.

I.6 Übernahme eines Schadenverlaufs

I.6.1 In welchen Fällen wird ein Schadenverlauf übernommen?

Der Schadenverlauf eines anderen Vertrags – auch wenn dieser bei einem anderen Versicherer bestanden hat – wird auf den Vertrag des versicherten Fahrzeugs unter den Voraussetzungen nach I.6.2 und I.6.3 in folgenden Fällen übernommen:

Fahrzeugwechsel

I.6.1.1 Sie haben das versicherte Fahrzeug anstelle eines anderen Fahrzeugs angeschafft.

Rabatt-Tausch

I.6.1.2 a Sie besitzen neben dem versicherten Fahrzeug noch ein anderes Fahrzeug. Sie veräußern dieses oder setzen es ohne Ruheversicherung außer Betrieb und beantragen die Übernahme des Schadenverlaufs.

I.6.1.2 b Sie versichern ein weiteres Fahrzeug. Dieses soll überwiegend von demselben Personenkreis benutzt werden, wie das bereits versicherte Fahrzeug. Sie beantragen, dass der Schadenverlauf von dem bisherigen auf das weitere Fahrzeug übertragen wird.

Schadenverlauf einer anderen Person

I.6.1.3 Das Fahrzeug einer anderen Person wurde überwiegend von Ihnen gefahren und Sie beantragen die Übernahme des Schadenverlaufs.

Versichererwechsel

I.6.1.4 Sie sind mit Ihrem Fahrzeug von einem anderen Versicherer zu uns gewechselt.

I.6.2 Welche Voraussetzungen gelten für die Übernahme?

Für die Übernahme eines Schadenverlaufs gelten folgende Voraussetzungen:

Fahrzeuggruppe

I.6.2.1 Die Fahrzeuge, zwischen denen der Schadenverlauf übertragen wird, gehören derselben Fahrzeuggruppe an, oder das Fahrzeug, von dem der Schadenverlauf übernommen wird, gehört einer höheren Fahrzeuggruppe an als das Fahrzeug, auf das übertragen wird.

    a Untere Fahrzeuggruppe:
Pkw, Leichtkrafträder, Krafträder, Campingfahrzeuge, Lieferwagen, Gabelstapler, Kranken- und Leichenwagen.

T. Allgemeine Bedingungen für die Kfz-Versicherung §5

b Mittlere Fahrzeuggruppe:
Taxen, Mietwagen, Lkw und Zugmaschinen im Werkverkehr.
c Obere Fahrzeuggruppe:
Lkw und Zugmaschinen im gewerblichen Güterverkehr, Kraftomnibusse sowie Abschleppwagen.

Eine Übertragung ist zudem möglich
- von einem Lieferwagen auf einen Lkw oder eine Zugmaschine im Werkverkehr bis xx kW,
- von einem Pkw mit 7 bis 9 Plätzen einschließlich Mietwagen und Taxen auf einen Kraftomnibus mit nicht mehr als xx Plätzen (ohne Fahrersitz).

Gemeinsame Übernahme des Schadenverlaufs in der Kfz-Haftpflicht- und der Vollkaskoversicherung

I.6.2.2 Wir übernehmen die Schadenverläufe in der Kfz-Haftpflicht- und in der Vollkaskoversicherung nur zusammen.

Dies gilt nicht, wenn der Versicherungsnehmer die Vollkaskoversicherung aus einem anderen für ihn bestehenden Vertrag aufgibt, um den Schadenverlauf für das versicherte Fahrzeug zu nutzen.

Zusätzliche Regelung für die Übernahme des Schadenverlaufs von einer anderen Person nach I.6.1.3

I.6.2.3 Wir übernehmen den Schadenverlauf von einer anderen Person nur für den Zeitraum, in dem das Fahrzeug der anderen Person überwiegend von Ihnen gefahren wurde. Zusätzlich müssen folgende Voraussetzungen erfüllt sein:
a Es handelt sich bei der anderen Person um Ihren Ehepartner, Ihren eingetragenen Lebenspartner, Ihren mit Ihnen in häuslicher Gemeinschaft lebenden Lebenspartner, ein Elternteil, Ihr Kind oder Ihren Arbeitgeber;
b Sie machen den Zeitraum, in dem das Fahrzeug der anderen Person überwiegend von Ihnen gefahren wurde glaubhaft; hierzu gehört insbesondere
  – eine Erklärung in Textform von Ihnen und der anderen Person; ist die andere Person verstorben, ist die Erklärung durch Sie ausreichend;
  – die Vorlage einer Kopie Ihres Führerscheins zum Nachweis dafür, dass Sie für den entsprechenden Zeitraum im Besitz einer gültigen Fahrerlaubnis waren;
c die andere Person ist mit der Übertragung ihres Schadenverlaufs an Sie einverstanden und gibt damit ihren Schadenfreiheitsrabatt in vollem Umfang auf;
d die Nutzung des Fahrzeugs der anderen Person durch Sie liegt bei der Übernahme nicht mehr als xx Monate zurück.

I.6.3 Wie wirkt sich eine Unterbrechung des Versicherungsschutzes auf den Schadenverlauf aus?

Im Jahr der Übernahme

I.6.3.1 Nach einer Unterbrechung des Versicherungsschutzes (Außerbetriebsetzung, Saisonkennzeichen außerhalb der Saison, Vertragsbeendigung, Veräußerung, Wagniswegfall) gilt:
    a Beträgt die Unterbrechung höchstens sechs Monate, übernehmen wir den Schadenverlauf, als wäre der Versicherungsschutz nicht unterbrochen worden.
    b Beträgt die Unterbrechung mehr als sechs und höchstens zwölf Monate, übernehmen wir den Schadenverlauf, wie er vor der Unterbrechung bestand.
    c Beträgt die Unterbrechung mehr als zwölf Monate, ziehen wir beim Schadenverlauf für jedes weitere angefangene Kalenderjahr seit der Unterbrechung ein schadenfreies Jahr ab.
    d Beträgt die Unterbrechung mehr als sieben Jahre, übernehmen wir den schadenfreien Verlauf nicht.

Sofern neben einer Rückstufung aufgrund einer Unterbrechung von mehr als einem Jahr gleichzeitig eine Rückstufung aufgrund einer Schadenmeldung zu erfolgen hat, gilt Folgendes: Zunächst ist die Rückstufung aufgrund des Schadens, danach die Rückstufung aufgrund der Unterbrechung vorzunehmen.

Im Folgejahr nach der Übernahme

I.6.3.2 In dem auf die Übernahme folgenden Kalenderjahr richtet sich die Einstufung des Vertrags nach dessen Schadenverlauf und danach, wie lange der Versicherungsschutz in dem Kalenderjahr der Übernahme bestand:
    a Bestand der Versicherungsschutz im Kalenderjahr der Übernahme mindestens sechs Monate, wird der Vertrag entsprechend seines Verlaufs so eingestuft, als hätte er ein volles Kalenderjahr bestanden.
    b Bestand der Versicherungsschutz im Kalenderjahr der Übernahme weniger als sechs Monate, unterbleibt eine Besserstufung trotz schadenfreien Verlaufs.

I.6.4 Übernahme des Schadenverlaufs nach Betriebsübergang

Haben Sie einen Betrieb und dessen zugehörige Fahrzeuge übernommen, übernehmen wir den Schadenverlauf dieser Fahrzeuge unter folgenden Voraussetzungen:
- Der bisherige Betriebsinhaber ist mit der Übernahme des Schadenverlaufs durch Sie einverstanden und gibt damit den Schadenfreiheitsrabatt in vollem Umfang auf,
- Sie machen glaubhaft, dass sich durch die Übernahme des Betriebs die bisherige Risikosituation nicht verändert hat.

T. Allgemeine Bedingungen für die Kfz-Versicherung §5

I.7 Einstufung nach Abgabe des Schadenverlaufs

I.7.1 Die Schadenverläufe in der Kfz-Haftpflicht- und der Vollkaskoversicherung können nur zusammen abgegeben werden.

I.7.2 Nach einer Abgabe des Schadenverlaufs Ihres Vertrags stufen wir diesen in die SF-Klasse ein, die Sie bei Ersteinstufung Ihres Vertrages nach I.2 bekommen hätten. Befand sich Ihr Vertrag in der SF-Klasse M oder S, bleibt diese Einstufung bestehen.

I.7.3 Wir sind berechtigt, den Mehrbeitrag aufgrund der Umstellung Ihres Vertrags nachzuerheben.

I.8 Auskünfte über den Schadenverlauf

I.8.1 Wir sind berechtigt, uns bei Übernahme eines Schadenverlaufs folgende Auskünfte vom Vorversicherer geben zu lassen:
- Art und Verwendung des Fahrzeugs,
- Beginn und Ende des Vertrags für das Fahrzeug,
- Schadenverlauf des Fahrzeugs in der Kfz-Haftpflicht- und der Vollkaskoversicherung,
- Unterbrechungen des Versicherungsschutzes des Fahrzeugs, die sich noch nicht auf dessen letzte Neueinstufung ausgewirkt haben,
- ob für ein Schadenereignis Rückstellungen innerhalb von drei Jahren nach deren Bildung aufgelöst worden sind, ohne dass Zahlungen geleistet worden sind und
- ob Ihnen oder einem anderen Versicherer bereits entsprechende Auskünfte erteilt worden sind.

I.8.2 Versichern Sie nach Beendigung Ihres Vertrags in der Kfz-Haftpflicht- und der Vollkaskoversicherung Ihr Fahrzeug bei einem anderen Versicherer, sind wir berechtigt und verpflichtet, diesem auf Anfrage Auskünfte zu Ihrem Vertrag und dem versicherten Fahrzeug nach I.8.1 zu geben. Unsere Auskunft bezieht sich nur auf den tatsächlichen Schadenverlauf. Sondereinstufungen – mit Ausnahme der Regelung nach I.2.2.1 – werden nicht berücksichtigt.

I.8.3 Ist Ihr Vertrag bei Beendigung nach der maßgeblichen Tabelle zum Schadenfreiheitsrabatt-System in Anhang 1 in die SF-Klasse M, 0 oder S eingestuft oder wäre er bei Fortbestehen dort einzustufen, sind wir berechtigt, dies der zuständigen Gemeinschaftseinrichtung der Versicherer mitzuteilen. Dies ist derzeit die GDV Dienstleistungs-GmbH & Co. KG, Glockengießerwall 1, 20095 Hamburg. Ihre SF-Klasse wird dort für andere Versicherer nach I.8.4 abrufbar sein.

I.8.4 Geben Sie in Ihrem Antrag keine Vorversicherung an, sind wir berechtigt, bei der zuständigen Gemeinschaftseinrichtung der Versicherer nachzufragen, ob Ihr Vertrag bei einem Vorversicherer in die SF-Klassen M, 0 oder S einzustufen war.

§ 5 Kraftfahrtversicherung

J Beitragsänderung aufgrund tariflicher Maßnahmen

J.1 Typklasse

Richtet sich der Versicherungsbeitrag nach dem Typ Ihres Fahrzeugs, können Sie Ihrem Versicherungsschein entnehmen, welcher Typklasse Ihr Fahrzeug zu Beginn des Vertrags zugeordnet worden ist.

Ein unabhängiger Treuhänder ermittelt jährlich, ob und in welchem Umfang sich der Schadenbedarf Ihres Fahrzeugtyps im Verhältnis zu dem aller Fahrzeugtypen erhöht oder verringert hat. Ändert sich der Schadenbedarf Ihres Fahrzeugtyps im Verhältnis zu dem aller Fahrzeugtypen, kann dies zu einer Zuordnung in eine andere Typklasse führen. Die damit verbundene Beitragsänderung wird mit Beginn des nächsten Versicherungsjahres wirksam.

[xx Die Klassengrenzen können Sie der Tabelle im Anhang 3 entnehmen.]

J.2 Regionalklasse

Richtet sich der Versicherungsbeitrag nach dem Wohnsitz des Halters, wird Ihr Fahrzeug einer Regionalklasse zugeordnet. Maßgeblich ist der Wohnsitz, den uns die Zulassungsbehörde zu Ihrem Fahrzeug mitteilt. Ihrem Versicherungsschein können Sie entnehmen, welcher Regionalklasse Ihr Fahrzeug zu Beginn des Vertrags zugeordnet worden ist.

Ein unabhängiger Treuhänder ermittelt jährlich, ob und in welchem Umfang sich der Schadenbedarf der Region, in welcher der Wohnsitz des Halters liegt, im Verhältnis zu allen Regionen erhöht oder verringert hat. Ändert sich der Schadenbedarf Ihrer Region im Verhältnis zu dem aller Regionen, kann dies zu einer Zuordnung in eine andere Regionalklasse führen. Die damit verbundene Beitragsänderung wird mit Beginn des nächsten Versicherungsjahres wirksam.

[xx Die Klassengrenzen können Sie der Tabelle im Anhang 4 entnehmen.]

J.3 Tarifänderung

< *xx Redaktioneller Hinweis: Ein Mustertext wie zu § 9a AKB a.F. wird nicht bekannt gemacht.* >

J.4 Kündigungsrecht

Führt eine Änderung nach J.1 bis J.3 in der Kfz-Haftpflichtversicherung zu einer Beitragserhöhung, so haben Sie nach G.2.7 ein Kündigungsrecht. Werden mehrere Änderungen gleichzeitig wirksam, so besteht Ihr Kündigungsrecht nur, wenn die Änderungen in Summe zu einer Beitragserhöhung führen. Dies gilt für die Kaskoversicherung [und xxx] entsprechend.

<Redaktioneller Hinweis: Ist auch in weiteren Sparten ein Tarifänderungsrecht nach J.3 vorgesehen, ist dies hier aufzunehmen.>

T. Allgemeine Bedingungen für die Kfz-Versicherung §5

J.5 Gesetzliche Änderung des Leistungsumfangs in der Kfz-Haftpflichtversicherung

In der Kfz-Haftpflichtversicherung sind wir berechtigt, den Beitrag zu erhöhen, sobald wir aufgrund eines Gesetzes, einer Verordnung oder einer EU-Richtlinie dazu verpflichtet werden, den Leistungsumfang oder die Versicherungssummen zu erhöhen.

< *xx Achtung! Es folgen zwei Varianten. Variante 1 für Versicherer, die nur das SF-System nach Anlage 1 verwenden wollen. Variante 2 für Versicherer, die auch die Tarifmerkmale nach Anhang 2 verwenden wollen.* >

J.6 Änderung des SF-Klassen-Systems

Wir sind berechtigt, die Bestimmungen für die SF-Klassen nach Abschnitt I und Anhang 1 zu ändern. Dies setzt voraus, dass ein unabhängiger Treuhänder bestätigt, dass die geänderten Bestimmungen den anerkannten Grundsätzen der Versicherungsmathematik und Versicherungstechnik entsprechen. Die geänderten Bestimmungen werden mit Beginn des nächsten Versicherungsjahres wirksam.
In diesem Fall haben Sie nach G.2.9 ein Kündigungsrecht.

[J.6 xx Änderung der Tarifstruktur]

Wir sind berechtigt, die Bestimmungen für SF-Klassen, Regionalklassen, Typklassen, Abstellort, jährliche Fahrleistung, xx < *ggf. zu ergänzen* > zu ändern. Dies setzt voraus, dass ein unabhängiger Treuhänder bestätigt, dass die geänderten Bestimmungen den anerkannten Grundsätzen der Versicherungsmathematik und Versicherungstechnik entsprechen. Die geänderten Bestimmungen werden mit Beginn des nächsten Versicherungsjahres wirksam.
In diesem Fall haben Sie nach G.2.9 ein Kündigungsrecht.

K Beitragsänderung aufgrund eines bei Ihnen eingetretenen Umstands

K.1 Änderung des Schadenfreiheitsrabatts

Ihr Beitrag kann sich aufgrund der Regelungen zum Schadenfreiheitsrabatt-System nach Abschnitt I ändern.

K.2 Änderung von Merkmalen zur Beitragsberechnung

Welche Änderungen werden berücksichtigt?

K.2.1 Ändert sich während der Laufzeit des Vertrags ein im Versicherungsschein unter der Überschrift xx aufgeführtes Merkmal zur Beitragsberechnung, berechnen wir den Beitrag neu. Dies kann zu einer Beitragssenkung oder zu einer Beitragserhöhung führen.

< *xx Alternativformulierung für Versicherer, die die Anhänge 2 und 5 verwenden:*

K.2.1 Ändert sich während der Laufzeit des Vertrags ein Merkmal zur Beitragsberechnung gemäß Anhang 2 „Merkmale zur Beitragsberechnung" und

Anhang 5 „Berufsgruppen (Tarifgruppen)" berechnen wir den Beitrag neu. Dies kann zu einer Beitragssenkung oder zu einer Beitragserhöhung führen. >

Auswirkung auf den Beitrag

K.2.2 Der neue Beitrag gilt ab dem Tag der Änderung.

K.2.3 Ändert sich die im Versicherungsschein aufgeführte Jahresfahrleistung, gilt abweichend von K.2.2 der neue Beitrag rückwirkend ab Beginn des laufenden Versicherungsjahres.

K.3 Änderung der Regionalklasse wegen Wohnsitzwechsels

Wechselt der Halter seinen Wohnsitz und wird dadurch Ihr Fahrzeug einer anderen Regionalklasse zugeordnet, richtet sich der Beitrag ab der Ummeldung bei der Zulassungsbehörde nach der neuen Regionalklasse.

K.4 Ihre Mitteilungspflichten zu den Merkmalen zur Beitragsberechnung

Anzeige von Änderungen

K.4.1 Die Änderung eines im Versicherungsschein unter der Überschrift < *xx konkrete Bezeichnung eintragen* > aufgeführten Merkmals zur Beitragsberechnung müssen Sie uns unverzüglich anzeigen.

Überprüfung der Merkmale zur Beitragsberechnung

K.4.2 Wir sind berechtigt zu überprüfen, ob die bei Ihrem Vertrag berücksichtigten Merkmale zur Beitragsberechnung zutreffen. Auf Anforderung haben Sie uns entsprechende Bestätigungen oder Nachweise vorzulegen.

Folgen von unzutreffenden Angaben

K.4.3 Haben Sie unzutreffende Angaben zu Merkmalen zur Beitragsberechnung gemacht oder Änderungen nicht angezeigt und ist deshalb ein zu niedriger Beitrag berechnet worden, gilt rückwirkend ab Beginn des laufenden Versicherungsjahres der Beitrag, der den tatsächlichen Merkmalen zur Beitragsberechnung entspricht.

K.4.4 Haben Sie vorsätzlich unzutreffende Angaben gemacht oder Änderungen vorsätzlich nicht angezeigt und ist deshalb ein zu niedriger Beitrag berechnet worden, ist zusätzlich zur Beitragserhöhung eine Vertragsstrafe in Höhe von xx zu zahlen.

Folgen von Nichtangaben

K.4.5 Kommen Sie unserer Aufforderung schuldhaft nicht nach, Bestätigungen oder Nachweise vorzulegen, sind wir berechtigt, den Beitrag rückwirkend ab Beginn des laufenden Versicherungsjahres nach den für Sie ungünstigsten Annahmen zu berechnen, wenn

- wir Sie in Textform auf den dann zu zahlenden Beitrag und die dabei zugrunde gelegten Annahmen hingewiesen haben

| T. Allgemeine Bedingungen für die Kfz-Versicherung | §5 |

- und Sie auch innerhalb einer von uns gesetzten Antwortfrist von mindestens X [nicht weniger als 4] Wochen die zur Überprüfung der Beitragsberechnung angeforderten Bestätigungen oder Nachweise nicht nachreichen.

K.5 Änderung der Art und Verwendung des Fahrzeugs

Ändert sich die im Versicherungsschein ausgewiesene Art und Verwendung des Fahrzeugs < *xx bei Verwendung des Anhangs: „gemäß der Tabelle in Anhang 6"* >, müssen Sie uns dies anzeigen. Bei der Zuordnung nach der Verwendung des Fahrzeugs gelten ziehendes Fahrzeug und Anhänger als Einheit, wobei das höhere Wagnis maßgeblich ist.

Wir können in diesem Fall den Versicherungsvertrag nach G.3.6 kündigen oder den Beitrag ab der Änderung anpassen.

Erhöhen wir den Beitrag um mehr als 10 %, haben Sie ein Kündigungsrecht nach G.2.8.

L Meinungsverschiedenheiten und Gerichtsstände

L.1 Wenn Sie mit uns einmal nicht zufrieden sind

Versicherungsombudsmann

L.1.1 Wenn Sie als Verbraucher mit unserer Entscheidung nicht zufrieden sind oder eine Verhandlung mit uns einmal nicht zu dem von Ihnen gewünschten Ergebnis geführt hat, können Sie sich an den Ombudsmann für Versicherungen wenden.

Versicherungsombudsmann e.V.

Postfach 080632

10006 Berlin

E-Mail: beschwerde@versicherungsombudsmann.de

Telefon 0800 3696000, Fax 0800 3699000 (kostenfrei aus dem deutschen Telefonnetz)

Der Ombudsmann für Versicherungen ist eine unabhängige und für Verbraucher kostenfrei arbeitende Schlichtungsstelle. Voraussetzung für das Schlichtungsverfahren vor dem Ombudsmann ist aber, dass Sie uns zunächst die Möglichkeit gegeben haben, unsere Entscheidung zu überprüfen.

Versicherungsaufsicht

L.1.2 Sind Sie mit unserer Betreuung nicht zufrieden oder treten Meinungsverschiedenheiten bei der Vertragsabwicklung auf, können Sie sich auch an die für uns zuständige Aufsicht wenden. Als Versicherungsunternehmen unterliegen wir der Aufsicht der Bundesanstalt für Finanzdienstleistungsaufsicht.

§ 5 Kraftfahrtversicherung

Bundesanstalt für Finanzdienstleistungsaufsicht (BAFin)
Sektor Versicherungsaufsicht
Graurheindorfer Straße 108
53117 Bonn
E-Mail: poststelle@bafin.de
Telefon 0228 4108–0, Fax 0228 4108 – 1550
Bitte beachten Sie, dass die BAFin keine Schiedsstelle ist und einzelne Streitfälle nicht verbindlich entscheiden kann.

Rechtsweg
L.1.3   Außerdem haben Sie die Möglichkeit, den Rechtsweg zu beschreiten. Bei Meinungsverschiedenheiten über die Höhe des Schadens in der Kaskoversicherung ist erst das Sachverständigenverfahren nach A.2.6 durchzuführen.

L.2   Gerichtsstände

Wenn Sie uns verklagen
L.2.1   Ansprüche aus Ihrem Versicherungsvertrag können Sie insbesondere bei folgenden Gerichten geltend machen:
- dem Gericht, das für Ihren Wohnsitz örtlich zuständig ist,
- dem Gericht, das für unseren Geschäftssitz oder für die Sie betreuende Niederlassung örtlich zuständig ist.

Wenn wir Sie verklagen
L.2.2   Wir können Ansprüche aus dem Versicherungsvertrag insbesondere bei folgenden Gerichten geltend machen:
- dem Gericht, das für Ihren Wohnsitz örtlich zuständig ist,
- dem Gericht des Ortes, an dem sich der Sitz oder die Niederlassung Ihres Betriebs befindet, wenn Sie den Versicherungsvertrag für Ihren Geschäfts- oder Gewerbebetrieb abgeschlossen haben.

Sie haben Ihren Wohnsitz oder Geschäftssitz ins Ausland verlegt
L.2.3   Für den Fall, dass Sie Ihren Wohnsitz, Geschäftssitz oder gewöhnlichen Aufenthalt außerhalb Deutschlands verlegt haben oder Ihr Wohnsitz, Geschäftssitz oder gewöhnlicher Aufenthalt im Zeitpunkt der Klageerhebung nicht bekannt ist, gilt abweichend der Regelungen nach L.2.2 das Gericht als vereinbart, das für unseren Geschäftssitz zuständig ist.

M
– Abschnitt gestrichen –

N   Bedingungsänderung
< xx *Redaktioneller Hinweis: Ein Mustertext wird nicht bekannt gemacht.* >

T. Allgemeine Bedingungen für die Kfz-Versicherung §5

Anhang 1: Tabellen zum Schadenfreiheitsrabatt-System

1 Pkw

1.1 Einstufung von Pkw in Schadenfreiheitsklassen (SF-Klassen) und Beitragssätze

[Anpassung der SF-Klassen in allen nachfolgenden Tabellen]-...

... < xx Tabelle >

1.2 Rückstufung im Schadenfall bei Pkw

1.2.1 Kfz-Haftpflichtversicherung

Aus SF Klasse Nach Klasse	1 Schaden	2 Schäden	3 Schäden	4 und mehr Schäden
xx	xx	xx	xx	xx
...				

1.2.2 Vollkaskoversicherung

Aus SF Klasse Nach Klasse	1 Schaden	2 Schäden	3 Schäden	4 und mehr Schäden
xx	xx	xx	xx	xx
...				

2 Krafträder

2.1 Einstufung von Krafträdern in Schadenfreiheitsklassen (SF-Klassen) und Beitragssätze

... < xx Tabelle >

2.2 Rückstufung im Schadenfall bei Krafträdern

2.2.1 Kfz-Haftpflichtversicherung
... < xx Tabelle >

2.2.2 Vollkaskoversicherung
... < xx Tabelle >

3 Leichtkrafträder

3.1 Einstufung von Leichtkrafträdern in Schadenfreiheitsklassen (SF-Klassen) und Beitragssätze

... < xx Tabelle >

§ 5 Kraftfahrtversicherung

3.2 Rückstufung im Schadenfall bei Leichtkrafträdern
3.2.1 Kfz-Haftpflichtversicherung
... < xx Tabelle >
3.2.2 Vollkaskoversicherung
... < xx Tabelle >

4 Taxen und Mietwagen
4.1 Einstufung von Taxen und Mietwagen in Schadenfreiheitsklassen (SF-Klassen) und Beitragssätze
... < xx Tabelle >

4.2 Rückstufung im Schadenfall bei Taxen und Mietwagen
4.2.1 Kfz-Haftpflichtversicherung
... < xx Tabelle >
4.2.2 Vollkaskoversicherung
... < xx Tabelle >

5 Campingfahrzeuge (Wohnmobile)
5.1 Einstufung von Campingfahrzeugen (Wohnmobilen) in Schadenfreiheitsklassen (SF-Klassen) und Beitragssätze
... < xx Tabelle >

5.2 Rückstufung im Schadenfall bei Campingfahrzeugen (Wohnmobilen)
5.2.1 Kfz-Haftpflichtversicherung
... < xx Tabelle >
5.2.2 Vollkaskoversicherung
... < xx Tabelle >

6 Lieferwagen, Lkw, Zugmaschinen, Krankenwagen, Leichenwagen, Busse (nur Kfz-Haftpflicht), Abschleppwagen (nur Kfz-Haftpflicht) und Stapler (nur Kfz-Haftpflicht)
6.1 Einstufung von Lieferwagen, Lkw, Zugmaschinen, Krankenwagen, Leichenwagen, Busse (nur Kfz-Haftpflicht), Abschleppwagen und Stapler (nur Kfz-Haftpflicht) in Schadenfreiheitsklassen (SF-Klassen) und Beitragssätze
... < xx Tabelle >

6.2 Rückstufung im Schadenfall bei Lieferwagen, Lkw, Zugmaschinen, Krankenwagen, Leichenwagen, Busse, Abschleppwagen und Stapler
6.2.1 Kfz-Haftpflichtversicherung
... < xx Tabelle >

6.2.2 Vollkaskoversicherung (nur Lieferwagen, Lkw, Zugmaschinen, Krankenwagen, Leichenwagen)
... < xx Tabelle >

[Anhang 2: Merkmale zur Beitragsberechnung]

1 Individuelle Merkmale zur Beitragsberechnung bei Pkw

1.1 Abstellort

Regelmäßiger nächtlicher Abstellort:
- abschließbare Einzelgarage
- abschließbare Doppelgarage
- Mehrfachtiefgarage
- gesichertes Grundstück
- Carport

1.2 Jährliche Fahrleistung

Fahrleistungsklassen:
1.2.1 Kfz-Haftpflichtversicherung:
 Fahrleistungsklasse
 von XX km bis XX km
1.2.2 Vollkaskoversicherung:
 Fahrleistungsklasse
 von XX km bis XX km
1.2.3 Teilkaskoversicherung:
 Fahrleistungsklasse
 von XX km bis XX km

Unabhängig von der Fahrleistung gilt bei Verträgen für Pkw, die mit einem Saison-, Oldtimer-, Ausfuhr, Kurzzeit- oder roten Kennzeichen zugelassen sind, die Fahrleistungsklasse xx als vereinbart.

1.3 Weitere Merkmale zur Beitragsberechnung
- Selbstgenutztes Wohneigentum
- Nutzerkreis
- Nutzeralter
- Fahrzeugalter beim Erwerb durch Sie
- ... xx

2 Merkmale zur Beitragsberechnung bei Krafträdern und Leichtkrafträdern
- Nutzeralter
- Motorleistung
- ... xx

§ 5 Kraftfahrtversicherung

3 Merkmale zur Beitragsberechnung bei Lkw, Zugmaschinen, Bussen, Anhängern

Bei der Beitragsberechnung werden die nachfolgenden Merkmale berücksichtigt:
- Aufbau
- Motorleistung
- Anzahl der Plätze
- zulässiges Gesamtgewicht

[Anhang 3: Tabellen zu den Typklassen]

Für Pkw, Taxen, Mietwagen und Selbstfahrervermiet-Pkw gelten folgende Typklassen:

1 Kfz-Haftpflichtversicherung:

Typklasse	Schadenbedarfs-Indexwerte	
	von	bis unter

2 Vollkaskoversicherung:

Typklasse	Schadenbedarfs-Indexwerte	
	von	bis unter

3 Teilkaskoversicherung:

Typklasse	Schadenbedarfs-Indexwerte	
	von	bis unter

[Anhang 4: Tabellen zu den Regionalklassen]

Es gelten folgende Regionalklassen:

1 Für Pkw

1.1 In der Kfz-Haftpflichtversicherung:

Regionalklasse	Schadenbedarfs-Indexwerte	
	von	bis unter

1.2 In der Vollkaskoversicherung:

Regionalklasse	Schadenbedarfs-Indexwerte	
	von	bis unter

1.3 In der Teilkaskoversicherung:

Regionalklasse	Schadenbedarfs-Indexwerte	
	von	bis unter

2 Für Krafträder

2.1 In der Kfz-Haftpflichtversicherung:

Regionalklasse	Schadenbedarfs-Indexwerte	
	von	bis unter

T. Allgemeine Bedingungen für die Kfz-Versicherung §5

2.2 In der Teilkaskoversicherung:
Regionalklasse   Schadenbedarfs-Indexwerte
                 von   bis unter

3 Für Lieferwagen

3.1 In der Kfz-Haftpflichtversicherung:
Regionalklasse   Schadenbedarfs-Indexwerte
                 von   bis unter

3.2 In der Vollkaskoversicherung:
Regionalklasse   Schadenbedarfs-Indexwerte Regionen
                 von   bis unter

3.3 In der Teilkaskoversicherung:
Regionalklasse   Schadenbedarfs-Indexwerte Regionen
                 von   bis unter

4 Für landwirtschaftliche Zugmaschinen

4.1 In der Kfz-Haftpflichtversicherung:
Regionalklasse   Schadenbedarfs-Indexwerte Regionen
                 von   bis unter

4.2 In der Teilkaskoversicherung:
Regionalklasse   Schadenbedarfs-Indexwerte Regionen
                 von   bis unter

[Anhang 5: Berufsgruppen (Tarifgruppen)]

1 Berufsgruppe A

Die Beiträge der Berufsgruppe A gelten in der Kfz-Haftpflichtversicherung bei Pkw für

a Landwirte und Gartenbaubetriebe
   landwirtschaftliche Unternehmer im Sinne des § 123 Abs. 1 Nr. 1 Sozialgesetzbuch VII, die Mitglieder einer landwirtschaftlichen Berufsgenossenschaft oder der Gartenbauberufsgenossenschaft sind, deren Betrieb eine Mindestgröße von $^1/_2$ ha – bei einem Gartenbaubetrieb jedoch eine Mindestgröße von 2 ha – hat, und die diesen Betrieb selbst bewirtschaften;

b Ehemalige Landwirte
ehemalige landwirtschaftliche Unternehmer, wenn sie die Voraussetzungen nach 1.a unmittelbar vor Übergabe des Betriebes erfüllt haben und nicht anderweitig berufstätig sind;
c Witwen und Witwer
nicht berufstätige Witwen/Witwer von Personen, die bei ihrem Tod die Voraussetzungen nach 1.a oder 1.b erfüllt haben.

2 Berufsgruppe B

Die Beiträge der Berufsgruppe B gelten in der Kfz-Haftpflicht-, Vollkasko- und in der Teilkaskoversicherung beschränkt auf Pkw, Campingfahrzeuge, Krafträder und Leichtkrafträder – für Versicherungsverträge von Kraftfahrzeugen, die zugelassen sind auf

a Gebietskörperschaften, Körperschaften, Anstalten und Stiftungen des öffentlichen Rechts;
b juristische Personen des Privatrechts, wenn sie im Hauptzweck Aufgaben wahrnehmen, die sonst der öffentlichen Hand obliegen würden, und wenn
- an ihrem Grundkapital juristische Personen des öffentlichen Rechts mit mindestens 50 % beteiligt sind oder
- sie Zuwendungen aus öffentlichen Haushalten zu mehr als der Hälfte ihrer Haushaltsmittel erhalten (§ 23 Bundeshaushaltsordnung oder die entsprechenden haushaltsrechtlichen Vorschriften der Länder);
c mildtätige und kirchliche Einrichtungen (§§ 53, 54 Abgabenordnung);
d als gemeinnützig anerkannte Einrichtungen (§ 52 Abgabenordnung), die im Hauptzweck der Gesundheitspflege und Fürsorge oder der Jugend- und Altenpflege dienen oder die im Hauptzweck durch Förderung der Wissenschaft, Kunst, Religion, der Erziehung oder der Volks- und Berufsbildung dem Allgemeinwohl auf materiellem, geistigem oder sittlichem Gebiet nutzen;
e Selbsthilfeeinrichtungen der Angehörigen des öffentlichen Dienstes;
f Beamte, Richter, Angestellte und Arbeiter der unter 2.a bis 2.e genannten juristischen Personen und Einrichtungen, sofern ihre nicht selbstständige und der Lohnsteuer unterliegende Tätigkeit für diese mindestens 50 % der normalen Arbeitszeit beansprucht und sofern sie von ihnen besoldet oder entlohnt werden, sowie die bei diesen juristischen Personen und Einrichtungen in einem anerkannten Ausbildungsverhältnis stehenden Personen, ferner Berufssoldaten und Soldaten auf Zeit der Bundeswehr (nicht Wehr- bzw. Zivildienstpflichtige und freiwillige Helfer);
g Beamte, Angestellte und Arbeiter überstaatlicher oder zwischenstaatlicher Einrichtungen; für sie gilt das gleiche wie für die nach 2.f genannten Beamten, Angestellten und Arbeiter;
h Pensionäre, Rentner und beurlaubte Angehörige des öffentlichen Dienstes, wenn sie die Voraussetzungen von 2.f oder 2.g unmittelbar vor ihrem Eintritt in

T. Allgemeine Bedingungen für die Kfz-Versicherung §5

den Ruhestand bzw. vor ihrer Beurlaubung erfüllt haben und nicht anderweitig berufstätig sind, sowie nicht berufstätige versorgungsberechtigte Witwen / Witwer von Beamten, Richtern, Angestellten, Arbeitern, Berufssoldaten und Soldaten auf Zeit der Bundeswehr, Pensionären und Rentnern, die jeweils bei ihrem Tode die Voraussetzungen von 2.f, 2.g oder 2.h erfüllt haben;

i Familienangehörige von Beamten, Richtern, Angestellten, Arbeitern, Berufssoldaten und Soldaten auf Zeit der Bundeswehr, Pensionären und Rentnern, die die Voraussetzungen von 2.f, 2.g oder 2.h erfüllen. Voraussetzung ist, dass die Familienangehörigen nicht erwerbstätig sind und mit den vorher genannten Personen in häuslicher Gemeinschaft leben und von ihnen unterhalten werden.

3 Berufsgruppe D

Die Beiträge der Berufsgruppe D gelten in der Kfz-Haftpflicht- und der Kaskoversicherung – in der Teilkaskoversicherung beschränkt auf Pkw, Campingfahrzeuge, Krafträder und Leichtkrafträder – für Verträge von Kraftfahrzeugen, die zugelassen sind auf privatisierte, ehemals öffentlich-rechtliche Banken und Sparkassen, andere privatisierte, ehemals öffentlich-rechtliche Einrichtungen (z.B. Telekom, Deutsche Bahn, Deutsche Post, Postbank, Lufthansa) und deren Tochterunternehmen, sonstige Finanzdienstleistungs-, Wohnungsbau oder Energieversorgungsunternehmen, Krankenhäuser, Kliniken, Sanatorien, Pflegeheime, kirchliche Einrichtungen, sonstige mildtätige oder gemeinnützige Einrichtungen und deren Beschäftigte, wenn sie nicht bereits die Voraussetzungen der Berufsgruppe B erfüllen.

[Anhang 6: Art und Verwendung von Fahrzeugen]

1 Fahrzeuge mit Versicherungskennzeichen

Fahrzeuge, die ein Versicherungskennzeichen führen müssen, sind:

1.1 Fahrräder mit Hilfsmotor mit einem Hubraum von nicht mehr als 50 ccm und einer Höchstgeschwindigkeit
- bis 45 km/h
- bis 50 km/h, sofern sie bis zum 31. Dezember 2001 erstmals in Verkehr gekommen sind
- bis 60 km/h, sofern sie bis zum 29. Februar 1992 erstmals in Verkehr gekommen sind

1.2 Kleinkrafträder (zwei-, dreirädrig) mit einem Hubraum von nicht mehr als 50 ccm und einer Höchstgeschwindigkeit
- bis 45 km/h
- bis 50 km/h, sofern sie bis zum 31. Dezember 2001 erstmals in Verkehr gekommen sind
- bis 60 km/h, sofern sie bis zum 29. Februar 1992 erstmals in Verkehr gekommen sind

1.3 vierrädrige Leichtkraftfahrzeuge mit einem Hubraum von nicht mehr als 50 ccm und einer Höchstgeschwindigkeit bis 45 km/h

1.4 motorisierte Krankenfahrstühle

§ 5 Kraftfahrtversicherung

2 Leichtkrafträder
Leichtkrafträder sind Krafträder und Kraftroller mit einem Hubraum von mehr als 50 ccm und nicht mehr als 125 ccm und einer Nennleistung von nicht mehr als 11 kW.

3 < – entfällt – >

4 Krafträder
Krafträder sind alle Krafträder und Kraftroller, die ein amtliches Kennzeichen führen müssen, mit Ausnahme von Leichtkrafträdern.

5 Pkw
Pkw sind als Personenkraftwagen zugelassene Kraftfahrzeuge, mit Ausnahme von Mietwagen, Taxen und Selbstfahrervermietfahrzeugen.

6 Mietwagen
Mietwagen sind Pkw, mit denen ein genehmigungspflichtiger Gelegenheitsverkehr gewerbsmäßig betrieben wird (unter Ausschluss der Taxen, Kraftomnibusse, Güterfahrzeuge und Selbstfahrervermietfahrzeuge).

7 Taxen
Taxen sind Pkw, die der Unternehmer an behördlich zugelassenen Stellen bereithält und mit denen er – auch am Betriebssitz oder während der Fahrt entgegengenommene – Beförderungsaufträge zu einem vom Fahrgast bestimmten Ziel ausführt.

8 Selbstfahrvermietfahrzeuge
Selbstfahrvermietfahrzeuge sind Kraftfahrzeuge und Anhänger, die gewerbsmäßig ohne Gestellung eines Fahrers vermietet werden.

9 Leasingfahrzeuge
Leasingfahrzeuge sind Kraftfahrzeuge und Anhänger, die gewerbsmäßig ohne Gestellung eines Fahrers vermietet werden und auf den Mieter zugelassen sind oder bei Zulassung auf den Vermieter dem Mieter durch Vertrag mindestens sechs Monate überlassen werden.

10 Kraftomnibusse
Kraftomnibusse sind Kraftfahrzeuge und Anhänger, die nach ihrer Bauart und Ausstattung zur Beförderung von mehr als neun Personen (einschließlich Führer) geeignet und bestimmt sind.
10.1 Linienverkehr ist eine zwischen bestimmten Ausgangs- und Endpunkten eingerichtete regelmäßige Verkehrsverbindung, auf der Fahrgäste an bestimmten Haltestellen ein- und aussteigen können, sowie Verkehr, der unter

> Ausschluss anderer Fahrgäste der regelmäßigen Beförderung von Personen zum Besuch von Märkten und Theatern dient.
> 10.2 Gelegenheitsverkehr sind Ausflugsfahrten und Ferienziel-Reisen sowie Verkehr mit Mietomnibussen.
> 10.3 Nicht unter 10.1 oder 10.2 fallen sonstige Busse, insbesondere Hotelomnibusse, Werkomnibusse, Schul-, Lehr- und Krankenomnibusse.

11 Campingfahrzeuge

Campingfahrzeuge sind Wohnmobile, die als sonstige Kraftfahrzeuge zugelassen sind.

12 Werkverkehr

Werkverkehr ist die Güterbeförderung mit Kraftfahrzeugen, Anhängern und Aufliegern nur für eigene Zwecke durch eigenes – im Krankheitsfall bis zu vier Wochen auch durch fremdes – Personal eines Unternehmens.

13 Gewerblicher Güterverkehr

Gewerblicher Güterverkehr ist die geschäftsmäßige, entgeltliche Beförderung von Gütern mit Kraftfahrzeugen, Anhängern und Aufliegern für andere.

14 Umzugsverkehr

Umzugsverkehr ist die ausschließliche Beförderung von Umzugsgut.

15 Wechselaufbauten

Wechselaufbauten sind Aufbauten von Kraftfahrzeugen, Anhängern und Aufliegern, die zur Güterbeförderung bestimmt sind und mittels mechanischer Vorrichtungen an diesen Fahrzeugen ausgewechselt werden können.

16 Landwirtschaftliche Zugmaschinen

Landwirtschaftliche Zugmaschinen oder Anhänger sind Zugmaschinen und Raupenschlepper oder Anhänger, die wegen ihrer Verwendung in der Land- und Forstwirtschaft von der Kraftfahrzeugsteuer freigestellt sind und ein amtliches grünes Kennzeichen führen.

17 Melkwagen und Milchsammel-Tankwagen

Melkwagen und Milchsammel-Tankwagen sind Fahrzeuge mit Vorrichtungen zur mechanischen Milchentnahme, die dem Transport der Milch von Weiden und Gehöften zu den Molkereien der Einzugsgebiete dienen.

18 Sonstige landwirtschaftliche Sonderfahrzeuge

Sonstige landwirtschaftliche Sonderfahrzeuge sind Fahrzeuge, die als Sonderfahrzeuge für die Land- und Forstwirtschaft zugelassen werden und ein amtliches grünes Kennzeichen führen.

19 Milchtankwagen

Milchtankwagen sind Fahrzeuge, die dem Transport der Milch zwischen Molkereien oder von Molkereien zum Verteiler oder Verbraucher dienen. Sie gelten nicht als landwirtschaftliche Sonderfahrzeuge, sondern als Güterfahrzeuge.

20 Selbstfahrende Arbeitsmaschinen

Selbstfahrende Arbeitsmaschinen sind Fahrzeuge, die nach ihrer Bauart und ihren besonderen mit dem Fahrzeug fest verbundenen Einrichtungen zur Leistung von Arbeit – nicht zur Beförderung von Personen oder Gütern – bestimmt und geeignet sind und die zu einer vom Bundesminister für Verkehr bestimmten Art solcher Fahrzeuge gehören (z.B. Selbstlader, Bagger, Greifer, Kran-Lkw sowie Räum- und Bergungsfahrzeuge, auch wenn sie zu Abschleppzwecken mitverwendet werden).

21 Lieferwagen

Lieferwagen sind als Lastkraftwagen zugelassene Kraftfahrzeuge mit einer zulässigen Gesamtmasse (bzw. Gesamtgewicht) bis zu 3,5 t.

22 Lkw

Lkw sind Lastkraftwagen mit einer zulässigen Gesamtmasse (bzw. Gesamtgewicht) von mehr als 3,5 t.

23 Zugmaschinen

Zugmaschinen sind Kraftfahrzeuge, die ausschließlich oder überwiegend zum Ziehen von Anhängern oder Aufliegern gebaut sind, mit Ausnahme von landwirtschaftlichen Zugmaschinen.

§ 6 Hausratversicherung

A. Vorbemerkung

Es gelten die bei Vertragsbeginn oder durch Änderungen vereinbarten AVB, so dass in Betracht kommen: **VHB 42, VHB 66, VHB 74, VHB 84, VHB 92, VHB 2000, VHB 2008** mit **VHB 2010**.   **1**

Die häufigsten Versicherungsfälle in der Hausratversicherung (Einbruchdiebstahl und Brand) werden in den nachfolgenden Kapiteln (§§ 8 und 9) zusätzlich behandelt.

Da Versicherungsbedingungen seit 1994 nicht mehr genehmigungspflichtig sind, können Versicherer ihr Bedingungswerk im Rahmen von §§ 305 ff. BGB gestalten. Die VHB 2008 beruhen auf einer Empfehlung des Gesamtverbandes der Deutschen Versicherungswirtschaft (GDV) und sind **nicht** mehr vom Bundesaufsichtsamt für das Versicherungswesen (nunmehr Bundesanstalt für Finanzdienstleistungen) **geprüft** und **genehmigt** worden. Die VHB 2008 unterscheiden sich nur unwesentlich von den VHB 2010, in denen vor allem das VVG 2008 Berücksichtigung findet. Die VHB 2010 bieten auch die Möglichkeit, weitere Elementarschäden gegen Zusatzprämie mit Vereinbarung eines Selbstbehalts zu versichern (A § 5 VHB 2010).   **2**

B. Versicherte Sachen (A § 6 VHB 2008/2010)

Versichert ist der **gesamte Hausrat**, ohne Rücksicht auf die Eigentumsverhältnisse, auch Bargeld und Wertsachen, allerdings nur in den Entschädigungsgrenzen von A § 13 VHB 2008/2010.   **3**

Zum versicherten Hausrat gehören auch **Markisen**, Rundfunk- und Fernsehantennen (nicht Empfangsanlagen für Hobbyfunker), Falt- und Schlauchboote, Surfgeräte und Flugdrachen, selbst **Arbeitsgeräte** und beruflich genutzte Einrichtungsgegenstände.   **4**

Selbst ausgebaute **Motorradteile**, die im Winter überholt und gereinigt werden, gehören zum versicherten Hausrat.[1]   **5**

Die Abgrenzung zwischen **Gebäudebestandteilen** und **Hausrat** ist nach versicherungsrechtlichen Kriterien und nicht nach den rein sachenrechtlichen Bestimmungen gemäß § 93 ff. BGB vorzunehmen.[2]   **6**

Einbaumöbel, die serienmäßig produziert und nicht individuell für das Gebäude gefertigt worden sind, sind in der **Hausratversicherung** versichert.   **7**

---

1 BGH, DAR 1996, 317 = VersR 1996, 746 = zfs 1996, 269.
2 OLG Köln, NJW-RR 2000, 697.

8 Demgegenüber besteht in der Hausratversicherung kein Versicherungsschutz für einen auf dem **Estrich** fest verlegten **Teppichboden**, insoweit ist der **Gebäudeversicherer** eintrittspflichtig.[3]

C. Versicherte Gefahren (A § 1 VHB 2008/2010)

9 Entschädigungspflichtig sind die Schäden, die auf die in A § 1 VHB 2008/2010 katalogartig zusammengestellten Gefahren zurückzuführen sind:
- **Brand, Blitzschlag, Explosion, Implosion, Aufprall eines Luftfahrzeuges**, seiner Teile oder seiner Ladung,
- **Einbruchdiebstahl, Beraubung** oder Versuch einer solchen Tat,
- **Vandalismus**,
- **Leitungswasser**,
- **Sturm/Hagel**.

10 Diese Grunddeckung kann nach dem **Baukastenprinzip** ergänzt werden, beispielsweise durch die Vereinbarung einer Klausel, dass auch der Diebstahl von Fahrrädern – gegen Mehrprämie – gesichert ist.

D. Versicherte Kosten (A § 8 VHB 2008/2010)

11 Neben der Sachversicherungsleistung sind auch die übrigen Kosten zu ersetzen, die im Zusammenhang mit dem Versicherungsfall entstehen, insbesondere **Aufräumkosten**, **Schlossänderungskosten** und **Hotelkosten**.

E. Versicherungsort (A § 6 Nr. 3 VHB 2008/2010)

12 Versicherungsort ist die **im Versicherungsvertrag** bezeichnete Wohnung des Versicherungsnehmers einschließlich der Nebengebäude auf demselben Grundstück. Versicherungsschutz besteht auch in privat genutzten **Garagen** „in der **Nähe** des Versicherungsortes" (eine Garage, die 1,45 km entfernt liegt, befindet sich allerdings nicht in der Nähe des Versicherungsortes).[4]

F. Außenversicherung (A § 7 VHB 2008/2010)

13 Hausrat ist auch dann versichert, wenn er sich außerhalb der Wohnung in einem anderen Gebäude befindet; der Versicherungsschutz ist „**gebäudegebunden**".[5] Diese Außenversicherung besteht **weltweit**. Im Rahmen der Außenversicherung sind nur Sachen versichert, die **im *Eigentum*** des Versicherungsnehmers oder einer mit

---

3 OLG Köln, VersR 2004, 105.
4 BGH, NJW-RR 2003, 805.
5 LG Konstanz, VersR 1991, 883; LG Stuttgart, VersR 1997, 1483.

ihm in häuslicher Gemeinschaft lebenden Person sind. Die Entschädigung ist auf einen vertraglich vereinbarten Prozentsatz der Versicherungssumme beschränkt (A § 7 Nr. 6 VHB 2008/2010).

Ein **Parkhaus** ist ein Gebäude im Sinne von A § 3 Nr. 2 VHB 2008/2010. Werden aus einem in einem Parkhaus abgestellten Fahrzeug durch Einbruch Gegenstände entwendet, liegt ein „Erbrechen von Behältnissen" vor.[6] Es besteht daher Versicherungsschutz in der Hausratversicherung. **14**

Ein Wohnmobil ist demgegenüber **kein Gebäude** im Sinne von A § 3 Nr. 2 VHB 2008/2010, so dass bei einem Einbruchdiebstahl aus einem Wohnmobil kein Leistungsanspruch gegen die Hausratversicherung besteht.[7] **15**

G. Wohnungswechsel (A § 11 VHB 2008/2010)

Ein Wohnungswechsel liegt vor, wenn der Versicherungsnehmer seinen **Lebensmittelpunkt** in die neue Wohnung verlagert, ohne dass es darauf ankommt, ob und in welchem Umfang Einrichtungsgegenstände mitgenommen worden sind.[8] **16**

Bei der Trennung von **Ehegatten** bestimmt A § 11 Nr. 5 VHB 2008/2010: Sowohl die **bisherige** als auch die **neue** Wohnung des Versicherungsnehmers sind versichert; dies ist jedoch längstens bis zum Ablauf von 3 Monaten nach der nächsten Prämienfälligkeit der Fall. **17**

Wenn beide Ehegatten in eine neue Wohnungen ziehen, muss dies ebenfalls dem Versicherer mitgeteilt werden, und zwar innerhalb von **3 Monaten** nach der nächsten, auf den Auszug der Ehegatten folgenden Beitragsfälligkeit; ansonsten erlischt der Versicherungsschutz für beide neuen Wohnungen. **18**

H. Wegfall der Entschädigungspflicht (B § 16 VHB 2008/2010)

Der Versicherer wird leistungsfrei, **19**
- wenn der Versicherungsnehmer arglistig über Tatsachen **getäuscht** hat, die für Grund oder Höhe der Entschädigung von Bedeutung sind,
- wenn der Versicherungsnehmer den Schaden **vorsätzlich** herbeigeführt hat.

Eine **arglistige Täuschung** ist stets ein besonders schwerer Fall der Verletzung der Aufklärungsobliegenheit und führt daher ebenso zur **Leistungsfreiheit** wie die vorsätzliche Herbeiführung des Versicherungsfalles (§ 81 VVG). **20**

---

6 OLG Hamm, NJW-RR 1991, 1438; OLG Oldenburg, r+s 1998, 116.
7 OLG Köln, VersR 1992, 490 = zfs 1992, 208; LG Hamburg, VersR 2002, 354.
8 OLG Düsseldorf, zfs 1996, 108; OLG Frankfurt, zfs 1995, 229; OLG Köln, r+s 1999, 251 = VersR 2000, 450; OLG Frankfurt, r+s 2000, 426.

§ 6 Hausratversicherung

21 In der Praxis bedeutsam ist die **partielle Leistungsfreiheit** des Versicherers wegen **grober Fahrlässigkeit (§ 81 VVG)**.

22 Grobe Fahrlässigkeit liegt vor,
- wenn der Versicherungsnehmer beim **Rauchen im Bett** einschläft und hierbei einen Wohnungsbrand auslöst,[9]
- wenn der Versicherungsnehmer die **Wohnungstür nicht abschließt**, sondern nur ins Schloss zieht,[10]
- wenn der Versicherungsnehmer das **Kippfenster** einer Erdgeschosswohnung längere Zeit offen stehen lässt,[11]
- wenn der Versicherungsnehmer eine **Zufallsbekanntschaft** allein in der Wohnung zurücklässt,[12]
- wenn der Versicherungsnehmer für mehrere Stunden die Wohnung verlässt, ohne die **Wasserzufuhr** zur Geschirrspülmaschine abzustellen.[13]
- Das Erhitzen von **Fett** auf einem Küchenherd ist wegen der Brandgefahr ein Vorgang, der besonderer Sorgfalt bedarf. Ein Versicherungsnehmer, der sich gleichwohl von dem Herd entfernt, handelt im Regelfall grob fahrlässig.[14] **Keine grobe Fahrlässigkeit** liegt jedoch vor, wenn lediglich eine **andere** Herdplatte aus **Versehen** ausgeschaltet wird.[15]

23 Aktuelle Rechtsprechung mit Quotierung:[16]
- Eine Kürzung um **50 %** ist gerechtfertigt, wenn eine wertvolle Taucherausrüstung (Wert ca. 15.000 EUR) in einem Kellerverschlag (Holzlattenverschlag) eines Mehrfamilienhauses aufbewahrt wird.[17]
- Eine Kürzung um **50 %** ist gerechtfertigt, wenn nach dem Einschalten einer Herdplatte zum Erhitzen von **Fett** die Wohnung verlassen wird.[18]

I. Obliegenheiten vor Eintritt des Versicherungsfalles (B § 8 Nr. 1 VHB 2008/2010)

24 Zu den vereinbarten Sicherheitsvorschriften des Versicherungsvertrages gehört es, dass der Versicherungsnehmer alle gesetzlichen oder vereinbarten **Sicherheitsvor-**

---

9 OLG Köln, r+s 1994, 24.
10 OLG Nürnberg, NJW-RR 1996, 1118.
11 OLG Oldenburg, r+s 1996, 455.
12 OLG München, VersR 1985, 558.
13 OLG Koblenz, r+s 2001, 471.
14 OLG Köln, 9 U 147/00, VersR 2002, 311.
15 OLG Düsseldorf, 10 U 88/09, NJW-RR 2010, 695.
16 *Hess*, r+s 2013, 1 ff.
17 LG Berlin, 23 O 438/11, r+s 2013, 232.
18 LG Dortmund, 2 O 101/11, r+s 2012, 27.

schriften zu beachten hat; so sind in der kalten Jahreszeit die versicherten Wohnungen zu beheizen, anderenfalls müssen Wasser führende Anlagen entleert werden.

J. Obliegenheiten bei Eintritt des Versicherungsfalles (B § 8 Nr. 1 VHB 2008/2010)

Der Versicherungsnehmer hat bei Eintritt des Versicherungsfalles eine Vielzahl von Obliegenheiten zu beobachten. Er ist insbesondere verpflichtet,
- den Schaden dem Versicherer unverzüglich **anzuzeigen**,
- einen Schaden durch Einbruchdiebstahl, Vandalismus oder Raub der zuständigen **Polizeidienststelle** anzuzeigen,
- der zuständigen Polizeidienststelle ein Verzeichnis der abhanden gekommenen Sachen einzureichen (**Stehlgutliste**),
- den Schaden nach Möglichkeit **abzuwenden** oder zu **mindern**.

25

Die Stehlgutliste ist ein Verzeichnis der abhandengekommenen Sachen, die eine Sachfahndung ermöglichen sollen. Sie dient außerdem dem Schutz des Versicherers vor unberechtigter Inanspruchnahme durch frühzeitige Festlegung des Schadenumfangs.[19]

26

Wenn die Stehlgutliste erst nach **sechs Wochen** eingereicht wird, ist eine Kürzung um **60 %** gerechtfertigt.[20] Bei einer Einreichung nach **vier Wochen** ist eine Kürzung um **40 %** gerechtfertigt.[21]

Aber: Bei verspäteter Einreichung der Stehlgutliste ist der **Kausalitätsgegenbeweis** möglich, wenn der Versicherungsnehmer nachweist, dass jegliche Ermittlungen der Polizei in Bezug auf den Einbruchdiebstahl ergebnislos verlaufen und nach Eingang der Stehlgutliste keine neuen Fahndungsmaßnahmen eingeleitet worden sind.[22]

K. Leistungsfreiheit bei Obliegenheitsverletzung (B § 8 Nr. 3 VHB 2008/2010)

Bei **vorsätzlicher** und **kausaler** Obliegenheitsverletzung ist der Versicherer vollständig leistungsfrei, bei grob fahrlässiger und kausaler Obliegenheitsverletzung ist der Versicherer berechtigt, *„seine Leistung in dem Verhältnis zu kürzen, das der Schwere des Verschuldens des Versicherungsnehmers entspricht"* (B § 8 Nr. 3a VHB 2008/2010).

27

---

19 Van Bühren/*Höra*, Handbuch Versicherungsrecht, § 3 Rn 202.
20 LG Dortmund, 2 O 8/10, VersR 2010, 1594.
21 LG Oldenburg, 13 O 3064/09, VersR 2011, 69; Kürzung um 50 %: LG Kassel, 5 O 2653/09, zfs 2011, 33.
22 OLG Hamm, 20 U 62/11, zfs 2013, 273.

28 Bei **Arglist** entfällt das Kausalitätserfordernis, so dass der Versicherer vollständig **leistungsfrei** wird, wenn der Versicherungsnehmer vorsätzlich falsche Angaben zum Eintritt des Versicherungsfalls und zur Schadenhöhe macht.[23]

L. Beweisführung

I. Vorbemerkung

29 Der Eintritt des Versicherungsfalles gehört zu den anspruchsbegründenden Tatsachen, für die der **Versicherungsnehmer** darlegungs- und beweispflichtig ist.[24]

30 Der Versicherungsnehmer braucht lediglich den äußeren Sachverhalt („**äußeres Bild**") zu beweisen, der auf einen Schadenfall schließen lässt; diese Beweiserleichterungen kommen dem Versicherungsnehmer jedoch dann **nicht** mehr zugute, wenn er zum Schadenhergang **widersprüchliche** oder **unglaubhafte** Angaben macht oder auch sonst unglaubwürdig ist.[25] Es tritt jedoch keine Umkehr der Beweislast ein, der Versicherer bleibt mit dem Vollbeweis belastet, wenn er einen vorgetäuschten Diebstahl behauptet. Dieser Beweis kann jedoch nach den Regeln des **Indizienbeweises** erbracht werden.[26]

II. Rechtsprechung

31
- Auch für einen **Nachschlüsseldiebstahl** kann der Beweis in erleichterter Form geführt werden. Es müssen nicht alle Möglichkeiten einer nicht versicherten Entwendung **ausgeschlossen** werden.[27]
- Zur Schadenshöhe (§ 287 ZPO) ist die **Parteivernehmung** zulässig.[28]
- Der Versicherer ist verpflichtet, ein von ihm eingeholtes **Sachverständigengutachten** dem Versicherungsnehmer **zur Verfügung zu stellen**.[29]
- Bei **Brandschäden** innerhalb eines Gebäudes, ohne dass geklärt wird, wie die Täter in das Gebäude gelangt sind, können fehlende Einbruchspuren **Indizien** dafür sein, dass der Versicherungsnehmer den Brand vorsätzlich gelegt hat.[30]
- Der Versicherer ist bei rechtzeitiger Schadenanzeige verpflichtet, den Versicherungsnehmer auf die Notwendigkeit einer **Stehlgutliste** hinzuweisen und über

---

23 OLG Hamm, 20 O 146/10, SP 2011, 412; van Bühren/*Höra*, Handbuch Versicherungsrecht, § 3 Rn 212.
24 BGH, r+s 1992, 82/83; OLG Köln, r+s 1996, 38.
25 BGH, VersR 1992, 1000; BGH, NJW-RR 1996, 275; BGH, r+s 1996, 410.
26 BGH, r+s 1996, 410.
27 BGH, NJW-RR 1990, 607 = VersR 1991, 443.
28 OLG Saarbrücken, NJW-RR 1999, 759.
29 OLG Saarbrücken, NJW-RR 1999, 759 = VersR 1999, 750.
30 BGH, NJW-RR 1999, 1184.

die Rechtsfolgen einer Obliegenheitsverletzung zu **belehren**.[31] Diese Belehrung ist nicht erforderlich, wenn der Versicherungsnehmer bereits von der Polizei zur Vorlage einer Stehlgutliste aufgefordert wurde.[32]
- Bei **Nachschlüsseldiebstahl** muss der Versicherungsnehmer beweisen, dass keiner der vorhandenen Schlüssel verwendet worden ist.[33]
- Die „erweiterte Schlüsselklausel" (§ 3 Nr. 2f VHB 2008/2010) setzt voraus, dass der Versicherungsnehmer den Diebstahl des Schlüssels nicht durch **fahrlässiges** Verhalten ermöglicht hat. Insoweit ist der Versicherungsnehmer **beweispflichtig**.[34]

M. Allgemeine Hausrat Versicherungsbedingungen (VHB 2010 – Quadratmetermodell) – Version 1.1.2013

Diese Bedingungen des Gesamtverbandes der Deutschen Versicherungswirtschaft e.V. (GDV) sind für die Versicherer unverbindlich; ihre Verwendung ist rein fakultativ. Abweichende Bedingungen können vereinbart werden. Abdruck mit freundlicher Genehmigung des GDV; die jeweils aktuellen Bedingungen können kostenfrei auf der Website des GDV (www.gdv.de) abgerufen werden.

Abschnitt A

§ 1 Versicherte Gefahren und Schäden (Versicherungsfall), generelle Ausschlüsse

1. Versicherungsfall

Der Versicherer leistet Entschädigung für versicherte Sachen, die durch

a) Brand, Blitzschlag, Explosion, Implosion, Anprall oder Absturz eines Luftfahrzeuges, seiner Teile oder seiner Ladung;

b) Einbruchdiebstahl, Vandalismus nach einem Einbruch sowie Raub oder den Versuch einer solchen Tat;

c) Leitungswasser;

d) Naturgefahren

aa) Sturm, Hagel,

bb) weitere Elementargefahren, soweit gesondert vereinbart,

zerstört oder beschädigt werden oder abhanden kommen.

---

31 BGH, IV ZR 317/05, r+s 2008, 513.
32 BGH, IV ZR 28/09, zfs 2010, 334.
33 OLG Köln, 9 U 125/10, VersR 2011, 1007.
34 OLG Braunschweig, 3 U 46/12, VersR 2013, 859.

§ 6 Hausratversicherung

2. Ausschlüsse Krieg, Innere Unruhen und Kernenergie

a) Ausschluss Krieg
Die Versicherung erstreckt sich ohne Rücksicht auf mitwirkende Ursachen nicht auf Schäden durch Krieg, kriegsähnliche Ereignisse, Bürgerkrieg, Revolution, Rebellion oder Aufstand.

b) Ausschluss Innere Unruhen
Die Versicherung erstreckt sich ohne Rücksicht auf mitwirkende Ursachen nicht auf Schäden durch innere Unruhen.

c) Ausschluss Kernenergie
Die Versicherung erstreckt sich ohne Rücksicht auf mitwirkende Ursachen nicht auf Schäden durch Kernenergie, nukleare Strahlung oder radioaktive Substanzen.

§ 2 Brand, Blitzschlag, Explosion, Implosion, Luftfahrzeuge

1. Versicherte Gefahren und Schäden

Der Versicherer leistet Entschädigung für versicherte Sachen, die durch
a) Brand,
b) Blitzschlag,
c) Explosion, Implosion,
d) Anprall oder Absturz eines Luftfahrzeuges, seiner Teile oder seiner Ladung
zerstört oder beschädigt werden oder abhanden kommen.

2. Brand

Brand ist ein Feuer, das ohne einen bestimmungsgemäßen Herd entstanden ist oder ihn verlassen hat und das sich aus eigener Kraft auszubreiten vermag.

3. Blitzschlag

Blitzschlag ist der unmittelbare Übergang eines Blitzes auf Sachen.

Überspannungs-, Überstrom- oder Kurzschlussschäden an elektrischen Einrichtungen und Geräten sind nur versichert, wenn an Sachen auf dem Grundstück, auf dem der Versicherungsort liegt, durch Blitzschlag Schäden anderer Art entstanden sind. Spuren eines Blitzschlags an diesem Grundstück, an dort befindlichen Antennen oder anderen Sachen als elektrischen Einrichtungen und Geräten stehen Schäden anderer Art gleich.

4. Explosion

Explosion ist eine auf dem Ausdehnungsbestreben von Gasen oder Dämpfen beruhende, plötzlich verlaufende Kraftäußerung.

Eine Explosion eines Behälters (Kessel, Rohrleitung usw.) liegt nur vor, wenn seine Wandung in einem solchen Umfang zerrissen wird, dass ein plötzlicher Ausgleich des Druckunterschieds innerhalb und außerhalb des Behälters stattfindet. Wird im

Innern eines Behälters eine Explosion durch chemische Umsetzung hervorgerufen, so ist ein Zerreißen seiner Wandung nicht erforderlich.

5. Implosion

Implosion ist ein plötzlicher, unvorhersehbarer Zusammenfall eines Hohlkörpers durch äußeren Überdruck infolge eines inneren Unterdruckes.

6. Nicht versicherte Schäden

Nicht versichert sind
a) ohne Rücksicht auf mitwirkende Ursachen Schäden durch Erdbeben;
b) Sengschäden;
c) Schäden, die an Verbrennungskraftmaschinen durch die im Verbrennungsraum auftretenden Explosionen, sowie Schäden, die an Schaltorganen von elektrischen Schaltern durch den in ihnen auftretenden Gasdruck entstehen.

Die Ausschlüsse gemäß Nr. 6 b) bis Nr. 6 c) gelten nicht für Schäden, die dadurch verursacht wurden, dass sich an anderen Sachen eine versicherte Gefahr gemäß Nr. 1 verwirklicht hat.

§ 3 Einbruchdiebstahl

1. Versicherte Gefahren und Schäden

Der Versicherer leistet Entschädigung für versicherte Sachen, die durch
a) Einbruchdiebstahl,
b) Vandalismus nach einem Einbruch,
c) Raub

oder durch den Versuch einer solchen Tat abhanden kommen, zerstört oder beschädigt werden.

2. Einbruchdiebstahl

Einbruchdiebstahl liegt vor, wenn der Dieb
a) in einen Raum eines Gebäudes einbricht, einsteigt oder mittels eines Schlüssel, dessen Anfertigung für das Schloss nicht von einer dazu berechtigten Person veranlasst oder gebilligt worden ist (falscher Schlüssel) oder mittels anderer Werkzeuge eindringt; der Gebrauch eines falschen Schlüssels ist nicht schon dann bewiesen, wenn feststeht, dass versicherte Sachen abhanden gekommen sind;
b) in einem Raum eines Gebäudes ein Behältnis aufbricht oder falsche Schlüssel (siehe a) oder andere Werkzeuge benutzt, um es zu öffnen; der Gebrauch eines falschen Schlüssels ist nicht schon dann bewiesen, wenn feststeht, dass versicherte Sachen abhanden gekommen sind;
c) aus einem verschlossenen Raum eines Gebäudes Sachen entwendet, nachdem er sich in das Gebäude eingeschlichen oder dort verborgen gehalten hatte;

d) in einem Raum eines Gebäudes bei einem Diebstahl auf frischer Tat angetroffen wird und eines der Mittel gemäß Nr. 4 a) aa) oder Nr. 4 a) bb) anwendet, um sich den Besitz des gestohlenen Gutes zu erhalten;
e) mittels richtiger Schlüssel, die er innerhalb oder außerhalb des Versicherungsortes durch Einbruchdiebstahl oder durch Raub gemäß Nr. 4 an sich gebracht hatte, in einen Raum eines Gebäudes eindringt oder dort ein Behältnis öffnet;
f) in einen Raum eines Gebäudes mittels richtigem Schlüssel eindringt, den er – innerhalb oder außerhalb des Versicherungsortes – durch Diebstahl an sich gebracht hatte, vorausgesetzt, dass weder der Versicherungsnehmer noch der Gewahrsamsinhaber den Diebstahl des Schlüssels durch fahrlässiges Verhalten ermöglicht hatte.

3. Vandalismus nach einem Einbruch

Vandalismus nach einem Einbruch liegt vor, wenn der Täter auf eine der in Nr. 2 a), Nr. 2 e) oder Nr. 2 f) bezeichneten Arten in den Versicherungsort eindringt und versicherte Sachen vorsätzlich zerstört oder beschädigt.

4. Raub

a) Raub liegt vor, wenn
   aa) gegen den Versicherungsnehmer Gewalt angewendet wird, um dessen Widerstand gegen die Wegnahme versicherter Sachen auszuschalten. Gewalt liegt nicht vor, wenn versicherte Sachen ohne Überwindung eines bewussten Widerstandes entwendet werden (einfacher Diebstahl/Trickdiebstahl);
   bb) der Versicherungsnehmer versicherte Sachen herausgibt oder sich wegnehmen lässt, weil eine Gewalttat mit Gefahr für Leib oder Leben angedroht wird, die innerhalb des Versicherungsortes – bei mehreren Versicherungsorten innerhalb desjenigen Versicherungsortes, an dem auch die Drohung ausgesprochen wird – verübt werden soll;
   cc) dem Versicherungsnehmer versicherte Sachen weggenommen werden, weil sein körperlicher Zustand unmittelbar vor der Wegnahme infolge eines Unfalls oder infolge einer nicht verschuldeten sonstigen Ursache wie beispielsweise Ohnmacht oder Herzinfarkt beeinträchtigt und dadurch seine Widerstandskraft ausgeschaltet ist.
b) Dem Versicherungsnehmer stehen Personen gleich, die mit seiner Zustimmung in der Wohnung anwesend sind.
c) Nicht versichert sind Sachen, die an den Ort der Herausgabe oder Wegnahme erst auf Verlangen des Täters herangeschafft werden, es sei denn, das Heranschaffen erfolgt nur innerhalb des Versicherungsortes, an dem die Tathandlungen nach a) verübt wurden.

5. Nicht versicherte Schäden

Die Versicherung erstreckt sich ohne Rücksicht auf mitwirkende Ursachen nicht auf Schäden, die verursacht werden durch weitere Elementargefahren (Überschwemmung, Erdbeben, Erdsenkung, Erdrutsch, Schneedruck, Lawinen, Vulkanausbruch).

§ 4 Leitungswasser

1. Bruchschäden

Soweit Rohre bzw. Installationen gemäß a) und b) zum versicherten Hausrat gehören (siehe Abschnitt A § 6), leistet der Versicherer Entschädigung für innerhalb von Gebäuden eintretende

a) frostbedingte und sonstige Bruchschäden an Rohren
    aa) der Wasserversorgung (Zu- oder Ableitungen) oder den damit verbundenen Schläuchen;
    bb) der Warmwasser- oder Dampfheizung sowie Klima-, Wärmepumpen- oder Solarheizungsanlagen;
    cc) von Wasserlösch- oder Berieselungsanlagen
    sofern diese Rohre nicht Bestandteil von Heizkesseln, Boilern oder vergleichbaren Anlagen sind.

b) frostbedingte Bruchschäden an nachfolgend genannten Installationen:
    aa) Badeeinrichtungen, Waschbecken, Spülklosetts, Armaturen (z.B. Wasser- und Absperrhähne, Ventile, Geruchsverschlüsse, Wassermesser) sowie deren Anschlussschläuche;
    bb) Heizkörper, Heizkessel, Boiler oder vergleichbare Teile von Warmwasserheizungs-, Dampfheizungs-, Klima-, Wärmepumpen- oder Solarheizungsanlagen.

Als innerhalb des Gebäudes gilt der gesamte Baukörper, einschließlich der Bodenplatte.

Rohre von Solarheizungsanlagen auf dem Dach gelten als Rohre innerhalb des Gebäudes.

Soweit nicht etwas anderes vereinbart ist, sind Rohre und Installationen unterhalb der Bodenplatte (tragend oder nicht tragend) nicht versichert.

2. Nässeschäden

Der Versicherer leistet Entschädigung für versicherte Sachen, die durch bestimmungswidrig austretendes Leitungswasser zerstört oder beschädigt werden oder abhanden kommen.

Das Leitungswasser muss aus Rohren der Wasserversorgung (Zu- und Ableitungen) oder damit verbundenen Schläuchen, den mit diesem Rohrsystem verbundenen sonstigen Einrichtungen oder deren wasserführenden Teilen, aus Einrichtungen der Warmwasser- oder Dampfheizung, aus Klima- Wärmepumpen oder Solarheizungsanlagen, aus Wasserlösch- und Berieselungsanlagen sowie aus Wasserbetten und Aquarien ausgetreten sein.

§ 6 Hausratversicherung

Sole, Öle, Kühl- und Kältemittel aus Klima-, Wärmepumpen- oder Solarheizungsanlagen sowie Wasserdampf stehen Leitungswasser gleich.

3. **Nicht versicherte Schäden**
a) Nicht versichert sind ohne Rücksicht auf mitwirkende Ursachen Schäden durch
   aa) Plansch- oder Reinigungswasser;
   bb) Schwamm;
   cc) Grundwasser, stehendes oder fließendes Gewässer, Überschwemmung oder Witterungsniederschläge oder einen durch diese Ursachen hervorgerufenen Rückstau;
   dd) Erdbeben Schneedruck, Lawinen, Vulkanausbruch;
   ee) Erdsenkung oder Erdrutsch, es sei denn, dass Leitungswasser nach Nr. 2 die Erdsenkung oder den Erdrutsch verursacht hat;
   ff) Öffnen der Sprinkler oder Bedienen der Berieselungsdüsen wegen eines Brandes, durch Druckproben oder durch Umbauten oder Reparaturarbeiten an dem versicherten Gebäude oder an der Wasserlösch- oder Berieselungsanlage;
   gg) Leitungswasser aus Eimern, Gießkannen oder sonstigen mobilen Behältnissen.
b) Der Versicherer leistet keine Entschädigung für Schäden
   aa) an Gebäuden oder an Gebäudeteilen, die nicht bezugsfertig sind und an den in diesen Gebäuden oder Gebäudeteilen befindlichen Sachen;
   bb) am Inhalt eines Aquariums, die als Folge dadurch entstehen, dass Wasser aus dem Aquarium ausgetreten ist.

4. **Besondere Vereinbarung**
Der Selbstbehalt je Versicherungsfall beträgt __ Euro.

§ 5 Naturgefahren

1. **Versicherte Gefahren und Schäden**
Der Versicherer leistet Entschädigung für versicherte Sachen, die durch
a) Sturm, Hagel,
b) Weitere Elementargefahren
   aa) Überschwemmung,
   bb) Rückstau,
   cc) Erdbeben,
   dd) Erdsenkung,
   ee) Erdrutsch,
   ff) Schneedruck,
   gg) Lawinen,
   hh) Vulkanausbruch
zerstört oder beschädigt werden oder abhanden kommen.

2. Sturm, Hagel

a) Sturm ist eine wetterbedingte Luftbewegung von mindestens Windstärke 8 nach Beaufort (Windgeschwindigkeit mindestens 62 km/Stunde).
Ist die Windstärke für den Schadenort nicht feststellbar, so wird Windstärke 8 unterstellt, wenn der Versicherungsnehmer nachweist, dass

   aa) die Luftbewegung in der Umgebung des Versicherungsgrundstücks Schäden an Gebäuden in einwandfreiem Zustand oder an ebenso widerstandsfähigen anderen Sachen angerichtet hat, oder dass

   bb) der Schaden wegen des einwandfreien Zustandes des versicherten Gebäudes oder des Gebäudes, in dem sich die versicherten Sachen befunden haben, oder mit diesem Gebäude baulich verbundenen Gebäuden, nur durch Sturm entstanden sein kann.

b) Hagel ist ein fester Witterungsniederschlag in Form von Eiskörnern.

c) Der Versicherer leistet Entschädigung für versicherte Sachen, die zerstört oder beschädigt werden oder abhanden kommen

   aa) durch die unmittelbare Einwirkung des Sturmes oder Hagels auf versicherte Sachen oder auf Gebäude, in denen sich versicherte Sachen befinden;

   bb) dadurch, dass ein Sturm oder Hagel Gebäudeteile, Bäume oder andere Gegenstände auf versicherte Sachen oder auf Gebäude, in denen sich versicherte Sachen befinden, wirft;

   cc) als Folge eines Schadens nach aa) oder bb) an versicherten Sachen;

   dd) durch die unmittelbare Einwirkung des Sturmes oder Hagels auf Gebäude, die mit dem versicherten Gebäude oder Gebäuden, in denen sich versicherte Sachen befinden, baulich verbunden sind;

   ee) dadurch, dass ein Sturm oder Hagel Gebäudeteile, Bäume oder andere Gegenstände auf Gebäude wirft, die mit dem versicherten Gebäude oder Gebäuden, in denen sich versicherte Sachen befinden, baulich verbunden sind.

3. Weitere Elementargefahren

a) Überschwemmung
Überschwemmung ist die Überflutung des Grund und Bodens des Versicherungsgrundstücks mit erheblichen Mengen von Oberflächenwasser durch

   aa) Ausuferung von oberirdischen (stehenden oder fließenden) Gewässern;

   bb) Witterungsniederschläge;

   cc) Austritt von Grundwasser an die Erdoberfläche infolge von aa) oder bb).

b) Rückstau
Rückstau liegt vor, wenn Wasser durch Ausuferung von oberirdischen (stehenden oder fließenden) Gewässern oder durch Witterungsniederschläge bestimmungswidrig aus den gebäudeeigenen Ableitungsrohren oder damit verbundenen Einrichtungen in das Gebäude eindringt.

c) Erdbeben
Erdbeben ist eine naturbedingte Erschütterung des Erdbodens, die durch geophysikalische Vorgänge im Erdinneren ausgelöst wird.
Erdbeben wird unterstellt, wenn der Versicherungsnehmer nachweist, dass
aa) die naturbedingte Erschütterung des Erdbodens in der Umgebung des Versicherungsortes Schäden an Gebäuden im einwandfreien Zustand oder an ebenso widerstandsfähigen anderen Sachen angerichtet hat, oder
bb) der Schaden wegen des einwandfreien Zustandes der versicherten Sachen nur durch ein Erdbeben entstanden sein kann.
d) Erdsenkung
Erdsenkung ist eine naturbedingte Absenkung des Erdbodens über naturbedingten Hohlräumen.
e) Erdrutsch
Erdrutsch ist ein naturbedingtes Abrutschen oder Abstürzen von Erd- oder Gesteinsmassen.
f) Schneedruck
Schneedruck ist die Wirkung des Gewichts von Schnee- oder Eismassen.
g) Lawinen
Lawinen sind an Berghängen niedergehende Schnee- oder Eismassen.
h) Vulkanausbruch
Vulkanausbruch ist eine plötzliche Druckentladung beim Aufreißen der Erdkruste, verbunden mit Lavaergüssen, Asche-Eruptionen oder dem Austritt von sonstigen Materialien und Gasen.

4. Nicht versicherte Schäden
a) Nicht versichert sind ohne Rücksicht auf mitwirkende Ursachen Schäden durch
aa) Sturmflut;
bb) Eindringen von Regen, Hagel, Schnee oder Schmutz durch nicht ordnungsgemäß geschlossene Fenster, Außentüren oder andere Öffnungen, es sei denn, dass diese Öffnungen durch eine der versicherten Naturgefahren (siehe Nr. 1 a) entstanden sind und einen Gebäudeschaden darstellen;
cc) Grundwasser, soweit nicht an die Erdoberfläche gedrungen (siehe Nr. 3 a) cc);
dd) Brand, Blitzschlag, Explosion, Anprall oder Absturz eines Luftfahrzeuges, seiner Teile oder seiner Ladung; dies gilt nicht für Erdbeben;
ee) Trockenheit oder Austrocknung.
b) Der Versicherer leistet keine Entschädigung für Schäden an
aa) Gebäuden oder an Gebäudeteilen, die nicht bezugsfertig sind und an den in diesen Gebäuden oder Gebäudeteilen befindlichen Sachen;
bb) Sachen, die sich außerhalb von Gebäuden befinden. Nach Nr. 1 versichert sind jedoch auf dem gesamten Grundstück, auf dem sich die versicherte

Wohnung befindet, Antennenanlagen und Markisen, wenn sie ausschließlich vom Versicherungsnehmer genutzt werden.

5. **Selbstbehalt**
Im Versicherungsfall wird der im Versicherungsvertrag vereinbarte Selbstbehalt abgezogen.

§ 6 Versicherte und nicht versicherte Sachen, Versicherungsort

1. **Beschreibung des Versicherungsumfangs**
Versichert ist der gesamte Hausrat in der im Versicherungsschein bezeichneten Wohnung (Versicherungsort).

Hausrat, der infolge eines eingetretenen oder unmittelbar bevorstehenden Versicherungsfalles aus dem Versicherungsort entfernt und in zeitlichem und örtlichem Zusammenhang mit diesem Vorgang zerstört oder beschädigt wird oder abhanden kommt, ist versichert.

Hausrat außerhalb der im Versicherungsschein bezeichneten Wohnung ist nur im Rahmen der Außenversicherung (siehe Abschnitt A § 7) oder soweit dies gesondert im Versicherungsvertrag vereinbart ist, versichert.

2. **Definitionen**
a) Zum Hausrat gehören alle Sachen, die dem Haushalt des Versicherungsnehmers zur privaten Nutzung (Gebrauch bzw. Verbrauch) dienen.
b) Wertsachen und Bargeld gehören ebenfalls zum Hausrat. Hierfür gelten besondere Voraussetzungen und Entschädigungsgrenzen (siehe Abschnitt A § 13).
c) Ferner gehören zum Hausrat
   aa) alle in das Gebäude eingefügten Sachen (z.B. Einbaumöbel und Einbauküchen), die der Versicherungsnehmer als Mieter oder Wohnungseigentümer auf seine Kosten beschafft oder übernommen hat und daher hierfür die Gefahr trägt. Eine anderweitige Vereinbarung über die Gefahrtragung ist vom Versicherungsnehmer nachzuweisen;
   bb) Anbaumöbel und Anbauküchen, die serienmäßig produziert und nicht individuell für das Gebäude gefertigt, sondern lediglich mit einem geringen Einbauaufwand an die Gebäudeverhältnisse angepasst worden sind;
   cc) privat genutzte Antennenanlagen und Markisen, die ausschließlich der versicherten Wohnung gemäß Nr. 1 dienen und sich auf dem Grundstück befinden, auf dem die versicherte Wohnung liegt;
   dd) im Haushalt des Versicherungsnehmers befindliches fremdes Eigentum, soweit es sich nicht um das Eigentum von Mietern bzw. Untermietern des Versicherungsnehmers handelt (siehe Nr. 4 e);
   ee) selbstfahrende Krankenfahrstühle, Rasenmäher, Go-Karts Modell- und Spielfahrzeuge, soweit diese nicht versicherungspflichtig sind;

ff) Kanus, Ruder-, Falt- und Schlauchboote einschließlich ihrer Motoren sowie Surfgeräte;
gg) Fall- und Gleitschirme sowie nicht motorisierte Flugdrachen;
hh) Arbeitsgeräte und Einrichtungsgegenstände, die ausschließlich dem Beruf oder dem Gewerbe des Versicherungsnehmers oder einer mit ihm in häuslicher Gemeinschaft lebenden Person dienen; Handelswaren und Musterkollektionen sind hiervon ausgeschlossen;
ii) Haustiere, d.h. Tiere, die regelmäßig artgerecht in Wohnungen nach (Nr. 3 a) gehalten werden (z.b. Fische, Katzen, Vögel).

3. Versicherungsort

Versicherungsort ist die im Versicherungsschein bezeichnete Wohnung. Zur Wohnung gehören

a) diejenigen Räume, die zu Wohnzwecken dienen und eine selbständige Lebensführung ermöglichen. Dies sind die ausschließlich vom Versicherungsnehmer oder einer mit ihm in häuslicher Gemeinschaft lebenden Person privat genutzten Flächen eines Gebäudes. Räume, die ausschließlich beruflich oder gewerblich genutzt werden, gehören nicht zur Wohnung, es sei denn, sie sind ausschließlich über die Wohnung zu betreten (sog. Arbeitszimmer in der Wohnung);

b) Loggien, Balkone, an das Gebäude unmittelbar anschließende Terrassen sowie ausschließlich vom Versicherungsnehmer oder einer mit ihm in häuslicher Gemeinschaft lebenden Person zu privaten Zwecken genutzte Räume in Nebengebäuden – einschließlich Garagen – des Grundstücks, auf dem sich die versicherte Wohnung befindet;

c) gemeinschaftlich genutzte, verschließbare Räume, in dem Hausrat bestimmungsgemäß vorgehalten wird (z.B. ausgewiesene Stellflächen in Fluren, Fahrradkeller, Waschkeller) des Grundstücks, auf dem sich die versicherte Wohnung befindet;

d) darüber hinaus privat genutzte Garagen, soweit sich diese in der Nähe des Versicherungsortes befinden.

4. Nicht versicherte Sachen; Daten und Programme

Nicht zum Hausrat gehören

a) Gebäudebestandteile, es sei denn, sie sind in Nr. 2 c) aa) genannt;

b) vom Gebäudeeigentümer eingebrachte Sachen, für die dieser Gefahr trägt.
Sofern die ursprünglich vom Gebäudeeigentümer eingebrachten oder in dessen Eigentum übergegangenen Sachen durch den Mieter ersetzt werden – auch höher- oder geringerwertigere –, sind diese Sachen im Rahmen dieses Vertrages nicht versichert. Das gleiche gilt für vom Wohnungseigentümer ersetzte Sachen;

c) Kraftfahrzeuge aller Art und Anhänger, unabhängig von deren Versicherungspflicht, sowie Teile und Zubehör von Kraftfahrzeugen und Anhängern, soweit nicht unter Nr. 2 c) ee) genannt;
d) Luft- und Wasserfahrzeuge, unabhängig von deren Versicherungspflicht, einschließlich nicht eingebauter Teile, soweit nicht unter Nr. Nr. 2 c) ee) bis Nr. 2 gg) genannt;
e) Hausrat von Mietern und Untermietern in der Wohnung des Versicherungsnehmers, es sei denn, dieser wurde ihnen vom Versicherungsnehmer überlassen;
f) Sachen im Privatbesitz, die durch einen gesonderten Versicherungsvertrag versichert sind (z.B. für Schmucksachen und Pelze, Kunstgegenstände, Musikinstrumente bzw. Jagd- und Sportwaffen).

Elektronisch gespeicherte Daten und Programme sind keine Sachen. Kosten für die technische Wiederherstellung von elektronisch gespeicherten, ausschließlich für die private Nutzung bestimmter Daten und Programme sind nur versichert, soweit dies gesondert im Versicherungsvertrag vereinbart ist.

5. **Gesondert vereinbar**

Der Selbstbehalt je Versicherungsfall beträgt __ Euro der Schadensumme, mindestens jedoch __ Euro, höchstens jedoch __ Euro.

§ 7 Außenversicherung

1. **Begriff und Geltungsdauer der Außenversicherung**

Versicherte Sachen, die Eigentum des Versicherungsnehmers oder einer mit ihm in häuslicher Gemeinschaft lebenden Person sind oder die deren Gebrauch dienen, sind weltweit auch versichert, solange sie sich vorübergehend außerhalb des Versicherungsortes befinden. Zeiträume von mehr als drei Monaten gelten nicht als vorübergehend.

2. **Unselbständiger Hausstand während Wehr- und Zivildienst oder Ausbildung**

Hält sich der Versicherungsnehmer oder eine mit ihm in häuslicher Gemeinschaft lebende Person zur Ausbildung, zur Ableistung eines freiwilligen Wehrdienstes, eines internationalen oder nationalen Jugendfreiwilligendienstes (Freiwilliges Soziales oder Ökologisches Jahr) oder des Bundesfreiwilligendienstes außerhalb der Wohnung auf, so gilt dies so lange als vorübergehend nach Nr. 1, bis ein eigener Hausstand begründet wird.

3. **Einbruchdiebstahl**

Für Schäden durch Einbruchdiebstahl müssen die in Abschnitt A § 3 Nr. 2 genannten Voraussetzungen erfüllt sein.

§ 6 Hausratversicherung

4. Raub

Bei Androhung einer Gewalttat mit Gefahr für Leib oder Leben besteht Außenversicherungsschutz nur in den Fällen, in denen der Versicherungsnehmer versicherte Sachen herausgibt oder sich wegnehmen lässt, weil eine Gewalttat an Ort und Stelle verübt werden soll. Dies gilt auch, wenn der Raub an Personen begangen wird, die mit dem Versicherungsnehmer in häuslicher Gemeinschaft leben. Der Außenversicherungsschutz erstreckt sich ohne Rücksicht auf mitwirkende Ursachen nicht auf Sachen, die erst auf Verlangen des Täters an den Ort der Wegnahme oder Herausgabe gebracht werden.

5. Naturgefahren

Für Naturgefahren besteht Außenversicherungsschutz nur innerhalb von Gebäuden.

6. Entschädigungsgrenzen

a) Die Entschädigung im Rahmen der Außenversicherung ist insgesamt auf __ Prozent der Versicherungssumme, höchstens auf den vereinbarten Betrag, begrenzt.

b) Für Wertsachen (auch Bargeld) gelten zusätzlich Entschädigungsgrenzen (siehe Abschnitt A § 13 Nr. 2).

§ 8 Versicherte Kosten

1. Versicherte Kosten

Versichert sind die infolge eines Versicherungsfalles notwendigen und tatsächlich angefallenen

a) Aufräumungskosten

für das Aufräumen versicherter Sachen sowie für das Wegräumen und den Abtransport von zerstörten und beschädigten versicherten Sachen zum nächsten Ablagerungsplatz und für das Ablagern und Vernichten.

b) Bewegungs- und Schutzkosten

die dadurch entstehen, dass zum Zweck der Wiederherstellung oder Wiederbeschaffung versicherter Sachen andere Sachen bewegt, verändert oder geschützt werden müssen.

c) Hotelkosten

für Hotel- oder ähnliche Unterbringung ohne Nebenkosten (z.B. Frühstück, Telefon), wenn die ansonsten ständig bewohnte Wohnung unbewohnbar wurde und dem Versicherungsnehmer auch die Beschränkung auf einen bewohnbaren Teil nicht zumutbar ist. Die Kosten werden bis zu dem Zeitpunkt ersetzt, in dem die Wohnung wieder bewohnbar ist, längstens für die Dauer von __ Tagen. Die Entschädigung ist pro Tag auf __ Promille der Versicherungssumme begrenzt, soweit nicht etwas anderes vereinbart ist.

d) Transport- und Lagerkosten
für Transport und Lagerung des versicherten Hausrats, wenn die Wohnung unbenutzbar wurde und dem Versicherungsnehmer auch die Lagerung in einem benutzbaren Teil nicht zumutbar ist. Die Kosten für die Lagerung werden bis zu dem Zeitpunkt ersetzt, in dem die Wohnung wieder benutzbar oder eine Lagerung in einem benutzbaren Teil der Wohnung wieder zumutbar ist, längstens für die Dauer von __ Tagen.
e) Schlossänderungskosten
für Schlossänderungen der Wohnung, wenn Schlüssel für Türen der Wohnung oder für dort befindliche Wertschutzschränke durch einen Versicherungsfall abhanden gekommen sind.
f) Bewachungskosten
für die Bewachung versicherter Sachen, wenn die Wohnung unbewohnbar wurde und Schließvorrichtungen und sonstige Sicherungen keinen ausreichenden Schutz bieten. Die Kosten werden bis zu dem Zeitpunkt ersetzt, in dem die Schließvorrichtungen oder sonstige Sicherungen wieder voll gebrauchsfähig sind, längstens für die Dauer von __ Stunden.
g) Reparaturkosten für Gebäudeschäden
die im Bereich der Wohnung durch Einbruchdiebstahl, Raub oder den Versuch einer solchen Tat oder innerhalb der Wohnung durch Vandalismus nach einem Einbruch oder einem Raub entstanden sind.
h) Reparaturkosten für Nässeschäden
an Bodenbelägen, Innenanstrichen oder Tapeten in gemieteten bzw. in Sondereigentum befindlichen Wohnungen.
i) Kosten für provisorische Maßnahmen
Kosten für provisorische Maßnahmen zum Schutz versicherter Sachen.

2. Gesondert versicherbar

(Platzhalter für weitere Kostentatbestände)

§ 9 Versicherungswert, Versicherungssumme

1. Versicherungswert

Der Versicherungswert bildet die Grundlage der Entschädigungsberechnung.

a) Versicherungswert ist der Wiederbeschaffungswert von Sachen gleicher Art und Güte in neuwertigem Zustand (Neuwert).
b) Für Kunstgegenstände (siehe Abschnitt A § 13 Nr. 1 a) dd) und Antiquitäten (siehe Abschnitt A § 13 Nr. 1 a) ee) ist der Versicherungswert der Wiederbeschaffungspreis von Sachen gleicher Art und Güte.
c) Sind Sachen für ihren Zweck in dem versicherten Haushalt nicht mehr zu verwenden, so ist der Versicherungswert der für den Versicherungsnehmer erzielbare Verkaufspreis (gemeiner Wert).

d) Soweit die Entschädigung für Wertsachen auf bestimmte Beträge begrenzt (Entschädigungsgrenzen siehe Abschnitt A § 13 Nr. 2) ist, werden bei der Ermittlung des Versicherungswertes höchstens diese Beträge berücksichtigt.

2. Versicherungssumme
a) Die Versicherungssumme errechnet sich aus dem bei Vertragsabschluss vereinbarten Betrag pro Quadratmeter Wohnfläche multipliziert mit der im Versicherungsschein genannten Wohnfläche der versicherten Wohnung (siehe Abschnitt A § 6 Nr. 3). Die Versicherungssumme wird gemäß Nr. 4. angepasst.
b) Die Versicherungssumme soll dem Versicherungswert entsprechen.
c) Die Versicherungssumme erhöht sich um einen Vorsorgebetrag von __ Prozent.

3. Unterversicherungsverzicht
a) Voraussetzungen
Der Versicherer nimmt bei der Entschädigung keinen Abzug wegen Unterversicherung vor (Unterversicherungsverzicht), wenn
  aa) bei Eintritt des Versicherungsfalles die Wohnfläche der im Versicherungsschein genannten Wohnfläche entspricht und
  bb) die vereinbarte Versicherungssumme den vom Versicherer für die Vereinbarung eines Unterversicherungsverzichtes vorgegebenen Betrag pro Quadratmeter Wohnfläche, multipliziert mit der im Versicherungsschein genannten Wohnfläche, nicht unterschreitet und
  cc) nicht ein weiterer Hausratversicherungsvertrag für denselben Versicherungsort ohne Unterversicherungsverzicht besteht.
b) Wohnungswechsel
Wechselt der Versicherungsnehmer die Wohnung, geht ein bisher vereinbarter Unterversicherungsverzicht auf die neue Wohnung über, wenn die Voraussetzungen nach aa) bis cc) für die neue Wohnung vorliegen. Bei einer Vergrößerung der Wohnfläche der neuen Wohnung gilt der Unterversicherungsverzicht bis zur Anpassung des Vertrages an die tatsächlichen Quadratmeter der versicherten Wohnung, längstens jedoch bis zu zwei Monaten nach Umzugsbeginn.
c) Widerspruch gegen Anpassung der Versicherungssumme
Ein vereinbarter Unterversicherungsverzicht entfällt, wenn der Versicherungsnehmer der Anpassung der Versicherungssumme widerspricht und der für den Unterversicherungsverzicht vom Versicherer zum Zeitpunkt des Widerspruchs vorgegebenen Betrag pro Quadratmeter Wohnfläche unterschritten wird. Dies hat der Versicherer dem Versicherungsnehmer in Textform mitzuteilen.
d) Kündigung
Versicherungsnehmer und Versicherer können unter Einhaltung einer Frist von drei Monaten zum Ende des laufenden Versicherungsjahres durch schriftliche Erklärung verlangen, dass diese Bestimmungen mit Beginn des nächsten Versicherungsjahres entfallen.

Macht der Versicherer von diesem Recht Gebrauch, so kann der Versicherungsnehmer den Vertrag innerhalb eines Monats nach Zugang der Erklärung des Versicherers zum Ende des laufenden Versicherungsjahres kündigen.

4. Anpassung von Versicherungssumme und Prämie
a) Der Betrag pro Quadratmeter Wohnfläche (siehe Nr. 2) erhöht oder vermindert sich mit Beginn eines jeden Versicherungsjahres entsprechend dem Prozentsatz, um den sich der Preisindex für „Verbrauchs- und Gebrauchsgüter ohne Nahrungsmittel und ohne die normalerweise nicht in der Wohnung gelagerten Güter" – aus dem Verbraucherpreisindex für Deutschland (VPI) – im vergangenen Kalenderjahr gegenüber dem davorliegenden Kalenderjahr verändert hat. Maßgebend ist der vom Statistischen Bundesamt jeweils für den Monat September veröffentlichte Index.
Der Veränderungsprozentsatz wird nur bis zur ersten Stelle nach dem Komma berücksichtigt.
Der neue Betrag pro Quadratmeter wird auf den nächsten vollen Euro aufgerundet und dem Versicherungsnehmer mit der neuen Versicherungssumme bekanntgegeben.
b) Die Prämie wird aus der neuen Versicherungssumme berechnet.
c) Innerhalb eines Monats nach Zugang der Mitteilung über die neue Versicherungssumme kann der Versicherungsnehmer der Anpassung durch Erklärung in Textform widersprechen. Zur Wahrung der Frist genügt die rechtzeitige Absendung. Damit wird die Anpassung nicht wirksam.
Bei Unterschreiten des vom Versicherer vorgegebenen Betrages pro Quadratmeter entfällt gleichzeitig der Unterversicherungsverzicht.

§ 10 Anpassung der Prämie

1. Grundsatz
Die Prämie, auch soweit sie für erweiterten Versicherungsschutz vereinbart ist, kann zu Beginn eines jeden Versicherungsjahres nach Maßgabe der nachfolgenden Regelungen zur Anpassung des Beitragssatzes steigen oder sinken.

2. Prämienanpassungsklausel
[PAK ist unternehmensindividuell einzufügen.]

§ 11 Wohnungswechsel

1. Umzug in eine neue Wohnung
Wechselt der Versicherungsnehmer die Wohnung, geht der Versicherungsschutz auf die neue Wohnung über. Während des Wohnungswechsels besteht in beiden Wohnungen Versicherungsschutz. Der Versicherungsschutz in der bisherigen Wohnung erlischt spätestens zwei Monate nach Umzugsbeginn. Der Umzug beginnt mit dem

Zeitpunkt, in dem erstmals versicherte Sachen dauerhaft in die neue Wohnung gebracht werden.

2. Mehrere Wohnungen
Behält der Versicherungsnehmer zusätzlich die bisherige Wohnung, geht der Versicherungsschutz nicht über, wenn er die alte Wohnung weiterhin bewohnt (Doppelwohnsitz); für eine Übergangszeit von zwei Monaten besteht Versicherungsschutz in beiden Wohnungen.

3. Umzug ins Ausland
Liegt die neue Wohnung nicht innerhalb der Bundesrepublik Deutschland, so geht der Versicherungsschutz nicht auf die neue Wohnung über. Der Versicherungsschutz in der bisherigen Wohnung erlischt spätestens zwei Monate nach Umzugsbeginn.

4. Anzeige der neuen Wohnung
a) Der Bezug einer neuen Wohnung ist spätestens bei Beginn des Einzuges dem Versicherer mit Angabe der neuen Wohnfläche in Quadratmetern anzuzeigen.
b) Waren für die bisherige Wohnung besondere Sicherungen vereinbart, so ist dem Versicherer in Textform mitzuteilen, ob entsprechende Sicherungen in der neuen Wohnung vorhanden sind (siehe Modul Gefahrerhöhung).
c) Verändert sich nach dem Wohnungswechsel die Wohnfläche oder der Wert des Hausrates und wird der Versicherungsschutz nicht entsprechend angepasst, kann dies zu Unterversicherung führen.

5. Festlegung der neuen Prämie, Kündigungsrecht
a) Mit Umzugsbeginn gelten die am Ort der neuen Wohnung gültigen Tarifbestimmungen des Versicherers.
b) Bei einer Erhöhung der Prämie aufgrund veränderter Prämiensätze oder bei Erhöhung eines Selbstbehaltes kann der Versicherungsnehmer den Vertrag kündigen. Die Kündigung hat spätestens einen Monat nach Zugang der Mitteilung über die Erhöhung zu erfolgen. Sie wird einen Monat nach Zugang wirksam. Die Kündigung ist in Textform zu erklären.
c) Der Versicherer kann bei Kündigung durch den Versicherungsnehmer die Prämie nur in der bisherigen Höhe zeitanteilig bis zur Wirksamkeit der Kündigung beanspruchen.

6. Aufgabe einer gemeinsamen Ehewohnung
a) Zieht bei einer Trennung von Ehegatten der Versicherungsnehmer aus der Ehewohnung aus und bleibt der Ehegatte in der bisherigen Ehewohnung zurück, so gelten als Versicherungsort (siehe Abschnitt A § 6 Nr. 3) die neue Wohnung des Versicherungsnehmers und die bisherige Ehewohnung. Dies gilt bis zu einer Änderung des Versicherungsvertrages, längstens bis zum Ablauf von drei Mo-

naten nach der nächsten, auf den Auszug des Versicherungsnehmers folgenden Prämienfälligkeit. Danach besteht Versicherungsschutz nur noch in der neuen Wohnung des Versicherungsnehmers.

b) Sind beide Ehegatten Versicherungsnehmer und zieht bei einer Trennung von Ehegatten einer der Ehegatten aus der Ehewohnung aus, so sind Versicherungsort (siehe Modul Versicherungsort) die bisherige Ehewohnung und die neue Wohnung des ausziehenden Ehegatten. Dies gilt bis zu einer Änderung des Versicherungsvertrages, längstens bis zum Ablauf von drei Monaten nach der nächsten, auf den Auszug des Ehegatten folgenden Prämienfälligkeit. Danach erlischt der Versicherungsschutz für die neue Wohnung.

c) Ziehen beide Ehegatten in neue Wohnungen, so gilt b) entsprechend. Nach Ablauf der Frist von drei Monaten nach der nächsten, auf den Auszug der Ehegatten folgenden Prämienfälligkeit erlischt der Versicherungsschutz für beide neuen Wohnungen.

7. Lebensgemeinschaften, Lebenspartnerschaften

Nr. 6 gilt entsprechend für eheähnliche Lebensgemeinschaften und Lebenspartnerschaften, sofern beide Partner am Versicherungsort gemeldet sind.

§ 12 Entschädigungsberechnung, Unterversicherung

1. Ersetzt werden im Versicherungsfall bei

a) zerstörten oder abhanden gekommenen Sachen der Versicherungswert (siehe Abschnitt A § 9 Nr. 1) bei Eintritt des Versicherungsfalles (siehe Abschnitt A § 1);

b) beschädigten Sachen die notwendigen Reparaturkosten bei Eintritt des Versicherungsfalles zuzüglich einer durch die Reparatur nicht auszugleichenden Wertminderung, höchstens jedoch der Versicherungswert (siehe Abschnitt A § 9 Nr. 1) bei Eintritt des Versicherungsfalles (siehe Abschnitt A § 1).

Wird durch den Schaden die Gebrauchsfähigkeit einer Sache nicht beeinträchtigt und ist dem Versicherungsnehmer die Nutzung ohne Reparatur zumutbar (sogenannter Schönheitsschaden), so ist die Beeinträchtigung durch Zahlung des Betrages auszugleichen, der dem Minderwert entspricht.

2. Restwerte

Restwerte werden in den Fällen von Nr. 1 angerechnet.

3. Mehrwertsteuer

Die Mehrwertsteuer wird nicht ersetzt, wenn der Versicherungsnehmer vorsteuerabzugsberechtigt ist; das gleiche gilt, wenn der Versicherungsnehmer Mehrwertsteuer tatsächlich nicht gezahlt hat.

§ 6 Hausratversicherung

4. Gesamtentschädigung, Kosten aufgrund Weisung

Die Entschädigung für versicherte Sachen einschließlich versicherter Kosten ist je Versicherungsfall (siehe Abschnitt A § 1 Nr. 1) auf die vereinbarte Versicherungssumme (siehe Abschnitt A § 9 Nr. 2 a) und Nr. 2 b) einschließlich Vorsorgebetrag (siehe Abschnitt A § 9 Nr. 2 c) begrenzt.

Schadenabwendungs- und Schadenminderungskosten (siehe Abschnitt B § 13), die auf Weisung des Versicherers entstanden sind, werden unbegrenzt ersetzt.

Wird die vereinbarte Versicherungssumme einschließlich Vorsorgebetrag für die Entschädigung versicherter Sachen bereits vollständig ausgeschöpft, so werden versicherte Kosten (siehe Abschnitt A § 8) darüber hinaus bis zu __ Prozent der Versicherungssumme (siehe Abschnitt A § 9 Nr. 2 a) und b) ersetzt.

5. Feststellung und Berechnung einer Unterversicherung

Ist die Versicherungssumme im Zeitpunkt des Versicherungsfalls (siehe Abschnitt A § 1 Nr. 1) niedriger als der Versicherungswert (siehe Abschnitt A § 9 Nr. 1) der versicherten Sachen (Unterversicherung) und ist kein Unterversicherungsverzicht vereinbart bzw. dieser nachträglich entfallen, wird die Entschädigung gemäß Nr. 1 in dem Verhältnis von Versicherungssumme zum Versicherungswert nach folgender Berechnungsformel gekürzt: Entschädigung = Schadenbetrag multipliziert mit der Versicherungssumme dividiert durch den Versicherungswert.

6. Versicherte Kosten

Berechnungsgrundlage für die Entschädigung versicherter Kosten (siehe Abschnitt A § 8) ist der Nachweis tatsächlich angefallener Kosten unter Berücksichtigung der jeweils vereinbarten Entschädigungsgrenzen.

Für die Entschädigungsberechnung der versicherten Kosten (siehe Abschnitt A § 8) sowie der Schadenabwendungs-, Schadenminderungs- und Schadenermittlungskosten (siehe Abschnitt B § 13) gilt Nr. 5 entsprechend.

§ 13 Entschädigungsgrenzen für Wertsachen, Wertschutzschränke

1. Definitionen

a) Versicherte Wertsachen (siehe Abschnitt A § 6 Nr. 2 b) sind
   aa) Bargeld und auf Geldkarten geladene Beträge (z.B. Chipkarte);
   bb) Urkunden einschließlich Sparbücher und sonstige Wertpapiere;
   cc) Schmucksachen, Edelsteine, Perlen, Briefmarken, Münzen und Medaillen sowie alle Sachen aus Gold und Platin;
   dd) Pelze, handgeknüpfte Teppiche und Gobelins sowie Kunstgegenstände (z.B. Gemälde, Collagen, Zeichnungen, Graphiken und Plastiken) sowie nicht in cc) genannte Sachen aus Silber;
   ee) Antiquitäten (Sachen, die über 100 Jahre alt sind), jedoch mit Ausnahme von Möbelstücken.

b) Wertschutzschränke im Sinne von Nr. 2 b) sind Sicherheitsbehältnisse, die
   aa) durch die VdS Schadenverhütung GmbH oder durch eine gleichermaßen qualifizierte Prüfstelle anerkannt sind und
   bb) als freistehende Wertschutzschränke ein Mindestgewicht von 200 kg aufweisen oder bei geringerem Gewicht nach den Vorschriften des Herstellers fachmännisch verankert oder in der Wand oder im Fußboden bündig eingelassen sind (Einmauerschrank).

2. Entschädigungsgrenzen
a) Die Entschädigung für Wertsachen unterliegt einer besonderen Entschädigungsgrenze. Sie beträgt je Versicherungsfall __ Prozent der Versicherungssumme, sofern nicht etwas anderes vereinbart ist.
b) Für Wertsachen, die sich zum Zeitpunkt des Versicherungsfalles außerhalb eines anerkannten und verschlossenen Wertschutzschrankes (siehe Nr. 1 b) befunden haben, ist die Entschädigung je Versicherungsfall begrenzt auf
   aa) __ Prozent der Versicherungssumme für Bargeld und auf Geldkarten geladene Beträge mit Ausnahme von Münzen, deren Versicherungswert den Nennbetrag übersteigt, höchstens auf den vereinbarten Betrag;
   bb) __ Prozent der Versicherungssumme insgesamt für Urkunden einschließlich Sparbücher und sonstige Wertpapiere, höchstens auf den vereinbarten Betrag;
   cc) __ Prozent der Versicherungssumme insgesamt für Schmucksachen, Edelsteine, Perlen, Briefmarken, Münzen und Medaillen sowie alle Sachen aus Gold und Platin, höchstens auf den vereinbarten Betrag.

§ 14 Zahlung und Verzinsung der Entschädigung

1. Fälligkeit der Entschädigung

Die Entschädigung wird fällig, wenn die Feststellungen des Versicherers zum Grunde und zur Höhe des Anspruchs abgeschlossen sind.

Der Versicherungsnehmer kann einen Monat nach Meldung des Schadens den Betrag als Abschlagszahlung beanspruchen, der nach Lage der Sache mindestens zu zahlen ist.

2. Verzinsung

Für die Verzinsung gilt, soweit nicht aus einem anderen Rechtsgrund eine weitergehende Zinspflicht besteht:
a) Die Entschädigung ist – soweit sie nicht innerhalb eines Monats nach Meldung des Schadens geleistet wird – seit Anzeige des Schadens zu verzinsen.
b) Der Zinssatz liegt __ Prozentpunkt(e) unter dem jeweiligen Basiszinssatz des Bürgerlichen Gesetzbuches (§ 247 BGB), mindestens jedoch bei __ Prozent und höchstens bei __ Prozent Zinsen pro Jahr.
c) Die Zinsen werden zusammen mit der Entschädigung fällig.

3. Hemmung

Bei der Berechnung der Fristen gemäß Nr. 1, Nr. 2 a) ist der Zeitraum nicht zu berücksichtigen, in dem infolge Verschuldens des Versicherungsnehmers die Entschädigung nicht ermittelt oder nicht gezahlt werden kann.

4. Aufschiebung der Zahlung

Der Versicherer kann die Zahlung aufschieben, solange
a) Zweifel an der Empfangsberechtigung des Versicherungsnehmers bestehen;
b) ein behördliches oder strafgerichtliches Verfahren gegen den Versicherungsnehmer oder seinen Repräsentanten aus Anlass dieses Versicherungsfalles noch läuft.

§ 15 Sachverständigenverfahren

1. Feststellung der Schadenhöhe

Der Versicherungsnehmer kann nach Eintritt des Versicherungsfalles verlangen, dass die Höhe des Schadens in einem Sachverständigenverfahren festgestellt wird. Ein solches Sachverständigenverfahren können Versicherer und Versicherungsnehmer auch gemeinsam vereinbaren.

2. Weitere Feststellungen

Das Sachverständigenverfahren kann durch Vereinbarung auf weitere Feststellungen zum Versicherungsfall ausgedehnt werden.

3. Verfahren vor Feststellung

Für das Sachverständigenverfahren gilt:
a) Jede Partei hat in Textform einen Sachverständigen zu benennen. Eine Partei, die ihren Sachverständigen benannt hat, kann die andere unter Angabe des von ihr genannten Sachverständigen in Textform auffordern, den zweiten Sachverständigen zu benennen. Wird der zweite Sachverständige nicht innerhalb von zwei Wochen nach Zugang der Aufforderung benannt, so kann ihn die auffordernde Partei durch das für den Schadenort zuständige Amtsgericht ernennen lassen. In der Aufforderung durch den Versicherer ist der Versicherungsnehmer auf diese Folge hinzuweisen.
b) Der Versicherer darf als Sachverständigen keine Person benennen, die Mitbewerber des Versicherungsnehmers ist oder mit ihm in dauernder Geschäftsverbindung steht; ferner keine Person, die bei Mitbewerbern oder Geschäftspartnern angestellt ist oder mit ihnen in einem ähnlichen Verhältnis steht.
c) Beide Sachverständige benennen in Textform vor Beginn ihrer Feststellungen einen dritten Sachverständigen als Obmann. Die Regelung unter b) gilt entsprechend für die Benennung eines Obmannes durch die Sachverständigen. Einigen sich die Sachverständigen nicht, so wird der Obmann auf Antrag einer Partei durch das für den Schadenort zuständige Amtsgericht ernannt.

4. Feststellung
Die Feststellungen der Sachverständigen müssen enthalten:
a) ein Verzeichnis der abhanden gekommenen, zerstörten und beschädigten versicherten Sachen sowie deren nach dem Versicherungsvertrag in Frage kommenden Versicherungswerte zum Zeitpunkt des Versicherungsfalles;
b) die Wiederherstellungs- und Wiederbeschaffungskosten;
c) die Restwerte, der vom Schaden betroffenen Sachen;
d) die nach dem Versicherungsvertrag versicherten Kosten;
e) den Versicherungswert der nicht vom Schaden betroffenen versicherten Sachen zum Zeitpunkt des Versicherungsfalles, wenn kein Unterversicherungsverzicht gegeben ist.

5. Verfahren nach Feststellung
Der Sachverständige übermittelt seine Feststellungen beiden Parteien gleichzeitig. Weichen die Feststellungen der Sachverständigen voneinander ab, so übergibt der Versicherer sie unverzüglich dem Obmann. Dieser entscheidet über die streitig gebliebenen Punkte innerhalb der durch die Feststellungen der Sachverständigen gezogenen Grenzen und übermittelt seine Entscheidung beiden Parteien gleichzeitig.

Die Feststellungen der Sachverständigen oder des Obmannes sind für die Vertragsparteien verbindlich, wenn nicht nachgewiesen wird, dass sie offenbar von der wirklichen Sachlage erheblich abweichen. Aufgrund dieser verbindlichen Feststellungen berechnet der Versicherer die Entschädigung.

Im Falle unverbindlicher Feststellungen erfolgen diese durch gerichtliche Entscheidung. Dies gilt auch, wenn die Sachverständigen die Feststellung nicht treffen können oder wollen oder sie verzögern.

6. Kosten
Sofern nicht etwas anderes vereinbart ist, trägt jede Partei die Kosten ihres Sachverständigen. Die Kosten des Obmannes tragen beide Parteien je zur Hälfte.

7. Obliegenheiten
Durch das Sachverständigenverfahren werden die Obliegenheiten des Versicherungsnehmers nicht berührt.

§ 16 Vertraglich vereinbarte, besondere Obliegenheit des Versicherungsnehmers vor dem Versicherungsfall, Sicherheitsvorschrift

1. Sicherheitsvorschrift
Als vertraglich vereinbarte, besondere Obliegenheit hat der Versicherungsnehmer in der kalten Jahreszeit die Wohnung (siehe Abschnitt A § 6 Nr. 3) zu beheizen und dies genügend häufig zu kontrollieren oder alle wasserführenden Anlagen und Einrichtungen abzusperren, zu entleeren und entleert zu halten.

§ 6 Hausratversicherung

2. Folgen der Obliegenheitsverletzung
Verletzt der Versicherungsnehmer die in Nr. 1 genannte Obliegenheit, ist der Versicherer unter den in Abschnitt B § 8 Nr. 1 b) und Nr. 3 beschriebenen Voraussetzungen zur Kündigung berechtigt oder auch ganz oder teilweise leistungsfrei.

§ 17 Besondere gefahrerhöhende Umstände

1. Anzeigepflichtige Gefahrerhöhung
Eine anzeigepflichtige Gefahrerhöhung gemäß Abschnitt B § 9 kann insbesondere dann vorliegen, wenn
a) sich ein Umstand ändert, nach dem der Versicherer vor Vertragsschluss gefragt hat;
b) sich anlässlich eines Wohnungswechsels (siehe Abschnitt A § 11) ein Umstand ändert, nach dem im Antrag gefragt worden ist;
c) die ansonsten ständig bewohnte Wohnung länger als 60 Tage oder über eine für den Einzelfall vereinbarte längere Frist hinaus unbewohnt bleibt und auch nicht beaufsichtigt oder in geeigneter Weise gesichert wird. Beaufsichtigt ist eine Wohnung z.B. dann, wenn sich während der Nacht eine dazu berechtigte volljährige Person darin aufhält;
d) vereinbarte Sicherungen beseitigt, vermindert oder in nicht gebrauchsfähigem Zustand sind. Das gilt auch bei einem Wohnungswechsel (siehe Abschnitt A § 11).

2. Folgen einer Gefahrerhöhung
Zu den Folgen einer Gefahrerhöhung siehe Abschnitt B § 9 Nr. 3 bis Nr. 5.

§ 18 Wiederherbeigeschaffte Sachen

1. Anzeigepflicht
Wird der Verbleib abhanden gekommener Sachen ermittelt, hat der Versicherungsnehmer oder der Versicherer dies nach Kenntniserlangung unverzüglich dem Vertragspartner in Textform anzuzeigen.

2. Wiedererhalt vor Zahlung der Entschädigung
Hat der Versicherungsnehmer den Besitz einer abhanden gekommenen Sache zurückerlangt, bevor die volle Entschädigung für diese Sache gezahlt worden ist, so behält er den Anspruch auf die Entschädigung, falls er die Sache innerhalb von zwei Wochen dem Versicherer zur Verfügung stellt. Andernfalls ist eine für diese Sache gewährte Entschädigung zurückzugeben.

3. Wiedererhalt nach Zahlung der Entschädigung
a) Hat der Versicherungsnehmer den Besitz einer abhanden gekommenen Sache zurückerlangt, nachdem für diese Sache eine Entschädigung in voller Höhe ih-

res Versicherungswertes gezahlt worden ist, so hat der Versicherungsnehmer die Entschädigung zurückzuzahlen oder die Sache dem Versicherer zur Verfügung zu stellen. Der Versicherungsnehmer hat dieses Wahlrecht innerhalb von zwei Wochen nach Empfang einer schriftlichen Aufforderung des Versicherers auszuüben; nach fruchtlosem Ablauf dieser Frist geht das Wahlrecht auf den Versicherer über.

b) Hat der Versicherungsnehmer den Besitz einer abhanden gekommenen Sache zurückerlangt, nachdem für diese Sache eine Entschädigung gezahlt worden ist, die bedingungsgemäß geringer als der Versicherungswert ist, so kann der Versicherungsnehmer die Sache behalten und muss sodann die Entschädigung zurückzahlen. Erklärt er sich hierzu innerhalb von zwei Wochen nach Empfang einer schriftlichen Aufforderung des Versicherers nicht bereit, so hat der Versicherungsnehmer die Sache im Einvernehmen mit dem Versicherer öffentlich meistbietend verkaufen zu lassen. Von dem Erlös abzüglich der Verkaufskosten erhält der Versicherer den Anteil, welcher der von ihm geleisteten bedingungsgemäßen Entschädigung entspricht.

4. Beschädigte Sachen

Sind wiederbeschaffte Sachen beschädigt worden, so kann der Versicherungsnehmer die bedingungsgemäße Entschädigung in Höhe der Reparaturkosten auch dann verlangen oder behalten, wenn die Sachen in den Fällen von Nr. 2 oder Nr. 3 bei ihm verbleiben.

5. Gleichstellung

Dem Besitz einer zurückerlangten Sache steht es gleich, wenn der Versicherungsnehmer die Möglichkeit hat, sich den Besitz wieder zu verschaffen.

6. Übertragung der Rechte

Hat der Versicherungsnehmer dem Versicherer zurückerlangte Sachen zur Verfügung zu stellen, so hat er dem Versicherer den Besitz, das Eigentum und alle sonstigen Rechte zu übertragen, die ihm mit Bezug auf diese Sachen zustehen.

7. Rückabwicklung bei kraftlos erklärten Wertpapieren

Ist ein Wertpapier in einem Aufgebotsverfahren für kraftlos erklärt worden, so hat der Versicherungsnehmer die gleichen Rechte und Pflichten, wie wenn er das Wertpapier zurückerlangt hätte. Jedoch kann der Versicherungsnehmer die Entschädigung behalten, soweit ihm durch Verzögerung fälliger Leistungen aus den Wertpapieren ein Zinsverlust entstanden ist.

§ 6 Hausratversicherung

Abschnitt B

§ 1 Anzeigepflicht des Versicherungsnehmers oder seines Vertreters

1. Wahrheitsgemäße und vollständige Anzeigepflicht von Gefahrumständen

Der Versicherungsnehmer hat bis zur Abgabe seiner Vertragserklärung dem Versicherer alle ihm bekannten Gefahrumstände anzuzeigen, nach denen der Versicherer in Textform gefragt hat und die für dessen Entschluss erheblich sind, den Vertrag mit dem vereinbarten Inhalt zu schließen.

Der Versicherungsnehmer ist auch insoweit zur Anzeige verpflichtet, als nach seiner Vertragserklärung, aber vor Vertragsannahme der Versicherer in Textform Fragen im Sinne des Satzes 1 stellt.

2. Rechtsfolgen der Verletzung der Anzeigepflicht

a) Vertragsänderung

Hat der Versicherungsnehmer die Anzeigepflicht nicht vorsätzlich verletzt und hätte der Versicherer bei Kenntnis der nicht angezeigten Gefahrumstände den Vertrag auch zu anderen Bedingungen geschlossen, so werden die anderen Bedingungen auf Verlangen des Versicherers rückwirkend Vertragsbestandteil. Bei einer vom Versicherungsnehmer unverschuldeten Pflichtverletzung werden die anderen Bedingungen ab der laufenden Versicherungsperiode Vertragsbestandteil.

Erhöht sich durch eine Vertragsänderung die Prämie um mehr als 10 Prozent oder schließt der Versicherer die Gefahrabsicherung für den nicht angezeigten Umstand aus, so kann der Versicherungsnehmer den Vertrag innerhalb eines Monats nach Zugang der Mitteilung des Versicherers ohne Einhaltung einer Frist kündigen. In dieser Mitteilung der Vertragsänderung hat der Versicherer den Versicherungsnehmer auf dessen Kündigungsrecht hinzuweisen.

b) Rücktritt und Leistungsfreiheit

Verletzt der Versicherungsnehmer seine Anzeigepflicht nach Nr. 1, kann der Versicherer vom Vertrag zurücktreten, es sei denn, der Versicherungsnehmer hat die Anzeigepflicht weder vorsätzlich noch grob fahrlässig verletzt.

Bei grober Fahrlässigkeit des Versicherungsnehmers ist das Rücktrittsrecht des Versicherers ausgeschlossen, wenn der Versicherungsnehmer nachweist, dass der Versicherer den Vertrag bei Kenntnis der nicht angezeigten Umstände zu gleichen oder anderen Bedingungen abgeschlossen hätte.

Tritt der Versicherer nach Eintritt des Versicherungsfalles zurück, so ist er nicht zur Leistung verpflichtet, es sei denn, der Versicherungsnehmer weist nach, dass die Verletzung der Anzeigepflicht sich auf einen Umstand bezieht, der weder für den Eintritt oder die Feststellung des Versicherungsfalles noch für die Feststellung oder den Umfang der Leistungspflicht des Versicherers ursächlich ist. Hat der Versicherungsnehmer die Anzeigepflicht arglistig verletzt, ist der Versicherer nicht zur Leistung verpflichtet.

c) Kündigung
Verletzt der Versicherungsnehmer seine Anzeigepflicht nach Nr. 1 leicht fahrlässig oder schuldlos, kann der Versicherer den Vertrag unter Einhaltung einer Frist von einem Monat kündigen, es sei denn, der Versicherer hätte den Vertrag bei Kenntnis der nicht angezeigten Umständen zu gleichen oder anderen Bedingungen abgeschlossen.
d) Ausschluss von Rechten des Versicherers
Die Rechte des Versicherers zur Vertragsänderung (a), zum Rücktritt (b) und zur Kündigung (c) sind jeweils ausgeschlossen, wenn der Versicherer den nicht angezeigten Gefahrenumstand oder die unrichtige Anzeige kannte.
e) Anfechtung
Das Recht des Versicherers, den Vertrag wegen arglistiger Täuschung anzufechten, bleibt unberührt.

3. Frist für die Ausübung der Rechte des Versicherers

Die Rechte zur Vertragsänderung (Nr. 2 a), zum Rücktritt (Nr. 2 b) oder zur Kündigung (Nr. 2 c) muss der Versicherer innerhalb eines Monats schriftlich geltend machen und dabei die Umstände angeben, auf die er seine Erklärung stützt; zur Begründung kann er nachträglich weitere Umstände innerhalb eines Monats nach deren Kenntniserlangung angeben. Die Monatsfrist beginnt mit dem Zeitpunkt, zu dem der Versicherer von der Verletzung der Anzeigepflicht und der Umstände Kenntnis erlangt, die das von ihm jeweils geltend gemachte Recht begründen.

4. Rechtsfolgenhinweis

Die Rechte zur Vertragsänderung (Nr. 2 a), zum Rücktritt (Nr. 2 b) und zur Kündigung (Nr. 2 c) stehen dem Versicherer nur zu, wenn er den Versicherungsnehmer durch gesonderte Mitteilung in Textform auf die Folgen der Verletzung der Anzeigepflicht hingewiesen hat.

5. Vertreter des Versicherungsnehmers

Wird der Vertrag von einem Vertreter des Versicherungsnehmers geschlossen, so sind bei der Anwendung von Nr. 1 und Nr. 2 sowohl die Kenntnis und die Arglist des Vertreters als auch die Kenntnis und die Arglist des Versicherungsnehmers zu berücksichtigen. Der Versicherungsnehmer kann sich darauf, dass die Anzeigepflicht nicht vorsätzlich oder grob fahrlässig verletzt worden ist, nur berufen, wenn weder dem Vertreter noch dem Versicherungsnehmer Vorsatz oder grobe Fahrlässigkeit zur Last fällt.

6. Erlöschen der Rechte des Versicherers

Die Rechte des Versicherers zur Vertragsänderung (Nr. 2 a), zum Rücktritt (Nr. 2 b) und zur Kündigung (Nr. 2 c) erlöschen mit Ablauf von fünf Jahren nach Vertragsschluss; dies gilt nicht für Versicherungsfälle, die vor Ablauf dieser Frist eingetreten sind. Die Frist beläuft sich auf zehn Jahre, wenn der Versicherungsnehmer oder sein Vertreter die Anzeigepflicht vorsätzlich oder arglistig verletzt hat.

§ 2 Beginn des Versicherungsschutzes, Dauer und Ende des Vertrages

1. Beginn des Versicherungsschutzes

Der Versicherungsschutz beginnt vorbehaltlich der Regelungen über die Folgen verspäteter Zahlung oder Nichtzahlung der Erst- oder Einmalprämie zu dem im Versicherungsschein angegebenen Zeitpunkt.

2. Dauer

Der Vertrag ist für den im Versicherungsschein angegebenen Zeitraum abgeschlossen.

3. Stillschweigende Verlängerung

Bei einer Vertragsdauer von mindestens einem Jahr verlängert sich der Vertrag um jeweils ein Jahr, wenn nicht einer der Vertragsparteien spätestens drei Monate vor dem Ablauf der jeweiligen Vertragslaufzeit eine Kündigung zugegangen ist.

4. Kündigung bei mehrjährigen Verträgen

Der Vertrag kann bei einer Vertragslaufzeit von mehr als drei Jahren zum Ablauf des dritten oder jedes darauf folgenden Jahres unter Einhaltung einer Frist von drei Monaten vom Versicherungsnehmer gekündigt werden.

Die Kündigung muss dem Versicherer spätestens drei Monate vor dem Ablauf des jeweiligen Versicherungsjahres zugehen.

5. Vertragsdauer von weniger als einem Jahr

Bei einer Vertragsdauer von weniger als einem Jahr endet der Vertrag, ohne dass es einer Kündigung bedarf, zum vorgesehenen Zeitpunkt.

6. Wegfall des versicherten Interesses

Fällt das versicherte Interesse nach dem Beginn der Versicherung weg, endet der Vertrag zu dem Zeitpunkt, zu dem der Versicherer vom Wegfall des Risikos Kenntnis erlangt.

a) Als Wegfall des versicherten Interesses gilt die vollständige und dauerhafte Auflösung des versicherten Hausrates
   aa) nach Aufnahme des Versicherungsnehmers in eine stationäre Pflegeeinrichtung;
   bb) nach Aufgabe einer Zweit- oder Ferienwohnung.
   Wohnungswechsel gilt nicht als Wegfall des versicherten Interesses.
b) Das Versicherungsverhältnis endet bei Tod des Versicherungsnehmers zum Zeitpunkt der Kenntniserlangung des Versicherers über die vollständige und dauerhafte Haushaltsauflösung, spätestens jedoch zwei Monate nach dem Tod des

Versicherungsnehmers, wenn nicht bis zu diesem Zeitpunkt ein Erbe die Wohnung in derselben Weise nutzt wie der verstorbene Versicherungsnehmer.

§ 3 Prämien, Versicherungsperiode

Je nach Vereinbarung werden die Prämien entweder durch laufende Zahlungen monatlich, vierteljährlich, halbjährlich, jährlich oder als Einmalprämie im Voraus gezahlt.

Entsprechend der Vereinbarung über laufende Zahlungen umfasst die Versicherungsperiode einen Monat, ein Vierteljahr, ein halbes Jahr oder ein Jahr. Bei einer Einmalprämie ist die Versicherungsperiode die vereinbarte Vertragsdauer, jedoch höchstens ein Jahr.

§ 4 Fälligkeit der Erst- oder Einmalprämie, Folgen verspäteter Zahlung oder Nichtzahlung

1. Fälligkeit der Erst- oder Einmalprämie

Die erste oder einmalige Prämie ist – unabhängig von dem Bestehen eines Widerrufrechts – unverzüglich nach dem Zeitpunkt des vereinbarten und im Versicherungsschein angegebenen Versicherungsbeginns zu zahlen.

Liegt der vereinbarte Zeitpunkt des Versicherungsbeginns vor Vertragsschluss, ist die erste oder einmalige Prämie unverzüglich nach Vertragsschluss zu zahlen.

Zahlt der Versicherungsnehmer nicht unverzüglich nach dem in Satz 1 oder 2 bestimmten Zeitpunkt, beginnt der Versicherungsschutz erst, nachdem die Zahlung bewirkt ist.

Weicht der Versicherungsschein vom Antrag des Versicherungsnehmers oder getroffenen Vereinbarungen ab, ist die erste oder einmalige Prämie frühestens einen Monat nach Zugang des Versicherungsscheins zu zahlen.

2. Rücktrittsrecht des Versicherers bei Zahlungsverzug

Wird die erste oder einmalige Prämie nicht zu dem nach Nr. 1 maßgebenden Fälligkeitszeitpunkt gezahlt, so kann der Versicherer vom Vertrag zurücktreten, solange die Zahlung nicht bewirkt ist.

Der Rücktritt ist ausgeschlossen, wenn der Versicherungsnehmer die Nichtzahlung nicht zu vertreten hat.

3. Leistungsfreiheit des Versicherers

Wenn der Versicherungsnehmer die erste oder einmalige Prämie nicht zu dem nach Nr. 1 maßgebenden Fälligkeitszeitpunkt zahlt, so ist der Versicherer für einen vor Zahlung der Prämie eingetretenen Versicherungsfall nicht zur Leistung verpflichtet, wenn er den Versicherungsnehmer durch gesonderte Mitteilung in Textform oder durch einen auffälligen Hinweis im Versicherungsschein auf diese Rechtsfolge der Nichtzahlung der Prämie aufmerksam gemacht hat.

Die Leistungsfreiheit tritt jedoch nicht ein, wenn der Versicherungsnehmer die Nichtzahlung nicht zu vertreten hat.

§ 5 Folgeprämie

1. Fälligkeit

a) Eine Folgeprämie wird zu Beginn der vereinbarten Versicherungsperiode fällig.

b) Die Zahlung gilt als rechtzeitig, wenn sie innerhalb des im Versicherungsschein oder in der Prämienrechnung angegebenen Zeitraums bewirkt ist.

2. Schadenersatz bei Verzug

Ist der Versicherungsnehmer mit der Zahlung einer Folgeprämie in Verzug, ist der Versicherer berechtigt, Ersatz des ihm durch den Verzug entstandenen Schadens zu verlangen.

3. Leistungsfreiheit und Kündigungsrecht nach Mahnung

a) Der Versicherer kann den Versicherungsnehmer bei nicht rechtzeitiger Zahlung einer Folgeprämie auf dessen Kosten in Textform zur Zahlung auffordern und eine Zahlungsfrist von mindestens zwei Wochen ab Zugang der Zahlungsaufforderung bestimmen (Mahnung).

Die Mahnung ist nur wirksam, wenn der Versicherer je Vertrag die rückständigen Beträge der Prämie, Zinsen und Kosten im Einzelnen beziffert und außerdem auf die Rechtsfolgen – Leistungsfreiheit und Kündigungsrecht – aufgrund der nicht fristgerechten Zahlung hinweist.

b) Tritt nach Ablauf der in der Mahnung gesetzten Zahlungsfrist ein Versicherungsfall ein und ist der Versicherungsnehmer bei Eintritt des Versicherungsfalles mit der Zahlung der Prämie oder der Zinsen oder Kosten in Verzug, so ist der Versicherer von der Verpflichtung zur Leistung frei.

c) Der Versicherer kann nach Ablauf der in der Mahnung gesetzten Zahlungsfrist den Vertrag ohne Einhaltung einer Kündigungsfrist mit sofortiger Wirkung kündigen, sofern der Versicherungsnehmer mit der Zahlung der geschuldeten Beträge in Verzug ist.

Die Kündigung kann mit der Bestimmung der Zahlungsfrist so verbunden werden, dass sie mit Fristablauf wirksam wird, wenn der Versicherungsnehmer zu diesem Zeitpunkt mit der Zahlung in Verzug ist. Hierauf ist der Versicherungsnehmer bei der Kündigung ausdrücklich hinzuweisen.

4. Zahlung der Prämie nach Kündigung

Die Kündigung wird unwirksam, wenn der Versicherungsnehmer innerhalb eines Monats nach der Kündigung oder, wenn sie mit der Fristbestimmung verbunden worden ist, innerhalb eines Monats nach Fristablauf die Zahlung leistet.

Die Regelung über die Leistungsfreiheit des Versicherers (Nr. 3 b) bleibt unberührt.

§ 6 Lastschriftverfahren

1. Pflichten des Versicherungsnehmers

Ist zur Einziehung der Prämie das Lastschriftverfahren vereinbart worden, hat der Versicherungsnehmer zum Zeitpunkt der Fälligkeit der Prämie für eine ausreichende Deckung des Kontos zu sorgen.

2. Änderung des Zahlungsweges

Hat es der Versicherungsnehmer zu vertreten, dass eine oder mehrere Prämien, trotz wiederholtem Einziehungsversuch, nicht eingezogen werden können, ist der Versicherer berechtigt, die Lastschriftvereinbarung in Textform zu kündigen.

Der Versicherer hat in der Kündigung darauf hinzuweisen, dass der Versicherungsnehmer verpflichtet ist, die ausstehende Prämie und zukünftige Prämien selbst zu übermitteln.

Durch die Banken erhobene Bearbeitungsgebühren für fehlgeschlagenen Lastschrifteinzug können dem Versicherungsnehmer in Rechnung gestellt werden.

§ 7 Prämie bei vorzeitiger Vertragsbeendigung

1. Allgemeiner Grundsatz

a) Im Falle der vorzeitigen Vertragsbeendigung steht dem Versicherer nur derjenige Teil der Prämie zu, der dem Zeitraum entspricht, in dem der Versicherungsschutz bestanden hat.

b) Fällt das versicherte Interesse nach dem Beginn der Versicherung weg, steht dem Versicherer die Prämie zu, die er hätte beanspruchen können, wenn die Versicherung nur bis zu dem Zeitpunkt beantragt worden wäre, zu dem der Versicherer vom Wegfall des Interesses Kenntnis erlangt hat.

2. Prämie oder Geschäftsgebühr bei Widerruf, Rücktritt, Anfechtung und fehlendem versicherten Interesse

a) Übt der Versicherungsnehmer sein Recht aus, seine Vertragserklärung innerhalb von 14 Tagen zu widerrufen, hat der Versicherer nur den auf die Zeit nach Zugang des Widerrufs entfallenden Teil der Prämien zu erstatten. Voraussetzung ist, dass der Versicherer in der Belehrung über das Widerrufsrecht, über die Rechtsfolgen des Widerrufs und den zu zahlenden Betrag hingewiesen und der Versicherungsnehmer zugestimmt hat, dass der Versicherungsschutz vor Ende der Widerrufsfrist beginnt.

Ist die Belehrung nach Satz 2 unterblieben, hat der Versicherer zusätzlich die für das erste Versicherungsjahr gezahlte Prämie zu erstatten; dies gilt nicht, wenn der Versicherungsnehmer Leistungen aus dem Versicherungsvertrag in Anspruch genommen hat.

b) Wird das Versicherungsverhältnis durch Rücktritt des Versicherers beendet, weil der Versicherungsnehmer Gefahrumstände, nach denen der Versicherer vor

§ 6 Hausratversicherung

Vertragsannahme in Textform gefragt hat, nicht angezeigt hat, so steht dem Versicherer die Prämie bis zum Wirksamwerden der Rücktrittserklärung zu.

Wird das Versicherungsverhältnis durch Rücktritt des Versicherers beendet, weil die einmalige oder die erste Prämie nicht rechtzeitig gezahlt worden ist, so steht dem Versicherer eine angemessene Geschäftsgebühr zu.

c) Wird das Versicherungsverhältnis durch Anfechtung des Versicherers wegen arglistiger Täuschung beendet, so steht dem Versicherer die Prämie bis zum Wirksamwerden der Anfechtungserklärung zu.

d) Der Versicherungsnehmer ist nicht zur Zahlung der Prämie verpflichtet, wenn das versicherte Interesse bei Beginn der Versicherung nicht besteht, oder wenn das Interesse bei einer Versicherung, die für ein künftiges Unternehmen oder für ein anderes künftiges Interesse genommen ist, nicht entsteht. Der Versicherer kann jedoch eine angemessene Geschäftsgebühr verlangen.

Hat der Versicherungsnehmer ein nicht bestehendes Interesse in der Absicht versichert, sich dadurch einen rechtswidrigen Vermögensvorteil zu verschaffen, ist der Vertrag nichtig. Dem Versicherer steht in diesem Fall die Prämie bis zu dem Zeitpunkt zu, zu dem er von den die Nichtigkeit begründenden Umständen Kenntnis erlangt

§ 8 Obliegenheiten des Versicherungsnehmers

1. Obliegenheiten vor Eintritt des Versicherungsfalles

a) Vertraglich vereinbarte Obliegenheiten, die der Versicherungsnehmer vor Eintritt des Versicherungsfalles zu erfüllen hat, sind:

aa) die Einhaltung aller gesetzlichen, behördlichen sowie vertraglich vereinbarten Sicherheitsvorschriften;

(hier Verweis auf besondere Obliegenheiten im Abschnitt A Leistungsversprechen einsetzen, besondere Obliegenheiten dort ausführen)

bb) die Einhaltung aller sonstigen vertraglich vereinbarten Obliegenheiten.

(hier Verweis auf besondere Obliegenheiten im Abschnitt A Leistungsversprechen einsetzen, besondere Obliegenheiten dort ausführen)

b) Verletzt der Versicherungsnehmer vorsätzlich oder grob fahrlässig eine Obliegenheit, die er vor Eintritt des Versicherungsfalles gegenüber dem Versicherer zu erfüllen hat, so kann der Versicherer innerhalb eines Monats, nachdem er von der Verletzung Kenntnis erlangt hat, den Vertrag fristlos kündigen.

Das Kündigungsrecht des Versicherers ist ausgeschlossen, wenn der Versicherungsnehmer beweist, dass er die Obliegenheit weder vorsätzlich noch grobfahrlässig verletzt hat.

2. Obliegenheiten bei und nach Eintritt des Versicherungsfalls

a) Der Versicherungsnehmer hat bei und nach Eintritt des Versicherungsfalls

aa) nach Möglichkeit für die Abwendung und Minderung des Schadens zu sorgen;

bb) dem Versicherer den Schadeneintritt, nachdem er von ihm Kenntnis erlangt hat, unverzüglich – ggf. auch mündlich oder telefonisch – anzuzeigen;
cc) Weisungen des Versicherers zur Schadenabwendung/-minderung – ggf. auch mündlich oder telefonisch – einzuholen, wenn die Umstände dies gestatten;
dd) Weisungen des Versicherers zur Schadenabwendung/-minderung, soweit für ihn zumutbar, zu befolgen. Erteilen mehrere an dem Versicherungsvertrag beteiligte Versicherer unterschiedliche Weisungen, hat der Versicherungsnehmer nach pflichtgemäßem Ermessen zu handeln;
ee) Schäden durch strafbare Handlungen gegen das Eigentum unverzüglich der Polizei anzuzeigen;
ff) dem Versicherer und der Polizei unverzüglich ein Verzeichnis der abhanden gekommenen Sachen einzureichen;
gg) das Schadenbild so lange unverändert zu lassen, bis die Schadenstelle oder die beschädigten Sachen durch den Versicherer freigegeben worden sind. Sind Veränderungen unumgänglich, sind das Schadenbild nachvollziehbar zu dokumentieren (z.B. durch Fotos) und die beschädigten Sachen bis zu einer Besichtigung durch den Versicherer aufzubewahren;
hh) soweit möglich dem Versicherer unverzüglich jede Auskunft – auf Verlangen in Schriftform – zu erteilen, die zur Feststellung des Versicherungsfalles oder des Umfanges der Leistungspflicht des Versicherers erforderlich ist sowie jede Untersuchung über Ursache und Höhe des Schadens und über den Umfang der Entschädigungspflicht zu gestatten;
ii) vom Versicherer angeforderte Belege beizubringen, deren Beschaffung ihm billigerweise zugemutet werden kann;
jj) für zerstörte oder abhanden gekommene Wertpapiere oder sonstige aufgebotsfähige Urkunden unverzüglich das Aufgebotsverfahren einzuleiten und etwaige sonstige Rechte zu wahren, insbesondere abhanden gekommene Sparbücher und andere sperrfähige Urkunden unverzüglich sperren zu lassen.
b) Steht das Recht auf die vertragliche Leistung des Versicherers einem Dritten zu, so hat dieser die Obliegenheiten gemäß Nr. 2 a) ebenfalls zu erfüllen – soweit ihm dies nach den tatsächlichen und rechtlichen Umständen möglich ist.

3. Leistungsfreiheit bei Obliegenheitsverletzung

a) Verletzt der Versicherungsnehmer eine Obliegenheit nach Nr. 1 oder Nr. 2 vorsätzlich, so ist der Versicherer von der Verpflichtung zur Leistung frei. Bei grob fahrlässiger Verletzung der Obliegenheit ist der Versicherer berechtigt, seine Leistung in dem Verhältnis zu kürzen, das der Schwere des Verschuldens des Versicherungsnehmers entspricht. Das Nichtvorliegen einer groben Fahrlässigkeit hat der Versicherungsnehmer zu beweisen.

b) Außer im Falle einer arglistigen Obliegenheitsverletzung ist der Versicherer jedoch zur Leistung verpflichtet, soweit der Versicherungsnehmer nachweist, dass die Verletzung der Obliegenheit weder für den Eintritt oder die Feststellung des Versicherungsfalles noch für die Feststellung oder den Umfang der Leistungspflicht des Versicherers ursächlich ist.

c) Verletzt der Versicherungsnehmer eine nach Eintritt des Versicherungsfalles bestehende Auskunfts- oder Aufklärungsobliegenheit, ist der Versicherer nur dann vollständig oder teilweise leistungsfrei, wenn er den Versicherungsnehmer durch gesonderte Mitteilung in Textform auf diese Rechtsfolge hingewiesen hat.

§ 9 Gefahrerhöhung

1. Begriff der Gefahrerhöhung

a) Eine Gefahrerhöhung liegt vor, wenn nach Abgabe der Vertragserklärung des Versicherungsnehmers die tatsächlich vorhandenen Umstände so verändert werden, dass der Eintritt des Versicherungsfalls oder eine Vergrößerung des Schadens oder die ungerechtfertigte Inanspruchnahme des Versicherers wahrscheinlicher wird.

b) Eine Gefahrerhöhung kann insbesondere – aber nicht nur – vorliegen, wenn sich ein gefahrerheblicher Umstand ändert, nach dem der Versicherer vor Vertragsschluss gefragt hat.

(hier Verweis auf besondere gefahrerhöhende Umstände im Abschnitt A Leistungsversprechen einsetzen, gefahrerhöhende Umstände dort ausführen)

c) Eine Gefahrerhöhung nach a) liegt nicht vor, wenn sich die Gefahr nur unerheblich erhöht hat oder nach den Umständen als mitversichert gelten soll.

2. Pflichten des Versicherungsnehmers

a) Nach Abgabe seiner Vertragserklärung darf der Versicherungsnehmer ohne vorherige Zustimmung des Versicherers keine Gefahrerhöhung vornehmen oder deren Vornahme durch einen Dritten gestatten.

b) Erkennt der Versicherungsnehmer nachträglich, dass er ohne vorherige Zustimmung des Versicherers eine Gefahrerhöhung vorgenommen oder gestattet hat, so muss er diese dem Versicherer unverzüglich anzeigen.

c) Eine Gefahrerhöhung, die nach Abgabe seiner Vertragserklärung unabhängig von seinem Willen eintritt, muss der Versicherungsnehmer dem Versicherer unverzüglich anzeigen, nachdem er von ihr Kenntnis erlangt hat.

3. Kündigung oder Vertragsänderung durch den Versicherer

a) Kündigungsrecht
Verletzt der Versicherungsnehmer seine Verpflichtung nach Nr. 2 a), kann der Versicherer den Vertrag fristlos kündigen, wenn der Versicherungsnehmer seine Verpflichtung vorsätzlich oder grob fahrlässig verletzt hat. Das Nichtvorliegen

von Vorsatz oder grober Fahrlässigkeit hat der Versicherungsnehmer zu beweisen.

Beruht die Verletzung auf einfacher Fahrlässigkeit, kann der Versicherer unter Einhaltung einer Frist von einem Monat kündigen.

Wird dem Versicherer eine Gefahrerhöhung in den Fällen nach Nr. 2 b) und Nr. 2 c) bekannt, kann er den Vertrag unter Einhaltung einer Frist von einem Monat kündigen.

b) Vertragsänderung

Statt der Kündigung kann der Versicherer ab dem Zeitpunkt der Gefahrerhöhung eine seinen Geschäftsgrundsätzen entsprechende erhöhte Prämie verlangen oder die Absicherung der erhöhten Gefahr ausschließen.

Erhöht sich die Prämie als Folge der Gefahrerhöhung um mehr als 10 Prozent oder schließt der Versicherer die Absicherung der erhöhten Gefahr aus, so kann der Versicherungsnehmer den Vertrag innerhalb eines Monats nach Zugang der Mitteilung des Versicherers ohne Einhaltung einer Frist kündigen. In der Mitteilung hat der Versicherer den Versicherungsnehmer auf dieses Kündigungsrecht hinzuweisen.

4. Erlöschen der Rechte des Versicherers

Die Rechte des Versicherers zur Kündigung oder Vertragsanpassung nach Nr. 3 erlöschen, wenn diese nicht innerhalb eines Monats ab Kenntnis des Versicherers von der Gefahrerhöhung ausgeübt werden oder wenn der Zustand wiederhergestellt ist, der vor der Gefahrerhöhung bestanden hat.

5. Leistungsfreiheit wegen Gefahrerhöhung

a) Tritt nach einer Gefahrerhöhung der Versicherungsfall ein, so ist der Versicherer nicht zur Leistung verpflichtet, wenn der Versicherungsnehmer seine Pflichten nach Nr. 2 a) vorsätzlich verletzt hat. Verletzt der Versicherungsnehmer diese Pflichten grob fahrlässig, so ist der Versicherer berechtigt, seine Leistung in dem Verhältnis zu kürzen, das der Schwere des Verschuldens des Versicherungsnehmers entspricht. Das Nichtvorliegen einer groben Fahrlässigkeit hat der Versicherungsnehmer zu beweisen.

b) Nach einer Gefahrerhöhung nach Nr. 2 b) und Nr. 2 c) ist der Versicherer für einen Versicherungsfall, der später als einen Monat nach dem Zeitpunkt eintritt, zu dem die Anzeige dem Versicherer hätte zugegangen sein müssen, leistungsfrei, wenn der Versicherungsnehmer seine Anzeigepflicht vorsätzlich verletzt hat. Hat der Versicherungsnehmer seine Pflicht grob fahrlässig verletzt, so gilt a) Satz 2 und 3 entsprechend. Die Leistungspflicht des Versicherers bleibt bestehen, wenn ihm die Gefahrerhöhung zu dem Zeitpunkt, zu dem ihm die Anzeige hätte zugegangen sein müssen, bekannt war.

c) Die Leistungspflicht des Versicherers bleibt bestehen,
   aa) soweit der Versicherungsnehmer nachweist, dass die Gefahrerhöhung nicht ursächlich für den Eintritt des Versicherungsfalles oder den Umfang der Leistungspflicht war oder
   bb) wenn zur Zeit des Eintrittes des Versicherungsfalles die Frist für die Kündigung des Versicherers abgelaufen und eine Kündigung nicht erfolgt war oder
   cc) wenn der Versicherer statt der Kündigung ab dem Zeitpunkt der Gefahrerhöhung eine seinen Geschäftsgrundsätzen entsprechende erhöhte Prämie verlangt.

§ 10 Überversicherung

1. Übersteigt die Versicherungssumme den Wert des versicherten Interesses erheblich, so kann sowohl der Versicherer als auch der Versicherungsnehmer verlangen, dass zur Beseitigung der Überversicherung die Versicherungssumme mit sofortiger Wirkung herabgesetzt wird. Ab Zugang des Herabsetzungsverlangens, ist für die Höhe der Prämie der Betrag maßgebend, den der Versicherer berechnet haben würde, wenn der Vertrag von vornherein mit dem neuen Inhalt geschlossen worden wäre.
2. Hat der Versicherungsnehmer die Überversicherung in der Absicht geschlossen, sich dadurch einen rechtswidrigen Vermögensvorteil zu verschaffen, ist der Vertrag nichtig. Dem Versicherer steht die Prämie bis zu dem Zeitpunkt zu, zu dem er von den die Nichtigkeit begründenden Umständen Kenntnis erlangt.

§ 11 Mehrere Versicherer

1. Anzeigepflicht

Wer bei mehreren Versicherern ein Interesse gegen dieselbe Gefahr versichert, ist verpflichtet, dem Versicherer die andere Versicherung unverzüglich mitzuteilen. In der Mitteilung sind der andere Versicherer und der Versicherungsumfang anzugeben.

2. Rechtsfolgen der Verletzung der Anzeigepflicht

Verletzt der Versicherungsnehmer die Anzeigepflicht (siehe Nr. 1) vorsätzlich oder grob fahrlässig, ist der Versicherer unter den in Abschnitt B §8 beschriebenen Voraussetzungen zur Kündigung berechtigt oder auch ganz oder teilweise leistungsfrei. Leistungsfreiheit tritt nicht ein, wenn der Versicherer vor Eintritt des Versicherungsfalles Kenntnis von der anderen Versicherung erlangt hat.

3. Haftung und Entschädigung bei Mehrfachversicherung

a) Ist bei mehreren Versicherern ein Interesse gegen dieselbe Gefahr versichert und übersteigen die Versicherungssummen zusammen den Versicherungswert oder übersteigt aus anderen Gründen die Summe der Entschädigungen, die von jedem Versicherer ohne Bestehen der anderen Versicherung zu zahlen wären, den Gesamtschaden, liegt eine Mehrfachversicherung vor.

b) Die Versicherer sind in der Weise als Gesamtschuldner verpflichtet, dass jeder für den Betrag aufzukommen hat, dessen Zahlung ihm nach seinem Vertrage obliegt; der Versicherungsnehmer kann aber im Ganzen nicht mehr als den Betrag des ihm entstandenen Schadens verlangen. Satz 1 gilt entsprechend, wenn die Verträge bei demselben Versicherer bestehen.

Erlangt der Versicherungsnehmer oder der Versicherte aus anderen Versicherungsverträgen Entschädigung für denselben Schaden, so ermäßigt sich der Anspruch aus dem vorliegenden Vertrag in der Weise, dass die Entschädigung aus allen Verträgen insgesamt nicht höher ist, als wenn der Gesamtbetrag der Versicherungssummen, aus denen die Prämien errechnet wurde, nur in diesem Vertrag in Deckung gegeben worden wäre. Bei Vereinbarung von Entschädigungsgrenzen ermäßigt sich der Anspruch in der Weise, dass aus allen Verträgen insgesamt keine höhere Entschädigung zu leisten ist, als wenn der Gesamtbetrag der Versicherungssummen in diesem Vertrag in Deckung gegeben worden wäre.

c) Hat der Versicherungsnehmer eine Mehrfachversicherung in der Absicht geschlossen, sich dadurch einen rechtswidrigen Vermögensvorteil zu verschaffen, ist jeder in dieser Absicht geschlossene Vertrag nichtig.

Dem Versicherer steht die Prämie bis zu dem Zeitpunkt zu, zu dem er von den die Nichtigkeit begründenden Umständen Kenntnis erlangt.

4. Beseitigung der Mehrfachversicherung

a) Hat der Versicherungsnehmer den Vertrag, durch den die Mehrfachversicherung entstanden ist, ohne Kenntnis von dem Entstehen der Mehrfachversicherung geschlossen, kann er verlangen, dass der später geschlossene Vertrag aufgehoben oder die Versicherungssumme unter verhältnismäßiger Minderung der Prämie auf den Teilbetrag herabgesetzt wird, der durch die frühere Versicherung nicht gedeckt ist.

Die Aufhebung des Vertrages oder die Herabsetzung der Versicherungssumme und Anpassung der Prämie werden zu dem Zeitpunkt wirksam, zu dem die Erklärung dem Versicherer zugeht.

b) Die Regelungen nach a) sind auch anzuwenden, wenn die Mehrfachversicherung dadurch entstanden ist, dass nach Abschluss der mehreren Versicherungsverträge der Versicherungswert gesunken ist. Sind in diesem Fall die mehreren Versicherungsverträge gleichzeitig oder im Einvernehmen der Versicherer geschlossen worden, kann der Versicherungsnehmer nur die verhältnismäßige Herabsetzung der Versicherungssummen und der Prämien verlangen.

§ 6 Hausratversicherung

§ 12 Versicherung für fremde Rechnung

1. Rechte aus dem Vertrag

Der Versicherungsnehmer kann den Versicherungsvertrag im eigenen Namen für das Interesse eines Dritten (Versicherten) schließen. Die Ausübung der Rechte aus diesem Vertrag steht nur dem Versicherungsnehmer und nicht auch dem Versicherten zu. Das gilt auch, wenn der Versicherte den Versicherungsschein besitzt.

2. Zahlung der Entschädigung

Der Versicherer kann vor Zahlung der Entschädigung an den Versicherungsnehmer den Nachweis verlangen, dass der Versicherte seine Zustimmung dazu erteilt hat. Der Versicherte kann die Zahlung der Entschädigung nur mit Zustimmung des Versicherungsnehmers verlangen.

3. Kenntnis und Verhalten

a) Soweit die Kenntnis und das Verhalten des Versicherungsnehmers von rechtlicher Bedeutung sind, sind bei der Versicherung für fremde Rechnung auch die Kenntnis und das Verhalten des Versicherten zu berücksichtigen. Soweit der Vertrag Interessen des Versicherungsnehmers und des Versicherten umfasst, muss sich der Versicherungsnehmer für sein Interesse das Verhalten und die Kenntnis des Versicherten nur zurechnen lassen, wenn der Versicherte Repräsentant des Versicherungsnehmers ist.

b) Auf die Kenntnis des Versicherten kommt es nicht an, wenn der Vertrag ohne sein Wissen abgeschlossen worden ist oder ihm eine rechtzeitige Benachrichtigung des Versicherungsnehmers nicht möglich oder nicht zumutbar war.

c) Auf die Kenntnis des Versicherten kommt es dagegen an, wenn der Versicherungsnehmer den Vertrag ohne Auftrag des Versicherten geschlossen und den Versicherer nicht darüber informiert hat.

§ 13 Aufwendungsersatz

1. Aufwendungen zur Abwendung und Minderung des Schadens

a) Versichert sind Aufwendungen, auch erfolglose, die der Versicherungsnehmer bei Eintritt des Versicherungsfalles den Umständen nach zur Abwendung und Minderung des Schadens für geboten halten durfte oder die er auf Weisung des Versicherers macht.

b) Macht der Versicherungsnehmer Aufwendungen, um einen unmittelbar bevorstehenden Versicherungsfall abzuwenden oder in seinen Auswirkungen zu mindern, geltend, so leistet der Versicherer Aufwendungsersatz nur, wenn diese Aufwendungen bei einer nachträglichen objektiven Betrachtung der Umstände verhältnismäßig und erfolgreich waren oder die Aufwendungen auf Weisung des Versicherers erfolgten.

c) Ist der Versicherer berechtigt, seine Leistung zu kürzen, kann er auch den Aufwendungsersatz nach a) und b) entsprechend kürzen, dies gilt jedoch nicht, soweit Aufwendungen auf Weisung der Versicherers entstanden sind.
d) Der Ersatz dieser Aufwendungen und die Entschädigung für versicherte Sachen betragen zusammen höchstens die Versicherungssumme je vereinbarter Position; dies gilt jedoch nicht, soweit Aufwendungen auf Weisung des Versicherers entstanden sind.
e) Der Versicherer hat den für die Aufwendungen gemäß a) erforderlichen Betrag auf Verlangen des Versicherungsnehmers vorzuschießen.
f) Nicht versichert sind Aufwendungen für Leistungen der Feuerwehr oder anderer Institutionen, die im öffentlichen Interesse zur Hilfeleistung verpflichtet sind, wenn diese Leistungen im öffentlichen Interesse kostenfrei zu erbringen sind.

2. Kosten der Ermittlung und Feststellung des Schadens
a) Der Versicherer ersetzt bis zur vereinbarten Höhe die Kosten für die Ermittlung und Feststellung eines von ihm zu ersetzenden Schadens, sofern diese den Umständen nach geboten waren.
Zieht der Versicherungsnehmer einen Sachverständigen oder Beistand hinzu, so werden diese Kosten nur ersetzt, soweit er zur Zuziehung vertraglich verpflichtet ist oder vom Versicherer aufgefordert wurde.
b) Ist der Versicherer berechtigt, seine Leistung zu kürzen, kann er auch den Kostenersatz nach a) entsprechend kürzen.

§ 14 Übergang von Ersatzansprüchen

1. Übergang von Ersatzansprüchen
Steht dem Versicherungsnehmer ein Ersatzanspruch gegen einen Dritten zu, geht dieser Anspruch auf den Versicherer über, soweit der Versicherer den Schaden ersetzt. Der Übergang kann nicht zum Nachteil des Versicherungsnehmers geltend gemacht werden. Richtet sich der Ersatzanspruch des Versicherungsnehmers gegen eine Person, mit der er bei Eintritt des Schadens in häuslicher Gemeinschaft lebt, kann der Übergang nicht geltend gemacht werden, es sei denn, diese Person hat den Schaden vorsätzlich verursacht.

2. Obliegenheiten zur Sicherung von Ersatzansprüchen
Der Versicherungsnehmer hat seinen Ersatzanspruch oder ein zur Sicherung dieses Anspruchs dienendes Recht unter Beachtung der geltenden Form- und Fristvorschriften zu wahren, und nach Übergang des Ersatzanspruchs auf den Versicherer bei dessen Durchsetzung durch den Versicherer soweit erforderlich mitzuwirken.
Verletzt der Versicherungsnehmer diese Obliegenheit vorsätzlich, ist der Versicherer zur Leistung insoweit nicht verpflichtet, als er infolge dessen keinen Ersatz von dem Dritten erlangen kann. Im Fall einer grob fahrlässigen Verletzung der Oblie-

genheit ist der Versicherer berechtigt, seine Leistung in einem der Schwere des Verschuldens des Versicherungsnehmers entsprechenden Verhältnis zu kürzen; die Beweislast für das Nichtvorliegen einer groben Fahrlässigkeit trägt der Versicherungsnehmer.

§ 15   Kündigung nach dem Versicherungsfall

1. Kündigungsrecht

Nach dem Eintritt eines Versicherungsfalles kann jede der Vertragsparteien den Versicherungsvertrag kündigen. Die Kündigung ist in Schriftform[35] zu erklären. Die Kündigung ist nur bis zum Ablauf eines Monats seit dem Abschluss der Verhandlungen über die Entschädigung zulässig.

2. Kündigung durch Versicherungsnehmer

Der Versicherungsnehmer ist berechtigt, das Versicherungsverhältnis mit sofortiger Wirkung oder zu jedem späteren Zeitpunkt bis zum Ablauf des Versicherungsjahres in Schriftform[36] zu kündigen.

3. Kündigung durch Versicherer

Eine Kündigung des Versicherers wird einen Monat nach ihrem Zugang beim Versicherungsnehmer wirksam.

§ 16   Keine Leistungspflicht aus besonderen Gründen

1. Vorsätzliche oder grob fahrlässige Herbeiführung des Versicherungsfalles

a) Führt der Versicherungsnehmer den Versicherungsfall vorsätzlich herbei, so ist der Versicherer von der Entschädigungspflicht frei.
Ist die Herbeiführung des Schadens durch rechtskräftiges Strafurteil wegen Vorsatzes in der Person des Versicherungsnehmers festgestellt, so gilt die vorsätzliche Herbeiführung des Schadens als bewiesen.

b) Führt der Versicherungsnehmer den Schaden grob fahrlässig herbei, so ist der Versicherer berechtigt, seine Leistung in einem der Schwere des Verschuldens des Versicherungsnehmers entsprechenden Verhältnis zu kürzen.

2. Arglistige Täuschung nach Eintritt des Versicherungsfalles

Der Versicherer ist von der Entschädigungspflicht frei, wenn der Versicherungsnehmer den Versicherer arglistig über Tatsachen, die für den Grund oder die Höhe der Entschädigung von Bedeutung sind, täuscht oder zu täuschen versucht.

Ist die Täuschung oder der Täuschungsversuch durch rechtskräftiges Strafurteil gegen den Versicherungsnehmer wegen Betruges oder Betrugsversuches festgestellt, so gelten die Voraussetzungen des Satzes 1 als bewiesen.

---

35 hier auch Textform zulässig
36 hier auch Textform zulässig

§ 17 Anzeigen, Willenserklärungen, Anschriftenänderungen

1. Form

Soweit gesetzlich keine Schriftform verlangt ist und soweit in diesem Vertrag nicht etwas anderes bestimmt ist, sind die für den Versicherer bestimmten Erklärungen und Anzeigen, die das Versicherungsverhältnis betreffen und die unmittelbar gegenüber dem Versicherer erfolgen, in Textform abzugeben.

Erklärungen und Anzeigen sollen an die Hauptverwaltung des Versicherers oder an die im Versicherungsschein oder in dessen Nachträgen als zuständig bezeichnete Stelle gerichtet werden. Die gesetzlichen Regelungen über den Zugang von Erklärungen und Anzeigen bleiben unberührt.

2. Nichtanzeige einer Anschriften- bzw. Namensänderung

Hat der Versicherungsnehmer eine Änderung seiner Anschrift dem Versicherer nicht mitgeteilt, genügt für eine Willenserklärung, die dem Versicherungsnehmer gegenüber abzugeben ist, die Absendung eines eingeschriebenen Briefes an die letzte dem Versicherer bekannte Anschrift. Entsprechendes gilt bei einer dem Versicherer nicht angezeigten Namensänderung. Die Erklärung gilt drei Tage nach der Absendung des Briefes als zugegangen.

3. Nichtanzeige der Verlegung der gewerblichen Niederlassung

Hat der Versicherungsnehmer die Versicherung unter der Anschrift seines Gewerbebetriebs abgeschlossen, finden bei einer Verlegung der gewerblichen Niederlassung die Bestimmungen nach Nr. 2 entsprechend Anwendung.

§ 18 Vollmacht des Versicherungsvertreters

1. Erklärungen des Versicherungsnehmers

Der Versicherungsvertreter gilt als bevollmächtigt, vom Versicherungsnehmer abgegebene Erklärungen entgegenzunehmen betreffend
a) den Abschluss bzw. den Widerruf eines Versicherungsvertrages;
b) ein bestehendes Versicherungsverhältnis einschließlich dessen Beendigung;
c) Anzeige- und Informationspflichten vor Abschluss des Vertrages und während des Versicherungsverhältnisses.

2. Erklärungen des Versicherers

Der Versicherungsvertreter gilt als bevollmächtigt, vom Versicherer ausgefertigte Versicherungsscheine oder deren Nachträge dem Versicherungsnehmer zu übermitteln.

3. Zahlungen an den Versicherungsvertreter

Der Versicherungsvertreter gilt als bevollmächtigt, Zahlungen, die der Versicherungsnehmer im Zusammenhang mit der Vermittlung oder dem Abschluss eines Versicherungsvertrags an ihn leistet, anzunehmen. Eine Beschränkung dieser Vollmacht muss der Versicherungsnehmer nur gegen sich gelten lassen, wenn er die Beschränkung bei der Vornahme der Zahlung kannte oder in Folge grober Fahrlässigkeit nicht kannte.

§ 19 Repräsentanten
Der Versicherungsnehmer muss sich die Kenntnis und das Verhalten seiner Repräsentanten zurechnen lassen.

§ 20 Verjährung
Die Ansprüche aus dem Versicherungsvertrag verjähren in drei Jahren.

Die Verjährung beginnt mit dem Schluss des Jahres, in dem der Anspruch entstanden ist und der Gläubiger von den Anspruch begründenden Umständen und der Person des Schuldners Kenntnis erlangt oder ohne grobe Fahrlässigkeit erlangen müsste.

Ist ein Anspruch aus dem Versicherungsvertrag bei dem Versicherer angemeldet worden, zählt bei der Fristberechnung der Zeitraum zwischen Anmeldung und Zugang der in Textform mitgeteilten Entscheidung des Versicherers beim Anspruchsteller nicht mit.

§ 21 Zuständiges Gericht
1. Klagen gegen den Versicherer oder Versicherungsvermittler

Für Klagen aus dem Versicherungsvertrag oder der Versicherungsvermittlung ist neben den Gerichtsständen der Zivilprozessordnung auch das Gericht örtlich zuständig, in dessen Bezirk der Versicherungsnehmer zur Zeit der Klageerhebung seinen Wohnsitz, in Ermangelung eines solchen seinen gewöhnlichen Aufenthalt hat.

Soweit es sich bei dem Vertrag um eine betriebliche Versicherung handelt, kann der Versicherungsnehmer seine Ansprüche auch bei dem für den Sitz oder die Niederlassung des Gewerbebetriebes zuständigen Gericht geltend machen.

2. Klagen gegen Versicherungsnehmer

Für Klagen aus dem Versicherungsvertrag oder der Versicherungsvermittlung gegen den Versicherungsnehmer ist ausschließlich das Gericht örtlich zuständig, in dessen Bezirk der Versicherungsnehmer zur Zeit der Klageerhebung seinen Wohnsitz, in Ermangelung eines solchen seinen gewöhnlichen Aufenthalt hat.

Soweit es sich bei dem Vertrag um eine betriebliche Versicherung handelt, kann der Versicherer seine Ansprüche auch bei dem für den Sitz oder die Niederlassung des Gewerbebetriebes zuständigen Gericht geltend machen.

§ 22 Anzuwendendes Recht
Für diesen Vertrag gilt deutsches Recht.

§ 23 Sanktionsklausel

Es besteht – unbeschadet der übrigen Vertragsbestimmungen – Versicherungsschutz nur, soweit und solange dem keine auf die Vertragsparteien direkt anwendbaren Wirtschafts-, Handels- oder Finanzsanktionen bzw. Embargos der Europäischen Union oder der Bundesrepublik Deutschland entgegenstehen.

Dies gilt auch für Wirtschafts-, Handels oder Finanzsanktionen bzw. Embargos, die durch die Vereinigten Staaten von Amerika in Hinblick auf den Iran erlassen werden, soweit dem nicht europäische oder deutsche Rechtsvorschriften entgegenstehen.

§ 7 Wohngebäudeversicherung

A. Vorbemerkung

Bei der – verbundenen – Wohngebäudeversicherung besteht wie bei der Hausratversicherung, Versicherungsschutz für drei Gefahrengruppen:
- **Brand/Blitzschlag/Explosion,**
- **Leitungswasser/Rohrbruch,**
- **Sturm/Hagel.**

Vielen älteren Versicherungsverträgen liegen noch die „Allgemeinen Bedingungen für die Neuwertversicherung von Wohngebäuden gegen Feuer-, Leitungswasser- und Sturmschäden" aus dem Jahre 1962 (**VGB 62**) zu Grunde. Diese Versicherungsbedingungen wurden 1988 grundlegend überarbeitet und führten zu den „Allgemeinen Wohngebäude-Versicherungsbedingungen 1988" (**VGB 88**).

Es folgten die **VGB 2000**, an deren Stelle nunmehr die VGB 2008 getreten sind, in denen insbesondere die gesetzlichen Änderungen des **VVG 2008** berücksichtigt werden.

In den VGB 2010 kann auch Versicherungsschutz für Elementarschäden (Erdbeben, Überschwemmungen u.ä.) gegen Zusatzprämie und Selbstbehalt vereinbart werden. (§ 4 VGB 2010).

B. Versicherte Sachen (A § 5 VGB 2008/2010)

Versichert sind die im Versicherungsvertrag bezeichneten **Gebäude** einschließlich des **Zubehörs**, das sich im oder am Gebäude befindet.

Ableitungsrohre der Wasserversorgung, die unterhalb des Kellerbodens zwischen den Fundamentmauern verlaufen, befinden sich „innerhalb des Gebäudes".[1]

Eine **Terrasse**, die unmittelbar neben dem versicherten Gebäude angelegt ist, kann nicht als Gebäudebestandteil angesehen werden.[2] Schäden durch Wasser aus **Regenfallrohren** sind **keine** versicherten Wasserschäden, weil das Regenfallrohr nicht der Wasserversorgung dient.[3]

Weiteres **Zubehör** und sonstige Grundstücksbestandteile können durch besondere Vereinbarung – in der Regel gegen **Prämienzuschlag** – mitversichert werden (A § 5 Nr. 4 VGB 2008/2010).

---

1 BGH, NJW-RR 1998, 1034; OLG Nürnberg, r+s 1998, 163; OLG Frankfurt, zfs 1998, 109.
2 LG Köln, r+s 1999, 425.
3 OLG Frankfurt, VersR 2000, 723.

§ 7 Wohngebäudeversicherung

Eine **serienmäßig** gefertigte, in einer Möbelfundgrube erworbene **Einbauküche** ist **nicht** in der Gebäudeversicherung versichert, es besteht allenfalls Versicherungsschutz in einer Hausratversicherung.[4]

Eine **Gartenmauer** ist auch dann nicht als Zubehör mitversichert, wenn sie an das versicherte Gebäude anstößt.[5]

Stillgelegte Rohre, die nicht mehr an das Versorgungsnetz angeschlossen sind, sind nicht Gegenstand der Gebäudeversicherung.[6]

9 Nicht versichert sind Sachen, die der **Mieter** auf eigene Kosten beschafft hat, es sei denn, dass auch insoweit eine vertragliche Vereinbarung mit dem Versicherer getroffen worden ist (A § 5 Nr. 3b VGB 2008/2010).

C. Versicherte Gefahren (A § 1 VGB 2008/2010)

10 Die versicherten Risiken sind weitgehend mit denen der Hausratversicherung identisch.

- **Brand, Blitzschlag, Explosion**, Implosion, Luftfahrzeuge (Definition A § 2 VGB 2008/2010)
- **Leitungswasser** (Definition A § 3 VGB 2008/2010)
- **Sturm, Hagel** (Definition A § 4 VGB 2008/2010)

D. Versicherungswert (A § 10 VGB 2008/2010)

11 Als Versicherungswert können der **Gleitende Neuwert**, der **Neuwert**, der **Zeitwert** und der **Gemeine Wert** vereinbart werden.

I. Gleitender Neuwert

12 Der Gleitende Neuwert ist der **ortsübliche Neubauwert** des Gebäudes, ausgedrückt in Preisen des Jahres 1914. Es empfiehlt sich, die Berechnung des Versicherungswertes 1914 vom Versicherer vornehmen zu lassen, damit dieser sich im Schadenfall nicht auf Unterversicherung berufen kann.

Der Versicherer muss bei der Bestimmung des Versicherungsvertrags den Versicherungsnehmer ordnungsgemäß **beraten**. Wenn dies nicht geschehen ist, kann der Versicherer sich nicht auf **Unterversicherung** berufen.[7]

---

4 OLG Saarbrücken, 5 U 71/11, MRD 2012, 222.
5 OLG Koblenz, 10 U 148/11, MDR 2012, 222 = NJW-RR 2012, 272.
6 OLG Hamm, 20 U 107/12, zfs 2013, 158.
7 BGH, IV ZR 171/09, zfs 2011, 275 = VersR 2011, 622; van Bühren/*Martin van Bühren*, Handbuch Versicherungsrecht, § 4 Rn 140 ff.

E. Weitere Entschädigungsleistungen (A § 7 VGB 2008/2010) § 7

Der Versicherer darf sich auch dann nicht auf Unterversicherung berufen, wenn bei der Berechnung der Wohnfläche ein Anbau „vergessen" wird.[8]

Gemäß A § 11 VGB 2008/2010 gilt die Versicherungssumme als richtig ermittelt, **13**
- wenn sie aufgrund einer vom **Versicherer** anerkannten Schätzung eines Bausachverständigen **festgesetzt** wird,
- wenn der Versicherungsnehmer im Antrag den **Neubauwert** in Preisen eines **anderen Jahres** zutreffend angibt und der Versicherer diesen Betrag **umrechnet**,
- der Versicherungsnehmer **Antragsfragen** nach Größe, Ausbau und Ausstattung des Gebäudes **zutreffend** beantwortet und der Versicherer hiernach die Versicherungssumme „Wert 1914" berechnet. Wird die Versicherungssumme nach den Vorgaben von A § 11 Nr. 1 VGB 2008/2010 ermittelt, liegt darin ein Unterversicherungsverzicht des Versicherers (A § 11 Nr. 2 VGB 2008/2010).

II. Neuwert
Der Neuwert ist der **ortsübliche** Neubauwert des Gebäudes. **14**

III. Zeitwert
Der Zeitwert errechnet sich aus dem **Neuwert** des Gebäudes abzüglich der **Wertminderung** durch Alterung und Nutzung. **15**

IV. Gemeiner Wert
Der Gemeine Wert ist der erzielbare **Verkaufspreis**. **16**

E. Weitere Entschädigungsleistungen (A § 7 VGB 2008/2010)

Aufräum- und **Abbruchkosten** sind versicherte Kosten. Hierbei geht es insbesondere um Kosten für das Abfahren von Schutt oder sonstigen Resten der versicherten Sachen zum nächsten Ablagerungsplatz (A § 7 Nr. 1a VGB 2008/2010). **17**

Bewegungs- oder **Schutzkosten** werden ebenfalls ersetzt. Es handelt sich um Kosten, die dadurch entstehen, dass zum Zweck der Wiederherstellung oder Wiederbeschaffung von versicherten Sachen andere Sachen verändert, bewegt oder geschützt werden müssen (A § 7 Nr. 1b VGB 2008/2010). **18**

Die Ersatzpflicht des Versicherers für Aufräum- und Abbruchkosten und Bewegungs- oder Schutzkosten ist gemäß A § 7 Nr. 2 VGB 2008/2010 auf einen im Versicherungsvertrag vereinbarten Betrag **beschränkt**. **19**

---
8 OLG Saarbrücken, 5 U 60/11, VersR 2012, 1120 = MDR 2012, 407.

20 Suchkosten und Arbeiten außerhalb des Grundstücks sind ersatzpflichtig, wenn sich die Bruchstelle des Leitungsrohrs auf dem **Versicherungsgrundstück** befindet.[9]

F. Mietausfall (A § 9 VGB 2008/2010)

21 Der Versicherer ersetzt auch den Mietausfall oder evtl. Mietminderungen für den vertraglich vereinbarten Zeitraum, im Regelfall für **12 Monate**.

22 Der ortsübliche Mietwert wird auch ersetzt, wenn ein vom Versicherungsnehmer **selbst genutztes Wohngebäude** vom Versicherungsfall betroffen ist.

G. Wiederherstellungsklausel (A § 13 Nr. 7 VGB 2008/2010)

I. Vorbemerkung

23 Nach A § 13 Nr. 7 VGB 2008/2010, der inhaltlich § 93 VVG entspricht, wird der über den Zeitwert hinausgehende Neuwertschaden nur dann ersetzt, wenn innerhalb von **3 Jahren** das Gebäude an der bisherigen Stelle wiederhergestellt wird oder die Verwendung der Entschädigung zu diesem Zweck „sichergestellt" ist.

24 Wird ein völlig **anderes** Gebäude mit einer anderen Nutzungsmöglichkeit errichtet, so wird nur der **Zeitwertschaden** ersetzt.[10]

25 Wenn an der bisherigen Stelle ein Wiederaufbau rechtlich **nicht möglich** oder wirtschaftlich nicht zu vertreten ist, genügt es, wenn das Gebäude an **anderer** Stelle innerhalb der Bundesrepublik Deutschland wiederhergestellt wird.

26 Es gilt die „**strenge**" Wiederherstellungsklausel: Der Anspruch auf Ersatz der Entschädigungsleistung unter Einschluss der Neuwertspanne entsteht erst mit der **Sicherstellung** der **Verwendung** zur Wiederherstellung. Der Erlass eines Grundurteils, damit der Versicherungsnehmer entsprechende Werkverträge abschließen kann, kommt nicht in Betracht.[11]

II. Rechtsprechung

27 ■ Von einer „Sicherstellung" ist auszugehen, wenn ein **verbindlicher Bauvertrag** oder Kaufvertrag über ein Fertighaus vorgelegt wird.[12]
■ Der **Neuwertanteil** verbleibt dem Versicherungsnehmer, wenn **vor Veräußerung** des Grundstücks die Wiederherstellung gesichert wird.[13]

---

9   OLG Karlsruhe, VersR 1999, 1539.
10 BGH, VersR 1984, 843 = NJW 1984, 2696.
11 BGH, VersR 2001, 326 = NJW-RR 2001, 525.
12 BGH, zfs 2004, 223.
13 BGH, NJW-RR 2004, 753 = MDR 2004, 807.

- Die Neuwertspitze fällt **nicht** an, wenn ein Gebäude errichtet wird, welches **erheblich größer** als das beschädigte Gebäude ist.[14]
- Der Versicherer muss bei Bestimmung der Versicherungssumme den Versicherungsnehmer **beraten**; geschieht dies nicht, darf der Versicherer sich **nicht** auf **Unterversicherung** berufen.[15]
- **Kostenvoranschläge** reichen zum Nachweis einer „Sicherstellung" **nicht** aus.[16]

H. Obliegenheiten vor Eintritt des Versicherungsfalles

Der Versicherungsnehmer hat eine Vielzahl von Obliegenheiten **bei Vertragsschluss** und anschließend vor **Eintritt des Versicherungsfalles** und **nach Eintritt des Versicherungsfalles** zu beobachten. 28

I. Anzeigepflicht (B § 1 VGB 2008/2010)

Der Versicherungsnehmer muss alle ihm bekannten Gefahrumstände anzeigen, nach denen der Versicherer **in Textform** gefragt hat. Die Verletzung der Anzeigepflicht führt je nach Grad des Verschuldens zu 29

- **Vertragsänderung,**
- **Rücktritt und Leistungsfreiheit,**
- **Kündigung.**

II. Obliegenheiten vor Eintritt des Versicherungsfalles (B § 8 Nr. 1 VGB 2008/2010)

Zu den vertraglichen Obliegenheiten gehört insbesondere die Einhaltung aller gesetzlichen, behördlichen sowie vertraglich vereinbarten **Sicherheitsvorschriften**. 30

Diese Sicherheitsvorschriften werden in A § 16 VGB 2008/2010 definiert:

*Die versicherten Sachen müssen in einem **ordnungsgemäßen Zustand** erhalten werden, Wasser führende Anlagen und Einrichtungen sind zu überprüfen und bei Leerstand des Gebäudes abzusperren.*

---

14 OLG Köln, VersR 2006, 1357 = zfs 2006, 517.
15 BGH – IV ZR 171/09, zfs 2011, 275 = VersR 2011, 622.
16 OLG Düsseldorf, VersR 2007, 1080.

III. Obliegenheiten bei Eintritt des Versicherungsfalles (B § 8 Nr. 2 VGB 2008/2010)

31 Der Versicherungsnehmer hat eine Vielzahl von Obliegenheiten zu beobachten, insbesondere für die **Abwehr und Minderung des Schadens** zu sorgen und den Versicherer unverzüglich über den Schaden zu informieren.

IV. Rechtsfolgen von Obliegenheitsverletzungen

32 Bei **vorsätzlicher** und für den Schadeneintritt ursächlicher Obliegenheitsverletzung wird der Versicherer **vollständig leistungsfrei**, bei **grob fahrlässiger Obliegenheitsverletzung** kann der Versicherer seine Leistung entsprechend der Schwere des Verschuldens des Versicherungsnehmers **kürzen**. Das Nichtvorliegen der groben Fahrlässigkeit hat der Versicherungsnehmer zu beweisen.

I. Gefahrerhöhung (B § 9 VGB 2008/2010)

33 Eine Gefahrerhöhung liegt vor, wenn die tatsächlichen Umstände sich so verändern, dass der Eintritt des Versicherungsfalls **wahrscheinlicher** wird.

34 Eine Gefahrerhöhung liegt dann vor, wenn ein **Gebäude leer steht** oder wenn in einem Wohngebäude ein Gewerbebetrieb eingerichtet wird.

35 Eine Gefahrerhöhung berechtigt den Versicherer zur **Kündigung** oder Vertragsanpassung (B § 9 Nr. 3 VGB 2008/2010). Bei **vorsätzlicher** und für den Eintritt des Versicherungsfalles ursächlicher Gefahrerhöhung wird der Versicherer **leistungsfrei**, bei grober Fahrlässigkeit kann seine Leistung **gekürzt** werden (B § 9 Nr. 5 VGB 2008/2010).

J. Vorsatz (B § 16 Nr. 1 VGB 2008/2010)

36 Die vorsätzliche Herbeiführung des Versicherungsfalles führt zur **Leistungsfreiheit** des Versicherers. Diese Regelung entspricht § 81 Abs. 1 VVG.

K. Grobe Fahrlässigkeit (B § 16 Nr. 1b VGB 2008/2010)

I. Vorbemerkung

37 Bei grober Fahrlässigkeit ist der Versicherer berechtigt, *„seine Leistung in einem der Schwere des Verschuldens des Versicherungsnehmers entsprechenden Verhältnis zu kürzen"*. Diese Regelung entspricht § 81 Abs. 2 VVG.

II. Rechtsprechung

- Wenn ein **Gebäude** längere Zeit leer steht, ohne dass die **Wasserzufuhr** abgestellt wird, ist ein Wasserleitungsschaden durch grobe Fahrlässigkeit herbeigeführt worden.[17]
- Wenn ein Wohngebäude längere Zeit leer steht, kann sowohl eine **Gefahrerhöhung** als auch eine **grobe Fahrlässigkeit** vorliegen.[18]
- Bei einem **leerstehenden** – nicht beheiztem – **Gebäude** ist ein Frostschaden nur zu **50 %** zu ersetzen.[19]
- Eine Kürzung auf **Null** ist in Ausnahmefällen dann möglich, wenn die **Heizungsanlage** in einem leerstehenden Gebäude längere Zeit stillgelegt ist und trotzdem die Wasser führenden **Leitungen weder abgesperrt noch entleert werden.**[20]
- Eine Kürzung von **80 %** ist angemessen, wenn die Wasser führenden Leitungen nicht entleert werden trotz Stilllegung der Heizung.[21]

38

L. Arglistige Täuschung (B § 16c VGB 2008/2010)

Der Versicherer ist leistungsfrei, *„wenn der Versicherungsnehmer den Versicherer arglistig über Tatsachen, die für den Grund und die Höhe der Entschädigung von Bedeutung sind, täuscht oder zu täuschen versucht".*

39

M. Sachverständigenverfahren (A § 15 VGB 2008/2010)

Bei Streit über die Schadenhöhe können Versicherer und Versicherungsnehmer das Sachverständigenverfahren **vereinbaren**, das ähnlich ausgestaltet ist wie das Sachverständigenverfahren gemäß A.2.17 AKB 2008: Versicherer und Versicherungsnehmer benennen je einen Sachverständigen, beide Sachverständigen einigen sich dann auf einen **Obmann**. Jede Partei trägt die Kosten ihres Sachverständigen, die Kosten des Obmannes tragen beide Parteien je zur Hälfte.

40

N. Fälligkeit (A § 14 VGB 2008/2010)

Der Versicherungsnehmer kann **einen Monat** nach Anzeige des Schadens als Abschlagszahlung den Betrag beanspruchen, der nach Lage der Sache mindestens zu zahlen ist (A § 14 Nr. 2 S. 2 VGB 2008/2010).

41

---

17 BGH, r+s 1995, 24; OLG Düsseldorf, NVersZ 2001, 567; OLG Bremen, VersR 2003, 1569; OLG Frankfurt, r+s 2006, 23 m.w.N. = zfs 2006, 33; OLG Karlsruhe, r+s 2006, 504 = VersR 2007, 644.
18 OLG Hamburg, VersR 2005, 221.
19 LG Bonn, 10 U 372/09, VersR 2010, 1079.
20 OLG Hamm, 20 U 144/11, VersR 2013,101; OLG Frankfurt, 3 U 153/11, VersR 2013, 356.
21 OLG Brandenburg, 11 U 172/11, r+s 2013, 24.

42 Die Entschädigung ist ab dem Zeitpunkt der Schadenanzeige (A § 14 Nr. 3a VGB 2008/2010) zu **verzinsen**, es sei denn, dass die Entschädigung innerhalb **eines Monats** seit Anzeige des Schadens gezahlt wird.

O. Mieterregress

43 Wenn ein Mieter einen Gebäudeschaden schuldhaft verursacht, gehen die Schadenersatzansprüche des Gebäudeeigentümers gegen den Mieter auf den Gebäudeversicherer über, sobald dieser den Schaden reguliert (**§ 86 VVG**).

44 Dieser Regressanspruch besteht jedoch nur dann, wenn der Mieter **vorsätzlich** oder **grob fahrlässig** gehandelt hat. Es kommt nicht darauf an, ob der Mieter die Versicherungsprämien anteilmäßig trägt. Eine ergänzende Vertragsauslegung des Versicherungsvertrages führt zu dem Ergebnis, dass ein **konkludenter Regressverzicht** des Versicherers für die Fälle anzunehmen ist, in denen der Wohnungsmieter einen Brandschaden durch einfache Fahrlässigkeit verursacht hat.[22]

Bei Fahrlässigkeit des Mieters besteht ein Ausgleichsanspruch des Gebäudeversicherers gegen den Haftpflichtversicherer des Mieters nach den Regeln der Mehrfachversicherung analog § 77 VVG.[23]

P. Allgemeine Wohngebäude Versicherungsbedingungen (VGB 2010 – Wert 1914) – Version 1.1.2013

45 Diese Bedingungen des Gesamtverbandes der Deutschen Versicherungswirtschaft e.V. (GDV) sind für die Versicherer unverbindlich; ihre Verwendung ist rein fakultativ. Abweichende Bedingungen können vereinbart werden. Abdruck mit freundlicher Genehmigung des GDV; die jeweils aktuellen Bedingungen können kostenfrei auf der Website des GDV (www.gdv.de) abgerufen werden.

Abschnitt A

§ 1 Versicherte Gefahren und Schäden (Versicherungsfall), generelle Ausschlüsse

1. Versicherungsfall

Der Versicherer leistet Entschädigung für versicherte Sachen, die durch
a) Brand, Blitzschlag, Überspannung durch Blitz, Explosion, Implosion, Anprall oder Absturz eines Luftfahrzeuges, seiner Teile oder seiner Ladung,
b) Leitungswasser,

---

22 BGH, VersR 2001, 94 m. Anm. *Lorenz* = zfs 01, 1973 = MDR 2001, 272 m. Anm. *van Bühren*; BGH – IV ZR 273/05, ZfIR 2006, 838; *Armbrüster*, ZfIR 2006, 821 ff. mit umfassender Rechtsprechungsübersicht; BGH – IV ZR 116/05, VersR 2006, 1533; BGH, IIX ZR 48/13, VersR 2014, 999.
23 BGH, r+s 2008, 379; BGH, r+s 2010, 242 = MDR 2010, 571.

c) Naturgefahren
   aa) Sturm, Hagel,
   bb) Weitere Elementargefahren
   zerstört oder beschädigt werden oder abhanden kommen.
   Jede der Gefahrengruppen nach a), b) und c) aa) kann auch einzeln versichert werden.
   Die Gefahrengruppe nach c) bb) kann ausschließlich in Verbindung mit einer oder mehreren unter a) bis c) aa) genannten Gefahren versichert werden.

2. **Ausschlüsse Krieg, Innere Unruhen und Kernenergie**
a) Ausschluss Krieg
   Die Versicherung erstreckt sich ohne Rücksicht auf mitwirkende Ursachen nicht auf Schäden durch Krieg, kriegsähnliche Ereignisse, Bürgerkrieg, Revolution, Rebellion oder Aufstand.
b) Ausschluss Innere Unruhen
   Die Versicherung erstreckt sich ohne Rücksicht auf mitwirkende Ursachen nicht auf Schäden durch innere Unruhen.
c) Ausschluss Kernenergie
   Die Versicherung erstreckt sich ohne Rücksicht auf mitwirkende Ursachen nicht auf Schäden durch Kernenergie, nukleare Strahlung oder radioaktive Substanzen.

§ 2 Brand, Blitzschlag, Überspannung durch Blitz, Explosion, Implosion, Luftfahrzeuge

1. Versicherte Gefahren und Schäden
Der Versicherer leistet Entschädigung für versicherte Sachen, die durch
a) Brand,
b) Blitzschlag,
c) Überspannung durch Blitz,
d) Explosion, Implosion,
e) Anprall oder Absturz eines Luftfahrzeuges, seiner Teile oder seiner Ladung zerstört oder beschädigt werden oder abhanden kommen.

2. Brand
Brand ist ein Feuer, das ohne einen bestimmungsgemäßen Herd entstanden ist oder ihn verlassen hat und das sich aus eigener Kraft auszubreiten vermag.

3. Blitzschlag
Blitzschlag ist der unmittelbare Übergang eines Blitzes auf Sachen.

Überspannungs-, Überstrom- oder Kurzschlussschäden an elektrischen Einrichtungen und Geräten sind nur versichert, wenn an Sachen auf dem Grundstück, auf dem der Versicherungsort liegt, durch Blitzschlag Schäden anderer Art entstanden sind.

§ 7 Wohngebäudeversicherung

Spuren eines Blitzschlags an diesem Grundstück, an dort befindlichen Antennen oder anderen Sachen als elektrischen Einrichtungen und Geräten stehen Schäden anderer Art gleich.

4. Überspannung durch Blitz

Überspannung durch Blitz ist ein Schaden, der durch Überspannung, Überstrom und Kurzschluss infolge eines Blitzes oder durch sonstige atmosphärisch bedingte Elektrizität an versicherten elektrischen Einrichtungen und Geräten entsteht.

5. Explosion, Implosion

a) Explosion ist eine auf dem Ausdehnungsbestreben von Gasen oder Dämpfen beruhende, plötzlich verlaufende Kraftäußerung.

Eine Explosion eines Behälters (Kessel, Rohrleitung usw.) liegt nur vor, wenn seine Wandung in einem solchen Umfang zerrissen wird, dass ein plötzlicher Ausgleich des Druckunterschieds innerhalb und außerhalb des Behälters stattfindet. Wird im Innern eines Behälters eine Explosion durch chemische Umsetzung hervorgerufen, so ist ein Zerreißen seiner Wandung nicht erforderlich.

b) Implosion ist ein plötzlicher, unvorhersehbarer Zusammenfall eines Hohlkörpers durch äußeren Überdruck infolge eines inneren Unterdruckes.

6. Nicht versicherte Schäden

Nicht versichert sind

a) ohne Rücksicht auf mitwirkende Ursachen Schäden durch Erdbeben;

b) Sengschäden;

c) Schäden, die an Verbrennungskraftmaschinen durch die im Verbrennungsraum auftretenden Explosionen, sowie Schäden, die an Schaltorganen von elektrischen Schaltern durch den in ihnen auftretenden Gasdruck entstehen;

d) Brandschäden, die an versicherten Sachen dadurch entstehen, dass sie einem Nutzfeuer oder der Wärme zur Bearbeitung oder zu sonstigen Zwecken ausgesetzt werden; dies gilt auch für Sachen, in denen oder durch die Nutzfeuer oder Wärme erzeugt, vermittelt oder weitergeleitet wird.

Die Ausschlüsse gemäß b) bis d) gelten nicht für Schäden, die dadurch verursacht wurden, dass sich an anderen Sachen eine versicherte Gefahr gemäß Nr. 1 verwirklicht hat.

7. Selbstbehalt

Bei Überspannungsschäden durch Blitz nach Nr. 4 wird im Versicherungsfall der im Versicherungsvertrag vereinbarte Selbstbehalt abgezogen.

§ 3 Leitungswasser

1. Bruchschäden innerhalb von Gebäuden
Der Versicherer leistet Entschädigung für innerhalb von Gebäuden eintretende
a) frostbedingte und sonstige Bruchschäden an Rohren:
   aa) der Wasserversorgung (Zu- oder Ableitungen) oder den damit verbundenen Schläuchen;
   bb) der Warmwasser- oder Dampfheizung sowie Klima-, Wärmepumpen- oder Solarheizungsanlagen;
   cc) von Wasserlösch- oder Berieselungsanlagen;
   sofern diese Rohre nicht Bestandteil von Heizkesseln, Boilern oder vergleichbaren Anlagen sind;
b) frostbedingte Bruchschäden an nachfolgend genannten Installationen:
   aa) Badeeinrichtungen, Waschbecken, Spülklosetts, Armaturen (z.b. Wasser- und Absperrhähne, Ventile, Geruchsverschlüsse, Wassermesser) sowie deren Anschlussschläuche;
   bb) Heizkörper, Heizkessel, Boiler oder vergleichbare Teile von Warmwasserheizungs-, Dampfheizungs-, Klima-, Wärmepumpen- oder Solarheizungsanlagen.

Als innerhalb des Gebäudes gilt der gesamte Baukörper, einschließlich der Bodenplatte.

Rohre von Solarheizungsanlagen auf dem Dach gelten als Rohre innerhalb des Gebäudes.

Soweit nicht etwas anderes vereinbart ist, sind Rohre und Installationen unterhalb der Bodenplatte (tragend oder nicht tragend) nicht versichert.

2. Bruchschäden außerhalb von Gebäuden
Der Versicherer leistet Entschädigung für außerhalb von Gebäuden eintretende frostbedingte und sonstige Bruchschäden an den Zuleitungsrohren der Wasserversorgung oder an den Rohren der Warmwasserheizungs-, Dampfheizungs-, Klima-, Wärmepumpen-, oder Solarheizungsanlagen soweit
a) diese Rohre der Versorgung versicherter Gebäude oder Anlagen dienen und
b) die Rohre sich auf dem Versicherungsgrundstück befinden und
c) der Versicherungsnehmer die Gefahr trägt.

3. Nässeschäden
Der Versicherer leistet Entschädigung für versicherte Sachen, die durch bestimmungswidrig austretendes Leitungswasser zerstört oder beschädigt werden oder abhanden kommen.

Das Leitungswasser muss aus Rohren der Wasserversorgung (Zu- und Ableitungen) oder damit verbundenen Schläuchen, den mit diesem Rohrsystem verbundenen sonstigen Einrichtungen oder deren wasserführenden Teilen, aus Einrichtungen der

§ 7 Wohngebäudeversicherung

Warmwasser- oder Dampfheizung, aus Klima- Wärmepumpen oder Solarheizungsanlagen, aus Wasserlösch- und Berieselungsanlagen sowie aus Wasserbetten und Aquarien ausgetreten sein.

Sole, Öle, Kühl- und Kältemittel aus Klima-, Wärmepumpen- oder Solarheizungsanlagen sowie Wasserdampf stehen Leitungswasser gleich.

4. Nicht versicherte Schäden
a) Nicht versichert sind ohne Rücksicht auf mitwirkende Ursachen Schäden durch
   aa) Regenwasser aus Fallrohren;
   bb) Plansch- oder Reinigungswasser;
   cc) Schwamm;
   dd) Grundwasser, stehendes oder fließendes Gewässer, Überschwemmung oder Witterungsniederschläge oder einen durch diese Ursachen hervorgerufenen Rückstau;
   ee) Erdbeben Schneedruck, Lawinen, Vulkanausbruch;
   ff) Erdsenkung oder Erdrutsch, es sei denn, dass Leitungswasser nach Nr. 3 die Erdsenkung oder den Erdrutsch verursacht hat;
   gg) Brand, Blitzschlag, Überspannung durch Blitz, Explosion, Implosion, Anprall oder Absturz eines Luftfahrzeuges, seiner Teile oder seiner Ladung;
   hh) Öffnen der Sprinkler oder Bedienen der Berieselungsdüsen wegen eines Brandes, durch Druckproben oder durch Umbauten oder Reparaturarbeiten an dem versicherten Gebäude oder an der Wasserlösch- oder Berieselungsanlage;
   ii) Sturm, Hagel;
   jj) Leitungswasser aus Eimern, Gießkannen oder sonstigen mobilen Behältnissen.
b) Der Versicherer leistet keine Entschädigung für Schäden an Gebäuden oder an Gebäudeteilen, die nicht bezugsfertig sind und an den in diesen Gebäuden oder Gebäudeteilen befindlichen Sachen.

5. Besondere Vereinbarung
Der Selbstbehalt je Versicherungsfall beträgt __ Euro.

§ 4 Naturgefahren
1. Versicherte Gefahren und Schäden
Der Versicherer leistet Entschädigung für versicherte Sachen, die durch
a) Sturm, Hagel;
b) Weitere Elementargefahren
   aa) Überschwemmung,
   bb) Rückstau,
   cc) Erdbeben,
   dd) Erdsenkung,

ee) Erdrutsch,
ff) Schneedruck,
gg) Lawinen,
hh) Vulkanausbruch

zerstört oder beschädigt werden oder abhanden kommen.

2. **Sturm, Hagel**
a) Sturm ist eine wetterbedingte Luftbewegung von mindestens Windstärke 8 nach Beaufort (Windgeschwindigkeit mindestens 62 km/Stunde). Ist die Windstärke für den Schadenort nicht feststellbar, so wird Windstärke 8 unterstellt, wenn der Versicherungsnehmer nachweist, dass
   aa) die Luftbewegung in der Umgebung des Versicherungsgrundstücks Schäden an Gebäuden in einwandfreiem Zustand oder an ebenso widerstandsfähigen anderen Sachen angerichtet hat, oder dass
   bb) der Schaden wegen des einwandfreien Zustandes des versicherten Gebäudes oder des Gebäudes, in dem sich die versicherten Sachen befunden haben, oder mit diesem Gebäude baulich verbundenen Gebäuden, nur durch Sturm entstanden sein kann.
b) Hagel ist ein fester Witterungsniederschlag in Form von Eiskörnern.
c) Der Versicherer leistet Entschädigung für versicherte Sachen, die zerstört oder beschädigt werden oder abhanden kommen
   aa) durch die unmittelbare Einwirkung des Sturmes oder Hagels auf versicherte Sachen oder auf Gebäude, in denen sich versicherte Sachen befinden;
   bb) dadurch, dass ein Sturm oder Hagel Gebäudeteile, Bäume oder andere Gegenstände auf versicherte Sachen oder auf Gebäude, in denen sich versicherte Sachen befinden, wirft;
   cc) als Folge eines Schadens nach aa) oder bb) an versicherten Sachen;
   dd) durch die unmittelbare Einwirkung des Sturmes oder Hagels auf Gebäude, die mit dem versicherten Gebäude oder Gebäuden, in denen sich versicherte Sachen befinden, baulich verbunden sind;
   ee) dadurch, dass ein Sturm oder Hagel Gebäudeteile, Bäume oder andere Gegenstände auf Gebäude wirft, die mit dem versicherten Gebäude oder Gebäuden, in denen sich versicherte Sachen befinden, baulich verbunden sind.

3. **Weitere Elementargefahren**
a) Überschwemmung
Überschwemmung ist die Überflutung des Grund und Bodens des Versicherungsgrundstücks mit erheblichen Mengen von Oberflächenwasser durch
   aa) Ausuferung von oberirdischen (stehenden oder fließenden) Gewässern;
   bb) Witterungsniederschläge;
   cc) Austritt von Grundwasser an die Erdoberfläche infolge von aa) oder bb).

b) Rückstau
Rückstau liegt vor, wenn Wasser durch Ausuferung von oberirdischen (stehenden oder fließenden) Gewässern oder durch Witterungsniederschläge bestimmungswidrig aus den gebäudeeigenen Ableitungsrohren oder damit verbundenen Einrichtungen in das Gebäude eindringt.

c) Erdbeben
Erdbeben ist eine naturbedingte Erschütterung des Erdbodens, die durch geophysikalische Vorgänge im Erdinneren ausgelöst wird.
Erdbeben wird unterstellt, wenn der Versicherungsnehmer nachweist, dass
aa) die naturbedingte Erschütterung des Erdbodens in der Umgebung des Versicherungsortes Schäden an Gebäuden im einwandfreien Zustand oder an ebenso widerstandsfähigen anderen Sachen angerichtet hat, oder
bb) der Schaden wegen des einwandfreien Zustandes der versicherten Sachen nur durch ein Erdbeben entstanden sein kann.

d) Erdsenkung
Erdsenkung ist eine naturbedingte Absenkung des Erdbodens über naturbedingten Hohlräumen.

e) Erdrutsch
Erdrutsch ist ein naturbedingtes Abrutschen oder Abstürzen von Erd- oder Gesteinsmassen.

f) Schneedruck
Schneedruck ist die Wirkung des Gewichts von Schnee- oder Eismassen.

g) Lawinen
Lawinen sind an Berghängen niedergehende Schnee- oder Eismassen.

h) Vulkanausbruch
Vulkanausbruch ist eine plötzliche Druckentladung beim Aufreißen der Erdkruste, verbunden mit Lavaergüssen, Asche-Eruptionen oder dem Austritt von sonstigen Materialien und Gasen.

4. Nicht versicherte Schäden
a) Nicht versichert sind ohne Rücksicht auf mitwirkende Ursachen Schäden durch
  aa) Sturmflut;
  bb) Eindringen von Regen, Hagel, Schnee oder Schmutz durch nicht ordnungsgemäß geschlossene Fenster, Außentüren oder andere Öffnungen, es sei denn, dass diese Öffnungen durch eine der versicherten Naturgefahren (siehe Nr. 1 a) entstanden sind und einen Gebäudeschaden darstellen;
  cc) Grundwasser, soweit nicht an die Erdoberfläche gedrungen (siehe Nr. 3 a) cc);
  dd) Brand, Blitzschlag, Überspannung durch Blitz, Explosion, Anprall oder Absturz eines Luftfahrzeuges, seiner Teile oder seiner Ladung; dies gilt nicht, soweit diese Gefahren durch ein versichertes Erdbeben ausgelöst wurden;

ee) Trockenheit oder Austrocknung.
b) Der Versicherer leistet keine Entschädigung für Schäden an
   aa) Gebäuden oder an Gebäudeteilen, die nicht bezugsfertig sind und an den in diesen Gebäuden oder Gebäudeteilen befindlichen Sachen;
   bb) Laden- und Schaufensterscheiben.

5. Selbstbehalt

Im Versicherungsfall wird der im Versicherungsvertrag vereinbarte Selbstbehalt abgezogen.

§ 5 Versicherte und nicht versicherte Sachen, Versicherungsort

1. Beschreibung des Versicherungsumfangs

Versichert sind die in dem Versicherungsschein bezeichneten Gebäude mit ihren Gebäudebestandteilen und Gebäudezubehör einschließlich unmittelbar an das Gebäude anschließender Terrassen auf dem im Versicherungsschein bezeichneten Versicherungsgrundstück.

Weitere Grundstücksbestandteile sind nur versichert, soweit diese ausdrücklich in den Versicherungsumfang einbezogen sind.

2. Definitionen

a) Gebäude im Sinne dieser Regelungen sind mit dem Erdboden verbundene Bauwerke, die der überwiegenden Nutzung zu Wohnzwecken bestimmt sind und gegen äußere Einflüsse schützen können.

b) Gebäudebestandteile sind in ein Gebäude eingefügte Sachen, die durch ihre feste Verbindung mit dem Gebäude ihre Selbständigkeit verloren haben. Dazu gehören auch Einbaumöbel bzw. Einbauküchen, die individuell für das Gebäude raumspezifisch geplant und gefertigt sind.

c) Gebäudezubehör sind bewegliche Sachen, die sich im Gebäude befinden oder außen am Gebäude angebracht sind und der Instandhaltung bzw. überwiegenden Zweckbestimmung des versicherten Gebäudes dienen. Als Gebäudezubehör gelten ferner Müllboxen sowie Klingel- und Briefkastenanlagen auf dem Versicherungsgrundstück.

d) Als Grundstückbestandteile gelten die mit dem Grund und Boden des Versicherungsgrundstücks fest verbundenen Sachen.

e) Versicherungsgrundstück ist das Flurstück/sind die Flurstücke, auf dem das versicherte Gebäude steht (Versicherungsort). Teilen sich mehrere Gebäude ein Flurstück, so gilt als Versicherungsort derjenige Teil des Flurstücks, der durch Einfriedung oder anderweitige Abgrenzung dem/den im Versicherungsschein bezeichneten Gebäude(n) ausschließlich zugehörig ist.

§ 7 Wohngebäudeversicherung

3. Ausschlüsse
a) Nicht versichert sind Photovoltaikanlagen sowie deren zugehörige Installationen (z.b. Solarmodule, Montagerahmen, Befestigungselemente, Mess-, Steuer- und Regeltechnik, Wechselrichter und Verkabelung).
b) Nicht versichert sind in das Gebäude nachträglich eingefügte – nicht aber ausgetauschte – Sachen, die ein Mieter oder Wohnungseigentümer auf seine Kosten beschafft oder übernommen hat und daher hierfür die Gefahr trägt. Eine anderweitige Vereinbarung über die Gefahrtragung ist vom Versicherungsnehmer nachzuweisen.
c) Elektronisch gespeicherte Daten und Programme sind keine Sachen. Kosten für die Wiederherstellung von elektronisch gespeicherten Daten und Programmen sind nur versichert, soweit dies gesondert im Versicherungsvertrag vereinbart ist.

4. Gesondert versicherbar
a) Abweichend von Nr. 3 b) gelten in das Gebäude nachträglich eingefügte – nicht aber ausgetauschte – Sachen als versichert, die ein Mieter oder Wohnungseigentümer auf seine Kosten beschafft oder übernommen hat und daher hierfür die Gefahr trägt.
b) Als Grundstückbestandteile gelten mitversichert, soweit sie sich auf dem im Versicherungsschein bezeichneten Grundstück befinden:
aa) Carports bis __ qm Grundfläche;
bb) Gewächs- und Gartenhäuser bis __ qm Grundfläche;
cc) Grundstückseinfriedungen (auch Hecken);
dd) Hof- und Gehwegbefestigungen;
ee) Hundehütten bis __ qm Grundfläche;
ff) Masten- und Freileitungen;
gg) Wege- und Gartenbeleuchtungen.

§ 6 Wohnungs- und Teileigentum
1. Ist bei Verträgen mit einer Gemeinschaft von Wohnungseigentümern der Versicherer wegen des Verhaltens einzelner Wohnungseigentümer ganz oder teilweise leistungsfrei, so kann er sich hierauf gegenüber den übrigen Wohnungseigentümern wegen deren Sondereigentums sowie deren Miteigentumsanteile nicht berufen.
2. Die übrigen Wohnungseigentümer können verlangen, dass der Versicherer sie auch insoweit entschädigt, als er gegenüber einzelnen Miteigentümern leistungsfrei ist, sofern diese zusätzliche Entschädigung zur Wiederherstellung des gemeinschaftlichen Eigentums verwendet wird.
Der Wohnungseigentümer, in dessen Person der Verwirkungsgrund vorliegt, ist verpflichtet, dem Versicherer diese Mehraufwendungen zu erstatten.
3. Für die Gebäudeversicherung bei Teileigentum gelten Nr. 1 und Nr. 2 entsprechend.

§ 7 Versicherte Kosten

1. Versicherte Kosten

Versichert sind die infolge eines Versicherungsfalles notwendigen und tatsächlich angefallenen
a) Aufräumungs- und Abbruchkosten
 für das Aufräumen und den Abbruch versicherter Sachen sowie für das Wegräumen und den Abtransport von Schutt und sonstigen Resten dieser Sachen zum nächsten Ablagerungsplatz und für das Ablagern und Vernichten;
b) Bewegungs- und Schutzkosten
 die dadurch entstehen, dass zum Zweck der Wiederherstellung oder Wiederbeschaffung versicherter Sachen andere Sachen bewegt, verändert oder geschützt werden müssen.

Die Entschädigung für versicherte Kosten gemäß a) und b) ist auf den vereinbarten Betrag begrenzt.

2. Gesondert versicherbar

(es folgen ggf. Klauseln, siehe Anhang)

§ 8 Mehrkosten

1. Versicherte Mehrkosten

Der Versicherer ersetzt bis zu dem hierfür vereinbarten Betrag die infolge eines Versicherungsfalles tatsächlich entstandenen Aufwendungen für notwendige Mehrkosten durch
a) behördliche Wiederherstellungsbeschränkungen;
b) Preissteigerungen nach Eintritt des Versicherungsfalles.

2. Mehrkosten durch behördliche Wiederherstellungsbeschränkungen

a) Mehrkosten durch behördliche Wiederherstellungsbeschränkungen sind Aufwendungen, die dadurch entstehen, dass die versicherte und vom Schaden betroffene Sache aufgrund öffentlich-rechtlicher Vorschriften nicht in derselben Art und Güte wiederhergestellt oder wiederbeschafft werden darf.
b) Soweit behördliche Anordnungen vor Eintritt des Versicherungsfalles erteilt wurden, sind die dadurch entstehenden Mehrkosten nicht versichert.
 War aufgrund öffentlich-rechtlicher Vorschriften die Nutzung der Sachen zum Zeitpunkt des Versicherungsfalles ganz oder teilweise untersagt, sind die dadurch entstehenden Mehrkosten nicht versichert.
c) Wenn die Wiederherstellung der versicherten und vom Schaden betroffenen Sache aufgrund behördlicher Wiederherstellungsbeschränkungen nur an anderer Stelle erfolgen darf, werden die Mehrkosten nur in dem Umfang ersetzt, in dem sie auch bei Wiederherstellung an bisheriger Stelle entstanden wären.

§ 7 Wohngebäudeversicherung

d) Mehrkosten infolge Preissteigerungen, die dadurch entstehen, dass sich die Wiederherstellung durch behördliche Wiederherstellungsbeschränkungen verzögert, werden gemäß Nr. 3 ersetzt.
e) Ist der Zeitwert Versicherungswert, so werden auch die Mehrkosten nur im Verhältnis des Zeitwertes zum Neuwert ersetzt.

3. Mehrkosten durch Preissteigerungen nach Eintritt des Versicherungsfalles

a) Mehrkosten durch Preissteigerungen sind Aufwendungen für Preissteigerungen versicherter und vom Schaden betroffener Sachen zwischen dem Eintritt des Versicherungsfalles und der Wiederherstellung oder Wiederbeschaffung.
b) Wenn der Versicherungsnehmer die Wiederherstellung oder Wiederbeschaffung nicht unverzüglich veranlasst, werden die Mehrkosten nur in dem Umfang ersetzt, in dem sie auch bei unverzüglicher Wiederherstellung oder Wiederbeschaffung entstanden wären.
c) Mehrkosten infolge von außergewöhnlichen Ereignissen, behördlichen Wiederherstellungs- oder Betriebsbeschränkungen oder Kapitalmangel sind nicht versichert.
Sofern behördliche Wiederherstellungsbeschränkungen die Wiederherstellung oder Wiederbeschaffung der versicherten und vom Schaden betroffenen Sachen verzögern, werden die dadurch entstandenen Preissteigerungen jedoch ersetzt.
d) Ist der Zeitwert Versicherungswert, so werden auch die Mehrkosten nur im Verhältnis des Zeitwerts zum Neuwert ersetzt.

§ 9 Mietausfall, Mietwert

1. Mietausfall, Mietwert

Der Versicherer ersetzt
a) den Mietausfall einschließlich fortlaufender Mietnebenkosten, wenn Mieter von Wohnräumen infolge eines Versicherungsfalles zu Recht die Zahlung der Miete ganz oder teilweise eingestellt haben;
b) den ortsüblichen Mietwert von Wohnräumen einschließlich fortlaufender Nebenkosten im Sinne des Mietrechts, die der Versicherungsnehmer selbst bewohnt und die infolge eines Versicherungsfalles unbenutzbar geworden sind, falls dem Versicherungsnehmer die Beschränkung auf einen benutzbar gebliebenen Teil der Wohnung nicht zugemutet werden kann;
c) auch einen durch behördliche Wiederherstellungsbeschränkungen verursachten zusätzlichen Mietausfall bzw. Mietwert.

2. Haftzeit

a) Mietausfall oder Mietwert werden bis zu dem Zeitpunkt ersetzt, in dem die Räume wieder benutzbar sind, höchstens jedoch für __ Monate seit dem Eintritt des Versicherungsfalles.

b) Mietausfall oder Mietwert werden nur insoweit ersetzt, wie der Versicherungsnehmer die mögliche Wiederbenutzung nicht schuldhaft verzögert.

3. Gewerblich genutzte Räume
Für gewerblich genutzte Räume kann die Versicherung des Mietausfalles oder des ortsüblichen Mietwertes vereinbart werden.

4. Gesondert versicherbar
a) Haftzeit bei Auszug des Mieters infolge des Schadens
Endet das Mietverhältnis infolge des Schadens und sind die Räume trotz Anwendung der im Verkehr erforderlichen Sorgfalt zum Zeitpunkt der Wiederherstellung nicht zu vermieten, wird der Mietverlust bis zur Neuvermietung über diesen Zeitpunkt hinaus für die Dauer von __ Monaten ersetzt, höchstens jedoch bis zum Ablauf der Haftzeit.

b) Haftzeit bei Nachweis der unterbliebenen Vermietung infolge des Schadens
War das Gebäude zur Zeit des Eintritts des Versicherungsfalles nicht vermietet und weist der Versicherungsnehmer die Vermietung zu einem in der Haftzeit liegenden Termin nach, wird der ab diesem Zeitpunkt entstandene Mietausfall bis zum Ablauf der Haftzeit gezahlt.

§ 10 Versicherungswert, Versicherungssumme

1. Vereinbarte Versicherungswerte
Als Versicherungswert kann der Gleitende Neuwert, der Neuwert, der Zeitwert oder der Gemeine Wert vereinbart werden. Im Versicherungsfall kann der Gemeine Wert Anwendung finden, wenn die versicherte Sache dauerhaft entwertet ist (siehe d). Der Versicherungswert bildet die Grundlage der Entschädigungsberechnung.

a) Gleitender Neuwert
aa) Der Gleitende Neuwert ist der Betrag, der aufzuwenden ist, um Sachen gleicher Art und Güte in neuwertigem Zustand herzustellen, ausgedrückt in Preisen des Jahres 1914. Maßgebend ist der ortsübliche Neubauwert einschließlich Architektengebühren sowie sonstige Konstruktions- und Planungskosten.
Bestandteil des Gleitenden Neuwertes sind insoweit auch Aufwendungen, die dadurch entstehen, dass die Wiederherstellung der Sachen in derselben Art und Güte infolge Technologiefortschritts entweder nicht möglich ist oder nur mit unwirtschaftlichem Aufwand möglich wäre. Die Ersatzgüter müssen hierbei den vorhandenen Sachen möglichst nahe kommen.
bb) Nicht Bestandteil des Gleitenden Neuwertes sind Mehrkosten durch behördliche Wiederherstellungsbeschränkungen, die dadurch entstehen, dass Sachen aufgrund öffentlich-rechtlicher Vorschriften nicht in derselben Art und Güte wiederhergestellt werden dürfen, es sei denn, dass diese Mehrkosten als Technologiefortschritt gemäß aa) zu berücksichtigen sind. Versiche-

§ 7 Wohngebäudeversicherung

rungsschutz für diese Mehrkosten besteht gemäß den Vereinbarungen zu den versicherten Mehrkosten.

Mehrkosten durch Preissteigerungen zwischen dem Eintritt des Versicherungsfalles und der Wiederherstellung sind ebenfalls nicht Bestandteil des Neuwertes. Versicherungsschutz für diese Mehrkosten besteht gemäß den Vereinbarungen zu den versicherten Mehrkosten.

cc) Der Versicherer passt den Versicherungsschutz nach a) aa) an die Baukostenentwicklung an (siehe Abschnitt A § 12 Nr. 2). Es besteht insoweit Versicherungsschutz auf der Grundlage des ortsüblichen Neubauwertes zum Zeitpunkt des Versicherungsfalles.

dd) Wenn sich durch bauliche Maßnahmen innerhalb des laufenden Versicherungsjahres der Wert des Gebäudes erhöht, besteht bis zum Schluss dieses Jahres auch insoweit Versicherungsschutz.

b) Neuwert

aa) Der Neuwert ist der Betrag, der aufzuwenden ist, um Sachen gleicher Art und Güte in neuwertigem Zustand herzustellen. Maßgebend ist der ortsübliche Neubauwert einschließlich Architektengebühren sowie sonstige Konstruktions- und Planungskosten.

Bestandteil des Neuwertes sind insoweit auch Aufwendungen, die dadurch entstehen, dass die Wiederherstellung der Sachen in derselben Art und Güte infolge Technologiefortschritts entweder nicht möglich ist oder nur mit unwirtschaftlichem Aufwand möglich wäre. Die Ersatzgüter müssen hierbei den vorhandenen Sachen möglichst nahe kommen.

bb) Nicht Bestandteil des Neuwertes sind Mehrkosten durch behördliche Wiederherstellungsbeschränkungen, die dadurch entstehen, dass Sachen aufgrund öffentlich-rechtlicher Vorschriften nicht in derselben Art und Güte wiederhergestellt werden dürfen, es sei denn, dass diese Mehrkosten als Technologiefortschritt gemäß aa) zu berücksichtigen sind. Versicherungsschutz für diese Mehrkosten besteht gemäß den Vereinbarungen zu den versicherten Mehrkosten.

Mehrkosten durch Preissteigerungen zwischen dem Eintritt des Versicherungsfalles und der Wiederherstellung sind ebenfalls nicht Bestandteil des Neuwertes. Versicherungsschutz für diese Mehrkosten besteht gemäß den Vereinbarungen zu den versicherten Mehrkosten.

c) Zeitwert

Der Zeitwert ergibt sich aus dem Neuwert des Gebäudes (siehe b) abzüglich der Wertminderung insbesondere durch Alter und Abnutzungsgrad.

d) Gemeiner Wert

Der Gemeine Wert ist der erzielbare Verkaufspreis für das Gebäude oder für das Altmaterial.

Ist Versicherung zum Gleitenden Neuwert, Neuwert oder Zeitwert vereinbart und ist das Gebäude zum Abbruch bestimmt oder sonst dauernd entwertet, so ist

Versicherungswert lediglich der gemeine Wert. Eine dauernde Entwertung liegt insbesondere vor, wenn das Gebäude für seinen Zweck nicht mehr zu verwenden ist.

Der Versicherungswert von Gebäudezubehör und Grundstücksbestandteilen, die nicht Gebäude sind, entspricht dem für das Gebäude vereinbarten Versicherungswert.

2. Versicherungssumme

a) Die Versicherungssumme ist der zwischen Versicherer und Versicherungsnehmer im Einzelnen vereinbarte Betrag, der dem Versicherungswert entsprechen soll.

b) Wenn bauliche Änderungen vorgenommen werden, soll der Versicherungsnehmer die Versicherungssumme an den veränderten Versicherungswert anpassen.

c) Ist Neuwert, Zeitwert oder gemeiner Wert vereinbart worden, soll der Versicherungsnehmer die Versicherungssumme für die versicherte Sache für die Dauer des Versicherungsverhältnisse dem jeweils gültigen Versicherungswert anpassen.

d) Entspricht zum Zeitpunkt des Versicherungsfalles die Versicherungssumme nicht dem Versicherungswert, kann die Regelung über die Unterversicherung zur Anwendung kommen (siehe Abschnitt A §13 Nr. 9).

§ 11 Ermittlung der Versicherungssumme in der gleitenden Neuwertversicherung, Unterversicherung

1. Ermittlung der Versicherungssumme in der gleitenden Neuwertversicherung

Die Versicherungssumme ist nach dem ortsüblichen Neubauwert (siehe Abschnitt A § 10 Nr. 1 a) zu ermitteln, der in den Preisen des Jahres 1914 ausgedrückt wird (Versicherungssumme „Wert 1914").

Die Versicherungssumme gilt als richtig ermittelt, wenn

a) sie aufgrund einer vom Versicherer anerkannten Schätzung eines Bausachverständigen festgesetzt wird;

b) der Versicherungsnehmer im Antrag den Neubauwert in Preisen eines anderen Jahres zutreffend angibt und der Versicherer diesen Betrag umrechnet;

c) der Versicherungsnehmer Antragsfragen nach Größe, Ausbau und Ausstattung des Gebäudes zutreffend beantwortet und der Versicherer hiernach die Versicherungssumme „Wert 1914" berechnet.

2. Unterversicherungsverzicht

a) Wird die nach Nr. 1 ermittelte Versicherungssumme „Wert 1914" vereinbart, nimmt der Versicherer bei der Entschädigung (einschließlich Kosten und Mietausfall) keinen Abzug wegen Unterversicherung vor (Unterversicherungsverzicht).

b) Ergibt sich im Versicherungsfall, dass die Beschreibung des Gebäudes und seiner Ausstattung gemäß Nr. 1 c) von den tatsächlichen Verhältnissen bei Vertragsabschluss abweicht und ist dadurch die Versicherungssumme „Wert 1914" zu niedrig bemessen, so kann der Versicherer nach den Regelungen über die Anzeigepflichtverletzungen vom Vertrag zurücktreten, kündigen oder eine Vertragsanpassung vornehmen; ferner kann er bezüglich der Differenz zwischen vereinbarter Versicherungssumme und tatsächlichem Versicherungswert nach den Regeln der Unterversicherung leistungsfrei sein.

c) Der Unterversicherungsverzicht gilt ferner nicht, wenn der der Versicherungssummenermittlung zugrunde liegende Bauzustand nach Vertragsabschluss durch wertsteigernde bauliche Maßnahmen verändert wurde und die Veränderung dem Versicherer nicht unverzüglich angezeigt wurde. Dies gilt nicht, soweit der ortsübliche Neubauwert innerhalb des zum Zeitpunkt des Versicherungsfalles laufenden Versicherungsjahres durch bauliche Maßnahmen erhöht wurde.

§ 12 Prämie in der Gleitenden Neuwertversicherung und deren Anpassung

1. Berechnung der Prämie

Grundlagen der Berechnung der Prämie sind die Versicherungssumme „Wert 1914", der vereinbarte Prämiensatz sowie der Anpassungsfaktor (siehe Nr. 2 a).

Die jeweils zu zahlende Jahresprämie wird berechnet durch Multiplikation der vereinbarten Grundprämie 1914 (Versicherungssumme „Wert 1914" multipliziert mit dem Prämiensatz) mit dem jeweils gültigen Anpassungsfaktor.

2. Anpassung der Prämie

a) Die Prämie verändert sich entsprechend der Anpassung des Versicherungsschutzes (siehe Abschnitt A § 10 Nr. 1 a) gemäß der Erhöhung oder Verminderung des Anpassungsfaktors.

b) Der Anpassungsfaktor erhöht oder vermindert sich jeweils zum 1. Januar eines jeden Jahres für das in diesem Jahr beginnende Versicherungsjahr entsprechend dem Prozentsatz, um den sich der jeweils für den Monat Mai des Vorjahres veröffentlichte Baupreisindex für Wohngebäude und der für den Monat April des Vorjahres veröffentlichte Tariflohnindex für das Baugewerbe verändert haben. Beide Indizes gibt das Statistische Bundesamt bekannt. Bei dieser Anpassung wird die Änderung des Baupreisindexes zu 80 Prozent und die des Tariflohnindexes zu 20 Prozent berücksichtigt, und zwar der jeweilige Index auf zwei Stellen nach dem Komma gerundet.

Der Anpassungsfaktor wird auf zwei Stellen nach dem Komma errechnet und gerundet.

Soweit bei Rundungen die dritte Zahl nach dem Komma eine Fünf oder eine höhere Zahl ist, wird aufgerundet, sonst abgerundet.

c) Der Versicherungsnehmer kann einer Erhöhung der Prämie innerhalb eines Monats, nachdem ihm die Mitteilung über die Erhöhung des Anpassungsfaktors zugegangen ist, durch Erklärung in Textform widersprechen. Zur Wahrung der Frist genügt die rechtzeitige Absendung. Damit wird die Erhöhung nicht wirksam. Die Versicherung bleibt dann als Neuwertversicherung (siehe Abschnitt A § 10 Nr. 1 b) in Kraft, und zwar zur bisherigen Prämie und mit einer Versicherungssumme, die sich aus der Versicherungssumme „Wert 1914" multipliziert mit 1/100 des Baupreisindexes für Wohngebäude ergibt, der im Mai des Vorjahres galt.

In diesem Fall gilt ein vereinbarter Unterversicherungsverzicht nicht mehr.

Das Recht des Versicherungsnehmers auf Herabsetzung der Versicherungssumme wegen erheblicher Überversicherung bleibt unberührt.

§ 13 Entschädigungsberechnung

1. Gleitende Neuwert- und Neuwertversicherung

a) Der Versicherer ersetzt
  aa) bei zerstörten Gebäuden die ortsüblichen Wiederherstellungskosten des Gebäudes (einschließlich der Architektengebühren sowie sonstiger Konstruktions- und Planungskosten) unmittelbar vor Eintritt des Versicherungsfalles,
  bb) bei beschädigten Gebäuden oder sonstigen beschädigten Sachen die notwendigen Reparaturkosten unmittelbar vor Eintritt des Versicherungsfalles zuzüglich einer durch die Reparatur nicht ausgeglichenen Wertminderung, höchstens jedoch der Versicherungswert unmittelbar vor Eintritt des Versicherungsfalles,
  cc) bei zerstörten oder abhanden gekommenen sonstigen Sachen den Wiederbeschaffungspreis von Sachen gleicher Art und Güte im neuwertigen Zustand unmittelbar vor Eintritt des Versicherungsfalles.

b) Öffentlich-rechtliche Vorschriften, nach denen die noch vorhandene und technisch brauchbare Sachsubstanz der versicherten und vom Schaden betroffenen Sache für die Wiederherstellung nicht wieder verwendet werden darf, werden bei der Entschädigungsberechnung gemäß a) berücksichtigt, soweit
  aa) es sich nicht um behördliche Anordnungen handelt, die vor Eintritt des Versicherungsfalles erteilt wurden oder
  bb) nicht aufgrund öffentlich-rechtlicher Vorschriften die Nutzung der Sachen zum Zeitpunkt des Versicherungsfalles ganz oder teilweise untersagt war.

Mehrkosten durch behördliche Wiederherstellungsbeschränkungen, die dadurch entstehen, dass die versicherte und vom Schaden betroffene Sache aufgrund öffentlich-rechtlicher Vorschriften nicht in derselben Art und Güte wiederhergestellt oder wiederbeschafft werden darf, werden im Rahmen der Entschädigungsberechnung gemäß a) nicht ersetzt, es sei denn, dass diese Mehrkosten als Technologiefortschritt im Versicherungswert zu berücksichtigen sind. Versiche-

rungsschutz für diese Mehrkosten besteht gemäß den Vereinbarungen zu den versicherten Mehrkosten.
c) Der erzielbare Verkaufspreis von Resten wird bei der Entschädigungsberechnung gemäß a) angerechnet.

2. Zeitwert

Der Versicherer ersetzt
a) bei zerstörten Gebäuden den Neuwert unmittelbar vor Eintritt des Versicherungsfalles abzüglich der Wertminderung insbesondere durch Alter und Abnutzungsgrad;
b) bei beschädigten Gebäuden oder sonstigen beschädigten Sachen die notwendigen Reparaturkosten unmittelbar vor Eintritt des Versicherungsfalles zuzüglich einer durch die Reparatur nicht ausgeglichenen Wertminderung, höchstens jedoch der Zeitwert unmittelbar vor Eintritt des Versicherungsfalles;
c) bei zerstörten oder abhanden gekommenen sonstigen Sachen den Wiederbeschaffungspreis von Sachen gleicher Art und Güte im neuwertigen Zustand zum Zeitpunkt des Vertragsschlusses unter Berücksichtigung eines Abzuges entsprechend dem insbesondere durch das Alter und den Abnutzungsgrad bestimmten Zustand;
d) Der erzielbare Verkaufspreis von Resten wird bei der Entschädigungsberechnung gemäß a) bis c) angerechnet.

3. Gemeiner Wert

Soweit ein Gebäude zum Abbruch bestimmt oder sonst dauerhaft entwertet ist, werden versicherte Sachen nur unter Zugrundelegung des erzielbaren Verkaufspreises ohne Grundstücksanteile (gemeiner Wert) entschädigt.

4. Kosten

Berechnungsgrundlage für die Entschädigung versicherter Kosten (siehe Abschnitt A §§ 7 und 8) ist der Nachweis tatsächlich angefallener Kosten unter Berücksichtigung der jeweils vereinbarten Entschädigungsgrenzen.

5. Mietausfall, Mietwert

Der Versicherer ersetzt den versicherten Mietausfall bzw. Mietwert bis zum Ende der vereinbarten Haftzeit.

6. Mehrwertsteuer

a) Die Mehrwertsteuer wird nicht ersetzt, wenn der Versicherungsnehmer vorsteuerabzugsberechtigt ist; das Gleiche gilt, wenn der Versicherungsnehmer Mehrwertsteuer tatsächlich nicht gezahlt hat.
b) Für die Berechnung der Entschädigung versicherter Kosten (siehe Abschnitt A §§ 7 und 8) und versicherten Mietausfalls bzw. Mietwerts (siehe Abschnitt A § 9) gilt a) entsprechend.

7. Neuwertanteil

In der Gleitenden Neuwertversicherung und der Neuwertversicherung erwirbt der Versicherungsnehmer den Anspruch auf Zahlung des Teils der Entschädigung, der den Zeitwertschaden übersteigt (Neuwertanteil) nur, soweit und sobald er innerhalb von drei Jahren nach Eintritt des Versicherungsfalles sicherstellt, dass er die Entschädigung verwenden wird, um versicherte Sachen in gleicher Art und Zweckbestimmung an der bisherigen Stelle wiederherzustellen oder wiederzubeschaffen. Ist dies an der bisherigen Stelle rechtlich nicht möglich oder wirtschaftlich nicht zu vertreten, so genügt es, wenn die Gebäude an anderer Stelle innerhalb der Bundesrepublik Deutschland wiederhergestellt werden.

Der Zeitwertschaden errechnet sich aus der Entschädigung nach Nr. 1 a), Nr. 1 b) und Nr. 1 c) unter Berücksichtigung eines Abzuges entsprechend dem insbesondere durch das Alter und den Abnutzungsgrad bestimmten Zustand.

Der Versicherungsnehmer ist zur Rückzahlung des vom Versicherer entschädigten Neuwertanteils verpflichtet, wenn die Sache infolge eines Verschuldens des Versicherungsnehmers nicht innerhalb einer angemessenen Frist wiederhergestellt oder wiederbeschafft worden ist.

8. Gesamtentschädigung, Kosten auf Weisung des Versicherers

In der Neu- und Zeitwertversicherung ist die Gesamtentschädigung für versicherte Sachen (siehe Abschnitt A § 5), versicherte Kosten (siehe Abschnitt A §§ 7 und 8) und versicherten Mietausfalls bzw. Mietwerts (siehe Abschnitt A § 9) je Versicherungsfall auf die Versicherungssumme begrenzt. Schadenabwendungs- und Schadenminderungskosten, die auf Weisung des Versicherers entstanden sind, werden unbegrenzt ersetzt.

9. Feststellung und Berechnung einer Unterversicherung

Ist die Versicherungssumme im Zeitpunkt des Versicherungsfalles in der Gleitenden Neuwertversicherung (siehe Abschnitt A § 10 Nr. 1 a) ohne Vereinbarung eines Unterversicherungsverzichts, in der Neu- und Zeitwertversicherung sowie in der Versicherung zum gemeinen Wert (siehe Abschnitt A § 10 Nr. 1 b) – Nr. 1 c) niedriger als der Versicherungswert der versicherten Sachen (Unterversicherung), wird die Entschädigung gemäß Nr. 1 bis Nr. 3 in dem Verhältnis von Versicherungssumme zum Versicherungswert nach folgender Berechnungsformel gekürzt: Entschädigung = Schadenbetrag multipliziert mit der Versicherungssumme dividiert durch den Versicherungswert. Entsprechendes gilt für die Berechnung versicherter Kosten (siehe Abschnitt A §§ 7 und 8) und versicherten Mietausfales bzw. Mietwerts (siehe Abschnitt A § 9).

§ 7 Wohngebäudeversicherung

§ 14 Zahlung und Verzinsung der Entschädigung

1. Fälligkeit der Entschädigung

a) Die Entschädigung wird fällig, wenn die Feststellungen des Versicherers zum Grunde und zur Höhe des Anspruchs abgeschlossen sind.
Der Versicherungsnehmer kann einen Monat nach Meldung des Schadens den Betrag als Abschlagszahlung beanspruchen, der nach Lage der Sache mindestens zu zahlen ist.

b) Der über den Zeitwertschaden hinausgehende Teil der Entschädigung wird fällig, nachdem der Versicherungsnehmer gegenüber dem Versicherer den Nachweis geführt hat, dass er die Wiederherstellung oder Wiederbeschaffung sichergestellt hat.

2. Rückzahlung des Neuwertanteils

Der Versicherungsnehmer ist zur Rückzahlung der vom Versicherer nach Nr. 1 b) geleisteten Entschädigung einschließlich etwaiger nach Nr. 3 b) gezahlter Zinsen verpflichtet, wenn die Sache infolge eines Verschuldens des Versicherungsnehmers nicht innerhalb einer angemessenen Frist wiederhergestellt oder wiederbeschafft worden ist.

3. Verzinsung

Für die Verzinsung gilt, soweit nicht aus einem anderen Rechtsgrund eine weitergehende Zinspflicht besteht:

a) Die Entschädigung ist – soweit sie nicht innerhalb eines Monats nach Meldung des Schadens geleistet wird – seit Anzeige des Schadens zu verzinsen.

b) Der über den Zeitwertschaden hinausgehende Teil der Entschädigung ist ab dem Zeitpunkt zu verzinsen, in dem der Versicherungsnehmer die Sicherstellung der Wiederherstellung oder Wiederbeschaffung versicherter Sachen gegenüber dem Versicherer nachgewiesen hat.

c) Der Zinssatz liegt __ Prozentpunkt(e) unter dem jeweiligen Basiszinssatz des Bürgerlichen Gesetzbuches (§ 247 BGB), mindestens jedoch bei __ Prozent und höchstens bei __ Prozent Zinsen pro Jahr.

d) Die Zinsen werden zusammen mit der Entschädigung fällig.

4. Hemmung

Bei der Berechnung der Fristen gemäß Nr. 1, Nr. 3 a) und Nr. 3 b) ist der Zeitraum nicht zu berücksichtigen, in dem infolge Verschuldens des Versicherungsnehmers die Entschädigung nicht ermittelt oder nicht gezahlt werden kann.

5. Aufschiebung der Zahlung

Der Versicherer kann die Zahlung aufschieben, solange

a) Zweifel an der Empfangsberechtigung des Versicherungsnehmers bestehen;

b) ein behördliches oder strafgerichtliches Verfahren gegen den Versicherungsnehmer oder seinen Repräsentanten aus Anlass dieses Versicherungsfalles noch läuft;
c) eine Mitwirkung des Realgläubigers gemäß den gesetzlichen Bestimmungen über die Sicherung von Realgläubigern nicht erfolgte.

§ 15 Sachverständigenverfahren

1. Feststellung der Schadenhöhe

Der Versicherungsnehmer kann nach Eintritt des Versicherungsfalles verlangen, dass die Höhe des Schadens in einem Sachverständigenverfahren festgestellt wird.

Ein solches Sachverständigenverfahren können Versicherer und Versicherungsnehmer auch gemeinsam vereinbaren.

2. Weitere Feststellungen

Das Sachverständigenverfahren kann durch Vereinbarung auf weitere Feststellungen zum Versicherungsfall ausgedehnt werden.

3. Verfahren vor Feststellung

Für das Sachverständigenverfahren gilt:
a) Jede Partei hat in Textform einen Sachverständigen zu benennen. Eine Partei, die ihren Sachverständigen benannt hat, kann die andere unter Angabe des von ihr genannten Sachverständigen in Textform auffordern, den zweiten Sachverständigen zu benennen. Wird der zweite Sachverständige nicht innerhalb von zwei Wochen nach Zugang der Aufforderung benannt, so kann ihn die auffordernde Partei durch das für den Schadenort zuständige Amtsgericht ernennen lassen. In der Aufforderung durch den Versicherer ist der Versicherungsnehmer auf diese Folge hinzuweisen.
b) Der Versicherer darf als Sachverständigen keine Person benennen, die Mitbewerber des Versicherungsnehmers ist oder mit ihm in dauernder Geschäftsverbindung steht; ferner keine Person, die bei Mitbewerbern oder Geschäftspartnern angestellt ist oder mit ihnen in einem ähnlichen Verhältnis steht.
c) Beide Sachverständige benennen in Textform vor Beginn ihrer Feststellungen einen dritten Sachverständigen als Obmann. Die Regelung unter b) gilt entsprechend für die Benennung eines Obmannes durch die Sachverständigen. Einigen sich die Sachverständigen nicht, so wird der Obmann auf Antrag einer Partei durch das für den Schadenort zuständige Amtsgericht ernannt.

4. Feststellung

Die Feststellungen der Sachverständigen müssen enthalten:
a) ein Verzeichnis der abhanden gekommenen, zerstörten und beschädigten versicherten Sachen sowie deren nach dem Versicherungsvertrag in Frage kommenden Versicherungswerte zum Zeitpunkt des Versicherungsfalles;

§ 7 Wohngebäudeversicherung

b) die Wiederherstellungs- und Wiederbeschaffungskosten;
c) die Restwerte der vom Schaden betroffenen Sachen;
d) die nach dem Versicherungsvertrag versicherten Kosten und den versicherten Mietausfall bzw. Mietwert;
e) den Versicherungswert der nicht vom Schaden betroffenen versicherten Sachen zum Zeitpunkt des Versicherungsfalles, wenn kein Unterversicherungsverzicht gegeben ist.

5. Verfahren nach Feststellung

Der Sachverständige übermittelt seine Feststellungen beiden Parteien gleichzeitig. Weichen die Feststellungen der Sachverständigen voneinander ab, so übergibt der Versicherer sie unverzüglich dem Obmann. Dieser entscheidet über die streitig gebliebenen Punkte innerhalb der durch die Feststellungen der Sachverständigen gezogenen Grenzen und übermittelt seine Entscheidung beiden Parteien gleichzeitig.

Die Feststellungen der Sachverständigen oder des Obmannes sind für die Vertragsparteien verbindlich, wenn nicht nachgewiesen wird, dass sie offenbar von der wirklichen Sachlage erheblich abweichen. Aufgrund dieser verbindlichen Feststellungen berechnet der Versicherer die Entschädigung.

Im Falle unverbindlicher Feststellungen erfolgen diese durch gerichtliche Entscheidung. Dies gilt auch, wenn die Sachverständigen die Feststellung nicht treffen können oder wollen oder sie verzögern.

6. Kosten

Sofern nicht etwas anderes vereinbart ist, trägt jede Partei die Kosten ihres Sachverständigen. Die Kosten des Obmannes tragen beide Parteien je zur Hälfte.

7. Obliegenheiten

Durch das Sachverständigenverfahren werden die Obliegenheiten des Versicherungsnehmers nicht berührt.

§ 16 Vertraglich vereinbarte, besondere Obliegenheiten des Versicherungsnehmers vor dem Versicherungsfall, Sicherheitsvorschriften

1.1. Sicherheitsvorschriften

Als vertraglich vereinbarte, besondere Obliegenheiten hat der Versicherungsnehmer
a) die versicherten Sachen, insbesondere wasserführende Anlagen und Einrichtungen, Dächer und außen angebrachte Sachen stets in ordnungsgemäßem Zustand zu erhalten und Mängel oder Schäden unverzüglich beseitigen zu lassen;
b) nicht genutzte Gebäude oder Gebäudeteile zu jeder Jahreszeit genügend häufig zu kontrollieren und dort alle wasserführenden Anlagen und Einrichtungen abzusperren, zu entleeren und entleert zu halten;

c) in der kalten Jahreszeit alle Gebäude und Gebäudeteile zu beheizen und dies genügend häufig zu kontrollieren oder dort alle wasserführenden Anlagen und Einrichtungen abzusperren, zu entleeren und entleert zu halten;
d) zur Vermeidung von Überschwemmungs- bzw. Rückstauschäden
 aa) bei rückstaugefährdeten Räumen Rückstausicherungen funktionsbereit zu halten und
 bb) Abflussleitungen auf dem Versicherungsgrundstück freizuhalten.

2. Folgen der Obliegenheitsverletzung

Verletzt der Versicherungsnehmer eine der in Nr. 1 genannten Obliegenheiten, ist der Versicherer unter den in Abschnitt B § 8 Nr. 1 b) und Nr. 3 beschriebenen Voraussetzungen zur Kündigung berechtigt oder auch ganz oder teilweise leistungsfrei.

§ 17 Besondere gefahrerhöhende Umstände

1. Anzeigepflichtige Gefahrerhöhung

Eine anzeigepflichtige Gefahrerhöhung gemäß Abschnitt B § 9 kann insbesondere dann vorliegen, wenn
a) sich ein Umstand ändert, nach dem der Versicherer vor Vertragsschluss gefragt hat;
b) ein Gebäude oder der überwiegende Teil eines Gebäudes nicht genutzt wird;
c) an einem Gebäude Baumaßnahmen durchgeführt werden, in deren Verlauf das Dach ganz oder teilweise entfernt wird oder die das Gebäude überwiegend unbenutzbar machen;
d) in dem versicherten Gebäude ein Gewerbebetrieb aufgenommen oder verändert wird;
e) das Gebäude nach Vertragsschluss unter Denkmalschutz gestellt wird.

2. Folgen einer Gefahrerhöhung

Zu den Folgen einer Gefahrerhöhung siehe Abschnitt B § 9 Nr. 3 bis Nr. 5.

§ 18 Veräußerung der versicherten Sachen

1. Rechtsverhältnisse nach Eigentumsübergang

a) Wird die versicherte Sache vom Versicherungsnehmer veräußert, so tritt zum Zeitpunkt des Eigentumsübergangs (bei Immobilien das Datum des Grundbucheintrages) an dessen Stelle der Erwerber in die während der Dauer seines Eigentums aus dem Versicherungsverhältnis sich ergebenden Rechte und Pflichten des Versicherungsnehmers ein.
b) Der Veräußerer und der Erwerber haften für die Prämie, die auf das zur Zeit des Eintrittes des Erwerbers laufende Versicherungsjahr entfällt, als Gesamtschuldner.

§ 7 Wohngebäudeversicherung

c) Der Versicherer muss den Eintritt des Erwerbers erst gegen sich gelten lassen, wenn er hiervon Kenntnis erlangt.

2. Kündigungsrechte
a) Der Versicherer ist berechtigt, dem Erwerber das Versicherungsverhältnis unter Einhaltung einer Frist von einem Monat zu kündigen. Dieses Kündigungsrecht erlischt, wenn es nicht innerhalb eines Monats ab der Kenntnis des Versicherers von der Veräußerung ausgeübt wird.

Der Erwerber ist berechtigt, das Versicherungsverhältnis mit sofortiger Wirkung oder zu jedem späteren Zeitpunkt zum Ablauf des Versicherungsjahres in Schriftform zu kündigen. Das Kündigungsrecht erlischt, wenn es nicht innerhalb eines Monats nach dem Erwerb, bei fehlender Kenntnis des Erwerbers vom Bestehen der Versicherung innerhalb eines Monats ab Erlangung der Kenntnis, ausgeübt wird.

b) Im Falle der Kündigung nach a) und b) haftet der Veräußerer allein für die Zahlung der Prämie.

3. Anzeigepflichten
a) Die Veräußerung ist dem Versicherer vom Veräußerer oder Erwerber unverzüglich in Textform anzuzeigen.
b) Ist die Anzeige unterblieben, so ist der Versicherer nicht zur Leistung verpflichtet, wenn der Versicherungsfall später als einen Monat nach dem Zeitpunkt eintritt, zu dem die Anzeige hätte zugehen müssen, und der Versicherer nachweist, dass er den mit dem Veräußerer bestehenden Vertrag mit dem Erwerber nicht geschlossen hätte.
c) Abweichend von b) ist der Versicherer zur Leistung verpflichtet, wenn ihm die Veräußerung zu dem Zeitpunkt bekannt war, zu dem ihm die Anzeige hätten zugehen müssen, oder wenn zur Zeit des Eintrittes des Versicherungsfalles die Frist für die Kündigung des Versicherers abgelaufen war und er nicht gekündigt hat.

Abschnitt B

§ 1 Anzeigepflicht des Versicherungsnehmers oder seines Vertreters bis zum Vertragsschluss

1. Wahrheitsgemäße und vollständige Anzeigepflicht von Gefahrumständen

Der Versicherungsnehmer hat bis zur Abgabe seiner Vertragserklärung dem Versicherer alle ihm bekannten Gefahrumstände anzuzeigen, nach denen der Versicherer in Textform gefragt hat und die für dessen Entschluss erheblich sind, den Vertrag mit dem vereinbarten Inhalt zu schließen.

Der Versicherungsnehmer ist auch insoweit zur Anzeige verpflichtet, als nach seiner Vertragserklärung, aber vor Vertragsannahme der Versicherer in Textform Fragen im Sinne des Satzes 1 stellt.

2. Rechtsfolgen der Verletzung der Anzeigepflicht

a) Vertragsänderung

Hat der Versicherungsnehmer die Anzeigepflicht nicht vorsätzlich verletzt und hätte der Versicherer bei Kenntnis der nicht angezeigten Gefahrumstände den Vertrag auch zu anderen Bedingungen geschlossen, so werden die anderen Bedingungen auf Verlangen des Versicherers rückwirkend Vertragsbestandteil. Bei einer vom Versicherungsnehmer unverschuldeten Pflichtverletzung werden die anderen Bedingungen ab der laufenden Versicherungsperiode Vertragsbestandteil.

Erhöht sich durch eine Vertragsänderung die Prämie um mehr als 10 Prozent oder schließt der Versicherer die Gefahrabsicherung für den nicht angezeigten Umstand aus, so kann der Versicherungsnehmer den Vertrag innerhalb eines Monats nach Zugang der Mitteilung des Versicherers ohne Einhaltung einer Frist kündigen. In dieser Mitteilung der Vertragsänderung hat der Versicherer den Versicherungsnehmer auf dessen Kündigungsrecht hinzuweisen.

b) Rücktritt und Leistungsfreiheit

Verletzt der Versicherungsnehmer seine Anzeigepflicht nach Nr. 1, kann der Versicherer vom Vertrag zurücktreten, es sei denn, der Versicherungsnehmer hat die Anzeigepflicht weder vorsätzlich noch grob fahrlässig verletzt.

Bei grober Fahrlässigkeit des Versicherungsnehmers ist das Rücktrittsrecht des Versicherers ausgeschlossen, wenn der Versicherungsnehmer nachweist, dass der Versicherer den Vertrag bei Kenntnis der nicht angezeigten Umstände zu gleichen oder anderen Bedingungen abgeschlossen hätte.

Tritt der Versicherer nach Eintritt des Versicherungsfalles zurück, so ist er nicht zur Leistung verpflichtet, es sei denn, der Versicherungsnehmer weist nach, dass die Verletzung der Anzeigepflicht sich auf einen Umstand bezieht, der weder für den Eintritt oder die Feststellung des Versicherungsfalles noch für die Feststellung oder den Umfang der Leistungspflicht des Versicherers ursächlich ist. Hat der Versicherungsnehmer die Anzeigepflicht arglistig verletzt, ist der Versicherer nicht zur Leistung verpflichtet.

c) Kündigung

Verletzt der Versicherungsnehmer seine Anzeigepflicht nach Nr. 1 leicht fahrlässig oder schuldlos, kann der Versicherer den Vertrag unter Einhaltung einer Frist von einem Monat kündigen, es sei denn, der Versicherer hätte den Vertrag bei Kenntnis der nicht angezeigten Umständen zu gleichen oder anderen Bedingungen abgeschlossen.

d) Ausschluss von Rechten des Versicherers

Die Rechte des Versicherers zur Vertragsänderung (a), zum Rücktritt (b) und zur Kündigung (c) sind jeweils ausgeschlossen, wenn der Versicherer den nicht angezeigten Gefahrenumstand oder die unrichtige Anzeige kannte.

§ 7 Wohngebäudeversicherung

e) Anfechtung

Das Recht des Versicherers, den Vertrag wegen arglistiger Täuschung anzufechten, bleibt unberührt.

3. Frist für die Ausübung der Rechte des Versicherers

Die Rechte zur Vertragsänderung (Nr. 2 a), zum Rücktritt (Nr. 2 b) oder zur Kündigung (Nr. 2 c) muss der Versicherer innerhalb eines Monats schriftlich geltend machen und dabei die Umstände angeben, auf die er seine Erklärung stützt; zur Begründung kann er nachträglich weitere Umstände innerhalb eines Monats nach deren Kenntniserlangung angeben. Die Monatsfrist beginnt mit dem Zeitpunkt, zu dem der Versicherer von der Verletzung der Anzeigepflicht und der Umstände Kenntnis erlangt, die das von ihm jeweils geltend gemachte Recht begründen.

4. Rechtsfolgenhinweis

Die Rechte zur Vertragsänderung (Nr. 2 a), zum Rücktritt (Nr. 2 b) und zur Kündigung (Nr. 2 c) stehen dem Versicherer nur zu, wenn er den Versicherungsnehmer durch gesonderte Mitteilung in Textform auf die Folgen der Verletzung der Anzeigepflicht hingewiesen hat.

5. Vertreter des Versicherungsnehmers

Wird der Vertrag von einem Vertreter des Versicherungsnehmers geschlossen, so sind bei der Anwendung von Nr. 1 und Nr. 2 sowohl die Kenntnis und die Arglist des Vertreters als auch die Kenntnis und die Arglist des Versicherungsnehmers zu berücksichtigen. Der Versicherungsnehmer kann sich darauf, dass die Anzeigepflicht nicht vorsätzlich oder grob fahrlässig verletzt worden ist, nur berufen, wenn weder dem Vertreter noch dem Versicherungsnehmer Vorsatz oder grobe Fahrlässigkeit zur Last fällt.

6. Erlöschen der Rechte des Versicherers

Die Rechte des Versicherers zur Vertragsänderung (Nr. 2 a), zum Rücktritt (Nr. 2 b) und zur Kündigung (Nr. 2 c) erlöschen mit Ablauf von fünf Jahren nach Vertragsschluss; dies gilt nicht für Versicherungsfälle, die vor Ablauf dieser Frist eingetreten sind. Die Frist beläuft sich auf zehn Jahre, wenn der Versicherungsnehmer oder sein Vertreter die Anzeigepflicht vorsätzlich oder arglistig verletzt hat.

§ 2 Beginn des Versicherungsschutzes, Dauer und Ende des Vertrages

1. Beginn des Versicherungsschutzes

Der Versicherungsschutz beginnt vorbehaltlich der Regelungen über die Folgen verspäteter Zahlung oder Nichtzahlung der Erst- oder Einmalprämie zu dem im Versicherungsschein angegebenen Zeitpunkt.

2. Dauer
Der Vertrag ist für den im Versicherungsschein angegebenen Zeitraum abgeschlossen.

3. Stillschweigende Verlängerung
Bei einer Vertragsdauer von mindestens einem Jahr verlängert sich der Vertrag um jeweils ein Jahr, wenn nicht einer der Vertragsparteien spätestens drei Monate vor dem Ablauf der jeweiligen Vertragslaufzeit eine Kündigung zugegangen ist.

4. Kündigung bei mehrjährigen Verträgen
Der Vertrag kann bei einer Vertragslaufzeit von mehr als drei Jahren zum Ablauf des dritten oder jedes darauf folgenden Jahres unter Einhaltung einer Frist von drei Monaten vom Versicherungsnehmer gekündigt werden.

Die Kündigung muss dem Versicherer spätestens drei Monate vor dem Ablauf des jeweiligen Versicherungsjahres zugehen.

5. Vertragsdauer von weniger als einem Jahr
Bei einer Vertragsdauer von weniger als einem Jahr endet der Vertrag, ohne dass es einer Kündigung bedarf, zum vorgesehenen Zeitpunkt.

6. Nachweis bei angemeldetem Grundpfandrecht durch Realgläubiger
Hat ein Realgläubiger sein Grundpfandrecht angemeldet, ist eine Kündigung des Versicherungsverhältnisses durch den Versicherungsnehmer im Hinblick auf die Gefahrengruppe Brand, Blitzschlag, Überspannung durch Blitz, Explosion, Implosion, Absturz oder Anprall eines Luftfahrzeuges nur wirksam, wenn der Versicherungsnehmer mindestens einen Monat vor Ablauf des Versicherungsvertrags nachgewiesen hat, dass zu dem Zeitpunkt, zu dem die Kündigung spätestens zulässig war, das Grundstück nicht mit dem Grundpfandrecht belastet war oder dass der Realgläubiger der Kündigung zugestimmt hat. Diese gilt nicht für eine Kündigung nach Veräußerung oder im Versicherungsfall.

7. Wegfall des versicherten Interesses
Fällt das versicherte Interesse nach dem Beginn der Versicherung weg, endet der Vertrag zu dem Zeitpunkt, zu dem der Versicherer vom Wegfall des Risikos Kenntnis erlangt.

§ 3 Prämien, Versicherungsperiode
Je nach Vereinbarung werden die Prämien entweder durch laufende Zahlungen monatlich, vierteljährlich, halbjährlich, jährlich oder als Einmalprämie im Voraus gezahlt.

Entsprechend der Vereinbarung über laufende Zahlungen umfasst die Versicherungsperiode einen Monat, ein Vierteljahr, ein halbes Jahr oder ein Jahr. Bei einer

§ 7 Wohngebäudeversicherung

Einmalprämie ist die Versicherungsperiode die vereinbarte Vertragsdauer, jedoch höchstens ein Jahr.

§ 4 Fälligkeit der Erst- oder Einmalprämie, Folgen verspäteter Zahlung oder Nichtzahlung

1. Fälligkeit der Erst- oder Einmalprämie

Die erste oder einmalige Prämie ist – unabhängig von dem Bestehen eines Widerrufrechts – unverzüglich nach dem Zeitpunkt des vereinbarten und im Versicherungsschein angegebenen Versicherungsbeginns zu zahlen.

Liegt der vereinbarte Zeitpunkt des Versicherungsbeginns vor Vertragsschluss, ist die erste oder einmalige Prämie unverzüglich nach Vertragsschluss zu zahlen.

Zahlt der Versicherungsnehmer nicht unverzüglich nach dem in Satz 1 oder 2 bestimmten Zeitpunkt, beginnt der Versicherungsschutz erst, nachdem die Zahlung bewirkt ist.

Weicht der Versicherungsschein vom Antrag des Versicherungsnehmers oder getroffenen Vereinbarungen ab, ist die erste oder einmalige Prämie frühestens einen Monat nach Zugang des Versicherungsscheins zu zahlen.

2. Rücktrittsrecht des Versicherers bei Zahlungsverzug

Wird die erste oder einmalige Prämie nicht zu dem nach Nr. 1 maßgebenden Fälligkeitszeitpunkt gezahlt, so kann der Versicherer vom Vertrag zurücktreten, solange die Zahlung nicht bewirkt ist.

Der Rücktritt ist ausgeschlossen, wenn der Versicherungsnehmer die Nichtzahlung nicht zu vertreten hat.

3. Leistungsfreiheit des Versicherers

Wenn der Versicherungsnehmer die erste oder einmalige Prämie nicht zu dem nach Nr. 1 maßgebenden Fälligkeitszeitpunkt zahlt, so ist der Versicherer für einen vor Zahlung der Prämie eingetretenen Versicherungsfall nicht zur Leistung verpflichtet, wenn er den Versicherungsnehmer durch gesonderte Mitteilung in Textform oder durch einen auffälligen Hinweis im Versicherungsschein auf diese Rechtsfolge der Nichtzahlung der Prämie aufmerksam gemacht hat.

Die Leistungsfreiheit tritt jedoch nicht ein, wenn der Versicherungsnehmer die Nichtzahlung nicht zu vertreten hat.

§ 5 Folgeprämie

1. Fälligkeit

a) Eine Folgeprämie wird zu Beginn der vereinbarten Versicherungsperiode fällig.
b) Die Zahlung gilt als rechtzeitig, wenn sie innerhalb des im Versicherungsschein oder in der Prämienrechnung angegebenen Zeitraums bewirkt ist.

2. Schadenersatz bei Verzug

Ist der Versicherungsnehmer mit der Zahlung einer Folgeprämie in Verzug, ist der Versicherer berechtigt, Ersatz des ihm durch den Verzug entstandenen Schadens zu verlangen.

3. Leistungsfreiheit und Kündigungsrecht nach Mahnung

a) Der Versicherer kann den Versicherungsnehmer bei nicht rechtzeitiger Zahlung einer Folgeprämie auf dessen Kosten in Textform zur Zahlung auffordern und eine Zahlungsfrist von mindestens zwei Wochen ab Zugang der Zahlungsaufforderung bestimmen (Mahnung).

Die Mahnung ist nur wirksam, wenn der Versicherer je Vertrag die rückständigen Beträge der Prämie, Zinsen und Kosten im Einzelnen beziffert und außerdem auf die Rechtsfolgen – Leistungsfreiheit und Kündigungsrecht – aufgrund der nicht fristgerechten Zahlung hinweist.

b) Tritt nach Ablauf der in der Mahnung gesetzten Zahlungsfrist ein Versicherungsfall ein und ist der Versicherungsnehmer bei Eintritt des Versicherungsfalles mit der Zahlung der Prämie oder der Zinsen oder Kosten in Verzug, so ist der Versicherer von der Verpflichtung zur Leistung frei.

c) Der Versicherer kann nach Ablauf der in der Mahnung gesetzten Zahlungsfrist den Vertrag ohne Einhaltung einer Kündigungsfrist mit sofortiger Wirkung kündigen, sofern der Versicherungsnehmer mit der Zahlung der geschuldeten Beträge in Verzug ist.

Die Kündigung kann mit der Bestimmung der Zahlungsfrist so verbunden werden, dass sie mit Fristablauf wirksam wird, wenn der Versicherungsnehmer zu diesem Zeitpunkt mit der Zahlung in Verzug ist. Hierauf ist der Versicherungsnehmer bei der Kündigung ausdrücklich hinzuweisen.

4. Zahlung der Prämie nach Kündigung

Die Kündigung wird unwirksam, wenn der Versicherungsnehmer innerhalb eines Monats nach der Kündigung oder, wenn sie mit der Fristbestimmung verbunden worden ist, innerhalb eines Monats nach Fristablauf die Zahlung leistet.

Die Regelung über die Leistungsfreiheit des Versicherers (Nr. 3 b) bleibt unberührt.

§ 6 Lastschriftverfahren

1. Pflichten des Versicherungsnehmers

Ist zur Einziehung der Prämie das Lastschriftverfahren vereinbart worden, hat der Versicherungsnehmer zum Zeitpunkt der Fälligkeit der Prämie für eine ausreichende Deckung des Kontos zu sorgen.

§ 7 Wohngebäudeversicherung

2. Änderung des Zahlungsweges

Hat es der Versicherungsnehmer zu vertreten, dass eine oder mehrere Prämien, trotz wiederholtem Einziehungsversuch, nicht eingezogen werden können, ist der Versicherer berechtigt, die Lastschriftvereinbarung in Textform zu kündigen.

Der Versicherer hat in der Kündigung darauf hinzuweisen, dass der Versicherungsnehmer verpflichtet ist, die ausstehende Prämie und zukünftige Prämien selbst zu übermitteln.

Durch die Banken erhobene Bearbeitungsgebühren für fehlgeschlagenen Lastschrifteinzug können dem Versicherungsnehmer in Rechnung gestellt werden.

§ 7 Prämie bei vorzeitiger Vertragsbeendigung

1. Allgemeiner Grundsatz

a) Im Falle der vorzeitigen Vertragsbeendigung steht dem Versicherer nur derjenige Teil der Prämie zu, der dem Zeitraum entspricht, in dem der Versicherungsschutz bestanden hat.

b) Fällt das versicherte Interesse nach dem Beginn der Versicherung weg, steht dem Versicherer die Prämie zu, die er hätte beanspruchen können, wenn die Versicherung nur bis zu dem Zeitpunkt beantragt worden wäre, zu dem der Versicherer vom Wegfall des Interesses Kenntnis erlangt hat.

2. Prämie oder Geschäftsgebühr bei Widerruf, Rücktritt, Anfechtung und fehlendem versicherten Interesse

a) Übt der Versicherungsnehmer sein Recht aus, seine Vertragserklärung innerhalb von 14 Tagen zu widerrufen, hat der Versicherer nur den auf die Zeit nach Zugang des Widerrufs entfallenden Teil der Prämien zu erstatten. Voraussetzung ist, dass der Versicherer in der Belehrung über das Widerrufsrecht, über die Rechtsfolgen des Widerrufs und den zu zahlenden Betrag hingewiesen und der Versicherungsnehmer zugestimmt hat, dass der Versicherungsschutz vor Ende der Widerrufsfrist beginnt.

Ist die Belehrung nach Satz 2 unterblieben, hat der Versicherer zusätzlich die für das erste Versicherungsjahr gezahlte Prämie zu erstatten; dies gilt nicht, wenn der Versicherungsnehmer Leistungen aus dem Versicherungsvertrag in Anspruch genommen hat.

b) Wird das Versicherungsverhältnis durch Rücktritt des Versicherers beendet, weil der Versicherungsnehmer Gefahrumstände, nach denen der Versicherer vor Vertragsannahme in Textform gefragt hat, nicht angezeigt hat, so steht dem Versicherer die Prämie bis zum Wirksamwerden der Rücktrittserklärung zu.

Wird das Versicherungsverhältnis durch Rücktritt des Versicherers beendet, weil die einmalige oder die erste Prämie nicht rechtzeitig gezahlt worden ist, so steht dem Versicherer eine angemessene Geschäftsgebühr zu.

c) Wird das Versicherungsverhältnis durch Anfechtung des Versicherers wegen arglistiger Täuschung beendet, so steht dem Versicherer die Prämie bis zum Wirksamwerden der Anfechtungserklärung zu.

d) Der Versicherungsnehmer ist nicht zur Zahlung der Prämie verpflichtet, wenn das versicherte Interesse bei Beginn der Versicherung nicht besteht, oder wenn das Interesse bei einer Versicherung, die für ein künftiges Unternehmen oder für ein anderes künftiges Interesse genommen ist, nicht entsteht. Der Versicherer kann jedoch eine angemessene Geschäftsgebühr verlangen.

Hat der Versicherungsnehmer ein nicht bestehendes Interesse in der Absicht versichert, sich dadurch einen rechtswidrigen Vermögensvorteil zu verschaffen, ist der Vertrag nichtig. Dem Versicherer steht in diesem Fall die Prämie bis zu dem Zeitpunkt zu, zu dem er von den die Nichtigkeit begründenden Umständen Kenntnis erlangt.

§ 8 Obliegenheiten des Versicherungsnehmers

1. Obliegenheiten vor Eintritt des Versicherungsfalles

a) Vertraglich vereinbarte Obliegenheiten, die der Versicherungsnehmer vor Eintritt des Versicherungsfalles zu erfüllen hat, sind:
   aa) die Einhaltung aller gesetzlichen, behördlichen sowie vertraglich vereinbarten Sicherheitsvorschriften;
   bb) die Einhaltung aller sonstigen vertraglich vereinbarten Obliegenheiten.

b) Verletzt der Versicherungsnehmer vorsätzlich oder grob fahrlässig eine Obliegenheit, die er vor Eintritt des Versicherungsfalles gegenüber dem Versicherer zu erfüllen hat, so kann der Versicherer innerhalb eines Monats, nachdem er von der Verletzung Kenntnis erlangt hat, den Vertrag fristlos kündigen.

Das Kündigungsrecht des Versicherers ist ausgeschlossen, wenn der Versicherungsnehmer beweist, dass er die Obliegenheit weder vorsätzlich noch grobfahrlässig verletzt hat.

2. Obliegenheiten bei und nach Eintritt des Versicherungsfalles

a) Der Versicherungsnehmer hat bei und nach Eintritt des Versicherungsfalles
   aa) nach Möglichkeit für die Abwendung und Minderung des Schadens zu sorgen;
   bb) dem Versicherer den Schadeneintritt, nachdem er von ihm Kenntnis erlangt hat, unverzüglich – ggf. auch mündlich oder telefonisch – anzuzeigen;
   cc) Weisungen des Versicherers zur Schadenabwendung/-minderung – ggf. auch mündlich oder telefonisch – einzuholen, wenn die Umstände dies gestatten;
   dd) Weisungen des Versicherers zur Schadenabwendung/-minderung, soweit für ihn zumutbar, zu befolgen. Erteilen mehrere an dem Versicherungsvertrag beteiligte Versicherer unterschiedliche Weisungen, hat der Versicherungsnehmer nach pflichtgemäßem Ermessen zu handeln;

ee) Schäden durch strafbare Handlungen gegen das Eigentum unverzüglich der Polizei anzuzeigen;
ff) dem Versicherer und der Polizei unverzüglich ein Verzeichnis der abhanden gekommenen Sachen einzureichen;
gg) das Schadenbild so lange unverändert zu lassen, bis die Schadenstelle oder die beschädigten Sachen durch den Versicherer freigegeben worden sind. Sind Veränderungen unumgänglich, sind das Schadenbild nachvollziehbar zu dokumentieren (z.b. durch Fotos) und die beschädigten Sachen bis zu einer Besichtigung durch den Versicherer aufzubewahren;
hh) soweit möglich dem Versicherer unverzüglich jede Auskunft – auf Verlangen in Schriftform – zu erteilen, die zur Feststellung des Versicherungsfalles oder des Umfanges der Leistungspflicht des Versicherers erforderlich ist sowie jede Untersuchung über Ursache und Höhe des Schadens und über den Umfang der Entschädigungspflicht zu gestatten
ii) vom Versicherer angeforderte Belege beizubringen, deren Beschaffung ihm billigerweise zugemutet werden kann.
b) Steht das Recht auf die vertragliche Leistung des Versicherers einem Dritten zu, so hat dieser die Obliegenheiten gemäß Nr. 2 a) ebenfalls zu erfüllen – soweit ihm dies nach den tatsächlichen und rechtlichen Umständen möglich ist.

3. Leistungsfreiheit bei Obliegenheitsverletzung
a) Verletzt der Versicherungsnehmer eine Obliegenheit nach Nr. 1 oder Nr. 2 vorsätzlich, so ist der Versicherer von der Verpflichtung zur Leistung frei. Bei grob fahrlässiger Verletzung der Obliegenheit ist der Versicherer berechtigt, seine Leistung in dem Verhältnis zu kürzen, das der Schwere des Verschuldens des Versicherungsnehmers entspricht. Das Nichtvorliegen einer groben Fahrlässigkeit hat der Versicherungsnehmer zu beweisen.
b) Außer im Falle einer arglistigen Obliegenheitsverletzung ist der Versicherer jedoch zur Leistung verpflichtet, soweit der Versicherungsnehmer nachweist, dass die Verletzung der Obliegenheit weder für den Eintritt oder die Feststellung des Versicherungsfalles noch für die Feststellung oder den Umfang der Leistungspflicht des Versicherers ursächlich ist.
c) Verletzt der Versicherungsnehmer eine nach Eintritt des Versicherungsfalles bestehende Auskunfts- oder Aufklärungsobliegenheit, ist der Versicherer nur dann vollständig oder teilweise leistungsfrei, wenn er den Versicherungsnehmer durch gesonderte Mitteilung in Textform auf diese Rechtsfolge hingewiesen hat.

§ 9 Gefahrerhöhung

1. Begriff der Gefahrerhöhung
a) Eine Gefahrerhöhung liegt vor, wenn nach Abgabe der Vertragserklärung des Versicherungsnehmers die tatsächlich vorhandenen Umstände so verändert wer-

den, dass der Eintritt des Versicherungsfalles oder eine Vergrößerung des Schadens oder die ungerechtfertigte Inanspruchnahme des Versicherers wahrscheinlicher wird.
b) Eine Gefahrerhöhung kann insbesondere – aber nicht nur – vorliegen, wenn sich ein gefahrerheblicher Umstand ändert, nach dem der Versicherer vor Vertragsschluss gefragt hat.
c) Eine Gefahrerhöhung nach a) liegt nicht vor, wenn sich die Gefahr nur unerheblich erhöht hat oder nach den Umständen als mitversichert gelten soll.

2. **Pflichten des Versicherungsnehmers**
a) Nach Abgabe seiner Vertragserklärung darf der Versicherungsnehmer ohne vorherige Zustimmung des Versicherers keine Gefahrerhöhung vornehmen oder deren Vornahme durch einen Dritten gestatten.
b) Erkennt der Versicherungsnehmer nachträglich, dass er ohne vorherige Zustimmung des Versicherers eine Gefahrerhöhung vorgenommen oder gestattet hat, so muss er diese dem Versicherer unverzüglich anzeigen.
c) Eine Gefahrerhöhung, die nach Abgabe seiner Vertragserklärung unabhängig von seinem Willen eintritt, muss der Versicherungsnehmer dem Versicherer unverzüglich anzeigen, nachdem er von ihr Kenntnis erlangt hat.

3. **Kündigung oder Vertragsänderung durch den Versicherer**
a) Kündigungsrecht
Verletzt der Versicherungsnehmer seine Verpflichtung nach Nr. 2 a), kann der Versicherer den Vertrag fristlos kündigen, wenn der Versicherungsnehmer seine Verpflichtung vorsätzlich oder grob fahrlässig verletzt hat. Das Nichtvorliegen von Vorsatz oder grober Fahrlässigkeit hat der Versicherungsnehmer zu beweisen.
Beruht die Verletzung auf einfacher Fahrlässigkeit, kann der Versicherer unter Einhaltung einer Frist von einem Monat kündigen.
Wird dem Versicherer eine Gefahrerhöhung in den Fällen nach Nr. 2 b) und Nr. 2 c) bekannt, kann er den Vertrag unter Einhaltung einer Frist von einem Monat kündigen.
b) Vertragsänderung
Statt der Kündigung kann der Versicherer ab dem Zeitpunkt der Gefahrerhöhung eine seinen Geschäftsgrundsätzen entsprechende erhöhte Prämie verlangen oder die Absicherung der erhöhten Gefahr ausschließen.
Erhöht sich die Prämie als Folge der Gefahrerhöhung um mehr als 10 Prozent oder schließt der Versicherer die Absicherung der erhöhten Gefahr aus, so kann der Versicherungsnehmer den Vertrag innerhalb eines Monats nach Zugang der Mitteilung des Versicherers ohne Einhaltung einer Frist kündigen. In der Mitteilung hat der Versicherer den Versicherungsnehmer auf dieses Kündigungsrecht hinzuweisen.

> **§ 7   Wohngebäudeversicherung**

4. Erlöschen der Rechte des Versicherers
Die Rechte des Versicherers zur Kündigung oder Vertragsanpassung nach Nr. 3 erlöschen, wenn diese nicht innerhalb eines Monats ab Kenntnis des Versicherers von der Gefahrerhöhung ausgeübt werden oder wenn der Zustand wiederhergestellt ist, der vor der Gefahrerhöhung bestanden hat.

5. Leistungsfreiheit wegen Gefahrerhöhung
a) Tritt nach einer Gefahrerhöhung der Versicherungsfall ein, so ist der Versicherer nicht zur Leistung verpflichtet, wenn der Versicherungsnehmer seine Pflichten nach Nr. 2 a) vorsätzlich verletzt hat. Verletzt der Versicherungsnehmer diese Pflichten grob fahrlässig, so ist der Versicherer berechtigt, seine Leistung in dem Verhältnis zu kürzen, das der Schwere des Verschuldens des Versicherungsnehmers entspricht. Das Nichtvorliegen einer groben Fahrlässigkeit hat der Versicherungsnehmer zu beweisen.
b) Nach einer Gefahrerhöhung nach Nr. 2 b) und Nr. 2 c) ist der Versicherer für einen Versicherungsfall, der später als einen Monat nach dem Zeitpunkt eintritt, zu dem die Anzeige dem Versicherer hätte zugegangen sein müssen, leistungsfrei, wenn der Versicherungsnehmer seine Anzeigepflicht vorsätzlich verletzt hat. Hat der Versicherungsnehmer seine Pflicht grob fahrlässig verletzt, so gilt a) Satz 2 und 3 entsprechend. Die Leistungspflicht des Versicherers bleibt bestehen, wenn ihm die Gefahrerhöhung zu dem Zeitpunkt, zu dem ihm die Anzeige hätte zugegangen sein müssen, bekannt war.
c) Die Leistungspflicht des Versicherers bleibt bestehen,
  aa) soweit der Versicherungsnehmer nachweist, dass die Gefahrerhöhung nicht ursächlich für den Eintritt des Versicherungsfalles oder den Umfang der Leistungspflicht war oder
  bb) wenn zur Zeit des Eintrittes des Versicherungsfalles die Frist für die Kündigung des Versicherers abgelaufen und eine Kündigung nicht erfolgt war oder
  cc) wenn der Versicherer statt der Kündigung ab dem Zeitpunkt der Gefahrerhöhung eine seinen Geschäftsgrundsätzen entsprechende erhöhte Prämie verlangt.

§ 10   Überversicherung
1. Übersteigt die Versicherungssumme den Wert des versicherten Interesses erheblich, so kann sowohl der Versicherer als auch der Versicherungsnehmer verlangen, dass zur Beseitigung der Überversicherung die Versicherungssumme mit sofortiger Wirkung herabgesetzt wird. Ab Zugang des Herabsetzungsverlangens, ist für die Höhe der Prämie der Betrag maßgebend, den der Versicherer berechnet haben würde, wenn der Vertrag von vornherein mit dem neuen Inhalt geschlossen worden wäre.
2. Hat der Versicherungsnehmer die Überversicherung in der Absicht geschlossen, sich dadurch einen rechtswidrigen Vermögensvorteil zu verschaffen, ist der Ver-

trag nichtig. Dem Versicherer steht die Prämie bis zu dem Zeitpunkt zu, zu dem er von den die Nichtigkeit begründenden Umständen Kenntnis erlangt.

§ 11 Mehrere Versicherer

1. Anzeigepflicht

Wer bei mehreren Versicherern ein Interesse gegen dieselbe Gefahr versichert, ist verpflichtet, dem Versicherer die andere Versicherung unverzüglich mitzuteilen. In der Mitteilung sind der andere Versicherer und die Versicherungssumme anzugeben.

2. Rechtsfolgen der Verletzung der Anzeigepflicht

Verletzt der Versicherungsnehmer die Anzeigepflicht (siehe Nr. 1) vorsätzlich oder grob fahrlässig, ist der Versicherer unter den in Abschnitt B § 8 beschriebenen Voraussetzungen zur Kündigung berechtigt oder auch ganz oder teilweise leistungsfrei. Leistungsfreiheit tritt nicht ein, wenn der Versicherer vor Eintritt des Versicherungsfalles Kenntnis von der anderen Versicherung erlangt hat.

3. Haftung und Entschädigung bei Mehrfachversicherung

a) Ist bei mehreren Versicherern ein Interesse gegen dieselbe Gefahr versichert und übersteigen die Versicherungssummen zusammen den Versicherungswert oder übersteigt aus anderen Gründen die Summe der Entschädigungen, die von jedem Versicherer ohne Bestehen der anderen Versicherung zu zahlen wären, den Gesamtschaden, liegt eine Mehrfachversicherung vor.

b) Die Versicherer sind in der Weise als Gesamtschuldner verpflichtet, dass jeder für den Betrag aufzukommen hat, dessen Zahlung ihm nach seinem Vertrage obliegt; der Versicherungsnehmer kann aber im Ganzen nicht mehr als den Betrag des ihm entstandenen Schadens verlangen. Satz 1 gilt entsprechend, wenn die Verträge bei demselben Versicherer bestehen.

Erlangt der Versicherungsnehmer oder der Versicherte aus anderen Versicherungsverträgen Entschädigung für denselben Schaden, so ermäßigt sich der Anspruch aus dem vorliegenden Vertrag in der Weise, dass die Entschädigung aus allen Verträgen insgesamt nicht höher ist, als wenn der Gesamtbetrag der Versicherungssummen, aus denen die Prämien errechnet wurde, nur in diesem Vertrag in Deckung gegeben worden wäre. Bei Vereinbarung von Entschädigungsgrenzen ermäßigt sich der Anspruch in der Weise, dass aus allen Verträgen insgesamt keine höhere Entschädigung zu leisten ist, als wenn der Gesamtbetrag der Versicherungssummen in diesem Vertrag in Deckung gegeben worden wäre.

c) Hat der Versicherungsnehmer eine Mehrfachversicherung in der Absicht geschlossen, sich dadurch einen rechtswidrigen Vermögensvorteil zu verschaffen, ist jeder in dieser Absicht geschlossene Vertrag nichtig.

Dem Versicherer steht die Prämie bis zu dem Zeitpunkt zu, zu dem er von den die Nichtigkeit begründenden Umständen Kenntnis erlangt.

4. Beseitigung der Mehrfachversicherung
a) Hat der Versicherungsnehmer den Vertrag, durch den die Mehrfachversicherung entstanden ist, ohne Kenntnis von dem Entstehen der Mehrfachversicherung geschlossen, kann er verlangen, dass der später geschlossene Vertrag aufgehoben oder die Versicherungssumme unter verhältnismäßiger Minderung der Prämie auf den Teilbetrag herabgesetzt wird, der durch die frühere Versicherung nicht gedeckt ist.

Die Aufhebung des Vertrages oder die Herabsetzung der Versicherungssumme und Anpassung der Prämie werden zu dem Zeitpunkt wirksam, zu dem die Erklärung dem Versicherer zugeht.

b) Die Regelungen nach a) sind auch anzuwenden, wenn die Mehrfachversicherung dadurch entstanden ist, dass nach Abschluss der mehreren Versicherungsverträge der Versicherungswert gesunken ist. Sind in diesem Fall die mehreren Versicherungsverträge gleichzeitig oder im Einvernehmen der Versicherer geschlossen worden, kann der Versicherungsnehmer nur die verhältnismäßige Herabsetzung der Versicherungssummen und der Prämien verlangen.

§ 12 Versicherung für fremde Rechnung

1. Rechte aus dem Vertrag

Der Versicherungsnehmer kann den Versicherungsvertrag im eigenen Namen für das Interesse eines Dritten (Versicherten) schließen. Die Ausübung der Rechte aus diesem Vertrag steht nur dem Versicherungsnehmer und nicht auch dem Versicherten zu. Das gilt auch, wenn der Versicherte den Versicherungsschein besitzt.

2. Zahlung der Entschädigung

Der Versicherer kann vor Zahlung der Entschädigung an den Versicherungsnehmer den Nachweis verlangen, dass der Versicherte seine Zustimmung dazu erteilt hat. Der Versicherte kann die Zahlung der Entschädigung nur mit Zustimmung des Versicherungsnehmers verlangen.

3. Kenntnis und Verhalten
a) Soweit die Kenntnis und das Verhalten des Versicherungsnehmers von rechtlicher Bedeutung sind, sind bei der Versicherung für fremde Rechnung auch die Kenntnis und das Verhalten des Versicherten zu berücksichtigen. Soweit der Vertrag Interessen des Versicherungsnehmers und des Versicherten umfasst, muss sich der Versicherungsnehmer für sein Interesse das Verhalten und die Kenntnis des Versicherten nur zurechnen lassen, wenn der Versicherte Repräsentant des Versicherungsnehmers ist.

b) Auf die Kenntnis des Versicherten kommt es nicht an, wenn der Vertrag ohne sein Wissen abgeschlossen worden ist oder ihm eine rechtzeitige Benachrichtigung des Versicherungsnehmers nicht möglich oder nicht zumutbar war.

c) Auf die Kenntnis des Versicherten kommt es dagegen an, wenn der Versicherungsnehmer den Vertrag ohne Auftrag des Versicherten geschlossen und den Versicherer nicht darüber informiert hat.

§ 13 Aufwendungsersatz

1. Aufwendungen zur Abwendung und Minderung des Schadens

a) Versichert sind Aufwendungen, auch erfolglose, die der Versicherungsnehmer bei Eintritt des Versicherungsfalles den Umständen nach zur Abwendung und Minderung des Schadens für geboten halten durfte oder die er auf Weisung des Versicherers macht.

b) Macht der Versicherungsnehmer Aufwendungen, um einen unmittelbar bevorstehenden Versicherungsfall abzuwenden oder in seinen Auswirkungen zu mindern, geltend, so leistet der Versicherer Aufwendungsersatz nur, wenn diese Aufwendungen bei einer nachträglichen objektiven Betrachtung der Umstände verhältnismäßig und erfolgreich waren oder die Aufwendungen auf Weisung des Versicherers erfolgten.

c) Ist der Versicherer berechtigt, seine Leistung zu kürzen, kann er auch den Aufwendungsersatz nach a) und b) entsprechend kürzen, dies gilt jedoch nicht, soweit Aufwendungen auf Weisung des Versicherers entstanden sind.

d) Der Ersatz dieser Aufwendungen und die Entschädigung für versicherte Sachen betragen zusammen höchstens die Versicherungssumme je vereinbarter Position; dies gilt jedoch nicht, soweit Aufwendungen auf Weisung des Versicherers entstanden sind.

e) Der Versicherer hat den für die Aufwendungen gemäß a) erforderlichen Betrag auf Verlangen des Versicherungsnehmers vorzuschießen.

f) Nicht versichert sind Aufwendungen für Leistungen der Feuerwehr oder anderer Institutionen, die im öffentlichen Interesse zur Hilfeleistung verpflichtet sind, wenn diese Leistungen im öffentlichen Interesse kostenfrei zu erbringen sind.

2. Kosten der Ermittlung und Feststellung des Schadens

a) Der Versicherer ersetzt bis zur vereinbarten Höhe die Kosten für die Ermittlung und Feststellung eines von ihm zu ersetzenden Schadens, sofern diese den Umständen nach geboten waren.

Zieht der Versicherungsnehmer einen Sachverständigen oder Beistand hinzu, so werden diese Kosten nur ersetzt, soweit er zur Zuziehung vertraglich verpflichtet ist oder vom Versicherer aufgefordert wurde.

b) Ist der Versicherer berechtigt, seine Leistung zu kürzen, kann er auch den Kostenersatz nach a) entsprechend kürzen.

§ 14 Übergang von Ersatzansprüchen

1. Übergang von Ersatzansprüchen

Steht dem Versicherungsnehmer ein Ersatzanspruch gegen einen Dritten zu, geht dieser Anspruch auf den Versicherer über, soweit der Versicherer den Schaden ersetzt. Der Übergang kann nicht zum Nachteil des Versicherungsnehmers geltend gemacht werden. Richtet sich der Ersatzanspruch des Versicherungsnehmers gegen eine Person, mit der er bei Eintritt des Schadens in häuslicher Gemeinschaft lebt, kann der Übergang nicht geltend gemacht werden, es sei denn, diese Person hat den Schaden vorsätzlich verursacht.

2. Obliegenheiten zur Sicherung von Ersatzansprüchen

Der Versicherungsnehmer hat seinen Ersatzanspruch oder ein zur Sicherung dieses Anspruchs dienendes Recht unter Beachtung der geltenden Form- und Fristvorschriften zu wahren, und nach Übergang des Ersatzanspruchs auf den Versicherer bei dessen Durchsetzung durch den Versicherer soweit erforderlich mitzuwirken.

Verletzt der Versicherungsnehmer diese Obliegenheit vorsätzlich, ist der Versicherer zur Leistung insoweit nicht verpflichtet, als er infolge dessen keinen Ersatz von dem Dritten erlangen kann. Im Fall einer grob fahrlässigen Verletzung der Obliegenheit ist der Versicherer berechtigt, seine Leistung in einem der Schwere des Verschuldens des Versicherungsnehmers entsprechenden Verhältnis zu kürzen; die Beweislast für das Nichtvorliegen einer groben Fahrlässigkeit trägt der Versicherungsnehmer.

§ 15 Kündigung nach dem Versicherungsfall

1. Kündigungsrecht

Nach dem Eintritt eines Versicherungsfalles kann jede der Vertragsparteien den Versicherungsvertrag kündigen. Die Kündigung ist in Schriftform[24] zu erklären. Die Kündigung ist nur bis zum Ablauf eines Monats seit dem Abschluss der Verhandlungen über die Entschädigung zulässig.

2. Kündigung durch Versicherungsnehmer

Der Versicherungsnehmer ist berechtigt, das Versicherungsverhältnis mit sofortiger Wirkung oder zu jedem späteren Zeitpunkt bis zum Ablauf des Versicherungsjahres in Schriftform[25] zu kündigen.

3. Kündigung durch Versicherer

Eine Kündigung des Versicherers wird einen Monat nach ihrem Zugang beim Versicherungsnehmer wirksam.

---

24 hier auch Textform zulässig
25 hier auch Textform zulässig

§ 16 Keine Leistungspflicht aus besonderen Gründen

1. Vorsätzliche oder grob fahrlässige Herbeiführung des Versicherungsfalles

a) Führt der Versicherungsnehmer den Versicherungsfall vorsätzlich herbei, so ist der Versicherer von der Entschädigungspflicht frei.

Ist die Herbeiführung des Schadens durch rechtskräftiges Strafurteil wegen Vorsatzes in der Person des Versicherungsnehmers festgestellt, so gilt die vorsätzliche Herbeiführung des Schadens als bewiesen.

b) Führt der Versicherungsnehmer den Schaden grob fahrlässig herbei, so ist der Versicherer berechtigt, seine Leistung in einem der Schwere des Verschuldens des Versicherungsnehmers entsprechenden Verhältnis zu kürzen.

2. Arglistige Täuschung nach Eintritt des Versicherungsfalles

Der Versicherer ist von der Entschädigungspflicht frei, wenn der Versicherungsnehmer den Versicherer arglistig über Tatsachen, die für den Grund oder die Höhe der Entschädigung von Bedeutung sind, täuscht oder zu täuschen versucht.

Ist die Täuschung oder der Täuschungsversuch durch rechtskräftiges Strafurteil gegen den Versicherungsnehmer wegen Betruges oder Betrugsversuches festgestellt, so gelten die Voraussetzungen des Satzes 1 als bewiesen.

§ 17 Anzeigen, Willenserklärungen, Anschriftenänderungen

1. Form

Soweit gesetzlich keine Schriftform verlangt ist und soweit in diesem Vertrag nicht etwas anderes bestimmt ist, sind die für den Versicherer bestimmten Erklärungen und Anzeigen, die das Versicherungsverhältnis betreffen und die unmittelbar gegenüber dem Versicherer erfolgen, in Textform abzugeben.

Erklärungen und Anzeigen sollen an die Hauptverwaltung des Versicherers oder an die im Versicherungsschein oder in dessen Nachträgen als zuständig bezeichnete Stelle[26] gerichtet werden. Die gesetzlichen Regelungen über den Zugang von Erklärungen und Anzeigen bleiben unberührt.

2. Nichtanzeige einer Anschriften- bzw. Namensänderung

Hat der Versicherungsnehmer eine Änderung seiner Anschrift dem Versicherer nicht mitgeteilt, genügt für eine Willenserklärung, die dem Versicherungsnehmer gegenüber abzugeben ist, die Absendung eines eingeschriebenen Briefes an die letzte dem Versicherer bekannte Anschrift. Entsprechendes gilt bei einer dem Versicherer nicht angezeigten Namensänderung. Die Erklärung gilt drei Tage nach der Absendung des Briefes als zugegangen.

---

[26] oder entsprechende unternehmensindividuelle Bezeichnung

3. Nichtanzeige der Verlegung der gewerblichen Niederlassung

Hat der Versicherungsnehmer die Versicherung unter der Anschrift seines Gewerbebetriebs abgeschlossen, finden bei einer Verlegung der gewerblichen Niederlassung die Bestimmungen nach Nr. 2 entsprechend Anwendung.

§ 18 Vollmacht des Versicherungsvertreters

1. Erklärungen des Versicherungsnehmers

Der Versicherungsvertreter gilt als bevollmächtigt, vom Versicherungsnehmer abgegebene Erklärungen entgegenzunehmen betreffend

a) den Abschluss bzw. den Widerruf eines Versicherungsvertrages;
b) ein bestehendes Versicherungsverhältnis einschließlich dessen Beendigung;
c) Anzeige- und Informationspflichten vor Abschluss des Vertrages und während des Versicherungsverhältnisses.

2. Erklärungen des Versicherers

Der Versicherungsvertreter gilt als bevollmächtigt, vom Versicherer ausgefertigte Versicherungsscheine oder deren Nachträge dem Versicherungsnehmer zu übermitteln.

3. Zahlungen an den Versicherungsvertreter

Der Versicherungsvertreter gilt als bevollmächtigt, Zahlungen, die der Versicherungsnehmer im Zusammenhang mit der Vermittlung oder dem Abschluss eines Versicherungsvertrags an ihn leistet, anzunehmen. Eine Beschränkung dieser Vollmacht muss der Versicherungsnehmer nur gegen sich gelten lassen, wenn er die Beschränkung bei der Vornahme der Zahlung kannte oder in Folge grober Fahrlässigkeit nicht kannte.

§ 19 Repräsentanten

Der Versicherungsnehmer muss sich die Kenntnis und das Verhalten seiner Repräsentanten zurechnen lassen.

§ 20 Verjährung

Die Ansprüche aus dem Versicherungsvertrag verjähren in drei Jahren.

Die Verjährung beginnt mit dem Schluss des Jahres, in dem der Anspruch entstanden ist und der Gläubiger von den Anspruch begründenden Umständen und der Person des Schuldners Kenntnis erlangt oder ohne grobe Fahrlässigkeit erlangen müsste.

Ist ein Anspruch aus dem Versicherungsvertrag bei dem Versicherer angemeldet worden, zählt bei der Fristberechnung der Zeitraum zwischen Anmeldung und Zugang der in Textform mitgeteilten Entscheidung des Versicherers beim Anspruchsteller nicht mit.

§ 21 Zuständiges Gericht

1. Klagen gegen den Versicherer oder Versicherungsvermittler

Für Klagen aus dem Versicherungsvertrag oder der Versicherungsvermittlung ist neben den Gerichtsständen der Zivilprozessordnung auch das Gericht örtlich zuständig, in dessen Bezirk der Versicherungsnehmer zur Zeit der Klageerhebung seinen Wohnsitz, in Ermangelung eines solchen seinen gewöhnlichen Aufenthalt hat.

Soweit es sich bei dem Vertrag um eine betriebliche Versicherung handelt, kann der Versicherungsnehmer seine Ansprüche auch bei dem für den Sitz oder die Niederlassung des Gewerbebetriebes zuständigen Gericht geltend machen.

2. Klagen gegen Versicherungsnehmer

Für Klagen aus dem Versicherungsvertrag oder der Versicherungsvermittlung gegen den Versicherungsnehmer ist ausschließlich das Gericht örtlich zuständig, in dessen Bezirk der Versicherungsnehmer zur Zeit der Klageerhebung seinen Wohnsitz, in Ermangelung eines solchen seinen gewöhnlichen Aufenthalt hat.

Soweit es sich bei dem Vertrag um eine betriebliche Versicherung handelt, kann der Versicherer seine Ansprüche auch bei dem für den Sitz oder die Niederlassung des Gewerbebetriebes zuständigen Gericht geltend machen.

§ 22 Anzuwendendes Recht

Für diesen Vertrag gilt deutsches Recht.

§ 23 Sanktionsklausel

Es besteht – unbeschadet der übrigen Vertragsbestimmungen – Versicherungsschutz nur, soweit und solange dem keine auf die Vertragsparteien direkt anwendbaren Wirtschafts-, Handels- oder Finanzsanktionen bzw. Embargos der Europäischen Union oder der Bundesrepublik Deutschland entgegenstehen.

Dies gilt auch für Wirtschafts-, Handels oder Finanzsanktionen bzw. Embargos, die durch die Vereinigten Staaten von Amerika in Hinblick auf den Iran erlassen werden, soweit dem nicht europäische oder deutsche Rechtsvorschriften entgegenstehen.

§ 8 Feuerversicherung

A. Vorbemerkung

Die Feuerversicherung ist der **älteste Versicherungszweig** in Deutschland. Älteren Verträgen liegen noch die **AFB 30** zu Grunde, den neueren Verträgen die **AFB 87**. Die AFB 87 enthalten überwiegend Klarstellungen und berücksichtigen die zu den AFB 30 ergangene Rechtsprechung. Die **AFB 2008/2010** enthalten inhaltlich keine wesentlichen Änderungen gegenüber den früheren Bedingungen, sie berücksichtigen lediglich die neuen gesetzlichen Regelungen im **VVG 2008**. Den nachfolgenden Ausführungen liegen die **AFB 2008/2010** zu Grunde. 1

B. Versicherte Gefahren (A § 1 AFB 2008/2010)

I. Brand (A § 1 Nr. 2 AFB 2008/2010)

Brand ist ein Feuer, das **ohne einen bestimmungsgemäßen Herd** entstanden ist oder ihn verlassen hat und das sich aus eigener Kraft **auszubreiten** vermag (A § 1 Nr. 2 AFB 2008/2010). 2

Kein versicherter Brandschaden sind also solche Schäden, die entstanden sind, ohne dass das Feuer seinen Herd verlassen hat, ebenso wenig **Glimm-, Seng-, Sprung- und Rußschäden**.[1] 3

„Herd" ist ein **Gattungsbegriff**, also auch die Kerze und der Kamin, in dem ein Feuer brennt, sind ein „Herd". Schlagen Flammen aus dem Kamin und beschädigen ihn von außen, so hat das Feuer seinen Herd nicht verlassen.[2] 4

II. Blitzschlag (A § 1 Nr. 3 AFB 2008/2010)

Beim Blitzschlag muss kein Brand entstehen, Versicherungsschutz besteht auch bei „kaltem Schlag". Blitzschlag ist der unmittelbare Übergang eines Blitzes auf Sachen.[3] 5

III. Explosion (A § 1 Nr. 4 AFB 2008/2010)

Als Explosion gilt nur die **Ausdehnung** von Gasen und Dämpfen, **nicht** ihr Gegenteil, die **Implosion**. Die Definition nach A § 1 Nr. 4 AFB 2008/2010: 6

> „Explosion ist eine auf dem Ausdehnungsbestreben von Gas und Dämpfen beruhende, plötzlich verlaufende Kraftäußerung".

---

1 Van Bühren/*Stobbe*, Handbuch Versicherungsrecht, § 5 Rn 51 ff.
2 LG Regensburg, r+s 1983, 125.
3 Van Bühren/*Stobbe*, Handbuch Versicherungsrecht, § 5 Rn 61.

IV. Luftfahrzeuge (A § 1 Nr. 1d AFB 2008/2010)

7   Schäden durch Anprall oder Absturz eines Luftfahrzeuges, seiner Teile oder seiner Ladung sind ebenfalls versichert (A § 1 Nr. 1d AFB 2008/2010).

V. Folgeschäden (A § 5 AFB 2008/2010)

8   Zu den versicherten Folgeschäden gehören
- **Aufräumungs- und Abbruchkosten,**
- **Bewegungs- und Schutzkosten,**
- **Wiederherstellungskosten von Geschäftsunterlagen,**
- **Feuerlöschkosten.**

C. Kriegsklausel (A § 2 AFB 2008/2010)

9   Schäden, die auf Kriegsereignisse zurückzuführen sind, werden vom Versicherungsschutz **ausgeschlossen** (A § 2 AFB 2008/2010).

D. Versicherte Sachen (A § 3 AFB 2008/2010)

10   Versichert sind die im Versicherungsvertrag bezeichneten **Gebäude** und sonstigen **Grundstücksbestandteile** und **bewegliche Sachen**.

11   A § 3 Nr. 6 AFB 2008/2010 nennt eine Vielzahl von Gegenständen, die, soweit nicht etwas anderes vereinbart ist, **nicht versichert** sind. Hierzu gehören insbesondere **Bargeld** und Wertsachen, Geschäftsunterlagen, Kraftfahrzeuge und **Hausrat**.

E. Versicherungsort (A § 6 AFB 2008/2010)

12   Versicherungsort sind die im **Versicherungsvertrag** bezeichneten Gebäude oder als Versicherungsort bezeichneten Grundstücke. Bewegliche Sachen sind nur in den Räumen versichert, die im Versicherungsvertrag als Versicherungsort bezeichnet werden.

F. Versicherungswert (A § 7 AFB 2008/2010)

I. Versicherungswert von Gebäuden

13   Der Versicherungswert ergibt sich aus dem Versicherungsschein (Police). Versichert werden können der **Neuwert**, der **Zeitwert** und der **gemeine Wert**. Diese Bestimmungen entsprechen A § 10 VGB 2008/2010. Auf die dortigen Ausführungen wird verwiesen (siehe § 7 Rn 10 ff.).

II. Versicherungswert von beweglichen Sachen

Auch bei beweglichen Sachen können der **Neuwert**, der **Zeitwert** und der **gemeine Wert** versichert werden. 14

G. Wiederaufbauklausel (A § 9 Nr. 1b AFB 2008/A § 8 Nr. 2 AFB 2010)

Der über den Zeitwertschaden hinausgehende Teil der Entschädigung (**Neuwertspitze**) ist erst fällig, wenn der Versicherungsnehmer den Nachweis geführt hat, dass er die Wiederherstellung oder Wiederbeschaffung **sichergestellt** hat. Diese Bestimmung entspricht A § 13 Nr. 7 VGB 2008/2010, so dass auf die dortigen Ausführungen verwiesen wird (siehe § 7 Rn 23 ff.). 15

Der Begriff „Wiederherstellung" bedeutet „Wiederaufbau" im engeren Sinne; darunter fällt auch **nicht** ausnahmsweise die Wiederbeschaffung eines bereits bestehenden Gebäudes durch **Kauf**.[4] 16

Das neu errichtete Gebäude muss etwa **dieselbe Größe und Zweckbestimmung** haben wie das zerstörte.[5] 17

H. Sachverständigenverfahren (A § 10 AFB 2008/2010)

Bei Streit über die **Schadenhöhe** kann der Versicherungsnehmer verlangen, dass ein Sachverständigenverfahren durchgeführt wird. 18

Die Feststellungen des Sachverständigen oder des Obmannes sind für die Vertragsparteien **verbindlich**, wenn diese nicht offenbar von der wirklichen Sachlage erheblich abweichen (A § 5 Nr. 5 AFB 2008/2010). 19

I. Vorsatz (B § 16 Nr. 1a AFB 2008/2010)

I. Vorbemerkung

Es würde bereits dem Grundgedanken des Versicherungsrechts und den Grundsätzen von **Treu und Glauben widersprechen**, wenn ein Versicherungsnehmer die Versicherungsleistung dann erhalten würde, wenn er den Versicherungsfall vorsätzlich herbeiführt. 20

B § 16 Nr. 1a AFB 2008/2010 entspricht inhaltlich **§ 81 Abs. 1 VVG** und bestimmt die Leistungsfreiheit des Versicherers für den Fall, dass der Versicherungsfall vorsätzlich herbeigeführt wird. 21

---

[4] OLG Hamm, VersR 1988, 150.
[5] BGH, VersR 1990, 488; OLG Hamm, NJW-RR 1992, 288; OLG Düsseldorf, r+s 1989, 161.

II. Beweisführung

22 Im Versicherungsrecht gilt der allgemeine zivilrechtliche Vorsatzbegriff. Der Versicherungsnehmer muss vorsätzlich (dolus eventualis genügt) und rechtswidrig handeln („**Vorsatztheorie**").

23 Der **Versicherer** muss Vorsatz und Rechtswidrigkeit **beweisen**, der Versicherungsnehmer ist beweispflichtig für Bewusstlosigkeit[6] oder Vollrausch.[7]

24 Für die Feststellung der vorsätzlichen Herbeiführung des Versicherungsfalles kommt die Beweisführung mittels **Anscheinsbeweises nicht** in Betracht.[8] Es ist jedoch nicht erforderlich, dass bewiesen wird, in welcher **konkreten** Art und Weise der Versicherungsnehmer oder sein Repräsentant an der Brandstiftung **mitgewirkt** hat.[9]

25 Der Versicherer kann jedoch den Nachweis für eine Eigenbrandstiftung nach den Regeln des **Indizienbeweises** führen. Indizien sind unter anderem eine angespannte wirtschaftliche Lage des Versicherungsnehmers, die Vortäuschung eines Einbruchdiebstahls und geringe Wahrscheinlichkeit für eine Fremdbrandstiftung.[10]

III. Rechtsprechung

26
- Wenn der Versicherer den **Vortäuschungsbeweis** für einen Einbruchdiebstahl in erleichterter Weise erbracht hat, hat dies **indizielle Wirkung** für eine vorsätzliche Brandstiftung.[11]
- **Trugspuren** und Vorsorge, dass alle Hausbewohner das Haus verlassen haben, sind ein gewichtiges **Indiz** für vorsätzliche Brandstiftung.[12]
- Für die vorsätzliche Inbrandsetzung einer **Yacht** sind das **Ausschließen** eines technischen Effekts, **Gerüchte** über die Inbrandsetzung und ein **plausibles Motiv** (Notwendigkeit des Verkaufs), hinreichende Indizien für die vorsätzliche Herbeiführung des Versicherungsfalles.[13]

---

6 BGH, zfs 1987, 6.
7 LG München II, zfs 1987, 89.
8 BGH, VersR 2005, 1387; OLG Koblenz – 10 U 263/08, VersR 2010, 110.
9 BGH, NJW-RR 97, 112.
10 BGH, r+s 1996, 146; OLG Düsseldorf, r+s 2005, 24; OLG Köln, r+s 2005, 25; Aufsatz und Rechtsprechungsübersicht *Günther*, r+s 2006, 221 ff.
11 BGH, NJW RR 96, 275 = zfs 96, 306.
12 BGH, NJW RR 96, 665.
13 BGH, NJW RR 96, 664.

J. Grobe Fahrlässigkeit (B § 16 Nr. 1b AFB 2008/2010)

I. Vorbemerkung

Wenn der Versicherungsnehmer den Versicherungsfall grob fahrlässig herbeiführt, ist der Versicherer berechtigt, seine Leistung in einem der Schwere des Verschuldens des Versicherungsnehmers entsprechenden Verhältnis zu **kürzen**. Diese Regelung entspricht § 81 Abs. 2 VVG.   27

II. Definition

Grob fahrlässig handelt derjenige, der schon einfachste, ganz nahe Überlegungen nicht anstellt und in ungewöhnlich hohem Maße dasjenige unbeachtet lässt, was im gegebenen Fall jedem einleuchten muss.[14]   28

III. Rechtsprechung

- Es ist grob fahrlässig, **Frittierfett** zu erhitzen, ohne diesen Vorgang zu überwachen.[15]   29
- Grobe Fahrlässigkeit liegt vor, wenn eine **nicht passende Propangasflasche** behelfsmäßig angeschlossen wird.[16]
- Der Versicherungsnehmer handelt grob fahrlässig, wenn er **brennende Kerzen** unbeaufsichtigt lässt.[17]
- Es ist grob fahrlässig, **heißes Fett** in einer Pfanne auf einem Gasherd unbeaufsichtigt zu lassen.[18]
- Demgegenüber ist es **nicht grob fahrlässig**, bei eingeschalteter **Heizdecke** die Wohnung für eine Stunde zu verlassen.[19]

K. Arglistige Täuschung (B § 16 Nr. 2 AFB 2008/2010)

I. Vorbemerkung

Wenn der Versicherungsnehmer versucht, den Versicherer arglistig über Tatsachen zu täuschen, die für die Schadenfeststellung von Bedeutung sind, ist der Versicherer **leistungsfrei**.   30

---

14 Palandt/*Grüneberg* § 277 Rn 2 m.w.N.; BGH, VersR 1997, 351.
15 OLG Köln, VersR 1996, 1491.
16 OLG Köln, VersR 2001, 502.
17 OLG Oldenburg, r+s 2002, 74.
18 OLG Köln, zfs 2002, 146 = VersR 2002, 311.
19 OLG Düsseldorf, VersR 2005, 71.

II. Arglist

31 Arglistig handelt der Versicherungsnehmer nur dann, wenn er in der **Absicht** handelt, das Regulierungsverhalten des Versicherers zu beeinflussen.[20]

32 **Täuschungsversuche** des Versicherungsnehmers sind ein Verstoß gegen die Aufklärungsobliegenheit gemäß § 31 VVG und gegen die Grundsätze von Treu und Glauben (**§ 242 BGB**). Der Versicherungsnehmer muss arglistig handeln (§ 123 BGB, § 22 VVG), es ist **nicht** erforderlich, dass ein **rechtswidriger Vermögensvorteil** angestrebt wird.[21] Der Versicherer ist daher auch dann leistungsfrei, wenn ein **gefälschter Schadenbeleg** beigebracht wird, selbst wenn dieser Beleg den tatsächlichen Wert des zu ersetzenden Gegenstandes wiedergibt.[22]

III. Beweisführung

33 Der **Versicherer** muss **Arglist** beweisen.[23] Objektiv falsche Angaben sind jedoch ein **Indiz** für ein vorsätzliches und arglistiges Verhalten des Versicherungsnehmers. Dieser muss daher gegebenenfalls die gegen ihn sprechende Vermutung entkräften.[24]

IV. Rechtsprechung

34
- Beschränkt sich ein Täuschungsversuch nur auf einen **Teil** der betroffenen Sachen, ist der Versicherer gleichwohl in **vollem Umfang leistungsfrei**, wenn er für die Schadenfeststellung Mengen- oder Wertangaben des Versicherungsnehmers benötigt. Beziehen sich die falschen Angaben auf mehr als nur einen geringfügigen Teil des Gesamtschadens und trifft den Versicherungsnehmer mehr als nur ein geringfügiges Verschulden, so tritt völlige Leistungsfreiheit **ohne Rücksicht** darauf ein, ob hierdurch die **Existenz** des Versicherungsnehmers bedroht wird.[25]

- Hat der Versicherungsnehmer den Täuschungsversuch, der sich auf den gesamten Schaden bezog, **nicht freiwillig**, sondern erst nach Aufdeckung bestimmter Indizien offenbart, so stellt es auch bei Existenzbedrohung **keine** übermäßige und **unbillige Härte** dar, wenn der Versicherer die volle Leistungsfreiheit in Anspruch nimmt.[26]

---

20 BGH – IV ZR 62/07, VersR 2009, 968 = zfs 2009, 463; OLG Koblenz, zfs 2003, 550; KG, VersR 2005, 251; OLG Saarbrücken, NJW-RR 2006, 1406.
21 OLG Köln, VersR 2004, 907.
22 OLG München, VersR 1992, 181.
23 BGH, VersR 2004, 1304.
24 OLG Hamm, r+s 1996, 345.
25 OLG Frankfurt, VersR 1988, 1145; OLG Düsseldorf, NJW RR 1996, 797.
26 BGH, zfs 1993, 274.

- Eine geleistete **Teilzahlung** braucht **nicht** zurückgezahlt zu werden, wenn der Versicherungsnehmer eine arglistige Täuschung erst **nach Empfang** der Teilleistung begeht. Insoweit besteht kein Rückforderungsanspruch des Versicherers, er wird jedoch **leistungsfrei** bezüglich der noch **nicht erbrachten Entschädigungsleistung**.[27]
- Eine vor Abschluss einer Feuerversicherung ausgesprochene **Drohung mit Brandstiftung** ist ein gefahrerheblicher Umstand, dessen Verschweigen zur Anfechtung wegen arglistiger Täuschung berechtigt.[28]
- Von einer arglistigen Täuschung ist auszugehen, wenn der Versicherungsnehmer einen **nachträglich** gefertigten – rückdatieren – Kaufvertrag vorlegt.[29]

L. Allgemeine Bedingungen für die Feuerversicherung – gleitende Neuwertversicherung (AFB 2010 – gleitende Neuwertversicherung) – Version 1.4.2014

Diese Bedingungen des Gesamtverbandes der Deutschen Versicherungswirtschaft e.V. (GDV) sind für die Versicherer unverbindlich; ihre Verwendung ist rein fakultativ. Abweichende Bedingungen können vereinbart werden. Abdruck mit freundlicher Genehmigung des GDV; die jeweils aktuellen Bedingungen können kostenfrei auf der Website des GDV (www.gdv.de) abgerufen werden.

Abschnitt A

§ 1 Versicherte Gefahren und Schäden

1. Versicherte Gefahren und Schäden — Brand, Blitzschlag, Explosion, Luftfahrzeuge

Der Versicherer leistet Entschädigung für versicherte Sachen, die durch
a) Brand,
b) Blitzschlag,
c) Explosion,
d) Anprall oder Absturz eines Luftfahrzeuges, seiner Teile oder seiner Ladung
zerstört oder beschädigt werden oder abhanden kommen.

2. Brand

Brand ist ein Feuer, das ohne einen bestimmungsgemäßen Herd entstanden ist oder ihn verlassen hat und das sich aus eigener Kraft auszubreiten vermag.

---

27 BGH, NJW 1986, 1100.
28 KG, NJW-RR 1999, 100.
29 OLG Hamm, MDR 2007, 1135 = SP 2007, 365.

3. Blitzschlag

Blitzschlag ist der unmittelbare Übergang eines Blitzes auf Sachen. Überspannungs-, Überstrom- oder Kurzschlussschäden an elektrischen Einrichtungen und Geräten sind nur versichert, wenn an Sachen auf dem Grundstück, auf dem der Versicherungsort liegt, durch Blitzschlag Schäden anderer Art entstanden sind. Spuren eines Blitzschlags an diesem Grundstück, an dort befindlichen Antennen oder anderen Sachen als elektrischen Einrichtungen und Geräten stehen Schäden anderer Art gleich.

4. Explosion

Explosion ist eine auf dem Ausdehnungsbestreben von Gasen oder Dämpfen beruhende, plötzlich verlaufende Kraftäußerung.

Eine Explosion eines Behälters (Kessel, Rohrleitung usw.) liegt nur vor, wenn seine Wandung in einem solchen Umfang zerrissen wird, dass ein plötzlicher Ausgleich des Druckunterschieds innerhalb und außerhalb des Behälters stattfindet. Wird im Innern eines Behälters eine Explosion durch chemische Umsetzung hervorgerufen, so ist ein Zerreißen seiner Wandung nicht erforderlich.

Schäden durch Unterdruck sind nicht versichert.

5. Nicht versicherte Schäden

Nicht versichert sind
a) ohne Rücksicht auf mitwirkende Ursachen Schäden durch Erdbeben;
b) Sengschäden, außer wenn diese dadurch verursacht wurden, dass sich eine versicherte Gefahr gemäß Nr. 1 verwirklicht hat;
c) Schäden, die an Verbrennungskraftmaschinen durch die im Verbrennungsraum auftretenden Explosionen, sowie Schäden, die an Schaltorganen von elektrischen Schaltern durch den in ihnen auftretenden Gasdruck entstehen;
d) Brandschäden, die an versicherten Sachen dadurch entstehen, dass sie einem Nutzfeuer oder der Wärme zur Bearbeitung oder zu sonstigen Zwecken ausgesetzt werden; dies gilt auch für Sachen, in denen oder durch die Nutzfeuer oder Wärme erzeugt, vermittelt oder weitergeleitet wird.

Die Ausschlüsse gemäß Nr. 5 c) und Nr. 5 d) gelten nicht für Schäden, die dadurch verursacht wurden, dass sich an anderen Sachen eine versicherte Gefahr gemäß Nr. 1 verwirklicht hat.

§ 2 Ausschlüsse Krieg, Innere Unruhen und Kernenergie

1. Ausschluss Krieg

Die Versicherung erstreckt sich ohne Rücksicht auf mitwirkende Ursachen nicht auf Schäden durch Krieg, kriegsähnliche Ereignisse, Bürgerkrieg, Revolution, Rebellion oder Aufstand.

2. Ausschluss Innere Unruhen
Die Versicherung erstreckt sich ohne Rücksicht auf mitwirkende Ursachen nicht auf Schäden durch Innere Unruhen.

3. Ausschluss Kernenergie
Die Versicherung erstreckt sich ohne Rücksicht auf mitwirkende Ursachen nicht auf Schäden durch Kernenergie, nukleare Strahlung oder radioaktive Substanzen.

§ 3 Versicherte Sachen

1. Versicherte Sachen
Versichert sind die im Versicherungsvertrag bezeichneten
a) Gebäude und sonstigen Grundstücksbestandteile;
b) beweglichen Sachen.
Soweit nicht etwas anderes vereinbart ist, gelten in das Gebäude eingefügte Sachen, die ein Mieter auf seine Kosten angeschafft oder übernommen hat und für die er die Gefahr trägt, als bewegliche Sachen.
Daten und Programme sind keine Sachen.

2. Gebäude
Gebäude sind mit ihren Bestandteilen, aber ohne Zubehör versichert, soweit nicht etwas anderes vereinbart ist.

3. Bewegliche Sachen
Bewegliche Sachen sind nur versichert, soweit der Versicherungsnehmer
a) Eigentümer ist;
b) sie unter Eigentumsvorbehalt erworben oder mit Kaufoption geleast hat, die zum Schadenzeitpunkt noch nicht abgelaufen oder bereits ausgeübt war;
c) sie sicherungshalber übereignet hat.

4. Fremdes Eigentum
Über Nr. 3 b) und Nr. 3 c) hinaus ist fremdes Eigentum nur versichert, soweit es seiner Art nach zu den versicherten Sachen gehört und dem Versicherungsnehmer zur Bearbeitung, Benutzung, Verwahrung oder zum Verkauf in Obhut gegeben wurde und soweit nicht der Versicherungsnehmer nachweislich, insbesondere mit dem Eigentümer, vereinbart hat, dass die fremden Sachen durch den Versicherungsnehmer nicht versichert zu werden brauchen.

5. Versicherte Interessen
Die Versicherung gemäß Nr. 3 b), Nr. 3 c) und Nr. 4 gilt für Rechnung des Eigentümers und des Versicherungsnehmers.
In den Fällen der Nr. 4 ist jedoch für die Höhe des Versicherungswertes nur das Interesse des Eigentümers maßgebend.

§ 8 Feuerversicherung

6. Nicht versicherte Sachen

Nicht versichert sind, soweit nicht etwas anderes vereinbart ist:
a) Bargeld und Wertsachen; Wertsachen sind Urkunden (z.b. Sparbücher und sonstige Wertpapiere), Briefmarken, Münzen und Medaillen, Schmucksachen, Perlen und Edelsteine, auf Geldkarten geladene Beträge, unbearbeitete Edelmetalle sowie Sachen aus Edelmetallen, soweit sie nicht dem Raumschmuck dienen oder Teile von Werkzeugen sind;
b) Geschäftsunterlagen;
c) Baubuden, Zelte, Traglufthallen;
d) Zulassungspflichtige Kraftfahrzeuge, Kraftfahrzeuganhänger und Zugmaschinen;
e) Hausrat aller Art;
f) Grund und Boden, Wald oder Gewässer;
g) Automaten mit Geldeinwurf (einschließlich Geldwechsler) samt Inhalt sowie Geldautomaten;
h) Anschauungsmodelle, Prototypen und Ausstellungsstücke, ferner typengebundene, für die laufende Produktion nicht mehr benötigte Fertigungsvorrichtungen.

§ 4 Daten und Programme

1. Schaden am Datenträger

Entschädigung für Daten und Programme gemäß Nr. 2, Nr. 3 und Nr. 4 wird nur geleistet, wenn der Verlust, die Veränderung oder die Nichtverfügbarkeit der Daten und Programme durch einen dem Grunde nach versicherten Schaden an dem Datenträger (Datenspeicher für maschinenlesbare Informationen), auf dem die Daten und Programme gespeichert waren, verursacht wurde.

2. Daten und Programme, die für die Grundfunktion einer versicherten Sache notwendig sind

Der Versicherer ersetzt die für die Grundfunktion einer versicherten Sache notwendigen Daten und Programme im Rahmen der Position, der die Sache zuzuordnen ist, für deren Grundfunktion die Daten und Programme erforderlich sind.

Für die Grundfunktion einer versicherten Sache notwendige Daten und Programme sind System-Programmdaten aus Betriebssystemen oder damit gleichzusetzende Daten.

3. Daten und Programme als Handelsware

Der Versicherer ersetzt die auf einem versicherten und zum Verkauf bestimmten Datenträger gespeicherten Daten und Programme im Rahmen der Position, der der zum Verkauf bestimmte Datenträger zuzuordnen ist.

4. Sonstige Daten und Programme

Der Versicherer ersetzt sonstige Daten und Programme im Rahmen der Position Geschäftsunterlagen.

Sonstige Daten und Programme sind serienmäßig hergestellte Programme, individuelle Programme und individuelle Daten, sofern diese Daten und Programme weder für die Grundfunktion einer versicherten Sache notwendig noch auf einem zum Verkauf bestimmten Datenträger gespeichert sind.

5. Ausschlüsse

a) Nicht versichert sind Daten und Programme, zu deren Nutzung der Versicherungsnehmer nicht berechtigt ist, die nicht betriebsfertig oder nicht lauffähig sind oder die sich nur im Arbeitsspeicher der Zentraleinheit befinden.

b) Der Versicherer leistet ohne Rücksicht auf mitwirkende Umstände keine Entschädigung für Kosten, die zusätzlich entstehen, weil die versicherten Daten oder Programme durch Kopierschutz-, Zugriffsschutz- oder vergleichbare Vorkehrungen (z.b. Kopierschutzstecker oder Verschlüsselungsmaßnahmen) gesichert sind (z.b. Kosten für neuerlichen Lizenzerwerb).

§ 5 Aufräumungs- und Abbruchkosten, Bewegungs- und Schutzkosten, Wiederherstellungskosten von Geschäftsunterlagen, Feuerlöschkosten, Mehrkosten durch behördliche Wiederherstellungsbeschränkungen, Mehrkosten durch Preissteigerungen

1. Versicherte Kosten

Der Versicherer ersetzt bis zu der hierfür vereinbarten Versicherungssumme die infolge eines Versicherungsfalles tatsächlich entstandenen Aufwendungen für notwendige

a) Aufräumungs- und Abbruchkosten;
b) Bewegungs- und Schutzkosten;
c) Wiederherstellungskosten von Geschäftsunterlagen;
d) Feuerlöschkosten;
e) Mehrkosten durch behördliche Wiederherstellungsbeschränkungen;
f) Mehrkosten durch Preissteigerungen.

Die vereinbarte Versicherungssumme gemäß Satz 1 wird nicht für die Feststellung einer Unterversicherung herangezogen. Sofern eine Unterversicherung für eine vom Schaden betroffene Position besteht, für welche die Mehrkosten gemäß e) und f) versichert sind, werden diese Mehrkosten nur im Verhältnis der Versicherungssumme der vom Schaden betroffenen Position zum Versicherungswert der vom Schaden betroffenen Position ersetzt.

2. Aufräumungs- und Abbruchkosten

Aufräumungs- und Abbruchkosten sind Aufwendungen für das Aufräumen der Schadenstätte einschließlich des Abbruchs stehen gebliebener Teile, für das Abfahren von Schutt und sonstigen Resten zum nächsten Ablagerungsplatz und für das Ablagern oder Vernichten.

3. Bewegungs- und Schutzkosten

Bewegungs- und Schutzkosten sind Aufwendungen, die dadurch entstehen, dass zum Zweck der Wiederherstellung oder Wiederbeschaffung von versicherten Sachen, andere Sachen bewegt, verändert oder geschützt werden müssen.

Bewegungs- und Schutzkosten sind insbesondere Aufwendungen für De- oder Remontage von Maschinen, für Durchbruch, Abriss oder Wiederaufbau von Gebäudeteilen oder für das Erweitern von Öffnungen.

4. Wiederherstellungskosten von Geschäftsunterlagen

Wiederherstellungskosten von Geschäftsunterlagen sind Aufwendungen, die innerhalb von zwei Jahren nach Eintritt des Versicherungsfalles für die Wiederherstellung oder Wiederbeschaffung von Geschäftsunterlagen, serienmäßig hergestellten Programmen, individuellen Daten und individuellen Programmen anfallen.

5. Feuerlöschkosten

Feuerlöschkosten sind Aufwendungen, die der Versicherungsnehmer zur Brandbekämpfung für geboten halten durfte, einschließlich der Kosten für Leistungen der Feuerwehr oder anderer im öffentlichen Interesse zur Hilfeleistung verpflichteter Institutionen, soweit diese nicht nach den Bestimmungen über die Aufwendungen zur Abwendung und Minderung des Schadens zu ersetzen sind.

Nicht versichert sind jedoch Aufwendungen für Leistungen der Feuerwehr oder anderer Institutionen, wenn diese Leistungen im öffentlichen Interesse kostenfrei zu erbringen sind.

Freiwillige Zuwendungen des Versicherungsnehmers an Personen, die sich bei der Brandbekämpfung eingesetzt haben, sind nur zu ersetzen, wenn der Versicherer vorher zugestimmt hatte.

6. Mehrkosten durch behördliche Wiederherstellungsbeschränkungen

a) Mehrkosten durch behördliche Wiederherstellungsbeschränkungen sind Aufwendungen, die dadurch entstehen, dass die versicherte und vom Schaden betroffene Sache aufgrund öffentlich-rechtlicher Vorschriften nicht in derselben Art und Güte wiederhergestellt oder wiederbeschafft werden darf.

b) Soweit behördliche Anordnungen vor Eintritt des Versicherungsfalles erteilt wurden, sind die dadurch entstehenden Mehrkosten nicht versichert.
War aufgrund öffentlich-rechtlicher Vorschriften die Nutzung der Sachen zum Zeitpunkt des Versicherungsfalles ganz oder teilweise untersagt, sind die dadurch entstehenden Mehrkosten nicht versichert.

c) Wenn die Wiederherstellung der versicherten und vom Schaden betroffenen Sache aufgrund behördlicher Wiederherstellungsbeschränkungen nur an anderer

Stelle erfolgen darf, werden die Mehrkosten nur in dem Umfang ersetzt, in dem sie auch bei Wiederherstellung an bisheriger Stelle entstanden wären.
d) Mehrkosten infolge Preissteigerungen, die dadurch entstehen, dass sich die Wiederherstellung durch behördliche Wiederherstellungsbeschränkungen verzögert, werden gemäß Nr. 7 ersetzt.
e) Ist der Zeitwert Versicherungswert, so werden auch die Mehrkosten nur im Verhältnis des Zeitwertes zum Neuwert ersetzt.

7. Mehrkosten durch Preissteigerungen
a) Mehrkosten durch Preissteigerungen sind Aufwendungen für Preissteigerungen versicherter und vom Schaden betroffener Sachen zwischen dem Eintritt des Versicherungsfalles und der Wiederherstellung oder Wiederbeschaffung.
b) Wenn der Versicherungsnehmer die Wiederherstellung oder Wiederbeschaffung nicht unverzüglich veranlasst, werden die Mehrkosten nur in dem Umfang ersetzt, in dem sie auch bei unverzüglicher Wiederherstellung oder Wiederbeschaffung entstanden wären.
c) Mehrkosten infolge von außergewöhnlichen Ereignissen, behördlichen Wiederherstellungs- oder Betriebsbeschränkungen oder Kapitalmangel sind nicht versichert.
Sofern behördliche Wiederherstellungsbeschränkungen die Wiederherstellung oder Wiederbeschaffung der versicherten und vom Schaden betroffenen Sachen verzögern, werden die dadurch entstandenen Preissteigerungen jedoch ersetzt.
d) Ist der Zeitwert Versicherungswert, so werden auch die Mehrkosten nur im Verhältnis des Zeitwerts zum Neuwert ersetzt.

§ 6 Versicherungsort
1. Örtlicher Geltungsbereich
a) Versicherungsschutz besteht nur innerhalb des Versicherungsortes.
Diese Beschränkung gilt nicht für Sachen, die infolge eines eingetretenen oder unmittelbar bevorstehenden Versicherungsfalles aus dem Versicherungsort entfernt und in zeitlichem und örtlichem Zusammenhang mit diesem Vorgang beschädigt oder zerstört werden oder abhanden kommen.
b) Versicherungsort sind die im Versicherungsvertrag bezeichneten Gebäude oder Räume von Gebäuden oder die als Versicherungsort bezeichneten Grundstücke.

2. Gebrauchsgegenstände von Betriebsangehörigen
Soweit Gebrauchsgegenstände von Betriebsangehörigen versichert sind, besteht in den Wohnräumen der Betriebsangehörigen kein Versicherungsschutz.

3. Bargeld und Wertsachen
Soweit Bargeld und Wertsachen versichert sind, besteht Versicherungsschutz nur in verschlossenen Räumen oder Behältnissen der im Versicherungsvertrag bezeichneten Art.

§ 8 Feuerversicherung

Sofern zusätzlich vereinbart, sind diese während der Geschäftszeit oder sonstiger vereinbarter Zeiträume auch ohne Verschluss bis zu der vereinbarten Entschädigungsgrenze versichert.

§ 7 Versicherungswert; Versicherungssumme

1. Versicherungswert von Gebäuden

a) Der Versicherungswert von Gebäuden ist
   aa) der Neuwert. Neuwert ist der Betrag, der aufzuwenden ist, um Sachen gleicher Art und Güte in neuwertigem Zustand herzustellen. Maßgebend ist der ortsübliche Neubauwert einschließlich Architektengebühren sowie sonstige Konstruktions- und Planungskosten.

   Bestandteil des Neuwertes sind insoweit auch Aufwendungen, die dadurch entstehen, dass die Wiederherstellung der Sachen in derselben Art und Güte infolge Technologiefortschritts entweder nicht möglich ist oder nur mit unwirtschaftlichem Aufwand möglich wäre. Die Ersatzgüter müssen hierbei den vorhandenen Sachen möglichst nahe kommen.

   Nicht Bestandteil des Neuwertes sind Mehrkosten durch behördliche Wiederherstellungsbeschränkungen, die dadurch entstehen, dass Sachen aufgrund öffentlich-rechtlicher Vorschriften nicht in derselben Art und Güte wiederhergestellt werden dürfen, es sei denn, dass diese Mehrkosten als Technologiefortschritt gemäß Absatz 2 zu berücksichtigen sind. Versicherungsschutz für Mehrkosten durch behördliche Wiederherstellungsbeschränkungen besteht gemäß den Vereinbarungen zu den versicherten Kosten.

   Mehrkosten durch Preissteigerungen zwischen dem Eintritt des Versicherungsfalles und der Wiederherstellung sind ebenfalls nicht Bestandteil des Neuwertes. Versicherungsschutz für diese Mehrkosten besteht gemäß den Vereinbarungen zu den versicherten Kosten;

   bb) der Zeitwert, falls Versicherung nur zum Zeitwert vereinbart ist oder falls der Zeitwert im Fall der Versicherung zum Neuwert weniger als __ Prozent des Neuwertes beträgt (Zeitwertvorbehalt).

   Der Zeitwert ergibt sich aus dem Neuwert des Gebäudes durch einen Abzug entsprechend seinem insbesondere durch den Abnutzungsgrad bestimmten Zustand;

   cc) der gemeine Wert, falls Versicherung nur zum gemeinen Wert vereinbart ist oder falls das Gebäude zum Abbruch bestimmt oder sonst dauernd entwertet ist; eine dauernde Entwertung liegt insbesondere vor, wenn das Gebäude für seinen Zweck allgemein oder im Betrieb des Versicherungsnehmers nicht mehr zu verwenden ist;

   gemeiner Wert ist der für den Versicherungsnehmer erzielbare Verkaufspreis für das Gebäude oder für das Altmaterial.

b) Der Versicherungswert von Grundstücksbestandteilen, die nicht Gebäude sind, ist, soweit nicht etwas anderes vereinbart wurde, entweder der Zeitwert gemäß Nr. 1 a) bb) oder unter den dort genannten Voraussetzungen der gemeine Wert gemäß Nr. 1 a) cc).

2. **Versicherungswert von beweglichen Sachen**
a) Der Versicherungswert der technischen und kaufmännischen Betriebseinrichtung ist
   aa) der Neuwert. Neuwert ist der Betrag, der aufzuwenden ist, um Sachen gleicher Art und Güte in neuwertigem Zustand wieder zu beschaffen oder sie neu herzustellen, maßgebend ist der niedrigere Betrag.
   Bestandteil des Neuwertes sind insoweit auch Aufwendungen, die dadurch entstehen, dass die Wiederherstellung oder Wiederbeschaffung der Sachen in derselben Art und Güte infolge Technologiefortschritts entweder nicht möglich ist oder nur mit unwirtschaftlichem Aufwand möglich wäre. Die Ersatzgüter müssen hierbei den vorhandenen Sachen möglichst nahe kommen.
   Nicht Bestandteil des Neuwertes sind Mehrkosten durch behördliche Wiederherstellungsbeschränkungen, die dadurch entstehen, dass Sachen aufgrund öffentlich-rechtlicher Vorschriften nicht in derselben Art und Güte wiederhergestellt oder wiederbeschafft werden dürfen, es sei denn, dass diese Mehrkosten als Technologiefortschritt gemäß Absatz 2 zu berücksichtigen sind. Versicherungsschutz für Mehrkosten durch behördliche Wiederherstellungsbeschränkungen besteht gemäß den Vereinbarungen zu den versicherten Kosten.
   Mehrkosten durch Preissteigerungen zwischen dem Eintritt des Versicherungsfalles und der Wiederherstellung oder Wiederbeschaffung sind ebenfalls nicht Bestandteil des Neuwertes. Versicherungsschutz für diese Mehrkosten besteht gemäß den Vereinbarungen zu den versicherten Kosten;
   bb) der Zeitwert, falls Versicherung nur zum Zeitwert vereinbart ist oder falls der Zeitwert im Fall der Versicherung zum Neuwert weniger als __ Prozent des Neuwertes beträgt (Zeitwertvorbehalt).
   Der Zeitwert ergibt sich aus dem Neuwert der beweglichen Sachen durch einen Abzug entsprechend ihrem insbesondere durch den Abnutzungsgrad bestimmten Zustand;
   cc) der gemeine Wert, soweit die Sache für ihren Zweck allgemein oder im Betrieb des Versicherungsnehmers nicht mehr zu verwenden ist;
   gemeiner Wert ist der erzielbare Verkaufspreis für die Sache oder für das Altmaterial.
b) Der Versicherungswert von Vorräten ist der Betrag, der aufzuwenden ist, um Sachen gleicher Art und Güte wiederzubeschaffen oder sie neu herzustellen; maßgebend ist der niedrigere Betrag.

Mehrkosten durch Preissteigerung zwischen dem Eintritt des Versicherungsfalles und der Wiederherstellung oder Wiederbeschaffung der Vorräte sind nicht zu berücksichtigen. Versicherungsschutz für diese Mehrkosten besteht gemäß den Vereinbarungen zu den versicherten Kosten.

Der Versicherungswert ist begrenzt durch den erzielbaren Verkaufspreis, bei nicht fertig hergestellten eigenen Erzeugnissen durch den erzielbaren Verkaufspreis der fertigen Erzeugnisse.

c) Der Versicherungswert von Anschauungsmodellen, Prototypen und Ausstellungsstücken, ferner von typengebundenen, für die laufende Produktion nicht mehr benötigten Fertigungsvorrichtungen, ohne Kaufoption geleasten Sachen oder geleasten Sachen, bei denen die Kaufoption bei Schadeneintritt abgelaufen war, sowie für alle sonstigen in a) und b) nicht genannten beweglichen Sachen ist entweder der Zeitwert gemäß a) bb) oder unter den dort genannten Voraussetzungen der gemeine Wert gemäß a) cc).

d) Der Versicherungswert von Wertpapieren ist
   aa) bei Wertpapieren mit amtlichem Kurs der mittlere Einheitskurs am Tag der jeweils letzten Notierung aller amtlichen Börsen der Bundesrepublik Deutschland;
   bb) bei Sparbüchern der Betrag des Guthabens;
   cc) bei sonstigen Wertpapieren der Marktpreis.

3. Umsatzsteuer

Ist der Versicherungsnehmer zum Vorsteuerabzug nicht berechtigt, so ist die Umsatzsteuer einzubeziehen.

4. Versicherungssumme

a) Die Versicherungssumme ist der zwischen Versicherer und Versicherungsnehmer im Einzelnen vereinbarte Betrag, der dem Versicherungswert gemäß Nr. 1 bis Nr. 3 entsprechen soll.

b) Ist Versicherung zum Neuwert, Zeitwert oder gemeinen Wert vereinbart worden, soll der Versicherungsnehmer die Versicherungssumme für die versicherte Sache für die Dauer des Versicherungsverhältnisses dem jeweils gültigen Versicherungswert anpassen.

c) Entspricht zum Zeitpunkt des Versicherungsfalles die Versicherungssumme nicht dem Versicherungswert, kann die Regelung über die Unterversicherung zur Anwendung kommen.

§ 8   Umfang der Entschädigung

1. Entschädigungsberechnung

a) Der Versicherer ersetzt
   aa) bei zerstörten oder infolge eines Versicherungsfalles abhanden gekommenen Sachen den Versicherungswert unmittelbar vor Eintritt des Versicherungsfalles;

bb) bei beschädigten Sachen die notwendigen Reparaturkosten zur Zeit des Eintritts des Versicherungsfalles zuzüglich einer durch den Versicherungsfall entstandenen und durch die Reparatur nicht auszugleichenden Wertminderung, höchstens jedoch den Versicherungswert unmittelbar vor Eintritt des Versicherungsfalles. Die Reparaturkosten werden gekürzt, soweit durch die Reparatur der Versicherungswert der Sache gegenüber dem Versicherungswert unmittelbar vor Eintritt des Versicherungsfalles erhöht wird.

b) Öffentlich-rechtliche Vorschriften, nach denen die noch vorhandene und technisch brauchbare Sachsubstanz der versicherten und vom Schaden betroffenen Sache für die Wiederherstellung nicht wieder verwendet werden darf, werden bei der Entschädigungsberechnung gemäß a) berücksichtigt, soweit

aa) es sich nicht um behördliche Anordnungen handelt, die vor Eintritt des Versicherungsfalles erteilt wurden oder

bb) nicht aufgrund öffentlich-rechtlicher Vorschriften die Nutzung der Sachen zum Zeitpunkt des Versicherungsfalles ganz oder teilweise untersagt war.

Mehrkosten durch behördliche Wiederherstellungsbeschränkungen, die dadurch entstehen, dass die versicherte und vom Schaden betroffene Sache aufgrund öffentlich-rechtlicher Vorschriften nicht in derselben Art und Güte wiederhergestellt oder wiederbeschafft werden darf, werden im Rahmen der Entschädigungsberechnung gemäß a) nicht ersetzt, es sei denn, dass diese Mehrkosten als Technologiefortschritt im Versicherungswert zu berücksichtigen sind.

c) Der erzielbare Verkaufspreis von Resten wird bei der Entschädigungsberechnung gemäß a) und b) angerechnet.

d) Versicherungsschutz für Aufräumungs- und Abbruchkosten, Bewegungs- und Schutzkosten, Wiederherstellungskosten von Geschäftsunterlagen, Feuerlöschkosten, Mehrkosten durch behördliche Wiederherstellungsbeschränkungen und Mehrkosten durch Preissteigerungen besteht gemäß den Vereinbarungen zu den versicherten Kosten.

e) Für Ertragsausfallschäden leistet der Versicherer Entschädigung nur, soweit dies besonders vereinbart ist.

2. Neuwertanteil

Ist die Entschädigung zum Neuwert vereinbart, erwirbt der Versicherungsnehmer auf den Teil der Entschädigung, der den Zeitwertschaden übersteigt (Neuwertanteil), einen Anspruch nur, soweit und sobald er innerhalb von drei Jahren nach Eintritt des Versicherungsfalles sichergestellt hat, dass er die Entschädigung verwenden wird, um

a) Gebäude in gleicher Art und Zweckbestimmung an der bisherigen Stelle wiederherzustellen. Ist die Wiederherstellung an der bisherigen Stelle rechtlich nicht möglich oder wirtschaftlich nicht zu vertreten, so genügt es, wenn das Gebäude an anderer Stelle innerhalb der Bundesrepublik Deutschland wiederher-

§ 8 Feuerversicherung

gestellt wird; auch in diesem Fall bleibt es bei dem Entschädigungsbetrag, der bei einer Wiederherstellung an der bisherigen Stelle entstanden wäre;

b) bewegliche Sachen, die zerstört wurden oder abhanden gekommen sind, in gleicher Art und Güte und in neuwertigem Zustand wiederzubeschaffen. Nach vorheriger Zustimmung des Versicherers genügt Wiederbeschaffung gebrauchter Sachen; anstelle von Maschinen können Maschinen beliebiger Art beschafft werden, wenn deren Betriebszweck derselbe ist;

c) bewegliche Sachen, die beschädigt worden sind, wiederherzustellen.

3. Zeitwertschaden

a) Der Zeitwertschaden wird bei zerstörten oder abhandengekommenen Sachen gemäß den Bestimmungen über den Versicherungswert festgestellt. Bei beschädigten Sachen werden die Kosten einer Reparatur um den Betrag gekürzt, um den durch die Reparatur der Zeitwert der Sache gegenüber dem Zeitwert unmittelbar vor Eintritt des Versicherungsfalles erhöht würde.

b) Sofern Anschauungsmodelle, Prototypen und Ausstellungsstücke, ferner typengebundene, für die laufende Produktion nicht mehr benötigte Fertigungsvorrichtungen versichert sind, erwirbt der Versicherungsnehmer auf den Teil der Entschädigung für diese Sachen, der den gemeinen Wert übersteigt, einen Anspruch nur, soweit für die Verwendung der Entschädigung die Voraussetzungen gemäß Nr. 2 b) oder Nr. 2 c) erfüllt sind und die Wiederherstellung notwendig ist.

4. Unterversicherung

a) Ist die Versicherungssumme niedriger als der Versicherungswert unmittelbar vor Eintritt des Versicherungsfalles, so besteht Unterversicherung.

Im Fall der Unterversicherung wird die Entschädigung nach Nr. 1 in dem Verhältnis von Versicherungssumme zum Versicherungswert nach folgender Berechnungsformel gekürzt:

Entschädigung = Schadenbetrag multipliziert mit der Versicherungssumme dividiert durch den Versicherungswert.

Ist die Entschädigung für einen Teil der in einer Position versicherten Sachen auf bestimmte Beträge begrenzt, so werden bei Ermittlung des Versicherungswertes der davon betroffenen Sachen höchstens diese Beträge berücksichtigt. Ergibt sich aus dem so ermittelten Versicherungswert eine Unterversicherung, so wird die Entschädigung nach Nr. 1 entsprechend gekürzt.

b) Ob Unterversicherung vorliegt, ist für jede vereinbarte Position gesondert festzustellen.

c) Die Bestimmungen über den Selbstbehalt nach Nr. 6 und Entschädigungsgrenzen nach Nr. 7 sind im Anschluss an a) und b) anzuwenden.

5. Versicherung auf Erstes Risiko
Ist für einzelne Positionen die Versicherung auf Erstes Risiko vereinbart, wird eine Unterversicherung bei diesen Positionen nicht berücksichtigt.

6. Selbstbehalt
Die Entschädigung wird je Versicherungsfall um den vereinbarten Selbstbehalt gekürzt.

Die Bestimmungen über die Entschädigungsgrenzen nach Nr. 7 sind im Anschluss an diese Kürzung anzuwenden.

7. Entschädigungsgrenzen
Der Versicherer leistet Entschädigung je Versicherungsfall höchstens
a) bis zu der je Position vereinbarten Versicherungssumme;
b) bis zu den zusätzlich vereinbarten Entschädigungsgrenzen;
c) bis zu der vereinbarten Jahreshöchstentschädigung; Schäden, die im laufenden Versicherungsjahr beginnen, fallen insgesamt unter die Jahreshöchstentschädigung.

Maßgebend ist der niedrigere Betrag.

8. Umsatzsteuer
Die Umsatzsteuer wird nicht ersetzt, wenn der Versicherungsnehmer vorsteuerabzugsberechtigt ist.

Das Gleiche gilt, wenn der Versicherungsnehmer die Umsatzsteuer anlässlich der Wiederherstellung oder Wiederbeschaffung tatsächlich nicht gezahlt hat.

§ 9 Zahlung und Verzinsung der Entschädigung

1. Fälligkeit der Entschädigung
a) Die Entschädigung wird fällig, wenn die Feststellungen des Versicherers zum Grunde und zur Höhe des Anspruchs abgeschlossen sind.

Der Versicherungsnehmer kann einen Monat nach Meldung des Schadens den Betrag als Abschlagszahlung beanspruchen, der nach Lage der Sache mindestens zu zahlen ist.

b) Der über den Zeitwertschaden hinausgehende Teil der Entschädigung wird fällig, nachdem der Versicherungsnehmer gegenüber dem Versicherer den Nachweis geführt hat, dass er die Wiederherstellung oder Wiederbeschaffung sichergestellt hat.

c) Der über den gemeinen Wert hinausgehende Teil der Entschädigung für Anschauungsmodelle, Prototypen, Ausstellungsstücke sowie typengebundene, für die laufende Produktion nicht mehr benötigte Fertigungsvorrichtungen wird fällig, nachdem der Versicherungsnehmer gegenüber dem Versicherer den Nachweis geführt hat, dass er die Wiederherstellung oder Wiederbeschaffung sichergestellt hat.

§ 8 Feuerversicherung

2. Rückzahlung des Neuwert- oder Zeitwertanteils

Der Versicherungsnehmer ist zur Rückzahlung der vom Versicherer nach Nr. 1 b) oder Nr. 1 c) geleisteten Entschädigung einschließlich etwaiger nach Nr. 3 b) gezahlter Zinsen verpflichtet, wenn die Sache infolge eines Verschuldens des Versicherungsnehmers nicht innerhalb einer angemessenen Frist wiederhergestellt oder wiederbeschafft worden ist.

3. Verzinsung

Für die Verzinsung gilt, soweit nicht aus einem anderen Rechtsgrund eine weitergehende Zinspflicht besteht:
a) die Entschädigung ist, soweit sie nicht innerhalb eines Monats nach Meldung des Schadens geleistet wird, seit Anzeige des Schadens zu verzinsen;
b) der über den Zeitwertschaden nach Nr. 1 b) oder den gemeinen Wert nach Nr. 1 c) hinausgehende Teil der Entschädigung ist ab dem Zeitpunkt zu verzinsen, in dem der Versicherungsnehmer die Sicherstellung der Wiederherstellung oder Wiederbeschaffung versicherter Sachen gegenüber dem Versicherer nachgewiesen hat;
c) der Zinssatz beträgt vier Prozent pro Jahr;
d) die Zinsen werden zusammen mit der Entschädigung fällig.

4. Hemmung

Bei der Berechnung der Fristen gemäß Nr. 1, Nr. 3 a) und Nr. 3 b) ist der Zeitraum nicht zu berücksichtigen, in dem infolge Verschuldens des Versicherungsnehmers die Entschädigung nicht ermittelt oder nicht gezahlt werden kann.

5. Aufschiebung der Zahlung

Der Versicherer kann die Zahlung aufschieben, solange
a) Zweifel an der Empfangsberechtigung des Versicherungsnehmers bestehen;
b) ein behördliches oder strafgerichtliches Verfahren gegen den Versicherungsnehmer oder seinen Repräsentanten aus Anlass dieses Versicherungsfalles noch läuft;
c) eine Mitwirkung des Realgläubigers gemäß den gesetzlichen Bestimmungen über die Sicherung von Realgläubigern nicht erfolgte.

§ 10 Sachverständigenverfahren

1. Feststellung der Schadenhöhe

Der Versicherungsnehmer kann nach Eintritt des Versicherungsfalles verlangen, dass die Höhe des Schadens in einem Sachverständigenverfahren festgestellt wird.

Ein solches Sachverständigenverfahren können Versicherer und Versicherungsnehmer auch gemeinsam vereinbaren.

2. Weitere Feststellungen

Das Sachverständigenverfahren kann durch Vereinbarung auf weitere Feststellungen zum Versicherungsfall ausgedehnt werden.

3. Verfahren vor Feststellung

Für das Sachverständigenverfahren gilt:

a) Jede Partei hat in Textform einen Sachverständigen zu benennen. Eine Partei, die ihren Sachverständigen benannt hat, kann die andere unter Angabe des von ihr genannten Sachverständigen in Textform auffordern, den zweiten Sachverständigen zu benennen.

Wird der zweite Sachverständige nicht innerhalb von zwei Wochen nach Zugang der Aufforderung benannt, so kann ihn die auffordernde Partei durch das für den Schadenort zuständige Amtsgericht ernennen lassen. In der Aufforderung durch den Versicherer ist der Versicherungsnehmer auf diese Folge hinzuweisen.

b) Der Versicherer darf als Sachverständigen keine Person benennen, die Mitbewerber des Versicherungsnehmers ist oder mit ihm in dauernder Geschäftsverbindung steht; ferner keine Person, die bei Mitbewerbern oder Geschäftspartnern angestellt ist oder mit ihnen in einem ähnlichen Verhältnis steht.

c) Beide Sachverständige benennen in Textform vor Beginn ihrer Feststellungen einen dritten Sachverständigen als Obmann. Die Regelung unter b) gilt entsprechend für die Benennung eines Obmannes durch die Sachverständigen. Einigen sich die Sachverständigen nicht, so wird der Obmann auf Antrag einer Partei durch das für den Schadenort zuständige Amtsgericht ernannt.

4. Feststellung

Die Feststellungen der Sachverständigen müssen enthalten:

a) ein Verzeichnis der abhanden gekommenen, zerstörten und beschädigten versicherten Sachen sowie deren nach dem Versicherungsvertrag in Frage kommenden Versicherungswerte zum Zeitpunkt des Versicherungsfalles;
b) die Wiederherstellungs- und Wiederbeschaffungskosten;
c) die Restwerte der vom Schaden betroffenen Sachen;
d) die nach dem Versicherungsvertrag versicherten Kosten.

5. Verfahren nach Feststellung

Der Sachverständige übermittelt seine Feststellungen beiden Parteien gleichzeitig. Weichen die Feststellungen der Sachverständigen voneinander ab, so übergibt der Versicherer sie unverzüglich dem Obmann. Dieser entscheidet über die streitig gebliebenen Punkte innerhalb der durch die Feststellungen der Sachverständigen gezogenen Grenzen und übermittelt seine Entscheidung beiden Parteien gleichzeitig.

§ 8 Feuerversicherung

Die Feststellungen der Sachverständigen oder des Obmannes sind für die Vertragsparteien verbindlich, wenn nicht nachgewiesen wird, dass sie offenbar von der wirklichen Sachlage erheblich abweichen. Aufgrund dieser verbindlichen Feststellungen berechnet der Versicherer die Entschädigung.

Im Falle unverbindlicher Feststellungen erfolgen diese durch gerichtliche Entscheidung. Dies gilt auch, wenn die Sachverständigen die Feststellung nicht treffen können oder wollen oder sie verzögern.

6. Kosten

Sofern nicht etwas anderes vereinbart ist, trägt jede Partei die Kosten ihres Sachverständigen. Die Kosten des Obmannes tragen beide Parteien je zur Hälfte.

7. Obliegenheiten

Durch das Sachverständigenverfahren werden die Obliegenheiten des Versicherungsnehmers nicht berührt.

§ 11 Vertraglich vereinbarte Sicherheitsvorschriften

1. Sicherheitsvorschriften

Vor Eintritt des Versicherungsfalles hat der Versicherungsnehmer:
a) die versicherten Räume genügend häufig zu kontrollieren; dies gilt auch während einer vorübergehenden Betriebsstilllegung (z.B. Betriebsferien);
b) mindestens wöchentlich Duplikate von Daten und Programmen zu erstellen, sofern nicht in der Branche des Versicherungsnehmers kürzere Fristen zur Datensicherung üblich sind. Diese sind so aufzubewahren, dass sie im Versicherungsfall voraussichtlich nicht gleichzeitig mit den Originalen zerstört oder beschädigt werden oder abhanden kommen können;
c) über Wertpapiere und sonstige Urkunden, über Sammlungen und über sonstige Sachen, für die dies besonders vereinbart ist, Verzeichnisse zu führen und diese so aufzubewahren, dass sie im Versicherungsfall voraussichtlich nicht gleichzeitig mit den versicherten Sachen zerstört oder beschädigt werden oder abhanden kommen können.

Dies gilt nicht für Wertpapiere und sonstige Urkunden sowie für Sammlungen, wenn der Wert dieser Sachen insgesamt __ EUR nicht übersteigt.

Dies gilt ferner nicht für Briefmarken.

2. Folgen der Obliegenheitsverletzung

Verletzt der Versicherungsnehmer eine der in Nr. 1 genannten Obliegenheiten, ist der Versicherer unter den in Abschnitt B § 8 beschriebenen Voraussetzungen zur Kündigung berechtigt oder auch ganz oder teilweise leistungsfrei.

§ 12 Besondere gefahrerhöhende Umstände

Eine anzeigepflichtige Gefahrerhöhung gemäß Abschnitt B § 9 Nr. 1 a) kann insbesondere dann vorliegen, wenn
a) sich ein Umstand ändert, nach dem der Versicherer vor Vertragsschluss gefragt hat;
b) von der dokumentierten Betriebsbeschreibung abgewichen wird, Neu- oder Erweiterungsbauten durchgeführt werden oder ein Gebäude oder der überwiegende Teil des Gebäudes nicht genutzt wird.

§ 13 Wiederherbeigeschaffte Sachen

1. Anzeigepflicht

Wird der Verbleib abhanden gekommener Sachen ermittelt, hat der Versicherungsnehmer oder der Versicherer dies nach Kenntniserlangung unverzüglich dem Vertragspartner in Textform anzuzeigen.

2. Wiedererhalt vor Zahlung der Entschädigung

Hat der Versicherungsnehmer den Besitz einer abhanden gekommenen Sache zurückerlangt, bevor die volle Entschädigung für diese Sache gezahlt worden ist, so behält er den Anspruch auf die Entschädigung, falls er die Sache innerhalb von zwei Wochen dem Versicherer zur Verfügung stellt.

Andernfalls ist eine für diese Sache gewährte Entschädigung zurückzugeben.

3. Wiedererhalt nach Zahlung der Entschädigung

a) Hat der Versicherungsnehmer den Besitz einer abhanden gekommenen Sache zurückerlangt, nachdem für diese Sache eine Entschädigung in voller Höhe ihres Versicherungswertes gezahlt worden ist, so hat der Versicherungsnehmer die Entschädigung zurückzuzahlen oder die Sache dem Versicherer zur Verfügung zu stellen. Der Versicherungsnehmer hat dieses Wahlrecht innerhalb von zwei Wochen nach Empfang einer schriftlichen Aufforderung des Versicherers auszuüben; nach fruchtlosem Ablauf dieser Frist geht das Wahlrecht auf den Versicherer über.

b) Hat der Versicherungsnehmer den Besitz einer abhanden gekommenen Sache zurückerlangt, nachdem für diese Sache eine Entschädigung gezahlt worden ist, die bedingungsgemäß geringer als der Versicherungswert ist, so kann der Versicherungsnehmer die Sache behalten und muss sodann die Entschädigung zurückzahlen.

Erklärt er sich hierzu innerhalb von zwei Wochen nach Empfang einer schriftlichen Aufforderung des Versicherers nicht bereit, so hat der Versicherungsnehmer die Sache im Einvernehmen mit dem Versicherer öffentlich meistbietend verkaufen zu lassen.

Von dem Erlös abzüglich der Verkaufskosten erhält der Versicherer den Anteil, welcher der von ihm geleisteten bedingungsgemäßen Entschädigung entspricht.

4. Beschädigte Sachen

Sind wiederbeschaffte Sachen beschädigt worden, so kann der Versicherungsnehmer die bedingungsgemäße Entschädigung in Höhe der Reparaturkosten auch dann verlangen oder behalten, wenn die Sachen in den Fällen von Nr. 2 oder Nr. 3 bei ihm verbleiben.

5. Gleichstellung

Dem Besitz einer zurückerlangten Sache steht es gleich, wenn der Versicherungsnehmer die Möglichkeit hat, sich den Besitz wieder zu verschaffen.

6. Übertragung der Rechte

Hat der Versicherungsnehmer dem Versicherer zurückerlangte Sachen zur Verfügung zu stellen, so hat er dem Versicherer den Besitz, das Eigentum und alle sonstigen Rechte zu übertragen, die ihm mit Bezug auf diese Sachen zustehen.

7. Rückabwicklung bei kraftlos erklärten Wertpapieren

Ist ein Wertpapier in einem Aufgebotsverfahren für kraftlos erklärt worden, so hat der Versicherungsnehmer die gleichen Rechte und Pflichten, wie wenn er das Wertpapier zurückerlangt hätte. Jedoch kann der Versicherungsnehmer die Entschädigung behalten, soweit ihm durch Verzögerung fälliger Leistungen aus den Wertpapieren ein Zinsverlust entstanden ist.

§ 14 Veräußerung der versicherten Sachen

1. Rechtsverhältnisse nach Eigentumsübergang

a) Wird die versicherte Sache vom Versicherungsnehmer veräußert, so tritt zum Zeitpunkt des Eigentumsübergangs (bei Immobilien das Datum des Grundbucheintrages) an dessen Stelle der Erwerber in die während der Dauer seines Eigentums aus dem Versicherungsverhältnis sich ergebenden Rechte und Pflichten des Versicherungsnehmers ein.

b) Der Veräußerer und der Erwerber haften für die Prämie, die auf die zur Zeit des Eintrittes des Erwerbers laufende Versicherungsperiode entfällt, als Gesamtschuldner.

c) Der Versicherer muss den Eintritt des Erwerbers erst gegen sich gelten lassen, wenn er hiervon Kenntnis erlangt.

2. Kündigungsrechte

a) Der Versicherer ist berechtigt, dem Erwerber das Versicherungsverhältnis unter Einhaltung einer Frist von einem Monat zu kündigen. Dieses Kündigungsrecht erlischt, wenn es nicht innerhalb eines Monats ab der Kenntnis des Versicherers von der Veräußerung ausgeübt wird.

b) Der Erwerber ist berechtigt, das Versicherungsverhältnis mit sofortiger Wirkung oder zum Ablauf der Versicherungsperiode in Schriftform[30] zu kündigen. Das Kündigungsrecht erlischt, wenn es nicht innerhalb eines Monats nach dem Erwerb, bei fehlender Kenntnis des Erwerbers vom Bestehen der Versicherung innerhalb eines Monats ab Erlangung der Kenntnis, ausgeübt wird.
c) Im Falle der Kündigung nach a) und b) haftet der Veräußerer allein für die Zahlung der Prämie.

3. Anzeigepflichten
a) Die Veräußerung ist dem Versicherer vom Veräußerer oder Erwerber unverzüglich in Textform anzuzeigen.
b) Ist die Anzeige unterblieben, so ist der Versicherer nicht zur Leistung verpflichtet, wenn der Versicherungsfall später als einen Monat nach dem Zeitpunkt eintritt, zu dem die Anzeige hätte zugehen müssen, und der Versicherer nachweist, dass er den mit dem Veräußerer bestehenden Vertrag mit dem Erwerber nicht geschlossen hätte.
c) Abweichend von b) ist der Versicherer zur Leistung verpflichtet, wenn ihm die Veräußerung zu dem Zeitpunkt bekannt war, zu dem ihm die Anzeige hätte zugehen müssen, oder wenn zur Zeit des Eintrittes des Versicherungsfalles die Frist für die Kündigung des Versicherers abgelaufen war und er nicht gekündigt hat.

Abschnitt B

§ 1 Anzeigepflicht des Versicherungsnehmers oder seines Vertreters bis zum Vertragsschluss

1. Wahrheitsgemäße und vollständige Anzeigepflicht von Gefahrumständen
Der Versicherungsnehmer hat bis zur Abgabe seiner Vertragserklärung dem Versicherer alle ihm bekannten Gefahrumstände anzuzeigen, nach denen der Versicherer in Textform gefragt hat und die für dessen Entschluss erheblich sind, den Vertrag mit dem vereinbarten Inhalt zu schließen.

Der Versicherungsnehmer ist auch insoweit zur Anzeige verpflichtet, als nach seiner Vertragserklärung, aber vor Vertragsannahme der Versicherer in Textform Fragen im Sinne des Satzes 1 stellt.

2. Rechtsfolgen der Verletzung der Anzeigepflicht
a) Vertragsänderung
Hat der Versicherungsnehmer die Anzeigepflicht nicht vorsätzlich verletzt und hätte der Versicherer bei Kenntnis der nicht angezeigten Gefahrumstände den Vertrag auch zu anderen Bedingungen geschlossen, so werden die anderen Be-

---

[30] hier auch Textform zulässig

dingungen auf Verlangen des Versicherers rückwirkend Vertragsbestandteil. Bei einer vom Versicherungsnehmer unverschuldeten Pflichtverletzung werden die anderen Bedingungen ab der laufenden Versicherungsperiode Vertragsbestandteil.

Erhöht sich durch eine Vertragsänderung die Prämie um mehr als 10 Prozent oder schließt der Versicherer die Gefahrabsicherung für den nicht angezeigten Umstand aus, so kann der Versicherungsnehmer den Vertrag innerhalb eines Monats nach Zugang der Mitteilung des Versicherers ohne Einhaltung einer Frist kündigen. In dieser Mitteilung der Vertragsänderung hat der Versicherer den Versicherungsnehmer auf dessen Kündigungsrecht hinzuweisen.

b) Rücktritt und Leistungsfreiheit

Verletzt der Versicherungsnehmer seine Anzeigepflicht nach Nr. 1, kann der Versicherer vom Vertrag zurücktreten, es sei denn, der Versicherungsnehmer hat die Anzeigepflicht weder vorsätzlich noch grob fahrlässig verletzt.

Bei grober Fahrlässigkeit des Versicherungsnehmers ist das Rücktrittsrecht des Versicherers ausgeschlossen, wenn der Versicherungsnehmer nachweist, dass der Versicherer den Vertrag bei Kenntnis der nicht angezeigten Umstände zu gleichen oder anderen Bedingungen abgeschlossen hätte.

Tritt der Versicherer nach Eintritt des Versicherungsfalles zurück, so ist er nicht zur Leistung verpflichtet, es sei denn, der Versicherungsnehmer weist nach, dass die Verletzung der Anzeigepflicht sich auf einen Umstand bezieht, der weder für den Eintritt oder die Feststellung des Versicherungsfalles noch für die Feststellung oder den Umfang der Leistungspflicht des Versicherers ursächlich ist. Hat der Versicherungsnehmer die Anzeigepflicht arglistig verletzt, ist der Versicherer nicht zur Leistung verpflichtet.

c) Kündigung

Verletzt der Versicherungsnehmer seine Anzeigepflicht nach Nr. 1 leicht fahrlässig oder schuldlos, kann der Versicherer den Vertrag unter Einhaltung einer Frist von einem Monat kündigen, es sei denn, der Versicherer hätte den Vertrag bei Kenntnis der nicht angezeigten Umständen zu gleichen oder anderen Bedingungen abgeschlossen.

d) Ausschluss von Rechten des Versicherers

Die Rechte des Versicherers zur Vertragsänderung (a), zum Rücktritt (b) und zur Kündigung (c) sind jeweils ausgeschlossen, wenn der Versicherer den nicht angezeigten Gefahrenumstand oder die unrichtige Anzeige kannte.

e) Anfechtung

Das Recht des Versicherers, den Vertrag wegen arglistiger Täuschung anzufechten, bleibt unberührt.

3. Frist für die Ausübung der Rechte des Versicherers

Die Rechte zur Vertragsänderung (Nr. 2 a), zum Rücktritt (Nr. 2 b) oder zur Kündigung (Nr. 2 c) muss der Versicherer innerhalb eines Monats schriftlich geltend machen und dabei die Umstände angeben, auf die er seine Erklärung stützt; zur Begründung kann er nachträglich weitere Umstände innerhalb eines Monats nach deren Kenntniserlangung angeben.

Die Monatsfrist beginnt mit dem Zeitpunkt, zu dem der Versicherer von der Verletzung der Anzeigepflicht und der Umstände Kenntnis erlangt, die das von ihm jeweils geltend gemachte Recht begründen.

4. Rechtsfolgenhinweis

Die Rechte zur Vertragsänderung (Nr. 2 a), zum Rücktritt (Nr. 2 b) und zur Kündigung (Nr. 2 c) stehen dem Versicherer nur zu, wenn er den Versicherungsnehmer durch gesonderte Mitteilung in Textform auf die Folgen der Verletzung der Anzeigepflicht hingewiesen hat.

5. Vertreter des Versicherungsnehmers

Wird der Vertrag von einem Vertreter des Versicherungsnehmers geschlossen, so sind bei der Anwendung von Nr. 1 und Nr. 2 sowohl die Kenntnis und die Arglist des Vertreters als auch die Kenntnis und die Arglist des Versicherungsnehmers zu berücksichtigen.

Der Versicherungsnehmer kann sich darauf, dass die Anzeigepflicht nicht vorsätzlich oder grob fahrlässig verletzt worden ist, nur berufen, wenn weder dem Vertreter noch dem Versicherungsnehmer Vorsatz oder grobe Fahrlässigkeit zur Last fällt.

6. Erlöschen der Rechte des Versicherers

Die Rechte des Versicherers zur Vertragsänderung (Nr. 2 a), zum Rücktritt (Nr. 2 b) und zur Kündigung (Nr. 2 c) erlöschen mit Ablauf von fünf Jahren nach Vertragsschluss; dies gilt nicht für Versicherungsfälle, die vor Ablauf dieser Frist eingetreten sind.

Die Frist beläuft sich auf zehn Jahre, wenn der Versicherungsnehmer oder sein Vertreter die Anzeigepflicht vorsätzlich oder arglistig verletzt hat.

§ 2 Beginn des Versicherungsschutzes; Dauer und Ende des Vertrages

1. Beginn des Versicherungsschutzes

Der Versicherungsschutz beginnt vorbehaltlich der Regelungen über die Folgen verspäteter Zahlung oder Nichtzahlung der Erst- oder Einmalprämie zu dem im Versicherungsschein angegebenen Zeitpunkt.

2. Dauer

Der Vertrag ist für den im Versicherungsschein angegebenen Zeitraum abgeschlossen.

§ 8 Feuerversicherung

3. Stillschweigende Verlängerung

Bei einer Vertragsdauer von mindestens einem Jahr verlängert sich der Vertrag um jeweils ein Jahr, wenn nicht einer der Vertragsparteien spätestens drei Monate vor dem Ablauf des jeweiligen Versicherungsjahres eine Kündigung zugegangen ist.

4. Kündigung bei mehrjährigen Verträgen

Der Vertrag kann bei einer Vertragslaufzeit von mehr als drei Jahren zum Ablauf des dritten oder jedes darauf folgenden Jahres unter Einhaltung einer Frist von drei Monaten vom Versicherungsnehmer gekündigt werden.

Die Kündigung muss dem Versicherer spätestens drei Monate vor dem Ablauf des jeweiligen Versicherungsjahres zugehen.

5. Vertragsdauer von weniger als einem Jahr

Bei einer Vertragsdauer von weniger als einem Jahr endet der Vertrag, ohne dass es einer Kündigung bedarf, zum vorgesehenen Zeitpunkt.

6. Wegfall des versicherten Interesses

Fällt das versicherte Interesse nach dem Beginn der Versicherung weg, endet der Vertrag zu dem Zeitpunkt, zu dem der Versicherer vom Wegfall des Risikos Kenntnis erlangt.

§ 3 Prämien, Versicherungsperiode

Je nach Vereinbarung werden die Prämien entweder durch laufende Zahlungen monatlich, vierteljährlich, halbjährlich, jährlich oder als Einmalprämie im Voraus gezahlt.

Die Versicherungsperiode beträgt ein Jahr. Das gilt auch, wenn die vereinbarte Vertragsdauer länger als ein Jahr ist. Ist die vereinbarte Vertragsdauer kürzer als ein Jahr, so entspricht die Versicherungsperiode der Vertragsdauer.

§ 4 Fälligkeit der Erst- oder Einmalprämie; Folgen verspäteter Zahlung oder Nichtzahlung

1. Fälligkeit der Erst- oder Einmalprämie

Die erste oder einmalige Prämie ist – unabhängig von dem Bestehen eines Widerrufrechts – unverzüglich nach dem Zeitpunkt des vereinbarten und im Versicherungsschein angegebenen Versicherungsbeginns zu zahlen.

Liegt der vereinbarte Zeitpunkt des Versicherungsbeginns vor Vertragsschluss, ist die erste oder einmalige Prämie unverzüglich nach Vertragsschluss zu zahlen.

Zahlt der Versicherungsnehmer nicht unverzüglich nach dem in Satz 1 oder 2 bestimmten Zeitpunkt, beginnt der Versicherungsschutz erst, nachdem die Zahlung bewirkt ist.

Weicht der Versicherungsschein vom Antrag des Versicherungsnehmers oder getroffenen Vereinbarungen ab, ist die erste oder einmalige Prämie frühestens einen Monat nach Zugang des Versicherungsscheins zu zahlen.

2. Rücktrittsrecht des Versicherers bei Zahlungsverzug

Wird die erste oder einmalige Prämie nicht zu dem nach Nr. 1 maßgebenden Fälligkeitszeitpunkt gezahlt, so kann der Versicherer vom Vertrag zurücktreten, solange die Zahlung nicht bewirkt ist.

Der Rücktritt ist ausgeschlossen, wenn der Versicherungsnehmer die Nichtzahlung nicht zu vertreten hat.

3. Leistungsfreiheit des Versicherers

Wenn der Versicherungsnehmer die erste oder einmalige Prämie nicht zu dem nach Nr. 1 maßgebenden Fälligkeitszeitpunkt zahlt, so ist der Versicherer für einen vor Zahlung der Prämie eingetretenen Versicherungsfall nicht zur Leistung verpflichtet, wenn er den Versicherungsnehmer durch gesonderte Mitteilung in Textform oder durch einen auffälligen Hinweis im Versicherungsschein auf diese Rechtsfolge der Nichtzahlung der Prämie aufmerksam gemacht hat.

Die Leistungsfreiheit tritt jedoch nicht ein, wenn der Versicherungsnehmer die Nichtzahlung nicht zu vertreten hat.

§ 5 Folgeprämie

1. Fälligkeit

a) Eine Folgeprämie wird zu dem jeweils vereinbarten Zeitpunkt fällig.
b) Die Zahlung gilt als rechtzeitig, wenn sie innerhalb des im Versicherungsschein oder in der Prämienrechnung angegebenen Zeitraums bewirkt ist.

2. Schadenersatz bei Verzug

Ist der Versicherungsnehmer mit der Zahlung einer Folgeprämie in Verzug, ist der Versicherer berechtigt, Ersatz des ihm durch den Verzug entstandenen Schadens zu verlangen.

3. Leistungsfreiheit und Kündigungsrecht nach Mahnung

a) Der Versicherer kann den Versicherungsnehmer bei nicht rechtzeitiger Zahlung einer Folgeprämie auf dessen Kosten in Textform zur Zahlung auffordern und eine Zahlungsfrist von mindestens zwei Wochen ab Zugang der Zahlungsaufforderung bestimmen (Mahnung).
Die Mahnung ist nur wirksam, wenn der Versicherer je Vertrag die rückständigen Beträge der Prämie, Zinsen und Kosten im Einzelnen beziffert und außerdem auf die Rechtsfolgen – Leistungsfreiheit und Kündigungsrecht – aufgrund der nicht fristgerechten Zahlung hinweist.

§ 8 Feuerversicherung

b) Tritt nach Ablauf der in der Mahnung gesetzten Zahlungsfrist ein Versicherungsfall ein und ist der Versicherungsnehmer bei Eintritt des Versicherungsfalles mit der Zahlung der Prämie oder der Zinsen oder Kosten in Verzug, so ist der Versicherer von der Verpflichtung zur Leistung frei.

c) Der Versicherer kann nach Ablauf der in der Mahnung gesetzten Zahlungsfrist den Vertrag ohne Einhaltung einer Kündigungsfrist mit sofortiger Wirkung kündigen, sofern der Versicherungsnehmer mit der Zahlung der geschuldeten Beträge in Verzug ist.

Die Kündigung kann mit der Bestimmung der Zahlungsfrist so verbunden werden, dass sie mit Fristablauf wirksam wird, wenn der Versicherungsnehmer zu diesem Zeitpunkt mit der Zahlung in Verzug ist. Hierauf ist der Versicherungsnehmer bei der Kündigung ausdrücklich hinzuweisen.

4. Zahlung der Prämie nach Kündigung

Die Kündigung wird unwirksam, wenn der Versicherungsnehmer innerhalb eines Monats nach der Kündigung oder, wenn sie mit der Fristbestimmung verbunden worden ist, innerhalb eines Monats nach Fristablauf die Zahlung leistet.

Die Regelung über die Leistungsfreiheit des Versicherers (Nr. 3 b) bleibt unberührt.

§ 6 Lastschriftverfahren

1. Pflichten des Versicherungsnehmers

Ist zur Einziehung der Prämie das Lastschriftverfahren vereinbart worden, hat der Versicherungsnehmer zum Zeitpunkt der Fälligkeit der Prämie für eine ausreichende Deckung des Kontos zu sorgen.

2. Änderung des Zahlungsweges

Hat es der Versicherungsnehmer zu vertreten, dass eine oder mehrere Prämien, trotz wiederholtem Einziehungsversuch, nicht eingezogen werden können, ist der Versicherer berechtigt, das SEPA-Lastschriftmandat in Textform zu kündigen.

Der Versicherer hat in der Kündigung darauf hinzuweisen, dass der Versicherungsnehmer verpflichtet ist, die ausstehende Prämie und zukünftige Prämien selbst zu übermitteln.

Durch die Banken erhobene Bearbeitungsgebühren für fehlgeschlagenen Lastschrifteinzug können dem Versicherungsnehmer in Rechnung gestellt werden.

§ 7 Prämie bei vorzeitiger Vertragsbeendigung

1. Allgemeiner Grundsatz

a) Im Falle der vorzeitigen Vertragsbeendigung steht dem Versicherer nur derjenige Teil der Prämie zu, der dem Zeitraum entspricht, in dem der Versicherungsschutz bestanden hat.

b) Fällt das versicherte Interesse nach dem Beginn der Versicherung weg, steht dem Versicherer die Prämie zu, die er hätte beanspruchen können, wenn die Versicherung nur bis zu dem Zeitpunkt beantragt worden wäre, zu dem der Versicherer vom Wegfall des Interesses Kenntnis erlangt hat.

2. **Prämie oder Geschäftsgebühr bei Widerruf, Rücktritt, Anfechtung und fehlendem versicherten Interesse**

a) Übt der Versicherungsnehmer sein Recht aus, seine Vertragserklärung innerhalb von 14 Tagen zu widerrufen, hat der Versicherer nur den auf die Zeit nach Zugang des Widerrufs entfallenden Teil der Prämien zu erstatten. Voraussetzung ist, dass der Versicherer in der Belehrung über das Widerrufsrecht, über die Rechtsfolgen des Widerrufs und den zu zahlenden Betrag hingewiesen und der Versicherungsnehmer zugestimmt hat, dass der Versicherungsschutz vor Ende der Widerrufsfrist beginnt.

Ist die Belehrung nach Satz 2 unterblieben, hat der Versicherer zusätzlich die für das erste Versicherungsjahr gezahlte Prämie zu erstatten; dies gilt nicht, wenn der Versicherungsnehmer Leistungen aus dem Versicherungsvertrag in Anspruch genommen hat.

b) Wird das Versicherungsverhältnis durch Rücktritt des Versicherers beendet, weil der Versicherungsnehmer Gefahrumstände, nach denen der Versicherer vor Vertragsannahme in Textform gefragt hat, nicht angezeigt hat, so steht dem Versicherer die Prämie bis zum Wirksamwerden der Rücktrittserklärung zu.

Wird das Versicherungsverhältnis durch Rücktritt des Versicherers beendet, weil die einmalige oder die erste Prämie nicht rechtzeitig gezahlt worden ist, so steht dem Versicherer eine angemessene Geschäftsgebühr zu.

c) Wird das Versicherungsverhältnis durch Anfechtung des Versicherers wegen arglistiger Täuschung beendet, so steht dem Versicherer die Prämie bis zum Wirksamwerden der Anfechtungserklärung zu.

d) Der Versicherungsnehmer ist nicht zur Zahlung der Prämie verpflichtet, wenn das versicherte Interesse bei Beginn der Versicherung nicht besteht, oder wenn das Interesse bei einer Versicherung, die für ein künftiges Unternehmen oder für ein anderes künftiges Interesse genommen ist, nicht entsteht. Der Versicherer kann jedoch eine angemessene Geschäftsgebühr verlangen.

Hat der Versicherungsnehmer ein nicht bestehendes Interesse in der Absicht versichert, sich dadurch einen rechtswidrigen Vermögensvorteil zu verschaffen, ist der Vertrag nichtig. Dem Versicherer steht in diesem Fall die Prämie bis zu dem Zeitpunkt zu, zu dem er von den die Nichtigkeit begründenden Umständen Kenntnis erlangt.

§ 8 Obliegenheiten des Versicherungsnehmers

1. Obliegenheiten vor Eintritt des Versicherungsfalles

a) Vertraglich vereinbarte Obliegenheiten, die der Versicherungsnehmer vor Eintritt des Versicherungsfalles zu erfüllen hat, sind:
  aa) die Einhaltung aller gesetzlichen, behördlichen sowie vertraglich vereinbarten Sicherheitsvorschriften;
  bb) die Einhaltung aller sonstigen vertraglich vereinbarten Obliegenheiten.

b) Verletzt der Versicherungsnehmer vorsätzlich oder grob fahrlässig eine Obliegenheit, die er vor Eintritt des Versicherungsfalles gegenüber dem Versicherer zu erfüllen hat, so kann der Versicherer innerhalb eines Monats, nachdem er von der Verletzung Kenntnis erlangt hat, den Vertrag fristlos kündigen.

Das Kündigungsrecht des Versicherers ist ausgeschlossen, wenn der Versicherungsnehmer beweist, dass er die Obliegenheit weder vorsätzlich noch grob fahrlässig verletzt hat.

2. Obliegenheiten bei und nach Eintritt des Versicherungsfalles

a) Der Versicherungsnehmer hat bei und nach Eintritt des Versicherungsfalles
  aa) nach Möglichkeit für die Abwendung und Minderung des Schadens zu sorgen;
  bb) dem Versicherer den Schadeneintritt, nachdem er von ihm Kenntnis erlangt hat, unverzüglich – gegebenenfalls auch mündlich oder telefonisch – anzuzeigen;
  cc) Weisungen des Versicherers zur Schadenabwendung/-minderung – gegebenenfalls auch mündlich oder telefonisch – einzuholen, wenn die Umstände dies gestatten;
  dd) Weisungen des Versicherers zur Schadenabwendung/-minderung, soweit für ihn zumutbar, zu befolgen. Erteilen mehrere an dem Versicherungsvertrag beteiligte Versicherer unterschiedliche Weisungen, hat der Versicherungsnehmer nach pflichtgemäßem Ermessen zu handeln;
  ee) Schäden durch strafbare Handlungen gegen das Eigentum unverzüglich der Polizei anzuzeigen;
  ff) dem Versicherer und der Polizei unverzüglich ein Verzeichnis der abhanden gekommenen Sachen einzureichen;
  gg) das Schadenbild so lange unverändert zu lassen, bis die Schadenstelle oder die beschädigten Sachen durch den Versicherer freigegeben worden sind. Sind Veränderungen unumgänglich, sind das Schadenbild nachvollziehbar zu dokumentieren (z.B. durch Fotos) und die beschädigten Sachen bis zu einer Besichtigung durch den Versicherer aufzubewahren;
  hh) soweit möglich dem Versicherer unverzüglich jede Auskunft – auf Verlangen in Schriftform – zu erteilen, die zur Feststellung des Versicherungsfalles oder des Umfanges der Leistungspflicht des Versicherers erforderlich ist

sowie jede Untersuchung über Ursache und Höhe des Schadens und über den Umfang der Entschädigungspflicht zu gestatten;
ii) vom Versicherer angeforderte Belege beizubringen, deren Beschaffung ihm billigerweise zugemutet werden kann;
jj) für zerstörte oder abhanden gekommene Wertpapiere oder sonstige aufgebotsfähige Urkunden unverzüglich das Aufgebotsverfahren einzuleiten und etwaige sonstige Rechte zu wahren, insbesondere abhanden gekommene Sparbücher und andere sperrfähige Urkunden unverzüglich sperren zu lassen.
b) Steht das Recht auf die vertragliche Leistung des Versicherers einem Dritten zu, so hat dieser die Obliegenheiten gemäß Nr. 2 a) ebenfalls zu erfüllen – soweit ihm dies nach den tatsächlichen und rechtlichen Umständen möglich ist.

3. Leistungsfreiheit bei Obliegenheitsverletzung

a) Verletzt der Versicherungsnehmer eine Obliegenheit nach Nr. 1 oder Nr. 2 vorsätzlich, so ist der Versicherer von der Verpflichtung zur Leistung frei.
Bei grob fahrlässiger Verletzung der Obliegenheit ist der Versicherer berechtigt, seine Leistung in dem Verhältnis zu kürzen, das der Schwere des Verschuldens des Versicherungsnehmers entspricht.
Das Nichtvorliegen einer groben Fahrlässigkeit hat der Versicherungsnehmer zu beweisen.
b) Außer im Falle einer arglistigen Obliegenheitsverletzung ist der Versicherer jedoch zur Leistung verpflichtet, soweit der Versicherungsnehmer nachweist, dass die Verletzung der Obliegenheit weder für den Eintritt oder die Feststellung des Versicherungsfalles noch für die Feststellung oder den Umfang der Leistungspflicht des Versicherers ursächlich ist.
c) Verletzt der Versicherungsnehmer eine nach Eintritt des Versicherungsfalles bestehende Auskunfts- oder Aufklärungsobliegenheit, ist der Versicherer nur dann vollständig oder teilweise leistungsfrei, wenn er den Versicherungsnehmer durch gesonderte Mitteilung in Textform auf diese Rechtsfolge hingewiesen hat.

§ 9 Gefahrerhöhung

1. Begriff der Gefahrerhöhung

a) Eine Gefahrerhöhung liegt vor, wenn nach Abgabe der Vertragserklärung des Versicherungsnehmers die tatsächlich vorhandenen Umstände so verändert werden, dass der Eintritt des Versicherungsfalles oder eine Vergrößerung des Schadens oder die ungerechtfertigte Inanspruchnahme des Versicherers wahrscheinlicher wird.
b) Eine Gefahrerhöhung kann insbesondere – aber nicht nur – vorliegen, wenn sich ein gefahrerheblicher Umstand ändert, nach dem der Versicherer vor Vertragsschluss gefragt hat.

c) Eine Gefahrerhöhung nach a) liegt nicht vor, wenn sich die Gefahr nur unerheblich erhöht hat oder nach den Umständen als mitversichert gelten soll.

2. Pflichten des Versicherungsnehmers

a) Nach Abgabe seiner Vertragserklärung darf der Versicherungsnehmer ohne vorherige Zustimmung des Versicherers keine Gefahrerhöhung vornehmen oder deren Vornahme durch einen Dritten gestatten.

b) Erkennt der Versicherungsnehmer nachträglich, dass er ohne vorherige Zustimmung des Versicherers eine Gefahrerhöhung vorgenommen oder gestattet hat, so muss er diese dem Versicherer unverzüglich anzeigen.

c) Eine Gefahrerhöhung, die nach Abgabe seiner Vertragserklärung unabhängig von seinem Willen eintritt, muss der Versicherungsnehmer dem Versicherer unverzüglich anzeigen, nachdem er von ihr Kenntnis erlangt hat.

3. Kündigung oder Vertragsänderung durch den Versicherer

a) Kündigungsrecht

Verletzt der Versicherungsnehmer seine Verpflichtung nach Nr. 2 a), kann der Versicherer den Vertrag fristlos kündigen, wenn der Versicherungsnehmer seine Verpflichtung vorsätzlich oder grob fahrlässig verletzt hat. Das Nichtvorliegen von Vorsatz oder grober Fahrlässigkeit hat der Versicherungsnehmer zu beweisen.

Beruht die Verletzung auf einfacher Fahrlässigkeit, kann der Versicherer unter Einhaltung einer Frist von einem Monat kündigen.

Wird dem Versicherer eine Gefahrerhöhung in den Fällen nach Nr. 2 b) und Nr. 2 c) bekannt, kann er den Vertrag unter Einhaltung einer Frist von einem Monat kündigen.

b) Vertragsänderung

Statt der Kündigung kann der Versicherer ab dem Zeitpunkt der Gefahrerhöhung eine seinen Geschäftsgrundsätzen entsprechende erhöhte Prämie verlangen oder die Absicherung der erhöhten Gefahr ausschließen.

Erhöht sich die Prämie als Folge der Gefahrerhöhung um mehr als 10 Prozent oder schließt der Versicherer die Absicherung der erhöhten Gefahr aus, so kann der Versicherungsnehmer den Vertrag innerhalb eines Monats nach Zugang der Mitteilung des Versicherers ohne Einhaltung einer Frist kündigen. In der Mitteilung hat der Versicherer den Versicherungsnehmer auf dieses Kündigungsrecht hinzuweisen.

4. Erlöschen der Rechte des Versicherers

Die Rechte des Versicherers zur Kündigung oder Vertragsänderung nach Nr. 3 erlöschen, wenn diese nicht innerhalb eines Monats ab Kenntnis des Versicherers von der Gefahrerhöhung ausgeübt werden oder wenn der Zustand wiederhergestellt ist, der vor der Gefahrerhöhung bestanden hat.

5. Leistungsfreiheit wegen Gefahrerhöhung

a) Tritt nach einer Gefahrerhöhung der Versicherungsfall ein, so ist der Versicherer nicht zur Leistung verpflichtet, wenn der Versicherungsnehmer seine Pflichten nach Nr. 2 a) vorsätzlich verletzt hat. Verletzt der Versicherungsnehmer diese Pflichten grob fahrlässig, so ist der Versicherer berechtigt, seine Leistung in dem Verhältnis zu kürzen, das der Schwere des Verschuldens des Versicherungsnehmers entspricht. Das Nichtvorliegen einer groben Fahrlässigkeit hat der Versicherungsnehmer zu beweisen.

b) Nach einer Gefahrerhöhung nach Nr. 2 b) und Nr. 2 c) ist der Versicherer für einen Versicherungsfall, der später als einen Monat nach dem Zeitpunkt eintritt, zu dem die Anzeige dem Versicherer hätte zugegangen sein müssen, leistungsfrei, wenn der Versicherungsnehmer seine Anzeigepflicht vorsätzlich verletzt hat. Hat der Versicherungsnehmer seine Pflicht grob fahrlässig verletzt, so gilt a) Satz 2 und 3 entsprechend. Die Leistungspflicht des Versicherers bleibt bestehen, wenn ihm die Gefahrerhöhung zu dem Zeitpunkt, zu dem ihm die Anzeige hätte zugegangen sein müssen, bekannt war.

c) Die Leistungspflicht des Versicherers bleibt bestehen,

    aa) soweit der Versicherungsnehmer nachweist, dass die Gefahrerhöhung nicht ursächlich für den Eintritt des Versicherungsfalles oder den Umfang der Leistungspflicht war oder

    bb) wenn zur Zeit des Eintrittes des Versicherungsfalles die Frist für die Kündigung des Versicherers abgelaufen und eine Kündigung nicht erfolgt war oder

    cc) wenn der Versicherer statt der Kündigung ab dem Zeitpunkt der Gefahrerhöhung eine seinen Geschäftsgrundsätzen entsprechende erhöhte Prämie verlangt.

§ 10 Überversicherung

Übersteigt die Versicherungssumme den Wert des versicherten Interesses erheblich, so kann sowohl der Versicherer als auch der Versicherungsnehmer verlangen, dass zur Beseitigung der Überversicherung die Versicherungssumme mit sofortiger Wirkung herabgesetzt wird. Ab Zugang des Herabsetzungsverlangens, ist für die Höhe der Prämie der Betrag maßgebend, den der Versicherer berechnet haben würde, wenn der Vertrag von vornherein mit dem neuen Inhalt geschlossen worden wäre.

Hat der Versicherungsnehmer die Überversicherung in der Absicht geschlossen, sich dadurch einen rechtswidrigen Vermögensvorteil zu verschaffen, ist der Vertrag nichtig. Dem Versicherer steht die Prämie bis zu dem Zeitpunkt zu, zu dem er von den die Nichtigkeit begründenden Umständen Kenntnis erlangt.

§ 8 Feuerversicherung

§ 11 Mehrere Versicherer

1. Anzeigepflicht

Wer bei mehreren Versicherern ein Interesse gegen dieselbe Gefahr versichert, ist verpflichtet, dem Versicherer die andere Versicherung unverzüglich mitzuteilen. In der Mitteilung sind der andere Versicherer und die Versicherungssumme anzugeben.

2. Rechtsfolgen der Verletzung der Anzeigepflicht

Verletzt der Versicherungsnehmer die Anzeigepflicht (siehe Nr. 1) vorsätzlich oder grob fahrlässig, ist der Versicherer unter den in Abschnitt B § 8 beschriebenen Voraussetzungen zur Kündigung berechtigt oder auch ganz oder teilweise leistungsfrei. Leistungsfreiheit tritt nicht ein, wenn der Versicherer vor Eintritt des Versicherungsfalles Kenntnis von der anderen Versicherung erlangt hat.

3. Haftung und Entschädigung bei Mehrfachversicherung

a) Ist bei mehreren Versicherern ein Interesse gegen dieselbe Gefahr versichert und übersteigen die Versicherungssummen zusammen den Versicherungswert oder übersteigt aus anderen Gründen die Summe der Entschädigungen, die von jedem Versicherer ohne Bestehen der anderen Versicherung zu zahlen wären, den Gesamtschaden, liegt eine Mehrfachversicherung vor.

b) Die Versicherer sind in der Weise als Gesamtschuldner verpflichtet, dass jeder für den Betrag aufzukommen hat, dessen Zahlung ihm nach seinem Vertrage obliegt; der Versicherungsnehmer kann aber im Ganzen nicht mehr als den Betrag des ihm entstandenen Schadens verlangen. Satz 1 gilt entsprechend, wenn die Verträge bei demselben Versicherer bestehen.

Erlangt der Versicherungsnehmer oder der Versicherte aus anderen Versicherungsverträgen Entschädigung für denselben Schaden, so ermäßigt sich der Anspruch aus dem vorliegenden Vertrag in der Weise, dass die Entschädigung aus allen Verträgen insgesamt nicht höher ist, als wenn der Gesamtbetrag der Versicherungssummen, aus denen die Prämien errechnet wurde, nur in diesem Vertrag in Deckung gegeben worden wäre.

Bei Vereinbarung von Entschädigungsgrenzen ermäßigt sich der Anspruch in der Weise, dass aus allen Verträgen insgesamt keine höhere Entschädigung zu leisten ist, als wenn der Gesamtbetrag der Versicherungssummen in diesem Vertrag in Deckung gegeben worden wäre.

c) Hat der Versicherungsnehmer eine Mehrfachversicherung in der Absicht geschlossen, sich dadurch einen rechtswidrigen Vermögensvorteil zu verschaffen, ist jeder in dieser Absicht geschlossene Vertrag nichtig.

Dem Versicherer steht die Prämie bis zu dem Zeitpunkt zu, zu dem er von den die Nichtigkeit begründenden Umständen Kenntnis erlangt.

4. Beseitigung der Mehrfachversicherung

a) Hat der Versicherungsnehmer den Vertrag, durch den die Mehrfachversicherung entstanden ist, ohne Kenntnis von dem Entstehen der Mehrfachversicherung geschlossen, kann er verlangen, dass der später geschlossene Vertrag aufgehoben oder die Versicherungssumme unter verhältnismäßiger Minderung der Prämie auf den Teilbetrag herabgesetzt wird, der durch die frühere Versicherung nicht gedeckt ist.

Die Aufhebung des Vertrages oder die Herabsetzung der Versicherungssumme und Anpassung der Prämie werden zu dem Zeitpunkt wirksam, zu dem die Erklärung dem Versicherer zugeht.

b) Die Regelungen nach a) sind auch anzuwenden, wenn die Mehrfachversicherung dadurch entstanden ist, dass nach Abschluss der mehreren Versicherungsverträge der Versicherungswert gesunken ist.

Sind in diesem Fall die mehreren Versicherungsverträge gleichzeitig oder im Einvernehmen der Versicherer geschlossen worden, kann der Versicherungsnehmer nur die verhältnismäßige Herabsetzung der Versicherungssummen und der Prämien verlangen.

§ 12 Versicherung für fremde Rechnung

1. Rechte aus dem Vertrag

Der Versicherungsnehmer kann den Versicherungsvertrag im eigenen Namen für das Interesse eines Dritten (Versicherten) schließen. Die Ausübung der Rechte aus diesem Vertrag steht nur dem Versicherungsnehmer und nicht auch dem Versicherten zu. Das gilt auch, wenn der Versicherte den Versicherungsschein besitzt.

2. Zahlung der Entschädigung

Der Versicherer kann vor Zahlung der Entschädigung an den Versicherungsnehmer den Nachweis verlangen, dass der Versicherte seine Zustimmung dazu erteilt hat. Der Versicherte kann die Zahlung der Entschädigung nur mit Zustimmung des Versicherungsnehmers verlangen.

3. Kenntnis und Verhalten

a) Soweit die Kenntnis und das Verhalten des Versicherungsnehmers von rechtlicher Bedeutung sind, sind bei der Versicherung für fremde Rechnung auch die Kenntnis und das Verhalten des Versicherten zu berücksichtigen.

Soweit der Vertrag Interessen des Versicherungsnehmers und des Versicherten umfasst, muss sich der Versicherungsnehmer für sein Interesse das Verhalten und die Kenntnis des Versicherten nur zurechnen lassen, wenn der Versicherte Repräsentant des Versicherungsnehmers ist.

b) Auf die Kenntnis des Versicherten kommt es nicht an, wenn der Vertrag ohne sein Wissen abgeschlossen worden ist oder ihm eine rechtzeitige Benachrichtigung des Versicherungsnehmers nicht möglich oder nicht zumutbar war.

c) Auf die Kenntnis des Versicherten kommt es dagegen an, wenn der Versicherungsnehmer den Vertrag ohne Auftrag des Versicherten geschlossen und den Versicherer nicht darüber informiert hat.

§ 13 Aufwendungsersatz

1. Aufwendungen zur Abwendung und Minderung des Schadens

a) Versichert sind Aufwendungen, auch erfolglose, die der Versicherungsnehmer bei Eintritt des Versicherungsfalles den Umständen nach zur Abwendung und Minderung des Schadens für geboten halten durfte oder die er auf Weisung des Versicherers macht.

b) Macht der Versicherungsnehmer Aufwendungen, um einen unmittelbar bevorstehenden Versicherungsfall abzuwenden oder in seinen Auswirkungen zu mindern, geltend, so leistet der Versicherer Aufwendungsersatz nur, wenn diese Aufwendungen bei einer nachträglichen objektiven Betrachtung der Umstände verhältnismäßig und erfolgreich waren oder die Aufwendungen auf Weisung des Versicherers erfolgten.

c) Ist der Versicherer berechtigt, seine Leistung zu kürzen, kann er auch den Aufwendungsersatz nach a) und b) entsprechend kürzen; dies gilt jedoch nicht, soweit Aufwendungen auf Weisung des Versicherers entstanden sind.

d) Der Ersatz dieser Aufwendungen und die sonstige Entschädigung betragen zusammen höchstens die Versicherungssumme je vereinbarter Position; dies gilt jedoch nicht, soweit Aufwendungen auf Weisung des Versicherers entstanden sind.

e) Der Versicherer hat den für die Aufwendungen gemäß a) erforderlichen Betrag auf Verlangen des Versicherungsnehmers vorzuschießen.

f) Nicht versichert sind Aufwendungen für Leistungen der Feuerwehr oder anderer Institutionen, wenn diese Leistungen im öffentlichen Interesse kostenfrei zu erbringen sind.

2. Kosten der Ermittlung und Feststellung des Schadens

a) Der Versicherer ersetzt bis zur vereinbarten Höhe die Kosten für die Ermittlung und Feststellung eines von ihm zu ersetzenden Schadens, sofern diese den Umständen nach geboten waren.

Zieht der Versicherungsnehmer einen Sachverständigen oder Beistand hinzu, so werden diese Kosten nur ersetzt, soweit er zur Zuziehung vertraglich verpflichtet ist oder vom Versicherer aufgefordert wurde.

b) Ist der Versicherer berechtigt, seine Leistung zu kürzen, kann er auch den Kostenersatz nach a) entsprechend kürzen.

§ 14 Übergang von Ersatzansprüchen

1. Übergang von Ersatzansprüchen

Steht dem Versicherungsnehmer ein Ersatzanspruch gegen einen Dritten zu, geht dieser Anspruch auf den Versicherer über, soweit der Versicherer den Schaden ersetzt.

Der Übergang kann nicht zum Nachteil des Versicherungsnehmers geltend gemacht werden.

Richtet sich der Ersatzanspruch des Versicherungsnehmers gegen eine Person, mit der er bei Eintritt des Schadens in häuslicher Gemeinschaft lebt, kann der Übergang nicht geltend gemacht werden, es sei denn, diese Person hat den Schaden vorsätzlich verursacht.

2. Obliegenheiten zur Sicherung von Ersatzansprüchen

Der Versicherungsnehmer hat seinen Ersatzanspruch oder ein zur Sicherung dieses Anspruchs dienendes Recht unter Beachtung der geltenden Form- und Fristvorschriften zu wahren, und nach Übergang des Ersatzanspruchs auf den Versicherer bei dessen Durchsetzung durch den Versicherer soweit erforderlich mitzuwirken.

Verletzt der Versicherungsnehmer diese Obliegenheit vorsätzlich, ist der Versicherer zur Leistung insoweit nicht verpflichtet, als er infolge dessen keinen Ersatz von dem Dritten erlangen kann. Im Fall einer grob fahrlässigen Verletzung der Obliegenheit ist der Versicherer berechtigt, seine Leistung in einem der Schwere des Verschuldens des Versicherungsnehmers entsprechenden Verhältnis zu kürzen; die Beweislast für das Nichtvorliegen einer groben Fahrlässigkeit trägt der Versicherungsnehmer.

§ 15 Kündigung nach dem Versicherungsfall

1. Kündigungsrecht

Nach dem Eintritt eines Versicherungsfalles kann jede der Vertragsparteien den Versicherungsvertrag kündigen. Die Kündigung ist in Schriftform[31] zu erklären. Die Kündigung ist nur bis zum Ablauf eines Monats seit dem Abschluss der Verhandlungen über die Entschädigung zulässig.

2. Kündigung durch Versicherungsnehmer

Der Versicherungsnehmer ist berechtigt, das Versicherungsverhältnis mit sofortiger Wirkung oder zu jedem späteren Zeitpunkt bis zum Ablauf der Versicherungsperiode in Schriftform[32] zu kündigen.

---

31 hier auch Textform zulässig
32 hier auch Textform zulässig

3. Kündigung durch Versicherer
Eine Kündigung des Versicherers wird einen Monat nach ihrem Zugang beim Versicherungsnehmer wirksam.

§ 16 Keine Leistungspflicht aus besonderen Gründen
1. Vorsätzliche oder grob fahrlässige Herbeiführung des Versicherungsfalles
a) Führt der Versicherungsnehmer den Versicherungsfall vorsätzlich herbei, so ist der Versicherer von der Entschädigungspflicht frei.

Ist die Herbeiführung des Schadens durch rechtskräftiges Strafurteil wegen Vorsatzes in der Person des Versicherungsnehmers festgestellt, so gilt die vorsätzliche Herbeiführung des Schadens als bewiesen.

b) Führt der Versicherungsnehmer den Schaden grob fahrlässig herbei, so ist der Versicherer berechtigt, seine Leistung in einem der Schwere des Verschuldens des Versicherungsnehmers entsprechenden Verhältnis zu kürzen.

2. Arglistige Täuschung nach Eintritt des Versicherungsfalles
Der Versicherer ist von der Entschädigungspflicht frei, wenn der Versicherungsnehmer den Versicherer arglistig über Tatsachen, die für den Grund oder die Höhe der Entschädigung von Bedeutung sind, täuscht oder zu täuschen versucht.

Ist die Täuschung oder der Täuschungsversuch durch rechtskräftiges Strafurteil gegen den Versicherungsnehmer wegen Betruges oder Betrugsversuches festgestellt, so gelten die Voraussetzungen des Satzes 1 als bewiesen.

§ 17 Anzeigen; Willenserklärungen; Anschriftenänderungen
1. Form
Soweit gesetzlich keine Schriftform verlangt ist und soweit in diesem Vertrag nicht etwas anderes bestimmt ist, sind die für den Versicherer bestimmten Erklärungen und Anzeigen, die das Versicherungsverhältnis betreffen und die unmittelbar gegenüber dem Versicherer erfolgen, in Textform abzugeben.

Erklärungen und Anzeigen sollen an die Hauptverwaltung des Versicherers oder an die im Versicherungsschein oder in dessen Nachträgen als zuständig bezeichnete Stelle gerichtet werden. Die gesetzlichen Regelungen über den Zugang von Erklärungen und Anzeigen bleiben unberührt.

2. Nichtanzeige einer Anschriften- bzw. Namensänderung
Hat der Versicherungsnehmer eine Änderung seiner Anschrift dem Versicherer nicht mitgeteilt, genügt für eine Willenserklärung, die dem Versicherungsnehmer gegenüber abzugeben ist, die Absendung eines eingeschriebenen Briefes an die letzte dem Versicherer bekannte Anschrift. Entsprechendes gilt bei einer dem Versicherer nicht angezeigten Namensänderung. Die Erklärung gilt drei Tage nach der Absendung des Briefes als zugegangen.

3. Nichtanzeige der Verlegung der gewerblichen Niederlassung

Hat der Versicherungsnehmer die Versicherung unter der Anschrift seines Gewerbebetriebs abgeschlossen, finden bei einer Verlegung der gewerblichen Niederlassung die Bestimmungen nach Nr. 2 entsprechend Anwendung.

§ 18 Vollmacht des Versicherungsvertreters

1. Erklärungen des Versicherungsnehmers

Der Versicherungsvertreter gilt als bevollmächtigt, vom Versicherungsnehmer abgegebene Erklärungen entgegenzunehmen betreffend
a) den Abschluss bzw. den Widerruf eines Versicherungsvertrages;
b) ein bestehendes Versicherungsverhältnis einschließlich dessen Beendigung;
c) Anzeige- und Informationspflichten vor Abschluss des Vertrages und während des Versicherungsverhältnisses.

2. Erklärungen des Versicherers

Der Versicherungsvertreter gilt als bevollmächtigt, vom Versicherer ausgefertigte Versicherungsscheine oder deren Nachträge dem Versicherungsnehmer zu übermitteln.

3. Zahlungen an den Versicherungsvertreter

Der Versicherungsvertreter gilt als bevollmächtigt, Zahlungen, die der Versicherungsnehmer im Zusammenhang mit der Vermittlung oder dem Abschluss eines Versicherungsvertrags an ihn leistet, anzunehmen. Eine Beschränkung dieser Vollmacht muss der Versicherungsnehmer nur gegen sich gelten lassen, wenn er die Beschränkung bei der Vornahme der Zahlung kannte oder in Folge grober Fahrlässigkeit nicht kannte.

§ 19 Repräsentanten

Der Versicherungsnehmer muss sich die Kenntnis und das Verhalten seiner Repräsentanten zurechnen lassen.

§ 20 Verjährung

Die Ansprüche aus dem Versicherungsvertrag verjähren in drei Jahren.

Die Verjährung beginnt mit dem Schluss des Jahres, in dem der Anspruch entstanden ist und der Gläubiger von den Anspruch begründenden Umständen und der Person des Schuldners Kenntnis erlangt oder ohne grobe Fahrlässigkeit erlangen müsste.

Ist ein Anspruch aus dem Versicherungsvertrag bei dem Versicherer angemeldet worden, zählt bei der Fristberechnung der Zeitraum zwischen Anmeldung und Zugang der in Textform mitgeteilten Entscheidung des Versicherers beim Anspruchsteller nicht mit.

§ 8 Feuerversicherung

§ 21 Zuständiges Gericht

1. Klagen gegen den Versicherer oder Versicherungsvermittler

Für Klagen aus dem Versicherungsvertrag oder der Versicherungsvermittlung ist neben den Gerichtsständen der Zivilprozessordnung auch das Gericht örtlich zuständig, in dessen Bezirk der Versicherungsnehmer zur Zeit der Klageerhebung seinen Wohnsitz, in Ermangelung eines solchen seinen gewöhnlichen Aufenthalt hat.

Soweit es sich bei dem Vertrag um eine betriebliche Versicherung handelt, kann der Versicherungsnehmer seine Ansprüche auch bei dem für den Sitz oder die Niederlassung des Gewerbebetriebes zuständigen Gericht geltend machen.

2. Klagen gegen Versicherungsnehmer

Für Klagen aus dem Versicherungsvertrag oder der Versicherungsvermittlung gegen den Versicherungsnehmer ist ausschließlich das Gericht örtlich zuständig, in dessen Bezirk der Versicherungsnehmer zur Zeit der Klageerhebung seinen Wohnsitz, in Ermangelung eines solchen seinen gewöhnlichen Aufenthalt hat.

Soweit es sich bei dem Vertrag um eine betriebliche Versicherung handelt, kann der Versicherer seine Ansprüche auch bei dem für den Sitz oder die Niederlassung des Gewerbebetriebes zuständigen Gericht geltend machen.

§ 22 Anzuwendendes Recht

Für diesen Vertrag gilt deutsches Recht.

§ 23 Sanktionsklausel

Es besteht – unbeschadet der übrigen Vertragsbestimmungen – Versicherungsschutz nur, soweit und solange dem keine auf die Vertragsparteien direkt anwendbaren Wirtschafts-, Handels- oder Finanzsanktionen bzw. Embargos der Europäischen Union oder der Bundesrepublik Deutschland entgegenstehen.

Dies gilt auch für Wirtschafts-, Handels- oder Finanzsanktionen bzw. Embargos, die durch die Vereinigten Staaten von Amerika in Hinblick auf den Iran erlassen werden, soweit dem nicht europäische oder deutsche Rechtsvorschriften entgegenstehen.

§ 9 Einbruchdiebstahlversicherung

A. Vorbemerkung

Die 1895 eingeführte Einbruchdiebstahl- und Raubversicherung gehört neben der Feuerversicherung zu den **ältesten** Versicherungssparten. 1

Die 1980 von der Versicherungswirtschaft entwickelten „Allgemeinen Bedingungen für die Versicherung von Schäden gegen Einbruchdiebstahl und Raub" (AERB 81) liegen auch heute noch vielen Versicherungsverträgen zu Grunde. Sie wurden ersetzt durch die AERB 87, die in der Version des Jahres 1994 den größten Verbreitungsgrad haben. Die **AERB 2008/2010** haben zu keinen wesentlichen Änderungen geführt, in ihnen ist lediglich das **VVG 2008** berücksichtigt worden.

Den folgenden Ausführungen liegen die **AERB 2008/2010** zu Grunde.

Einbruchdiebstahl ist auch Gegenstand des Versicherungsschutzes in der Hausratversicherung, so dass auf die Ausführungen zur Hausratversicherung in § 6 verwiesen wird.

B. Versicherte Gefahren (A § 1 AERB 2008/2010)

I. Vorbemerkung

Versichert sind in erster Linie Einbruchdiebstahl und Raub. Jede der in § 1 AERB 2008/2010 genannten Gefahren kann allein oder zusammen mit allen anderen Gefahren – bei entsprechender Prämie – versichert werden: 2

- **Einbruchdiebstahl,**
- **Vandalismus nach einem Einbruch,**
- **Raub innerhalb eines Gebäudes oder Grundstücks,**
- **Raub auf Transportwegen.**

Vandalismusschäden können nur in **Kombination** mit Einbruchdiebstahl versichert werden. 3

Ebenso versichert sind Schäden, die beim **Versuch** eines Raubes oder Einbruchdiebstahls entstehen.

II. Einbruchdiebstahl (A § 1 Nr. 2 AERB 2008/2010)

Versichertes Risiko im Rahmen des Einbruchdiebstahls ist die Entwendung durch **Einbruch**, **Einsteigen** oder Eindringen mittels **falscher Schlüssel** oder anderer Werkzeuge oder **Einschleichen** sowie das **Öffnen eines Behältnisses** innerhalb eines Gebäudes durch Gewalt, falsche Schlüssel oder andere Werkzeuge. 4

5 Lässt sich der Täter durch **Täuschung** des Pförtners den Schlüssel aushändigen, liegt **kein Einschleichen** vor.[1]

6 Wird das versicherte Objekt mit einem „**richtigen**" Schlüssel geöffnet, der durch **Einbruchdiebstahl** erlangt wurde, ist von einem versicherten Einbruchdiebstahl auszugehen.[2]

III. Schlüsseldiebstahl

7 Der Begriff „falscher Schlüssel" ist enger als im Strafrecht und es kommt auf die Berechtigung „**zur Zeit der Anfertigung**" an. Ein Schlüssel wird nicht dadurch „falsch", dass er verloren oder „entwidmet" wird. Auch **rechtswidrig** beim Vormieter oder Vermieter zurückgebliebene Schlüssel bleiben „**richtige**" Schlüssel.[3]

IV. Rechtsprechung

8 ■ Anders als im Strafrecht sind falsche Schlüssel nur solche, die **ohne Kenntnis** oder **gegen den Willen** des Berechtigten angefertigt worden sind.[4]

■ Auch die beim früheren Mieter oder beim Vermieter **zurückgebliebenen** Schlüssel bleiben „**richtige**" Schlüssel.[5]

■ Der Nachweis eines Einbruchdiebstahls ist normalerweise durch **Einbruchspuren** zu führen, die Verwendung richtiger Schlüssel muss ausgeschlossen werden.[6]

V. Raub (A § 1 Nr. 4 AERB 2008/2010)

9 Als versicherter Raub gilt die Wegnahme durch Gewalt oder Drohung mit Gefahr für Leib und Leben (§ 249 StGB) sowie räuberische Erpressung (§ 255 StGB); Adressat der Drohung und die betroffenen Sachen müssen sich bei **Beginn** der Zwangslage am **Schadenort** befinden.

---

[1] OLG Saarbrücken, NJW-RR 1995, 923 = VersR 1996, 578.
[2] OLG Köln, r+s 1991, 209.
[3] OLG Saarbrücken, zfs 1995, 467; KG – 6 U 213/08, VersR 2010, 1076; *Wälder*, r+s 2006, 183.
[4] OLG Köln, r+s 1992, 97; OLG Hamm, r+s 1994, 106; LG Düsseldorf, r+s 1991, 210; LG Frankfurt, r+s 1991, 211.
[5] OLG Hamm, r+s 1994, 106; LG Hamburg, VersR 1996, 95.
[6] OLG Saarbrücken, zfs 2004, 470.

VI. Vandalismus nach einem Einbruch (A § 1 Nr. 3 AERB 2008/2010)

Ersetzt werden Schäden, die der Täter **nach einem Einbruch** dadurch verursacht, dass er versicherte Sachen vorsätzlich zerstört oder beschädigt; es genügt, dass der Einbruch in **Diebstahlabsicht** erfolgt.[7]

10

VII. Versicherte Sachen (A § 3 AERB 2008/2010)

Versichert sind nur die im **Versicherungsschein** genannten Sachen. Die Mitversicherung von Bargeld, Urkunden, Geschäftsbüchern und ähnlichen Unterlagen bedarf besonderer Vereinbarungen.

11

VIII. Versicherungsort (A § 6 AERB 2008/2010)

Versicherungsschutz besteht für die versicherten Gegenstände nur, wenn sie sich innerhalb des Versicherungsortes (**Gebäude oder Grundstück**) befinden.

12

Versicherungsort für Raub auf **Transportwegen** ist, soweit nicht etwas anderes vereinbart ist, die Bundesrepublik Deutschland (§ 6 Nr. 1d AERB 2008/2010).

IX. Versicherungswert (A § 7 AERB 2008/2010)

Als Versicherungswert können der **Neuwert**, der **Zeitwert** und der **gemeine Wert** vereinbart werden.

13

X. Gefahrerhöhung (B § 9 AERB 2008/2010)

Bei Abschluss des Vertrages muss der Versicherungsnehmer alle gefahrerheblichen Umstände dem Versicherer **anzeigen** und muss nach Antragstellung jede Gefahrerhöhung dem Versicherer mitteilen.

14

Eine Gefahrerhöhung liegt vor, wenn sich die tatsächlichen Umstände so verändert haben, dass der Eintritt des Versicherungsfalles **wahrscheinlicher** wird. Bei **vorsätzlicher** und für den Schadeneintritt **kausaler** Gefahrerhöhung wird der Versicherer **leistungsfrei**, bei **grober Fahrlässigkeit** kann die Leistung des Versicherers entsprechend der Schwere des Verschuldens des Versicherungsnehmers **gekürzt** werden (B § 9 Nr. 5 AERB 2008/2010).

15

---

7 BGH, VersR 2002, 480.

§ 9 Einbruchdiebstahlversicherung

Beispiel:
Durch Stilllegung eines Geschäftsbetriebes (hier: Verkauf und Reparatur von Motorrädern) wird die Gefahr erhöht, dass die in den Betriebsräumen verbleibenden Sachen durch Einbruchdiebstahl abhanden kommen.[8]

XI. Beweisfragen

16 Da ein Einbruchdiebstahl in der Regel unbeobachtet geschieht, vertritt der BGH in ständiger Rechtsprechung die Auffassung, dass dem Versicherungsnehmer in der Diebstahlversicherung **Beweiserleichterungen** zugute kommen, die über den Anscheinsbeweis hinausgehen.[9] Im Wege der Vertragsauslegung wird aufgrund der materiellen Risikoverteilung lediglich der Nachweis eines äußeren Bildes verlangt, aus dem mit **hinreichender Wahrscheinlichkeit** auf einen Einbruchdiebstahl geschlossen werden kann.[10]

Bei **verspäteter Stehlgutanzeige** ist der Kausalitätsgegenbeweis geführt, wenn alle polizeilichen Ermittlungen in Bezug auf den in Rede stehenden Einbruch ergebnislos verlaufen sind.[11]

17 Zum Nachweis des äußeren Bildes für einen Einbruchdiebstahl gehören in der Regel **Einbruchspuren**,[12] es sei denn, dass jede nicht versicherte Begehungsweise ausgeschlossen werden kann.[13]

C. Allgemeine Bedingungen für die Einbruchdiebstahl- und Raubversicherung (AERB 2010) – Version 1.4.2014

18 Diese Bedingungen des Gesamtverbandes der Deutschen Versicherungswirtschaft e.V. (GDV) sind für die Versicherer unverbindlich; ihre Verwendung ist rein fakultativ. Abweichende Bedingungen können vereinbart werden. Abdruck mit freundlicher Genehmigung des GDV; die jeweils aktuellen Bedingungen können kostenfrei auf der Website des GDV (www.gdv.de) abgerufen werden.

---

8 OLG Frankfurt, NJW-RR 1988, 92.
9 BGH, VersR 1988, 75; BGH, VersR 1992, 1000; BGH, NJW-RR 1996, 275.
10 BGH a.a.O.; *Spielmann* (mit Rechtsprechungsübersicht), VersR 2004, 964; van Bühren/*Damke*, Handbuch Versicherungsrecht, § 6 Rn 83 ff.
11 OLG Hamm, 20 U 62/11, zfs 2013, 273, 275.
12 BGH, VersR 1995, 956; BGH, r+s 1996, 410; OLG Hamm, MDR 1999, 1067.
13 OLG Karlsruhe, MDR 2006, 515.

Abschnitt A
§ 1 Versicherte Gefahren und Schäden

1. Versicherte Gefahren und Schäden — Einbruchdiebstahl, Vandalismus nach einem Einbruch sowie Raub

Der Versicherer leistet Entschädigung für versicherte Sachen, die durch
a) Einbruchdiebstahl;
b) Vandalismus nach einem Einbruch;
c) Raub innerhalb eines Gebäudes oder Grundstücks;
d) Raub auf Transportwegen

oder durch den Versuch einer solchen Tat abhanden kommen, zerstört oder beschädigt werden.

Jede der in a) bis d) genannten Gefahren ist nur versichert, wenn dies vereinbart ist.

2. Einbruchdiebstahl

Einbruchdiebstahl liegt vor, wenn der Dieb
a) in einen Raum eines Gebäudes einbricht, einsteigt oder mittels eines Schlüssels, dessen Anfertigung für das Schloss nicht von einer dazu berechtigten Person veranlasst oder gebilligt worden ist (falscher Schlüssel) oder mittels anderer Werkzeuge eindringt; der Gebrauch eines falschen Schlüssels ist nicht schon dann bewiesen, wenn feststeht, dass versicherte Sachen abhanden gekommen sind;
b) in einem Raum eines Gebäudes ein Behältnis aufbricht oder falsche Schlüssel (siehe a) oder andere Werkzeuge benutzt, um es zu öffnen; der Gebrauch eines falschen Schlüssels ist nicht schon dann bewiesen, wenn feststeht, dass versicherte Sachen abhanden gekommen sind;
c) aus einem verschlossenen Raum eines Gebäudes Sachen entwendet, nachdem er sich in das Gebäude eingeschlichen oder dort verborgen gehalten hatte;
d) in einem Raum eines Gebäudes bei einem Diebstahl auf frischer Tat angetroffen wird und eines der Mittel gemäß Nr. 4 a) aa) oder Nr. 4 a) bb) anwendet, um sich den Besitz des gestohlenen Gutes zu erhalten;
e) mittels richtiger Schlüssel, die er innerhalb oder außerhalb des Versicherungsortes durch Einbruchdiebstahl oder außerhalb des Versicherungsortes durch Raub gemäß Nr. 4 an sich gebracht hatte, in einen Raum eines Gebäudes eindringt oder dort ein Behältnis öffnet;
werden jedoch Sachen entwendet, die gegen Einbruchdiebstahl nur unter vereinbarten zusätzlichen Voraussetzungen eines besonderen Verschlusses versichert sind, so gilt dies als Einbruchdiebstahl nur, wenn der Dieb die richtigen Schlüssel des Behältnisses erlangt hat durch
aa) Einbruchdiebstahl gemäß Nr. 2 b) aus einem Behältnis, das mindestens die gleiche Sicherheit wie die Behältnisse bietet, in denen die Sachen versichert sind;

bb) Einbruchdiebstahl, wenn die Behältnisse, in denen die Sachen versichert sind, zwei Schlösser besitzen und alle zugehörigen Schlüssel außerhalb des Versicherungsortes verwahrt werden; Schlüssel zu verschiedenen Schlössern müssen außerhalb des Versicherungsortes voneinander getrennt verwahrt werden;
cc) Raub außerhalb des Versicherungsortes; bei Türen von Behältnissen oder Tresorräumen, die mit einem Schlüsselschloss und einem Kombinationsschloss oder mit zwei Kombinationsschlössern versehen sind, steht es dem Raub des Schlüssels gleich, wenn der Täter gegenüber dem Versicherungsnehmer oder einem seiner Arbeitnehmer eines der Mittel gemäß Nr. 4 a) aa) oder Nr. 4 a) bb) anwendet, um sich die Öffnung des Kombinationsschlosses zu ermöglichen;
f) in einen Raum eines Gebäudes mittels richtigem Schlüssel eindringt, den er – innerhalb oder auch außerhalb des Versicherungsortes – durch Diebstahl an sich gebracht hatte, vorausgesetzt, dass weder der Versicherungsnehmer noch der Gewahrsamsinhaber den Diebstahl der Schlüssel durch fahrlässiges Verhalten ermöglicht hatte.

3. Vandalismus nach einem Einbruch

Vandalismus nach einem Einbruch liegt vor, wenn der Täter auf eine der in Nr. 2 a), Nr. 2 e) oder Nr. 2 f) bezeichneten Arten in den Versicherungsort eindringt und versicherte Sachen vorsätzlich zerstört oder beschädigt.

4. Raub

a) Raub liegt vor, wenn
  aa) gegen den Versicherungsnehmer oder einen seiner Arbeitnehmer Gewalt angewendet wird, um dessen Widerstand gegen die Wegnahme versicherter Sachen auszuschalten. Gewalt liegt nicht vor, wenn versicherte Sachen ohne Überwindung eines bewussten Widerstandes entwendet werden (einfacher Diebstahl/Trickdiebstahl);
  bb) der Versicherungsnehmer oder einer seiner Arbeitnehmer versicherte Sachen herausgibt oder sich wegnehmen lässt, weil eine Gewalttat mit Gefahr für Leib oder Leben angedroht wird, die innerhalb des Versicherungsortes – bei mehreren Versicherungsorten innerhalb desjenigen Versicherungsortes, an dem auch die Drohung ausgesprochen wird – verübt werden soll;
  cc) dem Versicherungsnehmer oder einem seiner Arbeitnehmer versicherte Sachen weggenommen werden, weil sein körperlicher Zustand unmittelbar vor der Wegnahme infolge eines Unfalls oder infolge einer nicht verschuldeten sonstigen Ursache wie beispielsweise Ohnmacht oder Herzinfarkt beeinträchtigt und dadurch seine Widerstandskraft ausgeschaltet ist.
b) Dem Versicherungsnehmer stehen geeignete volljährige Personen gleich, denen er die Obhut über die versicherten Sachen vorübergehend überlassen hat. Das gleiche gilt für geeignete volljährige Personen, die durch den Versicherungsneh-

C. Musterbedingungen AERB 2010 § 9

mer mit der Bewachung der als Versicherungsort vereinbarten Räume beauftragt sind.

5. Raub auf Transportwegen
a) Für Raub auf Transportwegen gilt abweichend von Nr. 4:
   aa) Dem Versicherungsnehmer stehen sonstige Personen gleich, die in seinem Auftrag den Transport durchführen. Dies gilt jedoch nicht, wenn der Transportauftrag durch ein Unternehmen durchgeführt wird, das sich gewerbsmäßig mit Geldtransporten befasst.
   bb) Die den Transport durchführenden Personen, gegebenenfalls auch der Versicherungsnehmer selbst, müssen für diese Tätigkeit geeignet und volljährig sein.
   cc) In den Fällen von Nr. 4 a) bb) liegt Raub nur vor, wenn die angedrohte Gewalttat an Ort und Stelle verübt werden soll.
b) Wenn der Versicherungsnehmer bei der Durchführung des Transports nicht persönlich mitwirkt, so leistet der Versicherer Entschädigung bis zu der je Versicherungsfall vereinbarten Summe auch für Schäden, die ohne Verschulden einer der den Transport ausführenden Personen entstehen
   aa) durch Erpressung gemäß § 253 StGB, begangen an diesen Personen;
   bb) durch Betrug gemäß § 263 StGB, begangen an diesen Personen;
   cc) durch Diebstahl von Sachen, die sich in unmittelbarer körperlicher Obhut dieser Person befinden;
   dd) dadurch, dass diese Personen nicht mehr in der Lage sind, die ihnen anvertrauten Sachen zu betreuen.
c) Für Schäden durch Raub auf Transportwegen leistet, soweit nicht etwas anderes vereinbart ist, der Versicherer Entschädigung
   aa) über __ Euro nur, wenn der Transport durch mindestens zwei Personen durchgeführt wurde;
   bb) über __ Euro nur, wenn der Transport durch mindestens zwei Personen und mit Kraftwagen durchgeführt wurde;
   cc) über __ Euro nur, wenn der Transport durch mindestens drei Personen und mit Kraftwagen durchgeführt wurde;
   dd) über __ Euro nur, wenn der Transport durch mindestens drei Personen mit Kraftwagen und außerdem unter polizeilichem Schutz oder unter besonderen, mit dem Versicherer vorher für den Einzelfall oder für mehrere Fälle schriftlich vereinbarten Sicherheitsvorkehrungen durchgeführt wurde.
d) Soweit c) Transport durch mehrere Personen voraussetzt, muss gemeinschaftlicher Gewahrsam dieser Personen an den versicherten Sachen bestehen. Gewahrsam haben nur Personen, die sich unmittelbar bei den Sachen befinden.
Soweit c) Transport mit Kraftwagen voraussetzt, zählt der Fahrer nicht als den Transport durchführende Person. Jedoch muss er als Fahrer von Geldtransporten geeignet sein.

Gewahrsam an Sachen in Kraftwagen haben nur die Personen, die sich in oder unmittelbar bei dem Kraftwagen befinden.

6. Ereignisort

a) Alle Voraussetzungen eines Einbruchdiebstahls, eines Raubes oder von Vandalismus nach einem Einbruch müssen innerhalb des Versicherungsortes verwirklicht worden sein. Bei mehreren Versicherungsorten müssen alle Voraussetzungen innerhalb desselben Versicherungsortes verwirklicht worden sein.

b) Nicht versichert sind Sachen, die an den Ort der Herausgabe oder Wegnahme erst auf Verlangen des Täters herangeschafft werden, es sei denn, das Heranschaffen erfolgt nur innerhalb des Versicherungsortes, an dem die Tathandlungen nach Nr. 4 a) aa) bis Nr. 4 a) cc) verübt wurden.

c) Bei Raub auf Transportwegen beginnt der Transportweg mit der Übernahme versicherter Sachen für einen unmittelbar anschließenden Transport und endet an der Ablieferungsstelle mit der Übergabe.

Versichert sind nur die Sachen, die sich bei Beginn der Tat an dem Ort befunden haben, an dem die Gewalt ausgeübt oder die Drohung mit Gewalt verübt wurde.

7. Nicht versicherte Schäden

Nicht versichert sind ohne Rücksicht auf mitwirkende Ursachen Schäden durch

a) Raub auf Transportwegen, wenn und solange eine größere als die vereinbarte Zahl von Transporten gleichzeitig unterwegs ist;

b) Brand, Blitzschlag, Explosion, Anprall oder Absturz eines Luftfahrzeuges, seiner Teile oder seiner Ladung oder bestimmungswidrig austretendes Leitungswasser; für Schäden gemäß Nr. 5 b) dd) gilt dieser Ausschluss nicht;

c) Erdbeben;

d) Überschwemmung.

§ 2 Ausschlüsse Krieg, Innere Unruhen und Kernenergie

1. Ausschluss Krieg

Die Versicherung erstreckt sich ohne Rücksicht auf mitwirkende Ursachen nicht auf Schäden durch Krieg, kriegsähnliche Ereignisse, Bürgerkrieg, Revolution, Rebellion oder Aufstand.

2. Ausschluss Innere Unruhen

Die Versicherung erstreckt sich ohne Rücksicht auf mitwirkende Ursachen nicht auf Schäden durch Innere Unruhen.

3. Ausschluss Kernenergie

Die Versicherung erstreckt sich ohne Rücksicht auf mitwirkende Ursachen nicht auf Schäden durch Kernenergie, nukleare Strahlung oder radioaktive Substanzen.

§ 3 Versicherte Sachen

1. Versicherte Sachen

Versichert sind die in dem Versicherungsvertrag bezeichneten beweglichen Sachen. Daten und Programme sind keine Sachen.

2. Bewegliche Sachen

Bewegliche Sachen sind nur versichert, soweit der Versicherungsnehmer
a) Eigentümer ist;
b) sie unter Eigentumsvorbehalt erworben oder mit Kaufoption geleast hat, die zum Schadenzeitpunkt noch nicht abgelaufen oder bereits ausgeübt war;
c) sie sicherungshalber übereignet hat.

3. Fremdes Eigentum

Über Nr. 2 b) und Nr. 2 c) hinaus ist fremdes Eigentum nur versichert, soweit es seiner Art nach zu den versicherten Sachen gehört und dem Versicherungsnehmer zur Bearbeitung, Benutzung, Verwahrung oder zum Verkauf in Obhut gegeben wurde und soweit nicht der Versicherungsnehmer nachweislich, insbesondere mit dem Eigentümer, vereinbart hat, dass die fremden Sachen durch den Versicherungsnehmer nicht versichert zu werden brauchen.

4. Versicherte Interessen

Die Versicherung gemäß Nr. 2 b), Nr. 2 c) und Nr. 3 gilt für Rechnung des Eigentümers und des Versicherungsnehmers.

In den Fällen der Nr. 3 ist jedoch für die Höhe des Versicherungswertes nur das Interesse des Eigentümers maßgebend.

5. Nicht versicherte Sachen

Nicht versichert sind, soweit nicht etwas anderes vereinbart ist:
a) Bargeld und Wertsachen; Wertsachen sind Urkunden (z.B. Sparbücher und sonstige Wertpapiere), Briefmarken, Münzen und Medaillen, Schmucksachen, Perlen und Edelsteine, auf Geldkarten geladene Beträge, unbearbeitete Edelmetalle sowie Sachen aus Edelmetallen, soweit sie nicht dem Raumschmuck dienen oder Teile von Werkzeugen sind;
b) Geschäftsunterlagen;
c) Zulassungspflichtige Kraftfahrzeuge, Kraftfahrzeuganhänger und Zugmaschinen;
d) Hausrat aller Art;
e) Automaten mit Geldeinwurf (einschließlich Geldwechsler) samt Inhalt sowie Geldautomaten;
f) Anschauungsmodelle, Prototypen und Ausstellungsstücke, ferner typengebundene, für die laufende Produktion nicht mehr benötigte Fertigungsvorrichtungen.

§ 4 Daten und Programme

1. Schaden am Datenträger

Entschädigung für Daten und Programme gemäß Nr. 2, Nr. 3 und Nr. 4 wird nur geleistet, wenn der Verlust, die Veränderung oder die Nichtverfügbarkeit der Daten und Programme durch einen dem Grunde nach versicherten Schaden an dem Datenträger (Datenspeicher für maschinenlesbare Informationen), auf dem die Daten und Programme gespeichert waren, verursacht wurde.

2. Daten und Programme, die für die Grundfunktion einer versicherten Sache notwendig sind

Der Versicherer ersetzt die für die Grundfunktion einer versicherten Sache notwendigen Daten und Programme im Rahmen der Position, der die Sache zuzuordnen ist, für deren Grundfunktion die Daten und Programme erforderlich sind.

Für die Grundfunktion einer versicherten Sache notwendige Daten und Programme sind System-Programmdaten aus Betriebssystemen oder damit gleichzusetzende Daten.

3. Daten und Programme als Handelsware

Der Versicherer ersetzt die auf einem versicherten und zum Verkauf bestimmten Datenträger gespeicherten Daten und Programme im Rahmen der Position, der der zum Verkauf bestimmte Datenträger zuzuordnen ist.

4. Sonstige Daten und Programme

Der Versicherer ersetzt sonstige Daten und Programme im Rahmen der Position Geschäftsunterlagen.

Sonstige Daten und Programme sind serienmäßig hergestellte Programme, individuelle Programme und individuelle Daten, sofern diese Daten und Programme weder für die Grundfunktion einer versicherten Sache notwendig noch auf einem zum Verkauf bestimmten Datenträger gespeichert sind.

5. Ausschlüsse

a) Nicht versichert sind Daten und Programme, zu deren Nutzung der Versicherungsnehmer nicht berechtigt ist, die nicht betriebsfertig oder nicht lauffähig sind oder die sich nur im Arbeitsspeicher der Zentraleinheit befinden.

b) Der Versicherer leistet ohne Rücksicht auf mitwirkende Umstände keine Entschädigung für Kosten, die zusätzlich entstehen, weil die versicherten Daten oder Programme durch Kopierschutz-, Zugriffsschutz- oder vergleichbare Vorkehrungen (z.B. Kopierschutzstecker oder Verschlüsselungsmaßnahmen) gesichert sind (z.B. Kosten für neuerlichen Lizenzerwerb).

C. Musterbedingungen AERB 2010 § 9

§ 5 Aufräumungs- und Abbruchkosten, Bewegungs- und Schutzkosten, Wiederherstellungskosten von Geschäftsunterlagen, Schlossänderungskosten, Kosten für die Beseitigung von Gebäudeschäden, Mehrkosten durch behördliche Wiederherstellungsbeschränkungen, Mehrkosten durch Preissteigerungen

1. Versicherte Kosten

Der Versicherer ersetzt bis zu der hierfür vereinbarten Versicherungssumme die infolge eines Versicherungsfalles tatsächlich entstandenen Aufwendungen für notwendige

a) Aufräumungs- und Abbruchkosten;
b) Bewegungs- und Schutzkosten;
c) Wiederherstellungskosten von Geschäftsunterlagen;
d) Schlossänderungskosten;
e) die Beseitigung von Gebäudeschäden,
f) Mehrkosten durch behördliche Wiederherstellungsbeschränkungen,
g) Mehrkosten durch Preissteigerungen.

Die vereinbarte Versicherungssumme gemäß Satz 1 wird nicht für die Feststellung einer Unterversicherung herangezogen. Sofern eine Unterversicherung für eine vom Schaden betroffene Position besteht, für welche die Mehrkosten gemäß f) und g) versichert sind, werden diese Mehrkosten nur im Verhältnis der Versicherungssumme der vom Schaden betroffenen Position zum Versicherungswert der vom Schaden betroffenen Position ersetzt.

2. Aufräumungs- und Abbruchkosten

Aufräumungs- und Abbruchkosten sind Aufwendungen für das Aufräumen der Schadenstätte einschließlich des Abbruchs stehen gebliebener Teile, für das Abfahren von Schutt und sonstigen Resten zum nächsten Ablagerungsplatz und für das Ablagern oder Vernichten.

3. Bewegungs- und Schutzkosten

Bewegungs- und Schutzkosten sind Aufwendungen, die dadurch entstehen, dass zum Zweck der Wiederherstellung oder Wiederbeschaffung von versicherten Sachen, andere Sachen bewegt, verändert oder geschützt werden müssen.

Bewegungs- und Schutzkosten sind insbesondere Aufwendungen für De- oder Remontage von Maschinen, für Durchbruch, Abriss oder Wiederaufbau von Gebäudeteilen oder für das Erweitern von Öffnungen.

4. Wiederherstellungskosten von Geschäftsunterlagen

Wiederherstellungskosten von Geschäftsunterlagen sind Aufwendungen, die innerhalb von zwei Jahren nach Eintritt des Versicherungsfalles für die Wiederherstellung oder Wiederbeschaffung von Geschäftsunterlagen, serienmäßig hergestellten Programmen, individuellen Daten und individuellen Programmen anfallen.

5. Schlossänderungskosten

Schlossänderungskosten sind Aufwendungen für Schlossänderungen an den Türen der als Versicherungsort vereinbarten Räume, wenn Schlüssel zu diesen Türen durch einen Versicherungsfall oder durch eine außerhalb des Versicherungsortes begangenen Einbruchdiebstahl oder Raub innerhalb eines Gebäudes oder Grundstücks oder Raub auf Transportwegen abhanden gekommen sind; dies gilt nicht bei Türen von Tresorräumen.

6. Beseitigung von Gebäudeschäden

Beseitigungskosten für Gebäudeschäden sind Aufwendungen für Schäden an Dächern, Decken, Wänden, Fußböden, Türen, Schlössern, Fenstern (ausgenommen Schaufensterverglasungen), Rollläden und Schutzgittern der als Versicherungsort vereinbarten Räume durch Einbruchdiebstahl, Vandalismus nach einem Einbruch oder Raub oder dem Versuch einer solchen Tat.

Hierzu zählen auch Aufwendungen für die Beseitigung von Schäden an Schaukästen und Vitrinen (ausgenommen Verglasungen) außerhalb des Versicherungsortes, aber innerhalb des Grundstücks, auf dem der Versicherungsort liegt und in dessen unmittelbarer Umgebung.

7. Mehrkosten durch behördliche Wiederherstellungsbeschränkungen

a) Mehrkosten durch behördliche Wiederherstellungsbeschränkungen sind Aufwendungen, die dadurch entstehen, dass die versicherte und vom Schaden betroffene Sache aufgrund öffentlich-rechtlicher Vorschriften nicht in derselben Art und Güte wiederhergestellt oder wiederbeschafft werden darf.

b) Soweit behördliche Anordnungen vor Eintritt des Versicherungsfalles erteilt wurden, sind die dadurch entstehenden Mehrkosten nicht versichert.

War aufgrund öffentlich-rechtlicher Vorschriften die Nutzung der Sachen zum Zeitpunkt des Versicherungsfalles ganz oder teilweise untersagt, sind die dadurch entstehenden Mehrkosten nicht versichert.

c) Wenn die Wiederherstellung der versicherten und vom Schaden betroffenen Sache aufgrund behördlicher Wiederherstellungsbeschränkungen nur an anderer Stelle erfolgen darf, werden die Mehrkosten nur in dem Umfang ersetzt, in dem sie auch bei Wiederherstellung an bisheriger Stelle entstanden wären.

d) Mehrkosten infolge Preissteigerungen, die dadurch entstehen, dass sich die Wiederherstellung durch behördliche Wiederherstellungsbeschränkungen verzögert, werden gemäß Nr. 8 ersetzt.

e) Ist der Zeitwert Versicherungswert, so werden auch die Mehrkosten nur im Verhältnis des Zeitwertes zum Neuwert ersetzt.

8. Mehrkosten durch Preissteigerungen

a) Mehrkosten durch Preissteigerungen sind Aufwendungen für Preissteigerungen versicherter und vom Schaden betroffener Sachen zwischen dem Eintritt des Versicherungsfalles und der Wiederherstellung oder Wiederbeschaffung.

b) Wenn der Versicherungsnehmer die Wiederherstellung oder Wiederbeschaffung nicht unverzüglich veranlasst, werden die Mehrkosten nur in dem Umfang ersetzt, in dem sie auch bei unverzüglicher Wiederherstellung oder Wiederbeschaffung entstanden wären.

c) Mehrkosten infolge von außergewöhnlichen Ereignissen, behördlichen Wiederherstellungs- oder Betriebsbeschränkungen oder Kapitalmangel sind nicht versichert.

Sofern behördliche Wiederherstellungsbeschränkungen die Wiederherstellung oder Wiederbeschaffung der versicherten und vom Schaden betroffenen Sachen verzögern, werden die dadurch entstandenen Preissteigerungen jedoch ersetzt.

d) Ist der Zeitwert Versicherungswert, so werden auch die Mehrkosten nur im Verhältnis des Zeitwerts zum Neuwert ersetzt.

§ 6 Versicherungsort

1. Örtlicher Geltungsbereich

a) Versicherungsschutz besteht nur innerhalb des Versicherungsortes.

Diese Beschränkung gilt nicht für Sachen, die infolge eines eingetretenen oder unmittelbar bevorstehenden Versicherungsfalles aus dem Versicherungsort entfernt und in zeitlichem und örtlichem Zusammenhang mit diesem Vorgang beschädigt oder zerstört werden oder abhanden kommen.

b) Versicherungsort für Einbruchdiebstahl oder Vandalismus nach einem Einbruch sind nur die Gebäude oder Räume von Gebäuden, die im Versicherungsvertrag bezeichnet sind oder die sich auf den im Versicherungsvertrag bezeichneten Grundstücken befinden.

c) Versicherungsort für Raub innerhalb eines Gebäudes oder Grundstücks ist das gesamte Grundstück, auf dem der Versicherungsort liegt, wenn das Grundstück allseitig umfriedet ist.

d) Versicherungsort für Raub auf Transportwegen ist, soweit nicht etwas anderes vereinbart ist, die Bundesrepublik Deutschland.

2. Gebrauchsgegenstände von Betriebsangehörigen

Soweit Gebrauchsgegenstände von Betriebsangehörigen versichert sind, besteht in den Wohnräumen der Betriebsangehörigen kein Versicherungsschutz.

3. Bargeld und Wertsachen

Soweit Bargeld und Wertsachen versichert sind, besteht Versicherungsschutz nur in verschlossenen Räumen oder Behältnissen der im Versicherungsvertrag bezeichneten Art.

§ 9 Einbruchdiebstahlversicherung

Sofern zusätzlich vereinbart, sind diese während der Geschäftszeit oder sonstiger vereinbarter Zeiträume auch ohne Verschluss bis zu der vereinbarten Entschädigungsgrenze versichert.

Satz 1 gilt nicht für Schäden durch Raub.

§ 7 Versicherungswert; Versicherungssumme

1. Versicherungswert von Gebäuden

a) Der Versicherungswert von Gebäuden ist
   aa) der Neuwert. Neuwert ist der Betrag, der aufzuwenden ist, um Sachen gleicher Art und Güte in neuwertigem Zustand herzustellen. Maßgebend ist der ortsübliche Neubauwert einschließlich Architektengebühren sowie sonstige Konstruktions- und Planungskosten.

   Bestandteil des Neuwertes sind insoweit auch Aufwendungen, die dadurch entstehen, dass die Wiederherstellung der Sachen in derselben Art und Güte infolge Technologiefortschritts entweder nicht möglich ist oder nur mit unwirtschaftlichem Aufwand möglich wäre. Die Ersatzgüter müssen hierbei den vorhandenen Sachen möglichst nahe kommen.

   Nicht Bestandteil des Neuwertes sind Mehrkosten durch behördliche Wiederherstellungsbeschränkungen, die dadurch entstehen, dass Sachen aufgrund öffentlich-rechtlicher Vorschriften nicht in derselben Art und Güte wiederhergestellt werden dürfen, es sei denn, dass diese Mehrkosten als Technologiefortschritt gemäß Absatz 2 zu berücksichtigen sind. Versicherungsschutz für Mehrkosten durch behördliche Wiederherstellungsbeschränkungen besteht gemäß den Vereinbarungen zu den versicherten Kosten.

   Mehrkosten durch Preissteigerungen zwischen dem Eintritt des Versicherungsfalles und der Wiederherstellung sind ebenfalls nicht Bestandteil des Neuwertes. Versicherungsschutz für diese Mehrkosten besteht gemäß den Vereinbarungen zu den versicherten Kosten.

   bb) der Zeitwert, falls Versicherung nur zum Zeitwert vereinbart ist oder falls der Zeitwert im Fall der Versicherung zum Neuwert weniger als __ Prozent des Neuwertes beträgt (Zeitwertvorbehalt).

   Der Zeitwert ergibt sich aus dem Neuwert des Gebäudes durch einen Abzug entsprechend seinem insbesondere durch den Abnutzungsgrad bestimmten Zustand.

   cc) der gemeine Wert, falls Versicherung nur zum gemeinen Wert vereinbart ist oder falls das Gebäude zum Abbruch bestimmt oder sonst dauernd entwertet ist; eine dauernde Entwertung liegt insbesondere vor, wenn das Gebäude für seinen Zweck allgemein oder im Betrieb des Versicherungsnehmers nicht mehr zu verwenden ist;

   gemeiner Wert ist der für den Versicherungsnehmer erzielbare Verkaufspreis für das Gebäude oder für das Altmaterial.

b) Der Versicherungswert von Grundstücksbestandteilen, die nicht Gebäude sind, ist, soweit nicht etwas anderes vereinbart wurde, entweder der Zeitwert gemäß Nr. 1 a) bb) oder unter den dort genannten Voraussetzungen der gemeine Wert gemäß Nr. 1 a) cc).

2. Versicherungswert von beweglichen Sachen

a) Der Versicherungswert der technischen und kaufmännischen Betriebseinrichtung ist

aa) der Neuwert. Neuwert ist der Betrag, der aufzuwenden ist, um Sachen gleicher Art und Güte in neuwertigem Zustand wieder zu beschaffen oder sie neu herzustellen, maßgebend ist der niedrigere Betrag.

Bestandteil des Neuwertes sind insoweit auch Aufwendungen, die dadurch entstehen, dass die Wiederherstellung oder Wiederbeschaffung der Sachen in derselben Art und Güte infolge Technologiefortschritts entweder nicht möglich ist oder nur mit unwirtschaftlichem Aufwand möglich wäre. Die Ersatzgüter müssen hierbei den vorhandenen Sachen möglichst nahe kommen.

Nicht Bestandteil des Neuwertes sind Mehrkosten durch behördliche Wiederherstellungsbeschränkungen, die dadurch entstehen, dass Sachen aufgrund öffentlich-rechtlicher Vorschriften nicht in derselben Art und Güte wiederhergestellt oder wiederbeschafft werden dürfen, es sei denn, dass diese Mehrkosten als Technologiefortschritt gemäß Absatz 2 zu berücksichtigen sind. Versicherungsschutz für Mehrkosten durch behördliche Wiederherstellungsbeschränkungen besteht gemäß den Vereinbarungen zu den versicherten Kosten.

Mehrkosten durch Preissteigerungen zwischen dem Eintritt des Versicherungsfalles und der Wiederherstellung oder Wiederbeschaffung sind ebenfalls nicht Bestandteil des Neuwertes. Versicherungsschutz für diese Mehrkosten besteht gemäß den Vereinbarungen zu den versicherten Kosten;

bb) der Zeitwert, falls Versicherung nur zum Zeitwert vereinbart ist oder falls der Zeitwert im Fall der Versicherung zum Neuwert weniger als __ Prozent des Neuwertes beträgt (Zeitwertvorbehalt);

Der Zeitwert ergibt sich aus dem Neuwert der beweglichen Sachen durch einen Abzug entsprechend ihrem insbesondere durch den Abnutzungsgrad bestimmten Zustand.

cc) der gemeine Wert, soweit die Sache für ihren Zweck allgemein oder im Betrieb des Versicherungsnehmers nicht mehr zu verwenden ist;

gemeiner Wert ist der erzielbare Verkaufspreis für die Sache oder für das Altmaterial.

b) Der Versicherungswert von Vorräten ist der Betrag, der aufzuwenden ist, um Sachen gleicher Art und Güte wiederzubeschaffen oder sie neu herzustellen; maßgebend ist der niedrigere Betrag.

Mehrkosten durch Preissteigerung zwischen dem Eintritt des Versicherungsfalles und der Wiederherstellung oder Wiederbeschaffung der Vorräte sind nicht zu berücksichtigen. Versicherungsschutz für diese Mehrkosten besteht gemäß den Vereinbarungen zu den versicherten Kosten.

Der Versicherungswert ist begrenzt durch den erzielbaren Verkaufspreis, bei nicht fertig hergestellten eigenen Erzeugnissen durch den erzielbaren Verkaufspreis der fertigen Erzeugnisse.

c) Der Versicherungswert von Anschauungsmodellen, Prototypen und Ausstellungsstücken, ferner von typengebundenen, für die laufende Produktion nicht mehr benötigten Fertigungsvorrichtungen, ohne Kaufoption geleasten Sachen oder geleasten Sachen, bei denen die Kaufoption bei Schadeneintritt abgelaufen war, sowie für alle sonstigen in a) und b) nicht genannten beweglichen Sachen ist entweder der Zeitwert gemäß a) bb) oder unter den dort genannten Voraussetzungen der gemeine Wert gemäß a) cc);

d) Der Versicherungswert von Wertpapieren ist
    aa) bei Wertpapieren mit amtlichem Kurs der mittlere Einheitskurs am Tag der jeweils letzten Notierung aller amtlichen Börsen der Bundesrepublik Deutschland;
    bb) bei Sparbüchern der Betrag des Guthabens;
    cc) bei sonstigen Wertpapieren der Marktpreis.

3. Umsatzsteuer

Ist der Versicherungsnehmer zum Vorsteuerabzug nicht berechtigt, so ist die Umsatzsteuer einzubeziehen.

4. Versicherungssumme

a) Die Versicherungssumme ist der zwischen Versicherer und Versicherungsnehmer im Einzelnen vereinbarte Betrag, der dem Versicherungswert gemäß Nr. 1 bis Nr. 3 entsprechen soll.

b) Ist Versicherung zum Neuwert, Zeitwert oder gemeinen Wert vereinbart worden, soll der Versicherungsnehmer die Versicherungssumme für die versicherte Sache für die Dauer des Versicherungsverhältnisses dem jeweils gültigen Versicherungswert anpassen.

c) Entspricht zum Zeitpunkt des Versicherungsfalles die Versicherungssumme nicht dem Versicherungswert, kann die Regelung über die Unterversicherung zur Anwendung kommen.

§ 8 Umfang der Entschädigung

1. Entschädigungsberechnung

a) Der Versicherer ersetzt
    aa) bei zerstörten oder infolge eines Versicherungsfalles abhanden gekommenen Sachen den Versicherungswert unmittelbar vor Eintritt des Versicherungsfalles;

bb) bei beschädigten Sachen die notwendigen Reparaturkosten zur Zeit des Eintritts des Versicherungsfalles zuzüglich einer durch den Versicherungsfall entstandenen und durch die Reparatur nicht auszugleichenden Wertminderung, höchstens jedoch den Versicherungswert unmittelbar vor Eintritt des Versicherungsfalles. Die Reparaturkosten werden gekürzt, soweit durch die Reparatur der Versicherungswert der Sache gegenüber dem Versicherungswert unmittelbar vor Eintritt des Versicherungsfalles erhöht wird.
b) Öffentlich-rechtliche Vorschriften, nach denen die noch vorhandene und technisch brauchbare Sachsubstanz der versicherten und vom Schaden betroffenen Sache für die Wiederherstellung nicht wieder verwendet werden darf, werden bei der Entschädigungsberechnung gemäß a) berücksichtigt, soweit
aa) es sich nicht um behördliche Anordnungen handelt, die vor Eintritt des Versicherungsfalles erteilt wurden oder
bb) nicht aufgrund öffentlich-rechtlicher Vorschriften die Nutzung der Sachen zum Zeitpunkt des Versicherungsfalles ganz oder teilweise untersagt war.
Mehrkosten durch behördliche Wiederherstellungsbeschränkungen, die dadurch entstehen, dass die versicherte und vom Schaden betroffene Sache aufgrund öffentlich-rechtlicher Vorschriften nicht in derselben Art und Güte wiederhergestellt oder wiederbeschafft werden darf, werden im Rahmen der Entschädigungsberechnung gemäß a) nicht ersetzt, es sei denn, dass diese Mehrkosten als Technologiefortschritt im Versicherungswert zu berücksichtigen sind.
c) Der erzielbare Verkaufspreis von Resten wird bei der Entschädigungsberechnung gemäß a) und b) angerechnet.
d) Versicherungsschutz für Aufräumungs- und Abbruchkosten, Bewegungs- und Schutzkosten, Wiederherstellungskosten von Geschäftsunterlagen, Feuerlöschkosten, Mehrkosten durch behördliche Wiederherstellungsbeschränkungen und Mehrkosten durch Preissteigerungen besteht gemäß den Vereinbarungen zu den versicherten Kosten.
e) Für Ertragsausfallschäden leistet der Versicherer Entschädigung nur, soweit dies besonders vereinbart ist.

2. Neuwertanteil

Ist die Entschädigung zum Neuwert vereinbart, erwirbt der Versicherungsnehmer auf den Teil der Entschädigung, der den Zeitwertschaden übersteigt (Neuwertanteil), einen Anspruch nur, soweit und sobald er innerhalb von drei Jahren nach Eintritt des Versicherungsfalles sichergestellt hat, dass er die Entschädigung verwenden wird, um
a) Gebäude in gleicher Art und Zweckbestimmung an der bisherigen Stelle wiederherzustellen. Ist die Wiederherstellung an der bisherigen Stelle rechtlich nicht möglich oder wirtschaftlich nicht zu vertreten, so genügt es, wenn das Gebäude an anderer Stelle innerhalb der Bundesrepublik Deutschland wiederher-

gestellt wird; auch in diesem Fall bleibt es bei dem Entschädigungsbetrag, der bei einer Wiederherstellung an der bisherigen Stelle entstanden wäre;
b) bewegliche Sachen, die zerstört wurden oder abhanden gekommen sind, in gleicher Art und Güte und in neuwertigem Zustand wiederzubeschaffen. Nach vorheriger Zustimmung des Versicherers genügt Wiederbeschaffung gebrauchter Sachen; anstelle von Maschinen können Maschinen beliebiger Art beschafft werden, wenn deren Betriebszweck derselbe ist;
c) bewegliche Sachen, die beschädigt worden sind, wiederherzustellen.

3. Zeitwertschaden

a) Der Zeitwertschaden wird bei zerstörten oder abhandengekommenen Sachen gemäß den Bestimmungen über den Versicherungswert festgestellt. Bei beschädigten Sachen werden die Kosten einer Reparatur um den Betrag gekürzt, um den durch die Reparatur der Zeitwert der Sache gegenüber dem Zeitwert unmittelbar vor Eintritt des Versicherungsfalles erhöht würde.

b) Sofern Anschauungsmodelle, Prototypen und Ausstellungsstücke, ferner typengebundene, für die laufende Produktion nicht mehr benötigte Fertigungsvorrichtungen versichert sind, erwirbt der Versicherungsnehmer auf den Teil der Entschädigung für diese Sachen, der den gemeinen Wert übersteigt, einen Anspruch nur, soweit für die Verwendung der Entschädigung die Voraussetzungen gemäß Nr. 2 b) oder Nr. 2 c) erfüllt sind und die Wiederherstellung notwendig ist.

4. Unterversicherung

a) Ist die Versicherungssumme niedriger als der Versicherungswert unmittelbar vor Eintritt des Versicherungsfalles, so besteht Unterversicherung.
Im Fall der Unterversicherung wird die Entschädigung nach Nr. 1 in dem Verhältnis von Versicherungssumme zum Versicherungswert nach folgender Berechnungsformel gekürzt:
Entschädigung = Schadenbetrag multipliziert mit der Versicherungssumme dividiert durch den Versicherungswert.
Ist die Entschädigung für einen Teil der in einer Position versicherten Sachen auf bestimmte Beträge begrenzt, so werden bei Ermittlung des Versicherungswertes der davon betroffenen Sachen höchstens diese Beträge berücksichtigt. Ergibt sich aus dem so ermittelten Versicherungswert eine Unterversicherung, so wird die Entschädigung nach Nr. 1 entsprechend gekürzt.

b) Ob Unterversicherung vorliegt, ist für jede vereinbarte Position gesondert festzustellen.

c) Die Bestimmungen über den Selbstbehalt nach Nr. 6 und Entschädigungsgrenzen nach Nr. 7 sind im Anschluss an a) und b) anzuwenden.

5. Versicherung auf Erstes Risiko
Ist für einzelne Positionen die Versicherung auf Erstes Risiko vereinbart, wird eine Unterversicherung bei diesen Positionen nicht berücksichtigt.

6. Selbstbehalt
Die Entschädigung wird je Versicherungsfall um den vereinbarten Selbstbehalt gekürzt.

Die Bestimmungen über die Entschädigungsgrenzen nach Nr. 7 sind im Anschluss an diese Kürzung anzuwenden.

7. Entschädigungsgrenzen
Der Versicherer leistet Entschädigung je Versicherungsfall höchstens
a) bis zu der je Position vereinbarten Versicherungssumme;
b) bis zu den zusätzlich vereinbarten Entschädigungsgrenzen;
c) bis zu der vereinbarten Jahreshöchstentschädigung; Schäden, die im laufenden Versicherungsjahr beginnen, fallen insgesamt unter die Jahreshöchstentschädigung.

Maßgebend ist der niedrigere Betrag.

8. Umsatzsteuer
Die Umsatzsteuer wird nicht ersetzt, wenn der Versicherungsnehmer vorsteuerabzugsberechtigt ist.

Das Gleiche gilt, wenn der Versicherungsnehmer die Umsatzsteuer anlässlich der Wiederherstellung oder Wiederbeschaffung tatsächlich nicht gezahlt hat.

§ 9 Zahlung und Verzinsung der Entschädigung

1. Fälligkeit der Entschädigung
a) Die Entschädigung wird fällig, wenn die Feststellungen des Versicherers zum Grunde und zur Höhe des Anspruchs abgeschlossen sind.

Der Versicherungsnehmer kann einen Monat nach Meldung des Schadens den Betrag als Abschlagszahlung beanspruchen, der nach Lage der Sache mindestens zu zahlen ist.

b) Der über den Zeitwertschaden hinausgehende Teil der Entschädigung wird fällig, nachdem der Versicherungsnehmer gegenüber dem Versicherer den Nachweis geführt hat, dass er die Wiederherstellung oder Wiederbeschaffung sichergestellt hat.

c) Der über den gemeinen Wert hinausgehende Teil der Entschädigung für Anschauungsmodelle, Prototypen, Ausstellungsstücke sowie typengebundene, für die laufende Produktion nicht mehr benötigte Fertigungsvorrichtungen wird fällig, nachdem der Versicherungsnehmer gegenüber dem Versicherer den Nachweis geführt hat, dass er die Wiederherstellung oder Wiederbeschaffung sichergestellt hat.

§ 9 Einbruchdiebstahlversicherung

2. Rückzahlung des Neuwert- oder Zeitwertanteils

Der Versicherungsnehmer ist zur Rückzahlung der vom Versicherer nach Nr. 1 b) oder Nr. 1 c) geleisteten Entschädigung einschließlich etwaiger nach Nr. 3 b) gezahlter Zinsen verpflichtet, wenn die Sache infolge eines Verschuldens des Versicherungsnehmers nicht innerhalb einer angemessenen Frist wiederhergestellt oder wiederbeschafft worden ist.

3. Verzinsung

Für die Verzinsung gilt, soweit nicht aus einem anderen Rechtsgrund eine weitergehende Zinspflicht besteht:

a) die Entschädigung ist, soweit sie nicht innerhalb eines Monats nach Meldung des Schadens geleistet wird, seit Anzeige des Schadens zu verzinsen;

b) der über den Zeitwertschaden nach Nr. 1 b) oder den gemeinen Wert nach Nr. 1 c) hinausgehende Teil der Entschädigung ist ab dem Zeitpunkt zu verzinsen, in dem der Versicherungsnehmer die Sicherstellung der Wiederherstellung oder Wiederbeschaffung versicherter Sachen gegenüber dem Versicherer nachgewiesen hat;

c) der Zinssatz beträgt vier Prozent pro Jahr;

d) die Zinsen werden zusammen mit der Entschädigung fällig.

4. Hemmung

Bei der Berechnung der Fristen gemäß Nr. 1, Nr. 3 a) und Nr. 3 b) ist der Zeitraum nicht zu berücksichtigen, in dem infolge Verschuldens des Versicherungsnehmers die Entschädigung nicht ermittelt oder nicht gezahlt werden kann.

5. Aufschiebung der Zahlung

Der Versicherer kann die Zahlung aufschieben, solange

a) Zweifel an der Empfangsberechtigung des Versicherungsnehmers bestehen;

b) ein behördliches oder strafgerichtliches Verfahren gegen den Versicherungsnehmer oder seinen Repräsentanten aus Anlass dieses Versicherungsfalles noch läuft;

c) eine Mitwirkung des Realgläubigers gemäß den gesetzlichen Bestimmungen über die Sicherung von Realgläubigern nicht erfolgte.

§ 10 Sachverständigenverfahren

1. Feststellung der Schadenhöhe

Der Versicherungsnehmer kann nach Eintritt des Versicherungsfalles verlangen, dass die Höhe des Schadens in einem Sachverständigenverfahren festgestellt wird.

Ein solches Sachverständigenverfahren können Versicherer und Versicherungsnehmer auch gemeinsam vereinbaren.

2. Weitere Feststellungen

Das Sachverständigenverfahren kann durch Vereinbarung auf weitere Feststellungen zum Versicherungsfall ausgedehnt werden.

3. Verfahren vor Feststellung

Für das Sachverständigenverfahren gilt:
a) Jede Partei hat in Textform einen Sachverständigen zu benennen. Eine Partei, die ihren Sachverständigen benannt hat, kann die andere unter Angabe des von ihr genannten Sachverständigen in Textform auffordern, den zweiten Sachverständigen zu benennen.
 Wird der zweite Sachverständige nicht innerhalb von zwei Wochen nach Zugang der Aufforderung benannt, so kann ihn die auffordernde Partei durch das für den Schadenort zuständige Amtsgericht ernennen lassen. In der Aufforderung durch den Versicherer ist der Versicherungsnehmer auf diese Folge hinzuweisen.
b) Der Versicherer darf als Sachverständigen keine Person benennen, die Mitbewerber des Versicherungsnehmers ist oder mit ihm in dauernder Geschäftsverbindung steht; ferner keine Person, die bei Mitbewerbern oder Geschäftspartnern angestellt ist oder mit ihnen in einem ähnlichen Verhältnis steht.
c) Beide Sachverständige benennen in Textform vor Beginn ihrer Feststellungen einen dritten Sachverständigen als Obmann. Die Regelung unter b) gilt entsprechend für die Benennung eines Obmannes durch die Sachverständigen. Einigen sich die Sachverständigen nicht, so wird der Obmann auf Antrag einer Partei durch das für den Schadenort zuständige Amtsgericht ernannt.

4. Feststellung

Die Feststellungen der Sachverständigen müssen enthalten:
a) ein Verzeichnis der abhanden gekommenen, zerstörten und beschädigten versicherten Sachen sowie deren nach dem Versicherungsvertrag in Frage kommenden Versicherungswerte zum Zeitpunkt des Versicherungsfalles;
b) die Wiederherstellungs- und Wiederbeschaffungskosten;
c) die Restwerte der vom Schaden betroffenen Sachen;
d) die nach dem Versicherungsvertrag versicherten Kosten.

5. Verfahren nach Feststellung

Der Sachverständige übermittelt seine Feststellungen beiden Parteien gleichzeitig. Weichen die Feststellungen der Sachverständigen voneinander ab, so übergibt der Versicherer sie unverzüglich dem Obmann. Dieser entscheidet über die streitig gebliebenen Punkte innerhalb der durch die Feststellungen der Sachverständigen gezogenen Grenzen und übermittelt seine Entscheidung beiden Parteien gleichzeitig.

Die Feststellungen der Sachverständigen oder des Obmannes sind für die Vertragsparteien verbindlich, wenn nicht nachgewiesen wird, dass sie offenbar von der wirklichen Sachlage erheblich abweichen. Aufgrund dieser verbindlichen Feststellungen berechnet der Versicherer die Entschädigung.

Im Falle unverbindlicher Feststellungen erfolgen diese durch gerichtliche Entscheidung. Dies gilt auch, wenn die Sachverständigen die Feststellung nicht treffen können oder wollen oder sie verzögern.

6. Kosten

Sofern nicht etwas anderes vereinbart ist, trägt jede Partei die Kosten ihres Sachverständigen. Die Kosten des Obmannes tragen beide Parteien je zur Hälfte.

7. Obliegenheiten

Durch das Sachverständigenverfahren werden die Obliegenheiten des Versicherungsnehmers nicht berührt.

§ 11 Vertraglich vereinbarte Sicherheitsvorschriften

1. Sicherheitsvorschriften

Vor Eintritt des Versicherungsfalles hat der Versicherungsnehmer:
a) die versicherten Räume genügend häufig zu kontrollieren; dies gilt auch während einer vorübergehenden Betriebsstillegung (z.b. Betriebsferien);
b) mindestens wöchentlich Duplikate von Daten und Programmen zu erstellen, sofern nicht in der Branche des Versicherungsnehmers kürzere Fristen zur Datensicherung üblich sind. Diese sind so aufzubewahren, dass sie im Versicherungsfall voraussichtlich nicht gleichzeitig mit den Originalen zerstört oder beschädigt werden oder abhanden kommen können;
c) über Wertpapiere und sonstige Urkunden, über Sammlungen und über sonstige Sachen, für die dies besonders vereinbart ist, Verzeichnisse zu führen und diese so aufzubewahren, dass sie im Versicherungsfall voraussichtlich nicht gleichzeitig mit den versicherten Sachen zerstört oder beschädigt werden oder abhanden kommen können.
Dies gilt nicht für Wertpapiere und sonstige Urkunden sowie für Sammlungen, wenn der Wert dieser Sachen insgesamt __ EUR nicht übersteigt.
Dies gilt ferner nicht für Briefmarken;
d) alle Öffnungen (z.B. Fenster und Türen) in dem Betrieb oder in Teilen des Betriebes verschlossen zu halten, solange die Arbeit, von Nebenarbeiten abgesehen, in diesen Betriebsteilen ruht;
alle bei der Antragstellung vorhandenen und alle zusätzlich vereinbarten Sicherungen (Sicherungen sind z.B. Schlösser von Türen oder Behältnissen, Riegel, Einbruchmeldeanlagen) uneingeschränkt gebrauchsfähig zu erhalten und zu betätigen, solange die Arbeit, von Nebenarbeiten abgesehen, in diesen Betriebsteilen ruht;
nach Verlust eines Schlüssels für einen Zugang zum Versicherungsort oder für ein Behältnis das Schloss unverzüglich durch ein gleichwertiges zu ersetzen;

Registrierkassen, elektrische und elektronische Kassen, sowie Rückgeldgeber nach Geschäftsschluss zu entleeren und offen zu lassen;

2. Folgen der Obliegenheitsverletzung

Verletzt der Versicherungsnehmer eine der in Nr. 1 genannten Obliegenheiten, ist der Versicherer unter den in Abschnitt B § 8 beschriebenen Voraussetzungen zur Kündigung berechtigt oder auch ganz oder teilweise leistungsfrei.

§ 12 Besondere gefahrerhöhende Umstände

Eine anzeigepflichtige Gefahrerhöhung gemäß Abschnitt B § 9 Nr. 1 a) kann insbesondere dann vorliegen, wenn

a) sich ein Umstand ändert, nach dem der Versicherer vor Vertragsschluss gefragt hat;

b) von der dokumentierten Betriebsbeschreibung abgewichen wird, Neu- oder Erweiterungsbauten durchgeführt werden oder ein Gebäude oder der überwiegende Teil des Gebäudes nicht genutzt wird;

c) Räumlichkeiten, die oben, unten oder seitlich an den Versicherungsort angrenzen, dauernd oder vorübergehend nicht mehr benutzt werden.

§ 13 Wiederherbeigeschaffte Sachen

1. Anzeigepflicht

Wird der Verbleib abhanden gekommener Sachen ermittelt, hat der Versicherungsnehmer oder der Versicherer dies nach Kenntniserlangung unverzüglich dem Vertragspartner in Textform anzuzeigen.

2. Wiedererhalt vor Zahlung der Entschädigung

Hat der Versicherungsnehmer den Besitz einer abhanden gekommenen Sache zurückerlangt, bevor die volle Entschädigung für diese Sache gezahlt worden ist, so behält er den Anspruch auf die Entschädigung, falls er die Sache innerhalb von zwei Wochen dem Versicherer zur Verfügung stellt.

Andernfalls ist eine für diese Sache gewährte Entschädigung zurückzugeben.

3. Wiedererhalt nach Zahlung der Entschädigung

a) Hat der Versicherungsnehmer den Besitz einer abhanden gekommenen Sache zurückerlangt, nachdem für diese Sache eine Entschädigung in voller Höhe ihres Versicherungswertes gezahlt worden ist, so hat der Versicherungsnehmer die Entschädigung zurückzuzahlen oder die Sache dem Versicherer zur Verfügung zu stellen. Der Versicherungsnehmer hat dieses Wahlrecht innerhalb von zwei Wochen nach Empfang einer schriftlichen Aufforderung des Versicherers auszuüben; nach fruchtlosem Ablauf dieser Frist geht das Wahlrecht auf den Versicherer über.

§ 9   Einbruchdiebstahlversicherung

b) Hat der Versicherungsnehmer den Besitz einer abhanden gekommenen Sache zurückerlangt, nachdem für diese Sache eine Entschädigung gezahlt worden ist, die bedingungsgemäß geringer als der Versicherungswert ist, so kann der Versicherungsnehmer die Sache behalten und muss sodann die Entschädigung zurückzahlen.

Erklärt er sich hierzu innerhalb von zwei Wochen nach Empfang einer schriftlichen Aufforderung des Versicherers nicht bereit, so hat der Versicherungsnehmer die Sache im Einvernehmen mit dem Versicherer öffentlich meistbietend verkaufen zu lassen.

Von dem Erlös abzüglich der Verkaufskosten erhält der Versicherer den Anteil, welcher der von ihm geleisteten bedingungsgemäßen Entschädigung entspricht.

4. Beschädigte Sachen

Sind wiederbeschaffte Sachen beschädigt worden, so kann der Versicherungsnehmer die bedingungsgemäße Entschädigung in Höhe der Reparaturkosten auch dann verlangen oder behalten, wenn die Sachen in den Fällen von Nr. 2 oder Nr. 3 bei ihm verbleiben.

5. Gleichstellung

Dem Besitz einer zurückerlangten Sache steht es gleich, wenn der Versicherungsnehmer die Möglichkeit hat, sich den Besitz wieder zu verschaffen.

6. Übertragung der Rechte

Hat der Versicherungsnehmer dem Versicherer zurückerlangte Sachen zur Verfügung zu stellen, so hat er dem Versicherer den Besitz, das Eigentum und alle sonstigen Rechte zu übertragen, die ihm mit Bezug auf diese Sachen zustehen.

7. Rückabwicklung bei kraftlos erklärten Wertpapieren

Ist ein Wertpapier in einem Aufgebotsverfahren für kraftlos erklärt worden, so hat der Versicherungsnehmer die gleichen Rechte und Pflichten, wie wenn er das Wertpapier zurückerlangt hätte. Jedoch kann der Versicherungsnehmer die Entschädigung behalten, soweit ihm durch Verzögerung fälliger Leistungen aus den Wertpapieren ein Zinsverlust entstanden ist.

§ 14   Veräußerung der versicherten Sachen

1. Rechtsverhältnisse nach Eigentumsübergang

a) Wird die versicherte Sache vom Versicherungsnehmer veräußert, so tritt zum Zeitpunkt des Eigentumsübergangs (bei Immobilien das Datum des Grundbucheintrages) an dessen Stelle der Erwerber in die während der Dauer seines Eigentums aus dem Versicherungsverhältnis sich ergebenden Rechte und Pflichten des Versicherungsnehmers ein.

b) Der Veräußerer und der Erwerber haften für die Prämie, die auf die zur Zeit des Eintrittes des Erwerbers laufende Versicherungsperiode entfällt, als Gesamtschuldner.
c) Der Versicherer muss den Eintritt des Erwerbers erst gegen sich gelten lassen, wenn er hiervon Kenntnis erlangt.

2. Kündigungsrechte

a) Der Versicherer ist berechtigt, dem Erwerber das Versicherungsverhältnis unter Einhaltung einer Frist von einem Monat zu kündigen. Dieses Kündigungsrecht erlischt, wenn es nicht innerhalb eines Monats ab der Kenntnis des Versicherers von der Veräußerung ausgeübt wird.
b) Der Erwerber ist berechtigt, das Versicherungsverhältnis mit sofortiger Wirkung oder ~~zu jedem späteren Zeitpunkt bis~~ bis zum Ablauf der Versicherungsperiode in Schriftform[14] zu kündigen.

Das Kündigungsrecht erlischt, wenn es nicht innerhalb eines Monats nach dem Erwerb, bei fehlender Kenntnis des Erwerbers vom Bestehen der Versicherung innerhalb eines Monats ab Erlangung der Kenntnis, ausgeübt wird.
c) Im Falle der Kündigung nach a) und b) haftet der Veräußerer allein für die Zahlung der Prämie.

3. Anzeigepflichten

a) Die Veräußerung ist dem Versicherer vom Veräußerer oder Erwerber unverzüglich in Textform anzuzeigen.
b) Ist die Anzeige unterblieben, so ist der Versicherer nicht zur Leistung verpflichtet, wenn der Versicherungsfall später als einen Monat nach dem Zeitpunkt eintritt, zu dem die Anzeige hätte zugehen müssen, und der Versicherer nachweist, dass er den mit dem Veräußerer bestehenden Vertrag mit dem Erwerber nicht geschlossen hätte.
c) Abweichend von b) ist der Versicherer zur Leistung verpflichtet, wenn ihm die Veräußerung zu dem Zeitpunkt bekannt war, zu dem ihm die Anzeige hätte zugehen müssen, oder wenn zur Zeit des Eintrittes des Versicherungsfalles die Frist für die Kündigung des Versicherers abgelaufen war und er nicht gekündigt hat.

Abschnitt B

§ 1 Anzeigepflicht des Versicherungsnehmers oder seines Vertreters bis zum Vertragsschluss

1. Wahrheitsgemäße und vollständige Anzeigepflicht von Gefahrumständen

Der Versicherungsnehmer hat bis zur Abgabe seiner Vertragserklärung dem Versicherer alle ihm bekannten Gefahrumstände anzuzeigen, nach denen der Versiche-

---

[14] hier auch Textform zulässig

rer in Textform gefragt hat und die für dessen Entschluss erheblich sind, den Vertrag mit dem vereinbarten Inhalt zu schließen.

Der Versicherungsnehmer ist auch insoweit zur Anzeige verpflichtet, als nach seiner Vertragserklärung, aber vor Vertragsannahme der Versicherer in Textform Fragen im Sinne des Satzes 1 stellt.

2. Rechtsfolgen der Verletzung der Anzeigepflicht

a) Vertragsänderung

Hat der Versicherungsnehmer die Anzeigepflicht nicht vorsätzlich verletzt und hätte der Versicherer bei Kenntnis der nicht angezeigten Gefahrumstände den Vertrag auch zu anderen Bedingungen geschlossen, so werden die anderen Bedingungen auf Verlangen des Versicherers rückwirkend Vertragsbestandteil. Bei einer vom Versicherungsnehmer unverschuldeten Pflichtverletzung werden die anderen Bedingungen ab der laufenden Versicherungsperiode Vertragsbestandteil.

Erhöht sich durch eine Vertragsänderung die Prämie um mehr als 10 Prozent oder schließt der Versicherer die Gefahrabsicherung für den nicht angezeigten Umstand aus, so kann der Versicherungsnehmer den Vertrag innerhalb eines Monats nach Zugang der Mitteilung des Versicherers ohne Einhaltung einer Frist kündigen. In dieser Mitteilung der Vertragsänderung hat der Versicherer den Versicherungsnehmer auf dessen Kündigungsrecht hinzuweisen.

b) Rücktritt und Leistungsfreiheit

Verletzt der Versicherungsnehmer seine Anzeigepflicht nach Nr. 1, kann der Versicherer vom Vertrag zurücktreten, es sei denn, der Versicherungsnehmer hat die Anzeigepflicht weder vorsätzlich noch grob fahrlässig verletzt.

Bei grober Fahrlässigkeit des Versicherungsnehmers ist das Rücktrittsrecht des Versicherers ausgeschlossen, wenn der Versicherungsnehmer nachweist, dass der Versicherer den Vertrag bei Kenntnis der nicht angezeigten Umstände zu gleichen oder anderen Bedingungen abgeschlossen hätte.

Tritt der Versicherer nach Eintritt des Versicherungsfalles zurück, so ist er nicht zur Leistung verpflichtet, es sei denn, der Versicherungsnehmer weist nach, dass die Verletzung der Anzeigepflicht sich auf einen Umstand bezieht, der weder für den Eintritt oder die Feststellung des Versicherungsfalles noch für die Feststellung oder den Umfang der Leistungspflicht des Versicherers ursächlich ist. Hat der Versicherungsnehmer die Anzeigepflicht arglistig verletzt, ist der Versicherer nicht zur Leistung verpflichtet.

c) Kündigung

Verletzt der Versicherungsnehmer seine Anzeigepflicht nach Nr. 1 leicht fahrlässig oder schuldlos, kann der Versicherer den Vertrag unter Einhaltung einer Frist von einem Monat kündigen, es sei denn, der Versicherer hätte den Vertrag bei Kenntnis der nicht angezeigten Umständen zu gleichen oder anderen Bedingungen abgeschlossen.

d) Ausschluss von Rechten des Versicherers
Die Rechte des Versicherers zur Vertragsänderung (a), zum Rücktritt (b) und zur Kündigung (c) sind jeweils ausgeschlossen, wenn der Versicherer den nicht angezeigten Gefahrenumstand oder die unrichtige Anzeige kannte.

e) Anfechtung
Das Recht des Versicherers, den Vertrag wegen arglistiger Täuschung anzufechten, bleibt unberührt.

3. Frist für die Ausübung der Rechte des Versicherers

Die Rechte zur Vertragsänderung (Nr. 2 a), zum Rücktritt (Nr. 2 b) oder zur Kündigung (Nr. 2 c) muss der Versicherer innerhalb eines Monats schriftlich geltend machen und dabei die Umstände angeben, auf die er seine Erklärung stützt; zur Begründung kann er nachträglich weitere Umstände innerhalb eines Monats nach deren Kenntniserlangung angeben.

Die Monatsfrist beginnt mit dem Zeitpunkt, zu dem der Versicherer von der Verletzung der Anzeigepflicht und der Umstände Kenntnis erlangt, die das von ihm jeweils geltend gemachte Recht begründen.

4. Rechtsfolgenhinweis

Die Rechte zur Vertragsänderung (Nr. 2 a), zum Rücktritt (Nr. 2 b) und zur Kündigung (Nr. 2 c) stehen dem Versicherer nur zu, wenn er den Versicherungsnehmer durch gesonderte Mitteilung in Textform auf die Folgen der Verletzung der Anzeigepflicht hingewiesen hat.

5. Vertreter des Versicherungsnehmers

Wird der Vertrag von einem Vertreter des Versicherungsnehmers geschlossen, so sind bei der Anwendung von Nr. 1 und Nr. 2 sowohl die Kenntnis und die Arglist des Vertreters als auch die Kenntnis und die Arglist des Versicherungsnehmers zu berücksichtigen.

Der Versicherungsnehmer kann sich darauf, dass die Anzeigepflicht nicht vorsätzlich oder grob fahrlässig verletzt worden ist, nur berufen, wenn weder dem Vertreter noch dem Versicherungsnehmer Vorsatz oder grobe Fahrlässigkeit zur Last fällt.

6. Erlöschen der Rechte des Versicherers

Die Rechte des Versicherers zur Vertragsänderung (Nr. 2 a), zum Rücktritt (Nr. 2 b) und zur Kündigung (Nr. 2 c) erlöschen mit Ablauf von fünf Jahren nach Vertragsschluss; dies gilt nicht für Versicherungsfälle, die vor Ablauf dieser Frist eingetreten sind.

Die Frist beläuft sich auf zehn Jahre, wenn der Versicherungsnehmer oder sein Vertreter die Anzeigepflicht vorsätzlich oder arglistig verletzt hat.

§ 9 Einbruchdiebstahlversicherung

§ 2 Beginn des Versicherungsschutzes; Dauer und Ende des Vertrages

1. Beginn des Versicherungsschutzes

Der Versicherungsschutz beginnt vorbehaltlich der Regelungen über die Folgen verspäteter Zahlung oder Nichtzahlung der Erst- oder Einmalprämie zu dem im Versicherungsschein angegebenen Zeitpunkt.

2. Dauer

Der Vertrag ist für den im Versicherungsschein angegebenen Zeitraum abgeschlossen.

3. Stillschweigende Verlängerung

Bei einer Vertragsdauer von mindestens einem Jahr verlängert sich der Vertrag um jeweils ein Jahr, wenn nicht einer der Vertragsparteien spätestens drei Monate vor dem Ablauf des jeweiligen Versicherungsjahres eine Kündigung zugegangen ist.

4. Kündigung bei mehrjährigen Verträgen

Der Vertrag kann bei einer Vertragslaufzeit von mehr als drei Jahren zum Ablauf des dritten oder jedes darauf folgenden Jahres unter Einhaltung einer Frist von drei Monaten vom Versicherungsnehmer gekündigt werden.

Die Kündigung muss dem Versicherer spätestens drei Monate vor dem Ablauf des jeweiligen Versicherungsjahres zugehen.

5. Vertragsdauer von weniger als einem Jahr

Bei einer Vertragsdauer von weniger als einem Jahr endet der Vertrag, ohne dass es einer Kündigung bedarf, zum vorgesehenen Zeitpunkt.

6. Wegfall des versicherten Interesses

Fällt das versicherte Interesse nach dem Beginn der Versicherung weg, endet der Vertrag zu dem Zeitpunkt, zu dem der Versicherer vom Wegfall des Risikos Kenntnis erlangt.

§ 3 Prämien, Versicherungsperiode

Je nach Vereinbarung werden die Prämien entweder durch laufende Zahlungen monatlich, vierteljährlich, halbjährlich, jährlich oder als Einmalprämie im Voraus gezahlt.

Die Versicherungsperiode beträgt ein Jahr. Das gilt auch, wenn die vereinbarte Vertragsdauer länger als ein Jahr ist. Ist die vereinbarte Vertragsdauer kürzer als ein Jahr, so entspricht die Versicherungsperiode der Vertragsdauer.

§ 4 Fälligkeit der Erst- oder Einmalprämie; Folgen verspäteter Zahlung oder Nichtzahlung

1. Fälligkeit der Erst- oder Einmalprämie

Die erste oder einmalige Prämie ist – unabhängig von dem Bestehen eines Widerrufrechts – unverzüglich nach dem Zeitpunkt des vereinbarten und im Versicherungsschein angegebenen Versicherungsbeginns zu zahlen.

Liegt der vereinbarte Zeitpunkt des Versicherungsbeginns vor Vertragsschluss, ist die erste oder einmalige Prämie unverzüglich nach Vertragsschluss zu zahlen.

Zahlt der Versicherungsnehmer nicht unverzüglich nach dem in Satz 1 oder 2 bestimmten Zeitpunkt, beginnt der Versicherungsschutz erst, nachdem die Zahlung bewirkt ist.

Weicht der Versicherungsschein vom Antrag des Versicherungsnehmers oder getroffenen Vereinbarungen ab, ist die erste oder einmalige Prämie frühestens einen Monat nach Zugang des Versicherungsscheins zu zahlen.

2. Rücktrittsrecht des Versicherers bei Zahlungsverzug

Wird die erste oder einmalige Prämie nicht zu dem nach Nr. 1 maßgebenden Fälligkeitszeitpunkt gezahlt, so kann der Versicherer vom Vertrag zurücktreten, solange die Zahlung nicht bewirkt ist.

Der Rücktritt ist ausgeschlossen, wenn der Versicherungsnehmer die Nichtzahlung nicht zu vertreten hat.

3. Leistungsfreiheit des Versicherers

Wenn der Versicherungsnehmer die erste oder einmalige Prämie nicht zu dem nach Nr. 1 maßgebenden Fälligkeitszeitpunkt zahlt, so ist der Versicherer für einen vor Zahlung der Prämie eingetretenen Versicherungsfall nicht zur Leistung verpflichtet, wenn er den Versicherungsnehmer durch gesonderte Mitteilung in Textform oder durch einen auffälligen Hinweis im Versicherungsschein auf diese Rechtsfolge der Nichtzahlung der Prämie aufmerksam gemacht hat.

Die Leistungsfreiheit tritt jedoch nicht ein, wenn der Versicherungsnehmer die Nichtzahlung nicht zu vertreten hat.

§ 5 Folgeprämie

1. Fälligkeit

a) Eine Folgeprämie wird zu dem jeweils vereinbarten Zeitpunkt fällig.
b) Die Zahlung gilt als rechtzeitig, wenn sie innerhalb des im Versicherungsschein oder in der Prämienrechnung angegebenen Zeitraums bewirkt ist.

§ 9 Einbruchdiebstahlversicherung

2. Schadenersatz bei Verzug

Ist der Versicherungsnehmer mit der Zahlung einer Folgeprämie in Verzug, ist der Versicherer berechtigt, Ersatz des ihm durch den Verzug entstandenen Schadens zu verlangen.

3. Leistungsfreiheit und Kündigungsrecht nach Mahnung

a) Der Versicherer kann den Versicherungsnehmer bei nicht rechtzeitiger Zahlung einer Folgeprämie auf dessen Kosten in Textform zur Zahlung auffordern und eine Zahlungsfrist von mindestens zwei Wochen ab Zugang der Zahlungsaufforderung bestimmen (Mahnung).

Die Mahnung ist nur wirksam, wenn der Versicherer je Vertrag die rückständigen Beträge der Prämie, Zinsen und Kosten im Einzelnen beziffert und außerdem auf die Rechtsfolgen – Leistungsfreiheit und Kündigungsrecht – aufgrund der nicht fristgerechten Zahlung hinweist.

b) Tritt nach Ablauf der in der Mahnung gesetzten Zahlungsfrist ein Versicherungsfall ein und ist der Versicherungsnehmer bei Eintritt des Versicherungsfalles mit der Zahlung der Prämie oder der Zinsen oder Kosten in Verzug, so ist der Versicherer von der Verpflichtung zur Leistung frei.

c) Der Versicherer kann nach Ablauf der in der Mahnung gesetzten Zahlungsfrist den Vertrag ohne Einhaltung einer Kündigungsfrist mit sofortiger Wirkung kündigen, sofern der Versicherungsnehmer mit der Zahlung der geschuldeten Beträge in Verzug ist.

Die Kündigung kann mit der Bestimmung der Zahlungsfrist so verbunden werden, dass sie mit Fristablauf wirksam wird, wenn der Versicherungsnehmer zu diesem Zeitpunkt mit der Zahlung in Verzug ist. Hierauf ist der Versicherungsnehmer bei der Kündigung ausdrücklich hinzuweisen.

4. Zahlung der Prämie nach Kündigung

Die Kündigung wird unwirksam, wenn der Versicherungsnehmer innerhalb eines Monats nach der Kündigung oder, wenn sie mit der Fristbestimmung verbunden worden ist, innerhalb eines Monats nach Fristablauf die Zahlung leistet.

Die Regelung über die Leistungsfreiheit des Versicherers (Nr. 3 b) bleibt unberührt.

§ 6 Lastschriftverfahren

1. Pflichten des Versicherungsnehmers

Ist zur Einziehung der Prämie das Lastschriftverfahren vereinbart worden, hat der Versicherungsnehmer zum Zeitpunkt der Fälligkeit der Prämie für eine ausreichende Deckung des Kontos zu sorgen.

2. Änderung des Zahlungsweges

Hat es der Versicherungsnehmer zu vertreten, dass eine oder mehrere Prämien, trotz wiederholtem Einziehungsversuch, nicht eingezogen werden können, ist der Versicherer berechtigt, das SEPA-Lastschriftmandat in Textform zu kündigen.

Der Versicherer hat in der Kündigung darauf hinzuweisen, dass der Versicherungsnehmer verpflichtet ist, die ausstehende Prämie und zukünftige Prämien selbst zu übermitteln.

Durch die Banken erhobene Bearbeitungsgebühren für fehlgeschlagenen Lastschrifteinzug können dem Versicherungsnehmer in Rechnung gestellt werden.

§ 7 Prämie bei vorzeitiger Vertragsbeendigung

1. Allgemeiner Grundsatz

a) Im Falle der vorzeitigen Vertragsbeendigung steht dem Versicherer nur derjenige Teil der Prämie zu, der dem Zeitraum entspricht, in dem der Versicherungsschutz bestanden hat.

b) Fällt das versicherte Interesse nach dem Beginn der Versicherung weg, steht dem Versicherer die Prämie zu, die er hätte beanspruchen können, wenn die Versicherung nur bis zu dem Zeitpunkt beantragt worden wäre, zu dem der Versicherer vom Wegfall des Interesses Kenntnis erlangt hat.

2. Prämie oder Geschäftsgebühr bei Widerruf, Rücktritt, Anfechtung und fehlendem versicherten Interesse

a) Übt der Versicherungsnehmer sein Recht aus, seine Vertragserklärung innerhalb von 14 Tagen zu widerrufen, hat der Versicherer nur den auf die Zeit nach Zugang des Widerrufs entfallenden Teil der Prämien zu erstatten. Voraussetzung ist, dass der Versicherer in der Belehrung über das Widerrufsrecht, über die Rechtsfolgen des Widerrufs und den zu zahlenden Betrag hingewiesen und der Versicherungsnehmer zugestimmt hat, dass der Versicherungsschutz vor Ende der Widerrufsfrist beginnt.

Ist die Belehrung nach Satz 2 unterblieben, hat der Versicherer zusätzlich die für das erste Versicherungsjahr gezahlte Prämie zu erstatten; dies gilt nicht, wenn der Versicherungsnehmer Leistungen aus dem Versicherungsvertrag in Anspruch genommen hat.

b) Wird das Versicherungsverhältnis durch Rücktritt des Versicherers beendet, weil der Versicherungsnehmer Gefahrumstände, nach denen der Versicherer vor Vertragsannahme in Textform gefragt hat, nicht angezeigt hat, so steht dem Versicherer die Prämie bis zum Wirksamwerden der Rücktrittserklärung zu.

Wird das Versicherungsverhältnis durch Rücktritt des Versicherers beendet, weil die einmalige oder die erste Prämie nicht rechtzeitig gezahlt worden ist, so steht dem Versicherer eine angemessene Geschäftsgebühr zu.

§9	Einbruchdiebstahlversicherung

c) Wird das Versicherungsverhältnis durch Anfechtung des Versicherers wegen arglistiger Täuschung beendet, so steht dem Versicherer die Prämie bis zum Wirksamwerden der Anfechtungserklärung zu.

d) Der Versicherungsnehmer ist nicht zur Zahlung der Prämie verpflichtet, wenn das versicherte Interesse bei Beginn der Versicherung nicht besteht, oder wenn das Interesse bei einer Versicherung, die für ein künftiges Unternehmen oder für ein anderes künftiges Interesse genommen ist, nicht entsteht. Der Versicherer kann jedoch eine angemessene Geschäftsgebühr verlangen.

Hat der Versicherungsnehmer ein nicht bestehendes Interesse in der Absicht versichert, sich dadurch einen rechtswidrigen Vermögensvorteil zu verschaffen, ist der Vertrag nichtig. Dem Versicherer steht in diesem Fall die Prämie bis zu dem Zeitpunkt zu, zu dem er von den die Nichtigkeit begründenden Umständen Kenntnis erlangt

§ 8 Obliegenheiten des Versicherungsnehmers

1. Obliegenheiten vor Eintritt des Versicherungsfalles

a) Vertraglich vereinbarte Obliegenheiten, die der Versicherungsnehmer vor Eintritt des Versicherungsfalles zu erfüllen hat, sind:
  aa) die Einhaltung aller gesetzlichen, behördlichen sowie vertraglich vereinbarten Sicherheitsvorschriften;
  bb) die Einhaltung aller sonstigen vertraglich vereinbarten Obliegenheiten.

b) Verletzt der Versicherungsnehmer vorsätzlich oder grob fahrlässig eine Obliegenheit, die er vor Eintritt des Versicherungsfalles gegenüber dem Versicherer zu erfüllen hat, so kann der Versicherer innerhalb eines Monats, nachdem er von der Verletzung Kenntnis erlangt hat, den Vertrag fristlos kündigen.

Das Kündigungsrecht des Versicherers ist ausgeschlossen, wenn der Versicherungsnehmer beweist, dass er die Obliegenheit weder vorsätzlich noch grob fahrlässig verletzt hat.

2. Obliegenheiten bei und nach Eintritt des Versicherungsfalles

a) Der Versicherungsnehmer hat bei und nach Eintritt des Versicherungsfalles
  aa) nach Möglichkeit für die Abwendung und Minderung des Schadens zu sorgen;
  bb) dem Versicherer den Schadeneintritt, nachdem er von ihm Kenntnis erlangt hat, unverzüglich – gegebenenfalls auch mündlich oder telefonisch – anzuzeigen;
  cc) Weisungen des Versicherers zur Schadenabwendung/-minderung – gegebenenfalls auch mündlich oder telefonisch – einzuholen, wenn die Umstände dies gestatten;
  dd) Weisungen des Versicherers zur Schadenabwendung/-minderung, soweit für ihn zumutbar, zu befolgen. Erteilen mehrere an dem Versicherungsvertrag beteiligte Versicherer unterschiedliche Weisungen, hat der Versiche-

rungsnehmer nach pflichtgemäßem Ermessen zu handeln;
ee) Schäden durch strafbare Handlungen gegen das Eigentum unverzüglich der Polizei anzuzeigen;
ff) dem Versicherer und der Polizei unverzüglich ein Verzeichnis der abhanden gekommenen Sachen einzureichen;
gg) das Schadenbild so lange unverändert zu lassen, bis die Schadenstelle oder die beschädigten Sachen durch den Versicherer freigegeben worden sind. Sind Veränderungen unumgänglich, sind das Schadenbild nachvollziehbar zu dokumentieren (z.b. durch Fotos) und die beschädigten Sachen bis zu einer Besichtigung durch den Versicherer aufzubewahren;
hh) soweit möglich dem Versicherer unverzüglich jede Auskunft – auf Verlangen in Schriftform – zu erteilen, die zur Feststellung des Versicherungsfalles oder des Umfanges der Leistungspflicht des Versicherers erforderlich ist sowie jede Untersuchung über Ursache und Höhe des Schadens und über den Umfang der Entschädigungspflicht zu gestatten;
ii) vom Versicherer angeforderte Belege beizubringen, deren Beschaffung ihm billigerweise zugemutet werden kann;
jj) für zerstörte oder abhanden gekommene Wertpapiere oder sonstige aufgebotsfähige Urkunden unverzüglich das Aufgebotsverfahren einzuleiten und etwaige sonstige Rechte zu wahren, insbesondere abhanden gekommene Sparbücher und andere sperrfähige Urkunden unverzüglich sperren zu lassen.
b) Steht das Recht auf die vertragliche Leistung des Versicherers einem Dritten zu, so hat dieser die Obliegenheiten gemäß Nr. 2 a) ebenfalls zu erfüllen – soweit ihm dies nach den tatsächlichen und rechtlichen Umständen möglich ist.

3. **Leistungsfreiheit bei Obliegenheitsverletzung**
a) Verletzt der Versicherungsnehmer eine Obliegenheit nach Nr. 1 oder Nr. 2 vorsätzlich, so ist der Versicherer von der Verpflichtung zur Leistung frei.
Bei grob fahrlässiger Verletzung der Obliegenheit ist der Versicherer berechtigt, seine Leistung in dem Verhältnis zu kürzen, das der Schwere des Verschuldens des Versicherungsnehmers entspricht.
Das Nichtvorliegen einer groben Fahrlässigkeit hat der Versicherungsnehmer zu beweisen.
b) Außer im Falle einer arglistigen Obliegenheitsverletzung ist der Versicherer jedoch zur Leistung verpflichtet, soweit der Versicherungsnehmer nachweist, dass die Verletzung der Obliegenheit weder für den Eintritt oder die Feststellung des Versicherungsfalles noch für die Feststellung oder den Umfang der Leistungspflicht des Versicherers ursächlich ist.
c) Verletzt der Versicherungsnehmer eine nach Eintritt des Versicherungsfalles bestehende Auskunfts- oder Aufklärungsobliegenheit, ist der Versicherer nur dann

§ 9 Einbruchdiebstahlversicherung

vollständig oder teilweise leistungsfrei, wenn er den Versicherungsnehmer durch gesonderte Mitteilung in Textform auf diese Rechtsfolge hingewiesen hat.

§ 9 Gefahrerhöhung

1. Begriff der Gefahrerhöhung

a) Eine Gefahrerhöhung liegt vor, wenn nach Abgabe der Vertragserklärung des Versicherungsnehmers die tatsächlich vorhandenen Umstände so verändert werden, dass der Eintritt des Versicherungsfalles oder eine Vergrößerung des Schadens oder die ungerechtfertigte Inanspruchnahme des Versicherers wahrscheinlicher wird.

b) Eine Gefahrerhöhung kann insbesondere – aber nicht nur – vorliegen, wenn sich ein gefahrerheblicher Umstand ändert, nach dem der Versicherer vor Vertragsschluss gefragt hat.

c) Eine Gefahrerhöhung nach a) liegt nicht vor, wenn sich die Gefahr nur unerheblich erhöht hat oder nach den Umständen als mitversichert gelten soll.

2. Pflichten des Versicherungsnehmers

a) Nach Abgabe seiner Vertragserklärung darf der Versicherungsnehmer ohne vorherige Zustimmung des Versicherers keine Gefahrerhöhung vornehmen oder deren Vornahme durch einen Dritten gestatten.

b) Erkennt der Versicherungsnehmer nachträglich, dass er ohne vorherige Zustimmung des Versicherers eine Gefahrerhöhung vorgenommen oder gestattet hat, so muss er diese dem Versicherer unverzüglich anzeigen.

c) Eine Gefahrerhöhung, die nach Abgabe seiner Vertragserklärung unabhängig von seinem Willen eintritt, muss der Versicherungsnehmer dem Versicherer unverzüglich anzeigen, nachdem er von ihr Kenntnis erlangt hat.

3. Kündigung oder Vertragsänderung durch den Versicherer

a) Kündigungsrecht

Verletzt der Versicherungsnehmer seine Verpflichtung nach Nr. 2 a), kann der Versicherer den Vertrag fristlos kündigen, wenn der Versicherungsnehmer seine Verpflichtung vorsätzlich oder grob fahrlässig verletzt hat. Das Nichtvorliegen von Vorsatz oder grober Fahrlässigkeit hat der Versicherungsnehmer zu beweisen.

Beruht die Verletzung auf einfacher Fahrlässigkeit, kann der Versicherer unter Einhaltung einer Frist von einem Monat kündigen.

Wird dem Versicherer eine Gefahrerhöhung in den Fällen nach Nr. 2 b) und Nr. 2 c) bekannt, kann er den Vertrag unter Einhaltung einer Frist von einem Monat kündigen.

b) Vertragsänderung

Statt der Kündigung kann der Versicherer ab dem Zeitpunkt der Gefahrerhöhung eine seinen Geschäftsgrundsätzen entsprechende erhöhte Prämie verlangen oder die Absicherung der erhöhten Gefahr ausschließen.

Erhöht sich die Prämie als Folge der Gefahrerhöhung um mehr als 10 Prozent oder schließt der Versicherer die Absicherung der erhöhten Gefahr aus, so kann der Versicherungsnehmer den Vertrag innerhalb eines Monats nach Zugang der Mitteilung des Versicherers ohne Einhaltung einer Frist kündigen. In der Mitteilung hat der Versicherer den Versicherungsnehmer auf dieses Kündigungsrecht hinzuweisen.

4. Erlöschen der Rechte des Versicherers

Die Rechte des Versicherers zur Kündigung oder Vertragsänderung nach Nr. 3 erlöschen, wenn diese nicht innerhalb eines Monats ab Kenntnis des Versicherers von der Gefahrerhöhung ausgeübt werden oder wenn der Zustand wiederhergestellt ist, der vor der Gefahrerhöhung bestanden hat.

5. Leistungsfreiheit wegen Gefahrerhöhung

a) Tritt nach einer Gefahrerhöhung der Versicherungsfall ein, so ist der Versicherer nicht zur Leistung verpflichtet, wenn der Versicherungsnehmer seine Pflichten nach Nr. 2 a) vorsätzlich verletzt hat. Verletzt der Versicherungsnehmer diese Pflichten grob fahrlässig, so ist der Versicherer berechtigt, seine Leistung in dem Verhältnis zu kürzen, das der Schwere des Verschuldens des Versicherungsnehmers entspricht. Das Nichtvorliegen einer groben Fahrlässigkeit hat der Versicherungsnehmer zu beweisen.

b) Nach einer Gefahrerhöhung nach Nr. 2 b) und Nr. 2 c) ist der Versicherer für einen Versicherungsfall, der später als einen Monat nach dem Zeitpunkt eintritt, zu dem die Anzeige dem Versicherer hätte zugegangen sein müssen, leistungsfrei, wenn der Versicherungsnehmer seine Anzeigepflicht vorsätzlich verletzt hat. Hat der Versicherungsnehmer seine Pflicht grob fahrlässig verletzt, so gilt a) Satz 2 und 3 entsprechend. Die Leistungspflicht des Versicherers bleibt bestehen, wenn ihm die Gefahrerhöhung zu dem Zeitpunkt, zu dem ihm die Anzeige hätte zugegangen sein müssen, bekannt war.

c) Die Leistungspflicht des Versicherers bleibt bestehen,
    aa) soweit der Versicherungsnehmer nachweist, dass die Gefahrerhöhung nicht ursächlich für den Eintritt des Versicherungsfalles oder den Umfang der Leistungspflicht war oder
    bb) wenn zur Zeit des Eintrittes des Versicherungsfalles die Frist für die Kündigung des Versicherers abgelaufen und eine Kündigung nicht erfolgt war oder
    cc) wenn der Versicherer statt der Kündigung ab dem Zeitpunkt der Gefahrerhöhung eine seinen Geschäftsgrundsätzen entsprechende erhöhte Prämie verlangt.

§ 9 Einbruchdiebstahlversicherung

§ 10 Überversicherung

Übersteigt die Versicherungssumme den Wert des versicherten Interesses erheblich, so kann sowohl der Versicherer als auch der Versicherungsnehmer verlangen, dass zur Beseitigung der Überversicherung die Versicherungssumme mit sofortiger Wirkung herabgesetzt wird. Ab Zugang des Herabsetzungsverlangens, ist für die Höhe der Prämie der Betrag maßgebend, den der Versicherer berechnet haben würde, wenn der Vertrag von vornherein mit dem neuen Inhalt geschlossen worden wäre.

Hat der Versicherungsnehmer die Überversicherung in der Absicht geschlossen, sich dadurch einen rechtswidrigen Vermögensvorteil zu verschaffen, ist der Vertrag nichtig. Dem Versicherer steht die Prämie bis zu dem Zeitpunkt zu, zu dem er von den die Nichtigkeit begründenden Umständen Kenntnis erlangt.

§ 11 Mehrere Versicherer

1. Anzeigepflicht

Wer bei mehreren Versicherern ein Interesse gegen dieselbe Gefahr versichert, ist verpflichtet, dem Versicherer die andere Versicherung unverzüglich mitzuteilen. In der Mitteilung sind der andere Versicherer und die Versicherungssumme anzugeben.

2. Rechtsfolgen der Verletzung der Anzeigepflicht

Verletzt der Versicherungsnehmer die Anzeigepflicht (siehe Nr. 1) vorsätzlich oder grob fahrlässig, ist der Versicherer unter den in Abschnitt B § 8 beschriebenen Voraussetzungen zur Kündigung berechtigt oder auch ganz oder teilweise leistungsfrei. Leistungsfreiheit tritt nicht ein, wenn der Versicherer vor Eintritt des Versicherungsfalles Kenntnis von der anderen Versicherung erlangt hat.

3. Haftung und Entschädigung bei Mehrfachversicherung

a) Ist bei mehreren Versicherern ein Interesse gegen dieselbe Gefahr versichert und übersteigen die Versicherungssummen zusammen den Versicherungswert oder übersteigt aus anderen Gründen die Summe der Entschädigungen, die von jedem Versicherer ohne Bestehen der anderen Versicherung zu zahlen wären, den Gesamtschaden, liegt eine Mehrfachversicherung vor.

b) Die Versicherer sind in der Weise als Gesamtschuldner verpflichtet, dass jeder für den Betrag aufzukommen hat, dessen Zahlung ihm nach seinem Vertrage obliegt; der Versicherungsnehmer kann aber im Ganzen nicht mehr als den Betrag des ihm entstandenen Schadens verlangen. Satz 1 gilt entsprechend, wenn die Verträge bei demselben Versicherer bestehen.

Erlangt der Versicherungsnehmer oder der Versicherte aus anderen Versicherungsverträgen Entschädigung für denselben Schaden, so ermäßigt sich der Anspruch aus dem vorliegenden Vertrag in der Weise, dass die Entschädigung aus allen Verträgen insgesamt nicht höher ist, als wenn der Gesamtbetrag der Ver-

sicherungssummen, aus denen die Prämien errechnet wurde, nur in diesem Vertrag in Deckung gegeben worden wäre.
Bei Vereinbarung von Entschädigungsgrenzen ermäßigt sich der Anspruch in der Weise, dass aus allen Verträgen insgesamt keine höhere Entschädigung zu leisten ist, als wenn der Gesamtbetrag der Versicherungssummen in diesem Vertrag in Deckung gegeben worden wäre.
c) Hat der Versicherungsnehmer eine Mehrfachversicherung in der Absicht geschlossen, sich dadurch einen rechtswidrigen Vermögensvorteil zu verschaffen, ist jeder in dieser Absicht geschlossene Vertrag nichtig.
Dem Versicherer steht die Prämie bis zu dem Zeitpunkt zu, zu dem er von den die Nichtigkeit begründenden Umständen Kenntnis erlangt.

4. Beseitigung der Mehrfachversicherung
a) Hat der Versicherungsnehmer den Vertrag, durch den die Mehrfachversicherung entstanden ist, ohne Kenntnis von dem Entstehen der Mehrfachversicherung geschlossen, kann er verlangen, dass der später geschlossene Vertrag aufgehoben oder die Versicherungssumme unter verhältnismäßiger Minderung der Prämie auf den Teilbetrag herabgesetzt wird, der durch die frühere Versicherung nicht gedeckt ist.
Die Aufhebung des Vertrages oder die Herabsetzung der Versicherungssumme und Anpassung der Prämie werden zu dem Zeitpunkt wirksam, zu dem die Erklärung dem Versicherer zugeht.
b) Die Regelungen nach a) sind auch anzuwenden, wenn die Mehrfachversicherung dadurch entstanden ist, dass nach Abschluss der mehreren Versicherungsverträge der Versicherungswert gesunken ist.
Sind in diesem Fall die mehreren Versicherungsverträge gleichzeitig oder im Einvernehmen der Versicherer geschlossen worden, kann der Versicherungsnehmer nur die verhältnismäßige Herabsetzung der Versicherungssummen und der Prämien verlangen.

§ 12 Versicherung für fremde Rechnung

1. Rechte aus dem Vertrag
Der Versicherungsnehmer kann den Versicherungsvertrag im eigenen Namen für das Interesse eines Dritten (Versicherten) schließen. Die Ausübung der Rechte aus diesem Vertrag steht nur dem Versicherungsnehmer und nicht auch dem Versicherten zu. Das gilt auch, wenn der Versicherte den Versicherungsschein besitzt.

2. Zahlung der Entschädigung
Der Versicherer kann vor Zahlung der Entschädigung an den Versicherungsnehmer den Nachweis verlangen, dass der Versicherte seine Zustimmung dazu erteilt hat. Der Versicherte kann die Zahlung der Entschädigung nur mit Zustimmung des Versicherungsnehmers verlangen.

§ 9 Einbruchdiebstahlversicherung

3. Kenntnis und Verhalten

a) Soweit die Kenntnis und das Verhalten des Versicherungsnehmers von rechtlicher Bedeutung sind, sind bei der Versicherung für fremde Rechnung auch die Kenntnis und das Verhalten des Versicherten zu berücksichtigen.

Soweit der Vertrag Interessen des Versicherungsnehmers und des Versicherten umfasst, muss sich der Versicherungsnehmer für sein Interesse das Verhalten und die Kenntnis des Versicherten nur zurechnen lassen, wenn der Versicherte Repräsentant des Versicherungsnehmers ist.

b) Auf die Kenntnis des Versicherten kommt es nicht an, wenn der Vertrag ohne sein Wissen abgeschlossen worden ist oder ihm eine rechtzeitige Benachrichtigung des Versicherungsnehmers nicht möglich oder nicht zumutbar war.

c) Auf die Kenntnis des Versicherten kommt es dagegen an, wenn der Versicherungsnehmer den Vertrag ohne Auftrag des Versicherten geschlossen und den Versicherer nicht darüber informiert hat.

§ 13 Aufwendungsersatz

1. Aufwendungen zur Abwendung und Minderung des Schadens

a) Versichert sind Aufwendungen, auch erfolglose, die der Versicherungsnehmer bei Eintritt des Versicherungsfalles den Umständen nach zur Abwendung und Minderung des Schadens für geboten halten durfte oder die er auf Weisung des Versicherers macht.

b) Macht der Versicherungsnehmer Aufwendungen, um einen unmittelbar bevorstehenden Versicherungsfall abzuwenden oder in seinen Auswirkungen zu mindern, geltend, so leistet der Versicherer Aufwendungsersatz nur, wenn diese Aufwendungen bei einer nachträglichen objektiven Betrachtung der Umstände verhältnismäßig und erfolgreich waren oder die Aufwendungen auf Weisung des Versicherers erfolgten.

c) Ist der Versicherer berechtigt, seine Leistung zu kürzen, kann er auch den Aufwendungsersatz nach a) und b) entsprechend kürzen; dies gilt jedoch nicht, soweit Aufwendungen auf Weisung des Versicherers entstanden sind.

d) Der Ersatz dieser Aufwendungen und die sonstige Entschädigung betragen zusammen höchstens die Versicherungssumme je vereinbarter Position; dies gilt jedoch nicht, soweit Aufwendungen auf Weisung des Versicherers entstanden sind.

e) Der Versicherer hat den für die Aufwendungen gemäß a) erforderlichen Betrag auf Verlangen des Versicherungsnehmers vorzuschießen.

f) Nicht versichert sind Aufwendungen für Leistungen der Feuerwehr oder anderer Institutionen, wenn diese Leistungen im öffentlichen Interesse kostenfrei zu erbringen sind.

2. Kosten der Ermittlung und Feststellung des Schadens

a) Der Versicherer ersetzt bis zur vereinbarten Höhe die Kosten für die Ermittlung und Feststellung eines von ihm zu ersetzenden Schadens, sofern diese den Umständen nach geboten waren.

Zieht der Versicherungsnehmer einen Sachverständigen oder Beistand hinzu, so werden diese Kosten nur ersetzt, soweit er zur Zuziehung vertraglich verpflichtet ist oder vom Versicherer aufgefordert wurde.

b) Ist der Versicherer berechtigt, seine Leistung zu kürzen, kann er auch den Kostenersatz nach a) entsprechend kürzen.

§ 14 Übergang von Ersatzansprüchen

1. Übergang von Ersatzansprüchen

Steht dem Versicherungsnehmer ein Ersatzanspruch gegen einen Dritten zu, geht dieser Anspruch auf den Versicherer über, soweit der Versicherer den Schaden ersetzt.

Der Übergang kann nicht zum Nachteil des Versicherungsnehmers geltend gemacht werden.

Richtet sich der Ersatzanspruch des Versicherungsnehmers gegen eine Person, mit der er bei Eintritt des Schadens in häuslicher Gemeinschaft lebt, kann der Übergang nicht geltend gemacht werden, es sei denn, diese Person hat den Schaden vorsätzlich verursacht.

2. Obliegenheiten zur Sicherung von Ersatzansprüchen

Der Versicherungsnehmer hat seinen Ersatzanspruch oder ein zur Sicherung dieses Anspruchs dienendes Recht unter Beachtung der geltenden Form- und Fristvorschriften zu wahren, und nach Übergang des Ersatzanspruchs auf den Versicherer bei dessen Durchsetzung durch den Versicherer soweit erforderlich mitzuwirken.

Verletzt der Versicherungsnehmer diese Obliegenheit vorsätzlich, ist der Versicherer zur Leistung insoweit nicht verpflichtet, als er infolge dessen keinen Ersatz von dem Dritten erlangen kann. Im Fall einer grob fahrlässigen Verletzung der Obliegenheit ist der Versicherer berechtigt, seine Leistung in einem der Schwere des Verschuldens des Versicherungsnehmers entsprechenden Verhältnis zu kürzen; die Beweislast für das Nichtvorliegen einer groben Fahrlässigkeit trägt der Versicherungsnehmer.

§ 15 Kündigung nach dem Versicherungsfall

1. Kündigungsrecht

Nach dem Eintritt eines Versicherungsfalles kann jede der Vertragsparteien den Versicherungsvertrag kündigen. Die Kündigung ist in Schriftform[15] zu erklären.

---

[15] hier auch Textform zulässig

Die Kündigung ist nur bis zum Ablauf eines Monats seit dem Abschluss der Verhandlungen über die Entschädigung zulässig.

2. Kündigung durch Versicherungsnehmer
Der Versicherungsnehmer ist berechtigt, das Versicherungsverhältnis mit sofortiger Wirkung oder zu jedem späteren Zeitpunkt bis zum Ablauf der Versicherungsperiode in Schriftform[16] zu kündigen.

3. Kündigung durch Versicherer
Eine Kündigung des Versicherers wird einen Monat nach ihrem Zugang beim Versicherungsnehmer wirksam.

§ 16 Keine Leistungspflicht aus besonderen Gründen

1. Vorsätzliche oder grob fahrlässige Herbeiführung des Versicherungsfalles
a) Führt der Versicherungsnehmer den Versicherungsfall vorsätzlich herbei, so ist der Versicherer von der Entschädigungspflicht frei.
Ist die Herbeiführung des Schadens durch rechtskräftiges Strafurteil wegen Vorsatzes in der Person des Versicherungsnehmers festgestellt, so gilt die vorsätzliche Herbeiführung des Schadens als bewiesen.
b) Führt der Versicherungsnehmer den Schaden grob fahrlässig herbei, so ist der Versicherer berechtigt, seine Leistung in einem der Schwere des Verschuldens des Versicherungsnehmers entsprechenden Verhältnis zu kürzen.

2. Arglistige Täuschung nach Eintritt des Versicherungsfalles
Der Versicherer ist von der Entschädigungspflicht frei, wenn der Versicherungsnehmer den Versicherer arglistig über Tatsachen, die für den Grund oder die Höhe der Entschädigung von Bedeutung sind, täuscht oder zu täuschen versucht.
Ist die Täuschung oder der Täuschungsversuch durch rechtskräftiges Strafurteil gegen den Versicherungsnehmer wegen Betruges oder Betrugsversuches festgestellt, so gelten die Voraussetzungen des Satzes 1 als bewiesen.

§ 17 Anzeigen; Willenserklärungen; Anschriftenänderungen

1. Form
Soweit gesetzlich keine Schriftform verlangt ist und soweit in diesem Vertrag nicht etwas anderes bestimmt ist, sind die für den Versicherer bestimmten Erklärungen und Anzeigen, die das Versicherungsverhältnis betreffen und die unmittelbar gegenüber dem Versicherer erfolgen, in Textform abzugeben.
Erklärungen und Anzeigen sollen an die Hauptverwaltung des Versicherers oder an die im Versicherungsschein oder in dessen Nachträgen als zuständig bezeichnete

---

16 hier auch Textform zulässig

Stelle gerichtet werden. Die gesetzlichen Regelungen über den Zugang von Erklärungen und Anzeigen bleiben unberührt.

2. Nichtanzeige einer Anschriften- bzw. Namensänderung

Hat der Versicherungsnehmer eine Änderung seiner Anschrift dem Versicherer nicht mitgeteilt, genügt für eine Willenserklärung, die dem Versicherungsnehmer gegenüber abzugeben ist, die Absendung eines eingeschriebenen Briefes an die letzte dem Versicherer bekannte Anschrift. Entsprechendes gilt bei einer dem Versicherer nicht angezeigten Namensänderung. Die Erklärung gilt drei Tage nach der Absendung des Briefes als zugegangen.

3. Nichtanzeige der Verlegung der gewerblichen Niederlassung

Hat der Versicherungsnehmer die Versicherung unter der Anschrift seines Gewerbebetriebs abgeschlossen, finden bei einer Verlegung der gewerblichen Niederlassung die Bestimmungen nach Nr. 2 entsprechend Anwendung.

§ 18 Vollmacht des Versicherungsvertreters

1. Erklärungen des Versicherungsnehmers

Der Versicherungsvertreter gilt als bevollmächtigt, vom Versicherungsnehmer abgegebene Erklärungen entgegenzunehmen betreffend

a) den Abschluss bzw. den Widerruf eines Versicherungsvertrages;
b) ein bestehendes Versicherungsverhältnis einschließlich dessen Beendigung;
c) Anzeige- und Informationspflichten vor Abschluss des Vertrages und während des Versicherungsverhältnisses.

2. Erklärungen des Versicherers

Der Versicherungsvertreter gilt als bevollmächtigt, vom Versicherer ausgefertigte Versicherungsscheine oder deren Nachträge dem Versicherungsnehmer zu übermitteln.

3. Zahlungen an den Versicherungsvertreter

Der Versicherungsvertreter gilt als bevollmächtigt, Zahlungen, die der Versicherungsnehmer im Zusammenhang mit der Vermittlung oder dem Abschluss eines Versicherungsvertrags an ihn leistet, anzunehmen. Eine Beschränkung dieser Vollmacht muss der Versicherungsnehmer nur gegen sich gelten lassen, wenn er die Beschränkung bei der Vornahme der Zahlung kannte oder in Folge grober Fahrlässigkeit nicht kannte.

§ 19 Repräsentanten

Der Versicherungsnehmer muss sich die Kenntnis und das Verhalten seiner Repräsentanten zurechnen lassen.

§ 9 Einbruchdiebstahlversicherung

§ 20 Verjährung
Die Ansprüche aus dem Versicherungsvertrag verjähren in drei Jahren. Die Verjährung beginnt mit dem Schluss des Jahres, in dem der Anspruch entstanden ist und der Gläubiger von den Anspruch begründenden Umständen und der Person des Schuldners Kenntnis erlangt oder ohne grobe Fahrlässigkeit erlangen müsste.

Ist ein Anspruch aus dem Versicherungsvertrag bei dem Versicherer angemeldet worden, zählt bei der Fristberechnung der Zeitraum zwischen Anmeldung und Zugang der in Textform mitgeteilten Entscheidung des Versicherers beim Anspruchsteller nicht mit.

§ 21 Zuständiges Gericht
1. Klagen gegen den Versicherer oder Versicherungsvermittler

Für Klagen aus dem Versicherungsvertrag oder der Versicherungsvermittlung ist neben den Gerichtsständen der Zivilprozessordnung auch das Gericht örtlich zuständig, in dessen Bezirk der Versicherungsnehmer zur Zeit der Klageerhebung seinen Wohnsitz, in Ermangelung eines solchen seinen gewöhnlichen Aufenthalt hat.

Soweit es sich bei dem Vertrag um eine betriebliche Versicherung handelt, kann der Versicherungsnehmer seine Ansprüche auch bei dem für den Sitz oder die Niederlassung des Gewerbebetriebes zuständigen Gericht geltend machen.

2. Klagen gegen Versicherungsnehmer

Für Klagen aus dem Versicherungsvertrag oder der Versicherungsvermittlung gegen den Versicherungsnehmer ist ausschließlich das Gericht örtlich zuständig, in dessen Bezirk der Versicherungsnehmer zur Zeit der Klageerhebung seinen Wohnsitz, in Ermangelung eines solchen seinen gewöhnlichen Aufenthalt hat.

Soweit es sich bei dem Vertrag um eine betriebliche Versicherung handelt, kann der Versicherer seine Ansprüche auch bei dem für den Sitz oder die Niederlassung des Gewerbebetriebes zuständigen Gericht geltend machen.

§ 22 Anzuwendendes Recht
Für diesen Vertrag gilt deutsches Recht.

§ 23 Sanktionsklausel
Es besteht – unbeschadet der übrigen Vertragsbestimmungen – Versicherungsschutz nur, soweit und solange dem keine auf die Vertragsparteien direkt anwendbaren Wirtschafts-, Handels- oder Finanzsanktionen bzw. Embargos der Europäischen Union oder der Bundesrepublik Deutschland entgegenstehen.

Dies gilt auch für Wirtschafts-, Handels- oder Finanzsanktionen bzw. Embargos, die durch die Vereinigten Staaten von Amerika in Hinblick auf den Iran erlassen werden, soweit dem nicht europäische oder deutsche Rechtsvorschriften entgegenstehen.

§ 10 Haftpflichtversicherung

A. Vorbemerkung

Die Rechtsgrundlagen der Haftpflichtversicherung ergeben sich aus den §§ 100 bis 112 VVG sowie den Allgemeinen Versicherungsbedingungen für die Haftpflichtversicherung (**AHB**). Haftpflicht ist die Verpflichtung zum Schadensersatz, die regelmäßig dann entsteht, wenn der Versicherungsnehmer schuldhaft einen Dritten schädigt.

Das Bestehen einer Haftpflichtversicherung ist **nicht anspruchsbegründend**, der Haftpflichtversicherer ist daher nur dann eintrittspflichtig, wenn auch ein Anspruch gegen den Versicherten besteht.[1]

Nicht versichert sind **Erfüllungsschäden** und alle Aufwendungen, welche die Erfüllung eines Vertrages betreffen (Nachbesserung, Mängelbeseitigung), ebenso wenig entgangener **Gewinn** und **Nutzungsausfallschäden** (§ 1.2 AHB 2008). Der Versicherer **reguliert** begründete Ansprüche und **wehrt** unbegründete Ansprüche **ab**.

Die AHB sind mehrfach (1984, 1986, 1989, 1992, 1993, 1994, 1997, 1999, 2007 und 2008 und 2010) geändert worden. Die **AHB 2008**, in denen die gesetzlichen Neuerungen des VVG 2008 berücksichtigt worden sind, liegen den nachfolgenden Ausführungen zu Grunde. Die AHB 2010 unterscheiden sich nur unwesentlich von den AHB 2008.

B. Versichertes Risiko (Nr. 1 AHB 2008/2010)

Die Haftpflichtversicherung deckt das Risiko ab, dass der Versicherungsnehmer von einem Dritten – zu Recht oder zu Unrecht – aufgrund **gesetzlicher Haftpflichtbestimmungen** privatrechtlichen Inhalts auf Schadenersatz in Anspruch genommen wird. Neben dem Versicherungsnehmer können auch Familienmitglieder oder Betriebsangehörige (§ 102 VVG) mitversichert werden. Der Versicherer übernimmt die Verpflichtung, den Versicherungsnehmer entweder von begründeten Ansprüchen freizustellen (**Befreiungsanspruch**) oder unbegründete Ansprüche abzuwehren (**Rechtsschutzanspruch**).

C. Vorsorgeversicherung (Nr. 4 AHB 2008/2010)

Neue Risiken können bereits mit ihrer Entstehung in den materiellen Versicherungsschutz eines Haftpflichtvertrages **einbezogen** werden. Es bedarf zunächst kei-

---

1 BGH, VI ZR 296/08, SP 2010, 64.

ner besonderen Anzeige dieses Risikos. Der Versicherungsnehmer ist aber verpflichtet, binnen **eines Monats** nach entsprechender Aufforderung des Versicherers jedes neu hinzutretende Risiko **anzuzeigen**. Diese Aufforderung erfolgt in der Regel mit der Prämienanforderung.

Beispiel
Der Versicherungsnehmer erwirbt nach Abschluss des Versicherungsvertrages einen Hund. Zunächst besteht auch insoweit Versicherungsschutz für diesen Hund. Wenn dann jedoch nicht rechtzeitig die Anzeige über das hinzugekommene Risiko (Tierhalterhaftung) erfolgt, fällt der Versicherungsschutz rückwirkend fort (Nr. 4.1 AHB 2008/2010).

D. Haftpflichtverhältnis/Deckungsverhältnis

7 Bei der Bearbeitung eines Haftpflichtfalles ist streng zu unterscheiden zwischen dem Deckungsverhältnis (**Versicherer/Versicherungsnehmer**) und dem Haftpflichtverhältnis (Versicherungsnehmer/Anspruchsteller).

8 Die Notwendigkeit dieses „**Trennungsprinzips**" ergibt sich daraus, dass das Haftpflichtverhältnis einerseits und das Deckungsverhältnis andererseits zwischen verschiedenen Parteien bestehen.[2] Im **Deckungsprozess** wird entschieden, ob und inwieweit das behauptete Schadenereignis Gegenstand des Versicherungsvertrages ist (**vertragliche Ansprüche**). Im Haftpflichtprozess geht es ausschließlich darum, ob und inwieweit der Versicherungsnehmer für einen Schaden einzustehen hat (**gesetzlicher Schadensersatzanspruch**).

9 Die strenge Trennung zwischen dem Deckungsverhältnis und dem Haftpflichtverhältnis ändert nichts daran, dass die Feststellungen des vorangegangenen Haftpflichtprozesses auch für den Deckungsprozess **bindend** sind;[3] diese Bindungswirkung gilt nur für die festgestellten Tatsachen, nicht für die rechtliche Würdigung[4]

Beispiel
Wird der Versicherungsnehmer im Haftpflichtprozess wegen Fahrlässigkeit verurteilt, kann der Versicherer sich im Deckungsprozess dennoch auf Leistungsfreiheit wegen Vorsatzes berufen.

10 Diese **Bindungswirkung** tritt auch dann ein, wenn gegen den Versicherungsnehmer ein **Versäumnisurteil** ergangen ist.[5] Voraussetzung ist jedoch, dass der Ver-

---

2 Prölss/Martin/*Lücke*, § 100 VVG Rn 46.
3 BGH, VersR 2007, 641; KG, VersR 2008, 211; Prölss/Martin/*Lücke*, § 100 VVG Rn 59 m.w.N.
4 BGH – VI ZR 211/07, VersR 2011, 203.
5 BGH, NJW 2003, 635.

sicherer über den Haftpflichtprozess **informiert** war und es gleichwohl unterlassen hat, den Haftpflichtprozess für den Versicherungsnehmer zu führen.[6]

E. Stellung des Geschädigten

Der Geschädigte steht in keiner unmittelbaren Rechtsbeziehung zum Versicherer. Einen **Direktanspruch** gegen den Haftpflichtversicherer kennt nur **§ 115 VVG**, während in der allgemeinen Haftpflichtversicherung der Anspruch sich nur gegen den **Schädiger** (den Versicherungsnehmer) richtet, gegen den auch eine eventuelle Klage zu richten ist.

11

Es besteht jedoch ein **Rechtsschutzinteresse** (§ 246 Abs. 1 ZPO) für den Geschädigten an der **Feststellung**, dass der Versicherer dem Schädiger Versicherungsschutz zu gewähren hat.[7] In vielen Fällen kann es daher sinnvoll sein, zunächst den Deckungsprozess zu führen, weil in diesem Verfahren der Geschädigte als Zeuge auftreten kann.

12

F. Regulierungsvollmacht des Versicherers

Der Versicherer ist **bevollmächtigt**, *„alle ihm zur Abwicklung des Schadens oder Abwehr der Schadenersatzansprüche zweckmäßig erscheinenden Erklärungen im Namen des Versicherungsnehmers abzugeben"* (Nr. 5.2 AHB 2008/2010).

13

G. Risikoausschlüsse (Nr. 7 AHB 2008/2010)

Gegenstand der Haftpflichtversicherung sind nur **Personen- und Sachschäden**, nicht Vermögensschäden. Außerdem enthält Nr. 7 AHB 2008/2010 eine Vielzahl von Risikoausschlüssen, insbesondere besteht kein Versicherungsschutz

14

- bei Schäden an fremden Sachen, die der Versicherungsnehmer **gemietet, gepachtet oder geliehen** hat,
- bei Schäden von **Angehörigen** des Versicherungsnehmers,
- bei Schäden an fremden Sachen (*Ausschlussobjekte*), an denen der Versicherungsnehmer eine gewerbliche oder berufliche Tätigkeit ausübt („**Bearbeitungsklausel**").

Der Ausschluss gilt nur für alle beweglichen Sachen, die Gegenstand des Auftrags sind.[8]

15

---

6 Prölss/Martin/*Lücke*, § 100 VVG Rn 59; OLG Frankfurt, 3 U 203/08, r+s 2011, 207 = VersR 2011, 522.
7 BGH, NJW-RR 2001, 316 = VersR 2001, 90.
8 BGH, IV ZR 113/08, MDR 2010, 1383.

> *Beispiele*
> Werden Nachbesserungsarbeiten an einem mit Kupferplatten gedeckten Dach vorgenommen, ist Ausschlussobjekt **das ganze Dach** und nicht nur der bearbeitete Teil.[9]
> Wird bei Dachbegrünungsarbeiten durch Befahren des Dachs mit zu schweren Arbeitsgeräten die **Dachabdichtung** beschädigt, liegt ein nicht versicherter Bearbeitungsschaden vor.[10]
> Werden bei Schweißarbeiten an **Heizungsrohren** oder Balkongittern **Fensterscheiben** durch Funkenflug beschädigt, liegt ein nicht versicherter Bearbeitungsschaden vor.[11]

H. Vorsatz

16 In der Haftpflichtversicherung ist der Versicherungsschutz bei Vorsatz ausgeschlossen, während jede Art von Fahrlässigkeit, also **auch grobe Fahrlässigkeit, mitversichert** ist (§ 103 VVG).

17 Eine vorsätzliche Herbeiführung des Schadens setzt voraus, dass der Vorsatz auch die **Schadenfolgen** umfasst.[12] **Dolus eventualis genügt.**[13] Nur bei einer wesentlichen Abweichung des eingetretenen Schadens von den als möglich vorgestellten Folgen ist der Vorsatz zu verneinen.[14]

18 Der Versicherungsnehmer muss vorsätzlich und rechtswidrig handeln (**Vorsatztheorie**). Notwehr[15] oder Putativnotwehr schließt den Vorsatz aus.[16] Intensität und **Gefährlichkeit** eines Angriffs sind ein **Indiz** für eine bedingt vorsätzlich herbeigeführte Körperverletzung und die Verletzungsfolgen.[17]

I. Obliegenheiten

I. Vorbemerkung

19 Die Neuregelung der Obliegenheiten und der Rechtsfolgen von Obliegenheitsverletzungen (§ 28 VVG) ist in den AHB 2008/2010 berücksichtigt worden, findet je-

---

9 OLG Hamm, NJW-RR 1997, 1052 = VersR 1997, 1475.
10 OLG Bremen, VersR 1997, 178 = zfs 1997, 144.
11 OLG Köln, VersR 1984, 73; OLG Bremen, VersR 1984, 73.
12 BGH, zfs 2003, 284 = NZV 2003, 276; OLG Hamm, r+s 1999, 102.
13 OLG Hamm, VersR 2006, 781; OLG Koblenz, VersR 2006, 1506.
14 OLG Jena, VersR 2006, 1064; OLG Koblenz, VersR 2007, 1506.
15 AG München, r+s 1999, 453.
16 OLG Düsseldorf, VersR 1994, 850.
17 OLG Köln, VersR 1999, 1270; OLG Düsseldorf, NVersZ 2000, 97.

doch auch Anwendung auf **Altverträge**, wenn der Versicherungsfall nach dem 1.1.2009 eingetreten ist (Art. 1 Abs. 2 EG VVG).

Kernstück des neuen VVG ist die Neugestaltung des Obliegenheitsrechts: **Fahrlässige** Obliegenheitsverletzungen bleiben **folgenlos**, **grob fahrlässige** Obliegenheitsverletzungen führen zur **partiellen, vorsätzliche** Obliegenheitsverletzung zur **völligen Leistungsfreiheit** des Versicherers. 20

Diese Leistungsfreiheit tritt jedoch nur dann ein, wenn die Obliegenheitsverletzung **ursächlich** für den Eintritt oder die Feststellung des Versicherungsfalles ist (§ 28 Abs. 3 VVG). 21

Die nach Eintritt des Versicherungsfalles bestehende Auskunfts- oder Aufklärungsobliegenheitsverletzung kann nur dann einen Leistungsausschluss bewirken, wenn „der Versicherer den Versicherungsnehmer durch gesonderte Mitteilung in **Textform** auf diese Rechtsfolge **hingewiesen** hat" (§ 28 Abs. 4 VVG). 22

Das Kausalitätserfordernis entfällt nur bei **Arglist** (§ 28 Abs. 3 S. 2 VVG). 23

Die Rechtsfolgen von Obliegenheitsverletzungen sind **unterschiedlich** geregelt. Es wird darauf abgestellt, ob es sich um Verletzung vorvertraglicher Obliegenheiten, Obliegenheiten **vor** Eintritt des Versicherungsfalles oder Obliegenheiten **nach** Eintritt des Versicherungsfalles handelt.

II. Vorvertragliche Obliegenheiten (Nr. 23 AHB 2008/2010)

Der Versicherungsnehmer hat vor Vertragsschluss dem Versicherer alle ihm bekannten **Gefahrumstände** anzuzeigen, nach denen in Textform **gefragt** wird. Nr. 23 AHB 2008/2010 entspricht inhaltlich den gesetzlichen Vorgaben in § 19 VVG. Vorvertragliche Obliegenheitsverletzungen spielen in der Praxis keine große Rolle. Auch für die älteren AHB gilt nunmehr die gesetzliche Regelung, dass statt Kündigung auch eine **Vertragsanpassung** in Betracht kommt. 24

III. Obliegenheiten vor Eintritt des Versicherungsfalles (Nr. 24 AHB 2008/2010)

Vertragliche Obliegenheiten, die vor Eintritt des Versicherungsfalles zu erfüllen sind, spielen in der Haftpflichtversicherung **keine große Rolle**. Auch die früheren AHB sahen vor, dass der Versicherer dem Versicherungsnehmer aufgeben kann, **besonders** gefahrdrohende Umstände zu **beseitigen**. 25

> *Beispiel*
> Dem Versicherungsnehmer wird auferlegt, einen gefährlichen Hund nur mit Maulkorb auszuführen.

IV. Obliegenheiten nach Eintritt des Versicherungsfalles (Nr. 25 AHB 2008/2010)

26 In der Regulierungspraxis von besonderer Bedeutung sind die Obliegenheiten des Versicherungsnehmers, die dieser nach Eintritt des Versicherungsfalles zu erfüllen hat.

1. Anzeigepflicht (Nr. 25.1 AHB 2008/2010)

27 Während § 104 VVG vorsieht, dass ein Schadenfall innerhalb von einer Woche anzuzeigen ist, bestimmt Nr. 25.1 AHB 2008/2010, dass jeder Versicherungsfall dem Versicherer **unverzüglich** anzuzeigen ist, *„auch wenn noch keine Schadenersatzansprüche erhoben wurden"*.

28 Der **Versicherer** muss den objektiven Tatbestand der Anzeigenpflichtverletzung **beweisen**, also auch die Kenntnis des Versicherungsnehmers vom Eintritt des Versicherungsfalles.[18]

2. Schadenminderungspflicht (Nr. 25.2 AHB 2008/2010)

29 Nach § 82 Abs. 1 VVG hat der Versicherungsnehmer „bei Eintritt des Versicherungsfalles nach Möglichkeit für die **Abwendung** und **Minderung** des Schadens zu sorgen". Eine entsprechende Regelung enthalten die früheren AHB. Die § 82 VVG angepasste Regelung ergibt sich aus Nr. 25.2 AHB 2008/2010.

30 Nr. 25.2 AHB 2008/2010 bestimmt dann weiterhin die Pflicht des Versicherungsnehmers, **Weisungen** des Versicherers zu **befolgen**, *„soweit es für den Versicherungsnehmer zumutbar ist"*.

3. Auskunftspflicht (Nr. 25.2 AHB 2008/2010)

31 Der Versicherungsnehmer hat dem Versicherer *„ausführliche und wahrheitsgemäße Schadenberichte zu erstatten und ihn bei der Schadenermittlung und -regulierung zu unterstützen"*.

32 Diese Auskunftspflicht wird als Obliegenheit in den früheren AHB und in Nr. 35.3 AHB 2008/2010 dahingehend erweitert, dass ein **strafrechtliches** oder **zivilrechtliches** Verfahren unverzüglich dem Versicherer anzuzeigen ist.

4. Prozessführungsbefugnis (Nr. 25.5 AHB 2008/2010)

33 Der Versicherungsnehmer hat die Führung des Verfahrens dem **Versicherer** zu überlassen, dem vom Versicherer beauftragten Rechtsanwalt Vollmacht und alle erforderlichen Auskünfte zu erteilen.

---

18 BGH – IV ZR 159/01, VersR 2003, 187.

I. Obliegenheiten § 10

V. Rechtsfolgen von Obliegenheitsverletzungen (Nr. 26 AHB 2008/2010)

Nur **grobe Fahrlässigkeit** und **Vorsatz** bei Obliegenheitsverletzungen können die Leistungspflicht des Versicherers partiell oder vollständig entfallen lassen, einfache Fahrlässigkeit kann allenfalls zur Kündigung des Versicherungsvertrages führen, die Leistungspflicht des Versicherers für bereits eingetretene Schadenfälle bleibt jedoch bestehen.   34

1. Einfache Fahrlässigkeit (Nr. 26.1 AHB 2008/2010)

Bei einfacher Fahrlässigkeit kann der Versicherer den Versicherungsvertrag „*innerhalb eines Monats ab Kenntnis von der Obliegenheitsverletzung fristlos kündigen*". Die Kündigung wirkt ex nunc, so dass die **Leistungspflicht** für bereits eingetretene Schadenfälle **bestehen** bleibt.   35

2. Grobe Fahrlässigkeit (Nr. 26.2 AHB 2008/2010)

Verletzt der Versicherungsnehmer eine Obliegenheit grob fahrlässig, „ist der Versicherer berechtigt, seine Leistung in einem der Schwere des Verschuldens des Versicherungsnehmers entsprechenden Verhältnis zu **kürzen**". Diese Regelung findet auch auf Altverträge Anwendung, denen die früheren AHB zugrunde liegen. In 26.2 AHB 2008/2010 ist der Gesetzestext wörtlich übernommen worden.   36

3. Vorsatz (Nr. 26.2 AHB 2008/2010)

Nr. 26.2 AHB 2008/2010 entspricht inhaltlich § 28 Abs. 2 S. 2 VVG. Bei einer vorsätzlichen und für den Schadeneintritt kausalen Obliegenheitsverletzung wird der Versicherer **leistungsfrei**.   37

Vorsatz erfordert nach ständiger Rechtsprechung das **Wollen** der Obliegenheitsverletzung im **Bewusstsein** des Vorhandenseins der Verhaltensnorm.[19] Auch der bedingte Vorsatz (**dolus eventualis**) genügt, um die Sanktionen von § 28 VVG auszulösen.[20]

VI. Kausalitätsgegenbeweis (Nr. 26.2 Abs. 4 AHB 2008/2010)

1. Vorbemerkung

Eine vorsätzliche oder grob fahrlässige Obliegenheitsverletzung wirkt sich dann nicht aus, wenn der **Versicherungsnehmer** den Nachweis führt, dass die Obliegenheitsverletzung im konkreten Fall sich nicht auf den Eintritt oder die Feststellung   38

---

19 Prölss/Martin/*Armbrüster*, § 28 VVG Rn 188 mit umfassender Rechtsprechungsübersicht.
20 Prölss/Martin/*Armbrüster*, § 28 VVG Rn 188 mit umfassender Rechtsprechungsübersicht.

des Versicherungsfalles **ausgewirkt** hat, noch für die Feststellung über den Umfang der Leistungspflicht des Versicherers ursächlich war. Das **Kausalitätsprinzip** auch für **vorsätzliche Obliegenheitsverletzung** führt in der Schadenregulierung zu einer erheblichen **Besserstellung** des Versicherungsnehmers.

2. Anzeigepflicht

39 Wenn der Versicherungsnehmer einen Schadenfall verspätet meldet, bleibt die Leistungspflicht des Versicherers bestehen, soweit der Versicherungsnehmer **beweist**, dass auch bei rechtzeitiger Schadenanzeige der Versicherer **keine weiteren Feststellungen** zum Eintritt des Versicherungsfalles und zur Höhe des Schadens hätte treffen können.

In vielen Fällen unterbleibt die Anzeige des Schadenfalles, weil der Versicherungsnehmer oder mitversicherte Personen nicht wissen oder nicht daran denken, dass eine Haftpflichtversicherung eintrittspflichtig ist. In derartigen Fällen liegt allenfalls **grobe Fahrlässigkeit** vor, die gegebenenfalls nur zu einer **Leistungskürzung** führt.

3. Schadenminderungspflicht (Nr. 25.2 AHB 2008/2010)

40 Unterlässt der Versicherungsnehmer vorsätzlich jegliche Maßnahme, die eine Ausweitung des Schadens verhindern kann, kann er gleichwohl den **Nachweis** führen, dass auch bei sich anbietenden Schadenminderungsmaßnahmen der Eintritt des Schadens **nicht** hätte **verhindert** werden können.

> *Beispiel*
> Der Versicherungsnehmer unterlässt es bei einem von ihm fahrlässig verursachten Brand, rechtzeitig die Feuerwehr zu rufen. Wenn feststeht, dass auch bei sofortiger Benachrichtigung der Feuerwehr der Schaden nicht hätte verhindert werden können, verbleibt es bei der vollen Leistungspflicht des Haftpflichtversicherers.

4. Auskunftspflicht (Nr. 25.2 AHB 2008/2010)

41 Gerade in der Haftpflichtversicherung kommt es häufig vor, dass der Versicherungsnehmer vorsätzlich **falsche** oder **unvollständige** Angaben zum Schadenhergang macht, ohne dass der Tatbestand einer arglistigen Täuschung erfüllt ist.

Wenn der Versicherer dann vom Geschädigten oder durch Einsichtnahme in die **amtlichen Ermittlungsakten** den tatsächlichen Hergang erfährt, hat die vorsätzliche Verletzung der Auskunftsobliegenheit **keine Auswirkungen** auf die Feststellung des Versicherungsfalles und den Umfang der Leistungspflicht.[21]

---

[21] OLG Frankfurt – 3 U 144/06, r+s 2008, 66.

Soweit dem Versicherer durch fehlende oder falsche Angaben **Mehraufwendungen** für die Feststellung des Versicherungsfalles oder des Schadenumfangs entstehen, beispielsweise durch Gebühren für einen Aktenauszug oder durch Einholung eines Sachverständigengutachtens, hat der Versicherer insoweit einen **Schadenersatzanspruch** gegen den **Versicherungsnehmer** gemäß § 280 BGB.

42

5. Prozessführungsbefugnis (Nr. 25.2 AHB 2008/2010)

Der Versicherungsnehmer verliert auch dann nicht den Versicherungsschutz, wenn er den Schaden vorsätzlich nicht meldet und einen Rechtsstreit „**auf eigene Faust**" führt.

43

Der **Versicherungsnehmer** muss dann allerdings **beweisen**, dass der Rechtsstreit nicht anders ausgegangen wäre, wenn der Versicherer einen Prozessanwalt beauftragt hätte.

Weiterhin muss der Versicherungsnehmer den Beweis führen, dass der Versicherer den Rechtsstreit überhaupt aufgenommen hätte. In den meisten Fällen wird der Versicherer nach einem verlorenen Prozess vortragen, dass er den Rechtsstreit gar nicht aufgenommen hätte, so dass im Regelfall der **Versicherungsnehmer** die **Prozesskosten** zu tragen hat, während es bei der Leistungspflicht des Versicherers für die Hauptforderung verbleibt.

44

6. Arglist (Nr. 26.2 Abs. 4 S. 2 AHB 2008/2010)

Das **Kausalitätserfordernis** entfällt, wenn der Versicherungsnehmer die Obliegenheit arglistig verletzt hat. Arglist liegt nur dann vor, wenn der Versicherungsnehmer mit direktem Vorsatz (dolus directus) handelt.

45

Nicht jede vorsätzlich falsche Angabe bedeutet eine Arglist des Versicherungsnehmers. Der Versicherungsnehmer muss vielmehr einen **gegen die Interessen des Versicherers** gerichteten Zweck verfolgen. Arglistig handelt der Versicherungsnehmer nur dann, wenn er in der **Absicht** handelt, das Regulierungsverhalten des Versicherers zu beeinflussen.[22]

46

Eine **falsche Schadenschilderung** des Versicherungsnehmers führt wegen Arglist zur vollständigen Leistungsfreiheit des Versicherers.[23]

Der **Versicherer** muss Arglist **beweisen**.[24] Objektiv falsche Angaben sind jedoch ein **Indiz** für ein vorsätzliches und arglistiges Verhalten des Versicherungsnehmers; dieser muss daher gegebenenfalls die gegen ihn sprechende Vermutung ent-

47

---

22 BGH, VersR 1986, 77 = r+s 1985, 302; OLG Düsseldorf, r+s 1996, 319; OLG Koblenz, zfs 2003, 550; KG, VersR 2005, 351; OLG Saarbrücken, NJW-RR 2006, 1406.
23 OLG Karlsruhe, 12 U 204/12, MDR 2013, 1165.
24 BGH, VersR 2004, 1304.

kräften.[25] Bei Arglist besteht auch **keine** Nachfrageobliegenheit des Versicherers.[26]

VII. Anerkenntnis (§ 105 VVG)

1. Vorbemerkung

48 Während in den früheren Haftpflichtbestimmungen das **Anerkenntnisverbot** die Regel war, **verbietet** § 105 VVG ausdrücklich eine Vereinbarung „*nach welcher der Versicherer nicht zur Leistung verpflichtet ist, wenn ohne seine Einwilligung der Versicherungsnehmer den Dritten befriedigt oder dessen Anspruch anerkennt.*"

49 Die Neuregelung in § 105 VVG führt zu einer erheblichen Besserstellung des Versicherungsnehmers. Der Versicherungsnehmer entscheidet zunächst in eigener Verantwortung, ob er den gegen ihn geltend gemachten Schadenersatzanspruch **anerkennt** oder **befriedigt**. Hierdurch ist der **Versicherer** jedoch **nicht** präjudiziert: Bestand keine Leistungspflicht des Versicherungsnehmers oder war der verursachte Schaden nicht von der Haftpflichtversicherung gedeckt, besteht auch kein Erstattungsanspruch des Versicherungsnehmers gegen seinen Haftpflichtversicherer.

> *Beispiel*
> Die Mutter eines sechsjährigen Sohnes beobachtet ihr Kind auf dem Spielplatz. Sie sieht, dass ihr Kind einem anderen Kind die Brille herabreißt und zertrampelt, bevor die Mutter eingreifen kann.

50 Hier ist **nicht** von einer **Verletzung der Aufsichtspflicht** durch die Mutter auszugehen, so dass sie auch nicht zum Schadenersatz verpflichtet ist. Selbst wenn die Mutter den Schaden ersetzt, besteht kein Erstattungsanspruch gegenüber dem Haftpflichtversicherer.

> *Hinweis*
> **Das Bestehen einer Haftpflichtversicherung ersetzt keine Anspruchsgrundlage!**

2. Bedeutung

51 In vielen Fällen wird der Versicherungsnehmer seine Schadenersatzpflicht anerkennen, insbesondere dann, wenn sich der Schaden in seinem **familiären** oder **nachbarschaftlichen** Bereich ereignet hat. Dieses Anerkenntnis erfolgt meistens im Vertrauen darauf, dass der Haftpflichtversicherer den Schaden regulieren wird.

52 Wenn dann der Versicherungsnehmer erfährt, dass er ein Anerkenntnis abgegeben hat, ohne dass hierzu eine haftungsrechtliche Verpflichtung bestand, kann im Ein-

---

25 OLG Hamm, r+s 1996, 345.
26 BGH – IV ZR 26/04, r+s 2008, 234; BGH – IV ZR 170/04, r+s 2008, 234.

zelfall die Möglichkeit bestehen, dieses Anerkenntnis nach § 812 Abs. 1 BGB zu kondizieren.
Bindend für den Haftpflichtversicherer ist ein derartiges Anerkenntnis in **keinem** Fall.

3. Befriedigung

Das früher in den Versicherungsbedingungen vereinbarte **Befriedigungsverbot** ist gemäß § 105 VVG 2008 **unwirksam**. Ein Versicherungsnehmer darf daher einen von ihm angerichteten Schaden regulieren und kann dann Ersatz von seinem Haftpflichtversicherer verlangen. 53

Bei der Befriedigung von Schadenersatzansprüchen geht der Versicherungsnehmer jedoch das Risiko ein, dass der Versicherer den gezahlten Betrag nicht erstattet, da er auch insoweit Einwendungen zum Haftungsgrund und zur Schadenhöhe erheben kann.

> *Beispiel*
> Der minderjährige Sohn des Versicherungsnehmers beschädigt mit seinem Fahrrad ein verbotswidrig parkendes Fahrzeug des Nachbarn. Der Vater einigt sich mit dem Nachbarn auf einen Betrag von 500 EUR, der von ihm gezahlt wird.

Der Versicherer kann mit Erfolg einwenden, dass ein **mitwirkendes Verschulden** des Nachbarn zu berücksichtigen ist oder ein **Vorschaden** am Fahrzeug. 54

4. Kollusion

Die Gefahr eines **kollusiven Verhaltens** zwischen Versicherungsnehmer und Geschädigtem bestand zwar auch nach früherer Rechtslage, sie wird jedoch durch die Neuregelung in § 105 VVG **vergrößert**. 55

> *Beispiel*
> Der Versicherungsnehmer behauptet, sein sechsjähriger Sohn habe mit dem Fahrrad das Fahrzeug eines Bekannten beschädigt. Zur Vermeidung eines Rechtsstreits und im Interesse des nachbarschaftlichen Verhältnisses sei ein Betrag in Höhe von 1.000 EUR gezahlt worden.

5. Abtretung

Der Geschädigte kann unmittelbar – auch im gerichtlichen Verfahren – gegen den Haftpflichtversicherer vorgehen, soweit der Versicherungsnehmer seinen **Freistellungsanspruch** an ihn **abgetreten** hat. 56

Eine Vielzahl von Konflikten in der Vergangenheit wird durch diese Regelung entschärft: Oft wollte der Versicherungsnehmer, dass der von ihm angerichtete Schaden reguliert wird, musste sich jedoch in der Vergangenheit auch **gegen seine Wil-** 57

§ 10 Haftpflichtversicherung

58 len auf einen Rechtsstreit einlassen, wenn der Versicherer der Auffassung war, dass ein haftungsbegründender Tatbestand nicht vorlag.

Im Rechtsstreit des Geschädigten gegen den Versicherer kann der Versicherungsnehmer als **Zeuge** fungieren. Wenn der Versicherungsnehmer seine Schadenersatzpflicht bestreitet, wird der Geschädigte – wie bisher – den Versicherungsnehmer verklagen, um dessen Vernehmung als Zeugen zu verhindern.

59 § 108 Abs. 2 VVG betrifft lediglich die Abtretung „an den **Dritten**", also den Geschädigten. Demgegenüber kann in den AHB die Abtretung an **andere** Personen **ausgeschlossen** werden. Folgerichtig heißt es in Nr. 28 AHB 2008/2010:

„Der Freistellungsanspruch darf vor seiner endgültigen Feststellung ohne Zustimmung des Versicherers weder abgetreten noch verpfändet werden. Eine Abtretung an den geschädigten Dritten ist zulässig."

60 Wird daher bei einem eintrittspflichtigen Haftungsfall ein Kraftfahrzeug beschädigt, kann der Freistellungsanspruch nur an den geschädigten Eigentümer, **nicht** jedoch an die **Werkstatt** abgetreten werden, in der die Reparaturarbeiten durchgeführt werden.

VIII. Prozessuale Besonderheiten

1. Vorbemerkung

61 Das reformierte VVG 2008 schafft eine Vielzahl von prozessualen Besonderheiten mit unterschiedlichen Konstellationen.

2. Trennungsprinzip

62 Die bisherige „klassische" Trennung zwischen **Haftpflichtprozess** und **Deckungsprozess** wird wegen der Möglichkeit der Abtretung des Freistellungsanspruchs keine große Bedeutung mehr haben. Dieses Trennungsprinzip hat für sämtliche Altfälle noch Bedeutung, für Neufälle dann, wenn der Geschädigte es ablehnt, sich überhaupt mit dem Versicherer auseinanderzusetzen.

63 Die Frage der **Haftung** des Versicherungsnehmers gegenüber dem Geschädigten wird dann im Haftpflichtprozess geklärt, die **Deckungspflicht** des Versicherers gegenüber dem Versicherungsnehmer in einem weiteren – getrennten – Prozess.

64 Aus anwaltlicher Vorsorge dürfte es sich im Regelfall empfehlen, bereits im Haftpflichtprozess dem Haftpflichtversicherer den **Streit** zu verkünden und zwar sowohl bei Vertretung des Versicherungsnehmers als auch des Geschädigten.

65 Der **Haftpflichtversicherer** darf dann **nicht dem Geschädigten** beitreten, insbesondere nicht mit dem Ziel, eine Verurteilung des Versicherungsnehmers wegen Vorsatzes zu erreichen. Der Beitritt des Haftpflichtversicherers auf Seiten des Klä-

gers stellt daher einen **Verstoß** gegen versicherungsvertragliche Treue- und Rücksichtnahmepflichten dar.[27]

3. Bindungswirkung

Im **Deckungsprozess** ist ein im Haftpflichtprozess ergangenes Urteil bindend, selbst wenn es sich um ein Versäumnisurteil handelt.[28] Die Feststellungen im Haftpflichtprozess sind für den Deckungsprozess jedoch nur dann bindend, wenn **Voraussetzungsidentität** besteht. Wenn es im Haftpflichtprozess unerheblich ist, ob der Versicherungsnehmer vorsätzlich oder fahrlässig gehandelt hat (§ 823 Abs. 1 BGB), sind die Ausführungen im Haftpflichturteil für den Deckungsprozess nicht bindend, soweit lediglich ein **schuldhaftes** Verhalten festgestellt wird.[29] 66

Die Feststellung im Haftpflichturteil des Geschädigten gegen den Versicherungsnehmer ist für den Deckungsprozess verbindlich, soweit Voraussetzungsidentität besteht. Wenn im Haftpflichtprozess eine Verurteilung wegen Fahrlässigkeit erfolgt, kann gleichwohl im Deckungsprozess die Frage der **wissentlichen Pflichtverletzung** geprüft werden, da im Haftpflichtprozess der Grad des Verschuldens unerheblich ist. 67

4. Prozessparteien

Der Versicherungsnehmer kann gegen den Versicherer auf **Leistung** klagen, wenn er – der Versicherungsnehmer – die Ansprüche des Geschädigten reguliert hat. Ist dies nicht der Fall, beschränkt sich die Klage im Deckungsprozess auf die **Feststellung**, dass der Versicherer Versicherungsschutz zu gewähren hat. **Nicht** zulässig ist eine Klage auf **Freistellung**, weil nicht die Befriedigung des Haftpflichtgläubigers verlangt werden kann.[30] 68

Der Geschädigte kann nunmehr unmittelbar gegen den Haftpflichtversicherer Klage erheben, wenn der Versicherungsnehmer seinen Freistellungsanspruch an ihn **abgetreten** hat. In diesem Fall steht dem Geschädigten der Versicherungsnehmer als Zeuge zur Verfügung. 69

Möglich ist auch eine Klage gegen Haftpflichtversicherer und Versicherungsnehmer, die allerdings **nicht gesamtschuldnerisch** haften, zumal auch eine Vielzahl von Ansprüchen denkbar ist, die gegenüber dem Versicherungsnehmer begründet sind, nicht aber gegenüber dem Haftpflichtversicherer. Dies ist insbesondere dann der Fall, wenn der Versicherungsnehmer **vorsätzlich** gehandelt hat. 70

---

27 OLG München – 1 U 1984/08, VersR 2009, 822.
28 BGH – IV ZR 171/02, r+s 2003, 106; OLG Koblenz – 10 U 189/94, r+s 1995, 92.
29 BGH, NJW-RR 2004, 67 = VersR 2004, 591 = zfs 2004, 226.
30 BGH, NJW-RR 2001, 316 = VersR 2001, 90; OLG Karlsruhe, r+s 2006, 17; van Bühren/*Bücken/Hartwig*, Handbuch Versicherungsrecht, § 9 Rn 120 m.w.N.

5. Drittwiderklage gegen den Versicherungsnehmer

71 In vielen Schadenfällen, insbesondere bei **kollusivem Verhalten** zwischen Versicherungsnehmer und Geschädigtem, wird der Versicherungsnehmer als Zeuge für den Eintritt des Schadenfalles und die Höhe des Schadens benannt. Diese prozessual für den Versicherer ungünstige Situation kann der Versicherer dadurch beseitigen, dass er eine **isolierte Drittwiderklage** gegen den Versicherungsnehmer erhebt mit dem Feststellungsantrag, dass kein Deckungsanspruch besteht.

72 Diese Drittwiderklage ist auch dann zulässig, wenn der Versicherungsnehmer ausdrücklich **erklärt**, er stelle nach Abtretung seiner Ansprüche **keine eigenen Ansprüche** mehr gegen den Versicherer.

73 Der BGH[31] geht in ständiger Rechtsprechung davon aus, dass auch eine isolierte Drittwiderklage gegen den **Zedenten** zulässig ist, da nicht auszuschließen ist, dass der Abtretungsvertrag nichtig oder anfechtbar ist, so dass nur eine **negative Feststellungsklage** der sichere Weg ist, eine rechtskräftige Entscheidung gegenüber dem Widerbeklagten zu erwirken.

J. Allgemeine Versicherungsbedingungen für die Haftpflichtversicherung (AHB) – Stand: Januar 2015

74 Diese Bedingungen des Gesamtverbandes der Deutschen Versicherungswirtschaft e.V. (GDV) sind für die Versicherer unverbindlich; ihre Verwendung ist rein fakultativ. Abweichende Bedingungen können vereinbart werden. Abdruck mit freundlicher Genehmigung des GDV; die jeweils aktuellen Bedingungen können kostenfrei auf der Website des GDV (www.gdv.de) abgerufen werden.

Umfang des Versicherungsschutzes

1 Gegenstand der Versicherung, Versicherungsfall

1.1 Versicherungsschutz besteht im Rahmen des versicherten Risikos für den Fall, dass der Versicherungsnehmer wegen eines während der Wirksamkeit der Versicherung eingetretenen Schadenereignisses (Versicherungsfall), das einen Personen-, Sach- oder sich daraus ergebenden Vermögensschaden zur Folge hatte, aufgrund
gesetzlicher Haftpflichtbestimmungen privatrechtlichen Inhalts
von einem Dritten auf Schadensersatz in Anspruch genommen wird.
Schadenereignis ist das Ereignis, als dessen Folge die Schädigung des Dritten unmittelbar entstanden ist. Auf den Zeitpunkt der Schadenverursachung, die zum Schadenereignis geführt hat, kommt es nicht an.

---

31 BGH – VI ZR 129/06, NJW 2007, 1753; BGH – V ZR 114/07, MDR 2008, 1296 = NJW 2008, 2852.

1.2 Kein Versicherungsschutz besteht für Ansprüche, auch wenn es sich um gesetzliche Ansprüche handelt,
 (1) auf Erfüllung von Verträgen, Nacherfüllung, aus Selbstvornahme, Rücktritt, Minderung, auf Schadensersatz statt der Leistung;
 (2) wegen Schäden, die verursacht werden, um die Nacherfüllung durchführen zu können;
 (3) wegen des Ausfalls der Nutzung des Vertragsgegenstandes oder wegen des Ausbleibens des mit der Vertragsleistung geschuldeten Erfolges;
 (4) auf Ersatz vergeblicher Aufwendungen im Vertrauen auf ordnungsgemäße Vertragserfüllung;
 (5) auf Ersatz von Vermögensschäden wegen Verzögerung der Leistung;
 (6) wegen anderer an die Stelle der Erfüllung tretender Ersatzleistungen.
1.3 Es besteht – unbeschadet der übrigen Vertragsbestimmungen – Versicherungsschutz nur, soweit und solange dem keine auf die Vertragsparteien direkt anwendbaren Wirtschafts-, Handels- oder Finanzsanktionen bzw. Embargos der Europäischen Union oder der Bundesrepublik Deutschland entgegenstehen.
 Dies gilt auch für Wirtschafts-, Handels- oder Finanzsanktionen bzw. Embargos, die durch die Vereinigten Staaten von Amerika in Hinblick auf den Iran erlassen werden, soweit dem nicht europäische oder deutsche Rechtsvorschriften entgegenstehen.

2 Vermögensschaden, Abhandenkommen von Sachen

Dieser Versicherungsschutz kann durch besondere Vereinbarung erweitert werden auf die gesetzliche Haftpflicht privatrechtlichen Inhalts des Versicherungsnehmers wegen

2.1 Vermögensschäden, die weder durch Personen- noch durch Sachschäden entstanden sind;
2.2 Schäden durch Abhandenkommen von Sachen; hierauf finden dann die Bestimmungen über Sachschäden Anwendung.

3 Versichertes Risiko
3.1 Der Versicherungsschutz umfasst die gesetzliche Haftpflicht
 (1) aus den im Versicherungsschein und seinen Nachträgen angegebenen Risiken des Versicherungsnehmers,
 (2) aus Erhöhungen oder Erweiterungen der im Versicherungsschein und seinen Nachträgen angegebenen Risiken. Dies gilt nicht für Risiken aus dem Halten oder Gebrauch von versicherungspflichtigen Kraft-, Luft- oder Wasserfahrzeugen sowie für sonstige Risiken, die der Versicherungs- oder Deckungsvorsorgepflicht unterliegen,
 (3) aus Risiken, die für den Versicherungsnehmer nach Abschluss der Versicherung neu entstehen (Vorsorgeversicherung) und die in Ziff. 4 näher geregelt sind.

§ 10 Haftpflichtversicherung

3.2 Der Versicherungsschutz erstreckt sich auch auf Erhöhungen des versicherten Risikos durch Änderung bestehender oder Erlass neuer Rechtsvorschriften. Der Versicherer kann den Vertrag jedoch unter den Voraussetzungen von Ziff. 21 kündigen.

4 Vorsorgeversicherung

4.1 Risiken, die nach Abschluss des Versicherungsvertrages neu entstehen, sind im Rahmen des bestehenden Vertrages sofort versichert.

(1) Der Versicherungsnehmer ist verpflichtet, nach Aufforderung des Versicherers jedes neue Risiko innerhalb eines Monats anzuzeigen. Die Aufforderung kann auch mit der Beitragsrechnung erfolgen. Unterlässt der Versicherungsnehmer die rechtzeitige Anzeige, entfällt der Versicherungsschutz für das neue Risiko rückwirkend ab dessen Entstehung.

Tritt der Versicherungsfall ein, bevor das neue Risiko angezeigt wurde, so hat der Versicherungsnehmer zu beweisen, dass das neue Risiko erst nach Abschluss der Versicherung und zu einem Zeitpunkt hinzugekommen ist, zu dem die Anzeigefrist noch nicht verstrichen war.

(2) Der Versicherer ist berechtigt, für das neue Risiko einen angemessenen Beitrag zu verlangen. Kommt eine Einigung über die Höhe des Beitrags innerhalb einer Frist von einem Monat nach Eingang der Anzeige nicht zustande, entfällt der Versicherungsschutz für das neue Risiko rückwirkend ab dessen Entstehung.

4.2 Der Versicherungsschutz für neue Risiken ist von ihrer Entstehung bis zur Einigung im Sinne von Ziff. 4.1 (2) auf den Betrag von EUR ... für Personenschäden und EUR ... für Sachschäden und – soweit vereinbart – EUR ... für Vermögensschäden begrenzt, sofern nicht im Versicherungsschein geringere Versicherungssummen festgesetzt sind.

4.3 Die Regelung der Vorsorgeversicherung gilt nicht für Risiken

(1) aus dem Eigentum, Besitz, Halten oder Führen eines Kraft-, Luft- oder Wasserfahrzeugs, soweit diese Fahrzeuge der Zulassungs-, Führerschein- oder Versicherungspflicht unterliegen;

(2) aus dem Eigentum, Besitz, Betrieb oder Führen von Bahnen;

(3) die der Versicherungs- oder Deckungsvorsorgepflicht unterliegen;

(4) die kürzer als ein Jahr bestehen werden und deshalb im Rahmen von kurzfristigen Versicherungsverträgen zu versichern sind.

Die Regelung der Vorsorgeversicherung gilt bei privaten Haftpflichtversicherungen außerdem nicht für Risiken aus betrieblicher, beruflicher, dienstlicher und amtlicher Tätigkeit.

5 Leistungen der Versicherung

5.1 Der Versicherungsschutz umfasst die Prüfung der Haftpflichtfrage, die Abwehr unberechtigter Schadensersatzansprüche und die Freistellung des Versicherungsnehmers von berechtigten Schadensersatzverpflichtungen.

Berechtigt sind Schadensersatzverpflichtungen dann, wenn der Versicherungsnehmer aufgrund Gesetzes, rechtskräftigen Urteils, Anerkenntnisses oder Vergleiches zur Entschädigung verpflichtet ist und der Versicherer hierdurch gebunden ist. Anerkenntnisse und Vergleiche, die vom Versicherungsnehmer ohne Zustimmung des Versicherers abgegeben oder geschlossen worden sind, binden den Versicherer nur, soweit der Anspruch auch ohne Anerkenntnis oder Vergleich bestanden hätte.

Ist die Schadensersatzverpflichtung des Versicherungsnehmers mit bindender Wirkung für den Versicherer festgestellt, hat der Versicherer den Versicherungsnehmer binnen zwei Wochen vom Anspruch des Dritten freizustellen.

5.2 Der Versicherer ist bevollmächtigt, alle ihm zur Abwicklung des Schadens oder Abwehr der Schadensersatzansprüche zweckmäßig erscheinenden Erklärungen im Namen des Versicherungsnehmers abzugeben.

Kommt es in einem Versicherungsfall zu einem Rechtsstreit über Schadensersatzansprüche gegen den Versicherungsnehmer, ist der Versicherer zur Prozessführung bevollmächtigt. Er führt den Rechtsstreit im Namen des Versicherungsnehmers auf seine Kosten.

5.3 Wird in einem Strafverfahren wegen eines Schadensereignisses, das einen unter den Versicherungsschutz fallenden Haftpflichtanspruch zur Folge haben kann, die Bestellung eines Verteidigers für den Versicherungsnehmer von dem Versicherer gewünscht oder genehmigt, so trägt der Versicherer die gebührenordnungsmäßigen oder die mit ihm besonders vereinbarten höheren Kosten des Verteidigers.

5.4 Erlangt der Versicherungsnehmer oder ein Mitversicherter das Recht, die Aufhebung oder Minderung einer zu zahlenden Rente zu fordern, so ist der Versicherer zur Ausübung dieses Rechts bevollmächtigt.

6 Begrenzung der Leistungen

6.1 Die Entschädigungsleistung des Versicherers ist bei jedem Versicherungsfall auf die vereinbarten Versicherungssummen begrenzt. Dies gilt auch dann, wenn sich der Versicherungsschutz auf mehrere entschädigungspflichtige Personen erstreckt.

6.2 Sofern nicht etwas anderes vereinbart wurde, sind die Entschädigungsleistungen des Versicherers für alle Versicherungsfälle eines Versicherungsjahres auf das ...-fache der vereinbarten Versicherungssummen begrenzt.

§ 10 Haftpflichtversicherung

6.3 Mehrere während der Wirksamkeit der Versicherung eintretende Versicherungsfälle gelten als ein Versicherungsfall, der im Zeitpunkt des ersten dieser Versicherungsfälle eingetreten ist, wenn diese
- auf derselben Ursache,
- auf gleichen Ursachen mit innerem, insbesondere sachlichem und zeitlichem, Zusammenhang oder
- auf der Lieferung von Waren mit gleichen Mängeln

beruhen.

6.4 Falls besonders vereinbart, beteiligt sich der Versicherungsnehmer bei jedem Versicherungsfall mit einem im Versicherungsschein festgelegten Betrag an der Schadensersatzleistung (Selbstbehalt). Auch wenn die begründeten Haftpflichtansprüche aus einem Versicherungsfall die Versicherungssumme übersteigen, wird die Selbstbeteiligung vom Betrag der begründeten Haftpflichtansprüche abgezogen. Ziff. 6.1 bleibt unberührt. Soweit nicht etwas anderes vereinbart wurde, ist der Versicherer auch bei Schäden, deren Höhe die Selbstbeteiligung nicht übersteigt, zur Abwehr unberechtigter Schadensersatzansprüche verpflichtet.

6.5 Die Aufwendungen des Versicherers für Kosten werden nicht auf die Versicherungssummen angerechnet.

6.6 Übersteigen die begründeten Haftpflichtansprüche aus einem Versicherungsfall die Versicherungssumme, trägt der Versicherer die Prozesskosten im Verhältnis der Versicherungssumme zur Gesamthöhe dieser Ansprüche.

6.7 Hat der Versicherungsnehmer an den Geschädigten Rentenzahlungen zu leisten und übersteigt der Kapitalwert der Rente die Versicherungssumme oder den nach Abzug etwaiger sonstiger Leistungen aus dem Versicherungsfall noch verbleibenden Restbetrag der Versicherungssumme, so wird die zu leistende Rente nur im Verhältnis der Versicherungssumme bzw. ihres Restbetrages zum Kapitalwert der Rente vom Versicherer erstattet.
Für die Berechnung des Rentenwertes gilt die entsprechende Vorschrift der Verordnung über den Versicherungsschutz in der Kraftfahrzeug-Haftpflichtversicherung in der jeweils gültigen Fassung zum Zeitpunkt des Versicherungsfalles.
Bei der Berechnung des Betrages, mit dem sich der Versicherungsnehmer an laufenden Rentenzahlungen beteiligen muß, wenn der Kapitalwert der Rente die Versicherungssumme oder die nach Abzug sonstiger Leistungen verbleibende Restversicherungssumme übersteigt, werden die sonstigen Leistungen mit ihrem vollen Betrag von der Versicherungssumme abgesetzt.

6.8 Falls die von dem Versicherer verlangte Erledigung eines Haftpflichtanspruchs durch Anerkenntnis, Befriedigung oder Vergleich am Verhalten des Versicherungsnehmers scheitert, hat der Versicherer für den von der Weigerung an entstehenden Mehraufwand an Entschädigungsleistung, Zinsen und Kosten nicht aufzukommen.

7 Ausschlüsse

Falls im Versicherungsschein oder seinen Nachträgen nicht ausdrücklich etwas anderes bestimmt ist, sind von der Versicherung ausgeschlossen:

7.1 Versicherungsansprüche aller Personen, die den Schaden vorsätzlich herbeigeführt haben.

7.2 Versicherungsansprüche aller Personen, die den Schaden dadurch verursacht haben, dass sie in Kenntnis von deren Mangelhaftigkeit oder Schädlichkeit
- Erzeugnisse in den Verkehr gebracht oder
- Arbeiten oder sonstige Leistungen erbracht haben.

7.3 Haftpflichtansprüche, soweit sie auf Grund Vertrags oder Zusagen über den Umfang der gesetzlichen Haftpflicht des Versicherungsnehmers hinausgehen.

7.4 Haftpflichtansprüche
(1) des Versicherungsnehmers selbst oder der in Ziff. 7.5 benannten Personen gegen die Mitversicherten,
(2) zwischen mehreren Versicherungsnehmern desselben Versicherungsvertrages,
(3) zwischen mehreren Mitversicherten desselben Versicherungsvertrages.

7.5 Haftpflichtansprüche gegen den Versicherungsnehmer
(1) aus Schadenfällen seiner Angehörigen, die mit ihm in häuslicher Gemeinschaft leben oder die zu den im Versicherungsvertrag mitversicherten Personen gehören;

Als Angehörige gelten Ehegatten, Lebenspartner im Sinne des Lebenspartnerschaftsgesetzes oder vergleichbarer Partnerschaften nach dem Recht anderer Staaten, Eltern und Kinder, Adoptiveltern und -kinder, Schwiegereltern und -kinder, Stiefeltern und -kinder, Großeltern und Enkel, Geschwister sowie Pflegeeltern und -kinder (Personen, die durch ein familienähnliches, auf längere Dauer angelegtes Verhältnis wie Eltern und Kinder miteinander verbunden sind).

(2) von seinen gesetzlichen Vertretern oder Betreuern, wenn der Versicherungsnehmer eine geschäftsunfähige, beschränkt geschäftsfähige oder betreute Person ist;

(3) von seinen gesetzlichen Vertretern, wenn der Versicherungsnehmer eine juristische Person des privaten oder öffentlichen Rechts oder ein nicht rechtsfähiger Verein ist;

(4) von seinen unbeschränkt persönlich haftenden Gesellschaftern, wenn der Versicherungsnehmer eine Offene Handelsgesellschaft, Kommanditgesellschaft oder Gesellschaft bürgerlichen Rechts ist;

(5) von seinen Partnern, wenn der Versicherungsnehmer eine eingetragene Partnerschaftsgesellschaft ist;

(6) von seinen Liquidatoren, Zwangs- und Insolvenzverwaltern;

§ 10 Haftpflichtversicherung

zu Ziff. 7.4 und Ziff. 7.5:

Die Ausschlüsse unter Ziff. 7.4 und Ziff. 7.5 (2) bis (6) erstrecken sich auch auf Haftpflichtansprüche von Angehörigen der dort genannten Personen, die mit diesen in häuslicher Gemeinschaft leben.

7.6 Haftpflichtansprüche wegen Schäden an fremden Sachen und allen sich daraus ergebenden Vermögensschäden, wenn der Versicherungsnehmer diese Sachen gemietet, geleast, gepachtet, geliehen, durch verbotene Eigenmacht erlangt hat oder sie Gegenstand eines besonderen Verwahrungsvertrages sind.

7.7 Haftpflichtansprüche wegen Schäden an fremden Sachen und allen sich daraus ergebenden Vermögensschäden, wenn

(1) die Schäden durch eine betriebliche oder berufliche Tätigkeit des Versicherungsnehmer an diesen Sachen (Bearbeitung, Reparatur, Beförderung, Prüfung und dgl.) entstanden sind; bei unbeweglichen Sachen gilt dieser Ausschluss nur insoweit, als diese Sachen oder Teile von ihnen unmittelbar von der Tätigkeit betroffen waren;

(2) die Schäden dadurch entstanden sind, dass der Versicherungsnehmer diese Sachen zur Durchführung seiner betrieblichen oder beruflichen Tätigkeiten (als Werkzeug, Hilfsmittel, Materialablagefläche und dgl.) benutzt hat; bei unbeweglichen Sachen gilt dieser Ausschluss nur insoweit, als diese Sachen oder Teile von ihnen unmittelbar von der Benutzung betroffen waren;

(3) die Schäden durch eine betriebliche oder berufliche Tätigkeit des Versicherungsnehmer entstanden sind und sich diese Sachen oder – sofern es sich um unbewegliche Sachen handelt – deren Teile im unmittelbaren Einwirkungsbereich der Tätigkeit befunden haben; dieser Ausschluss gilt nicht, wenn der Versicherungsnehmer beweist, dass er zum Zeitpunkt der Tätigkeit offensichtlich notwendige Schutzvorkehrungen zur Vermeidung von Schäden getroffen hatte.

zu Ziff. 7.6 und Ziff. 7.7:

Sind die Voraussetzungen der Ausschlüsse in Ziff. 7.6 und Ziff. 7.7 in der Person von Angestellten, Arbeitern, Bediensteten, Bevollmächtigten oder Beauftragten des Versicherungsnehmers gegeben, so entfällt gleichfalls der Versicherungsschutz, und zwar sowohl für den Versicherungsnehmer als auch für die durch den Versicherungsvertrag etwa mitversicherten Personen.

7.8 Haftpflichtansprüche wegen Schäden an vom Versicherungsnehmer hergestellten oder gelieferten Sachen, Arbeiten oder sonstigen Leistungen infolge einer in der Herstellung, Lieferung oder Leistung liegenden Ursache und alle sich daraus ergebenden Vermögensschäden. Dies gilt auch dann, wenn die Schadenursache in einem mangelhaften Einzelteil der Sache oder in einer mangelhaften Teilleistung liegt und zur Beschädigung oder Vernichtung der Sache oder Leistung führt.

Dieser Ausschluss findet auch dann Anwendung, wenn Dritte im Auftrag oder für Rechnung des Versicherungsnehmers die Herstellung oder Lieferung der Sachen oder die Arbeiten oder sonstigen Leistungen übernommen haben.

7.9 Haftpflichtansprüche aus im Ausland vorkommenden Schadenereignissen; Ansprüche aus § 110 Sozialgesetzbuch VII sind jedoch mitversichert.

7.10 (a) Ansprüche, die gegen den Versicherungsnehmer wegen Umweltschäden gemäß Umweltschadensgesetz oder anderen auf der EU-Umwelthaftungsrichtlinie (2004/35/EG) basierenden nationalen Umsetzungsgesetzen geltend gemacht werden. Dies gilt auch dann, wenn der Versicherungsnehmer von einem Dritten aufgrund gesetzlicher Haftpflichtbestimmungen privatrechtlichen Inhalts auf Erstattung der durch solche Umweltschäden entstandenen Kosten in Anspruch genommen wird.

Der Versicherungsschutz bleibt aber für solche Ansprüche erhalten, die auch ohne Bestehen des Umweltschadensgesetzes oder anderer auf der EU-Umwelthaftungsrichtlinie (2004/35/EG) basierender nationaler Umsetzungsgesetze bereits aufgrund gesetzlicher Haftpflichtbestimmungen privatrechtlichen Inhalts gegen den Versicherungsnehmer geltend gemacht werden könnten.

Dieser Ausschluss gilt nicht im Rahmen der Versicherung privater Haftpflichtrisiken.

7.10 (b) Haftpflichtansprüche wegen Schäden durch Umwelteinwirkung.

Dieser Ausschluss gilt nicht

(1) im Rahmen der Versicherung privater Haftpflichtrisiken
oder

(2) für Schäden, die durch vom Versicherungsnehmer hergestellte oder gelieferte Erzeugnisse (auch Abfälle), durch Arbeiten oder sonstige Leistungen nach Ausführung der Leistung oder nach Abschluss der Arbeiten entstehen (Produkthaftpflicht).

Kein Versicherungsschutz besteht jedoch für Schäden durch Umwelteinwirkung, die aus der Planung, Herstellung, Lieferung, Montage, Demontage, Instandhaltung oder Wartung von

– Anlagen, die bestimmt sind, gewässerschädliche Stoffe herzustellen, zu verarbeiten, zu lagern, abzulagern, zu befördern oder wegzuleiten (WHG-Anlagen);
– Anlagen gem. Anhang 1 oder 2 zum Umwelthaftungsgesetz (UmweltHG-Anlagen);
– Anlagen, die nach dem Umweltschutz dienenden Bestimmungen einer Genehmigungs- oder Anzeigepflicht unterliegen;
– Abwasseranlagen

oder Teilen resultieren, die ersichtlich für solche Anlagen bestimmt sind.

§ 10 Haftpflichtversicherung

7.11 Haftpflichtansprüche wegen Schäden, die auf Asbest, asbesthaltige Substanzen oder Erzeugnisse zurückzuführen sind.

7.12 Haftpflichtansprüche wegen Schäden, die in unmittelbarem oder mittelbarem Zusammenhang stehen mit energiereichen ionisierenden Strahlen (z.b. Strahlen von radioaktiven Stoffen oder Röntgenstrahlen).

7.13 Haftpflichtansprüche wegen Schäden, die zurückzuführen sind auf
(1) gentechnische Arbeiten,
(2) gentechnisch veränderte Organismen (GVO),
(3) Erzeugnisse, die
 – Bestandteile aus GVO enthalten,
 – aus oder mit Hilfe von GVO hergestellt wurden.

7.14 Haftpflichtansprüche aus Sachschäden, welche entstehen durch
(1) Abwässer, soweit es sich nicht um häusliche Abwässer handelt,
(2) Senkungen von Grundstücken oder Erdrutschungen,
(3) Überschwemmungen stehender oder fließender Gewässer.

7.15 Haftpflichtansprüche wegen Schäden aus dem Austausch, der Übermittlung und der Bereitstellung elektronischer Daten, soweit es sich handelt um Schäden aus
(1) Löschung, Unterdrückung, Unbrauchbarmachung oder Veränderung von Daten,
(2) Nichterfassen oder fehlerhaftem Speichern von Daten,
(3) Störung des Zugangs zum elektronischen Datenaustausch,
(4) Übermittlung vertraulicher Daten oder Informationen.

7.16 Haftpflichtansprüche wegen Schäden aus Persönlichkeits- oder Namensrechtsverletzungen.

7.17 Haftpflichtansprüche wegen Schäden aus Anfeindung, Schikane, Belästigung, Ungleichbehandlung oder sonstigen Diskriminierungen.

7.18 Haftpflichtansprüche wegen Personenschäden, die aus der Übertragung einer Krankheit des Versicherungsnehmers resultieren. Das Gleiche gilt für Sachschäden, die durch Krankheit der dem Versicherungsnehmer gehörenden, von ihm gehaltenen oder veräußerten Tiere entstanden sind. In beiden Fällen besteht Versicherungsschutz, wenn der Versicherungsnehmer beweist, dass er weder vorsätzlich noch grob fahrlässig gehandelt hat.

Beginn des Versicherungsschutzes/Beitragszahlung

8 Beginn des Versicherungsschutzes

Der Versicherungsschutz beginnt zu dem im Versicherungsschein angegebenen Zeitpunkt, wenn der Versicherungsnehmer den ersten oder einmaligen Beitrag rechtzeitig im Sinne von Ziff. 9.1 zahlt. Der in Rechnung gestellte Beitrag enthält die Versicherungsteuer, die der Versicherungsnehmer in der jeweils vom Gesetz bestimmten Höhe zu entrichten hat.

J. Musterbedingungen AHB 2015 § 10

Alternative für die echte unterjährige Beitragszahlung:
8 Beginn des Versicherungsschutzes, Beitrag und Versicherungsteuer
8.1 *Der Versicherungsschutz beginnt zu dem im Versicherungsschein angegebenen Zeitpunkt, wenn der Versicherungsnehmer den ersten oder einmaligen Beitrag rechtzeitig im Sinne von Ziff. 9.1 zahlt.*
8.2 *Die Beiträge können je nach Vereinbarung in einem einzigen Betrag (Einmalbeitrag), durch Monats-, Vierteljahres-, Halbjahres- oder Jahresbeiträge (laufende Beiträge) entrichtet werden. Die Versicherungsperiode umfasst bei unterjähriger Beitragszahlung entsprechend der Zahlungsweise einen Monat, ein Vierteljahr bzw. ein halbes Jahr.*
8.3 *Der in Rechnung gestellte Beitrag enthält die Versicherungsteuer, die der Versicherungsnehmer in der jeweils vom Gesetz bestimmten Höhe zu entrichten hat.*

9 Zahlung und Folgen verspäteter Zahlung/erster oder einmaliger Beitrag
9.1 Der erste oder einmalige Beitrag wird unverzüglich nach Ablauf von zwei Wochen nach Zugang des Versicherungsscheins fällig.
Ist die Zahlung des Jahresbeitrags in Raten vereinbart, gilt als erster Beitrag nur die erste
Rate des ersten Jahresbeitrags.
Alternative für die echte unterjährige Beitragszahlung:
9.1 *Der erste oder einmalige Beitrag wird unverzüglich nach Ablauf von zwei Wochen nach Zugang des Versicherungsscheins fällig.*
9.2 Zahlt der Versicherungsnehmer den ersten oder einmaligen Beitrag nicht rechtzeitig, sondern zu einem späteren Zeitpunkt, beginnt der Versicherungsschutz erst ab diesem Zeitpunkt. Das gilt nicht, wenn der Versicherungsnehmer nachweist, dass er die Nichtzahlung nicht zu vertreten hat. Für Versicherungsfälle, die bis zur Zahlung des Beitrags eintreten, ist der Versicherer nur dann nicht zur Leistung verpflichtet, wenn er den Versicherungsnehmer durch gesonderte Mitteilung in Textform oder durch einen auffälligen Hinweis im Versicherungsschein auf diese Rechtsfolge der Nichtzahlung des Beitrags aufmerksam gemacht hat.
9.3 Zahlt der Versicherungsnehmer den ersten oder einmaligen Beitrag nicht rechtzeitig, kann der Versicherer vom Vertrag zurücktreten, solange der Beitrag nicht gezahlt ist. Der Versicherer kann nicht zurücktreten, wenn der Versicherungsnehmer nachweist, dass er die Nichtzahlung nicht zu vertreten hat.

10 Zahlung und Folgen verspäteter Zahlung/Folgebeitrag
10.1 Die Folgebeiträge sind, soweit nicht etwas anderes bestimmt ist, am Monatsersten des vereinbarten Beitragszeitraums fällig.

§10 Haftpflichtversicherung

Die Zahlung gilt als rechtzeitig, wenn sie zu dem im Versicherungsschein oder in der Beitragsrechnung angegebenen Zeitpunkt erfolgt.

10.2 Wird ein Folgebeitrag nicht rechtzeitig gezahlt, gerät der Versicherungsnehmer ohne Mahnung in Verzug, es sei denn, dass er die verspätete Zahlung nicht zu vertreten hat.

Der Versicherer ist berechtigt, Ersatz des ihm durch den Verzug entstandenen Schadens zu verlangen.

Wird ein Folgebeitrag nicht rechtzeitig gezahlt, kann der Versicherer dem Versicherungsnehmer auf dessen Kosten in Textform eine Zahlungsfrist bestimmen, die mindestens zwei Wochen betragen muss. Die Bestimmung ist nur wirksam, wenn sie die rückständigen Beträge des Beitrags, Zinsen und Kosten im Einzelnen beziffert und die Rechtsfolgen angibt, die nach den Ziff. 10.3 und 10.4 mit dem Fristablauf verbunden sind.

10.3 Ist der Versicherungsnehmer nach Ablauf dieser Zahlungsfrist noch mit der Zahlung in Verzug, besteht ab diesem Zeitpunkt bis zur Zahlung kein Versicherungsschutz, wenn er mit der Zahlungsaufforderung nach Ziff. 10.2 Abs. 3 darauf hingewiesen wurde.

10.4 Ist der Versicherungsnehmer nach Ablauf dieser Zahlungsfrist noch mit der Zahlung in Verzug, kann der Versicherer den Vertrag ohne Einhaltung einer Frist kündigen, wenn er den Versicherungsnehmer mit der Zahlungsaufforderung nach Ziff. 10.2 Abs. 3 darauf hingewiesen hat.

Hat der Versicherer gekündigt, und zahlt der Versicherungsnehmer danach innerhalb eines Monats den angemahnten Betrag, besteht der Vertrag fort. Für Versicherungsfälle, die zwischen dem Zugang der Kündigung und der Zahlung eingetreten sind, besteht jedoch kein Versicherungsschutz. Die Leistungsfreiheit des Versicherers nach Ziff. 10.3. bleibt unberührt.

11 Rechtzeitigkeit der Zahlung bei SEPA-Lastschriftmandat

Ist die Einziehung des Beitrags von einem Konto vereinbart, gilt die Zahlung als rechtzeitig, wenn der Beitrag zum Fälligkeitstag eingezogen werden kann und der Versicherungsnehmer einer berechtigten Einziehung nicht widerspricht.

Konnte der fällige Beitrag ohne Verschulden des Versicherungsnehmers vom Versicherer nicht eingezogen werden, ist die Zahlung auch dann noch rechtzeitig, wenn sie unverzüglich nach einer in Textform abgegebenen Zahlungsaufforderung des Versicherers erfolgt.

Kann der fällige Beitrag nicht eingezogen werden, weil der Versicherungsnehmer das SEPA-Lastschriftmandat widerrufen hat, oder hat der Versicherungsnehmer aus anderen Gründen zu vertreten, dass der Beitrag nicht eingezogen werden kann, ist der Versicherer berechtigt, künftig Zahlung außerhalb des Lastschriftverfahrens zu verlangen. Der Versicherungsnehmer ist zur Übermittlung des Beitrags erst verpflichtet, wenn er vom Versicherer hierzu in Textform aufgefordert worden ist.

12 Teilzahlung und Folgen bei verspäteter Zahlung

Ist die Zahlung des Jahresbeitrags in Raten vereinbart, sind die noch ausstehenden Raten sofort fällig, wenn der Versicherungsnehmer mit der Zahlung einer Rate im Verzug ist.

Ferner kann der Versicherer für die Zukunft jährliche Beitragszahlung verlangen.

Alternative für die echte unterjährige Beitragszahlung:

12 Teilzahlung und Folgen bei verspäteter Zahlung
Gestrichen

13 Beitragsregulierung

13.1 Der Versicherungsnehmer hat nach Aufforderung mitzuteilen, ob und welche Änderungen des versicherten Risikos gegenüber den früheren Angaben eingetreten sind. Diese Aufforderung kann auch durch einen Hinweis auf der Beitragsrechnung erfolgen. Die Angaben sind innerhalb eines Monats nach Zugang der Aufforderung zu machen und auf Wunsch des Versicherers nachzuweisen. Bei unrichtigen Angaben zum Nachteil des Versicherers kann dieser vom Versicherungsnehmer eine Vertragsstrafe in dreifacher Höhe des festgestellten Beitragsunterschiedes verlangen. Dies gilt nicht, wenn der Versicherungsnehmer beweist, dass ihn an der Unrichtigkeit der Angaben kein Verschulden trifft.

13.2 Aufgrund der Änderungsmitteilung des Versicherungsnehmers oder sonstiger Feststellungen wird der Beitrag ab dem Zeitpunkt der Veränderung berichtigt (Beitragsregulierung), beim Wegfall versicherter Risiken jedoch erst ab dem Zeitpunkt des Eingangs der Mitteilung beim Versicherer. Der vertraglich vereinbarte Mindestbeitrag darf dadurch nicht unterschritten werden. Alle entsprechend Ziff. 15.1 nach dem Versicherungsabschluss eingetretenen Erhöhungen und Ermäßigungen des Mindestbeitrags werden berücksichtigt.

13.3 Unterlässt der Versicherungsnehmer die rechtzeitige Mitteilung, kann der Versicherer für den Zeitraum, für den die Angaben zu machen waren, eine Nachzahlung in Höhe des für diesen Zeitraum bereits in Rechnung gestellten Beitrages verlangen. Werden die Angaben nachträglich gemacht, findet eine Beitragsregulierung statt. Ein vom Versicherungsnehmer zuviel gezahlter Beitrag wird nur zurückerstattet, wenn die Angaben innerhalb von zwei Monaten nach Zugang der Mitteilung des erhöhten Beitrages erfolgten.

13.4 Die vorstehenden Bestimmungen finden auch Anwendung auf Versicherungen mit Beitragsvorauszahlung für mehrere Jahre.

§ 10 Haftpflichtversicherung

14 Beitrag bei vorzeitiger Vertragsbeendigung

Bei vorzeitiger Beendigung des Vertrages hat der Versicherer, soweit durch Gesetz nicht etwas anderes bestimmt ist, nur Anspruch auf den Teil des Beitrages, der dem Zeitraum entspricht, in dem Versicherungsschutz bestanden hat.

15 Beitragsangleichung

15.1 Die Versicherungsbeiträge unterliegen der Beitragsangleichung. Soweit die Beiträge nach Lohn-, Bau- oder Umsatzsumme berechnet werden, findet keine Beitragsangleichung statt. Mindestbeiträge unterliegen unabhängig von der Art der Beitragsberechnung der Beitragsangleichung.

15.2 Ein unabhängiger Treuhänder ermittelt jährlich mit Wirkung für die ab dem 1. Juli fälligen Beiträge, um welchen Prozentsatz sich im vergangenen Kalenderjahr der Durchschnitt der Schadenzahlungen aller zum Betrieb der Allgemeinen Haftpflichtversicherung zugelassenen Versicherer gegenüber dem vorvergangenen Jahr erhöht oder vermindert hat. Den ermittelten Prozentsatz rundet er auf die nächst niedrigere, durch fünf teilbare ganze Zahl ab.

Als Schadenzahlungen gelten dabei auch die speziell durch den einzelnen Schadenfall veranlassten Ausgaben für die Ermittlung von Grund und Höhe der Versicherungsleistungen.

Durchschnitt der Schadenzahlungen eines Kalenderjahres ist die Summe der in diesem Jahr geleisteten Schadenzahlungen geteilt durch die Anzahl der im gleichen Zeitraum neu angemeldeten Schadenfälle.

15.3 Im Falle einer Erhöhung ist der Versicherer berechtigt, im Falle einer Verminderung verpflichtet, den Folgejahresbeitrag um den sich aus Ziff. 15.2 ergebenden Prozentsatz zu verändern (Beitragsangleichung). Der veränderte Folgejahresbeitrag wird dem Versicherungsnehmer mit der nächsten Beitragsrechnung bekannt gegeben.

Hat sich der Durchschnitt der Schadenzahlungen des Versicherers in jedem der letzten fünf Kalenderjahre um einen geringeren Prozentsatz als denjenigen erhöht, den der Treuhänder jeweils für diese Jahre nach Ziff. 15.2 ermittelt hat, so darf der Versicherer den Folgejahresbeitrag nur um den Prozentsatz erhöhen, um den sich der Durchschnitt seiner Schadenzahlungen nach seinen unternehmenseigenen Zahlen im letzten Kalenderjahr erhöht hat; diese Erhöhung darf diejenige nicht überschreiten, die sich nach dem vorstehenden Absatz ergeben würde.

15.4 Liegt die Veränderung nach Ziff. 15.2 oder 15.3 unter 5 Prozent entfällt eine Beitragsangleichung. Diese Veränderung ist jedoch in den folgenden Jahren zu berücksichtigen.

Alternative für die echte unterjährige Beitragszahlung

15 Beitragsangleichung
15.1 Die Versicherungsbeiträge unterliegen der Beitragsangleichung. Soweit die Beiträge nach Lohn-, Bau- oder Umsatzsumme berechnet werden, findet keine Beitragsangleichung statt. Mindestbeiträge unterliegen unabhängig von der Art der Beitragsberechnung der Beitragsangleichung. Sie wird jeweils ab Beginn desjenigen Versicherungsjahres wirksam, das ab dem 1. Juli beginnt.
15.2 Ein unabhängiger Treuhänder ermittelt jährlich mit Wirkung für die Beiträge der ab dem 1. Juli beginnenden Versicherungsjahre, um welchen Prozentsatz sich im vergangenen Kalenderjahr der Durchschnitt der Schadenzahlungen aller zum Betrieb der Allgemeinen Haftpflichtversicherung zugelassenen Versicherer gegenüber dem vorvergangenen Jahr erhöht oder vermindert hat. Den ermittelten Prozentsatz rundet er auf die nächst niedrigere, durch fünf teilbare ganze Zahl ab. Als Schadenzahlungen gelten dabei auch die speziell durch den einzelnen Schadenfall veranlassten Ausgaben für die Ermittlung von Grund und Höhe der Versicherungsleistungen. Durchschnitt der Schadenzahlungen eines Kalenderjahres ist die Summe der in diesem Jahr geleisteten Schadenzahlungen geteilt durch die Anzahl der im gleichen Zeitraum neu angemeldeten Schadenfälle.
15.3 *Im Falle einer Erhöhung ist der Versicherer berechtigt, im Falle einer Verminderung verpflichtet, die Folgebeiträge um den sich aus Ziff. 15.2 ergebenden Prozentsatz zu verändern (Beitragsangleichung). Der veränderte Folgebeitrag wird dem Versicherungsnehmer mit der Beitragsrechnung bekannt gegeben.*
Hat sich der Durchschnitt der Schadenzahlungen des Versicherers in jedem der letzten fünf Kalenderjahre um einen geringeren Prozentsatz als denjenigen erhöht, den der Treuhänder jeweils für diese Jahre nach Ziff. 15.2 ermittelt hat, so darf der Versicherer die Folgebeiträge nur um den Prozentsatz erhöhen, um den sich der Durchschnitt seiner Schadenzahlungen nach seinen unternehmenseigenen Zahlen im letzten Kalenderjahr erhöht hat; diese Erhöhung darf diejenige nicht überschreiten, die sich nach dem vorstehenden Absatz ergeben würde.
15.4 Liegt die Veränderung nach Ziff. 15.2 oder 15.3 unter 5 Prozent, entfällt eine Beitragsangleichung. Diese Veränderung ist jedoch in den folgenden Jahren zu berücksichtigen.

Dauer und Ende des Vertrages/Kündigung
16 Dauer und Ende des Vertrages
16.1 Der Vertrag ist für die im Versicherungsschein angegebene Zeit abgeschlossen.

16.2 Bei einer Vertragsdauer von mindestens einem Jahr verlängert sich der Vertrag um jeweils ein Jahr, wenn nicht dem Vertragspartner spätestens drei Monate vor dem Ablauf der jeweiligen Vertragsdauer eine Kündigung zugegangen ist.

16.3 Bei einer Vertragsdauer von weniger als einem Jahr endet der Vertrag, ohne dass es einer Kündigung bedarf, zum vorgesehenen Zeitpunkt.

16.4 Bei einer Vertragsdauer von mehr als drei Jahren kann der Versicherungsnehmer den Vertrag zum Ablauf des dritten Jahres oder jedes darauf folgenden Jahres kündigen; die Kündigung muss dem Versicherer spätestens drei Monate vor dem Ablauf des jeweiligen Jahres zugegangen sein.

17 Wegfall des versicherten Risikos

Wenn versicherte Risiken vollständig und dauerhaft wegfallen, so erlischt die Versicherung bezüglich dieser Risiken. Dem Versicherer steht der Beitrag zu, den er hätte erheben können, wenn die Versicherung dieser Risiken nur bis zu dem Zeitpunkt beantragt worden wäre, zu dem er vom Wegfall Kenntnis erlangt.

18 Kündigung nach Beitragsangleichung

Erhöht sich der Beitrag aufgrund der Beitragsangleichung gemäß Ziff. 15.3, ohne dass sich der Umfang des Versicherungsschutzes ändert, kann der Versicherungsnehmer den Versicherungsvertrag innerhalb eines Monats nach Zugang der Mitteilung des Versicherers mit sofortiger Wirkung, frühestens jedoch zu dem Zeitpunkt kündigen, in dem die Beitragserhöhung wirksam werden sollte.

Der Versicherer hat den Versicherungsnehmer in der Mitteilung auf das Kündigungsrecht hinzuweisen. Die Mitteilung muss dem Versicherungsnehmer spätestens einen Monat vor dem Wirksamwerden der Beitragserhöhung zugehen.

Eine Erhöhung der Versicherungsteuer begründet kein Kündigungsrecht.

19 Kündigung nach Versicherungsfall

19.1 Das Versicherungsverhältnis kann gekündigt werden, wenn
- vom Versicherer eine Schadensersatzzahlung geleistet wurde oder
- dem Versicherungsnehmer eine Klage über einen unter den Versicherungsschutz fallenden Haftpflichtanspruch gerichtlich zugestellt wird.

Die Kündigung muss dem Vertragspartner in Textform[32] spätestens einen Monat nach der Schadensersatzzahlung oder der Zustellung der Klage zugegangen sein.

19.2 Kündigt der Versicherungsnehmer, wird seine Kündigung sofort nach ihrem Zugang beim Versicherer wirksam. Der Versicherungsnehmer kann jedoch

---

32 Hinweis: Grds. sieht das VVG nur noch Textform vor; bei der Kündigung nach Versicherungsfall lässt das VVG ausnahmsweise auch Schriftform zu.

bestimmen, dass die Kündigung zu einem späteren Zeitpunkt, spätestens jedoch zum Ende der laufenden Versicherungsperiode, wirksam wird.
Eine Kündigung des Versicherers wird einen Monat nach ihrem Zugang beim Versicherungsnehmer wirksam.
Alternative für die echte unterjährige Beitragszahlung:
19.2 *Kündigt der Versicherungsnehmer, wird seine Kündigung sofort nach ihrem Zugang beim Versicherer wirksam. Der Versicherungsnehmer kann jedoch bestimmen, dass die Kündigung zu jedem späteren Zeitpunkt, spätestens jedoch zum Ablauf des jeweiligen Versicherungsjahres, wirksam wird.*
Eine Kündigung des Versicherers wird einen Monat nach ihrem Zugang beim Versicherungsnehmer wirksam.

20 Kündigung nach Veräußerung versicherter Unternehmen
20.1 Wird ein Unternehmen, für das eine Haftpflichtversicherung besteht, an einen Dritten veräußert, tritt dieser an Stelle des Versicherungsnehmers in die während der Dauer seines Eigentums sich aus dem Versicherungsverhältnis ergebenden Rechte und Pflichten ein.
Dies gilt auch, wenn ein Unternehmen aufgrund eines Nießbrauchs, eines Pachtvertrages oder eines ähnlichen Verhältnisses von einem Dritten übernommen wird.
20.2 Das Versicherungsverhältnis kann in diesem Falle
- durch den Versicherer dem Dritten gegenüber mit einer Frist von einem Monat,
- durch den Dritten dem Versicherer gegenüber mit sofortiger Wirkung oder auf den Schluss der laufenden Versicherungsperiode in Textform[33] gekündigt werden.

Alternative für die echte unterjährige Beitragszahlung:
20.2 *Das Versicherungsverhältnis kann in diesem Falle*
- durch den Versicherer dem Dritten gegenüber mit einer Frist von einem Monat,
- durch den Dritten dem Versicherer gegenüber mit sofortiger Wirkung oder zu jedem späterem Zeitpunkt, spätestens jedoch zum Ablauf des jeweiligen Versicherungsjahres,

in Textform[34] gekündigt werden.
20.3 Das Kündigungsrecht erlischt, wenn
- der Versicherer es nicht innerhalb eines Monats von dem Zeitpunkt an ausübt, in welchem er vom Übergang auf den Dritten Kenntnis erlangt;
- der Dritte es nicht innerhalb eines Monats nach dem Übergang ausübt, wobei das Kündigungsrecht bis zum Ablauf eines Monats von dem Zeit-

---
33 Hinweis: Hier kann auch Schriftform vereinbart werden, § 98 VVG.
34 Hinweis: Hier kann auch Schriftform vereinbart werden, § 98 VVG.

§ 10 Haftpflichtversicherung

punkt an bestehen bleibt, in dem der Dritte von der Versicherung Kenntnis erlangt.

20.4 Erfolgt der Übergang auf den Dritten während einer laufenden Versicherungsperiode und wird das Versicherungsverhältnis nicht gekündigt, haften der bisherige Versicherungsnehmer und der Dritte für den Versicherungsbeitrag dieser Periode als Gesamtschuldner.

20.5 Der Übergang eines Unternehmens ist dem Versicherer durch den bisherigen Versicherungsnehmer oder den Dritten unverzüglich anzuzeigen.

Bei einer schuldhaften Verletzung der Anzeigepflicht besteht kein Versicherungsschutz, wenn der Versicherungsfall später als einen Monat nach dem Zeitpunkt eintritt, in dem die Anzeige dem Versicherer hätte zugehen müssen, und der Versicherer den mit dem Veräußerer bestehenden Vertrag mit dem Erwerber nicht geschlossen hätte.

Der Versicherungsschutz lebt wieder auf und besteht für alle Versicherungsfälle, die frühestens einen Monat nach dem Zeitpunkt eintreten, in dem der Versicherer von der Veräußerung Kenntnis erlangt. Dies gilt nur, wenn der Versicherer in diesem Monat von seinem Kündigungsrecht keinen Gebrauch gemacht hat.

Der Versicherungsschutz fällt trotz Verletzung der Anzeigepflicht nicht weg, wenn dem Versicherer die Veräußerung in dem Zeitpunkt bekannt war, in dem ihm die Anzeige hätte zugehen müssen.

21 Kündigung nach Risikoerhöhung aufgrund Änderung oder Erlass von Rechtsvorschriften

Bei Erhöhungen des versicherten Risikos durch Änderung bestehender oder Erlass neuer Rechtsvorschriften ist der Versicherer berechtigt, das Versicherungsverhältnis unter Einhaltung einer Frist von einem Monat zu kündigen. Das Kündigungsrecht erlischt, wenn es nicht innerhalb eines Monats von dem Zeitpunkt an ausgeübt wird, in welchem der Versicherer von der Erhöhung Kenntnis erlangt hat.

22 Mehrfachversicherung

22.1 Eine Mehrfachversicherung liegt vor, wenn das Risiko in mehreren Versicherungsverträgen versichert ist.

22.2 Wenn die Mehrfachversicherung zustande gekommen ist, ohne dass der Versicherungsnehmer dies wusste, kann er die Aufhebung des später geschlossenen Vertrages verlangen.

22.3 Das Recht auf Aufhebung erlischt, wenn der Versicherungsnehmer es nicht innerhalb eines Monats geltend macht, nachdem er von der Mehrfachversicherung Kenntnis erlangt hat. Die Aufhebung wird zu dem Zeitpunkt wirksam, zu dem die Erklärung, mit der sie verlangt wird, dem Versicherer zugeht.

Obliegenheiten des Versicherungsnehmers

23 Vorvertragliche Anzeigepflichten des Versicherungsnehmers

23.1 Vollständigkeit und Richtigkeit von Angaben über gefahrerhebliche Umstände

Der Versicherungsnehmer hat bis zur Abgabe seiner Vertragserklärung dem Versicherer alle ihm bekannten Gefahrumstände anzuzeigen, nach denen der Versicherer in Textform gefragt hat und die für den Entschluss des Versicherers erheblich sind, den Vertrag mit dem vereinbarten Inhalt zu schließen. Der Versicherungsnehmer ist auch insoweit zur Anzeige verpflichtet, als nach seiner Vertragserklärung, aber vor Vertragsannahme der Versicherer in Textform Fragen im Sinne des Satzes 1 stellt.

Gefahrerheblich sind die Umstände, die geeignet sind, auf den Entschluss des Versicherers Einfluss auszuüben, den Vertrag überhaupt oder mit dem vereinbarten Inhalt abzuschließen.

Wird der Vertrag von einem Vertreter des Versicherungsnehmers geschlossen und kennt dieser den gefahrerheblichen Umstand, muss sich der Versicherungsnehmer so behandeln lassen, als habe er selbst davon Kenntnis gehabt oder dies arglistig verschwiegen.

23.2 Rücktritt

(1) Unvollständige und unrichtige Angaben zu den gefahrerheblichen Umständen berechtigen den Versicherer, vom Versicherungsvertrag zurückzutreten.

(2) Der Versicherer hat kein Rücktrittsrecht, wenn der Versicherungsnehmer nachweist, dass er oder sein Vertreter die unrichtigen oder unvollständigen Angaben weder vorsätzlich noch grob fahrlässig gemacht hat.

Das Rücktrittsrecht des Versicherers wegen grob fahrlässiger Verletzung der Anzeigepflicht besteht nicht, wenn der Versicherungsnehmer nachweist, dass der Versicherer den Vertrag auch bei Kenntnis der nicht angezeigten Umstände, wenn auch zu anderen Bedingungen, geschlossen hätte.

(3) Im Fall des Rücktritts besteht kein Versicherungsschutz.

Tritt der Versicherer nach Eintritt des Versicherungsfalls zurück, darf er den Versicherungsschutz nicht versagen, wenn der Versicherungsnehmer nachweist, dass der unvollständig oder unrichtig angezeigte Umstand weder für den Eintritt des Versicherungsfalls noch für die Feststellung oder den Umfang der Leistung ursächlich war. Auch in diesem Fall besteht aber kein Versicherungsschutz, wenn der Versicherungsnehmer die Anzeigepflicht arglistig verletzt hat.

Dem Versicherer steht der Teil des Beitrages zu, der der bis zum Wirksamwerden der Rücktrittserklärung abgelaufenen Vertragszeit entspricht.

§ 10 Haftpflichtversicherung

23.3 Beitragsänderung oder Kündigungsrecht

Ist das Rücktrittsrecht des Versicherers ausgeschlossen, weil die Verletzung einer Anzeigepflicht weder auf Vorsatz noch auf grober Fahrlässigkeit beruhte, kann der Versicherer den Vertrag unter Einhaltung einer Frist von einem Monat in Schriftform kündigen.

Das Kündigungsrecht ist ausgeschlossen, wenn der Versicherungsnehmer nachweist, dass der Versicherer den Vertrag auch bei Kenntnis der nicht angezeigten Umstände, wenn auch zu anderen Bedingungen, geschlossen hätte.

Kann der Versicherer nicht zurücktreten oder kündigen, weil er den Vertrag auch bei Kenntnis der nicht angezeigten Umstände, aber zu anderen Bedingungen, geschlossen hätte, werden die anderen Bedingungen auf Verlangen des Versicherers rückwirkend Vertragsbestandteil. Hat der Versicherungsnehmer die Pflichtverletzung nicht zu vertreten, werden die anderen Bedingungen ab der laufenden Versicherungsperiode Vertragsbestandteil.

Erhöht sich durch die Vertragsanpassung der Beitrag um mehr als 10 % oder schließt der Versicherer die Gefahrabsicherung für den nicht angezeigten Umstand aus, kann der Versicherungsnehmer den Vertrag innerhalb eines Monats nach Zugang der Mitteilung des Versicherers fristlos kündigen.

Der Versicherer muss die ihm nach Ziff. 23.2 und 23.3 zustehenden Rechte innerhalb eines Monats schriftlich geltend machen. Die Frist beginnt mit dem Zeitpunkt, zu dem er von der Verletzung der Anzeigepflicht, die das von ihm geltend gemachte Recht begründet, Kenntnis erlangt. Er hat die Umstände anzugeben, auf die er seine Erklärung stützt; er darf nachträglich weitere Umstände zur Begründung seiner Erklärung abgeben, wenn für diese die Monatsfrist nicht verstrichen ist.

Dem Versicherer stehen die Rechte nach den Ziff. 23.2 und 23.3 nur zu, wenn er den Versicherungsnehmer durch gesonderte Mitteilung in Textform auf die Folgen einer Anzeigepflichtverletzung hingewiesen hat.

Der Versicherer kann sich auf die in den Ziff. 23.2 und 23.3 genannten Rechte nicht berufen, wenn er den nicht angezeigten Gefahrumstand oder die Unrichtigkeit der Anzeige kannte

23.4 Anfechtung

Das Recht des Versicherers, den Vertrag wegen arglistiger Täuschung anzufechten, bleibt unberührt. Im Fall der Anfechtung steht dem Versicherer der Teil des Beitrages zu, der der bis zum Wirksamwerden der Anfechtungserklärung abgelaufenen Vertragszeit entspricht.

24 Obliegenheiten vor Eintritt des Versicherungsfalles

Besonders gefahrdrohende Umstände hat der Versicherungsnehmer auf Verlangen des Versicherers innerhalb angemessener Frist zu beseitigen. Dies gilt nicht, soweit die Beseitigung unter Abwägung der beiderseitigen Interessen unzumutbar ist. Ein

Umstand, der zu einem Schaden geführt hat, gilt ohne weiteres als besonders gefahrdrohend.

25 Obliegenheiten nach Eintritt des Versicherungsfalles

25.1 Jeder Versicherungsfall ist, auch wenn noch keine Schadensersatzansprüche erhoben worden sind, dem Versicherer innerhalb einer Woche anzuzeigen. Das Gleiche gilt, wenn gegen den Versicherungsnehmer Haftpflichtansprüche geltend gemacht werden.

25.2 Der Versicherungsnehmer muss nach Möglichkeit für die Abwendung und Minderung des Schadens sorgen. Weisungen des Versicherers sind dabei zu befolgen, soweit es für den Versicherungsnehmer zumutbar ist. Er hat dem Versicherer ausführliche und wahrheitsgemäße Schadenberichte zu erstatten und ihn bei der Schadenermittlung und -regulierung zu unterstützen. Alle Umstände, die nach Ansicht des Versicherers für die Bearbeitung des Schadens wichtig sind, müssen mitgeteilt sowie alle dafür angeforderten Schriftstücke übersandt werden.

25.3 Wird gegen den Versicherungsnehmer ein staatsanwaltschaftliches, behördliches oder gerichtliches Verfahren eingeleitet, ein Mahnbescheid erlassen oder ihm gerichtlich der Streit verkündet, hat er dies unverzüglich anzuzeigen.

25.4 Gegen einen Mahnbescheid oder eine Verfügung von Verwaltungsbehörden auf Schadensersatz muss der Versicherungsnehmer fristgemäß Widerspruch oder die sonst erforderlichen Rechtsbehelfe einlegen. Einer Weisung des Versicherers bedarf es nicht.

25.5 Wird gegen den Versicherungsnehmer ein Haftpflichtanspruch gerichtlich geltend gemacht, hat er die Führung des Verfahrens dem Versicherer zu überlassen. Der Versicherer beauftragt im Namen des Versicherungsnehmers einen Rechtsanwalt. Der Versicherungsnehmer muss dem Rechtsanwalt Vollmacht sowie alle erforderlichen Auskünfte erteilen und die angeforderten Unterlagen zur Verfügung stellen.

26 Rechtsfolgen bei Verletzung von Obliegenheiten

26.1 Verletzt der Versicherungsnehmer eine Obliegenheit aus diesem Vertrag, die er vor Eintritt des Versicherungsfalles zu erfüllen hat, kann der Versicherer den Vertrag innerhalb eines Monats ab Kenntnis von der Obliegenheitsverletzung fristlos kündigen. Der Versicherer hat kein Kündigungsrecht, wenn der Versicherungsnehmer nachweist, dass die Obliegenheitsverletzung weder auf Vorsatz noch auf grober Fahrlässigkeit beruhte.

26.2 Wird eine Obliegenheit aus diesem Vertrag vorsätzlich verletzt, verliert der Versicherungsnehmer seinen Versicherungsschutz. Bei grob fahrlässiger Verletzung einer Obliegenheit ist der Versicherer berechtigt, seine Leistung in einem der Schwere des Verschuldens des Versicherungsnehmers entsprechenden Verhältnis zu kürzen.

Der vollständige oder teilweise Wegfall des Versicherungsschutzes hat bei Verletzung einer nach Eintritt des Versicherungsfalls bestehenden Auskunfts- oder Aufklärungsobliegenheit zur Voraussetzung, dass der Versicherer den Versicherungsnehmer durch gesonderte Mitteilung in Textform auf diese Rechtsfolge hingewiesen hat.

Weist der Versicherungsnehmer nach, dass er die Obliegenheit nicht grob fahrlässig verletzt hat, bleibt der Versicherungsschutz bestehen.

Der Versicherungsschutz bleibt auch bestehen, wenn der Versicherungsnehmer nachweist, dass die Verletzung der Obliegenheit weder für den Eintritt oder die Feststellung des Versicherungsfalls noch für die Feststellung oder den Umfang der dem Versicherer obliegenden Leistung ursächlich war. Das gilt nicht, wenn der Versicherungsnehmer die Obliegenheit arglistig verletzt hat.

Die vorstehenden Bestimmungen gelten unabhängig davon, ob der Versicherer ein ihm nach Ziff. 26.1 zustehendes Kündigungsrecht ausübt.

Weitere Bestimmungen

27   Mitversicherte Person

27.1   Erstreckt sich die Versicherung auch auf Haftpflichtansprüche gegen andere Personen als den Versicherungsnehmer selbst, sind alle für ihn geltenden Bestimmungen auf die Mitversicherten entsprechend anzuwenden. Die Bestimmungen über die Vorsorgeversicherung (Ziff. 4.) gelten nicht, wenn das neue Risiko nur in der Person eines Mitversicherten entsteht.

27.2   Die Ausübung der Rechte aus dem Versicherungsvertrag steht ausschließlich dem Versicherungsnehmer zu. Er ist neben den Mitversicherten für die Erfüllung der Obliegenheiten verantwortlich.

28   Abtretungsverbot

Der Freistellungsanspruch darf vor seiner endgültigen Feststellung ohne Zustimmung des Versicherers weder abgetreten noch verpfändet werden. Eine Abtretung an den geschädigten Dritten ist zulässig.

29   Anzeigen, Willenserklärungen, Anschriftenänderung

29.1   Alle für den Versicherer bestimmten Anzeigen und Erklärungen sollen an die Hauptverwaltung des Versicherers oder an die im Versicherungsschein oder in dessen Nachträgen als zuständig bezeichnete Geschäftsstelle gerichtet werden.

29.2   Hat der Versicherungsnehmer eine Änderung seiner Anschrift dem Versicherer nicht mitgeteilt, genügt für eine Willenserklärung, die dem Versicherungsnehmer gegenüber abzugeben ist, die Absendung eines eingeschriebenen Briefes an die letzte dem Versicherer bekannte Anschrift. Die Erklärung gilt drei Tage nach der Absendung des Briefes als zugegangen.

Dies gilt entsprechend für den Fall einer Namensänderung des Versicherungsnehmers.

29.3 Hat der Versicherungsnehmer die Versicherung für seinen Betrieb abgeschlossen, finden bei einer Verlegung der betrieblichen Niederlassung die Bestimmungen der Ziff. 29.2 entsprechende Anwendung.

30 Verjährung

30.1 Die Ansprüche aus dem Versicherungsvertrag verjähren in drei Jahren. Die Fristberechnung richtet sich nach den allgemeinen Vorschriften des Bürgerlichen Gesetzbuches.

30.2 Ist ein Anspruch aus dem Versicherungsvertrag bei dem Versicherer angemeldet worden, ist die Verjährung von der Anmeldung bis zu dem Zeitpunkt gehemmt, zu dem die Entscheidung des Versicherers dem Anspruchsteller in Textform zugeht.

31 Zuständiges Gericht

31.1 Für Klagen aus dem Versicherungsvertrag gegen den Versicherer oder den Versicherungsvermittler bestimmt sich die gerichtliche Zuständigkeit nach dem Sitz des Versicherers oder seiner für den Versicherungsvertrag zuständigen Niederlassung. Ferner ist auch das Gericht zuständig, in dessen Bezirk der Versicherungsnehmer zur Zeit der Klageerhebung seinen Sitz, den Sitz seiner Niederlassung oder seinen Wohnsitz oder, in Ermangelung eines solchen, seinen gewöhnlichen Aufenthalt hat. Verlegt jedoch der Versicherungsnehmer nach Vertragsschluss seinen Sitz, den Sitz seiner Niederlassung, seinen Wohnsitz oder, in Ermangelung eines solchen, seinen gewöhnlichen Aufenthalt ins Ausland, sind die Gerichte des Staates zuständig, in dem der Versicherer seinen Sitz hat.

31.2 Ist der Versicherungsnehmer eine natürliche Person, müssen Klagen aus dem Versicherungsvertrag gegen ihn bei dem Gericht erhoben werden, das für seinen Wohnsitz oder, in Ermangelung eines solchen, den Ort seines gewöhnlichen Aufenthalts zuständig ist. Ist der Versicherungsnehmer eine juristische Person, bestimmt sich das zuständige Gericht auch nach dem Sitz oder der Niederlassung des Versicherungsnehmers. Das gleiche gilt, wenn der Versicherungsnehmer eine Offene Handelsgesellschaft, Kommanditgesellschaft, Gesellschaft bürgerlichen Rechts oder eine eingetragene Partnerschaftsgesellschaft ist.

31.3 Sind der Wohnsitz oder gewöhnliche Aufenthalt im Zeitpunkt der Klageerhebung nicht bekannt, bestimmt sich die gerichtliche Zuständigkeit für Klagen aus dem Versicherungsvertrag gegen den Versicherungsnehmer nach dem Sitz des Versicherers oder seiner für den Versicherungsvertrag zuständigen Niederlassung.

§ 10 Haftpflichtversicherung

32 Anzuwendendes Recht

Für diesen Vertrag gilt deutsches Recht.

Alternative für die echte unterjährige Beitragszahlung:

33 Begriffsbestimmung

Versicherungsjahr:

Das Versicherungsjahr erstreckt sich über einen Zeitraum von zwölf Monaten. Besteht die vereinbarte Vertragsdauer jedoch nicht aus ganzen Jahren, wird das erste Versicherungsjahr entsprechend verkürzt. Die folgenden Versicherungsjahre bis zum vereinbarten Vertragsablauf sind jeweils ganze Jahre.

§ 11 Rechtsschutzversicherung

A. Vorbemerkung

Die Rechtsschutzversicherung ist eine **Schadenversicherung** und unterliegt den für die gesamte Schadenversicherung geltenden Bestimmungen des VVG. **1**

Es gibt keinen allgemeinen Rechtsschutz, erst recht **keinen „Vollrechtsschutz"**, vielmehr wird der Versicherungsschutz speziell für **einzelne** Eigenschaften oder Tätigkeitsbereiche des Versicherungsnehmers gewährt oder aber für besondere Gefahren und Rechtsgebiete (§§ 21 bis 29 ARB 2008/2010). Die ARB 2010 unterscheiden sich von den ARB 2008 insbesondere durch den Anhang für die außergerichtliche Mediation und die Beitragsfreiheit bei Arbeitslosigkeit. **2**

Die ARB 2012 gelten nur für Neuverträge und haben in der Praxis noch keine große Relevanz.

Nicht versicherbar sind unter anderem die Kosten **3**

- für die **Verteidigung** wegen **vorsätzlich** begangener Straftaten,
- für die **aktive** Nebenklage oder Privatklage,
- für die **Abwehr** gesetzlicher Schadenersatzansprüche,
- für die **Vertretung** in Familiensachen und Nachlasssachen (hier nur Beratungsrechtsschutz).

> *Praxistipp*
> Bei Zweifeln, ob Versicherungsschutz besteht, empfiehlt es sich, sofort bei Übernahme eines Mandats die Deckungszusage des Rechtsschutzversicherers einzuholen oder vom Versicherungsnehmer einholen zu lassen; ansonsten genügt es, den Rechtsschutzversicherer erst dann zu informieren, wenn **Kosten auslösende Maßnahmen** ergriffen werden. Wird die Zusage nicht erteilt, ist es erforderlich, den Versicherungsschein und die dem Versicherungsvertrag zugrunde liegende Fassung der ARB anzufordern, um die Rechtmäßigkeit der Versagung des Versicherungsschutzes zu überprüfen.

Aber auch eine Deckungszusage des Rechtsschutzversicherers begründet noch **keinen unmittelbaren Anspruch** des Rechtsanwalts gegen den Versicherer. **4**

Der **Vergütungsanspruch** richtet sich ausschließlich gegen den **Mandanten**, der Rechtsschutzversicherer übernimmt lediglich die **Freistellung** des Versicherungsnehmers von dessen Kostenschuld. Es handelt sich nicht um einen Vertrag zugunsten Dritter im Sinne von § 328 BGB.

§ 11 Rechtsschutzversicherung

Hinweis
Ein Rechtsanwalt, der sich **selbst vertritt**, erhält im **Zivilrechtsstreit**, **nicht** aber im **Strafverfahren** oder **Ordnungswidrigkeitenverfahren**, die anfallenden Rechtsanwaltsgebühren.[1]
Wird nachträglich der Versicherungsschutz entzogen oder entzieht der Auftraggeber das Mandat dem von ihm beauftragten Rechtsanwalt, besteht kein Zahlungsanspruch gegen den Rechtsschutzversicherer.

Praxistipp
In Zweifelsfällen – oder auch sonst – sollte der gemäß **§ 9 RVG** fällige **Gebührenvorschuss** auch beim Rechtsschutzversicherer angefordert werden.

Hinweis
Die Deckungszusage der Rechtsschutzversicherung ist ein **deklaratorisches** Schuldanerkenntnis, das Einreden und Einwendungen ausschließt, die dem Versicherer bei seiner Abgabe bekannt waren oder mit denen er zumindest rechnete.[2]

B. Versicherbare Risikobereiche

5 §§ 1–20 ARB 2008/2010 enthalten die für alle Versicherungsformen gültigen Bestimmungen, während die §§ 21–29 ARB 2008/2010 (Besondere Bestimmungen) die unterschiedlichen Arten des Versicherungsschutzes regeln, indem auf bestimmte Eigenschaften des Versicherungsnehmers und bestimmte Rechtsgebiete abgestellt wird:

- Verkehrsrechtsschutz (§ 21 ARB 2008/2010),
- Fahrerrechtsschutz (§ 22 ARB 2008/2010),
- Privatrechtsschutz für Selbstständige (§ 23 ARB 2008/2010),
- Rechtsschutz für Firmen und Vereine (§ 24 ARB 2008/2010),
- Privat- und Berufsrechtsschutz für Nichtselbstständige (§ 25 ARB 2008/2010),
- Privat-, Berufs- und Verkehrsrechtsschutz für Nichtselbstständige (§ 26 ARB 2008/2010),
- Landwirtschaft- und Verkehrsrechtsschutz (§ 27 ARB 2008/2010),
- Privat-, Berufs- und Verkehrsrechtsschutz für Selbstständige (§ 28 ARB 2008/2010),
- Rechtsschutz für Eigentümer und Mieter von Wohnungen und Grundstücken (§ 29 ARB 2008/2010).

---

1 BGH, IV ZR 188/08, r+s 2011, 68.
2 OLG Düsseldorf, NJW-RR 1996, 1371; OLG Köln, r+s 1997, 201; OLG Köln, r+s 2001, 248; OLG Köln, r+s 2005, 105; *van Bühren/Plote*, § 1 ARB Rn 18.

C. Bedeutung der Rechtsschutzversicherung

Die Rechtsschutzversicherer verfügen über ein jährliches Prämienaufkommen von mehr als 3,3 Milliarden EUR. Hiervon entfallen etwa 2,3 Milliarden EUR auf Anwaltshonorare und etwa 850 Millionen EUR auf Gerichtskosten. Etwa jeder zweite Haushalt verfügt über eine Rechtsschutzversicherung, rd. $^{2}/_{3}$ aller Autofahrer sind rechtsschutzversichert. Das immer wieder – gerade von der Richterschaft – gepflegte **Vorurteil**, dass Rechtsschutzversicherungen aus friedlichen Bürgern prozesswütige „**Streithansel**" machen, ist in allen empirischen Untersuchungen **widerlegt** worden. Ebenso wenig trifft es zu, dass Rechtsschutzversicherer aussichtslose Prozesse finanzieren und hierdurch zu einer **Prozessflut** bei den Gerichten führen.

Trotz der ständig wachsenden Bedeutung der Rechtsschutzversicherung und trotz der explosionsartig steigenden Zahl der zugelassenen Rechtsanwälte sind die Prozesseingänge bei den Zivilgerichten seit 10 Jahren stagnierend oder sogar **rückläufig**.

Die meisten Rechtsschutzversicherer vereinbaren zwischenzeitlich eine **Selbstbeteiligung**, so dass Prozesse mit minimalem Streitwert – auf Kosten der Rechtsschutzversicherung – ohnehin nicht mehr möglich sind.

Die Rechtsschutzversicherer bearbeiten pro Jahr etwa **3,5 Millionen Schadenfälle**, die sich auf folgende Leistungsarten verteilen:

Leistungsart	Stück
Verkehrs-Straf- u. OWi-RS	610.000
Arbeits-RS	580.000
Allg. Vertrags- u. Sachen-RS/privat	480.000
Verkehrs-Schadenersatz-RS	470.000
Wohnungs- u. Grundstücks-RS	460.000
Allg. Schadenersatz-RS	250.000
Beratungs-RS	160.000
Verkehrs-Vertrags-RS	160.000
Sozialgerichts-RS	120.000
Allg. Straf- u. OWi-RS	70.000
Sonstige	50.000
Alle	3.500.000

Auf den Arbeitsrechtsschutz entfallen 15 % der Versicherungsfälle, jedoch 30 % aller Zahlungen der Rechtsschutzversicherer.

D. Rechtsschutzvertrag

Der Versicherungsvertrag zwischen Versicherer und Versicherungsnehmer kommt durch **Antrag** und **Annahme** (§§ 145 ff. BGB) zustande.

§ 11 Rechtsschutzversicherung

11 Das Versicherungsvertragsgesetz (VVG) ist **lex specialis** zum BGB, so dass die allgemeinen Regeln des BGB dann Anwendung finden, wenn das VVG keine Sonderregelung vorsieht.

12 Die Rechtsschutzversicherung ist eine **Schadenversicherung** und unterliegt den für die gesamte Schadenversicherung geltenden Bestimmung des VVG (§§ 74–87 VVG). Die gesetzlichen Bestimmungen zur Rechtsschutzversicherung (§§ 125–129 VVG) beschränken sich auf die Umsetzung der versicherungsvertraglichen Regelung der EWG-Rechtsschutzversicherungs-Richtlinien.[3]

13 Die Allgemeinen Bedingungen für die Rechtsschutzversicherung (ARB) sind die allgemeinen Geschäftsbedingungen der Rechtsschutzversicherer. Es gelten daher die Bedingungen, die **bei Vertragsschluss oder später** ausdrücklich **vereinbart** worden sind.

14 Älteren Verträgen liegen noch die **ARB 75** zu Grunde, die vom damaligen Bundesaufsichtsamt genehmigt worden waren. Die **ARB 94**, die ARB 2000, die ARB 2008, die ARB 2010 und die ARB 2012 sind **Musterbedingungen** des Gesamtverbandes der Deutschen Versicherungswirtschaft e.V. (GDV). Angesichts der seit 1994 bestehenden **Vertragsfreiheit** im Versicherungsrecht können die Rechtsschutzversicherer ihre Bedingungen eigenverantwortlich gestalten; es gibt insbesondere eine Vielzahl von Bedingungen und Klauseln, in denen von den Musterbedingungen abgewichen wird. In den **ARB 2008/2010**, die inhaltlich nicht wesentlich von den ARB 2000 abweichen, sind die durch das VVG 2008 vorgeschriebenen Änderungen berücksichtigt worden.

Die ARB 2012 gelten nur für Neuverträge und sind in der Praxis von geringer Bedeutung. In den ARB 2012 wird der – nicht immer gelungene – Versuch unternommen, die Versicherungsbedingungen sprachlich verständlicher zu machen, ohne den Deckungsumfang zu verändern.

E. Versicherte Personen (§ 15 ARB 2008/2010)

15 Versicherungsschutz wird nicht nur dem Versicherungsnehmer gewährt, Versicherungsschutz besteht auch für bestimmte **Dritte**, an deren Mitversicherung der Versicherungsnehmer in der Regel ein **Interesse** hat.

16 Eine solche Mitversicherung gibt es in vielen Versicherungssparten, sie ist eine Versicherung für fremde Rechnung, eine Sonderform des **Vertrages zugunsten Dritter** (§§ 43 ff. VVG). Der mitversicherte Personenkreis ergibt sich aus den §§ 21–28 ARB 2008/2010.

---

3 VA 1987, 442.

F. Leistungsarten (§ 2 ARB 2008/2010) § 11

Bei Verträgen nach §§ 21–28 ARB 2008/2010 sind mitversichert alle Personen, denen aus der **Tötung** oder **Verletzung** des Versicherungsnehmers oder einer mitversicherten Person gesetzliche Ansprüche zustehen (§ 15 Abs. 1 ARB 2008/2010).

17

Beim **Verkehrsrechtsschutz** gemäß § 21 Abs. 1 ARB 2008/2010 besteht Versicherungsschutz für alle Personen in ihrer Eigenschaft als berechtigte **Fahrer** oder berechtigte **Insassen** der auf den Versicherungsnehmer zugelassenen Fahrzeuge.

18

Die Mitversicherung von **Kindern** ist in den ARB 2008/2010 als Privat-Rechtsschutz für Selbstständige (§ 23 Abs. 2 ARB 2008/2010) und für Nichtselbstständige (§ 25 Abs. 2 ARB 2008/2010) geregelt:

> *„Mitversichert sind die minderjährigen und die unverheirateten, nicht in einer eingetragenen oder sonstigen Lebenspartnerschaft i.S.d. § 3 Abs. 4 lit. b ARB 2008/2010 lebenden volljährigen Kinder bis zur Vollendung des 25. Lebensjahres, letztere jedoch längstens bis zu dem Zeitpunkt, in dem sie erstmalig eine auf Dauer angelegte berufliche Tätigkeit ausüben und hierfür ein leistungsbezogenes Entgelt erhalten".*

In den Versicherungsschutz einbezogen sind somit die Kinder des Versicherungsnehmers, die sich noch in der **Ausbildung** befinden, auch Referendare und andere Beamte auf Widerruf.

19

F. Leistungsarten (§ 2 ARB 2008/2010)

I. Vorbemerkung

In den §§ 21 bis 29 ARB 2008/2010 wird der Umfang des Versicherungsschutzes mit insgesamt neun verschiedenen Formen des Versicherungsschutzes geregelt. Es besteht somit keineswegs Versicherungsschutz für alle in Betracht kommenden rechtlichen Interessen, der Versicherungsschutz muss stets **ausdrücklich vereinbart** werden. Dies ist nur möglich für die in § 2 ARB 2008/2010 enumerativ genannten Tatbestände.

20

II. Schadenersatzrechtsschutz (§ 2 lit. a ARB 2008/2010)

Schadenersatzrechtsschutz besteht für die **Geltendmachung** von Schadenersatzansprüchen, soweit diese nicht auf einer Vertragsverletzung oder auf Verletzung eines dinglichen Rechts an Grundstücken, Gebäuden oder Gebäudeteilen beruhen.

21

> *Hinweis*
> Nur für die aktive Geltendmachung von Schadenersatzansprüchen besteht Versicherungsschutz, nicht für die Abwehr. Diese Deckungslücke wird damit begründet, dass die Abwehr zu Unrecht erhobener Schadenersatzansprüche Aufgabe der Haftpflichtversicherung (§ 100 VVG) sei.

Ausgeschlossen ist schließlich die Geltendmachung von Ansprüchen mitversicherter Personen **untereinander** und gegen den Versicherungsnehmer selbst (§ 3 Abs. 4a ARB 2008/2010).

Aber: Der Ausschluss gemäß § 4a ARB 2008/2010 greift nicht ein, wenn der geschädigte Fahrer oder Insasse den Direktanspruch gegen den Kraftfahrzeug-Haftpflichtversicherer geltend macht.

Es besteht zwar auch ein Schadenersatzanspruch gegen den Versicherungsnehmer, der Direktanspruch gegen den Haftpflichtversicherer (§ 115 VVG) ist aber ein eigener selbstständiger Anspruch, der sich weder gegen den Versicherungsnehmer noch gegen die mitversicherte Person richtet.[4] Der Schadenersatz-Rechtsschutz deckt die **gesamte Unfallregulierung** einschließlich der Geltendmachung von Sachschäden, Personenschäden, Unterhaltsschäden ab, also alle gesetzlichen Schadenersatzansprüche gemäß § 823 BGB und § 17 StVG.

III. Arbeitsrechtsschutz (§ 2 lit. b ARB 2008/2010)

22 Arbeitsrechtsschutz besteht für die Wahrnehmung rechtlicher Interessen aus **Arbeitsverhältnissen** und öffentlich rechtlichen **Dienstverhältnissen**, also auch für Wehrpflichtige und Zivildienstleistende.

Die **Abwehr** von Schadenersatzansprüchen aus Vertragsverletzung ist gedeckt, nicht jedoch bei Streik (§ 3 Abs. 1 lit. a ARB 2008/2010). Versichert sind auch Streitigkeiten über ein **Arbeitgeberdarlehen**.[5]

IV. Wohnungs- und Grundstücksrechtsschutz (§ 2 lit. c ARB 2008/2010)

23 Der Versicherungsschutz wird gewährt für die Wahrnehmung rechtlicher Interessen aus **Miet- und Pachtverhältnissen** sowie sonstigen Nutzungsverhältnissen und dinglichen Rechten. Diese Leistungsart besteht nur für **Eigentümer** und **Mieter** von Wohnungen und Grundstücken (§ 29 ARB 2008/2010).

24 Sonstige Nutzungsverhältnisse sind insbesondere **faktische** Nutzungsverhältnisse, wenn beispielsweise Eltern ihren Kindern kostenlos eine Wohnung oder ein Haus zur Nutzung überlassen.

25 Risikoausschlüsse ergeben sich aus § 3 Abs. 1 lit. c ARB 2008/2010 (**Bergbauschäden**) und § 3 Abs. 1 lit. d ARB 2008/2010 (Erwerb oder Veräußerung eines zu **Bauzwecken** bestimmten Grundstückes).

---

4 Harbauer/*Maier*, § 3 ARB 2000 Rn 177.
5 OLG Hamm, r+s 2000, 113 = VersR 2000, 630 = NJW-RR 2000, 1558.

V. Vertrags- und Sachenrecht (§ 2d ARB 2008/2010)

Der Rechtsschutz im Vertrags- und Sachenrecht besteht für die Wahrnehmung rechtlicher Interessen aus **privatrechtlichen** Schuldverhältnissen und **dinglichen Rechten**. 26

Der Versicherungsschutz in § 2 lit. d ARB 2008/2010 ist ein **Auffangtatbestand**, da er nur dann eingreift, „soweit der Versicherungsschutz nicht in den Leistungsarten a, b oder c enthalten ist". Im Rahmen des Vertragsrechtsschutzes besteht somit auch Versicherungsschutz für die **Abwehr** vertraglicher Schadenersatzansprüche, soweit nicht schon § 2b ARB 2008/2010 oder § 2 lit. c ARB 2008/2010 eingreift. 27

Versichert sind somit auch alle Streitigkeiten aus **Versicherungsverträgen**.

Da alle privatrechtlichen Schuldverhältnisse erfasst sind, besteht somit auch Versicherungsschutz für die Geltendmachung von Ansprüchen aus **Auslobung** (§§ 657 ff. BGB), **Geschäftsführung ohne Auftrag** (§§ 677 ff. BGB) **oder ungerechtfertigter Bereicherung** (§§ 812 ff. BGB). 28

VI. Steuerrechtsschutz (§ 2e ARB 2008/2010)

Steuerrechtsschutz besteht nur für die Wahrnehmung rechtlicher Interessen **vor Gerichten**. 29

VII. Sozialgerichtsrechtsschutz (§ 2 lit. f ARB 2008/2010)

Auch hier ist der Rechtsschutz für die Wahrnehmung rechtlicher Interessen **vor Gerichten** beschränkt. Für das sozialrechtliche Vorverfahren gibt es also keinen Versicherungsschutz. 30

VIII. Verwaltungsrechtsschutz in Verkehrssachen (§ 2 lit. g ARB 2008/2010)

Der Rechtsschutz setzt eine verkehrsrechtliche Angelegenheit voraus. Es besteht daher Versicherungsschutz im Verwaltungsverfahren 31
- wegen Erlangung einer **Fahrerlaubnis**,
- wegen **Entziehung** der Fahrerlaubnis durch eine Verwaltungsbehörde,
- wegen Führung eines **Fahrtenbuches**,
- wegen Teilnahme am **Verkehrsunterricht**,
- wegen **Abschleppen** eines verkehrsbehindernden Fahrzeuges.

IX. Disziplinarrechtsschutz (§ 2 lit. h ARB 2008/2010)

32 Für die Verteidigung in Disziplinar- und Standesrechtsverfahren wird Versicherungsschutz gewährt, der nicht auf das gerichtliche Verfahren beschränkt ist, sondern auch das vorangegangene **Verwaltungsverfahren** umfasst.

X. Verkehrsstraftaten (§ 2 lit. i aa ARB 2008/2010)

33 Zu den „klassischen" Verkehrsstraftaten gehören
- **Trunkenheit** im Straßenverkehr (§ 316 StGB),
- **Gefährdung** des Straßenverkehrs (§ 315c StGB),
- **Unfallflucht** (§ 142 StGB),
- Fahren **ohne Fahrerlaubnis** (§ 21 StVG),
- **Kennzeichenmissbrauch** (§ 22 StVG).

Aber auch die **Nötigung** im Straßenverkehr ist eine verkehrsrechtliche Straftat.[6]

34 Für verkehrsrechtliche Straftaten gilt folgende Besonderheit: Auch bei einer **vorsätzlichen Straftat** besteht von Anfang an Versicherungsschutz, selbst wenn das Delikt nur vorsätzlich begangen werden kann, wie beispielsweise bei Unfallflucht und Nötigung. Dieser Versicherungsschutz besteht **auflösend bedingt**, bis rechtskräftig festgestellt ist, dass der Versicherungsnehmer vorsätzlich gehandelt hat.

> *Hinweis*
> Bei einem Verfahren wegen einer vorsätzlichen Verkehrsstraftat soll und kann der beauftragte Rechtsanwalt vom Rechtsschutzversicherer **Vorschusszahlung gemäß § 9 RVG** verlangen. Im Falle einer rechtskräftigen Verurteilung wegen Vorsatzes richten sich die Rückforderungsansprüche nicht gegen den Rechtsanwalt, sondern gegen den Versicherungsnehmer.

XI. Allgemeine Straftaten (§ 2 lit. i bb ARB 2008/2010)

35 Für Straftaten außerhalb des Verkehrsrechts besteht nur Versicherungsschutz, wenn sie (auch) **fahrlässig** begangen werden können. **Verbrechen** sind ohnehin vom Versicherungsschutz **ausgeschlossen**, ebenso **Vergehen**, die nur **vorsätzlich** begangen werden können, selbst wenn es zu keiner Verurteilung kommt.

36 Bei einem Delikt, das vorsätzlich und fahrlässig begangen werden kann, ist darauf abzustellen, ob wegen Vorsatzes oder wegen Fahrlässigkeit ermittelt wird. Beim Vorwurf eines **vorsätzlichen Verhaltens** besteht von Anfang an **kein Versicherungsschutz**, also auch keine Vorschusspflicht des Rechtsschutzversicherers.

---

6 Van Bühren/*Schneider*, Handbuch Versicherungsrecht, § 13 Rn 149; LG Karlsruhe, VersR 1993, 1145.

G. Risikoausschlüsse § 11

Erfolgt eine Verurteilung nur wegen **Fahrlässigkeit**, besteht **rückwirkend** Versicherungsschutz.[7]   37

Wird wegen Fahrlässigkeit ermittelt und kommt es dann zu einer **rechtskräftigen Verurteilung** wegen Vorsatzes, besteht kein Versicherungsschutz, so dass Vorschusszahlungen vom Versicherungsnehmer – nicht vom beauftragten Rechtsanwalt – **zurückzuerstatten** sind.   38

XII. Ordnungswidrigkeit (§ 2 lit. j ARB 2008/2010)

Für Ordnungswidrigkeiten besteht uneingeschränkt Versicherungsschutz, auch bei **Vorsatz**.   39

XIII. Beratungsrechtsschutz im Familienrecht/Lebenspartnerschaftsrecht/Erbrecht (§ 2 lit. k ARB 2008/2010)

Dieser Beratungsrechtsschutz besteht nur, wenn ein Versicherungsfall (§ 4 Abs. 1 lit. b ARB 2008/2010) eingetreten ist. Die **vorsorgliche Beratung** ist weiterhin **nicht** versichert. Der Beratungsrechtsschutz entfällt **ersatzlos,** wenn die Beratung unmittelbar einer gebührenpflichtigen Tätigkeit des Rechtsanwalts in derselben Angelegenheit vorausgeht.   40

Da dieses Ergebnis nur schwer zu vermitteln ist, bieten **einige Rechtsschutzversicherer** Beratungsrechtsschutz, zumindest eine **Erstberatungsgebühr**, auch in den Fällen an, in denen sich an die Beratung eine gebührenpflichtige Tätigkeit anschließt.   41

Wenn zwischen der Beratung und der gebührenpflichtigen Tätigkeit des Rechtsanwalts ein **erheblicher zeitlicher Abstand** liegt, kann gegebenenfalls von zwei verschiedenen Angelegenheiten im Sinne von § 15 RVG ausgegangen werden.   42

G. Risikoausschlüsse

I. Vorbemerkung

Der Umfang des Versicherungsschutzes ergibt sich aus den ARB, die im Einzelnen regeln, wann ein Leistungsanspruch gegen den Versicherer besteht. Die Grenzen dieses Versicherungsschutzes werden entweder durch positive Beschreibungen (**primäre Risikobegrenzung**) oder durch den Ausschluss bestimmter Risiken (**sekundäre Risikobegrenzung**) bestimmt.   43

---

7 Van Bühren/*Schneider*, Handbuch Versicherungsrecht, § 13 Rn 159.

483

| § 11 | Rechtsschutzversicherung |

44 Von diesen Risikoausschlüssen zu unterscheiden sind die **Obliegenheiten**, die Verhaltensnormen des Versicherungsnehmers zur Aufrechterhaltung des Versicherungsschutzes begründen.

45 Die **primäre Risikobegrenzung** ergibt sich jeweils aus der Umschreibung der versicherten Gefahr. Hier ist der **Versicherungsnehmer** dafür **beweispflichtig**, dass der eingetretene Schaden durch ein versichertes Risiko eingetreten ist.

46 Von einer **sekundären Risikobegrenzung** spricht man, wenn ein an sich versichertes Risiko durch eine gesonderte Bestimmung ausdrücklich vom Versicherungsschutz ausgenommen wird. In § 3 ARB 2008/2010 handelt es sich um derartige sekundäre Risikoausschlüsse. Hier ist der **Versicherer beweispflichtig**, wenn er sich auf einen dieser Risikoausschlüsse beruft.

II. Krieg, Streik, Aussperrung (§ 3 Abs. 1 lit. a ARB 2008/2010)

47 Es besteht **kein Versicherungsschutz** für die Wahrnehmung rechtlicher Interessen im ursächlichen Zusammenhang mit Krieg, feindseligen Handlungen, Aufruhr, inneren Unruhen, Streik, Aussperrung oder Erdbeben (§ 3 Abs. 1 lit. a ARB 2008/2010). Gewalttätige Demonstrationen können innere Unruhen sein und somit zum Ausschluss des Versicherungsschutzes führen.[8] Ob und wann von einem „**Krieg**" gesprochen werden kann, ist höchst streitig.[9]

III. Baurisiko (§ 3 Abs. 1 lit. d ARB 2008/2010)

1. Vorbemerkung

48 Das **gesamte Baurisiko** wird vom Versicherungsschutz ausgenommen, auch für Verfahren wegen Straftaten oder Ordnungswidrigkeiten im unmittelbaren Zusammenhang mit dem Bauvorhaben.[10] In der nunmehrigen Fassung von § 3 Abs. 1 lit. d ARB 2008/2010 ist die umfassende Rechtsprechung zur Baurisiko-Klausel der ARB 75 berücksichtigt worden, so dass nahezu **alle Tatbestände**, die irgendwie im **Zusammenhang mit einem Bauvorhaben** stehen, nunmehr durch eindeutige Formulierungen vom Risikoausschluss erfasst sind.

2. Rechtsprechung

49 ■ Die Auseinandersetzung mit dem Feuerversicherer wegen der **Neuwertspitze** unterfällt nicht dem Baurisiko.[11]

---

8 AG Köln, Juristisches Büro 1994, 694; van Bühren/*Schneider*, Handbuch Versicherungsrecht, § 13 Rn 179.
9 *Ehlers*, r+s 2002, 133 m.w.N; *van Bühren/Plote*, § 3 ARB Rn 5.
10 LG Hamburg, r+s 1995, 105; *van Bühren/Plote*, § 3 ARB Rn 27 ff.
11 OLG Karlsruhe, r+s 2004, 458.

G. Risikoausschlüsse § 11

- Im Gegensatz zu § 4 Abs. 1 lit. k ARB 75 stellt § 3 Nr. 1 lit. d dd ARB 2008/2010 klar, dass ein Streit über die **Baufinanzierung** unter die Baurisikoklausel fällt.[12]
- Streitigkeiten über einen geschlossen **Immobilienfond** unterliegen nicht der Baurisikoausschlussklausel;[13] auch nicht Streitigkeiten über mangelnde **Rentabilität** (Steuerersparnis) gegen ein Kreditinstitut.[14]
- Die Geltendmachung von Schadenersatzansprüchen aus culpa in contrahendo gegenüber einer **Bausparkasse**, die den Erwerb einer neu zu erstellenden Eigentumswohnung finanziert, unterfällt dem Risikoausschluss von § 3 Abs. 1 lit. d dd ARB 2008/2010.[15]
- Der Risikoausschluss „Baurisiko" umfasst auch die **Baufinanzierung**;[16] ebenso die Rückabwicklung eines Baukreditvertrages.[17]
- Die Baufinanzierungsklausel (§ 3 Abs. 1 lit. d dd ARB 94) setzt keinen Bezug zu einem spezifischen Baurisiko voraus und greift auch dann ein, wenn die Auseinandersetzung sich auf wahrheitswidrige Angaben zu den **erzielbaren Mieteinnahmen** und zur **Wirtschaftlichkeit** des Anlagemodells erstreckt.[18]

IV. Abwehr von Schadenersatzansprüchen (§ 3 Abs. 2 lit. a ARB 2008/2010)

Die Abwehr von Schadenersatzansprüchen soll Aufgabe einer Haftpflichtversicherung sein, aber auch der Versicherungsnehmer, der über keine entsprechende Haftpflichtversicherung verfügt, hat **keinen Versicherungsschutz** in der Rechtsschutzversicherung. Dieser Risikoausschluss gilt nur für **gesetzliche** Schadenersatzansprüche, so dass Versicherungsschutz besteht, soweit es sich um Schadenersatzansprüche handelt, die auf vertraglicher Grundlage beruhen (§ 2 lit. b, c, d ARB 2008/2010). 50

V. Kollektives Arbeitsrecht (§ 3 Abs. 2 lit. b ARB 2008/2010)

Für kollektives Arbeits- oder Dienstrecht besteht kein Versicherungsschutz; hierzu gehören in erster Linie Streitigkeiten aus dem **Tarifvertrags- oder Betriebsverfassungsrecht**. 51

---

12 OLG Karlsruhe, NJW-RR 2003, 247.
13 BGH, r+s 2003, 194 = zfs 2003, 567.
14 OLG Celle, r+s 2005, 17.
15 OLG Karlsruhe, r+s 2003, 502 = NJW-RR 2003, 1339 = VersR 2004, 59.
16 BGH, NJW-RR 2005, 29; OLG Karlsruhe, r+s 1996, 446; OLG Stuttgart, MDR 2000, 335.
17 OLG München, r+s 1999, 419 = VersR 2000, 722.
18 BGH, r+s 2004, 501 = VersR 2004, 1596.

VI. Handelsrecht (§ 3 Abs. 2 lit. c ARB 2008/2010)

52 Die Wahrnehmung rechtlicher Interessen aus dem Recht der Handelsgesellschaften oder aus Anstellungsverhältnissen gesetzlicher Vertreter juristischer Personen ist **nicht** versichert. Unter diese Ausschlussklausel fallen in erster Linie **gesellschaftsrechtliche** Streitigkeiten.

VII. Geistiges Eigentum (§ 3 Abs. 2 lit. d ARB 2008/2010)

53 Streitigkeiten im ursächlichen Zusammenhang mit Patent-, Urheber-, Warenzeichen-, Geschmacksmuster-, Gebrauchsmuster- oder sonstigen Rechten aus geistigem Eigentum sind vom Versicherungsschutz **ausgeschlossen**.

> *Hinweis*
> Streitigkeiten wegen Arbeitnehmererfindungen unterliegen jedoch dem Arbeitsrechtsschutz, es sei denn, nicht das Arbeitsgericht, sondern das Gericht für Patentstreitsachen ist zuständig.[19]

VIII. Kartell- und sonstiges Wettbewerbsrecht (§ 3 Abs. 2 lit. e ARB 2008/2010)

54 Alle Ansprüche aus diesen Rechtsgebieten sind vom Versicherungsschutz ausgeschlossen, also auch **Schadenersatzansprüche**, die auf wettbewerbsrechtlichen Grundlagen beruhen.

IX. Spiel- und Wettverträge (§ 3 Abs. 2 lit. f ARB 2008/2010)

55 Es besteht kein Rechtsschutz für die Wahrnehmung rechtlicher Interessen im ursächlichen Zusammenhang mit Spiel- oder Wettverträgen sowie Termin- oder vergleichbaren **Spekulationsgeschäften**.

56 Zu den Spielverträgen gehört nicht nur die Teilnahme an **Lottoveranstaltungen**, sondern auch Streitigkeiten innerhalb einer BGB-Wettgemeinschaft.[20] Zu den Termingeschäften/Spekulationsgeschäften gehören **Warenterminoptionsgeschäfte**[21] und **Warentermingeschäfte**.[22]

---

19 AG Hannover, zfs 1985, 112.
20 LG Köln, r+s 1984, 201; *van Bühren/Plote*, § 3 ARB Rn 82 ff.
21 OLG Köln, VersR 1995, 656.
22 OLG Düsseldorf, r+s 1998, 379; *van Bühren/Plote*, § 3 ARB Rn 87.

G. Risikoausschlüsse § 11

X. Familien-, Lebenspartnerschafts- und Erbrecht (§ 3 Abs. 2 lit. g ARB 2008/2010)

Der Versicherungsschutz ist auf den **Beratungsrechtsschutz** beschränkt. Unter den Risikoausschluss fallen somit alle Ansprüche, deren gerichtliche Auseinandersetzung zur Zuständigkeit des Familiengerichtes gehört. 57

XI. Eigene Rechtsschutzversicherung (§ 3 Abs. 2 lit. h ARB 2008/2010)

Die Wahrnehmung rechtlicher Interessen gegen den eigenen Rechtsschutzversicherer oder dessen Schadenabwicklungsunternehmen ist vom Versicherungsschutz **ausgeschlossen**. Ansonsten sind Streitigkeiten aus Versicherungsverträgen im Rahmen des schuldrechtlichen Vertragsrechtsschutzes (§ 2 lit. d ARB 2008/2010) versichert. 58

> *Hinweis*
> Den Deckungsprozess gegen den eigenen Rechtsschutzversicherer muss der Versicherungsnehmer stets auf eigenes Kostenrisiko führen.

XII. Steuerrecht (§ 3 Abs. 2 lit. i ARB 2008/2010)

In § 3 Abs. 2 lit. i ARB 2008/2010 wird der in § 2 lit. e ARB 2008/2010 geregelte Steuerrechtsschutz **eingeschränkt**, soweit es sich um Streitigkeiten über die steuerliche Bewertung von Grundstücken, Gebäuden oder Gebäudeteilen geht. Auch besteht **kein Rechtsschutz** für Streitigkeiten wegen **Erschließungskosten** oder sonstige Anliegerabgaben. 59

XIII. Verfassungsgericht (§ 3 Abs. 3 lit. a ARB 2008/2010)

Für Verfassungsbeschwerden besteht **kein** Rechtsschutz. 60

XIV. Internationale Gerichte (§ 3 Abs. 3 lit. b ARB 2008/2010)

Die Wahrnehmung rechtlicher Interessen vor internationalen Gerichtshöfen oder supranationalen Gerichtshöfen ist **nicht** Gegenstand der Rechtsschutzversicherung. 61

XV. Insolvenzverfahren (§ 3 Abs. 3 lit. c ARB 2008/2010)

Tätigkeiten innerhalb des Insolvenzverfahrens sind generell vom Versicherungsschutz **ausgeschlossen**. Dieser Ausschluss gilt nur für den Versicherungsnehmer als Insolvenzschuldner. Der Risikoausschluss gilt auch dann, wenn der Versicherungsnehmer einen gegen ihn gerichteten **Antrag auf Eröffnung** des Insolvenzver- 62 fahrens **abwehren** will.[23] Demgegenüber besteht Versicherungsschutz, wenn der Versicherungsnehmer gegen einen Schuldner den **Antrag auf Eröffnung** des Insolvenzverfahrens stellen will; hier handelt es sich um eine **Vollstreckungsmaßnahme**.

XVI. Enteignungsverfahren (§ 3 Abs. 3 lit. d ARB 2008/2010)

63 Zu den **nicht** versicherten Enteignungsangelegenheiten gehören auch enteignungsgleiche Eingriffe.

XVII. Halt- oder Parkverstöße (§ 3 Abs. 3 lit. e ARB 2008/2010)

64 Dieser Risikoausschluss besteht **unabhängig** davon, welche Einwendungen erhoben werden.

XVIII. Mitversicherte Personen (§ 3 Abs. 4 lit. a ARB 2008/2010)

65 Es besteht kein Versicherungsschutz für die Wahrnehmung rechtlicher Interessen
- **mehrerer Versicherungsnehmer untereinander,**
- **mitversicherter Personen untereinander,**
- **mitversicherter Personen gegen den Versicherungsnehmer.**

Hinweis
Wenn der **Versicherungsnehmer** gegen mitversicherte Personen vorgeht, besteht Versicherungsschutz.

XIX. Nichteheliche Lebenspartner (§ 3 Abs. 4 lit. b ARB 2008/2010)

66 Alle Streitigkeiten, die im ursächlichen Zusammenhang mit der nichtehelichen Lebensgemeinschaft stehen, sind vom Versicherungsschutz **ausgeschlossen**.[24]

XX. Übergegangene Ansprüche (§ 3 Abs. 4 lit. c ARB 2008/2010)

67 Die Wahrnehmung rechtlicher Interessen aus Ansprüchen und Verbindlichkeiten, die **nach Eintritt des Rechtsschutzfalles** auf den Versicherungsnehmer übergegangen sind, sind nicht versichert.

68 Wenn der Versicherungsfall erst **nach Forderungsübergang** eintritt, handelt es sich um einen **originären Versicherungsfall** des Versicherungsnehmers, für den der Rechtsschutzversicherer einzutreten hat.

---

23 AG München, zfs 1990, 198; *van Bühren/Plote*, § 3 ARB Rn 101.
24 *Van Bühren/Plote*, § 3 ARB Rn 121 ff. m.w.N.

Der Versicherungsschutz entfällt auch dann, wenn der Unfallgeschädigte seinen Anspruch abtritt, um in die **Zeugenstellung** zu gelangen.[25]   **69**

XXI. Ansprüche anderer Personen (§ 3 Abs. 4 lit. d ARB 2008/2010)

Wenn der Versicherungsnehmer Ansprüche im Namen anderer Personen geltend macht, soll – ebenso wie in § 3 Abs. 4 lit. c ARB 2008/2010 – verhindert werden, dass ein nicht versicherter Rechtsinhaber seine Klagebefugnis auf einen Versicherten **verlagert**.[26]   **70**

XXII. Vorsatztaten (§ 3 Abs. 5 ARB 2008/2010)

Der Versicherungsschutz ist ausgeschlossen, wenn der Versicherungsnehmer durch ein **strafbares Verhalten** seine Interessenwahrnehmung ausgelöst hat.   **71**

Der Kündigungsschutzprozess wegen **Unterschlagung** ist daher nicht versichert, wohl aber bei vorsätzlicher Vertragsverletzung wie beispielsweise **Arbeitsverweigerung** oder regelmäßigem Zuspätkommen.   **72**

Die **Beweislast** für den Risikoausschluss liegt beim **Versicherer**.[27]   **73**

Umstritten ist die Kostenquote bei **Teildeckung**.

> *Beispiel*
> Der Versicherungsnehmer wird wegen Straßenverkehrsgefährdung (§ 315c StGB) und wegen Unfallflucht verurteilt. Für die – vorsätzliche – Unfallflucht besteht kein Versicherungsschutz, so dass der Versicherer lediglich für die Kosten der Verteidigung wegen Verkehrsgefährdung (§ 315c StGB) eintrittspflichtig ist.

Bei dieser anteiligen Deckung gehen Rechtsprechung und Kommentierung davon aus, dass die Kosten „nach **Schwerpunkt** zu verteilen sind".[28] Diese Überlegungen erscheinen jedoch ebenso wenig richtig wie die Überlegungen bei Teildeckung im Zivilprozess.[29] Für das Zivilverfahren hat das OLG Hamm[30] entschieden, dass zunächst fiktiv die Kosten zu berechnen sind, die ohne den nicht gedeckten Teil des Verfahrens entstanden wären.[31] Ebenso muss auch im Strafverfahren entschieden werden: Nur die durch den nicht gedeckten Teil entstehenden **Mehrkosten** sind

---

25 OLG Düsseldorf, r+s 1998, 379.
26 BGH, VersR 1998, 887 = zfs 1998, 396; *van Bühren/Plote*, § 3 ARB Rn 128 m.w.N.
27 OLG Hamm, zfs 1996, 271 = NJW-RR 1996, 601.
28 Harbauer/*Stahl*, § 2 ARB 2000 Rn 277.
29 *Van Bühren*, MDR 2001, 1391.
30 R+s 1992, 341.
31 A.A. OLG München, VersR 2003, 705.

auszugrenzen. Dies bedeutet im Ergebnis, dass der Rechtsschutzversicherer für sämtliche Verfahrenskosten bei Verurteilung wegen § 315c StGB und § 142 StGB einzutreten hat, da durch die Verteidigung wegen Unfallflucht in der Regel keine nennenswerten zusätzlichen Kosten entstehen.[32]

H. Obliegenheiten

I. Vorbemerkung

74 Obliegenheiten sind **Verhaltensnormen**, aus denen sich ergibt, was der Versicherungsnehmer zu tun oder zu unterlassen hat. Der Versicherungsnehmer muss diese Obliegenheiten beachten, um den Versicherungsschutz zu erhalten. Der Versicherer kann nicht auf Erfüllung von Obliegenheiten klagen, es besteht nur die Sanktion der Leistungsfreiheit.[33]

II. Obliegenheiten vor Eintritt des Versicherungsfalles

75 Obliegenheiten vor Eintritt des Versicherungsfalles haben in der Rechtsschutzversicherung keine große Bedeutung. Sie kommen vor allem im Verkehrsrechtsschutz in Betracht (§ 21 Abs. 8 ARB 2008/2010):

- **Führerscheinklausel,**
- **Schwarzfahrtklausel,**
- **fehlende Zulassung des Kraftfahrzeuges.**

Die Leistungsfreiheit besteht immer nur gegenüber demjenigen, der die Obliegenheitsverletzung begeht.

> *Beispiel*
> Der führerscheinlose Fahrer hat keinen Versicherungsschutz, wohl aber der Versicherungsnehmer, der schuldlos vom Bestehen einer Fahrerlaubnis ausging.

Behauptet der Versicherungsnehmer, dass seine Obliegenheitsverletzung nicht kausal für den Versicherungsfall gewesen sei, ist er beweispflichtig. Er muss den Kausalitätsgegenbeweis führen.[34] Dieser **Kausalitätsgegenbeweis** kommt im Verkehrsrecht in erster Linie dann in Betracht, wenn ein Verkehrsunfall durch einen unberechtigten oder führerscheinlosen Fahrer verursacht worden ist. Hier werden strenge Anforderungen gestellt, in der Regel muss der Nachweis eines **unabwendbaren Ereignisses** geführt werden.

---

32 *Van Bühren*, MDR 2001, 1393; LG Freiburg, 3 S 147/12, r+s 2014, 554.
33 Prölss/Martin/*Armbrüster*, § 28 VVG Rn 178 ff.
34 Römer/Langheid/*Rixecker*, § 28 VVG Rn 90 ff. m.w.N.

III. Obliegenheitsverletzungen nach Eintritt des Versicherungsfalles

Obliegenheitsverletzungen nach Eintritt des Versicherungsfalles sind in § 17 Abs. 3 bis 6 ARB 2008/2010 geregelt. 76

1. Informationspflicht (§ 17 Abs. 3 ARB 2008/2010)

§ 33 Abs. 1 VVG verlangt zwar von dem Versicherungsnehmer, dass er den Versicherer **unverzüglich** vom Eintritt eines Schadenfalles informiert. Eine Verletzung dieser gesetzlichen Obliegenheit ist jedoch weder im VVG noch in den ARB mit Rechtsfolgen sanktioniert. 77

Es genügt daher in der Regel, den Rechtsschutzversicherer erst zu informieren, wenn **abzusehen** ist, dass Rechtsverfolgungskosten entstehen, die nicht von der Gegenseite zu erstatten sind. 78

Auf der anderen Seite ist der Versicherungsnehmer nach § 17 Abs. 3 ARB 2008/2010 verpflichtet, „den Versicherer vollständig und **wahrheitsgemäß** über sämtliche Umstände des Rechtsschutzes zu **unterrichten** sowie Beweismittel anzugeben und Unterlagen auf Verlangen zur Verfügung zu stellen". Diese Informationspflicht besteht jedoch erst dann, wenn **der Versicherungsnehmer den Rechtsschutzanspruch geltend** macht. 79

Die bloße Übersendung der Klageschrift ohne weitere Informationen oder Unterlagen reicht **nicht** aus.[35] 80

2. Abstimmungsobliegenheit (§ 17 Abs. 5 lit. c ARB 2008/2010)

Der Versicherungsnehmer muss **vor** Erhebung von Klagen und Einlegung von Rechtsmitteln die Zustimmung des Rechtsschutzversicherers einholen. 81

3. Warteobliegenheit (§ 17 Abs. 5 lit. c bb ARB 2008/2010)

Nach § 17 Abs. 5 lit. c bb ARB 2008/2010 muss der Versicherungsnehmer „vor Klageerhebung die Rechtskraft eines anderen gerichtlichen Verfahrens **abwarten**, das tatsächliche oder rechtliche Bedeutung für den beabsichtigten Rechtsstreit haben kann". 82

Der Anwendungsbereich dieser Obliegenheit ist denkbar gering, da „**Musterprozesse**", deren Ergebnis abzuwarten ist, selten sind. „Derselbe Versicherungsfall" setzt voraus, dass auch „derselbe Lebenssachverhalt" zu beurteilen ist.[36] Diese **Tatsachenidentität** liegt nur ganz selten vor. 83

---

35 AG Coburg, VersR 2003, 321 m.w.N.
36 OLG Köln, r+s 2000, 288 = zfs 2000, 266; *van Bühren/Plote*, § 17 ARB Rn 20.

84 Es besteht keine Obliegenheit, nur eine **Teilklage** zu erheben[37] oder für ein „**Musterverfahren**", wenn drei Prozesse gegen drei Versicherer anstehen.[38]

IV. Kostenminderungspflicht (§ 17 Abs. 1 lit. c bb ARB 2008/2010)

85 Nach § 17 Abs. 1 lit. c bb ARB 2008/2010 hat der Versicherungsnehmer „die Rechtsverfolgungskosten so gering wie möglich zu halten". Auch hier ist zu berücksichtigen, dass diese Obliegenheit stets unter dem Vorbehalt steht, dass die Interessen des Versicherungsnehmers **nicht unbillig beeinträchtigt** werden dürfen. § 17 Abs. 1 lit. c bb ARB 2008/2010 ist zwar wegen Verstoßes gegen das **Transparenzgebot nichtig**;[39] gleichwohl ergibt sich das Gebot zur Kostenminderung/ Schadenminderung aus § 82 VVG.

86 Ein Verstoß gegen diese Obliegenheit liegt dann vor, wenn mehrere Ansprüche aus dem selben Rechtsverhältnis gegen denselben Anspruchsgegner nicht in einer einzigen Klage geltend gemacht, sondern auf **mehrere Klagen** „verteilt" werden. Ebenso wird eine unnötige Kostenerhöhung herbeigeführt, wenn in einem Kündigungsschutzprozess nach einer erneuten Kündigung durch den Arbeitgeber nicht die **Klage erweitert**, sondern ein neuer Kündigungsschutzprozess geführt wird.[40]

87 Eine **gesonderte** Klage anstatt einer möglichen Klageerweiterung ist eine **mutwillige Erhöhung** der Kosten, für die der Rechtsschutzversicherer nicht einzutreten hat.[41]

88 Auch liegt ein Verstoß gegen die Kostenminderungspflicht vor, wenn ein **unrichtiger Kostenfestsetzungsbeschluss** nicht angefochten wird.[42]

V. Rechtsfolgen von Obliegenheitsverletzungen (§ 17 Abs. 6 ARB 2008/2010)

89 Bei **vorsätzlicher** und **kausaler** Obliegenheitsverletzung ist der Versicherer **leistungsfrei**, bei **grob fahrlässiger** und **kausaler** Obliegenheitsverletzung kann die Leistung des Rechtsschutzversicherers in einem der Schwere des Verschuldens des Versicherungsnehmers entsprechenden Verhältnis **gekürzt** werden.

---

37 OLG Hamm, r+s 1993, 145; OLG Hamm, zfs 2000, 409.
38 OLG Köln, r+s 2001, 153; LG Münster – 15 O 281/08, r+s 2010, 106.
39 OLG München, 929 U 1360/11, VersR 2012, 313.
40 LG Oldenburg, r+s 1993, 146; *van Bühren/Plote*, § 17 ARB Rn 33 m.w.N. und Rechtsprechungsübersicht.
41 OLG Hamm, r+s 2002, 21 = VersR 2002, 353; *van Bühren/Plote*, § 17 ARB Rn 33 a m.w.N.
42 LG Stuttgart, zfs 2000, 221.

I. Repräsentanten

Obliegenheiten treffen zunächst den Versicherungsnehmer selbst als Partner des Versicherungsvertrages. Aber auch **Obliegenheitsverletzungen Dritter** können zum Verlust des Leistungsanspruchs führen, wenn diese „Repräsentanten" des Versicherungsnehmers sind.

> *Hinweis*
> Repräsentant ist derjenige, der von dem Versicherungsnehmer mit der **tatsächlichen Risikoverwaltung** betraut und an die Stelle des Versicherungsnehmers getreten ist. Repräsentant kann nur sein, wer befugt ist, **selbstständig** in einem gewissen **nicht ganz unbedeutenden Umfang** für den Versicherungsnehmer zu handeln.[43]

Der vom Versicherungsnehmer beauftragte **Rechtsanwalt** ist daher in der Regel auch dessen Repräsentant.[44] Diese Frage dürfte nur akademische Bedeutung haben, da das Verhalten des beauftragten Rechtsanwalts dem Versicherungsnehmer ansonsten nach den Grundsätzen des **Wissensvertreters/Wissenserklärungsvertreters** zuzurechnen ist.[45]

J. Leistungen des Rechtsschutzversicherers (§ 5 ARB 2008/2010)

I. Vorbemerkung

Der Leistungsumfang, den der Rechtsschutzversicherer zu erbringen hat, wird **abschließend** in § 5 ARB geregelt.

II. Rechtsanwaltsgebühren im Inland (§ 5 Abs. 1 lit. a ARB 2008/2010)

Der Rechtsschutzversicherer übernimmt die Kosten „eines für den Versicherungsnehmer tätigen Rechtsanwalts bis zur Höhe **der gesetzlichen Vergütung** eines am Ort des zuständigen Gerichts ansässigen Rechtsanwalts" (§ 5 Abs. 1 lit. a S. 1 ARB 2008/2010). Honorarvereinbarungen können zwar getroffen werden, sind jedoch für den Rechtsschutzversicherer unverbindlich. Die Erstattungspflicht des Rechtsschutzversicherers beschränkt sich auf die Kosten des RVG.

---

43 BGH, VersR 1993, 828; OLG Köln, r+s 1996, 7; OLG Hamm, r+s 2002, 23.
44 OLG Hamm, NJW-RR 1991, 612; OLG Nürnberg, VersR 1992, 1511; LG Hannover, r+s 2002, 70 = VersR 2002, 93; *Will*, VersR 2012, 942 ff. m.w.N.; a.A. *Wendt*, r+s 2010, 221, 230.
45 OLG Hamm, r+s 1996, 296 = NJW-RR 1997, 91; OLG Köln, r+s 2001, 30 = NVersZ 2002, 29; *van Bühren/Plote*, Anhang 1 Rn 12; Harbauer/*Bauer*, § 17 ARB Rn 122.

§ 11 Rechtsschutzversicherung

94 Der Versicherungsnehmer kann somit seinen Rechtsanwalt **frei wählen**, er muss nicht am Ort des zuständigen Gerichts zugelassen sein. Reisekosten, Abwesenheitsgelder oder die Kosten eines Unterbevollmächtigten werden nicht erstattet. Etwas anderes gilt nur dann, wenn der Versicherungsnehmer „mehr als **100 km Luftlinie** vom zuständigen Gericht entfernt" wohnt (§ 5 Abs. 1 lit. a S. 2 ARB 2008/2010). In diesen Fällen trägt der Rechtsschutzversicherer zusätzlich die Vergütung eines **Verkehrsanwalts** (VV 3400). Diese zusätzliche Gebühr wird jedoch **nicht** übernommen im **Strafrechtsschutz** (§ 2 lit. i ARB 2008/2010) oder im Ordnungswidrigkeitenrechtsschutz (§ 2 lit. j ARB 2008/2010).

95 Die Leistungen des Rechtsschutzversicherers sind auf die Verkehrsgebühr beschränkt, so dass die **Einigungsgebühr,** wenn sie beim Verkehrsanwalt anfällt, **nicht** erstattet wird.

III. Rechtsanwaltsgebühren im Ausland (§ 5 Abs. 1 lit. b ARB 2008/2010)

96 Ereignet sich der Versicherungsfall im Ausland, trägt der Versicherer nach Wahl des Versicherungsnehmers „die Vergütung eines für den Versicherungsnehmer tätigen am Ort des **zuständigen** Gerichts ansässigen ausländischen **oder** eines im **Inland** zugelassenen Rechtsanwaltes".

97 Wohnt der Versicherungsnehmer mehr als **100 km Luftlinie** vom zuständigen ausländischen Gericht entfernt, so übernimmt der Rechtsschutzversicherer – wie bei Inlandschäden – eine zusätzliche Korrespondenzgebühr (VV 3400).

IV. Gerichtskosten (§ 5 Abs. 1 lit. c ARB 2008/2010)

98 Der Rechtsschutzversicherer hat **sämtliche** Gerichtskosten und Auslagenvorschüsse zu zahlen, sobald sie vom Versicherungsnehmer verlangt werden.

V. Schieds- oder Schlichtungsverfahren (§ 5 Abs. 1 lit. d ARB 2008/2010)

99 Die Gebühren eines Schieds- oder Schlichtungsverfahrens werden bis zur Höhe der Gebühren übernommen, die bei dem zuständigen Gericht **erster Instanz** entstehen würden.

VI. Verwaltungsverfahren (§ 5 Abs. 1 lit. e ARB 2008/2010)

100 Der Rechtsschutzversicherer trägt „die Kosten im Verfahren vor Verwaltungsbehörden einschließlich der Entschädigung für Zeugen und Sachverständige". Auch **Vollstreckungskosten** werden übernommen. Die im Bußgeldverfahren ausgeworfenen Verwaltungsgebühren fallen unter § 5 Abs. 1 lit. e ARB 2008/2010.

Demgegenüber sind die Kosten der medizinisch-psychologischen Untersuchung **nicht** erstattungsfähig, da es sich bei dem **MPU-Gutachten** um ein Gutachten handelt, das der Versicherungsnehmer beibringen muss; es handelt sich somit nicht um Sachverständige, „die von der Verwaltungsbehörde herangezogen werden". 101

VII. Private Sachverständige (§ 5 Abs. 1 lit. f ARB 2008/2010)

Die Kosten eines privaten Sachverständigen, der außergerichtlich für den Versicherungsnehmer tätig wird, sind **nicht** Gegenstand der Rechtsschutzversicherung. Es gibt nur zwei Ausnahmen, in denen der Versicherer die Kosten eines öffentlich bestellten technischen Sachverständigen übernimmt. Es handelt sich hierbei um Fälle der 102

- **Verteidigung** im verkehrsrechtlichen Straf- oder Ordnungswidrigkeitsverfahren,
- Wahrnehmung der rechtlichen Interessen aus **Kauf- und Reparaturverträgen** von Motorfahrzeugen zu Lande sowie Anhängern.

VIII. Reisekosten (§ 5 Abs. 1 lit. g ARB 2008/2010)

Reisekosten des Versicherungsnehmers zu einem **ausländischen Gericht** sind versichert, „wenn sein Erscheinen als Beschuldigter oder Partei vorgeschrieben und zur Vermeidung von Rechtsnachteilen erforderlich ist". 103

IX. Kosten des Gegners (§ 5 Abs. 1 lit. h ARB 2008/2010)

Der Rechtsschutzversicherer hat die dem Gegner durch die Wahrnehmung seiner rechtlichen Interessen entstandenen Kosten zu erstatten, soweit der Versicherungsnehmer verpflichtet ist. Hier geht es in erster Linie um die Kosten einer gerichtlichen Auseinandersetzung, also um die **prozessuale Erstattungspflicht**. 104

X. Kostenübernahme (§ 5 Abs. 3 lit. a ARB 2008/2010)

Kosten, die der Versicherungsnehmer **ohne Rechtspflicht** übernommen hat, werden nicht erstattet. 105

XI. Einverständliche Erledigung (§ 5 Abs. 3 lit. b ARB 2008/2010)

Bei einer einverständlichen Regelung werden die Kosten nicht übernommen, „soweit sie nicht dem **Verhältnis** des vom Versicherungsnehmer angestrebten Ergebnisses zum erzielten Ergebnis entsprechen, es sei denn, dass eine hiervon abweichende Kostenverteilung gesetzlich vorgeschrieben ist". Durch diese Bestimmung soll vermieden werden, dass zu Lasten des Rechtsschutzversicherers Zugeständnisse in der Kostenfrage gemacht werden. Wenn die Kostenquote dem Verhältnis zwi- 106 schen **Obsiegen und Unterliegen** entspricht, ist eine Zustimmung des Rechtsschutzversicherers nicht erforderlich.

107 Bei einem außergerichtlichen Vergleich kommt eine Quotierung nur dann in Betracht, wenn der Versicherungsnehmer **Kostenzugeständnisse** gemacht hat, die von der objektiv gebotenen Kostenverteilung im Verhältnis Obsiegen/Unterliegen abweicht.[46] Ein Kostenzugeständnis liegt **nicht** vor, wenn im Rahmen einer außergerichtlichen Einigung Kostenaufhebung vereinbart wird und ein materieller Kostenerstattungsanspruch **nicht** bestand.[47]

XII. Selbstbeteiligung (§ 5 Abs. 3 lit. c ARB 2008/2010)

108 Die meisten Rechtsschutzversicherer bieten Versicherungsverträge nur noch mit einer Selbstbeteiligung an. Die Selbstbeteiligung gilt für jede Leistungsart, kann also trotz eines einheitlichen Sachverhalts mehrfach in Betracht kommen: Wird ein Rechtsanwalt bei einem Verkehrsunfall im Strafverfahren und bei der Geltendmachung von Schadenersatzansprüchen tätig, so ist die Selbstbeteiligung **jeweils gesondert** zu berücksichtigen. Einige Rechtsschutzversicherer sehen jedoch in ihren Bedingungen vor, dass diese Selbstbeteiligung nur einmal anfällt. Bei der Selbstbeteiligung ist das **Quotenvorrecht** (§ 86 VVG) zu berücksichtigen.

109 § 86 Abs. 1 S. 2 VVG bestimmt, dass im Schadenfall der Ersatzanspruch des Versicherungsnehmers **nicht zu seinem Nachteil** auf den Versicherer übergehen darf. Die speziell zur Vollkaskoversicherung entwickelte Regelung „Quotenvorrecht/Differenztheorie" gilt auch für die Rechtsschutzversicherung als Schadenversicherung.

110 Bei Kostenerstattung durch die Gegenseite ist daher **vorrangig** die Selbstbeteiligung des Versicherungsnehmers zu berücksichtigen und an ihn zu erstatten.

XIII. Zwangsvollstreckungskosten (§ 5 Abs. 3 lit. d, e ARB 2008/2010)

111 Vollstreckungskosten sind zwar Gegenstand der Rechtsschutzversicherung, allerdings nur für **drei** Vollstreckungsmaßnahmen. Der Rechtsschutzversicherer gewährt jedoch keinen Rechtsschutz für Kosten, die aufgrund der vierten oder jeder weiteren Zwangsvollstreckungsmaßnahme je Vollstreckungstitel entstehen. Es entscheidet die **zeitliche** Reihenfolge, es gibt **kein Wahlrecht**, für welche Vollstreckungsmaßnahme Kostenschutz beansprucht wird.

---

46 BGH, IV ZR 59/09, VersR 2011, 1005.
47 BGH, IV ZR 213/11, r+s 2013, 71 = zfs 2013, 159 = VersR 2013, 232; OLG Saarbrücken, 5 U 37/13, VersR 2014, 1320.

J. Leistungen des Rechtsschutzversicherers (§ 5 ARB 2008/2010) § 11

Hinweis
Der beauftragte Rechtsanwalt sollte daher darauf achten, die „**teuerste**" Vollstreckungsmaßnahme an den Beginn der Zwangsvollstreckung zu stellen und nicht – wie üblich – umgekehrt.

§ 5 Abs. 3 lit. e ARB 2008/2010 schließt Vollstreckungsmaßnahmen aus, die später als **fünf Jahre** nach Rechtskraft des Vollstreckungstitels eingeleitet werden. 112

Das Aushandeln und der Abschluss eines umfassenden **Vollstreckungsvergleichs** durch einen Rechtsanwalt dient der Wahrnehmung rechtlicher Interessen des Vollstreckungsschuldners, die insoweit anfallenden **Anwaltskosten** sind vom Rechtsschutzversicherer zu **übernehmen**.[48] 113

XIV. Strafvollstreckungsverfahren (§ 5 Abs. 3 lit. f ARB 2008/2010)

Kosten für Strafvollstreckungsverfahren (Einwendungen gegen die Vollstreckung, **Gnadengesuch** und Ähnliches) fallen grundsätzlich unter den Versicherungsschutz. **Ausgeschlossen** sind Bagatellangelegenheiten mit Geldstrafen oder Geldbußen **unter 250 EUR**. 114

XV. Subsidiaritätsklausel (§ 5 Abs. 3 lit. g ARB 2008/2010)

Der Versicherungsschutz ist **ausgeschlossen**, wenn ein anderer zur Kostenübernahme aus **Gesetz, Vertrag**, behördlicher oder gerichtlicher **Entscheidung** zur Übernahme dieser Kosten **verpflichtet** ist. Wenn der Rechtsschutzversicherer bereits Kosten getragen hat, zu deren Erstattung ein Dritter gegenüber dem Versicherungsnehmer verpflichtet ist, geht der Ersatzanspruch des Versicherungsnehmers auf den Versicherer über (§ 86 Abs. 1 S. 1 VVG). 115

XVI. Versicherungssumme (§ 5 Abs. 4 ARB 2008/2010)

Die Leistungspflicht des Versicherers wird durch die vereinbarte Versicherungssumme (Deckungssumme) **begrenzt** (§ 5 Abs. 4 S. 1 ARB 2008/2010). Diese Begrenzung besteht auch dann, wenn der Rechtsschutzversicherer uneingeschränkt Deckungszusage erteilt, ohne auf die Höhe der Versicherungssumme hinzuweisen. 116

Hinweis
Der Rechtsschutzversicherer ist verpflichtet, den Versicherungsnehmer rechtzeitig zu **informieren**, wenn sich die **Überschreitung** der Versicherungssumme abzeichnet.[49]

---

48 BGH, VersR 1991, 919.
49 OLG Hamm, NJW-RR 2001, 1073.

117 Die Begrenzung auf die Versicherungssumme erfolgt auch dann, wenn der Versicherer aufgrund desselben Rechtsschutzversicherungsfalles für den **Versicherungsnehmer und für mitversicherte Personen** leistet. Die jeweiligen Zahlungen werden **addiert** (§ 5 Abs. 4 S. 2 ARB 2008/2010). Diese Zusammenrechnung sämtlicher Leistungen bei mehreren Rechtsschutzfällen erfolgt auch dann, wenn diese zeitlich und ursächlich zusammenhängen und einem **einheitlichen Lebensvorgang** zuzurechnen sind.[50]

> *Beispiel*
> Bei **Massenkündigungen** eines Arbeitgebers liegt ein **einheitlicher Leistungsfall** vor, so dass die Leistungen des Rechtsschutzversicherers auf die Versicherungssumme beschränkt ist.[51]

XVII. Kaution (§ 5 Abs. 5 lit. b ARB 2008/2010)

118 Kann der Versicherungsnehmer durch eine Kaution von Strafverfolgungsmaßnahmen verschont werden, gewährt der Rechtsschutzversicherer ein **zinsloses Darlehen** bis zur vereinbarten Höhe (Deckungssumme). Der Versicherungsnehmer hat das Darlehen gemäß § 607 Abs. 1 BGB zurückzuzahlen, sobald er die Kaution zurückerhalten hat oder die Kaution verfallen ist.

119 Wird die Kaution für den **mitversicherten Fahrer** gestellt, kann der Rechtsschutzversicherer, wenn die Kaution verfällt, den Rückforderungsanspruch nur gegen den Fahrer, **nicht** gegen den **Versicherungsnehmer** richten.[52]

K. Versicherungsfall (§ 4 ARB 2008/2010)

120 Voraussetzung für den Anspruch auf Rechtsschutz ist der Eintritt eines Versicherungsfalles. Eine **vorsorgliche Beratung** oder Tätigkeit ist **nicht** versichert. Aus § 4 Abs. 1 S. 2 ARB 2008/2010 ergibt sich, dass der Versicherungsfall nach Beginn des Versicherungsschutzes und vor dessen Beendigung eingetreten sein muss.[53]

121 Für den **Schadenersatzrechtsschutz** ist Versicherungsfall das **erste** Ereignis (Kausalereignis), durch das der Schaden verursacht wurde oder verursacht worden sein (§ 4 Abs. 1 lit. a ARB 2008/2010).

---

50 BGH, VersR 1990, 301; OLG Hamm, r+s 1989, 54,192; OLG Köln, r+s 1996, 105.
51 OLG Hamm, VersR 1975, 654.
52 OLG Köln, zfs 1999, 490.
53 *Schirmer*, r+s 2003, 221 ff. und r+s 2003, 266 ff.

Begehrt der Versicherungsnehmer Deckungsschutz für die Verfolgung eigener Ansprüche („Aktivprozess"), richtet sich die Festlegung des verstoßabhängigen Rechtsschutzfalls allein nach der von ihm **behaupteten Pflichtverletzung seines Anspruchsgegners**.[54]

Als Ereignis im Sinne von § 4 Abs. 1 lit. a ARB 2008/2010 kommen nur Ursachen in Betracht, die der Haftpflichtige **selbst** gesetzt hat.[55] **122**

Im **Beratungsrechtsschutz** (Familien-, Lebenspartnerschafts- und Erbrecht) ist Versicherungsfall die Änderung der Rechtslage (§ 4 Abs. 1 lit. b ARB 2008/2010). **123**

In allen anderen Fällen ist der Versicherungsfall der tatsächliche oder vermeintliche **Verstoß** gegen Rechtspflichten oder Rechtsvorschriften (§ 4 Abs. 1 lit. c ARB 2008/2010). Es kommt auf den **Zeitpunkt** des Rechtsverstoßes an, der entweder tatsächlich begangen oder lediglich von einem Dritten vorgeworfen wird. Kündigt eine Bank dem Kassierer wegen des Vorwurfs der Unterschlagung, kommt es auf den Zeitpunkt der Unterschlagungshandlung und nicht den der Kündigung an. **124**

Die **Androhung einer Kündigung** ist bereits ein Versicherungsfall, der zur **Eintrittspflicht** des Rechtsschutzversicherers führt,[56] dies trifft allerdings **nicht** bei Verhandlungen über einen **Aufhebungsvertrag** zu.[57] **125**

L. Abtretung

Unmittelbare Rechtsbeziehungen zwischen dem beauftragten Rechtsanwalt und dem Rechtsschutzversicherer können dadurch begründet werden, dass der Versicherungsnehmer seinen Befreiungsanspruch von Kosten an den beauftragten Rechtsanwalt abtritt. Während die früheren ARB ein generelles Abtretungsverbot enthalten, **modifiziert** § 17 Abs. 8 ARB 2010 das Abtretungsverbot dahingehend, dass es auf die Zustimmung des Rechtsschutzversicherers ankommt: **126**

„Ansprüche auf Rechtsschutzleistungen können nur mit schriftlichem Einverständnis des Versicherers abgetreten werden."

Für die Praxis empfiehlt es sich daher, dass der beauftragte Rechtsanwalt sich die Freistellungsansprüche seines Mandanten **abtreten** lässt und diese Abtretung dem Rechtsschutzversicherer zur **Genehmigung** vorgelegt wird.[58]

---

54 BGH, IV ZR 23/12, r+s 2013, 283; BGH, IV ZR 22/13, zfs 2015, 41 = r+s 2015, 16.
55 BGH, r+s 2003, 16 = zfs 2003, 92.
56 BGH – IV ZR 305/07, r+s 2009, 64 = zfs 2009, 31.
57 OLG Frankfurt, 7 U 102/13, MDR 2015, 31.
58 *Van Bühren*, zfs 2014, 126 ff.

M. Wartezeit (§ 4 Abs. 1 lit. b ARB 2008/2010)

127 Grundsätzlich besteht eine Wartezeit von drei Monaten seit Abschluss des Versicherungsvertrages, **außer**
- für die Geltendmachung von **Schadenersatzansprüchen** aufgrund gesetzlicher Haftpflichtbestimmungen,
- für die **Verteidigung** in Straf- und OWi-Sachen sowie des Disziplinar- und Standesrechts,
- für die **Beratung** in familienrechtlichen, erbrechtlichen Angelegenheiten.

N. Verjährung (§ 14 ARB 2008/2010)

128 Die Ansprüche aus dem Versicherungsvertrag verjähren **in drei Jahren** nach den allgemeinen Verjährungsregeln des BGB (§§ 194 ff. BGB). Wenn ein Anspruch beim Versicherer angemeldet ist, ist die Verjährung bis zu dem Zeitpunkt gehemmt, zu dem die Entscheidung des Versicherers dem Versicherten in Textform zugeht (§ 14 Abs. 2 ARB 2008/2010).

129 Da der Rechtsschutzanspruch **kein einheitlicher** Anspruch ist, sondern bei jeder Kosten auslösenden Maßnahme **neu** entsteht, beginnt die Fälligkeit und damit die Verjährung erst in dem Zeitpunkt, in dem die Leistung des Rechtsschutzversicherers **verlangt** werden kann.[59]

130 Nach § 4 Abs. 3d ARB 2008/2010 besteht kein Rechtsschutz, wenn der Anspruch auf Rechtsschutz erstmalig später als **drei Jahre** nach Beendigung des Versicherungsschutzes für den betroffenen Gegenstand der Versicherung geltend gemacht wird.

O. Mutwilligkeit (§ 18 Abs. 1 lit. a ARB 2008/§ 3 lit. a ARB 2010)

131 Der Rechtsschutzversicherer kann den Versicherungsschutz versagen, wenn „der durch die Wahrnehmung der rechtlichen Interessen voraussichtlich entstehende Kostenaufwand unter Berücksichtigung der berechtigten Belange der Versicherten Gemeinschaft in einem **groben Missverhältnis** zum angestrebten Erfolg steht". Diese Formulierung umschreibt den Begriff „mutwillig" und korrespondiert mit § 18 Abs. 1 lit. b ARB 2008 und § 3a Nr. 1 lit. b ARB 2010, der eine Deckungsablehnung vorsieht, wenn „**keine hinreichende Aussicht auf Erfolg**" besteht.

132 Die Begriffe „hinreichende Erfolgsaussicht" und „Mutwilligkeit" sind § 114 ZPO entnommen und sind daher im Sinne dieser Vorschrift auszulegen.[60] Die Frage der

---

[59] BGH, r+s 1999, 285 = VersR 1999, 706 = MDR 1999, 866.
[60] BGH, NJW 1988, 266 = VersR 1987, 1186.

Mutwilligkeit spielt insbesondere in Bußgeldangelegenheiten eine große Rolle. Entscheidend ist **nicht** allein das **Missverhältnis** zwischen dem verhängten oder zu erwartenden Bußgeld einerseits und den Verfahrenskosten andererseits. Es kommt auch darauf an, ob der Versicherungsnehmer Gründe dafür darlegen kann, die eine **Verbesserung seiner Situation** versprechen.

Mutwillig kann die Durchführung eines kostspieligen Verfahrens sein, in dem es um ein nicht **eintragungspflichtiges** Bußgeld geht. Anders sind Dinge zu beurteilen, wenn das Bußgeldverfahren möglicherweise **präjudizierende Wirkung** für die Geltendmachung von Schadenersatzansprüchen haben kann.

133

Bei einem Bußgeld von **20 DM** sind Verteidigerkosten in Höhe von **1.208 DM** mutwillig und daher nicht zu ersetzen,[61] ebenso Verteidigerkosten in Höhe von 500 DM bei einem Bußgeld von 30 DM.[62]

134

Für Ordnungswidrigkeitsverfahren oder Verwaltungsverfahren wegen des Vorwurfs eines **Halt-** oder **Parkverstoßes** besteht ohnehin **kein** Versicherungsschutz (§ 3 lit. e ARB 2008/§ 3 Abs. 3 lit. e ARB 2010).

135

P. Schiedsgutachterverfahren/Stichentscheid (§ 18 ARB 2008/§ 3 lit. a ARB 2010)

I. Vorbemerkung

Wenn der Rechtsschutzversicherer eine Kostenzusage ablehnt, weil der voraussichtlich entstehende Kostenaufwand in einem **groben Missverhältnis** zum angestrebten Erfolg steht oder weil nach Auffassung des Rechtsschutzversicherers **keine hinreichenden Erfolgsaussichten** vorhanden sind, kommt entweder ein Schiedsgutachterverfahren oder ein Stichentscheid in Betracht.

136

Die meisten Rechtsschutzversicherer bieten zwischenzeitlich – wieder – den Stichentscheid an.

137

II. Schiedsgutachterverfahren

Schiedsgutachter ist ein seit mindestens fünf Jahren zugelassener Rechtsanwalt, der von dem Präsidenten der für den Wohnsitz des Versicherungsnehmers zuständigen **Rechtsanwaltskammer** benannt wird.

138

Die **Kosten** des Schiedsgutachterverfahrens trägt der **Versicherer**, wenn der Schiedsgutachter feststellt, dass die Leistungsverweigerung des Versicherers ganz oder teilweise **unberechtigt** war. Unterliegt der Versicherungsnehmer, trägt er seine Kosten und die des Schiedsgutachters.

139

---

61 AG Köln, zfs 1995, 312.
62 AG Hannover, r+s 2001, 155.

III. Stichentscheid

140 Beim Stichentscheid kann der beauftragte Rechtsanwalt auf Kosten des Versicherers eine **begründete Stellungnahme** abgeben, in der die Erfolgsaussichten bejaht werden. Diese Entscheidung ist für beide Teile **bindend**, es sei denn, dass sie **offenbar** von der wirklichen Sach- und Rechtslage erheblich **abweicht**.

Q. Auskunftspflicht des Rechtsanwalts

141 Gemäß § 17 Abs. 8 ARB 2008/§ 17 Abs. 9 ARB 2010 gehen Kostenerstattungsansprüche des Versicherungsnehmers „mit ihrer Entstehung" auf den Rechtsschutzversicherer über. Diese Regelung entspricht der gesetzlichen Regelung in § 86 VVG. Übergangsfähig sind auch **vertragliche Ansprüche** aus dem Schadenereignis.[63] Aufgrund des Anwaltsvertrages ist der beauftragte Rechtsanwalt verpflichtet, seinem Mandanten Auskunft zu erteilen und Rechnung zu legen über geleistete Vorschüsse und eingenommene Zahlungen. Dieser Auskunftsanspruch geht gemäß § 86 VVG auf den **Versicherer** über. Der Rechtsschutzversicherer hat daher einen **unmittelbaren Anspruch** gegen den beauftragten Rechtsanwalt auf Auskunftserteilung und Rechnungslegung sowie Abrechnung der gezahlten Vorschüsse. Der Forderungsübergang bewirkt, dass ein Rechtsanwalt, der Zahlungen aus Kostenerstattungsansprüchen entgegennimmt, **Fremdgeld** erhält, das unverzüglich (an den Rechtsschutzversicherer) auszukehren ist.[64]

R. Allgemeine Bedingungen für die Rechtsschutzversicherung (ARB 2010) – Stand: September 2010

142 Diese Bedingungen des Gesamtverbandes der Deutschen Versicherungswirtschaft e.V. (GDV) sind für die Versicherer unverbindlich; ihre Verwendung ist rein fakultativ. Abweichende Bedingungen können vereinbart werden. Abdruck mit freundlicher Genehmigung des GDV; die jeweils aktuellen Bedingungen können kostenfrei auf der Website des GDV (www.gdv.de) abgerufen werden.

1. Inhalt der Versicherung

§ 1 Aufgaben der Rechtsschutzversicherung

Der Versicherer erbringt die für die Wahrnehmung der rechtlichen Interessen des Versicherungsnehmers oder des Versicherten erforderlichen Leistungen im vereinbarten Umfang (Rechtsschutz).

---

[63] *Van Bühren/Plote*, Anhang I Rn 15 m.w.N.
[64] *Van Bühren/Plote*, Anhang I Rn 17 ff. m.w.N.

§ 2 Leistungsarten

Der Umfang des Versicherungsschutzes kann in den Formen des § 21 bis § 29 vereinbart werden. Je nach Vereinbarung umfasst der Versicherungsschutz

a) Schadenersatz-Rechtsschutz
für die Geltendmachung von Schadenersatzansprüchen, soweit diese nicht auch auf einer Vertragsverletzung oder einer Verletzung eines dinglichen Rechtes an Grundstücken, Gebäuden oder Gebäudeteilen beruhen;

b) Arbeits-Rechtsschutz
für die Wahrnehmung rechtlicher Interessen aus Arbeitsverhältnissen sowie aus öffentlich-rechtlichen Dienstverhältnissen hinsichtlich dienst- und versorgungsrechtlicher Ansprüche;

c) Wohnungs- und Grundstücks-Rechtsschutz
für die Wahrnehmung rechtlicher Interessen aus Miet- und Pachtverhältnissen, sonstigen Nutzungsverhältnissen und dinglichen Rechten, die Grundstücke, Gebäude oder Gebäudeteile zum Gegenstand haben

d) Rechtsschutz im Vertrags- und Sachenrecht
für die Wahrnehmung rechtlicher Interessen aus privatrechtlichen Schuldverhältnissen und dinglichen Rechten, soweit der Versicherungsschutz nicht in den Leistungsarten a), b) oder c) enthalten ist;

e) Steuer- Rechtsschutz vor Gerichten
für die Wahrnehmung rechtlicher Interessen in steuer- und abgaberechtlichen Angelegenheiten vor deutschen Finanz- und Verwaltungsgerichten;

f) Sozialgerichts-Rechtsschutz
für die Wahrnehmung rechtlicher Interessen vor deutschen Sozialgerichten;

g) Verwaltungs- Rechtsschutz in Verkehrssachen
für die Wahrnehmung rechtlicher Interessen in verkehrsrechtlichen Angelegenheiten vor Verwaltungsbehörden und vor Verwaltungsgerichten,

h) Disziplinar- und Standes-Rechtsschutz
für die Verteidigung in Disziplinar- und Standesrechtsverfahren;

i) Straf-Rechtsschutz
für die Verteidigung wegen des Vorwurfes
aa) eines verkehrsrechtlichen Vergehens. Wird rechtskräftig festgestellt, dass der Versicherungsnehmer das Vergehen vorsätzlich begangen hat, ist er verpflichtet, dem Versicherer die Kosten zu erstatten, die dieser für die Verteidigung wegen des Vorwurfes eines vorsätzlichen Verhaltens getragen hat;
bb) eines sonstigen Vergehens, dessen vorsätzliche wie auch fahrlässige Begehung strafbar ist, solange dem Versicherungsnehmer ein fahrlässiges Verhalten vorgeworfen wird. Wird dem Versicherungsnehmer dagegen vorgeworfen, ein solches Vergehen vorsätzlich begangen zu haben, besteht rückwirkend Versicherungsschutz, wenn nicht rechtskräftig festgestellt wird, dass er vorsätzlich gehandelt hat. Es besteht also bei dem Vorwurf eines Verbrechens kein Versicherungsschutz; ebenso wenig bei dem Vorwurf eines

§ 11 Rechtsschutzversicherung

Vergehens, das nur vorsätzlich begangen werden kann (z.b. Beleidigung, Diebstahl, Betrug). Dabei kommt es weder auf die Berechtigung des Vorwurfes noch auf den Ausgang des Strafverfahrens an.

j) Ordnungswidrigkeiten-Rechtsschutz
für die Verteidigung wegen des Vorwurfes einer Ordnungswidrigkeit;

k) Beratungs-Rechtsschutz im Familien-, Lebenspartnerschafts- und Erbrecht
Je nach Vereinbarung umfasst der Versicherungsschutz Beratungs- Rechtsschutz im Familien-, Lebenspartnerschafts- und Erbrecht für Rat oder Auskunft eines in Deutschland zugelassenen Rechtsanwaltes in Familien-, lebenspartnerschafts- und erbrechtlichen Angelegenheiten, wenn diese nicht mit einer anderen gebührenpflichtigen Tätigkeit des Rechtsanwaltes zusammenhängen.

§ 3 Ausgeschlossene Rechtsangelegenheiten

Rechtsschutz besteht nicht für Wahrnehmung rechtlicher Interessen

(1) in ursächlichem Zusammenhang mit

a) Krieg, feindseligen Handlungen, Aufruhr, inneren Unruhen, Streik, Aussperrung oder Erdbeben;

b) Nuklear- und genetischen Schäden, soweit diese nicht auf eine medizinische Behandlung zurückzuführen sind;

c) Bergbauschäden an Grundstücken und Gebäuden;

d)
 aa) dem Erwerb oder der Veräußerung eines zu Bauzwecken bestimmten Grundstückes oder vom Versicherungsnehmer oder mitversicherten Personen nicht selbst zu Wohnzwecken genutzten Gebäudes oder Gebäudeteiles,
 bb) der Planung oder Errichtung eines Gebäudes oder Gebäudeteiles, das sich im Eigentum oder Besitz des Versicherungsnehmers befindet oder das dieser zu erwerben oder in Besitz zu nehmen beabsichtigt,
 cc) der genehmigungs- und/oder anzeigepflichtigen baulichen Veränderung eines Grundstückes, Gebäudes oder Gebäudeteiles, das sich im Eigentum oder Besitz des Versicherungsnehmers befindet oder das dieser zu erwerben oder in Besitz zu nehmen beabsichtigt,
 dd) der Finanzierung eines der unter aa) bis cc) genannten Vorhaben.

(2) Rechtsschutz besteht nicht für die Wahrnehmung rechtlicher Interessen

a) zur Abwehr von Schadenersatzansprüchen, es sei denn, dass diese auf einer Vertragsverletzung beruhen;

b) aus kollektivem Arbeits- oder Dienstrecht;

c) aus dem Recht der Handelsgesellschaften oder aus Anstellungsverhältnissen gesetzlicher Vertreter juristischer Personen;

d) in ursächlichem Zusammenhang mit Patent-, Urheber-, Marken-, Geschmacksmuster-, Gebrauchsmusterrechten oder sonstigen Rechten aus geistigem Eigentum:

e) aus dem Kartell- oder sonstigem Wettbewerbsrecht

f) in ursächlichem Zusammenhang mit Spiel- oder Wettverträgen, Gewinnzusagen, Termin- oder vergleichbaren Spekulationsgeschäften sowie dem Ankauf, der Veräußerung, der Verwaltung von Wertpapieren (z.b. Aktien, Rentenwerte, Fondsanteile), Wertrechten, die Wertpapieren gleichstehen, Beteiligungen (z.b. an Kapitalanlagemodellen, stille Gesellschaften, Genossenschaften) und deren Finanzierung.

g) aus dem Bereich des Familien-, Lebenspartnerschafts- und Erbrechts, soweit nicht Beratungs-Rechtsschutz gem. § 2k) besteht;

h) aus dem Rechtsschutzversicherungsvertrag gegen den Versicherer oder das für diesen tätige Schadenabwicklungsunternehmen;

i) wegen der steuerlichen Bewertung von Grundstücken, Gebäuden oder Gebäudeteilen, sowie wegen Erschließungs- und sonstiger Anliegerabgaben, es sei denn, dass es sich um laufend erhobene Gebühren für die Grundstücksversorgung handelt;

(3)

a) in Verfahren vor Verfassungsgerichten

b) in Verfahren vor internationalen oder supranationalen Gerichtshöfen, soweit es sich nicht um die Wahrnehmung rechtlicher Interessen von Bediensteten internationaler oder supranationaler Organisationen aus Arbeitsverhältnissen oder öffentlich-rechtlichen Dienstverhältnissen handelt;

c) in ursächlichem Zusammenhang mit einem Insolvenzverfahren, das über das Vermögen des Versicherungsnehmers eröffnet wurde oder eröffnet werden soll;

d) in Enteignungs-, Planfeststellungs-, Flurbereinigungs- sowie im Baugesetzbuch geregelten Angelegenheiten;

e) in Ordnungswidrigkeiten- und Verwaltungsverfahren wegen eines Halt- oder Parkverstoßes;

(4)

a) mehrerer Versicherungsnehmer desselben Rechtsschutzversicherungsvertrages untereinander, mitversicherter Personen untereinander und mitversicherter Personen gegen den Versicherungsnehmer;

b) sonstiger Lebenspartner (nicht eheliche und nicht eingetragene Lebenspartner gleich welchen Geschlechts) untereinander in ursächlichem Zusammenhang mit der Partnerschaft, auch nach deren Beendigung.

c) aus Ansprüchen oder Verbindlichkeiten, die nach Eintritt des Rechtsschutzfalles auf den Versicherungsnehmer übertragen worden oder übergegangen sind;

d) aus vom Versicherungsnehmer in eigenem Namen geltend gemachten Ansprüchen anderer Personen oder aus einer Haftung für Verbindlichkeiten anderer Personen;

(5) soweit in den Fällen des § 2a) bis h) ein ursächlicher Zusammenhang mit einer vom Versicherungsnehmer vorsätzlich begangenen Straftat besteht. Stellt sich ein

§ 11 Rechtsschutzversicherung

solcher Zusammenhang im Nachhinein heraus, ist der Versicherungsnehmer zur Rückzahlung der Leistungen verpflichtet, die der Versicherer für ihn erbracht hat.

Bei Anwendung des Schiedsgutachter-Verfahrens

§ 3a Ablehnung des Rechtsschutzes wegen mangelnder Erfolgsaussichten oder wegen Mutwilligkeit – Schiedsgutachterverfahren

(1) Der Versicherer kann den Rechtsschutz ablehnen, wenn seiner Auffassung nach
a) in einem der Fälle des § 2a) bis g) die Wahrnehmung der rechtlichen Interessen keine hinreichende Aussicht auf Erfolg hat
oder
b) die Wahrnehmung der rechtlichen Interessen mutwillig ist. Mutwilligkeit liegt dann vor, wenn der durch die Wahrnehmung der rechtlichen Interessen voraussichtlich entstehende Kostenaufwand unter Berücksichtigung der berechtigten Belange der Versichertengemeinschaft in einem groben Missverhältnis zum angestrebten Erfolg steht.

Die Ablehnung ist dem Versicherungsnehmer in diesen Fällen unverzüglich unter Angabe der Gründe schriftlich mitzuteilen.

(2) Mit der Mitteilung über die Rechtsschutzablehnung ist der Versicherungsnehmer darauf hinzuweisen, dass er, soweit er der Auffassung des Versicherers nicht zustimmt und seinen Anspruch auf Rechtsschutz aufrechterhält, innerhalb eines Monates die Einleitung eines Schiedsgutachterverfahrens vom Versicherer verlangen kann. Mit diesem Hinweis ist der Versicherungsnehmer aufzufordern, alle nach seiner Auffassung für die Durchführung des Schiedsgutachterverfahrens wesentlichen Mitteilungen und Unterlagen innerhalb der Monatsfrist dem Versicherer zuzusenden. Außerdem ist er über die Kostenfolgen des Schiedsgutachterverfahrens gemäß Absatz 5 und über die voraussichtliche Höhe dieser Kosten zu unterrichten.

(3) Verlangt der Versicherungsnehmer die Durchführung eines Schiedsgutachterverfahrens, hat der Versicherer dieses Verfahren innerhalb eines Monates einzuleiten und den Versicherungsnehmer hierüber zu unterrichten. Sind zur Wahrnehmung der rechtlichen Interessen des Versicherungsnehmers Fristen zu wahren und entstehen hierdurch Kosten, ist der Versicherer verpflichtet, diese Kosten in dem zur Fristwahrung notwendigen Umfang bis zum Abschluss des Schiedsgutachterverfahrens unabhängig von dessen Ausgang zu tragen. Leitet der Versicherer das Schiedsgutachterverfahren nicht fristgemäß ein, gilt seine Leistungspflicht in dem Umfang, in dem der Versicherungsnehmer den Rechtsschutzanspruch geltend gemacht hat, als festgestellt.

(4) Schiedsgutachter ist ein seit mindestens fünf Jahren zur Rechtsanwaltschaft zugelassener Rechtsanwalt, der von dem Präsidenten der für den Wohnsitz des Versicherungsnehmers zuständigen Rechtsanwaltskammer benannt wird. Dem Schiedsgutachter sind vom Versicherer alle ihm vorliegenden Mitteilungen und Unterlagen, die für die Durchführung des Schiedsgutachterverfahrens wesentlich sind,

zur Verfügung zu stellen. Er entscheidet im schriftlichen Verfahren; seine Entscheidung ist für den Versicherer bindend.

(5) Die Kosten des Schiedsgutachterverfahrens trägt der Versicherer, wenn der Schiedsgutachter feststellt, dass die Leistungsverweigerung des Versicherers ganz oder teilweise unberechtigt war. War die Leistungsverweigerung nach dem Schiedsspruch berechtigt, trägt der Versicherungsnehmer seine Kosten und die des Schiedsgutachters. Die dem Versicherer durch das Schiedsgutachterverfahren entstehenden Kosten trägt dieser in jedem Falle selbst.

Bei Anwendung des Stichentscheid-Verfahrens

§ 3a Ablehnung des Rechtsschutzes wegen mangelnder Erfolgsaussichten oder wegen Mutwilligkeit – Stichentscheid

(1) Der Versicherer kann den Rechtsschutz ablehnen, wenn seiner Auffassung nach
a) in einem der Fälle des § 2a) bis g) die Wahrnehmung der rechtlichen Interessen keine hinreichende Aussicht auf Erfolg hat
oder
b) die Wahrnehmung der rechtlichen Interessen mutwillig ist. Mutwilligkeit liegt dann vor, wenn der durch die Wahrnehmung der rechtlichen Interessen voraussichtlich entstehende Kostenaufwand unter Berücksichtigung der berechtigten Belange der Versichertengemeinschaft in einem groben Missverhältnis zum angestrebten Erfolg steht.

Die Ablehnung ist dem Versicherungsnehmer in diesen Fällen unverzüglich unter Angabe der Gründe schriftlich mitzuteilen.

(2) Hat der Versicherer seine Leistungspflicht gemäß Absatz 1 verneint und stimmt der Versicherungsnehmer der Auffassung des Versicherers nicht zu, kann er den für ihn tätigen oder noch zu beauftragenden Rechtsanwalt auf Kosten des Versicherers veranlassen, diesem gegenüber eine begründete Stellungnahme abzugeben, ob die Wahrnehmung rechtlicher Interessen in einem angemessenen Verhältnis zum angestrebten Erfolg steht und hinreichende Aussicht auf Erfolg verspricht. Die Entscheidung ist für beide Teile bindend, es sei denn, dass sie offenbar von der wirklichen Sach- und Rechtslage erheblich abweicht.

(3) Der Versicherer kann dem Versicherungsnehmer eine Frist von mindestens einem Monat setzen, binnen der der Versicherungsnehmer den Rechtsanwalt vollständig und wahrheitsgemäß über die Sachlage zu unterrichten und die Beweismittel anzugeben hat, damit dieser die Stellungnahme gemäß Absatz 2 abgeben kann. Kommt der Versicherungsnehmer dieser Verpflichtung nicht innerhalb der vom Versicherer gesetzten Frist nach, entfällt der Versicherungsschutz. Der Versicherer ist verpflichtet, den Versicherungsnehmer ausdrücklich auf die mit dem Fristablauf verbundene Rechtsfolge hinzuweisen.

§ 11 Rechtsschutzversicherung

§ 4 Voraussetzung für den Anspruch auf Rechtsschutz
(1) Anspruch auf Rechtsschutz besteht nach Eintritt eines Rechtsschutzfalles
a) im Schadenersatz- Rechtsschutz gemäß § 2a) von dem ersten Ereignis an, durch das der Schaden verursacht wurde oder verursacht worden sein soll;
b) im Beratungs-Rechtsschutz für Familien-, Lebenspartnerschafts- und Erbrecht gemäß § 2k) von dem Ereignis an, das die Änderung der Rechtslage des Versicherungsnehmers oder einer mitversicherten Person zur Folge hat;
c) in allen anderen Fällen von dem Zeitpunkt an, in dem der Versicherungsnehmer oder ein anderer einen Verstoß gegen Rechtspflichten oder Rechtsvorschriften begangen hat oder begangen haben soll.

Die Voraussetzungen nach a) bis c) müssen nach Beginn des Versicherungsschutzes gemäß § 7 und vor dessen Beendigung eingetreten sein. Für die Leistungsarten nach § 2b) bis g) besteht Versicherungsschutz jedoch erst nach Ablauf von drei Monaten nach Versicherungsbeginn (Wartezeit), soweit es sich nicht um die Wahrnehmung rechtlicher Interessen aufgrund eines Kauf- oder Leasingvertrages über ein fabrikneues Kraftfahrzeug handelt.

(2) Erstreckt sich der Rechtsschutzfall über einen Zeitraum, ist dessen Beginn maßgeblich. Sind für die Wahrnehmung rechtlicher Interessen mehrere Rechtsschutzfälle ursächlich, ist der erste entscheidend, wobei jedoch jeder Rechtsschutzfall außer Betracht bleibt, der länger als ein Jahr vor Beginn des Versicherungsschutzes für den betroffenen Gegenstand der Versicherung eingetreten oder, soweit sich der Rechtsschutzfall über einen Zeitraum erstreckt, beendet ist.

(3) Es besteht kein Rechtsschutz, wenn
a) eine Willenserklärung oder Rechtshandlung, die vor Beginn des Versicherungsschutzes vorgenommen wurde, den Verstoß nach Absatz 1 c) ausgelöst hat;
b) der Anspruch auf Rechtsschutz erstmals später als drei Jahre nach Beendigung des Versicherungsschutzes für den betroffenen Gegenstand der Versicherung geltend gemacht wird.

(4) Im Steuer- Rechtsschutz vor Gerichten (§ 2e) besteht kein Rechtsschutz, wenn die tatsächlichen oder behaupteten Voraussetzungen für die der Angelegenheit zugrunde liegende Steuer- oder Abgabefestsetzung vor dem im Versicherungsschein bezeichneten Versicherungsbeginn eingetreten sind oder eingetreten sein sollen.

§ 4a Versichererwechsel
(1) Sofern im Versicherungsschein nichts anderes vereinbart ist, besteht in Abweichung von § 4 Abs. 3 und Abs. 4 Anspruch auf Rechtsschutz, wenn
a) eine Willenserklärung oder Rechtshandlung, die vor Beginn des Versicherungsschutzes vorgenommen wurde, in die Vertragslaufzeit eines Vorversicherers fällt und der Verstoß gem. § 4 Abs. 1c) erst während der Vertragslaufzeit des Versicherungsvertrages eintritt; allerdings nur dann, wenn bezüglich des betroffenen Risikos lückenloser Versicherungsschutz besteht;

b) der Versicherungsfall in die Vertragslaufzeit eines Vorversicherers fällt und der Anspruch auf Rechtsschutz später als drei Jahre nach Ende der Vertragslaufzeit eines Vorversicherers gegenüber dem Versicherer geltend gemacht wird; allerdings nur dann, wenn der Versicherungsnehmer die Meldung beim Vorversicherer nicht vorsätzlich oder grob fahrlässig versäumt hat und bezüglich des betroffenen Risikos lückenloser Versicherungsschutz besteht;
c) im Steuer-Rechtsschutz vor Gerichten (§ 2e) die tatsächlichen oder behaupteten Voraussetzungen für die der Angelegenheit zugrunde liegende Steuer- oder Abgabefestsetzung während der Laufzeit eines Vorversicherers eingetreten sind oder eingetreten sein sollen und der Verstoß gem. § 4 Abs. 1c) erst während der Vertragslaufzeit des Versicherungsvertrages eintritt; allerdings nur dann, wenn bezüglich des betroffenen Risikos lückenloser Versicherungsschutz besteht.

(2) Rechtsschutz wird in dem Umfang gewährt, der zum Zeitpunkt des Eintritts des Rechtsschutzfalles bestanden hat, höchstens jedoch im Umfang des Vertrages des Versicherers.

§ 5 Leistungsumfang

(1) Der Versicherer erbringt und vermittelt Dienstleistungen zur Wahrnehmung rechtlicher Interessen und trägt

a) bei Eintritt des Rechtsschutzfalles im Inland die Vergütung eines für den Versicherungsnehmer tätigen Rechtsanwaltes bis zur Höhe der gesetzlichen Vergütung eines am Ort des zuständigen Gerichtes ansässigen Rechtsanwaltes. Der Versicherer trägt in Fällen, in denen das Rechtsanwaltsvergütungsgesetz für die Erteilung eines mündlichen oder schriftlichen Rates oder einer Auskunft (Beratung), die nicht mit einer anderen gebührenpflichtigen Tätigkeit zusammenhängt und für die Ausarbeitung eines Gutachtens keine der Höhe nach bestimmte Gebühr festsetzt, je Rechtsschutzfall eine Vergütung bis zu ... EUR. Wohnt der Versicherungsnehmer mehr als 100 km Luftlinie vom zuständigen Gericht entfernt und erfolgt eine gerichtliche Wahrnehmung seiner Interessen, trägt der Versicherer bei den Leistungsarten gemäß § 2a) bis g) die Kosten in der I. Instanz für einen im Landgerichtsbezirk des Versicherungsnehmers ansässigen Rechtsanwalt bis zur Höhe der gesetzlichen Vergütung eines Rechtsanwaltes, der lediglich den Verkehr mit dem Prozessbevollmächtigten führt;

b) bei Eintritt eines Rechtsschutzfalles im Ausland die Vergütung eines für den Versicherungsnehmer tätigen am Ort des zuständigen Gerichts ansässigen ausländischen oder im Inland zugelassenen Rechtsanwaltes. Im letzteren Fall trägt der Versicherer die Vergütung bis zur Höhe der gesetzlichen Vergütung, die entstanden wäre, wenn das Gericht, an dessen Ort der Rechtsanwalt ansässig ist, zuständig wäre. § 5 Abs. 1a) Satz 2 gilt entsprechend.

Wohnt der Versicherungsnehmer mehr als 100 km Luftlinie vom zuständigen Gericht entfernt und ist ein ausländischer Rechtsanwalt für den Versicherungsnehmer tätig, trägt der Versicherer die Kosten in der I. Instanz für einen im

§ 11 Rechtsschutzversicherung

Landgerichtsbezirk des Versicherungsnehmers ansässigen Rechtsanwalt bis zur Höhe der gesetzlichen Vergütung eines Rechtsanwaltes, der lediglich den Verkehr mit dem ausländischen Rechtsanwalt führt.
Ist der Rechtsschutzfall durch einen Kraftfahrtunfall im europäischen Ausland eingetreten und eine zunächst betriebene Regulierung mit dem Schadenregulierungsbeauftragten bzw. der Entschädigungsstelle im Inland erfolglos geblieben, so dass eine Rechtsverfolgung im Ausland notwendig wird, trägt der Versicherer zusätzlich die Kosten eines inländischen Rechtsanwaltes bei der Regulierung mit dem Schadenregulierungsbeauftragten bzw. der Entschädigungsstelle im Inland für dessen gesamte Tätigkeit im Rahmen der gesetzlichen Gebühren bis zur Höhe von ... EUR;
c) die Gerichtskosten einschließlich der Entschädigung für Zeugen und Sachverständige, die vom Gericht herangezogen werden, sowie die Kosten des Gerichtsvollziehers;
d) die Gebühren eines Schieds- oder Schlichtungsverfahrens bis zur Höhe der Gebühren, die im Falle der Anrufung eines zuständigen staatlichen Gerichtes erster Instanz entstehen;
e) die Kosten in Verfahren vor Verwaltungsbehörden einschließlich der Entschädigung für Zeugen und Sachverständige, die von der Verwaltungsbehörde herangezogen werden, sowie die Kosten der Vollstreckung im Verwaltungswege;
f) die übliche Vergütung
  aa) eines öffentlich bestellten technischen Sachverständigen oder einer rechtsfähigen technischen Sachverständigenorganisation in Fällen der
    – Verteidigung in verkehrsrechtlichen Straf- und Ordnungswidrigkeitenverfahren;
    – Wahrnehmung der rechtlichen Interessen aus Kauf- und Reparaturverträgen von Motorfahrzeugen zu Lande sowie Anhängern;
  bb) eines im Ausland ansässigen Sachverständigen in Fällen der Geltendmachung von Ersatzansprüchen wegen der im Ausland eingetretenen Beschädigung eines Motorfahrzeuges zu Lande sowie Anhängers;
g) die Kosten der Reisen des Versicherungsnehmers zu einem ausländischen Gericht, wenn sein Erscheinen als Beschuldigter oder Partei vorgeschrieben und zur Vermeidung von Rechtsnachteilen erforderlich ist. Die Kosten werden bis zur Höhe der für Geschäftsreisen von deutschen Rechtsanwälten geltenden Sätze übernommen;
h) die dem Gegner durch die Wahrnehmung seiner rechtlichen Interessen entstandenen Kosten, soweit der Versicherungsnehmer zu deren Erstattung verpflichtet ist.

(2)
a) Der Versicherungsnehmer kann die Übernahme der vom Versicherer zu tragenden Kosten verlangen, sobald er nachweist, dass er zu deren Zahlung verpflichtet ist oder diese Verpflichtung bereits erfüllt hat.

b) Vom Versicherungsnehmer in fremder Währung aufgewandte Kosten werden diesem in EUR zum Wechselkurs des Tages erstattet, an dem diese Kosten vom Versicherungsnehmer gezahlt wurden.

(3) Der Versicherer trägt nicht
a) Kosten, die der Versicherungsnehmer ohne Rechtspflicht übernommen hat;
b) Kosten, die bei einer einverständlichen Erledigung entstanden sind, soweit sie nicht dem Verhältnis des vom Versicherungsnehmer angestrebten Ergebnisses zum erzielten Ergebnis entsprechen, es sei denn, dass eine hiervon abweichende Kostenverteilung gesetzlich vorgeschrieben ist;
c) die im Versicherungsschein vereinbarte Selbstbeteiligung je Leistungsart nach § 2;
d) Kosten, die aufgrund der vierten oder jeder weiteren Zwangsvollstreckungsmaßnahme je Vollstreckungstitel entstehen;
e) Kosten aufgrund von Zwangsvollstreckungsmaßnahmen, die später als fünf Jahre nach Rechtskraft des Vollstreckungstitels eingeleitet werden;
f) Kosten für Strafvollstreckungsverfahren jeder Art nach Rechtskraft einer Geldstrafe oder -buße unter 250 EUR;
g) Kosten, zu deren Übernahme ein anderer verpflichtet wäre, wenn der Rechtsschutzversicherungsvertrag nicht bestünde;
h) Kosten im Rahmen einer einverständlichen Regelung für Forderungen, die selbst nicht streitig waren oder Kosten, die auf den nicht versicherten Teil von Schadensfällen entfallen.

(4) Der Versicherer zahlt in jedem Rechtsschutzfall höchstens die vereinbarte Versicherungssumme. Zahlungen für den Versicherungsnehmer und mitversicherte Personen aufgrund desselben Rechtsschutzfalles werden hierbei zusammengerechnet. Dies gilt auch für Zahlungen aufgrund mehrerer Rechtsschutzfälle, die zeitlich und ursächlich zusammenhängen.

(5) Der Versicherer sorgt für
a) die Übersetzung der für die Wahrnehmung der rechtlichen Interessen des Versicherungsnehmers im Ausland notwendigen schriftlichen Unterlagen und trägt die dabei anfallenden Kosten;
b) die Zahlung eines zinslosen Darlehens bis zu der vereinbarten Höhe für eine Kaution, die gestellt werden muss, um den Versicherungsnehmer einstweilen von Strafverfolgungsmaßnahmen zu verschonen.

(6) Alle Bestimmungen, die den Rechtsanwalt betreffen, gelten entsprechend
a) in Angelegenheiten der freiwilligen Gerichtsbarkeit und im Beratungs- Rechtsschutz im Familien-, Lebenspartnerschafts- und Erbrecht (§ 2k) für Notare;
b) im Steuer- Rechtsschutz vor Gerichten (§ 2e) für Angehörige der steuerberatenden Berufe;
c) bei Wahrnehmung rechtlicher Interessen im Ausland für dort ansässige rechts- und sachkundige Bevollmächtigte.

§ 11 Rechtsschutzversicherung

§ 6 Örtlicher Geltungsbereich

(1) Rechtsschutz besteht, soweit die Wahrnehmung rechtlicher Interessen in Europa, den Anliegerstaaten des Mittelmeeres, auf den Kanarischen Inseln oder auf Madeira erfolgt und ein Gericht oder eine Behörde in diesem Bereich gesetzlich zuständig ist oder zuständig wäre, wenn ein gerichtliches oder behördliches Verfahren eingeleitet werden würde.

(2) Für die Wahrnehmung rechtlicher Interessen außerhalb des Geltungsbereiches nach Absatz 1 trägt der Versicherer bei Rechtsschutzfällen, die dort während eines längstens sechs Wochen dauernden, nicht beruflich bedingten Aufenthaltes eintreten, die Kosten nach § 5 Abs. 1 bis zu einem Höchstbetrag von EUR. Insoweit besteht kein Rechtsschutz für die Interessenwahrnehmung im Zusammenhang mit dem Erwerb oder der Veräußerung von dinglichen Rechten oder Teilzeitnutzungsrechten (Timesharing) an Grundstücken, Gebäuden oder Gebäudeteilen.

2. Versicherungsverhältnis

§ 7 Beginn des Versicherungsschutzes

Der Versicherungsschutz beginnt zu dem im Versicherungsschein angegebenen Zeitpunkt, wenn der Versicherungsnehmer den ersten oder einmaligen Beitrag unverzüglich nach Fälligkeit im Sinne von § 9 B Absatz 1 Satz 1 zahlt. Eine vereinbarte Wartezeit bleibt unberührt.

§ 8 Dauer und Ende des Vertrages

(1) Vertragsdauer

Der Vertrag ist für die im Versicherungsschein angegebene Zeit abgeschlossen.

(2) Stillschweigende Verlängerung

Bei einer Vertragsdauer von mindestens einem Jahr verlängert sich der Vertrag um jeweils ein Jahr, wenn nicht dem Vertragspartner spätestens drei Monate vor dem Ablauf der jeweiligen Versicherungsdauer eine Kündigung zugegangen ist.

(3) Vertragsbeendigung

Bei einer Vertragsdauer von weniger als einem Jahr endet der Vertrag, ohne dass es einer Kündigung bedarf, zum vorgesehenen Zeitpunkt.

Bei einer Vertragsdauer von mehr als drei Jahren kann der Versicherungsnehmer den Vertrag schon zum Ablauf des dritten Jahres oder jedes darauf folgenden Jahres kündigen; die Kündigung muss dem Versicherer spätestens drei Monate vor dem Ablauf des jeweiligen Jahres zugegangen sein.

§ 8a Versicherungsjahr

Das Versicherungsjahr erstreckt sich über einen Zeitraum von zwölf Monaten. Besteht die vereinbarte Vertragsdauer jedoch nicht aus ganzen Jahren, wird das erste

Versicherungsjahr entsprechend verkürzt. Die folgenden Versicherungsjahre bis zum vereinbarten Vertragsablauf sind jeweils ganze Jahre.

§ 9 Beitrag

A. Beitrag und Versicherungsteuer

(1) Beitragszahlung

Die Beiträge können je nach Vereinbarung durch Monats-, Vierteljahres-, Halbjahres- oder Jahresbeiträge entrichtet werden. Die Versicherungsperiode umfasst bei Monatsbeiträgen einen Monat, bei Vierteljahresbeiträgen ein Vierteljahr, bei Halbjahresbeiträgen ein Halbjahr und bei Jahresbeiträgen ein Jahr.

(2) Versicherungsteuer

Der in Rechnung gestellte Beitrag enthält die Versicherungsteuer, die der Versicherungsnehmer in der jeweils vom Gesetz bestimmten Höhe zu entrichten hat.

B. Zahlung und Folgen verspäteter Zahlung/erster Beitrag

(1) Fälligkeit der Zahlung

Der erste Beitrag wird unverzüglich nach Ablauf von zwei Wochen nach Zugang des Versicherungsscheins fällig.

(2) Späterer Beginn des Versicherungsschutzes

Zahlt der Versicherungsnehmer den ersten Beitrag nicht rechtzeitig, sondern zu einem späteren Zeitpunkt, beginnt der Versicherungsschutz erst ab diesem Zeitpunkt, sofern der Versicherungsnehmer durch gesonderte Mitteilung in Textform oder durch einen auffälligen Hinweis im Versicherungsschein auf diese Rechtsfolge aufmerksam gemacht wurde. Das gilt nicht, wenn der Versicherungsnehmer nachweist, dass er die Nichtzahlung nicht zu vertreten hat.

(3) Rücktritt

Zahlt der Versicherungsnehmer den ersten Beitrag nicht rechtzeitig, kann der Versicherer vom Vertrag zurücktreten, solange der Beitrag nicht gezahlt ist. Der Versicherer kann nicht zurücktreten, wenn der Versicherungsnehmer nachweist, dass er die Nichtzahlung nicht zu vertreten hat.

C. Zahlung und Folgen verspäteter Zahlung/Folgebeitrag

(1) Die Folgebeiträge werden zu dem jeweils vereinbarten Zeitpunkt fällig.

(2) Verzug

Wird ein Folgebeitrag nicht rechtzeitig gezahlt, gerät der Versicherungsnehmer ohne Mahnung in Verzug, es sei denn, dass er die verspätete Zahlung nicht zu vertreten hat. Der Versicherer ist berechtigt, Ersatz des ihm durch den Verzug entstandenen Schadens zu verlangen.

§ 11 Rechtsschutzversicherung

(3) Zahlungsaufforderung

Wird ein Folgebeitrag nicht rechtzeitig gezahlt, kann der Versicherer dem Versicherungsnehmer auf dessen Kosten in Textform eine Zahlungsfrist bestimmen, die mindestens zwei Wochen betragen muss. Die Bestimmung ist nur wirksam, wenn sie die rückständigen Beträge des Beitrags, Zinsen und Kosten im Einzelnen beziffert und die Rechtsfolgen angibt, die nach Absätzen 4 und 5 mit dem Fristablauf verbunden sind.

(4) Kein Versicherungsschutz

Ist der Versicherungsnehmer nach Ablauf dieser Zahlungsfrist noch mit der Zahlung in Verzug, besteht ab diesem Zeitpunkt bis zur Zahlung kein Versicherungsschutz, wenn er mit der Zahlungsaufforderung nach Absatz 3 darauf hingewiesen wurde.

(5) Kündigung

Ist der Versicherungsnehmer nach Ablauf dieser Zahlungsfrist noch mit der Zahlung in Verzug, kann der Versicherer den Vertrag ohne Einhaltung einer Frist kündigen, wenn er den Versicherungsnehmer mit der Zahlungsaufforderung nach Absatz 3 darauf hingewiesen hat.

Hat der Versicherer gekündigt, und zahlt der Versicherungsnehmer danach innerhalb eines Monats den angemahnten Betrag, besteht der Vertrag fort. Für Versicherungsfälle, die zwischen dem in Abs. 4 genannten Zeitpunkt (Ablauf der Zahlungsfrist) und der Zahlung eingetreten sind, besteht jedoch kein Versicherungsschutz.

D. Rechtzeitigkeit der Zahlung bei Lastschriftermächtigung

(1) Rechtzeitige Zahlung

Ist die Einziehung des Beitrags von einem Konto vereinbart, gilt die Zahlung als rechtzeitig, wenn der Beitrag zu dem Fälligkeitstag eingezogen werden kann und der Versicherungsnehmer einer berechtigten Einziehung nicht widerspricht.

Konnte der fällige Beitrag ohne Verschulden des Versicherungsnehmers vom Versicherer nicht eingezogen werden, ist die Zahlung auch dann noch rechtzeitig, wenn sie unverzüglich nach einer in Textform abgegebenen Zahlungsaufforderung des Versicherers erfolgt.

(2) Beendigung des Lastschriftverfahrens

Kann der fällige Beitrag nicht eingezogen werden, weil der Versicherungsnehmer die Einzugsermächtigung widerrufen hat, oder hat der Versicherungsnehmer aus anderen Gründen zu vertreten, dass der Beitrag nicht eingezogen werden kann, ist der Versicherer berechtigt, künftig Zahlung außerhalb des Lastschriftverfahrens zu verlangen. Der Versicherungsnehmer ist zur Übermittlung des Beitrages erst verpflichtet, wenn er vom Versicherer hierzu in Textform aufgefordert worden ist.

E. Beitrag bei vorzeitiger Vertragsbeendigung

Bei vorzeitiger Beendigung des Vertrages hat der Versicherer, soweit nicht etwas anderes bestimmt ist, nur Anspruch auf den Teil des Beitrages, der dem Zeitraum entspricht, in dem Versicherungsschutz bestanden hat.

§ 10 Beitragsanpassung

(1) Ein unabhängiger Treuhänder ermittelt bis zum 1. Juli eines jeden Jahres, um welchen Vomhundertsatz sich für die Rechtsschutzversicherung das Produkt von Schadenhäufigkeit und Durchschnitt der Schadenzahlungen einer genügend großen Zahl der die Rechtsschutzversicherung betreibenden Versicherer im vergangenen Kalenderjahr erhöht oder vermindert hat. Als Schadenhäufigkeit eines Kalenderjahres gilt die Anzahl der in diesem Jahr gemeldeten Rechtsschutzfälle, geteilt durch die Anzahl der im Jahresmittel versicherten Risiken. Als Durchschnitt der Schadenzahlungen eines Kalenderjahres gilt die Summe der Zahlungen, die für alle in diesem Jahr erledigten Rechtsschutzfälle insgesamt geleistet wurden, geteilt durch die Anzahl dieser Rechtsschutzfälle. Veränderungen der Schadenhäufigkeit und des Durchschnitts der Schadenzahlungen, die aus Leistungsverbesserungen herrühren, werden bei den Feststellungen des Treuhänders nur bei denjenigen Verträgen berücksichtigt, in denen sie in beiden Vergleichsjahren bereits enthalten sind.

(2) Die Ermittlung des Treuhänders erfolgt für Versicherungsverträge

gemäß den §§ 21 und 22,
gemäß den §§ 23, 24, 25 und 29,
gemäß den §§ 26 und 27,
gemäß § 28

nebst den zusätzlich vereinbarten Klauseln gesondert, und zwar jeweils unterschieden nach Verträgen mit und ohne Selbstbeteiligung.

(3) Ergeben die Ermittlungen des Treuhänders einen Vomhundertsatz unter 5, unterbleibt eine Beitragsänderung. Der Vomhundertsatz ist jedoch in den folgenden Kalenderjahren mit zu berücksichtigen.

Ergeben die Ermittlungen des Treuhänders einen höheren Vomhundertsatz, ist dieser, wenn er nicht durch 2,5 teilbar ist, auf die nächst niedrige durch 2,5 teilbare Zahl abzurunden.

Im Falle einer Erhöhung ist der Versicherer berechtigt, im Falle einer Verminderung verpflichtet, den Folgebeitrag um den abgerundeten Vomhundertsatz zu verändern. Der erhöhte Beitrag darf den zum Zeitpunkt der Erhöhung geltenden Tarifbeitrag nicht übersteigen.

(4) Hat sich der entsprechend Absatz 1 nach den unternehmenseigenen Zahlen des Versicherers zu ermittelnde Vomhundertsatz in den letzten drei Kalenderjahren, in denen eine Beitragsanpassung möglich war, geringer erhöht, als er vom Treuhänder

§ 11 Rechtsschutzversicherung

für diese Jahre festgestellt wurde, so darf der Versicherer den Folgebeitrag in der jeweiligen Anpassungsgruppe gemäß Absatz 2 nur um den im letzten Kalenderjahr nach seinen Zahlen ermittelten Vomhundertsatz erhöhen. Diese Erhöhung darf diejenige nicht übersteigen, die sich nach Absatz 3 ergibt.

(5) Die Beitragsanpassung gilt für alle Folgebeiträge, die ab 1. Oktober des Jahres, in dem die Ermittlungen des Treuhänders erfolgten, fällig werden. Sie unterbleibt, wenn seit dem im Versicherungsschein bezeichneten Versicherungsbeginn für den Gegenstand der Versicherung noch nicht zwölf Monate abgelaufen sind.

(6) Erhöht sich der Beitrag, ohne dass sich der Umfang des Versicherungsschutzes ändert, kann der Versicherungsnehmer den Versicherungsvertrag innerhalb eines Monats nach Zugang der Mitteilung des Versicherers mit sofortiger Wirkung, frühestens jedoch zu dem Zeitpunkt kündigen, in dem die Beitragserhöhung wirksam werden sollte. Der Versicherer hat den Versicherungsnehmer in der Mitteilung auf das Kündigungsrecht hinzuweisen. Die Mitteilung muss dem Versicherungsnehmer spätestens einen Monat vor dem Wirksamwerden der Beitragserhöhung zugehen. Eine Erhöhung der Versicherungsteuer begründet kein Kündigungsrecht.

§ 11 Änderung der für die Beitragsbemessung wesentlichen Umstände

(1) Tritt nach Vertragsabschluss ein Umstand ein, der nach dem Tarif des Versicherers einen höheren als den vereinbarten Beitrag rechtfertigt, kann der Versicherer vom Eintritt dieses Umstandes an für die hierdurch entstandene höhere Gefahr den höheren Beitrag verlangen. Wird die höhere Gefahr nach dem Tarif des Versicherers auch gegen einen höheren Beitrag nicht übernommen, kann der Versicherer die Absicherung der höheren Gefahr ausschließen. Erhöht sich der Beitrag wegen der Gefahrerhöhung um mehr als 10 Prozent oder schließt der Versicherer die Absicherung der höheren Gefahr aus, kann der Versicherungsnehmer den Vertrag innerhalb eines Monats nach Zugang der Mitteilung des Versicherers ohne Einhaltung einer Frist kündigen. In der Mitteilung hat der Versicherer den Versicherungsnehmer auf dieses Kündigungsrecht hinzuweisen. Der Versicherer kann seine Rechte nur innerhalb eines Monats nach Kenntnis ausüben.

(2) Tritt nach Vertragsabschluss ein Umstand ein, der nach dem Tarif des Versicherers einen geringeren als den vereinbarten Beitrag rechtfertigt, kann der Versicherer vom Eintritt dieses Umstandes an nur noch den geringeren Beitrag verlangen. Zeigt der Versicherungsnehmer diesen Umstand dem Versicherer später als zwei Monate nach dessen Eintritt an, wird der Beitrag erst von Eingang der Anzeige an herabgesetzt.

(3) Der Versicherungsnehmer hat dem Versicherer innerhalb eines Monates nach Zugang einer Aufforderung die zur Beitragsberechnung erforderlichen Angaben zu machen. Verletzt der Versicherungsnehmer diese Pflicht, kann der Versicherer den Vertrag unter Einhaltung einer Frist von einem Monat kündigen, wenn die Pflichtverletzung des Versicherungsnehmers vorsätzlich oder grob fahrlässig war. Das

Nichtvorliegen der groben Fahrlässigkeit hat der Versicherungsnehmer zu beweisen. Macht der Versicherungsnehmer bis zum Fristablauf diese Angaben vorsätzlich unrichtig oder unterlässt er die erforderlichen Angaben vorsätzlich und tritt der Versicherungsfall später als einen Monat nach dem Zeitpunkt ein, in dem die Angaben dem Versicherer hätten zugehen müssen, so hat der Versicherungsnehmer keinen Versicherungsschutz, es sei denn dem Versicherer war der Eintritt des Umstandes zu diesem Zeitpunkt bekannt. Beruht das Unterlassen der erforderlichen Angaben oder die unrichtige Angabe auf grober Fahrlässigkeit, kann der Versicherer den Umfang des Versicherungsschutzes in einem der Schwere des Verschuldens des Versicherungsnehmers entsprechenden Verhältnis kürzen. Das Nichtvorliegen einer groben Fahrlässigkeit hat der Versicherungsnehmer zu beweisen. Der Versicherungsnehmer hat gleichwohl Versicherungsschutz, wenn zum Zeitpunkt des Versicherungsfalls die Frist für die Kündigung des Versicherers abgelaufen war und er nicht gekündigt hat. Gleiches gilt, wenn der Versicherungsnehmer nachweist, dass die Gefahr weder für den Eintritt des Versicherungsfalls noch den Umfang der Leistung des Versicherers ursächlich war.

(4) Die vorstehenden Regelungen finden keine Anwendung, wenn sich die Gefahr nur unerheblich erhöht hat oder nach den Umständen als vereinbart anzusehen ist, dass die Gefahrerhöhung mitversichert sein soll.

§ 12 Wegfall des versicherten Interesses

(1) Der Vertrag endet, soweit nicht etwas anderes bestimmt ist, zu dem Zeitpunkt, zu dem der Versicherer davon Kenntnis erhält, dass das versicherte Interesse nach dem Beginn der Versicherung weggefallen ist. In diesem Fall steht ihm der Beitrag zu, den er hätte erheben können, wenn die Versicherung nur bis zum Zeitpunkt der Kenntniserlangung beantragt worden wäre.

(2) Im Falle des Todes des Versicherungsnehmers besteht der Versicherungsschutz bis zum Ende der laufenden Beitragsperiode fort, soweit der Beitrag am Todestag gezahlt war und nicht aus sonstigen Gründen ein Wegfall des Gegenstandes der Versicherung vorliegt. Wird der nach dem Todestag nächste fällige Beitrag bezahlt, bleibt der Versicherungsschutz in dem am Todestag bestehenden Umfang aufrechterhalten. Derjenige, der den Beitrag gezahlt hat oder für den gezahlt wurde, wird anstelle des Verstorbenen Versicherungsnehmer. Er kann innerhalb eines Jahres nach dem Todestag die Aufhebung des Versicherungsvertrages mit Wirkung ab Todestag verlangen.

(3) Wechselt der Versicherungsnehmer die im Versicherungsschein bezeichnete, selbst genutzte Wohnung oder das selbst genutzte Einfamilienhaus, geht der Versicherungsschutz auf das neue Objekt über. Versichert sind Rechtsschutzfälle, die im Zusammenhang mit der Eigennutzung stehen, auch soweit sie erst nach dem Auszug aus dem bisherigen Objekt eintreten. Das gleiche gilt für Rechtsschutzfälle, die sich auf das neue Objekt beziehen und vor dessen geplantem oder tatsächlichem Bezug eintreten.

§ 11 Rechtsschutzversicherung

(4) Wechselt der Versicherungsnehmer ein Objekt, das er für seine gewerbliche, freiberufliche oder sonstige selbstständige Tätigkeit selbst nutzt, findet Absatz 3 entsprechende Anwendung, wenn das neue Objekt nach dem Tarif des Versicherers weder nach Größe, noch nach Miet- oder Pachthöhe einen höheren als den vereinbarten Beitrag rechtfertigt.

§ 13 Kündigung nach Versicherungsfall

(1) Lehnt der Versicherer den Rechtsschutz ab, obwohl er zur Leistung verpflichtet ist, kann der Versicherungsnehmer den Vertrag vorzeitig kündigen.

(2) Bejaht der Versicherer seine Leistungspflicht für mindestens zwei innerhalb von zwölf Monaten eingetretene Rechtsschutzfälle, sind der Versicherungsnehmer und der Versicherer nach Anerkennung der Leistungspflicht für den zweiten oder jeden weiteren Rechtsschutzfall berechtigt, den Vertrag vorzeitig zu kündigen.

(3) Die Kündigung muss dem Vertragspartner spätestens einen Monat nach Zugang der Ablehnung des Rechtsschutzes gemäß Absatz 1 oder Anerkennung der Leistungspflicht gemäß Absatz 2 in Schriftform zugegangen sein.

Kündigt der Versicherungsnehmer, wird seine Kündigung sofort nach ihrem Zugang beim Versicherer wirksam. Der Versicherungsnehmer kann jedoch bestimmen, dass die Kündigung zu jedem späteren Zeitpunkt, spätestens jedoch zum Ablauf des Versicherungsjahres, wirksam wird.

Eine Kündigung des Versicherers wird einen Monat nach ihrem Zugang beim Versicherungsnehmer wirksam.

§ 14 Gesetzliche Verjährung

(1) Die Ansprüche aus dem Versicherungsvertrag verjähren in drei Jahren. Die Fristberechnung richtet sich nach den allgemeinen Vorschriften des Bürgerlichen Gesetzbuches.

(2) Ist ein Anspruch aus dem Versicherungsvertrag bei dem Versicherer angemeldet worden, ist die Verjährung von der Anmeldung bis zu dem Zeitpunkt gehemmt, zu dem die Entscheidung des Versicherers dem Versicherten in Textform zugeht.

§ 15 Rechtsstellung mitversicherter Personen

(1) Versicherungsschutz besteht für den Versicherungsnehmer und im jeweils bestimmten Umfang für die in § 21 bis § 28 oder im Versicherungsschein genannten sonstigen Personen. Außerdem besteht Versicherungsschutz für Ansprüche, die natürlichen Personen aufgrund Verletzung oder Tötung des Versicherungsnehmers oder einer mitversicherten Person kraft Gesetzes zustehen.

(2) Für mitversicherte Personen gelten die den Versicherungsnehmer betreffenden Bestimmungen sinngemäß. Der Versicherungsnehmer kann jedoch widersprechen, wenn eine andere mitversicherte Person als sein ehelicher/eingetragener Lebenspartner Rechtsschutz verlangt.

§ 16 Anzeigen, Willenserklärungen, Anschriftenänderung

(1) Alle für den Versicherer bestimmten Anzeigen und Erklärungen sollen an die Hauptverwaltung des Versicherers oder an die im Versicherungsschein oder in dessen Nachträgen als zuständig bezeichnete Geschäftsstelle gerichtet werden.

(2) Hat der Versicherungsnehmer eine Änderung seiner Anschrift dem Versicherer nicht mitgeteilt, genügt für eine Willenserklärung, die dem Versicherungsnehmer gegenüber abzugeben ist, die Absendung eines eingeschriebenen Briefes an die letzte dem Versicherer bekannte Anschrift. Die Erklärung gilt drei Tage nach der Absendung des Briefes als zugegangen. Dies gilt entsprechend für den Fall einer Namensänderung des Versicherungsnehmers.

(3) Hat der Versicherungsnehmer die Versicherung für seinen Gewerbebetrieb abgeschlossen, finden bei einer Verlegung der gewerblichen Niederlassung die Bestimmungen des Absatzes 2 entsprechende Anwendung.

3. Rechtsschutzfall

§ 17 Verhalten nach Eintritt des Rechtsschutzfalls

(1) Wird die Wahrnehmung rechtlicher Interessen des Versicherungsnehmers nach Eintritt eines Rechtsschutzfalles erforderlich, hat er
a) dem Versicherer den Rechtsschutzfall unverzüglich – ggf. auch mündlich oder telefonisch – anzuzeigen;
b) den Versicherer vollständig und wahrheitsgemäß über sämtliche Umstände des Rechtsschutzfalles zu unterrichten sowie Beweismittel anzugeben und Unterlagen auf Verlangen zur Verfügung zu stellen;
c) soweit seine Interessen nicht unbillig beeinträchtigt werden,
  aa) Kosten auslösende Maßnahmen mit dem Versicherer abzustimmen, insbesondere vor der Erhebung und Abwehr von Klagen sowie vor der Einlegung von Rechtsmitteln die Zustimmung des Versicherers einzuholen;
  bb) für die Minderung des Schadens im Sinne des § 82 VVG zu sorgen. Dies bedeutet, dass die Rechtsverfolgungskosten so gering wie möglich gehalten werden sollen. Von mehreren möglichen Vorgehensweisen hat der Versicherungsnehmer die kostengünstigste zu wählen, indem er z.B. (Aufzählung nicht abschließend):
    – nicht zwei oder mehr Prozesse führt, wenn das Ziel kostengünstiger mit einem Prozess erreicht werden kann (z.B. Bündelung von Ansprüchen oder Inanspruchnahme von Gesamtschuldnern als Streitgenossen, Erweiterung einer Klage statt gesonderter Klageerhebung),
    – auf (zusätzliche) Klageanträge verzichtet, die in der aktuellen Situation nicht oder noch nicht notwendig sind,
    – vor Klageerhebung die Rechtskraft eines anderen gerichtlichen Verfahrens abwartet, das tatsächliche oder rechtliche Bedeutung für den beabsichtigten Rechtsstreit haben kann,

§ 11 Rechtsschutzversicherung

- vorab nur einen angemessenen Teil der Ansprüche einklagt und die etwa nötige gerichtliche Geltendmachung der restlichen Ansprüche bis zur Rechtskraft der Entscheidung über die Teilansprüche zurückstellt,
- in allen Angelegenheiten, in denen nur eine kurze Frist zur Erhebung von Klagen oder zur Einlegung von Rechtsbehelfen zur Verfügung steht, dem Rechtsanwalt einen unbedingten Prozessauftrag zu erteilen, der auch vorgerichtliche Tätigkeiten mit umfasst.

Der Versicherungsnehmer hat zur Minderung des Schadens Weisungen des Versicherers einzuholen und zu befolgen. Er hat den Rechtsanwalt entsprechend der Weisung zu beauftragen.

(2) Der Versicherer bestätigt den Umfang des für den Rechtsschutzfall bestehenden Versicherungsschutzes. Ergreift der Versicherungsnehmer Maßnahmen zur Wahrnehmung seiner rechtlichen Interessen, bevor der Versicherer den Umfang des Rechtsschutzes bestätigt und entstehen durch solche Maßnahmen Kosten, trägt der Versicherer nur die Kosten, die er bei einer Rechtsschutzbestätigung vor Einleitung dieser Maßnahmen zu tragen hätte.

(3) Der Versicherungsnehmer kann den zu beauftragenden Rechtsanwalt aus dem Kreis der Rechtsanwälte auswählen, deren Vergütung der Versicherer nach § 5 Absatz 1 a) und b) trägt. Der Versicherer wählt den Rechtsanwalt aus,
a) wenn der Versicherungsnehmer dies verlangt;
b) wenn der Versicherungsnehmer keinen Rechtsanwalt benennt und dem Versicherer die alsbaldige Beauftragung eines Rechtsanwaltes notwendig erscheint.

(4) Wenn der Versicherungsnehmer den Rechtsanwalt nicht bereits selbst beauftragt hat, wird dieser vom Versicherer im Namen des Versicherungsnehmers beauftragt. Für die Tätigkeit des Rechtsanwaltes ist der Versicherer nicht verantwortlich.

(5) Der Versicherungsnehmer hat
a) den mit der Wahrnehmung seiner Interessen beauftragten Rechtsanwalt vollständig und wahrheitsgemäß zu unterrichten, ihm die Beweismittel anzugeben, die möglichen Auskünfte zu erteilen und die notwendigen Unterlagen zu beschaffen;
b) dem Versicherer auf Verlangen Auskunft über den Stand der Angelegenheit zu geben.

(6) Wird eine der in den Absätzen 1 oder 5 genannten Obliegenheiten vorsätzlich verletzt, verliert der Versicherungsnehmer seinen Versicherungsschutz. Bei grob fahrlässiger Verletzung einer Obliegenheit ist der Versicherer berechtigt, seine Leistung in einem der Schwere des Verschuldens des Versicherungsnehmers entsprechenden Verhältnis zu kürzen. Der vollständige oder teilweise Wegfall des Versicherungsschutzes hat bei der Verletzung einer nach Eintritt des Versicherungsfalls bestehenden Auskunfts- oder Aufklärungsobliegenheit zur Voraussetzung, dass der Versicherer den Versicherungsnehmer durch gesonderte Mitteilung in Textform auf diese Rechtsfolge hingewiesen hat. Weist der Versicherungsnehmer nach, dass er

die Obliegenheit nicht grob fahrlässig verletzt hat, bleibt der Versicherungsschutz bestehen.

Der Versicherungsschutz bleibt auch bestehen, wenn der Versicherungsnehmer nachweist, dass die Verletzung der Obliegenheit weder für den Eintritt oder die Feststellung des Versicherungsfalls noch für die Feststellung oder den Umfang der dem Versicherer obliegenden Leistung ursächlich war. Das gilt nicht, wenn der Versicherungsnehmer die Obliegenheit arglistig verletzt hat.

(7) Der Versicherungsnehmer muss sich bei der Erfüllung seiner Obliegenheiten die Kenntnis und das Verhalten des von ihm beauftragten Rechtsanwalts zurechnen lassen, sofern dieser die Abwicklung des Rechtsschutzfalles gegenüber dem Versicherer übernimmt.

(8) Ansprüche auf Rechtsschutzleistungen können nur mit schriftlichem Einverständnis des Versicherers abgetreten werden.

(9) Ansprüche des Versicherungsnehmers gegen andere auf Erstattung von Kosten, die der Versicherer getragen hat, gehen mit ihrer Entstehung auf diesen über. Die für die Geltendmachung der Ansprüche notwendigen Unterlagen hat der Versicherungsnehmer dem Versicherer auszuhändigen und bei dessen Maßnahmen gegen die anderen auf Verlangen mitzuwirken. Dem Versicherungsnehmer bereits erstattete Kosten sind an den Versicherer zurückzuzahlen. Verletzt der Versicherungsnehmer diese Obliegenheit vorsätzlich, ist der Versicherer zur Leistung insoweit nicht verpflichtet, als er infolgedessen keinen Ersatz von dem Dritten erlangen kann. Im Fall einer grob fahrlässigen Verletzung der Obliegenheit ist der Versicherer berechtigt, seine Leistung in einem der Schwere des Verschuldens des Versicherungsnehmers entsprechenden Verhältnis zu kürzen; die Beweislast für das Nichtvorliegen einer groben Fahrlässigkeit trägt der Versicherungsnehmer.

§ 18 (entfällt)

§ 19 (entfällt)

§ 20 **Zuständiges Gericht. Anzuwendendes Recht**

(1) Klagen gegen den Versicherer

Für Klagen aus dem Versicherungsvertrag gegen den Versicherer bestimmt sich die gerichtliche Zuständigkeit nach dem Sitz des Versicherers oder seiner für den Versicherungsvertrag zuständigen Niederlassung. Ist der Versicherungsnehmer eine natürliche Person, ist auch das Gericht örtlich zuständig, in dessen Bezirk der Versicherungsnehmer zur Zeit der Klageerhebung seinen Wohnsitz oder, in Ermangelung eines solchen, seinen gewöhnlichen Aufenthalt hat.

(2) Klagen gegen den Versicherungsnehmer

Ist der Versicherungsnehmer eine natürliche Person, müssen Klagen aus dem Versicherungsvertrag gegen ihn bei dem Gericht erhoben werden, das für seinen Wohnsitz oder, in Ermangelung eines solchen, den Ort seines gewöhnlichen Auf-

§ 11 Rechtsschutzversicherung

enthalts zuständig ist. Ist der Versicherungsnehmer eine juristische Person, bestimmt sich das zuständige Gericht auch nach dem Sitz oder der Niederlassung des Versicherungsnehmers. Das gleiche gilt, wenn der Versicherungsnehmer eine Offene Handelsgesellschaft, Kommanditgesellschaft, Gesellschaft bürgerlichen Rechts oder eine eingetragene Partnerschaftsgesellschaft ist.

(3) Unbekannter Wohnsitz des Versicherungsnehmers

Ist der Wohnsitz oder gewöhnliche Aufenthalt des Versicherungsnehmers im Zeitpunkt der Klageerhebung nicht bekannt, bestimmt sich die gerichtliche Zuständigkeit für Klagen aus dem Versicherungsvertrag gegen den Versicherungsnehmer nach dem Sitz des Versicherers oder seiner für den Versicherungsvertrag zuständigen Niederlassung.

(4) Für diesen Vertrag gilt deutsches Recht.

4. Formen des Versicherungsschutzes

§ 21 Verkehrs-Rechtsschutz

(1) Versicherungsschutz besteht für den Versicherungsnehmer in seiner Eigenschaft als Eigentümer oder Halter jedes bei Vertragsabschluß oder während der Vertragsdauer auf ihn zugelassenen oder auf seinen Namen mit einem Versicherungskennzeichen versehen oder als Mieter jedes von ihm als Selbstfahrer-Vermietfahrzeug zum vorübergehenden Gebrauch gemieteten Motorfahrzeuges zu Lande sowie Anhängers. Der Versicherungsschutz erstreckt sich auf alle Personen in ihrer Eigenschaft als berechtigte Fahrer oder berechtigte Insassen dieser Motorfahrzeuge.

(2) Der Versicherungsschutz kann auf gleichartige Motorfahrzeuge gemäß Absatz 1 beschränkt werden. Als gleichartig gelten jeweils Krafträder, Personenkraft- und Kombiwagen, Lastkraft- und sonstige Nutzfahrzeuge, Omnibusse sowie Anhänger.

(3) Abweichend von Absatz 1 kann vereinbart werden, dass der Versicherungsschutz für ein oder mehrere im Versicherungsschein bezeichnete Motorfahrzeuge zu Lande, zu Wasser oder in der Luft sowie Anhänger (Fahrzeug) besteht, auch wenn diese nicht auf den Versicherungsnehmer zugelassen oder nicht auf seinen Namen mit einem Versicherungskennzeichen versehen sind.

(4) Der Versicherungsschutz umfasst:
- **Schadenersatz-Rechtsschutz** (§ 2a),
- Rechtsschutz im Vertrags- u. Sachenrecht (§ 2d),
- Steuer-Rechtsschutz vor Gerichten (§ 2e),
- Verwaltungs-Rechtsschutz in Verkehrssachen (§ 2g),
- Straf-Rechtsschutz (§ 2i),
- **Ordnungswidrigkeiten-Rechtsschutz** (§ 2j).

(5) Der Rechtsschutz im Vertrags- und Sachenrecht kann ausgeschlossen werden.

(6) Der Rechtsschutz im Vertrags- und Sachenrecht besteht in den Fällen der Absätze 1 und 2 auch für Verträge, mit denen der Erwerb von Motorfahrzeugen zu Lande

R. Allgemeine Bedingungen für die Rechtsschutzversicherung (ARB 2010) § 11

sowie Anhängern zum nicht nur vorübergehenden Eigengebrauch bezweckt wird, auch wenn diese Fahrzeuge nicht auf den Versicherungsnehmer zugelassen oder nicht auf seinen Namen mit einem Versicherungskennzeichen versehen werden.

(7) Versicherungsschutz besteht mit Ausnahme des Rechtsschutzes im Vertrags- und Sachenrecht für den Versicherungsnehmer auch bei der Teilnahme am öffentlichen Verkehr in seiner Eigenschaft als
a) Fahrer jedes Fahrzeuges, das weder ihm gehört noch auf ihn zugelassen oder auf seinen Namen mit einem Versicherungskennzeichen versehen ist,
b) Fahrgast,
c) Fußgänger und
d) Radfahrer.

(8) Der Fahrer muss bei Eintritt des Rechtsschutzfalls die vorgeschriebene Fahrerlaubnis haben, zum Führen des Fahrzeugs berechtigt sein und das Fahrzeug muss zugelassen oder mit einem Versicherungskennzeichen versehen sein. Bei Verstoß gegen diese Obliegenheit besteht Rechtsschutz nur für diejenigen versicherten Personen, die von diesem Verstoß ohne Verschulden oder leicht fahrlässig keine Kenntnis hatten. Bei grob fahrlässiger Unkenntnis des Verstoßes gegen diese Obliegenheit ist der Versicherer berechtigt, seine Leistung in einem der Schwere des Verschuldens der versicherten Person entsprechenden Verhältnis zu kürzen. Weist die versicherte Person nach, dass ihre Unkenntnis nicht grob fahrlässig war, bleibt der Versicherungsschutz bestehen.

Der Versicherungsschutz bleibt auch bestehen, wenn die versicherte Person oder der Fahrer nachweist, dass die Verletzung der Obliegenheit weder für den Eintritt oder die Feststellung des Versicherungsfalls noch für die Feststellung oder den Umfang der dem Versicherer obliegenden Leistung ursächlich war.

(9) Ist in den Fällen der Absätze 1 und 2 seit mindestens sechs Monaten kein Fahrzeug mehr auf den Versicherungsnehmer zugelassen und nicht mehr auf seinen Namen mit einem Versicherungskennzeichen versehen, kann der Versicherungsnehmer unbeschadet seines Rechtes auf Herabsetzung des Beitrages gemäß § 11 Absatz 2 die Aufhebung des Versicherungsvertrages mit sofortiger Wirkung verlangen.

(10) Wird ein nach Absatz 3 versichertes Fahrzeug veräußert oder fällt es auf sonstige Weise weg, besteht Versicherungsschutz für das Fahrzeug, das an die Stelle des bisher versicherten Fahrzeuges tritt (Folgefahrzeug). Der Rechtsschutz im Vertrags- und Sachenrecht erstreckt sich in diesen Fällen auf den Vertrag, der dem tatsächlichen oder beabsichtigten Erwerb des Folgefahrzeuges zugrunde liegt.

Die Veräußerung oder der sonstige Wegfall des Fahrzeuges ist dem Versicherer innerhalb von zwei Monaten anzuzeigen und das Folgefahrzeug zu bezeichnen. Bei Verstoß gegen diese Obliegenheiten besteht Rechtsschutz nur, wenn der Versicherungsnehmer die Anzeige- und Bezeichnungspflicht ohne Verschulden oder leicht fahrlässig versäumt hat. Bei grob fahrlässigem Verstoß gegen diese Obliegenheiten

§ 11 Rechtsschutzversicherung

ist der Versicherer berechtigt, seine Leistung in einem der Schwere des Verschuldens des Versicherungsnehmers entsprechenden Verhältnis zu kürzen. Weist der Versicherungsnehmer nach, dass der Obliegenheitsverstoß nicht grob fahrlässig war, bleibt der Versicherungsschutz bestehen. Der Versicherungsschutz bleibt auch bestehen, wenn der Versicherungsnehmer nachweist, dass die Verletzung der Obliegenheit weder für den Eintritt oder die Feststellung des Versicherungsfalls noch für die Feststellung oder den Umfang der dem Versicherer obliegenden Leistung ursächlich war.

Wird das Folgefahrzeug bereits vor Veräußerung des versicherten Fahrzeuges erworben, bleibt dieses bis zu seiner Veräußerung, längstens jedoch bis zu einem Monat nach dem Erwerb des Folgefahrzeuges ohne zusätzlichen Beitrag mitversichert. Bei Erwerb eines Fahrzeuges innerhalb eines Monates vor oder innerhalb eines Monates nach der Veräußerung des versicherten Fahrzeuges wird vermutet, dass es sich um ein Folgefahrzeug handelt.

§ 22 Fahrer-Rechtsschutz

(1) Versicherungsschutz besteht für die im Versicherungsschein genannte Person bei der Teilnahme am öffentlichen Verkehr in ihrer Eigenschaft als Fahrer jedes Motorfahrzeuges zu Lande, zu Wasser oder in der Luft sowie Anhängers (Fahrzeug), das weder ihr gehört noch auf sie zugelassen oder auf ihren Namen mit einem Versicherungskennzeichen versehen ist. Der Versicherungsschutz besteht auch bei der Teilnahme am öffentlichen Verkehr als Fahrgast, Fußgänger und Radfahrer.

(2) Unternehmen können den Versicherungsschutz nach Absatz 1 für alle Kraftfahrer in Ausübung ihrer beruflichen Tätigkeit für das Unternehmen vereinbaren. Diese Vereinbarung können auch Betriebe des Kraftfahrzeughandels und -handwerks, Fahrschulen und Tankstellen für alle Betriebsangehörigen treffen.

(3) Der Versicherungsschutz umfasst:
- **Schadenersatz-Rechtsschutz** (§ 2a),
- Steuer-Rechtsschutz vor Gerichten (§ 2e),
- Verwaltungs-Rechtsschutz in Verkehrssachen (§ 2g),
- Straf-Rechtsschutz (§ 2i),
- **Ordnungswidrigkeiten-Rechtsschutz** (§ 2j).

(4) Wird in den Fällen des Absatzes 1 ein Motorfahrzeug zu Lande auf die im Versicherungsschein genannte Person zugelassen oder auf ihren Namen mit einem Versicherungskennzeichen versehen, wandelt sich der Versicherungsschutz in einen solchen nach § 21 Absätze 3, 4, 7, 8 und 10 um. Die Wahrnehmung rechtlicher Interessen im Zusammenhang mit dem Erwerb dieses Motorfahrzeuges zu Lande ist eingeschlossen.

(5) Der Fahrer muss bei Eintritt des Rechtsschutzfalls die vorgeschriebene Fahrerlaubnis haben, zum Führen des Fahrzeugs berechtigt sein und das Fahrzeug muss zugelassen oder mit einem Versicherungskennzeichen versehen sein. Bei Verstoß

gegen diese Obliegenheit besteht Rechtsschutz nur, wenn der Fahrer von diesem Verstoß ohne Verschulden oder leicht fahrlässig keine Kenntnis hatte. Bei grob fahrlässiger Unkenntnis des Verstoßes gegen diese Obliegenheit ist der Versicherer berechtigt, seine Leistung in einem der Schwere des Verschuldens des Fahrers entsprechenden Verhältnis zu kürzen. Weist der Fahrer nach, dass seine Unkenntnis nicht grob fahrlässig war, bleibt der Versicherungsschutz bestehen.

Der Versicherungsschutz bleibt auch bestehen, wenn der Fahrer nachweist, dass die Verletzung der Obliegenheit weder für den Eintritt oder die Feststellung des Versicherungsfalls noch für die Feststellung oder den Umfang der dem Versicherer obliegenden Leistung ursächlich war.

(6) Hat in den Fällen des Absatzes 1 die im Versicherungsschein genannte Person länger als sechs Monate keine Fahrerlaubnis mehr, endet der Versicherungsvertrag. Zeigt der Versicherungsnehmer das Fehlen der Fahrerlaubnis spätestens innerhalb von zwei Monaten nach Ablauf der Sechsmonatsfrist an, endet der Versicherungsvertrag mit Ablauf der Sechsmonatsfrist. Geht die Anzeige später beim Versicherer ein, endet der Versicherungsvertrag mit Eingang der Anzeige.

§ 23 Privat-Rechtsschutz für Selbstständige

(1) Versicherungsschutz besteht für den Versicherungsnehmer und seinen ehelichen/eingetragenen oder im Versicherungsschein genannten sonstigen Lebenspartner i.S.d. § 3 Abs. 4b), wenn einer oder beide eine gewerbliche, freiberufliche oder sonstige selbstständige Tätigkeit ausüben,

a) für den privaten Bereich,

b) für den beruflichen Bereich in Ausübung einer nichtselbstständigen Tätigkeit.

(2) Mitversichert sind die minderjährigen und die unverheirateten, nicht in einer eingetragenen oder sonstigen Lebenspartnerschaft i.S.d. § 3 Abs. 4b) lebenden volljährigen Kinder bis zur Vollendung des 25. Lebensjahres, letztere jedoch längstens bis zu dem Zeitpunkt, in dem sie erstmalig eine auf Dauer angelegte berufliche Tätigkeit ausüben und hierfür ein leistungsbezogenes Entgelt erhalten.

(3) Der Versicherungsschutz umfasst:

– **Schadenersatz-Rechtsschutz**	(§ 2a),
– Arbeits-Rechtsschutz	(§ 2b),
– Rechtsschutz im Vertrags- und Sachenrecht	(§ 2d),
– Steuer-Rechtsschutz vor Gerichten	(§ 2e),
– Sozialgerichts-Rechtsschutz	(§ 2f),
– Disziplinar- und Standes-Rechtsschutz	(§ 2h),
– Straf-Rechtsschutz	(§ 2i),
– Ordnungswidrigkeiten-Rechtsschutz	(§ 2j),
– **Beratungs-Rechtsschutz im Familien-, Lebenspartnerschafts- und Erbrecht**	(§ 2k).

§ 11 Rechtsschutzversicherung

(4) Der Versicherungsschutz umfasst nicht die Wahrnehmung rechtlicher Interessen als Eigentümer, Halter, Erwerber, Mieter, Leasingnehmer und Fahrer eines Motorfahrzeuges zu Lande, zu Wasser oder in der Luft sowie Anhängers.

(5) Sind der Versicherungsnehmer und/ oder der mitversicherte Lebenspartner nicht mehr gewerblich, freiberuflich oder sonstig selbstständig tätig oder wird von diesen keine der vorgenannten Tätigkeiten mit einem Gesamtumsatz von mehr als 6.000 EUR – bezogen auf das letzte Kalenderjahr – ausgeübt, wandelt sich der Versicherungsschutz ab Eintritt dieser Umstände in einen solchen nach § 25 um.

§ 24 Berufs-Rechtsschutz für Selbstständige, Rechtsschutz für Firmen und Vereine

(1) Versicherungsschutz besteht
a) für die im Versicherungsschein bezeichnete gewerbliche, freiberufliche oder sonstige selbstständige Tätigkeit des Versicherungsnehmers. Mitversichert sind die vom Versicherungsnehmer beschäftigten Personen in Ausübung ihrer beruflichen Tätigkeit für den Versicherungsnehmer;
b) für Vereine sowie deren gesetzliche Vertreter, Angestellte und Mitglieder, soweit diese im Rahmen der Aufgaben tätig sind, die ihnen gemäß der Satzung obliegen.

(2) Der Versicherungsschutz umfasst:
– **Schadenersatz-Rechtsschutz** (§ 2a),
– Arbeits-Rechtsschutz (§ 2b),
– Sozialgerichts-Rechtsschutz (§ 2f),
– Disziplinar- und Standes-Rechtsschutz (§ 2h),
– Straf-Rechtsschutz (§ 2i),
– **Ordnungswidrigkeiten-Rechtsschutz** (§ 2j).

(3) Der Versicherungsschutz umfasst nicht die Wahrnehmung rechtlicher Interessen als Eigentümer, Halter, Erwerber, Mieter, Leasingnehmer und Fahrer eines Motorfahrzeuges zu Lande, zu Wasser oder in der Luft sowie Anhängers.

(4) Endet der Versicherungsvertrag durch Berufsaufgabe oder Tod des Versicherungsnehmers, wird ihm bzw. seinen Erben Versicherungsschutz auch für Rechtsschutzfälle gewährt, die innerhalb eines Jahres nach der Beendigung des Versicherungsvertrags eintreten und im Zusammenhang mit der im Versicherungsschein genannten Eigenschaft des Versicherungsnehmers stehen.

§ 25 Privat- und Berufsrechtsschutz für Nichtselbstständige

(1) Versicherungsschutz besteht für den privaten und beruflichen Bereich des Versicherungsnehmers und seines ehelichen/eingetragenen oder im Versicherungsschein genannten sonstigen Lebenspartner i.S.d. § 3 Abs. 4b), wenn diese keine gewerbliche, freiberufliche oder sonstige selbstständige Tätigkeit mit einem Gesamtumsatz von mehr als 6.000 EUR – bezogen auf das letzte Kalenderjahr –

R. Allgemeine Bedingungen für die Rechtsschutzversicherung (ARB 2010) § 11

ausüben. Kein Versicherungsschutz besteht unabhängig von der Umsatzhöhe für die Wahrnehmung rechtlicher Interessen im Zusammenhang mit einer der vorgenannten selbstständigen Tätigkeiten.

(2) Mitversichert sind die minderjährigen und die unverheirateten, nicht in einer eingetragenen oder sonstigen Lebenspartnerschaft i.S.d. § 3 Abs. 4b) ARB lebenden volljährigen Kinder bis zur Vollendung des 25. Lebensjahres, letztere jedoch längstens bis zu dem Zeitpunkt, in dem sie erstmalig eine auf Dauer angelegte berufliche Tätigkeit ausüben und hierfür ein leistungsbezogenes Entgelt erhalten.

(3) Der Versicherungsschutz umfasst:
- **Schadenersatz-Rechtsschutz** (§ 2a),
- Arbeits-Rechtsschutz (§ 2b),
- Rechtsschutz im Vertrags- und Sachenrecht (§ 2d),
- Steuer-Rechtsschutz vor Gerichten (§ 2e),
- Sozialgerichts-Rechtsschutz (§ 2f),
- Disziplinar- und Standes-Rechtsschutz (§ 2h),
- Straf-Rechtsschutz (§ 2i),
- Ordnungswidrigkeiten- Rechtsschutz (§ 2j),
- **Beratungs-Rechtsschutz im Familien-, Lebenspartnerschafts-** (§ 2k). **und Erbrecht**

(4) Der Versicherungsschutz umfasst nicht die Wahrnehmung rechtlicher Interessen als Eigentümer, Halter, Erwerber, Mieter, Leasingnehmer und Fahrer eines Motorfahrzeuges zu Lande, zu Wasser oder in der Luft sowie Anhängers.

(5) Haben der Versicherungsnehmer und/oder der mitversicherte Lebenspartner eine gewerbliche, freiberufliche oder sonstige selbstständige Tätigkeit mit einem Gesamtumsatz von mehr als 6.000 EUR im letzten Kalenderjahr aufgenommen oder übersteigt deren aus einer solchen Tätigkeit im letzten Kalenderjahr erzielter Gesamtumsatz den Betrag von 6.000 EUR, wandelt sich der Versicherungsschutz ab Eintritt dieser Umstände in einen solchen nach § 23 um.

§ 26 Privat-, Berufs- und Verkehrs-Rechtsschutz für Nichtselbstständige

(1) Versicherungsschutz besteht für den privaten und beruflichen Bereich des Versicherungsnehmers und seines ehelichen/eingetragenen oder im Versicherungsschein genannten sonstigen Lebenspartner i.S.d. § 3 Abs. 4b), wenn diese keine gewerbliche, freiberufliche oder sonstige selbstständige Tätigkeit mit einem Gesamtumsatz von mehr als 6.000 EUR – bezogen auf das letzte Kalenderjahr – ausüben. Kein Versicherungsschutz besteht unabhängig von der Umsatzhöhe für die Wahrnehmung rechtlicher Interessen im Zusammenhang mit einer der vorgenannten selbstständigen Tätigkeiten.

(2) Mitversichert sind
a) die minderjährigen Kinder,

§ 11 Rechtsschutzversicherung

b) die unverheirateten, nicht in einer eingetragenen oder sonstigen Lebenspartnerschaft i.S.d. § 3 Abs. 4b) lebenden volljährigen Kinder bis zur Vollendung des 25. Lebensjahres, letztere jedoch längstens bis zu dem Zeitpunkt, in dem sie erstmalig eine auf Dauer angelegte berufliche Tätigkeit ausüben und hierfür ein leistungsbezogenes Entgelt erhalten. Soweit sich nicht aus der nachfolgenden Bestimmung etwas anderes ergibt, besteht jedoch kein Rechtsschutz für die Wahrnehmung rechtlicher Interessen als Eigentümer, Halter, Erwerber, Mieter, Leasingnehmer und Fahrer von Motorfahrzeugen zu Lande, zu Wasser oder in der Luft sowie Anhängern (Fahrzeug).

c) alle Personen in ihrer Eigenschaft als berechtigte Fahrer und berechtigte Insassen jedes bei Vertragsabschluß oder während der Vertragsdauer auf den Versicherungsnehmer, seinen mitversicherten Lebenspartner oder die minderjährigen Kinder zugelassenen oder auf ihren Namen mit einem Versicherungskennzeichen versehenen oder von diesem Personenkreis als Selbstfahrer- Vermietfahrzeug zum vorübergehenden Gebrauch gemieteten Motorfahrzeuges zu Lande sowie Anhängers.

(3) Der Versicherungsschutz umfasst:
- **Schadenersatz-Rechtsschutz** (§ 2a),
- Arbeits-Rechtsschutz (§ 2b),
- Rechtsschutz im Vertrags- und Sachenrecht (§ 2d),
- Steuer-Rechtsschutz vor Gerichten (§ 2e),
- Sozialgerichts-Rechtsschutz (§ 2f),
- Verwaltungs-Rechtsschutz in Verkehrssachen (§ 2g),
- Disziplinar- und Standes- Rechtsschutz (§ 2h),
- Straf-Rechtsschutz (§ 2i),
- Ordnungswidrigkeiten-Rechtsschutz (§ 2j),
- **Beratungs- Rechtsschutz im Familien-, Lebenspartnerschafts- und Erbrecht** (§ 2k).

(4) Es besteht kein Rechtsschutz für die Wahrnehmung rechtlicher Interessen als Eigentümer, Halter, Erwerber, Mieter und Leasingnehmer eines Motorfahrzeuges zu Wasser oder in der Luft.

(5) Der Fahrer muss bei Eintritt des Rechtsschutzfalls die vorgeschriebene Fahrerlaubnis haben, zum Führen des Fahrzeugs berechtigt sein und das Fahrzeug muss zugelassen oder mit einem Versicherungskennzeichen versehen sein. Bei Verstoß gegen diese Obliegenheit besteht Rechtsschutz nur für diejenigen versicherten Personen, die von diesem Verstoß ohne Verschulden oder leicht fahrlässig keine Kenntnis hatten. Bei grob fahrlässiger Unkenntnis des Verstoßes gegen diese Obliegenheit ist der Versicherer berechtigt, seine Leistung in einem der Schwere des Verschuldens der versicherten Person entsprechenden Verhältnis zu kürzen. Weist die versicherte Person nach, dass ihre Unkenntnis nicht grob fahrlässig war, bleibt der Versicherungsschutz bestehen.

Der Versicherungsschutz bleibt auch bestehen, wenn die versicherte Person oder der Fahrer nachweist, dass die Verletzung der Obliegenheit weder für den Eintritt oder die Feststellung des Versicherungsfalls noch für die Feststellung oder den Umfang der dem Versicherer obliegenden Leistung ursächlich war.

(6) Haben der Versicherungsnehmer und/oder der mitversicherte Lebenspartner eine gewerbliche, freiberufliche oder sonstige selbstständige Tätigkeit mit einem Gesamtumsatz von mehr als 6.000 EUR im letzten Kalenderjahr aufgenommen oder übersteigt deren aus einer der vorgenannten selbstständigen Tätigkeit im letzten Kalenderjahr erzielter Gesamtumsatz den Betrag von 6.000 EUR, wandelt sich der Versicherungsschutz ab dem Eintritt dieser Umstände in einen solchen nach § 21 Absätze 1 und 4 bis 9 – für die auf den Versicherungsnehmer zugelassenen oder auf seinen Namen mit einem Versicherungskennzeichen versehenen Fahrzeuge – und § 23 um. Der Versicherungsnehmer kann jedoch innerhalb von sechs Monaten nach der Umwandlung die Beendigung des Versicherungsschutzes nach § 21 verlangen. Verlangt er diese später als zwei Monate nach Eintritt der für die Umwandlung des Versicherungsschutzes ursächlichen Tatsachen, endet der Versicherungsschutz nach § 21 erst mit Eingang der entsprechenden Erklärung des Versicherungsnehmers.

(7) Ist seit mindestens sechs Monaten kein Motorfahrzeug zu Lande und kein Anhänger mehr auf den Versicherungsnehmer, seinen mitversicherten Lebenspartner oder die minderjährigen Kinder zugelassen oder auf deren Namen mit einem Versicherungskennzeichen versehen, kann der Versicherungsnehmer verlangen, dass der Versicherungsschutz in einen solchen nach § 25 umgewandelt wird. Eine solche Umwandlung tritt automatisch ein, wenn die gleichen Voraussetzungen vorliegen und der Versicherungsnehmer, dessen mitversicherter Lebenspartner und die minderjährigen Kinder zusätzlich keine Fahrerlaubnis mehr haben. Werden die für die Umwandlung des Versicherungsschutzes ursächlichen Tatsachen dem Versicherer später als zwei Monate nach ihrem Eintritt angezeigt, erfolgt die Umwandlung des Versicherungsschutzes erst ab Eingang der Anzeige.

§ 27 Landwirtschafts- und Verkehrs-Rechtsschutz

(1) Versicherungsschutz besteht für den beruflichen Bereich des Versicherungsnehmers als Inhaber des im Versicherungsschein bezeichneten land- oder forstwirtschaftlichen Betriebes sowie für den privaten Bereich und die Ausübung nichtselbstständiger Tätigkeiten.

(2) Mitversichert sind
a) der eheliche/eingetragene oder der im Versicherungsschein genannte sonstige Lebenspartner des Versicherungsnehmers i.S.d. § 3 Abs. 4b),
b) die minderjährigen Kinder,
c) die unverheirateten, nicht in einer eingetragenen oder sonstigen Lebenspartnerschaft i.S.d. § 3 Abs. 4b) lebenden volljährigen Kinder bis zur Vollendung des 25. Lebensjahres, letztere jedoch längstens bis zu dem Zeitpunkt, in dem sie

§ 11 Rechtsschutzversicherung

erstmalig eine auf Dauer angelegte berufliche Tätigkeit ausüben und hierfür ein leistungsbezogenes Entgelt erhalten. Soweit sich nicht aus der nachfolgenden Bestimmung etwas anderes ergibt, besteht jedoch kein Rechtsschutz für die Wahrnehmung rechtlicher Interessen als Eigentümer, Halter, Erwerber, Mieter, Leasingnehmer und Fahrer von Motorfahrzeugen zu Lande, zu Wasser oder in der Luft sowie Anhängern (Fahrzeug).

d) alle Personen in ihrer Eigenschaft als berechtigte Fahrer und berechtigte Insassen jedes bei Vertragsabschluß oder während der Vertragsdauer auf den Versicherungsnehmer, seinen mitversicherten Lebenspartner oder die minderjährigen Kinder zugelassenen oder auf ihren Namen mit einem Versicherungskennzeichen versehenen oder von diesem Personenkreis als Selbstfahrer-Vermietfahrzeug zum vorübergehenden Gebrauch gemieteten Motorfahrzeuges zu Lande sowie Anhängers,

e) die im Versicherungsschein genannten, im Betrieb des Versicherungsnehmers tätigen und dort wohnhaften Mitinhaber sowie deren eheliche/eingetragene oder im Versicherungsschein genannte sonstige Lebenspartner i.S.d. § 3 Abs. 4b).

f) die im Versicherungsschein genannten, im Betrieb des Versicherungsnehmers wohnhaften Altenteiler sowie deren eheliche/eingetragene oder im Versicherungsschein genannte sonstige Lebenspartner i.S.d. § 3 Abs. 4b).

g) die im land- oder forstwirtschaftlichen Betrieb beschäftigten Personen in Ausübung ihrer Tätigkeit für den Betrieb.

(3) Der Versicherungsschutz umfasst:

– **Schadenersatz-Rechtsschutz**	(§ 2a),
– Arbeits-Rechtsschutz	(§ 2b),
– Wohnungs- und Grundstücks- Rechtsschutz für land- oder forstwirtschaftlich genutzte Grundstücke, Gebäude oder Gebäudeteile	(§ 2c)
– Rechtsschutz im Vertrags- und Sachenrecht	(§ 2d),
– Steuer-Rechtsschutz vor Gerichten	(§ 2e),
– Sozialgerichts-Rechtsschutz	(§ 2f),
– Verwaltungs-Rechtsschutz in Verkehrssachen	(§ 2g),
– Disziplinar- und Standes-Rechtsschutz	(§ 2h),
– Straf-Rechtsschutz	(§ 2i),
– Ordnungswidrigkeiten-Rechtsschutz	(§ 2j),
– **Beratungs-Rechtsschutz im Familien-, Lebenspartnerschafts- und Erbrecht.**	(§ 2k).

(4) Soweit es sich nicht um Personenkraft- oder Kombiwagen, Krafträder oder land- oder forstwirtschaftlich genutzte Fahrzeuge handelt, besteht kein Rechtsschutz für die Wahrnehmung rechtlicher Interessen als Eigentümer, Halter, Erwerber, Mieter und Leasingnehmer von Fahrzeugen.

(5) Der Fahrer muss bei Eintritt des Rechtsschutzfalls die vorgeschriebene Fahrerlaubnis haben, zum Führen des Fahrzeugs berechtigt sein und das Fahrzeug muss zugelassen oder mit einem Versicherungskennzeichen versehen sein. Bei Verstoß gegen diese Obliegenheit besteht Rechtsschutz nur für diejenigen versicherten Personen, die von diesem Verstoß ohne Verschulden oder leicht fahrlässig keine Kenntnis hatten. Bei grob fahrlässiger Unkenntnis des Verstoßes gegen diese Obliegenheit ist der Versicherer berechtigt, seine Leistung in einem der Schwere des Verschuldens der versicherten Person entsprechenden Verhältnis zu kürzen. Weist die versicherte Person nach, dass ihre Unkenntnis nicht grob fahrlässig war, bleibt der Versicherungsschutz bestehen.

Der Versicherungsschutz bleibt auch bestehen, wenn die versicherte Person oder der Fahrer nachweist, dass die Verletzung der Obliegenheit weder für den Eintritt oder die Feststellung des Versicherungsfalls noch für die Feststellung oder den Umfang der dem Versicherer obliegenden Leistung ursächlich war.

§ 28 Privat-, Berufs- und Verkehrs-Rechtsschutz für Selbstständige

(1) Versicherungsschutz besteht
a) für die im Versicherungsschein bezeichnete gewerbliche, freiberufliche oder sonstige selbstständige Tätigkeit des Versicherungsnehmers.
b) für den Versicherungsnehmer oder eine im Versicherungsschein genannte Person auch im privaten Bereich und für die Ausübung nichtselbstständiger Tätigkeiten.

(2) Mitversichert sind
a) der eheliche/eingetragene oder der im Versicherungsschein genannte sonstige Lebenspartner des Versicherungsnehmers i.S.d. § 3 Abs. 4b),
b) die minderjährigen Kinder,
c) die unverheirateten, nicht in einer eingetragenen oder sonstigen Lebenspartnerschaft i.S.d. § 3 Abs. 4b) lebenden volljährigen Kinder bis zur Vollendung des 25. Lebensjahres, letztere jedoch längstens bis zu dem Zeitpunkt, in dem sie erstmalig eine auf Dauer angelegte berufliche Tätigkeit ausüben und hierfür ein leistungsbezogenes Entgelt halten. Soweit sich nicht aus der nachfolgenden Bestimmung etwas anderes ergibt, besteht jedoch kein Rechtsschutz für die Wahrnehmung rechtlicher Interessen als Eigentümer, Halter, Erwerber, Mieter, Leasingnehmer und Fahrer von Motorfahrzeugen zu Lande, zu Wasser oder in der Luft sowie Anhängern (Fahrzeug).
d) alle Personen in ihrer Eigenschaft als berechtigte Fahrer und berechtigte Insassen jedes bei Vertragsabschluß oder während der Vertragsdauer auf den Versicherungsnehmer, die in Absatz 1 genannte Person, deren mitversicherte Lebenspartner oder deren minderjährige Kinder zugelassenen oder auf ihren Namen mit einem Versicherungskennzeichen versehenen oder von diesem Personenkreis als Selbstfahrer-Vermietfahrzeug zum vorübergehenden Gebrauch gemieteten Motorfahrzeuges zu Lande sowie Anhängers,

§ 11 Rechtsschutzversicherung

e) die vom Versicherungsnehmer beschäftigten Personen in Ausübung ihrer beruflichen Tätigkeit für den Versicherungsnehmer.

(3) Der Versicherungsschutz umfasst:
- **Schadenersatz-Rechtsschutz** (§ 2a),
- Arbeits-Rechtsschutz (§ 2b),
- Wohnungs- und Grundstücks- Rechtsschutz für im Versicherungsschein bezeichnete selbst genutzte Grundstücke, Gebäude oder Gebäudeteile, (§ 2c),
- Rechtsschutz im Vertrags- und Sachenrecht für den privaten Bereich, die Ausübung nichtselbstständiger Tätigkeiten und im Zusammenhang mit der Eigenschaft als Eigentümer, Halter, Erwerber, Mieter und Leasingnehmer von Motorfahrzeugen zu Lande sowie Anhängern, (§ 2d),
- Steuer-Rechtsschutz vor Gerichten für den privaten Bereich, die Ausübung nichtselbstständiger Tätigkeiten und im Zusammenhang mit der Eigenschaft als Eigentümer, Halter, Erwerber, Mieter und Leasingnehmer von Motorfahrzeugen zu Lande sowie Anhängern, (§ 2e),
- Sozialgerichts-Rechtsschutz (§ 2f),
- Verwaltungs-Rechtsschutz in Verkehrssachen (§ 2g),
- Disziplinar- und Standes-Rechtsschutz (§ 2h),
- Straf-Rechtsschutz (§ 2i),
- Ordnungswidrigkeiten-Rechtsschutz (§ 2j),
- **Beratungs-Rechtsschutz im Familien-, Lebenspartnerschafts- und Erbrecht** (§ 2k).

(4) Der Wohnungs- und Grundstücks- Rechtsschutz kann ausgeschlossen werden.

(5) Es besteht kein Rechtsschutz für die Wahrnehmung rechtlicher Interessen als Eigentümer, Halter, Erwerber, Mieter und Leasingnehmer eines Motorfahrzeuges zu Wasser oder in der Luft.

(6) Der Fahrer muss bei Eintritt des Rechtsschutzfalls die vorgeschriebene Fahrerlaubnis haben, zum Führen des Fahrzeugs berechtigt sein und das Fahrzeug muss zugelassen oder mit einem Versicherungskennzeichen versehen sein. Bei Verstoß gegen diese Obliegenheit besteht Rechtsschutz nur für diejenigen versicherten Personen, die von diesem Verstoß ohne Verschulden oder leicht fahrlässig keine Kenntnis hatten. Bei grob fahrlässiger Unkenntnis des Verstoßes gegen diese Obliegenheit ist der Versicherer berechtigt, seine Leistung in einem der Schwere des Verschuldens der versicherten Person entsprechenden Verhältnis zu kürzen. Weist die versicherte Person nach, dass ihre Unkenntnis nicht grob fahrlässig war, bleibt der Versicherungsschutz bestehen.

Der Versicherungsschutz bleibt auch bestehen, wenn die versicherte Person oder der Fahrer nachweist, dass die Verletzung der Obliegenheit weder für den Eintritt oder die Feststellung des Versicherungsfalls noch für die Feststellung oder den Umfang der dem Versicherer obliegenden Leistung ursächlich war.

(7) Endet der Versicherungsvertrag durch Berufsaufgabe oder Tod des Versicherungsnehmers, wird ihm bzw. seinen Erben Versicherungsschutz auch für Rechtsschutzfälle gewährt, die innerhalb eines Jahres nach der Beendigung des Versicherungsvertrags eintreten und im Zusammenhang mit der im Versicherungsschein genannten Eigenschaft des Versicherungsnehmers stehen.

§ 29 Rechtsschutz für Eigentümer und Mieter von Wohnungen und Grundstücken

(1) Versicherungsschutz besteht für den Versicherungsnehmer in seiner im Versicherungsschein bezeichneten Eigenschaft als
a) Eigentümer,
b) Vermieter,
c) Verpächter,
d) Mieter,
e) Pächter,
f) Nutzungsberechtigter

von Grundstücken, Gebäuden oder Gebäudeteilen, die im Versicherungsschein bezeichnet sind. Einer Wohneinheit zuzurechnende Garagen oder Kraftfahrzeug-Abstellplätze sind eingeschlossen.

(2) Der Versicherungsschutz umfasst:
- Wohnungs- und Grundstücks-Rechtsschutz (§ 2c),
- Steuer- Rechtsschutz vor Gerichten (§ 2e).

Anhang:
Einbeziehung des außergerichtlichen Mediationsverfahrens
§ 5a Einbeziehung des außergerichtlichen Mediationsverfahrens

(1) Mediation ist ein Verfahren zur freiwilligen, außergerichtlichen Streitbeilegung, bei dem die Parteien mit Hilfe der Moderation eines neutralen Dritten, des Mediators, eine eigenverantwortliche Problemlösung erarbeiten.

Der Versicherer vermittelt dem Versicherungsnehmer einen Mediator zur Durchführung des Mediationsverfahrens in Deutschland und trägt dessen Kosten im Rahmen von Abs. 3.

(2) Der Rechtsschutz für Mediation erstreckt sich auf ....
(Aufzählung der unter die Mediation fallenden Leistungsarten)

(3) Der Versicherer trägt den auf den Versicherungsnehmer entfallenden Anteil an den Kosten des vom Versicherer vermittelten Mediators bis zu ... EUR je Mediation. Sind am Mediationsverfahren auch nicht versicherte Personen beteiligt, über-

§ 11 Rechtsschutzversicherung

nimmt der Versicherer die Kosten anteilig im Verhältnis versicherter zu nicht versicherten Personen.

(4) Für die Tätigkeit des Mediators ist der Versicherer nicht verantwortlich. Soweit vorstehend nicht ausdrücklich etwas anderes vereinbart ist, gelten die Bestimmungen der §§ 1, 3, 4, 7 bis 14, 16, 17 und 20 ARB 2009 entsprechend.

Notwendige Ergänzung zu § 5 I d) bei Verwendung des § 5a:

§ 5 Abs. 1d):

„die Gebühren eines Schieds- oder Schlichtungsverfahrens bis zur Höhe der Gebühren, die im Falle der Anrufung eines zuständigen Gerichts erster Instanz entstehen;"

Ergänzung:

„die Kosten für Mediationsverfahren richten sich hingegen ausschließlich nach der Klausel ..."

Beitragsfreiheit bei Arbeitslosigkeit

Der GDV lässt die Frage nach der Einführung der Beitragsbefreiung bei Arbeitslosigkeit des Versicherungsnehmers bewusst offen.

§ 9a ARB soll daher nur denjenigen Unternehmen als unverbindlicher Formulierungsvorschlag dienen, die die Beitragsbefreiung einführen.

§ 9a Beitragsfreiheit bei Arbeitslosigkeit

(1) Sofern besonders vereinbart, entfällt im Rahmen der folgenden Bestimmungen die Verpflichtung zur Zahlung des weiteren Versicherungsbeitrags, wenn und solange der Versicherungsnehmer arbeitslos gemeldet (§ 117 Sozialgesetzbuch III) oder berufs- oder erwerbsunfähig (§§ 43, 44 Sozialgesetzbuch VI) ist, höchstens jedoch für ... Jahre. Verstirbt der Versicherungsnehmer, gilt die Beitragsfreistellung entsprechend für die Person, die den Versicherungsvertrag vereinbarungsgemäß mit dem Versicherer fortführt. Tritt während einer Beitragsfreistellung ein weiterer der in Satz 1 und 2 genannten Fälle ein, wird der bereits verstrichene Zeitraum der Beitragsfreistellung auf die Höchstdauer von ... Jahren angerechnet.

(2) Eine Beitragsfreistellung nach Ziffer 1 erfolgt nicht,
a) wenn ein anderer, ausgenommen aufgrund einer gesetzlichen Unterhaltspflicht, verpflichtet ist, den Versicherungsbeitrag zu zahlen oder es wäre, wenn diese Zusatzvereinbarung nicht bestünde;
b) wenn eine der Voraussetzungen nach Ziffer 1
   aa) vor Versicherungsbeginn eingetreten ist oder
   bb) innerhalb von 6 Monaten nach Versicherungsbeginn eintritt, ausgenommen durch einen innerhalb dieses Zeitraums eingetretenen Unfall,

R. Allgemeine Bedingungen für die Rechtsschutzversicherung (ARB 2010) § 11

cc) in ursächlichem Zusammenhang mit militärischen Konflikten, inneren Unruhen, Streiks oder Nuklearschäden (ausgenommen durch eine medizinische Behandlung) steht oder

dd) in ursächlichem Zusammenhang mit einer vorsätzlichen Straftat des Versicherungsnehmer steht, oder von ihm vorsätzlich verursacht wurde.

(3) Der Anspruch auf Beitragsfreistellung ist unverzüglich geltend zu machen. Dem Versicherer ist Auskunft über alle zu ihrer Feststellung erforderlichen Umstände zu erteilen und das Vorliegen ihrer Voraussetzung gemäß Absatz 1 durch Vorlage einer amtlichen Bescheinigung nachzuweisen.

(4) Der Versicherungsnehmer hat auf Anforderung, höchstens jedoch alle 3 Monate, Auskunft über das weitere Vorliegen der Voraussetzung für die Beitragsfreistellung zu geben und geeignete Nachweise vorzulegen. Kommt er dieser Verpflichtung nicht unverzüglich nach, endet die Beitragsfreistellung. Sie tritt jedoch mit sofortiger Wirkung wieder in Kraft, wenn die Auskünfte und Nachweise nachgereicht werden. Die Sätze 1 bis 3 gelten nicht im Todesfall oder solange eine andere Voraussetzung für die Beitragsfreistellung aufgrund eines bereits erbrachten Nachweises erkennbar noch vorliegt.

(5) Diese Zusatzvereinbarung kann beiderseits mit einer Frist von 3 Monaten zum Ablauf jedes Versicherungsjahres gekündigt werden. Sie endet, ohne dass es einer Kündigung bedarf, mit Vollendung des 60. Lebensjahres des Versicherungsnehmers oder mit seinem Tode, wenn die in Absatz 1 Satz 2 genannte Person das 60. Lebensjahr zum Todeszeitpunkt beendet hat.

(6) Der Anspruch auf Beitragsfreistellung verjährt in 3 Jahren. Die Verjährung beginnt am Schluss des Kalenderjahrs, in dem die Nachweise und Auskünfte nach Ziffer Absatz 3 hätten erteilt werden können. Der Zeitraum vom Geltendmachen des Anspruchs bis zur Entscheidung des Versicherers über die Beitragsfreistellung wird in die Verjährungsfrist nicht eingerechnet.

(7) Soweit Mitversicherte dem Versicherungsnehmer gleichgestellt sind, gilt dies nicht für diese Zusatzvereinbarung.

§ 12 Lebensversicherung

A. Vorbemerkung

Rechtsgrundlagen sind §§ 150–171 VVG sowie die Allgemeine Bedingungen für die Kapital bildende Lebensversicherung (KLV 2008/2010). 1

Die ursprüngliche Lebensversicherung ist die Versicherung auf den **Todesfall**, bei der die Versicherungsleistung mit dem Tod der versicherten Person fällig wird. Versicherte Person kann der Versicherungsnehmer selbst sein, die Versicherung kann aber auch auf das Leben eines **Dritten** abgeschlossen werden. 2

Lebensversicherungen können in vielen unterschiedlichen Formen abgeschlossen werden. Am häufigsten ist die **Kapitalversicherung**, bei der sowohl im Todesfall als auch im Erlebensfall eine einmalige Kapitalzahlung erfolgt. Bei der reinen **Risikoversicherung** handelt es sich um eine bedingte Todesfallversicherung, die nur dann eintritt, wenn der Todesfall während der zeitlich begrenzten Vertragsdauer eintritt. 3

Streitigkeiten aus Lebensversicherungsverträgen befassen sich überwiegend mit der Verletzung vorvertraglicher oder vertraglicher **Anzeigepflichten** oder der **Selbsttötung**. 4

Die Lebensversicherung ist in den **§§ 150–171 VVG geregelt**. Eine Konkretisierung dieser gesetzlichen Vorschriften erfolgt in den Allgemeinen Bedingungen für die Kapital bildende Lebensversicherung (KLV 2008/2010). 5

B. Kapital bildende Lebensversicherung (§ 1 KLV)

Die vereinbarte Versicherungssumme wird gezahlt 6
- bei **Tod** des Versicherten,
- im Erlebensfall zum vereinbarten **Ablauftermin**.

Gemäß § 1 KLV gibt es unterschiedliche Gestaltungsformen der Kapitalversicherung, unter anderem auch als Kapitalversicherung auf den Heiratsfall (**Aussteuerversicherung**). 7

Bei Tod des Versorgers endet die Beitragszahlung, der Vertrag wird **beitragsfrei** gestellt. Bei Tod des zu versorgenden Kindes vor Fälligkeit der Versicherungssumme wird mindestens der Rückkaufswert erstattet. 8

Die Kapital bildende Lebensversicherung hat große wirtschaftliche Bedeutung, insbesondere für die **Alters- und Hinterbliebenenversorgung**, und wird in unterschiedlichen Varianten angeboten.[1] 9

---

1 Prölss/Martin/*Schneider*, vor § 150 VVG Rn 16 ff. mit Übersicht über sämtliche Varianten der Lebensversicherung.

C. Zustandekommen des Versicherungsvertrages

I. Vorbemerkung

10 Der Versicherungsvertrag in der Lebensversicherung kommt wie jeder andere Vertrag durch **Annahme** eines Antrages zustande. In der Regel stellt der Versicherungsnehmer einen entsprechenden **Antrag**, den der Versicherer in Form eines Versicherungsscheines annimmt.

II. Anzeigepflichten (§ 19 VVG)

11 Bei Antragstellung muss der Versicherungsnehmer **alle Umstände** anzeigen, nach denen der Versicherer in Textform gefragt hat (§ 19 Abs. 1 S. 1 VVG). Wenn der Versicherungsnehmer die Gefahrumstände nicht entsprechend den in Textform gestellten Fragen angezeigt hat, kann der Versicherer nur nach § 22 VVG den Vertrag wegen arglistiger Täuschung **anfechten**.

III. Informationspflichten (§ 7 VVG)

12 Der Versicherer hat gegenüber dem Versicherungsnehmer vor Vertragsschluss und auch **während der Vertragslaufzeit** umfassende Informationspflichten. § 155 VVG bestimmt, dass der Versicherer den Versicherungsnehmer „**jährlich** in Textform über die Entwicklung seiner Ansprüche unter Einbeziehung der Überschussbeteiligung zu unterrichten" hat.

IV. Risikoperson (§ 150 Abs. 2 S. 1 VVG)

13 Wenn die Lebensversicherung nicht auf die Person des Versicherungsnehmers genommen wird, ist zur Wirksamkeit des Vertrags die **schriftliche Einwilligung** des Dritten erforderlich (§ 150 Abs. 2 S. 1 VVG). Diese Einwilligung ist nur dann **nicht** erforderlich, wenn die vereinbarte Leistung den Betrag der gewöhnlichen **Beerdigungskosten** nicht übersteigt.

V. Widerruf (§ 152 VVG)

14 Die Widerrufsfrist gemäß § 8 VVG wird in der Lebensversicherung auf **30 Tage** verlängert (§ 152 Abs. 1 VVG). Bei Widerruf eines Versicherungsvertrages bestimmen sich die Rechtsfolgen zunächst aus § 9 VVG, ergänzt durch die Besonderheiten in der Lebensversicherung gemäß § 152 Abs. 2 VVG. Schließlich bestimmt § 152 Abs. 3 VVG, dass die einmalige oder die erste **Prämie** – abweichend von § 33 Abs. 1 VVG – **unverzüglich nach Ablauf von 30 Tagen** nach Zugang des Versicherungsscheins zu zahlen ist.

D. Versicherungsbeginn

Der materielle Versicherungsschutz beginnt mit Zahlung der ersten oder einmaligen **Prämie** und der schriftlichen **Annahme** des Antrages durch den Versicherer. 15

Auch im Bereich der Lebensversicherung kann eine **vorläufige Deckungszusage** vereinbart werden (§§ 49 ff. VVG).[2] 16

Aus **Verschulden bei Vertragsschluss** kann ein Versicherer zum vorläufigen Deckungsschutz verpflichtet sein, wenn der Versicherungsnehmer bei Antragstellung fehlerhaft beraten worden ist.[3] 17

E. Selbsttötung

I. Vorbemerkung

Grundsätzlich wird der Versicherer **leistungsfrei**, wenn der Versicherte den Versicherungsfall vorsätzlich durch Selbsttötung herbeiführt (§ 161 VVG). 18

Die **Leistungsverpflichtung** bleibt jedoch ausnahmsweise bestehen, wenn die Selbsttötung „in einem die freie Willensbestimmung ausschließenden Zustand **krankhafter Störung** der Geistestätigkeit" begangen worden ist (§ 161 Abs. 1 S. 2 VVG). 19

Leistungsfreiheit wegen Selbsttötung tritt nicht mehr ein, wenn seit Einlösung des Versicherungsscheines oder Wiederherstellung des Versicherungsschutzes **3 Jahre** verstrichen sind (§ 161 VVG). 20

Diese Frist kann in Versicherungsverträgen durch Einzelvereinbarung **verlängert** werden (§ 161 Abs. 2 VVG). 21

Ist der Versicherer wegen Selbsttötung leistungsfrei, hat er den **Rückkaufswert** einschließlich der Überschussanteile nach § 169 VVG zu zahlen (§ 161 Abs. 3 VVG). 22

II. Störung der Geistestätigkeit

Es ist nicht erforderlich, dass eine echte Geisteskrankheit vorliegt, es genügt eine **Bewusstseinsstörung** zur Zeit der Selbsttötung.[4] 23

Der Anspruchsteller muss in vollem Umfang **beweisen**, dass die freie Willensbestimmung durch eine krankhafte Störung der Geistestätigkeit ausgeschlossen war. Einen **Anscheinsbeweis** gibt es in diesem Bereich **nicht**.[5] 24

---

2 Van Bühren/*Prang*, Handbuch Versicherungsrecht, § 14 Rn 116 ff.
3 OLG Hamm, NJW-RR 94, 861 = VersR 1994, 1094.
4 Prölss/Martin/*Schneider*, § 161 VVG Rn 11 m.w.N.
5 BGH, VersR 1994, 162; LG Bonn, VersR 2005, 965; Prölss/Martin/*Schneider*, § 161 VVG Rn 17.

25 Bloße depressive Bestimmungen schließen die Möglichkeit der freien Willensbildung nicht aus, der Anspruchsteller muss beweisen, dass die Selbsttötung in einer **akuten depressiven Phase** begangen worden ist.[6]

26 Eine Blutalkoholkonzentration von **1,7‰** führt zwar zur absoluten Fahruntüchtigkeit des Versicherten, **nicht** jedoch zu einem die freie Willensbildung ausschließenden Zustand krankhafter Störung der **Geistestätigkeit**;[7] dies gilt auch bei einer Blutalkoholkonzentration von **2,2‰** zusammen mit Eheproblemen.[8]

III. Beweislast

27 Der Versicherer muss die vorsätzliche Selbsttötung nach den Regeln des Strengbeweises beweisen. Die Regeln des Anscheinsbeweises sind nicht anwendbar.[9] Der Beweis kann in der Regel nur durch Indizien geführt werden.

Nach den Regeln des **Indizienbeweises** ist von einer Selbsttötung auszugehen,
- wenn ein **erfahrener Jäger** oder eine waffenkundige Person sich mit dem Gewehr in den Kopf schießt,[10]
- wenn der Tod durch **Autoabgase** in einer geschlossenen Garage herbeigeführt wird,[11]
- wenn ein Schwerkranker erhebliche Mengen Alkohol trinkt und mehrere leere Verpackungen eines in dieser Menge **tödlichen Medikaments** vorgefunden werden,[12]
- wenn die Risikoperson auf eine Mauer auffährt und einen **Abschiedsbrief** hinterlässt.[13]

28 Die Gesamtwürdigung aller für eine **Selbsttötung** sprechenden Umstände kann zur richterlichen Überzeugung gemäß § 286 ZPO ausreichen, wenn nur eine **theoretische Möglichkeit** einer Fremdtäterschaft in Betracht.[14]

29 Beruft sich der **Versicherungsnehmer** darauf, dass der Versicherte die Selbsttötung im Zustand **krankhafter Störung der Geistestätigkeit** begangen habe, ist der Versicherungsnehmer insoweit **beweispflichtig**. Die Voraussetzungen von § 104 Nr. 2 BGB müssen vorliegen und bewiesen werden.[15]

---

6 OLG Nürnberg, zfs 1993, 239.
7 OLG Hamm, NJW-RR 1994, 1445 = VersR 1995, 33.
8 OLG Köln, VersR 2002, 341.
9 BGH, VersR 1991, 870; OLG Oldenburg, VersR 1991, 985; Prölss/Martin/*Schneider*, § 161 VVG Rn 17 m.w.N.
10 OLG Celle, VersR 1985, 1134; OLG Oldenburg, VersR 1991, 985.
11 OLG Hamburg, VersR 1986, 378.
12 OLG Düsseldorf, VersR 1999, 1007 = r+s 1999, 344.
13 OLG Köln, VersR 1992, 562 = r+s 1992, 33.
14 OLG Oldenburg, VersR 1991, 985.
15 BGH, VersR 1991, 870; OLG Oldenburg, VersR 1991, 985.

F. Tötung durch den Leistungsberechtigten (§ 162 VVG)

Wenn der Versicherungsnehmer die Risikoperson **vorsätzlich** tötet, ist der Versicherer **nicht** zur Leistung verpflichtet; dies gilt auch, wenn der Bezugsberechtigte durch **eine widerrechtliche Handlung** den Tod der versicherten Person herbeiführt (§ 162 Abs. 2 VVG). 30

G. Bezugsberechtigung (§ 159 VVG)

Die Lebensversicherung kann als Vertrag zugunsten eines **Dritten** (§§ 328 ff. BGB) ausgestaltet sein. Im Zweifel hat der **Versicherungsnehmer** die Befugnis, ohne Zustimmung des Versicherers einen Dritten als Bezugsberechtigten zu **benennen** oder die Bezugsberechtigten zu **ändern** (§ 159 Abs. 1 VVG). 31

Die Bezugsberechtigung ist **widerruflich**, der Versicherungsnehmer kann frei über den Versicherungsanspruch verfügen. 32

Gemäß § 151 Abs. 2 VVG kann auch eine **unwiderrufliche** Bezugsberechtigung vereinbart werden. In diesem Fall erwirbt der Dritte das Recht auf die Leistung bereits mit der Bezeichnung als unwiderruflich Bezugsberechtigter. Eine **Änderung** der Bezugsberechtigung kann dann nur im **Einvernehmen** mit dem Berechtigten erfolgen. 33

H. Rückkaufswert (§ 169 VVG)

Wird ein Versicherungsvertrag durch **Kündigung** des Versicherungsnehmers oder durch Rücktritt oder Anfechtung des Versicherers aufgehoben, hat der Versicherer den Rückkaufswert zu zahlen (§ 169 Abs. 1 VVG). 34

Der Rückkaufswert ist das nach anerkannten Regeln der Versicherungsmathematik zum Schluss der laufenden Versicherungsperiode berechnete **Deckungskapital**, mindestens jedoch der Betrag des Deckungskapitals, der sich bei gleichmäßiger Verteilung der Abschlusskosten auf die ersten fünf Vertragsjahre ergibt (§ 169 Abs. 3 VVG). 35

I. Rechtsprechung

- Versicherungsverträge **Minderjähriger** mit Prämienzahlungspflicht über das 19. Lebensjahr hinaus bedürfen der **vormundschaftsgerichtlichen** Genehmigung nach § 1822 Nr. 5 BGB.[16] 36
- Die Zahlung von Prämien enthält **nicht** die **konkludente Genehmigung** des schwebend unwirksamen Vertrages.[17]

---

16 OLG Hamm, NJW-RR 1992, 1188; LG Aachen, VersR 1987, 978.
17 OLG Hamm, NJW-RR 1992, 1188; LG Aachen, VersR 1987, 978.

§ 12 Lebensversicherung

- Bei Abtretung des Leistungsanspruchs an einen **Kreditgeber** gehört die Versicherungssumme in Höhe des abgetretenen Betrages zum **Nachlass**.[18]
- Eine Lebensversicherungssumme, die ein **Ehegatte** als Bezugsberechtigter aus der Versicherung eines ihm nahestehenden verstorbenen Dritten erhält, gehört zu seinem privilegierten Vermögen im Sinne des § 1374 Abs. 2 BGB und unterliegt nicht dem **Zugewinnausgleich**.[19]
- Der Versicherer haftet nach den Grundsätzen des **Verschuldens bei Vertragsschluss**, wenn der Versicherungsagent den Versicherungsnehmer über **steuerliche Vorteile unzutreffend informiert** hat und der Versicherungsnehmer hierdurch zum Abschluss eines Lebensversicherungsvertrages veranlasst wird.[20]
- Die **Risikoperson**, die zugleich Versicherungsnehmer ist, muss dem Vertrag **schriftlich** zustimmen; es genügt **nicht**, den Versicherungsantrag **blanko** zu unterzeichnen.[21]
- Die **dreijährige Wartefrist** aus § 5 I KLV beginnt mit Zahlung der **Erstprämie**, auch wenn der Vertrag erst später zustande kommt.[22]
- Die Regelung, dass eine Abtretung erst mit dem Zugang beim Versicherer wirksam wird, führt dazu, dass eine nach dem **Tod** eingehende Abtretungserklärung **unwirksam** ist; eine Leistung an den Zessionar erfolgt daher nicht **leistungsbefreiend**.[23]
- Der Versicherer wird **nicht leistungsfrei**, wenn seine Inkassostelle die Erstprämie verspätet – nach dem Tod des Versicherungsnehmers – einzieht.[24]
- Das Verschweigen einer **Krebsoperation** und einer Chemotherapie ist nicht zwingend eine arglistige Täuschung, wenn der behandelnde Arzt 5 Jahre vorher die **Heilung bescheinigt** hat.[25]
- Eine **Prämienabbuchung** nach wirksamer Kündigung bedeutet nicht, dass der Versicherer am Vertrag festhält.[26]
- Der private Rentenversicherer haftet aus culpa in contrahendo auf Rückzahlung der Prämien und Ersatz entgangener Anlagerendite, wenn er beim Abschluss des Versicherungsvertrages mit **Gewinnanteilen** geworben hat, die wegen veränderter Lebenserwartung der Bevölkerung **erkennbar** unrealistisch waren.[27]

---

18 BGH, NJW 1996, 2230 = r+s 1996, 460 = zfs 1996, 424.
19 BGH, r+s 1996, 72.
20 OLG Karlsruhe, r+s 1996, 156.
21 BGH, r+s 1999, 212 = MDR 1999, 355 = VersR 1999, 347 = zfs 1999, 164.
22 OLG Saarbrücken, NJW-RR 1999, 678 = NVersZ 1999, 31 = zfs 1999, 345.
23 BGH, NJW-RR 1999, 898 = NVersZ 1999, 365; OLG Koblenz, VersR 1999, 830.
24 OLG Düsseldorf, zfs 1999, 300 = r+s 1999, 52 = VersR 1999, 829.
25 OLG Jena, NVersZ 2000, 19.
26 OLG Köln, VersR 2000, 619.
27 OLG Koblenz, VersR 2000, 1357; OLG Düsseldorf, VersR 2001, 705.

- Die Anfechtung wegen arglistiger Täuschung ist auch dann **wirksam**, wenn der Versicherer die Anfechtungsgründe aufgrund einer zu weit gefassten und daher **unwirksamen** Schweigepflichtentbindung erfährt.[28]
- Die **Legitimationswirkung** des Versicherungsscheins, der als qualifiziertes Inhaberpapier gemäß § 808 Abs. 1 BGB ausgestaltet ist, erstreckt sich auch auf das Kündigungsrecht zur Erlangung des Rückkaufswertes.[29]
- Der Versicherer ist verpflichtet, dem **Erben** des Versicherungsnehmers über das Bestehen und über Einzelheiten der Erfüllung von Bezugsrechten **Auskunft** zu erteilen.[30]
- Wenn mit der Kündigung des Versicherungsvertrages der **Original-Versicherungsschein** vorgelegt wird, leistet der Versicherer mit befreiender Wirkung, selbst wenn die Unterschrift der Kündigungserklärung **gefälscht** war.[31]
- Ein **unwiderrufliches** Bezugsrecht kann vom Insolvenzverwalter nicht angefochten werden.[32]
- Wenn bei einer **Nettopolice** die Provision in einer gesonderten Kostenausgleichsvereinbarung geregelt wird, ist das Kündigungsverbot für diese Ausgleichsvereinbarung unwirksam.[33]

J. Allgemeine Bedingungen für die kapitalbildende Lebensversicherung (KLV) – Stand: 1.10.2013

Diese Bedingungen des Gesamtverbandes der Deutschen Versicherungswirtschaft e.V. (GDV) sind für die Versicherer unverbindlich; ihre Verwendung ist rein fakultativ. Abweichende Bedingungen können vereinbart werden. Abdruck mit freundlicher Genehmigung des GDV; die jeweils aktuellen Bedingungen können kostenfrei auf der Website des GDV (www.gdv.de) abgerufen werden.

Allgemeine Bedingungen für die kapitalbildende Lebensversicherung[34]

Sehr geehrte Kundin, sehr geehrter Kunde,

mit diesen Versicherungsbedingungen wenden wir uns an Sie als unseren Versicherungsnehmer und Vertragspartner.

---

28 BGH – IV ZR 140/08, VersR 2010, 97 = r+s 2010, 55.
29 BGH – IV R 207/08, VersR 2010, 936.
30 OLG Saarbrücken – 5 U 233/09, zfs 2010, 449.
31 BGH – IV ZR 16/08, VersR 2009, 1061.
32 OLG Frankfurt, 13 U 90/11, MDR 2012, 28.
33 BGH, IV ZR 295/13, VersR 2014, 567.
34 Sofern von der Möglichkeit des § 1 Abs. 2 VVG-InfoV Gebrauch gemacht wird, ist darauf zu achten, dass die danach notwendige Hervorhebung des Textes sich von der vereinzelten Kenntlichmachung durch Fettdruck in diesen Bedingungen unterscheidet.

§ 12 Lebensversicherung

§ 1 Welche Leistungen erbringen wir?

- **Kapitalversicherung auf den Todes- und Erlebensfall**

Unsere Leistung zum vereinbarten Ablauftermin oder bei Tod der versicherten Person

(1) Wenn die versicherte Person *(das ist die Person, auf deren Leben die Versicherung abgeschlossen ist)* den vereinbarten Ablauftermin erlebt oder wenn sie vor diesem Termin stirbt, zahlen wir die vereinbarte Versicherungssumme.

Bemerkung:

§ 1 Abs. 1 ist bei anderer Leistungsbeschreibung entsprechend zu ändern, z.B. wie folgt:

- **Kapitalversicherung auf den Todes- und Erlebensfall mit Teilauszahlung**

Unsere Leistung zu den vereinbarten Auszahlungsterminen oder bei Tod der versicherten Person

(1) Wenn die versicherte Person *(das ist die Person, auf deren Leben die Versicherung abgeschlossen ist)* die vereinbarten Auszahlungstermine erlebt, erbringen wir die vereinbarten Teilauszahlungen. Wenn die versicherte Person vor dem letzten Auszahlungstermin stirbt, zahlen wir die vereinbarte Versicherungssumme.

- **Kapitalversicherung auf den Todes- und Erlebensfall von zwei Personen**

Unsere Leistung zum vereinbarten Ablauftermin oder bei Tod einer der versicherten Personen

(1) Wenn beide versicherte Personen *(das sind die Personen, auf deren Leben die Versicherung abgeschlossen ist)* den vereinbarten Ablauftermin erleben oder wenn eine der versicherten Personen vor diesem Termin stirbt, zahlen wir die vereinbarte Versicherungssumme. Auch bei gleichzeitigem Tod beider versicherter Personen zahlen wir die vereinbarte Versicherungssumme nur einmal.

- **Kapitalversicherung mit festem Auszahlungszeitpunkt, Termfixversicherung**

Unsere Leistung zum vereinbarten Ablauftermin oder bei Tod der versicherten Person

(1) Wir zahlen die vereinbarte Versicherungssumme zu dem vereinbarten Ablauftermin, unabhängig davon, ob die versicherte Person *(das ist die Person, auf deren Leben die Versicherung abgeschlossen ist)* diesen Zeitpunkt erlebt. Die Beitragszahlung endet, wenn die versicherte Person stirbt, spätestens mit Ablauf der vereinbarten Versicherungsdauer.

J. Allgemeine Bedingungen für die kapitalbildende Lebensversicherung (KLV) § 12

- **Kapitalversicherung auf den Todesfall**

Unsere Leistung bei Tod der versicherten Person

(1) Wenn die versicherte Person *(das ist die Person, auf deren Leben die Versicherung abgeschlossen ist)* stirbt, zahlen wir die vereinbarte Versicherungssumme.

Unsere Leistung aus der Überschussbeteiligung

(2) Wir beteiligen Sie an den Überschüssen und an den Bewertungsreserven (siehe § 2).

§ 2 Wie erfolgt die Überschussbeteiligung?

Sie erhalten gemäß § 153 des Versicherungsvertragsgesetzes (VVG) eine Überschussbeteiligung. Diese umfasst eine Beteiligung an den Überschüssen und an den Bewertungsreserven. Die Überschüsse und die Bewertungsreserven ermitteln wir nach den Vorschriften des Handelsgesetzbuches (HGB) und veröffentlichen sie jährlich im Geschäftsbericht. Wir erläutern Ihnen,

- wie die Überschussbeteiligung der Versicherungsnehmer insgesamt erfolgt (Absatz 2),
- wie die Überschussbeteiligung Ihres konkreten Vertrags erfolgt (Absatz 3) und
- warum wir die Höhe der Überschussbeteiligung nicht garantieren können (Absatz 4).

(2) **Wie erfolgt die Überschussbeteiligung der Versicherungsnehmer insgesamt?**

Dazu erklären wir Ihnen

- aus welchen Quellen die Überschüsse stammen (a),
- wie wir mit diesen Überschüssen verfahren (b) und
- wie Bewertungsreserven entstehen und wir diese zuordnen (c).

a) Überschüsse können aus drei verschiedenen Quellen entstehen:

- den Kapitalerträgen (aa),
- dem Risikoergebnis (bb) und
- dem übrigen Ergebnis (cc).

Wir beteiligen unsere Versicherungsnehmer an diesen Überschüssen; dabei beachten wir die Verordnung über die Mindestbeitragsrückerstattung in der Lebensversicherung (Mindestzuführungsverordnung) in der jeweils geltenden Fassung.

(aa) Kapitalerträge

Von den Nettoerträgen der nach dieser Verordnung maßgeblichen Kapitalanlagen erhalten die Versicherungsnehmer insgesamt mindestens den dort genannten prozentualen Anteil. In der derzeitigen Fassung der Mindestzuführungsverordnung sind grundsätzlich 90 % vorgeschrieben. Aus diesem Betrag werden zunächst die Mittel entnommen, die für die garantierten Leistungen benötigt werden. Die ver-

§ 12 Lebensversicherung

bleibenden Mittel verwenden wir für die Überschussbeteiligung der Versicherungsnehmer.

(bb) Risikoergebnis

Weitere Überschüsse entstehen insbesondere, wenn die Sterblichkeit der Versicherten niedriger ist, als die bei der Tarifkalkulation zugrunde gelegte. In diesem Fall müssen wir weniger Leistungen für Todesfälle als ursprünglich angenommen zahlen und können daher die Versicherungsnehmer an dem entstehenden Risikoergebnis beteiligen. An diesen Überschüssen werden die Versicherungsnehmer nach der derzeitigen Fassung der Mindestzuführungsverordnung grundsätzlich zu mindestens 75 % beteiligt.

(cc) Übriges Ergebnis

Am übrigen Ergebnis werden die Versicherungsnehmer nach der derzeitigen Fassung der Mindestzuführungsverordnung grundsätzlich zu mindestens 50 % beteiligt. Überschüsse aus dem übrigen Ergebnis können beispielsweise entstehen, wenn

- die Kosten niedriger sind als bei der Tarifkalkulation angenommen,
- wir andere Einnahmen als aus dem Versicherungsgeschäft haben, z.B. Erträge aus Dienstleistungen, die wir für andere Unternehmen erbringen,
- ...[35]

(b) Die auf die Versicherungsnehmer entfallenden Überschüsse führen wir der Rückstellung für Beitragsrückerstattung zu oder schreiben sie unmittelbar den überschussberechtigten Versicherungsverträgen gut (Direktgutschrift).

Die Rückstellung für Beitragsrückerstattung dient dazu, Schwankungen der Überschüsse auszugleichen. Sie darf grundsätzlich nur für die Überschussbeteiligung der Versicherungsnehmer verwendet werden. Nur in Ausnahmefällen und mit Zustimmung der Aufsichtsbehörde können wir hiervon nach § 56b des Versicherungsaufsichtsgesetzes (VAG) abweichen. Dies dürfen wir, soweit die Rückstellung für Beitragsrückerstattung nicht auf bereits festgelegte Überschussanteile entfällt. Nach der derzeitigen Fassung des § 56b VAG können wir im Interesse der Versicherten die Rückstellung für Beitragsrückerstattung heranziehen, um:

- einen drohenden Notstand abzuwenden,
- unvorhersehbare Verluste aus den überschussberechtigten Verträgen auszugleichen, die auf allgemeine Änderungen der Verhältnisse zurückzuführen sind, oder
- die Deckungsrückstellung zu erhöhen, wenn die Rechnungsgrundlagen auf Grund einer unvorhersehbaren und nicht nur vorübergehenden Änderung der Verhältnisse angepasst werden müssen. *(Eine Deckungsrückstellung bilden wir,*

---

35 Unternehmensindividuell zu ergänzen.

J. Allgemeine Bedingungen für die kapitalbildende Lebensversicherung (KLV) § 12

um zu jedem Zeitpunkt den Versicherungsschutz gewährleisten zu können. Die Deckungsrückstellung wird nach § 65 VAG und § 341e und § 341f HGB sowie den dazu erlassenen Rechtsverordnungen berechnet.)
Wenn wir die Rückstellung für Beitragsrückerstattung zum Verlustausgleich oder zur Erhöhung der Deckungsrückstellung heranziehen, belasten wir die Versichertenbestände verursachungsorientiert.

(c) Bewertungsreserven entstehen, wenn der Marktwert der Kapitalanlagen über dem Wert liegt, mit dem die Kapitalanlagen im Geschäftsbericht ausgewiesen sind. Die Bewertungsreserven, die nach gesetzlichen und aufsichtsrechtlichen Vorschriften für die Beteiligung der Verträge zu berücksichtigen sind, ordnen wir den Verträgen nach einem verursachungsorientierten Verfahren anteilig rechnerisch zu.

Die Höhe der Bewertungsreserven ermitteln wir jährlich neu, zusätzlich auch für den Zeitpunkt der Beendigung eines Vertrages.

(3) Wie erfolgt die Überschussbeteiligung Ihres Vertrages?

(a) Wir haben gleichartige Versicherungen (z.B. Rentenversicherung, Risikoversicherung)[36] zu Gewinngruppen zusammengefasst. Gewinngruppen bilden wir, um die Unterschiede bei den versicherten Risiken zu berücksichtigen.[37] Die Überschüsse verteilen wir auf die einzelnen Gewinngruppen nach einem verursachungsorientierten Verfahren und zwar in dem Maß, wie die Gewinngruppen zur Entstehung von Überschüssen beigetragen haben.

Ihr Vertrag erhält Anteile an den Überschüssen derjenigen Gewinngruppe, die in Ihrem Versicherungsschein genannt ist. Die Mittel für die Überschussanteile werden bei der Direktgutschrift zu Lasten des Ergebnisses des Geschäftsjahres finanziert, ansonsten der Rückstellung für Beitragsrückerstattung entnommen. Die Höhe der Überschussanteilsätze legen wir jedes Jahr[38] fest. Wir veröffentlichen die Überschussanteilsätze in unserem Geschäftsbericht. Diesen können Sie bei uns anfordern.

(b) Bei Beendigung des Vertrags[39] (durch Tod, Kündigung oder Erleben des vereinbarten Ablauftermins) gilt Folgendes. Wir teilen Ihrem Vertrag dann den für diesen Zeitpunkt zugeordneten Anteil an den Bewertungsreserven gemäß der jeweils geltenden gesetzlichen Regelung zu; derzeit sieht § 153 Absatz 3 VVG eine Beteiligung in Höhe der Hälfte der zugeordneten Bewertungsreserven vor. Aufsichtsrechtliche Regelungen können dazu führen, dass die Beteiligung an den Bewertungsreserven ganz oder teilweise entfällt.

---

36 Ggf. unternehmensindividuell anzupassen.
37 Ggf. weitere unternehmensindividuelle Information über Gewinngruppen bzw. Untergruppen und deren Modalitäten; die Begriffe sind an die unternehmensindividuellen Gegebenheiten anzupassen.
38 Ggf. unternehmensindividuellen anderen Zeitpunkt verwenden.
39 Ggf. unternehmensindividuellen früheren Zeitpunkt verwenden.

§ 12 Lebensversicherung

(c) Die für die Überschussbeteiligung geltenden Berechnungsgrundsätze sind in den als Anlage beigefügten „Bestimmungen zur Überschussbeteiligung für die kapitalbildende Lebensversicherung" enthalten. Diese Bestimmungen sind Bestandteil dieser Versicherungsbedingungen.[40]

(4) Warum können wir die Höhe der Überschussbeteiligung nicht garantieren?

Die Höhe der Überschussbeteiligung hängt von vielen Einflüssen ab, die nicht vorhersehbar und von uns nur begrenzt beeinflussbar sind. Wichtigster Einflussfaktor ist die Entwicklung des Kapitalmarkts. Aber auch die Entwicklung des versicherten Risikos und der Kosten ist von Bedeutung. Die Höhe der künftigen Überschussbeteiligung kann also nicht garantiert werden. Über die Entwicklung Ihrer Überschussbeteiligung werden wir Sie jährlich unterrichten.

§ 3 Wann beginnt Ihr Versicherungsschutz?

Ihr Versicherungsschutz beginnt, wenn Sie den Vertrag mit uns abgeschlossen haben. Jedoch besteht vor dem im Versicherungsschein angegebenen Versicherungsbeginn kein Versicherungsschutz. Allerdings kann unsere Leistungspflicht entfallen, wenn Sie den Beitrag nicht rechtzeitig zahlen (siehe § 10 Absätze 2 und 3 und § 11).

§ 4 Was gilt bei Polizei- oder Wehrdienst, Unruhen, Krieg oder Einsatz bzw. Freisetzen von ABC-Waffen/-Stoffen?

(1) Grundsätzlich leisten wir unabhängig davon, auf welcher Ursache der Versicherungsfall beruht. Wir leisten auch dann, wenn die versicherte Person *(das ist die Person, auf deren Leben die Versicherung abgeschlossen ist)* in Ausübung des Polizei- oder Wehrdienstes oder bei inneren Unruhen gestorben ist.

(2) Stirbt die versicherte Person in unmittelbarem oder mittelbarem Zusammenhang mit kriegerischen Ereignissen, ist unsere Leistung eingeschränkt. In diesem Fall vermindert sich die Auszahlung auf den für den Todestag berechneten Rückkaufswert (siehe § 12 Absätze 3 bis 6), ohne den dort vorgesehenen Abzug. Unsere Leistung vermindert sich nicht, wenn die versicherte Person in unmittelbarem oder mittelbarem Zusammenhang mit kriegerischen Ereignissen stirbt, denen sie wäh-

---

40 Hier sind folgende unternehmensindividuelle Angaben zur Überschussbeteiligung zu machen:
   a) Voraussetzung für die Fälligkeit der Überschussanteile (Wartezeit, Stichtag für die Zuteilung u. ä.)
   b) Form und Verwendung der Überschussanteile (laufende Überschussanteile, Schlussüberschussanteile, Bonus, Ansammlung, Verrechnung, Barauszahlung u. ä.)
   c) Bemessungsgrößen für die Überschussanteile
   d) Rechnungsgrundlagen für die Ermittlung der Beiträge
   Zur Beteiligung an den Bewertungsreserven sind der Verteilungsmechanismus, d.h. die Schlüsselung der ermittelten, verteilungsfähigen Bewertungsreserven auf den einzelnen Vertrag und die Bewertungsstichtage anzugeben. Vgl. hierzu auch Gesamtgeschäftsplan für die Überschussbeteiligung, Abschnitt 3.11.1 bis 3.11.11.

J. Allgemeine Bedingungen für die kapitalbildende Lebensversicherung (KLV) § 12

rend eines Aufenthaltes außerhalb der Bundesrepublik Deutschland ausgesetzt und an denen sie nicht aktiv beteiligt war.

(3) In folgenden Fällen vermindern sich unsere Leistungen auf die in Absatz 2 Satz 2 und 3 genannten Leistungen: Die versicherte Person stirbt in unmittelbarem oder mittelbarem Zusammenhang mit

- dem vorsätzlichen Einsatz von atomaren, biologischen oder chemischen Waffen oder
- dem vorsätzlichen Einsatz oder der vorsätzlichen Freisetzung von radioaktiven, biologischen oder chemischen Stoffen.

Der Einsatz bzw. das Freisetzen muss dabei darauf gerichtet gewesen sein, das Leben einer Vielzahl von Personen zu gefährden. Unsere Leistung vermindert sich nicht, wenn die versicherte Person in unmittelbarem oder mittelbarem Zusammenhang mit kriegerischen Ereignissen stirbt, denen sie während eines Aufenthaltes außerhalb der Bundesrepublik Deutschland ausgesetzt und an denen sie nicht aktiv beteiligt war.

§ 5 Was gilt bei Selbsttötung der versicherten Person?

(1) Bei vorsätzlicher Selbsttötung erbringen wir eine für den Todesfall vereinbarte Leistung, wenn seit Abschluss des Vertrages **drei Jahre vergangen** sind.

(2) Bei vorsätzlicher Selbsttötung **vor** Ablauf der Dreijahresfrist besteht kein Versicherungsschutz. In diesem Fall zahlen wir den für den Todestag berechneten Rückkaufswert Ihres Vertrages (siehe § 12 Absätze 3 bis 6), ohne den dort vorgesehenen Abzug.

Wenn uns nachgewiesen wird, dass sich die versicherte Person *(das ist die Person, auf deren Leben die Versicherung abgeschlossen ist)* in einem die freie Willensbestimmung ausschließenden Zustand krankhafter Störung der Geistestätigkeit selbst getötet hat, besteht Versicherungsschutz.

(3) Wenn unsere Leistungspflicht durch eine Änderung des Vertrages erweitert wird oder der Vertrag wiederhergestellt wird, beginnt die Dreijahresfrist bezüglich des geänderten oder wiederhergestellten Teils neu.

§ 6 Was bedeutet die vorvertragliche Anzeigepflicht und welche Folgen hat ihre Verletzung?

Vorvertragliche Anzeigepflicht

(1) Sie sind bis zur Abgabe Ihrer Vertragserklärung verpflichtet, alle Ihnen bekannten gefahrerheblichen Umstände, nach denen wir in Textform *(z.B. Papierform oder E-Mail)* gefragt haben, wahrheitsgemäß und vollständig anzuzeigen. Gefahrerheblich sind die Umstände, die für unsere Entscheidung, den Vertrag überhaupt oder mit dem vereinbarten Inhalt zu schließen, erheblich sind.

§ 12 Lebensversicherung

Diese Anzeigepflicht gilt auch für Fragen nach gefahrerheblichen Umständen, die wir Ihnen nach Ihrer Vertragserklärung, aber vor Vertragsannahme, in Textform stellen.

(2) Soll das Leben einer anderen Person versichert werden, ist auch diese – neben Ihnen – zu wahrheitsgemäßer und vollständiger Beantwortung der Fragen verpflichtet.

(3) Wenn eine andere Person die Fragen nach gefahrerheblichen Umständen für Sie beantwortet und wenn diese Person den gefahrerheblichen Umstand kennt oder arglistig handelt, werden Sie behandelt, als hätten Sie selbst davon Kenntnis gehabt oder arglistig gehandelt.

Rechtsfolgen der Anzeigepflichtverletzung

(4) Nachfolgend informieren wir Sie, unter welchen Voraussetzungen wir bei einer Verletzung der Anzeigepflicht
- vom Vertrag zurücktreten,
- den Vertrag kündigen,
- den Vertrag ändern oder
- den Vertrag wegen arglistiger Täuschung anfechten

können.

Rücktritt

(5) Wenn die vorvertragliche Anzeigepflicht verletzt wird, können wir vom Vertrag zurücktreten. Das Rücktrittsrecht besteht nicht, wenn weder eine vorsätzliche noch eine grob fahrlässige Anzeigepflichtverletzung vorliegt. Selbst wenn die Anzeigepflicht grob fahrlässig verletzt wird, haben wir trotzdem kein Rücktrittsrecht, falls wir den Vertrag – möglicherweise zu anderen Bedingungen (*z.B. höherer Beitrag oder eingeschränkter Versicherungsschutz*) – auch bei Kenntnis der nicht angezeigten gefahrerheblichen Umstände geschlossen hätten.

(6) Im Fall des Rücktritts haben Sie keinen Versicherungsschutz. Wenn wir nach Eintritt des Versicherungsfalles zurücktreten, bleibt unsere Leistungspflicht unter folgender Voraussetzung trotzdem bestehen: Die Verletzung der Anzeigepflicht bezieht sich auf einen gefahrerheblichen Umstand, der
- weder für den Eintritt oder die Feststellung des Versicherungsfalles
- noch für die Feststellung oder den Umfang unserer Leistungspflicht ursächlich

war.

Unsere Leistungspflicht entfällt jedoch auch im vorstehend genannten Fall, wenn die Anzeigepflicht arglistig verletzt worden ist.

(7) Wenn der Vertrag durch Rücktritt aufgehoben wird, zahlen wir den Rückkaufswert gemäß § 12 Absätze 3 bis 5; die Regelung des § 12 Absatz 3 Satz 2 bis 4 gilt nicht. Die Rückzahlung der Beiträge können Sie nicht verlangen.

J. Allgemeine Bedingungen für die kapitalbildende Lebensversicherung (KLV) § 12

Kündigung

(8) Wenn unser Rücktrittsrecht ausgeschlossen ist, weil die Verletzung der Anzeigepflicht weder vorsätzlich noch grob fahrlässig erfolgt ist, können wir den Vertrag unter Einhaltung einer Frist von einem Monat kündigen.

(9) Unser Kündigungsrecht ist ausgeschlossen, wenn wir den Vertrag – möglicherweise zu anderen Bedingungen (*z.b. höherer Beitrag oder eingeschränkter Versicherungsschutz*) – auch bei Kenntnis der nicht angezeigten gefahrerheblichen Umstände geschlossen hätten.

(10) Wenn wir den Vertrag kündigen, wandelt er sich in einen beitragsfreien Vertrag um (siehe § 13).

Vertragsänderung

(11) Können wir nicht zurücktreten oder kündigen, weil wir den Vertrag – möglicherweise zu anderen Bedingungen (*z.b. höherer Beitrag oder eingeschränkter Versicherungsschutz*) – auch bei Kenntnis der nicht angezeigten gefahrerheblichen Umstände geschlossen hätten (Absatz 5 Satz 3 und Absatz 9), werden die anderen Bedingungen auf unser Verlangen rückwirkend Vertragsbestandteil. Haben Sie die Anzeigepflichtverletzung nicht zu vertreten, werden die anderen Bedingungen erst ab der laufenden Versicherungsperiode (siehe § 10 Absatz 2 Satz 3) Vertragsbestandteil.

(12) Sie können den Vertrag innerhalb eines Monats, nachdem Sie unsere Mitteilung über die Vertragsänderung erhalten haben, fristlos kündigen, wenn

- wir im Rahmen einer Vertragsänderung den Beitrag um mehr als 10 % erhöhen oder
- wir die Gefahrabsicherung für einen nicht angezeigten Umstand ausschließen.

Auf dieses Recht werden wir Sie in der Mitteilung über die Vertragsänderung hinweisen.

Voraussetzungen für die Ausübung unserer Rechte

(13) Unsere Rechte zum Rücktritt, zur Kündigung oder zur Vertragsänderung stehen uns nur zu, wenn wir Sie durch gesonderte Mitteilung in Textform auf die Folgen einer Anzeigepflichtverletzung hingewiesen haben.

(14) Wir haben kein Recht zum Rücktritt, zur Kündigung oder zur Vertragsänderung, wenn wir den nicht angezeigten Umstand oder die Unrichtigkeit der Anzeige kannten.

(15) Wir können unsere Rechte zum Rücktritt, zur Kündigung oder zur Vertragsänderung nur innerhalb eines Monats geltend machen. Die Frist beginnt mit dem Zeitpunkt, zu dem wir von der Verletzung der Anzeigepflicht, die das von uns geltend gemachte Recht begründet, Kenntnis erlangen. Bei Ausübung unserer Rechte müssen wir die Umstände angeben, auf die wir unsere Erklärung stützen. Zur Be-

§ 12 Lebensversicherung

gründung können wir nachträglich weitere Umstände angeben, wenn für diese die Frist nach Satz 1 nicht verstrichen ist.

(16) Nach Ablauf von fünf Jahren seit Vertragsschluss erlöschen unsere Rechte zum Rücktritt, zur Kündigung oder zur Vertragsänderung. Ist der Versicherungsfall vor Ablauf dieser Frist eingetreten, können wir die Rechte auch nach Ablauf der Frist geltend machen. Ist die Anzeigepflicht vorsätzlich oder arglistig verletzt worden, beträgt die Frist zehn Jahre.

Anfechtung
(17) Wir können den Vertrag auch anfechten, falls unsere Entscheidung zur Annahme des Vertrages durch unrichtige oder unvollständige Angaben bewusst und gewollt beeinflusst worden ist. Handelt es sich um Angaben der **versicherten Person** *(das ist die Person, auf deren Leben die Versicherung abgeschlossen ist)*, können wir **Ihnen** gegenüber die Anfechtung erklären, auch wenn Sie von der Verletzung der vorvertraglichen Anzeigepflicht keine Kenntnis hatten. Absatz 7 gilt entsprechend.

Leistungserweiterung/Wiederherstellung des Vertrages
(18) Die Absätze 1 bis 17 gelten entsprechend, wenn der Versicherungsschutz nachträglich erweitert oder wiederhergestellt wird und deshalb eine erneute Risikoprüfung vorgenommen wird. Die Fristen nach Absatz 16 beginnen mit der Änderung oder Wiederherstellung des Vertrages bezüglich des geänderten oder wiederhergestellten Teils neu.

Erklärungsempfänger
(19) Wir üben unsere Rechte durch eine schriftliche Erklärung aus, die wir Ihnen gegenüber abgeben. Sofern Sie uns keine andere Person als Bevollmächtigten benannt haben, gilt nach Ihrem Tod ein Bezugsberechtigter als bevollmächtigt, diese Erklärung entgegenzunehmen. Ist kein Bezugsberechtigter vorhanden oder kann sein Aufenthalt nicht ermittelt werden, können wir den Inhaber des Versicherungsscheins als bevollmächtigt ansehen, die Erklärung entgegenzunehmen.

§ 7 Was ist zu beachten, wenn eine Leistung verlangt wird?
(1) Wird eine Leistung aus dem Vertrag beansprucht, können wir verlangen, dass uns der Versicherungsschein und ein Zeugnis über den Tag der Geburt der versicherten Person *(das ist die Person, auf deren Leben die Versicherung abgeschlossen ist)* vorgelegt werden.

(2) Der Tod der versicherten Person muss uns unverzüglich *(d.h. ohne schuldhaftes Zögern)* mitgeteilt werden. Außerdem muss uns eine amtliche Sterbeurkunde mit Angabe von Alter und Geburtsort vorgelegt werden. Zusätzlich muss uns eine ausführliche ärztliche oder amtliche Bescheinigung über die Todesursache vorgelegt

J. Allgemeine Bedingungen für die kapitalbildende Lebensversicherung (KLV) § 12

werden. Aus der Bescheinigung müssen sich Beginn und Verlauf der Krankheit, die zum Tod der versicherten Person geführt hat, ergeben.

(3) Wir können weitere Nachweise und Auskünfte verlangen, wenn dies erforderlich ist, um unsere Leistungspflicht zu klären. Die Kosten hierfür muss diejenige Person tragen, die die Leistung beansprucht.

(4) Unsere Leistungen werden fällig, nachdem wir die Erhebungen abgeschlossen haben, die zur Feststellung des Versicherungsfalls und des Umfangs unserer Leistungspflicht notwendig sind. Wenn eine der in den Absätzen 1 bis 3 genannten Pflichten nicht erfüllt wird, kann dies zur Folge haben, dass wir nicht feststellen können, ob oder in welchem Umfang wir leistungspflichtig sind. Eine solche Pflichtverletzung kann somit dazu führen, dass unsere Leistung nicht fällig wird.

(5) Bei Überweisung von Leistungen in Länder außerhalb des Europäischen Wirtschaftsraumes trägt die empfangsberechtigte Person die damit verbundene Gefahr.

§ 8 Welche Bedeutung hat der Versicherungsschein?

(1) Wir können Ihnen den Versicherungsschein in Textform *(z.B. Papierform, E-Mail)* übermitteln. Stellen wir diesen als Dokument in Papierform aus, dann liegt eine Urkunde vor. Sie können die Ausstellung als Urkunde verlangen.

(2) Den Inhaber der Urkunde können wir als berechtigt ansehen, über die Rechte aus dem Vertrag zu verfügen, insbesondere Leistungen in Empfang zu nehmen. Wir können aber verlangen, dass uns der Inhaber der Urkunde seine Berechtigung nachweist.

§ 9 Wer erhält die Leistung?

(1) Als unser Versicherungsnehmer können Sie bestimmen, wer die Leistung erhält. Wenn Sie keine Bestimmung treffen, leisten wir an Sie.

Bezugsberechtigung

(2) Sie können uns widerruflich oder unwiderruflich eine andere Person benennen, die die Leistung erhalten soll (Bezugsberechtigter).

Wenn Sie ein Bezugsrecht **widerruflich** bestimmen, erwirbt der Bezugsberechtigte das Recht auf die Leistung erst mit dem Eintritt des Versicherungsfalls. Deshalb können Sie Ihre Bestimmung bis zum Eintritt des Versicherungsfalls jederzeit widerrufen.

Sie können ausdrücklich bestimmen, dass der Bezugsberechtigte sofort und **unwiderruflich** das Recht auf die Leistung erhält. Sobald uns Ihre Erklärung zugegangen ist, kann dieses Bezugsrecht nur noch mit Zustimmung des unwiderruflich Bezugsberechtigten geändert werden.

§ 12 Lebensversicherung

Abtretung und Verpfändung

(3) Sie können das Recht auf die Leistung bis zum Eintritt des Versicherungsfalls grundsätzlich ganz oder teilweise an Dritte abtreten und verpfänden, soweit derartige Verfügungen rechtlich möglich sind.

Anzeige

(4) Die Einräumung und der Widerruf eines Bezugsrechts (Absatz 2) sowie die Abtretung und die Verpfändung (Absatz 3) sind uns gegenüber nur und erst dann wirksam, wenn sie uns vom bisherigen Berechtigten in Schriftform *(d.h. durch ein eigenhändig unterschriebenes Schriftstück)* angezeigt worden sind. Der bisherige Berechtigte sind im Regelfall Sie als unser Versicherungsnehmer. Es können aber auch andere Personen sein, sofern Sie bereits zuvor Verfügungen (z.B. unwiderrufliche Bezugsberechtigung, Abtretung, Verpfändung) getroffen haben.

§ 10 Was müssen Sie bei der Beitragszahlung beachten?

(1) Die Beiträge zu Ihrem Vertrag können Sie je nach Vereinbarung in einem Betrag (Einmalbeitrag), monatlich, viertel-, halbjährlich oder jährlich zahlen.

(2) Den ersten Beitrag oder den Einmalbeitrag müssen Sie unverzüglich *(d.h. ohne schuldhaftes Zögern)* nach Abschluss des Vertrages zahlen, jedoch nicht vor dem mit Ihnen vereinbarten, im Versicherungsschein angegebenen Versicherungsbeginn. Alle weiteren Beiträge (Folgebeiträge) werden jeweils zu Beginn der vereinbarten Versicherungsperiode fällig. Die Versicherungsperiode umfasst bei Einmalbeitrags- und Jahreszahlung ein Jahr, ansonsten entsprechend der Zahlungsweise einen Monat, ein Vierteljahr bzw. ein halbes Jahr.

(3) Sie haben den Beitrag **rechtzeitig** gezahlt, wenn Sie bis zum Fälligkeitstag (Absatz 2) alles getan haben, damit der Beitrag bei uns eingeht. Wenn die Einziehung des Beitrags von einem Konto vereinbart wurde, gilt die Zahlung in folgendem Fall als rechtzeitig:

- Der Beitrag konnte am Fälligkeitstag eingezogen werden und
- Sie haben einer berechtigten Einziehung nicht widersprochen.

Konnten wir den fälligen Beitrag ohne Ihr Verschulden nicht einziehen, ist die Zahlung auch dann noch rechtzeitig, wenn sie unverzüglich nach unserer Zahlungsaufforderung erfolgt. Haben Sie zu vertreten, dass der Beitrag wiederholt nicht eingezogen werden kann, sind wir berechtigt, künftig die Zahlung außerhalb des Lastschriftverfahrens zu verlangen.

(4) Sie müssen die Beiträge auf Ihre Gefahr und Ihre Kosten zahlen.

(5) Bei Fälligkeit einer Leistung werden wir etwaige Beitragsrückstände verrechnen.

J. Allgemeine Bedingungen für die kapitalbildende Lebensversicherung (KLV) § 12

§ 11 Was geschieht, wenn Sie einen Beitrag nicht rechtzeitig zahlen?

Erster Beitrag oder Einmalbeitrag

(1) Wenn Sie den ersten Beitrag oder den Einmalbeitrag nicht rechtzeitig zahlen, können wir – solange die Zahlung nicht bewirkt ist – vom Vertrag zurücktreten. In diesem Fall können wir von Ihnen die Kosten für ärztliche Untersuchungen im Rahmen einer Gesundheitsprüfung verlangen. Wir sind nicht zum Rücktritt berechtigt, wenn uns nachgewiesen wird, dass Sie die nicht rechtzeitige Zahlung nicht zu vertreten haben.

(2) Ist der erste Beitrag oder der Einmalbeitrag bei Eintritt des Versicherungsfalles noch nicht gezahlt, sind wir nicht zur Leistung verpflichtet. Dies gilt nur, wenn wir Sie durch gesonderte Mitteilung in Textform *(z.B. Papierform, E-Mail)* oder durch einen auffälligen Hinweis im Versicherungsschein auf diese Rechtsfolge aufmerksam gemacht haben. Unsere Leistungspflicht bleibt jedoch bestehen, wenn Sie uns nachweisen, dass Sie das Ausbleiben der Zahlung nicht zu vertreten haben.

Folgebeitrag

(3) Zahlen Sie einen Folgebeitrag nicht rechtzeitig, können wir Ihnen auf Ihre Kosten in Textform eine Zahlungsfrist setzen. Die Zahlungsfrist muss mindestens zwei Wochen betragen.

(4) Für einen Versicherungsfall, der nach Ablauf der gesetzten Zahlungsfrist eintritt, entfällt oder vermindert sich der Versicherungsschutz, wenn Sie sich bei Eintritt des Versicherungsfalles noch mit der Zahlung in Verzug befinden. Voraussetzung ist, dass wir Sie bereits mit der Fristsetzung auf diese Rechtsfolge hingewiesen haben.

(5) Nach Ablauf der gesetzten Zahlungsfrist können wir den Vertrag ohne Einhaltung einer Kündigungsfrist kündigen, wenn Sie sich noch immer mit den Beiträgen, Zinsen oder Kosten in Verzug befinden. Voraussetzung ist, dass wir Sie bereits mit der Fristsetzung auf diese Rechtsfolge hingewiesen haben. Wir können die Kündigung bereits mit der Fristsetzung erklären. Sie wird dann automatisch mit Ablauf der Frist wirksam, wenn Sie zu diesem Zeitpunkt noch immer mit der Zahlung in Verzug sind. Auf diese Rechtsfolge müssen wir Sie ebenfalls hinweisen.

(6) Sie können den angeforderten Betrag auch dann noch nachzahlen, wenn unsere Kündigung wirksam geworden ist. Nachzahlen können Sie nur
- innerhalb eines Monats nach der Kündigung
- oder, wenn die Kündigung bereits mit der Fristsetzung verbunden worden ist, innerhalb eines Monats nach Fristablauf.

Zahlen Sie innerhalb dieses Zeitraums, wird die Kündigung unwirksam, und der Vertrag besteht fort. Für Versicherungsfälle, die zwischen dem Ablauf der Zahlungsfrist und der Zahlung eintreten, besteht kein oder nur ein verminderter Versicherungsschutz.

§ 12 Lebensversicherung

§ 12 Wann können Sie Ihren Vertrag kündigen und welche Leistungen erbringen wir?

Kündigung

(1) Sie können Ihren Vertrag jederzeit zum Schluss der laufenden Versicherungsperiode (siehe § 10 Absatz 2 Satz 3) in Schriftform *(d.h. durch ein eigenhändig unterschriebenes Schriftstück)* kündigen.

Sie können Ihren Vertrag auch **teilweise** kündigen, wenn die verbleibende Versicherungssumme mindestens ...[41] beträgt. Bei teilweiser Kündigung gelten die folgenden Regelungen nur für den gekündigten Vertragsteil.

Auszahlungsbetrag

(2) Nach Kündigung zahlen wir
- den Rückkaufswert (Absätze 3 und 5),
- vermindert um den Abzug (Absatz 4) sowie
- die Überschussbeteiligung (Absatz 6).

Beitragsrückstände werden von dem Auszahlungsbetrag abgezogen.

Rückkaufswert

(3) Der Rückkaufswert ist nach § 169 des Versicherungsvertragsgesetzes (VVG) das nach anerkannten Regeln der Versicherungsmathematik mit den Rechnungsgrundlagen der Beitragskalkulation zum Schluss der laufenden Versicherungsperiode berechnete Deckungskapital des Vertrages. Bei einem Vertrag mit laufender Beitragszahlung ist der Rückkaufswert mindestens jedoch der Betrag des Deckungskapitals, das sich bei gleichmäßiger Verteilung der angesetzten Abschluss- und Vertriebskosten auf die ersten fünf Vertragsjahre ergibt. Ist die vereinbarte Beitragszahlungsdauer kürzer als fünf Jahre, verteilen wir diese Kosten auf die Beitragszahlungsdauer. In jedem Fall beachten wir die aufsichtsrechtlichen Höchstzillmersätze (siehe § 14 Absatz 2 Satz 4).

Abzug

(4) Von dem nach Absatz 3 ermittelten Wert nehmen wir einen Abzug in Höhe von ...[42] vor. Der Abzug ist zulässig, wenn er angemessen ist. Dies ist im Zweifel von uns nachzuweisen. Wir halten den Abzug für angemessen, weil mit ihm die Veränderung der Risikolage des verbleibenden Versichertenbestandes[43] ausgeglichen wird. Zudem wird damit ein Ausgleich für kollektiv gestelltes Risikokapital vor-

---

41 Unternehmensindividuell zu ergänzen.
42 Ggf. sind die Bezugsgröße und die Auswirkungen des Abzugs etwa in einer schriftlichen Erläuterung bzw. in einer Tabelle darzustellen, sofern der in Satz 3 definierte Abzug hierfür Anlass bietet.
43 Ggf. unternehmensindividuell anzupassen, wenn im Bedingungswerk eine andere Diktion veranlasst ist.

genommen.[44] Wenn Sie uns nachweisen, dass der aufgrund Ihrer Kündigung von uns vorgenommene Abzug wesentlich niedriger liegen muss, wird er entsprechend herabgesetzt. Wenn Sie uns nachweisen, dass der Abzug überhaupt nicht gerechtfertigt ist, entfällt er.

Herabsetzung des Rückkaufswertes im Ausnahmefall
(5) Wir sind nach § 169 Absatz 6 VVG berechtigt, den nach Absatz 3 Satz 1 bis 3 ermittelten Wert angemessen herabzusetzen, soweit dies erforderlich ist, um eine Gefährdung der Belange der Versicherungsnehmer, insbesondere durch eine Gefährdung der dauernden Erfüllbarkeit der sich aus den Versicherungsverträgen ergebenden Verpflichtungen, auszuschließen. Die Herabsetzung ist jeweils auf ein Jahr befristet.

Überschussbeteiligung
(6) Für die Ermittlung des Auszahlungsbetrages setzt sich die Überschussbeteiligung zusammen aus:
- den Ihrem Vertrag bereits zugeteilten Überschussanteilen, soweit sie nicht in dem nach den Absätzen 3 bis 5 berechneten Betrag enthalten sind,[45]
- dem Schlussüberschussanteil[46] nach § 2 Absatz 3 und
- den Ihrem Vertrag gemäß § 2 Absatz 3b zuzuteilenden Bewertungsreserven, soweit bei Kündigung vorhanden.

(7) Wenn Sie Ihren Vertrag kündigen, kann das für Sie Nachteile haben. In der Anfangszeit Ihres Vertrages ist wegen der Verrechnung von Abschluss- und Vertriebskosten (siehe § 14) nur der Mindestwert gemäß Absatz 3 Satz 2 als Rückkaufswert vorhanden. Der Rückkaufswert erreicht auch in den Folgejahren nicht unbedingt die Summe der gezahlten Beiträge. Nähere Informationen zum Rückkaufswert vor und nach Abzug und darüber, in welchem Ausmaß er garantiert ist, können Sie der Tabelle ...[47] entnehmen.

Keine Beitragsrückzahlung
(8) Die Rückzahlung der Beiträge können Sie nicht verlangen.

§ 13 Wann können Sie Ihren Vertrag beitragsfrei stellen und welche Folgen hat dies auf unsere Leistungen?
(1) Anstelle einer Kündigung nach § 12 können Sie zu dem dort genannten Termin in Schriftform *(d.h. durch ein eigenhändig unterschriebenes Schriftstück)* verlan-

---

44 Unternehmensindividuell zu erläutern und ggf. anzupassen, wenn auch aus anderen Gründen oder nur in eingeschränktem Umfang, also nicht aus allen oben genannten Gründen, ein Abzug erfolgen soll.
45 Ggf. unternehmensindividuell entsprechend der Überschussverwendung anzupassen.
46 Soweit ein solcher für den Fall einer Kündigung vorgesehen ist.
47 Unternehmensindividuell zu ergänzen.

§ 12 Lebensversicherung

gen, ganz oder teilweise von der Beitragszahlungspflicht befreit zu werden. In diesem Fall setzen wir die vereinbarte Versicherungssumme ganz oder teilweise auf eine beitragsfreie Versicherungssumme herab. Diese wird nach folgenden Gesichtspunkten berechnet:

- nach anerkannten Regeln der Versicherungsmathematik mit den Rechnungsgrundlagen der Beitragskalkulation,
- für den Schluss der laufenden Versicherungsperiode und
- unter Zugrundelegung des Rückkaufswertes nach § 12 Absatz 3.

(2) Der aus Ihrem Vertrag für die Bildung der beitragsfreien Versicherungssumme zur Verfügung stehende Betrag mindert sich um rückständige Beiträge. Außerdem nehmen wir einen Abzug in Höhe von (...)[48] vor. Der Abzug ist zulässig, wenn er angemessen ist. Dies ist im Zweifel von uns nachzuweisen. Wir halten den Abzug für angemessen, weil mit ihm die Veränderung der Risikolage des verbleibenden Versichertenbestandes[49] ausgeglichen wird. Zudem wird damit ein Ausgleich für kollektiv gestelltes Risikokapital vorgenommen.[50] Wenn Sie uns nachweisen, dass der aufgrund Ihres Verlangens der Beitragsfreistellung von uns vorgenommene Abzug wesentlich niedriger liegen muss, wird er entsprechend herabgesetzt. Wenn Sie uns nachweisen, dass der Abzug überhaupt nicht gerechtfertigt ist, entfällt er.

(3) **Wenn Sie Ihren Vertrag beitragsfrei stellen, kann das für Sie Nachteile haben.** In der Anfangszeit Ihres Vertrages sind wegen der Verrechnung von Abschluss- und Vertriebskosten (siehe § 14) nur der Mindestwert gemäß § 12 Absatz 3 Satz 2 zur Bildung einer beitragsfreien Versicherungssumme vorhanden. **Auch in den Folgejahren stehen nicht unbedingt Mittel in Höhe der gezahlten Beiträge für die Bildung einer beitragsfreien Versicherungssumme zur Verfügung. Nähere Informationen zur beitragsfreien Versicherungssumme und ihrer Höhe können Sie der Tabelle ...[51] entnehmen.**

(4) Haben Sie die vollständige Befreiung von der Beitragszahlungspflicht verlangt und erreicht die nach Absatz 1 zu berechnende beitragsfreie Versicherungssumme den Mindestbetrag von ...[52] nicht, erhalten Sie den Auszahlungsbetrag nach § 12 Absatz 2 und der Vertrag endet. Eine teilweise Befreiung von der Beitragszahlungspflicht können Sie nur verlangen, wenn die verbleibende beitragspflichtige Ver-

---

48 Unternehmensindividuell zu ergänzen.
49 Ggf. unternehmensindividuell anzupassen, wenn im Bedingungswerk eine andere Diktion veranlasst ist.
50 Unternehmensindividuell zu erläutern und ggf. anzupassen, wenn auch aus anderen Gründen oder nur in eingeschränktem Umfang, also nicht aus allen oben genannten Gründen, ein Abzug erfolgen soll.
51 Unternehmensindividuell zu ergänzen.
52 Unternehmensindividuell zu ergänzen.

J. Allgemeine Bedingungen für die kapitalbildende Lebensversicherung (KLV) § 12

sicherungssumme mindestens ...[53] beträgt und die beitragsfreie Versicherungssumme den Mindestbetrag von ...[54] erreicht.

§ 14 Wie werden die Kosten Ihres Vertrages verrechnet?
(1) Mit Ihrem Vertrag sind Kosten verbunden. Diese sind in Ihren Beitrag einkalkuliert. Es handelt sich um Abschluss- und Vertriebskosten sowie übrige Kosten.

Zu den **Abschluss- und Vertriebskosten** gehören insbesondere Abschlussprovisionen für den Versicherungsvermittler. Außerdem umfassen die Abschluss- und Vertriebskosten die Kosten für die Antragsprüfung und Ausfertigung der Vertragsunterlagen, Sachaufwendungen, die im Zusammenhang mit der Antragsbearbeitung stehen, sowie Werbeaufwendungen. Zu den **übrigen Kosten** gehören insbesondere die Kosten für die laufende Verwaltung.

Die Höhe der einkalkulierten Abschluss- und Vertriebskosten sowie der übrigen Kosten können Sie dem ...[55] entnehmen.

(2) Wir wenden auf Ihren Vertrag das Verrechnungsverfahren nach § 4 der Deckungsrückstellungsverordnung an. Dies bedeutet, dass wir die ersten Beiträge zur Tilgung eines Teils der Abschluss- und Vertriebskosten heranziehen. Dies gilt jedoch nicht für den Teil der ersten Beiträge, der für Leistungen im Versicherungsfall, Kosten des Versicherungsbetriebs in der jeweiligen Versicherungsperiode und aufgrund von gesetzlichen Regelungen für die Bildung einer Deckungsrückstellung bestimmt ist. Der auf diese Weise zu tilgende Betrag ist nach der Deckungsrückstellungsverordnung auf 4 % der von Ihnen während der Laufzeit des Vertrages zu zahlenden Beiträge beschränkt.[56]

(3) Die restlichen Abschluss- und Vertriebskosten werden über die gesamte Beitragszahlungsdauer verteilt, die übrigen Kosten über die gesamte Vertragslaufzeit.

(4) Die beschriebene Kostenverrechnung hat zur Folge, dass in der Anfangszeit Ihres Vertrages nur geringe Beträge für einen Rückkaufswert oder zur Bildung der beitragsfreien Versicherungssumme vorhanden sind (siehe §§ 12 und 13). Nähere Informationen zu den Rückkaufswerten und beitragsfreien Versicherungssumme sowie ihren jeweiligen Höhen können Sie der Tabelle ...[57] entnehmen.

§ 15 Was gilt bei Änderung Ihrer Postanschrift und Ihres Namens?
(1) Eine Änderung Ihrer Postanschrift müssen Sie uns unverzüglich *(d.h. ohne schuldhaftes Zögern)* mitteilen. Anderenfalls können für Sie Nachteile entstehen. Wir sind berechtigt, eine an Sie zu richtende Erklärung *(z.B. Setzen einer Zahlungs-*

---

53 Unternehmensindividuell zu ergänzen.
54 Unternehmensindividuell zu ergänzen.
55 Unternehmensindividuell anzupassen.
56 Diese Bestimmung ist nur bei der Verwendung des Zillmerverfahrens aufzunehmen.
57 Unternehmensindividuell zu ergänzen.

frist) mit eingeschriebenem Brief an Ihre uns zuletzt bekannte Anschrift zu senden. In diesem Fall gilt unsere Erklärung drei Tage nach Absendung des eingeschriebenen Briefes als zugegangen. Dies gilt auch, wenn Sie den Vertrag für Ihren Gewerbebetrieb abgeschlossen und Ihre gewerbliche Niederlassung verlegt haben.

(2) Bei Änderung Ihres Namens gilt Absatz 1 entsprechend.

§ 16 Welche Kosten stellen wir Ihnen gesondert in Rechnung?

(1) In folgenden Fällen stellen wir Ihnen pauschal zusätzliche Kosten gesondert in Rechnung: …[58]

(2) Wir haben uns bei der Bemessung der Pauschale an dem bei uns regelmäßig entstehenden Aufwand orientiert. Sofern Sie uns nachweisen, dass die der Bemessung zugrunde liegenden Annahmen in Ihrem Fall dem Grunde nach nicht zutreffen, entfällt die Pauschale. Sofern Sie uns nachweisen, dass die Pauschale der Höhe nach wesentlich niedriger zu beziffern ist, wird sie entsprechend herabgesetzt.

§ 17 Welches Recht findet auf Ihren Vertrag Anwendung?

Auf Ihren Vertrag findet das Recht der Bundesrepublik Deutschland Anwendung.

§ 18 Wo ist der Gerichtsstand?

(1) Für Klagen aus dem Vertrag **gegen uns** ist das Gericht zuständig, in dessen Bezirk unser Sitz oder die für den Vertrag zuständige Niederlassung liegt. Zuständig ist auch das Gericht, in dessen Bezirk Sie zur Zeit der Klageerhebung Ihren Wohnsitz haben. Wenn Sie keinen Wohnsitz haben, ist der Ort Ihres gewöhnlichen Aufenthalts maßgeblich. Wenn Sie eine juristische Person sind, ist auch das Gericht zuständig, in dessen Bezirk Sie Ihren Sitz oder Ihre Niederlassung haben.[59]

(2) Klagen aus dem Vertrag **gegen Sie** müssen wir bei dem Gericht erheben, das für Ihren Wohnsitz zuständig ist. Wenn Sie keinen Wohnsitz haben, ist der Ort Ihres gewöhnlichen Aufenthalts maßgeblich. Wenn Sie eine juristische Person sind, ist das Gericht zuständig, in dessen Bezirk Sie Ihren Sitz oder Ihre Niederlassung haben.

(3) Verlegen Sie Ihren Wohnsitz oder den Ort Ihres gewöhnlichen Aufenthalts in das Ausland, sind für Klagen aus dem Vertrag die Gerichte des Staates zuständig, in dem wir unseren Sitz haben.

---

58 Unternehmensindividuell auszufüllen (z.B. Kosten für die Ausstellung eines Ersatz-Versicherungsscheins, Fristsetzung in Textform bei Nichtzahlung von Folgebeiträgen, Rückläufer im Lastschriftverfahren.

59 Die Einbeziehung juristischer Personen gründet auf § 215 VVG bzw. § 38 Abs. 1 ZPO.

§ 13 Krankenversicherung

A. Vorbemerkung

Die **Rechtsgrundlagen** finden sich in den **§§ 192–208 VVG 2008** sowie den Musterbedingungen für die Krankheitskosten und Krankenhaustagegeldversicherung (**MB/KK 2009**) und den Musterbedingungen für die Krankentagegeldversicherung (**MB/KT 2009**).

Die private Krankenversicherung gewinnt angesichts der ständig steigenden Beiträge in der gesetzlichen Krankenversicherung immer mehr an Bedeutung. Sie ist im VVG in den **§§ 192–208 VVG 2008** geregelt.

Die Krankenversicherung ist **Personenversicherung**, sie ist im Bereich der **Krankheitskostenversicherung Schadenversicherung**, sie dient der konkreten Bedarfsdeckung.[1] Demgegenüber ist die **Krankenhaustagegeldversicherung** eine **Summenversicherung**, weil der Versicherer eine im Voraus fixierte Geldleistung nach Eintritt des Versicherungsfalles zu erbringen hat, die der abstrakten Bedarfsdeckung dient.[2] Der Versicherungsschutz ist beschränkt auf Heilbehandlungen in Europa (§ 1 Abs. 4 MB/KK 2009).

B. Leistungsumfang (§ 1 MB/KK 2009)

I. Vorbemerkung

Die private Krankenversicherung gewährt Kostenersatz für
- **ambulante Heilbehandlung** durch Ärzte freier Wahl,
- **stationäre Krankenhausbehandlung**,
- **Arznei-, Heil- und Hilfsmittel**,
- **Zahnbehandlung und Zahnersatz**,
- **Untersuchung** und **medizinisch notwendige Behandlung** wegen Schwangerschaft und Entbindung,
- in der Krankenhaustagegeldversicherung bei stationärer Behandlung ein **Krankenhaustagegeld**.

II. Krankheit

Eine Krankheit ist ein körperlicher oder geistiger Zustand, der eine erhebliche Störung körperlicher oder geistiger Funktionen mit sich bringt.[3] Entscheidend ist nicht

---

1 BGH – IV ZR 307/00, VersR 2001, 1100; Prölss/Martin/*Voit*, § 192 VVG Rn 3 m.w.N.
2 BGH – IV ZR 307/00, VersR 2001, 1100.
3 BGH, NJW 2005, 3783 = VersR 2005, 1673; Prölss/Martin/*Voit*, § 192 VVG Rn 20 ff. m.w.N.

das subjektive Empfinden des Versicherungsnehmers, der Begriff der Krankheit ist vielmehr **objektiv** zu bestimmen.[4] **Adipositas** (Fettleibigkeit) ist nur dann eine Krankheit, wenn sie zu körperlichen Funktionsstörungen führt, **weibliche Empfängnisunfähigkeit** und **männliche Zeugungsunfähigkeit** sind Krankheiten.[5]

III. Heilbehandlungen

6   Als Heilbehandlung ist jede ärztliche Tätigkeit zum Zwecke der **Heilung, Besserung** oder **Linderung** eines Leidens anzusehen.[6]

Heilbehandlung ist auch jede Maßnahme, die der **Verhütung** einer Verschlimmerung des Leidens dient.[7]

7   Maßnahmen zur **Erkennung** der Krankheit (Diagnose) gehören ebenso zur erstattungsfähigen Heilbehandlung.[8]

8   Bei **unheilbaren Krankheiten** kommt es somit darauf an, ob eine vorübergehende **Hemmung** einer Verschlimmerung der Krankheitsfolgen möglich ist.[9]

IV. Medizinische Notwendigkeit

9   Die Frage der medizinischen Notwendigkeit ist **weder aus der Sicht des Versicherten noch allein aus der Sicht des behandelnden Arztes** zu beantworten; der Auffassung des behandelnden Arztes kommt jedoch indizielle Bedeutung für die medizinische Notwendigkeit seiner Maßnahme zu.[10]

10 Eine Behandlungsmaßnahme ist dann als notwendig anzusehen, wenn es nach den objektiven medizinischen Befunden und wissenschaftlichen Erkenntnissen zum Zeitpunkt der Behandlung **vertretbar** war, sie als medizinisch notwendig anzusehen.[11]

11 Der **Versicherungsnehmer** ist für die medizinische Notwendigkeit der Behandlung **beweispflichtig**; dieser Beweis kann in der Regel nur durch ein gerichtlich eingeholtes **Gutachten** eines neutralen Sachverständigen geführt werden.[12]

---

4   Prölss/Martin/*Voit*, § 192 VVG Rn 21 m.w.N.
5   BGH, NJW 2006, 3560 = VersR 2006, 1673; Prölss/Martin/*Voit*, § 192 VVG Rn 36 ff. mit umfassender Rechtsprechungsübersicht.
6   Prölss/Martin/*Voit*, § 192 VVG Rn 49 m.w.N.; BGH, VersR 2006, 1673 = NJW 2006, 3560.
7   OLG Koblenz, VersR 2007, 680.
8   BGH, VersR 1978, 272.
9   BGH – IV ZR 133/95, VersR 1996, 1224; BGH, IV ZR 307/12, NJW-RR 2014, 295.
10 BGH – IV ZR 131/05, VersR 2006, 535.
11 BGH – IV ZR 1130/04, VersR 2005, 1673; Prölss/Martin/*Voit*, § 192 VVG Rn 64.
12 OLG Köln, r+s 1997, 123; KG – 6 U 262/98, VersR 2000, 89.

V. Verhältnismäßigkeit

Nach früherer Kommentierung und Rechtsprechung gehörte zur medizinischen Notwendigkeit auch die Vertretbarkeit der **Höhe der Kosten**. Dieser Auffassung ist der BGH in einer Grundsatzentscheidung vom 12.3.2003[13] entgegengetreten. Der BGH führt aus, dass Versicherungen zwar nur die Kosten für medizinisch notwendige Heilbehandlungen übernehmen müssen. Hierbei komme es jedoch **nur** darauf an, ob die Behandlung als solche **medizinisch notwendig** war. Kostengesichtspunkte dürften keine Rolle spielen. Wenn Versicherer nur die jeweils **kostengünstigere Behandlung** übernehmen wollten, müsse dieses in den **Versicherungsbedingungen** klar zum Ausdruck kommen. 12

Nach dieser Entscheidung dürften auch andere kostspielige Behandlungen (**Lasik-Operationen, Zahnimplantate**) erstattungsfähig sein.[14] 13

VI. Heilpraktiker

Gemäß § 4 Abs. 2 S. 2 MB/KK 2009 sind auch die Kosten eines Heilpraktikers im Sinne des **Deutschen Heilpraktikergesetzes** zu erstatten; für diese Behandlung gelten dieselben Maßstäbe wie bei einer ärztlichen Behandlung.[15] Insoweit enthält § 4 Abs. 2 S. 2 MB/KK 2009 jedoch die Einschränkung, „soweit die Tarifbedingungen nichts anderes bestimmen". Es muss daher jeweils unter Zugrundelegung der Tarifbedingungen des Krankenversicherers überprüft werden, ob und inwieweit Heilpraktikerkosten tatsächlich übernommen werden. 14

VII. Schulmedizinklausel (§ 4 Abs. 6 MB/KK 2009)

Die Leistungspflicht des Versicherers **beschränkt** sich auf Behandlungsmethoden, „die von der Schulmedizin überwiegend anerkannt sind". Diese Klausel ist **wirksam**.[16] 15

---

13 BGH, Urt. v. 12.3.2003 – IV ZR 278/01, VersR 2003, 581.
14 Van Bühren/*Commer*, Handbuch Versicherungsrecht, § 17 Rn 316 m.w.N.; LG Dortmund, VersR 2007, 1401; *Kessal-Wulf*, r+s 2010, 353 ff.; **a.A.** LG München, VersR 2007, 1073.
15 OLG Hamm, VersR 1991, 409.
16 OLG Frankfurt, VersR 2001, 849; OLG Köln, VersR 2001, 851; BGH – IV ZR 275/01, VersR 2003, 360.

C. Einschränkung der Leistungspflicht

I. Vorbemerkung

16
- Arznei- und Hilfsmittel müssen **ärztlich verordnet** und aus einer **Apotheke** bezogen werden (§ 4 Abs. 3 MB/KK 2009),
- stationäre Behandlung darf nur in **Krankenhäusern** durchgeführt werden, die unter ständiger ärztlicher Leitung stehen, über ausreichende **diagnostische** und **therapeutische** Möglichkeiten verfügen und **Krankengeschichten** führen (§ 4 Abs. 4 MB/KK 2009),
- in **gemischten Anstalten** (Krankenhaus/Sanatorium) muss der Versicherer vor **Beginn der Behandlung** die Kostenübernahme **schriftlich zugesagt** haben (§ 4 Abs. 5 MB/KK 2009),
- keine **Kostenübernahme** für Krankheiten, die auf **Vorsatz** des Versicherungsnehmers beruhen, einschließlich Entziehungskuren (§ 5 Abs. 1b MB/KK 2009).

II. Hilfsmittel

17 Zu den Hilfsmitteln gehören insbesondere technische Mittel zum Ausgleich und zur Milderung von körperlichen Behinderungen,[17] also **Brillen, Kontaktlinsen, Bandagen, Gummistrümpfe, künstliche Gliedmaßen, Hörgeräte** oder **Rollstühle**.[18]

III. Stationäre Krankenhausbehandlung

18 Der Versicherte hat die **freie Wahl** unter den öffentlichen und privaten Krankenhäusern; diese müssen jedoch unter ständiger ärztlicher Leitung stehen, über ausreichende diagnostische und therapeutische Maßnahmen verfügen und nach wissenschaftlich allgemein anerkannten Methoden arbeiten.

IV. Gemischte Anstalten

19 Gegenstand einer Vielzahl von gerichtlichen Auseinandersetzungen ist die Behandlung des Versicherten in einer Krankenanstalt, die auch **Kuren** und **Sanatoriumsbehandlungen** durchführt („gemischte Anstalten").

20 Wird der Versicherte in einer gemischten Anstalt behandelt, so besteht eine Eintrittspflicht des Versicherers nur dann, wenn er „diese vor **Beginn der Behandlung** schriftlich zugesagt hat" (§ 4 Abs. 5 MB/KK 2009).

---

17 BGH, VersR 2004, 1035; BGH, VersR 2005, 64 ff.
18 *Bach/Moser/Kalis*, § 4 MB/KK Rn 24 ff. m.w.N.

Es handelt sich insoweit um einen rechtswirksamen **Risikoausschluss**, nicht um eine verhüllte Obliegenheit, so dass der Versicherte sich nicht darauf berufen kann, er habe schuldlos gehandelt.[19]

Eine Ausnahme besteht nur dann, wenn das Berufen des Versicherers auf den Leistungsausschluss **rechtsmissbräuchlich** wäre. Dies gilt beispielsweise dann, wenn eine **Notlage** die sofortige Behandlung erforderlich macht und der Versicherte keine Wahlmöglichkeit zwischen verschiedenen Krankenhäusern oder keine Möglichkeit hatte, die vorherige Leistungszusage des Versicherers einzuholen.[20]

Die der Leistungspflicht des Versicherers vorhergehende Leistungszusage ist eine **Ermessensentscheidung**.[21]

Wenn der Versicherer die Leistungszusage für die Behandlung in einer gemischten Anstalt **abgelehnt** hat, weil er Zweifel an der medizinischen Notwendigkeit der Heilbehandlung hatte, kann das Gericht die Entscheidung des Versicherers allein darauf überprüfen, ob diese Zweifel nach dem **damaligen Erkenntnisstand** berechtigt waren.[22]

Bei Erteilung einer Leistungszusage ist eine **zeitliche Befristung unwirksam**.[23]

D. Krankentagegeldversicherung (§§ 1–18 MB/KT 2009)

Bei der Krankentagegeldversicherung handelt es sich im Gegensatz zur Krankenversicherung um eine „verunreinigte" **Summenversicherung**,[24] die nicht dem Bereicherungsverbot von § 200 VVG unterliegt.

Allerdings enthält § 4 Abs. 2 MB/KT 2009 eine Einschränkung:

„*Das Krankentagegeld darf zusammen mit sonstigen Krankentage- und Krankengeldern das auf den Kalendertag umgerechnete, aus der beruflichen Tätigkeit herrührende Nettoeinkommen nicht übersteigen.*"

Die Gesamtleistung mehrerer Erstattungspflichtiger darf die Gesamtaufwendungen nicht übersteigen.

Wenn der Versicherer davon Kenntnis erlangt, dass das **Nettoeinkommen gesunken** ist, kann er das Krankengeld mit Wirkung vom Beginn des zweiten Monats nach Kenntnis **herabsetzen** (§ 4 Abs. 4 MB/KT 2009).

---

19 BGH – IV ZR 257/01, VersR 2003, 360; OLG Stuttgart, MDR 1999, 870; OLG Frankfurt – 7 U 201/99, VersR 2001, 972; OLG Frankfurt, VersR 2006, 1677.
20 BGH, VersR 1971, 949; OLG Koblenz, r+s 2006, 27.
21 OLG Köln, r+s 1995, 112; OLG Karlsruhe, r+s 1998, 298.
22 OLG Koblenz, VersR 1993, 1000.
23 BGH, NJW-RR 2003, 578.
24 OLG Nürnberg, VersR 1986, 588; OLG Hamm, VersR 1996, 880.

29 Im Übrigen gilt auch für die Krankentagegeldversicherung,
- dass der Versicherte durch einen niedergelassenen, approbierten **Arzt** oder Zahnarzt bzw. im Krankenhaus behandelt wird (§ 4 Abs. 4 MB/KT 2009),
- dass die stationäre Behandlung in **Krankenhäusern** stattfindet, die unter ständiger ärztlicher Leitung stehen, über ausreichende **diagnostische** und **therapeutische** Möglichkeiten verfügen und **Krankengeschichten** führen (§ 4 Abs. 4 MB/KT 2009),
- dass Behandlungen in **gemischten Anstalten** nur nach **vorheriger** schriftlicher Zusage durch den Krankenversicherer durchgeführt werden (§ 4 Abs. 6 MB/KT 2009).

E. Bereicherungsverbot (§ 200 VVG)

30 Die Leistung der Krankenversicherung darf die Gesamtleistung mehrerer Erstattungspflichtiger nicht übersteigen. Dieses Bereicherungsverbot gilt **nicht** in der **Krankentagegeldversicherung**, da es sich insoweit um eine Summenversicherung handelt.

F. Auskunftspflicht des Versicherers (§ 202 VVG)

31 Die früher umstrittene Verpflichtung des Versicherers, Gutachten und Stellungnahmen bei der Prüfung der Leistungspflicht dem Versicherungsnehmer zur Verfügung zu stellen, ist nunmehr gesetzlich geregelt:

Der Versicherer ist gemäß § 202 VVG **verpflichtet**, einem von dem Versicherungsnehmer benannten Arzt oder Rechtsanwalt Auskunft über und Einsicht in **Gutachten und Stellungnahmen** zu geben, die der Versicherer bei der Prüfung seiner Leistungspflicht eingeholt hat.

G. Kündigung des Versicherungsnehmers (§ 205 VVG)

32 Die Kündigungsfrist des Versicherungsnehmers wegen Eintritts der gesetzlichen Versicherungspflicht ist gemäß § 205 Abs. 2 VVG von bisher zwei Monaten auf **drei Monate** verlängert worden. Sie beginnt mit dem Zeitpunkt, zu dem eine versicherte Person kraft Gesetzes krankenversicherungspflichtig ist. Entscheidend ist somit der **tatsächliche Eintritt der Versicherungspflicht**, nicht die subjektive Kenntnis des Versicherungsnehmers.[25]

---

25 KG, VersR 2005, 924; van Bühren/*Commer*, § 17 Rn 155.

H. Kündigung des Versicherers (§ 206 VVG)

I. Vorbemerkung

Die **Schadenfallkündigung** gemäß § 92 VVG, die in allen Versicherungszweigen nach Eintritt eines Versicherungsfalles möglich ist, wird aus verständlichen Gründen für die Krankenversicherung ausdrücklich **ausgeschlossen**. Dieser Ausschluss des ordentlichen Kündigungsrechts gilt auch für die nicht substitutive Krankenversicherung, die nach Art der Lebensversicherung betrieben wird (§ 206 Abs. 2 VVG).   33

§ 6 Abs. 1 S. 1 VVG schließt nicht jede außerordentliche Kündigung durch den Versicherer aus. Eine Kündigung aus wichtigem Grund ist weiterhin zulässig.[26]

Eine Kündigung des Versicherungsvertrages wegen **Zahlungsverzuges** des Versicherungsnehmers ist auch weiterhin **möglich**. **Versicherte Personen** werden in § 206 Abs. 3 VVG geschützt: Sie haben nunmehr ein Recht auf **Fortsetzung** des Vertrags unter Benennung des künftigen Versicherungsnehmers. Dieses Recht muss binnen **zwei Monaten**, nachdem der Versicherer die versicherte Person über das Kündigungsrecht oder Fortsetzungsrecht informiert hat, ausgeübt werden. Dieses Recht der versicherten Personen besteht in gleicher Weise bei Tod des Versicherungsnehmers (§ 207 VVG).   34

II. Rechtsprechung

- Ein **Rentenbezug** wegen Berufsunfähigkeit schließt den Anspruch auf Krankentagegeld nicht in jedem Fall aus, sondern nur, wenn der Rentenbezug als Beendigungsgrund in den **Bedingungen** des Krankentagegeldversicherers **vorgesehen** ist.[27]   35
- **Prämien**, die während eines Streits über die Berufsunfähigkeit gezahlt werden, sind für die Zeit **nach** Eintritt der Berufsunfähigkeit zu **erstatten**.[28]
- Tarifbestimmungen, dass Leistungen für psychotherapeutische Behandlungen auf **30 Sitzungen** beschränkt werden, sind nichtig;[29] eine Begrenzung auf 20–30 Sitzungen **pro Kalenderjahr** ist jedoch zulässig.[30]
- Die Leistungsfreiheit wegen Berufsunfähigkeit erfordert eine ärztliche **Prognose**, eine **nachträgliche** medizinische Begutachtung ist **unzulässig**.[31]

---

26 BGH, IV ZR 105/11, r+s 2012, 137.
27 BGH, VersR 1997, 481.
28 OLG Köln, NJW-RR 1999, 328.
29 BGH, MDR 1999, 1065 = r+s 1999, 253 = VersR 1999, 745 = zfs 1999, 393.
30 BGH, VersR 2004, 1037.
31 OLG Düsseldorf, zfs 1999, 207.

- Eine **arglistige Täuschung** durch Verschweigen einer schweren Vorerkrankung liegt **nicht** vor, wenn der Versicherungsnehmer aufgrund eines ärztlichen Gutachtens darauf vertraut hat, die Krankheit sei vollständig **ausgeheilt**.[32]
- Die Kosten für das Medikament **Viagra** sind erstattungsfähig, wenn eine erektile Dysfunktion infolge einer **Diabeteserkrankung** behandelt wird.[33]
- Die **Kündigung** des Versicherungsvertrages wegen Prämienverzuges ist **treuwidrig**, wenn eine **Verrechnung** mit Erstattungsbeträgen möglich ist.[34]
- Wenn der Versicherer ein **Sachverständigengutachten** zur medizinischen Notwendigkeit einer Behandlung eingeholt hat, muss er dieses dem Versicherungsnehmer **überlassen**.[35]
- Entscheidend ist allein die medizinische Notwendigkeit, **Kostengesichtspunkte** dürfen **keine Rolle** spielen; die Behandlungskosten in einer Privatklinik sind daher auch dann zu erstatten, wenn diese die Kosten in einem allgemeinen Krankenhaus um ein Vielfaches übersteigen.[36]
- Eine **stationäre Heilbehandlung** ist nur dann gegeben, wenn der Patient mindestens für die Dauer eines Tages in den Krankenbetrieb eingegliedert worden ist.[37]
- Für die **Anfechtung** nach § 123 BGB (§ 22 VVG) dürfen auch Kenntnisse aus einer **unwirksamen Schweigepflichtentbindungserklärung** verwertet werden.[38]
- Die Kosten für eine reproduktionsmedizinische Behandlung sind erstattungsfähig, wenn der Versicherungsnehmer nachweist, dass bei ihm eine **Spermienanomalie** vorliegt, die seine Fähigkeit beeinträchtigt, ein Kind zu zeugen.[39]
- Eine **einstweilige Verfügung** auf vorläufige Leistung von Krankentagegeld kommt nur dann in Betracht, wenn der Versicherungsnehmer glaubhaft macht, dass eine Sicherung seiner **existenziellen Bedürfnisse** nicht in anderer Weise erreicht werden kann. Hierbei sind auch die **Möglichkeiten von Sozialleistungen** zu berücksichtigen.[40]
- Für die Beurteilung der **medizinischen Notwendigkeit** einer stationären Behandlung reicht die Stellungnahme des behandelnden Arztes nicht aus, es ist vielmehr die Beurteilung durch einen **Sachverständigen** erforderlich.[41]

---

32 OLG Jena, zfs 2001, 29.
33 OLG München, VersR 2001, 577.
34 OLG Frankfurt, VersR 2006, 532.
35 BGH, MDR 2003, 1111.
36 BGH – IV ZR 278/01, VersR 2003, 581.
37 OLG Köln – 20 U 61/09, VersR 2010, 241.
38 BGH – IV ZR 140/08, VersR 2010, 97; OLG Saarbrücken – 5 U 510/08, VersR 2009, 1478.
39 BGH – V ZR 163/09, VersR 2010, 1171.
40 OLG München – 14 W 14/10, VersR 2010, 755.
41 OLG Koblenz – 10 U 959/08, VersR 2010, 204.

- Die **Kündigung** eines Krankenversicherungsvertrags ist trotz des absoluten Kündigungsverbots (§ 206 VVG) aus **wichtigem Grund** zulässig.[42]
- **Wissentlich falsche Angaben** zum Brillenbezug rechtfertigen eine **außerordentliche Kündigung des gesamten Versicherungsvertrages**, auch des Vertrages über die Pflegeversicherung.[43]
- In der **Reisekrankenversicherung** ist eine Erkrankung „unerwartet", wenn der Versicherte aus **subjektiver Sicht** mit einer Erkrankung nicht rechnete.[44]
- Ein **Rücktritt** wegen nicht angezeigter **Schwangerschaftskomplikationen** verstößt gegen das Benachteiligungsverbot in § 19 Abs. 1 AGG.[45]

I. Musterbedingungen 2009 für die Krankheitskosten und Krankenhaustagegeldversicherung – Stand: Juli 2013

Abdruck mit freundlicher Genehmigung des Verbandes der Privaten Krankenversicherung e.V. (*www.pkv.de/service/broschueren/musterbedingungen*).

Der Versicherungsschutz

§ 1 Gegenstand, Umfang und Geltungsbereich des Versicherungsschutzes

(1) Der Versicherer bietet Versicherungsschutz für Krankheiten, Unfälle und andere im Vertrag genannte Ereignisse. Er erbringt, sofern vereinbart, damit unmittelbar zusammenhängende zusätzliche Dienstleistungen. Im Versicherungsfall erbringt der Versicherer

a) in der Krankheitskostenversicherung Ersatz von Aufwendungen für Heilbehandlung und sonst vereinbarte Leistungen,

b) in der Krankenhaustagegeldversicherung bei stationärer Heilbehandlung ein Krankenhaustagegeld.

(2) Versicherungsfall ist die medizinisch notwendige Heilbehandlung einer versicherten Person wegen Krankheit oder Unfallfolgen. Der Versicherungsfall beginnt mit der Heilbehandlung; er endet, wenn nach medizinischem Befund Behandlungsbedürftigkeit nicht mehr besteht. Muss die Heilbehandlung auf eine Krankheit oder Unfallfolge ausgedehnt werden, die mit der bisher behandelten nicht ursächlich zusammenhängt, so entsteht insoweit ein neuer Versicherungsfall. Als Versicherungsfall gelten auch

a) Untersuchung und medizinisch notwendige Behandlung wegen Schwangerschaft und die Entbindung,

---

42 BGH, IV ZR 105/11, r+s 2012, 137.
43 OLG Koblenz – 10 U 213/08, VersR 2010, 58.
44 BGH, IV ZR 227/09, zfs 2012, 33 = NJW-RR 2012, 362 = r+s 2012, 135.
45 OLG Hamm, 20 U 102/10, NJW-RR 2011, 762.

§ 13 Krankenversicherung

b) ambulante Untersuchungen zur Früherkennung von Krankheiten nach gesetzlich eingeführten Programmen (gezielte Vorsorgeuntersuchungen),
c) Tod, soweit hierfür Leistungen vereinbart sind.

(3) Der Umfang des Versicherungsschutzes ergibt sich aus dem Versicherungsschein, späteren schriftlichen Vereinbarungen, den Allgemeinen Versicherungsbedingungen (Musterbedingungen mit Anhang, Tarif mit Tarifbedingungen) sowie den gesetzlichen Vorschriften. Das Versicherungsverhältnis unterliegt deutschem Recht.

(4) Der Versicherungsschutz erstreckt sich auf Heilbehandlung in Europa. Er kann durch Vereinbarung auf außereuropäische Länder ausgedehnt werden (vgl. aber § 15 Abs. 3). Während des ersten Monats eines vorübergehenden Aufenthaltes im außereuropäischen Ausland besteht auch ohne besondere Vereinbarung Versicherungsschutz. Muss der Aufenthalt wegen notwendiger Heilbehandlung über einen Monat hinaus ausgedehnt werden, besteht Versicherungsschutz, solange die versicherte Person die Rückreise nicht ohne Gefährdung ihrer Gesundheit antreten kann, längstens aber für weitere zwei Monate.

(5) Verlegt eine versicherte Person ihren gewöhnlichen Aufenthalt in einen anderen Mitgliedstaat der Europäischen Union oder in einen anderen Vertragsstaat des Abkommens über den Europäischen Wirtschaftsraum, so setzt sich das Versicherungsverhältnis mit der Maßgabe fort, dass der Versicherer höchstens zu denjenigen Leistungen verpflichtet bleibt, die er bei einem Aufenthalt im Inland zu erbringen hätte.

(6) Der Versicherungsnehmer kann die Umwandlung der Versicherung in einen gleichartigen Versicherungsschutz verlangen, sofern die versicherte Person die Voraussetzungen für die Versicherungsfähigkeit erfüllt. Der Versicherer nimmt den Antrag auf Umwandlung in angemessener Frist an. Die erworbenen Rechte bleiben erhalten; die nach den technischen Berechnungsgrundlagen gebildete Rückstellung für das mit dem Alter der versicherten Person wachsende Wagnis (Alterungsrückstellung) wird nach Maßgabe dieser Berechnungsgrundlagen angerechnet. Soweit der neue Versicherungsschutz höher oder umfassender ist, kann insoweit ein Risikozuschlag (§ 8a Abs. 3 und 4) verlangt oder ein Leistungsausschluss vereinbart werden; ferner sind für den hinzukommenden Teil des Versicherungsschutzes Wartezeiten (§ 3 Abs. 6) einzuhalten. Der Umwandlungsanspruch besteht bei Anwartschafts- und Ruhensversicherungen nicht, solange der Anwartschaftsgrund bzw. der Ruhensgrund nicht entfallen ist, und nicht bei befristeten Versicherungsverhältnissen:[46] Die Umwandlung des Versicherungsschutzes aus einem Tarif, bei dem die

---

46 Die BaFin vertritt die Auffassung, dass der VN gemäß § 178 f VVG a.F. einen Anspruch auf Umwandlung einer Anwartschafts- oder Ruhensversicherung bezüglich eines Tarifs in eine solche bezüglich eines anderen Tarifs mit gleichartigem Versicherungsschutz habe; die Regelung also gegen § 178 o VVG a.F. verstoße.

Beiträge geschlechtsunabhängig kalkuliert werden, in einen Tarif, bei dem dies nicht der Fall ist, ist ausgeschlossen.
Eine Umwandlung des Versicherungsschutzes in den Notlagentarif nach § 12h Versicherungsaufsichtsgesetz (VAG) ist ebenfalls ausgeschlossen.

§ 2 Beginn des Versicherungsschutzes

(1) Der Versicherungsschutz beginnt mit dem im Versicherungsschein bezeichneten Zeitpunkt (Versicherungsbeginn), jedoch nicht vor Abschluss des Versicherungsvertrages (insbesondere Zugang des Versicherungsscheines oder einer schriftlichen Annahmeerklärung) und nicht vor Ablauf von Wartezeiten. Für Versicherungsfälle, die vor Beginn des Versicherungsschutzes eingetreten sind, wird nicht geleistet. Nach Abschluss des Versicherungsvertrages eingetretene Versicherungsfälle sind nur für den Teil von der Leistungspflicht ausgeschlossen, der in die Zeit vor Versicherungsbeginn oder in Wartezeiten fällt. Bei Vertragsänderungen gelten die Sätze 1 bis 3 für den hinzukommenden Teil des Versicherungsschutzes.

(2) Bei Neugeborenen beginnt der Versicherungsschutz ohne Risikozuschläge und ohne Wartezeiten ab Vollendung der Geburt, wenn am Tage der Geburt ein Elternteil mindestens drei Monate beim Versicherer versichert ist und die Anmeldung zur Versicherung spätestens zwei Monate nach dem Tage der Geburt rückwirkend erfolgt. Der Versicherungsschutz darf nicht höher oder umfassender als der eines versicherten Elternteils sein.

(3) Der Geburt eines Kindes steht die Adoption gleich, sofern das Kind im Zeitpunkt der Adoption noch minderjährig ist. Mit Rücksicht auf ein erhöhtes Risiko ist die Vereinbarung eines Risikozuschlages bis zur einfachen Beitragshöhe zulässig.

§ 3 Wartezeiten

(1) Die Wartezeiten rechnen vom Versicherungsbeginn an.

(2) Die allgemeine Wartezeit beträgt drei Monate.

Sie entfällt
a) bei Unfällen;
b) für den Ehegatten oder den Lebenspartner gemäß § 1 Lebenspartnerschaftsgesetz einer mindestens seit drei Monaten versicherten Person, sofern eine gleichartige Versicherung innerhalb zweier Monate nach der Eheschließung bzw. Eintragung der Lebenspartnerschaft beantragt wird.

(3) Die besonderen Wartezeiten betragen für Entbindung, Psychotherapie, Zahnbehandlung, Zahnersatz und Kieferorthopädie acht Monate.

(4) Sofern der Tarif es vorsieht, können die Wartezeiten auf Grund besonderer Vereinbarung erlassen werden, wenn ein ärztliches Zeugnis über den Gesundheitszustand vorgelegt wird.

§ 13 Krankenversicherung

(5) Personen, die aus der gesetzlichen Krankenversicherung oder aus einem anderen Vertrag über eine Krankheitskostenvollversicherung ausgeschieden sind, wird die nachweislich dort ununterbrochen zurückgelegte Versicherungszeit auf die Wartezeiten angerechnet. Voraussetzung ist, dass die Versicherung spätestens zwei Monate nach Beendigung der Vorversicherung beantragt wurde und der Versicherungsschutz in Abweichung von § 2 Abs. 1 im unmittelbaren Anschluss beginnen soll. Entsprechendes gilt beim Ausscheiden aus einem öffentlichen Dienstverhältnis mit Anspruch auf Heilfürsorge.

(6) Bei Vertragsänderungen gelten die Wartezeitregelungen für den hinzukommenden Teil des Versicherungsschutzes.

§ 4 Umfang der Leistungspflicht

(1) Art und Höhe der Versicherungsleistungen ergeben sich aus dem Tarif mit Tarifbedingungen.

(2) Der versicherten Person steht die Wahl unter den niedergelassenen approbierten Ärzten und Zahnärzten frei. Soweit die Tarifbedingungen nichts anderes bestimmen, dürfen Heilpraktiker im Sinne des deutschen Heilpraktikergesetzes in Anspruch genommen werden.

(3) Arznei-, Verband-, Heil- und Hilfsmittel müssen von den in Abs. 2 genannten Behandelnden verordnet, Arzneimittel außerdem aus der Apotheke bezogen werden.

(4) Bei medizinisch notwendiger stationärer Heilbehandlung hat die versicherte Person freie Wahl unter den öffentlichen und privaten Krankenhäusern, die unter ständiger ärztlicher Leitung stehen, über ausreichende diagnostische und therapeutische Möglichkeiten verfügen und Krankengeschichten führen.

(5) Für medizinisch notwendige stationäre Heilbehandlung in Krankenanstalten, die auch Kuren bzw. Sanatoriumsbehandlung durchführen oder Rekonvaleszenten aufnehmen, im übrigen aber die Voraussetzungen von Abs. 4 erfüllen, werden die tariflichen Leistungen nur dann gewährt, wenn der Versicherer diese vor Beginn der Behandlung schriftlich zugesagt hat. Bei Tbc-Erkrankungen wird in vertraglichem Umfange auch für die stationäre Behandlung in Tbc-Heilstätten und -Sanatorien geleistet.

(6) Der Versicherer leistet im vertraglichen Umfang für Untersuchungs- oder Behandlungsmethoden und Arzneimittel, die von der Schulmedizin überwiegend anerkannt sind. Er leistet darüber hinaus für Methoden und Arzneimittel, die sich in der Praxis als ebenso erfolgversprechend bewährt haben oder die angewandt werden, weil keine schulmedizinischen Methoden oder Arzneimittel zur Verfügung stehen; der Versicherer kann jedoch seine Leistungen auf den Betrag herabsetzen, der bei der Anwendung vorhandener schulmedizinischer Methoden oder Arzneimittel angefallen wäre.

(7) Vor Beginn einer Heilbehandlung, deren Kosten voraussichtlich 2000 Euro überschreiten werden, kann der Versicherungsnehmer in Textform Auskunft über den Umfang des Versicherungsschutzes für die beabsichtigte Heilbehandlung verlangen. Der Versicherer erteilt die Auskunft spätestens nach vier Wochen; ist die Durchführung der Heilbehandlung dringend, wird die Auskunft unverzüglich, spätestens nach zwei Wochen erteilt. Der Versicherer geht dabei auf einen vorgelegten Kostenvoranschlag und andere Unterlagen ein. Die Frist beginnt mit Eingang des Auskunftsverlangens beim Versicherer. Ist die Auskunft innerhalb der Frist nicht erteilt, wird bis zum Beweis des Gegenteils durch den Versicherer vermutet, dass die beabsichtigte medizinische Heilbehandlung notwendig ist.

(8) Der Versicherer gibt auf Verlangen des Versicherungsnehmers oder der versicherten Person Auskunft über und Einsicht in Gutachten oder Stellungnahmen, die der Versicherer bei der Prüfung der Leistungspflicht über die Notwendigkeit einer medizinischen Behandlung eingeholt hat. Wenn der Auskunft an oder der Einsicht durch den Versicherungsnehmer oder die versicherte Person erhebliche therapeutische Gründe oder sonstige erhebliche Gründe entgegenstehen, kann nur verlangt werden, einem benannten Arzt oder Rechtsanwalt Auskunft oder Einsicht zu geben. Der Anspruch kann nur von der jeweils betroffenen Person oder ihrem gesetzlichen Vertreter geltend gemacht werden. Hat der Versicherungsnehmer das Gutachten oder die Stellungnahme auf Veranlassung des Versicherers eingeholt, erstattet der Versicherer die entstandenen Kosten.

§ 5 Einschränkung der Leistungspflicht

(1) Keine Leistungspflicht besteht
a) für solche Krankheiten einschließlich ihrer Folgen sowie für Folgen von Unfällen und für Todesfälle, die durch Kriegsereignisse verursacht oder als Wehrdienstbeschädigung anerkannt und nicht ausdrücklich in den Versicherungsschutz eingeschlossen sind;
b) für auf Vorsatz beruhende Krankheiten und Unfälle einschließlich deren Folgen sowie für Entziehungsmaßnahmen einschließlich Entziehungskuren;
c) für Behandlung durch Ärzte, Zahnärzte, Heilpraktiker und in Krankenanstalten, deren Rechnungen der Versicherer aus wichtigem Grunde von der Erstattung ausgeschlossen hat, wenn der Versicherungsfall nach der Benachrichtigung des Versicherungsnehmers über den Leistungsausschluss eintritt. Sofern im Zeitpunkt der Benachrichtigung ein Versicherungsfall schwebt, besteht keine Leistungspflicht für die nach Ablauf von drei Monaten seit der Benachrichtigung entstandenen Aufwendungen;
d) für Kur- und Sanatoriumsbehandlung sowie für Rehabilitationsmaßnahmen der gesetzlichen Rehabilitationsträger, wenn der Tarif nichts anderes vorsieht;
e) für ambulante Heilbehandlung in einem Heilbad oder Kurort. Die Einschränkung entfällt, wenn die versicherte Person dort ihren ständigen Wohnsitz hat oder während eines vorübergehenden Aufenthaltes durch eine vom Aufenthalts-

§ 13 Krankenversicherung

zweck unabhängige Erkrankung oder einen dort eingetretenen Unfall Heilbehandlung notwendig wird;

f) –

g) für Behandlungen durch Ehegatten, Lebenspartner gemäß § 1 Lebenspartnerschaftsgesetz, Eltern oder Kinder. Nachgewiesene Sachkosten werden tarifgemäß erstattet.

h) für eine durch Pflegebedürftigkeit oder Verwahrung bedingte Unterbringung.

(2) Übersteigt eine Heilbehandlung oder sonstige Maßnahme, für die Leistungen vereinbart sind, das medizinisch notwendige Maß, so kann der Versicherer seine Leistungen auf einen angemessenen Betrag herabsetzen. Stehen die Aufwendungen für die Heilbehandlung oder sonstigen Leistungen in einem auffälligen Missverhältnis zu den erbrachten Leistungen, ist der Versicherer insoweit nicht zur Leistung verpflichtet.

(3) Besteht auch Anspruch auf Leistungen aus der gesetzlichen Unfallversicherung oder der gesetzlichen Rentenversicherung, auf eine gesetzliche Heilfürsorge oder Unfallfürsorge, so ist der Versicherer, unbeschadet der Ansprüche des Versicherungsnehmers auf Krankenhaustagegeld, nur für die Aufwendungen leistungspflichtig, welche trotz der gesetzlichen Leistungen notwendig bleiben.

(4) Hat die versicherte Person wegen desselben Versicherungsfalles einen Anspruch gegen mehrere Erstattungsverpflichtete, darf die Gesamterstattung die Gesamtaufwendungen nicht übersteigen.

§ 6 Auszahlung der Versicherungsleistungen

(1) Der Versicherer ist zur Leistung nur verpflichtet, wenn die von ihm geforderten Nachweise erbracht sind; diese werden Eigentum des Versicherers.

(2) Im Übrigen ergeben sich die Voraussetzungen für die Fälligkeit der Leistungen des Versicherers aus § 14 VVG.

(3) Der Versicherer ist verpflichtet, an die versicherte Person zu leisten, wenn der Versicherungsnehmer ihm diese in Textform als Empfangsberechtigte für deren Versicherungsleistungen benannt hat. Liegt diese Voraussetzung nicht vor, kann nur der Versicherungsnehmer die Leistung verlangen.

(4) Die in ausländischer Währung entstandenen Krankheitskosten werden zum Kurs des Tages, an dem die Belege beim Versicherer eingehen, in Euro umgerechnet.

(5) Kosten für die Überweisung der Versicherungsleistungen und für Übersetzungen können von den Leistungen abgezogen werden.

(6) Ansprüche auf Versicherungsleistungen können weder abgetreten noch verpfändet werden.

§ 7 Ende des Versicherungsschutzes
Der Versicherungsschutz endet – auch für schwebende Versicherungsfälle – mit der Beendigung des Versicherungsverhältnisses.

Pflichten des Versicherungsnehmers
§ 8 Beitragszahlung
(1) Der Beitrag ist ein Jahresbeitrag und wird vom Versicherungsbeginn an berechnet. Er ist zu Beginn eines jeden Versicherungsjahres zu entrichten, kann aber auch in gleichen monatlichen Beitragsraten gezahlt werden, die jeweils bis zur Fälligkeit der Beitragsrate als gestundet gelten. Die Beitragsraten sind am Ersten eines jeden Monats fällig. Wird der Jahresbeitrag während des Versicherungsjahres neu festgesetzt, so ist der Unterschiedsbetrag vom Änderungszeitpunkt an bis zum Beginn des nächsten Versicherungsjahres nachzuzahlen bzw. zurückzuzahlen.

(2) Wird der Vertrag für eine bestimmte Zeit mit der Maßgabe geschlossen, dass sich das Versicherungsverhältnis nach Ablauf dieser bestimmten Zeit stillschweigend um jeweils ein Jahr verlängert, sofern der Versicherungsnehmer nicht fristgemäß gekündigt hat, so kann der Tarif anstelle von Jahresbeiträgen Monatsbeiträge vorsehen. Diese sind am Ersten eines jeden Monats fällig.

(3) Wird der Versicherungsvertrag über eine der Erfüllung der Pflicht zur Versicherung dienende Krankheitskostenversicherung (§ 193 Abs. 3 VVG) später als einen Monat nach Entstehen der Pflicht zur Versicherung beantragt, ist ein Beitragszuschlag in Höhe eines Monatsbeitrags für jeden weiteren angefangenen Monat der Nichtversicherung zu entrichten, ab dem sechsten Monat der Nichtversicherung für jeden weiteren angefangenen Monat der Nichtversicherung ein Sechstel des Monatsbeitrags. Kann die Dauer der Nichtversicherung nicht ermittelt werden, ist davon auszugehen, dass der Versicherte mindestens fünf Jahre nicht versichert war; Zeiten vor dem 1. Januar 2009 werden nicht berücksichtigt. Der Beitragszuschlag ist einmalig zusätzlich zum laufenden Beitrag zu entrichten. Der Versicherungsnehmer kann vom Versicherer die Stundung des Beitragszuschlags verlangen, wenn den Interessen des Versicherers durch die Vereinbarung einer angemessenen Ratenzahlung Rechnung getragen werden kann. Der gestundete Betrag wird verzinst.

(4) Der erste Beitrag bzw. die erste Beitragsrate ist, sofern nicht anders vereinbart, unverzüglich nach Ablauf von zwei Wochen nach Zugang des Versicherungsscheines zu zahlen.

(5) Kommt der Versicherungsnehmer mit der Zahlung einer Beitragsrate in Verzug, so werden die gestundeten Beitragsraten des laufenden Versicherungsjahres fällig. Sie gelten jedoch erneut als gestundet, wenn der rückständige Beitragsteil einschließlich der Beitragsrate für den am Tage der Zahlung laufenden Monat und die Mahnkosten entrichtet sind.

(6) Ist der Versicherungsnehmer bei einer der Erfüllung der Pflicht zur Versicherung dienenden Krankheitskostenversicherung (§ 193 Abs. 3 VVG) mit einem Be-

trag in Höhe von Beitragsanteilen für zwei Monate im Rückstand, mahnt ihn der Versicherer. Der Versicherungsnehmer hat für jeden angefangenen Monat eines Beitragsrückstandes einen Säumniszuschlag von 1 % des Beitragsrückstandes sowie Mahnkosten in nachgewiesener Höhe, mindestens 5 Euro je Mahnung, zu entrichten. Ist der Beitragsrückstand einschließlich der Säumniszuschläge zwei Monate nach Zugang dieser Mahnung noch höher als der Beitragsanteil für einen Monat, mahnt der Versicherer unter Hinweis auf das mögliche Ruhen des Versicherungsvertrages ein zweites Mal.

Ist der Beitragsrückstand einschließlich der Säumniszuschläge einen Monat nach Zugang der zweiten Mahnung höher als der Beitragsanteil für einen Monat, ruht der Versicherungsvertrag ab dem ersten Tag des nachfolgenden Monats. Solange der Versicherungsvertrag ruht, gilt die versicherte Person als im Notlagentarif nach § 12h VAG versichert. Es gelten insoweit die Allgemeinen Versicherungsbedingungen für den Notlagentarif (AVB/NLT) in der jeweils geltenden Fassung.

Das Ruhen des Versicherungsvertrages tritt nicht ein oder endet, wenn der Versicherungsnehmer oder die versicherte Person hilfebedürftig im Sinne des Zweiten oder des Zwölften Buchs Sozialgesetzbuch ist oder wird. Unbeschadet davon wird der Vertrag ab dem ersten Tag des übernächsten Monats in dem Tarif fortgesetzt, in dem der Versicherungsnehmer oder die versicherte Person vor Eintritt des Ruhens versichert war, wenn alle rückständigen Prämienanteile einschließlich der Säumniszuschläge und der Beitreibungskosten gezahlt sind. In den Fällen der Sätze 7 und 8 ist der Versicherungsnehmer oder die versicherte Person so zu stellen, wie der Versicherungsnehmer oder die versicherte Person vor der Versicherung im Notlagentarif nach § 12h VAG stand, abgesehen von den während der Ruhenszeit verbrauchten Anteilen der Alterungsrückstellung. Während der Ruhenszeit vorgenommene Beitragsanpassungen und Änderungen der allgemeinen Versicherungsbedingungen in dem Tarif, in dem der Versicherungsnehmer oder die versicherte Person vor Eintritt des Ruhens versichert war, gelten ab dem Tag der Fortsetzung der Versicherung in diesem Tarif. Die Hilfebedürftigkeit ist durch eine Bescheinigung des zuständigen Trägers nach dem Zweiten oder Zwölften Buch Sozialgesetzbuch nachzuweisen; der Versicherer kann in angemessenen Abständen die Vorlage einer neuen Bescheinigung verlangen.

(7) Bei anderen als den in Abs. 6 genannten Versicherungen kann die nicht rechtzeitige Zahlung des Erstbeitrages oder eines Folgebeitrages unter den Voraussetzungen der §§ 37 und 38 VVG zum Verlust des Versicherungsschutzes führen. Ist ein Beitrag bzw. eine Beitragsrate nicht rechtzeitig gezahlt und wird der Versicherungsnehmer in Textform gemahnt, so ist er zur Zahlung der Mahnkosten verpflichtet, deren Höhe sich aus dem Tarif ergibt.

(8) Wird das Versicherungsverhältnis vor Ablauf der Vertragslaufzeit beendet, steht dem Versicherer für diese Vertragslaufzeit nur derjenige Teil des Beitrags bzw. der Beitragsrate zu, der dem Zeitraum entspricht, in dem der Versicherungsschutz be-

standen hat. Wird das Versicherungsverhältnis durch Rücktritt auf Grund des § 19 Abs. 2 VVG oder durch Anfechtung des Versicherers wegen arglistiger Täuschung beendet, steht dem Versicherer der Beitrag bzw. die Beitragsrate bis zum Wirksamwerden der Rücktritts- oder Anfechtungserklärung zu. Tritt der Versicherer zurück, weil der erste Beitrag bzw. die erste Beitragsrate nicht rechtzeitig gezahlt wird, kann er eine angemessene Geschäftsgebühr verlangen.

(9) Die Beiträge sind an die vom Versicherer zu bezeichnende Stelle zu entrichten.

§ 8a Beitragsberechnung

(1) Die Berechnung der Beiträge erfolgt nach Maßgabe der Vorschriften des VAG und ist in den technischen Berechnungsgrundlagen des Versicherers festgelegt.

(2) Bei einer Änderung der Beiträge, auch durch Änderung des Versicherungsschutzes, wird das Geschlecht und das (die) bei Inkrafttreten der Änderung erreichte tarifliche Lebensalter (Lebensaltersgruppe) der versicherten Person berücksichtigt; dies gilt in Ansehung des Geschlechts nicht für Tarife, deren Beiträge geschlechtsunabhängig erhoben werden. Dabei wird dem Eintrittsalter der versicherten Person dadurch Rechnung getragen, dass eine Alterungsrückstellung gemäß den in den technischen Berechnungsgrundlagen festgelegten Grundsätzen angerechnet wird. Eine Erhöhung der Beiträge oder eine Minderung der Leistungen des Versicherers wegen des Älterwerdens der versicherten Person ist jedoch während der Dauer des Versicherungsverhältnisses ausgeschlossen, soweit eine Alterungsrückstellung zu bilden ist.

(3) Bei Beitragsänderungen kann der Versicherer auch besonders vereinbarte Risikozuschläge entsprechend ändern.

(4) Liegt bei Vertragsänderungen ein erhöhtes Risiko vor, steht dem Versicherer für den hinzukommenden Teil des Versicherungsschutzes zusätzlich zum Beitrag ein angemessener Zuschlag zu. Dieser bemisst sich nach den für den Geschäftsbetrieb des Versicherers zum Ausgleich erhöhter Risiken maßgeblichen Grundsätzen.

§ 8b Beitragsanpassung

(1) Im Rahmen der vertraglichen Leistungszusage können sich die Leistungen des Versicherers z.B. wegen steigender Heilbehandlungskosten, einer häufigeren Inanspruchnahme medizinischer Leistungen oder aufgrund steigender Lebenserwartung ändern. Dementsprechend vergleicht der Versicherer zumindest jährlich für jeden Tarif die erforderlichen mit den in den technischen Berechnungsgrundlagen kalkulierten Versicherungsleistungen und Sterbewahrscheinlichkeiten. Ergibt diese Gegenüberstellung für eine Beobachtungseinheit eines Tarifs eine Abweichung von mehr als dem gesetzlich oder tariflich festgelegten Vomhundertsatz, werden alle Beiträge dieser Beobachtungseinheit vom Versicherer überprüft und, soweit erforderlich, mit Zustimmung des Treuhänders angepasst. Unter den gleichen Voraussetzungen kann auch eine betragsmäßig festgelegte Selbstbeteiligung angepasst und ein vereinbarter Risikozuschlag entsprechend geändert werden. Im Zuge einer Bei-

§ 13 Krankenversicherung

tragsanpassung werden auch der für die Beitragsgarantie im Standardtarif erforderliche Zuschlag (§ 19 Abs. 1 Satz 2) sowie der für die Beitragsbegrenzungen im Basistarif erforderliche Zuschlag (§ 20 Satz 2) mit den jeweils kalkulierten Zuschlägen verglichen, und, soweit erforderlich, angepasst.

(2) Von einer Beitragsanpassung kann abgesehen werden, wenn nach übereinstimmender Beurteilung durch den Versicherer und den Treuhänder die Veränderung der Versicherungsleistungen als vorübergehend anzusehen ist.

(3) Beitragsanpassungen sowie Änderungen von Selbstbeteiligungen und evtl. vereinbarten Risikozuschlägen werden zu Beginn des zweiten Monats wirksam, der auf die Benachrichtigung des Versicherungsnehmers folgt.

§ 9 Obliegenheiten

(1) Jede Krankenhausbehandlung ist binnen 10 Tagen nach ihrem Beginn anzuzeigen.

(2) Der Versicherungsnehmer und die als empfangsberechtigt benannte versicherte Person (vgl. § 6 Abs. 3) haben auf Verlangen des Versicherers jede Auskunft zu erteilen, die zur Feststellung des Versicherungsfalles oder der Leistungspflicht des Versicherers und ihres Umfanges erforderlich ist.

(3) Auf Verlangen des Versicherers ist die versicherte Person verpflichtet, sich durch einen vom Versicherer beauftragten Arzt untersuchen zu lassen.

(4) Die versicherte Person hat nach Möglichkeit für die Minderung des Schadens zu sorgen und alle Handlungen zu unterlassen, die der Genesung hinderlich sind.

(5) Wird für eine versicherte Person bei einem weiteren Versicherer ein Krankheitskostenversicherungsvertrag abgeschlossen oder macht eine versicherte Person von der Versicherungsberechtigung in der gesetzlichen Krankenversicherung Gebrauch, ist der Versicherungsnehmer verpflichtet, den Versicherer von der anderen Versicherung unverzüglich zu unterrichten.

(6) Eine weitere Krankenhaustagegeldversicherung darf nur mit Einwilligung des Versicherers abgeschlossen werden.

§ 10 Folgen von Obliegenheitsverletzungen

(1) Der Versicherer ist mit den in § 28 Abs. 2 bis 4 VVG vorgeschriebenen Einschränkungen ganz oder teilweise von der Verpflichtung zur Leistung frei, wenn eine der in § 9 Abs. 1 bis 6 genannten Obliegenheiten verletzt wird.

(2) Wird eine der in § 9 Abs. 5 und 6 genannten Obliegenheiten verletzt, so kann der Versicherer ein Versicherungsverhältnis, das nicht der Erfüllung der Pflicht zur Versicherung (§ 193 Abs. 3 VVG) dient, unter der Voraussetzung des § 28 Abs. 1 VVG innerhalb eines Monats nach dem Bekanntwerden der Obliegenheitsverletzung ohne Einhaltung einer Frist auch kündigen.

(3) Die Kenntnis und das Verschulden der versicherten Person stehen der Kenntnis und dem Verschulden des Versicherungsnehmers gleich.

§ 11 Obliegenheiten und Folgen bei Obliegenheitsverletzungen bei Ansprüchen gegen Dritte

(1) Hat der Versicherungsnehmer oder eine versicherte Person Ersatzansprüche gegen Dritte, so besteht, unbeschadet des gesetzlichen Forderungsüberganges gemäß § 86 VVG, die Verpflichtung, diese Ansprüche bis zur Höhe, in der aus dem Versicherungsvertrag Ersatz (Kostenerstattung sowie Sach- und Dienstleistung) geleistet wird, an den Versicherer schriftlich abzutreten.

(2) Der Versicherungsnehmer oder die versicherte Person hat seinen (ihren) Ersatzanspruch oder ein zur Sicherung dieses Anspruchs dienendes Recht unter Beachtung der geltenden Form- und Fristvorschriften zu wahren und bei dessen Durchsetzung durch den Versicherer soweit erforderlich mitzuwirken.

(3) Verletzt der Versicherungsnehmer oder eine versicherte Person vorsätzlich die in den Absätzen 1 und 2 genannten Obliegenheiten, ist der Versicherer zur Leistung insoweit nicht verpflichtet, als er infolge dessen keinen Ersatz von dem Dritten erlangen kann. Im Falle einer grob fahrlässigen Verletzung der Obliegenheit ist der Versicherer berechtigt, seine Leistung in einem der Schwere des Verschuldens entsprechenden Verhältnis zu kürzen.

(4) Steht dem Versicherungsnehmer oder einer versicherten Person ein Anspruch auf Rückzahlung ohne rechtlichen Grund gezahlter Entgelte gegen den Erbringer von Leistungen zu, für die der Versicherer auf Grund des Versicherungsvertrages Erstattungsleistungen erbracht hat, sind die Absätze 1 bis 3 entsprechend anzuwenden.

§ 12 Aufrechnung

Der Versicherungsnehmer kann gegen Forderungen des Versicherers nur aufrechnen, soweit die Gegenforderung unbestritten oder rechtskräftig festgestellt ist. Gegen eine Forderung aus der Beitragspflicht kann jedoch ein Mitglied eines Versicherungsvereins nicht aufrechnen.

Ende der Versicherung

§ 13 Kündigung durch den Versicherungsnehmer

(1) Der Versicherungsnehmer kann das Versicherungsverhältnis zum Ende eines jeden Versicherungsjahres, frühestens aber zum Ablauf einer vereinbarten Vertragsdauer von bis zu zwei Jahren, mit einer Frist von drei Monaten kündigen.

(2) Die Kündigung kann auf einzelne versicherte Personen oder Tarife beschränkt werden.

(3) Wird eine versicherte Person kraft Gesetzes in der gesetzlichen Krankenversicherung versicherungspflichtig, so kann der Versicherungsnehmer binnen drei Monaten nach Eintritt der Versicherungspflicht eine Krankheitskostenversicherung oder eine dafür bestehende Anwartschaftsversicherung rückwirkend zum Eintritt der Versicherungspflicht kündigen. Die Kündigung ist unwirksam, wenn der Ver-

§ 13 Krankenversicherung

sicherungsnehmer den Eintritt der Versicherungspflicht nicht innerhalb von zwei Monaten nachweist, nachdem der Versicherer ihn hierzu in Textform aufgefordert hat, es sei denn, der Versicherungsnehmer hat die Versäumung dieser Frist nicht zu vertreten. Macht der Versicherungsnehmer von seinem Kündigungsrecht Gebrauch, steht dem Versicherer der Beitrag nur bis zum Zeitpunkt des Eintritts der Versicherungspflicht zu. Später kann der Versicherungsnehmer die Krankheitskostenversicherung oder eine dafür bestehende Anwartschaftsversicherung zum Ende des Monats kündigen, in dem er den Eintritt der Versicherungspflicht nachweist. Dem Versicherer steht der Beitrag in diesem Fall bis zum Ende des Versicherungsvertrages zu. Der Versicherungspflicht steht gleich der gesetzliche Anspruch auf Familienversicherung oder der nicht nur vorübergehende Anspruch auf Heilfürsorge aus einem beamtenrechtlichen oder ähnlichen Dienstverhältnis.

(4) Hat eine Vereinbarung im Versicherungsvertrag zur Folge, dass bei Erreichen eines bestimmten Lebensalters oder bei Eintritt anderer dort genannter Voraussetzungen der Beitrag für ein anderes Lebensalter oder eine andere Altersgruppe gilt oder der Beitrag unter Berücksichtigung einer Alterungsrückstellung berechnet wird, kann der Versicherungsnehmer das Versicherungsverhältnis hinsichtlich der betroffenen versicherten Person binnen zwei Monaten nach der Änderung zum Zeitpunkt deren Inkrafttretens kündigen, wenn sich der Beitrag durch die Änderung erhöht.

(5) Erhöht der Versicherer die Beiträge aufgrund der Beitragsanpassungsklausel oder vermindert er seine Leistungen gemäß § 18 Abs. 1, so kann der Versicherungsnehmer das Versicherungsverhältnis hinsichtlich der betroffenen versicherten Person innerhalb von zwei Monaten nach Zugang der Änderungsmitteilung zum Zeitpunkt des Wirksamwerdens der Änderung kündigen. Bei einer Beitragserhöhung kann der Versicherungsnehmer das Versicherungsverhältnis auch bis und zum Zeitpunkt des Wirksamwerdens der Erhöhung kündigen.

(6) Der Versicherungsnehmer kann, sofern der Versicherer die Anfechtung, den Rücktritt oder die Kündigung nur für einzelne versicherte Personen oder Tarife erklärt, innerhalb von zwei Wochen nach Zugang dieser Erklärung die Aufhebung des übrigen Teils der Versicherung zum Schlusse des Monats verlangen, in dem ihm die Erklärung des Versicherers zugegangen ist, bei Kündigung zu dem Zeitpunkt, in dem diese wirksam wird.

(7) Dient das Versicherungsverhältnis der Erfüllung der Pflicht zur Versicherung (§ 193 Abs. 3 VVG), setzt die Kündigung nach den Absätzen 1, 2, 4, 5 und 6 voraus, dass für die versicherte Person bei einem anderen Versicherer ein neuer Vertrag abgeschlossen wird, der den Anforderungen an die Pflicht zur Versicherung genügt. Die Kündigung wird nur wirksam, wenn der Versicherungsnehmer innerhalb von zwei Monaten nach der Kündigungserklärung nachweist, dass die versicherte Person bei einem neuen Versicherer ohne Unterbrechung versichert ist; liegt der Zeitpunkt, zu dem die Kündigung ausgesprochen wurde, mehr als zwei Monate nach

der Kündigungserklärung, muss der Nachweis bis zu diesem Zeitpunkt erbracht werden.

(8) Bei Kündigung einer Krankheitskostenvollversicherung und gleichzeitigem Abschluss eines neuen substitutiven Vertrages (§ 195 Abs. 1 VVG) kann der Versicherungsnehmer verlangen, dass der Versicherer die kalkulierte Alterungsrückstellung der versicherten Person in Höhe des nach dem 31. Dezember 2008 ab Beginn der Versicherung im jeweiligen Tarif aufgebauten Übertragungswertes nach Maßgabe von § 12 Abs. 1 Nr. 5 VAG auf deren neuen Versicherer überträgt. Dies gilt nicht für vor dem 1. Januar 2009 abgeschlossene Verträge.

(9) Bestehen bei Beendigung des Versicherungsverhältnisses Beitragsrückstände, kann der Versicherer den Übertragungswert bis zum vollständigen Beitragsausgleich zurückbehalten.

(10) Kündigt der Versicherungsnehmer das Versicherungsverhältnis insgesamt oder für einzelne versicherte Personen, haben die versicherten Personen das Recht, das Versicherungsverhältnis unter Benennung des künftigen Versicherungsnehmers fortzusetzen. Die Erklärung ist innerhalb zweier Monate nach der Kündigung abzugeben. Die Kündigung ist nur wirksam, wenn der Versicherungsnehmer nachweist, dass die betroffenen versicherten Personen von der Kündigungserklärung Kenntnis erlangt haben.

(11) Soweit die Krankenversicherung nach Art der Lebensversicherung betrieben wird, haben der Versicherungsnehmer und die versicherten Personen das Recht, einen gekündigten Vertrag in Form einer Anwartschaftsversicherung fortzusetzen.

§ 14 Kündigung durch den Versicherer

(1) In einer der Erfüllung der Pflicht zur Versicherung dienenden Krankheitskostenversicherung (§ 193 Abs. 3 VVG) sowie in der substitutiven Krankheitskostenversicherung gemäß § 195 Abs. 1 VVG ist das ordentliche Kündigungsrecht ausgeschlossen. Dies gilt auch für eine Krankenhaustagegeldversicherung, die neben einer Krankheitskostenvollversicherung besteht.

(2) Liegen bei einer Krankenhaustagegeldversicherung oder einer Krankheitskostenteilversicherung die Voraussetzungen nach Abs. 1 nicht vor, so kann der Versicherer das Versicherungsverhältnis nur innerhalb der ersten drei Versicherungsjahre mit einer Frist von drei Monaten zum Ende eines Versicherungsjahres kündigen.

(3) Die gesetzlichen Bestimmungen über das außerordentliche Kündigungsrecht bleiben unberührt.

(4) Die Kündigung kann auf einzelne versicherte Personen oder Tarife beschränkt werden.

(5) Kündigt der Versicherer das Versicherungsverhältnis insgesamt oder für einzelne versicherte Personen, gilt § 13 Abs. 10 Sätze 1 und 2 entsprechend.

§ 13 Krankenversicherung

§ 15 Sonstige Beendigungsgründe
(1) Das Versicherungsverhältnis endet mit dem Tod des Versicherungsnehmers. Die versicherten Personen haben jedoch das Recht, das Versicherungsverhältnis unter Benennung des künftigen Versicherungsnehmers fortzusetzen. Die Erklärung ist innerhalb zweier Monate nach dem Tode des Versicherungsnehmers abzugeben.

(2) Beim Tod einer versicherten Person endet insoweit das Versicherungsverhältnis.

(3)[47] Verlegt eine versicherte Person ihren gewöhnlichen Aufenthalt in einen anderen Staat als die in § 1 Absatz 5 genannten, endet insoweit das Versicherungsverhältnis, es sei denn, dass es aufgrund einer anderweitigen Vereinbarung fortgesetzt wird. Der Versicherer kann im Rahmen dieser anderweitigen Vereinbarung einen angemessenen Beitragszuschlag verlangen. Bei nur vorübergehender Verlegung des gewöhnlichen Aufenthaltes in einen anderen Staat als die in § 1 Abs. 5 genannten kann verlangt werden, das Versicherungsverhältnis in eine Anwartschaftsversicherung umzuwandeln.

Sonstige Bestimmungen

§ 16 Willenserklärungen und Anzeigen
Willenserklärungen und Anzeigen gegenüber dem Versicherer bedürfen der Schriftform, sofern nicht ausdrücklich Textform vereinbart ist.

§ 17 Gerichtsstand
(1) Für Klagen aus dem Versicherungsverhältnis gegen den Versicherungsnehmer ist das Gericht des Ortes zuständig, an dem der Versicherungsnehmer seinen Wohnsitz oder in Ermangelung eines solchen seinen gewöhnlichen Aufenthalt hat.

(2) Klagen gegen den Versicherer können bei dem Gericht am Wohnsitz oder gewöhnlichen Aufenthalt des Versicherungsnehmers oder bei dem Gericht am Sitz des Versicherers anhängig gemacht werden.

(3) Verlegt der Versicherungsnehmer nach Vertragsschluss seinen Wohnsitz oder gewöhnlichen Aufenthalt in einen Staat, der nicht Mitgliedstaat der Europäischen Union oder Vertragsstaat des Abkommens über den Europäischen Wirtschaftsraum ist, oder ist sein Wohnsitz oder gewöhnlicher Aufenthalt im Zeitpunkt der Klageerhebung nicht bekannt, ist das Gericht am Sitz des Versicherers zuständig.

§ 18 Änderungen der Allgemeinen Versicherungsbedingungen
(1) Bei einer nicht nur als vorübergehend anzusehenden Veränderung der Verhältnisse des Gesundheitswesens können die Allgemeinen Versicherungsbedingungen und die Tarifbestimmungen den veränderten Verhältnissen angepasst werden, wenn die Änderungen zur hinreichenden Wahrung der Belange der Versicherungsnehmer erforderlich erscheinen und ein unabhängiger Treuhänder die Voraussetzungen für

---

47 unverbindliche Empfehlung

die Änderungen überprüft und ihre Angemessenheit bestätigt hat. Die Änderungen werden zu Beginn des zweiten Monats wirksam, der auf die Mitteilung der Änderungen und der hierfür maßgeblichen Gründe an den Versicherungsnehmer folgt.

(2) Ist eine Bestimmung in den Allgemeinen Versicherungsbedingungen durch höchstrichterliche Entscheidung oder durch einen bestandskräftigen Verwaltungsakt für unwirksam erklärt worden, kann sie der Versicherer durch eine neue Regelung ersetzen, wenn dies zur Fortführung des Vertrags notwendig ist oder wenn das Festhalten an dem Vertrag ohne neue Regelung für eine Vertragspartei auch unter Berücksichtigung der Interessen der anderen Vertragspartei eine unzumutbare Härte darstellen würde. Die neue Regelung ist nur wirksam, wenn sie unter Wahrung des Vertragsziels die Belange der Versicherungsnehmer angemessen berücksichtigt. Sie wird zwei Wochen, nachdem die neue Regelung und die hierfür maßgeblichen Gründe dem Versicherungsnehmer mitgeteilt worden sind, Vertragsbestandteil.

§ 19 Wechsel in den Standardtarif

(1) Der Versicherungsnehmer kann verlangen, dass versicherte Personen seines Vertrages, die die in § 257 Abs. 2a Nr. 2, 2 a und 2 b SGB V in der bis zum 31. Dezember 2008 geltenden Fassung genannten Voraussetzungen erfüllen, in den Standardtarif mit Höchstbeitragsgarantie wechseln können. Zur Gewährleistung dieser Beitragsgarantie wird der in den technischen Berechnungsgrundlagen festgelegte Zuschlag erhoben. Neben dem Standardtarif darf gemäß Nr. 1 Abs. 5 und Nr. 9 der Tarifbedingungen für den Standardtarif für eine versicherte Person keine weitere Krankheitskostenteil- oder -vollversicherung bestehen. Der Wechsel ist jederzeit nach Erfüllung der gesetzlichen Voraussetzungen möglich; die Versicherung im Standardtarif beginnt zum Ersten des Monats, der auf den Antrag des Versicherungsnehmers auf Wechsel in den Standardtarif folgt.

(2) Absatz 1 gilt nicht für ab dem 1. Januar 2009 abgeschlossene Verträge.

§ 20 Wechsel in den Basistarif

Der Versicherungsnehmer kann verlangen, dass versicherte Personen seines Vertrages in den Basistarif mit Höchstbeitragsgarantie und Beitragsminderung bei Hilfebedürftigkeit wechseln können, wenn der erstmalige Abschluss der bestehenden Krankheitskostenvollversicherung ab dem 1. Januar 2009 erfolgte oder die versicherte Person das 55. Lebensjahr vollendet hat oder das 55. Lebensjahr noch nicht vollendet hat, aber die Voraussetzungen für den Anspruch auf eine Rente der gesetzlichen Rentenversicherung erfüllt und diese Rente beantragt hat oder ein Ruhegehalt nach beamtenrechtlichen oder vergleichbaren Vorschriften bezieht oder hilfebedürftig nach dem Zweiten oder Zwölften Buch Sozialgesetzbuch ist. Zur Gewährleistung dieser Beitragsbegrenzungen wird der in den technischen Berechnungsgrundlagen festgelegte Zuschlag erhoben. § 19 Abs. 1 Satz 4 gilt entsprechend.

§ 13 Krankenversicherung

J. Musterbedingungen 2009 für die Krankentagegeldversicherung – Stand: Juli 2013

37 Abdruck mit freundlicher Genehmigung des Verbandes der Privaten Krankenversicherung e.V. (*www.pkv.de/service/broschueren/musterbedingungen*).

Der Versicherungsschutz

§ 1 Gegenstand, Umfang und Geltungsbereich des Versicherungsschutzes

(1) Der Versicherer bietet Versicherungsschutz gegen Verdienstausfall als Folge von Krankheiten oder Unfällen, soweit dadurch Arbeitsunfähigkeit verursacht wird. Er zahlt im Versicherungsfall für die Dauer einer Arbeitsunfähigkeit ein Krankentagegeld in vertraglichem Umfang.

(2) Versicherungsfall ist die medizinisch notwendige Heilbehandlung einer versicherten Person wegen Krankheit oder Unfallfolgen, in deren Verlauf Arbeitsunfähigkeit ärztlich festgestellt wird. Der Versicherungsfall beginnt mit der Heilbehandlung; er endet, wenn nach medizinischem Befund keine Arbeitsunfähigkeit und keine Behandlungsbedürftigkeit mehr bestehen. Eine während der Behandlung neu eingetretene und behandelte Krankheit oder Unfallfolge, in deren Verlauf Arbeitsunfähigkeit ärztlich festgestellt wird, begründet nur dann einen neuen Versicherungsfall, wenn sie mit der ersten Krankheit oder Unfallfolge in keinem ursächlichen Zusammenhang steht. Wird Arbeitsunfähigkeit gleichzeitig durch mehrere Krankheiten oder Unfallfolgen hervorgerufen, so wird das Krankentagegeld nur einmal gezahlt.

(3) Arbeitsunfähigkeit im Sinne dieser Bedingungen liegt vor, wenn die versicherte Person ihre berufliche Tätigkeit nach medizinischem Befund vorübergehend in keiner Weise ausüben kann, sie auch nicht ausübt und keiner anderweitigen Erwerbstätigkeit nachgeht.

(4) Der Umfang des Versicherungsschutzes ergibt sich aus dem Versicherungsschein, späteren schriftlichen Vereinbarungen, den Allgemeinen Versicherungsbedingungen (Musterbedingungen mit Anhang, Tarif mit Tarifbedingungen) sowie den gesetzlichen Vorschriften. Das Versicherungsverhältnis unterliegt deutschem Recht.

(5) Der Versicherungsnehmer kann die Umwandlung der Versicherung in einen gleichartigen Versicherungsschutz verlangen, sofern die versicherte Person die Voraussetzungen für die Versicherungsfähigkeit erfüllt. Der Versicherer nimmt einen Antrag auf Umwandlung in angemessener Frist an. Die erworbenen Rechte bleiben erhalten; die nach den technischen Berechnungsgrundlagen gebildete Rückstellung für das mit dem Alter der versicherten Person wachsende Wagnis (Alterungsrückstellung) wird nach Maßgabe dieser Berechnungsgrundlagen angerechnet. Soweit der neue Versicherungsschutz höher oder umfassender ist, kann insoweit ein Risikozuschlag (§ 8a Abs. 3 und 4) verlangt oder ein Leistungsausschluss vereinbart

werden; ferner sind für den hinzukommenden Teil des Versicherungsschutzes Wartezeiten (§ 3 Abs. 6) einzuhalten. Der Umwandlungsanspruch besteht bei Anwartschafts- und Ruhensversicherungen nicht, solange der Anwartschaftsgrund bzw. der Ruhensgrund nicht entfallen ist,[48] mit Ausnahme einer Befristung nach § 196 VVG besteht der Umwandlungsanspruch auch nicht bei befristeten Versicherungsverhältnissen. Die Umwandlung des Versicherungsschutzes aus einem Tarif, bei dem die Beiträge geschlechtsunabhängig kalkuliert werden, in einen Tarif, bei dem dies nicht der Fall ist, ist ausgeschlossen.

(6) Der Versicherungsschutz erstreckt sich auf Deutschland.

(7) Bei einem vorübergehenden Aufenthalt im europäischen Ausland wird für im Ausland akut eingetretene Krankheiten oder Unfälle das Krankentagegeld in vertraglichem Umfang für die Dauer einer medizinisch notwendigen stationären Heilbehandlung in einem öffentlichen Krankenhaus gezahlt. Für einen vorübergehenden Aufenthalt im außereuropäischen Ausland können besondere Vereinbarungen getroffen werden.

(8) Verlegt eine versicherte Person ihren gewöhnlichen Aufenthalt in einen anderen Mitgliedstaat der Europäischen Union oder einen anderen Vertragsstaat des Abkommens über den Europäischen Wirtschaftsraum, wird für in diesem Staat akut eingetretene Krankheiten oder Unfälle das Krankentagegeld in vertraglichem Umfang für die Dauer einer medizinisch notwendigen stationären Heilbehandlung in einem öffentlichen Krankenhaus gezahlt.

§ 2 Beginn des Versicherungsschutzes

Der Versicherungsschutz beginnt mit dem im Versicherungsschein bezeichneten Zeitpunkt (Versicherungsbeginn), jedoch nicht vor Abschluss des Versicherungsvertrages (insbesondere Zugang des Versicherungsscheines oder einer schriftlichen Annahmeerklärung) und nicht vor Ablauf von Wartezeiten. Für Versicherungsfälle, die vor Beginn des Versicherungsschutzes eingetreten sind, wird nicht geleistet. Nach Abschluss des Versicherungsvertrages eingetretene Versicherungsfälle sind nur für den Teil von der Leistungspflicht ausgeschlossen, der in die Zeit vor Versicherungsbeginn oder in Wartezeiten fällt. Bei Vertragsänderungen gelten die Sätze 1 bis 3 für den hinzukommenden Teil des Versicherungsschutzes.

§ 3 Wartezeiten

(1) Die Wartezeiten rechnen vom Versicherungsbeginn an.

(2) Die allgemeine Wartezeit beträgt drei Monate. Sie entfällt bei Unfällen.

---

48 Die BaFin vertritt die Auffassung, dass der Versicherungsnehmer gemäß § 178 f VVG a.F. einen Anspruch auf Umwandlung einer Anwartschafts- oder Ruhensversicherung bezüglich eines Tarifs in eine solche bezüglich eines anderen Tarifs mit gleichartigem Versicherungsschutz habe; die Regelung also gegen § 178 o VVG a.F. verstoße.

(3) Die besonderen Wartezeiten betragen für Psychotherapie, Zahnbehandlung, Zahnersatz und Kieferorthopädie acht Monate.

(4) Sofern der Tarif es vorsieht, können die Wartezeiten aufgrund besonderer Vereinbarung erlassen werden, wenn ein ärztliches Zeugnis über den Gesundheitszustand vorgelegt wird.

(5) Personen, die aus der privaten oder gesetzlichen Krankenversicherung ausgeschieden sind, wird bis zur Höhe des bisherigen Krankentagegeld- oder Krankengeldanspruchs die nachweislich dort ununterbrochen zurückgelegte Versicherungszeit auf die Wartezeiten angerechnet. Voraussetzung ist, dass die Versicherung spätestens zwei Monate nach Beendigung der Vorversicherung zusammen mit einer Krankheitskostenversicherung beantragt wurde und der Versicherungsschutz in Abweichung von § 2 im unmittelbaren Anschluss beginnen soll. Entsprechendes gilt beim Ausscheiden aus einem öffentlichen Dienstverhältnis mit Anspruch auf Heilfürsorge.

(6) Bei Vertragsänderungen gelten die Wartezeitenregelungen für den hinzukommenden Teil des Versicherungsschutzes.

§ 4 Umfang der Leistungspflicht

(1) Höhe und Dauer der Versicherungsleistungen ergeben sich aus dem Tarif mit Tarifbedingungen.

(2) Das Krankentagegeld darf zusammen mit sonstigen Krankentage- und Krankengeldern das auf den Kalendertag umgerechnete, aus der beruflichen Tätigkeit herrührende Nettoeinkommen nicht übersteigen. Maßgebend für die Berechnung des Nettoeinkommens ist der Durchschnittsverdienst der letzten 12 Monate vor Antragstellung bzw. vor Eintritt der Arbeitsunfähigkeit, sofern der Tarif keinen anderen Zeitraum vorsieht.

(3) Der Versicherungsnehmer ist verpflichtet, dem Versicherer unverzüglich eine nicht nur vorübergehende Minderung des aus der Berufstätigkeit herrührenden Nettoeinkommens mitzuteilen.

(4) Erlangt der Versicherer davon Kenntnis, dass das Nettoeinkommen der versicherten Person unter die Höhe des dem Vertrage zugrunde gelegten Einkommens gesunken ist, so kann er ohne Unterschied, ob der Versicherungsfall bereits eingetreten ist oder nicht, das Krankentagegeld und den Beitrag mit Wirkung vom Beginn des zweiten Monats nach Kenntnis entsprechend dem geminderten Nettoeinkommen herabsetzen. Bis zum Zeitpunkt der Herabsetzung wird die Leistungspflicht im bisherigen Umfang für eine bereits eingetretene Arbeitsunfähigkeit nicht berührt.

(5) Die Zahlung von Krankentagegeld setzt voraus, dass die versicherte Person während der Dauer der Arbeitsunfähigkeit durch einen niedergelassenen approbierten Arzt oder Zahnarzt bzw. im Krankenhaus behandelt wird.

(6) Der versicherten Person steht die Wahl unter den niedergelassenen approbierten Ärzten und Zahnärzten frei.

(7) Eintritt und Dauer der Arbeitsunfähigkeit sind durch Bescheinigung des behandelnden Arztes oder Zahnarztes nachzuweisen. Etwaige Kosten derartiger Nachweise hat der Versicherungsnehmer zu tragen. Bescheinigungen von Ehegatten, Lebenspartnern gemäß § 1 Lebenspartnerschaftsgesetz, Eltern oder Kindern reichen zum Nachweis der Arbeitsunfähigkeit nicht aus.

(8) Bei medizinisch notwendiger stationärer Heilbehandlung hat die versicherte Person freie Wahl unter den öffentlichen und privaten Krankenhäusern, die unter ständiger ärztlicher Leitung stehen, über ausreichende diagnostische und therapeutische Möglichkeiten verfügen und Krankengeschichten führen.

(9) Bei medizinisch notwendiger stationärer Heilbehandlung in Krankenanstalten, die auch Kuren bzw. Sanatoriumsbehandlung durchführen oder Rekonvaleszenten aufnehmen, im Übrigen aber die Voraussetzungen von Abs. 8 erfüllen, werden die tariflichen Leistungen nur dann erbracht, wenn der Versicherer diese vor Beginn der Behandlung schriftlich zugesagt hat. Bei Tbc-Erkrankungen wird in vertraglichem Umfange auch bei stationärer Behandlung in Tbc-Heilstätten und -Sanatorien geleistet.

(10) Der Versicherer gibt auf Verlangen des Versicherungsnehmers oder der versicherten Person Auskunft über und Einsicht in Gutachten oder Stellungnahmen, die der Versicherer bei der Prüfung der Leistungspflicht, für die Feststellung einer Arbeitsunfähigkeit oder einer Berufsunfähigkeit (vgl. § 15 Abs. 1 Buchstabe b), eingeholt hat. Wenn der Auskunft an oder der Einsicht durch den Versicherungsnehmer oder die versicherte Person erhebliche therapeutische Gründe oder sonstige erhebliche Gründe entgegenstehen, kann nur verlangt werden, einem benannten Arzt oder Rechtsanwalt Auskunft oder Einsicht zu geben. Der Anspruch kann nur von der jeweils betroffenen Person oder ihrem gesetzlichen Vertreter geltend gemacht werden. Hat der Versicherungsnehmer das Gutachten oder die Stellungnahme auf Veranlassung des Versicherers eingeholt, erstattet der Versicherer die entstandenen Kosten.

§ 5 Einschränkung der Leistungspflicht

(1) Keine Leistungspflicht besteht bei Arbeitsunfähigkeit
a) wegen solcher Krankheiten einschließlich ihrer Folgen, sowie wegen Folgen von Unfällen, die durch Kriegsereignisse verursacht oder als Wehrdienstbeschädigungen anerkannt und nicht ausdrücklich in den Versicherungsschutz eingeschlossen sind;
b) wegen auf Vorsatz beruhender Krankheiten und Unfälle einschließlich deren Folgen sowie wegen Entziehungsmaßnahmen einschließlich Entziehungskuren;
c) wegen Krankheiten und Unfallfolgen, die auf eine durch Alkoholgenuss bedingte Bewusstseinsstörung zurückzuführen sind;

d) ausschließlich wegen Schwangerschaft, ferner wegen Schwangerschaftsabbruch, Fehlgeburt und Entbindung;
e) während der gesetzlichen Beschäftigungsverbote für werdende Mütter und Wöchnerinnen in einem Arbeitsverhältnis (Mutterschutz). Diese befristete Einschränkung der Leistungspflicht gilt sinngemäß auch für selbständig Tätige, es sei denn, dass die Arbeitsunfähigkeit in keinem Zusammenhang mit den unter d) genannten Ereignissen steht;
f) wenn sich die versicherte Person nicht an ihrem gewöhnlichen Aufenthalt in Deutschland aufhält, es sei denn, dass sie sich – unbeschadet des Absatzes 2 – in medizinisch notwendiger stationärer Heilbehandlung befindet (vgl. § 4 Abs. 8 und 9). Wird die versicherte Person in Deutschland außerhalb ihres gewöhnlichen Aufenthalts arbeitsunfähig, so steht ihr das Krankentagegeld auch zu, solange die Erkrankung oder Unfallfolge nach medizinischem Befund eine Rückkehr ausschließt;
g) während Kur- und Sanatoriumsbehandlung sowie während Rehabilitationsmaßnahmen der gesetzlichen Rehabilitationsträger, wenn der Tarif nichts anderes vorsieht.

(2) Während des Aufenthaltes in einem Heilbad oder Kurort – auch bei einem Krankenhausaufenthalt – besteht keine Leistungspflicht. Die Einschränkung entfällt, wenn die versicherte Person dort ihren gewöhnlichen Aufenthalt hat oder während eines vorübergehenden Aufenthaltes durch eine vom Aufenthaltszweck unabhängige akute Erkrankung oder einen dort eingetretenen Unfall arbeitsunfähig wird, solange dadurch nach medizinischem Befund die Rückkehr ausgeschlossen ist.

§ 6 Auszahlung der Versicherungsleistungen

(1) Der Versicherer ist zur Leistung nur verpflichtet, wenn die von ihm geforderten Nachweise erbracht sind; diese werden Eigentum des Versicherers.

(2) Im Übrigen ergeben sich die Voraussetzungen für die Fälligkeit der Leistungen des Versicherers aus § 14 VVG.

(3) Der Versicherer ist verpflichtet, an die versicherte Person zu leisten, wenn der Versicherungsnehmer ihm diese in Textform als Empfangsberechtigte für deren Versicherungsleistungen benannt hat. Liegt diese Voraussetzung nicht vor, kann nur der Versicherungsnehmer die Leistung verlangen.

(4) Kosten für die Überweisung der Versicherungsleistungen und für Übersetzung können von den Leistungen abgezogen werden.

(5) Ansprüche auf Versicherungsleistungen können weder abgetreten noch verpfändet werden.

§ 7 Ende des Versicherungsschutzes

Der Versicherungsschutz endet – auch für schwebende Versicherungsfälle – mit der Beendigung des Versicherungsverhältnisses (§§ 13 bis 15). Kündigt der Versicherer das Versicherungsverhältnis gemäß § 14 Abs. 1, so endet der Versicherungsschutz für schwebende Versicherungsfälle erst am dreißigsten Tage nach Beendigung des Versicherungsverhältnisses. Endet das Versicherungsverhältnis wegen Wegfalls einer der im Tarif bestimmten Voraussetzungen für die Versicherungsfähigkeit oder wegen Eintritts der Berufsunfähigkeit, so bestimmt sich die Leistungspflicht nach § 15 Buchstabe a oder b.

Pflichten des Versicherungsnehmers

§ 8 Beitragszahlung

(1) Der Beitrag ist ein Jahresbeitrag und wird vom Versicherungsbeginn an berechnet. Er ist zu Beginn eines jeden Versicherungsjahres zu entrichten, kann aber auch in gleichen monatlichen Beitragsraten gezahlt werden, die jeweils bis zur Fälligkeit der Beitragsrate als gestundet gelten. Die Beitragsraten sind am Ersten eines jeden Monats fällig. Wird der Jahresbeitrag während des Versicherungsjahres neu festgesetzt, so ist der Unterschiedsbetrag vom Änderungszeitpunkt an bis zum Beginn des nächsten Versicherungsjahres nachzuzahlen bzw. zurückzuzahlen.

(2) Wird der Vertrag für eine bestimmte Zeit mit der Maßgabe geschlossen, dass sich das Versicherungsverhältnis nach Ablauf dieser bestimmten Zeit stillschweigend um jeweils ein Jahr verlängert, sofern der Versicherungsnehmer nicht fristgemäß gekündigt hat, so kann der Tarif anstelle von Jahresbeiträgen Monatsbeiträge vorsehen. Diese sind am Ersten eines jeden Monats fällig.

(3) Der erste Beitrag bzw. die erste Beitragsrate ist, sofern nicht anders vereinbart, unverzüglich nach Ablauf von zwei Wochen nach Zugang des Versicherungsscheines zu zahlen.

(4) Kommt der Versicherungsnehmer mit der Zahlung einer Beitragsrate in Verzug, so werden die gestundeten Beitragsraten des laufenden Versicherungsjahres fällig. Sie gelten jedoch erneut als gestundet, wenn der rückständige Beitragsteil einschließlich der Beitragsrate für den am Tage der Zahlung laufenden Monat und die Mahnkosten entrichtet sind.

(5) Nicht rechtzeitige Zahlung des Erstbeitrages oder eines Folgebeitrages kann unter den Voraussetzungen der §§ 37 und 38 VVG zum Verlust des Versicherungsschutzes führen. Ist ein Beitrag bzw. eine Beitragsrate nicht rechtzeitig gezahlt und wird der Versicherungsnehmer in Textform gemahnt, so ist er zur Zahlung der Mahnkosten verpflichtet, deren Höhe sich aus dem Tarif ergibt.

(6) Wird das Versicherungsverhältnis vor Ablauf der Vertragslaufzeit beendet, steht dem Versicherer für diese Vertragslaufzeit nur derjenige Teil des Beitrags bzw. der Beitragsrate zu, der dem Zeitraum entspricht, in dem der Versicherungsschutz bestanden hat. Wird das Versicherungsverhältnis durch Rücktritt auf Grund des § 19 Abs. 2 VVG oder durch Anfechtung des Versicherers wegen arglistiger Täuschung beendet, steht dem Versicherer der Beitrag bzw. die Beitragsrate bis zum Wirksamwerden der Rücktritts- oder Anfechtungserklärung zu. Tritt der Versicherer zurück,

weil der erste Beitrag bzw. die erste Beitragsrate nicht rechtzeitig gezahlt wird, kann er eine angemessene Geschäftsgebühr verlangen.

(7) Die Beiträge sind an die vom Versicherer zu bezeichnende Stelle zu entrichten.

§ 8a Beitragsberechnung

(1) Die Berechnung der Beiträge erfolgt nach Maßgabe der Vorschriften des Versicherungsaufsichtsgesetzes (VAG) und ist in den technischen Berechnungsgrundlagen des Versicherers festgelegt.

(2) Bei einer Änderung der Beiträge, auch durch Änderung des Versicherungsschutzes, wird das Geschlecht und das (die) bei Inkrafttreten der Änderung erreichte tarifliche Lebensalter (Lebensaltersgruppe) der versicherten Person berücksichtigt; dies gilt in Ansehung des Geschlechts nicht für Tarife, deren Beiträge geschlechtsunabhängig erhoben werden. Dabei wird dem Eintrittsalter der versicherten Person dadurch Rechnung getragen, dass eine Alterungsrückstellung gemäß den in den technischen Berechnungsgrundlagen festgelegten Grundsätzen angerechnet wird. Eine Erhöhung der Beiträge oder eine Minderung der Leistungen des Versicherers wegen des Älterwerdens der versicherten Person ist jedoch während der Dauer des Versicherungsverhältnisses ausgeschlossen, soweit eine Alterungsrückstellung zu bilden ist.

(3) Bei Beitragsänderungen kann der Versicherer auch besonders vereinbarte Risikozuschläge entsprechend ändern.

(4) Liegt bei Vertragsänderungen ein erhöhtes Risiko vor, steht dem Versicherer für den hinzukommenden Teil des Versicherungsschutzes zusätzlich zum Beitrag ein angemessener Zuschlag zu. Dieser bemisst sich nach den für den Geschäftsbetrieb des Versicherers zum Ausgleich erhöhter Risiken maßgeblichen Grundsätzen.

§ 8b Beitragsanpassung

(1) Im Rahmen der vertraglichen Leistungszusage können sich die Leistungen des Versicherers z.B. wegen häufigerer Arbeitsunfähigkeit der Versicherten, wegen längerer Arbeitsunfähigkeitszeiten oder aufgrund steigender Lebenserwartung ändern. Dementsprechend vergleicht der Versicherer zumindest jährlich für jeden Tarif die erforderlichen mit den in den technischen Berechnungsgrundlagen kalkulierten Versicherungsleistungen und Sterbewahrscheinlichkeiten. Ergibt diese Gegenüberstellung für eine Beobachtungseinheit eines Tarifs eine Abweichung von mehr als dem gesetzlich oder tariflich festgelegten Vomhundertsatz, werden alle Beiträge dieser Beobachtungseinheit vom Versicherer überprüft und, soweit erforderlich, mit Zustimmung des Treuhänders angepasst. Unter den gleichen Voraussetzungen kann auch ein vereinbarter Risikozuschlag entsprechend geändert werden.

(2) Von einer Beitragsanpassung kann abgesehen werden, wenn nach übereinstimmender Beurteilung durch den Versicherer und den Treuhänder die Veränderung der Versicherungsleistungen als vorübergehend anzusehen ist.

(3) Beitragsanpassungen sowie Änderungen von evtl. vereinbarten Risikozuschlägen werden zu Beginn des zweiten Monats wirksam, der auf die Benachrichtigung des Versicherungsnehmers folgt.

§ 9 Obliegenheiten

(1) Die ärztlich festgestellte Arbeitsunfähigkeit ist dem Versicherer unverzüglich, spätestens aber innerhalb der im Tarif festgesetzten Frist, durch Vorlage eines Nachweises (§ 4 Abs. 7) anzuzeigen. Bei verspätetem Zugang der Anzeige kann das Krankentagegeld bis zum Zugangstage nach Maßgabe des § 10 gekürzt werden oder ganz entfallen; eine Zahlung vor dem im Tarif vorgesehenen Zeitpunkt erfolgt jedoch nicht. Fortdauernde Arbeitsunfähigkeit ist dem Versicherer innerhalb der im Tarif festgesetzten Frist nachzuweisen. Die Wiederherstellung der Arbeitsfähigkeit ist dem Versicherer binnen drei Tagen anzuzeigen.

(2) Der Versicherungsnehmer und die als empfangsberechtigt benannte versicherte Person (vgl. § 6 Abs. 3) haben auf Verlangen des Versicherers jede Auskunft zu erteilen, die zur Feststellung des Versicherungsfalles oder der Leistungspflicht des Versicherers und ihres Umfanges erforderlich ist. Die geforderten Auskünfte sind auch einem Beauftragten des Versicherers zu erteilen.

(3) Auf Verlangen des Versicherers ist die versicherte Person verpflichtet, sich durch einen vom Versicherer beauftragten Arzt untersuchen zu lassen.

(4) Die versicherte Person hat für die Wiederherstellung der Arbeitsfähigkeit zu sorgen; sie hat insbesondere die Weisungen des Arztes gewissenhaft zu befolgen und alle Handlungen zu unterlassen, die der Genesung hinderlich sind.

(5) Jeder Berufswechsel der versicherten Person ist unverzüglich anzuzeigen.

(6) Der Neuabschluss einer weiteren oder die Erhöhung einer anderweitig bestehenden Versicherung mit Anspruch auf Krankentagegeld darf nur mit Einwilligung des Versicherers vorgenommen werden.

§ 10 Folgen von Obliegenheitsverletzungen

(1) Der Versicherer ist mit den in § 28 Abs. 2 bis 4 VVG vorgeschriebenen Einschränkungen ganz oder teilweise von der Verpflichtung zur Leistung frei, wenn eine der in § 9 Abs. 1 bis 6 genannten Obliegenheiten verletzt wird.

(2) Wird eine der in § 9 Abs. 5 und 6 genannten Obliegenheiten verletzt, so kann der Versicherer unter der Voraussetzung des § 28 Abs. 1 VVG innerhalb eines Monats nach dem Bekanntwerden der Obliegenheitsverletzung ohne Einhaltung einer Frist auch kündigen.

(3) Die Kenntnis und das Verschulden der versicherten Person stehen der Kenntnis und dem Verschulden des Versicherungsnehmers gleich.

§ 13 Krankenversicherung

§ 11 Anzeigepflicht bei Wegfall der Versicherungsfähigkeit

Der Wegfall einer im Tarif bestimmten Voraussetzung für die Versicherungsfähigkeit oder der Eintritt der Berufsunfähigkeit (vgl. § 15 Buchstabe b) einer versicherten Person ist dem Versicherer unverzüglich anzuzeigen. Erlangt der Versicherer von dem Eintritt dieses Ereignisses erst später Kenntnis, so sind beide Teile verpflichtet, die für die Zeit nach Beendigung des Versicherungsverhältnisses empfangenen Leistungen einander zurückzugewähren.

§ 12 Aufrechnung

Der Versicherungsnehmer kann gegen Forderungen des Versicherers nur aufrechnen, soweit die Gegenforderung unbestritten oder rechtskräftig festgestellt ist. Gegen eine Forderung aus der Beitragspflicht kann jedoch ein Mitglied eines Versicherungsvereins nicht aufrechnen.

Ende der Versicherung

§ 13 Kündigung durch den Versicherungsnehmer

(1) Der Versicherungsnehmer kann das Versicherungsverhältnis zum Ende eines jeden Versicherungsjahres mit einer Frist von drei Monaten kündigen.

(2) Die Kündigung kann auf einzelne versicherte Personen oder Tarife beschränkt werden.

(3) Wird eine versicherte Person in der gesetzlichen Krankenversicherung versicherungspflichtig, so kann der Versicherungsnehmer binnen drei Monaten nach Eintritt der Versicherungspflicht die Krankentagegeldversicherung oder eine dafür bestehende Anwartschaftsversicherung rückwirkend zum Eintritt der Versicherungspflicht kündigen. Die Kündigung ist unwirksam, wenn der Versicherungsnehmer den Eintritt der Versicherungspflicht nicht innerhalb von zwei Monaten nachweist, nachdem der Versicherer ihn hierzu in Textform aufgefordert hat, es sei denn, der Versicherungsnehmer hat die Versäumung dieser Frist nicht zu vertreten. Macht der Versicherungsnehmer von seinem Kündigungsrecht Gebrauch, steht dem Versicherer der Beitrag nur bis zum Zeitpunkt des Eintritts der Versicherungspflicht zu. Später kann der Versicherungsnehmer die Krankentagegeldversicherung oder eine dafür bestehende Anwartschaftsversicherung nur zum Ende des Monats kündigen, in dem er den Eintritt der Versicherungspflicht nachweist. Dem Versicherer steht der Beitrag in diesem Fall bis zum Ende des Versicherungsvertrages zu. Der Versicherungspflicht steht gleich der gesetzliche Anspruch auf Familienversicherung oder der nicht nur vorübergehende Anspruch auf Heilfürsorge aus einem beamtenrechtlichen oder ähnlichen Dienstverhältnis.

(4) Erhöht der Versicherer die Beiträge aufgrund der Beitragsanpassungsklausel oder vermindert er seine Leistungen gemäß § 18 Abs. 1 oder macht er von seinem Recht auf Herabsetzung gemäß § 4 Abs. 4 Gebrauch, so kann der Versicherungsnehmer das Versicherungsverhältnis hinsichtlich der betroffenen versicherten Per-

son innerhalb von zwei Monaten vom Zugang der Änderungsmitteilung an zum Zeitpunkt des Wirksamwerdens der Änderung kündigen. Bei einer Beitragserhöhung kann der Versicherungsnehmer das Versicherungsverhältnis auch bis und zum Zeitpunkt des Wirksamwerdens der Erhöhung kündigen.

(5) Der Versicherungsnehmer kann, sofern der Versicherer die Anfechtung, den Rücktritt oder die Kündigung nur für einzelne versicherte Personen oder Tarife erklärt, innerhalb von zwei Wochen nach Zugang dieser Erklärung die Aufhebung des übrigen Teils der Versicherung zum Schlusse des Monats verlangen, in dem ihm die Erklärung des Versicherers zugegangen ist, bei Kündigung zu dem Zeitpunkt, in dem diese wirksam wird.

(6) Kündigt der Versicherungsnehmer das Versicherungsverhältnis insgesamt oder für einzelne versicherte Personen, haben die versicherten Personen das Recht, das Versicherungsverhältnis unter Benennung des künftigen Versicherungsnehmers fortzusetzen. Die Erklärung ist innerhalb zweier Monate nach der Kündigung abzugeben. Die Kündigung ist nur wirksam, wenn der Versicherungsnehmer nachweist, dass die betroffenen versicherten Personen von der Kündigungserklärung Kenntnis erlangt haben.

§ 14 Kündigung durch den Versicherer

(1) Der Versicherer kann das Versicherungsverhältnis zum Ende eines jeden der ersten drei Versicherungsjahre mit einer Frist von drei Monaten kündigen, sofern kein gesetzlicher Anspruch auf einen Beitragszuschuss des Arbeitgebers besteht.

(2) Die gesetzlichen Bestimmungen über das außerordentliche Kündigungsrecht bleiben unberührt.

(3) Die Kündigung kann auf einzelne versicherte Personen, Tarife oder auf nachträgliche Erhöhungen des Krankentagegeldes beschränkt werden.

(4) Der Versicherer kann, sofern der Versicherungsnehmer die Kündigung nur für einzelne versicherte Personen oder Tarife erklärt, innerhalb von zwei Wochen nach Zugang der Kündigung die Aufhebung des übrigen Teils der Versicherung zu dem Zeitpunkt verlangen, in dem diese wirksam wird. Das gilt nicht für den Fall des § 13 Abs. 3.

§ 15 Sonstige Beendigungsgründe

(1) Das Versicherungsverhältnis endet hinsichtlich der betroffenen versicherten Personen

a) bei Wegfall einer im Tarif bestimmten Voraussetzung für die Versicherungsfähigkeit zum Ende des Monats, in dem die Voraussetzung weggefallen ist. Besteht jedoch zu diesem Zeitpunkt in einem bereits eingetretenen Versicherungsfall Arbeitsunfähigkeit, so endet das Versicherungsverhältnis nicht vor dem Zeitpunkt, bis zu dem der Versicherer seine im Tarif aufgeführten Leistungen für diese Arbeitsunfähigkeit zu erbringen hat, spätestens aber drei Monate nach Wegfall der Voraussetzung;

b) mit Eintritt der Berufsunfähigkeit. Berufsunfähigkeit liegt vor, wenn die versicherte Person nach medizinischem Befund im bisher ausgeübten Beruf auf nicht absehbare Zeit mehr als 50 % erwerbsunfähig ist. Besteht jedoch zu diesem Zeitpunkt in einem bereits eingetretenen Versicherungsfall Arbeitsunfähigkeit, so endet das Versicherungsverhältnis nicht vor dem Zeitpunkt, bis zu dem der Versicherer seine im Tarif aufgeführten Leistungen für diese Arbeitsunfähigkeit zu erbringen hat, spätestens aber drei Monate nach Eintritt der Berufsunfähigkeit;

c) mit dem Bezug von Altersrente, spätestens, sofern tariflich vereinbart, mit Vollendung des 65. Lebensjahres. Sofern eine Beendigung mit Vollendung des 65. Lebensjahres vereinbart ist, hat die versicherte Person das Recht, nach Maßgabe von § 196 VVG den Abschluss einer neuen Krankentagegeldversicherung zu verlangen.

d) mit dem Tod. Beim Tode des Versicherungsnehmers haben die versicherten Personen das Recht, das Versicherungsverhältnis unter Benennung des künftigen Versicherungsnehmers fortzusetzen. Die Erklärung ist innerhalb zweier Monate nach dem Tode des Versicherungsnehmers abzugeben;

e) bei Verlegung des gewöhnlichen Aufenthaltes in einen anderen Staat als die in § 1 Abs. 8 genannten, es sei denn, dass das Versicherungsverhältnis aufgrund einer anderweitigen Vereinbarung fortgesetzt wird.

(2) Der Versicherungsnehmer und die versicherten Personen haben das Recht, einen von ihnen gekündigten oder einen wegen Eintritts der Berufsunfähigkeit gemäß Abs. 1 Buchstabe b) beendeten Vertrag nach Maßgabe des Tarifs in Form einer Anwartschaftsversicherung fortzusetzen, sofern mit einer Wiederaufnahme der Erwerbstätigkeit zu rechnen ist.

Sonstige Bestimmungen

§ 16 Willenserklärungen und Anzeigen

Willenserklärungen und Anzeigen gegenüber dem Versicherer bedürfen der Schriftform, sofern nicht ausdrücklich Textform vereinbart ist.

§ 17 Gerichtsstand

(1) Für Klagen aus dem Versicherungsverhältnis gegen den Versicherungsnehmer ist das Gericht des Ortes zuständig, an dem der Versicherungsnehmer seinen Wohnsitz oder in Ermangelung eines solchen seinen gewöhnlichen Aufenthalt hat.

(2) Klagen gegen den Versicherer können bei dem Gericht am Wohnsitz oder gewöhnlichen Aufenthalt des Versicherungsnehmers oder bei dem Gericht am Sitz des Versicherers anhängig gemacht werden.

(3) Verlegt der Versicherungsnehmer nach Vertragsschluss seinen Wohnsitz oder gewöhnlichen Aufenthalt in einen Staat, der nicht Mitgliedstaat der Europäischen Union oder Vertragsstaat des Abkommens über dem Europäischen Wirtschaftsraum ist oder ist sein Wohnsitz oder gewöhnlicher Aufenthalt im Zeitpunkt der Klageerhebung nicht bekannt, ist das Gericht am Sitz des Versicherers zuständig.

§ 18 Änderungen der Allgemeinen Versicherungsbedingungen

(1) Bei einer nicht nur als vorübergehend anzusehenden Veränderung der Verhältnisse des Gesundheitswesens können die Allgemeinen Versicherungsbedingungen und die Tarifbestimmungen den veränderten Verhältnissen angepasst werden, wenn die Änderungen zur hinreichenden Wahrung der Belange der Versicherungsnehmer erforderlich erscheinen und ein unabhängiger Treuhänder die Voraussetzungen für die Änderungen überprüft und ihre Angemessenheit bestätigt hat. Die Änderungen werden zu Beginn des zweiten Monats wirksam, der auf die Mitteilung der Änderungen und der hierfür maßgeblichen Gründe an den Versicherungsnehmer folgt.

(2) Ist eine Bestimmung in den Allgemeinen Versicherungsbedingungen durch höchstrichterliche Entscheidung oder durch einen bestandskräftigen Verwaltungsakt für unwirksam erklärt worden, kann sie der Versicherer durch eine neue Regelung ersetzen, wenn dies zur Fortführung des Vertrags notwendig ist oder wenn das Festhalten an dem Vertrag ohne neue Regelung für eine Vertragspartei auch unter Berücksichtigung der Interessen der anderen Vertragspartei eine unzumutbare Härte darstellen würde. Die neue Regelung ist nur wirksam, wenn sie unter Wahrung des Vertragsziels die Belange der Versicherungsnehmer angemessen berücksichtigt. Sie wird zwei Wochen, nachdem die neue Regelung und die hierfür maßgeblichen Gründe dem Versicherungsnehmer mitgeteilt worden sind, Vertragsbestandteil.

§ 14 Berufsunfähigkeitsversicherung

A. Vorbemerkung

Die Berufsunfähigkeitsversicherung ist in den **§§ 172–177 VVG** geregelt, Rechtsgrundlagen sind darüber hinaus die Musterbedingungen zur Berufsunfähigkeitsversicherung (**BUV 08/2010**) sowie die Musterbedingungen für die Berufsunfähigkeits-Zusatzversicherung (**BUZ 08/2010**). 1

Diese Sparte wurde wegen ihrer sozialen Bedeutung erstmalig in das VVG 2008 aufgenommen. Die Berufsunfähigkeitsversicherung wird in der Praxis häufig im Zusammenhang mit einer **Lebensversicherung** als **Berufsunfähigkeitszusatzversicherung** angeboten. 2

Die Berufsunfähigkeitsversicherung dient der Sicherung der wirtschaftlichen Existenzgrundlage und des berufsbedingten Status. Die Berufsunfähigkeitsversicherung ist eine **Summenversicherung**, so dass die Regeln über die Schadenversicherung (§§ 74–99 VVG) nicht anwendbar sind. 3

B. Leistungen des Versicherers

Der Versicherer ist verpflichtet, *„für eine nach Beginn der Versicherung eingetretene Berufsunfähigkeit die vereinbarten Leistungen zu erbringen"* (**§ 172 Abs. 1 VVG**). Die Berufsunfähigkeit wird in § 172 Abs. 2 VVG definiert: 4

*„Berufsunfähig ist, wer seinen zuletzt ausgeübten Beruf, so wie er ohne gesundheitliche Beeinträchtigung ausgestaltet war, infolge Krankheit, Körperverletzung oder mehr als altersentsprechendem Kräfteverfall ganz oder teilweise voraussichtlich **auf Dauer** nicht mehr ausüben kann."*

C. Ausgeübter Beruf

Für die Feststellung der Berufsunfähigkeit kommt es auf den zuletzt ausgeübten Beruf an und nicht auf den Zeitpunkt, ab dem Versicherungsleistung begehrt wird. Bei einem **Berufswechsel** kommt es für die Beurteilung der Berufsunfähigkeit entscheidend auf den konkreten **neuen Beruf** an und nicht auf den im Versicherungsschein genannten Beruf.[1] 5

Im Regelfall sehen die Versicherungsverträge eine Leistungspflicht dann vor, wenn eine Berufsunfähigkeit der versicherten Person von **mindestens 50 %** vorliegt. 6

---

[1] BGH, NVersZ 2000, 221; van Bühren/*Dunkel*, § 15 Rn 133.

D. Verweisungsmöglichkeit (§ 172 Abs. 3 VVG)

I. Vorbemerkung

7 Die meisten Versicherungsverträge sehen eine Verweisungsmöglichkeit des Versicherers auf eine Vergleichstätigkeit vor, wenn diese der **Ausbildung** und der **Fähigkeit** des Versicherten und dessen bisherigen Lebensstellung entspricht.

8 Die Vergleichstätigkeit darf weder in der **sozialen Wertschätzung** noch in der Vergütung spürbar unter dem Niveau des bislang ausgeübten Berufs liegen.[2]

9 Wer in einem **Einmann-Betrieb** selbstständig tätig ist, kann auch auf eine **abhängige Beschäftigung** verwiesen werden.[3]

10 Die **Beweislast** für die Nichtausübbarkeit der Verweisungstätigkeit hat der **Versicherungsnehmer**, da es sich insoweit um eine Leistungsvoraussetzung handelt.[4]

II. Rechtsprechung

11
- Ein Versicherungsvermittler im **Außendienst** kann auf eine Tätigkeit im **Innendienst** verwiesen werden.[5]
- Die Verweisung eines **Zimmermanns-Gesellen** auf den Beruf des **Fachverkäufers für Holz** ist zulässig, wenn er im Rahmen seiner beruflichen Tätigkeit auch kaufmännische Erfahrungen gesammelt hat.[6]
- Ein **Gerichtsvollzieher** kann **nicht** auf die Tätigkeit als **Justizsekretär** verwiesen werden, wenn er finanzielle Einbußen von 33 % erleidet.[7]
- Ein **Zimmermanns-Geselle** kann **nicht** auf eine Tätigkeit als **Berufskraftfahrer** oder Lagerist verwiesen werden.[8]

E. Nachprüfungsverfahren

12 In allen Bedingungswerken haben die Versicherer sich das Recht vorbehalten, nach Anerkennung oder Feststellung ihrer Leistungspflicht das **Fortbestehen** der Berufsunfähigkeit nachzuprüfen. Wenn der Versicherer sich für ein **befristetes** Anerkenntnis entschieden hat, gilt dieses **uneingeschränkt**, bei einem unbefristeten Anerkenntnis hat er nur die Möglichkeit der Überprüfung gemäß **§ 174 VVG**.

---

2 KG, VersR 2008, 105; OLG Bremen, VersR 2009, 1605; Prölss/Martin/*Lücke*, § 172 VVG Rn 84 ff. mit Fallbeispielen.
3 BGH – IV ZR 302/01, r+s 2003, 164 = NJW-RR 2003, 383.
4 BGH – IV ZR 85/99, VersR 2000, 349.
5 OLG Saarbrücken, VersR 2004, 54.
6 OLG Braunschweig, VersR 2000, 620.
7 OLG München, NVersZ 2001, 73.
8 OLG Braunschweig, VersR 2000, 620.

Wenn sich die gesundheitliche Situation des Versicherten so verschlechtert hat, dass er in eine höhere Pflegestufe einzuordnen ist, muss der Versicherer gemäß § 1 Abs. 3b MB BUV 08/2010 bzw. § 1 Abs. 2b MB BUZ 08/2010 eine **Erhöhung** der Rente vornehmen.

Ebenso kann eine **gesundheitliche Verbesserung** zum Wegfall der Berufsunfähigkeit oder zur Verminderung des Grades der Berufsunfähigkeit führen.

Die Berufsfähigkeit des Versicherungsnehmers ist wiederhergestellt, wenn entweder eine **relevante Verbesserung** des Gesundheitszustandes eingetreten ist oder geänderte Umstände es dem Versicherer ermöglichen, einen geeigneten **Vergleichsberuf** oder eine zumutbare Betriebsumorganisation aufzuzeigen.

F. Allgemeine Bedingungen für die Berufsunfähigkeits-Versicherung – Stand: 6.8.2014

Diese Bedingungen des Gesamtverbandes der Deutschen Versicherungswirtschaft e.V. (GDV) sind für die Versicherer unverbindlich; ihre Verwendung ist rein fakultativ. Abweichende Bedingungen können vereinbart werden. Abdruck mit freundlicher Genehmigung des GDV; die jeweils aktuellen Bedingungen können kostenfrei auf der Website des GDV (www.gdv.de) abgerufen werden.

Allgemeine Bedingungen für die Berufsunfähigkeits-Versicherung[9]

Sehr geehrte Kundin, sehr geehrter Kunde,

mit diesen Versicherungsbedingungen wenden wir uns an Sie als unseren Versicherungsnehmer und Vertragspartner.

§ 1 Welche Leistungen erbringen wir?

Unsere Leistung bei Berufsunfähigkeit

(1) Wird die versicherte Person (*das ist die Person, auf deren Berufsfähigkeit die Versicherung abgeschlossen ist*) während der Versicherungsdauer berufsunfähig (siehe § 2 Absatz 1 oder 2), erbringen wir folgende Leistungen:

a) Wir zahlen die vereinbarte Berufsunfähigkeitsrente, längstens für die vereinbarte Leistungsdauer.

b) Wir befreien Sie von der Beitragszahlungspflicht für die Berufsunfähigkeits-Versicherung, längstens für die vereinbarte Leistungsdauer.

Die Versicherungsdauer ist der Zeitraum, innerhalb dessen Versicherungsschutz besteht. Mit Leistungsdauer wird der Zeitraum bezeichnet, bis zu dessen Ablauf eine während der Versicherungsdauer anerkannte Leistung längstens erbracht wird.

---

[9] Sofern von der Möglichkeit des § 1 Abs. 2 VVG-InfoV Gebrauch gemacht wird, ist darauf zu achten, dass die danach notwendige Hervorhebung des Textes sich von der vereinzelten Kenntlichmachung durch Fettdruck in diesen Bedingungen unterscheidet.

§ 14 Berufsunfähigkeitsversicherung

Unsere Leistung bei Berufsunfähigkeit infolge Pflegebedürftigkeit

(2) Wird die versicherte Person während der Versicherungsdauer berufsunfähig infolge Pflegebedürftigkeit (siehe § 2 Absätze 4 bis 8), ohne dass Berufsunfähigkeit im Sinne von § 2 Absatz 1 oder 2 vorliegt, erbringen wir folgende Leistungen:

a) Wir zahlen eine Berufsunfähigkeitsrente, längstens für die vereinbarte Leistungsdauer
- in Höhe von ...%[10] der vereinbarten Berufsunfähigkeitsrente bei Pflegestufe III
- in Höhe von ...%[11] der vereinbarten Berufsunfähigkeitsrente bei Pflegestufe II
- in Höhe von ...%[12] der vereinbarten Berufsunfähigkeitsrente bei Pflegestufe I.

b) Wir befreien Sie von der Beitragszahlungspflicht für die Berufsunfähigkeits-Versicherung, längstens für die vereinbarte Leistungsdauer.

Weitere Regelungen zu unseren Leistungen

(3) Der Anspruch auf Beitragsbefreiung und Rentenzahlung entsteht mit Ablauf des Monats, in dem die Berufsunfähigkeit eingetreten ist. Sie müssen uns die Berufsunfähigkeit in Textform *(z.B. Papierform oder E-Mail)* mitteilen. Wird uns die Berufsunfähigkeit später als ...[13] nach ihrem Eintritt mitgeteilt, entsteht der Anspruch auf die Leistung erst mit Beginn des Monates der Mitteilung. Diese Einschränkung gilt nicht, wenn die verspätete Mitteilung nicht verschuldet worden ist. Der Anspruch auf eine Erhöhung der Berufsunfähigkeitsrente wegen einer höheren Pflegestufe entsteht frühestens mit Beginn des Monats, in dem uns die Erhöhung der Pflegestufe mitgeteilt wird.

(4) Der Anspruch auf Beitragsbefreiung und Rente endet,
- wenn Berufsunfähigkeit im Sinne dieser Bedingungen nicht mehr vorliegt,
- wenn die versicherte Person stirbt oder
- bei Ablauf der Versicherungsdauer oder bei Ablauf der vertraglichen Leistungsdauer.

(5) Bis zur Entscheidung über die Leistungspflicht müssen Sie die Beiträge in voller Höhe weiter entrichten; wir werden diese jedoch bei Anerkennung der Leistungspflicht zurückzahlen.

(6) Der Versicherungsschutz besteht weltweit.[14]

---

10 Unternehmensindividuell zu ergänzen.
11 Unternehmensindividuell zu ergänzen.
12 Unternehmensindividuell zu ergänzen.
13 Unternehmensindividuell zu ergänzen.
14 Unternehmensindividuell anzupassen.

(7) Die Rente zahlen wir monatlich im Voraus.[15]

(8) Wir beteiligen Sie an den Überschüssen und an den Bewertungsreserven (siehe § 3).

§ 2 Was ist Berufsunfähigkeit im Sinne dieser Bedingungen?

Berufsunfähigkeit

(1) Berufsunfähigkeit liegt vor, wenn die versicherte Person *(das ist die Person, auf deren Berufsfähigkeit die Versicherung abgeschlossen ist)* infolge Krankheit, Körperverletzung oder mehr als altersentsprechenden Kräfteverfalls, die ärztlich nachzuweisen sind, voraussichtlich auf Dauer [alternativ: mindestens ...%[16] Monate/Jahre] ihren zuletzt ausgeübten Beruf, so wie er ohne gesundheitliche Beeinträchtigung ausgestaltet war, nicht mehr zu mindestens ...%[17] ausüben kann und auch keine andere Tätigkeit ausübt, die ihrer bisherigen Lebensstellung entspricht.

(2) Ist die versicherte Person ...[18] Monate ununterbrochen in Folge Krankheit, Körperverletzung oder mehr als altersentsprechenden Kräfteverfalls, die ärztlich nachzuweisen sind, zu mindestens ...%[19] außerstande gewesen, ihren zuletzt ausgeübten Beruf, so wie er ohne gesundheitliche Beeinträchtigung ausgestaltet war, auszuüben und hat sie in dieser Zeit auch keine andere Tätigkeit ausgeübt, die ihrer bisherigen Lebensstellung entspricht, gilt die Fortdauer dieses Zustandes als Berufsunfähigkeit.

- **1. Bemerkung:**
  Für den Fall, dass bei entsprechender Tarifierung eine abstrakte Verweisung erfolgt, lauten die Absätze 1 und 2 wie folgt:
  (1) Berufsunfähigkeit liegt vor, wenn die versicherte Person *(das ist die Person, auf deren Berufsfähigkeit die Versicherung abgeschlossen ist)* infolge Krankheit, Körperverletzung oder mehr als altersentsprechenden Kräfteverfalls, die ärztlich nachzuweisen sind, voraussichtlich auf Dauer [alternativ: mindestens ...[20] Monate/Jahre] ihren zuletzt ausgeübten Beruf, so wie er ohne gesundheitliche Beeinträchtigung ausgestaltet war, nicht mehr zu mindestens ...%[21] ausüben kann und außerstande ist, eine andere Tätigkeit auszuüben, zu der sie aufgrund ihrer Ausbildung und Fähigkeiten in der Lage ist und die ihrer bisherigen Lebensstellung entspricht.[22]

---

15 Unternehmensindividuell zu ergänzen bzw. anzupassen.
16 Unternehmensindividuell zu ergänzen.
17 Unternehmensindividuell zu ergänzen.
18 Unternehmensindividuell zu ergänzen.
19 Unternehmensindividuell anzupassen.
20 Unternehmensindividuell zu ergänzen.
21 Unternehmensindividuell anzupassen.
22 Ggf. um eine Regelung zur Umorganisation bei Selbstständigen zu ergänzen.

§ 14 Berufsunfähigkeitsversicherung

(2) Ist die versicherte Person ...[23] Monate ununterbrochen infolge Krankheit, Körperverletzung oder mehr als altersentsprechenden Kräfteverfalls, die ärztlich nachzuweisen sind, zu mindestens ...[24] außerstande gewesen, ihren zuletzt ausgeübten Beruf, so wie er ohne gesundheitliche Beeinträchtigung ausgestaltet war, oder eine andere Tätigkeit auszuüben, zu der sie aufgrund ihrer Ausbildung und Fähigkeiten in der Lage ist und die ihrer bisherigen Lebensstellung entspricht, gilt die Fortdauer dieses Zustands als Berufsunfähigkeit.

■ **2. Bemerkung:**
Wenn abweichend von Absatz 2 rückwirkend von einem früheren Zeitpunkt an geleistet werden soll, sind die Bedingungen entsprechend zu ändern bzw. zu ergänzen.

(3) Scheidet die versicherte Person aus dem Berufsleben aus und werden später Leistungen wegen Berufsunfähigkeit beantragt, kommt es bei der Anwendung der Absätze 1 und 2 darauf an, dass die versicherte Person außerstande ist, eine Tätigkeit auszuüben, zu der sie aufgrund ihrer Ausbildung und Fähigkeiten in der Lage ist und die ihrer bisherigen Lebensstellung entspricht.

Berufsunfähigkeit infolge Pflegebedürftigkeit

(4) Berufsunfähigkeit infolge Pflegebedürftigkeit liegt vor, wenn die versicherte Person infolge Krankheit, Körperverletzung oder mehr als altersentsprechenden Kräfteverfalls, die ärztlich nachzuweisen sind, voraussichtlich auf Dauer für die in Absatz 6 genannten gewöhnlichen und regelmäßig wiederkehrenden Verrichtungen im Ablauf des täglichen Lebens täglich der Hilfe einer anderen Person bedarf.

(5) Ist die versicherte Person ...[25] Monate ununterbrochen pflegebedürftig mindestens im Rahmen der Pflegestufe I (siehe Absätze 6 bis 8) gewesen, gilt die Fortdauer dieses Zustandes als Berufsunfähigkeit infolge Pflegebedürftigkeit. Die Pflegebedürftigkeit ist ärztlich nachzuweisen.

(6) Bewertungsmaßstab für die Einstufung des Pflegefalls ist die Art und der Umfang der erforderlichen täglichen Hilfe durch eine andere Person. Bei der Bewertung wird die nachstehende Punktetabelle zugrunde gelegt:

Die versicherte Person benötigt Hilfe beim
– Fortbewegen im Zimmer   1 Punkt

Hilfebedarf liegt vor, wenn die versicherte Person – auch bei Inanspruchnahme einer Gehhilfe oder eines Rollstuhls – die Unterstützung einer anderen Person für die Fortbewegung benötigt.

– Aufstehen und Zubettgehen   1 Punkt

---

23 Unternehmensindividuell zu ergänzen.
24 Unternehmensindividuell zu ergänzen.
25 Unternehmensindividuell zu ergänzen.

Hilfebedarf liegt vor, wenn die versicherte Person nur mit Hilfe einer anderen Person das Bett verlassen oder in das Bett gelangen kann.

– An- und Auskleiden   1 Punkt

Hilfebedarf liegt vor, wenn die versicherte Person – auch bei Benutzung krankengerechter Kleidung – sich nicht ohne Hilfe einer anderen Person an- oder auskleiden kann.

– Einnehmen von Mahlzeiten und Getränken   1 Punkt

Hilfebedarf liegt vor, wenn die versicherte Person – auch bei Benutzung krankengerechter Essbestecke und Trinkgefäße – nicht ohne Hilfe einer anderen Person essen oder trinken kann.

– Waschen, Kämmen oder Rasieren   1 Punkt

Hilfebedarf liegt vor, wenn die versicherte Person von einer anderen Person gewaschen, gekämmt oder rasiert werden muss, da sie selbst nicht mehr fähig ist, die dafür erforderlichen Körperbewegungen auszuführen.

– Verrichten der Notdurft   1 Punkt

Hilfebedarf liegt vor, wenn die versicherte Person die Unterstützung einer anderen Person benötigt, weil sie
- sich nach dem Stuhlgang nicht allein säubern kann,
- ihre Notdurft nur unter Zuhilfenahme einer Bettschüssel verrichten kann oder
- weil der Darm bzw. die Blase nur mit fremder Hilfe entleert werden kann.

Besteht allein eine Inkontinenz des Darms bzw. der Blase, die durch die Verwendung von Windeln oder speziellen Einlagen ausgeglichen werden kann, liegt hinsichtlich der Verrichtung der Notdurft keine Pflegebedürftigkeit vor.

(7) Der Pflegefall wird nach der Anzahl der Punkte eingestuft. Wir leisten
– aus der Pflegestufe I: bei ... Punkten[26]
– aus der Pflegestufe II: bei ... Punkten[27]

Unabhängig von der Bewertung aufgrund der Punktetabelle liegt die Pflegestufe II vor, wenn die versicherte Person wegen einer seelischen Erkrankung oder geistigen Behinderung sich oder andere gefährdet und deshalb täglicher Beaufsichtigung bedarf;

– aus der Pflegestufe III: bei ... Punkten[28]

Unabhängig von der Bewertung aufgrund der Punktetabelle liegt die Pflegestufe III vor, wenn die versicherte Person dauernd bettlägerig ist und nicht ohne Hilfe einer anderen Person aufstehen kann oder wenn die versicherte Person der Bewahrung bedarf.

---

26   Unternehmensindividuell zu ergänzen.
27   Unternehmensindividuell zu ergänzen.
28   Unternehmensindividuell zu ergänzen.

Bewahrung liegt vor, wenn die versicherte Person wegen einer seelischen Erkrankung oder geistigen Behinderung sich oder andere in hohem Maße gefährdet und deshalb nicht ohne ständige Beaufsichtigung bei Tag und Nacht versorgt werden kann.

(8) Vorübergehende akute Erkrankungen führen zu keiner höheren Einstufung. Vorübergehende Besserungen bleiben ebenfalls unberücksichtigt. Eine Erkrankung oder Besserung gilt dann nicht als vorübergehend, wenn sie nach ...[29] Monaten noch anhält.

§ 3 Wie erfolgt die Überschussbeteiligung?

(1) Sie erhalten gemäß § 153 des Versicherungsvertragsgesetzes (VVG) eine Überschussbeteiligung. Diese umfasst eine Beteiligung an den Überschüssen und an den Bewertungsreserven. Die Überschüsse und die Bewertungsreserven ermitteln wir nach den Vorschriften des Handelsgesetzbuches (HGB) und veröffentlichen sie jährlich im Geschäftsbericht.

Wir erläutern Ihnen,

- wie wir die Überschussbeteiligung für die Versicherungsnehmer in ihrer Gesamtheit ermitteln t (Absatz 2),
- wie die Überschussbeteiligung Ihres konkreten Vertrags erfolgt (Absatz 3) und
- warum wir die Höhe der Überschussbeteiligung nicht garantieren können (Absatz 4).

(2) **Wie ermitteln wir die Überschussbeteiligung für die Versicherungsnehmer in ihrer Gesamtheit?**

Dazu erklären wir Ihnen

- aus welchen Quellen die Überschüsse stammen (a),
- wie wir mit diesen Überschüssen verfahren (b) und
- wie Bewertungsreserven entstehen und wir diese zuordnen (c).

Ansprüche auf eine bestimmte Höhe der Beteiligung Ihres Vertrages an den Überschüssen und den Bewertungsreserven ergeben sich hieraus noch nicht.

a) Überschüsse können aus drei verschiedenen Quellen entstehen:

- den Kapitalerträgen (aa),
- dem Risikoergebnis (bb) und
- dem übrigen Ergebnis (cc).

Wir beteiligen unsere Versicherungsnehmer in ihrer Gesamtheit an diesen Überschüssen; dabei beachten wir die Verordnung über die Mindestbeitragsrückerstattung in der Lebensversicherung (Mindestzuführungsverordnung) in der jeweils geltenden Fassung.

---

[29] Unternehmensindividuell zu ergänzen.

(aa) Kapitalerträge

Von den Nettoerträgen der nach dieser Verordnung maßgeblichen Kapitalanlagen erhalten die Versicherungsnehmer insgesamt mindestens den dort genannten prozentualen Anteil. In der derzeitigen Fassung der Mindestzuführungsverordnung sind grundsätzlich 90 % vorgeschrieben. Aus diesem Betrag werden zunächst die Mittel entnommen, die für die garantierten Leistungen benötigt werden. Die verbleibenden Mittel verwenden wir für die Überschussbeteiligung der Versicherungsnehmer. Die Beiträge einer Berufsunfähigkeits-Versicherung sind allerdings so kalkuliert, wie sie zur Deckung des Berufsunfähigkeitsrisikos und der Kosten benötigt werden. Es stehen daher vor Eintritt einer Berufsunfähigkeit keine oder allenfalls geringfügige Beträge zur Verfügung, um Kapital zu bilden, aus dem Kapitalerträge entstehen können.

(bb) Risikoergebnis

In der Berufsunfähigkeits-Versicherung ist der wichtigste Einflussfaktor auf die Überschüsse vor Eintritt einer Berufsunfähigkeit die Entwicklung des versicherten Risikos (Berufsunfähigkeitsrisiko). Überschüsse entstehen, wenn die Aufwendungen für das Berufsunfähigkeitsrisiko sich günstiger entwickeln als bei der Tarifkalkulation zugrunde gelegt. In diesem Fall müssen wir weniger Renten als ursprünglich angenommen zahlen und können daher die Versicherungsnehmer an dem entstehenden Risikoergebnis beteiligen. An diesen Überschüssen werden die Versicherungsnehmer nach der derzeitigen Fassung der Mindestzuführungsverordnung grundsätzlich zu mindestens 90 % beteiligt.

(cc) Übriges Ergebnis

Am übrigen Ergebnis werden die Versicherungsnehmer nach der derzeitigen Fassung der Mindestzuführungsverordnung grundsätzlich zu mindestens 50 % beteiligt. Überschüsse aus dem übrigen Ergebnis können beispielsweise entstehen, wenn
- die Kosten niedriger sind als bei der Tarifkalkulation angenommen,
- wir andere Einnahmen als aus dem Versicherungsgeschäft haben, z.B. Erträge aus Dienstleistungen, die wir für andere Unternehmen erbringen,
- ...[30]

(b) Die auf die Versicherungsnehmer entfallenden Überschüsse führen wir der Rückstellung für Beitragsrückerstattung zu oder schreiben sie unmittelbar den überschussberechtigten Versicherungsverträgen gut (Direktgutschrift). Die Rückstellung für Beitragsrückerstattung dient dazu, Schwankungen der Überschüsse auszugleichen. Sie darf grundsätzlich nur für die Überschussbeteiligung der Versicherungsnehmer verwendet werden. Nur in Ausnahmefällen und mit Zustimmung der Aufsichtsbehörde können wir hiervon nach § 56b des Versicherungsaufsichtsgesetzes (VAG) abweichen. Dies dürfen wir, soweit die Rückstellung für

---

30 Unternehmensindividuell zu ergänzen.

Beitragsrückerstattung nicht auf bereits festgelegte Überschussanteile entfällt. Nach der derzeitigen Fassung des § 56b VAG können wir im Interesse der Versicherten die Rückstellung für Beitragsrückerstattung heranziehen, um:
- einen drohenden Notstand abzuwenden,
- unvorhersehbare Verluste aus den überschussberechtigten Verträgen auszugleichen, die auf allgemeine Änderungen der Verhältnisse zurückzuführen sind, oder
- um die Deckungsrückstellung zu erhöhen, wenn die Rechnungsgrundlagen auf Grund einer unvorhersehbaren und nicht nur vorübergehenden Änderung der Verhältnisse angepasst werden müssen. *(Eine Deckungsrückstellung bilden wir, um zu jedem Zeitpunkt den Versicherungsschutz gewährleisten zu können. Die Deckungsrückstellung wird nach § 65 VAG und § 341e und § 341f HGB sowie den dazu erlassenen Rechtsverordnungen berechnet.)*

Wenn wir die Rückstellung für Beitragsrückerstattung zum Verlustausgleich oder zur Erhöhung der Deckungsrückstellung heranziehen, belasten wir die Versichertenbestände verursachungsorientiert.

(c) Bewertungsreserven[31] entstehen, wenn der Marktwert der Kapitalanlagen über dem Wert liegt, mit dem die Kapitalanlagen im Geschäftsbericht ausgewiesen sind. Da vor Eintritt einer Berufsunfähigkeit keine oder allenfalls geringfügige Beträge zur Verfügung stehen, um Kapital zu bilden, entstehen auch keine oder nur geringfügige Bewertungsreserven. Soweit Bewertungsreserven überhaupt entstehen, ermitteln wir deren Höhe jährlich neu und ordnen den ermittelten Wert den Verträgen nach einem verursacherorientierten Verfahren anteilig rechnerisch zu. Zusätzlich ermitteln wir die Höhe der Bewertungsreserven auch
- für den Zeitpunkt der Beendigung Ihres Vertrages vor dem Eintritt einer Berufsunfähigkeit,
- für den Beginn einer Rentenzahlung wegen Berufsunfähigkeit sowie
- während einer Rentenzahlung wegen Berufsunfähigkeit jeweils für das Ende eines Versicherungsjahres.[32]

(3) Wie erfolgt die Überschussbeteiligung Ihres Vertrages?

(a) Wir haben gleichartige Versicherungen (Rentenversicherung, Risikoversicherung)[33] zu Gewinngruppen zusammengefasst. Gewinngruppen bilden wir, um die Unterschiede bei den versicherten Risiken zu berücksichtigen.[34] Die Überschüsse verteilen wir auf die einzelnen Gewinngruppen nach einem verursachungsorientier-

---

31 Von dieser Regelung kann abgewichen werden, wenn ein Verzicht auf die Beteiligung an den Bewertungsreserven im Rentenbezug aktuariell begründet werden kann.
32 Ggf. unternehmensindividuellen anderen Zeitpunkt verwenden.
33 Ggf. unternehmensindividuell anzupassen.
34 Ggf. weitere unternehmensindividuelle Information über Gewinngruppen bzw. Untergruppen und deren Modalitäten; die Begriffe sind an die unternehmensindividuellen Gegebenheiten anzupassen.

ten Verfahren und zwar in dem Maß, wie die Gewinngruppen zur Entstehung von Überschüssen beigetragen haben.

Hat eine Gewinngruppe nicht zur Entstehung von Überschüssen beigetragen, bekommt sie keine Überschüsse zugewiesen.

Ihr Vertrag erhält Anteile an den Überschüssen derjenigen Gewinngruppe, die in Ihrem Versicherungsschein genannt ist. Die Mittel für die Überschussanteile werden bei der Direktgutschrift zu Lasten des Ergebnisses des Geschäftsjahres finanziert, ansonsten der Rückstellung für Beitragsrückerstattung entnommen. Die Höhe der Überschussanteilsätze legen wir jedes Jahr[35] fest. Wir veröffentlichen die Überschussanteilsätze in unserem Geschäftsbericht. Diesen können Sie bei uns anfordern.

(b) Bei **Beendigung Ihres Vertrages** vor dem Eintritt einer Berufsunfähigkeit oder bei Beginn einer Rentenzahlung wegen Berufsunfähigkeit gilt Folgendes: Wir teilen Ihrem Vertrag den für diesen Zeitpunkt zugeordneten Anteil an den Bewertungsreserven gemäß der jeweils geltenden gesetzlichen Regelung zu; derzeit sieht § 153 Absatz 3 VVG eine Beteiligung in Höhe der Hälfte der zugeordneten Bewertungsreserven vor. Auch **während des Rentenbezuges** werden wir Sie entsprechend an den Bewertungsreserven beteiligen.[36] Aufsichtsrechtliche Regelungen können dazu führen, dass die Beteiligung an den Bewertungsreserven ganz oder teilweise entfällt.

(c) Die für die Überschussbeteiligung geltenden Berechnungsgrundsätze sind in den als Anlage beigefügten „Bestimmungen zur Überschussbeteiligung für die Berufsunfähigkeits-Versicherung" enthalten. Diese Bestimmungen sind Bestandteil dieser Versicherungsbedingungen.[37]

(4) Warum können wir die Höhe der Überschussbeteiligung nicht garantieren?

Die Höhe der Überschussbeteiligung hängt von vielen Einflüssen ab, die nicht vorhersehbar und von uns nur begrenzt beeinflussbar sind. Wichtigster Einflussfaktor ist die Entwicklung des Berufsunfähigkeitsrisikos. Aber auch die Entwicklung des

---

35 Ggf. unternehmensindividuellen anderen Zeitpunkt verwenden.
36 Von dieser Regelung kann abgewichen werden, wenn ein Verzicht auf die Beteiligung an den Bewertungsreserven im Rentenbezug aktuariell begründet werden kann.
37 Hier sind folgende unternehmensindividuelle Angaben zur Überschussbeteiligung zu machen:
    a) Voraussetzung für die Fälligkeit der Überschussanteile (Wartezeit, Stichtag für die Zuteilung u. ä.)
    b) Form und Verwendung der Überschussanteile (laufende Überschussanteile, Schlussüberschussanteile, Bonus, Ansammlung, Verrechnung, Barauszahlung u. ä.)
    c) Bemessungsgrößen für die Überschussanteile
    d) Rechnungsgrundlagen für die Ermittlung der Beiträge
    Zur Beteiligung an den Bewertungsreserven sind der Verteilungsmechanismus, d.h. die Schlüsselung der ermittelten, verteilungsfähigen Bewertungsreserven auf den einzelnen Vertrag und die Bewertungsstichtage anzugeben. Vgl. hierzu auch Gesamtgeschäftsplan für die Überschussbeteiligung, Abschnitt 3.11.1 bis 3.11.11.

Kapitalmarkts und der Kosten ist von Bedeutung. Die Höhe der künftigen Überschussbeteiligung kann also nicht garantiert werden. Sie kann auch Null Euro betragen. Über die Entwicklung Ihrer Überschussbeteiligung werden wir Sie jährlich unterrichten.

§ 4 Wann beginnt Ihr Versicherungsschutz?

Ihr Versicherungsschutz beginnt, wenn Sie den Vertrag mit uns abgeschlossen haben. Jedoch besteht vor dem im Versicherungsschein angegebenen Versicherungsbeginn kein Versicherungsschutz. Allerdings kann unsere Leistungspflicht entfallen, wenn Sie den Beitrag nicht rechtzeitig zahlen (siehe § 13 Absätze 2 und 3 und § 14).

§ 5 In welchen Fällen ist der Versicherungsschutz ausgeschlossen?

Grundsätzlich besteht unsere Leistungspflicht unabhängig davon, auf welcher Ursache die Berufsunfähigkeit beruht. Es besteht kein Versicherungsschutz, wenn die Berufsunfähigkeit verursacht ist:

a) durch vorsätzliche Ausführung oder den Versuch einer Straftat durch die versicherte Person *(das ist die Person, auf deren Berufsfähigkeit die Versicherung abgeschlossen ist)*;

b) durch innere Unruhen, sofern die versicherte Person auf Seiten der Unruhestifter teilgenommen hat;

c) durch folgende von der versicherten Person vorgenommene Handlungen
- absichtliche Herbeiführung von Krankheit,
- absichtliche Herbeiführung von mehr als altersentsprechenden Kräfteverfalls,
- absichtliche Selbstverletzung oder
- versuchte Selbsttötung

Wir werden jedoch leisten, wenn uns nachgewiesen wird, dass die versicherte Person diese Handlungen in einem die freie Willensbestimmung ausschließenden Zustand krankhafter Störung der Geistestätigkeit begangen hat.

d) durch eine widerrechtliche Handlung, mit der Sie als Versicherungsnehmer vorsätzlich die Berufsunfähigkeit der versicherten Person herbeigeführt haben;

e) durch Strahlen infolge Kernenergie, die das Leben oder die Gesundheit zahlreicher Menschen derart gefährden, dass zur Abwehr der Gefährdung eine Katastrophenschutzbehörde oder vergleichbare Behörde tätig wurde;

f) unmittelbar oder mittelbar durch Kriegsereignisse. Unsere Leistungen sind nicht ausgeschlossen, wenn die versicherte Person in unmittelbarem oder mittelbarem Zusammenhang mit kriegerischen Ereignissen berufsunfähig wird, denen sie während eines Aufenthalts außerhalb der Bundesrepublik Deutschland ausgesetzt und an denen sie nicht aktiv beteiligt war.

g) unmittelbar oder mittelbar durch den vorsätzlichen Einsatz von atomaren, biologischen oder chemischen Waffen oder den vorsätzlichen Einsatz oder die vorsätzliche Freisetzung von radioaktiven, biologischen oder chemischen Stoffen, sofern der Einsatz oder das Freisetzen darauf gerichtet sind, das Leben oder die Gesundheit einer Vielzahl von Personen zu gefährden. Unsere Leistungen sind nicht ausgeschlossen, wenn die versicherte Person in unmittelbarem oder mittelbarem Zusammenhang mit kriegerischen Ereignissen berufsunfähig wird, denen sie während eines Aufenthalts außerhalb der Bundesrepublik Deutschland ausgesetzt und an denen sie nicht aktiv beteiligt war.

§ 6 Was bedeutet die vorvertragliche Anzeigepflicht und welche Folgen hat ihre Verletzung?

Vorvertragliche Anzeigepflicht

(1) Sie sind bis zur Abgabe Ihrer Vertragserklärung verpflichtet, alle Ihnen bekannten gefahrerheblichen Umstände, nach denen wir in Textform *(z.B. Papierform oder E-Mail)* gefragt haben, wahrheitsgemäß und vollständig anzuzeigen. Gefahrerheblich sind die Umstände, die für unsere Entscheidung, den Vertrag überhaupt oder mit dem vereinbarten Inhalt zu schließen, erheblich sind.

Diese Anzeigepflicht gilt auch für Fragen nach gefahrerheblichen Umständen, die wir Ihnen nach Ihrer Vertragserklärung, aber vor Vertragsannahme, in Textform stellen.

(2) Soll eine andere Person für den Fall einer Berufsunfähigkeit versichert werden, ist auch diese – neben Ihnen – zu wahrheitsgemäßer und vollständiger Beantwortung der Fragen verpflichtet.

(3) Wenn eine andere Person die Fragen nach gefahrerheblichen Umständen für Sie beantwortet und wenn diese Person den gefahrerheblichen Umstand kennt oder arglistig handelt, werden Sie behandelt, als hätten Sie selbst davon Kenntnis gehabt oder arglistig gehandelt.

Rechtsfolgen der Anzeigepflichtverletzung

(4) Nachfolgend informieren wir Sie, unter welchen Voraussetzungen wir bei einer Verletzung der Anzeigepflicht
- vom Vertrag zurücktreten,
- den Vertrag kündigen,
- den Vertrag ändern oder
- den Vertrag wegen arglistiger Täuschung anfechten

können.

Rücktritt

(5) Wenn die vorvertragliche Anzeigepflicht verletzt wird, können wir vom Vertrag zurücktreten. Das Rücktrittsrecht besteht nicht, wenn weder eine vorsätzliche noch eine grob fahrlässige Anzeigepflichtverletzung vorliegt. Selbst wenn die Anzeigepflicht grob fahrlässig verletzt wird, haben wir trotzdem kein Rücktrittsrecht, falls

§ 14 Berufsunfähigkeitsversicherung

wir den Vertrag – möglicherweise zu anderen Bedingungen *(z.B. höherer Beitrag oder eingeschränkter Versicherungsschutz)* – auch bei Kenntnis der nicht angezeigten gefahrerheblichen Umstände geschlossen hätten.

(6) Im Fall des Rücktritts haben Sie keinen Versicherungsschutz. Wenn wir nach Eintritt des Versicherungsfalles zurücktreten, bleibt unsere Leistungspflicht unter folgender Voraussetzung trotzdem bestehen: Die Verletzung der Anzeigepflicht bezieht sich auf einen gefahrerheblichen Umstand, der

- weder für den Eintritt oder die Feststellung des Versicherungsfalles
- noch für die Feststellung oder den Umfang unserer Leistungspflicht ursächlich

war.

Unsere Leistungspflicht entfällt jedoch auch im vorstehend genannten Fall, wenn die Anzeigepflicht arglistig verletzt worden ist.

(7) Wenn der Vertrag durch Rücktritt aufgehoben wird, zahlen wir den Rückkaufswert gemäß § 15 Absatz 5. Die Rückzahlung der Beiträge können Sie nicht verlangen.

Kündigung

(8) Wenn unser Rücktrittsrecht ausgeschlossen ist, weil die Verletzung der Anzeigepflicht weder vorsätzlich noch grob fahrlässig erfolgt ist, können wir den Vertrag unter Einhaltung einer Frist von einem Monat kündigen.

(9) Unser Kündigungsrecht ist ausgeschlossen, wenn wir den Vertrag – möglicherweise zu anderen Bedingungen *(z.B. höherer Beitrag oder eingeschränkter Versicherungsschutz)* – auch bei Kenntnis der nicht angezeigten gefahrerheblichen Umstände geschlossen hätten.

(10) Wenn wir den Vertrag kündigen, wandelt er sich in einen beitragsfreien Vertrag nach Maßgabe des § 15 um.

Vertragsänderung

(11) Können wir nicht zurücktreten oder kündigen, weil wir den Vertrag – möglicherweise zu anderen Bedingungen *(z.B. höherer Beitrag oder eingeschränkter Versicherungsschutz)* – auch bei Kenntnis der nicht angezeigten gefahrerheblichen Umstände geschlossen hätten (siehe Absatz 5 Satz 3 und Absatz 9), werden die anderen Bedingungen auf unser Verlangen rückwirkend Vertragsbestandteil. Haben Sie die Anzeigepflichtverletzung nicht zu vertreten, werden die anderen Bedingungen erst ab der laufenden Versicherungsperiode (siehe § 13 Absatz 2 Satz 3) Vertragsbestandteil.

(12) Sie können den Vertrag innerhalb eines Monats, nachdem Sie unsere Mitteilung über die Vertragsänderung erhalten haben, fristlos kündigen, wenn

- wir im Rahmen einer Vertragsänderung den Beitrag um mehr als 10 % erhöhen oder
- wir die Gefahrabsicherung für einen nicht angezeigten Umstand ausschließen.

Auf dieses Recht werden wir Sie in der Mitteilung über die Vertragsänderung hinweisen.

Voraussetzungen für die Ausübung unserer Rechte
(13) Unsere Rechte zum Rücktritt, zur Kündigung oder zur Vertragsänderung stehen uns nur zu, wenn wir Sie durch gesonderte Mitteilung in Textform auf die Folgen einer Anzeigepflichtverletzung hingewiesen haben.

(14) Wir haben kein Recht zum Rücktritt, zur Kündigung oder zur Vertragsänderung, wenn wir den nicht angezeigten Umstand oder die Unrichtigkeit der Anzeige kannten.

(15) Wir können unsere Rechte zum Rücktritt, zur Kündigung oder zur Vertragsänderung nur innerhalb eines Monats schriftlich geltend machen. Die Frist beginnt mit dem Zeitpunkt, zu dem wir von der Verletzung der Anzeigepflicht, die das von uns geltend gemachte Recht begründet, Kenntnis erlangen. Bei Ausübung unserer Rechte müssen wir die Umstände angeben, auf die wir unsere Erklärung stützen. Zur Begründung können wir nachträglich weitere Umstände angeben, wenn für diese die Frist nach Satz 1 nicht verstrichen ist.

(16) Nach Ablauf von fünf Jahren seit Vertragsschluss erlöschen unsere Rechte zum Rücktritt, zur Kündigung oder zur Vertragsänderung. Ist der Versicherungsfall vor Ablauf dieser Frist eingetreten, können wir die Rechte auch nach Ablauf der Frist geltend machen. Ist die Anzeigepflicht vorsätzlich oder arglistig verletzt worden, beträgt die Frist zehn Jahre.

Anfechtung
(17) Wir können den Vertrag auch anfechten, falls unsere Entscheidung zur Annahme des Vertrages durch unrichtige oder unvollständige Angaben bewusst und gewollt beeinflusst worden ist. Handelt es sich um Angaben der versicherten Person *(das ist die Person, auf deren Berufsfähigkeit die Versicherung abgeschlossen ist)*, können wir Ihnen gegenüber die Anfechtung erklären, auch wenn Sie von der Verletzung der vorvertraglichen Anzeigepflicht keine Kenntnis hatten. Absatz 7 gilt entsprechend.

Leistungserweiterung/Wiederherstellung der Versicherung
(18) Die Absätze 1 bis 17 gelten entsprechend, wenn der Versicherungsschutz nachträglich erweitert oder wiederhergestellt wird und deshalb eine erneute Risikoprüfung vorgenommen wird. Die Fristen nach Absatz 16 beginnen mit der Änderung oder Wiederherstellung des Vertrages bezüglich des geänderten oder wiederhergestellten Teils neu.

Erklärungsempfänger
(19) Unsere Rechte zum Rücktritt, zur Kündigung, zur Vertragsänderung sowie zur Anfechtung üben wir durch eine schriftliche Erklärung aus, die wir Ihnen gegen-

über abgeben. Sofern Sie uns keine andere Person als Bevollmächtigten benannt haben, gilt nach Ihrem Tod ein Bezugsberechtigter als bevollmächtigt, diese Erklärung entgegenzunehmen. Ist kein Bezugsberechtigter vorhanden oder kann sein Aufenthalt nicht ermittelt werden, können wir den Inhaber des Versicherungsscheins als bevollmächtigt ansehen, die Erklärung entgegenzunehmen.

§ 7 Was ist zu beachten, wenn eine Leistung verlangt wird?

(1) Wird eine Leistung aus dem Vertrag beansprucht, müssen uns auf Kosten des Anspruchserhebenden folgende Auskünfte, die zur Feststellung unserer Leistungspflicht erforderlich sind, gegeben und Nachweise vorgelegt werden:

a) ein Zeugnis über den Tag der Geburt der versicherten Person *(das ist die Person, auf deren Berufsfähigkeit die Versicherung abgeschlossen ist)*;
b) eine Darstellung der Ursache für den Eintritt der Berufsunfähigkeit;
c) ausführliche Berichte der Ärzte, die die versicherte Person gegenwärtig behandeln, bzw. behandelt oder untersucht haben, über Ursache, Beginn, Art, Verlauf und voraussichtliche Dauer des Leidens der versicherten Person sowie über den Grad der Berufsunfähigkeit oder über die Pflegestufe;
d) eine Beschreibung des zuletzt ausgeübten Berufs der versicherten Person, deren Stellung und Tätigkeit im Zeitpunkt des Eintritts der Berufsunfähigkeit sowie über danach eingetretene Veränderungen;
e) Angaben über Einkommen aus beruflicher Tätigkeit;
f) bei Berufsunfähigkeit infolge Pflegebedürftigkeit zusätzlich eine Bescheinigung der Person oder der Einrichtung, die mit der Pflege betraut ist, über Art und Umfang der Pflege;
g) eine Aufstellung
- der Ärzte, Krankenhäuser, Krankenanstalten, Pflegeeinrichtungen oder Pflegepersonen, bei denen die versicherte Person in Behandlung war, ist oder – sofern bekannt – sein wird,
- der Versicherungsgesellschaften, Sozialversicherungsträger oder sonstiger Versorgungsträger, bei denen die versicherte Person ebenfalls Leistungen wegen Berufsunfähigkeit geltend machen könnte,
- über den derzeitigen Arbeitgeber und frühere Arbeitgeber der versicherten Person.

(2) Wir können außerdem auf unsere Kosten weitere ärztliche Untersuchungen durch von uns beauftragte Ärzte sowie notwendige Nachweise – auch über die wirtschaftlichen Verhältnisse und ihre Veränderungen – verlangen, insbesondere zusätzliche Auskünfte und Aufklärungen.

(3) Wird eine Erhöhung der Berufsunfähigkeitsrente wegen einer höheren Pflegestufe verlangt, gelten die Absätze 1 und 2 sinngemäß.

(4) Unsere Leistungen werden fällig, nachdem wir die Erhebungen abgeschlossen haben, die zur Feststellung des Versicherungsfalls und des Umfangs unserer Leistungspflicht notwendig sind. Wenn Sie eine der genannten Pflichten nicht erfüllen,

kann dies zur Folge haben, dass wir nicht feststellen können, ob oder in welchem Umfang wir leistungspflichtig sind. Eine Pflichtverletzung kann somit dazu führen, dass unsere Leistung nicht fällig wird.

(5) Bei Überweisung von Leistungen in Länder außerhalb des Europäischen Wirtschaftsraums trägt die empfangsberechtigte Person die damit verbundene Gefahr.

§ 8 Wann geben wir eine Erklärung über unsere Leistungspflicht ab?

(1) Nach Prüfung der uns eingereichten sowie der von uns beigezogenen Unterlagen erklären wir in Textform *(z.B. Papierform oder E-Mail)*, ob und in welchem Umfang wir eine Leistungspflicht anerkennen.

(2) Wir können unsere Leistungspflicht einmalig zeitlich befristet anerkennen, wenn hierfür ein sachlicher Grund besteht, den wir Ihnen mitteilen werden. Bis zum Ablauf der Frist ist dieses Anerkenntnis für uns bindend.

§ 9 Was gilt nach Anerkennung der Berufsunfähigkeit?

Nachprüfung

(1) Wenn wir unsere Leistungspflicht unbefristet anerkannt haben oder sie gerichtlich festgestellt worden ist, sind wir berechtigt, das Fortbestehen der Berufsunfähigkeit oder die Pflegestufe nachzuprüfen. Dabei können wir erneut prüfen, ob die versicherte Person *(das ist die Person, auf deren Berufsfähigkeit die Versicherung abgeschlossen ist)* eine andere Tätigkeit im Sinne von § 2 ausübt,[38] wobei neu erworbene berufliche Fähigkeiten zu berücksichtigen sind.

(2) Zur Nachprüfung können wir jederzeit sachdienliche Auskünfte anfordern und einmal jährlich verlangen, dass sich die versicherte Person durch von uns beauftragte Ärzte umfassend untersuchen lässt. Hierbei anfallende Kosten sind von uns zu tragen. Die Bestimmungen des § 7 Absatz 2 und 3 gelten entsprechend.

Mitteilungspflicht

(3) Sie müssen uns unverzüglich *(d.h. ohne schuldhaftes Zögern)* mitteilen, wenn sich die Berufsunfähigkeit oder die Pflegebedürftigkeit mindern oder wegfallen oder eine berufliche Tätigkeit wieder aufgenommen wird bzw. sich ändert.

Leistungsfreiheit

(4) Wir sind leistungsfrei, wenn wir feststellen, dass die in § 1 und § 2 genannten Voraussetzungen der Leistungspflicht entfallen sind und wir Ihnen diese Veränderung in Textform *(z.B. Papierform oder E-Mail)* darlegen. Unsere Leistungen können wir mit Ablauf des dritten Monats nach Zugang unserer Erklärung bei Ihnen einstellen. Ab diesem Zeitpunkt müssen Sie auch die Beiträge wieder zahlen.

---

[38] Falls nach der Tarifierung eine abstrakte Verweisung erfolgt, muss es heißen: ... andere Tätigkeit im Sinne von § 2 ausüben kann.

§ 14 Berufsunfähigkeitsversicherung

(5) Liegt Berufsunfähigkeit infolge Pflegebedürftigkeit vor und hat sich die Art des Pflegefalls geändert oder sein Umfang gemindert, setzen wir unsere Leistungen herab oder stellen sie ein. Absatz 4 Satz 2 und 3 gelten entsprechend, wenn wir unsere Leistungen einstellen.

§ 10 Was gilt bei einer Verletzung der Mitwirkungspflichten im Rahmen der Nachprüfung?

Solange eine Mitwirkungspflicht nach § 9 von Ihnen, der versicherten Person *(das ist die Person, auf deren Berufsfähigkeit die Versicherung abgeschlossen ist)* oder dem Anspruchserhebenden vorsätzlich nicht erfüllt wird, leisten wir nicht. Bei grob fahrlässiger Verletzung einer Mitwirkungspflicht sind wir berechtigt, unsere Leistung in einem der Schwere des Verschuldens entsprechenden Verhältnis zu kürzen. Beides gilt nur, wenn wir durch gesonderte Mitteilung in Textform *(z.B. Papierform oder E-Mail)* auf diese Rechtsfolgen hingewiesen haben.

Weisen Sie nach, dass die Mitwirkungspflicht nicht grob fahrlässig verletzt worden ist, bleibt unsere Leistungspflicht bestehen.

Die Ansprüche bleiben auch bestehen, soweit Sie uns nachweisen, dass die Verletzung ohne Einfluss auf die Feststellung oder den Umfang unserer Leistungspflicht ist. Das gilt nicht, wenn die Mitwirkungspflicht arglistig verletzt wird.

Wenn die Mitwirkungspflicht später erfüllt wird, sind wir ab Beginn des laufenden Monats nach Maßgabe dieser Bedingungen zur Leistung verpflichtet.

§ 11 Welche Bedeutung hat der Versicherungsschein?

(1) Wir können Ihnen den Versicherungsschein in Textform *(z.B. Papierform oder E-Mail)* übermitteln. Stellen wir diesen als Dokument in Papierform aus, dann liegt eine Urkunde vor. Sie können die Ausstellung als Urkunde verlangen.

(2) Den Inhaber der Urkunde können wir als berechtigt ansehen, über die Rechte aus dem Vertrag zu verfügen, insbesondere Leistungen in Empfang zu nehmen. Wir können aber verlangen, dass uns der Inhaber der Urkunde seine Berechtigung nachweist.

§ 12 Wer erhält die Leistung?

(1) Als unser Versicherungsnehmer können Sie bestimmen, wer die Leistung erhält. Wenn sie keine Bestimmung treffen, leisten wir an Sie.

Bezugsberechtigung

(2) Sie können uns widerruflich oder unwiderruflich eine andere Person benennen, die die Leistung erhalten soll (Bezugsberechtigter).

Wenn Sie ein Bezugsrecht **widerruflich** bestimmen, erwirbt der Bezugsberechtigte das Recht auf die Leistung erst mit dem Eintritt des jeweiligen Versicherungsfalls. Deshalb können Sie Ihre Bestimmung bis zum Eintritt des jeweiligen Versicherungsfalls jederzeit widerrufen. Wenn wir Renten zahlen, tritt mit jeder Fälligkeit einer Rente ein eigener Versicherungsfall ein.

Sie können ausdrücklich bestimmen, dass der Bezugsberechtigte sofort und **unwiderruflich** das Recht auf die Leistung erhält. Sobald uns Ihre Erklärung zugegangen ist, kann dieses Bezugsrecht nur noch mit Zustimmung des unwiderruflich Bezugsberechtigten geändert werden.

Abtretung und Verpfändung
(3) Sie können das Recht auf die Leistung bis zum Eintritt des jeweiligen Versicherungsfalls grundsätzlich ganz oder teilweise an Dritte abtreten und verpfänden, soweit derartige Verfügungen rechtlich möglich sind.

Anzeige
(4) Die Einräumung und der Widerruf eines Bezugsrechts (Absatz 2) sowie die Abtretung und die Verpfändung (Absatz 3) sind uns gegenüber nur und erst dann wirksam, wenn sie uns vom bisherigen Berechtigten in Schriftform *(d.h. durch ein eigenhändig unterschriebenes Schriftstück)* angezeigt worden sind. Der bisherige Berechtigte sind im Regelfall Sie als unser Versicherungsnehmer. Es können aber auch andere Personen sein, sofern Sie bereits zuvor Verfügungen (z.B. unwiderrufliche Bezugsberechtigung, Abtretung, Verpfändung) getroffen haben.

§ 13 Was müssen Sie bei der Beitragszahlung beachten?
(1) Die Beiträge zu Ihrem Vertrag können Sie je nach Vereinbarung in einem Betrag (Einmalbeitrag), monatlich, viertel-, halbjährlich oder jährlich zahlen.

(2) Den ersten Beitrag oder den Einmalbeitrag müssen Sie unverzüglich *(d.h. ohne schuldhaftes Zögern)* nach Abschluss des Vertrages zahlen, jedoch nicht vor dem mit Ihnen vereinbarten, im Versicherungsschein angegebenen Versicherungsbeginn. Alle weiteren Beiträge (Folgebeiträge) werden jeweils zu Beginn der vereinbarten Versicherungsperiode fällig. Die Versicherungsperiode umfasst bei Einmalbeitrags- und Jahreszahlung ein Jahr, ansonsten entsprechend der Zahlungsweise einen Monat, ein Vierteljahr bzw. ein halbes Jahr.

(3) Sie haben den Beitrag **rechtzeitig** gezahlt, wenn Sie bis zum Fälligkeitstag (Absatz 2) alles getan haben, damit der Beitrag bei uns eingeht. Wenn die Einziehung des Beitrags von einem Konto vereinbart wurde, gilt die Zahlung in folgendem Fall als rechtzeitig:
- Der Beitrag konnte am Fälligkeitstag eingezogen werden und
- Sie haben einer berechtigten Einziehung nicht widersprochen.

Konnten wir den fälligen Beitrag ohne Ihr Verschulden nicht einziehen, ist die Zahlung auch dann noch rechtzeitig, wenn sie unverzüglich nach unserer Zahlungsaufforderung erfolgt. Haben Sie zu vertreten, dass der Beitrag wiederholt nicht eingezogen werden kann, sind wir berechtigt, künftig die Zahlung außerhalb des Lastschriftverfahrens zu verlangen.

§ 14 Berufsunfähigkeitsversicherung

(4) Sie müssen die Beiträge auf Ihre Gefahr und Ihre Kosten zahlen.

(5) Bei Fälligkeit einer Leistung werden wir etwaige Beitragsrückstände verrechnen.

§ 14 Was geschieht, wenn Sie einen Beitrag nicht rechtzeitig zahlen?

Erster Beitrag oder Einmalbeitrag

(1) Wenn Sie den ersten Beitrag oder den Einmalbeitrag nicht rechtzeitig zahlen, können wir – solange die Zahlung nicht bewirkt ist – vom Vertrag zurücktreten. In diesem Fall können wir von Ihnen die Kosten für ärztliche Untersuchungen im Rahmen einer Gesundheitsprüfung verlangen. Wir sind nicht zum Rücktritt berechtigt, wenn uns nachgewiesen wird, dass Sie die nicht rechtzeitige Zahlung nicht zu vertreten haben.

(2) Ist der erste Beitrag oder der Einmalbeitrag bei Eintritt des Versicherungsfalles noch nicht gezahlt, sind wir nicht zur Leistung verpflichtet. Dies gilt nur, wenn wir Sie durch gesonderte Mitteilung in Textform *(z.B. Papierform, E-Mail)* oder durch einen auffälligen Hinweis im Versicherungsschein auf diese Rechtsfolge aufmerksam gemacht haben. Unsere Leistungspflicht bleibt jedoch bestehen, wenn Sie uns nachweisen, dass Sie das Ausbleiben der Zahlung nicht zu vertreten haben.

Folgebeitrag

(3) Zahlen Sie einen Folgebeitrag nicht rechtzeitig, können wir Ihnen auf Ihre Kosten in Textform eine Zahlungsfrist setzen. Die Zahlungsfrist muss mindestens zwei Wochen betragen.

(4) Für einen Versicherungsfall, der nach Ablauf der gesetzten Zahlungsfrist eintritt, entfällt oder vermindert sich der Versicherungsschutz, wenn Sie sich bei Eintritt des Versicherungsfalles noch mit der Zahlung in Verzug befinden. Voraussetzung ist, dass wir Sie bereits mit der Fristsetzung auf diese Rechtsfolge hingewiesen haben.

(5) Nach Ablauf der gesetzten Zahlungsfrist können wir den Vertrag ohne Einhaltung einer Kündigungsfrist kündigen, wenn Sie sich noch immer mit den Beiträgen, Zinsen oder Kosten in Verzug befinden. Voraussetzung ist, dass wir Sie bereits mit der Fristsetzung auf diese Rechtsfolge hingewiesen haben. Wir können die Kündigung bereits mit der Fristsetzung erklären. Sie wird dann automatisch mit Ablauf der Frist wirksam, wenn Sie zu diesem Zeitpunkt noch immer mit der Zahlung in Verzug sind. Auf diese Rechtsfolge müssen wir Sie ebenfalls hinweisen.

(6) Sie können den angeforderten Betrag auch dann noch nachzahlen, wenn unsere Kündigung wirksam geworden ist. Nachzahlen können Sie nur
- innerhalb eines Monats nach der Kündigung
- oder, wenn die Kündigung bereits mit der Fristsetzung verbunden worden ist, innerhalb eines Monats nach Fristablauf.

Zahlen Sie innerhalb dieses Zeitraums, wird die Kündigung unwirksam und der Vertrag besteht fort. Für Versicherungsfälle, die zwischen dem Ablauf der Zahlungsfrist und der Zahlung eintreten, besteht kein oder nur ein verminderter Versicherungsschutz.

§ 15 Wann können Sie Ihren Vertrag beitragsfrei stellen oder kündigen?

Umwandlung in eine beitragsfreie Versicherung[39]

(1) Sie können jederzeit in Schriftform *(d.h. durch eigenhändig unterschriebenes Schriftstück)* verlangen, zum Schluss der laufenden Versicherungsperiode (siehe § 13 Absatz 2 Satz 3) ganz oder teilweise von der Beitragszahlungspflicht befreit zu werden. In diesem Fall setzen wir die vereinbarte Berufsunfähigkeitsrente ganz oder teilweise auf eine beitragsfreie Rente herab. Diese wird nach folgenden Gesichtspunkten berechnet:

- nach anerkannten Regeln der Versicherungsmathematik mit den Rechnungsgrundlagen für die Beitragskalkulation
- für den Schluss der laufenden Versicherungsperiode.

Abzug

(2) Der aus Ihrem Vertrag für die Bildung der beitragsfreien Berufsunfähigkeitsrente zur Verfügung stehende Betrag mindert sich um rückständige Beiträge. Außerdem nehmen wir einen Abzug in Höhe von ...[40] vor. Der Abzug ist zulässig, wenn er angemessen ist. Dies ist im Zweifel von uns nachzuweisen. Wir halten den Abzug für angemessen, weil mit ihm die Veränderung der Risikolage des verbleibenden Versichertenbestandes[41] ausgeglichen wird. Zudem wird damit ein Ausgleich für kollektiv gestelltes Risikokapital vorgenommen.[42] Wenn Sie uns nachweisen, dass der aufgrund Ihres Verlangens der Beitragsfreistellung von uns vorgenommene Abzug wesentlich niedriger liegen muss, wird er entsprechend herabgesetzt. Wenn Sie uns nachweisen, dass der Abzug überhaupt nicht gerechtfertigt ist, entfällt er.

(3) Wenn Sie Ihren Vertrag beitragsfrei stellen, kann das für Sie Nachteile haben. In der Anfangszeit Ihres Vertrages sind wegen der Verrechnung von Abschluss- und Vertriebskosten (siehe § 16) keine oder nur geringe Beträge zur Bildung einer beitragsfreien Berufsunfähigkeitsrente vorhanden. Auch in den Folgejahren stehen wegen der benötigten Risikobeiträge gemessen an den gezahlten Beiträgen keine oder nur geringe Mittel für die Bildung einer beitragsfreien Berufsunfähigkeitsrente zur Verfügung. Nähere Informationen zur bei-

---

39 Unternehmensindividuell auszugestalten.
40 Unternehmensindividuell zu ergänzen.
41 Ggf. unternehmensindividuell anzupassen, wenn im Bedingungswerk eine andere Diktion veranlasst ist.
42 Ggf. unternehmensindividuell anzupassen, wenn auch aus anderen Gründen oder nur in eingeschränktem Umfang, also nicht aus allen oben genannten Gründen, ein Abzug erfolgen soll.

tragsfreien Berufsunfähigkeitsrente und ihrer Höhe können Sie der Tabelle ... entnehmen.

(4) Haben Sie die vollständige Befreiung von der Beitragszahlungspflicht verlangt und erreicht die nach Absatz 1 zu berechnende beitragsfreie Berufsunfähigkeitsrente den Mindestbetrag von ...[43] nicht, erhalten Sie statt der beitragsfreien Rente – soweit vorhanden – den Rückkaufswert entsprechend § 169 des Versicherungsvertragsgesetzes (VVG), und der Vertrag endet. Eine teilweise Befreiung von der Beitragszahlungspflicht können Sie nur verlangen, wenn die verbleibende beitragspflichtige Berufsunfähigkeitsrente mindestens ...[44] beträgt.

(5) Der Rückkaufswert mindert sich um rückständige Beiträge. Außerdem nehmen wir einen Abzug in Höhe von ...[45] vor. Der Abzug ist zulässig, wenn er angemessen ist. Dies ist im Zweifel von uns nachzuweisen. Wir halten den Abzug für angemessen, weil mit ihm die Veränderung der Risikolage des verbleibenden Versichertenbestandes[46] ausgeglichen wird. Zudem wird damit ein Ausgleich für kollektiv gestelltes Risikokapital vorgenommen.[47] Wenn Sie uns nachweisen, dass der aufgrund Ihres Verlangens der Beitragsfreistellung von uns vorgenommene Abzug wesentlich niedriger liegen muss, wird er entsprechend herabgesetzt. Wenn Sie uns nachweisen, dass der Abzug überhaupt nicht gerechtfertigt ist, entfällt er.

(6) Ist die versicherte Person *(das ist die Person auf deren Berufsfähigkeit die Versicherung abgeschlossen ist.)* zum Zeitpunkt der Beitragsfreistellung berufsunfähig, bleiben Ansprüche auf Grund bereits vor Beitragsfreistellung eingetretener Berufsunfähigkeit unberührt.

Kündigung

(7) Wenn Sie laufende Beiträge, also keinen Einmalbeitrag zahlen, können Sie Ihre Berufsunfähigkeits-Versicherung jederzeit zum Schluss der laufenden Versicherungsperiode (siehe § 13 Absatz 2 Satz 3) in Schriftform *(d.h. durch ein eigenhändig unterschriebenes Schriftstück)* kündigen. Nach dem Beginn der Zahlung von Renten wegen Berufsunfähigkeit können Sie nicht mehr kündigen.

(8) Sie können Ihren Vertrag auch **teilweise** kündigen, wenn die verbleibende Berufsunfähigkeitsrente mindestens ...[48] beträgt. Ist diese Rente niedriger, hat das

---

43 Unternehmensindividuell zu ergänzen.
44 Unternehmensindividuell zu ergänzen.
45 Unternehmensindividuell zu ergänzen.
46 Ggf. unternehmensindividuell anzupassen, wenn im Bedingungswerk eine andere Diktion veranlasst ist.
47 Ggf. unternehmensindividuell zu erläutern und ggf. anzupassen, wenn auch aus anderen Gründen oder nur in eingeschränktem Umfang, also nicht aus allen oben genannten Gründen, ein Abzug erfolgen soll.
48 Unternehmensindividuell zu ergänzen.

zur Folge, dass Ihre Teilkündigung unwirksam ist. Wenn Sie in diesem Fall Ihren Vertrag beenden wollen, müssen Sie diese also **ganz** kündigen.

(9) Mit Ihrer Voll- oder Teilkündigung (Absatz 7 und 8) wandelt sich Ihre Berufsunfähigkeits-Versicherung ganz oder teilweise in eine beitragsfreie Versicherung gemäß Absätze 1 bis 3 um.

Keine Beitragsrückzahlung

(10) Die Rückzahlung der Beiträge können Sie nicht verlangen.

§ 16 Wie werden die Kosten Ihres Vertrages verrechnet?

(1) Mit Ihrem Vertrag sind Kosten verbunden. Diese sind in Ihren Beitrag einkalkuliert. Es handelt sich um Abschluss- und Vertriebskosten sowie übrige Kosten.

Zu den **Abschluss- und Vertriebskosten** gehören insbesondere Abschlussprovisionen für den Versicherungsvermittler. Außerdem umfassen die Abschluss- und Vertriebskosten die Kosten für die Antragsprüfung und Ausfertigung der Vertragsunterlagen, Sachaufwendungen, die im Zusammenhang mit der Antragsbearbeitung stehen, sowie Werbeaufwendungen. Zu den **übrigen Kosten** gehören insbesondere die Verwaltungskosten.

Die Höhe der einkalkulierten Abschluss- und Vertriebskosten sowie der übrigen Kosten und der darin enthaltenen Verwaltungskosten können Sie dem ...[49] entnehmen.

(2) Wir wenden auf Ihren Vertrag das Verrechnungsverfahren nach § 4 der Deckungsrückstellungsverordnung an. Dies bedeutet, dass wir die ersten Beiträge zur Tilgung eines Teils der Abschluss- und Vertriebskosten heranziehen. Dies gilt jedoch nicht für den Teil der ersten Beiträge, der für Leistungen im Versicherungsfall, Kosten des Versicherungsbetriebs in der jeweiligen Versicherungsperiode und aufgrund von gesetzlichen Regelungen für die Bildung einer Deckungsrückstellung bestimmt ist. Der auf diese Weise zu tilgende Betrag ist nach der Deckungsrückstellungsverordnung auf 2,5 % der von Ihnen während der Laufzeit des Vertrages zu zahlenden Beiträge beschränkt.[50]

(3) Die restlichen Abschluss- und Vertriebskosten werden über die gesamte Beitragszahlungsdauer verteilt, die übrigen Kosten über die gesamte Vertragslaufzeit.

(4) Die beschriebene Kostenverrechnung hat zur Folge, dass in der Anfangszeit Ihres Vertrages nur geringe Beträge zur Bildung der beitragsfreien Berufsunfähig-

---

49 Unternehmensindividuell anzupassen.
50 Diese Bestimmung ist nur bei der Verwendung des Zillmerverfahrens aufzunehmen.

keitsrente vorhanden sind (siehe § 15). Nähere Informationen zur beitragsfreien Berufsunfähigkeitsrente können Sie der Tabelle ...[51] entnehmen.

§ 17 Was gilt bei Änderung Ihrer Postanschrift und Ihres Namens?

(1) Eine Änderung Ihrer Postanschrift müssen Sie uns unverzüglich *(d.h. ohne schuldhaftes Zögern)* mitteilen. Anderenfalls können für Sie Nachteile entstehen. Wir sind berechtigt, eine an Sie zu richtende Erklärung *(z.b. Setzen einer Zahlungsfrist)* mit eingeschriebenem Brief an Ihre uns zuletzt bekannte Anschrift zu senden. In diesem Fall gilt unsere Erklärung drei Tage nach Absendung des eingeschriebenen Briefes als zugegangen. Dies gilt auch, wenn Sie den Vertrag für Ihren Gewerbebetrieb abgeschlossen und Ihre gewerbliche Niederlassung verlegt haben.

(2) Bei Änderung Ihres Namens gilt Absatz 1 entsprechend.

§ 18 Welche weiteren Mitteilungspflichten haben Sie?

(1) Sofern wir aufgrund gesetzlicher Regelungen zur Erhebung und Meldung von Informationen und Daten zu Ihrem Vertrag verpflichtet sind, müssen Sie uns die hierfür notwendigen Informationen, Daten und Unterlagen bei Vertragsabschluss, bei Änderung nach Vertragsabschluss oder auf Nachfrage unverzüglich – d.h. ohne schuldhaftes Zögern – zur Verfügung stellen. Sie sind auch zur Mitwirkung verpflichtet, soweit der Status dritter Personen, die Rechte an ihrem Vertrag haben, für Datenerhebungen und Meldungen maßgeblich ist.

(2) Notwendige Informationen im Sinne von Absatz 1 sind insbesondere Umstände, die für die Beurteilung
- Ihrer persönlichen Steuerpflicht,
- der Steuerpflicht dritter Personen, die Rechte an ihrem Vertrag haben und
- der Steuerpflicht des Leistungsempfängers

maßgebend sein können.

Dazu zählen die deutsche oder ausländische Steuerpflicht, die Steueridentifikationsnummer, der Geburtsort und der Wohnsitz. Welche Umstände dies nach derzeitiger Gesetzeslage im Einzelnen sind, können Sie der ...[52] entnehmen.

Falls Sie uns die notwendigen Informationen, Daten und Unterlagen nicht oder nicht rechtzeitig zur Verfügung stellen, müssen Sie trotz einer nicht bestehenden Steuerpflicht davon ausgehen, dass wir Ihre Vertragsdaten an die zuständigen in- oder ausländischen Steuerbehörden melden.

---

51 Unternehmensindividuell zu ergänzen. Hierbei ist darauf zu achten, dass die Bereitstellung nur solcher Daten verlangt wird, die zur Erfüllung der gesetzlich geregelten Verpflichtungen des Unternehmens erforderlich sind. Diese sollten ausdrücklich genannt werden.

52 Unternehmensindividuell zu ergänzen.

§ 19 Welche Kosten stellen wir Ihnen gesondert in Rechnung?

(1) In folgenden Fällen stellen wir Ihnen pauschal zusätzliche Kosten gesondert in Rechnung: ...[53]

(2) Wir haben uns bei der Bemessung der Pauschale an dem bei uns regelmäßig entstehenden Aufwand orientiert. Sofern Sie uns nachweisen, dass die der Bemessung zugrunde liegenden Annahmen in Ihrem Fall dem Grunde nach nicht zutreffen, entfällt die Pauschale. Sofern Sie uns nachweisen, dass die Pauschale der Höhe nach wesentlich niedriger zu beziffern ist, wird sie entsprechend herabgesetzt.

§ 20 Welches Recht findet auf Ihren Vertrag Anwendung?

Auf Ihren Vertrag findet das Recht der Bundesrepublik Deutschland Anwendung.

§ 21 Wo ist der Gerichtsstand?

(1) Für Klagen aus dem Vertrag **gegen uns** ist das Gericht zuständig, in dessen Bezirk unser Sitz oder die für den Vertrag zuständige Niederlassung liegt. Zuständig ist auch das Gericht, in dessen Bezirk Sie zur Zeit der Klageerhebung Ihren Wohnsitz haben. Wenn Sie keinen Wohnsitz haben, ist der Ort Ihres gewöhnlichen Aufenthalts maßgeblich. Wenn Sie eine juristische Person sind, ist auch das Gericht zuständig, in dessen Bezirk Sie Ihren Sitz oder Ihre Niederlassung haben.[54]

(2) Klagen aus dem Vertrag **gegen Sie** müssen wir bei dem Gericht erheben, das für Ihren Wohnsitz zuständig ist. Wenn Sie keinen Wohnsitz haben, ist der Ort Ihres gewöhnlichen Aufenthalts maßgeblich. Wenn Sie eine juristische Person sind, ist das Gericht zuständig, in dessen Bezirk Sie Ihren Sitz oder Ihre Niederlassung haben.

(3) Verlegen Sie Ihren Wohnsitz oder den Ort Ihres gewöhnlichen Aufenthalts in das Ausland, sind für Klagen aus dem Vertrag die Gerichte des Staates zuständig, in dem wir unseren Sitz haben.

G. Allgemeine Bedingungen für die Berufsunfähigkeits-Zusatzversicherung zur BasisRente – Stand: 1.10.2013

Diese Bedingungen des Gesamtverbandes der Deutschen Versicherungswirtschaft e.V. (GDV) sind für die Versicherer unverbindlich; ihre Verwendung ist rein fakultativ. Abweichende Bedingungen können vereinbart werden. Abdruck mit freundli-

---

[53] Unternehmensindividuell auszufüllen (z.B. Kosten für die Ausstellung eines Ersatz-Versicherungsscheins, Fristsetzung in Textform bei Nichtzahlung von Folgebeiträgen, Rückläufer im Lastschriftverfahren).

[54] Die Einbeziehung juristischer Personen gründet auf § 215 VVG bzw. § 38 Abs. 1 ZPO.

cher Genehmigung des GDV; die jeweils aktuellen Bedingungen können kostenfrei auf der Website des GDV (www.gdv.de) abgerufen werden.

Allgemeine Bedingungen für die Berufsunfähigkeits-Zusatzversicherung[55]

Sehr geehrte Kundin, sehr geehrter Kunde,

mit diesen Versicherungsbedingungen wenden wir uns an Sie als unseren Versicherungsnehmer und Vertragspartner.

§ 1 Welche Leistungen erbringen wir?

Unsere Leistung bei Berufsunfähigkeit

(1) Wird die versicherte Person *(das ist die Person, auf deren Berufsfähigkeit die Versicherung abgeschlossen ist)* während der Versicherungsdauer dieser Zusatzversicherung berufsunfähig (siehe § 2 Absatz 1 oder 2), erbringen wir folgende Leistungen:

a) Wir befreien Sie von der Beitragszahlungspflicht für die Hauptversicherung und die eingeschlossenen Zusatzversicherungen, längstens für die vereinbarte Leistungsdauer.

b) Wir zahlen die Berufsunfähigkeitsrente, wenn diese mitversichert ist, längstens für die vereinbarte Leistungsdauer.

Die Versicherungsdauer ist der Zeitraum, innerhalb dessen Versicherungsschutz besteht. Mit Leistungsdauer wird der Zeitraum bezeichnet, bis zu dessen Ablauf eine während der Versicherungsdauer anerkannte Leistung längstens erbracht wird.

Unsere Leistung bei Berufsunfähigkeit infolge Pflegebedürftigkeit

(2) Wird die versicherte Person während der Versicherungsdauer dieser Zusatzversicherung berufsunfähig infolge Pflegebedürftigkeit (siehe § 2 Absätze 4 bis 8), ohne dass Berufsunfähigkeit im Sinne von § 2 Absatz 1 oder 2 vorliegt, erbringen wir folgende Versicherungsleistungen:

a) Wir befreien Sie von der Beitragszahlungspflicht für die Hauptversicherung und die eingeschlossenen Zusatzversicherungen, längstens für die vereinbarte Leistungsdauer;

b) Wir zahlen eine Berufsunfähigkeitsrente, wenn diese mitversichert ist, längstens für die vereinbarte Leistungsdauer.

- in Höhe von ... %[56] der vereinbarte Berufsunfähigkeitsrente bei Pflegestufe III

---

[55] Sofern von der Möglichkeit des § 1 Abs. 2 VVG-InfoV Gebrauch gemacht wird, ist darauf zu achten, dass die danach notwendige Hervorhebung des Textes sich von der vereinzelten Kenntlichmachung durch Fettdruck in diesen Bedingungen unterscheidet.

[56] Unternehmensindividuell zu ergänzen.

- in Höhe von ...%[57] der vereinbarte Berufsunfähigkeitsrente bei Pflegestufe II
- in Höhe von ...%[58] der vereinbarte Berufsunfähigkeitsrente bei Pflegestufe I.

Weitere Regelungen zu unseren Leistungen

(3) Der Anspruch auf Beitragsbefreiung und Rentenzahlung entsteht mit Ablauf des Monats, in dem die Berufsunfähigkeit eingetreten ist. Sie müssen uns die Berufsunfähigkeit in Textform *(z. B. Papierform oder E-Mail)* mitteilen. Wird uns die Berufsunfähigkeit später als ...[59] nach ihrem Eintritt mitgeteilt, entsteht der Anspruch auf die Leistung erst mit Beginn des Monats der Mitteilung. Diese Einschränkung gilt nicht, wenn die verspätete Mitteilung nicht verschuldet worden ist. Der Anspruch auf eine Erhöhung der Berufsunfähigkeitsrente wegen einer höheren Pflegestufe entsteht frühestens mit Beginn des Monats, in dem uns die Erhöhung der Pflegestufe mitgeteilt wird.

(4) Der Anspruch auf Beitragsbefreiung und Rente endet,
- wenn Berufsunfähigkeit im Sinne dieser Bedingungen nicht mehr vorliegt,
- wenn die versicherte Person stirbt oder
- bei Ablauf der Versicherungsdauer oder bei Ablauf der vertraglichen Leistungsdauer.

(5) Bis zur Entscheidung über die Leistungspflicht müssen Sie die Beiträge in voller Höhe weiter entrichten; wir werden diese jedoch bei Anerkennung der Leistungspflicht zurückzahlen.

(6) Der Versicherungsschutz besteht weltweit.[60]

(7) Renten zahlen wir monatlich im Voraus.[61]

(8) Wir beteiligen Sie an den Überschüssen und an den Bewertungsreserven (siehe § 8).

§ 2 Was ist Berufsunfähigkeit im Sinne dieser Bedingungen?
Berufsunfähigkeit

(1) Berufsunfähigkeit liegt vor, wenn die versicherte Person *(das ist die Person, auf deren Berufsfähigkeit die Versicherung abgeschlossen ist)* infolge Krankheit, Körperverletzung oder mehr als altersentsprechenden Kräfteverfalls, die ärztlich nachzuweisen sind, voraussichtlich auf Dauer [alternativ: mindestens ...%[62]

---

57 Unternehmensindividuell zu ergänzen.
58 Unternehmensindividuell zu ergänzen.
59 Unternehmensindividuell zu ergänzen.
60 Unternehmensindividuell anzupassen.
61 Unternehmensindividuell zu ergänzen bzw. anzupassen.
62 Unternehmensindividuell zu ergänzen.

§ 14 Berufsunfähigkeitsversicherung

Monate/Jahre] ihren zuletzt ausgeübten Beruf, so wie er ohne gesundheitliche Beeinträchtigung ausgestaltet war, nicht mehr zu mindestens ...%[63] ausüben kann und auch keine andere Tätigkeit ausübt, die ihrer bisherigen Lebensstellung entspricht.

(2) Ist die versicherte Person ...[64] Monate ununterbrochen in Folge Krankheit, Körperverletzung oder mehr als altersentsprechenden Kräfteverfalls, die ärztlich nachzuweisen sind, zu mindestens ...%[65] außerstande gewesen, ihren zuletzt ausgeübten Beruf, so wie er ohne gesundheitliche Beeinträchtigung ausgestaltet war, auszuüben und hat sie in dieser Zeit auch keine andere Tätigkeit ausgeübt, die ihrer bisherigen Lebensstellung entspricht, gilt die Fortdauer dieses Zustandes als Berufsunfähigkeit.

■ **1. Bemerkung:**

Für den Fall, dass bei entsprechender Tarifierung eine abstrakte Verweisung erfolgt, lauten die Absätze 1 und 2 wie folgt:

(1) Berufsunfähigkeit liegt vor, wenn die versicherte Person *(das ist die Person, auf deren Berufsfähigkeit die Versicherung abgeschlossen ist)* infolge Krankheit, Körperverletzung oder mehr als altersentsprechenden Kräfteverfalls, die ärztlich nachzuweisen sind, voraussichtlich auf Dauer [alternativ: mindestens ...[66] Monate/Jahre] ihren zuletzt ausgeübten Beruf, so wie er ohne gesundheitliche Beeinträchtigung ausgestaltet war, nicht mehr zu mindestens ...%[67] ausüben kann und außerstande ist, eine andere Tätigkeit auszuüben, zu der sie aufgrund ihrer Ausbildung und Fähigkeiten in der Lage ist und die ihrer bisherigen Lebensstellung entspricht.[68]

(2) Ist die versicherte Person ...[69] Monate ununterbrochen infolge Krankheit, Körperverletzung oder mehr als altersentsprechenden Kräfteverfalls, die ärztlich nachzuweisen sind, zu mindestens ...[70] außerstande gewesen, ihren zuletzt ausgeübten Beruf, so wie er ohne gesundheitliche Beeinträchtigung ausgestaltet war, oder eine andere Tätigkeit auszuüben, zu der sie aufgrund ihrer Ausbildung und Fähigkeiten in der Lage ist und die ihrer bisherigen Lebensstellung entspricht, gilt die Fortdauer dieses Zustands als Berufsunfähigkeit.

---

63 Unternehmensindividuell zu ergänzen.
64 Unternehmensindividuell zu ergänzen.
65 Unternehmensindividuell anzupassen.
66 Unternehmensindividuell zu ergänzen.
67 Unternehmensindividuell anzupassen.
68 Ggf. um eine Regelung zur Umorganisation bei Selbstständigen zu ergänzen.
69 Unternehmensindividuell zu ergänzen.
70 Unternehmensindividuell zu ergänzen.

■ **2. Bemerkung:**
Wenn abweichend von Absatz 2 rückwirkend von einem früheren Zeitpunkt an geleistet werden soll, sind die Bedingungen entsprechend zu ändern bzw. zu ergänzen.

(3) Scheidet die versicherte Person aus dem Berufsleben aus und werden später Leistungen wegen Berufsunfähigkeit beantragt, kommt es bei der Anwendung der Absätze 1 und 2 darauf an, dass die versicherte Person außerstande ist, eine Tätigkeit auszuüben, zu der sie aufgrund ihrer Ausbildung und Fähigkeiten in der Lage ist und die ihrer bisherigen Lebensstellung entspricht.

Berufsunfähigkeit infolge Pflegebedürftigkeit

(4) Berufsunfähigkeit infolge Pflegebedürftigkeit liegt vor, wenn die versicherte Person infolge Krankheit, Körperverletzung oder mehr als altersentsprechenden Kräfteverfalls, die ärztlich nachzuweisen sind, voraussichtlich auf Dauer für die in Absatz 6 genannten gewöhnlichen und regelmäßig wiederkehrenden Verrichtungen im Ablauf des täglichen Lebens täglich der Hilfe einer anderen Person bedarf.

(5) Ist die versicherte Person ...[71] Monate ununterbrochen pflegebedürftig mindestens im Rahmen der Pflegestufe I (siehe Absätze 6 bis 8) gewesen, gilt die Fortdauer dieses Zustandes als Berufsunfähigkeit infolge Pflegebedürftigkeit. Die Pflegebedürftigkeit ist ärztlich nachzuweisen.

(6) Bewertungsmaßstab für die Einstufung des Pflegefalls ist die Art und der Umfang der erforderlichen täglichen Hilfe durch eine andere Person. Bei der Bewertung wird die nachstehende Punktetabelle zugrunde gelegt:

Die versicherte Person benötigt Hilfe beim
– Fortbewegen im Zimmer 1 Punkt

Hilfebedarf liegt vor, wenn die versicherte Person – auch bei Inanspruchnahme einer Gehhilfe oder eines Rollstuhls – die Unterstützung einer anderen Person für die Fortbewegung benötigt.

– Aufstehen und Zubettgehen 1 Punkt

Hilfebedarf liegt vor, wenn die versicherte Person nur mit Hilfe einer anderen Person das Bett verlassen oder in das Bett gelangen kann.

– An- und Auskleiden 1 Punkt

Hilfebedarf liegt vor, wenn die versicherte Person – auch bei Benutzung krankengerechter Kleidung – sich nicht ohne Hilfe einer anderen Person an- oder auskleiden kann.

– Einnehmen von Mahlzeiten und Getränken 1 Punkt

---

71 Unternehmensindividuell zu ergänzen.

Hilfebedarf liegt vor, wenn die versicherte Person – auch bei Benutzung krankengerechter Essbestecke und Trinkgefäße – nicht ohne Hilfe einer anderen Person essen oder trinken kann.

- Waschen, Kämmen oder Rasieren   1 Punkt

Hilfebedarf liegt vor, wenn die versicherte Person von einer anderen Person gewaschen, gekämmt oder rasiert werden muss, da sie selbst nicht mehr fähig ist, die dafür erforderlichen Körperbewegungen auszuführen.

- Verrichten der Notdurft   1 Punkt

Hilfebedarf liegt vor, wenn die versicherte Person die Unterstützung einer anderen Person benötigt, weil sie
- sich nach dem Stuhlgang nicht allein säubern kann,
- ihre Notdurft nur unter Zuhilfenahme einer Bettschüssel verrichten kann oder weil
- der Darm bzw. die Blase nur mit fremder Hilfe entleert werden kann.

Besteht allein eine Inkontinenz des Darms bzw. der Blase, die durch die Verwendung von Windeln oder speziellen Einlagen ausgeglichen werden kann, liegt hinsichtlich der Verrichtung der Notdurft keine Pflegebedürftigkeit vor.

(7) Der Pflegefall wird nach der Anzahl der Punkte eingestuft. Wir leisten
- aus der Pflegestufe I: bei ... Punkten[72]
- aus der Pflegestufe II: bei ... Punkten[73]

Unabhängig von der Bewertung aufgrund der Punktetabelle liegt die Pflegestufe II vor, wenn die versicherte Person wegen einer seelischen Erkrankung oder geistigen Behinderung sich oder andere gefährdet und deshalb täglicher Beaufsichtigung bedarf.

- aus der Pflegestufe III: bei ... Punkten[74]

Unabhängig von der Bewertung aufgrund der Punktetabelle liegt die Pflegestufe III vor, wenn die versicherte Person dauernd bettlägerig ist und nicht ohne Hilfe einer anderen Person aufstehen kann oder wenn die versicherte Person der Bewahrung bedarf.

Bewahrung liegt vor, wenn die versicherte Person wegen einer seelischen Erkrankung oder geistigen Behinderung sich oder andere in hohem Maße gefährdet und deshalb nicht ohne ständige Beaufsichtigung bei Tag und Nacht versorgt werden kann.

(8) Vorübergehende akute Erkrankungen führen zu keiner höheren Einstufung. Vorübergehende Besserungen bleiben ebenfalls unberücksichtigt. Eine Erkrankung

---

[72] Unternehmensindividuell zu ergänzen.
[73] Unternehmensindividuell zu ergänzen.
[74] Unternehmensindividuell zu ergänzen.

oder Besserung gilt dann nicht als vorübergehend, wenn sie nach ...[75] Monaten noch anhält.

§ 3 In welchen Fällen ist der Versicherungsschutz ausgeschlossen?
Grundsätzlich besteht unsere Leistungspflicht unabhängig davon, auf welcher Ursache die Berufsunfähigkeit beruht. Es besteht kein Versicherungsschutz, wenn die Berufsunfähigkeit verursacht ist:
a) durch vorsätzliche Ausführung oder den Versuch einer Straftat durch die versicherte Person *(das ist die Person, auf deren Berufsfähigkeit die Versicherung abgeschlossen ist)*;
b) durch innere Unruhen, sofern die versicherte Person auf Seiten der Unruhestifter teilgenommen hat;
c) durch folgende von der versicherten Person vorgenommene Handlungen
  - absichtliche Herbeiführung von Krankheit,
  - absichtliche Herbeiführung von mehr als altersentsprechenden Kräfteverfalls,
  - absichtliche Selbstverletzung oder
  - versuchte Selbsttötung

Wir werden jedoch leisten, wenn uns nachgewiesen wird, dass die versicherte Person diese Handlungen in einem die freie Willensbestimmung ausschließenden Zustand krankhafter Störung der Geistestätigkeit begangen hat.
d) durch eine widerrechtliche Handlung, mit der Sie als Versicherungsnehmer vorsätzlich die Berufsunfähigkeit der versicherten Person herbeigeführt haben;
e) durch Strahlen infolge Kernenergie, die das Leben oder die Gesundheit zahlreicher Menschen derart gefährden, dass zur Abwehr der Gefährdung eine Katastrophenschutzbehörde oder vergleichbare Behörde tätig wurde;
f) unmittelbar oder mittelbar durch Kriegsereignisse. Unsere Leistungen sind nicht ausgeschlossen, wenn die versicherte Person in unmittelbarem oder mittelbarem Zusammenhang mit kriegerischen Ereignissen berufsunfähig wird, denen sie während eines Aufenthalts außerhalb der Bundesrepublik Deutschland ausgesetzt und an denen sie nicht aktiv beteiligt war.
g) unmittelbar oder mittelbar durch den vorsätzlichen Einsatz von atomaren, biologischen oder chemischen Waffen oder den vorsätzlichen Einsatz oder die vorsätzliche Freisetzung von radioaktiven, biologischen oder chemischen Stoffen, sofern der Einsatz oder das Freisetzen darauf gerichtet sind, das Leben oder die Gesundheit einer Vielzahl von Personen zu gefährden. Unsere Leistungen sind nicht ausgeschlossen, wenn die versicherte Person in unmittelbarem oder mittelbarem Zusammenhang mit kriegerischen Ereignissen berufsunfähig wird, denen sie während eines Aufenthalts außerhalb der Bundesrepublik Deutschland ausgesetzt und an denen sie nicht aktiv beteiligt war.

---

[75] Unternehmensindividuell zu ergänzen.

§ 14 Berufsunfähigkeitsversicherung

§ 4 Was ist zu beachten, wenn eine Leistung verlangt wird?

(1) Wird eine Leistung aus der Berufsunfähigkeits-Zusatzversicherung beansprucht, müssen uns auf Kosten des Anspruchserhebenden folgende Auskünfte, die zur Feststellung unserer Leistungspflicht erforderlich sind, gegeben und Nachweise vorgelegt werden:

a) ein Zeugnis über den Tag der Geburt der versicherten Person *(das ist die Person, auf deren Berufsfähigkeit die Versicherung abgeschlossen ist)*;

b) eine Darstellung der Ursache für den Eintritt der Berufsunfähigkeit;

c) ausführliche Berichte der Ärzte, die die versicherte Person gegenwärtig behandeln, bzw. behandelt oder untersucht haben, über Ursache, Beginn, Art, Verlauf und voraussichtliche Dauer des Leidens der versicherten Person sowie über den Grad der Berufsunfähigkeit oder über die Pflegestufe;

d) eine Beschreibung des zuletzt ausgeübten Berufs der versicherten Person, deren Stellung und Tätigkeit im Zeitpunkt des Eintritts der Berufsunfähigkeit sowie über danach eingetretene Veränderungen;

e) Angaben über Einkommen aus beruflicher Tätigkeit;

f) bei Berufsunfähigkeit infolge Pflegebedürftigkeit zusätzlich eine Bescheinigung der Person oder der Einrichtung, die mit der Pflege betraut ist, über Art und Umfang der Pflege;

g) eine Aufstellung
- der Ärzte, Krankenhäuser, Krankenanstalten, Pflegeeinrichtungen oder Pflegepersonen, bei denen die versicherte Person in Behandlung war, ist oder – sofern bekannt – sein wird,
- der Versicherungsgesellschaften, Sozialversicherungsträger oder sonstiger Versorgungsträger, bei denen die versicherte Person ebenfalls Leistungen wegen Berufsunfähigkeit geltend machen könnte,
- über den derzeitigen Arbeitgeber und frühere Arbeitgeber der versicherten Person.

(2) Wir können außerdem auf unsere Kosten weitere ärztliche Untersuchungen durch von uns beauftragte Ärzte sowie notwendige Nachweise – auch über die wirtschaftlichen Verhältnisse und ihre Veränderungen – verlangen, insbesondere zusätzliche Auskünfte und Aufklärungen.

(3) Wird eine Erhöhung der Berufsunfähigkeitsrente wegen einer höheren Pflegestufe verlangt, gelten die Absätze 1 und 2 sinngemäß.

(4) Unsere Leistungen werden fällig, nachdem wir die Erhebungen abgeschlossen haben, die zur Feststellung des Versicherungsfalls und des Umfangs unserer Leistungspflicht notwendig sind. Wenn Sie eine der genannten Pflichten nicht erfüllen, kann dies zur Folge haben, dass wir nicht feststellen können, ob oder in welchem Umfang wir leistungspflichtig sind. Eine Pflichtverletzung kann somit dazu führen, dass unsere Leistung nicht fällig wird.

(5) Bei Überweisung von Leistungen in Länder außerhalb des Europäischen Wirtschaftsraumes trägt die empfangsberechtigte Person die damit verbundene Gefahr.

§ 5 Wann geben wir eine Erklärung über unsere Leistungspflicht ab?

(1) Nach Prüfung der uns eingereichten sowie der von uns beigezogenen Unterlagen erklären wir in Textform *(z.B. Papierform oder E-Mail)*, ob und in welchem Umfang wir eine Leistungspflicht anerkennen.

(2) Wir können unsere Leistungspflicht einmalig zeitlich befristet anerkennen, wenn hierfür ein sachlicher Grund besteht, den wir Ihnen mitteilen werden. Bis zum Ablauf der Frist ist dieses Anerkenntnis für uns bindend.

§ 6 Was gilt nach Anerkennung der Berufsunfähigkeit?

Nachprüfung

(1) Wenn wir unsere Leistungspflicht unbefristet anerkannt haben oder sie gerichtlich festgestellt worden ist, sind wir berechtigt, das Fortbestehen der Berufsunfähigkeit oder die Pflegestufe nachzuprüfen. Dabei können wir erneut prüfen, ob die versicherte Person *(das ist die Person, auf deren Berufsunfähigkeit die Versicherung abgeschlossen ist)* eine andere Tätigkeit im Sinne von § 2 ausübt,[76] wobei neu erworbene berufliche Fähigkeiten zu berücksichtigen sind.

(2) Zur Nachprüfung können wir jederzeit sachdienliche Auskünfte anfordern und einmal jährlich verlangen, dass sich die versicherte Person durch von uns beauftragte Ärzte umfassend untersuchen lässt. Hierbei anfallende Kosten sind von uns zu tragen. Die Bestimmungen des § 4 Absatz 2 und 3 gelten entsprechend.

Mitteilungspflicht

(3) Sie müssen uns unverzüglich *(d.h. ohne schuldhaftes Zögern)* mitteilen, wenn sich die Berufsunfähigkeit oder die Pflegebedürftigkeit mindern oder wegfallen oder eine berufliche Tätigkeit wiederaufgenommen wird bzw. sich ändert.

Leistungsfreiheit

(4) Wir sind leistungsfrei, wenn wir feststellen, dass die in § 1 und § 2 genannten Voraussetzungen der Leistungspflicht entfallen sind und wir Ihnen diese Veränderung in Textform *(z.B. Papierform oder E-Mail)* darlegen. Unsere Leistungen können wir mit Ablauf des dritten Monats nach Zugang unserer Erklärung bei Ihnen einstellen. Ab diesem Zeitpunkt müssen Sie auch die Beiträge wieder zahlen. Ist keine Berufsunfähigkeitsrente mitversichert, muss die Beitragszahlung zu Beginn des darauffolgenden Beitragszahlungsabschnitts wieder aufgenommen werden.

(5) Liegt Berufsunfähigkeit infolge Pflegebedürftigkeit vor und hat sich die Art des Pflegefalls geändert oder sein Umfang gemindert, setzen wir unsere Leistungen he-

---

[76] Falls nach der Tarifierung eine abstrakte Verweisung erfolgt, muss es heißen: „... andere Tätigkeit im Sinne von § 2 ausüben kann".

rab oder stellen sie ein. Absatz 4 Satz 2 bis 4 gelten entsprechend, wenn wir unsere Leistungen einstellen.

§ 7 Was gilt bei einer Verletzung der Mitwirkungspflichten im Rahmen der Nachprüfung?

Solange eine Mitwirkungspflicht nach § 6 von Ihnen, der versicherten Person (*das ist die Person, auf deren Berufsfähigkeit die Versicherung abgeschlossen ist*) oder dem Ansprucherhebenden vorsätzlich nicht erfüllt wird, leisten wir nicht. Bei grob fahrlässiger Verletzung einer Mitwirkungspflicht sind wir berechtigt, unsere Leistung in einem der Schwere des Verschuldens entsprechenden Verhältnis zu kürzen. Beides gilt nur, wenn wir durch gesonderte Mitteilung in Textform *(z.B. Papierform oder E-Mail)* auf diese Rechtsfolgen hingewiesen haben.

Weisen Sie nach, dass die Mitwirkungspflicht nicht grob fahrlässig verletzt worden ist, bleibt unsere Leistungspflicht bestehen.

Die Ansprüche aus der Zusatzversicherung bleiben auch bestehen, soweit Sie uns nachweisen, dass die Verletzung ohne Einfluss auf die Feststellung oder den Umfang unserer Leistungspflicht ist. Das gilt nicht, wenn die Mitwirkungspflicht arglistig verletzt wird.

Wenn die Mitwirkungspflicht später erfüllt wird, sind wir ab Beginn des laufenden Monats nach Maßgabe dieser Bedingungen zur Leistung verpflichtet.

§ 8 Welche Besonderheiten gelten für die Überschussbeteiligung?

(1) Sie erhalten gemäß § 153 des Versicherungsvertragsgesetzes (VVG) eine Überschussbeteiligung. Dafür gelten die Regelungen zur Überschussbeteiligung in den Allgemeinen Bedingungen Ihrer Hauptversicherung. Nachfolgend erläutern wir Ihnen die Besonderheiten der Überschussbeteiligung dieser Zusatzversicherung.

(2) Wichtigster Einflussfaktor vor Eintritt einer Berufsunfähigkeit ist die Entwicklung des versicherten Risikos und der Kosten. Überschüsse entstehen insbesondere, wenn die Aufwendungen für das Berufsunfähigkeitsrisiko und die Kosten sich günstiger entwickeln als bei der Tarifkalkulation zugrunde gelegt.

(3) Die Beiträge für Ihre Zusatzversicherung dienen vorrangig der Deckung von Berufsunfähigkeitsrisiken Es stehen daher vor Eintritt einer Berufsunfähigkeit keine oder allenfalls geringfügige Beträge zur Verfügung, aus denen Kapitalerträge entstehen können. Erst nach Eintritt einer Berufsunfähigkeit ist auch die Entwicklung des Kapitalmarktes von größerer Bedeutung.

(4) Aus diesem Grund entstehen vor Eintritt einer Berufsunfähigkeit auch keine oder nur geringfügige Bewertungsreserven. Soweit Bewertungsreserven überhaupt entstehen, wird deren Höhe jährlich neu ermittelt, zusätzlich auch

- für den Zeitpunkt der Beendigung Ihrer Zusatzversicherung vor Eintritt einer Berufsunfähigkeit,

- für den Beginn einer Rentenzahlung wegen Berufsunfähigkeit sowie
- während einer Rentenzahlung wegen Berufsunfähigkeit jeweils für das Ende eines Versicherungsjahres.[77]

§ 9 Wie ist das Verhältnis zur Hauptversicherung?

(1) Die Berufsunfähigkeits-Zusatzversicherung bildet mit der Versicherung, zu der sie abgeschlossen worden ist (Hauptversicherung), eine Einheit; sie kann ohne die Hauptversicherung nicht fortgesetzt werden. Spätestens wenn der Versicherungsschutz aus der Hauptversicherung endet, bei Rentenversicherungen spätestens mit dem vereinbarten Rentenzahlungsbeginn, endet die Zusatzversicherung.

(2) Wenn Sie für Ihre Berufsunfähigkeits-Zusatzversicherung laufende Beiträge, also keinen Einmalbeitrag zahlen, können Sie die Zusatzversicherung allein ganz oder teilweise schriftlich kündigen. In den letzten ...[78] Versicherungsjahren vor Ablauf der Hauptversicherung, bei Rentenversicherungen in den letzten ...[79] Jahren vor dem vereinbarten Rentenbeginn, kann die Berufsunfähigkeits-Zusatzversicherung nur zusammen mit der Hauptversicherung gekündigt werden. Einen Rückkaufswert aus der Berufsunfähigkeits-Zusatzversicherung – soweit vorhanden – erhalten Sie nur, wenn Sie die Zusatzversicherung zusammen mit der Hauptversicherung kündigen.

(3) Eine Berufsunfähigkeits-Zusatzversicherung, für die keine Beiträge mehr zu zahlen sind (beitragsfreie Berufsunfähigkeits-Zusatzversicherung, Berufsunfähigkeits-Zusatzversicherung gegen Einmalbeitrag), können Sie nur zusammen mit der Hauptversicherung kündigen.

(4) Die Berufsunfähigkeits-Zusatzversicherung können Sie nur zusammen mit der Hauptversicherung in eine beitragsfreie Versicherung umwandeln, und nur dann, wenn die beitragsfreie Mindestrente von ...[80] erreicht wird. Das Verhältnis zwischen der Berufsunfähigkeitsrente und der Leistung aus der Hauptversicherung wird durch die Umwandlung in eine beitragsfreie Versicherung nicht verändert. Die beitragsfreie Berufsunfähigkeitsrente errechnen wir nach anerkannten Regeln der Versicherungsmathematik für den Schluss der laufenden Versicherungsperiode. Wird die Mindestrente nicht erreicht, verwenden wir das durch die Beitragsfreistellung zur Verfügung stehende Kapital nach Abzug gemäß Absatz 5 zur Erhöhung der beitragsfreien Leistung der Hauptversicherung.

(5) Der Rückkaufswert nach Absatz 2 und 3 bzw. der aus der Berufsunfähigkeits-Zusatzversicherung für die Bildung der beitragsfreien Berufsunfähigkeitsrente zur Verfügung stehende Betrag nach Absatz 4 mindert sich um rückständige Beiträge.

---

77 Ggf. unternehmensindividuellen anderen Zeitpunkt verwenden.
78 Unternehmensindividuell zu ergänzen.
79 Unternehmensindividuell zu ergänzen.
80 Unternehmensindividuell zu ergänzen.

Außerdem nehmen wir einen Abzug in Höhe von ...[81] vor. Der Abzug ist zulässig, wenn er angemessen ist. Dies ist im Zweifel von uns nachzuweisen. Wir halten den Abzug für angemessen, weil mit ihm die Veränderung der Risikolage des verbleibenden Versicherungsbestandes[82] ausgeglichen wird. Zudem wird damit ein Ausgleich für kollektiv gestelltes Risikokapital vorgenommen.[83] Wenn Sie uns nachweisen, dass der aufgrund Ihrer Kündigung von uns vorgenommene Abzug wesentlich niedriger liegen muss, wird er entsprechend herabgesetzt. Wenn Sie uns nachweisen, dass der Abzug überhaupt nicht gerechtfertigt ist, entfällt er.

(6) Bei Herabsetzung der versicherten Leistung aus der Hauptversicherung gelten die Absätze 2 bis 5 entsprechend.

(7) Erbringen wir Leistungen aus der Berufsunfähigkeits-Zusatzversicherung, berechnen wir die Leistung aus der Hauptversicherung (Rückkaufwert, beitragsfreie Versicherungsleistung und Überschussbeteiligung der Hauptversicherung) so, als ob Sie den Beitrag unverändert weiter gezahlt hätten.

(8) Ansprüche aus der Berufsunfähigkeits-Zusatzversicherung, die auf bereits vor der Kündigung oder Beitragsfreistellung der Hauptversicherung eingetretener Berufsunfähigkeit beruhen, werden durch Kündigung oder Beitragsfreistellung der Hauptversicherung nicht berührt.

(9) Ansprüche aus der Berufsunfähigkeits-Zusatzversicherung können Sie nicht abtreten oder verpfänden.

(10) Soweit in diesen Bedingungen nichts anderes bestimmt ist, finden die Allgemeinen Bedingungen für die Hauptversicherung sinngemäß Anwendung.

---

81 Unternehmensindividuell zu ergänzen.
82 Ggf. unternehmensindividuell anzupassen, wenn im Bedingungswerk eine andere Diktion veranlasst ist.
83 Ggf. unternehmensindividuell anzupassen, wenn auch aus anderen Gründen oder nur in eingeschränktem Umfang, also nicht aus allen oben genannten Gründen, ein Abzug erfolgen soll.

§ 15 Unfallversicherung

A. Vorbemerkung

Rechtsgrundlagen sind §§ 178–191 VVG sowie die Allgemeine Unfallversicherungs-Bedingungen (**AUB 94, AUB 99, AUB 2008 und die AUB 2010**). Den nachfolgenden Ausführungen liegen die AUB 2010 zu Grunde; diese unterscheiden sich nur redaktionell von den AUB 2008. Die AUB 2014 gelten nur für Neuverträge und haben daher noch keine große praktische Bedeutung.

Die Unfallversicherung ist eine Personenversicherung und schützt vor den wirtschaftlichen Folgen eines Unfalls, sie setzt **keinen** konkret zu beziffernden **Schaden** voraus, sondern gewährt stets die vereinbarten Geldbeträge.

Der Unterschied zur **gesetzlichen** Unfallversicherung besteht darin, dass die private Unfallversicherung für **Unfälle jeglicher Art** und an jedem Ort einzustehen hat, während die gesetzliche Unfallversicherung nur Unfälle im beruflichen Bereich abdeckt und nur einem bestimmten Personenkreis (Arbeitnehmern, Schülern und Studenten) offen steht.

B. Rechtscharakter

Es handelt sich nicht um eine Schadenversicherung, sondern um eine **Summenversicherung**.

Die §§ 74 ff. VVG sind daher als Vorschriften für die gesamte **Schadenversicherung nicht** anwendbar.

Die Unfallversicherung ist ebenso wie die Lebensversicherung eine **Personenversicherung**.

Neben dem Versicherer und dem Versicherungsnehmer können am Vertrag andere Personen beteiligt sein wie z.b. die versicherte Person als sog. **Gefahrperson** oder der **Bezugsberechtigte**.

Sind Versicherungsnehmer und Versicherter nicht identisch, **stehen allein dem Versicherungsnehmer** die Rechte aus dem Vertrag zu. Im Zweifel gilt in diesem Fall die Versicherung als für Rechnung der Gefahrperson genommen (§ 179 Abs. 1 S. 2 VVG, sog. **Fremdversicherung**). Der Versicherte ist allerdings neben dem Versicherungsnehmer zur Einhaltung der Obliegenheiten verpflichtet (§ 179 Abs. 3 VVG).

Wenn die Versicherung ausdrücklich für eigene Rechnung des Versicherungsnehmers genommen werden soll, bedarf es der „**schriftlichen Einwilligung**" der Gefahrperson (§ 179 Abs. 2 VVG). Gemäß § 183 BGB bedeutet Einwilligung die Zustimmung **vor** Abschluss des Vertrages.[1] Fehlt diese, entsteht regelmäßig eine Fremdversicherung.[2]

C. Versicherbare Leistungen (2 AUB 2008/2010)

I. Vorbemerkung

10 Versicherbar sind folgende Leistungen, für die jeweils eine Versicherungssumme vereinbart werden muss:
- **Invaliditätsleistung** (2.1 AUB 2008/2010)
- **Übergangsleistung** (2.2 AUB 2008/2010)
- **Tagegeld** (2.3 AUB 2008/2010)
- **Krankenhaustagegeld** (2.4 AUB 2008/2010)
- **Genesungsgeld** (2.5 AUB 2008/2010)
- Todesfall-Leistung (2.6 AUB 2008/2010).

11 Welche Versicherungssummen und Leistungsarten vereinbart worden sind, ergibt sich aus der **Versicherungspolice**. Jede Leistung kann für sich allein oder in Kombination mit einer anderen Leistung vereinbart werden.

12 **Heilkosten** sind **nicht** mehr Gegenstand der AUB 2008/2010.

Die **Invaliditätsleistung** besteht regelmäßig in einer Kapitalleistung (2.1.2.1 AUB 2008/2010).

II. Invalidität

13 Nach der Begriffsdefinition in 2.1.1.1 AUB 2008/2010 liegt Invalidität bei einer dauernden Beeinträchtigung der körperlichen oder geistigen Leistungsfähigkeit vor.

14 Die Invalidität muss spätestens **12 Monate** nach dem Unfallereignis eingetreten sein (2.1.1.1 AUB 2008/2010). Hierbei handelt es sich um eine Anspruchsvoraussetzung. Ein späterer Eintritt der Invalidität führt nicht zu Ansprüchen aus der Unfallversicherung, da eine solche nicht versichert ist. Ausreichend ist, dass spätestens nach **12 Monaten** nach ärztlicher Prognose **Dauerfolgen** voraussichtlich verbleiben werden.

15 Ferner muss die Invalidität innerhalb von drei weiteren Monaten, also spätestens **15 Monate** nach dem Unfall, ärztlich festgestellt und „geltend gemacht" werden (vgl. 2.1.1.1 AUB 2008/2010).

---

1 Str. BGH, NVersZ 1999, 258; OLG Frankfurt, VersR 1997, 948.
2 Prölss/Martin/*Knappmann*, § 179 VVG Rn 15 m.w.N.

Nach einer Entscheidung des BGH vom 19.11.1997[3] verstößt die Bestimmung, dass die Invalidität innerhalb eines Jahres nach dem Unfall eingetreten sowie innerhalb von 15 Monaten ärztlich festgestellt und geltend gemacht werden muss, **nicht gegen § 307 BGB.**

Bei den vorgenannten Fristen handelt es sich **nicht** um **Obliegenheiten,** sondern um **Ausschlussfristen.**[4] Daher ist kein Verschulden erforderlich.

Das Einreichen der Unfallanzeige ist noch keine Geltendmachung der Invalidität. Es reicht aber die **reine Behauptung**, es sei unfallbedingt eine Invalidität eingetreten.[5]

Die ärztliche Feststellung muss – obschon der Wortlaut der Klausel hierfür nichts hergibt – nach herrschender Meinung aus Gründen der Rechtssicherheit und Beweissicherung **schriftlich** erfolgen.[6] Eine elektronische Datensicherung ist ausreichend.[7]

Die ärztliche Feststellung muss die Bestätigung der Kausalität des Unfalles für die Invalidität enthalten[8] und wahrt die Frist nur hinsichtlich des angesprochenen **Verletzungsbereiches.**[9]

Demgegenüber muss die ärztliche Feststellung **nicht richtig** sein, den Invaliditätsgrad angeben oder sogar die Gliedertaxe anwenden.[10]

Für die ärztliche Feststellung einer Invalidität reicht es nicht aus, dass ein Arzt nur vom Vorliegen eines Dauerschadens **innerlich überzeugt** ist, ohne innerhalb der 15-Monats-Frist eine entsprechende schriftliche Feststellung zu treffen.[11]

Obschon die AVB eine **Hinweisobliegenheit** des Versicherers auf laufende Fristen nicht explizit vorsehen, wird diese von der Rechtsprechung wegen der Gefahr des Anspruchsverlustes in bestimmten Fällen angenommen.

So ist der Versicherer **verpflichtet**, auf den drohenden Fristablauf hinzuweisen, wenn er konkrete Anhaltspunkte für eine inzwischen eingetretene Invalidität des

---

3 BGH – IV ZR 348/96, VersR 1998, 175; BGH, VersR 2005, 639.
4 BGH, VersR 2008, 175; van Bühren/*Naumann*, Handbuch Versicherungsrecht, § 16 Rn 177.
5 OLG Oldenburg, NVersZ 2000, 333; OLG Koblenz, r+s 2000, 259.
6 OLG Hamm, VersR 2004, 187; OLG Oldenburg, NJW-RR 1996, 1434; OLG München, VersR 1995, 565; OLG Frankfurt, VersR 1996, 618; OLG Hamburg, VersR 1998, 1412; OLG Koblenz, VersR 1993, 1262; **a.A.** nur OLG Karlsruhe, r+s 1996, 331.
7 OLG Hamm, VersR 2007, 1361.
8 OLG Bremen, NVersZ 2001, 75; OLG Hamm, NVersZ 2001, 315.
9 OLG Hamm, NVersZ 2000, 478; OLG Oldenburg, VersR 2000, 843.
10 OLG Koblenz, r+s 2000, 259.
11 OLG Frankfurt, VersR 1996, 618 = zfs 1995, 263; **a.A.** OLG Karlsruhe, r+s 1996, 331.

Versicherungsnehmers hat oder die Möglichkeit einer Invalidität für ihn erkennbar oder zumindest nicht fernliegend war.[12]

25 Lediglich in **Ausnahmefällen** kann die Fristversäumung **entschuldigt** bzw. das Berufen des Versicherers auf die Fristversäumnis **treuwidrig** sein.

26 **Entschuldigt** kann die Versäumung der Frist zur Geltendmachung sein, wenn der Versicherungsnehmer die rechtzeitige **Absendung** des Schreibens mit der Geltendmachung der Invalidität nachweisen kann, dieses aber nicht **zugegangen** ist.[13]

27 Die bloße **Unkenntnis** der 15-Monats-Frist ist **kein** hinreichender Entschuldigungsgrund.[14] Auch die **falsche Auskunft** des behandelnden Arztes, dass mit Spätfolgen nicht zu rechnen sei, sowie die Nichterstellung der ärztlichen Feststellung durch den behandelnden Arzt trotz mehrfacher Bitten sind keine ausreichenden Entschuldigungsgründe (aber eventuell Regressanspruch gegen den Arzt).

28 **Treuwidrig** ist das Berufen auf fehlende fristgerechte Feststellung oder Geltendmachung der Invalidität, wenn der Arzt innerhalb der Frist unveränderliche, unfallbedingte Gesundheitsschäden **feststellt,** nicht aber die daraus folgende **Invalidität** oder wenn ein vor Fristablauf vom Versicherer beauftragtes aber erst nach Fristablauf erstattetes Gutachten die Invalidität feststellt.[15]

29 Gleiches gilt, wenn der Versicherte aus den Umständen entnehmen konnte, dass der Versicherer sich **nicht** auf die Fristversäumung **berufen** werde, der Versicherte sich auf Verlangen des Versicherers erheblich belastenden **Untersuchungen** unterzogen hat[16] oder mitgeteilt hat, er werde 3 Jahre nach dem Unfall ein ärztliches **Gutachten** einholen.[17]

30 Ein Versicherer handelt **rechtsmissbräuchlich,** wenn er seine Eintrittspflicht bereits dem Grunde nach innerhalb der 15-Monats-Frist **ablehnt** und sich dann später auf den Fristablauf **beruft.**[18]

31 Ebenso liegt ein Verstoß des Versicherers gegen Treu und Glauben vor, wenn er trotz Fristablauf zunächst ärztliche **Atteste einholt,** einen **Vergleichsvorschlag** macht und sich dann auf den Fristablauf beruft, nachdem der Versicherungsnehmer den Vergleichsvorschlag abgelehnt hat.[19]

---

12 Vgl. OLG Hamm, zfs 1999, 205; OLG Düsseldorf, VersR 2001, 449; OLG Frankfurt, VersR 2003, 361.
13 OLG Hamm, VersR 1993, 300.
14 OLG Köln, VersR 1995, 907 und r+s 2001, 523; OLG Frankfurt, VersR 1996, 618.
15 OLG Saarbrücken, VersR 1997, 956; OLG Oldenburg, NVersZ 2000, 85; OLG Nürnberg, VersR 2003, 846.
16 BGH, VersR 1978, 1036.
17 OLG Hamm, NVersZ 2000, 84, OLG Frankfurt, NVersZ 2002, 70.
18 OLG Hamm, VersR 1995, 1181 = zfs 1995, 462; OLG Köln, r+s 1992, 105.
19 OLG Köln, VersR 1994, 1220.

Auch wenn die Invalidität binnen Jahresfrist **unzweifelhaft** eingetreten und ihre Dauerhaftigkeit evident ist, kann es **treuwidrig** sein, wenn sich der Versicherer auf Fristversäumnis beruft.[20] 32

III. Unfallbegriff

1. Definition

1.3. AUB 2008/2010: „*Ein Unfall liegt vor, wenn der Versicherte durch ein plötzlich von außen auf seinen Körper wirkendes Ereignis (Unfallereignis) unfreiwillig eine Gesundheitsschädigung erleidet.*" 33

2. Plötzliches Ereignis

Nur die **Wirkung** auf den Körper muss plötzlich erfolgen, nicht die daraus resultierende Gesundheitsschädigung. Das Unfallereignis muss sich über einen **kurzen, eng begrenzten Zeitraum** auswirken.[21] 34

Das Einatmen von Lösungsmitteln über einen Zeitraum von **mehreren Stunden** ist kein „plötzlich" wirkendes Ereignis.[22] 35

3. Von außen auf den Körper wirkendes Ereignis

Die Außenwelt muss durch eine Person oder Sache in chemischer, mechanischer, elektrischer oder anderer Weise auf den Körper des Verletzten einwirken. 36

Auch ein **Insektenstich,** der einen allergischen Schock auslöst, kann ein Unfallereignis darstellen.[23] 37

Allerdings werden in Ziffer 5.2.4.1 **AUB 2008/2010** Infektionen durch Insektenstiche oder -bisse ausdrücklich **ausgeschlossen.**

Ebenso können Gesundheitsschädigungen infolge einer Bewegung des Verletzten mit äußerer Einwirkung als Unfall angesehen werden, 38
- das **Umknicken** eines Fußes in einer Bodenvertiefung,[24]
- Tod durch **Ertrinken,**[25]
- Sauerstoffmangel beim **Tauchen,**[26]

---

20 Vgl. BGH, r+s 1995, 397: Organverlust.
21 BGH, VersR 1988, 952.
22 OLG Düsseldorf, r+s 1999, 435.
23 OLG Braunschweig, VersR 1995, 823 = zfs 1995, 225; OLG Nürnberg, VersR 1995, 825 = zfs 1995, 225.
24 LG Göttingen, VersR 1990, 1347.
25 OLG Hamm, VersR 1989, 242.
26 OLG München, VersR 1983, 127.

- Bandscheibenschäden bei **Aufprall** nach einem Sprung[27] oder beim **Anheben** eines schweren Gegenstandes, der abrutscht und abgefangen wird.[28]
- **Stemmen** gegen ein umgekipptes Motorrad.[29]
- **Nicht-Ausweichen** bei Spiel mit Schäferhund und Meniskusriss.[30]

39 Eine **willentlich** gesteuerte Bewegung stellt **keine** äußere Einwirkung dar, außer der Gegenstand der Arbeit entwickelt eine Eigendynamik.

40 Ein **Bandscheibenvorfall** ist nur versichert, wenn er durch ein Unfallereignis im Sinne von 1.3 AUB 2008/2010 ausgelöst wird. Bandscheibenvorfälle durch Eigenbewegung sind daher vom Versicherungsschutz ausgeschlossen, es sei denn, dass diese Eigenbewegung durch ein von außen einwirkendes Ereignis beeinflusst wurde; dies ist beispielsweise dann der Fall, wenn der Versicherte nach einem leichten Zusammenstoß mit einem Pkw **vom Fahrrad abspringt**.[31]

41 Demgegenüber liegt **kein** von außen einwirkendes Ereignis vor, wenn der Bandscheibenvorfall durch das **Anheben eines Autoreifens** ausgelöst wird.[32]

42 Ein versicherter Unfall liegt auch dann **nicht** vor, wenn der Bandscheibenvorfall ausschließlich auf bestehender **Vorerkrankung** beruht.

43 Problematisch sind die Fälle, in denen eine **Vorerkrankung** bestand und der Bandscheibenvorfall durch einen Unfall ausgelöst wurde. Regelmäßig ist der Nachweis schwer zu führen, weil neuere medizinische Untersuchungen nachweisen, dass ein Bandscheibenvorfall eine äußere, sehr große Krafteinwirkung erfordert. Eine nicht vorgeschädigte Bandscheibe soll höhere Belastungen als ein Wirbelkörper aushalten. Liegt demnach **keine knöcherne Verletzung** von Wirbelkörpern vor, sondern „nur" ein Bandscheibenvorfall, wird daraus gefolgert, dass **kein ausreichend starkes äußeres Ereignis** eingewirkt hat, das den Bandscheibenvorfall hätte verursachen können. Damit wird eine unfallbedingte Verletzung abgelehnt.[33]

44 Da 5.2.1 AUB 2008/2010 zunächst einen generellen Ausschluss von Bandscheibenschäden enthält (Satz 1), muss der **Versicherungsnehmer** für einen Wiedereinschluss von Bandscheibenschäden des Weiteren **beweisen** (Satz 2), dass dieser überwiegend unfallbedingt eingetreten ist.

---

27 BGH, VersR 1985, 177.
28 BGH, VersR 1989, 73; OLG Nürnberg, r+s 1989, 165.
29 OLG Nürnberg, NVersZ 2000, 570.
30 OLG Hamm, zfs 1997, 464.
31 OLG Hamm, VersR 1995, 1181 = zfs 1995, 462.
32 OLG Karlsruhe, VersR 1995, 775 = zfs 1995, 383.
33 *Knappmann*, NVersZ 2002, 3.

4. Unfreiwilligkeit

Die Unfreiwilligkeit einer Gesundheitsschädigung wird bis zum Beweis des Gegenteils durch den Versicherer **vermutet** (178 Abs. 3 VVG). 45

Unfreiwillig muss nur die Gesundheitsschädigung sein, **nicht** aber das **Unfallereignis** als einwirkendes Ereignis selbst. Ein Sprung aus dem Fenster kann daher ein unfreiwilliges Unfallereignis darstellen. 46

Die Unfreiwilligkeit der Gesundheitsschädigung wird auch nicht dadurch ausgeschlossen, dass der Versicherte an einer **gefährlichen Sportart** teilnimmt.[34] Entscheidend ist, ob der Versicherte **geglaubt** hat, das Risiko zu meistern[35] und ihm diese Einlassung noch zu glauben ist. 47

Für die Abgrenzung von Freiwilligkeit und Unfreiwilligkeit der Gesundheitsbeschädigung ist auf die Abgrenzung zwischen **bewusster Fahrlässigkeit** (= unfreiwillig) und **bedingtem Vorsatz** (= freiwillig) abzustellen. 48

Bei **fehlgeschlagener Selbsttötung** ist eine hierbei verursachte Invalidität in der Regel freiwillig. Es reicht für die Annahme von Freiwilligkeit aus, dass der Versicherte **willentlich** eine Lage herbeigeführt hat, aus der er sich auch bei Änderung seiner Absicht nicht mehr befreien kann.[36] 49

Verletzt sich der Versicherte **freiwillig**, liegt ein unfreiwilliger Unfall insoweit vor, als die erlittenen Schäden über die beabsichtigten Verletzungen **hinausgehen**.[37] 50

Gesundheitsbeschädigungen, die ein Versicherter bei der Verteidigung und **Rettung von Menschen** erleidet, gelten nach einer geschäftsplanmäßigen Erklärung grundsätzlich als **unfreiwillig** erlitten.[38] 51

5. Gesundheitsbeschädigung

Es muss eine **objektiv** feststellbare Gesundheitsbeschädigung vorliegen. 52

6. Kausalität

Das Unfallereignis muss die Gesundheitsbeschädigung **adäquat verursacht** haben, wobei Mitursächlichkeit ausreicht. 53

Die **Beweislast** für den Eintritt der Invalidität als Folge des Unfalles und auch deren unfallbedingten Anfall liegt beim **Versicherungsnehmer.** 54

---

34 OLG Köln, r+s 1990, 34.
35 Zu Einzelfragen: *Manthey*, NVersZ 2000, 161.
36 KG, NVersZ 2001, 265.
37 Bei Amputationen: OLG Düsseldorf. VersR 2001, 974; OLG Oldenburg, r+s 2000, 304; OLG Köln, VersR 2004, 1042.
38 VerBAV 1990, 34.

55 Die adäquat kausale Verursachung der Invalidität durch den Unfall wird **nicht** dadurch ausgeschlossen, dass die anfänglich unfallbedingten Beschwerden später einen **anlagebedingten** Verlauf genommen haben. Ausgeschlossen ist die Unfallbedingtheit nur dann, wenn festgestellt werden kann, dass der Versicherte auch ohne den Unfall an denselben Beschwerden leiden würde.

7. Erhöhte Kraftanstrengung

56 1.4 AUB 2008/2010 erweitert den Versicherungsschutz auf Gesundheitsschädigungen, bei denen es an einer von außen kommenden Einwirkung **fehlt**:

> *„Als Unfall gilt auch, wenn durch eine erhöhte Kraftanstrengung an Gliedmaßen oder Wirbelsäule ein Gelenk verrenkt wird oder Muskeln, Sehnen, Bänder oder Kapseln gezerrt oder zerrissen werden".*

57 Die Kraftanstrengung muss **kausal** für Verrenkungen eines Gelenks oder Zerreißungen und Zerrungen von Muskeln, Sehnen und Bändern sein, ohne dass diese zerrissen werden.

58 Nicht ausreichend ist die Kraftaufwendung, die mit **normaler** körperlicher Bewegung naturgemäß verbunden ist.[39]

59 Meniskusverletzungen und **Bandscheibenschäden** fallen **nicht** unter 1.4 AUB, da es sich insoweit weder um ein Gewebe noch um eine Kapsel im Sinne dieser Vorschrift handelt.[40]

D. Risikoausschlüsse (5 AUB 2008/2010)

I. Vorbemerkung

60 5 AUB 2008/2010 enthält einen umfangreichen Katalog von Risikoausschlüssen (für Gesundheitsbeschädigungen infolge Geistes- oder Bewusstseinsstörungen und Anfällen, Straftaten, Kriegsereignissen und inneren Unruhen, Luftfahrtunfällen, Wettfahrten, Kernenergie, Strahlen, Heilmaßnahmen und Eingriffen, Infektionen, Vergiftungen, psychischen Reaktionen sowie Bauch- oder Unterleibsbrüchen, Bandscheibenschäden oder inneren Blutungen.

> *Hinweis*
> Für das Vorliegen eines Risikoausschlusses ist der **Versicherer beweispflichtig.**

II. Bewusstseinsstörung (5.1.1 AUB 2008/2010)

61 Als Bewusstseinsstörung ist jede Störung der Sinnestätigkeit anzusehen, die mit einer wesentlichen Beeinträchtigung der **Aufnahme- und Reaktionsfähigkeit** ver-

---

39 OLG Celle, VersR 1991, 1165.
40 OLG Karlsruhe, VersR 1995, 775 = zfs 1995, 383.

bunden ist. Hierzu gehört auch jede ernstliche Beeinträchtigung der Teilfunktionen des Gehirns, die der Vermeidung oder Abwehr von Gefahren dienen.[41]

Eine Bewusstseinsstörung liegt daher vor bei einer **Ohnmacht**[42] und einem akuten **Depressionsschub**.[43]

Eine **vollständige** Bewusstlosigkeit ist nicht **erforderlich**. Der BGH lässt eine gesundheitliche Beeinträchtigung der Aufnahme- und Reaktionsfähigkeit des Versicherten genügen, die die erforderliche Reaktion auf die Gefahrenlage nicht mehr zulässt, so dass der Versicherte nicht in der Lage ist, den Sicherheitsanforderungen seiner Umwelt zu genügen.[44] Somit kann der Ausschlustatbestand der Bewusstseinsstörung schon bei einem kurzen „**Schwarz-vor-Augen-Werden**" erfüllt sein.

Keine Bewusstseinsstörungen sind Störungen der Funktion der Sinnesorgane, wie erhöhte **Blendempfindlichkeit**,[45] die Ablenkung durch einen plötzlich auftretenden **Schmerz**[46] oder nur vorübergehende **Kreislaufreaktionen**.[47]

III. Trunkenheit (5.1.1 AUB 2008/2010)

Gemäß 5.1.1 AUB 2008/2010 führt auch eine durch Trunkenheit hervorgerufene Geistes- und Bewusstseinsstörung zum **Leistungsausschluss**.

Bislang hält die Rechtsprechung an der **Gleichsetzung** von **alkoholbedingter Fahruntüchtigkeit** und **alkoholbedingter Bewusstseinsstörung** fest, obschon es unterschiedliche „Grenzwerte" für das Vorliegen einer Bewusstseinsstörung bei Fahrzeugführern, Radfahren und Beifahrern bzw. Fußgängern gibt.

Bei **absoluter** Fahruntüchtigkeit ist die Leistungspflicht **ausgeschlossen**, ein Gegenbeweis ist nicht möglich.[48] Absolute Fahruntüchtigkeit liegt bei einem Fahrzeugführer bei einer Blutalkoholkonzentration von 1,1 Promille vor.[49]

Bei **relativer** Fahruntüchtigkeit müssen alkoholbedingte **Ausfallerscheinungen** oder alkoholtypische Fahrfehler vorliegen, die vom Versicherer zu beweisen sind.[50]

---

41 BGH, VersR 1985, 583; OLG Hamm, NJW-RR 1986, 330; OLG Köln, VersR 1987, 97.
42 OLG Hamm, r+s 1986, 138.
43 LG München, VersR 1994, 589 = zfs 1994, 24.
44 BGH, VersR 2000, 1092.
45 BGH, VersR 1986, 141.
46 BGH, r+s 1989, 303.
47 OLG Oldenburg, VersR 1991, 803.
48 BGH, NJW 1987, 826.
49 BGH, NJW 1991, 1367; OLG Frankfurt, VersR 1992, 993.
50 BGH, VersR 1985, 779; BGH, NJW 1988, 846; OLG Schleswig, zfs 1994, 101.

IV. Bandscheibenschäden (5.2.1 AUB 2008/2010)

69 5.2.1 AUB 2008/2010 enthält einen **generellen Ausschluss** von Bandscheibenschäden mit einem **Wiedereinschluss** bei überwiegender **Unfallbedingtheit.**

70 Der Versicherungsnehmer trägt die Beweislast dafür, dass die **überwiegende Verursachung** durch den **Unfall** eingetreten ist.[51]

E. Obliegenheiten nach Eintritt eines Versicherungsfalles (7 AUB 2008/2010)

71 In 7 AUB 2008/2010 sind umfangreiche Obliegenheiten geregelt, die der Versicherungsnehmer bzw. der Versicherte nach Eintritt des Unfalles zu erfüllen hat.

So bestehen Anzeige- und **Auskunftspflichten** und die Verpflichtung, unverzüglich einen **Arzt** hinzuzuziehen, sich von den vom Versicherer beauftragten Ärzten **untersuchen** zu lassen, Ärzte von der Schweigepflicht zu entbinden und ärztliche Anordnungen zu befolgen, soweit sie sich im Rahmen des Zumutbaren halten.

Die Verletzung von Obliegenheiten führt gemäß 8 AUB 2008/2010 bei Vorsatz zur vollständigen und bei grober Fahrlässigkeit zur partiellen **Leistungsfreiheit** des Versicherers. Bei grober Fahrlässigkeit kann allerdings der Kausalitätsgegenbeweis erbracht werden.

F. Nachprüfung (9.4 AUB 2008/2010)

72 Sowohl der Versicherer als auch der Versicherungsnehmer können sich das Recht vorbehalten, den Invaliditätsgrad jährlich, **längstens bis zu 3 Jahren** nach Eintritt des Unfalles erneut ärztlich bemessen zu lassen.

G. Rechtsprechung

73
- Eine sogenannte **Caisson-Erkrankung** durch zu schnelles Auftauchen beim Tauchen ist als Unfall anzusehen.[52]
- Die ärztliche Feststellung der Invalidität muss innerhalb der 15-Monats-Frist **schriftlich** niedergelegt sein. Es genügt nicht, dass der Arzt diese Feststellung innerhalb der Frist getroffen hat.[53]
- Für Gesundheitsschäden aus **fehlgeschlagenem Selbstmordversuch** besteht kein Versicherungsschutz.[54]

---

51 OLG Köln, VersR 2003, 1120; OLG Hamm, NVersZ 2001, 508; OLG, Nürnberg, NVersZ 2000, 570; **a.A.** OLG Koblenz, VersR 2002, 181 und r+s 2002, 481.
52 OLG Karlsruhe, VersR 1996, 364.
53 OLG Hamm, MDR 2004, 34 = VersR 2004, 187.
54 OLG Hamm, zfs 1999, 432.

- § 81 VVG gilt nur für die Schadenversicherung, nicht für die Unfallversicherung. Soweit **grobe Fahrlässigkeit** in Betracht kommt, folgt dies bereits aus dem Begriff der Unfreiwilligkeit, denn eine grobe Fahrlässigkeit begründet gerade **keine Freiwilligkeit**.[55]
- Kommt es infolge heftiger Bewegungen beim Geschlechtsverkehr und dadurch hervorgerufener mechanischer Irritationen zu schweren vaginalen Blutungen und in der Folge zu einer **Querschnittslähmung** der Versicherungsnehmerin, kann ein Unfall vorliegen.[56]
- Wenn der Versicherungsnehmer eine **schwere Eichentür** mit dem Fuß **anhebt** und hierbei schwerwiegende Knieverletzungen erleidet, liegt **kein** Unfall vor, da die Einwirkung nicht von außen eingetreten ist, sondern auf eine willensmäßig ausgeführte Kraftanstrengung zurückzuführen ist.[57]
- Nach Ablauf der **Dreijahresfrist** ist der Versicherungsnehmer **nicht** mehr gehalten, sich durch vom Versicherer beauftragte Ärzte untersuchen zu lassen.[58]
- Für die Annahme einer Bewusstseinsstörung reicht ein kurzes „**Schwarz vor Augen**".[59]
- Altersgerechte Abnutzungs- und **Verschleißerscheinungen** sind keine Krankheiten und Gebrechen und **mindern** deshalb den Anspruch **nicht**.[60]
- Eine **Hinweisobliegenheit** des Versicherers auf die Fristen gemäß 9.4 AUB 2008/2010 besteht, wenn der Inhalt der Schadenanzeige oder sonstige Umstände eine Invalidität möglich oder jedenfalls nicht fern liegen lassen und der Versicherer **erkennt**, dass der Versicherte trotz des wahrscheinlichen Vorliegens dieser Voraussetzungen aus Unkenntnis die Frist versäumen könnte.[61]
- Es liegt eine zur Leistungsfreiheit führende **arglistige** Täuschung vor, wenn bei der Frage nach erheblichen Erkrankungen ärztlich festgestellter Alkoholmissbrauch verschwiegen wird.[62]
- Das Erfordernis fristgerechter ärztlicher Feststellung der Invalidität ist eine **Anspruchsvoraussetzung**, deren Nichtvorliegen **nicht entschuldigt** werden kann.[63] Für die Wirksamkeit der ärztlichen Feststellung einer Invalidität ist die

---

55 BGH, r+s 1999, 41.
56 OLG Düsseldorf, zfs 2000, 402.
57 OLG Frankfurt, NJW-RR 2000, 1274.
58 BGH, zfs 2003, 558.
59 BGH VersR 2000, 1090 entgegen bisheriger h.M.
60 OLG Hamm, VersR 2002, 180 zu altersgerechter Abnutzung der Wirbelsäule.
61 BGH – IV ZR 154/04, NZV 2006, 243; OLG Frankfurt, VersR 2003, 361; OLG Düsseldorf, VersR 2001, 449.
62 OLG Saarbrücken – 5 U 144/09, VersR 2011, 659.
63 BGH – IV ZR 154/04, NZV 2006, 243.

§ 15 Unfallversicherung

Angabe eines konkreten, die Arbeitsfähigkeit des Versicherten beeinflussenden Dauerschadens erforderlich.[64]
- Der Versicherer ist zur Anfechtung wegen **arglistiger Täuschung** berechtigt, wenn der Versicherungsnehmer bei Antragstellung nicht angibt, dass bei ihm ein ärztlicherseits erläuterter Alkoholmissbrauch vorliegt.[65]
- Verletzt sich der Versicherungsnehmer bei einem Sturz dadurch, dass er auf den **Boden** prallt, liegt ein versicherter Unfall vor, weil es sich insoweit um ein von außen auf seinen Körper wirkendes Ereignis handelt.[66]
- Die Vermutung der Unfreiwilligkeit des Unfallgeschehens ist **widerlegt**, wenn die mehrfach geänderte Unfallschilderung des Versicherten **nicht zutreffen kann**.[67]

H. Fristen

74 In den AUB 2008 sind folgende Fristen zu beachten:

48 Stunden	Der Eintritt des **Todes** ist binnen 48 Stunden dem Versicherer anzuzeigen (7.5 AUB 2008).
6 Monate	**Übergangsleistung**, wenn sechs Monate nach dem Unfall eine unfallbedingte Minderung der Leistungsfähigkeit von mehr als 50 % besteht (2.2.1 AUB 2008).
7 Monate	Geltendmachung der Übergangsleistung beim Versicherer unter Vorlage eines **ärztlichen Attestes** (2.2.1 AUB 2008).
12 Monate	Eintritt der **Invalidität** (2.1.1.1 AUB 2008); Todesfallleistung bei **Eintritt des Todes** binnen eines Jahres (2.6.1 AUB 2008).
15 Monate	Invalidität muss ärztlich **festgestellt** und beim Versicherer **geltend** gemacht werden (2.1.1.1 AUB 2008).
3 Jahre	Recht des Versicherungsnehmers und des Versicherers, die Invalidität **erneut ärztlich bemessen** zu lassen (9.4 AUB 2008).

I. Allgemeine Unfallversicherungs-Bedingungen (AUB 2010) – Musterbedingungen des GDV – Stand: Oktober 2010

75 Diese Bedingungen des Gesamtverbandes der Deutschen Versicherungswirtschaft e.V. (GDV) sind für die Versicherer unverbindlich; ihre Verwendung ist rein fakultativ. Abweichende Bedingungen können vereinbart werden. Abdruck mit freundli-

---

64 BGH – IV ZR 137/06, MDR 2007, 1018.
65 OLG Saarbrücken, 5 U 144/09, VersR 2011, 659.
66 BGH, IV ZR 29/07, VersR 2011, 1135.
67 OLG Hamm, 20 U 83/11, VersR 2012, 1549.

cher Genehmigung des GDV; die jeweils aktuellen Bedingungen können kostenfrei auf der Website des GDV (www.gdv.de) abgerufen werden.
Sie als Versicherungsnehmer sind unser Vertragspartner.
Versicherte Person können Sie oder jemand anderer sein.
Wir als Versicherer erbringen die vertraglich vereinbarten Leistungen.

Der Versicherungsumfang
1 Was ist versichert?
1.1 Wir bieten Versicherungsschutz bei Unfällen, die der versicherten Person während der Wirksamkeit des Vertrages zustoßen.
1.2 Der Versicherungsschutz umfasst Unfälle in der ganzen Welt.
1.3 Ein Unfall liegt vor, wenn die versicherte Person durch ein plötzlich von außen auf ihren Körper wirkendes Ereignis (Unfallereignis) unfreiwillig eine Gesundheitsschädigung erleidet.
1.4 Als Unfall gilt auch, wenn durch eine erhöhte Kraftanstrengung an Gliedmaßen oder Wirbelsäule
  - ein Gelenk verrenkt wird oder
  - Muskeln, Sehnen, Bänder oder Kapseln gezerrt oder zerrissen werden.
1.5 Auf die Regelungen über die Einschränkungen der Leistung (Ziffer 3) sowie die Ausschlüsse (Ziffer 5) weisen wir hin. Sie gelten für alle Leistungsarten.

2 Welche Leistungsarten können vereinbart werden?
Die Leistungsarten, die Sie vereinbaren können, werden im folgenden oder in zusätzlichen Bedingungen beschrieben.
Die von Ihnen mit uns vereinbarten Leistungsarten und die Versicherungssummen ergeben sich aus dem Vertrag.
2.1 Invaliditätsleistung
2.1.1 Voraussetzungen für die Leistung:
2.1.1.1 Die körperliche oder geistige Leistungsfähigkeit der versicherten Person ist unfallbedingt dauerhaft beeinträchtigt (Invalidität). Eine Beeinträchtigung ist dauerhaft, wenn sie voraussichtlich länger als drei Jahre bestehen wird und eine Änderung des Zustandes nicht erwartet werden kann.
Die Invalidität ist
  - innerhalb eines Jahres nach dem Unfall eingetreten und
  - innerhalb von fünfzehn Monaten nach dem Unfall von einem Arzt schriftlich festgestellt und von Ihnen bei uns geltend gemacht worden.
2.1.1.2 Kein Anspruch auf Invaliditätsleistung besteht, wenn die versicherte Person unfallbedingt innerhalb eines Jahres nach dem Unfall stirbt.

§ 15 Unfallversicherung

2.1.2 Art und Höhe der Leistung:
2.1.2.1 Die Invaliditätsleistung zahlen wir als Kapitalbetrag.
2.1.2.2 Grundlage für die Berechnung der Leistung bilden die Versicherungssumme und der Grad der unfallbedingten Invalidität.
2.1.2.2.1 Bei Verlust oder völliger Funktionsunfähigkeit der nachstehend genannten Körperteile und Sinnesorgane gelten ausschließlich, die folgenden Invaliditätsgrade:

– Arm	70 %
– Arm bis oberhalb des Ellenbogengelenks	65 %
– Arm unterhalb des Ellenbogengelenks	60 %
– Hand	55 %
– Daumen	20 %
– Zeigefinger	10 %
– anderer Finger	5 %
– Bein über der Mitte des Oberschenkels	70 %
– Bein bis zur Mitte des Oberschenkels	60 %
– Bein bis unterhalb des Knies	50 %
– Bein bis zur Mitte des Unterschenkels	45 %
– Fuß	40 %
– große Zehe	5 %
– andere Zehe	2 %
– Auge	50 %
– Gehör auf einem Ohr	30 %
– Geruchssinn	10 %
– Geschmackssinn	5 %

Bei Teilverlust oder teilweiser Funktionsbeeinträchtigung gilt der entsprechende Teil des jeweiligen Prozentsatzes.

2.1.2.2.2 Für andere Körperteile und Sinnesorgane bemißt sich der Invaliditätsgrad danach, inwieweit die normale körperliche oder geistige Leistungsfähigkeit insgesamt beeinträchtigt ist. Dabei sind ausschließlich medizinische Gesichtspunkte zu berücksichtigen.

2.1.2.2.3 Waren betroffene Körperteile oder Sinnesorgane oder deren Funktionen bereits vor dem Unfall dauernd beeinträchtigt, wird der Invaliditätsgrad um die Vorinvalidität gemindert. Diese ist nach Ziffer 2.1.2.2.1 und Ziffer 2.1.2.2.2 zu bemessen.

2.1.2.2.4 Sind mehrere Körperteile oder Sinnesorgane durch den Unfall beeinträchtigt, werden die nach den vorstehenden Bestimmungen ermittelten Invaliditätsgrade zusammengerechnet. Mehr als 100 % werden jedoch nicht berücksichtigt.

2.1.2.3 Stirbt die versicherte Person
■ aus unfallfremder Ursache innerhalb eines Jahres nach dem Unfall oder

- gleichgültig, aus welcher Ursache, später als ein Jahr nach dem Unfall,

und war ein Anspruch auf Invaliditätsleistung entstanden, leisten wir nach dem Invaliditätsgrad, mit dem aufgrund der ärztlichen Befunde zu rechnen gewesen wäre.

2.2 Übergangsleistung
2.2.1 Voraussetzungen für die Leistung:
Die normale körperliche oder geistige Leistungsfähigkeit der versicherten Person ist im beruflichen oder außerberuflichen Bereich unfallbedingt
- nach Ablauf von sechs Monaten vom Unfalltag an gerechnet und
- ohne Mitwirkung von Krankheiten oder Gebrechen

noch um mindestens 50 % beeinträchtigt.
Diese Beeinträchtigung hat innerhalb der sechs Monate ununterbrochen bestanden.
Sie ist von Ihnen spätestens sieben Monate nach Eintritt des Unfalles unter Vorlage eines ärztlichen Attestes bei uns geltend gemacht worden.

2.2.2 Art und Höhe der Leistung:
Die Übergangsleistung wird in Höhe der vereinbarten Versicherungssumme gezahlt.

2.3 Tagegeld
2.3.1 Voraussetzungen für die Leistung:
Die versicherte Person ist unfallbedingt
- in der Arbeitsfähigkeit beeinträchtigt und
- in ärztlicher Behandlung.

2.3.2 Höhe und Dauer der Leistung:
Das Tagegeld wird nach der vereinbarten Versicherungssumme berechnet. Es wird nach dem festgestellten Grad der Beeinträchtigung der Berufstätigkeit oder Beschäftigung abgestuft.

Das Tagegeld wird für die Dauer der ärztlichen Behandlung, längstens für ein Jahr, vom Unfalltag an gerechnet, gezahlt.

2.4 Krankenhaustagegeld, ambulante Operationen
2.4.1 Voraussetzungen für die Leistung
Die versicherte Person
- befindet sich wegen des Unfalles in medizinisch notwendiger vollstationärer Heilbehandlung
  oder
- unterzieht sich wegen eines Unfalls einer ambulanten chirurgischen Operation und ist deswegen für mindestens x Tage ununterbrochen vollständig arbeitsunfähig bzw. vollständig in ihrem Aufgaben- und Tätigkeitsbereich beeinträchtigt.

§ 15 Unfallversicherung

Kuren sowie Aufenthalte in Sanatorien und Erholungsheimen gelten nicht als medizinisch notwendige Heilbehandlung.

2.4.2 Höhe und Dauer der Leistung
Das Krankenhaustagegeld wird in Höhe der vereinbarten Versicherungssumme
- für jeden Kalendertag der vollstationären Behandlung gezahlt, längstens jedoch für x Jahre, vom Unfalltag an gerechnet.
- für x Tage bei ambulanten chirurgischen Operationen gezahlt. Ein Anspruch auf Genesungsgeld nach Ziffer... besteht nicht.

2.5 Genesungsgeld

2.5.1 Voraussetzungen für die Leistung:
Die versicherte Person ist aus der vollstationären Behandlung entlassen worden und hatte Anspruch auf Krankenhaus-Tagegeld nach Ziffer 2.4.

2.5.2 Höhe und Dauer der Leistung:
Das Genesungsgeld wird in Höhe der vereinbarten Versicherungssumme für die gleiche Anzahl von Kalendertagen gezahlt, für die wir Krankenhaus-Tagegeld leisten, längstens für 100 Tage.

2.6 Todesfallleistung

2.6.1 Voraussetzungen für die Leistung:
Die versicherte Person ist infolge des Unfalles innerhalb eines Jahres gestorben.
Auf die besonderen Pflichten nach Ziffer 7.5 weisen wir hin.

2.6.2 Höhe der Leistung:
Die Todesfallleistung wird in Höhe der vereinbarten Versicherungssumme gezahlt.

3 Welche Auswirkung haben Krankheiten oder Gebrechen?

Als Unfallversicherer leisten wir für Unfallfolgen. Haben Krankheiten oder Gebrechen bei der durch ein Unfallereignis verursachten Gesundheitsschädigung oder deren Folgen mitgewirkt, mindert sich
- im Falle einer Invalidität der Prozentsatz des Invaliditätsgrades,
- im Todesfall und, soweit nichts anderes bestimmt ist, in allen anderen Fällen die Leistung

entsprechend dem Anteil der Krankheit oder des Gebrechens.

Beträgt der Mitwirkungsanteil weniger als 25 %, unterbleibt jedoch die Minderung.

4 GESTRICHEN

5 In welchen Fällen ist der Versicherungsschutz ausgeschlossen?

5.1 Kein Versicherungsschutz besteht für folgende Unfälle:

5.1.1 Unfälle der versicherten Person durch Geistes- oder Bewusstseinsstörungen, auch soweit diese auf Trunkenheit beruhen, sowie durch Schlaganfälle, epileptische Anfälle oder andere Krampfanfälle, die den ganzen Körper der versicherten Person ergreifen.

Versicherungsschutz besteht jedoch, wenn diese Störungen oder Anfälle durch ein unter diesen Vertrag fallendes Unfallereignis verursacht waren.

5.1.2 Unfälle, die der versicherten Person dadurch zustoßen, dass sie vorsätzlich eine Straftat ausführt oder versucht.

5.1.3 Unfälle, die unmittelbar oder mittelbar durch Kriegs- oder Bürgerkriegsereignisse verursacht sind. Versicherungsschutz besteht jedoch, wenn die versicherte Person auf Reisen im Ausland überraschend von Kriegs- oder Bürgerkriegsereignissen betroffen wird.

Dieser Versicherungsschutz erlischt am Ende des siebten Tages nach Beginn eines Krieges oder Bürgerkrieges auf dem Gebiet des Staates, in dem sich die versicherte Person aufhält.

Die Erweiterung gilt nicht bei Reisen in oder durch Staaten, auf deren Gebiet bereits Krieg oder Bürgerkrieg herrscht. Sie gilt auch nicht für die aktive Teilnahme am Krieg oder Bürgerkrieg sowie für Unfälle durch ABC-Waffen und im Zusammenhang mit einem Krieg oder kriegsähnlichen Zustand zwischen den Ländern China, Deutschland, Frankreich, Großbritannien, Japan, Russland oder USA.

5.1.4 Unfälle der versicherten Person
- als Luftfahrzeugführer (auch Luftsportgeräteführer), soweit er nach deutschem Recht dafür eine Erlaubnis benötigt, sowie als sonstiges Besatzungsmitglied eines Luftfahrzeuges;
- bei einer mit Hilfe eines Luftfahrzeuges auszuübenden beruflichen Tätigkeit;
- bei der Benutzung von Raumfahrzeugen.

5.1.5 Unfälle, die der versicherten Person dadurch zustoßen, dass sie sich als Fahrer, Beifahrer oder Insasse eines Motorfahrzeuges an Fahrtveranstaltungen einschließlich der dazugehörigen Übungsfahrten beteiligt, bei denen es auf die Erzielung von Höchstgeschwindigkeiten ankommt.

5.1.6 Unfälle, die unmittelbar oder mittelbar durch Kernenergie verursacht sind.

5.2 Ausgeschlossen sind außerdem folgende Beeinträchtigungen:

5.2.1 Schäden an Bandscheiben sowie Blutungen aus inneren Organen und Gehirnblutungen.

Versicherungsschutz besteht jedoch, wenn ein unter diesen Vertrag fallendes Unfallereignis nach Ziffer 1.3 die überwiegende Ursache ist.

5.2.2 Gesundheitsschäden durch Strahlen.

5.2.3 Gesundheitsschäden durch Heilmaßnahmen oder Eingriffe am Körper der versicherten Person. Versicherungsschutz besteht jedoch, wenn die Heilmaßnahmen oder Eingriffe, auch strahlendiagnostische und -thera-

§ 15 Unfallversicherung

peutische, durch einen unter diesen Vertrag fallenden Unfall veranlasst waren.

5.2.4 Infektionen.

5.2.4.1 Sie sind auch dann ausgeschlossen, wenn sie
- durch Insektenstiche oder -bisse oder
- durch sonstige geringfügige Haut- oder Schleimhautverletzungen verursacht wurden, durch die Krankheitserreger sofort oder später in den Körper gelangten.

5.2.4.2 Versicherungsschutz besteht jedoch für
- Tollwut und Wundstarrkrampf sowie für
- Infektionen, bei denen die Krankheitserreger durch Unfallverletzungen, die nicht nach Ziffer 5.2.4.1 ausgeschlossen sind, in den Körper gelangten.

5.2.4.3 Für Infektionen, die durch Heilmaßnahmen oder Eingriffe verursacht sind, gilt Ziffer 5.2.3 Satz 2 entsprechend.

5.2.5 Vergiftungen infolge Einnahme fester oder flüssiger Stoffe durch den Schlund.

Versicherungsschutz besteht jedoch für Kinder, die zum Zeitpunkt des Unfalles das X. Lebensjahr noch nicht vollendet haben. Ausgeschlossen bleiben Vergiftungen durch Nahrungsmittel.

5.2.6 Krankhafte Störungen infolge psychischer Reaktionen, auch wenn diese durch einen Unfall verursacht wurden.

5.2.7 Bauch- oder Unterleibsbrüche.

Versicherungsschutz besteht jedoch, wenn sie durch eine unter diesen Vertrag fallende gewaltsame von außen kommende Einwirkung entstanden sind.

6 Was müssen Sie bei vereinbartem Kinder-Tarif und bei Änderungen der Berufstätigkeit oder Beschäftigung beachten?

6.1 Umstellung des Kinder-Tarifs

6.1.1 Bis zum Ablauf des Versicherungsjahres im Sinne von Ziffer 10.5, in dem das nach dem Kinder-Tarif versicherte Kind das X. Lebensjahr vollendet, besteht Versicherungsschutz zu den vereinbarten Versicherungssummen. Danach gilt der zu diesem Zeitpunkt gültige Tarif für Erwachsene. Sie haben jedoch folgendes Wahlrecht:

- Sie zahlen den bisherigen Beitrag, und wir reduzieren die Versicherungssummen entsprechend.
- Sie behalten die bisherigen Versicherungssummen, und wir berechnen einen entsprechend höheren Beitrag.

6.1.2 Über Ihr Wahlrecht werden wir Sie rechtzeitig informieren. Teilen Sie uns das Ergebnis Ihrer Wahl nicht bis spätestens zwei Monate nach Beginn des neuen Versicherungsjahres im Sinne von Ziffer 10.5 mit, setzt sich der Vertrag entsprechend der ersten Wahlmöglichkeit fort.

6.2 Änderung der Berufstätigkeit oder Beschäftigung

6.2.1 Die Höhe der Versicherungssummen bzw. des Beitrages hängt maßgeblich von der Berufstätigkeit oder der Beschäftigung der versicherten Person ab. Grundlage für die Bemessung der Versicherungssummen und Beiträge ist unser geltendes Berufsgruppenverzeichnis. *(Unternehmensindividueller Text zur Fundstelle)*

Eine Änderung der Berufstätigkeit oder Beschäftigung der versicherten Person müssen Sie uns daher unverzüglich mitteilen. Pflichtwehrdienst, Zivildienst oder militärische Reserveübungen fallen nicht darunter.

6.2.2 Errechnen sich bei gleichbleibendem Beitrag nach dem zum Zeitpunkt der Änderung gültigen Tarif niedrigere Versicherungssummen, gelten diese nach Ablauf eines Monats ab der Änderung. Errechnen sich dagegen höhere Versicherungssummen, gelten diese, sobald wir Kenntnis von der Änderung erlangen, spätestens jedoch nach Ablauf eines Monats ab der Änderung.

Errechnen sich dagegen höhere Versicherungssummen, gelten diese, sobald uns Ihre Erklärung zugeht, spätestens jedoch nach Ablauf eines Monats ab der Änderung. Die neu errechneten Versicherungssummen gelten sowohl für berufliche als auch für außerberufliche Unfälle.

6.2.3 Auf Ihren Wunsch führen wir den Vertrag auch mit den bisherigen Versicherungssummen bei erhöhtem oder gesenktem Beitrag weiter, sobald uns Ihre Erklärung zugeht.

Der Leistungsfall

7 Was ist nach einem Unfall zu beachten (Obliegenheiten)?

Ohne Ihre Mitwirkung und die der versicherten Person können wir unsere Leistung nicht erbringen.

7.1 Nach einem Unfall, der voraussichtlich eine Leistungspflicht herbeiführt, müssen Sie oder die versicherte Person unverzüglich einen Arzt hinzuziehen, seine Anordnungen befolgen und uns unterrichten.

7.2 Die von uns übersandte Unfallanzeige müssen Sie oder die versicherte Person wahrheitsgemäß ausfüllen und uns unverzüglich zurücksenden; von uns darüber hinaus geforderte sachdienliche Auskünfte müssen in gleicher Weise erteilt werden.

7.3 Werden Ärzte von uns beauftragt, muss sich die versicherte Person auch von diesen untersuchen lassen. Die notwendigen Kosten einschließlich eines dadurch entstandenen Verdienstausfalles tragen wir.

§ 15 Unfallversicherung

7.4 Die Ärzte, die die versicherte Person – auch aus anderen Anlässen – behandelt oder untersucht haben, andere Versicherer, Versicherungsträger und Behörden sind zu ermächtigen, alle erforderlichen Auskünfte zu erteilen.

7.5 Hat der Unfall den Tod zur Folge, ist uns dies innerhalb von 48 Stunden zu melden, auch wenn uns der Unfall schon angezeigt war. Uns ist das Recht zu verschaffen, gegebenenfalls eine Obduktion durch einen von uns beauftragten Arzt vornehmen zu lassen.

8 Welche Folgen hat die Nichtbeachtung von Obliegenheiten?

Wird eine Obliegenheit nach Ziffer 7 vorsätzlich verletzt, verlieren Sie Ihren Versicherungsschutz. Bei grob fahrlässiger Verletzung einer Obliegenheit sind wir berechtigt, unsere Leistung in einem der Schwere Ihres Verschuldens entsprechenden Verhältnis zu kürzen. Beides gilt nur, wenn wir Sie durch gesonderte Mitteilung in Textform auf diese Rechtsfolgen hingewiesen haben.

Weisen Sie nach, dass Sie die Obliegenheit nicht grob fahrlässig verletzt haben, bleibt der Versicherungsschutz bestehen.

Der Versicherungsschutz bleibt auch bestehen, wenn Sie nachweisen, dass die Verletzung der Obliegenheit weder für den Eintritt oder die Feststellung des Versicherungsfalls noch für die Feststellung oder den Umfang der Leistung ursächlich war. Das gilt nicht, wenn Sie die Obliegenheit arglistig verletzt haben.

Diese Bestimmungen gelten unabhängig davon, ob wir ein uns zustehendes Kündigungsrecht wegen der Verletzung einer vorvertraglichen Anzeigepflicht ausüben.

9 Wann sind die Leistungen fällig?

9.1 Wir sind verpflichtet, innerhalb eines Monats – beim Invaliditätsanspruch innerhalb von drei Monaten – in Textform zu erklären, ob und in welchem Umfang wir einen Anspruch anerkennen. Die Fristen beginnen mit dem Eingang folgender Unterlagen:
- Nachweis des Unfallhergangs und der Unfallfolgen,
- beim Invaliditätsanspruch zusätzlich der Nachweis über den Abschluss des Heilverfahrens, soweit es für die Bemessung der Invalidität notwendig ist.

Die ärztlichen Gebühren, die Ihnen zur Begründung des Leistungsanspruchs entstehen, übernehmen wir
- bei Invalidität bis zu ...‰ der versicherten Summe,
- bei Übergangsleistung bis zu ...% der versicherten Summe,
- bei Tagegeld bis zu ... Tagegeldsatz,
- bei Krankenhaustagegeld bis zu ... Krankenhaustagegeldsatz.

Sonstige Kosten übernehmen wir nicht.

9.2 Erkennen wir den Anspruch an oder haben wir uns mit Ihnen über Grund und Höhe geeinigt, leisten wir innerhalb von zwei Wochen.

9.3 Steht die Leistungspflicht zunächst nur dem Grunde nach fest, zahlen wir -auf Ihren Wunsch -angemessene Vorschüsse.
Vor Abschluss des Heilverfahrens kann eine Invaliditätsleistung innerhalb eines Jahres nach dem Unfall nur bis zur Höhe einer vereinbarten Todesfallsumme beansprucht werden.

9.4 Sie und wir sind berechtigt, den Grad der Invalidität jährlich, längstens bis zu drei Jahren nach dem Unfall, erneut ärztlich bemessen zu lassen. Bei Kindern bis zur Vollendung des X. Lebensjahres verlängert sich diese Frist von drei auf X Jahre. Dieses Recht muss
- von uns zusammen mit unserer Erklärung über unsere Leistungspflicht nach Ziffer 9.1,
- von Ihnen vor Ablauf der Frist

ausgeübt werden.
Ergibt die endgültige Bemessung eine höhere Invaliditätsleistung, als wir bereits erbracht haben, ist der Mehrbetrag mit ...% jährlich zu verzinsen.

9.5 Zur Prüfung der Voraussetzungen für den Rentenbezug sind wir berechtigt, Lebensbescheinigungen anzufordern. Wird die Bescheinigung nicht unverzüglich übersandt, ruht die Rentenzahlung ab der nächsten Fälligkeit.

Die Versicherungsdauer

10 Wann beginnt und wann endet der Vertrag? Wann ruht der Versicherungsschutz bei militärischen Einsätzen?

10.1 Beginn des Versicherungsschutzes
Der Versicherungsschutz beginnt zu dem im Versicherungsschein angegebenen Zeitpunkt, wenn Sie den ersten Beitrag unverzüglich nach Fälligkeit im Sinne von Ziffer 11.2 zahlen.

10.2 Dauer und Ende des Vertrages
Der Vertrag ist für die im Versicherungsschein angegebene Zeit abgeschlossen.
Bei einer Vertragsdauer von mindestens einem Jahr verlängert sich der Vertrag um jeweils ein Jahr, wenn nicht Ihnen oder uns spätestens drei Monate vor dem Ablauf der jeweiligen Versicherungsdauer eine Kündigung zugegangen ist.
Bei einer Vertragsdauer von weniger als einem Jahr endet der Vertrag, ohne dass es einer Kündigung bedarf, zum vorgesehenen Zeitpunkt. Bei einer Vertragsdauer von mehr als drei Jahren können Sie den Vertrag schon zum Ablauf des dritten Jahres oder jedes darauffolgenden Jahres kündigen; die Kündigung muss uns spätestens drei Monate vor dem Ablauf des jeweiligen Versicherungsjahres zugegangen sein.

§ 15 Unfallversicherung

10.3 Kündigung nach Versicherungsfall
Den Vertrag können Sie oder wir durch Kündigung beenden, wenn wir eine Leistung erbracht oder Sie gegen uns Klage auf eine Leistung erhoben haben.
Die Kündigung muss Ihnen oder uns spätestens einen Monat nach Leistung oder -im Falle eines Rechtsstreits -nach Klagrücknahme, Anerkenntnis, Vergleich oder Rechtskraft des Urteils in Schriftform zugegangen sein.
Kündigen Sie, wird Ihre Kündigung sofort nach ihrem Zugang bei uns wirksam. Sie können jedoch bestimmen, dass die Kündigung zu jedem späteren Zeitpunkt, spätestens jedoch zum Ablauf des Versicherungsjahres, wirksam wird.
Eine Kündigung durch uns wird einen Monat nach ihrem Zugang bei Ihnen wirksam.

10.4 Ruhen des Versicherungsschutzes bei militärischen Einsätzen
Der Versicherungsschutz tritt für die versicherte Person außer Kraft, sobald sie Dienst in einer militärischen oder ähnlichen Formation leistet, die an einem Krieg oder kriegsmäßigen Einsatz zwischen den Ländern China, Deutschland, Frankreich, Großbritannien, Japan, Russland oder USA beteiligt ist. Der Versicherungsschutz lebt wieder auf, sobald uns Ihre Anzeige über die Beendigung des Dienstes zugegangen ist.

10.5 Versicherungsjahr
Das Versicherungsjahr erstreckt sich über einen Zeitraum von zwölf Monaten. Besteht die vereinbarte Vertragsdauer jedoch nicht aus ganzen Jahren, wird das erste Versicherungsjahr entsprechend verkürzt. Die folgenden Versicherungsjahre bis zum vereinbarten Vertragsablauf sind jeweils ganze Jahre.

Der Versicherungsbeitrag

11 Was müssen Sie bei der Beitragszahlung beachten? Was geschieht, wenn Sie einen Beitrag nicht rechtzeitig zahlen?

11.1 Beitrag und Versicherungsteuer

11.1.1 Beitragszahlung
Die Beiträge können je nach Vereinbarung durch Monats-, Vierteljahres-, Halbjahres- oder Jahresbeiträge entrichtet werden. Die Versicherungsperiode umfasst bei Monatsbeiträgen einen Monat, bei Vierteljahresbeiträgen ein Vierteljahr, bei Halbjahresbeiträgen ein Halbjahr und bei Jahresbeiträgen ein Jahr.

11.1.2 Versicherungsteuer
Der in Rechnung gestellte Beitrag enthält die Versicherungsteuer, die Sie in der jeweils vom Gesetz bestimmten Höhe zu entrichten haben.

11.2 Zahlung und Folgen verspäteter Zahlung/Erster Beitrag
11.2.1 Fälligkeit und Rechtzeitigkeit der Zahlung
Der erste Beitrag wird unverzüglich nach Ablauf von zwei Wochen nach Zugang des Versicherungsscheins fällig.
11.2.2 Späterer Beginn des Versicherungsschutzes
Zahlen Sie den ersten Beitrag nicht rechtzeitig, sondern zu einem späteren Zeitpunkt, beginnt der Versicherungsschutz erst ab diesem Zeitpunkt, sofern Sie durch gesonderte Mitteilung in Textform oder durch einen auffälligen Hinweis im Versicherungsschein auf diese Rechtsfolge aufmerksam gemacht wurden. Das gilt nicht, wenn Sie nachweisen, dass Sie die Nichtzahlung nicht zu vertreten haben.
11.2.3 Rücktritt
Zahlen Sie den ersten Beitrag nicht rechtzeitig, können wir vom Vertrag zurücktreten, solange der Beitrag nicht gezahlt ist. Wir können nicht zurücktreten, wenn Sie nachweisen, dass Sie die Nichtzahlung nicht zu vertreten haben.
11.3 Zahlung und Folgen verspäteter Zahlung/Folgebeitrag
11.3.1 Fälligkeit und Rechtzeitigkeit der Zahlung
Die Folgebeiträge werden zu dem jeweils vereinbarten Zeitpunkt fällig.
11.3.2 Verzug
Wird ein Folgebeitrag nicht rechtzeitig gezahlt, geraten Sie ohne Mahnung in Verzug, es sei denn, dass Sie die verspätete Zahlung nicht zu vertreten haben.
Wir werden Sie auf Ihre Kosten in Textform zur Zahlung auffordern und Ihnen eine Zahlungsfrist von mindestens zwei Wochen setzen. Diese Fristsetzung ist nur wirksam, wenn wir darin die rückständigen Beträge des Beitrags sowie die Zinsen und Kosten im Einzelnen beziffern und die Rechtsfolgen angeben, die nach den Ziffern 11.3.3 und 11.3.4 mit dem Fristablauf verbunden sind.
Wir sind berechtigt, Ersatz des uns durch den Verzug entstandenen Schadens zu verlangen.
11.3.3 Kein Versicherungsschutz
Sind Sie nach Ablauf dieser Zahlungsfrist noch mit der Zahlung in Verzug, besteht ab diesem Zeitpunkt bis zur Zahlung kein Versicherungsschutz, wenn Sie mit der Zahlungsaufforderung nach Ziffer 11.3.2 Absatz 2 darauf hingewiesen wurden.
11.3.4 Kündigung
Sind Sie nach Ablauf dieser Zahlungsfrist noch mit der Zahlung in Verzug, können wir den Vertrag ohne Einhaltung einer Frist kündigen, wenn wir Sie mit der Zahlungsaufforderung nach Ziffer 11.3.2 Absatz 2 darauf hingewiesen haben.

§ 15 Unfallversicherung

Haben wir gekündigt, und zahlen Sie danach innerhalb eines Monats den angemahnten Beitrag, besteht der Vertrag fort. Für Versicherungsfälle, die zwischen dem Zugang der Kündigung und der Zahlung eingetreten sind, besteht jedoch kein Versicherungsschutz.

11.4 Rechtzeitigkeit der Zahlung bei Lastschriftermächtigung
Ist die Einziehung des Beitrags von einem Konto vereinbart, gilt die Zahlung als rechtzeitig, wenn der Beitrag zu dem Fälligkeitstag eingezogen werden kann und Sie einer berechtigten Einziehung nicht widersprechen.

Konnte der fällige Beitrag ohne Ihr Verschulden von uns nicht eingezogen werden, ist die Zahlung auch dann noch rechtzeitig, wenn sie unverzüglich nach unserer in Textform abgegebenen Zahlungsaufforderung erfolgt.

Kann der fällige Beitrag nicht eingezogen werden, weil Sie die Einzugsermächtigung widerrufen haben, oder haben Sie aus anderen Gründen zu vertreten, dass der Beitrag wiederholt nicht eingezogen werden kann, sind wir berechtigt, künftig Zahlung außerhalb des Lastschriftverfahrens zu verlangen. Sie sind zur Übermittlung des Beitrags erst verpflichtet, wenn Sie von uns hierzu in Textform aufgefordert worden sind.

11.5 Beitrag bei vorzeitiger Vertragsbeendigung
Bei vorzeitiger Beendigung des Vertrages haben wir, soweit nicht etwas anderes bestimmt ist, nur Anspruch auf den Teil des Beitrages, der dem Zeitraum entspricht, in dem Versicherungsschutz bestanden hat.

11.6 Beitragsbefreiung bei der Versicherung von Kindern
Wenn Sie während der Versicherungsdauer sterben und

- Sie bei Versicherungsbeginn das X. Lebensjahr noch nicht vollendet hatten,
- die Versicherung nicht gekündigt war und
- Ihr Tod nicht durch Kriegs- oder Bürgerkriegsereignisse verursacht wurde,

gilt Folgendes:

11.6.1 Die Versicherung wird mit den zu diesem Zeitpunkt geltenden Versicherungssummen bis zum Ablauf des Versicherungsjahres beitragsfrei weitergeführt, in dem das versicherte Kind das X. Lebensjahr vollendet.

11.6.2 Der gesetzliche Vertreter des Kindes wird neuer Versicherungsnehmer, wenn nichts anderes vereinbart ist.

Weitere Bestimmungen

12 Wie sind die Rechtsverhältnisse der am Vertrag beteiligten Personen zueinander?

12.1 Ist die Versicherung gegen Unfälle abgeschlossen, die einem anderen zustoßen (Fremdversicherung), steht die Ausübung der Rechte aus dem Vertrag nicht der versicherten Person, sondern Ihnen zu. Sie sind neben

der versicherten Person für die Erfüllung der Obliegenheiten verantwortlich.
12.2 Alle für Sie geltenden Bestimmungen sind auf Ihren Rechtsnachfolger und sonstige Anspruchsteller entsprechend anzuwenden.
12.3 Die Versicherungsansprüche können vor Fälligkeit ohne unsere Zustimmung weder übertragen noch verpfändet werden.

13 Was bedeutet die vorvertragliche Anzeigepflicht?
13.1 Vollständigkeit und Richtigkeit von Angaben über gefahrerhebliche Umstände
Sie haben uns bis zur Abgabe Ihrer Vertragserklärung alle Ihnen bekannten Gefahrumstände in Textform anzuzeigen, nach denen wir Sie in Textform gefragt haben und die für unseren Entschluss erheblich sind, den Vertrag mit dem vereinbarten Inhalt zu schließen. Sie sind auch insoweit zur Anzeige verpflichtet, als wir nach Ihrer Vertragserklärung, aber vor unserer Vertragsannahme Fragen im Sinne des S. 1 in Textform stellen.
Gefahrerheblich sind die Umstände, die geeignet sind, auf unseren Entschluss Einfluss auszuüben, den Vertrag überhaupt oder mit dem vereinbarten Inhalt abzuschließen.
Soll eine andere Person versichert werden, ist diese neben Ihnen für die wahrheitsgemäße und vollständige Anzeige der gefahrerheblichen Umstände und die Beantwortung der an sie gestellten Fragen verantwortlich.
Wird der Vertrag von Ihrem Vertreter geschlossen und kennt dieser den gefahrerheblichen Umstand, müssen Sie sich so behandeln lassen, als hätten Sie selbst davon Kenntnis gehabt oder dies arglistig verschwiegen.
13.2 Rücktritt
13.2.1 Voraussetzungen und Ausübung des Rücktritts
Unvollständige und unrichtige Angaben zu den gefahrerheblichen Umständen berechtigen uns, vom Versicherungsvertrag zurückzutreten. Dies gilt nur, wenn wir Sie durch gesonderte Mitteilung in Textform auf die Folgen einer Anzeigepflichtverletzung hingewiesen haben.
Wir müssen unser Rücktrittsrecht innerhalb eines Monats schriftlich geltend machen. Dabei haben wir die Umstände anzugeben, auf die wir unsere Erklärung stützen. Innerhalb der Monatsfrist dürfen wir auch nachträglich weitere Umstände zur Begründung unserer Erklärung angeben.
Die Frist beginnt mit dem Zeitpunkt, zu dem wir von der Verletzung der Anzeigepflicht, die unser Rücktrittsrecht begründet, Kenntnis erlangen.
Der Rücktritt erfolgt durch Erklärung Ihnen gegenüber.
13.2.2 Ausschluss des Rücktrittsrechts
Wir können uns auf unser Rücktrittsrecht nicht berufen, wenn wir den nicht angezeigten Gefahrumstand oder die Unrichtigkeit der Anzeige kannten.

§ 15 Unfallversicherung

Wir haben kein Rücktrittsrecht, wenn Sie nachweisen, dass Sie oder Ihr Vertreter die unrichtigen oder unvollständigen Angaben weder vorsätzlich noch grob fahrlässig gemacht haben.

Unser Rücktrittsrecht wegen grob fahrlässiger Verletzung der Anzeigepflicht besteht nicht, wenn Sie nachweisen, dass wir den Vertrag auch bei Kenntnis der nicht angezeigten Umstände, wenn auch zu anderen Bedingungen, geschlossen hätten.

13.2.3 Folgen des Rücktritts

Im Fall des Rücktritts besteht kein Versicherungsschutz.

Treten wir nach Eintritt des Versicherungsfalls zurück, dürfen wir den Versicherungsschutz nicht versagen, wenn Sie nachweisen, dass der unvollständig oder unrichtig angezeigte Umstand weder für den Eintritt des Versicherungsfalls noch für die Feststellung oder den Umfang der Leistung ursächlich war. Auch in diesem Fall besteht aber kein Versicherungsschutz, wenn Sie die Anzeigepflicht arglistig verletzt haben.

Uns steht der Teil des Beitrages zu, der der bis zum Wirksamwerden der Rücktrittserklärung abgelaufenen Vertragszeit entspricht.

13.3 Kündigung oder rückwirkende Vertragsanpassung

13.3.1 Ist unser Rücktrittsrecht ausgeschlossen, weil Ihre Verletzung einer Anzeigepflicht weder auf Vorsatz noch auf grober Fahrlässigkeit beruhte, können wir den Versicherungsvertrag unter Einhaltung einer Frist von einem Monat in Schriftform kündigen. Dies gilt nur, wenn wir Sie durch gesonderte Mitteilung in Textform auf die Folgen einer Anzeigepflichtverletzung hingewiesen haben.

Dabei haben wir die Umstände anzugeben, auf die wir unsere Erklärung stützen. Innerhalb der Monatsfrist dürfen wir auch nachträglich weitere Umstände zur Begründung unserer Erklärung angeben. Die Frist beginnt mit dem Zeitpunkt, zu dem wir von der Verletzung Ihrer Anzeigepflicht Kenntnis erlangt haben.

Wir können uns auf unser Kündigungsrecht wegen Anzeigepflichtverletzung nicht berufen, wenn wir den nicht angezeigten Gefahrumstand oder die Unrichtigkeit der Anzeige kannten.

Das Kündigungsrecht ist auch ausgeschlossen, wenn Sie nachweisen, dass wir den Vertrag auch bei Kenntnis der nicht angezeigten Umstände, wenn auch zu anderen Bedingungen, geschlossen hätten.

13.3.2 Können wir nicht zurücktreten oder kündigen, weil wir den Vertrag auch bei Kenntnis der nicht angezeigten Umstände, aber zu anderen Bedingungen geschlossen hätten, werden die anderen Bedingungen auf unser Verlangen rückwirkend Vertragsbestandteil. Haben Sie die Pflichtverletzung nicht zu vertreten, werden die anderen Bedingungen ab der laufenden Versicherungsperiode Vertragsbestandteil. Dies gilt nur, wenn wir Sie durch gesonderte Mitteilung in Textform auf die Folgen einer Anzeigepflichtverletzung hingewiesen haben.

Wir müssen die Vertragsanpassung innerhalb eines Monats schriftlich geltend machen. Dabei haben wir die Umstände anzugeben, auf die wir unsere Erklärung stützen. Innerhalb der Monatsfrist dürfen wir auch nachträglich weitere Umstände zur Begründung unserer Erklärung angeben. Die Frist beginnt mit dem Zeitpunkt, zu dem wir von der Verletzung der Anzeigepflicht, die uns zur Vertragsanpassung berechtigt, Kenntnis erlangen.

Wir können uns auf eine Vertragsanpassung nicht berufen, wenn wir den nicht angezeigten Gefahrumstand oder die Unrichtigkeit der Anzeige kannten.

Erhöht sich durch die Vertragsanpassung der Beitrag um mehr als 10 % oder schließen wir die Gefahrabsicherung für den nicht angezeigten Umstand aus, können Sie den Vertrag innerhalb eines Monats nach Zugang unserer Mitteilung fristlos in Schriftform kündigen.

13.4 Anfechtung

Unser Recht, den Vertrag wegen arglistiger Täuschung anzufechten, bleibt unberührt. Im Fall der Anfechtung steht uns der Teil des Beitrages zu, der der bis zum Wirksamwerden der Anfechtungserklärung abgelaufenen Vertragszeit entspricht.

14 GESTRICHEN

15 Wann verjähren die Ansprüche aus dem Vertrag?

15.1 Die Ansprüche aus dem Versicherungsvertrag verjähren in drei Jahren. Die Fristberechnung richtet sich nach den allgemeinen Vorschriften des Bürgerlichen Gesetzbuches.

15.2 Ist ein Anspruch aus dem Versicherungsvertrag bei uns angemeldet worden, ist die Verjährung von der Anmeldung bis zu dem Zeitpunkt gehemmt, zu dem Ihnen unsere Entscheidung in Textform zugeht.

16 Welches Gericht ist zuständig?

16.1 Für Klagen aus dem Versicherungsvertrag gegen uns bestimmt sich die gerichtliche Zuständigkeit nach unserem Sitz oder dem unserer für den Versicherungsvertrag zuständigen Niederlassung. Örtlich zuständig ist auch das Gericht, in dessen Bezirk Sie zur Zeit der Klageerhebung Ihren Wohnsitz oder, in Ermangelung eines solchen, Ihren gewöhnlichen Aufenthalt haben.

16.2 Klagen aus dem Versicherungsvertrag gegen Sie müssen bei dem Gericht erhoben werden, das für Ihren Wohnsitz oder, in Ermangelung eines solchen, den Ort Ihres gewöhnlichen Aufenthalts zuständig ist.

§ 15 Unfallversicherung

17 Was ist bei Mitteilungen an uns zu beachten? Was gilt bei Änderung Ihrer Anschrift?

17.1 Alle für uns bestimmten Anzeigen und Erklärungen sollen an unsere Hauptverwaltung oder an die im Versicherungsschein oder in dessen Nachträgen als zuständig bezeichnete Geschäftsstelle gerichtet werden.

17.2 Haben Sie uns eine Änderung Ihrer Anschrift nicht mitgeteilt, genügt für eine Willenserklärung, die Ihnen gegenüber abzugeben ist, die Absendung eines eingeschriebenen Briefes an die letzte uns bekannte Anschrift. Die Erklärung gilt drei Tage nach der Absendung des Briefes als zugegangen. Dies gilt entsprechend für den Fall einer Änderung Ihres Namens.

18 Welches Recht findet Anwendung?

Für diesen Vertrag gilt deutsches Recht.

§ 16 Anhang

A. Checkliste: Kaskoversicherung

I. Versicherungsvertrag
- Ist die fällige Prämie gezahlt?
- Besteht eine vorläufige Deckungszusage?

II. Schadenfeststellung
- Fällt der Schaden unter die Teilkasko-Versicherung oder die Vollkasko-Versicherung?
- Welche Schadenschilderung hat der Mandant dem Versicherer übersandt? (Kopie der Schadenanzeige)

III. Grobe Fahrlässigkeit
- Ist der Unfall auf einen besonderen schwerwiegenden Verkehrsverstoß (Rotlichtverstoß, Übermüdung, riskantes Überholmanöver o.Ä.) zurückzuführen?

IV. Obliegenheiten
- Befand sich das Fahrzeug in einem verkehrssicheren Zustand (Reifen, Bremsen)?
- Hat der Mandant alle Fragen des Versicherers wahrheitsgemäß beantwortet?
- Sind (beim Diebstahl) alle Fahrzeugpapiere und Fahrzeugschlüssel dem Versicherer übersandt worden?

V. Fälligkeit
- Lagen dem Versicherer bereits die Ermittlungsakten vor?
- Befindet sich der Versicherer in Verzug?

VI. Klageerhebung
- Besteht eine eintrittspflichtige Rechtsschutzversicherung?

§ 16 Anhang

B. Schaubilder zur Schadensabrechnung bei Inanspruchnahme der Vollkaskoversicherung

2

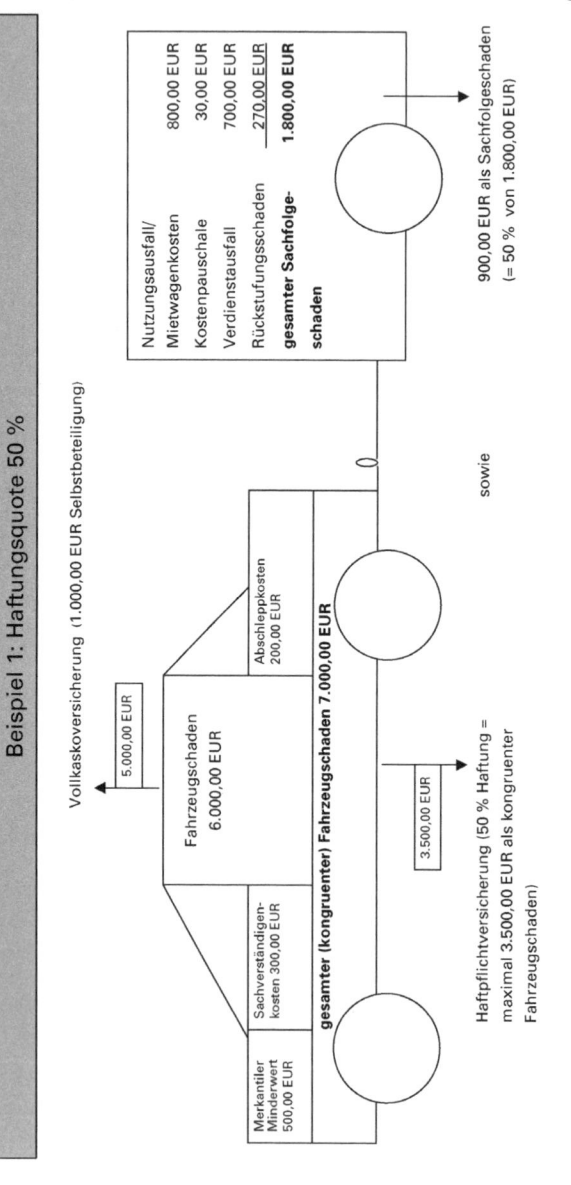

Quotenvorrecht/Differenztheorie
Beispiel 1: Haftungsquote 50 %

Vollkaskoversicherung (1.000,00 EUR Selbstbeteiligung)

5.000,00 EUR

Merkantiler Minderwert 500,00 EUR

Sachverständigenkosten 300,00 EUR

Fahrzeugschaden 6.000,00 EUR

Abschleppkosten 200,00 EUR

gesamter (kongruenter) Fahrzeugschaden 7.000,00 EUR

3.500,00 EUR

Haftpflichtversicherung (50 % Haftung = maximal 3.500,00 EUR als kongruenter Fahrzeugschaden)

sowie

Nutzungsausfall/Mietwagenkosten	800,00 EUR
Kostenpauschale	30,00 EUR
Verdienstausfall	700,00 EUR
Rückstufungsschaden	270,00 EUR
gesamter Sachfolgeschaden	**1.800,00 EUR**

900,00 EUR als Sachfolgeschaden (= 50 % von 1.800,00 EUR)

B. Quotenvorrecht/Differenztheorie § 16

Quotenvorrecht/Differenztheorie

Beispiel 2: Haftungsquote 50 % – Abrechnung *nach* Inanspruchnahme der Vollkaskoversicherung

Vollkaskoversicherung (1.000,00 EUR Selbstbeteiligung)

5.000,00 EUR (Forderungsübergang gemäß § 86 VVG)

Nutzungsausfall/ Mietwagenkosten	800,00 EUR
Kostenpauschale	30,00 EUR
Verdienstausfall	700,00 EUR
Rückstufungsschaden	270,00 EUR
gesamter Sachfolgeschaden	**1.800,00 EUR**

Merkantiler Minderwert 500,00 EUR

Sachverständigenkosten 300,00 EUR

Fahrzeugschaden 5.000,00 EUR

Selbstbeteiligung 1.000,00 EUR

Abschleppkosten 200,00 EUR

2.000,00 EUR

restlicher (kongruenter) Fahrzeugschaden 2.000,00 EUR

Haftpflichtversicherung (50 % Haftung = maximal 3.500,00 EUR als kongruenter Fahrzeugschaden)

sowie 900,00 EUR als Sachfolgeschaden

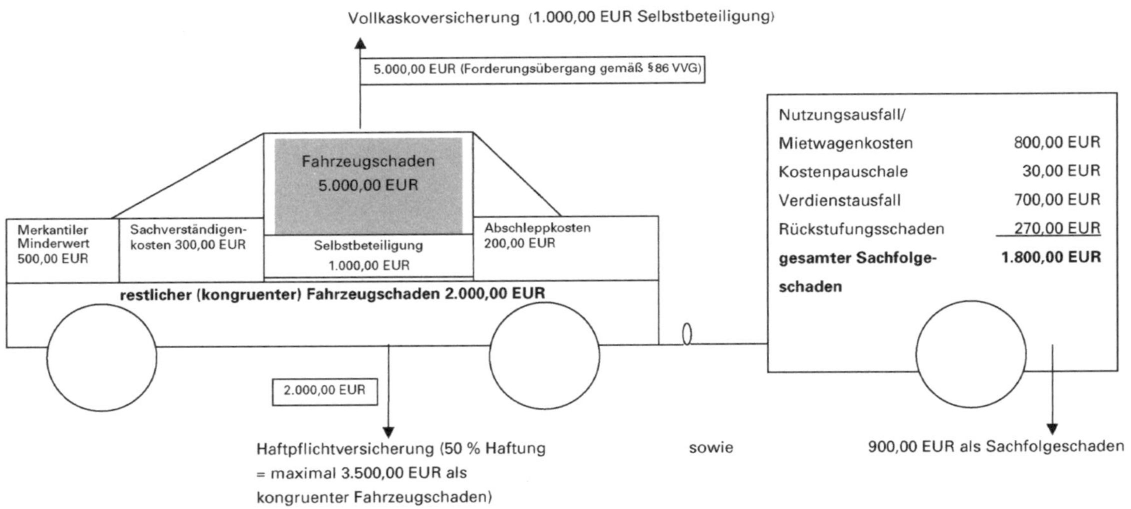

Gesamtleistung des Haftpflichtversicherers: 2.000,00 EUR + 900,00 EUR = 2.900,00 EUR

§ 16 Anhang

4

Quotenvorrecht/Differenztheorie
Beispiel 3: Haftungsquote 20 %

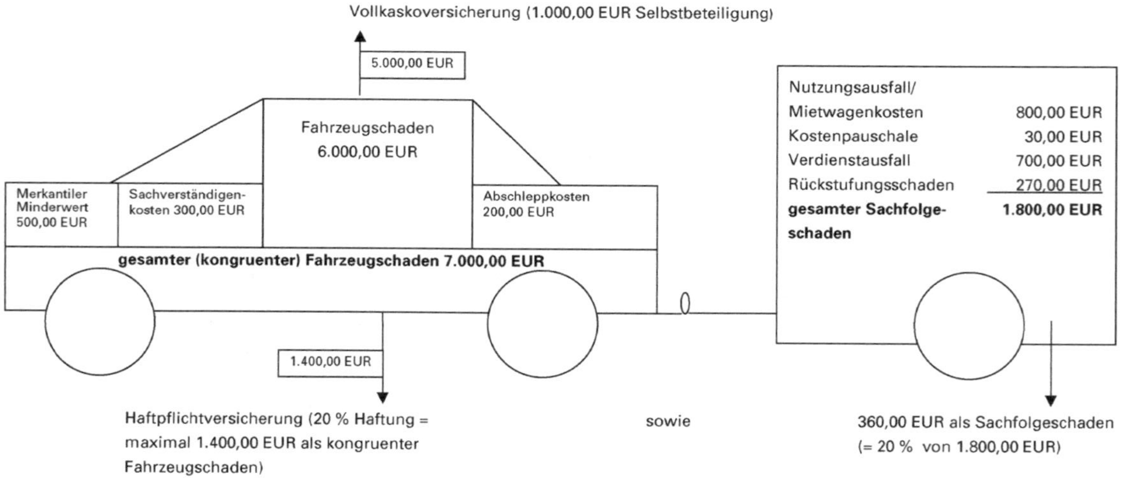

Vollkaskoversicherung (1.000,00 EUR Selbstbeteiligung)

Merkantiler Minderwert	500,00 EUR
Sachverständigenkosten	300,00 EUR
Fahrzeugschaden	6.000,00 EUR
Abschleppkosten	200,00 EUR

5.000,00 EUR

gesamter (kongruenter) Fahrzeugschaden 7.000,00 EUR

1.400,00 EUR

Haftpflichtversicherung (20 % Haftung = maximal 1.400,00 EUR als kongruenter Fahrzeugschaden)

sowie

Nutzungsausfall/Mietwagenkosten	800,00 EUR
Kostenpauschale	30,00 EUR
Verdienstausfall	700,00 EUR
Rückstufungsschaden	270,00 EUR
gesamter Sachfolgeschaden	**1.800,00 EUR**

360,00 EUR als Sachfolgeschaden
(= 20 % von 1.800,00 EUR)

B. Quotenvorrecht/Differenztheorie §16

Quotenvorrecht/Differenztheorie

Beispiel 4: Haftungsquote 20 % – Abrechnung *nach* Inanspruchnahme der Vollkaskoversicherung

Vollkaskoversicherung (1.000,00 EUR Selbstbeteiligung)

5.000,00 EUR (Forderungsübergang gemäß § 86 VVG)

Merkantiler Minderwert	500,00 EUR
Sachverständigenkosten	300,00 EUR
Fahrzeugschaden	5.000,00 EUR
Selbstbeteiligung	1.000,00 EUR
Abschleppkosten	200,00 EUR

gesamter (kongruenter) Fahrzeugschaden 2.000,00 EUR

Nutzungsausfall/Mietwagenkosten	800,00 EUR
Kostenpauschale	30,00 EUR
Verdienstausfall	700,00 EUR
Rückstufungsschaden	270,00 EUR
gesamter Sachfolgeschaden	**1.800,00 EUR**

1.400,00 EUR

Haftpflichtversicherung (20 % Haftung = maximal 1.400,00 EUR als kongruenter Fahrzeugschaden)

sowie

360,00 EUR als Sachfolgeschaden

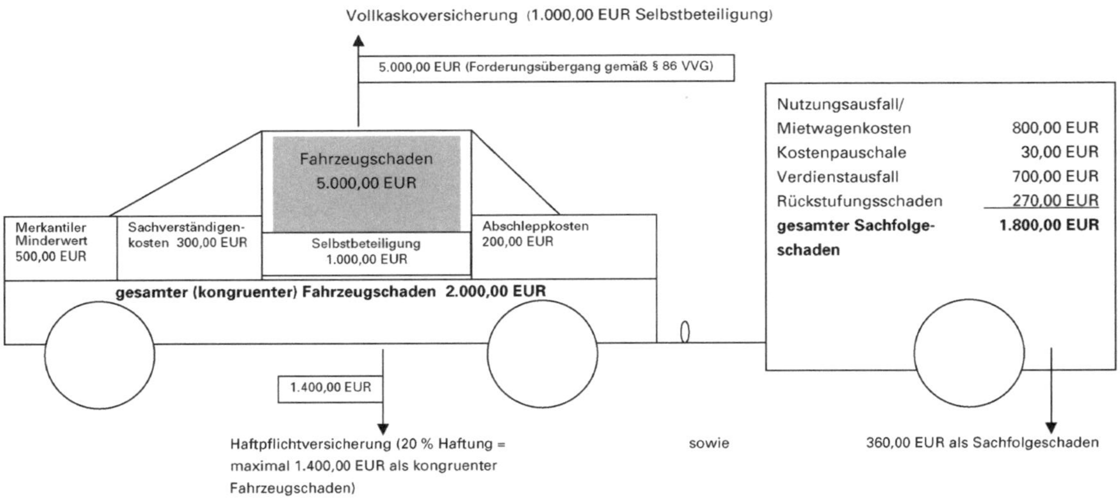

Gesamtleistung des Haftpflichtversicherers: 1.400,00 EUR + 360,00 EUR = 1.760,00 EUR

665

§ 16 Anhang

6

Differenzberechnung

Haftungsquote 50 %				Haftungsquote 20 %			
Fahrzeugschaden	6.000 EUR			Fahrzeugschaden	6.000 EUR		
Merkantiler Minderwert	500 EUR			Merkantiler Minderwert	500 EUR		
Sachverständigenkosten	300 EUR			Sachverständigenkosten	300 EUR		
Abschleppkosten	+ 200 EUR			Abschleppkosten	+ 200 EUR		
	7.000 EUR	=> Anspruch gegen den Haftpflichtversicherer (maximal 3.500 EUR)			7.000 EUR	=> Anspruch gegen den Haftpflichtversicherer (maximal 1.400 EUR)	
Leistung des Vollkaskoversicherten	– 5.000 EUR			Leistung des Vollkaskoversicherten	– 5.000 EUR		
(Selbstbeteiligung 1.000 EUR)				(Selbstbeteiligung 1.000 EUR)			
verbleibende Differenz	**2.000 EUR**			**verbleibende Differenz**	**2.000 EUR**		
(Restschaden)				**(Restschaden)**			
ERGEBNIS: Der kongruente Fahrzeugschaden wird voll ersetzt				**ERGEBNIS: Der kongruente Fahrzeugschaden wird nicht voll ersetzt**			
Leistung des Vollkaskoversicherers:	5.000 EUR			Leistung des Vollkaskoversicherers:	5.000 EUR		
Leistung des Haftpflichtversicherers:	+ 2.000 EUR			Leistung des Haftpflichtversicherers:	+ 1.400 EUR		
	7.000 EUR				6.400 EUR		

C. Schaubilder Obliegenheiten

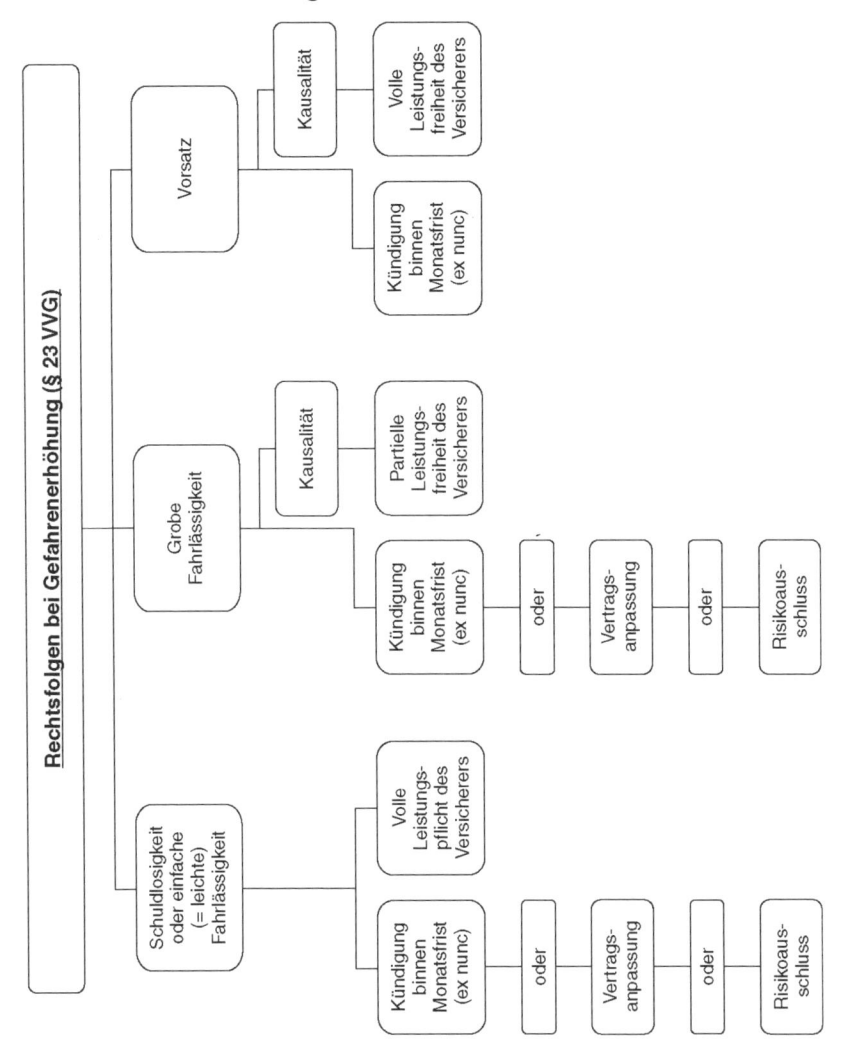

7

Rechtsfolgen bei Gefahrenerhöhung (§ 23 VVG)

- **Vorsatz**
  - Kausalität → Volle Leistungsfreiheit des Versicherers
  - Kündigung binnen Monatsfrist (ex nunc)

- **Grobe Fahrlässigkeit**
  - Kausalität → Partielle Leistungsfreiheit des Versicherers
  - Kündigung binnen Monatsfrist (ex nunc) oder Vertragsanpassung oder Risikoausschluss

- **Schuldlosigkeit oder einfache (= leichte) Fahrlässigkeit**
  - Volle Leistungspflicht des Versicherers
  - Kündigung binnen Monatsfrist (ex nunc) oder Vertragsanpassung oder Risikoausschluss

§ 16 Anhang

8

Verletzung der vorvertraglichen Anzeigeobliegenheit (§ 19 VVG)

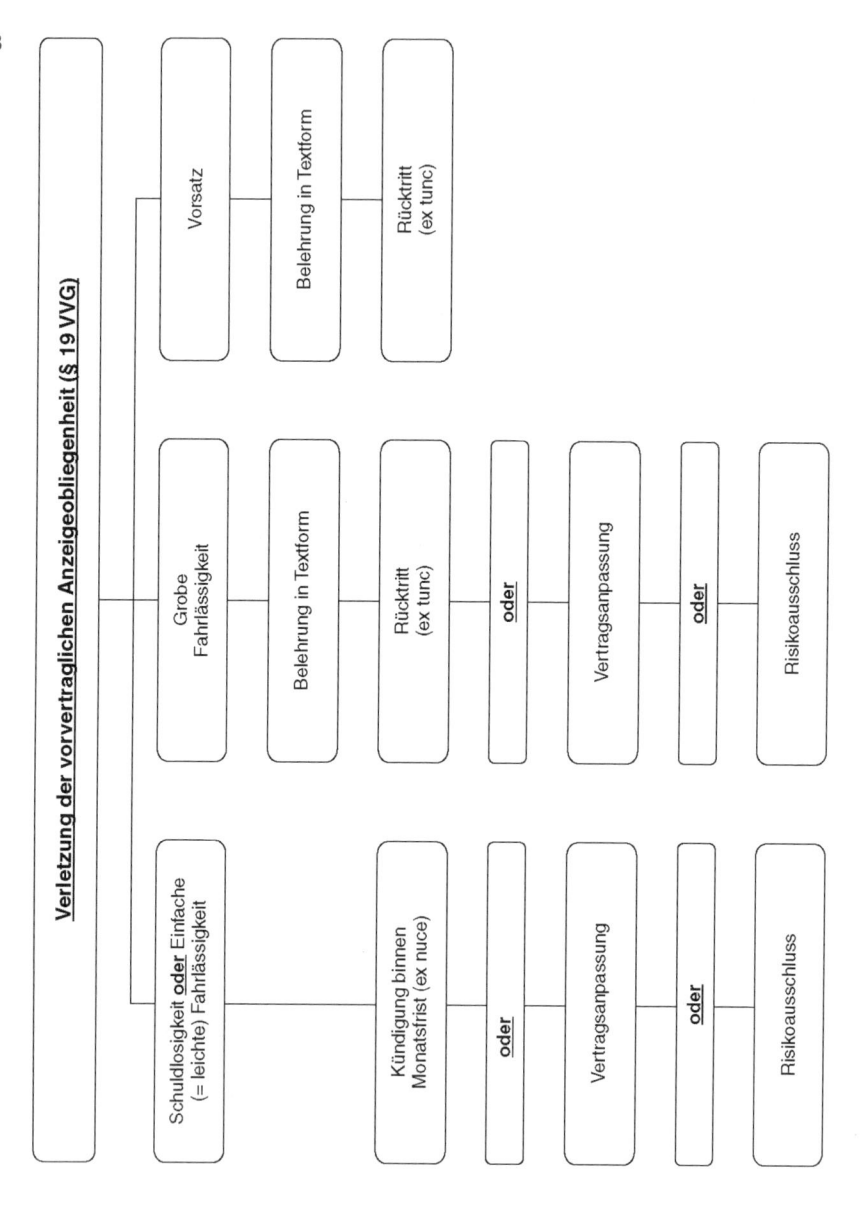

- Vorsatz
  - Belehrung in Textform
  - Rücktritt (ex tunc)

- Grobe Fahrlässigkeit
  - Belehrung in Textform
  - Rücktritt (ex tunc) **oder** Vertragsanpassung **oder** Risikoausschluss

- Schuldlosigkeit **oder** Einfache (= leichte) Fahrlässigkeit
  - Kündigung binnen Monatsfrist (ex nunc) **oder** Vertragsanpassung **oder** Risikoausschluss

C. Schaubilder Obliegenheiten § 16

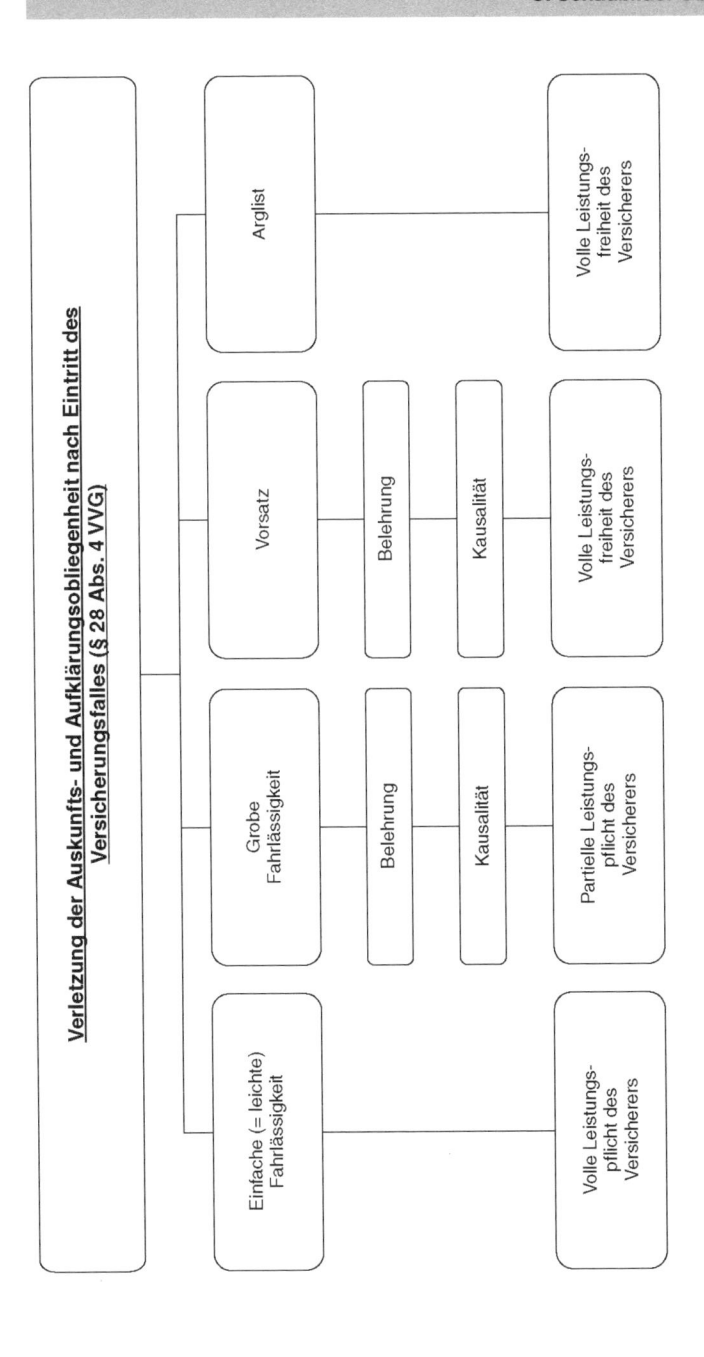

9

Verletzung der Auskunfts- und Aufklärungsobliegenheit nach Eintritt des Versicherungsfalles (§ 28 Abs. 4 VVG)

- Arglist → Volle Leistungsfreiheit des Versicherers
- Vorsatz → Belehrung → Kausalität → Volle Leistungsfreiheit des Versicherers
- Grobe Fahrlässigkeit → Belehrung → Kausalität → Partielle Leistungspflicht des Versicherers
- Einfache (= leichte) Fahrlässigkeit → Volle Leistungspflicht des Versicherers

669

§ 16 Anhang

10

Verletzung vertraglicher Obliegenheiten (§ 28 VVG)

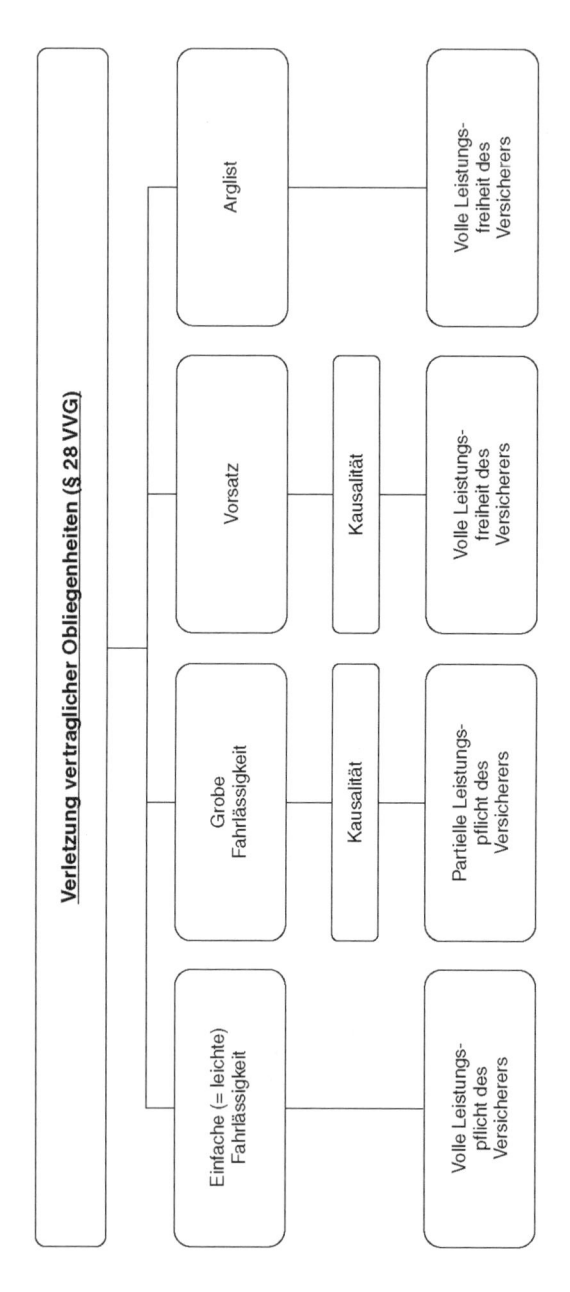

- Arglist → Volle Leistungsfreiheit des Versicherers
- Vorsatz → Kausalität → Volle Leistungsfreiheit des Versicherers
- Grobe Fahrlässigkeit → Kausalität → Partielle Leistungspflicht des Versicherers
- Einfache (= leichte) Fahrlässigkeit → Volle Leistungspflicht des Versicherers

670

D. Muster

I. Muster: Klage wegen Versicherungsleistung (Vollkaskoversicherung)

▼

Muster: Klage wegen Versicherungsleistung (Vollkaskoversicherung)   **11**

An das
Landgericht
Luxemburger Straße 101
50922 Köln

Klage

der Media-Bild GmbH, vertreten durch den Geschäftsführer Anton Bild, Humboldtstraße 50, 51149 Köln,

- Klägerin -

Prozessbevollmächtigte: RAe Dr. van Bühren & Partner, Köln

gegen

die Clementia Versicherungs-AG, vertreten durch den Vorstand, dieser vertreten durch den Vorsitzenden Heinrich Bauer, Kaiserstraße 30, 80331 München,

- Beklagte -

wegen Versicherungsleistung.

Schadennummer 20 KH 241 812/14

Streitwert: 26.000 EUR

Anträge: 1. Die Beklagte wird verurteilt, an die Klägerin 26.000 EUR nebst 5 %-Punkten über Basiszinssatz seit dem 1.9.2014 zu zahlen.
           2. Im schriftlichen Vorverfahren ergeht Versäumnisurteil gemäß § 331 Abs. 3 ZPO.

Gründe:

Gegenstand der Klage sind Leistungsansprüche der Klägerin aus einer bei der Beklagten bestehenden Vollkaskoversicherung. Die Beklagte hat ihre Eintrittspflicht verneint, weil sie der Auffassung ist, dass der Geschäftsführer der Klägerin den Versicherungsfall grob fahrlässig (Rotlichtverstoß) verursacht habe.

1. Die örtliche Zuständigkeit des Landgerichts Köln ergibt sich aus § 215 VVG.
2. Für den Pkw Mercedes der Klägerin besteht bei der Beklagten seit dem 1.2.2014 eine Vollkaskoversicherung mit einer Selbstbeteiligung von 3.000 EUR. *Beweis:* Vorlage der Versicherungspolice, Fotokopie anbei, *Anlage K 1*
Dem Vertrag liegen die AKB 2008 zugrunde.

3. Am 12.3.2014 kam es in Köln auf der Kreuzung Luxemburger Straße/Universitätsstraße zu einem Verkehrsunfall, bei dem das Fahrzeug der Klägerin einen Totalschaden erlitt.

Der Geschäftsführer der Klägerin wollte die Luxemburger Straße überqueren und stieß mit einem Pkw zusammen, der von der Bonner Straße kommend die Kreuzung in entgegengesetzter Richtung überqueren wollte. Der Geschäftsführer der Klägerin und der Fahrer des entgegenkommenden Fahrzeuges behaupten beide, bei Grünlicht in den Kreuzungsbereich eingefahren zu sein.

Beweis: Beiziehung und Verwertung zu Beweiszwecken der Ermittlungsakte der Staatsanwaltschaft Köln, Aktenzeichen: 95 Js 412/14.

Unbeteiligte Zeugen sind nicht vorhanden, das Ermittlungsverfahren ist gegen beide Fahrer eingestellt worden.

4. Die Beklagte hat sich in der vorprozessualen Korrespondenz darauf berufen, sie sei nur zu 50 % leistungspflichtig, weil der Geschäftsführer der Klägerin trotz Rotlicht in den Kreuzungsbereich eingefahren sei. Diese Behauptung ist unzutreffend und lediglich eine Schutzbehauptung des anderen Unfallbeteiligten.

5. Der von der Beklagten beauftragte Sachverständige hat den
Wiederbeschaffungswert des klägerischen Fahrzeuges mit 70.000 EUR
ermittelt und den Restwert mit 15.000 EUR,
so dass ein Fahrzeugschaden in Höhe von 55.000 EUR
verbleibt.
Nach Abzug der Selbstbeteiligung in Höhe von 3.000 EUR
verbleibt der mit der Klage geltend gemachte
Betrag in Höhe von **52.000 EUR.**

Die Beklagte hat 26.000 EUR
gezahlt, so dass der mit dieser Klage geltend gemachte Betrag von weiteren 26.000 EUR verbleibt.

6. Der Zinsanspruch ergibt sich aus §§ 280 Abs. 2, 286 Abs. 1, 288 Abs. 2 BGB. Gemäß § 288 Abs. 2 BGB beträgt der Verzugszins bei Rechtsgeschäften, an denen ein Verbraucher nicht beteiligt ist, 5 % Punkte über dem Basiszinssatz.

Die Beklagte ist mit Schreiben vom 10.8.2014 mit Fristsetzung bei zum 30.8.2014 zur Zahlung aufgefordert worden. Sie befindet sich somit seit dem 1.9.2014 in Verzug.

(Unterschrift Rechtsanwalt)

▲

II. Muster: Klageerwiderung wegen Versicherungsleistung (Vollkaskoversicherung)

▼

Muster: Klageerwiderung wegen Versicherungsleistung 12
(Vollkaskoversicherung)

An das
Landgericht Köln
24. Zivilkammer
50922 Köln

Aktenzeichen: 24 O 512/14
– Abschriften für Gegner anbei –

In Sachen

Media-Bild ./. Clementia Versicherungs-AG

bestellen wir uns zu Prozessbevollmächtigten der Beklagten:

Antrag: Die Klage wird abgewiesen.

Gründe:

Die geltend gemachten Ansprüche werden dem Grunde und der Höhe nach bestritten. Der Geschäftsführer der Klägerin hat den Verkehrsunfall vom 12.3.2014 durch einen Rotlichtverstoß (§ 37 Abs. 2 Nr. 7 StVO) grob fahrlässig verschuldet, so dass die Beklagte gemäß § 81 VVG berechtigt ist, ihre Leistung in einem der Schwere des Verschuldens des Geschäftsführers der Klägerin entsprechenden Verhältnis zu kürzen.

1. Die Angaben in der Klageschrift zum Vertragsverhältnis und zur Selbstbeteiligung sind zutreffend.
2. Entgegen dem insoweit als unrichtig bestrittenen Sachvortrag in der Klageschrift ist jedoch von folgendem Unfallhergang auszugehen:
Der nachbenannte Zeuge Heinrich Schneider befuhr mit seinem Pkw Golf die Universitätsstraße in Richtung Luxemburger Straße, die er überqueren wollte. Da die Verkehrssignalanlage Luxemburger Straße/Universitätsstraße Grünlicht zeigte, fuhr er mit mehreren Fahrzeugen in den Kreuzungsbereich hinein. Er befand sich bereits mitten auf der Kreuzung, als sich der Geschäftsführer der Klägerin auf der Luxemburger Straße mit hoher Geschwindigkeit näherte und in die Kreuzung einfuhr, obgleich die Verkehrssignalanlage für ihn Rotlicht anzeigte.

Beweis für alles Vorstehende:
1. Beiziehung und Verwertung zu Beweiszwecken der Ermittlungsakte der Staatsanwaltschaft Köln, Aktenzeichen: 95 Js 412/14.
2. Zeugnis Heinrich Schneider, Bachemer Straße 6, 56179 Köln
Gegenüber der herbeigerufenen Polizei hat der Geschäftsführer der Klägerin ausgesagt, dass er durch tief stehende Mittagssonne geblendet gewesen sei,

so dass er nicht habe erkennen können, ob die Verkehrssignalanlage für ihn Rotlicht anzeigte.

Beweis: 1. Wie vor.
2. Zeugnis des Polizeibeamten Hans Petermann, zu laden beim Polizeipräsidenten Köln.
3. In rechtlicher Hinsicht ist davon auszugehen, dass der Geschäftsführer der Klägerin den Verkehrsunfall durch grobe Fahrlässigkeit verursacht und verschuldet hat, so dass die Beklagte gemäß § 81 VVG berechtigt ist, ihre Leistung in einem der Schwere des Verschuldens des Geschäftsführers der Klägerin entsprechenden Verhältnis zu kürzen. Ein Rotlichtverstoß ist eine besonders schwerwiegende Sorgfaltspflichtverletzung, so dass eine höhere Quote als 50 % nicht in betracht kommt.

a) Grob fahrlässig handelt, welche schon einfachste, ganz naheliegende Überlegungen nicht anstellt und in ungewöhnlich hohem Maße dasjenige unbeachtet lässt, was im gegebenen Fall jedem hätte einleuchten müssen (Palandt/Heinrichs, § 277 BGB Rn 5 m.w.N.; BGH NJW-RR 2002, 1108).

b) Ein Kraftfahrer, der eine Verkehrssignalanlage bei Rotlicht überfährt, handelt in der Regel grob fahrlässig (BGH r+s 2003, 144 = DAR 2003, 217; OLG Frankfurt VersR 2003, 319; OLG Köln SP 2003, 102; OLG Rostock zfs 2003, 256; OLG Nürnberg r+s 2003, 498).

c) Der Geschäftsführer der Klägerin hat auch in subjektiver Hinsicht grob fahrlässig gehandelt. Wenn seine Einlassung zutreffend wäre, dass er durch Sonneneinstrahlung geblendet wurde, handelte er erst recht unverantwortlich, als er in den Kreuzungsbereich einfuhr, obgleich er nicht wahrnehmen konnte, was die Verkehrssignalanlage anzeigte.

4. Obgleich somit die Klage bereits dem Grunde nach ungerechtfertigt ist, wird rein vorsorglich die geltend gemachte Schadenhöhe bestritten.

a) Die Klägerin ist vorsteuerabzugsberechtigt, so dass sie allenfalls die Nettobeträge verlangen könnte. Zu berücksichtigen ist weiterhin, dass die Klägerin den Kauf eines Ersatzfahrzeuges durch ein mehrwertsteuerpflichtiges Geschäft bislang nicht nachgewiesen hat.

b) Die Klägerin hat das beschädigte Fahrzeug zum Preis von 25.000 EUR an den Gebrauchtwagenhändler Peter Althoff veräußert.

Beweis: Zeugnis des Gebrauchtwagenhändlers Peter Althoff, Hansaring 15, 50678 Köln

Den Mehrerlös in Höhe von 10.000 EUR gegenüber dem Sachverständigengutachten muss der Kläger sich anrechnen lassen.

(Unterschrift Rechtsanwalt)

▲

III. Muster: Klage wegen Versicherungsleistung (Rechtsschutzversicherung)

▼

Muster: Klage wegen Versicherungsleistung (Rechtsschutzversicherung)   13

An das

Amtsgericht
Luxemburger Straße 101
50922 Köln

Klage

des Angestellten Heinrich Müller, Kaiserstraße 12, 51145 Köln,

– Kläger –

Prozessbevollmächtigte: RAe Dr. van Bühren & Partner, Köln

gegen

Negatio Rechtsschutz Versicherungs-AG, gesetzlich vertreten durch den Vorstand, dieser vertreten durch den Vorstandsvorsitzenden Peter Neugebauer, Maximilianstraße 19, 80355 München,

Schaden-Nr. 538/7/14

– Beklagte –

wegen Versicherungsleistung.

Antrag:
1. Es wird festgestellt, dass die Beklagte dem Kläger Versicherungsschutz für die Geltendmachung von Schadenersatzansprüchen aus dem Verkehrsunfall vom 15.12.2008 zu gewähren hat.
2. Es ergeht Versäumnisurteil gemäß § 331 Abs. 3 ZPO.

Gründe:

Die Beklagte hat ihre Eintrittspflicht verneint, weil sie der Auffassung ist, der Kläger habe die fällige Erstprämie (§ 37 VVG) nicht fristgerecht gezahlt.
1. Die Zuständigkeit des Amtsgerichts Köln ergibt sich aus § 215 VVG.
2. Der Pkw des Klägers wurde bei einem Verkehrsunfall vom 15.12.2008 in Köln beschädigt. Das Fahrzeug erlitt Totalschaden. Die Haftpflichtversicherung des Unfallgegners hat eine Schadenregulierung abgelehnt, weil sie der Auffassung ist, dass der Kläger den Unfall durch überhöhte Geschwindigkeit verursacht und verschuldet habe. Der Kläger beabsichtigt, seine Schadenersatzansprüche in Höhe von 15.000 EUR im Wege der Klage geltend zu machen.

3. Die Beklagte hat eine Kostenübernahme abgelehnt, weil sie der Auffassung ist, dass der Kläger die fällige Erstprämie gemäß § 37 VVG nicht fristgerecht gezahlt habe. Die Prämie sei mit der Police durch Schreiben vom 1.8.2008 angefordert worden. Die Zahlungsfrist von zwei Wochen sei nicht eingehalten worden.

   Der Kläger hat die Beklagte in der vorprozessualen Korrespondenz darauf hingewiesen, dass er weder die Police noch eine Zahlungsaufforderung erhalten habe. Er habe lediglich Anfang Dezember 2008 eine Mahnung erhalten. Aufgrund dieser Mahnung habe er sofort die angemahnte Prämie gezahlt.

4. In rechtlicher Hinsicht ist davon auszugehen, dass die Beklagte für den Zugang der Zahlungsaufforderung und den Zeitpunkt des Zugangs der Police beweispflichtig ist. Sie hat sich in der vorprozessualen Korrespondenz darauf berufen, dass ausweislich der Vertragsunterlagen Police und Zahlungsaufforderung am 1.11.2008 abgesandt worden seien. Es sei nach den Regeln des Anscheinsbeweises davon auszugehen, dass diese Unterlagen den Kläger spätestens zwei Tage nach Absendung erreicht hätten. Die Beklagte übersieht, dass sie für den Zugang der Zahlungsaufforderung beweispflichtig ist; es gibt keinen Anscheinsbeweis, dass ein zur Post gegebenes Schreiben den Empfänger auch tatsächlich erreicht (OLG Hamm VersR 1996, 1408; OLG Düsseldorf SP 1999, 285).

5. Der Streitwert bemisst sich aus den voraussichtlichen Kosten des beabsichtigten Klageverfahrens für die erste Instanz wie folgt:

Streitwert:		15.000,00 EUR
2,5-Rechtsanwaltsgebühren	1.415,00 EUR	
Auslagenpauschale	20,00 EUR	
	1.435,00 EUR	
19 % Ust.	272,65 EUR	
	1.707,65 EUR	
3 Gerichtsgebühren	726,00 EUR	
	2.433,65 EUR	

(Unterschrift Rechtsanwalt)

▲

IV. Muster: Klageerwiderung wegen Versicherungsleistung (Rechtsschutzversicherung)

▼

Muster: Klageerwiderung wegen Versicherungsleistung (Rechtsschutzversicherung)   14

An das

Amtsgericht
50922 Köln

Aktenzeichen: 263 C 419/14
- Abschriften für Gegner anbei –

In Sachen

Müller ./. Negatio Rechtsschutz Versicherungs-AG

bestellen wir uns zu Prozessbevollmächtigten der Beklagten.

Antrag: Die Klage wird abgewiesen.

Gründe:

Die Beklagte ist leistungsfrei, weil die fällige Erstprämie gemäß § 37 VVG nicht fristgerecht gezahlt worden ist. Die Police ist mit Zahlungsaufforderung am 1.11.2014 an den Kläger übersandt worden. Die Übersendung erfolgte durch eine ordnungsgemäß funktionierende EDV-Anlage, die auch am Tage der Absendung einwandfrei funktionierte.

Beweis: Zeugnis Peter Zausig, zu laden bei der Beklagten.

Wenn die Übersendung einer Police oder einer Zahlungsaufforderung durch ein ordnungsgemäß funktionierendes Computersystem erfolgt, kann auch davon ausgegangen werden, dass die Sendung den Empfänger erreicht (OLG Köln r+s 1999, 228 = VersR 1999, 1357).

Die Klage hat auch keine hinreichende Aussicht auf Erfolg, da sich bereits im Strafverfahren, das sich allein gegen den Kläger richtete, herausgestellt hat, dass der Kläger bei Rotlicht in die Kreuzung eingefahren ist.

Beweis: Beiziehung und Verwertung der Ermittlungsakten der Staatsanwaltschaft Köln, Aktenzeichen: 75 Js 122/14

(Unterschrift Rechtsanwalt)

▲

§ 16 Anhang

V. Muster: Klage wegen Versicherungsleistung (Teilkaskoversicherung)

▼

15 Muster: Klage wegen Versicherungsleistung (Teilkaskoversicherung)

An das

Landgericht
50922 Köln

Klage

des Angestellten Peter Müller, Hauptstraße 6, 51145 Köln

– Kläger –

Prozessbevollmächtigte:

gegen

Arabella-Versicherungs-AG, Coloniastraße 10, 30711 Hannover, vertreten durch den Vorstand, dieser vertreten durch den Vorsitzenden Anton Weiger, ebenda

– Beklagte –

wegen: Versicherungsleistung (Schaden-Nr. KF 2712456)

Streitwert: 20.000 EUR.

Anträge:
1. Die Beklagte wird verurteilt, an den Kläger 20.000 EUR nebst 5 %-Punkten über dem Basiszinssatz seit Klagezustellung zu zahlen.
2. Im schriftlichen Vorverfahren ergeht Versäumnisurteil, wenn die Beklagte ihre Verteidigungsabsicht nicht rechtzeitig mitteilt.

Gründe:

Gegenstand der Klage ist ein Leistungsanspruch des Klägers aus einer bei der Beklagten bestehenden Teilkaskoversicherung.
1. Das Landgericht Köln ist gemäß § 215 VVG zuständig.
2. Der Kläger ist Eigentümer und Halter des Pkw Golf mit dem amtlichen Kennzeichen K-VB 12. Für dieses Fahrzeug besteht bei der Beklagten eine Teilkaskoversicherung unter der VS-Nummer 2712456 mit einer Selbstbeteiligung von 1.000 EUR.
Am 2.1.2013 fuhr der Kläger mit dem vorgenannten Pkw zu einem Freund nach Düsseldorf und kehrte abends gegen 20.00 Uhr nach Hause zurück.
Bei diesem Geschäftsfreund handelt es sich um den nachbenannten Zeugen Peter Tittel, der den Kläger noch beim Herausfahren aus einer Parklücke gegen 19.00 Uhr ausgewiesen hat.

Beweis: Zeugnis Peter Tittel, Hauptstraße 12, 41471 Düsseldorf

Die Ehefrau des Klägers kann bestätigen, dass dieser gegen 20.00 Uhr zu Hause angekommen ist.

Beweis: Zeugnis Renate Müller, zu laden über den Kläger

Als der Kläger am nächsten Morgen gegen 7.00 Uhr zu seiner Arbeitsstelle abfahren wollte, stellte er fest, dass sein Fahrzeug nicht mehr in der Parklücke vor seinem Haus stand, in der er das Fahrzeug abgestellt hatte. Der Kläger kehrte in sein Haus zurück, informierte telefonisch die Polizei und seinen Arbeitgeber.

Beweis: Wie vor.

Gegen 8.00 Uhr hat er dann bei der zuständigen Polizeistation Strafanzeige wegen des Fahrzeugdiebstahls erstattet.

Beweis: Beiziehung der Ermittlungsakten der Staatsanwaltschaft Köln, Aktenzeichen 70 Js 112/13

4. Da ein Fahrzeugdiebstahl in der Regel unbeobachtet geschieht, kann mit den „klassischen" Beweismitteln der Vollbeweis für den Eintritt des Versicherungsfalles nicht geführt werden. Nach der ständigen Rechtsprechung des BGH kommen dem redlichen Versicherungsnehmer in der Diebstahlversicherung Beweiserleichterungen zugute, die sich aus einer ergänzenden Vertragsauslegung und der materiellen Risikoverteilung im Versicherungsvertrag ergeben (BGH VersR 1988, 75; BGH DAR 1991, 381; BGH VersR 1992, 1000). Nach dieser Rechtsprechung genügt es, wenn der Versicherungsnehmer einen Sachverhalt darlegt und beweist, der nach der Lebenserfahrung mit hinreichender Wahrscheinlichkeit das äußere Bild eines Versicherungsfalles erschließen lässt.

5. Der Kläger hat der Beklagten sämtliche Vertragsunterlagen über den Kauf des Fahrzeuges und Belege über die an diesem Fahrzeug durchgeführten Reparaturen übersandt. Der von der Beklagten beauftragte Sachverständige hat den Wiederbeschaffungswert des entwendeten Fahrzeuges mit 21.000 EUR ermittelt.

Beweis: Vorlage des Gutachtens durch die Beklagte gemäß § 421 ZPO

6. Nach Abzug der vereinbarten Selbstbeteiligung von 1.000 EUR verbleibt der mit der Klage geltend gemachte Betrag von 20.000 EUR.

   a) Der Kläger hat zusammen mit der Schadenanzeige die beiden Fahrzeugschlüssel abgegeben, von denen er einen regelmäßig in Gebrauch hatte, während der andere Schlüssel, der nur gelegentlich von seiner Ehefrau benutzt wurde, an einem Schlüsselbrett hing.

   Nachdem die Beklagte den Kläger darauf hingewiesen hatte, dass er noch einen dritten Schlüssel beim Kauf des Fahrzeuges erhalten hatte, suchte der Kläger in den Vertragsunterlagen und fand dort tatsächlich den dritten Schlüssel, einen sogenannten Werkstattschlüssel, den er jedoch nie benutzt hatte. Auch diesen Schlüssel hat der Kläger dann unverzüglich an die Beklagte übersandt.

Der Kläger hat somit keineswegs wissentlich falsche Angaben gemacht, als er zunächst in der Schadenanzeige angab, nur zwei Fahrzeugschlüssel erhalten zu haben. Der dritte – nie benutzte – Schlüssel war ihm nicht mehr in Erinnerung und befand sich von Anfang an in einer Kassette mit den Vertragsunterlagen.

Beweis: Zeugnis der Ehefrau des Klägers Renate Müller

b) Die Beklagte hat in der vorprozessualen Korrespondenz behauptet, die Überprüfung der beiden Fahrzeugschlüssel habe ergeben, dass von einem dieser Schlüssel Nachschlüssel gefertigt worden seien, da frische Kopierspuren vorhanden gewesen seien. Diese Behauptung der Beklagten wird bestritten, ist jedoch für die Entscheidung in diesem Rechtsstreit irrelevant:

Allein die Anfertigung von Nachschlüsseln begründet noch nicht den Vorwurf der Vortäuschung des Versicherungsfalles, insbesondere dann, wenn unbekannt ist, wann und von wem die Schlüsselkopien veranlasst worden sind (BGH VersR 1991, 1047; BGH zfs 1995, 460, 461; BGH r+s 1996, 341 m.w.N.).

7. Gerichtskosten in Höhe von 864 EUR zahle ich hiermit per Gebührenfreistempler ein.

(Unterschrift Rechtsanwalt)

▲

Stichwortverzeichnis

fette Zahlen = Paragrafen, magere Zahlen = Randnummern

A

Abstimmungsobliegenheit
– Rechtsschutzversicherung **11** 81
AERB **9** 1, 18
AFB **8** 1, 35
– Kriegsklausel **8** 9
– Wiederherstellungsklausel **8** 15 ff.
AHB **10** 4, 74
– Anzeigeobliegenheit **10** 6, 24, 27 f., 39
– Aufklärungsobliegenheit **10** 24
– Auskunftsobliegenheit **10** 24, 27 f., 39
– Bearbeitungsklausel **10** 14
– Schadenminderungsobliegenheit **10** 29 f., 40
AKB **5** 1, 398, 400
– Anzeigeobliegenheit **5** 86 ff., 115, 125
– Aufgabeverbot **5** 360 ff.
– Aufklärungsobliegenheit **5** 94 ff.
– Auskunftsobliegenheit **5** 94 ff.
– Europaklausel **5** 20 ff.
– Führerscheinklausel **5** 72 ff.
– geltende Fassung **5** 2
– Genehmigungspflicht **5** 2
– Inhaltskontrolle **5** 2
– Musterbedingungen **5** 3, 398, 400
– Nachtrag **5** 2
– Obliegenheiten **5** 62 ff.
– Prozessführungsbefugnis **5** 115 ff.
– Rennveranstaltung **5** 82 f.
– Schadenminderungsobliegenheit **5** 56 ff., 112 ff.
– Schwarzfahrt **5** 68 ff.
– Strafanzeigeobliegenheit **5** 125
– Trunkenheitsklausel **5** 77 ff.
– Verwendungsklausel **5** 64 ff.
– Weisungsbefugnis des Versicherers **5** 114, 125
Altvertrag **2** 11
– Haftpflichtversicherung **10** 19, 36
Anfechtung **3** 19 ff.
– arglistige Täuschung **3** 21, 62
– Beweislast **3** 22
– Irrtum **3** 20
– Krankenversicherung **13** 35
– Obliegenheitsverletzung **3** 62
– Rückerstattung **3** 23
– Rückkaufswert **12** 34
Anscheinsbeweis **3** 107
– Einbruchdiebstahlversicherung **9** 16
– grobe Fahrlässigkeit **5** 192
– Vorsatz **5** 169; **8** 24
Anwaltswahl
– Kfz-Haftpflichtversicherung **5** 117 ff., 121
– Rechtsschutzversicherung **11** 94
Anzeigeobliegenheit **6** 25
– Arglist **5** 97 ff.
– Beweislast **10** 28, 39
– Gefahrerhöhung **5** 159; **9** 14
– Haftpflichtversicherung **10** 6, 24, 27 f., 39
– Kaskoversicherung **5** 125
– Kausalitätsprinzip **5** 90, 93
– Kraftfahrtversicherung **5** 89 ff., 115, 125
– Lebensversicherung **12** 11
– Rechtsschutzversicherung **11** 77 ff.
– Schadensfall **5** 53, 86 ff.
– unbeachtliche Pflichtverletzung **5** 92

681

Stichwortverzeichnis

- Unfallversicherung **15** 71
- Vorsatzvermutung **5** 91
- vorvertragliche **16** 8
- Wohngebäudeversicherung **7** 29

ARB **11** 13 f., 142
- Abstimmungsobliegenheit **11** 81
- Anzeigeobliegenheit **11** 77 ff.
- Führerscheinklausel **11** 75
- Kriegsklausel **11** 47
- Schadenminderungsobliegenheit **11** 85 ff.
- Schwarzfahrtklausel **11** 75
- Subsidiaritätsklausel **11** 115
- Warteobliegenheit **11** 82 ff.
- Wartezeit **11** 127

Arglist **6** 19 f.
- Auskunfts-/Aufklärungsobliegenheitsverletzung **5** 96, 103 ff.
- Begriff **8** 31; **10** 46
- Beispiele **5** 106
- Beweislast **5** 100; **8** 33; **10** 47
- Feuerversicherung **8** 30 ff.
- Gegenbeweis **5** 105
- Kausalität **5** 58, 97; **10** 23, 45
- Krankenversicherung **13** 35
- Lebensversicherung **12** 36
- Leistungsfreiheit **5** 58, 101; **6** 19 f.; **7** 39; **8** 30; **10** 23
- Nachfrageobliegenheit **5** 100
- Obliegenheitsverletzung **5** 97 ff.
- Unfallflucht **5** 109
- Wohngebäudeversicherung **7** 39

AUB **15** 1, 75
- Anzeigeobliegenheit **15** 71
- Auskunftsobliegenheit **15** 71
- Ausschlussfrist **15** 17
- Behandlungsobliegenheit **15** 71

Aufklärungsobliegenheit **5** 94 ff.; **10** 22, 24
- Arglist **5** 97 ff., 105
- Hinweispflicht des Versicherers **3** 65; **5** 95
- Rechtsfolgen **16** 9

Augenblicksversagen **3** 56; **5** 188 f.
- Beweislast **5** 204
- Rotlichtverstoß **5** 189, 203 ff.

Auskunftsobliegenheit **5** 94 ff.; **10** 22, 31 f.
- Arglist **5** 97 ff., 105
- Beweislast **10** 41 f.
- Haftpflichtversicherung **10** 24, 31 f., 41 f.
- Hinweispflicht des Versicherers **3** 65; **5** 95
- Kraftfahrtversicherung **5** 54
- Rechtsfolgen **16** 9
- Unfallversicherung **15** 71

Ausschlussfristen
- entschuldigte Fristversäumnis **15** 25 ff.
- Hinweispflicht des Versicherers **15** 23 f., 73
- Unfallversicherung **15** 17

Autoschutzbrief **5** 7

AVB **2** 4
- Abweichungsverbot **2** 26
- Aushändigungspflicht **3** 2
- Aushöhlungsverbot **2** 26
- Auslegung **2** 26
- geltende Fassung **2** 24 f.
- Genehmigungspflicht **2** 9
- Inhaltskontrolle **2** 9 f., 22
- Lebensversicherung **12** 1 ff.
- Unklarheitenregel **2** 26

B

BaFin **2** 8
Behandlungsobliegenheit **15** 71
Beratungspflicht **3** 5 ff.
- Europaklausel **5** 22
- Lebensversicherung **12** 17, 36
- Versicherungsvermittler **3** 76
- Verzicht **3** 7
- vorläufige Deckungszusage **5** 8

Stichwortverzeichnis

Bereicherungsverbot
- Krankentagegeldversicherung **13** 26
- Mehrfachversicherung **3** 38
- Schadenversicherung **3** 38
- Summenversicherung **3** 38; **13** 26, 30

Berufsunfähigkeitsversicherung **14** 1 ff.
- Beruf **14** 5
- Berufsunfähigkeitsbegriff **14** 4
- Beweislast **14** 10
- Leistungspflicht **14** 6
- Nachprüfungsverfahren **14** 12 ff.
- Summenversicherung **14** 3
- Verweisungsmöglichkeit **14** 7 ff., 15

Beweis
- Anhörung **3** 111; **5** 261 ff., 283
- des äußeren Bildes **3** 104 f.; **5** 254, 256, 258 f., 272; **6** 29; **9** 16 f.
- Schadenshöhe **3** 108, 110; **5** 257
- Vollbeweis **5** 268 ff.

Beweiserleichterung **3** 104 f.
- Ausschluss **3** 109
- Haarwildschaden **5** 282
- Hausratversicherung **6** 30
- Kaskoversicherung **5** 252 ff.
- Redlichkeitsvermutung **5** 252, 258, 261 f., 271 ff.

Blitzschlag **5** 239; **8** 5
Brand **3** 67; **5** 227, 273
- Begriff **8** 2
- Herd **8** 4

D

Deckung
- Beweispflicht **3** 15
- feste Taxe **3** 39, 41
- Neuwertversicherung **3** 39 f.; **5** 286 f., 310
- rückwirkende **3** 31
- vorläufige **3** 14 ff.; **5** 5 ff., 9 ff.; **12** 16 f.
- – Abgrenzung Rückwärtsversicherung **5** 6
- – Beendigung **5** 14
- – Beginn **5** 6
- – Beratungspflicht **5** 8
- – Dokumentationspflicht **5** 8
- – mündliche Zusage **5** 19
- – Rechtscharakter **5** 6, 12
- – rückwirkender Wegfall **5** 15 ff., 34

Deckungsklage **10** 8 ff.
- Anhörung **3** 111; **5** 261 ff., 283
- Antrag **10** 68
- Beweislast **3** 103 ff.; **5** 333
- Bindungswirkung bei Anerkenntnis **10** 49, 52
- Bindungswirkung bei Befriedigung durch VN **10** 53 f.
- Bindungswirkung der Haftpflichtklage **10** 9 f., 66 f.
- Drittwiderklage **10** 71 ff.
- Feststellungsklage **3** 101; **5** 327
- Gerichtsstand **3** 102; **5** 332
- Haftpflichtversicherung **10** 62 ff.
- Kaskoversicherung **5** 327 ff.
- Klageerwiderung [M] **16** 12, 14
- Klageschrift [M] **16** 11, 13, 15
- Leistungsklage **3** 101; **5** 327
- Parteien **10** 68 ff.
- Rechtsschutzversicherung [M] **16** 13 f.
- Rechtsschutzversicherung **11** 58
- Sachverständigenverfahren **5** 327 ff.; **7** 40; **8** 18 f.
- selbstständiges Beweisverfahren **5** 331
- Teilkaskoversicherung [M] **16** 15
- Vollkaskoversicherung [M] **16** 11 f.

Direktanspruch gegen Versicherer
- Haftpflichtversicherung **10** 11 f.

683

Stichwortverzeichnis

- Kfz-Haftpflicht 2 17
- – Schwarzfahrt 5 71
- Prozessführungsbefugnis 5 115, 117 ff., 381
- Vorsatz 5 174
- Dokumentationspflicht 3 6 f.
- Versicherungsvermittler 3 76
- Verzicht 3 7
- vorläufige Deckungszusage 5 8

E

Einbruchdiebstahl 9 4 ff.
Einbruchdiebstahlversicherung 9 1 ff.
- Beweiserleichterung 9 15 f.
- Beweislast 9 16 f.
- Einbruchdiebstahl 9 4 ff.
- Gefahrerhöhung 9 14 f.
- Raub 9 9
- Schlüsseldiebstahl 9 6 ff.
- Vandalismus 9 2 f., 10
- versicherte Risiken 9 2 ff.
- versicherte Sachen 9 11
- Versicherungsort 9 12
- Versicherungswert 9 13

Einlöseklausel 5 4 f., 32
- erweiterte 3 31; 5 34

Entwendung 5 241 ff.
- Begriff 5 243
- Beweislast 5 244, 250 ff.
- Diebstahl 5 244 ff.
- Kfz-Überlassug 5 244 f.
- Unterschlagung 5 248 ff.
- Vandalismus 5 242, 247
- wiederaufgefundene Sachen 3 42; 5 312 ff.

Erstprämie 3 31; 5 32 ff.
- Anforderungsschreiben 5 15 ff., 44 f.
- Belehrungspflicht 5 15, 35
- erweiterte Einlösungsklausel 3 31, 34
- Fälligkeit 3 31; 5 32 f.

- Kraftfahrtversicherung 5 18, 35 f., 44 f.
- Lebensversicherung 12 14 f., 36
- Leistungsfreiheit 5 35 f., 44 f.; 12 36
- Versicherungsschutz 3 31
- verspätete Zahlung 5 15 ff., 35 f.

Europaklausel
- Kraftfahrtversicherung 5 20 ff.
- Krankenversicherung 13 3

Explosion 5 231 f.; 8 6

F

Fahrlässigkeit
- Augenblicksversagen 3 56; 5 188 f., 204
- Beweislast 5 191 f., 204, 207
- einfache, Begriff 5 183
- – Kündigung 10 35
- – Maßstab 3 56; 5 183 f.
- grobe 3 55 ff.; 5 178 ff.; 7 37 f.
- – Alternativverhalten 5 190
- – Begriff 3 55; 5 181; 8 28
- – Beweislast 5 191 f., 204, 207
- – Blackout 5 204
- – Diebstahlsicherung 5 211
- – Fahruntüchtigkeit 5 193, 225
- – Feuerversicherung 8 27 ff.
- – Haftpflichtversicherung 10 16
- – Hausratversicherung 6 21 f.
- – Kausalität 5 187
- – Kfz-Brief/-Schein 5 201 f.
- – Kfz-Schlüsselverlust 5 194 ff.
- – Kfz-Überlassung 5 213 f., 225, 245
- – leichtfertige Fahrweise 5 212
- – Leistungskürzung 10 36
- – Maßstab 3 56; 5 179 f., 183 ff.
- – Rotlichtverstoß 5 180, 189, 203 ff., 225
- – Sekundenschlaf 5 204, 206 ff.
- – Sommerreifen 5 225

Stichwortverzeichnis

– – Übermüdung 5 206 ff.
– – Vermutung 5 362
– leichte 5 62
– Leistungskürzung 3 57 f.
Feuerversicherung 8 1 ff.
– Abbruchkosten 8 8
– Arglist 8 30 ff.
– Aufräumkosten 8 8
– Bewegungskosten 8 8
– Beweislast 8 22 ff.
– Blitzschlag 8 5
– Brand 8 2 ff.
– Explosion 8 6
– grobe Fahrlässigkeit 8 27 ff.
– Kriegsklausel 8 9
– Leistungsfreiheit 8 20 f., 30 ff.
– Leistungskürzung 8 27
– Löschkosten 8 8
– Luftfahrzeugabsturz 8 7
– Sachverständigenverfahren 8 18 f.
– Schutzkosten 8 8
– versicherte Risiken 8 2 ff.
– versicherte Sachen 8 10 f.
– Versicherungsort 8 12
– Versicherungswert 8 13 f.
– Vorsatz 8 20 ff.
– Wiederherstellungsklausel 8 15 ff.
– Wiederherstellungskosten bzgl. Unterlagen 8 8
Finderlohn 5 322
Forderungsübergang 3 91 ff.; 5 336
– Arbeitnehmerhaftung 5 350 ff.
– Aufgabeverbot 5 360 ff.
– grobe Fahrlässigkeit 5 348 ff.
– häusliche Gemeinschaft 3 95; 5 354 ff.
– inkongruenter Schaden 5 341 ff.
– Kaskoversicherung 5 348 ff.
– kongruenter Schaden 5 337 ff.
– konkludenter Regressverzicht 7 44
– Obliegenheiten 5 59 ff.

– Rechtsschutzversicherung 11 115, 141
– Regresssperre 5 354 ff.
– Regresswahrung 5 360 ff.
– Verjährung/Verfall 5 353
– Vorsatz 5 348 ff.
– Wohngebäudeversicherung 7 43 f.
Führerscheinklausel 5 72 ff.; 11 75

G

Gebrauch eines Kfz 5 391 ff.
Gefahrerhöhung 5 146 ff.
– Anzeigeobliegenheit 5 159; 9 14
– Arten 5 152
– Begriff 3 43; 5 148 ff.; 9 15
– Beweislast 3 44, 46; 5 153 f., 163 f.
– Einbruchdiebstahlversicherung 9 14 f.
– Kausalität 3 44; 5 153 f.
– Kündigung 3 47 f.; 5 160 f.; 7 39
– Leistungsfreiheit 5 166; 7 35; 9 15
– Leistungskürzung 5 163, 166; 7 35; 9 15
– objektive 3 48; 5 159 ff.
– – Kfz-Schlüsselverlust 5 159
– Rechtsfolgen 16 7
– Rennveranstaltung 5 146
– subjektive 3 45 ff.; 5 155 ff.
– unerkannte 3 50; 5 166 f.
– – Kfz-Schlüsselverlust 5 167
– Vertragsanpassung 3 51
– Wohngebäudeversicherung 7 33 ff.
Glasbruch 5 285 ff.

H

Haarwild
– Ausweichmanöver 5 278 ff.
– Begriff 5 275 f.
– Beweislast 5 277, 282 ff.
Haftpflichtklage 10 8 ff.
– Bindungswirkung für Deckungsklage 10 9 f., 66 f.

685

Stichwortverzeichnis

- Streitverkündung **10** 64 f.
Haftpflichtversicherung **10** 1 ff.
- Abtretung des Versicherungsanspruchs **10** 56 ff., 59 ff., 62, 69
- Altvertrag **10** 19, 36
- Anerkenntnisverbot **10** 48
- Angehörige **10** 14
- Anzeigeobliegenheit **10** 24, 27 f., 39
- Arglist **10** 45 ff.
- Aufklärungsobliegenheit **10** 24
- Auskunftsobliegenheit **10** 24, 31 f., 41 f.
- Ausschlussobjekte **10** 14 f.
- Bearbeitungsklausel **10** 14
- Beweislast **10** 28, 38 ff.
- Bindungswirkung bei Anerkenntnis **10** 49, 52
- Bindungswirkung bei Befriedigung durch VN **10** 53 f.
- Deckungsverhältnis **10** 7 ff.
- Direktanspruch des Geschädigten **10** 11 f.
- Drittwiderklage **10** 71 ff.
- Forderungsabwehr **10** 5; **11** 21
- Freistellungsanspruch **10** 5, 56 ff., 59 ff.
- grobe Fahrlässigkeit **10** 16
- Haftpflichtverhältnis **10** 7 ff.
- Kausalitätsgegenbeweis **10** 38 ff.
- Kollusion **10** 55 ff., 71
- Kündigung **10** 35
- Leihe **10** 14
- Leistung **3** 80, 82
- Leistungsfreiheit **3** 52
- Obliegenheiten **10** 19 ff.
- Prozessführungsbefugnis **10** 33, 43 f.
- Rechtsschutz **10** 5; **11** 21
- Regulierungsvollmacht **10** 13
- Risikoausschluss **10** 14 f.
- Schadenminderung **10** 29 f., 40
- versicherte Personen **10** 5
- versichertes Risiko **10** 5 f.
- Versicherungsumfang **10** 1 f., 14 f.
- Vorsatz **10** 16 ff.
Hagel **5** 238
Hausrat
- Abgrenzung Gebäudebestandteil **6** 6 ff.
- Antenne **6** 4
- Arbeitsgeräte **6** 5
- außerhalb des Versicherungsorts **6** 13 ff.
- Bargeld/Wertsachen **6** 3
- Eigentum **6** 3, 13
- Einbaumöbel **6** 7
- Fahrrad **6** 10
- Kfz-Teile **6** 5
- Markise **6** 4
- Sportgeräte **6** 4
- Teppichboden **6** 8
- Wohnmobil **6** 13
Hausratversicherung **6** 1 ff.
- Aufräumkosten **6** 11
- Außenversicherung **6** 12
- Beweislast **6** 29 ff.
- Entschädigungsgrenzen **6** 3, 13
- Garage **6** 12
- Hotelkosten **6** 11
- Kausalität **6** 27
- Leistungsfreiheit **6** 19 ff., 27
- Leistungsumfang **6** 9 f., 11
- Nachschlüsseldiebstahl **6** 31
- Obliegenheiten **6** 24 ff.
- Parkhaus **6** 14
- Schadenminderungsobliegenheit **6** 25
- Schlosswechselkosten **6** 11
- Sicherheitsvorschriften **6** 24
- Stehlgutliste **6** 25
- Strafanzeigeobliegenheit **6** 25
- versicherte Risiken **6** 9
- versicherte Sachen **6** 3 ff.

Stichwortverzeichnis

- Versicherungsort **6** 12 ff., 16 ff.
- Wohnmobil **6** 13
- Wohnungswechsel **6** 16 ff.
Hinweispflicht **3** 65; **5** 15, 35, 95
- Versicherer **3** 65; **10** 22; **15** 23 f., 73
- - Rechtsschutzversicherug **11** 116
- - Unfallversicherung **15** 23 f.

I

Indizienbeweis **3** 106; **5** 260, 271 ff.
- Arglist **5** 100
- Feuerversicherung **8** 25 f.
- grobe Fahrlässigkeit **5** 192
- Hausratversicherung **6** 30 f.
- Suizid **12** 27
- Vorsatz **5** 169
Informationspflicht
- Lebensversicherung **12** 12
- Rechtsschutzversicherung **11** 77 ff.
- Versicherer **3** 8 f.

K

Kapitalversicherung
- Aussteuerversicherung **12** 7
- Kapitallebensversicherung **12** 6 ff.
Kaskoversicherung
- Abschleppkosten **5** 324
- Anzeigeobliegenheit **5** 125
- Aufrechnung **5** 46 ff., 96
- Betriebsschaden **5** 295 f.
- Beweislast **5** 235, 237, 251 ff., 271 ff., 277, 282 ff., 298 f.
- - Maßstab **5** 252 ff.
- - Schadenshöhe **5** 257
- Blitzschlag **5** 239
- Brand **5** 227 ff., 273
- Checkliste **16** 1
- Deckungsklage [M] **16** 11 f.
- Entwendung **5** 241 ff.
- Explosion **5** 231 f.
- Finderlohn/Lösegeld **5** 322
- Forderungsübergang **5** 348 ff.

- Gefahrerhöhung **5** 146 ff.
- Glasbruch **5** 285 ff.
- Haarwild **5** 274 ff.
- Hagel **5** 238
- Kurzschluss an Verkabelung **5** 288
- Leistungsfreiheit **5** 170 f.
- Leistungsumfang **5** 300 ff., 310 ff.
- Marderbiss **5** 289
- Naturgewalten **5** 233 ff.
- Nutzungsausfall **5** 317
- Obliegenheiten **5** 50 ff.
- räumlicher Geltungsbereich **5** 20 ff.
- Rechtsanwaltskosten **5** 318 ff.
- Redlichkeitsvermutung **5** 252, 258, 271 ff.
- Rennveranstaltung **5** 82 f.
- Sachverständigenkosten **5** 321
- Schadenminderungsobliegenheit **5** 56 ff., 112 ff.
- Schwarzfahrt **5** 68 ff.
- Strafanzeigeobliegenheit **5** 125
- Sturm **5** 236 f.
- Teilkaskoversicherung, versicherte Risiken **5** 226 ff.
- Überschwemmung **5** 240
- Unfall **5** 293 ff.
- Unfallflucht **5** 108 ff., 143 f.
- Vandalismus **5** 242, 247, 298 f.
- versicherte Risiken **5** 226 ff.
- Vertragsbeginn **5** 4 f.
- Vollkaskoversicherung, versicherte Risiken **5** 290 ff.
- vorläufige Deckungszusage **5** 5 ff., 9 ff.
- Wagniswegfall **5** 31
- Weisungsbefugnis des Versicherers **5** 125
- wiederaufgefundene Sachen **3** 42; **5** 312 ff.
- Zubehör **5** 315 f.
Kaufleute **2** 21

687

Stichwortverzeichnis

Kausalitätsprinzip **5** 133 f., 138 f.
- Arglist **5** 58, 97; **10** 23, 45
- Auskunfts-/Aufklärungsobliegenheitsverletzung **5** 94
- Beweislast **5** 57 f., 133 f.
- Gefahrerhöhung **3** 44
- Gegenbeweis **10** 38 ff.
- grobe Fahrlässigkeit **5** 187
- Haarwild **5** 277
- Hausratversicherung **6** 27
- Leistungsfreiheit **10** 21
- Obliegenheitsverletzung **5** 57 f., 61, 91, 94; **10** 21
- Relevanztheorie **5** 102
- Richtigstellung bei Falschauskunft **5** 101
- Vermutung **5** 133
- verspätete Schadensanzeige **5** 90, 93
- Verwendungsklausel **5** 67

Kfz-Haftpflichtversicherung **5** 365 ff.
- Anhänger **5** 371
- Anwaltskosten bzgl. Anspruchsgeltendmachung **5** 320
- Anzeigeobliegenheit **5** 89 ff., 115
- Aufgabeverbot **5** 360 ff.
- Aufrechnung **5** 46 ff., 96, 377
- Beweissicherung **5** 378
- Direktanspruch **2** 17
- – Schwarzfahrt **5** 71
- Doppelkarte **5** 7
- – Versicherungsagent ohne Vollmacht **5** 13
- Entschädigungsfonds **5** 176, 387 ff.
- Forderungsabwehr **5** 117 ff., 372, 378
- Freistellungsanspruch **5** 366, 372
- Führerscheinklausel **5** 72, 75 f.
- Gebrauch eines Kfz **5** 391 ff.
- Gefahrerhöhung **5** 146 ff.
- Leistungsfreiheit **5** 68 ff., 82 f., 170 ff., 384 f.
- Leistungsumfang **5** 78 ff., 365, 376 ff.
- Nachhaftung **5** 386
- Obliegenheiten **5** 50 ff.
- Pflichtversicherung **2** 17
- Prozessführungsbefugnis **5** 115, 117 ff.
- räumlicher Geltungsbereich **5** 20 ff.
- Regulierungsvollmacht **5** 379 ff.
- Rennveranstaltung **5** 82 f.
- Schadenminderungsobliegenheit **5** 56 ff., 112 ff.
- Schwarzfahrt **5** 68 ff.
- Unfallflucht **5** 108 ff., 143 f.
- versicherte Personen **5** 373 ff.
- Versicherungsbestätigung **5** 7
- – Versicherungsagent ohne Vollmacht **5** 13
- Vertragsbeginn **5** 4 f.
- vorläufige Deckungszusage **5** 5 ff.
- Vorsatz **5** 385

Kfz-Schlüsselverlust **5** 159, 167, 194 ff.

KLV **12** 1, 5, 37
- Anzeigeobliegenheit **12** 11
- Informationsobliegenheit **12** 12

Kollusion
- Drittwiderklage **10** 71 ff.
- Haftpflichtversicherung **10** 55 ff.

Kontrahierungszwang **3** 1

Krankentagegeldversicherung **13** 1, 26 ff.
- Auskunftspflicht des Versicherers **13** 31
- Bereicherungsverbot **13** 26 f., 30
- einstweilige Verfügung **13** 35
- gemischte Anstalten **13** 29
- Krankheitsbegriff **13** 5
- Kündigung **13** 32 ff.
- Leistungsbegrenzung **13** 27
- Leistungsfreiheit **13** 35

Stichwortverzeichnis

Krankenversicherung **13** 1 ff.
- Arglist **13** 35
- Auskunftspflicht des Versicherers **13** 31
- Europaklausel **13** 3
- gemischte Anstalten **13** 19 ff.
- Heilbehandlungsbegriff **13** 6 ff.
- Heilpraktikerkosten **13** 14
- Krankenhauswahl **13** 18 ff.
- Krankheitsbegriff **13** 5
- Kündigung **13** 32 ff.
- Leistungsbeschränkung **13** 15 ff.
- Leistungsumfang **13** 4, 15 ff.
- Leistungszusage **13** 20 ff.
- medizinische Notwendigkeit **13** 9 f., 35
- Risikoausschluss **13** 3, 15, 21
- Schulmedizinklausel **13** 15
- Verhältnismäßigkeit der Kosten **13** 12 f.
- Viagra **13** 35
Kriegsklausel **11** 47
- Feuerversicherung **8** 9
Kündigung **3** 25
- Anzeigeobliegenheit **7** 29
- Gefahrerhöhung **3** 47 f.; **5** 160 f.; **7** 35
- Krankentagegeldversicherung **13** 32 ff.
- Krankenversicherung **13** 32 ff.
- Leistungsfreiheit **5** 63
- Obliegenheitsverletzung **3** 62; **10** 24, 35
- Prämienanpassung **3** 33
- Rückkaufswert **12** 34
- Zahlungsverzug **13** 34 f.
Kurzschluss an Verkabelung **5** 288

L

Lebensversicherung **12** 1 ff.
- Abtretung des Versicherungsanspruchs **12** 36
- Anzeigeobliegenheit **12** 11
- Arglist **12** 36
- auf den Erlebensfall **12** 3, 6 f.
- auf den Todesfall **12** 2, 6, 8
- Beratungspflicht **12** 17, 36
- Berufsunfähigkeitszusatzversicherung **14** 2
- Beweislast **12** 24 f., 27 ff.
- Bezugsberechtigung **12** 30 ff.
- Erstprämie **12** 14 f., 36
- Informationsobliegenheit **12** 12
- Kapitallebensversicherung **12** 3, 6 ff.
- Leistungsfreiheit **12** 18 ff., 29
- Minderjährige **12** 36
- Risikolebensversicherung **12** 3
- Rückkaufswert **12** 34 f.
- Suizid **12** 18 ff.
- versicherte Person **12** 2, 13
- Vertragsbeginn **12** 15 ff.
- vorläufige Deckungszusage **12** 16 f.
- vorsätzliche Tötung **12** 29
- Widerruf **12** 14
- Zugewinnausgleich **12** 36
- Zustandekommen **12** 10 ff.
Leistungsfreiheit **3** 52 ff.; **5** 135 ff.
- absolute Fahruntüchtigkeit **5** 225
- Anzeigeobliegenheitsverletzung **5** 89 ff.; **7** 29
- Arglist **5** 58, 101; **6** 19 f.; **7** 39; **8** 30 ff.; **10** 23
- Auskunfts-/Aufklärungsobliegenheitsverletzung **5** 94 ff., 101 ff., 103 ff.
- Außenverhältnis **5** 71
- Beweislast **3** 55; **5** 17 f., 44 f., 57 f., 61, 91, 136 f., 244; **8** 33; **12** 24 f., 27 ff.
- Einbruchdiebstahlversicherung **9** 15
- Entschädigungsfonds **5** 176, 387 ff.
- Entwendung/Betrug **5** 244

689

Stichwortverzeichnis

- Erstprämienverzug **5** 35 f., 44 f.; **12** 36
- Feuerversicherung **8** 21, 30 ff.
- Führerscheinklausel **5** 72, 75 f.
- Gefahrerhöhung **3** 44, 47, 49; **5** 166; **7** 35; **9** 15
- grobe Fahrlässigkeit **5** 182
- Hausratversicherung **6** 19 ff.
- Innenverhältnis **5** 69 f.
- Kausalitätsprinzip **5** 138 f.
- Kfz-Haftpflichtversicherung **5** 170 ff.
- Kündigung **5** 63
- Lebensversicherung **12** 18 ff., 29
- mehrfache **5** 141 ff.
- Obliegenheitsverletzung **5** 51, 60, 126, 360 ff.; **6** 27; **7** 32; **10** 20 ff., 34, 37; **11** 74
- – Schadenminderungspflicht **5** 56 ff.
- Prämienverzug **5** 35 ff., 44 f.
- Rechtsschutzversicherung **11** 89
- Relevanztheorie **5** 102
- Rennveranstaltung **5** 82 f.
- Repräsentant **5** 171
- Richtigstellung bei Falschauskunft **5** 101
- rückwirkende **5** 15 ff., 34 ff.
- Schwarzfahrt **5** 68 ff.
- Suizid **12** 18 ff.
- Trunkenheitsklausel **5** 78 ff.
- Unfallflucht **5** 108 ff., 143 f.
- Unterschlagung **5** 249
- Verkehrsopferhilfe e.V. **5** 176, 387 ff., 389
- Verwendungsklausel **5** 67
- vorsätzliche Tötung **12** 29
- Vorsatzvermutung **5** 136
- Wohngebäudeversicherung **7** 32, 35 f.

Leistungsklage
- Kaufleute **2** 21

Leistungskürzung
- Auskunfts-/Aufklärungsobliegenheitsverletzung **5** 96, 103 ff.
- Beweislast **5** 57 f., 61, 132, 163 f., 218; **7** 32
- Einbruchdiebstahlversicherung **9** 15
- Feuerversicherung **8** 27 ff.
- Gefahrerhöhung **3** 46 f., 49; **5** 162, 166; **7** 35; **9** 15
- Hausratversicherung **6** 21 f.
- mehrfache **5** 129 ff., 223 f.
- Obliegenheitsverletzung **3** 63; **5** 60, 127 ff., 361 ff.; **7** 32; **10** 20, 34, 36
- – Schadenminderungspflicht **5** 56 ff.
- Quote **5** 128 ff., 220 ff.
- Rechtsschutzversicherung **11** 89

Lösegeld **5** 322

M

Marderbiss **5** 289
MB/BUV **14** 1, 16
MB/BUZ **14** 1, 17
MB/KK **13** 1, 36
- Europaklausel **13** 3
MB/KT **13** 1, 37
Mehrfachversicherung **3** 38
Mutwilligkeit
- Rechtsschutzversicherung **11** 131 ff.

N

Nachfrageobliegenheit
- Arglist **5** 100
Nachhaftung
- Kfz-Haftpflicht **5** 386
Nachtrunk **5** 108
Naturgewalten **5** 233 ff.
Neuwertversicherung **3** 39 f.; **5** 286 f., 310; **7** 12 ff.
- gleitender Neuwert **7** 12 ff.

Stichwortverzeichnis

- Neuwert **7** 14
Nutzungsausfallschaden
- Kaskoversicherung **5** 317

O

Obliegenheiten **3** 59 ff.
- Abgrenzung Risikoausschluss **3** 71 f.; **11** 44
- Abstimmung **11** 81
- Anwaltswahl **5** 117 ff., 124
- Anzeige **5** 53, 86 ff., 125; **6** 25; **7** 29; **10** 6; **11** 77 ff.; **12** 11; **15** 71; **16** 8
- Arglist **5** 97 ff.
- Aufgabeverbot **5** 360 ff.
- Aufklärung **5** 94 ff.
- - Hinweispflicht des Versicherers **3** 65; **5** 95; **10** 22
- Auskunft **5** 54, 94 ff.; **15** 71
- - Hinweispflicht des Versicherers **3** 65; **5** 95; **10** 22
- Behandlungsobliegenheit **15** 71
- Beweislast **5** 57 f.
- Einbeziehung Dritter **15** 8
- Forderungsübergang **5** 59 ff.
- Führerscheinklausel **5** 72 ff.; **11** 75
- Gefahrerhöhung **16** 7
- gesetzliche **3** 60 f.; **5** 52 ff.
- Hausratversicherung **6** 24 ff.
- Hinweispflicht des Versicherers **3** 65; **10** 22
- Information **7** 31; **11** 77 ff.; **12** 12
- Kaskoversicherung **5** 125 ff.
- Kausalitätsprinzip **5** 133 f., 138 f.
- Kfz-Haftpflichtversicherung **5** 115 ff.
- Kraftfahrtversicherung **5** 50 ff., 62 ff., 84 ff.
- Lebensversicherung **12** 11 ff.
- leicht fahrlässige Verletzung **5** 62
- Leistungsfreiheit **5** 58 ff., 89 ff., 101; **6** 19 f., 27; **7** 29, 39; **8** 30 ff.; **10** 23; **11** 74; **16** 10
- mehrfache Verletzung **5** 129 ff., 141 ff.
- Prozessführungsbefugnis **5** 115, 117 ff., 381
- Rechtsbehelf einlegen **5** 116
- Rechtsschutzversicherung **11** 74 ff.
- Regresswahrung **5** 59 ff., 360 ff.
- Relevanztheorie **5** 102
- Rennveranstaltung **5** 82 f.
- Repräsentant **3** 73; **11** 90 f.
- Schadenminderung **5** 55 ff., 112 ff., 279 ff.; **6** 25; **7** 31; **11** 85 ff.
- schuldlose Verletzung **5** 62
- Schwarzfahrt **5** 68 ff.; **11** 75
- Schweigepflichtentbindung **15** 71
- Sicherheitsvorschriften **6** 24; **7** 30
- Strafanzeige **5** 125; **6** 25
- Trunkenheitsklausel **5** 77 ff.
- Unfallversicherung **15** 71
- Verhalten Dritter **3** 73
- verhüllte **3** 71
- Verletzungsfolgen **10** 20 ff.
- Verwendungsklausel **5** 64 ff.
- vorvertragliche **3** 62; **10** 24
- Weisungsbefugnis des Versicherers **5** 114, 125
- Wohngebäudeversicherung **7** 28 ff.

P

Parteivernehmung **3** 110; **5** 264 ff., 271 ff.; **6** 31
- Haarwildschaden **5** 282
- Redlichkeitsvermutung **5** 265
Personenversicherung
- Lebensversicherung **12** 2; **15** 2
- Unfallversicherung **15** 2, 6
Pflichtversicherung **2** 17
- Kontrahierungszwang **3** 1

691

Stichwortverzeichnis

Prämie **3** 28 ff.
- Anforderung **5** 15 ff., 30 ff., 38, 44 f.
- Anpassung **3** 33, 51, 62; **5** 41
- Aufrechnung **5** 46 ff., 96, 377
- Belehrungspflicht **5** 35, 37 ff.
- Erfüllung **3** 30; **5** 26 ff.
- Folgeprämie **3** 32; **5** 37 ff.
- qualifizierte Mahnung **5** 37 ff.
- Schuldner **3** 29; **5** 25
- Teilzahlung **5** 42 f.
- Verwendungsklausel **5** 64 f.
- Verzug **5** 23 ff., 30, 35, 37 ff.; **13** 34
- Wagniswegfall **5** 31
- zu niedrige **5** 30

Prozessführungsbefugnis
- Haftpflichtversicherung **10** 33, 43 f.
- Kfz-Haftpflichtversicherung **5** 115, 117 ff., 381

Q

Quotenvorrecht **3** 92 ff.; **5** 336 ff.
- Berechnungsbeispiel **5** 343 ff.; **16** 2 ff.
- Forderungsübergang **5** 336
- inkongruenter Schaden **5** 341 ff.
- Kaskoversicherung **3** 93; **5** 334 ff.
- kongruenter Schaden **5** 337 ff.
- Rechenbeispiel **5** 343 ff.
- Rechtsschutzversicherung **3** 94; **11** 108 ff.

R

Raub **9** 9
Rechtsnachfolge **3** 96
Rechtsschutzversicherung **11** 1 ff.
- Abstimmungsobliegenheit **11** 81
- Anwalt in eigener Sache **11** 4
- Anwaltskosten Ausland **11** 96 f.
- Anwaltskosten bzgl. Versicherungsanspruchsgeltendmachung **3** 87; **5** 319; **11** 27
- Anwaltskosten Inland **11** 93 ff.
- Anwaltswahl **11** 94
- Anzeigeobliegenheit **11** 77 ff.
- Arbeitsrechtsschutz **11** 22
- – Arbeitnehmererfindung **11** 53
- – Aussperrung **11** 47
- – kollektives Arbeitsrecht **11** 51
- – Streik **11** 22, 47
- – Versicherungsfall **11** 124 f.
- Auskunftspflicht des RA **11** 141
- Baurisikoausschluss **11** 48 f.
- Beweislast **11** 73
- Deckungsklage **11** 58; [M] **16** 13
- Deckungszusage **11** 3 f., 116
- Disziplinarrechtsschutz **11** 32
- Familien-/Erbrecht **11** 40 ff.
- – Versicherungsfall **11** 123
- Forderungsübergang **11** 141
- Freistellungsanspruch **11** 4
- Führerscheinklausel **11** 75
- Gebührenvorschuss **11** 4, 34, 38
- Gegnerkosten **11** 104
- Gerichtskosten **11** 98
- Haftungsbegrenzung **11** 116 f.
- Honorarvereinbarung **11** 93
- Informationsobliegenheit **11** 77 ff.
- Kaution **11** 118
- Kinder **11** 18 f.
- Kosten bei Vergleich/Erledigung **11** 106, 113
- Kriegsklausel **11** 47
- Leistung **3** 82
- Leistungsfreiheit **11** 89
- Leistungskürzung **11** 89
- Leistungsumfang **11** 92 ff.
- medizinisch-psychologische Untersuchung **11** 101
- Mutwilligkeit **11** 131 ff.
- Obliegenheiten **11** 74 ff.

Stichwortverzeichnis

- Obliegenheitsverletzung **11** 89 ff.
- Ordnungswidrigkeitenrechtsschutz **11** 39
- Privatrechtsschutz **11** 18
- Regress **11** 34
- Reisekosten **11** 102
- Repräsentant **11** 90 f.
- Risikoausschluss **11** 3, 25, 34 ff., 43 ff., 47 ff.
  - – Ansprüche gegen Rechtsschutzversicherer **11** 58
  - – Aussperrung **11** 47
  - – Baurisiko **11** 48 f.
  - – Beweislast **11** 73
  - – Enteignungsverfahren **11** 63
  - – Familien-/Erbrecht **11** 57
  - – Forderungsübergang **11** 67 ff.
  - – Halt-/Parkverstoß **11** 64, 135
  - – Handelsrecht **11** 52
  - – Insolvenz **11** 62
  - – internationale Gerichte **11** 61
  - – Krieg **11** 47
  - – mitversicherte Personen **11** 65
  - – nichteheliche Lebenspartner **11** 66
  - – Prozessstandschaft **11** 70
  - – Schadenersatzrechtsschutz **11** 50
  - – Spiel-/Wettvertrag **11** 55 f.
  - – Steuerrecht **11** 59
  - – Streik **11** 47
  - – Subsidiaritätsklausel **11** 115
  - – Urheberrecht **11** 53
  - – Verfassungsbeschwerde **11** 60
  - – Vorsatz **11** 34 ff., 71 ff.
  - – Wettbewerbs-/Kartellrecht **11** 54
- Risikobereiche **11** 2 f., 5, 20 ff.
- Sachverständigenkosten **11** 102
- Schadenersatzrechtsschutz **11** 21
  - – Risikoausschluss **11** 50
  - – Versicherungsfall **11** 121 f.
- Schadenminderungsobliegenheit **11** 85 ff.
- Schadenversicherung **11** 1, 12
- Schieds-/Schlichtungsverfahrenskosten **11** 99
- Schiedsgutachterverfahren **11** 136
- Schwarzfahrtklausel **11** 75
- Selbstbeteiligung **11** 8, 108 ff.
- Sozialgerichtsrechtsschutz **11** 30
- Steuerrechtsschutz **11** 29
- Stichentscheidsverfahren **11** 136 f., 140
- Strafrechtsschutz (allg.) **11** 35 ff.
- Strafvollstreckungsverfahrenskosten **11** 114
- Subsidiaritätsklausel **11** 115
- Verjährung **11** 128 ff.
- Verkehrsanwaltskosten **11** 94 f.
- Verkehrsrechtsschutz **11** 18
- Verkehrsstraftatenrechtsschutz **11** 33 f.
- versicherte Personen **11** 15 ff., 65 f.
- Versicherungsfall **3** 87; **5** 319; **11** 120 ff.
- Versicherungssumme **11** 116 f.
- Versicherungsumfang **11** 20 ff.
- Vertrags-/Sachenrechtsschutz **11** 26 ff.
- Verwaltungsrechtsschutz in Verkehrssachen **11** 31, 134 f.
- Verwaltungsverfahrenskosten **11** 100 f.
- Vorsatz **11** 34, 71 f.
- Warteobliegenheit **11** 82 ff.
- Wartezeit **11** 127
- Wohnungs-/Grundstücksrechtsschutz **11** 23 ff.
- Zwangsvollstreckungskosten **11** 111 ff.

Regressanspruch des Versicherers
- Auskunfts-/Aufklärungsobliegenheitsverletzung **5** 96, 103 ff.

Stichwortverzeichnis

- Begrenzung **5** 142, 349 ff., 384
- Beweislast **5** 269 f.
- Gefahrerhöhung **5** 384
- Kaution **11** 119
- Klage **3** 109
- Leistungsfreiheit **5** 384
- mehrfacher **5** 141 ff., 145
- Obliegenheitsverletzung **5** 384
- Prämienverzug **5** 384
- Rechtsschutzversicherung **11** 34, 38
- Regresssperre **3** 95
- Regresswahrung **5** 59, 360 ff.
- rückwirkende Leistungsfreiheit **5** 16

Regulierungsvollmacht
- Haftpflichtversicherung **10** 13
- Kfz-Haftpflichtversicherung **5** 379 ff.

Relevanztheorie **5** 102
Rennveranstaltungsklausel **5** 82 f.
Repräsentant **3** 73 f.
- Begriff **3** 73 f.; **11** 90
- Rechtsanwalt **11** 91
- Rechtsschutzversicherung **11** 90 f.
- Vorsatz **5** 171; **8** 24

Rettungskosten **3** 83; **5** 167
- Finderlohn/Lösegeld **5** 322
- Haarwild **5** 279
- Rückholkosten **5** 314, 323
- wiederaufgefundene Sachen **5** 314, 323

Risikoausschluss **3** 51, 66 ff.
- Abgrenzung Obliegenheit **3** 71; **11** 44
- Bandscheibenschaden **15** 69 f.
- Bearbeitungsklausel **10** 14 f.
- Beweislast **3** 68, 70 f.; **11** 45 f.; **15** 60, 70
- Bewusstseinsstörung **15** 61 ff.
- Europaklausel **5** 20 ff.; **13** 3
- gemischte Anstalten **13** 21
- Haftpflichtversicherung **10** 14 f.
- Kaskoversicherung **5** 20 ff.
- Kfz-Haftpflichtversicherung **5** 172 ff.
- Krankenversicherung **13** 15, 21
- Kriegsklausel **8** 9
- Obliegenheitsverletzung **3** 62
- primärer **3** 66 f.; **5** 21; **11** 43, 45
- Rechtsschutzversicherung **11** 3, 25, 34 ff., 43 ff., 47 ff., 58, 62 ff., 67 ff.
- Rennveranstaltung **5** 82 f.
- Schulmedizinklausel **13** 15
- sekundärer **3** 69; **11** 43, 46
- subjektiver **5** 172 ff., 182
- Subsidiaritätsklausel **11** 115
- Trunkenheit **15** 65 ff.
- Unfallversicherung **15** 60 ff.
- Wohnungs-/Grundstücksrechtsschutz **11** 25

Rotlichtverstoß **5** 180, 203 ff., 225
Rückkaufswert
- Begriff **12** 35
- Lebensversicherung **12** 34 f.

Rückversicherung **2** 3
Rückwärtsversicherung **3** 17
- Abgrenzung vorläufige Deckungszusage **5** 6

S

Sachverständigenverfahren **3** 89 f.
- Feuerversicherung **8** 18 f.
- Kaskoversicherung **5** 327 ff.
- Rechtsschutzversicherung **11** 136 ff.
- Wohngebäudeversicherung **7** 40

Schadenminderungspflicht **5** 55 ff.; **6** 25
- Haarwild **5** 279 ff.
- Haftpflichtversicherung **10** 29 f., 40
- Kraftfahrtversicherung **5** 112 ff.
- Mitwirkungspflicht **5** 383

694

Stichwortverzeichnis

- Rechtsschutzversicherung **11** 85 ff.
- Rettungspflicht **5** 279 ff.
- Verstoß **5** 56 ff.
- Weisungsbefugnis des Versicherers **5** 114
- Weisungsrecht des Versicherers **10** 30
- Wohngebäudeversicherung **7** 31

Schadenversicherung **2** 13
- Krankenversicherung **13** 3
- Rechtsschutzversicherung **11** 1, 12
- Verbot der Mehrfachversicherung **3** 38

Schiedsgutachterverfahren **11** 136 ff., 138 f.
Schulmedizinklausel **13** 15
Schwarzfahrt **5** 68 ff.; **11** 75
Schweigepflichtentbindung **15** 71
Seeversicherung **2** 2
Sicherheitsvorschriften-Obliegenheit **6** 24; **7** 30
Stehlgutliste **6** 25
Stichentscheidsverfahren **11** 136 f., 140
Sturm **5** 236 f.
Suizid **12** 18 ff.
- Beweislast **12** 24 f., 27 ff.
- Unfallversicherung **15** 49 f., 73

Summenversicherung **3** 38
- Berufsunfähigkeitsversicherung **14** 3
- Krankentagegeldversicherung **13** 3, 26
- Mehrfachversicherung **3** 38
- Unfallversicherung **15** 4

T

Totalschaden
- Begriff **5** 301 ff.
- Leasingfahrzeug **5** 309
- Mehrwertsteuer **5** 305 ff.
- Neupreisentschädigung **5** 310

- Neuwertversicherung **5** 310
- Rabatt **5** 308 f.

Trunkenheitsklausel **5** 77 ff.
- relative Fahruntüchtigkeit **5** 79 f.

U

Überschwemmung **5** 240
Überversicherung **3** 35 f.
Unfall
- Abgrenzung innerer Betriebsvorgang **5** 295 f.
- Begriff **5** 293 ff., 333; **15** 33 ff.

Unfallflucht **5** 108 ff., 143 f.
- Arbeitnehmerhaftung **5** 352
- Entschädigungsfonds **5** 389

Unfallversicherung **15** 1 ff.
- Abgrenzung gesetzliche Unfallversicherung **15** 3
- Anzeigeobliegenheit **15** 71
- Auskunftsobliegenheit **15** 71
- Ausschlussfristen **15** 17
- Bandscheibenschaden **15** 38, 40 ff., 69 f.
- Behandlungsobliegenheit **15** 71
- Beweislast **15** 45, 54, 60, 67, 70
- Bewusstseinsstörung **15** 61 ff., 73
- Bezugsberechtigung **15** 7 ff.
- Fremdversicherung **15** 8 f.
- Heilkosten **15** 12
- Insektenstich **15** 36 f.
- Invalidität **15** 13 ff.
- – ärztliche Feststellung **15** 15, 19 ff., 73
- – Ausschlussfristen **15** 17
- – Begriff **15** 13
- – Beweislast **15** 54
- – Eintritt **15** 14
- – Geltendmachung **15** 15, 18
- – Suizidversuch **15** 49 f.
- – Versicherungsleistung **15** 12
- Nachprüfungsverfahren **15** 72
- Obliegenheiten **15** 8, 71

695

Stichwortverzeichnis

- Obliegenheitsverletzung **15** 71
- Personenversicherung **15** 2, 6
- Risikoausschluss **15** 60 ff.
- Schweigepflichtentbindung **15** 71
- Suizidversuch **15** 49 f., 73
- Summenversicherung **15** 4
- Trunkenheit **15** 65 ff.
- Umknicken des Fußes **15** 38
- Unfallbegriff **15** 33 ff.
- – Außeneinwirkung **15** 36 ff.
- – erhöhte Kraftanstrengung **15** 56 ff.
- – Gesundheitsbeschädigung **15** 52
- – Kausalität **15** 53 ff., 57
- – plötzliches Ereignis **15** 34 f.
- – Unfreiwilligkeit **15** 45 ff.
- versicherte Personen **15** 7
- versicherte Risiken **15** 13 ff.
- Versicherungssumme **15** 10 f.
- Versicherungsumfang **15** 10 ff.

Unterversicherung **3** 35, 37; **7** 13

V

Vandalismus
- Beweislast **5** 298 f.
- Einbruchdiebstahlversicherung **9** 2 f., 10
- Kraftfahrtversicherung **5** 242, 247, 292, 298 f.

Verjährung **3** 88
- Rechtsschutzversicherung **11** 128 ff.

Verkehrsopferhilfe e.V. **5** 176, 387 ff.
- Anschrift **5** 390
- Eintrittspflicht **5** 389 f.
- Unfallflucht **5** 390

Versicherte Risiken **3** 67
- Brand **3** 67; **5** 227 ff., 273
- Einbruchdiebstahlversicherung **9** 2 ff.
- Explosion **5** 231 f.
- Fahrraddiebstahl **6** 10
- Feuerversicherung **8** 2 ff.
- Glasbruch **5** 285 ff.
- Haarwild **5** 274 ff.
- Haftpflichtversicherung **10** 5 f.
- Hagel **5** 238
- Hausratversicherung **6** 3 ff., 9
- Kfz-Haftpflicht **5** 366 ff.
- Kurzschluss an Verkabelung **5** 288
- Lebensversicherung **12** 2 f., 6 ff.
- Marderbiss **5** 289
- Naturgewalten **5** 233 ff.
- Rechtsschutzversicherung **11** 2 f., 5, 20 ff.
- Sturm **5** 236 f.
- Teilkaskoversicherung **5** 226 ff.
- Überschwemmung **5** 240
- Unfall **5** 293 ff.
- Vandalismus **5** 242, 247, 292
- Wohngebäudeversicherung **7** 1, 10

Versicherungsaufsicht **2** 5 ff.
- BaFin **2** 8
- Finanzaufsicht **2** 6, 9
- Rechtsaufsicht **2** 6, 10

Versicherungsfall
- Rechtsschutzversicherung **3** 87; **11** 120 ff.

Versicherungsleistung **3** 80 ff.
- Anwaltskosten bzgl. Anspruchsgeltendmachung **3** 86 f.
- Entschädigungsgrenzen, Hausratversicherung **6** 3, 13
- Fälligkeit, Wohngebäudeversicherung **7** 41 f.
- Freistellungsanspruch **3** 82
- Haftpflichtversicherung **3** 80, 82
- Kfz-Haftpflicht **5** 366 ff.
- Kraftfahrtversicherung **5** 300 ff.
- Obergrenze **3** 81
- Rechtsschutzversicherung **3** 82
- Rettungskosten **3** 83
- Schadensermittlungskosten **3** 84 f.

Stichwortverzeichnis

- Wohngebäudeversicherung **7** 11 ff., 17 ff.

Versicherungsschein **3** 2
- Abweichung zum Antrag **3** 4
- Aushändigungspflicht **3** 2

Versicherungsvermittler
- Berater **3** 75
- Bindung/Haftung des Versicherers **3** 77, 79; **5** 19
- fehlende Vollmacht **5** 13
- Haftung **3** 76 ff.
- Makler **3** 75 f., 79
- Provisionsanspruch **3** 79
- Unterarten **3** 75
- Vertreter **3** 75 ff.

Versicherungsvertrag
- Abschluss **3** 1, 3 f.
- Abweichung zwischen Antrag und Police **3** 4
- Anpassung **3** 51, 62
- Aufhebung **3** 27
- Einbeziehung Dritter **3** 11 ff., 97 ff.; **5** 373 ff.; **11** 15 ff., 65; **12** 2, 13, 30 ff.; **15** 7 ff.
- für fremde Rechnung **3** 12, 97 ff.
- Kontrahierungszwang **3** 1
- Mehrfachversicherung **3** 38
- mündliche Zusage **5** 19
- Nachtrag **5** 2
- Nichtigkeit **3** 36, 38
- Parteien **3** 11
- Rechtsnachfolge **3** 96
- Rückkaufswert **12** 34 f.
- Rücktritt **3** 24; **12** 34
- – Obliegenheitsverletzung **3** 62; **7** 29
- Rückwärtsversicherung **3** 17
- Schriftformklausel **5** 19
- Verfügungsbefugnis **3** 98
- Verjährung **11** 128
- Vertragsbeendigung **3** 18 ff.
- Vertragsdauer **3** 10
- Vertragsfreiheit **3** 1
- Wartezeit **11** 127
- Widerruf **3** 26; **12** 14

Versicherungswert **3** 34 ff.
- Einbruchdiebstahlversicherung **9** 13
- Entschädigungsgrenzen **6** 3, 13
- – Hausratversicherung **6** 3, 13
- feste Taxe **3** 39, 41
- Feuerversicherung **8** 13 f.
- gemeiner Wert **7** 16
- gleitender Neuwert **7** 12 ff.
- Kfz-Haftpflicht **5** 365
- Kraftfahrtversicherung **5** 302 f.
- Neuwertversicherung **3** 39 f.; **5** 286 f., 310; **7** 12 ff.
- Rechtsschutzversicherung **11** 116 f.
- Unfallversicherung **15** 10 f.
- Unterversicherungsverzicht **7** 13
- Vollwertprinzip **3** 35
- Wohngebäudeversicherung **7** 11 ff.
- Zeitwert **7** 15

Versicherungszweige **4** 1

Vertragsanpassung **3** 51
- Anzeigeobliegenheit **7** 29
- Gefahrerhöhung **7** 35
- Obliegenheitsverletzung **10** 24

Verwendungsklausel **5** 64 ff., 146
- Beweislast **5** 66 f.
- Kausalität **5** 67
- Rennveranstaltung **5** 82

VGB **7** 2 f., 45
- Anzeigeobliegenheit **7** 29
- Schadenminderungsobliegenheit **7** 31
- Wiederherstellungsklausel **7** 23 ff.

VHB **6** 1, 32
- Anzeigeobliegenheit **6** 25
- Genehmigungspflicht **6** 2
- Schadenminderungsobliegenheit **6** 25
- Strafanzeigeobliegenheit **6** 25

697

Stichwortverzeichnis

Vorsatz
- Begriff **3** 54; **5** 97, 168
- Beweislast **3** 55; **5** 168 f., 333; **8** 22 ff.; **11** 73
- Haftpflichtversicherung **10** 16 ff.
- Leistungsfreiheit **3** 54 ff.; **5** 170 ff., 385; **7** 32, 36; **8** 20 ff.
- Obliegenheitsverletzung **10** 37
- Rechtsschutzversicherung **11** 34 ff., 71 ff.
- Repräsentant **5** 171; **8** 24
- Umfang **3** 54; **10** 17
- Vermutung **5** 91, 136
- verspätete Schadensanzeige **5** 88 f.
- Vorsatztheorie **8** 22; **10** 18

W

Warteobliegenheit
- Rechtsschutzversicherung **11** 82 ff.

Wartezeit
- Rechtsschutzversicherung **11** 127

Wiederaufgefundene Sachen **3** 42; **5** 312 ff.

Wiederbeschaffungswert **5** 302 ff.
- Leasingfahrzeug **5** 309
- Mehrwertsteuer **5** 305 ff.
- Rabatt **5** 308 f.

Wiederherstellungsklausel **5** 310
- Feuerversicherung **8** 15 ff.
- Wiederherstellungsbegriff **8** 16
- Wohngebäudeversicherung **7** 23 ff.

Wohngebäudeversicherung **7** 1 ff.
- Abbruchkosten **7** 17

- Abschlagszahlung **7** 41
- Anzeigeobliegenheit **7** 29
- Arglist **7** 39
- Aufräumkosten **7** 17
- Bewegungskosten **7** 18
- Ersatzpflichtbeschränkung **7** 19
- Fälligkeit **7** 41 f.
- Forderungsübergang **7** 43 f.
- Gebäudezubehör **7** 5 ff.
- Gefahrerhöhung **7** 33 ff.
- gemeiner Wert **7** 16
- gleitender Neuwert **7** 12 ff.
- grobe Fahrlässigkeit **7** 32, 35, 37 f.
- Leistungsfreiheit **7** 32, 35 f.
- Leistungskürzung **7** 32, 35, 37 f.
- Mietausfall **7** 21
- Mieterregress **7** 43 f.
- Neuwert **7** 14
- Sachverständigenverfahren **7** 40
- Schadenminderung **7** 31
- Schutzkosten **7** 18
- Sicherheitsvorschriften **7** 30
- Suchkosten **7** 20
- Terrasse **7** 7
- versicherte Risiken **7** 1, 10
- versicherte Sachen **7** 5 ff.
- Versicherungswert **7** 11 ff.
- Vorsatz **7** 32, 36
- Wiederherstellungsklausel **7** 23 ff.
- Zeitwert **7** 15
- Zinsen **7** 42